MÚSICA LATINOAMERICANA

Lexikon der lateinamerikanischen
Volks- und Populärmusik

Für Amambay

Egon Ludwig

MÚSICA LATINOAMERICANA

Lexikon der lateinamerikanischen Volks- und Populärmusik

LEXIKON
LEXIKON IMPRINT VERLAG

Aquí en mi madre América
la hermosura besa en la mejilla a cada mujer que nace;
la poesía besa en el corazón a cada hombre.
El indómito gaucho canta su rencoroso cielito;
el tapatío mexicano, su pintoresco jarabe;
su punto enamorado, el guajiro de Cuba.

Y más que las sombrías arboladas europeas,
que abre a la caza el clásico día de San Huberto,
hablan al alma las selvas bravas, junto al río;
los palmares tupidos, junto al monte.

La fantasía, virgen desnuda,
tiene en América el casto seno henchido.
Todo se escribe en verso en nuestras tierras;
todos los héroes tienen cantores, Tirteo;
todos los amores, expresiones rítmicas...

Hier in meinem mütterlichen Amerika
küsst die Schönheit jede Frau, die geboren wird, auf die Wange;
berührt die Poesie das Herz eines jeden Mannes.
Es singt der unbändige Gaucho seinen grollenden Cielito,
der mexikanische Mann aus Guadalajara seinen malerischen Jarabe;
seinen verliebten Punto der Landmann aus Kuba.

Und mehr noch als die schattigen Haine Europas,
zum klassischen Hubertustag der Jagd geöffnet,
wirken die wilden Urwälder am Fluss,
die dichten Palmenwälder am Berge, die die Seele rühren.

Die Phantasie, jene unbekleidete Jungfrau,
hat in Amerika ihren reinen und nie versiegenden Born.
In unserer Heimat wird alles in Verse gekleidet,
alle Helden haben ihre Dichter, Tirteo;
und jede Liebe hat ihre rhythmischen Expressionen...

Aus einem Brief des kubanischen Dichters José Martí (1853 – 1895),
geschrieben in Guatemala im Februar 1878. (Übersetzung: Egon Ludwig)

VORWORT

Jeder, der sich für die Kultur Lateinamerikas interessiert, weiß, dass durch die regional sehr differenziert erfolgte Verschmelzung dreier in sich so verschiedenartiger Basiskulturen – der indianischen, der spanisch-portugiesischen und der negroiden – eine Volks- und Populärmusik entstanden ist, die sich durch ihren Formenreichtum und die Vielfalt klanglicher Schönheit auszeichnet.

Insbesondere im XIX. Jahrhundert bildeten sich in den lateinamerikanischen Ländern die heute noch existierenden Lieder und Tänze heraus, die einen nicht unerheblichen Teil der Nationalkulturen des Subkontinents Süd- bzw. Mittelamerika und des spanischsprachigen Teils Nordamerikas repräsentieren.

Ein Prozess der ständigen Entwicklung neuer Formen kam durch das Aufeinandertreffen unterschiedlicher musikalischer Strukturen, Musiziergewohnheiten und nicht zuletzt Mentalitäten in Gang, der bis in die jüngste Gegenwart fortdauert. Viele Tänze aus der »Neuen Welt« gelangten auch zu uns nach Europa und prägten hier das Verständnis für die Attribute der Volkskultur aus Übersee, aber so manchem Liebhaber moderner Tanzmusik beispielsweise ist kaum bekannt, dass Rhythmen wie der Calypso oder der vor allem unter der Jugend beliebte Reggae ihren Ursprung ebenfalls in Lateinamerika haben.

Durch die führenden Musikproduzenten werden allerdings immer wieder Erwartungshaltungen in die Köpfe der Musikliebhaber hineinprojiziert, die zu den Realitäten in Lateinamerika im allgemeinen und der Authentizität seiner Musik im besonderen oftmals in krassem Widerspruch stehen.

Der Verfasser des vorliegenden Nachschlagewerks hat sich im Verlaufe von vierzig Jahren mit Zehntausenden von Schallplatten aller Gattungen und vieler Labels vertraut gemacht und ist zu der Feststellung gelangt, dass es oftmals kleine, unbedeutende Firmen waren, die in niedriger Auflage Tonträger mit anspruchsvoller Volksmusik herausbrachten. Er legte eine sich ständig vergrößernde Dokumentation an, in die alle erreichbaren Daten und Fakten über die lateinamerikanische Musik einflossen und später als Datenbank »Mula« (Música latinoamericana) gespeichert wurden.

Aus dieser Datenbank, deren Angaben zum Teil auch durch direkte Befragungen von Künstlern eingebracht wurden, sind von annähernd 50.000 lexikalischen Einheiten etwa 6000 Begriffe ausgewählt worden, die den Rahmen dieses Buches bilden, das sich an alle Freunde der lateinamerikanischen Volks- und Populärmusik wendet und einige Kenntnisse über Geschichte und Gegenwart dieses Genres vermitteln möchte. Da bestimmte Informationen und Daten aus schwer überprüfbaren Quellen stammen, ist die Gefahr der Unvollständigkeit bzw. der Ungenauigkeit gegeben; deshalb sind Verlag und Verfasser für Ergänzungen, Berichtigungen und kritische Hinweise jederzeit dankbar. Der Verfasser hat in den letzten Jahren Exkursionen durch die meisten Länder Lateinamerikas unternommen, es wurde besonders bei ländlichen Volksmusikern deutlich, dass diese oft nicht ihre genauen Geburtsdaten angeben können. Im vorliegenden Nachschlagewerk wurden neueren Genres der anglophonen Volks- und Populärmusik Lateinamerikas, wie z.B. dem Reggae, nicht die ihnen zustehende detaillierte Beachtung geschenkt. Der Verfasser verweist in diesem Zusammenhang auf ein unlängst im gleichen Verlag erschienenes »Reggae-Lexikon«.

Die einzelnen Termini erscheinen in alphabetischer Folge mit Ausnahme (in Anlehnung an das spanische Alphabet) der mit dem spanischen Buchstaben »Ñ« beginnenden Begriffe. Bei den Personennamen wird generell der erste (im Spanischen der sog. Vatersname) als Suchbegriff aufgeführt, für die Reihenfolge bei mehreren gleichlautenden Namen ist die alphabetische Folge der bzw. des nach dem Komma stehenden Vornamen(s) ausschlaggebend; wenn bekannt, wird auch der zweite Familienname (sog. Muttersname) genannt, der jedoch für die alphabetische Reihenfolge hier nicht von Belang ist.

Am Schluss des Buches: eine Auswahl-Bibliographie und eine Diskographie; beide können auf Grund der ungeheuren Vielfalt sowohl an Büchern als auch an Schallplatten nicht erschöpfend, ja nicht einmal repräsentativ sein. Die Angaben sollen lediglich eine kleine Anregung für den Benutzer des Buches sein.

Der Autor möchte sich bei allen Interpreten, Musiksachverständigen und Institutionen bedanken, die ihm wertvolle Informationen, Anregungen und Hinweise gaben. Ohne ihre Hilfe hätte dieses Buch nicht erscheinen können. Besonderer Dank gilt Odilia Alarma de Lenzuén (Uruguay), Olavo Alén Rodríguez (Kuba), Agustín Barboza (†, Paraguay), Luis Beltrán Vargas (Ecuador), Luis Bordón (Paraguay), Rudolf Conrad (Leipzig), Cristóbal Díaz (Puerto Rico), Alden Dittmann (Berlin), Amambay Cardozo Ocampo (†, Paraguay), Luis Heredia Pallares (Ecuador), Ali Lameda (Venezuela), Katrin Lengwinat (Venezuela), Elisabeth den Otter (Holland), Roy Ramsaroop (Guyana), Roberto Rivera (Chile), Ezequiel Rodríguez Domínguez (†, Cuba), Hernán Tamayo Jácome (Ecuador), Ursula Thiemer-Sachse (Berlin), Daniel Viglietti (Uruguay), Monika Wehrheim-Peuker (Frankfurt/M.) sowie dem Forschungszentrum CIDMUC (La Habana, Kuba), den Kulturabteilungen verschiedener Botschaften in Deutschland, dem Iberoamerikanischen Institut (Berlin), dem Instituto Puertorriqueño de Cultura (San Juan, Puerto Rico), dem Paraguayischen Autorenverband APA (Asunción, Paraguay), dem Panamaischen Kulturinstitut (Panamá-Stadt), ferner Paulo de Carvalho Neto (Brasilien) und weiteren Einzelpersonen und Institutionen. Darüber hinaus möchte ich mich bei meinem Lektor, Rainer Bratfisch, der nicht nur sehr gewissenhaft korrigierte, sondern mir auch wertvolle Ergänzungen vorschlug und bei Herrn Daniel Spitzer für die reibungslose Kooperation in allen Vorbereitungsphasen dieses Buches herzlich bedanken.

Egon Ludwig

Rostock, Januar 2001

Das Abkürzungsverzeichnis befindet sich am Ende des Buches.

A

A lo divino (auf das Göttliche, span.): Sammelbezeichnung für den Komplex des meist aus der Folklore stammenden Liedgutes religiöser Inspiration. Diese in lateinamerikanischen Ländern teilweise noch weitverbreiteten Lieder u. Gesänge sind ebenso wie die Cantos → *a lo humano* wichtiger Bestandteil musikfolkloristischer Traditionen; sie wurden z. B. von Violeta → *Parra* gesammelt und interpretiert.

A lo humano (auf das Menschliche, span.) Sammelbez. für Lieder und Gesänge jeden Charakters, deren Texte dem Menschlichen, den sozialen Beziehungen (Kinder, Liebe, Ehe, Streit usw.) gewidmet sind; vorwiegend der Musikfolklore entstammend, sind sie in allen Ländern Lateinamerikas, z. T. jedoch unter anderen Gattungsbezeichnungen, verbreitet; wurden früher vorzugsweise durch wandernde Volkssänger (Trovadores, Payadores) interpretiert; ihr relig. Äquivalent sind die Cantos a lo divino.

Aapa (von → *Arpa*)
regionale Variante bzw. Bezeichnung einer in der Volksmusik der Yaqui-Indianer Nordmexikos gespielten 30-saitigen Harfe.

Abacuá → *Abakuá*

Abagos, Los –
ekuadorianischer Volkstanz; symbolisiert in allegorischer Form den Kampf zwischen Gut und Böse; während der Sommerfeier Inti-Laimi (→ *Inti Raymi*) in der Region Pichincha aufgeführt.

Abaimahani
religiös inspirierter Gesang, nur von Frauen intoniert; zur Musikfolklore von Belize und Honduras (Garifuna-Region) gehörend.

Abajeña
Variante der argentinischen → *Baguala* in einigen Ortschaften der Provinz Tucumán verbreitet.

Abajeño
mexikanischer Volkstanz der Regionen Jalisco und Michoacán; Unterart des → *Son jalisciense*; typisch sind schnelles musikalisches Tempo sowie vor Beginn der Musik gesprochene Kehrreime (Estribillos). Die zumeist der anonymen Musikfolklore entstammenden Tänze werden durch Violinen begleitet und bilden z.T. das Repertoire lokaler → *Mariachi*-Gruppen.

Abakuá (Abacuá)
afrokubanisches Ritual sog. »Geheimgesellschaften« der Afroamerikaner, an dem nur Männer beteiligt sind und das als Erbe der afrikanischen Sklaven der ethnischen Gruppe Efik in La Habana, Matanzas u. Cárdenas abgehalten wurde, wobei zur musikalischen Begleitung zwei Arten von Musikinstrumenten zum Einsatz kamen 1. Trommeln (Tambores) symbolischen Charakters, auf denen nicht musiziert wird, die im gegebenen Moment jedoch nur kurz angeschlagen werden, um z. B. eine bestimmte Ritualhandlung einzuleiten; diese Klangkörper heißen *Empegó, Ekueñón, Enkríkamo, Seseribo* und *Ekué*. 2. ein Ensemble zum Musizieren, das aus vier Trommeln (Bonkóenchemilla, Biankomé, Obi-apá und Kuchi-yeremá), sowie einem → *Cencerro* (Ekón), zwei Klanghölzern (Palos) u. zwei Schüttelidiophonen → *Erikundi* besteht. Während der nach genau festgelegten Regeln durchgeführten Sessionen (Plantes) von relativ langer Zeitdauer tanzt nur eine Person, der sog. → *Ireme*; die übrigen Mitglieder singen gemeinsam zu den Rhythmen der Instrumente. (→ *Ñáñigo*)

Abalos, Hermanos –
argentinisches Vokal- und Instrumentalquintett; um 1938 in Buenos Aires durch die Gebrüder (Hermanos) Napoleón Benjamín, Adolfo Armando, Roberto Wilson, Víctor Manuel und Marcelo Juan Abalos formiert; das Repertoire bestand zu einem großen Teil aus Stücken der anonymen Musikfolklore Argentiniens (z. B. Zambas, Chacareras und Gatos), die die Mitglieder der Gruppe bei ausgedehnten Feldforschungen in nahezu allen Regionen des Landes wiederentdeckten und unter der Leitung von Adolfo Armando Abalos neu arrangierten. Hervorzuheben ist, dass diese Volksmusikgruppe als eine der ersten ihrer Art das Piano zur Interpretation folklorist. Stücke einsetzte; daneben wurden Gitarren, Violine, die Trommel → *Bombo* u. a. benutzt. Bei RCA Victor und Folkways entstanden zahlreiche Schallplattenaufnahmen, darunter die Titel »Chacarera doble«, »Gato correntino« und »Nana«.

Abanekwe (Abanecue)
Bezeichnung für den Sänger in den → *Abakuá*-Zeremonien.

Abanto Morales, Luis
* 25.8.1923 Trujillo; peruanischer Sänger, Musiker und Liedermacher; in seiner Heimat auch als »Cantor del Pueblo« (Volkssänger, span.) bezeichnet; gehört zu den bekanntesten Interpreten und Autoren kreolischer Musik seines Landes; spezialisierte sich auf die Form → *Vals peruano*; unter versch. Labels (u. a. Odeon) erschienen zahlreiche Schallplattenaufnahmen, darunter die Titel »Vibora«, »Ajiseco« u. »Trujillanito«.

Luis Abanto Morales: LP »Abanto en Odeon« – Odeon LD 1359-Lima, um 1965

ABC (A-Be-Ce)
brasilianische Romanze, die sich vorwiegend in den Gebieten des Landesnordostens großer Beliebtheit erfreut und Teil der Musikfolklore ist. Jede Strophe eines »ABC«, meist Vierzeiler bzw. siebensilbige Sechszeiler, beginnt mit einem Buchstaben des Alphabets; in der Folge werden alle Buchstaben zur zumeist spontan improvisierten Versbildung herangezogen. Die von → *Viola*, Gitarre u./o. Akkordeon (Sanfona) begleiteten Strophen beruhen auf einer jahrhundertealten Tradition; die Thematik reicht von historischen Begebenheiten wie der Schilderung von Heldentaten (→ *Lampião*) über alltägliche Probleme, Liebesgeschichten bis hin zu satirisch-kritischen, oft auch sehr humorvollen Texten.

Abébe (Abebé, Bebé, Leque-de-Oxum)
mit seidenem Gewebe bespannter, mit Pfauenfedern, vielfarbigen Glasperlen u/o. Schneckenhäusern verzierter Fächer, der während der Sessionen der afrolateinam. Kulte → *Santería* bzw. → *Macumba* verwendet wird, um dem → *Orisha* (Orixa) Kühlung zuzufächeln.

Abel e Caim
brasilianisches Vokal- und Instrumentalduo der → *Música caipira*; in den 60er Jahren durch José Vieira »Abel« (* 1929) und Sebastião Silva »Caim« (* 1944) formiert; unter den Labels Chantecler und RCA Victor wurden einige LPs produziert, darunter die Titel »Desprecio« und »Natureza«.

Abeng
auf Jamaika durch Viehhirten gespieltes, aus einem Rinderhorn hergestelltes aerophones Musikinstrument.

Abigeo
peruanischer Volkstanz dramatischen Charakters, indianisch inspiriert; wird in der Region von Cotabambas (Apurímac) aufgeführt.

Abitbol, Isaac »Isaco«
* 29.11.1917 Alvear (Corrientes); argentinischer Musiker (Bandoneón, Akkordeon); hervorragender Vertreter der → *Música litoraleña*; trat der Gruppe von Emilio Chamarro bzw. dem Cuarteto → *Santa Ana* bei, formierte mit Roberto Galarza und Julio Lorman ein Trio, mit Florentín Gómez ein Duo, sowie die Gruppe *Isaco y su Conjunto Correntino*, die insgesamt vorwiegend Titel der Form → *Chamamé* interpretierten. Unter versch. Labels (u. a. Odeon und Music Hall entstanden zahlreiche Schallplatten.

Aboio
brasilianischer Gesang in freier rhythmischer Form, in Silben oder Interjektionen vorgetragen; die Melodie bewegt sich auf der Basis der Vokale A, E oder O; gehört zu den Arbeitsgesängen (→ *Canto de trabajo* [trabalho]) ländlicher Zonen Nordost- und Nordbrasiliens; durch Viehhirten (Vaqueiros) zur Beruhigung der Herde angestimmt.

Abozao
Volkstanz der Afroamerikaner der Pazifikregion Kolumbiens; meist durch die Instrumente → *Tambor* und → *Maracas* begleitet.

Abreu, Hermanos – (Gebrüder Abreu)
kubanische Schlagzeuger des → *Jazz cubano* und afrokubanischer Populärmusik wie z. B. → *Guaguancó*; Ricardo, Luis, Alfredo und Jesús Abreu bildeten 1959 in La Habana das Quartett Los → *Papines*, das durch seine virtuosen Instrumentalsoli auf afrokubanischen Trommeln bekannt wurde, u. a. im → *Tropicana* und im Olympia (Paris) auftrat und unter verschiedenen Labels mehrere LPs produzierte, darunter der Titel »A parche solo«.

Abreu, José Maria de
* 7.2.1911 Jacarei, † 11.5.1966 Rio de Janeiro; brasilianischer Sänger, Musiker (Piano) und Komponist; war u. a. bei Rádio Mayrink Veiga als Pianist tätig; hinterließ mehr als 1000 Kompositionen: Walzer, Lieder (Canções) und Sambas, darunter die Stücke »Isso é Brasil« (Samba) und »Boa noite amor« (Valsa).

Abreu, Zequinha de
(eigtl. José Gomes de Abreu) * 19.9.1880 Santa Rita (São Paulo), † 22.1.1935 São Paulo; brasilianischer Musiker (Piano), Komponist und Bandleader; gründete um 1899 die Gruppe *Lira Santarritense* und weitere Orchester der Populärmusik, darunter 1935 in São Paulo die aus 35 Musikern bestehende *Banda Zequinha de Abreu*, die große Popularität erlangte. A. schrieb u. a. den bekannten, heute noch gespielten Titel »Tico tico no fubá« (Choro, 1917) sowie den Walzer »Branca«.

Abrideira
(von »abrir« = eröffnen, port.) in Brasilien übliche Bez. für den Eröffnungstanz auf Volksfesten, musikalischen Wettbewerben usw.; das Gegenstück ist die *Saideira*, der Schlusstanz.

Abril, Grupo –
chilenisches Vokal- und Instrumentalquintett; Vertreter des Neuen Chilenischen Liedes (Canto Nuevo); 1979 in Santiago de Chile durch Gonzalo Acuña (Gitarre), Constanza »Tati« Penna (Gesang, Gitarre), Marcelo Aedo (Bass), Raymundo Garrido (Perkussion) und Claudio Merino (Keyboards) formiert; nahm u. a. am Festival → *Viña del Mar* teil; bei Alerce entstanden interessante Schallplattenaufnahmen, darunter der Titel »Y estamos quietos«.

Abrodos, Hermanos -
argentinisches Vokal- und Instrumentalsextett; in den 30er Jahren durch die Gebrüder (Hermanos) Abrodos formiert. Unter der Leitung von

Miguel R. Abrodos, der auch komponierte und arrangierte, hat die Gruppe Volksmusik u. a. der Formen → *Zamba*, → *Gato* und → *Cueca cuyana* interpretiert; unter den Labels Odeon und Musik Hall entstanden zahlreiche Schallplattenaufnahmen, darunter die Titel »El Pintao« und »La Doble« sowie eine Serie mit traditionellen, z. T. nicht mehr aufgeführten Volkstänzen.

Abuelito
(Großväterchen, span.)
alter, seit längerem kaum noch aufgeführter chilenischer Volkstanz; wurde durch Folkloristen aus Chile erforscht und dokumentiert.

Abwes
Regionalbezeichnung des Schrapinstruments → *Güiro* in der Yorubasprache (z. B. in Kuba).

Academia
1. vor der Jahrhundertwende in versch. Ländern Lateinamerikas häufig verwendete Bezeichnung einer Tanzschule, später wurde der Begriff auch auf Musikervereinigungen, Orchester oder Gruppen übertragen; in Buenos Aires und Montevideo insbes. Tanzschule für den → *Tango*, in Rio de Janeiro gilt die A. als Vorläufer der Samba-Schulen (→ *Escola de Samba*). 2. Tanzfestlichkeit in Valledupar (Kolumbien), bei der der Tänzer an seine Partnerin einen bestimmten Geldbetrag pro Tanz zu entrichten hat.

Academia Brasileira de Música
(Brasilianische Musikakademie, port.), eine der bedeutendsten musikwissenschaftlichen Institutionen Brasiliens; am 14.7.1945 durch Heitor → *Villa-Lobos* in Rio de Janeiro gegründet; vereint Persönlichkeiten aller musikal. Genres. Anliegen sind die Pflege der Musik und die Bewahrung und Förderung des Musikerbes, die Intensivierung des Studiums bzw. der Erforschung der Musik Brasiliens und ihre Auswertung unter historischen, sozialen und ästhetischen Gesichtspunkten sowie die Stimulierung der Herausgabe, Aufzeichnung und Verbreitung von Werken brasilianischer Komponisten.

Academia Nacional del Tango
argentinisches Institut zur Erforschung des → *Tango ríoplatense*; am 9.7.1990 in Buenos Aires gegründet; betreibt umfangreiche Forschungen auf dem Gebiet der Entwicklungsgeschichte des Tango.

Acadêmicos do Salgueiro, Escola de Samba
eine der bekanntesten brasilianischen Sambaschulen (→ *Escola de Samba*); am 2.8.1953 in Tijuca (Rio de Janeiro) als Nachfolgerin der seit 1940 bestehenden Karnevalsgruppe *Depois Eu Digo* etabliert. Namhafte Interpreten u. Komponisten wie der Musiker Eduardo de → *Oliveira* gingen aus ihr hervor; sie gewann einige der jährlichen Wettbewerbe der Karnevals-Samba-Schulen; erfolgreiche Sambas der Gruppen waren »Eneida, amor e fantasia« (Samba, 1971) u. »Valongo« (Samba, 1976).

ACCAM (Abk. f. Asociación Cubana de Compositores y Autores Musicales)
kubanischer Verband der Komponisten und Textdichter; am 24.10.1984 in La Habana gegründet, zählt etwa 6000 Mitglieder; Präsident ist der Musiker Tony → *Taño*.

Acento
(Akzent, span./port.) Modulation der Singstimme; als Begriff zuweilen auch im Sinne von Ton (Sound) angewandt.

Acerina y su Danzonera
kubanisch-mexikanisches Tanzorchester, eine sog. → *Danzonera*; 1930 in México-Stadt durch den kubanischen Musiker Consejo Valiente formiert; trat am 20.4.1930 bei der Eröffnung des → *Salón México* erstmals vor einem größerem Publikum auf; spielte im wesentlichen nur Stücke der Form → *Danzón* wie »Almendra« und »Salón México«, die auf Schallplatten u. a. der Labels Ansonia und des Labels Orfeón erschienen sind.

Acevedo, Benjamín
* 1938 Los Santos; panamaischer Sänger und Liedermacher; aus einer Bauernfamilie stam-

mend, bekannter Interpret der → *Décima* und anderer folkloristischer Formen.

Acevedo Florez, Olga »La Huilense«
* Huila; kolumbianische Musikerin; bekannte Solistin auf dem Volksinstr. → *Tiple*; hat 1966 erste Schallplattenaufnahmen produziert; interpretierte folklorist. Stücke u. a. der Formen → *Bambuco*, → *Guabina* und → *Torbellino*; auf LPs (Labels CBS, Bambuco u. a.) erschienen Titel wie »Adiós al Huila« und »Espumas«.

Acevedo Sosa, Plácido
* 13.6.1906 Aguadilla, † 27.2.1974 das.; puertorikanischer Musiker (Trompete, Bombo, Redoblante) und Komponist; trat in Varietés u. im Zirkus auf; gründete 1938 in New York das berühmt gewordene Cuarteto → *Mayarí*.

Acevedo, Ricardo
* 19.9.1932 Valparaíso; chilenischer Gitarrist; begann mit 12 Jahren Gitarre zu spielen, wirkte seit 1958 als Solist und interpretierte vorwiegend folkloristische Titel wie »El Aire« und »La yegua tordilla«, die bei Odeon auf Schallplatte erschienen.

Acevedo Bernal, Ricardo
* 4.5.1867 Bogotá, † 7.4.1930 Civito-Vecchia (Italien); kolumbianischer Musiker (Tiple, Bandola, Gitarre), Komponist, daneben Maler; gilt als einer der hervorragendsten Solisten Kolumbiens auf der → *Bandola*; war Mitglied der → *Lira Colombiana*, in der er → *Tiple* spielte; komponierte zahlreiche Stücke insbes. der Form → *Pasillo*, darunter die Titel »Ibis«, »Mayo«, »Sideral« und »Zagal«.

Aceves Mejía, Miguel
* 13.11.1916 Chihuahua; mexikanischer Sänger und Liedermacher; bekannter Vertreter des → *Ranchera*-Gesangs; begann Ende der 40er Jahre zunächst kubanische Musik (Boleros, Guajiras) zu interpretieren, war später bei Radio XEW (México-Stadt) als Gesangssolist tätig und erreichte ab 1950 als Sänger insbes. der Formen Ranchera, → *Corrido* und → *Huapango* große Popularität; publizierte bei RCA Victor eine größere Zahl von LPs, darunter die Titel »Tú sólo tú«, »Ella« und »La Malagueña«.

Acompañamiento
(Begleitung, span.; port.: acompanhamento) instrumentale u./o. vokale Begleitung aller Arten von Musik.

Acordeón (Akkordeon, Ziehharmonika)
in der Volks- und Tanzmusik vieler Länder Lateinamerikas eingesetzt, teilweise unter verändertem oder anderem Namen wie Accordión (Teile von Mexiko), Acordeão, Sanfona, Harmônica o. Gaita-de-foles (Brasilien), Cuereta (Venezuela), Cordiona (Argentinien, Paraguay) u. a.; vor allem durch Seeleute ab 1850 in versch. küstennahe Gebiete bzw. durch deutsche Einwanderer im XIX. Jh. nach Südbrasilien bzw. Südchile gebracht; durch spanische Einwanderer wurde es insbes. in Kuba und Puerto Rico verbreitet. Nachweisbar ab 1870 bildete es im Nordosten Argentiniens und in Teilen von Uruguay ein wichtiges Volksmusikinstrument, ferner wird es heute in Paraguay, in Nordostbrasilien, Chile (u. a. in der → *Cueca*), Peru, Panamá, Mexiko (→ *Música norteña*), Kolumbien (→ *Música vallenata*), Zentralamerika (z. B. Nikaragua und Honduras), in der Dom. Republik, ferner in der → *Música chicana* und in weiteren Ländern von Lateinamerika gespielt. Zum Einsatz kommen sowohl Knopf- als auch Tasteninstrumente. In einigen Ländern (z. B. Kuba) ist die Verwendung rückläufig. Bekannte Solisten (acordeonistas) sind Abdiel Aparicio (Panamá), Raúl Barboza (Argentinien), Segundo → *Bautista* (Ekuador), Luíz → *Gonzaga* (Brasilien), Carlos → *Mejía Godoy* (Nikaragua), Ambrosio → *Miño* (Argentinien), »Papi« → *Meza* (Paraguay), Ernesto → *Montiel* (Argentinien), Emiliano → *Zuleta* (Kolumbien) u. v. a.

Acosta, Alci (eigtl. Alcibíades A. Cervantes)
* 5.11.1938 Soledad (Atlántico); kolumbianischer Sänger und Musiker (Piano); sang vor allem Tangos und peruanische Walzer; seine

mehr als 30 LPs erreichten hohe Auflagen, darunter sein Titel »Odio gitano«.

Acosta García, Gustavo »Ricardo Vásquez«
* 28.9.1937 Zipacón (Cundinamarca); kolumbianischer Folkloresänger; spezialisierte sich auf die Interpretation von Titeln der Formen → *Bambuco* und → *Pasillo*; daneben sang er romantische Boleros und Balladen.

Acosta, Ildefonso
* 24.1.1939 Matanzas; kubanischer Musiker (Violine, Gitarre) und Liedermacher; schrieb zahlreiche Gitarrenstücke; ist z. Z. am Musikalischen Ausbildungszentrum von Matanzas als Professor für Gitarre tätig; veröffentlichte eine LP bei Areito.

Acosta, Leonardo
* 25.8.1933 La Habana; kubanischer Musiker (Saxophon), Musikograph und Schriftsteller; wirkte in verschiedenen Formationen der Populärmusik und des Jazz; A. war Mitbegründer der Gruppe → *Experimentación Sonora del ICAIC* und veröffentlichte u. a. bei Areito einige LPs.

Acosta Ojeda, Manuel Abraham
* 16.3.1930 Lima; peruanischer Sänger und Komponist, hervorragender Vertreter der → *Música criolla*; schuf etwa 400 Stücke, darunter die Walzer »Madre« und »Si tú me quisieras«. A. war in den 90er Jahren Präsident des Peruanischen Komponistenverbandes; Träger mehrerer staatlicher Auszeichnungen.

Acuña, Alberto Hilarión
* 1899, † 1976; argentinischer Sänger, Gitarrist und Liedermacher; schrieb zahlreiche Stücke der Volks- und Populärmusik, von denen einige, wie der Tango »Mi suegra no me quiere«, von Carlos → *Gardel* gesungen wurden.

Acuña, Hermanas -
(Las Caracolito) chilenisches Folkloreduett, 1944 in San Carlos (Ñuble) durch die Geschwister Amanda und Elsa Acuña Zambrano formiert; interpretierte vorwiegend Titel der Formen → *Cueca chilena* und → *Tonada* wie »O' Higgins y la independencia« und »La feria de Chillán«, die z. T. auf Schallplatten (Label RCA Victor) erschienen sind.

Adagio
1. in langsamem Tempo vorgetragenes Vokal- und Instrumentalstück; als vokale Form in balladeskem Stil interpretiert. 2. in Südbrasilien meist siebensilbig aufgebaute langsame Gaucho-Lieder, auf die sprachliche Tradition der Redondilha (→ *Redondilla*) aufbauend.

Adams Cisneros, Salvador
* 6.8.1894 Santiago de Cuba, † 21.1.1971; kubanischer Sänger und Liedermacher; bekannter Vertreter der trovadoresken Musik; arbeitete eng mit Miguel → *Matamoros* zusammen, bildete einige Gruppen (z. B. das Trío Toronto, um 1923), mit denen er einige Schallplatten aufnahm, so die Criolla »Altiva es la palma« (1926).

Adaptación (Adaptation)
Anpassung z. B. einer ausländischen Komposition an jeweilige Klangbilder eines Landes bzw. einer fremdsprachlichen Textversion an die Landessprache; in Lateinamerika werden bei Übersetzungen die Originaltexte weitgehend beibehalten.

Adarrum
Bezeichnung für den wirkungsvollsten, am meisten der Tradition verhafteten Rhythmus der Trommel → *Atabaque*, besonders innerhalb der Sessionen des → *Candomblé* bzw. der → *Macumba* praktiziert.

Adelita, La -
weltbekannte mexikanische Volksweise im Rhythmus eines → *Corrido;* während der Revolution (1910 – 1917) entstanden, noch heute von fast allen mexikanischen Orchestern (→ *Mariachi*), Gruppen und Sängern, darüber hinaus von ausländischen Formationen sowohl in Originalversion als auch als Mambo, Cha-cha-chá, Rumba oder Rock interpretiert. Über den

Ursprung gibt es verschiedene Deutungsversuche. So soll »La A.« 1915 von Elías Cortázar in Tampico geschrieben worden sein, eine andere Version deutet auf einen Sergeanten namens Antonio del Río Armanta als Autor hin.

Adentro! (Hinein!, span.)
spontaner Ausruf eines Sängers oder Musikers als Ankündigung vor Beginn des Gesanges nach der instrumentalen Einleitung eines Musikstücks (Introducción); vereinzelt auch Auftakt zu Instrumentaltiteln; u. a. bei der argentinischen → *Zamba* und weiteren Formen in Uruguay, Chile und Bolivien gebräuchlich.

Adja → *Campana*

Adoración (Anbetung, Verehrung, span.)
1. Synonym für die Ausübung bestimmter religiös-folkloristischer Handlungen oder Kulte; in weiten Teilen Lateinamerikas verbreitet. 2. Variante des → *Villancico* in Bolivien und Peru, mit indianischen Komponenten angereichert und rein religiöser Natur. In Bolivien wird der Text sehr oft zweisprachig (Spanisch und Quechua bzw. Aymará) gesungen. Moderne Folkloregruppen integrieren Lieder dieser Art in ihr Repertoire.

Adrenalina Caribe
venezolanische Vokal- und Instrumentalgruppe moderner Tanzmusik; nach 1980 formiert; spezialisierte sich auf die Interpretation der Mischform → *Salsa* und publizierte einige LPs, darunter der Titel »Soledad«.

Aduf (Adufe)
kleine Handtrommel quadratischer Form, maurisch-iberischen Ursprungs, in der Volksmusik u. a. Guatemalas (zur musikalischen Begleitung der → *Zarabanda*) eingesetzt; eine heute nur noch wenig benutzte brasilianische Variante heißt *Adufe* oder *Pandeiro morisco*.

Adufo
regionale Variante des brasilianischen Brummtopfes → *Cuíca*, in der Volksmusik einiger Ortschaften des bras. Bundesstaates Alagoas eingesetzt.

Advis Vitaglic, Luis
* 10.02.1935 Iquique; chilenischer Musiker (Piano), Komponist und Orchesterdirektor. A. leitete verschiedene Orchester sowohl der ernsten als auch der populären Musik; bekannt wurde er durch die Komposition der Musik zur »Cantata → *Santa María de Iquique*«, weiterhin vertonte er einige Poeme des chilenischen Nationaldichters Pablo → *Neruda*. Des weiteren schrieb er u. a. die Stücke »Vamos mujer«, »Al mirar tus ojos negros«, »Cuplé de la viuda« und »Chile herido« (mit Jorge Coulon).

Aficionado (Liebhaber, Verehrer, span.)
1. Person mit ausgesprochener Hinwendung zu einem bestimmten Gebiet insbes. der Musik. 2. Amateurmusiker, -sänger oder -komponist im spanischsprachigen LA.

Afinación (Stimmung, Einstimmung, span.)
Stimmen eines Musikinstr., vorwiegend einer Gitarre oder einer Harfe.

Afoxe (Afoche, Caboca, Piano-de-cuia)
Schüttelidiophon; in der afrobrasilianischen Musik eingesetzt; Gefäße, die, mit Samenkörnern oder Steinchen gefüllt, beim Musizieren rhythmisch geschüttelt werden.

Afoxé
Bez. für Karnevalsgruppen in Bahia (Brasilien). Afrobrasilianer, in spezielle Trachten gehüllt, singen Lieder in afrikanischen Sprachen (Nagô); auch bestimmte → *Candomblé*-Veranstaltungen profanen und öffentlichen Charakters tragen diesen Namen.

Africa (Afrika)
der »schwarze Kontinent«; Ursprungsgebiet der negroiden Komponente der heutigen lateinam. Musik. DieTranskulturation von Elementen der afrikanischen Folklore nach Amerika vollzog sich im Kontext zu den ab 1501 durch Spanien, Portugal, England, Holland, Frankreich und zu-

letzt durch die USA durchgeführten Sklavendeportationen, bei denen vornehmlich Afrikaner aus Zentralafrika (Nigeria, Dahomey und Kongo) in Übersee zwangsangesiedelt wurden. Merkmal der afr. Musikfolklore (→ *Música negra*) sind der massive Einsatz von Perkussionsinstrumenten, meist Trommeln, das → *Call & Response*-Prinzip des Gesangs und der schnelle, meist erotisch betonte Tanz.

African Jazz → *Jazz africano*

African Jazz, Orchestre -
kongolesisches Tanzorchester, 1953 in Léopoldville (heute Kinshasa) durch den Sänger und Musiker Joseph Kabaselle »Kallé« (1930 – 1983) gegründet; gilt als eine der bekanntesten Formationen der → *High Life Music*.

Afro
1. generelle Bezeichnung, die auf afrikanischen (negroiden) Ursprung hinweist. 2. zur Populärmusik Kubas gehörender Tanz; aus Komponenten der afrokubanischen Musiktradition entstanden und vorwiegend in die Tanzmusik der 30er und 40er Jahre des XX. Jh. eingebracht. Armando → *Oréfiche* u. a. komponierten oder arrangierten derartige Stücke.

Afrocuba, Grupo -
kubanische Instrumentalgruppe, auf den → *Jazz latinoamericano* spezialisiert; wurde 1977 in La Habana durch den Saxophonisten Nicolás Reinoso formiert und begleitete vorwiegend den Sänger Silvio → *Rodríguez*.

Afro Cuban Jazz (Jazz afrocubano)
in Kuba bzw. durch in den USA lebende kubanische Musiker entwickelte Stilrichtung des → *Jazz latinoamericano* der späten 40er Jahre des XX. Jh. Vertreter sind u. a. Dizzy Gillespie, »Stan« Kenton und kubanische Musiker, vor allem Perkussionisten, die Komponenten des Jazz und der traditionellen afrokubanischen Musik miteinander verbinden. Aus Nordamerika flossen überwiegend Bestandteile des Bebop ein, während bestimmte rhythmische Elemente der traditionell-populären Musik Kubas entnommen wurden. Orchester und Gruppen passten ihren Stil teilweise der neuen Richtung an (→ *Jazzband cubano*); sehr bekannt wurde der afrokubanische Musiker »Chano« → *Pozo*.

Afrocubano, Sexteto -
kubanisches Vokal- und Instrumentalsextett; 1936 in La Habana durch den Sänger und Musiker Santos Ramírez »El Niño« formiert; bekannte Gruppe des → *Son cubano*; ihr wird zugeschrieben, als erste derartige Gruppe das Instrument → *Tumbadora* (gespielt von Vidal Benítez) in Formationen dieses Typs verwendet zu haben.

Afro Samba
Variante des brasilianischen → *Samba*, Misch-

Tumbadora-Spieler aus einer Musikgruppe des Afro Cuban Jazz

form, nach den 1960er Jahren von Jorge → *Ben* unter Einbeziehung weiterer Elemente afrobrasilianischer Musik geschaffen.

AGADU (Abk. f. Asociación General de Autores del Uruguay)
1928 in Montevideo gegründeter Dachverband zur Wahrnehmung von Autorenrechten für Musik. Zu den Initiatoren gehören u. a. Otilia → *Alarma de Lenzuén*, Carlos Warren und Dr. Pérez Petit, letzterer ist Gründungs-Präsident dieses Verbandes.

Agogó (Agógo, Aggogo, Gã, Gan, Gongué)
Idiophon; Doppelglocke aus Eisenblech, die mit einem Metallstab angeschlagen wird, wobei jede Glocke unterschiedliche Töne erzeugt. Sind diese Glocken an der Krone miteinander verschweißt, werden sie als → *Adja* bezeichnet und werden bei verschiedenen afrolateinamerikanischen Kulten (→ *Candomblé*, → *Santería*) zur Anrufung (→ *Invocación*) übernatürlicher Wesen verwandt.

Agreda Sánchez, Glicerio »Embajador del Ande«
* 21.12.1929 Ancash; peruanischer Sänger, Musiker und Komponist folkloristischer und populärer Musik; schuf zahlreiche Stücke der Formen → *Huayno*, → *Pasacalle* und → *Chicha*, darunter die Titel »Cholita Ruperta« (Huayno), »Pasacalh Kuyull« (Pasacalle) und »Tía Juana« (Chicha).

Agri, Antonio Pablo
* 5.5.1932 Rosario; argentinischer Musiker (Violine); Vertreter des neueren Tango; gehörte verschiedenen lokalen Gruppen wie *Los Provincianos* an, war ab 1962, zusammen mit Astor → *Piazzolla*, Mitglied des Quintetts *Nuevo Tango*; gründete 1976 in Buenos Aires ein eigenes Orchester, mit dem er zahlreiche LPs (Label CBS) produzierte, darunter die Titel »Divina Sur« und »La última curda«.

Aguado, Ana
* 3.5.1866 Cienfuegos, † 6.5.1921 La Habana; kubanische Sängerin; sang ab 1889 religiöse Lieder, so war sie Solistin der Kirche San Francisco in New York und kehrte nach Beendigung des Unabhängigkeitskrieges (1898) nach Kuba zurück, wo sie sich der Ausbildung des sängerischen Nachwuchses widmete.

Agua'e nieve (Agüanieve)
afroperuanischer Volkstanz, von Männern ausgeführt; nach jedem Tanzschritt wiederholt sich der Rhythmus der Begleitmusik; es sind gewisse Einflüsse der spanischen *Soleares* erkennbar. Der Folkloreforscher Nicomedes → *Santa Cruz G.* studierte diesen Tanz mit seiner Folkloregruppe ein.

Aguayo Alonso, Samuel »Trovador Villetano«
* 26.12.1909 Villeta, † 18.03.1993 Asunción; paraguayischer Sänger, Gitarrist, Komponist und Bandleader; bekannter Interpret folkloristischer Musik Paraguays und Nordostargentiniens, hat ab 1927 bei Victor erste Schallplattenaufnahmen, darunter das bekannte Stück »India« (1928) produziert, denen 1200 weitere Titel folgten, die vorwiegend durch die von ihm geleiteten Gruppen und Orchester begleitet wurden, darunter »Noches del Paraguay« (seine bekannteste Komposition), »Che jazmín poty« und »Iñongatupy«; insgesamt wurde A. mit 11 »Goldenen Schallplatten« und zahlreichen anderen Preisen ausgezeichnet.

Agudelo, Jimmy
* 1951 Bogotá; kolumbianischer Sänger und Gitarrist; begann seine Laufbahn als Interpret der erfolgreichen Komposition »Amor de amor«; nahm zahlreiche Stücke auf LPs auf.

Agudelo, William
* 14.11.1943 Bolombolo (Kolumbien); nikaraguanischer Sänger, Gitarrist und Liedermacher; lebte und wirkte längere Zeit auf der Insel Solentiname (Nikaragua-See), die als Keimzelle der Bewegung des Neuen Nikaraguanischen Liedes gilt; seine Lieder, z. T. auf Schallplatten veröffentlicht, beruhen auf religiös-folkloristischen Traditionen, darunter die Titel »Salmo 119« und »Fulgencio el carretero«.

Agué (chekeré, xaque-xaque, cabaça)
Idiophon; in der Musikfolklore verschiedener Länder Lateinamerikas, vor allem Brasiliens, verbreitet; eine → *Maracá*, deren kugeliger oder eiförmiger Körper mit einer Netzumhüllung versehen wurde; locker angebundene Steinchen, Muscheln, Schneckenhäuser u. ä. schlagen beim rhythmischen Bewegen des Instruments gegen die Außenwand, wodurch ein typisches Geräusch erzeugt wird.

Aguila, Hermanas -
mexikanisches Vokalduett, 1931 in Guadalajara durch die Schwestern Esperanza und María Paz Aguila Villalobos formiert. Sie waren hervorragende Interpreten u. a. der Formen → *Corrido* und → *Ranchera*; Schallplattenaufnahmen entstanden vorwiegend bei RCA Victor, darunter die Titel »Amargura« und »El botecito«.

Aguilar, Alejandro »El Príncipe del Laúd«
* 21.4.1906, † 1986 La Habana. Corral Falso (heute: Pedro Betancourt); kubanischer Sänger, Musiker (Laute), Liedermacher und Bandleader; bekannter Vertreter der → *Música campesina* Kubas; volkstümlicher Dichter und Interpret der → *Décima*; wirkte in Folkloregruppen, darunter im Cuarteto de Trovadores Cubanos und formierte später das Ensemble Grupo Campesino de Aguilar, mit dem er vorwiegend den → *Punto cubano* interpretierte. Schallplattenaufnahmen entstanden unter diversen Labels.

Aguilar Barrasa, Antonio »Tony«
* 1926 Villanueva (Zacatecas); mexikanischer Sänger, Liedermacher und Filmschauspieler; einer der bekanntesten und besten Interpreten von → *Ranchera* und → *Corrido*; publizierte mehr als 40 LPs und wirkte als singender Schauspieler in etwa 100 Filmen mit. Zu seinen Titeln, vorwiegend bei Musart herausgebracht, gehören u. a. »Mi Lupita«, »Alondra« und »La cantinera«.

Aguilar, José María »El Indio«
* 7.5.1891 Montevideo, † 21.12.1951 Buenos Aires; uruguayischer Gitarrist und Liedermacher; gehörte 1928 einem Gitarren-Terzett an, das das Dúo → *Gardel-Razzano* begleitete. A., seit 1926 in Buenos lebend, schuf zahlreiche Stücke insbesondere der Form → *Tango*, darunter »Las Madreselvas« (1928, Zamba) und »Murió el pájaro cantor« (Canción).

Aguilar Solórzano, Víctor Wotzbelí
* 14.6.1897 Huehuetenango, † 14.7.1940 Quetzaltenango; guatemaltekischer Musiker (Piano, Marimba, Gitarre) und Komponist; hervorragender Vertreter landestypischer Musik; schuf den neuen Tanz → *Guarimba* und schrieb zahlreiche Stücke, die zum Standardrepertoire der → *Marimba*-Gruppen Guatemalas gehören, darunter »Tristezas guatemaltecas«, »El Trece« und »Patrona de mi pueblo«.

Aguilera Ripoll, Ana Margarita
* 1903 Holguín, † 25.7.1971 La Habana; kubanische Musikologin und Professorin für Musik; studierte Piano; erforschte später vorwiegend Kinderlieder der anonymen Musikfolklore; gab 1960 die Liedsammlung »Cancionero Infantil de Hispanoamérica« (Kinderlieder aus Spanisch-Amerika) heraus.

Antonio Aguilar – LP »El Charro de México« – Musart D-694 (1965)

Aguinaldo

spezifische Variante des → *Villancico*; in Venezuela, Puerto Rico, der Dom. Republik, vereinzelt auch in Kuba verbreitet; Tanzlieder fröhlichen Charakters, zumeist im Rhythmus einer → *Guaracha* oder eines → *Merengue*, seltener auch in langsamem Tempo als → *Décima* interpretiert; wird von Saiteninstrumenten (Gitarren oder deren regionale Varianten), Perkussion (Trommeln) und dem Akkordeon begleitet; vor allem zwischen Weihnachten und dem 6. Januar (Dreikönigstag) gespielt; Schilderungen lustiger Begebenheiten aus dem Alltag bis hin zu sozialkritischen Protesten sind Inhalt der dazu gesungenen Texte. Laut Forschungen des puertorikanischen Folkloristen Amaury Veray wurde der A. von dem Musiker Louis M. → *Gottschalk* in Puerto Rico eingeführt.

Aguirre »Cholo« (eigtl. Alberto Félix Aguirre) * 21.2.1930 Esquina (Corrientes); argentinischer Sänger, Musiker, Liedermacher und Bandleader; gilt als bedeutender Vertreter der → *Música litoraleña*; mit der von ihm formierten und geleiteten Gruppe *Los Amigos Litoraleños* interpretierte er von ihm verfasste Stücke wie »Río anónimo« (Litoraleña), »Río de amor« (Rasguido doble), »Río rebelde« (Polka) und die weithin bekannte Litoraleña »Río Manso«, die auf Schallplatten verschiedener Labels (u. a. Philips) erschienen sind.

Aguirre, Julián

* 28.1.1868 Buenos Aires, † 13.8.1924 das.; argentinischer Musiker (Piano) und Komponist; er studierte am Konservatorium von Madrid; war später als Professor für Gesang am Konservatorium von Buenos Aires tätig; komponierte zahlreiche Stücke für Piano und Gitarre, die sich an das nationale Volksmusikerbe anlehnen, darunter »Gato«, »Hueya«, (Huella), »Zamba«, »Serenata campestre« und »Vidalita«.

Aieta, Anselmo Alfredo »Lagaña«

* 5.11.1896 Buenos Aires, † 21.9.1964 das.; argentinischer Musiker (Bandoneón), Komponist und Bandleader; wurde durch Genaro → *Espósito* ausgebildet und zählt wie letzterer zu den bekannten Vertretern der sog. Alten Garde des → *Tango*; gehörte ab 1920 dem Orchester von Francisco → *Canaro* an und komponierte insbes. Tangos, darunter die Titel »Aluminé«, »Tómbola« und »Huérfano« (1922).

Airampos, Los - (Agrupación Nativista de Danzas Los A.)

peruanische Folkloregruppe, in den 70er Jahren in Tilcaro mit ca. 40 Mitgliedern – Sänger, Musiker und Tänzer – unter der Leitung von Mericia Alvarez Prado formiert. Die Gruppe interpretiert regionale Volkslieder und -tänze wie → *Huayno* und präkolumbische Formen.

Aire

1. Allgemeinbezeichnung für eine bestimmte Lied- oder Tanzform, auch Synonym für »Genre«, ebenso als Identifikation für Spielweise, Versform, Taktmaß usw. gebräuchlich. 2. selten verwendete Bez. für den alten argentinischen Tanz Los → *Aires*.

Aire indio

indianisches Lied in freiem Rhythmus und freier Form; in allen von indianischen Bevölkerungsteilen bewohnten Regionen Lateinamerikas verbreitet; in Bolivien fester Bestandteil der nationalen Musikfolklore.

Aire típico

ekuadorianisches Tanzlied, sehr melodiös; in lebhaftem Tempo auf Instrumenten wie Gitarre, Harfe, Akkordeon u./o. Piano gespielt; zur Musikfolklore Ekuadors gehörend.

Aires, Los -

alter argentinischer Volkstanz im 6/8-Takt; war früher auch in Uruguay und Chile populär; heute insgesamt nur noch wenig verbreitet. Der dem → *Escondido* ähnelnde Tanz wird von Paaren in offener Form ausgeführt; dazu wird gesungen; der Gesangsteil besteht aus zwei Teilen der → *Copla* und dem Kehrreim (Estribillo); zuweilen werden auch Varianten mit → *Relación* dargeboten. Einige neuere Folkloregruppen interpretieren Los Aires noch zur Traditionspflege.

Airto (eigtl. A. Guimorva Moreira)
* 5.8.1940 Itaiapolis (São Paulo); brasilianischer Sänger und Musiker (Perkussion); Vertreter des brasilianischen Jazz; studierte Musik (Piano, Gitarre, Perkussion) zunächst in São Paulo, später (1968) in Los Angeles. In New York trat er, zusammen mit seiner Frau, der Sängerin Flora → *Purim*, in Sessionen mit Stan Getz und weiteren Jazz-Musikern auf. Unter verschiedenen Labels entstanden zahlreiche LPs, darunter die Titel »Pablo Sereno« und »Asas da imaginação«.

Ajo, Hermanos - (y su Órgano Oriental)
kubanische Instrumentalgruppe; 1959 in Holguín durch die Gebrüder (Hermanos) Arquímedes, Arnaldo und Alcides Ajo als Formation vom Typ eines → *Organo Oriental* gegründet; setzte den Einsatz von Drehorgeln als eine im Ostteil Kubas (Oriente) einmalige Musiktradition fort; vorwiegend wurden Stücke der Formen → *Son cubano*, → *Danzón* und → *Guaracha* interpretiert und auf Schallplatten verschiedener Labels (u a. RCA Victor) publiziert, darunter die Titel »El paso de Encarnación« und »La bella cubana«. Das Kubanische Filminstitut ICAIC produzierte einen Dokumentarfilm über die Gruppe.

Ajo, José
* Ende des XIX. Jh. Buenaventura (Holguín), † ?; kubanischer Musiker, Arrangeur und Instrumentenbauer; ging in jungen Jahren nach Paris, um Konstruktion und Funktion der dort um 1910 sehr populären Drehorgeln zu studieren, die er dann in Kuba nachbaute und für die Populärmusik auf Tanzveranstaltungen und Volksfesten in der Provinz Oriente einsetzte (→ *Organo Oriental*). A. formierte 1914 eine eigene Musikgruppe, *Ciudad de París*, in der er das Instrument → *Timbal* spielte und vor allem die Drehorgel einsetzte.

Akallosimalla, Conjunto -
chilenisches Folkloretrio; 1980 in Arica durch Jorge Morales, Sergio Narea und Marcelo García gegründet; mit den Instrumenten Charango, Quena und Gitarre interpretiert es regional-typische Volksmusik des Landesnordens, u. a. den → *Cachimbo*.

Akete (Membranophon)
innerhalb des afrojamaikanischen → *Kumina-Kultes* gespielte Trommel; auf sehr alte Traditionen afrikanischer Einwanderer (Asante aus Ghana) zurückgehend.

Alabado (Alabao, Alavado)
1. religiös inspiriertes Lied spanischer Herkunft, das noch heute in vielen Ländern Lateinamerikas wie Mexiko und Kolumbien gesungen wird. Zunächst rein religiösen Charakters, erweiterte sich der Themenkreis der Texte später auf weltliche Angelegenheiten. 2. Vor der Wende zum XX. Jh. in Chile übliche Bezeichnung für den Gesang der Nachtwächter (Serenos).

Alabanza
Bezeichnung für ein Lied religiösen Inhalts (→ *Alabado* [1.]); in der kirchlich-religiösen Musikfolklore aller spanischsprachigen Länder Lateinamerikas, u. a. in Mexiko und Argentinien nachweisbar. Themenkreise sind Heilige (Santos), Engel (Angelitos), das Jesuskind (Niño Jesús), das Seelenheil usw.

Alacrán, El -
Name einer traditionellen kubanischen Karnevalsgruppe (→ *Comparsa*), die 1908 im Stadtteil El Cerro von La Habana gegründet und später (um 1960) durch Santos Ramírez reorganisiert wurde.

Alarcón Leal, Eduardo
* 1916 Tampico, † 5.9.1965; mexikanischer Sänger, Musiker und Komponist; wirkte in einigen Musikgruppen; wurde insbesondere durch die Komposition von Titeln der Formen → *Ranchera*, → *Corrido*, → *Huapango* und → *Bolero* bekannt, darunter die Titel »Viva mi su-

erte« (Corrido, 1945) und »Aunque pasen los años« (Ranchera, 1948).

Alarcón Soto, Rolando

* 1930 Chillán, † 1973 Santiago de Chile; chilenischer Sänger, Musiker (Gitarre, Piano), Liedermacher und Folkloreforscher; begann seine künstlerische Laufbahn 1963; zählt zu den Mitbegründern der Bewegung des Neuen Chilenischen Liedes (→ *Nueva Canción Latinoamericana* / Chile); erwarb Verdienste als Interpret und Mitgründer namhafter Folkloregruppen; gehörte ab 1957 dem Conjunto → *Cuncumén* an, arrangierte zahlreiche bei Feldforschungen in ländlichen Regionen wiederentdeckte Volkslieder; war auch als Solist bzw. mit der Gruppe *Los Emigrantes* erfolgreich; produzierte in verschiedenen Studios, darunter bei Dicap, RCA Victor und Astral, eine größere Anzahl von Volksliedern, Balladen und Tänzen, darunter die Titel »Sí somos americanos« (1965), »Yo defiendo a mi tierra« und »El Hombre« (1. Preis beim Festival Viña del Mar).

Alarma de Lenzuén, Otilia

* 1915 Malvín, † ?; uruguayische Sängerin, Pianistin und Komponistin; wandte sich vor allem dem lyrischen Lied zu; gab Klavierkonzerte, bei denen sie vorwiegend Werke von Gerardo → *Grasso* interpretierte, letzterer schrieb 1937 für

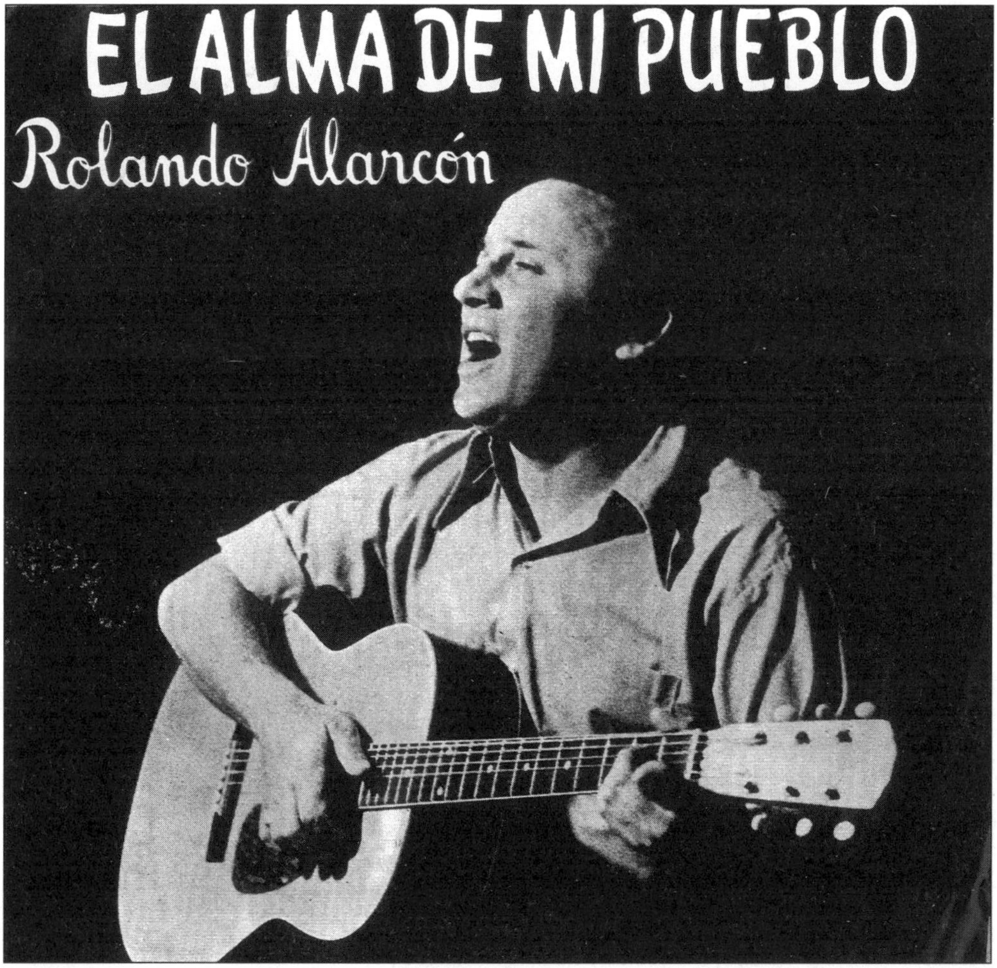

Rolando Alarcón – LP »El alma de mi pueblo« – Tiempo VBP-376 (1972)

sie ein Arrangement seiner bekannten Komposition »Pericón Nacional«; Gründungsmitglied des Uruguayischen Komponistenverbandes → *AGADU* (1929); schrieb u. a. die Stücke »La Uruguaya« (Marsch), »Tardecita de mis amores« (Zamba) und »Regreso de Cerrillos«.

Alas (die Flügel, span.)
eine Reihe spezieller choreographischer Figuren sowohl in der → *Contradanza* als auch in später entstandenen nationalen Tänzen wie → *Bambuco* und → *Guabina.*

Alazana
regionale Variante einer in bestimmten Orten Kolumbiens gespielten → *Vihuela*, deren Resonanzkörper aus Zedernholz gefertigt wird.

Albarracín, Freddy »Calatambo«
* 1929 Santa Laura (Iquique); chilenischer Musiker, Arrangeur, Bandleader, Komponist und Folklorist; studierte ab 1938 intensiv die Musikfolklore Nordchiles, sammelte in entlegenen Gebieten zahlreiche Lieder und Tänze, die er neu arrangierte und mit der von ihm gegründeten Folkloregruppe *Conjunto Calatambo Albarracín y su Comparse de Sierra* interpretierte, dazu gehören u. a. die Formen → *Cachimbo* und → *Trote*; auf Schallplatten (Label *RCA Victor*) erschienen u. a. die Titel »Cachimbo tarapaqueño« und »Caliche«.

Albarrán Martínez, José María »Pepe«
* Huetamo (Michoacán); mexikanischer Musiker und Komponist; schrieb zahlreiche Stücke landestypischer Musik u. a. der Formen → *Ranchera*, → *Corrido* und → *Huapango*, darunter die Titel »Bajo el cielo de Jalisco« (Ranchera, 1942), »Los Alegres de Terán« (Ranchera, 1963) sowie »Ojitos verdes« (Ranchera, 1961), seine erfolgreichste Komposition.

Albazo
ekuadorianischer Volkstanz heiteren Charakters, mit kapriziös-eleganten Tanzschritten, im bewegten 3/4-Takt; zur mestizischen Musikfolklore des Landes gehörend, in einigen andinen Regionen Ekuadors zur Morgenstunde aufgeführt. Begleitinstr. sind u. a. Violine, Harfe (Arpa), Gitarre und Akkordeon; bekannte Interpreten das Dúo → *Benítez – Valencia*, Los → *Gatos* und die Gruppe Los → *Corazas*, weitverbreitete Titel »Taita Salasaca«, »Aires de mi tierra« und »Dolencias«.

Alberti, Luis Felipe
* 19.4.1906 La Vega; dominikanischer Musiker, Bandleader und Komponist; war nach seinem Studium als Professor an Musikinstituten in Santiago und San Cristóbal (beide Dominikanische Republik) tätig, leitete eine Tanzkapelle und komponierte insbesondere Titel der Form → *Merengue*, darunter »Compadre Pedro Juan« und »Dolorita«.

Alberto de Luque
(eigtl. Vitalino Rodríguez Báez)

Otilia Alarma als junge Künstlerin (Montevideo)

* 12.3.1936 Iturbe; paraguayischer Sänger, Musiker, Liedermacher und Bandleader; bekannter Interpret nationaler und internationaler Erfolgsstücke; formierte 1960 die Volksmusikgruppe Los → *Amigos del Amambay*; hat mehr als 40 LPs (u. a. bei Amambay und Cerro Corá) produziert, darunter die Titel »Vuelve ya corazón«, »Cerro Corá« und »Pájaro Chogüí«. Viel Anklang fanden auch zwei mit → *Amambay* im Duett produzierte Alben mit Volksmusik Paraguays.

Albino, Johnny (eigtl. Juan Antonio Albano Ortiz)
* 19.12.1919 Yauco; puertorikanischer Gitarrist, Komponist und Bandleader. A. gründete 1949 zusammen mit den Puertorikanern Alvarado und Ola die Formation *Johnny Albino y su Trío San Juan* und gehörte von 1958 – 1963 dem Trío Los → *Panchos* an; er schrieb u. a. die Boleros »La distancia nos separa« und »Toma como yo«.

Alborada (Tagesanbruch, span.)
1. Bez. für ein in der Morgendämmerung gesungenes serenadenhaftes Ständchen; in weiten Teilen Lateinamerikas verbreitet. 2. romantische Serenaden, die beim Morgengrauen von Verwandten und Freunden für Brautleute gesungen werden; die aus Spanien nach LA überkommene Tradition ist stark rückläufig. 3. marschähnliches, instrumental dargebotenes Stück zur Einleitung öffentlicher Volksfeste am frühen Morgen. 4. relig. inspirierte Lieder, ebenfalls am frühen Morgen im kirchlichen Umfeld intoniert.

Albuerne, Fernando
* 28.10.1920 Sagua de Tánamo; kubanischer Sänger populärer Musik; bekannter Interpret von Boleros; begann seine professionelle Karriere als Sänger 1941 in Musikprogrammen des Senders Cadena Suaritos (La Habana); nahm später insbesondere bei Panart eine größere Zahl von Titeln, darunter »Alma vanidosa«, »Ya que te vas« und »Quiéreme mucho« auf.

Alcahuete
eine kleine schmale Trommel, die in der Kultmusik der Afroamerikaner der Dominikanischen Republik zum Einsatz gelangt.

Alcalá, Macedonio »*Tío Macedes*«
* 1831 Oaxaca; † 24.8.1896 das.; mexikanischer Musiker (Violine), Komponist und Bandleader; musizierte und komponierte von Jugend an; mit seiner Gruppe spielte er vorwiegend auf regionalen Volksfesten; seine bedeutendste Komposition, heute noch oft gespielt, ist der Walzer »Dios nunca muere« (1867).

Alcatraz
afroperuanischer Volkstanz; aus einer frühen Form des → *Festejo* hervorgegangen; mit modifiziertem Text, begleitet durch Gitarre, → *Cajón*, → *Güiro* und das obligate Händeklatschen

Alberto de Luque vor seinen Goldenen Schallplatten, Auszeichnungen und Diplomen in seinem Haus in Asunción (Februar 2000)

(Palmadas); der Folklorist und Musiker Nicomedes → *Santa Cruz G.* hat den A. erforscht und mit seiner Folkloregruppe interpretiert und aufgenommen.

Alcíone (eigtl. Alcíone Nazaré)
* 21.11.1947 São Luís; brasilianische Sängerin der Populärmusik, spezialisierte sich auf die Interpretation der Form → *Samba*; unter dem Label Philips erschienen einige LPs, darunter die Titel »Agolonã«, »Zelão« und »Todo mundo quer«.

Alegres de Terán, Los -
mexikanische Vokal- und Instrumentalgruppe der → *Música norteña*; 1949 in Terán (Nordmexiko) durch den Akkordeonspieler Eugenio Abrego formiert; insbesondere wurden Stücke der Formen *Canción norteña* und *Polka norteña* interpretiert, die auf zahlreichen Schallplatten verschiedener Labels, darunter Falcón, Caliente und CBS erschienen sind wie z. B. »Caballo Bayo« und »Ignacio Parra«.

Alegres Dominicanos, Los -
dominikanisches Vokal- und Instrumentaltrio der Populärmusik; in Santo Domingo durch Luis → *Kalaff*, Bienvenido Brens und Pablo »Papa« Molina (Vokalsolist) formiert; hauptsächlich wurden Titel der Form → *Merengue* interpretiert; bei Riney, Verve, Ansonia und weiteren Labels erschienen Titel wie »Compay Celedonio«, »El regalito« und »Puro merengue«.

Alegrías
spanischer Volkstanz in lebhaftem 3/4-Takt; in der Region von Cádiz (Andalusien) verbreitet; zum Komplex des → *Flamenco* gehörend. Ursprungsform ist die → *Jota* (aragonesa); es gibt gesungene und rein instrumentale Versionen.

Alemán Rodríguez, José
* 22.12.1846 Villa de Guanabacoa, † 1924 Santiago de las Vegas; kubanischer Musiker (Kontrabass, Violine, Flöte und Piano), Komponist und Orchesterleiter; wurde vor allem durch das von ihm gegründete Orchester (Orquesta → *Alemán*) bekannt. A. komponierte Polkas, Menuette, Lanceros und Quadrillen.

Alemán, Orquesta -
kubanisches Instrumentalorchester der Populärmusik, eine sog. → *Orquesta Típica* bzw. eine → *Danzonera*; 1872 in Santiago de las Vegas durch José → *Alemán Rodríguez*; bis etwa 1931 (nach dem Tode von A. durch Ramón Alemán geleitet) interpretierte das Orchester vorwiegend Titel der Form → *Danzón* und gab Konzerte in vielen Städten Kubas sowie in Tampa (USA, 1920).

Alemana (Alemaña, Alemanda, frz. Allemande)
alter Salontanz des ausgehenden XVI. Jh.; ein aus Deutschland (= Alemania) über Spanien nach Lateinamerika überkommener Reigentanz, der im XVII. Jh. den Höhepunkt seiner Popularität erreichte und z. B. in Nueva España (heute Mexiko) sehr populär war. → *Española*

Alén Rodríguez, Olavo
* 23.12.1947 La Habana; kubanischer Musik-

Der kubanische Musikwissenschaftler Olavo Alén Rodríguez

wissenschaftler und Folkloreforscher; studierte und promovierte an der Humboldt-Universität Berlin; machte sich um die Erforschung der afrokubanischen Musikfolklore, insbesondere der → *Tumba Francesa*, verdient. A. leitet gegenwärtig das Musikforschungszentrum → *CIDMUC*.

Alexander, Montgomery »Monty«
* 9.6.1944 Kingston; jamaikanischer Musiker (Piano); wandte sich dem Jazz zu, übersiedelte 1962 nach Miami (USA), wo er sich verschiedenen Jazzformationen, darunter denen von Milt Jackson und Roy Brown anschloss.

Alexander's Rag Time Band
anglokaribische Instrumentalgruppe, eine sog. → *Tamboo-Bamboo-Band,* um 1938 in Woodbrook (Port of Spain [Trinidad]) unter der Leitung von Carlton Forde formiert; zum Repertoire gehörten verschiedene Formen karibischen Populärmusik.

Alfandoque (Schüttelidiophon)
ein aus dem Schilfrohr Guadua oder der Kürbisart Totuma gefertigtes, mit Samenkörnern gefülltes Rasselinstrument, das in der Volksmusik Kolumbiens gebräuchlich ist.

Alfonso, Adolfo
(eigtl. Adolfo Fernández González)
* 8.7.1924 La Habana; kubanischer Sänger und Liedermacher; bekannter Interpret des → *Punto cubano*; wirkte ab 1939 in Musikprogrammen des Senders CMBF und in Werbeprogrammen der Zigarrenfabrik Partagás; sang später oft im Duett mit Justo Vega Titel der speziellen Form → *Controversia*; auf Schallplatten u. a. der Labels Suaritos und Areito erschienen zahlreiche Titel, darunter »Como cambia el tiempo« und »En un cine oscuro«.

Algo Nuevo, Grupo -
kubanische Tanzmusikgruppe; 1976 in La Habana durch Juan Pablo → *Torres* formiert; widmet sich besonders der Interpretation kubanischer Musiktradition entstammender Stücke, nahm erfolgreich an diversen Ausscheiden der Populärmusik teil und produzierte einige LPs bei Areito, darunter die Titel »Guajira 2001« und »Tatagua«.

Alhambra, Teatro Vernáculo -
(Alhambra-Theater)
kubanisches Musiktheater, übte in der ersten Hälfte des XX. Jh. starke Impulse auf die Verbreitung der Populärmusik und der Kleinkunst aus; 1900 in La Habana eröffnet, pflegte besonders die Genres → *Zarzuela* und Revue (revista); die Leitung des heute nicht mehr existierenden Theaters oblag ab 1911 dem Musiker Jorge → *Anckermann*.

Ali Primera (eigtl. Ali Montecano Primera)
* 30.10.1941 Caracas, † 16.2.1985 das. (Autounfall); venezolanischer Sänger und Liedermacher; richtungsweisender Vertreter der Bewegung des Neuen Venezolanischen Liedes; bekannter und engagierter Protestsänger, der seine Texte meist zur Musik traditioneller Formen Venezuelas, begleitet durch Instrumente wie Mandoline, → *Cuatro* und → *Maracas*, vortrug. Unter verschiedenen Labels (u. a. Cigarrón, Golondrina und Pläne) entstanden zahlreiche LPs, darunter die Titel »Busca el obrero en la fábrica«, »Paraguanera« und »El sombrero azul«; Gastspielreisen führten M. und seine Gruppe in verschiedene Länder Lateinamerikas und Europas.

Aliamén, Orquesta -
kubanisches Vokal- und Instrumentalorchester; 1964 in Santa Clara gegründet; widmete sich, aus 13 Musikern bestehend, vorwiegend der Interpretation des → *Son cubano*; 1980 beim Son-Festival »Beny Moré« in Cienfuegos ausgezeichnet; unter dem Label Areito entstanden Schallplattenaufnahmen, darunter der Titel »Cántalo, pero báilalo«.

Allende, Pedro Humberto
* 29.6.1895 Santiago de Chile, † 16.8.1959 das.; chilenischer Musiker (Violine) und Komponist; ab 1905 als Professor für Violine, später für Ge-

sang tätig gewesen; war u. a. ständiges Mitglied des Intern. Komitees für Volkskunst; schrieb neben Hymnen und Kinderliedern Stücke, die auf der Musikfolklore basieren, wie »Escenas campesinas chilenas« (1813), »Paisaje chileno« (1918) und »El Surtidor«.

Allenne, Marvin & His Group
anglokaribische Populärmusikgruppe; nach 1970 in Port of Spain (Trinidad) durch Marvin Allenne formiert; interpretierte neben dem traditionellen → *Calypso* neuere Musik wie → *Reggae*.

Alleyne, Peter »Adonijah«
*10.6.1951 St. Philip (Barbados); anglokaribischer Sänger; bekannter Interpret des modernen → *Calypso*; gewann einige Preise bei Ausscheiden; produzierte Schallplattenaufnahmen wie die Titel »Hotline to Jah« und »They go feel it«.

Allué y Millet, Gualfredo »Nené«
* 25.6.1905 Camagüey, † 12.10.1959 La Habana; kubanischer Volkssänger (Trovador), Musiker (Gitarre), Liedermacher und Bandleader; hinterließ eine größere Zahl trovadoresker Lieder; bildete zusammen mit Alberto → *Aroche* und Joaquín García ein Trio; galt als hervorragender Interpret des → *Son cubano*.

Alma Criolla, Trío -
kolumbianisches Vokal- und Instrumentaltrio; 1948 in Armenia durch Obdulio Arias mit Octavio Ríos und José Macias gegründet; interpretierte folkloristische Musik, darunter Formen wie → *Bambuco* und → *Guabina*.

Alma de las Tres Huastecas, Trío -
mexikanisches Instrumentaltrio; um 1960 in Ciudad Valles (San Luis Potosí) durch Alberto Barragán (Violine), Pablo Alvarado Hernández (Jarana) und Nicolás Martínez Ponce (Huapanguera) formiert; interpretierte ausschließlich Volksmusik der Region Hidalgo, so u. a. den → *Son huasteco*; auf Schallplatten erschienen u. a. die Titel »La Huazanga« und »La Petenera«.

Alma India, Orquesta -
guatemaltekisches Tanzorchester; in den 40er Jahren des XX Jh. in Guatemala-Stadt durch 12 Musiker, die 2 Marimbas, 3 Saxophone, 2 Trompeten, Akkordeon, Posaune, Kontrabass, Schlagzeug, Maracas und → *Chirimía* spielten, formiert. Direktor des nicht mehr bestehenden Orchesters war der Marimba-Spieler La Duma.

Alma Jarocha, Conjunto -
mexikanische Vokal- und Instrumentalgruppe folkloristischer Musik; nach 1955 in Veracruz formiert; interpretierte regionstypische Musik, insbes. den → *Son jarocho*; unter verschiedenen Labels (u. a. Maya) entstanden einige LPs, darunter die Titel »La Bamba« und »María Chuchena«.

Alma llanera
bekannteste Komposition aus dem Komplex der → *Música llanera*; ein → *Joropo*, bereits um 1935 von Pedro Elías → *Gutiérrez* geschrieben; oft als »2. Nationalhymne Venezuelas« bezeichnet; gehört zum Standardrepertoire aller regionalen Folkloregruppen, darüber hinaus auch oft durch lateinamerikanische Tanzorchester interpretiert.

Almeida, Aracy de (eigtl. A. Teles de A.)
* 19.8.1914 Rio de Janeiro, † 1988 das.; brasilianische Sängerin; wurde durch die Komponisten Custódio Mesquita und Noel → *Rosa* gefördert; avancierte nach 1930 zu einer Interpretin des → *Samba* mit großer Popularität, wobei sie insbes. Titel von Noe Rosa wie »Rapaz folgado« und »Século do progresso« interpretierte und auch auf Schallplatten versch. Labels (u. a. Polydor) aufnahm.

Almeida Bosque, Juan
* 27.2.1928 La Habana; kubanischer Musiker und Komponist; eigtl. Politiker und Comandante der Streitkräfte; schrieb zahlreiche Stücke der Tanz- und Unterhaltungsmusik, darunter »Guadalupe«, »Decide tú« und »Campesino José«, die u. a. durch Beatriz → *Márquez* interpretiert wurden.

Almeida, Laurindo (de)
* 2.9.1917 São Paulo, † 26.7.1995 Los Angeles; brasilianischer Gitarrist; übersiedelte nach 1930 nach Rio de Janeiro, widmete sich später – ab 1945 in den USA lebend – jazzorientierter Latin-Music; arbeitete u. a. mit Stan Kenton und später mit Bud Shank zusammen; mit letzterem schuf er 1954 den *Bossa Nova-Jazz*, eine Variante der → *Bossa Nova*, mit der er in den USA sehr erfolgreich war. Schallplattenaufnahmen entstanden vorwiegend bei Capitol, darunter die Titel »Copacabana« und »Tomorrow«.

Almendra, Orquesta -
kubanisches Tanzorchester vom Typ einer → *Charanga*, 1940 in La Habana durch den Musiker Abelardito → *Valdés* gegründet; erlangte durch seine ausgewogene Interpretation von Titeln insbes. der Form → *Danzón* große Popularität; unter versch. Labels, darunter Panart, Maype und Kubaney, entstanden zahlreiche Aufnahmen, darunter der bekannte Titel »Almendra« (Danzón).

Almirante → *Foreis Domingues, Henrique*

Alomía Robles, Daniel
* 3.1.1871 Huánuco, † 17.7.1942 Chosica (Lima); peruanischer Musiker, Sänger, Komponist und Folkloreforscher; sang seit seinem achten Lebensjahr; absolvierte ab 1892 in Lima ein dreijähriges Medizinstudium, das er abbrach, um sich fortan dem Sammeln und Erforschen von Volksliedern seiner Heimat zu widmen, so hat er mehr als 650 Lieder und Tänze verschiedener Regionen Perus gesammelt; arrangierte traditionelle Stücke wie »Himno al sol« und »Danza huanca«, schrieb 35 Lieder und Romanzen, darunter das überaus populäre Stück »El → *Cóndor pasa*«; bei Brunswick und Víctor wurden einige Schallplatten mit ihm produziert, darunter die Titel »Sobra la playa« (1940) und »Camino del cielo«.

Alonso, Alberto
* 12.4.1893 Montevideo, † 1973 das.; uruguayischer Musiker (Piano), Arrangeur, Komponist und Bandleader; bildete zusammen mit Enrique Di Cicco um 1916 das Quartett Alonso-Minotto, das zur sog. »Alten Garde« des → *Tango* gehört und bei Victor 20 Schallplattenaufnahmen, darunter »La → *Cumparsita*«, einspielte. A. wirkte, von kurzen Gastspielen in Buenos Aires abgesehen, viele Jahre als Leiter seines Orchesters in Montevideo; er komponierte Tangos wie »Alma gaucha« und »La Cachimba«.

Alonso, Alicia (eigtl. A. Ernestina de la Caridad de Cobre Martínez Hoyo)
* 1921 La Habana; kubanische Meistertänzerin, Primaballerina des Kubanischen Nationalballetts (*Ballet Nacional de Cuba*); wurde durch ihre Tanzdarbietungen weltweit bekannt.

Alonso, »Pacho«
(eigtl. Pascasio Alonso Fajardo)
* 22.8.1928 Santiago de Cuba, † 28.8.1982 La Habana; kubanischer Sänger, Musiker, Arrangeur, Komponist und Bandleader; begann 1946 als Sänger bei der Radiostation 1010 (La Habana), wurde 1951 Mitglied des Orchesters von Mariano Mercerón und gründete 1954 seine erste eigene Band, Pacho Alonso y sus Bocucos; später leitete er dann die Gruppe P. A. y sus → *Pachucos*; unter versch. Labels, darunter RCA Victor, Panart, Puchito und Areito, entstanden zahlreiche LPs. A. ist darüber hinaus Schöpfer der neuen Tanzformen → *Pilón*, → *Simalé* und *Upa upa*; zu seinen Kompositionen gehören u. a. die Titel »Dilaila« (Son montuno), »Rico pilón« (Pilón), »Un meneito« (Guaracha und »Perfil amigo« (Bolero).

Alpamayo, Conjunto -
peruanische Folkloregruppe; 1978 in der Region Callejón de Huaylas formiert; ihr Repertoire besteht aus mestizischer und kreolischer Musik, gespielt u. a. auf den Instrumenten → *Quena*, → *Charango* und → *Zampoña*. Bei CRC Music entstand 1998 eine hervorragende CD.

Alpataco, Conjunto -
argentinisches Vokal- und Instrumentalquintett; um 1971 durch Lidia Toloba, Ricardo J. Stein-

berg, David R. Kullock, José D. Ramírez Torres und Jorge A. Sarraute in Buenos Aires gegründet. Teile des überwiegend folkloristischen Repertoires erschienen auf LPs der Labels Trova und RCA Victor, darunter die Titel »Padre Cóndor« und »Cristalino río.«

Alpert, Herb
* 31.3.1935 Los Angeles; US-lateinamerikanischer Musiker (Trompete), Arrangeur, Komponist und Bandleader; gründete und leitete die → *Tijuana Brass Band*; entwickelte einen völlig neuen Musizierstil, der als »Tijuana Sound« weltbekannt wurde und neben Komponenten der traditionellen → *Mariachi*-Musik Mexikos Elemente der Western Music und moderne Stilelemente, teilweise aus dem Jazz, enthält. A. schrieb u. a. die Titel »Tijuana Taxi« und »Tangerine«.

Altares de Cruz, Cantos de -
religiös-folkloristische Manifestationen; die Teilnehmer versammeln sich am 3. Mai um einen Altar, um denTag des Heiligen Kreuzes (Santa Cruz, → *Cruz de Mayo*) mit Gesang zu feiern; oftmals nahmen die Feierlichkeiten den Charakter profaner Feste an. Gesungen wurden die → *Salve* und die Cantos de la → *Cruz* (1); sowohl in Spanien wie auch in ganz Lateinamerika gibt es eine reiche Tradition dieser Gesänge.

Alturas, Grupo -
peruanisches Vokal- und Instrumentalsextett; widmete sich der folkloristischen Musik; im April 1978 durch Juan Carlos Dianderas, César González, Iván Catacora, Edgar García, Percy Navarro und Marco García formiert; maßgeblich an der neuen, *Takisun Llactamasi* genannten Bewegung des Neuen Liedes beteiligt; rief in Lima eine Experimentalschule für Folklore ins Leben.

Alvarado, Julio
* 18.2.1886 Ponce, † 24.9.1970 das.; puertorikanischer Musiker (Gitarre, Flöte), Arrangeur, Komponist und Bandleader; begann sein Studium 1903, übernahm 1920 die Leitung eines Schulorchesters (Banda Escolar de Ponce); komponierte Danzas, Walzer, Pasodobles, Danzones, Pasillos, Boleros und Plenas, darunter die Titel »Obispo« (Plena, 1914), »Ambición« (Plena, 1938) und »La Gripe« (Guaracha).

Alvarado Trujillo, María »Pastora Huaracina«
* 1.12.1930 Ancash; peruanische Sängerin mestizischer Volksmusik; sang in der Gruppe Lira Paucina, mit der sie Titel der Form → *Huayno*, darunter »Iplinita« und »Parquenita« auf ca. 20 LPs der Labels Virrey, Odeon und Sono Radio aufnahm.

Alvarenga, Murilo »O Rei dos Caipiras«
* 22.5.1912 Itaúna (Pernambuco), † 1978 São Paulo; brasilianischer Sänger, Musiker und Liedermacher der → *Música caipira*; wirkte bis 1946 im Duo (Dupla) → *Alvarenga e Ranchinho*; schuf zahlreiche Stücke ländlicher Volksmusik der Region von São Paulo wie »Bombardão« und »Festa de São João«.

Alvarenga, Oneyda
* 6.12.1911 Verginha (Minas Gerais), † 1984 São Paulo; brasilianische Musikologin und Ethnographin; studierte Musik (Piano) bei João Sepe und Musikologie bei Mario de Andrade sowie Ethnographie bei Dina Lévy-Strauss; leitete seit 1935 die Öffentliche Diskothek der Präfektur São Paulo, eine Sammlung von Tondokumenten aller Genres, und publizierte Monographien über Musik und Folklore Brasiliens, darunter »Música popular brasileiro«.

Alvarenga e Ranchinho
brasilianisches Vokal- und Instrumentalduo (Dupla); um 1933 durch Murilo → *Alvarenga* und Diésis dos → *Anjos Gaia* in São Paulo gegründet; als berühmteste Gruppe der → *Música caipira* bezeichnet; interpretierte ländliche Volksmusik u. a. der Formen → *Moda*, → *Samba campeirano*, → *Arrasta-pé* und → *Calango* sowie Karnevalsmusik; das bis 1946 bestehende Duo hat zahlreiche Aufnahmen produziert,

darunter die Titel »Fogueira tá queimando«, »Barril de Chopp« und »Bombardão«.

Álvarez Zayas, Adalberto
* 22.11.1948 La Habana; kubanischer Musiker (Piano), Arrangeur, Komponist und Bandleader; begann seine Karriere als professioneller Musiker und Direktor der Tanzmusikgruppe *Avance Juvenil*; 1978 organisierte und leitete er die Formation → *Son 14* und danach, 1984, übernahm er die Leitung der neugeschaffenen Gruppe *Adalberto Alvarez y su Son*; letztere beiden widmeten sich insbesondere der Interpretation des → *Son cubano*. Zu den zahlreichen Kompositionen von A. gehören u. a. die Titel »Son sentimental«, »Bongosero mentiroso« und der sehr erfolgreiche Son »A Bayamo en coche«.

Álvarez, Fernando
* 4.11.1928 Santiago de Cuba; kubanischer Sänger; bekannter Vertreter des romantischen → *Bolero*; begann seine Karriere 1947 in seiner Heimatstadt; er gehörte u. a. den Orchestern *Armonia Tropical, Hermanos Giro*, von Mariano → *Mercerón*, Beny → *Moré* sowie dem Conjunto → *Casino* an und produzierte mit diesen zahlreiche Schallplattenaufnahmen, darunter die Titel »Fueron tus ojos claros« und »Venganza«.

Álvarez Paredes, Humberto
* 24.2.1917 Guatemala-Stadt; guatemaltekischer Musiker (Posaune, Kontrabass) und Komponist; gehörte seit seiner Jugend versch. Gruppen und Orchestern an; ist einer der Gründer des pop. Tanzorchesters Marimbas → *Gallito*, schrieb zahlreiche Stücke wie »Muñequita« und »Ten cuidado amigo«.

Álvarez Bolaños, Jesús
* 1937 Ciénaga (Magdalena); kolumbianischer Sänger, Musiker, Liedermacher und Bandleader; gründete 1961 das Tanzmusiktrio *Los Marcianos*, mit dem er u. a. die Stücke »Acuarela del río« und »Yo me llamo Cumbia« aufgenommen hat.

Álvarez Rentería, Manuel »Maciste«
* 8.8.1892 Tequila (Jalisco), †13.10.1960 México-Stadt; mexikanischer Musiker (Gitarre) und Komponist; kam 1925 nach México-Stadt, wo er mit Musikern und Sängern wie Agustín → *Lara,* Luis → *Arcaraz* und Pedro → *Vargas* zusammenarbeitete und zahlreiche populäre Stücke wie »Angelitos negros (Text: A. Eloy Blanco) und »Tres corazones« komponierte. A. war außerdem Schauspieler in Mexiko und Hollywood und gehört zu den Gründungsmitgliedern des Mexikanischen Komponistenverbandes.

Álvarez, Paulina »Emperatriz del Danzonete«
(eigtl. Raimunda Paula Peña y Álvarez)
* 29.6.1912 Cienfuegos, † 22.7.1965 La Habana; kubanische Sängerin; trat bereits als Kind auf ländlichen Volksfesten auf; ab 1929 populäre Interpretin des Tanzliedes → *Danzonete*; wirkte in Orchestern wie »Elegante« als Gesangssolistin; 1938 formierte sie ihr eigenes Orchester, das ihren Namen trug und mit dem sie Titel wie »Echale salsita« und »Campanitas de cristal« interpretierte und auf Schallplatten u. a. der Labels Gema, Panart und Areito produzierte.

Alves dos Santos, Apolônio
* 20.9.1926 Guarabira (Paraíba); brasilianischer Volkssänger der → *Cantoria* des Nordostens Brasiliens; von Beruf Bauarbeiter; Verfasser zahlreicher, zur → *Literatura de Cordel* gehörender Liedtexte, darunter die Romanzen »A Briga de Zé do Norte« und »A construção de Brasília e sua inauguração«.

Alves de Sousa, Ataulfo
* 2.5.1909 Miraí (Minas Gerais), † 20.4.1969 Rio de Janeiro; brasilianischer Sänger, Musiker und Liedermacher; gehört zu den bekanntesten Interpreten des urbanen → *Samba*; entstammt einer Musikerfamilie; übersiedelte 1927 nach Rio de Janeiro, wurde dort u. a. durch die Sängerin Carmen → *Miranda* gefördert. A. gründete 1942 seine erste Musikgruppe (*Academia do Samba de A. Alves*) und führte wenig später eine im Samba-Gesang bislang nicht übliche

Form ein drei Frauen (→ *Pastoras*), die im Chor einen Refrain singen. Er komponierte u. a. die noch heute oft gespielten Titel »Ai, que saudades de Amélia« (1942), »Atire a primeira pedra« (1945) und »Mulata assanhada« (1961); bei Philips und Fontana entstanden einige LPs. Sein Sohn, Ataulfo A. Júnior, wurde ebenfalls Sänger der Populärmusik.

Alves, Francisco »Chico-Viola«
(eigtl. F. de Moraes Alves)
* 19.8.1898 Saúde (Rio de Janeiro), † 27.9.1952 Tambaté; brasilianischer Sänger, Musiker und Liedermacher; begann 1928 seine Laufbahn mit dem Gesang von Titeln der Formen → *Samba*, → *Maxixe*, → *Valsa* und Foxtrot; er erlangte große Popularität als Schallplatten-Künstler (Labels Popular, Odeon, Parlophon und RCA Victor); zu seinen Erfolgen gehören die Titel »Tentação«, »Copacabana« und »Meu sabiá«. In Rio de Janeiro gründete A. die Samba-Gruppe »Favela«; außerdem sang er in anderen Gruppen.

Alves Martins, Gilbert
* 15.4.1915 Rio de Janeiro; brasilianischer Sänger der Populärmusik; arbeitete ab 1937 bei Rádio Clube (Rio de Janeiro) als »Crooner« und spezialisierte sich auf die Interpretation des → *Samba*; bei Columbia, Odeon, Victor und Copacabana produzierte er zahlreiche Schallplattenaufnahmen, darunter die Titel »Amor gigante«, »Genipapo« und »Vem cá mulata«.

Alvis, Florindo
* Potosí; bolivianischer Musiker (Charango); Autodidakt; begann seine Karriere als professioneller Musiker in La Paz um 1968; unternahm von 1971 – 73 eine Tournee durch Spanien und Frankreich; lebte später in Barcelona, leitete dort die Gruppe *Yura*, mit der er andine Volksmusik interpretierte und 1976 eine LP produzierte, die viel Anklang fand.

Alza
ekuadorianischer Volkstanz, mestizisch; mit eigener Begleitmusik; in Gebirgsregionen aufgeführt. Die Choreographie ist heiter-beschwingt, der Tanz wird durch grotesk-komische Bewegungen charakterisiert. Das Dúo → *Benítez – Valencia* nahm einige Titel dieses Tanzes in sein Repertoire auf.

Amable
alter spanischer Salontanz, im XVII. Jh. nach Lateinamerika transkulturiert; erfreute sich großer Popularität u. a. in Nueva España (heute Mexiko) und Nueva Granada (heute Kolumbien).

Amado, Jorge
* 10.8.1912 Ilheús (Bahia); brasilianischer Schriftsteller und Romancier; schildert in seinen Werken, meist Romanen, authentisch-folkloristisches Lokalkolorit, insbes. Umfeld und Wirken afrobrasilianischer Kulte wie → *Candomblé* (z. B. in seinem Roman »Jubiabá« [1945]). Texte A.s wurden oft vertont, u. a. durch den Volkssänger Dorival → *Caymmi*, so in den Liedern »Alegre menina« und »Canto de Obá«.

Amambay (eigtl. Sonia Cardozo Ocampo)
* 14.8.1945 Buenos Aires, † 6.4.1997 Asunción; paraguayische Sängerin; Tochter des Komponisten Mauricio → *Cardozo Ocampo*; studierte Gesang in Buenos Aires; widmete sich insbes. der Interpretation paraguayischer Volksmusik, zu deren bekanntesten Interpretinnen sie gehört; sie sang u. a. im Orchester »Perú Rimá« ihres Vaters oder auch im Dúo mit → *Alberto de Luque*. Unter versch. Labels (u.a. Philips, Perú Rimá und Blue Caps) erschienen LPs, auf denen u. a. die Titel »Carreta campesina« und »Galopera« zu finden sind. Ihre letzte CD, »Volverás a soñar«, kam im März 1997 heraus.

Amanecer (Andarele)
afrokolumbianischer Volkstanz; in den Pazifikregionen aufgeführt; zur Gruppe des → *Currulao* gehörend.

Amanesquera
serenadenartiges Lied Nikaraguas; mit den mexikanischen → *Mañanitas* eng verwandt.

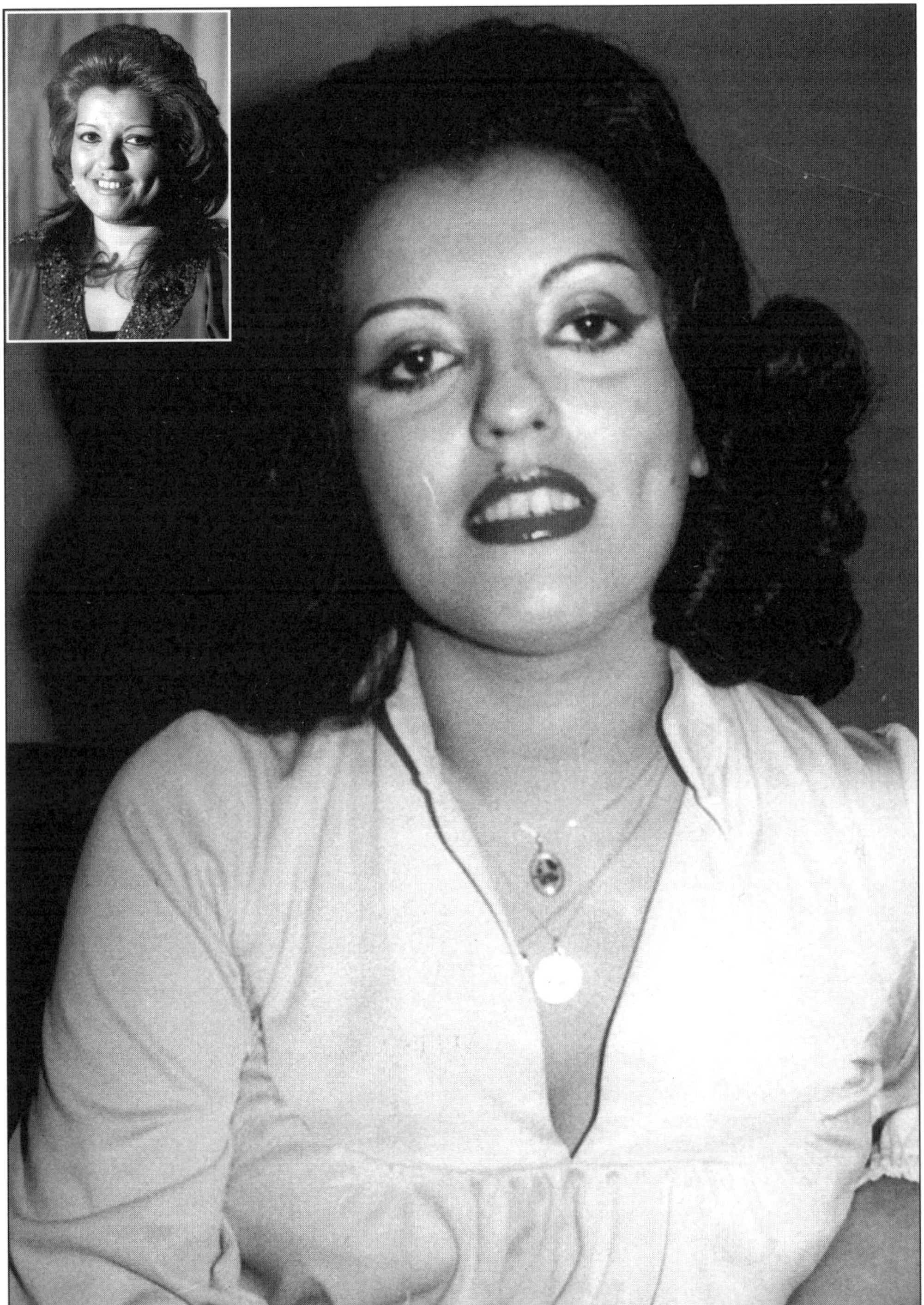

Die paraguayische Folklore-Sängerin Amambay Cardozo Ocampo
bei einem Auftritt bei Radio 1° de Marzo am 3. Juli 1980

Amaral, Odete
* 28.4.1917 Niterói; brasilianische Sängerin des → *Samba*; begann nach 1930 beim Sender Rádio Clube (Rio de Janeiro) zu singen, trat in einigen Filmen, so in »Samba da vida« (1929), als singende Schauspielerin auf und nahm bei Odeon, RCA Victor und Copacabana zahlreiche Titel auf, darunter »Murmurando« (Samba), ihr größter Erfolg, und »Não pago o bonde« (Marcha-samba).

Amaranto Castillo, Rafael
* 22.10.1933 La Libertad; peruanischer Gitarrist und Komponist; interpretierte mestizische und kreolische Volks- und Populärmusik insbesondere der Formen → *Vals peruano* und → *Huayno*; mit der von ihm geleiteten Gruppe nahm er bei Sono Radio einige LPs auf. A. schrieb u. a. die Titel »Suspiros« (Huayno), »Lamento serrano« (Aire serrano) und »Perdón« (Vals peruano).

Amaro, Daniel
* 1950 Montevideo; uruguayischer Sänger, Musiker (Gitarre) und Liedermacher der Bewegung des Neuen Uruguayischen Liedes; schloss sich 1968 der Rockgruppe The Hunters an, trat im gleichen Jahr erstmals als Solist mit eigenen Kompositionen auf. Bei einem Gastspiel in Spanien (1967) wurde sein Titel »Tangueces« ein großer Erfolg; 1978 erschien seine LP »Daniel Amaro en vivo« (Label Ayuí) u. a. mit der Ballade »A la ciudad de Montevideo«.

Amaru, Grupo -
peruanische Vokal- und Instrumentalgruppe; widmet sich der Populärmusik; 199 in Lima als Sextett gegründet, zur Bewegung des Neuen Peruanischen Liedes gehörend; veröffentlichte 1981 eine LP, »Porque mi patria es hermosa«, u. a. mit den Titeln »Fundación de Lima« (Marinera) und »Tres hierbas malas«.

Amaru, Waskar (eigtl. Huascar)
* 1945 Juliaca; peruanischer Sänger, Musiker und Liedermacher; studierte zunächst Architektur, wandte sich später der Erforschung der Musikfolklore der Quechua-Indianer zu, begann selbst Stücke dieser Musik zu schreiben. Der seit 1971 im Exil in Paris lebende Künstler organisierte dort ein Seminar zum Studium der Quechua-Sprache und produzierte einige LPs mit andinen Liedern wie »Chaski« und »Tupac riman« (Label Le Chant du Monde).

Amelé (Amalé) (Schüttelidiophon)
im Gebiet von Bahia (Brasilien) eingesetztes afrobrasilianisches Musikinstrument; eine Kalebasse, ähnlich dem Instrument → Agué.

Ameno Resedá, Rancho Carnavalesco -
brasilianische Gruppe der Populärmusik; 1907 in Rio de Janeiro durch Oscar Maia und Pedro Paulo Pereira da Silva gegründet; bekanntester Vorläufer der → *Escola de Samba*. Die bis 1941 bestehende Formation übte auf das Entstehen der heutigen brasilianischen Karnevalsmusik großen Einfluss aus.

Ameraba → *Amerindio*

América, Orquesta -
kubanisches Tanzorchester vom Typ einer → *Charanga Francesa*; 1942 in La Habana durch Ninón Mondéjar formiert; interpretierte 1953 als eines der ersten Orchester den → *Cha-cha-chá*; produzierte unter verschiedenen Labels (u. a. Panart) zahlreiche LPs, darunter die Titel »La Sitiera« und »La engañadora«.

American Jazz Band Sousa
brasilianische Vokal- und Instrumentalgruppe; um 1925 in Rio de Janeiro durch den Musiker Sílvio de Sousa gegründet und geleitet; interpretierte populäre Musik in zum Jazz der 20er Jahre des XX. Jh. tendierenden Arrangements; bei Odeon entstanden einige Schallplattenaufnahmen, darunter die Titel »Sarambó« (Samba) und »Cristo nasceu na Bahia« (Maxixe).

Amerindia, Conjunto -
paraguayisches Vokal- und Instrumentaltrio; in den 50er Jahren durch Julio Ortiz Arias (Gitarre), Enrique Samaniego (Harfe) und Lito Ortiz

(Gesang) formiert. Die vorwiegend in Uruguay wirkende Gruppe interpretierte Volks- und Populärmusik Paraguays; Schallplattenaufnahmen entstanden bei RGE, darunter die Titel »Así canta mi patria« und »Felicidades«.

Amerindio (in Brasilien Ameraba)
Bezeichnung für den indianischen Bewohner Amerikas, speziell Südamerikas. Beide Termini gewinnen durch die verstärkte Hinwendung auf kulturelle Traditionen vor allem auf dem Gebiet der folkloristischen Musik an Bedeutung.

Amerindios, Los -
chilenische Vokal- und Instrumentalgruppe; um 1971 zunächst als Duo durch Julio Numhauser und Mario Salazar in Santiago de Chile formiert, der Bewegung des Neuen Chilenischen Liedes angehörend. Bei Dicap und IRT wurden auf LPs u. a. die Titel »Cueca beat«, Kennmelodie für eine Fernsehserie, und das Lied »Mi río« produziert. Die Solisten emigrierten 1973 in die Schweiz, wo sie mit David Ojeda zusammenarbeiteten und unter dem Label Voxpop erneut einige LPs herausbrachten.

Amézaga, Froilán
* 11.5.1925 Matanzas; kubanischer Gitarrist; lebt seit 1944 in La Habana. A. war Mitglied verschiedener Musikgruppen und begleitete u. a. die Sängerin Elena → *Burke* auf seinem Instrument, dabei widmete er sich insbesondere dem romantischen Lied.

Amigos del Amambay, Los -
paraguayische Vokal- und Instrumentalgruppe; 1960 in Asunción durch Vitalino Rodríguez Báez (Gesang und Gitarre; → *Alberto de Luque*) zusammen mit Oscar Barreto Aguayo (Gesang und Gitarre), Pedro Ortega Báez (Gesang und Gitarre), Facio → *Santillán* (Quena) und Marcelino Romero (Harfe) formiert; unter versch. Labels, so bei Polydor, wurden zahlreiche Schallplattenaufnahmen paraguayischer und lateinamerikansicher Volks- und Populärmusik veröffentlicht, darunter die Polkas »Isla Saca« und »Marinerito«.

Amigos del Barrio, Los -
peruanisches Vokal- und Instrumentaltrio; 1937 in Lima durch Pedro Espinel Torres zusammen mit Félix Dongo und Moisés Heredia gegründet; interpretierte kreolische Volks- und Populärmusik, wobei die Form → *Vals peruano* dominierte; trat in Theatern von Lima und beim Sender Radio Grelland auf.

Amigos do Choro, Os -
brasilianische Instrumentalgruppe vom Typ eines → *Regional*; 1972 durch den → *Bandolim*-Solisten Rossini Ferreira gegründet. Die auf die Interpretation des → *Choro* spezialisierte Gruppe gewann 1977 den 1. Preis eines Leistungsvergleichs; bei Fermata entstanden Schallplattenaufnahmen wie »Vibrações« und »Queixumes«.

Amor
1. alter argentinischer Tanz, bis in die Zeit um 1900 in Salons und im ländlichen Milieu aufgeführt; ähnelt in Form und Choreographie Tänzen wie → *Huella* und → *Prado*. 2. mexikanischer Salontanz aus der Kolonialzeit, bis weit ins XVII. Jh. populär gewesen. 3. Pseudonym des Musikers und Komponisten Getúlio → *Marinho da Silva*.

Amorfino
ekuadorianisches Tanzlied im 6/8-Takt, rein kreolisch; durch auseinander tanzende Paare vorrangig in ländlichen Regionen aufgeführt.

Amorim, João (Johann)
* 4.10.1948 Lages (Santa Catarina); brasilianischer Sänger folkloristischer und populärer Musik; deutscher Abstammung; bekannter Interpret ländlicher Volksmusik. A. begann seine Karriere 1962 auf regionalen Volksfesten und erlangte große Popularität. Bis 1997 publizierte er 13 LPs und 2 CDs mit Erfolgstiteln wie »Beijinho doce« und »Telefone bandido«. Außerdem wirkte er in zwei Spielfilmen mit.

Amoroso
Variante des Menuetts (Minuet), Salontanz; im

XVII. Jh. in Lateinamerika, u. a. im kolonialen Mexiko (Nueva España) aufgeführt; Elemente davon flossen später in neuere Volks- und Salontänze ein.

Anacaona, Orquesta -
kubanisches Vokal- und Instrumentalorchester vom Typ einer → *Jazzband*; 1932 in La Habana durch die Geschwister Castro, Studentinnen der Universität, unter der Leitung von Concepción Castro zunächst als Septett des → *Son cubano* gegründet. Gastspielreisen u. a. nach Kolumbien, Venezuela, Puerto Rico, Mexiko, Panamá und den USA. Unter verschiedenen Labels (so Victor) entstanden zahlreiche Schallplatten, darunter die Titel »Bésame aquí« und »Maleficio«. Das Orchester besteht mit verändertem Personal bis heute.

Anakena, Conjunto -
chilenische Volksmusikgruppe von der Osterinsel (Isla de Pascuas), hat ab 1960 traditionelle Lieder und Tänze der Insel z. T. in der Eingeborenensprache Rapanui interpretiert, darunter »Maitera eroa« (Canción pascuense).

Anakué (Schüttelidiophon)
in der afrokubanischen Volksmusik eingesetztes Instrument; besteht aus zwei Metallkegeln, die an den Spitzen miteinander verschweißt und an den Außenseiten verschlossen sind. Mit Steinchen gefüllt, geben sie beim Schütteln ein rasselndes Geräusch ab, dessen Klang an die → *Maracas* erinnert.

Anata (Aerophon)
indianische Flöte; in der folkloristischen Musik Boliviens, Nordargentiniens und Nordchiles eingesetzt; unterscheidet sich in Klang und Konstruktion nur unwesentlich von der → *Tarka*.

Anckermann, Jorge (auch: Anckerman)
* 22.3.1877 La Habana, † 3.2.1941 das.; kubanischer Musiker und Komponist; eine der bedeutendsten und vielseitigsten Musikerpersönlichkeiten Kubas; wurde durch seinen Vater Carlos A. (1829 – 1909) unterrichtet; wurde bereits 1892 Musikalischer Direktor einer Compañía de → *Bufos* in Mexiko. A. war nach seiner Rückkehr Direktor einiger Musiktheater: »Albizu«, »Payret«, »Tacón«. A. zeichnet sich durch ein umfangreiches kompositorisches Schaffen aus; neben Werken der → *Zarzuela* (»La gran rumba«, 1894) steht eine Vielzahl populärer Formen; so konzipierte er die mit folklorist. Motiven angereicherte → *Guajira*; ein Katalog seiner Werke nennt insgesamt 1159 Stücke, darunter 277 Rumbas, 170 Boleros, 107 Guarachas, 92 Danzones, 89 Claves, 44 Sones, 75 Canciones, 43 Guajiras, 42 Criollas, 31 Danzas, 31 Pregones, 27 Tangos congos, 22 Puntos cubanos, 18 Zapateos, 16 Habaneras und 15 Ñáñigos; heute populäre Titel sind »Flor de Yumurí«, »Oye mi clave« und »Mi canto eres tú«.

Andara → *Antara*

Andarele → *Amanecer*

Andinos, Los -
puertorikanische Vokal- und Instrumentalgruppe; 1971 durch den Sänger und Musiker Ramoncito Rodríguez »El Andino« (Cuatro, Gitarre, Kontrabass, Direktor) mit Shela (Sängerin), Danny Rodríguez (Schlagzeug, Bongoes), Angel David Rodríguez (Conga), Miguel Cruz (Kontrabass) und Toñito Ferrer (Güiro) gegründet; interpretierte traditionelle Musik Puerto Ricos; insgesamt wurden, teilweise unter eigenem Label (Ritmo y Sonido), 23 LPs produziert, darunter die Titel »Se está perdiendo la tradición«, »Bomba navideña« und »Tía María«.

Andrade, Mário de (eigtl. Raúl de Morais)
* 9.10.1893 São Paulo, † 25.2.1945 das.; brasilianischer Volksmusikforscher, Schriftsteller und Komponist; studierte am Konservatorium von São Paulo, widmete sich danach vorwiegend der Erforschung der Geschichte der brasilianischen Musik und spezialisierte sich auf die Nationalfolklore. A. veröffentlichte zahlreiche Bücher wie »Compêndio da história da música« (1929) und komponierte einige populäre Stücke (Modinhas).

André Filho, António
(eigtl. António André de Sá Filho)
* 21.3.1906 Rio de Janeiro, † 2.7.1974 das.; brasilianischer Musiker (Piano, Violine), Sänger und Komponist. A. studierte Musik und Gesang; war längere Zeit bei den Sendern Mayrink Veiga und Tupi als Schlagersänger tätig, komponierte etliche Titel der Populärmusik, so das als Karnevalsschlager geschriebene Marschlied »Cidade maravilhosa« (1936), das 1960 den Status eines offiziellen Marsches erhielt und Nationalhymne des Bundesstaates Guanabara wurde; weitere Kompositionen sind u.a. »Bamboleo« (Samba, 1931), »Alô alô« (Samba, 1935) und »Mulata de qualidade« (Marcha, 1931).

Anexim → *Adágio*

Angels Harps, The - (Die Engelsharfen, engl.) anglokaribische Musikgruppe vom Typ einer →

Die Gruppe Los Andinos (1980) **(Photo: Gentileza Los Andinos)**

Steel Band; nach 1970 in St.George's (Grenada) formiert; interpretierte Musik der Karibik wie → *Calypso*, → *Merengue* und → *Rumba*. Die Gruppe beteiligte sich 1981 mit einem eigenwilligen Arrangement von → *Guajira* guantanamera am Liedfestival von Varadero.

Ângela Maria (eigtl. Abelim Maria da Cunha)
* 1925 Macaé (Rio de Janeiro); brasilianische Sängerin, bekannte Interpretin der Formen → *Samba* und Samba-canção; begann ihre Laufbahn als Refrainsängerin im Orchester *Dancing Avenida* (Rio de Janeiro); ihre erste Schallplatte erschien 1950, später folgten bei Copacabana, Odeon und RGE insgesamt 106 Schallplatten, darunter einige LPs, die Titel »É ilusão« und »Vida de bailarina« enthaltend.

Angeles Negros, Los -
chilenisches Vokal- und Instrumentalquintett; 1968 in San Carlos durch Germain de la Fuente Moreira (Gesang), Miguel Angel Concha V. (Bass), Jorge Hernán González (Elektronenorgel), Aurelio Luis Ortiz M. (Schlagzeug) und Mario González Contreras (Gitarre) gegründet. Die inzwischen aufgelöste Gruppe interpretierte moderne Populärmusik und produzierte unter versch. Labels (u. a. Odeon, Parnaso und International) 16 LPs (bis 1979), darunter die Erfolgstitel » Y volveré« und »Porque te quiero«.

Angelis, Alfredo de
* 2.11.1912 Androgue (Buenos Aires); argentinischer Musiker (Piano), Komponist und Bandleader; gründete 1941 in Buenos Aires ein eigenes Orchester, das seinen Namen trug, insbes. den → *Tango* pflegte, in Cafés und im Rundfunk auftrat und bei Odeon und weiteren Labels zahlreiche Schallplatten wie die Titel »Viejo rincón« und »Almagro« produzierte.

Angelito (Engelchen, span.)
zum Komplex des → *Velorio* gehörende Art von Kondolenzliedern, beim Tod eines Kleinkindes gesungen; in weiten Teilen Lateinamerikas verbreitet. Der A. existiert auch als Tanzlied (Angelito bailado), so in andinen Regionen Kolumbiens (Valle de Tenza, Boyacá); seine Verbreitung ist stark rückläufig.

Angóia (Caxixi, Mucaxixi, Cestinha, Guiá, Schüttelidiophon)
brasilianisches Volksmusikinstrument, das aus einem kleinen glockenförmig geschlossenen Körbchen besteht, das mit Samenkörnern gefüllt ist und zur rhythmischen Begleitung von Tänzen wie → *Jongo* und → *Moçambique* (Regionen von São Paulo und Alagoas) dient; früher aus Weidenruten hergestellt, heute meist aus Messingdraht.

Angona → *Tambu* (2)

Angu-a
große Trommel, die in der Volksmusik der Guaraní-Indianer Südamerikas benutzt wird.

Angulo, Eloisa
* 31.10.1920 Callao; peruanische Sängerin; widmete sich insbesondere der kreolischen Musik, gilt als hervorragende Interpretin des → *Vals peruano*; hat unter den Labels Sono Radio und Virrey einige LPs produziert, darunter die Titel »Barrio Bajopontino« und »Caramba caramba«.

Anido, María Luisa »La Gran Dama de la Guitarra«
* 26.1.1907 Morón (Buenos Aires); argentinische Gitarristin; studierte bei Domingo Prat und Miguel Llobet; mit letzterem bildete sie ab 1923 ein vielbeachtetes Gitarrenduo; seit 1925 als Konzertsolistin und Professorin für Gitarre tätig; unternahm Auslandstourneen, u. a. nach England; erhielt 1982 ein Ehrendiplom des Internat. Gitarrefestivals von La Habana (Kuba). A. publizierte zahlreiche Schallpalttenaufnahmen, darunter auch folklorist. Lieder wie »Aire de vidalita« und »Chacarera«.

Anjos Gaia, Diésis dos - »Ranchinho«
* 23.5.1912 Jacarei (São Paulo); brasilianischer Sänger und Musiker; Vertreter der → *Música caipira*. A. hat als Partner von Murilo → *Alva-*

renga die Popularität des Folklore-Duos → *Alvarenga e Ranchinho* mit begründet.

Anjos do Inferno, Os -
brasilianisches Vokal- und Instrumentalsextett; 1934 in Rio de Janeiro durch den Sänger Oto Alves Borges gegründet; hat in den 40er Jahren in der Besetzung Oto Alves Borges (Crooner, Bandleader), António Barbosa (Pandeiro), Moacir Bittencourt (Violão), Felipe Brasil (Violão), José Barbosa (Violão) und Milton Campos (Pistão) einen großen Einfluss auf die Entwicklung der brasilianischen Populärmusik ausgeübt, unternahm Reisen durch Lateinamerika, wirkte u. a. in mexikanischen Filmen mit und produzierte bei Columbia und Victor zahlreiche Schallplatten, darunter die Titel »Tim-tim« (Marcha) und »Madalena« (Samba); 1954 löste sich die Gruppe auf.

Antaño, Dueto de -
kolumbianisches Vokal- und Instrumentalduo folkloristischer Musik; 1941 zunächst als Dueto Antañón in Antioquia durch Ramón Carrasquilla und Camilo Arturo García gegründet, später in Dueto de Antaño umbenannt; entwickelte sich zu einem der populärsten Volksmusik-Duos Kolumbiens mit einem Repertoire von mehr als 700 Titeln, darunter »El Trapiche«, »Raza« und »La Ruana«. Gastspiele in vielen Ländern von LA und Publikation von mehr als 50 LPs unter versch. Labels, darunter Sonolux, Zeida und Fontana.

Antara (Andara)
eine der am weitesten verbreiteten Panflöten im Bereich der andinen Volksmusik; aus durchschnittlich acht Einzelflöten bestehendes Instrument; in vielen regionalen Varianten unter größtenteils eigenen Namen wie → *Siku*, → *Sicuri* (3), → *Sarta*, → *Zampoña* usw. existierend.

Antares, Trío Los -
puertorikanisches Vokal- und Instrumentaltrio; um 1949 in New York durch den Sänger und Musiker Felipe Rodríguez gegründet; interpretierte vorwiegend Populärmusik; Titel wie »La última copa« und »Careo« entstanden auf Schallplatten diverser Labels, darunter Mardi, Marvela, Ansonia, Antares Records und Tropical.

Anti → *Quiyaya*

Antigua Jazz Band
argentinische Jazzband, 1968 in Buenos Aires formiert; die aus 15 Musikern bestehende Gruppe pflegte vorwiegend den Jazz im Stile der 20er und 30er Jahre des XX. Jh.

Antillais, Orchestre -
francokaribisches Vokal- und Instrumentalorchester; um 1929 in Fort-de-France (Martinique) mit den Musikern Alexandre Stellio (eigtl. Fructueux Alexandre – 1885-1939, Klarinette, Bandleader), Archange St. Hilaire (Posaune), Ernest Léardée (Violine), Victor Colas, Orphélien (Perkussion und Falsett-Gesang) gegründet; das zum karibischen Jazz tendierende Orchester verlieh der Populärmusik der Region richtungsweisende Impulse; bei einem Gastspiel in Paris (1929) entstanden bei Odeon Schallplattenaufnahmen, darunter der Titel »Sépent Maigret«.

Antolín y su Combo Orense
kolumbianische Vokal- und Instrumentalgruppe; nach 1960 durch den Musiker Antolín Lenes gegründet; interpretierte Tanzmusik im Stile der → *Música vallenata*; als Gesangssolistin wirkte u. a. Lucy González; unter dem Label Zeida erschienen einige LPs, darunter die Titel »Caballo melao« und »Morena Encarnación«.

Antonio → *San Antonio*

Anú
Regionalform des → *Fandango (4)* in Südbrasilien.

Añez, Estudiantina -
kolumbianisches Vokal- und Instrumentalensemble (→ *Estudiantina*); um 1928 durch Jorge → *Añez* in Bogotá gegründet. Die Gruppe in-

terpretierte vorwiegend folkloristische Musik, insbesondere Formen wie → *Pasillo*, → *Bambuco*, Walzer und → *Danza*. Ab 1930 wurden in New York bei Victor einige Schallplatten eingespielt, darunter die Titel »Fusagasugeño« und »Chato«.

Añez Avendaño, Jorge
* 23.4.1892 Bogotá, † 22.6.1952 das.; kolumbianischer Musiker (Gitarre u. a.), Komponist, Bandleader und Musikologe; eine der bekanntesten und verdienstvollsten Musikerpersönlichkeiten der traditionell-folkloristischen Musik Kolumbiens; erforschte intensiv Geschichte und Entwicklung der Volksmusik seines Landes, komponierte zahlreiche Stücke wie »Los Cucaracheros« (Bambuco), »Kirieleison« (Galerón) und »Sueños de oro« (Bambuco); wirkte in einigen Musikgruppen (z. B. Estudiantina → *Añez*), die er z. T. auch leitete; gründete die Radiostation *Ecos del Tequendama* (heute Emisora H.J.C.K.) und schrieb eines der meistzitierten Bücher über kolumbianische Musik: »Canciones y recuerdos« (Bogotá, 1951).

APA
(Abk. für »Autores Paraguayos Asociados«) paraguayischer Verband der Komponisten und Autoren; am 1.7.1951 in Asunción gegründet; gegenwärtiger Präsident des ca. 1700 Mitglieder umfassenden Dachverbandes ist Críspulo Melgarejo.

Apaches, Baile de los - (Apachentanz, span.)
Volkstanz grotesken Charakters; zum Jahreswechsel in einigen mexikanischen Ortschaften wie z. B. Dolores Hidalgo (Guanajuato) aufgeführt. Die Tänzer treten in zerlumpter Kleidung auf, musikalisch begleitet durch Tambor, Violine und Kontrabass; zusätzlich können Blasinstrumente eingesetzt werden; der Tanz entspringt aztekischen Traditionen.

Aparcoa, Conjunto -
chilenische Vokal- und Instrumentalgruppe, 1966 durch Julio Alegría in Santiago formiert; interpretierte folkloristisch-populäre Musik. Zu der durch Pablo → *Neruda* geförderten Gruppe gehörten bei Gründung Julio Alegría (Gesang, Flöte, Bandleader), Felipe Canales (Gitarre), Miguel Córdova (Gitarre), Jaime Miqueles (Gesang, Perkussion) und Leonardo Parma (Gesang). Die Gruppe bereiste 1968 Europa (Bulgarien, UdSSR) und 1972 Kuba; emigirierte 1973 in die DDR, wo sie bis zu ihrer Auflösung (1976) in Rostock wirkte. Unter versch. Labels (Philips, Dicap und Amiga) wurden einige LPs produziert, darunter der »Canto General« von Pablo Neruda.

Aparecida (eigtl. Maria A. Martins)
* 4.12.1939 Caxambu; brasilianischer Sängerin und Liedermacherin; bekannte Interpretin des → *Samba*; übersiedelte 1949 nach Rio de Janeiro; schrieb zahlreiche der von ihr interpretierten und auf Schallplatten (u. a. bei Sonodisc) herausgebrachten Titel selbst, darunter »Boa noite« und »Saravá, saravá Bahia«.

APDAYC (Abk. für *Asociación Peruana de Autores y Compositores*)
peruanischer Autoren- und Komponistenverband mit Sitz in Lima; am 20.2.1952 von zunächst 90 Mitgliedern, darunter Eduardo → *Márquez Talledo* (erster Präsident), Pedro → *Espinel Torres* und Alejandro → *Vivanco Guerra* gegründet. 1987 gehörten der von Alicia → *Maguiña* geleiteten Organisation mehr als 2000 Mitlieder – 98 % der Komponisten und Musiker Perus repräsentierend – an. Gegenwärtiger Präsident ist Juan Mosto Domecq.

Apinti
kleine Trommel, die bei Sessionen des → *Winti-Kultes* gespielt wird.

Aquelarre, Conjunto -
chilenische Folkloregruppe; 1976 in Curicó gegründet. Die aus 15 Mitgliedern bestehende Formation trat wiederholt beim Folklorefestival von San Bernardo auf und wurde 1979 mit dem Preis »Alerce« ausgezeichnet. Titel wie »Cautivo del Til Til« und »Polo margariteño« er-

schienen auf LPs versch. Labels (u. a. Le Chant du Monde).

Aquí Cuba, Conjunto -
kubanische Vokal- und Instrumentalgruppe, 1976 in Matanzas durch Studenten gegründet; gehört der Bewegung der Neuen Kubanischen Trova (MNTC) an und interpretierte sowohl kubanische als auch lateinamerikanische Populärmusik; errang 1977, 1978 und 1979 Preise bei nat. Ausscheiden; die Leitung der Gruppe oblag Beatriz Masiques, die auch als Sängerin und Schlagzeugerin wirkte; ein populär gewordener Titel des Repertoires ist das Lied »Perla marina«.

Aquino, Rafael
* 5.8.1931 La Habana; kubanischer Sänger (Bariton); gehört gegenwärtig der Künstlergruppe des Lyrischen Nationaltheaters an; singt romantisch-lyrische Lieder sowohl der Populärmusik als auch der Oper; hat unter verschiedenen Labels zahlreiche Titel auf Schallplatte produziert, darunter »Quiéreme mucho«.

Arabicus
heute nur noch wenig verbreitete Bezeichnung für den → *Yaraví.*

Araca la Cana
uruguayische Karnevalsgruppe vom Typ einer → *Murga*; 1937 in Montevideo organisiert; die heute noch aktive Gruppe, die insbesondere negroide Musiktraditionen pflegt, hat unter dem Label Orfeo einige LPs herausgebracht, darunter das Musikstück »Misa murguera«.

Arada
1. (von »arado« = Pflug, span.) beim Pflügen gesungenes Lied; zu den Arbeitsgesängen zählend. 2. → *Arará*

Aragón, Orquesta -
kubanisches Tanzorchester vom Typ einer → *Charanga Francesa*; eine der bekanntesten und erfolgreichsten Formationen ihres Typs, 1939 in Cienfuegos durch den Kontrabassisten Orestes Aragón Cantero (Bandleader bis 1949) zusammen mit Efraín Loyola (Flöte), Pablito Romay (Gesang), Rufino Roque (Piano), Morelio Morejón (Güiro), Filiberto Depestre und René González (Violinen) sowie Orestes Varona (Paila criolla) gegründet; entwickelte sich zu einer weltbekannten Formation kubanischer Populärmusik; führte 1955 das Cello, 1965 den Elektrobass in Orchester dieser Art ein. Das Repertoire, anfangs aus Titeln der Formen → *Danzón*, → *Danzonete*, Walzer und Pasodoble bestehend, erfuhr später eine starke Hinwendung zum → *Cha-cha-chá.* Es erfolgten Gastspielreisen durch weite Teile Lateinamerikas und andere Erdteile; auf Schallplatten versch. Labels (RCA Victor, Musart, Areito u. a.) erschienen Titel wie »El Bodeguero«, »El paso de Encarnación«, »Guajira guantanamera« und »Tres lindas cubanas«.

Der Musiker (Violine) Rafael Lay Bravo (* 25.9.1959 La Habana), Sohn von Rafael Lay Apezteguí; seit 1989 Direktor des Orchesters Aragón

Aragón, Rondalla -
argentinisches Instrumentaltrio; bekannte Gruppe des »primitiven« → *Tango*, 1913 in Buenos Aires durch Prudencio Aragón »El Johnny« (1887 – 1964, Violine), Pedro Aragón (Viola) und Vicente Pecci »El Tano« (Flöte) gegründet. Die bis 1917 bestehende Gruppe hat bei Atlanta einige Schallplatten produziert, die zu den historischen Tondokumenten des ursprünglichen Tango gehören.

Araguacos
alter Name für Volkstänze der Indianer Puerto Ricos, die dem → *Areito* ähneln; mit der gewaltsamen Vertreibung und Ausrottung der Ureinwohner verschwanden sie.

Araignée (Danse de l'A.)
Tanzrhythmus aus Haiti, durch eine Soloflöte begleitet.

Arango de Tobón, Graciela
* 1931 Ovejas (Sucre); kol. Sängerin und Liedermacherin; lebt seit 1969 in Cali; schrieb bisher mehr als 300 Stücke der Populärmusik, darunter »Canción del sábado« und »Perdón por adorarte«.

Arara
brasilianischer Volkstanz, dem → *Vilão* ähnlich; in den Bundesstaaten Amazonas, Rio de Janeiro, Pernambuco, Paraíba und Rio Grande do Norte verbreitet. Paare tanzen um einen Mann herum, der zu gegebener Zeit stockschwingend »Arara!« ruft, den Stock einem Tänzer übergibt und mit dessen Partnerin weitertanzt, während der andere in die Mitte des Kreises tritt, um den Stock später einem anderen Tänzer weiterzureichen.

Arará
1. eine der größten ethnischen Gruppen afrikanischer Herkunft, in versch. Teilen Lateinamerikas lebend; mit den Arada (Rada) Haitis verwandt. 2. Kult der gleichnamigen Bevölkerungsgruppe (1), u. a. in den Ostregionen Kubas abgehalten, wobei Gottheiten wie Legúa (Legba, Beschützer der Eingänge und Kreuzwege), Damballa u. Ayidá angerufen werden (→ *Loa*); heute weitgehend in Vergessenheit geraten.

Araucaria, Grupo -
lateinamerikanische Vokal- und Instrumentalgruppe; 1980 von Solisten aus Chile, Argentinien und Uruguay in Deutschland formiert; interpretierte mit den Mitgliedern Eugenia Caro, Víctor Tapia, Aníbal Bresco und Waltere Seruga Populärmusik verschiedener Länder Lateinamerikas; in modernen Arrangements wurden Stücke wie »Mulher rendeira« und »Gato del maicito« auf LPs u. a. der Labels Crisol und Topas veröffentlicht.

Araújo Pereira Ramos, Artur de
* 7.7.1903 Pilar (heute Manguaba), † 31. 10.1949 Paris; brasilianischer Folkloreforscher, Anthropologe und Ethnograph; erforschte Folklore und Religion der Afrobrasilianer; 1938 als Professor an der Universität von Rio de Janeiro tätig. A. gründete 1941 die Brasilianische Gesellschaft f. Anthropologie und Ethnologie; publizierte viele Abhandlungen über seine Forschungsergebnisse.

Araújo, Manezinho »Rei da Embolada«
* 27.9.1910 Cabo (Pernambuco); brasilianischer Volkssänger (Cantador) und Liedermacher; Schüler von Minone Carneiro; gilt als einer der besten Interpreten der → *Embolada*, die er bereits als Kind sang. 1956 erschien seine erste LP (Label Sinter), darunter die Titel »Vatapá« und »Carrité de Coroné«.

Arca
regionale Variante der Panflöte → *Zampoña.*

Arcaño Betancourt, Antonio »Monarca del Danzón«
* 29.12.1911 La Habana, † 3.11.1991; kubanischer Musiker (Flöte), Arrangeur und Bandleader; studierte bei José Antonio Díaz, spielte danach in verschiedenen Orchestern; gründete und leitete das Orchester → *Arcaño y sus Maravillas.*

Arcaño y sus Maravillas
kubanisches Tanzorchester vom Typ einer → *Charanga Francesa*; 1937 in La Habana von José → *Arcaño B.* zunächst unter dem Namen *Orquesta Arcaño* gegründet; durch seine in einem völlig neuen Stil interpretierten Stücke insbesondere der Form → *Danzón* schnell populär geworden. Unter der Bezeichnung *Ritmo Nuevo* (Neuer Rhythmus) brachte das zeitweise aus 17 Musikern bestehende Orchester den Danzón »Mambo« von Orestes → *López* heraus und setzte als erste Charanga-Formation die Trommel → *Tumbadora* ein. Unter verschiedenen Labels (u. a. Extra und Areito) erschienen zahlreiche Schallplattenaufnahmen, darunter die Titel »Bella Unión«, »Mambo« und »Africa viva«.

Arcaraz Torras, Luis
* 5.12.1910 Colima, † 1.6.1963 San Luis Potosí; mexikanischer Sänger, Musiker, Komponist und Bandleader; begann 1928 seine Künstlerlaufbahn und gehörte zunächst der Theatergruppe »Palma« in Tampico an, später wirkte er mit großem Erfolg als Sänger bei den Sendern XEG und XEFO. Zusammen mit Agustín → *Lara* und Gonzalo → *Curiel* bildete er die sog. *Trilogia del Politeama*, eine im Politeama-Theater (México-Stadt) wirkende Künstlergruppe; debütierte 1932 als Komponist; schrieb Lieder, Boleros und Foxtrots, widmete sich außerdem intensiv dem Blues; produzierte zahlreiche Schallplatten (u. a. bei Musart), darunter die Titel »Homenaje a Glenn Miller« und »Prisionero del Mar«, wirkte in dem Film »Cha-cha-chá« als singender Schauspieler mit und schuf die Musik für mehr als 20 Filme.

Arco Iris (Regenbogen, span.)
argentinisches Vokal- und Instrumentalquartett; interpretierte moderne Populärmusik wie die Stücke »Luli«, »Zamba« und »Y ahora soy«, die auf mehreren LPs des Labels RCA Victor publiziert worden sind.

Arcoiris, Organo -
kubanische Tanzmusikgruppe vom Typ eines → *Organo Oriental*, 1942 unter der Leitung von Arturo Marrero gegründet; neben Formen wie → *Guaracha*, → *Cha-cha-chá* wurde insbesondere der → *Son cubano* interpretiert.

Antonio Arcaño bei einer Orchesterprobe

Arco Musical

Allgemeinbezeichnung für den besonders in der indianischen Volksmusik verschiedener Länder Lateinamerikas verwendeten Musikbogen; die bekannteste regionale Variante heißt → *Birimbao* (1).

Arcos, Danza de los -

indianischer Volkstanz aus Mexiko; im Gebiet der Regionen von Veracruz bzw. des Bundesstaates México aufgeführt. Die Tänzer führen, einen Bogen (Arco) in den Händen haltend, verschiedenartige Tanzfiguren aus, wobei sie durch Violinen und Gitarren musikalisch begleitet werden.

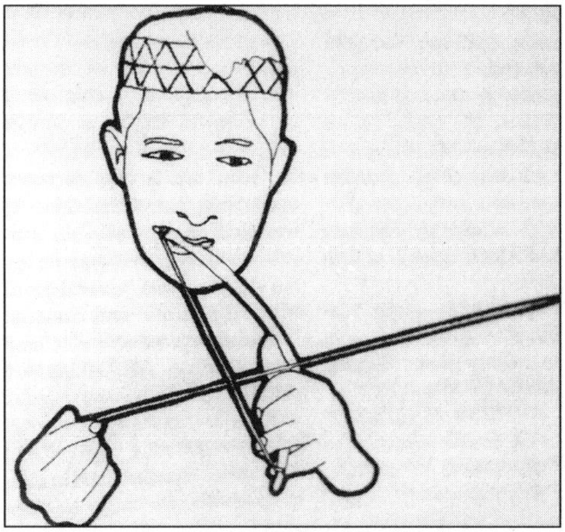

Arco musical – Peruanischer Indianer mit einem Musikbogen (Mapa de los Instrumentos)

Areito (Areíto, Areyto)

1. musikalisch-tänzerische und religiöse Manifestation der Ureinwohner verschiedener karibischer Inseln, insbesondere auf Kuba und Puerto Rico; auch in Nikaragua und Honduras (östliche Küstenregionen) bekanntgeworden. Nach der Eroberung durch die Spanier (1492) blieben nur wenige schriftliche Nachweise erhalten. Bekannt ist lediglich, dass die Tänze musikalisch durch → *Mayohuacán*, → *Guamo*, eine Knochenflöte und diverse Rasseln (Sonajas) begleitet wurden. Der spanische Erzähler Gonzalo Fernández de Oviedo schreibt 1520 in seinem Buch »Historia general y natural de las Indias« »Die Einwohner dieser Insel (Española) verfügen über den schönen Brauch, denkwürdige Ereignisse der Vergangenheit in ihren Liedern und Tänzen, die sie Areitos nennen und die wir als Tanzlieder bezeichnen würden, zu reflektieren. Mitunter kombinieren sie den Gesang mit dem Klang von Trommeln, die aus ausgehöhlten Baumstämmen hergestellt werden und die Größe eines Mannes erreichen. 1520 tanzte die Königin Anacaona, Gattin des *Caonabo* genannten Häuptlings, einen Areito. An diesem Tanz beteiligten sich mehr als 300 Tanzmädchen. Währenddessen diese tanzten, boten indianische Dienerinnen den Tänzerinnen Getränke dar...« In den Aufzeichnungen des Bartolomé de Las Casas (1474-1566) heißt es, dass die Areito-Feste eine ganze Nacht andauerten und zwischen 500 und 1000 Personen, Männer und Frauen, vereinigten. 2. kubanisches Schallplattenlabel; das ab 1960 in den Studios → *EGREM* in La Habana produziert wird. Vorläufer dieser Plattenmarke ist *Panart,* 1944 durch den Ingenieur und Musiker Ramon Sabat gegründet und ab 1952 mit einer zweiten Fabrikationsstätte im Vorort Rancho Boyeros operierend. Nach 1960 wurde das Unternehmen verstaatlicht und stellte seine Schallplatten zunächst unter das Label Panart Nacionalizada,

Tanzszene eines Areito-Festes (aus »Africanía en la música folklórica de Cuba« von Fernando Ortiz)

Palma bzw. EGREM her. Ab 1961 wurde das Label Areito unter weitgehender Beibehaltung des Nummernschemas des Panart-Kataloges eingeführt. Zwischen 1961 und 1995 wurden ca. 1500 LPs der verschiedensten Genres einschließlich ernster Musik produziert; es wurden vereinzelt Spezial-Labels wie PRD, Guamá und Dujo auf den Markt gebracht. Parallel zur auslaufenden Schallplattenproduktion erschien unter der Kalatog-Nr. CD-001 im Jahre 1991 die erste Kompakt-Disc.

Aretz (de Ramón y Rivera), Isabel

* 13.4.1909 Buenos Aires; argentinische Musikologin, Folkloreforscherin, Musikerin (Piano) und Komponistin; studierte 1927 – 30 bei Rafael González Piano, später bei Heitor → *Villa-Lobos*; ferner erhielt sie bei Carlos → *Vega* 8 Jahre Unterricht über die Musikfolklore Argentiniens; sie sammelte Lieder und Tänze, erforschte vor allem die Volksmusik der Region La Rioja. A. gab als Pianistin zahlreiche öffentliche Konzerte, schuf zumeist eng an folkloristische Themen gebundene Musikstücke wie »Cueca, vidala y triunfo« (Zyklus, 1937 – 40); schrieb Artikel und Monographien über die Musikfolklore Argentiniens, später Venezuelas, darunter »El folklore musical argentino«. Die mit dem venezolanischen Folkloristen Luis Felipe → *Ramón y Rivera* verheiratet gewesene Forscherin leitete das Venezolanische Forschungsinstitut für Folklore (INIDEF) in Caracas.

Areyto → *Areito*

Areyto, Conjunto (Ballet Areyto)

puertorikanische Folkloregruppe; 1968 in San Juan durch Marta → *Cuadrado* unter Schirmherrschaft des Institutes für Kultur Puerto Ricos (Instituto de Cultura Puertorriqueña) gegründet. Das unter der Leitung der Choreographin Irene Jiménez de McLean stehende Ensemble studierte alte und neue Volkstänze wie → *Plena*, → *Aguinaldo* und → *Seis* ein, gab Konzerte in Puerto Rico und im Ausland (USA, Lateinamerika, Asien und Afrika).

Das Ballett Areyto führt einen Tanzzyklus der Kaffeepflanzer (Bailes del cafetal) im Freien auf (Photo: Gentileza Instituto de Cultura Puertorriqueña)

Argentino, Carlos
(eigtl. Israel Vitensztein Vurm)
* 23.6.1929 Buenos Aires, † 30.6.1991 (Infarkt); argentinischer Sänger; debütierte 1956 in Kuba an der Seite von Carmen → *Miranda*; gehörte längere Zeit der → *Sonora Matancera* als Gesangssolist an, mit der er zahlreiche Schallplattenaufnahmen (u. a. bei Seeco, Orfeón und Tropical) produzierte, darunter die Titel »Besito santo« und »Rumba en navidad«.

Argúmedes, Camilo »Azuquita«
* 1949 Panamá-Stadt; panamaischer Sänger; entstammt einer Familie mit langjähriger musikalischer Tradition; lebt und wirkt seit 1976 in New York (Harlem), wo er sich verschiedenen lateinamerikanischen Formationen wie der Gruppe *Típica '73* anschloß und insbesondere Titel der Mischform → *Salsa* sang.

Argumento
Textteil bestimmter lateinamerikanischer Tanzlieder, darunter der kolumbianischen → *Juga*.

Arias Valencia, Edmundo
* 5.12.1925 Tuluá (Valle), † 28.1.1993; kolumbianischer Sänger, Musiker, Arrangeur, Liedermacher und Bandleader; gründete in Medellín ein Tanzorchester, das seinen Namen trug und sich der → *Música tropical* widmete; produzierte mit diesem Schallplattenaufnahmen u. a. bei Sonolux und RCA Victor, darunter die von ihm geschriebenen Titel »Rosalba« (Pasillo) und »Güepa...je« (Cumbia).

Arias, Marlene
* 1956 Puerto Ordaz; venezolanische Sängerin; trat zuerst in Gruppen wie *Los Tigres* und *Imagen y Sonido* (1974) auf, wirkte später als Solistin; produzierte bei Love Records mehrere LPs mit Populärmusik.

Arias Arias, Obdulio
* 1916 Aguadas (Caldas); kolumbianischer Sänger, Musiker und Liedermacher; arbeitete seit 1940 beim Sender Nueva Granada als Sänger. In Medellín gehörte er dem Trío → *Emilio Murillo* an; ist Mitbegründer des Trío → *Alma Criolla* (1948), wirkte ab 1950 als Sänger und Musiker im Trío Grancolombiano; schrieb u. a. die Stücke »Montañera« und »Ingratitud« (Pasillo).

Aribú
alte afrobrasilianische Liedform, eine Variante des → *Lundú*, die heute kaum noch verbreitet ist.

Arigau-bari (Schüttelidiophon)
bei den Indianern vom Rio Araguaia (Brasilien) verwendetes Musikinstrument; eine Variante der → *Maracá*.

Ariguanabo, Conjunto -
kubanische Volksmusikgruppe; um 1953 durch Raúl → *Lima* formiert und geleitet; eine hervorragende Formation der → *Música campesina* Kubas, die unter verschiedenen Labels Schallplattenaufnahmen produziert hat, darunter die Titel »Lindo amanecer« (Guajira) und »Tonadas espirituanas« (Punto cubano).

Armenteros, Alfredo »Chocolate«
* 4.4.1926 Ranchuelo (Las Villas); kubanischer Musiker (Trompete, Flügelhorn), Arrangeur, Komponist und Bandleader; genießt als Trompeter in verschiedenen kubanischen und US-lateinamerikanischen Formationen legendären Ruf; wirkte u. a. bei Arsenio → *Rodríguez*, Beny → *Moré* (1953 – 56), → *Machito*, Johnny → *Pacheco*, Eddie & Charlie → *Palmieri*, »Mongo« Santamaría, Joe Quijano, Ismael → *Rivero*, den Tico All Stars, der Grupo → *Nuevayorquino de Folklore y Experimentación* u. a. Der in New York lebende Musiker hat mit fast allen Formationen, in denen er wirkte, eine große Zahl von Schallplatten produziert, darunter den Titel »Chocolate's guajira« (1975), eine eigene Komposition.

Armijo, José W.
salvadorenischer Sänger, Gitarrist und Liedermacher; setzte sich in seinen Liedern kritisch mit der Situation der 70er und 80er Jahre des XX.

Jh. in El Salvador auseinander. Seine Titel »Machete encachimbado« und »Elegia a Monseñor Romero«, ein Nachruf auf den 1980 ermordeten Erzbischof von San Salvador, Oscar Arnulfo Romero, sind auf der LP »Homenaje a mi pueblo« (Compsound) veröffentlicht worden.

Armonía (port.: Harmonia)
spanisch-lateinamerikanischer Begriff für Harmonie bzw. Harmonielehre.

Armónica (armónica de boca, rondín, órgano)
1. die am häufigsten verwendete Bezeichnung für die in der Volks- und Populärmusik weiter Teile Lateinamerikas gespielte Mundharmonika; zumeist von Musikern innerhalb marschierender Musikgruppen benutzt; oft werden traditionelle Tänze wie → *Huayno* und → *Bailecito* auf diesem Instrument begleitet. In Peru sind auch die Begriffe *órgano* oder *rondín*, in Brasilien *gaita-de-boca* gebräuchlich. Die A. wird weiterhin zur Begleitung folkloristischer Tänze in Ekuador, Bolivien usw. benutzt. 2. Glasharmonika, aus Kristallglasscheiben unterschiedlicher Länge zusammengefügt, u. a. von der kolumbianischen Gruppe *Los Cuatro Amigos* gespielt.

Armónicos, Los -
kubanische Gruppe der Tanz- und Unterhaltungsmusik; 1956 in Pinar del Río durch den Musiker Felipe Dulzaides formiert; interpretierte moderne, teilweise zum Jazz tendierende Musik, trat mit der Gesangssolistin Doris de La Torre längere Zeit im Club »Kawama« von Varadero auf und produzierte einige Schallplattenaufnahmen (Label Palma), darunter die Titel »En nosotros« und »Danza ritual del fuego«.

Armorial, Quinteto -
brasilianisches Instrumentalquintett, das sich der populären und traditionellen Musik des Landesnordostens widmete; 1970 in Recife durch António José Madureira (Viola), Edilson Eulálio (Violão), Fernando Torres Barbosa (Marimbau), Egildo Vieira (Pífano, Flöte) und António Carlos Nóbrega (Rabeca, Violine) gegründet; arrangierte alte Stücke wie »Romance de Minervina« (XIX. Jh.) und »Toada e desafio« neu und nahm sie auf einer LP (Label Pereira) auf.

Arnaz y de Acha III, Desiderio Alberto »Desi«
* 2.3.1916 Santiago de Cuba, † 2.11.1986 (California); kubanischer Sänger, Musiker (Gitarre) und Bandleader; übersiedelte in den 30er Jahren nach Miami (Florida), sang dort in Hafencafés Boleros, Guarachas und kubanischer Lieder; wirkte später als Gesangssolist im Orchester von Xavier → *Cugat* und gründete 1940 ein eigenes Orchester, das seinen Namen trug und dessen Stil bereits kommerzielle Züge trägt; bei Columbia entstanden zahlreiche Schallplattenaufnahmen.

Aro → *Aru*

Aro!
in der chilenischen → *Cueca* sowie einigen argentinischen Tänzen als Zwischenruf ausgebrachte Interjektion, die beabsichtigt, den Gesang bzw. Tanz einer Person für kurze Zeit zu unterbrechen und sie zu animieren, den Teilnehmern in der Runde zuzuwinken oder auch demonstrativ zuzutrinken.

Aroche, Alberto
* 1902 (?) Santiago de Cuba, † 30.11.1968 La Habana; kubanischer Sänger und Liedermacher; gilt als hervorragender Interpret der Formen → *Danzonete* und → *Son cubano*. Bis 1930 bildete er mit Siro → *Rodríguez* ein vielbeachtetes Duo, sang, ab 1930 in La Habana lebend, u. a. in den Orchestern von »Neno« → *González*, Belisario → *López* und Cheo Belén Puig, mit denen unter versch. Labels (u. a. Kubaney) Schallplatten entstanden, darunter die Titel »La cachimba de San Juan« und »Lola«. A. schrieb u. a. »Oriente oye mi son« (Son montuno).

Arolas, Eduardo »El Tigre del Bandoneón«
(eigtl. Lorenzo Arola Sauria)
* 24.2.1892 Buenos Aires, † 29.9.1924 Paris; argentinischer Musiker (Bandoneón, Gitarre), Komponist und Bandleader; hervorragender

Vertreter des → *Tango* der sog. »Alten Garde«; entstammt dem Milieu der Unterwelt; Autodidakt; musizierte zunächst solistisch oder innerhalb kleiner Gruppen in Bordells und Hafenkneipen (Boliches); formierte 1909 mit Ernesto Ponzio (Violine) und Leopoldo Thompson (Gitarre) ein Tsrio; 1917 organisierte er ein Tango-Orchester, das große Popularität erlangte und mit dem er Auslandstourneen, darunter nach Frankreich, unternahm und zahlreiche Schallplatten (u. a. bei Sonora, Odeon und Victor) produzierte. Viele seiner Kompositionen, fast durchweg Tangos, werden heute noch gespielt, darunter die Titel »Cachila« (1921), »Derecho viejo« und »La guitarrita« (1913).

Arón (Arexe)
von den Huitoto-Indianern des Amazonasgebietes Perus gespielte Trommel.

Arpa (Harfe, span.; in Brasilien Harpa)
die in großer Typenvielfalt in mehreren Ländern Lateinamerikas in der Volks- und Populärmusik gespielte Harfe; im Zuge der Eroberung (Conquista) durch die Spanier nach LA gekommen; hier längere Zeit nur in der Kirchenmusik eingesetzt. Nachrichten über ihre Verwendung liegen aus dem XVI. Jh. aus Kuba und Peru vor; von den Jesuiten (→ *Jesuítas*) wurde sie nach Paraguay und in den NO Argentiniens gebracht und später auch zur Interpretation weltlicher Musik verwendet; sie erhielt so mehr und mehr den Charakter eines Folkloreinstruments, das insbes. in der sich im Umfeld einer allmählichen Rassenvermischung herausbildenden mestiz. Volksmusik eingesetzt wurde. Harfen werden in folgenden Ländern Lateinamerikas gespielt Paraguay (→ *Arpa paraguaya*), Nordostargentinien, Venezuela und Kolumbien (→ *Arpa llanera*), Mexiko (→ *Arpa mexicana*), Peru (→ *Arpa indígena*), Chile (→ *Arpa chilena*), Bolivien (Region Tarija, fast außer Gebrauch), Ekuador und Guatemala (in der → *Zarabanda*); in Kuba wurde sie bis zur Jahrhundertwende gespielt; in Brasilien und weiteren Ländern nur noch wenig verbreitet. Der Solist auf diesem Instrument heißt → *Arpista*.

Arpa chilena
in Chile gespielte Harfe; vorrangig zur Begleitung der → *Cueca chilena* eingesetzt; gelangte während der Kolonialzeit aus dem Vizekönigtum Rio de la Plata nach Chile. Der Einsatz in der urbanen Musikfolklore des XIX. Jh., z. B. in der → *Chingana*, ist eindeutig belegt. Das stehend gespielte diatonische Instr. mit fast vertikaler Saitenstellung ist in den Regionen zwischen Aconcagua und Ñuble verbreitet; eine kleinere Ausführung heißt → *Arpín*.

Arpa del Judío (Judenharfe, span.) → *Trompe*

Arpa Grande (Arpa de la Costa)
Name einer bestimmten Instrumentenkonfiguration in Volksmusikgruppen des mexikanischen Bundesstaates Guerrero und benachbarter Regionen, wobei folgende Instrumente zum Einsatz gelangen Harfe (Arpa), Gitarren, → *Vihuela*, → *Jarana* (2), → *Guitarrón* und sechssaitiger Kontrabass, zuweilen zusätzlich eine Trommel (Tambor), eine Trompete oder eine

Eduardo Arolas – Titelblatt der Partitur des Tangos »Derecho viejo«

Klarinette. Diese Gruppen interpretieren u.a. den → *Son* (guerrense) und die → *Chilena.*

Arpa indígena

(arpa andina, → *domingacha*, tau-tin)
in der Volksmusik der Andenländer Peru, Bolivien und Ekuador eingesetzte Harfe. Das überwiegend von Indianern und Mestizen gespielte Instrument ist europ. Ursprungs; seine Abmessungen sind sehr unterschiedlich; im allgemeinen hat es 32 Saiten; der Resonanzkörper ist aus Zedern- oder Nogalholz gefertigt; das Instr. kann nicht nur an einem festen Platz gespielt, sondern auch bei Aufmärschen, bei denen musiziert wird, mitgeführt werden. In Peru vorwiegend zur Begleitung des → *Huayno* u. a. in den Provinzen Ancash, Arequipa, Ayacucho, Junín, Lima, Piura, Tacna und Puno benutzt.

Arpa llanera

in den Tiefebenen (Llanos) von Venezuela und Kolumbien in der Volks- und Populärmusik eingesetzte Harfe; soll bereits Anfang des XVIII. Jh. von Mestizen oder Indios gespielt worden sein; rustikal konstruiert; verfügt über 30 – 37 Saiten. Eine Stimmung (nach Isabel Aretz) ist F-Es-B-F-C-G-D-A/C-G-D-A-E-H. Die A. ll. wird vorrangig zur Begleitung von → *Joropo*, → *Pasaje*, → *Seis por derecho* und weiteren Tänzen eingesetzt.

Arpa mexicana

durch Spanier nach Mexiko gebrachte Harfe; entsprechend ihrer Verwendung untergliedert in 1. Arpa del Sureste (Südosten); getreue Kopie der span. Harfe, im Unterschied zu den Instrumenten anderer Regionen mit vier Füßen (sonst zwei) und einem etwa 1,50 m langen Steg, einem sehr schmalen Resonanzkörper, der mit Intarsien verziert ist; in Chiapas und Yucatán benutzt. 2. Arpa guerrense (Gebiete von Guerrero) größere Abmessungen und ein dadurch bedingtes höheres Gewicht, das das Instr. unhandlich werden lässt; 32 Saiten; fester Bestandteil der → *Arpa grande* genannten Volksmusikgruppen. 3. Arpa jarocha (Region Veracruz) besitzt generell 35 oder 36 Saiten, einen Steg von etwa 1,20 m Höhe, einen pyramidenförmigen Resonanzkörper, aus hochwertigen Hölzern gefertigt; vorrangig zur Begleitung des

Blick in die Werkstatt des Harfen- und Gitarrenbauers Timoteo Rojas, Punta Carapá (Asunción, Paraguay), 9.6.1996

→ *Son jarocho* eingesetzt. 4. Arpa de Tierra Caliente (Regionen Michoacán und Teile von Guerrero) 35-saitige Harfe; seit Anfang des XX. Jh. nicht mehr benutzt; ein Exemplar, das einst Genaro → *Codina* gespielt hat, befindet sich im Museum von Zacatecas.

Arpa Nacional
kolumbianische Vokal- und Instrumentalgruppe, eine → *Estudiantina*; auf traditionell-folkloristische Musik spezialisiert; um 1915 in Bogotá durch den Musiker Humberto Correal gegründet. Das Repertoire bestand vorwiegend aus Titeln der Formen → *Pasillo*, → *Guabina*, → *Bambuco* und → *Danza*. »Arpa« ist eine u. a. in Kolumbien verbreitete Bezeichnung für Musikgruppen, die mit europäischem Instrumentarium, zumeist Violinen, Flöten, Piano (früher allgemein Harfe) und Kontrabass, musizieren.

Arpa paraguaya (Paraguay-Harfe, span.)
der in Europa bekannteste Typ einer lateinamerikanischen Harfe, der europäischen Konzertharfe am meisten ähnelnd; mit 36 Saiten; diatonisch gestimmt; heute in Paraguay Nationalinstrument, darüber hinaus im Nordosten Argentiniens (Corrientes, Misiones), gelegentlich in Grenzgebieten Brasiliens (Regionen Ponta Porã, Campo Grande) durch zumeist zugewanderte paraguayische Musiker gespielt. Das durch die Jesuiten eingeführte Instrument wird u. a. zur Begleitung folkloristischer Lieder, der → *Polca paraguaya*, der → *Galopa* und des → *Purajhei* eingesetzt. In zahlreichen Kompositionen, darunter »Pájaro campana« und »Cascada«, besticht die Virtuosität einzelner Harfenisten. Laut alten Dokumenten geht der Gebrauch der Harfe in Paraguay auf den aus Tirol eingewanderten Geistlichen Joseph v. Reinegg »Padre Sepp« (1656-1733) zurück, der unmittelbar nach seiner Ankunft in Paraguay (1691) Einheimische, darunter auch Guaraní-Indianer, im Harfespiel unterrichtete. (→ *Arpista*)

Arpeado (Arpegio, ital. Arpeggio)
spieltechnische Ausführung von gebrochenen Akkorden; die Saiten werden entsprechend den einzelnen Akkordtönen mit einem oder allen Fingern der rechten Hand angeschlagen; insbes. auf der in der lateinamerikanischen Volks- und Populärmusik häufig verwandten Harfe (→ *Arpa*), aber auch auf der Gitarre und dem Tastenakkordeon (u. a. von Luíz → *Gonzaga*), ausgeführt.

Arpegio → *Arpeado*

Arpín
kleinere Ausführung der chilenischen Harfe (→ *Arpa chilena*); auf ihr fehlen die Halbtöne, darüber hinaus ist sie auch ohne Pedal.

Arpista
in weiten Teilen Lateinamerikas übliche Bezeichnung für den Harfespieler (→ *Arpa*). Bekannte Solisten sind u. a. Gumersindo Gorosito und Roque Roina (Argentinien); Alberto → *Rey*, Hugo Lagos und Adrián Miranda (Chile); Luis Ariel → *Rey*, Alfredo Rolando Ortiz und Lisimaco Sánchez (Kolumbien); Gonzalo Castro und Julio V. Poalasín (Ekuador), Andrés → *Huesca*, Timoteo Mireles und Epigmenio Cupa Ramos (Mexiko); Félix → *Pérez Cardozo*, Luis → *Bordón*, Juancito Cuevas, Papi Basaldúa, Rito Pedersen, Enrique Samaniego, Lorenzo Leguizamón und Dionisio Bernal (Paraguay); Higinio Campos Zavala und Florencio Coronado (Peru) sowie Héctor Cabrera, Amado Lovera, Juan Vicente → *Torrealba*, Mario Guacarán und El → *Indio Figueredo* (Venezuela).

Arpón
regionale Bezeichnung der Harfe (→ *Arpa*), die früher in den mexikanischen → *Mariachi*-Gruppen sehr oft gespielt wurde.

Arranjo → *Arreglo*

Arrasta-pé (Bate-chinela)
regionale Variante des brasilianischen Volkstanzes → *Forró*; aus dem ländlichen → *Samba campirano* entstanden. Die zum Komplex der → *Música caipira* gehörende Form mit teils lu-

stigen und rustikalen Texten wird vorwiegend in den ländlichen Gegenden von São Paulo aufgeführt und ist Teil des Standardrepertoires der *Dupla* genannten Vokal- und Instrumentalduos; die musikal. Begleitung erfolgt zumeist durch die → *Viola*.

Arrau León, Claudio
* 6.2.1904 Chillán, † 9.6.1991 Deutschland; chilenischer Pianist; studierte in Berlin; einer der weltbesten Pianisten, Träger des Chilenischen Nationalpreises (1983); gab Gastspiele in vielen Ländern; lebte zuletzt in den USA. A. hat zahlreiche Schallplatten mit ernster und populärer Musik aufgenommen, darunter »Tremolo« (1938, Grammophon).

Arrecha
regionale Variante der Panflöte → *Zampoña*; aus acht einzelnen Flöten bestehend, die jedoch, vom Normaltyp abweichend, gleich lang sind; in der indianischen Volksmusik Perus (Titicaca-Gebiet) eingesetzt.

Arreglista (arreglador)
spanischsprachige Bezeichnung für den Bearbeiter (Arrangeur) eines Musikstücks bzw. auch den Musikalischen Direktor eines Orchesters.

Arreglo (port.: arranjo)
musikalisches Arrangement von Stücken aller Art; besonderes Augenmerk gilt in Lateinamerika der Bearbeitung von Titeln aus der anonymen Musikfolklore.

Arriagada, Hermanos -
ein um 1960 von Omar Arriagada gegründetes kolumbianisches Vokal- und Instrumentalensemble, das sich vorwiegend der modernen Populärmusik widmete; so wurde auf einer LP (Label Odeon) eine spanischsprachige Version des französischen Liedes »Nathalie« (Gilbert Bécaud) publiziert.

Arriba! (Nur zu!, span.)
im gegenseitigen Dialog zwischen Publikum und Musikern auf folkloristischen Veranstal-

Arpista – peruanischer Harfenist aus dem Andengebiet von Ranrahira (Ancash) **(Photo: Elisabeth den Otter)**

tungen oft benutzter spontaner Ausruf; in Chile und Peru werden Musiker, Sänger, Tänzer so zur Fortsetzung der Darbietungen aufgefordert.

Arribeña
regionale Version des argentinischen Volkstanzes → *Bagual*a; in einigen Orten der Prov. Tucumán verbreitet.

Arriero
per. Volkstanz; in bestimmten Regionen wie Andahuaylas und Orcobamba (Arequipa) aufgeführt.

Arrieros, Conjunto Los -
kolumbianisches Vokal- und Instrumentalsextett; interpretierte neben Musik aus der anonymen Folklore Stücke neuerer Liedermacher; Mitglieder der Gruppe waren Miguel A. Cadavid, Alfonso Giraldo, Abel García, Rafael Puerta, Jesús M. Ospina und Jairo Arias. Es entstanden einige LPs (RCA Victor), darunter die Titel »Brisas del Pamplonita« und »Playas tropicales«.

Arrolladora, La -
kubanische Vokal- und Instrumentalgruppe vom Typ einer → *Estudiantina*; 1926 in Santiago de Cuba durch den Sänger und Musiker Narciso Sánchez »Guayabito« organisiert. Das mit den Instrumenten Kontrabass, Trompete, Marímbula, Gitarre, Bongós, Maracas und Tres musizierende Ensemble widmete sich insbes. der Interpretation des → *Son cubano* und war derzeit eine der meistgefragten Gruppen der gesamten Region.

Arrorró (arrura, arrurrú, → *arrullo*, → *nana*)
eine von zahlreichen Formen, teilw. unter regionalen Bezeichnungen bekannter lateinam. Wiegenlieder (→ *Canción de cuna*); meist der anonymen Musikfolklore entstammend, größtenteils auf span. Tradition beruhend und vorwiegend durch die Kindesmutter gesungen.

Arrullador
in der regionalen Volks- und Populärmusik Kolumbiens eingesetzte Trommel vom Typ eines → *Tambor* (1).

Arrullo (in den Schlaf wiegen, span.)
Wiegenlied (→ *Canción de cuna*), u. a. im Bereich der atlantischen Küstengebiete Kolumbiens verbreitet; außerdem Lieder, deren Ursprung im Andengebiet bzw. in altspanischen Traditionen zu suchen ist; in weiten Teilen Lateinamerikas noch heute, z. T. unter regionalen Bezeichnungen wie → *Nana*, → *Arrorró* usw. lebendig.

Arrurra
bolivianische Variante eines Wiegenliedes (→ *Canción de cuna*); eindeutig spanischen Ursprungs.

Arrurrú → *Arrorró*

Artau, Estrella
* 1949 Santurce; puertorikanische Sängerin und Liedermacherin sowie Filmschauspielerin; wirkte zunächst in New York, wo sie unter der dort lebenden puertorikanischen Volksgruppe große Popularität erlangte; zählt zu den Protestsängerinnen Puerto Ricos, beteiligte sich an Liedfestivals, darunter »7 días con el pueblo« (in Santo Domingo); es entstanden einige LPs (u. a. bei Paredon) mit von ihr verfassten Titeln wie »A tí, Tingo« und »Algo se quema allá afuera«.

Aru (Aro)
indoperuanische Zweifelltrommel von zylindrischer Form, dem → *Bombo* sehr ähnlich; aus Holz, vornehmlich dem der Zeder, bestehend; mit einem in der rechten Hand gehaltenen Schlägel (Kapuna oder Wactana) perkutiert; in der Musikfolklore einiger Gebiete der Region Puno (Huancané, Lampa und Sandia) verwendet.

Aruenda
afrobrasilianische Zeremonie, die in der Zeit des Karnevals in Goiana und Pernambuco vollzogen wird; ähnelt dem → *Maracatú*; war bereits in der Sklavenzeit bekannt.

Aruma de Bolivia, Grupo -
1979 in der Schweiz durch Juan Zeballos (* 1957 La Paz, Gesang, Charango), Tito Zeballos (* 1954 La Paz, Quena, Gitarre), Alonzo Michel (* 1951 Frankreich, Gitarre, Bombo, Tarka) und Roland Rovira (* 1947 La Paz, Gesang, Bombo) gegründetes Vokal- und Instrumentalquartett; produzierte 1981 bei Gold Records eine bemerkenswerte LP mit bol. Volksmusik, darunter die Titel »Diablada« und »Palomita«.

Arunga (Arunguita)
ein alter argentinischer Volkstanz; in Vergessenheit geraten; er war der → *Lorencita* sehr ähnlich.

Arvizu, Juan
(eigtl. J. Nepomuceno A. Sante-Rices)
* 22.5.1900 Querétaro, † 19.11.1985 México; mexikanischer Sänger (Tenor) und Bandleader; begann seine Künstlerkarriere als Opernsänger, wandte sich später der Populärmusik zu, wobei er insbesondere zum Romantischen tendierende Lieder vor allem der Komponisten Agustín → *Lara* und Joaquín → *Pardavé* interpretierte; große Popularität erlangte sein am 18.9.1930 zur Eröffnung des Rundfunksenders XEW in México-Stadt gesungener Tango »Sintiendo una pena« (A. Lara); unter diversen Labels (u. a. Brunswick, Victor und Seeco) entstanden zahlreiche Schallplattenaufnahmen, darunter die Titel »Rival«, »Cuando vuelvas«, »Tipitín« und »Vereda tropical«.

Arzamendia, Dionisio
* 1932 Coronel Martínez; paraguayischer Harfenist, Gitarrist und Komponist folkloristischer Musik; schuf u. a. die Polkas »Che valle mí« und »Pequeñita«; wirkte in zahlreichen Volksmusikgruppen, z. T. auch als Gitarrist.

Asante kogba → *Apinto*

Ascencio, Julia
* 1909 México-Stadt; mexikanische Sängerin; wurde durch die Interpretation landestypischer Musik und durch ihre Mitwirkung im berühmten Vokaltrio → *Garnica – Ascencio* bekannt.

Ases del Ritmo, Los -
1. kubanisches Tanzorchester, 1928 von Feliciano Chamizo in Pinar del Río gegründet; eine sog. → *Danzonera* , bis 1962 bestehend und im gleichen Jahr als *Charanga Típica de Pedrito Ruiz* vom Sohn des Gründers neu formiert. Das Orchester, eines der ältesten Westkubas, produzierte 1945 in La Habana zahlreiche Rundfunkaufnahmen. 2. puertorikanische Vokal- und Instrumentalgruppe, von Moncho Leña 1952 in Mayagüez formiert; widmete sich moderner Populärmusik und produzierte unter versch. Labels (u. a. Ansonia und Tropical) einige LPs, darunter die Titel »Pelín chá« und »Juana María«.

Asociación (Vereinigung, Verein, span.)
Bezeichnung für eine bestimmte Musikervereinigung, häufig auch für eine Musikgruppe, u. a. in Kolumbien und Kuba; außerdem zur Kennzeichnung der in nahezu allen Ländern Lateinamerikas existierenden nationalen Verbände der Musiker, Sänger und Komponisten, die meist auch Autorenrechte wahrnehmen, beispielsweise → *APDAYC,* gebraucht.

Asociaciones Benéficas y Recreativas de Cuba
im XIX. Jh. bestehende kubanische Zentren zur Wahrung kultureller Traditionen insbesondere auf dem Gebiet der populären und ernsten Musik, so in La Habana und weiteren Orten. Die sowohl durch Amateure (Aficionados) als auch professionelle Musiker organisierten A.s haben einen bedeutenden Anteil an der Bewahrung und Entwicklung folkloristischer Lieder und Tänze. Einen Teil dieser Aufgaben nehmen derzeit die Kulturzentren (→ *Casa de la Trova*) wahr; bekannte A.s waren u. a. Casino Español (1869), Centro Canario (1882), La Caridad del Cerro (1875) und Recreo Social (1876).

Aspiazú, Eusebio »El Cieguito«
* 1895 Buenos Aires, † 1945 das.; argentinischer Musiker (Violine, Gitarre, Bandurria); namhafter Vertreter der »Alten Garde« des →

Tango; von Geburt blinder Afroargentinier; seit 1880 spielte er in einer von Pascual Romero geleiteteten und in Palermo (Buenos Aires) auftretenden urbanen Folkloregruppe, die Milongas und frühe Tangos interpretierte, die Instrumente Bandurria und Gitarre (Grupo Criollo de Romero). A. gehörte ab 1890 zusammen mit Julián Urdapilleta (Violine) und Carlos Hernani (Flöte) einem Trio an, musizierte zwischen 1904 und 1909 in einer von Ernesto → *Ponzio* geleiteten Gruppe in Cafés von Buenos Aires und war später, zwischen 1910 und 1930, Mitglied von im Landesinnern auftretenden Formationen und 1931 – 33 Musiker im Orchester Ponzio-Bazán.

Assobio
weitere Bez. für die indian. Flöte → *Memby*; in der Volksmusik der Guaraní-Indianer gespielt.

Asson (Schüttelidiophon)
afrohaitianisches Musikinstrument, den → *Maracas* sehr ähnlich; bei den Ritualen des → *Vodú* von der *Mambo* genannten Priesterin benutzt; gleichzeitig wird die Trommel → *Hugan* zur Anrufung (→ *Invocación*) d. Götter geschlagen.

Assongue (Assongwe, Schüttelidiophon)
in der afrokubanischen Kultmusik bei den Ritualen → *Arará* verwendetes Musikinstrument, Variante der → *Maruga*; ein metallischer, an beiden Enden kegelförmig zugespitzter Zylinder, der mit Schrot- u./o. Samenkörnern gefüllt ist und an einem seitlichen Haltegriff rhythmisch geschüttelt wird.

Assotor
1. membranophones Musikinstr. karibischer Länder; insbesondere in den → *Vodú*-Ritualen Haitis eingesetzte sehr große Trommel, mit Rindsleder bespannt und an den Seiten reich verziert; in vertikaler Position mit den Händen oder mit Schlägeln perkutiert. 2. eine spezielle Kulthandlung innerhalb der Rituale → *Rada*.

Assustado
seltener verwendete Bezeichnung für den brasilianischen → *Choro*.

Astros, Conjunto Los -
kubanische Tanzmusikgruppe; 1948 in La Habana durch den Sänger René Alvarez gegründet; interpretierte insbes. Titel der Form → *Son cubano*; auf Schallplatten (u. a. Stinson Records) erschienen die Stücke »Simani« und »Corico-to«; Mitglied der Gruppe war u. a. der Trompeter Alfredo »Chocolate« → *Armenteros*.

Asu (Aerophon)
regionale Variante der in einigen Indianer-Stämmen Perus (z. B. Pano) verwendeten Schwirrscheibe → *Runrun*.

Asunción, Trío -
paraguayisches Vokal- und Instrumentaltrio; nach 1950 in Asunción durch Oscar Rivarola, Arsenio Jara und Máximo Ledesma gegründet; interpretierte folkloristische und populäre Musik.

Atabal
1. kleine Trommel, von den Indianern einiger Gebiete Zentralamerikas und verschiedener Westindischer Inseln benutzt. Nachrichten über ihren Gebrauch liegen bereits aus dem XVII. Jh. vor. Die mit Leguan-, Schlangen- oder Haifischhaut bespannten Instrumente wurden zur rhythmischen Begleitung indoamerikanischer Tänze der vorspanischen Ära, so dem → *Areito*, eingesetzt. 2. musikfolkloristische Manifestation; heute noch auf Straßen und Plätzen in Granada (Nikaragua) aufgeführt; ein auf dem Vorplatz der Kirche beginnender Umzug, durch eine Musikkapelle, aus 12 oder 14 Trommlern bestehend, angeführt.

Atabaque (Tabaque)
afrobrasilianische längliche ein- oder zweifellige Trommel, in vielen Varianten bzw. unter weiteren Bezeichnungen wie Tambor primário, Ingoma, Engoma, Ingomba, Ngomba, Angoma, Zambê, Valendo, Rumpi, Gonguê, Mangonguê, Perenga, Surdo, Chama, Ilú und Lé existierend. In den Bundesstaaten Bahia, Rio de Janeiro und São Paulo generell Einfelltrommeln; in den Sessionen des → *Candomblé* (Bahia) werden drei

Trommeln unterschiedlicher Dimensionen verwendet → *Rum* (groß), → *Rumpi* (mittelgroß) und Lé (klein). Die durchschnittliche Höhe eines A. beträgt etwa 1 m; der Zylinder besteht aus Holz, kann jedoch auch aus Metall gefertigt sein, wird dann → *Surdo* genannt. Auch tönerne A.s sind bekannt geworden. Der kleinste A. heißt → *Candongueiro*, der größte → *Tambú*. Meist werden diese Trommeln mit den Händen auf das Fell oder auf den gesamten Instrumentenkörper perkutiert; ihr Ursprung ist afrikanisch; sie werden in der afrobrasilianischen Volks-, Tanz- und Kultmusik eingesetzt. In letzterer kommt ihrem Klang eine magische Bedeutung zu nach den Glaubensvorstellungen der Afroamerikaner stellt er den imaginären Kontakt zu den schwarzen Göttern (Orixás) her.

Atacama, Grupo -
chilenisches Vokal- und Instrumentalquartett; 1980 in Stockholm durch die Exilchilenen Luis Veloz Rocca (Charango), Juan Alvarez (Quena, Tarka und Siku), Carlos Morales (Gitarre) und Carlos Beyris (Bombo) gegründet; vertritt die Linie einer nicht kommerziellen Volks- und Populärmusik; in Moçambique erschien 1982 eine LP (Label Ngoma), u. a. mit den Titeln »Fiesta aymará« und »Canto del Cuculí«.

Atahuallpas, Los -
eine aus 12 – 24 Männern bestehende Tanzgruppe, die auf Patronatsfesten in verschiedenen Orten Perus auftritt und dabei durch eine oder mehrere Violinen, Trommeln, zuweilen auch Mandolinen, musikalisch begleitet wird.

Atcheré
afrolateinamerikanische Variante des Schüttelidiophons → *Maracas*; eine u. a. in Kuba und Haiti verwendete Kalebasse von 30 – 50 cm Länge, die, mit einem Netz von Schnüren umwickelt, beim Musizieren mit der Unterseite auf eine Handfläche geschlagen wird, so dass ein typisches Geräusch entsteht. Das Instrument ist für die Musikgruppen der → *Lucumí* unentbehrlich.

Atecocoli (Atecollo, Atecocolli)
präkolumbische Muscheltrompete der Azteken (Mexiko), die noch heute von indianischen Musikern gespielt wird und teilweise auch als → *Caracol (1)* bezeichnet wird.

Atilla the Hun → *Quevedo, Raymond*

Atlanta, Quinteto Criollo -
argentinisches Instrumentalquintett der sog. »Alten Garde« des → *Tango*; um 1916 in Buenos Aires durch den Musiker Astor Bolognini (Violine) formiert; hat unter dem Label Atlanta zahlreiche Schallplattenaufnahmen, darunter den Titel »El Pollito«, produziert, die zu den wertvollen Tondokumenten der Tango-Geschichte zählen.

Atlântico, Conjunto -
brasilianische Instrumentalgruppe vom Typ eines → *Regional*, 1950 in Rio de Janeiro durch die Musiker Antônio D'Auria (Violão), João da Mata (Violão), Jaime Soares (Cavaquinho), Amador Pinto (Bandolim) und Osvaldo Bitelli (Pandeiro) gegründet; interpretierte vorwiegend Titel der traditionellen Form → *Choro*; bei Chantecler entstanden einige Schallplattenaufnahmen.

Atlas Cultural
durch das kubanische Kulturministerium initiiertes und organisiertes Projekt, das die systematische Bestandsaufnahme, Erforschung und Aufzeichnung aller folkloristischen Manifestationen Kubas umfasst; ab gegen 1978 in Angriff genommen. Unter Leitung einer Koordinierungskommission führten Musikwissenschaftler, Lehrer und Techniker unter Einbeziehung der Bevölkerung gezielte Feldforschungen durch, befragten ältere Bürger nach Liedtexten, Volkssagen, Legenden, Bräuchen, Sprichwörtern, Kochrezepten usw. und zeichneten alte Kinderlieder, Volkslieder der Bauern, Afrokubaner, Fuhrleute, Verkäufer usw., wenn möglich, auf Tonträger auf, forschten nach alten, längst verloren geglaubten Musikinstrumenten und führten Untersuchungen kaum noch be-

kannter Volksfeste und -bräuche durch; die Forschungsergebnisse sollen publiziert werden.

Aucamán, Ballet
(Wortzusammenziehung der Mapuche-Wörter »Auca« = frei und »manque« = Cóndor) Nationales Folkloreballett Chiles; 1965 in Santiago de Chile durch Claudio Lobos Amaro mit insges. 36 Mitgliedern gegründet; studierte vor allem Volkstänze Zentralchiles ein, die es auf Auslandstourneen darbot; nach dem Militärputsch (1973) in »Bafona« (»Ballet Folklórico Nacional«) umbenannt.

Auqui-auqui (Auki-auki)
burlesker Volkstanz der Bewohner der Hochebene (Altiplano) Perus und Boliviens; ausschließlich zu Ehren bestimmter Heiliger (San Pedro, San Andrés u. a.) aufgeführt; aus der Kolonialzeit stammend. Früher wurden junge Männer als Musiker und Tänzer ausgewählt; heute nehmen Männer jeden Alters teil. Die Begleitmusik ist lebhaft, agil und dynamisch; sie wird generell durch Flöten (Pinquillos) erzeugt.

Auquipuli → *Puli*

Auto
Sammelbez. für versch., meist religiös inspirierte dramatisch-allegorische Tanz- und Singspiele, die aus Spanien und Portugal nach Lateinamerika transkulturiert wurden. Seit dem XVI. Jh. zunächst als rein religiöse Manifestationen vor allem von den Jesuiten (→ *Jesuítas*) unter Beteiligung von schwarzen Sklaven aufgeführt; später blieben sie teilweise auf reine Tanzdarstellungen ohne dramatische Figuren beschränkt, wobei sie einen gewissen Einfluss auf den Karneval (→ *Carnaval*) in LA ausübten. Heute ist die Tradition des A. stark rückläufig; einige Spiele werden nicht mehr aufgeführt. Zu den A.s gehören u. a. → *Moros y Cristianos*, die Weihnachtsspiele → *Posada*, → *Pastorís* und → *Chegança*, → *Bumba-meu-boi*, → *Congada*, → *Congo* (2), → *Lapinha* und → *Marujada*.

Autóctona, Música - → *Música autóctona*

Aux Calebasses, Ensemble -
haitianisches Vokal-, Instrumental- und Tanzensemble, gegen Mitte der 50er Jahre des XX. Jh. in Port-au-Prince zunächst als *Ensemble International* durch den Tenor-Saxophonisten und Bandleader Jean-Baptiste Nemours gegründet; war einige Jahre im Stadtteil Carrefour im Nachtclub »Aux Calebasses«, deren Namen dann die Gruppe trug, und bei Radio Haití tätig. Unter verschiedenen Labels entstanden Aufnahmen wie die Meringues »Ti Meli« und »Pardon Caporal«.

Avalos Andrade, Manuel Antonio
* 6.8.1927 Lima; peruanischer Pianist, Arrangeur und Komponist kreolischer Musik, bedeutender Komponist des → *Vals peruano*; arbeitete mit → *Chabuca Granda* zusammen; komponierte u. a. »Dos estrellas« und »Por amor«. A. war Generalsekretär der Peruan. Musikergewerkschaft.

Ave María (Avemaría, Ave Maria)
in der katholischen Liturgie fest verankerter Lobgesang auf die Jungfrau Maria; häufig auch für weltliche Anlässe komponiert, teilweise sogar in die Tanzmusik aufgenommen; ein bekanntes Beispiel ist »Ave Maria no Morro« des bras. Komponisten Herivelto → *Martins*, ein Protestlied gegen die Slums von Rio de Janeiro.

Avendaño, Hugo
* México-Stadt; mexikanischer Sänger; Vertreter des romantisch-sentimentalen Liedes; produzierte unter dem Label RCA Victor einige LPs, darunter die populären Titel »Granada«, »Tipitín« und »Adiós Mariquita linda«.

Avilés, Adolfo Rafael
* 11.5.1898 Buenos Aires, † 9.12.1971 das.; argentinischer Musiker (Piano), Komponist und Bandleader; Vertreter des → *Tango*; begann seine Karriere als professioneller Musiker um 1916, gehörte u. a. dem Trío América an und schrieb zahlreiche Tangos, darunter die Titel »Borrachera del Tango« (1928), »Cicatrices« (1925) und »El Amasijo« (1918).

Avilés Negrón, Hernán (Hernando) »Pancho«
* 1.2.1914 San Juan, † 26.7.1986 México-Stadt; puertorikanischer Sänger, Musiker, Arrangeur und Liedermacher; zu den Pionieren des romantischen Liedes in Mexiko gehörend; war ab 1944 Mitglied des Trío Los → *Panchos*, dessen Klangbild er vor allem bei der Interpretation des romantischen → *Bolero* entscheidend mitprägte; 1952 gründete er die Gruppe Los → *Tres Reyes*. A. schrieb u. a. den Bolero »Allá en mi Borinquen«.

Avilés, Orquesta -
kubanisches Tanzorchester; um 1882 als *Conjunto La Bulla* in Holguín durch den Musiker Manuel Avilés Lozano (1864 – ?) mit 10 oder 12 Mitgliedern gegründet; ältestes, noch heute existierendes Orchester Kubas, das sehr schnell große Popularität erlangte. 1920 wurde es durch die Einbeziehung von Violine, Flöte und Perkussion in ein Typisches Orchester (→ *Orquesta Típica*/Kuba) umgewandelt; später erhielt es durch Verwendung von Saxophon, Trompete und Schlagzeug den Charakter einer → *Jazzband*, die gegenwärtig von Cronides Avilés Echeverría geleitet wird; unter verschiedenen Labels entstanden zahlreiche Schallplattenaufnahmen, darunter die Titel »Tiene dinamita« und »Qué vivan los Titis«.

Avilés, Oscar
* 24.3.1924 Lima; peruanischer Musiker (Gitarre) und Komponist, bekannter Vertreter der kreolischen Volks- und Populärmusik; leitete längere Zeit die Musikgruppe → *Fiesta Criolla* und gründete um 1972 in Lima die Formation *Oscar Avilés y su Conjunto*; er schrieb zahlreiche Stücke wie »Bendito amor« (Vals peruano) und »Canto a mi tierra« (Marinera). Unter den Labels Sono Radio und Odeon entstanden einige LPs.

Avilés Rojas, Víctor Manuel »Vitín«
* 30.09.1924 Mayagüez; puertorikanischer Sänger, Musiker, Bandleader und Komponist karibischer Tanzmusik; begann seine Karriere 1943 als Sänger des Orchesters »Hatuey«. Ab 1954 in New York lebend, sang er bei den Orchestern von Pupí Campo, Xavier → *Cugat*, Tito → *Puente* u. a., mit denen er zahlreiche Aufnahmen produzierte, so »Mensajero del amor«.

Ay! (port.: Ai!)
Interjektion; in vielen Liedern und Tänzen Lateinamerikas bei Interpreten und Zuschauern ein Ausdruck der Begeisterung; insbesondere in mexikanischen Liedern ein nicht wegzudenkender Bestandteil emotioneller Identifikation; in Brasilien speziell in der Volksmusik ländlicher Gebiete verbreitet.

Ayacaste → *Ayacaztli*

Ayacaztli (Ayacatchli, Ayacaste)
(Schüttelidiophon)
präkolumbisches Musikinstr., den → *Maracas* ähnlich; noch heute von einigen Stämmen der Maya Mexikos bzw. Mittelamerikas (z. B. als »Ayacaste« in Honduras) benutzt.

Ayacucho, Grupo -
lateinamerikanische Musikgruppe; 1977 durch die Solisten Nicolás Pérez González Jr. und Nicolás Pérez González (beide Paraguay), Sergio Arriagada (Chile) sowie Fernando Vildosola und »Chango« Manzo (beide Argentinien) in Paris formiert; wirkte zusammen mit Angel → *Parra* u. a. im »Olympia«, nahm mit ihm sein »Oratorio para el Pueblo« auf; arrangierte und interpretierte die »Misa Criolla« von Ariel → *Ramírez* in neuer Form und produzierte einige Schallplattenaufnahmen.

Ayala Pérez, Daniel
* 21.7.1906 Abalá (Yucatán), † 20.6.1975 Veracruz; mexikanischer Musiker (Violine), Komponist und Bandleader; studierte Musik in Mérida und México-Stadt, war von 1930 – 37 Violinist im Sinfonischen Orchester von Mexiko, leitete ab 1942 die *Banda de Música* des Bundesstaates Yucatán in Mérida und war gleichzeitig Direktor des Folkloreorchesters *Yukalpetén*. Als Komponist trat er besonders durch seine auf

Maya-Themen beruhenden Stücke wie die musikalische Legende »Uchben X' Coholte« hervor.

Ayala Aquino, Gumersindo »Ayalita«
* 13.1.1910 Villarrica, † 29.2.1972 Táchira (Venezuela); paraguayischer Sänger, Musiker und Liedermacher; wirkte u. a. in den Volksmusikgruppen von Félix → *Pérez Cardozo* (1932) und später von Mauricio → *Cardozo Ocampo*; schrieb vorwiegend Polcas, darunter »Ñepa purajhei« und »Caballería«.

Ayala, Ramón (eigtl. Ramón Cidade Morel)
* 10.3.1927 Posadas (Misiones); argentinischer Sänger, Musiker (Gitarre) und Liedermacher; zählt zu den populärsten Interpreten folkloristischer Musik Nordostargentiniens; Autodidakt; gründete 1952 ein Folkloretrio, das sich überwiegend der → *Música litoraleña* widmete, wirkte danach als Solist und schuf einige Lieder großer Aussagekraft, darunter den Protestsong »El Mensú« (1956), »El Cosechero« und »Sol de libertad«. A. schuf außerdem einen neuen, → *Gualambao* genannten Rhythmus.

Ayala, Víctor Hugo
* 13.6.1934 Bogotá; kolumbianischer Sänger, bekannter Interpret des → *Bambuco* sowie weiterer Formen bis hin zum → *Bolero moruno*; sang in sechs Sprachen und produzierte 18 LPs, darunter die Titel »Camino verde« und »La quiero porque la quiero«.

Ayarachi
1. peruanischer Volkstanz der Quechua-Indianer, vor der Eroberung durch die Spanier entstanden; in den Regionen Cusco und Puno verbreitet. Die Tänzer wirken gleichzeitig als Musiker, tanzen und spielen in langsamem 4/4-Takt, wobei sie in der Art einer → *Comparsa* in einer Reihe marschieren; die Begleitinstrumente sind → *Zampoña* (hier Ayarachi ph'uco genannt) und eine Trommel des Typs → *Bombo*.
2. Bezeichnung für die Musiker bzw. Tänzer des gleichnamigen Volkstanzes (1), mitunter auch »Tropa« (Trupp, span.) genannt; in einer Aufstellung von 8, 10, 12 oder 20 Personen auftretetend.

Ayarachi ph'uco → *Zampoña*

Ayariché (Aerophon)
in der Volksmusik bestimmter Regionen Perus eingesetzte Abart der Okarina.

Ayarisé
Volkstanz der Chiriguano-Indianer Paraguays.

Ayarza (de) Morales, Rosa Mercedes
* 8.7.1881 Lima, † 2.5.1969 das.; peruanische Pianistin, Arrangeurin und Folkloreforscherin; widmete sich insbesondere der Erforschung des Nationaltanzes → *Marinera*; arrangierte aus der anonymen Musikfolklore stammende Stücke wie »Catay chumay« und »Concheperla«; darüber hinaus veröffentlichte sie einige Liedsammlungen wie »Antiguos pregones de Lima« (1940) und »Marineras«.

Ayataqui (Ayataki)
Trauerlied der Quechua-Indianer des Andenhochlandes.

Ayestarán, Lauro
9.7.1913 Montevideo, † 22.7.1966 das.; uruguayischer Musikwissenschaftler und Folkloreforscher; erforschte systematisch die Musikfolklore Uruguays, wobei er sich vorwiegend der ländlichen Volksmusik widmete, arrangierte wiederaufgefundene Lieder und Tänze wie »Coplas de ›El Paraguay‹« neu und veröffentlichte einige Bücher, darunter das Standardwerk »Folklore musical uruguayo«.

Aylliquepa (Aerophon)
primitive, aus Holz oder Ton gefertigte indianische Trompete, auf präkolumbische (inkaische) Tradition zurückgehend.

Ayllón, Eva
* 6.2.1956 Callao (Lima); peruanische Sängerin kreolischer und negroider Volks- und Po-

Der argentinische Sänger und Liedermacher Ramón Ayala, um 1960

pulärmusik; bedeutende Interpretin des → *Vals peruano*. A. absolvierte ein Gesangsstudium bei Margarita Ponce in Lima. Ab 1974 wirkte sie als professionelle Sängerin u. a. in der → *Peña »Embrujo«* und später sang sie dann auch in der Gruppe Los → *Kipus*. Weiterhin vertrat sie ihr Land bei zahlreichen Ausscheiden im In- und Ausland (z. B. Festival OTI, Mexiko 1991); Gewinnerin von 23 Preisen und Auszeichnungen (1998).

Aymarana
Lied- und Tanzform der Aymará-Indianer Boliviens und Perus; bei gemeinsamer Feldbestellung gesungen bzw. auch getanzt.

Ayotl (Perkussionsinstrument)
auf ein Hirschgeweih aufgesetzter Schildkrötenpanzer, der wie eine Trommel perkutiert wurde; präkolumbisch; in der Ritual- und Volksmusik verschiedener indianischer Völker auf dem Territorium des heutigen Mexiko in der Zeit vor der Eroberung verwendet. Im Maya-Reich verbreitete Varianten des selben Instruments sind *Bexelac* und *Kayab*.

Ayrala, Roberto Mario
* 1922 Ramallo (Prov. Buenos Aires); argentinischer Sänger trovadoresker Musik (→ *Payador*) und Liedermacher; gehörte der → *Peña »A La Lonja y Guitarra«* an, die in allen Landesteilen Vorstellungen mit Solisten und Gruppen traditionell-kreolischer Volksmusik organisierte; einige seiner Lieder, darunter »Payadas«, erschienen auf Schallplatte.

Azambuja, Berenice
* 21.3.1952 Pôrto Alegre; brasilianische Sängerin, Akkordeonspielerin und Liedermacherin; eine der populärsten Sängerinnen südbrasilianischer Gauchomusik; begann mit dem Gesang folklorist. Lieder im Alter von 6 Jahren und wirkte seit 1969 als professionelle Künstlerin. Bis 1997 entstanden 12 LPs und 1 CD mit Titeln wie »Um pedaço do meu pago« (Xote) und »Rodeio de Vacaria« (Vaneira).

Azcárraga, Luis »Lucho«
* Panamá-Stadt; panamaischer Musiker (Piano, Elektronenorgel), Arrangeur, Komponist und Bandleader; gründete um 1950 ein Tanzorchester, das insbesondere in Restaurants und Bars der Kanal-Zone mit einem breiten Repertoire panamaischer und lateinamerikanischer Populärmusik auftrat. Unter dem Label Art Records entstanden 14 LPs, darunter die von A. geschriebenen Titel »Acomódate chi chi« und »Cumbia panameña«.

Azevedo, Geraldo
* 11.1.1945 Jatobú (Pernambuco); brasilianischer Sänger und Liedermacher; schrieb und interpretierte Lieder, in denen er trad. und moderne Elemente, u. a. aus der Rockmusik, miteinander verknüpfte; produzierte bei Som Livre und Ariola einige LPs, darunter die Titel »Novena« und »Beleza agreste«.

Azevedo, Leonel
* 12.8.1908 Rio de Janeiro; brasilianischer Sänger, Musiker (Violão) und Komponist; spielte bereits als Kind das Instrument → *Violão*; arbeitete später bei verschiedenen Rundfunksendern; M. sang nach dem Vorbild von Gastão → *Formenti*; er arbeitete eng mit Ary → *Barroso* und João Cascata zusammen, gestaltete mit letzterem eine der in Brasilien populärsten Sendereihen, die *»Hora sertaneja«* (Programm m. ländlicher Volksmusik); komponierte zusammen mit Cascata u. a. die Titel »Não pago o bonde« (1937), »Lábios que beijei« (Seresta, 1937) und »História joaninha« (Toada, 1946).

Azevedo, Waldir
* 27.1.1923 Rio de Janeiro; brasilianischer Musiker (Cavaquinho), Komponist und Bandleader; wirkte in diversen Gruppen, darunter im *Regional de Dilermando Reis*, und gründete 1959 eine Formation vom Typ eines → *Regional*, *Ritmos do Brasil*, mit dem er insgesamt 132 Titel auf Schallplatten (u. a. Imperial) aufnahm, darunter den auch in Europa bekannten Baião »Delicado« (1951) und »Brasileirinho« (Choro,

1949) sowie »Chorinho antigo« (1968), eigene Kompositionen.

Azpiazú, Justo Angel »Don«
* 11.2.1893 Cienfuegos, † 20.1.1943 New York; kubanischer Musiker (Piano, Akkordeon), Arrangeur und Bandleader; gründete um 1925 ein Orchester vom Typ einer → *Jazzband*, das große Popularität erlangte und 1931 bei einem Gastspiel in Paris den → *Son cubano* in Europa bekannt machte. Mit dem von Alfredo → *Brito* arrangierten kubanischen Stück »El → *Manisero*« erreichte A. ab 1932 eine für damalige Verhältnisse sensationelle Auflagenhöhe von über einer Mill. verkaufter Schallplatten (Label Victor); die Aufnahmen aus dieser Zeit tragen bereits Ansätze einer Kommerzialisierung.

Azuero, Los de -
panamaische Vokal- und Instrumentalgruppe folkloristischer Musik, Anfang der 90er Jahre des XX. Jh. in Azuero (Los Santos) organisiert. 1997 hatte das Ensemble folgende Mitglieder Miguel Angel Leguízamo (Violine, Bandleader), Juan Andrés Castillo (Mejorana, Gesang), Gustavo Salamín (Mejorana), Adalberto Bazán (Gitarre), Carmen Herrera (→ *Cantalante*), Raquilda Barahona (Cantalante), Raúl Vital (→ *Salomas* und → *Gritos*), Víctor Ruiz (Pujador), Euclides Vergara (Akkordeon, Repicador), Juan Miguel Leguízamo (Caja), Facundo Cedeño (Raspador, Gritos), Bernardino Cedeño (Maracas), Doris Carrasco (Chor), Gladys Domínguez (Chor), Lidia de García (Chor), Gloria Gallardo (Chor) und Diamar Díaz (Chor). Diese Gruppe hat auf einer in England hergestellten CD verschiedene regionstypische Formen wie → *Tamborito*, → *Cumbia* (panameña) und → *Tuna* aufgenommen, darunter die Titel »Cocuyito de la montaña« (Tambor norteño), »Cumbia montañera«, »Pepita de Tomatera« (Tuna) und »Vidita de la miel« (Cumbia amanojá).

Azul, Conjunto -
kubanisches Tanzorchester; 1940 in La Habana durch »Chano« → *Pozo* und Félix → *Chapottín* gegründet; der Name leitet sich von Radio Cadena *Azul*, einer Rundfunkstation, bei der das Orchester wirkte, ab. Unter dem Label Tico entstanden zahlreiche Schallplatten, darunter »Mulata callejera« und »Por tí aprendí a querer«.

Azul, Trío -
kubanisches Vokal- und Instrumentaltrio; 1934 in La Habana durch Rosendo → *Ruiz* (Gitarre), Guillermo Rodríguez Fiffe (2. Stimme und Gitarre) und Enrique Vals (1. Stimme) formiert; interpretierte trovadoreske Musik und nahm einige Titel, darunter »Ave sin nido« und »Mentiroso corazón«, auf Schallplatten (Label Tico) auf.

Azurdia, Alicia »La Alondra de América«
guatemaltekische Sängerin folkloristischer und populärer Musik; sang u. a. bei der Gruppe Marimba → *Chapinlandia* und nahm mit dieser zahlreiche Titel, so den Walzer »Luna de Xelajú« und das patriotische Lied »La patria grande«, auf Schallplatten (Label Fonica) auf.

B

Baatel Okot
aus vorspanischer Zeit stammender Volkstanz kriegerischen Charakters; von den Maya bei rituellen Feiern in Yucatán aufgeführt.

Babacué
Bezeichnung für die während der Sessionen des afrobrasilianischen Kultes → *Macumba* von Rio de Janeiro intonierten Lieder, die durchweg der anonymen Musikfolklore enstammen.

Babalorixá (Pai-de-Santo, Zelador, Pai-de-Terreiro, Mestre, Governador, Macumbeiro)
traditioneller Name des Priesters in den afrobrasilianischen Kulten → *Macumba,* → *Candomblé,* → *Xangô* u. a.

Babalú (Babalau; waren Babalaô)
Priester der religiösen Kulte afrolateinam. Bevölkerungsgruppen, z. B. im Kult der → *Nagô* Brasiliens oder der → *Yoruba* Kubas. B. (= Vater) wirkt auch in den Kulthandlungen der → *Santería* und weiteren gleichartigen Manifestationen, die ihre Wurzeln in der afrikanischen Folklore haben.

Babalú-ayé
afrolateinamerikanische Gottheit (→ *Orisha*), synkretisiert mit dem Heiligen Lazarus (San Lázaro) der katholischen Kirche. Innerhalb der Sessionen der → *Santería* werden B. bestimmte Lieder und Tänze dargebracht. Auch Komponisten der Populärmusik griffen diese Thematik auf und schufen reine Tanzmusiktitel, deren bekanntester der → *Afro* »Babalú«, in den 30er Jahren von Margarita → *Lecuona* komponiert, ist.

Babao (Habao)
Monochord-Instrument, soll von den Siboney-Indianern Kubas vor der Eroberung benutzt worden sein und im Klang dem → *Rabel* ähnlich gewesen sein.

Babassuê
religiöser Kult im brasilianischen Bundesstaat Pará, aus der afrikanischen Kultur stammend und dem → *Candomblé* sehr ähnlich. Bei den Kulthandlungen werden, begleitet durch versch. Trommeln, bestimmte Tänze aufgeführt und rituelle Lieder gesungen.

Babo, Lamartine »Lalá«
* 10.1.1904 Rio de Janeiro, † 16.6.1963 das.; brasilianischer Sänger, Musiker, Komponist und Schriftsteller; erfolgreicher Schöpfer von Populärmusik; war 1924 Mitglied der Musikgruppe »Bloco Tatú Subiu no Pau«, später des Orchesters *Bloco da Careca*; trat ab 1929 auch als Sänger auf, gestaltete Radioprogramme wie die »Horas Lamartinescas« und schrieb einige Bücher; wurde vor allem durch seine Kompositionen, die teilweise, so »A.E.I.O.U.« (1938), Karnevalsschlager waren, sehr populär. Weitere bekannnte Titel sind u. a. »Moleque indigesto« (1933), »Serra da Boa Esperança« und »Mulata« (1932).

Baboule
afrohaitianischer Tanz; innerhalb des Kultes → *Vodú* aufgeführt; mit der → *Yuba* der afrokubanischer → *Tumba Francesa* identisch; ein Tanz überwiegend sozialen Charakters, der durch die Trommeln Martinique und Tymbal rhythmisch begleitet wird.

Babú
1. Bez. für einen Tanz innerhalb der → *Tumba Francesa*; auf den im → *Vodú* getanzten → *Baboule* zurückgehend. 2. selten verwendeter Name für die → *Bomba (1)* in der haitianischen und puertorikanischen Musikfolklore; auch »Babul« genannt.

Babul → *Babú (2)*

Baca, Susana
* 1944 Chorillas (Lima); peruanische Sängerin; widmete sich bevorzugt der Interpretation afroperuanischer Volksmusik; daneben hat sie auch Titel der kreolischen Musik u. a. der Form → *Vals peruano* gesungen. Auf Schallplatten erschienen u. a. die Titel »Flores buenas«, »Marinera« und »Lamento negro«.

Bacallao Alcázar, Antonio
* 10.5.1898 La Habana, † 1985 das.; kubanischer Musiker; einer der letzten → *Botija*-Spieler Kubas mit legendärem Ruf; gehörte ab 1916 dem Cuarteto → *Oriental* und später (1919) dem Sexteto → *Habanero* an. B. gehört zu den Vertretern des unverfälschten → *Son cubano*.

Bachata (B. oriental)
modernere Variante des → *Son*; mit Elementen des dominikanischen → *Merengue* angereichert; reiner Modetanz; nach 1950 in der Dom. Republik entstanden und ab etwa 1960 in das Repertoire von Tanzorchestern des Typs → *Jazzband* aufgenommen. Eine bekannte B. ist »Las Aves del Prado« des kubanischen Komponisten Ramón Cabrera.

Bachicha y su Orquesta Típica
argentinisches Tango-Orchester; um 1930 von Juan B. Deambroggio »Bachicha« in Buenos Aires formiert; machte den Tango von Paris aus in Europa populär; unter verschiedenen Labels (u. a. Odeon) entstanden zahlreiche Schallplattenaufnahmen des hervorragenden Orchesters wie »Palermo«, »La Cumparsita« und »Renacimiento«.

Bacú
afrokubanische Trommel; länglich-konisch konstruiert; in der Provinz Oriente zur Beglei-

Bachicha y sus Gauchos bei einem Auftritt in Paris

tung von Gesängen der → *Comparsa* sowie bei Messen (Misas) afrokubanischer Bevölkerungsgruppen verwendet.

Badajo
regionale Variante der peruanischen Langtrompete → *Huarajo.*

Báez, Hermanos -
venezolanisches Instrumentalquartett; um 1960 durch die Gebrüder Omar B. (Cuatro), Marcelo B. (Harfe), Pablo B. (Gitarre) und Eutio B. (Maracas) formiert; interpretierte trad.-folklorist. Musik wie die Stücke »Adiós a Ocumare« und »Conchita«, die auf Schallplatten (Label Celosa) erschienen sind.

Baez, Joan
* 9.1.1941 Staten Island (New York); US-amerikanische Protest- und Folkloresängerin sowie Gitarristin; sang zahlreiche Lieder aus der Musikfolklore Lateinamerikas, darunter »Preso No 9« und »La Llorona« in Spanisch, die auf LPs (Label u. a. A & M Records) erschienen.

Bafona → *Aucamán, Ballet*

Bagguima
Tanzlied in improvisierter Form, das von den Huitoto-Indianern Südostkolumbiens aufgeführt wird.

Bagre
brasilianischer Volkstanz, stark der → *Quadrilha* ähnelnd; er wird auf dem São-Benedito-Fest in Bragança (Pará) aufgeführt.

Baguala
zur Musikfolklore Argentiniens, Uruguays, z. T. auch Boliviens und Perus gehörende Form sentimentaler Lieder und Gesänge, Variante der → *Vidala*; in einigen Ortschaften der argentinischen Prov. Salta auch Tonada oder Copla genannt; nach Isabel Aretz regional auch als »Joijoi«, → *Vidalita*, Vidala, Tono, Arribeña oder Abajeño bezeichnet. Die in langsamem, fast monotonen Rhythmus gehaltenen Lieder werden zumeist im Falsett (Falsete) gesungen und von Trommeln und Gitarren begleitet; letztere werden oft an Stelle einer Trommel auf den Resonanzkörper perkutiert (→ *Tamboreo*); in Argentinien vor allem während der Zeit des Karnevals intoniert, wobei in einem improvisierten Kreis jeder Teilnehmer eine → *Copla* singt. Das Hauptaugenmerk ist nicht auf gesangliche Meisterleistung gerichtet, sondern auf die poetische Aussage des Vortrages. Die B. gehörte zum Repertoire von Folkloregruppen wie Los → *Fronterizos* oder Los de → *Salta.*

Bahamonde Alvear, Luis »Lucho«
* 07.3.1920 Valparaíso, † 18.9.1978 Santiago de Chile; chilenischer Sänger, Musiker und Komponist; zählt zu den bekanntesten Schöpfern folkloristischer Musik Chiles; schuf vor allem Titel der Formen → *Cueca (chilena)* und → *Tonada*, darunter »Ende que te ví«, »Fiesta linda« und »Huaso Ladino«, die zum Standardrepertoire nationaler Folkloregruppen gehören.

Bahia, Xisto
* 6.8.1841 São Salvador (Bahia), † 30.10.1894 Caxambu (Minas Gerais); brasilianischer Sänger, Musiker (Violão) und Liedermacher; Autodidakt; Vertreter des romantischen Gesanges des XIX. Jh., seinerzeit vielgefragter Interpret der Formen → *Seresta* und → *Lundú*, die er z. T. selbst schrieb, so die Titel »Isto é bom« (Modinha) und »A Mulata« (Lundú).

Bahiano
(Baiano, eigtl. Manoel Pedro dos Santos)
* um 1875 São Salvador (Bahia), † ?; brasilianischer Sänger, Musiker und Liedermacher; bekannter Interpret folklorist. und pop. Musik; besang die erste in Brasilien publizierte Schallplatte »Isto é bom« (Zonophone-10.001), im Katalog der Casa Edison des Jahres 1903 unter der Nummer 1 geführt. Ab 1904 erschienen seine Schallplatten – nunmehr doppelseitig bespielt – unter dem Label Odeon; 1917 nahm B. mit »Pelo telefone« den ersten erfolgreichen → *Samba* auf (Odeon-121.322); weitere markante

Titel aus dem Repertoire sind u. a. »Lundú baiano« und »Fado hilário«.

Baiafro, Grupo -
brasilianische Gruppe der Populärmusik; der Bewegung der → *Música Popular Brasileira* angehörend; 1970 von Djalma → *Corrêa* in São Salvador als Quartett formiert; führte Experimente insbes. mit Perkussionsinstrumenten in versch. Genres (u. a. Jazz) durch. Die Veranstaltungen »Percutrônica« und »Baiafro« (1970) sowie die Shows »Afro Mundi Contemporáneo No 1« und »Doces Bárbaros« wurden große Erfolge.

Baianá (Fobó, Funganga, Brincadeira)
Tanzlied des brasilianischen Nordostens, von Pernambuco bis zu den Grenzen von Alagoas verbreitet; ursprünglich in Bahia entstanden; choreographisch sind Parallelen zu den dramatischen Tänzen relig. Inspiration nachweisbar.

Baiano
lebhafter Volkstanz im brasilianischen Nordosten mit individuell-improvisierter Choreographie; erstmals 1842 erwähnt und als lasziv kritisiert; im XIX. Jh. vorwiegend in den Salons getanzt; musikalisch begleitet durch → *Viola (1)* und → *Pandeiro*; nach Aluísio Alves werden auch → *Castanholas* eingesetzt; der zur Gruppe des → *Samba* gehörende Tanz ging mit einigen Modifikationen im → *Baião* auf.

Baião (span.: Baión)
Volkstanz des NO Brasiliens im 2/4- oder 6/8-Takt; aus dem im Gebiet von Bahia entstandenen → *Baiano* hervorgegangen; in Bahia, Sergipe, Paraíba, Pernambuco, Rio Grande do Norte, Ceará und Maranhão verbreitet. Der zur Gruppe des → *Samba* gehörende B. wird unter Einbeziehung von Schuhplattler-, Händeklatsch- und → *Umbigada*-Parts getanzt; die Tänzer können zusätzlich auch → *Castanholas* benutzen bzw. den Kastagnettenklang durch Fingerschnipsen (Castañetazo) imitieren; es gibt Versionen mit und ohne Gesang, letztere häufiger vorkommend. Die Melodien sind synkopiert und weisen eine gewisse Verwandtschaft mit → *Lundú* oder → *Chula* auf; urspr. prinzipiell durch → *Viola (1)* begleitet, dazu → *Pandeiro* (in Sergipe), → *Botijão* (in Paraíba) und → *Rabeca* (in Maranhão); im XIX. Jh. in den genannten Gebieten weit verbreitet, geriet zeitweise in Vergessenheit, bis der Volkssänger und Musiker Luíz → *Gonzaga* ihn 1946 erneut bearbeitete und mit Instrumenten wie Akkordeon (Sanfona), Perkussion, Viola und Dreiangel (Triângulo) interpretierte; seitdem wurde der B. weltbekannt und kam als Modetanz um 1954 nach Europa (→ *Baión*). Zahlreiche Titel dieser Form wurden von Zé → *Dantas*, Humberto → *Teixeira* und Luíz Gonzaga geschaffen und erreichten auf Schallplatten hohe Verkaufsziffern, darunter die Titel »Assum Preto«, »Baião« und »Baião de dois«. Bekannte Interpreten sind neben Luíz Gonzaga die Gruppe Marinês e sua Gente, das Trio Nordestino, Roberto Stanganelli und das Quinteto → *Violado*.

Bailable
1. adjektivisch gebraucht weist das Wort auf die Tanzbarbeit von Liedern bzw. Formen hin. 2. als Substantiv zuweilen zur Definition eines Tanzliedes oder Schlagers verwendet; im modernen Sprachgebrauch insbesondere im kommerziellen Sinne gebraucht.

Bailado (Bailete)
portugiesischsprachige Bez. für Ballett.

Bailador (Bailarín) (Tänzer, span.)
in weiten Teilen Lateinamerikas verwendete Bezeichnung für den Tänzer; die Partnerin heißt Bailadora bzw. Bailarina.

Bailaor (weibl. Form Bailaora)
Tänzer(in) jeglicher Formen des → *Flamenco*.

Bailarín (weibl. Form Bailarina)
1. Allgemeinbezeichnung für den Tänzer. 2. in Spanien und Lateinamerika der Berufstänzer mit abgeschlossener Ausbildung. 3. → *Chuntunqui*

Baile (Tanz, span./port.)
1. Allgemeinbezeichnung für die Aktion des Tanzens bzw. die Veranstaltung eines Tanzes, gleichbedeutend mit dem Begriff Danza; in Spanien, Portugal und LA verwendet. 2. Genrebez. für diverse regionale Volkstänze wie »Baile del → *Venado*«, »Baile de los Morenos« oder »Baile del → *Tigre*«.

Bailecito (Tänzchen, span.)
bolivianisch-nordargentinischer Volkstanz im 6/8-Takt; in lebhaft-bewegtem Tempo auseinander getanzter Paartanz; kreolische und indianische Komponenten enthaltend; in den meisten Fällen durch Gesang begleitet; in Bolivien ist er einer der am weitesten verbreiteten Tänze; in Argentinien im wesentlichen auf die Provinzen Jujuy und Catamarca beschränkt, in Peru und Nordchile nur vereinzelt aufgeführt. Zur musikal. Begleitung dienen die für die jeweilige Region typischen Instrumente, häufig z. B. → *Charango*, → *Bombo* und → *Tinya*, aber auch → *Quena* und Konzertina (Concertina). Die älteste Mitteilung über den B. stammt aus dem Jahre 1814, darin als ein »fröhlicher, melodiöser und sehr klangvoller Tanz« geschildert; in Catamarca und Tucumán (Argentinien) wurde er (nach Isabel Aretz) früher *Boliviana* oder *Bailecito boliviano* genannt. Ein ähnlicher Volkstanz ist unter dem Namen »La → *Palomita*« bis nach Paraguay hin verbreitet. Im bol. B. beteiligt sich das Publikum an bestimmten Stellen der Musik mit rhythmischem, »Kimba« genanntem Händeklatschen. Bekannte Komponisten dieser Form sind u. a. Alfredo → *Domínguez*, Mauro → *Núñez*, Jaime → *Torres* und Ernesto → *Cavour*; viele Titel entstammen der anonymen Musikfolklore.

Bailes chinos
allgemeine Bezeichnung für religiös inspirierte Volkstänze Nordchiles, an denen Gruppen von → *Chinos* beteiligt sind, die u. a. aus San Pedro, Cai-Cai oder Calou stammen. Diese kommen auf einem Platz zusammen; auf die Zeichen des Chefs (Caporal), der eine chilenische Flagge schwenkt und sich dabei verneigt, verneigen sich alle Teilnehmer und lassen ihre Instrumente erklingen, Danach beginnt der eigentliche Tanz, der mitunter Schritte des Walzers, aber auch der → *Cueca* erkennen lässt, dann wiederum an bestimmte autochthone Tänze erinnert; heute sind diese Tänze in ihrer Verbreitung stark rückläufig.

Bailete → *Sarao*, → *Bailado*

Bailetín
improvisierte Tänze auf offener Straße, die entweder durch Straßenmusiker mit Violine, Bandoneón oder Gitarre bzw. durch eine Drehorgel begleitet wurden; der Begriff ist um die Jahrhundertwende bzw. nach 1900 oft im Umfeld des archaischen → *Tango* gebraucht worden.

Bailongo
1. im Sprachgebrauch einiger Länder Lateinamerikas (z. B. Argentinien) eine zwar vergnügliche, insgesamt aber mit geringem Aufwand ausgestaltete öffentliche oder häusliche Tanzveranstaltung. 2. ein hinsichtlich seiner Choreographie wenig anmutiger Tanz.

Baile folklórico (Volkstanz): ein ekuadorianisches Paar (Pareja) führt einen traditionellen Tanz im lokalen Fernsehen auf

Bailoteo
spanisch-lateinamerikanische Bezeichnung für einen Tanz bzw. Tanzfeste, die zwar mit Ausdauer, aber ohne besondere Sorgfalt und Anmut dargeboten werden.

Baio
brasilianischer Volkstanz; im Bundesstat Piauí als Paartanz in lebhaftem Tempo, von Gesang begleitet, dargeboten; dem → *Miudinho (1)* sehr ähnlich.

Baión
spanischsprachige Bezeichnung für den brasilianischen → *Baião*; zugleich eine hispanoamerikanische Adaption des Originals; durch viele spanische und lateinamerikanische Tanzorchester und Gruppen gespielt; in den 50er Jahren auch europaweit bekannt geworden, darunter der populäre Titel »Mamá, el baión«, den u. a. María Zamora (Holland) sang.

Bairía
Regionalbez. für das in Volksmusikgruppen des Gebietes von Puno (Peru) eingesetzte Saxophon.

Baixo → *Bajo*

Bajo (port.: Baixo)
1. Begriff für die tiefe Männerstimme. 2. Kurzbezeichnung für den Kontrabass (→ *Contrabajo*), im allgemeinen Sprachgebrauch immer häufiger verwandt; heute auch sehr oft für den Elektrobass verwendet.

Bajón (Aerophon)
in der bolivianischen Volksmusik eingesetztes Blasinstrument; ein → *Siku* mit bis zu 2 m langen Tuben; die damit erzeugten Töne sind sehr tief.

Baker, Josephine
* 3.7.1906 St. Louis (Missouri), † 12.4.1975 Paris; US-amerikanische Sängerin und Tänzerin. B., Tochter einer Afroamerikanerin und eines Spaniers, sang frühzeitig auch in der von ihr dominierten spanischen Sprache. So nahm sie, begleitet von den → *Lecuona Cuban Boys*, bereits 1935 Titel wie die kubanische Rumba »Mayarí« in Japan auf Schallplatten N78 des Labels Columbia auf.

Bakosé (Schüttelidiophon)
Variante des afrokubanischen Musikinstruments → *Atcheré*.

Bakumene
afrokubanischer Volkstanz, ursprünglich aus Haiti stammend; im Gebiet von Ciego de Avila ausschließlich von Frauen aufgeführt.

Balada (Ballade, span./port.)
Lied mit erzählendem Charakter, zuweilen lyrisch-poetisch; in Spanien, Portugal und ganz Lateinamerika verbreitet; ursprünglich ein einfaches Lied wandernder Sänger (→ *Trovador*, → *Payador*); über Spanien und Portugal wurden die zumeist der anonymen Folklore entstammenden Balladen nach LA transkulturiert und leben in alten und neuen Liedern der → *Trova*, im → *Romanceiro Popular Nordestino*, in der → *Cantoria* usw. fort. Heute in LA in teilweise modernem, oft internationalem Stil interpretiert und damit auch Teil der Pop Music; vielfach anstelle der traditionellen Gitarre oder ähnlicher Instrumente heute durch elektronische Musik begleitet. Bekannte Interpreten der B. sind u. a. Silvio → *Rodríguez*, Pablo → *Milanés* (beide Kuba), Gilberto → *Gil*, Caetano → *Veloso*, Chico → *Buarque de Hollanda* (Brasilien), Osvaldo Rodríguez und Tito → *Fernández* (beide Chile) sowie Mercedes → *Sosa* (Argentinien).

Balafón (Balafo)
in einigen Ländern Afrikas (z. B. Moçambique) heute noch gespieltes Volksmusikinstrument; Urform der → *Marimba*; mit Kalebassen unterschiedlicher Größe als Resonanzkörper konstruiert.

Balaio
brasilianischer Volkstanz aus dem Bundesstaat

Rio Grande do Sul; zum Komplex des → *Fandango (4)* gehörend.

Ballagas Palacio, Patricio
* 17.3.1879 Camagüey, † 15.2.1920 La Habana; kubanischer Volkssänger (Trovador), Gitarrist und Liedermacher; widmete sich vor allem dem trovadoresken Lied und bildete mit Alejandro Montalván ein vielbeachtetes Vokal- und Instrumentalduett; schrieb u. a. die Lieder »Timidez« (1914) und »Nena«.

Ballet (port.: Bailado, Bailete)
spanischer Begriff für Ballett. Diesem Genre haben sich einige Komponisten Lateinamerikas bevorzugt gewidmet; so entstanden Ballett-Zyklen, die oft auf folkloristischen Motiven beruhen. Heute besteht teilweise ein ausgesprochener Trend zum Modernen, Untraditionellen.

Ballet Folklórico de México
bekanntestes, dem Repertoire nach vielseitigstes mexikanisches Ensemble für Volks- und Populärtanz; 1952 in México-Stadt von Studenten unter der Schirmherrschaft des Palastes der Schönen Künste (Palacio de Bellas Artes) gegründet. Das durch die Choreographin Amalia Hernández geleitete Ballett besteht aus zwei Gruppen, die etwa 200 Tänzer, Musiker und Sänger vereinen. Zum Repertoire gehören Tänze aller Epochen und Regionen Mexikos, so die »Danza del → *Venado*«, »Siquisiri« (Veracruz), »Zandunga« (Tehuantepec), Rancheras, Sones usw.; Gastspiele in vielen Ländern; bei Musart entstanden einige LPs.

Ballet Folklórico Nacional de Panamá
panamaische Folkloregruppe für Volkstanz und landestypische Musik; 1979 durch das Nationalinstitut für Kultur in Panamá-Stadt gegründet. Künstlerischer Direktor des Ensembles war José B. Barsanedes; Leiter der Folkloreforscher Héctor T. Hooper. Zum Repertoire gehören alte und neue Lieder und Tänze wie → *Décima*, → *Socavón*, → *Mejorana*, → *Cumbia panameña*, → *Punto panameño* und → *Faena;* zahlreiche Auslandsgastspiele und Beteiligung an Folklorefestivals.

Ballet Folklórico Nacional de Panamá: Volkstanzzyklus »La Espina«, auch »Duell der Schuhplattler-Tänzer« genannt (Photo: Gentileza Ballet Folklórico Nacional)

Ballet Nacional de Colombia
kolumbianisches Tanz- und Musikensemble; 1964 in Bogotá durch die Choreographin Sonia Osorio gegründet. Mit ca. 50 Mitgliedern hat die Gruppe traditionelle Tänze wie → *Bambuco,* → *Currulao* und → *Joropo* in Showprogrammen vorwiegend im Ausland bekanntgemacht. Die Begleitmusik wurde durch ein eigenes Orchester unter der Leitung von Héctor Ramírez bzw. durch kleine Gruppen wie *Los Alegres Llaneros* gestaltet.

Ballo
alter spanischer Salontanz des XVI. Jh.; von jeweils drei Personen ausgeführt; in Lateinamerika wurde aus diesem Tanz u. a. der → *Palito.*

Balsa
eine Anfang des XIX. Jh. über Spanien nach LA gekommene Variante des europäischen Walzers, die in Kuba, Mexiko und weiteren Ländern populär, von kirchlichen Kreisen jedoch heftig kritisiert wurde.

Balsié tumbado
flache Trommel, dem → *Timbal* ähnlich; in der folkloristischen Musik einiger Regionen der Dominikanischen Republik eingesetzt.

Bamba
1. afrolateinam. Rundtanz aus der Kolonialzeit; die Tänzerinnen und Tänzer sangen bestimmte Kehrreime und begleiteten den Tanz durch rhythmisches Händeklatschen (Palmas). Der Name ist vom afrikanischen »mbamba« = Spiel, Zerstreuung abgeleitet. (→ *Batuque*). 2. Canción de → *Columpio* 3. Bez für bestimmte Arrangements des brasilianischen → *Samba,* u. a. von dem Sänger Martinho da → *Vila* interpretiert.

Bamba, La -
aus der anonymen Musikfolklore der mexikanischen Region Veracruz stammendes Musikstück im Rhythmus eines → *Son jarocho,* das 1945 durch den Musiker Luis → *Martínez Serrano* neu arrangiert wurde und später zum Welterfolg (Evergreen) avancierte und noch heute zum Repertoire vieler Folkloregruppen Mexikos bzw. Lateinamerikas gehört.

Bambaquerê
alter brasilianischer Volkstanz der Region Rio Grande do Sul; zur Gruppe des → *Fandango (4)* gehörend; stets durch Gesang begleitet.

Bambas do Estácio
brasilianisches Vokal- und Instrumentaltrio, 1930 in Rio de Janeiro (Stadtteil Estácio) durch die Musiker Chico Alves, Ismael → *Silva* und Nilton Bastos gegründet; widmete sich traditioneller und populärer Musik; es entstanden zahlreiche Schallplattenaufnahmen, darunter die Titel »Adeus« (Samba) und »Assim sim« (Marcha).

Bambelô
Volkstanz des brasilianischen Bundesstaates Rio Grande do Norte; als Rundtanz (Dança-de-roda) aufgeführt, durch Perkussionsinstrumente begleitet, sehr dem → *Samba* ähnelnd.

Bamboche
haitianischer Gruppentanz der afrohaitianischen Bevölkerung, zum Komplex der rituellen Manifestationen des → *Vodú* gehörend.

Bamboo Orchestra, The -
anglokaribisches Tanzorchester; um 1938 in Port of Spain (Trinidad) formiert; musizierte mit Violine, Klarinette, Piano, Gitarre und Traps; Gesangssolist war Wilmoth → *Houdini;* zum Repertoire gehörten frühe Calypsos wie »Poor but ambitious«, die auch auf Schallplatten erschienen sind.

Bamboo-scraper
Volksmusikinstr. einiger anglokar. Inseln; aus Bambus gefertigtes Schrapidiophon; in Konstruktion und Wirkungsweise dem kubanischen → *Sapo* bzw. dem brasilianischen → *Reco-reco* sehr ähnlich.

Bambuco

in verschiedenen Ländern Lateinamerikas (Kolumbien, Venezuela, Mexiko, Costa Rica, Guatemala und früher Kuba) verbreiteter Volkstanz im 3/4- u./o. 6/8-Takt; häufig von einer → *Copla* gesanglich begleitet; in Kolumbien der wichtigste und repräsentativste Ausdruck der Musikfolklore (Nationaltanz), in anderen Ländern nur in einzelnen Regionen verbreitet bzw. Teil überregionaler Populärmusik. Über die Entstehung gibt es abweichende Deutungen so vertrat Jorge → *Añez* die Ansicht, dass er als rein kreolische Form im Gebiet von Cundinamarca (Kolumbien) entstanden sei, während andere Musikforscher zu dem weitaus logischeren Schluss gelangten, dass bei Dominanz kreolischer Elemente sowohl negroide als auch indianische Komponenten aufgenommen wurden und zur Herausbildung des B. als eigenständige Form etwa um 1810 geführt haben. Die Bezeichnung selbst soll von »bambuk« (ein altes afrikanisches Staatsgebilde im Gebiet des heutigen Sudan) abgeleitet sein. Verbreitung des B. 1. Kolumbien: fast alle Landesteile mit Schwerpunkten in den Regionen Antioquia, Caldas, Risalda, Quindío, Tolima, Santander, Boyacá, Cundinamarca, Huila, Valle, Cauca und Nariño in folgenden Varianten: *B. anónimo* – der anonymen Musikfolklore entstammend, zu den ausdrucksstärksten Versionen zählend. *B. antioqueño* – aus Antioquia stammend, heute weit verbreitet; *B. bozal* oder *B. de los Negros* – durch Afrokolumbianer oder Mulatten gepflegte Variante mit zahlreichen Modifikationen negroider Inspiration; *B. caqueceño* – Abart aus der Ostregion von Cundinamarca; *B. calentano* oder *B. tolimense* (auch *Bambuco fiestero*) – im Gebiet von Tolima auf Volksfesten (Fiestas) und während der Feria de → *San Juan* gespielt und getanzt; *B. característico* (charakterist. B.) – unverfälschter, noch nicht kommerzialisierter B.; *B. caucano* – der zu früherer Zeit in den Zuckermühlen (Trapiches) des Cauca-Tales gesungene B.; *B. del casorio* – eine auf Hochzeiten in Huila durch die Schwiegereltern getanzte Form; *B. escobillao* – mit einem Besen (Escoba) getanzte Variante mit eigener Choreographie; *B. lírico* – der lyrische B., der Text ist durch Dichter verfasst; landesweit verbreitet; *B. santafereño* (B. neogranadino) – trad. Form der Region von Bogotá (Santa Fe), mit charakteristischen Tanzfiguren; *B. trovado* (B. versiao, B. careao) – besondere Form, die in der Mitte jedes Stückes ein poetisches Duell zwischen Mann und Frau einschaltet; *B. viejo* (»alter Bambuco«) – traditionelle Form mit deutlich negroiden Komponenten, in der Region von Chocó noch aufgeführt. Die Choreographie des B. ist vielseitig und unterliegt regionalen Traditionen; z. T. tanzen die Paare noch in landes- oder regionaltyp. Trachten. Hauptsächliche Instrumente zur musikal. Begleitung sind → *Tiple*, → *Bandola* u./o. → *Requinto* (1); zu den bekanntesten Interpreten gehören das Duo → *Garzón y Collazos*, Los → *Tolimenses* und das Trío → *Morales Pino*. Zahlreiche Stücke, z. B. »Huri«, entstammen der anonymen Musikfolklore; daneben schufen namhafte Komponisten und Textdichter B.s mit noch heute großer Popularität, darunter »Los Cucaracheros« (Jorge Añez), »Ibaguereña« (Leonor Buenaventura), »Bambuco« (Luis A. Calvo), »El Guatecano« (Emilio Murillo), »Campesina huilense« (Jorge Villamil), »Chatica linda« (Jorge Camargo) und »Cuatro preguntas« (Pedro Morales Pino). 2. Venezuela: ebenfalls Teil der Musikfolklore; Hauptverbreitungsgebiet ist die Region von Táchira (*Bambuco tachirense*). 3. Mexiko: nur auf der Halbinsel Yuctán als wesentlich langsamere, getragene Variante (*B. yucateco*) aufgeführt, meist durch Gitarre begleitet. 4. Kuba: nur in historischen Tonaufzeichnungen (z. B. mit der Sängerin María Teresa → *Vera*) nachweisbar; früher durch Wandersänger weit verbreitet interpretiert.

Bambula

1. auf einigen Antilleninseln verwendete primitive Trommel afrikanischen Ursprungs; ausschließlich von Afroamerikanern gespielt. 2. alter kubanischer Tanz, auf negroiden Einfluss zurückgehend; erlangte im Verlaufe des XVII. Jh. große Popularität; heute nicht mehr verbreitet. Der stark synkopierte Rhythmus im 2/4-Takt

ist nach einem Perkussionsinstrument gleichen Namens (1) benannt, das zu seiner Begleitung benutzt wurde.

Bámbula

alter, bis Ende des XIX. Jh. unter der afrouruguayischen Bevölkerung von Montevideo (Uruguay) aufgeführter Tanz dramatischen Charakters.

Bambuquero (Bambuquista)

weitverbreitete Bezeichnung für den Interpreten (Sänger oder Musiker), den Tänzer, mitunter auch den Komponisten des → *Bambuco*.

Banana 5, La -

chilenisches Vokal- und Instrumentalquintett moderner Tanzmusik; 1966 in Santiago de Chile formiert, widmete sich insbes. der Mischform → *Salsa*; interpretierte jedoch auch Titel der chilenischen und lateinamerikanischen Volksmusik in auf diese modernere Form gebrachten Arrangements.

Band

im englischsprachigen Raum Lateinamerikas übliche Bezeichnung für eine Vereinigung von Musikern (Big Band = großes Orchester, Small Band = kleine Gruppe); bei reinen Jazz-Formationen im spanisch- und portugiesischsprachigen Bereich von Lateinamerika gewinnt dieser Begriff zunehmend an Bedeutung.

Banda

1. Allgemeinbezeichnung für eine Militärkapelle (Banda militar), ein Orchester anderer uniformierter Kräfte, z. B. der Feuerwehr (Banda de Bomberos) oder der Polizei (B. da la Policía); in Lateinamerika auf lange Tradition zurückgehend, wie z. B. die Feuerwehrkapelle von Rio de Janeiro (→ *Banda do Corpo dos Bombeiros*); in Kolumbien ist die Existenz einer B. bereits 1784 nachgewiesen. 2. Sammelbez. für ein vor-

Eine andine Banda: Pueblo Libre aus Ancash (Peru), aufgenommen 1981 (Photo: Elisabeth den Otter)

wiegend aus Blas- und einigen Perkussionsinstrumenten bestehendes Orchester, dessen Tradition auf europäische (span.) Einflüsse zurückgeht. Noch heute verfügen Städte und Gemeinden über eine sog. *Banda Municipal* bzw. *Banda Pueblerina*, die zu offiziellen Anlässen aufspielt und deren spezielles Repertoire ebenso wie bei den Militärkapellen aus Märschen (Marchas), Hymnen und patriotischen Liedern besteht. In einigen lateinamerikan. Ländern (Mexiko, Peru) existieren sog. *Bandas Taurinas*, die zu Stierkampfveranstaltungen (Corridas) musizieren. In andinen Ländern (Peru, Bolivien, Nordchile) gelten bestimmte B.s als Folklore-Orchester, die zu Volksfesten musizieren. 3. Name eines afrikanischen Volksstammes, dessen Nachkommen in Teilen Lateinamerikas leben. 4. haitianischer Volkstanz; aus afrikanischen Komponenten entstanden. 5. Volksmusikinstrumentenkonfiguration, bestehend aus → *Caja*, → *Bombo* und Akkordeon; mit rückläufiger Tendenz bei Volksfesten auf der chilenischen Insel Chiloé eingesetzt.

Banda do Corpo dos Bombeiros
»Feuerwehrkapelle von Rio de Janeiro«, berühmteste → *Banda (2)* Brasiliens; in Rio de Janeiro am 15.11.1896 durch den Feuerwehrmann und Musiker Anacleto de → *Medeiros* mit insgesamt 30 Personen gegründet; hervorragende Interpreten der → *Marcha-Rancho;* zeichnete als erste brasilianische Musikkapelle kurz nach ihrer Gründung Stücke als Phonogramme auf Tonwalzen für die Casa Edison, darunter die »Sinfonia do Guaraní (3 Zylinder) und die Polka »Jurandi« auf. Bis in die Gegenwart wurden Schallplattenaufnahmen (u. a. bei Odeon und Copacabana) veröffentlicht, darunter die Titel »Hino Nacional« und »Hino do carnaval brasileiro«.

Banda Show Tupac Amaru de Huancayo
peruanische Instrumentalgruppe vom Typ einer → *Banda* (2), die am 4.11.1974 in Huancayo unter der Leitung von Eucarpio Oliva González und Federico Flores (Leiter der dazugehörigen Tanzgruppe) mit insgesamt 20 Mitgliedern formiert wurde. Das Orchester, eine sog. *Banda andina,* spielt, in Umzügen bei Patronatsfesten (Fiestas) diverser Ortschaften des Valle del Mantaro auftretend, traditionelle und auch neuere Volksmusik der Hochanden. Darüber hinaus wirkte diese Gruppe auch auf Veranstaltungen im nationalen Rahmen, in Fernsehprogrammen und bei kulturellen Treffen im Ausland. Auf einer LP erschienen u. a. Titel wie »Salsa andina« (Huayno-cumbia [Chicha]), »Preciosa oylumpina« (Huayno) und »San Roque« (Huayno).

Banda Tepeuani
salvadorenische Vokal- und Instrumentalgruppe; 1977 in San Salvador im Umfeld der Aufständischen-Bewegung »Farabundo Martí« formiert. Die von Godofredo Echeverría (Gesang, Piano, Klarinette, Gitarre, Perkussion) geleitete Formation interpretierte Tanz- und Populärmusik im modernen Stil; weitere Mitglieder waren Francisco Astacio (Violine, Gitarre, Charango, Perkussion), Rigoberto Osorio (Elektro-Bass, Gitarre, Perkussion, Gesang) und Erick Trabanino (Querflöte, Perkussion, Gesang). Die Gruppe besuchte einige westeuropäische Länder; in Deutschland (Gelsenkirchen) entstand 1982 mit ihr eine LP, die u. a. die Titel »A Morazán« und »Al amanecer« enthält.

Bande, La -
haitianische Musikgruppe, die bei bestimmten Volksfesten, insbesondere in der Karwoche, singend, musizierend und tanzend durch die Straßen zieht; vergleichbar mit der kubanischen → *Comparsa.* Als Musikinstrumente dienen Bambustrompeten (→ *Vaccine),* eine Batterie Trommeln → *Rada* sowie weitere Melodie- und Rhythmusinstr. Ein *Samba* genannter Gesangssolist übt die Rolle eines Vorsängers aus.

Bandeira Pereira de Caldas, Pedro
* 1.5.1938 São José de Pirnahas (Paraíba); brasilianischer Volkssänger und Versdichter der → *Literatura de Cordel;* Enkel des bekannten Wandersängers Manoel Galdino Pereira; begann mit 19 Jahren nordestinische Lieder zu singen; lebt gegenwärtig in Juazeiro do Norte, wo

er den Interpretenverband *Associação dos Violeiros, Poetas Populares e Folcloristas do Cariri* gründete.

Banderas, José »Pepe«
* 19.3.1891 Santiago de Cuba, † 19.4.1967 das.; kubanischer Volkssänger (Trovador), Gitarrist und Liedermacher; von Beruf Tischler; gehörte zahlreichen Gruppen seiner Heimatregion an, so bildete er zusammen mit José »Pepe« → *Figarola* ein vielbeachtetes Vokal- und Instrumentalduo; bildete u. a. den Gitarristen Vicente → *González Rubiera* aus; schrieb zahlreiche Lieder wie »María«, »Boca roja« und »Cima«.

Bando → *Clave* (2)

Bando da Lua
brasilianische Vokal- und Instrumentalgruppe; 1929 in Rio de Janeiro aus dem Orchester *Bloco do Bimbo* hervorgegangen. Mitglieder der für die Entwicklung der brasilianischen Populärmusik impulsgebenden Formation waren Aluísio de Oliveira (Bandleader, Gesang, Violão), Hélio Jordão Pereira (Violão), Afonso Osório (Perkussion), Stênio Osório (Cavaquinho), Osvaldo Eboli »Vadeco« (Pandeiro), Ivo Astolfi (Banjo), Diego Astolfi (Bandolim), Armando Osório (Violão) und ein weiterer Perkussionist; es wurde zunächst landestyp. Populärmusik und später, bis zur Auflösung der Gruppe (1955), Jazz interpretiert. Schallplatten, darunter der Samba »Maria Boa« (1935) entstanden u. a. bei Victor und Brunswick.

Bandol
regionale Bezeichnung der in der kreolischen Musik Trinidads gespielten → *Bandola.*

Bandola
der Mandoline (→ *Mandolina)* sehr ähnliches gitarren- bzw. lautenartiges Musikinstrument; in der Volksmusik versch. Länder der andinen Zonen Lateinamerikas in zahlreichen Abarten und Varianten benutzt. Der Resonanzkörper ist meist lautenartig gebaucht; gespielt wird im Einzel- oder Tremoloanschlag unter Zuhilfenahme eines aus Metall, Elfenbein, Kunststoff oder einem Gänsekiel gefertigten Plektrums; das Instr. ist in einigen lateinamerikanischen Ländern, darunter Kuba und Chile (in der traditionellen → *Estudiantina* bis in das XIX. Jh. hinein), nicht mehr im Einsatz. Gegenwärtig wird die B. insbesondere in der Volksmusik Venezuelas, Kolumbiens und Perus, jedoch, mit zurückgehender Tendenz, auch in kreolischen Gruppen der anglokaribischen Insel Trinidad gespielt; eine Stimmung kann E´-A-D-G sein; einer der bekanntesten Solisten war Pedro → *Morales Pino.*

Bandolim
brasilianisches Äquivalent des lautenartigen Saiteninstruments → *Mandolina;* in der ländlichen Volksmusik bzw. der Populärmusik (hier vorwiegend in kleinen, → *Regional* genannten Gruppen) verwendet; generell mit den Fingern (digital) gespielt; der Einsatz ist stark rückläufig. Bekannte Solisten sind Jacob → *Bittencourt,* Luperce → *Miranda* und Luíz de Oliveira.

Bandolim, Jacob do - → *Bittencourt, Jacob Pick*

Bandolin
kleine viersaitige Gitarre; in Lateinamerika bis Ende des XIX. Jh. verwendet; auch selten gebrauchte Bezeichnung für die → *Bandola.*

Bandolina
in Spanien und Lateinamerika (z. B. in Peru) gespieltes Saiteninstrument; weitgehend mit der Mandoline (→ *Mandolina*) identisch. Die Länge des birnenförmigen bzw. ovalen, aus Zedern- oder Caobaholz gefertigten Resonanzkörpers schwankt zwischen 26 und 34 cm; das Instrument ist meist mit vier Doppelsaiten bespannt.

Bandolista
in einigen lateinamerikanischen Ländern, vorwiegend Kolumbien und Venezuela, gebräuchliche Bez. für den Solisten der → *Bandola.*

Bandolón (Saiteninstrument)
in einigen Ländern Lateinamerikas gespielte Gi-

tarre, der Bandurria ähnelnd; die Verwendung ist rückläufig.

Bandoneón (Bandonion)

1846 von dem deutschen Musiker und Techniker Hermann Uhlig (1789 – 1874) in Chemnitz um 1830 erfundenes und durch Heinrich Band, nach dem es benannt ist, in Krefeld erstmals produziertes Harmonikainstrument; eine verbesserte Konzertina, mit je 5 Reihen von Knöpfen auf der Bass- und der Diskantseite ausgerüstet; von dt. Seeleuten bzw. Auswanderern Ende des XIX. Jh. insbes. in das Gebiet des Río de la Plata gebracht; heute in der Volks- und Populärmusik Argentiniens, Uruguays und Paraguays fest verankert; in Kolumbien nicht mehr benutzt. Nach 1900 unerlässliches Begleitinstrument für den → *Tango* sowie auch in Gruppen des → *Chamamé* und in der paraguayischen Volksmusik benutzt; der Solist heißt → *Bandoneonista* oder auch kurz »Bandoneón«. Der größten Wertschätzung unter den Tango-Musikern erfreuten sich die von der Firma Alfred Arnold in Carlsfeld (Erzgebirge) produzierten Instrumente; letzterem Fabrikat widmete um 1986 Astor → *Piazzolla* seine Tango-Phantasie »Tristezas de un doble A«.

Reklame für Bandonions der Marke Lange (Carl Friedrich Uhlig), hergestellt in Chemnitz (Sachsen)

Bandoneonista (»Bandoneón«)

der Solist auf dem → *Bandoneón*. Während in kleineren Gruppen zumeist nur ein Solist wirkt, verfügen größere Tango-Orchester über 2, 3 oder mehr Spieler. Bekannte B.s sind u. a. Eduardo → *Arolas,* »Paquita« → *Bernarda,* Tránsito → *Cocomarola,* Damasio → *Esquivel,* Osvaldo → *Fresedo,* Pedro → *Maffia;* Juan → *Maglio,* Astor → *Piazzolla,* Aníbal → *Troilo* (alle Argentinien) sowie Héctor María Artola u. Enrique Di Cicco »Minotto« (Uruguay) und Rodolfo → *Roa* (Paraguay).

Bandurria

aus Spanien stammendes, mit der → *Mandolina* oder → *Bandola* verwandtes Saiteninstrument, das in der Volksmusik versch. Länder Lateinamerikas gespielt wird; unterschiedlich in Form und Abmessungen, hatte bis Anfang des XX. Jh. seinen festen Platz in der ländlichen Musik Kubas; integrierter Bestandteil der → *Estudiantina;* heute mit stark rückläufiger Tendenz noch in ländlichen Regionen Chiles und Perus (Volkskmusikgruppen von Huanuco, Huamanga, Cusco, Andahuaylas, Arequipa und Lima) mit 8, 10, 12 oder 20 Saiten noch im Einsatz. Ein hervorragender Solist war Martín Silveira (Kuba).

Bangulê

afrobrasilianischer Tanz; zum Klang der → *Cuíca* aufgeführt. Der mit Schuhplatteln (Sapateio) und Händeklatschen getanzte B. wird zuweilen durch Gesänge erotischen Inhalts begleitet.

Banjo

gitarrenartiges Volksinstrument, das in jüngster Zeit Eingang in die Volks- und Tanzmusik verschiedener Länder Lateinamerikas fand, wie z. B. in Sambagruppen Brasiliens, in → *Mento-*

Bands Jamaikas und Formationen anderer karibischer Inseln (u. a. Trinidad). Modifizierte Varianten werden in der mestizischen Volksmusik Perus (Regionen Apurímac, Cajamarca, Lambayeque und Puno) eingesetzt. Der chilenische Liedermacher Gonzalo »Payo« → *Grondona* begleitete sich teilweise auch auf dem B. Ein zumeist unbesaitetes Instrument dieses Typs, dessen Resonanzkörper mit den Fingern perkutiert wird, kommt in der karibischen Volksmusik unter dem Namen → *Viola (2)* zum Einsatz.

Banka → *Ekón*

Bantú, Música -
(port.: Banto, franz.: Bantou, Bantu-Musik) folkloristischer Ausdruck für eine Musik, die Teil einer Kultur ist, deren Ursprung im afrikanischen Kongo liegt. In den ursprünglichen Musikgruppen wird das Instrument → *Kinfuiti* zusammen mit den Trommeln → *Yuka* eingesetzt; heutige Formationen verwenden ein aus drei Trommeln unterschiedlicher Dimension und Bezeichnungen bestehendes Ensemble sowie Feldhacken (Guatacas), deren Metallteile mit einem Eisenstab rhythmisch perkutiert werden. Die auf Straßenfesten der → *Congo (1)* und in der → *Comparsa* eingesetzten Trommeln entstammen ebenfalls der Bantú-Tradition. Ein alter B.-Tanz ist die → *Macuta,* für die neben anderen afrikanischen Merkmalen die Alternanz zwischen Solist und Chor (→ *Call & Response)* charakteristisch ist. Bantú-Musikgruppen werden in Kuba und anderen lateinamerikanischen Ländern als Paleros (→ *Palo)* bezeichnet.

Baptist shouters
zum Komplex des → *Shango* gehörender Kult der schwarzen Bevölkerung Trinidads, Grenadas und weiterer anglokaribischer Inseln; Vermischung von afrikanischen und protestantischen Religionskomponenten; Anrufung afr. Götter und anderer übernatürlicher Mächte und Kräfte. Stätte der Sessionen ist die *Chapelle*, der Leiter der Kultzeremonien heißt *Teacher* oder *Shepard.* Begleitinstrumente für die Lieder und Choräle sind die Trommel *Dunno* und → *Maracas,* letztere auf Grenada als »Bolis« bezeichnet.

Baqueanos, Los -
chilenisches Folkloretrio, 1949 in Santiago de Chile durch Pedro Leal, Francisco → *Flores del Campo* (Harfe) und Hernán Arenas (Gitarre) formiert; wurde durch die musikalische Begleitung für die Sängerin Silvia → *Infantas* bekannt.

Baquiano
heute nur noch vereinzelt gebrauchte Bezeichnung für den Wandersänger → *Payador.*

Baquini
gesungene Totenandachten auf Puerto Rico, überwiegend durch die afropuertoricanische Bevölkerung ausgeführt.

Baranda Reyes, Santiago
* 5.5.1910 Salto; uruguayischer Musiker (Piano) und Komponist; studierte Musik bei Angela Riffand und Piano bei Romualdo Moro, gab zahlreiche Konzerte, war später als Professor für Klavier am Konservatorium San José von Montevideo tätig, dessen Direktor er in der Folge wurde. Seine zahlreichen Kompositionen weisen teilweise folkloristische Inspiration auf, so »Huellas«, »Tres danzas para piano Zamba, Chacarera y Huella«, »Triste No 1 y 2«, »Milonga de la curandera« und »Baladas amarillas« (nach Texten des span. Dichters Federico García Lorca, 1957 entstanden).

Baratta, María de
* 27.2.1894 San Salvador, † ?; salvadorenische Komponistin und Folkloreforscherin; Enkelin des letzten Häuptlings vom Stamm der Lenca; studierte Musik in Bologna (Italien), später in San Francisco (USA); eignete sich umfassende Kenntnisse auf dem Gebiet der Musikfolklore El Salvadors an und verarbeitete in ihren zahlreichen Kompositionen folkloristische Elemente, so im Ballett »Nahualismo« (1936), dem Ritualtanz für Piano »Ofrenda de la elegida« (1931) und den Danzas »Los Tecomatillos« und »Canalaqui-tonal«.

Bárbaros del Ritmo, Los -
nikaraguanisches Vokal- und Instrumentalsextett; um 1974 in Bluefields durch den Perkussionisten und Sänger José A. Sinclair zusammen mit John A. Wilson (Maracas, Caña, Bass), Eduardo Arguello Rowe (Posaune), Woodrow Wilson (1. Gitarre, Banjo), Reinaldo F. Hodgson (2. Gitarre, Banjo) und Larry Humphreys (Bassgitarre) formiert; interpretierte lokaltypische Tanzmusik der Formen → *Palo de Mayo* und → *Salsa;* unter dem Label Andino entstand 1977 die LP »Palo de Mayo«.

Barberena, Vicente
* 1850 Granada, † 1936 Managua; nikaraguanischer Musiker (Violine), Komponist und Bandleader; wirkte in lokalen Orchestern; leitete ab 1908 eine Formation vom Typ einer → *Banda* (2)*;* komponierte Walzer, Mazurkas und Lieder weltlichen sowie religiösen Charakters.

Barbería, Carlos
kubanischer Musiker, Arrangeur und Bandleader; gründete nach 1950 in La Habana die *Banda Kubavana de Carlos Barbería*, ein Tanzorchester, das insbesondere die Karnevalsmusik, darunter die → *Conga* (z. B. »Allá pelota con Carlota«), spielte und einige LPs (Label Panart u. a.) produzierte.

Barberis, Carmelina
* 8.8.1938 La Habana; kubanische Sängerin ländlicher Volksmusik; zu den bekannten Interpretinnen des → *Punto cubano* und anderer Formen der → *Música campesina* Kubas gehörend; trat auf Volksfesten, in Rundfunk und Fernsehen (Sendereihe »Palmas y Cañas«) auf und produzierte auf Schallplatten (u. a. Label Guamá) Titel wie »En la inmensa soledad« und »Mi bandera nacional«.

Barbero
peruanischer Volkstanz der Regionen Chivay und Cailloma (Dep. Arequipa).

Barbieri, Leandro »Gato«
* 28.11.1934 Rosario; argentinischer Musiker (Tenor-Saxophon) und Komponist; Vertreter des jazzhaften Tango bzw des modernen Jazz; spielte in der Band von Lalo Schifrin, war ab 1968 als Solist im *Modern Jazz* tätig. Weiterhin schrieb er die Musik für den Film »Last tango in París«.

Barbosa, Adoniran (eigtl. João Rubinato)
* 6.8.1910 São Paulo; brasilianischer Sänger, Musiker und Liedermacher; einer der bekanntesten Interpreten des urbanen → *Samba,* den er mit unverwechselbar rauchig-tiefer Stimme vortrug; bei Odeon (EMI) entstanden zahlreiche Schallplatten, darunter die von ihm geschriebenen Stücke »Saudosa Maloca« (1951), »Trem das Onze« (1964), und »Bom dia tristeza«.

Barbosa da Silva, José »Sinhô«
* 18.9.1888 Rio de Janeiro, † 4.8.1930 das.; brasilianischer Musiker (Piano), Komponist und Bandleader; musizierte bereits im Alter von acht Jahren, war Mitglied verschiedener regionaler Musikgruppen; gründete und leitete 1915 die Karnevals-Tanzgruppe »Netinhos de Vovó« und formierte 1918 die zu den Vorläufern der → *Escola de Samba* gehörende Gruppe »Quem São Eles?«. Zu seinen erfolgreichsten Kompositionen gehören die Sambas »Quem são eles?« (1918), »Sais de raia« (1922), »Alegrias de Caboclo« (1928) und »Gosto que me enrosco« (1929).

Barbosa Lessa, Luíz Carlos
* 13.12.1929 Piratini (Rio Grande do Sul); brasilianischer Musiker (Piano), Sänger, Komponist, Bandleader und Folkloreforscher; wurde durch seine Mutter, eine Pianistin, ausgebildet, begann mit 18 Jahren, bereits in Porto Alegre lebend, mit der Komposition und der systematischen Erforschung der Musikfolklore Südbrasiliens, wobei er sich insbes. der Kultur des → *Gaucho* zuwandte; in der Folgezeit gründete er eine Folkloregruppe, die u. a. bei Rádio Farroupilha auftrat und zahlreiche Schallplattenaufnahmen unter versch. Labels (Rádio, Fermata, Madrigal u. a.) produzierte, darunter die Titel »Canção do gaúcho«, »Milonga do bem querer«

und »Quando sopra o minuano«. 1959 veröffentlichte B. das Volksliederbuch »Cancioneiro do Rio Grande«.

Barbosa, Orestes

7.5.1893 Rio de Janeiro, † 15.8.1966 das.; brasilianischer Musiker (Violão) und Liedermacher; wuchs in den Vororten von Paquetá auf, spielte mit zehn Jahren das Instrument → *Violão,* begann 1920 journalistisch zu arbeiten und Musikstücke zu schreiben, wobei er sich insbes. dem Samba widmete; B. wird allgemein als Schöpfer des → *Samba urbano* bezeichnet; er erwarb Verdienste bei der Erforschung der Geschichte dieser Form und ließ diese Erkenntnisse in sein Buch »Samba« (Rio de Janeiro, 1935) einfließen. Zu den bekanntesten Stücken, die zumeist mit Sílvio → *Caldas* verfasst wurden, gehören die Titel »Arranha-céu« (1937), »Suburbana« (1938) und »Chão de estrelas«.

Barbosa, Zélia

brasilianische Sängerin landestypischer Musik; nach 1965 insbesondere durch Protestlieder wie »Funeral do lavrador«, »Chegança« und »Zelão«, veröffentlicht auf LPs u. a. der Labels Le Chant du Monde und Pereira, bekanntgeworden.

Barboza, Agustín »El Corochire del Paraguay«

* 5.5.1913 Asunción, † August 1999; paraguayischer Sänger, Gitarrist und Liedermacher; wirkte zunächst in Buenos Aires, wo er u. a. Tangos, darunter die Guaraní-Version von »Caminito« (»Tapemí«) herausbrachte; war 1945 Mitbegründer des Trío Los → *Paraguayos,* wirkte später als Solist bzw. Leiter einer eigenen Gruppe, *Los Barboza*; komponierte u. a. die Titel »Alma vibrante« (Guarania, 1938), »Viva la vida, viva el amor« (Galopa) und »Reservista purajhei« (Canción); letzterer Titel besticht durch seine musikalische Ausdruckskraft und fand Eingang in die Musikfolklore Paraguays.

Barboza, Raúl Mario »Raulito«, »Rey del Chamamé«

* 27.6.1938 Buenos Aires; argentinischer Musiker (Akkordeon), Bandleader, Arrangeur und Komponist; Sohn des Musikers und Komponisten Adolfo Barboza, widmete sich frühzeitig der Interpretation der → *Música litoraleña* mit besonderer Hinwendung zum → *Chamamé,* für die er jedoch modernere, vom klassischen Vorbild abweichende Arrangements schrieb. Schallplatten, darunter seine Titel »Bailando en La Polvareda« und »Chamigo baile«, mit seiner 1956 gegründeten Gruppe produziert, entstanden u. a. unter den Labels Odeon bzw. EMI.

Barcarola (Barkarole)

lyrisches Lied im 6/8- oder 12/8-Takt, mit meist improvisierten Texten; stammt aus Italien, wo es von den venezianischen Barkenführern (barcaruoli) gesungen wurde; in der Kolonialzeit nach Lateinamerika transkulturiert; als Seemannslied noch vereinzelt in Chile verbreitet (u. a. durch die Folkloregruppe → *Cuncumén* interpretiert); in der Dominikanischen Republik (als B. criolla) sowie in Brasilien (als Canoa) mit stark rückläufiger Tendenz zuweilen noch gesungen.

Barcelata Castro, Lorenzo

* 30.7.1898 Tlalixcoyán (Veracruz), † 13.7.1943 México-Stadt; mexikanischer Sänger, Musiker und Komponist; schuf 1912 erste Kompositionen und wurde nach 1920 durch seine hervorragende Interpretation der Form → *Huapango* bekannt; gehörte längere Zeit dem Trío Los → *Trovadores Tamaulipecos* an, wirkte ab 1930 als Künstlerischer Direktor bei den Sendern XETA bzw. XEFO; schrieb viele, z. T. weltweit populär gewordene Stücke wie »María Elena« (Walzer, 1933) und »La Iguana« (Son jarocho, 1939) sowie Filmmusiken u. a. für »Jalisco nunca pierde« und »Las cuatro milpas«.

Bardí, Agustín »El Chino«

* 13.8.1884 Buenos Aires, † 21.4.1941 das.; argentinischer Sänger, Musiker (Violine, Piano und Gitarre) und Komponist; eine der hervorragenden Persönlichkeiten des frühen → *Tango.* In seiner über dreißigjährigen Schaffensperiode hatte er großen Anteil an der Verbreitung des

Genres Tango, schrieb eine größere Zahl von Stücken, darunter die Titel »Gallo ciego«, »Baqueano« und »Tinta roja«.

Barimba (Saiteninstrument)
Monochord von primitiver Form; in der ländlichen Volksmusik verschiedener Regionen Kolumbiens verwendet.

Barítono
1. Bariton-Stimme. 2. früher in Militärkapellen (→ *Banda* [1]) benutztes, dem → *Pistón* verwandtes Blasinstrument. 3. Kurzbezeichnung für ein in der Tonlage »Bariton« gestimmtes Saxophon.

Barraza, Cecilia
peruanische Sängerin; auf die Interpretation afroperuanischer Volksmusik spezialisiert; nahm u. a. die Titel »Toro mata« (Landó) und »A sacá camote con el pié« (Festejo) auf Schallplatte (Label Sono Radio) auf. B. wirkte längere Zeit in der Folkloregruppe von Félix Casaverde.

Barreto, Emilio »Don«
* Dez. 1909 La Habana; kubanischer Musiker (Gitarre, Violine, Banjo), Sänger, Arrangeur und Bandleader; nachdem er längere Zeit im Philharmonischen Orchester von La Habana als Violinist tätig war, verließ er Kuba 1925 Richtung Europa, wo er zuerst in Spanien und danach in Frankreich lebte und versch. Musikgruppen angehörte. 1932 gründete er ein Tanzorchester, das unter dem Namen *Don Barreto et son Orchestre Cubain* in Paris kubanische Musik popularisierte; unter dem Label Columbia erschienen zahlreiche Schallplattenaufnahmen, u. a. die Titel »Marta«, »Cuatro palomas« und »Melody's Bar«.

Barrett, Nanny
* 1940 Pilar; paraguayische Sängerin, Gitarristin und Liedermacherin; seit 1945 im Exil, zunächst in Uruguay, später in Argentinien, nach 1970 in Venezuela lebend; widmete sich ab 1960 insbesondere dem paraguayischen Volkslied; gründete im gleichen Jahr in Uruguay die Gruppe *Tetagua Sapucai* (Schrei des Volkes, Guaraní-Sprache). Seit 1962 wirkte sie als Solistin und schuf Lieder wie »Guagüitay« und »Palomita americana«, die 1975 auf ihrer ersten LP »En el sur del continente« (Label Philips) in Venezuela erschienen sind.

Barretto, Ray
* 28.4.1929 Brooklyn (New York); latino-New-Yorker Musiker (Perkussion), Komponist und Bandleader. B., puertorikanischer Abstammung; spezialisierte sich auf die Instrumente → *Conga (3)* und Schlagzeug, die er u. a. in den Formationen von Charlie Parker, Chick Corea und Dizzy Gillespie spielte; 1961 gründete er eine Musikgruppe vom Typ einer → *Charanga* (1), *Charanga Moderna* genannt, mit der er sich ab 1971 insbes. der Mischform → *Salsa* widmete. Bei Tico, United Artists, Atlantic, Fania, Riverside u. a. erschienen zahlreiche LPs, darunter die Titel »Guararé«, »Aquí se puede« und »Qué viva la música«.

Barrio Obrero, Grupo -
venezolanische Vokal- und Instrumentalgruppe; nach 1970 in Maracaibo gegründet; spezialisierte sich auf die Interpretation von Liedern mit sozialkritischer Aussage.

Barrios, Augustín »Mangoré«, »Pío«, »Nitsuga«
* 5.5.1885 San Juan Bautista de las Misiones, † 7.8.1944 San Salvador (El Salvador); paraguayischer Gitarrist und Komponist; widmete sich sowohl ernster als auch folkloristischer Musik; gilt als bester Gitarrist Paraguays; war Mitglied verschiedener Folkloregruppen und Schöpfer von auf der nationalen Musikfolklore beruhenden Stücken wie »Danza paraguaya«, die heute zum Standardrepertoire vieler paraguayischer Formationen der Volks- und Populärmusik gehören. Schallplatten entstanden u. a. bei Atlanta und Odeon (Argentinien).

Barrios, Silvia Alicia
* 29.12.1952 Salta; argentinische Sängerin und Folkloreforscherin; studierte u. a. am Folklore-

Institut »Malambo« und an der Universität von Salta (1975); trat durch die Interpretation indianischer und kreolischer Volkslieder hervor, die sie vorher auf Forschungsreisen durch die Provinz wiederentdeckte; gab einige vielbeachtete Gastspiele in Deutschland.

Barro, João de – »Braguinha«
(eigtl. Carlos Alberto de Ferreira Braga)
* 29.3.1907 Rio de Janeiro; brasilianischer Sänger, Musiker, Arrangeur und Komponist; sang mit 14 Jahren in lokalen Musikgruppen, gründete später die Formation *Flor do Tempo*, die nach 1920 in *Bando das Tangaras* umbenannt wurde und sich großer Popularität erfreute; komponierte mehr als 500 Titel, meist in Zusammenarbeit mit Alberto Ribeiro, von denen die als Karnevalsschlager populären Titel »Touradas em Madrí« (1938), »Chiquita Bacana« (1948), »Yes, nós temos bananas« (1938) und »Copacabana« (1940) besonders bekannt wurden.

Agustín Barrios auf einem seinem Freund und Manuskriptbewahrer Martín Borda y Pagola aus Uruguay 1912 gewidmeten Foto

Silvia Barrios erforscht und interpretiert vorwiegend Lieder indianischer Völkerschaften Argentiniens

Barroco Andino (»Andines Barock«, span.) chilenische Formation moderner Populärmusik; 1974 in Santiago de Chile von ehemaligen Mitgliedern der Gruppe → *Huamarí* gegründet; spezialisierte sich unter der Leitung von Jaime Soto auf die Interpretation klassischer europäischer Musik mit indianisch-mestizischen Instrumenten wie → *Zampoña* und → *Charango*. Auf LP erschienen u. a. die Titel »La Llorona« sowie Themen von Johann Sebastian Bach und A. Vivaldi.

Barros Palomino, José Benito
* 21.3.1915 El Banco (Magdalena); kolumbianischer Musiker, Arangeur, Bandleader und Komponist; bedeutender Vertreter der → *Música tropical*; musizierte bereits als Jugendlicher und studierte die Musik seiner Heimatregion; Organisator des alljährlich in El Banco stattfindenden Festivals der → *Cumbia*. B. schuf zahl-

reiche Titel überwiegend der Formen Cumbia, → *Porro,* → *Merengue* und → *Paseo,* darunter »Alegre pescador«, »Alumbra luna«, »El Mochilón«, »Momposina« und die sehr populäre Cumbia »Navidad negra«.

Barroso, Abelardo
* 21.9.1905 La Habana, † 27.9.1972 das.; kubanischer Sänger, Musiker, Komponist und Bandleader; begann seine Laufbahn als Sänger von Tanzliedern und des → *Son cubano;* war von 1927-29 Mitglied des Sexteto → *Habanero,* später des Sexteto Boloña; später Interpret der neuen Form → *Danzonete* im Orchester Sensación, dessen Leitung er innehatte und mit dem er zahlreiche Schallplattenaufnahmen (u. a. bei Puchito und Dial) produzierte, darunter die von ihm geschriebenen Titel »El Panquellero«, »En vano« und »En el silencio de la noche« (Cha-cha-chás).

Barroso, Ari Evangelista
* 7.11.1903 Ubá (Minas Gerais), † 9.2.1964 Rio de Janeiro; brasilianischer Musiker (Piano), Bandleader und Komponist; einer der bekanntesten Schöpfer landestypischer Musik. B., mit acht Jahren Vollwaise, erlernte das Klavierspiel, musizierte ab 1920 in Stummfilmkinos und gehörte seit 1923 dem Orchester von Freire Júnior in Rio de Janeiro an; später war er Mitglied versch. Formationen wie American Jazz und Jazz Band Sul Americano. Seine erste Komposition, »De longe«, schuf B. 1918, ihr folgten weitere 264 Titel, überwiegend Sambas, von denen einige in Brasilien und anderen Ländern sehr erfolgreich waren, z. T. für Filme von Walt Disney (z. B. »Você já foi à Bahia?«) verwandt bzw., u. a. von Carmen → *Miranda* gesungen, zu Welterfolgen wurden, so »Aquarela do Brasil« (1939), »Os quindins de Iaiá« (1940), »No rancho fundo« (1931), »Risque« (1952), »Faceira« (1931) und »Terra seca« (1943). Mit dem von ihm formierten Orchester unternahm er ab 1954 ausgedehnte Gastspielreisen durch ganz Südamerika; 1955 mit Nationalem Verdienstorden geehrt.

Barroso, Inezita
(eigtl. Inês Madalena Aranha de Lima)
* 4.3.1925 São Paulo; brasilianische Folkloresängerin und -forscherin; gehört neben Ely → *Camargo* zu den populärsten Interpretinnen von Liedern aus der kreolischen bzw. mestizischen Musikfolklore Brasiliens. B. begann 1950 die traditionellen Lieder und Tänze des Landesinnern (so der Formen → *Moda,* → *Toada,* → *Mo-*

dinha usw.) systematisch zu erforschen und zu interpretieren, sich dabei auf dem → *Violão* begleitend; unter den Labels Copacabana und Sabiá wurden zahlreiche LPs produziert, darunter die Titel »Vae torna vortá«, »Lampião de gaz« und »Roda carreta«; sie wirkte außerdem in Filmen folkloristischen Kolorits mit und gab Auslandsgastspiele.

Bascuñán, Willy (Guillermo)
* 19.11.1930 Viña del Mar; chilenischer Sänger, Musiker und Komponist; bekannter Vertreter der → *Cueca chilena* und anderer folkloristischer Formen; wirkte u. a. im Trío *Los Solitarios*; bildete in Santiago de Chile mit Francisco → *Flores del Campo* das Volksmusikduo *Bascuñán – del Campo*, mit dem er zahlreiche Schallplatten produzierte. B. ist Komponist u. a. der Titel »Ovejero«, »El Arrayán« und »Canción pa' mi Norte«.

Bastón de Ritmo
(port.: Bastão-de-ritmo, Idiophon)
Stock aus Bambusrohr oder Holz, mit dem, den Rhythmus markierend, auf den Boden gestampft wird; als »Taktstock« in der Volks- und Populärmusik ganz Lateinamerikas gebräuchlich; in Brasilien auch als Tacapu, Waranga, Canacauá, Carutana, Murucu oder Bastão-de-Moçambique bezeichnet.

Bastonero (→ *Bâtonnier*)
der Tänzer, der mit einem in die Luft gehaltenen langen Stock (Bastón) in vielen, meist afrolateinamerikanischen Tänzen als eine Art Zeremonienmeister oder Dirigent Rhythmus und Schrittfolge beim Tanzen (z. B. im → *Candombe*) vorgibt.

Batea (Idiophon)
ein umgekippter muldenförmiger Holztrog (Waschzuber); wie eine Trommel perkutiert; zur Begleitung folkloristischer Lieder und Tänze u. a. in Kolumbien verwendet.

Links: Inezita Barroso mit dem Orchester von Hervé Cordovil – Copacabana CLP-11.200 (1963)
Rechts: Die brasilianische Folkloresängerin Inezita Barroso

Baté-baú
Regionalform des → *Samba;* im Gebiet des brasilianischen Bundesstaates Bahia verbreitet und überwiegend von Afrobrasilianern getanzt.

Bate-caixa
brasilianischer Rundtanz, dem → *Jongo* ähnelnd; in der Region von São Bento de Sapucaí (São Paulo) aufgeführt.

Bate-chinela
Unterart des brasilianischen Volkstanzes → *Arrasta-pé,* in der Region von São Paulo verbreitet.

Batería
Batterie; Ensemble ganz oder teilweise gleicher Perkussionsinstrumente, mit dem in Europa üblichen Schlagzeug vergleichbar; in Orchestern oder Gruppen der Volks- und Populärmusik sowie in der ernsten Musik aller Länder Lateinamerikas, insbesondere in Ländern mit einem relativ hohen Anteil von afroamerikanischer Bevölkerung (Brasilien, Kolumbien, Kuba), eingesetzt; der Musiker heißt *Baterista.*

Baterista
Schlagzeuger; in LA üblicher Begriff für den Musiker der Instrumentenkonfiguration → *Batería.*

Batidor
1. Allgemeinbezeichnung für bestimmte Rasselinstrumente; zumeist mit Körnern oder Steinchen gefüllte Kalebassen, die ruckartig bzw. rhythmisch bewegt werden. 2. Musiker, der auf dem afrobrasilianischen Instrument → *Surdo* den Rhythmus markiert; auch die Bezeichnung *Marcador* ist üblich.

Batista, Linda
(eigtl. Florinda Grandino de Oliveira)
* 1919 São Paulo, † 18.4.1988 Rio de Janeiro; brasilianische Sängerin; Schwester der Sänge-

rinnen Odete und Dircinha B; Tochter des Musikers Batista Júnior (1894-1943); sang bereits als Kind, kam 1920 mit ihren Eltern nach Rio de Janeiro und trat Ende der 30er Jahre öffentlich auf; wirkte in Filmen wie »Banana da terra« (1938) und in Programmen von Rádio Nacional. Erster Erfolg war der Samba »Tudo é Brasil« (1941); von 1940 – 1960 sang sie für die Plattenfirma RCA Victor; es entstanden u. a. die Titel »Risque«, »Vingança« (1952) und »Batuque no Morro« (1941).

Batista, Marília (eigtl. M. Monteiro de Barros)
* 18.4.1920 Botafogo (Rio de Janeiro); brasilianische Sängerin und Liedermacherin; hervorragende Interpretin des urbanen → *Samba;* trat 1931 erstmals öffentlich (im »Cassino Beira Mar«) auf; erlernte bei Josué de Barroso das Spiel des Instrument → *Violão.* Ab 1932 wurden bei Victor bzw. Odeon zahlreiche Schallplatten, u. a. auch im Duett mit Noel → *Rosa,* produziert, darunter die Titel »De Babado« und »Quantos beijos«; im Jahre 1954 erschien bei Musidisc eine LP, die sechs von ihr verfasste Sambas, darunter »Praia de Gávea«, enthält.

Bâtonnier
Tänzer bei Karnevalsfesten in Haiti und weiteren francokaribischen Inseln, beim Tanzen geschickte Bewegungen mit einem Stock ausführend, der mit bunten Bändern und kieselsteingefüllten Blechdosen versehen ist, die Schritte der übrigen Tanzteilnehmer koordinierend. (→ *Bastón de Ritmo*)

Batucada
alter afrobrasilianischer Tanz mit Gesang in der alternierenden Form Solist – Chor; zur Gruppe des → *Batuque* gehörend. Eine Eigenart ist der Einsatz von Trommeln und weiteren Idiophonen anstelle von Saiten- oder Blasinstrumenten; als Tanz armer Leute war die B. dem → *Samba* ähnlich, wurde jedoch durch letzteren weitgehend verdrängt.

Batucajé
1. getanzte religiöse Manifestation, die nach dem Glauben afrobrasilianischer Bevölkerungskreise den imaginären Kontakt zu schwarzen Gottheiten herstellen soll. 2. afrobrasilianischer Tanz, dessen Rhythmus durch von zur Gruppe des → *Atabaque* gehörenden Trommeln markiert wird; in den Bundesstaaten Bahia und Maranhão auch auf rein weltlichen Veranstaltungen aufgeführt.

Batucana, La
(eigtl. Griselda de Las Mercedes Núñez)
* 1942 Batuco (Santiago de Chile); chilenische Sängerin und Folkloreforscherin; wirkte im »Rancho Batuco«, studierte die Volksmusik Chiles und trat in Fernsehprogrammen folkloristischen Inhalts auf, gründete das Volkstheater »Iskra«; sang u. a. die Lieder »Marcelo« und »Aurora«.

Batuque
1. afrobrasilianischer Tanz, aus Angola bzw. Kongo durch Sklaven nach Brasilien transkulturiert; mit signifikantem Einsatz von Perkussionsinstrumenten; heute weitgehend durch den → *Samba* verdrängt; zählt zu den ältesten Tänzen Brasiliens; die Tanzschritte bestehen aus ungestümen Hüftbewegungen, Schuhplattlerparts (Sapateio) und insbes. der → *Umbigada,* dazu wird in die Hände geklatscht oder mit den Fingern geschnipst. Wichtigste Begleitinstr. sind → *Marimba,* → *Batuque* (2), → *Quiçanje;* im Bundesstaat São Paulo gelegentlich (als → *Terreiro*-Tanz) mit den Instrumenten → *Tambu* (2), → *Quinjengue,* → *Matraca,* → *Guiá* und früher dem Musikbogen → *Urucungo* aufgeführt. Zentrum der Verbreitung war die Region von Bahia. 2. primitive → *Caixa,* die mit den Händen perkutiert wird; dient vorwiegend zur Begleitung des gleichnamigen Tanzes. 3. der → *Capoeira* ähnliches Kampfspiel in der Region von Bahia; heute kaum noch verbreitet; zuweilen auch als Batuque-boi bezeichnet.

Bautista Vasco, Segundo Remigio
* 23.12.1935 Salcedo (Cotopaxi); ekuadorianischer Sänger, Musiker (Piano, Orgel, Akkordeon, Gitarre, Requinto, Bandolín, Kontrabass,

Schlagzeug), Arrangeur, Komponist und Bandleader; eine der herausragenden Persönlichkeiten der Volks- und Populärmusik Ekuadors. B., seit seiner Kindheit blind, studierte am Nationalinstitut für Blinde, bildete sich in der Musik jedoch weitestgehend autodidaktisch. Später leitete er Musikgruppen wie *Cuerdas y Fantasía, Los Montalvinos, Los Barrieros, Los Millonarios, Conjunto Orquestal, Los Pibes Trujillo* u. a. Durch seine musikalische Vielseitigkeit war er bei der Produktion von mehr als 200 Schallplatten beteiligt und gab Konzerte in Lateinamerika, den USA u. in Europa.

Bauzá, Mario

* 29.4.1909 La Habana, † 11.7.1993 New York; kubanischer Musiker (Trompete, Saxophon), Arrangeur, Komponist und Bandleader; emigrierte 1930 in die USA (New York), wo er zunächst in der Jazzformation von Cab Calloway und später, um 1941, bei »Don« → *Azpiazú* bzw. der Band von → *Machito* musizierte. Danach gründerte er ein bis zu 20 Mitglieder umfassendes afrokubanisches Tanzorchester, das *Afro Cuban Jazz Orchestra*, das sich vorwiegend dem kubanischen Jazz widmete und mit dem er zahlreiche Schallplattenaufnahmen produzierte. B. gilt als ein Pionier des → *Jazz afro cubano.*

Bayamesa, La -

(die aus Bayamo Stammende, span.)
Titel für verschiedene kubanische Kompositionen 1. die kubanische Nationalhymne; im August 1867 in Bayamo von Pedro Figueredo als »Himno bayamés« komponiert; heute »Himno Nacional« genannt. 2. bekanntes lyrisch-trovadoreskes Lied, am 18.3.1848 von Carlos Manuel de Céspedes und Francisco Castillo Moreno in Bayamo als Huldigung an eine schöne Frau entstanden. 3. trovadoreskes Lied des kubanischen Volkssängers Gumercindo »Sindo« → *Garay;* um 1918 geschrieben; später von namhaften Solisten, darunter Garay selbst, sowie dem Dúo Hermanas → *Martí,* Esther → *Borja* u. a. interpretiert bzw. auf Schallplatte aufgenommen.

Bayamesas, Dúo Las -

kubanisches Vokal- und Instrumentalduo; nach 1970 in Bayamo durch die Gitarre-Lehrerinnen Marylin und Maritza (beide * 1959 Bayamo) formiert; interpretierte traditionelle Musik Kubas.

Beatles Latinos, Los -

puertorikanische Vokal- und Instrumentalgruppe; um 1962 durch William González formiert und auch geleitet; das Repertoire bestand vorwiegend aus Titeln der Beatles, zu denen González spanischsprachige Text-Versionen schrieb; Schallplattenaufnahmen, darunter die Titel »Quiero aguantar tus manos« und »Por favor, díme que sí« (Lennon-McCartney) entstanden unter dem Label Mago Records.

Bebé → *Bulá*

Beckles, Owen »Fowl Foot«

* 7.11.1956 St. Philips (Barbados); anglokaribischer Sänger und Liedermacher; auf die Interpretation des modernen → *Calypso* spezialisiert; wirkte u. a. in den Gruppen Battleground, Warriors Tents und The Conquerors.

Beguine (Biguin)

regionale Variante des → *Bolero,* nach der Jahrhundertwende auf der francophonen Karibikinsel Martinique entstanden; auch auf Santa Lucia, später in weiten Teilen der Karibik verbreitet; um 1930 als Modetanz in die USA gekommen, ab 1935 in Mexiko sowie in Europa populär. 1935 verarbeitete der amerikanische Komponist Cole Porter (1891 – 1964) in seiner Komposition »Begin the beguine« Motive der B. Adaptationen, Bolero-beguine genannt, entstanden nach 1942 in Mexiko. Der franz. Chansonnier Charles Trenet nahm diese Form im gleichen Jahr in sein Repertoire auf. Noch heute sind Stücke im B.-Rhythmus Teil der Musikfolklore francokaribischer Inseln; einer der bekanntesten Titel ist »Belle belle mamá«.

Bejuquito → *Sonecito del País*

Belafonte, Harry (eigtl. Harold George)
* 1.3.1927 New York; US-amerikanischer Sänger karibischer Abstammung; begann in den 40er Jahren des XX. Jh. zu singen; wurde um 1957 in Europa als Interpret des → *Calypso* bekannt; sang u. a. den Welterfolg »Day-O« sowie »Mama looka boo boo«, »Mathilda« und »Come back Liza« und produzierte bei RCA Victor einige LPs mit für ihn arrangierten Tanzmusik-Calypsos.

Bélaisières, Les -
francokaribische Folkloregruppe aus Guadeloupe; durch Gérard La Viny in Pointe-á-Pitre gegründet und geleitet; interpretierte mit Violine, Harmonika, Gitarre (Steel guitar), Kontrabass, Trommeln, Saxophon, Klarinette u. a. die traditionelle und moderne Musik Guadeloupes und benachbarter Inseln; unter dem Label Arion entstanden einige LPs, darunter die Titel »Ayé tumbayé« und »La Ronda du mariage«.

Belasco, Lionel »Lanky«
* Port of Spain (Trinidad), † Port of Spain (?); anglokaribischer Musiker (Piano, Violine, Gitarre, Cuatro), Arrangeur und Bandleader; formierte um 1914 eine sog. *String Band* (Piano, Gitarre, 2 Violinen, Flöte, Mandoline und Cuatro), die 1927 in ein Orchester umgewandelt wurde und zu den bedeutendsten Interpreten des frühen → *Calypso* und anderer, z. T. auf kreolische Tradition beruhender Formen zählt; bei Victor entstanden Schallplattenaufnahmen, die zu den musikgeschichtlich wichtigen Tondokumenten zählen, darunter der Titel »Caroline«.

Belê
Volkstanz aus Martinique; dem → *Calypso* bzw. der → *Rumba* ähnelnd, als *Bele Kawe* u. a. auch auf der Insel Carriacou (zu Grenada) verbreitet; meist in der Mischsprache Créole gesungen.

Beltrán Ruiz, Lola (eigtl. Lucila Beltrán)
* Rosario (Sinaloa); mexikanische Sängerin; debütierte 1956 in México-Stadt und widmete sich insbesondere der Interpretation der landestypischen → *Ranchera;* hatte großen Erfolg mit ihrer Version von »Cucurrucucu paloma« des Komponisten Tomás Méndez. Als »Lola la Grande« trat sie in vielen Filmen auf und produzierte zahlreiche LPs bei Peerless, darunter die Titel »El Mariachi« und »La Panchita«.

Beltrán Ruiz, Pablo
* Rosario (Sinaloa); mexikanischer Musiker, Arrangeur, Komponist und Bandleader; gründete 1940 in México-Stadt ein Tanzorchester, mit dem er sich der → *Música tropical* widmete und unter dem Label RCA Victor zahlreiche Schallplattenaufnahmen produzierte, darunter »Quién será« (Bolero-Mambo), eine weithin bekannt gewordene Eigenkomposition, 1953 entstanden, sowie die Boleros »Somos diferentes« (1945) und »Cantarás conmigo« (1957).

Bembé (»mbembé« = Gesang, Hymne; Kongo-Sprache)
afrokubanische Festlichkeit, »zur Zerstreuung und Unterhaltung von Heiligen und Göttern« (Divinidades und Orishas) veranstaltet. Zur musikalischen Begleitung dient ein aus drei Trommeln (Tambores Bembé) bestehendes Ensemble. Das B.-fest gehört zur Kultur der ethnischen Gruppe → *Yorubá.*

Bemoles, Trío Los -
paraguayisches Vokal- und Instrumentaltrio folkloristischer und populärer Musik; am 15.8.1956 in Asunción gegründet; interpretierte insbes. Titel der Formen → *Polca paraguaya* und → *Guarania.* Mitglieder des Trios waren (1966) Rigoberto Arévalo, Osvaldo González Ruiz und Miguel Aguilar González; unter diversen Labels (u. a. Cerro Corá, Disca und Disc Jockey) entstanden zahlreiche Schallplattenaufnahmen, darunter die Titel »Zulema« und »Yva'y yavé«.

Ben, Jorge → *Jorge Ben*

Benavides Caro, Francisco »Pacho«
* 1908 Vélez (Santander), † 1966 Bogotá; kolumbianischer Musiker (Tiple), Arrangeur und Komponist; einer der bekanntesten Solisten auf

dem → *Tiple;* schuf zahlreiche Kompositionen wie die Bambucos »Ausencia« und »De lejos«, der Pasillo »No llores tiplecito« und die Guabina »Veleñita«, die auf Schallplatten u. a. der Labels Montilla und Fuentes erschienen sind.

Benavides, Washington
* 1929 Tacuarembó; uruguayischer Sänger, Musiker und Liedermacher; gehört zur Bewegung des Neuen Uruguayischen Liedes (→ *Nueva Canción Latinoamericana* / Uruguay); produzierte unter dem Label Sondor einige LPs mit folkloristischer und populärer Musik, darunter die Eigenkompositionen »Si me preguntes por las Cinas-cinas« (Milonga), »Camino al almacén« (Chamarrita) und »Una flor se cerró« (Canción, mit Héctor Numa Moraes).

Bendenguê → *Jongo*

Bendito
rein religiöser Gesang Brasiliens, bei Prozessionen angestimmt; charakteristisch ist die ständige Wiederholung des Wortes »Bendito!« (Gesegnet!, port.).

Benedetti, Mario
* 14.9.1920 Paso de los Toros (Tacuarembó); uruguayischer Dichter und Schriftsteller, dessen Poeme von versch. Komponisten vertont worden sind, so von Daniel → *Viglietti,* Héctor → *Numa Moraes* und Quintín Cabrera, die sie auch arrangierten, interpretierten und z. T. auf Schallplatte publizierten. B.s Verse wurden auch von der chilenischen Liedermacherin Isabel → *Parra* gesungen. Bekannte Vertonungen sind u. a. »Cielito de los muchachos« (Musik: D. Viglietti), »El Orientalito« (Milonga; Musik: H. Numa Moraes) und »Seré curioso« (Milonga; Musik: Quintín Cabrera) sowie »Ustedes y nosotros« (Musik: Alberto Favero).

Benítez - Valencia, Dúo -
ekuadorianisches Vokal- und Instrumentalduo; 1942 in Quito durch Carlos Gonzalo Benítez Gómez (1915) und Luis Alberto Valencia (1918-1970) gegründet; gilt als das bisher beste ekuad. Duett folkloristischer Musik, dessen Interpretationen den leicht melancholischen und romantischen Charakter der Volks- und Populärmusik Ekuadors widerspiegeln; unter verschiedenen Labels (u. a. *Granja, Rondador, Nacional* und *Cook*) erschienen zahlreiche Schallplattenaufnahmen, darunter die Titel »El Chulla quiteño«, »Atardecer«, »Vamos linda« und »Alma lojana«. Mit dem Tode von Valencia (1970) löste sich das Duo auf.

Benito de Jesús (eigtl. Esteban Taronjí)
* 25.10.1914 Barceloneta, † 16.3.1986 Arecibo; puertorikanischer Sänger, Gitarrist und Komponist; gehörte 1943 zu den Gründungsmitgliedern des bekannten Trío → *Vegabajeño.* T. komponierte zahlreiche Boleros, Aguinaldos, Criollas u. a. Formen, darunter die Titel »Amor prohibido«, »Cantares de Navidad« (Aguinaldo), »Cataclismo« (Bolero) und »Copa rota« (Tango Bolero).

Benta
von der afrokaribischen Bevölkerung verschiedener Westindischer Inseln (u. a. Curaçao) in der Volksmusik früher häufig, heute jedoch nur noch selten verwendeter Musikbogen.

Bento, Pedro → *Pedro Bento e Zé da Estrada*

Dúo Benítez – Valencia – LP »Pentagrama de los Andes« – Granja LP-351.0015 (1984)

Benzinho
ein zur Gruppe des → *Fandango (4)* gehörender brasilianischer Volkstanz.

Berceuse
1. in den französischsprachigen Gebieten Lateinamerikas (z.B. Haiti, Franz. Guayana und Martinique) gebräuchliche Bez. für ein Wiegenlied (→ *Canción de Cuna*). 2. lyrisches Instrumentalstück, zumeist im 6/8-Takt interpretiert.

Berejú
Volkstanz der kolumbianischen Pazifikregion, zur Gruppe des → *Currulao* gehörend; zumeist durch die → *Marimba* begleitet.

Bergaza, Felo
* 20.8.1916 Trinidad, † 7.7.1969 La Habana; kubanischer Musiker (Piano), Arrangeur und Komponist; bildete über längere Zeit mit Juan Bruno → *Tarraza* ein Instrumentalduo, das auf dem Piano vierhändig populäre Musik interpretierte. B. komponierte weiterhin zahlreiche Stücke, die vorwiegend von Celeste → *Mendoza* gesungen wurden, dazu gehören »Seguiré sin soñar« (Guaguancó), »Distancia y recuerdo« (Bolero) und »Viernes« (Cha-cha-chá).

Berimbau → *Birimbao* (1)

Bermejo, Felipe
* 12.11.1911 México-Stadt; mexikanischer Musiker (Gitarre), Sänger, Arrangeur und Liedermacher; leitete jahrelang das von ihm gegründete *Cuarteto Metropolitano*; wurde durch die Komposition folkloristischer Titel der Formen → *Corrido*, → *Son huasteco*, → *Ranchera*, → *Huapango*, → *Redova* und → *Pregón* bekannt, darunter die Titel »Corrido de Chihuahua« (1940), »Rancho alegre« (Ranchera, 1940), »Arriba el Norte!« (Corrido, 1944) und »Ranchito lindo« (Ranchera, 1945).

Bermúdez Acosta, Luis Eduardo »Lucho«
* 25.1.1912 Carmen de Bolívar, † 23.4.1994 Bogotá; kolumbianischer Musiker (Klarinette, Trompete, Flöte), Arrangeur, Komponist und Bandleader; einer der vielseitigsten und produktivsten Schöpfer kol. Populärmusik; als Leiter eines mod. Tanzorchesters in weiten Teilen Lateinamerikas bekannt; komponierte bereits als Kind; wurde später in Santa Marta Musiker einer Militärkapelle (Banda Militar) und gründete mit 21 Jahren in Macondo die Banda Santa Cecilia, zwei Jahre später in Cartagena das Orchester »Caribe«, das bis 1945 bestand und danach das seinen Namen tragende Tanzorchester. B. studierte intensiv die Musikfolklore der Region der Atlantikküste Kolumbiens, wirkte nach 1948 in Medellín, von wo aus er 1963 nach Bogotá übersiedelte. In Medellín produzierte er mehr als 25 LPs, die u. a. die Eigenkompositionen »Año Nuevo«, »Roberto Méndez«, »Borrachera«, »Colombia tierra querida«, »Cumbia colombiana« und »Carmen de Bolívar«, durchweg Titel der → *Música tropical*, enthalten (Labels Orbe, Silver, Philips, Sonomúsica u. a.).

Bernal, Dionisio
* San Pedro; paraguayischer Musiker (Harfe), Arrangeur und Komponist; gehört zu den bekannten Interpreten Paraguays auf der Harfe (→ *Arpa paraguaya*); produzierte Schallplattenaufnahmen, darunter die selbstkomponierten Polkas »Disparando« und »Flor de mi tierra« sowie die Guarania »Plegaria del arpa«.

Bernal González, Manuel José
* 2.2.1926 La Ceja (Antioquia); kolumbianischer Musiker (Piano), Sänger, Arrangeur, Komponist und Bandleader; einer Musikerfamilie entstammend; begann seine Laufbahn 1943 im Chor von Abejorral, arbeitete später als Pianist beim Sender Voz de Antioquia; leitete u. a. die Tanzorchester *Caracol* und *Nuevo Mundo*. Der seit 1965 in Bogotá lebende Künstler schrieb zahlreiche Boleros, Pasillos und Bambucos.

Bernardo, Francisca »Paquita«
* 1.5.1900 Villa Crespo (Buenos Aires), † 14.4.1925 Buenos Aires; argentinische Musikerin (Bandoneón, Piano), Komponistin und

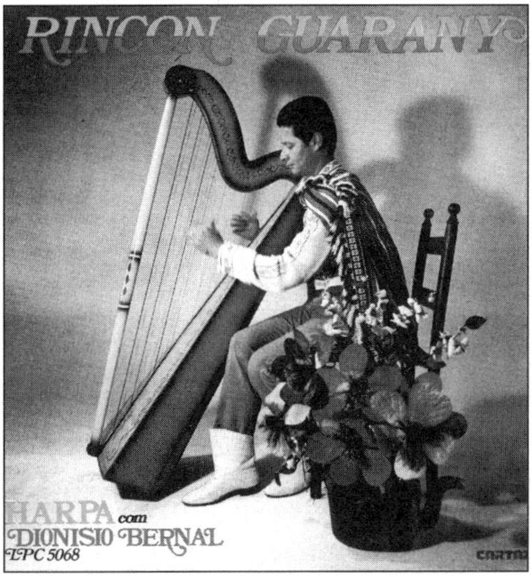

Dionisio Bernal – LP »Rincón guarany« – Cartaz LPC-5068 (1975)

Bandleader; studierte am Konservatorium von Catalina Torres Klavier (1915), erlernte danach das Bandoneón-Spiel und gelangte zu großer Virtousität auf diesem Instrument. Ab 1918 spielte B. in einer von ihr geleiteten kleinen Gruppe mit Alberto Pugliese (Violine) und Hortensio de Franco (Gitarre) auf Hochzeiten und anderen Festlichkeiten insbes. »primitive« Tangos. Um 1920 musizierte sie in einem Tango-Sextett und wirkte 1922 zusammen mit dem Pianisten José Tanga beim Sender Radio Cultura. Für den selbstkomponierten Tango »Soñando« erhielt sie 1924 den 1. Preis eines Schallplattenwettbewerbes. B., eine der ersten Frauen, die Bandoneón spielten, schrieb weiterhin u. a. die Titel »Floreal«, »Villa Crespo« und »La Maja«.

Bernstein, Arturo Herman »El Alemán«

* 27.11.1882 Petrópolis (Brasilien), † 25.9.1935 Buenos Aires; brasilianisch-argentinischer Musiker, Komponist und Bandleader; deutscher Abstammung, seit frühester Kindheit in Buenos Aires lebend, wo er das Spiel der Instrumente Piano, Gitarre, Violine und zuletzt Bandoneón erlernte; gehört zur sog. »Alten Garde« des Tango und komponierte zahlreiche Stücke dieser Form, darunter »Celos«, »Región campera« und »La gaita«.

Berra-boi

primitives Instrument von der Art eines Schwirrholzes; in der indian. Musik Brasiliens gebräuchlich, generell bei magischen Handlungen, gelegentlich auch bei Volksfesten in Indianersiedlungen eingesetzt.

Berrocal, Juan »El Cholo Berrocal«

* 14.3.1936 Arequipa; peruanischer Sänger, Gitarrist und Liedermacher; musizierte bereits in jugendlichem Alter, trat als Interpret folkloristischer und populärer Musik im In- und Ausland auf; es entstanden einige LPs mit vorwiegend kreolischer Musik, darunter die von ihm verfassten Titel »Quimeras« und »Amor de contrabando«.

Francisca »Paquita« Bernardo mit ihrem Bandonion

Berroterán C., Pedro
nikaraguanischer Sänger und Liedermacher; gehört zu den Vertretern der Bewegung des Neuen Nikaraguanischen Liedes; seine Lieder, darunter »Son del ABC«, auf Schallplatte (Label Ocarina) veröffentlicht, knüpfen an folkloristische Traditionen Nikaraguas an.

Bersuit Vergarabat, Grupo -
argentinische Rockgruppe; 1988 in Buenos Aires durch die Musiker Carlos Martín (Schlagzeug, Perkussion), Carlos Bianco (Gitarre), Oscar Righi (Gitarre), Pepe Céspedes (Bass), Raúl Pagano (Keyboards), Rubén Sadrinas (Sänger), Juan Sabiras (Piano, Keyboards) und Gustavo Cordera (Gesang) gegründet; es wurde zunächst in kleinen Sälen, später auch auf öffentlichen Konzerten gespielt; unter dem Label Radio Tripoli entstanden 2 LPs.

Berto, Augusto Pedro
* 4.2.1989 Bahía Blanca, † 29.4.1953 Buenos Aires; argentinischer Musiker (Violine, Gitarre, Mandoline, Bandoneón), Arrangeur und Komponist; gehört zur sog. »Alten Garde« des Tango; bildete um 1912 seine erste Musikgruppe, die in Bierstuben (Boliches) und Cafés musizierte; um 1913 organisierte er das *Quinteto Criollo Augusto*, dem Julio Doutry (Violine), Luis Teisseire (Flöte), José Martínez (Piano), Domingo Salerno (Gitarre) u. a. Berto (Bandleader und Bandoneón) angehörten und das bei Atlanta zahlreiche Schallplatten produzierte. Zu seinen zahlreichen Kompositionen – fast durchweg Tangos – gehören u. a. die Titel »Dónde estás corazón«, »Don Esteban« und »La Payanca«.

Bertussi, Irmãos -
brasilianisches Vokal- und Instrumentalduo (Dupla); nach 1950 durch die Gebrüder Honeyde und Adelar Bertussi gegründet; interpretierte ländlich-traditionelle Musik des Bundesstaates Rio Grande do Sul, darunter die Formen → *Fandango* (4), Polka und → *Chotes;* unter versch. Labels, darunter Copacabana erschienen einige LPs, darunter die Titel »Floriando minha sanfona«, »Fandango do Malaquias« und »Norte de São João«.

Berusu
Liedform aus Belize, die bei bestimmten sozialen Anlässen wie z. B. Totenfeiern intoniert wird; häufig durch Gitarre begleitet; zur Musikfolklore der Garifuna-Region gehörend.

Bésame mucho
ein im Rhythmus eines → *Bolero* 1941 von der mexikanischen Komponistin Consuelo → *Velásquez* geschriebenes Lied; weltweit zu den bekanntesten Titeln lateinamerikanischer Populärmusik gehörend; im Repertoire vieler Solisten, Gruppen und Orchester, u. a. Trío Los Panchos, Los Paraguayos, Trío Vegabajeño, Orchester von Xavier Cugat sowie von nicht-lateinamerikanischen Solisten wie Freddy Quinn, Caterina Valente und Conny Francis.

Betancourt, Justo
* 6.12.1940 Matanzas; kubanischer Sänger; begann seine Karriere in der → *Sonora Matancera,* wo er insbes. Titel der Formen → *Son cubano* und → *Guaguancó* sang; er verließ Kuba nach 1959 und lebt in New York, wo er später weiteren Gruppen des kulturellen Umfeldes → *New York Latino* angehörte und sich der Interpretation der Mischform → *Salsa* widmete.

Bethancourt Mazariegos, Domingo »Mingo«
* 1906 Quetzaltenango; guatemaltekischer Musiker (Marimba), Arrangeur, Komponist und Bandleader; spielte bereits als Kind das Volksinstrument → *Marimba,* gehörte ab 1921 der von seinem Vater geleiteten Musikgruppe *Dos de Octubre* an und ist einer der bekanntesten und vielseitigsten Schöpfer guat. Populärmusik; gründete 1932 in Guatemala-Stadt die Marimba → *Ideal,* schrieb u. a. den Foxtrot »Ferrocarril de los Altos«, 1923 anlässlich der Einweihung einer Eisenbahnlinie.

Betinotti, José
* 25.7.1878 Buenos Aires, † 21.4.1915 das.; argentinischer Volkssänger (Payador), Gitarrist

und Liedermacher; gehört in Teilen seines Schaffens zur »Alten Garde« des Tango, den er in Bars und Cafés sang, anderenteils pflegte er die Tradition der Wandersänger (→ *Payada*) in von ihm geschriebenen und vorgetragenen trovadoresken Liedern wie »Pobre mi madre querida«), bei Atlanta auf Schallplatte publiziert.

Bexelac
regionale Bez. für die alte Maya-Trommel, die mit dem Instr. → *Ayotl* identisch ist.

Bezerra Batista, Abraão
* 4.4.1936 Juázeiro de Norte (Ceará); brasilianischer Poet und Volkssänger der → *Cantoria* des NO, der sich neben seiner poetischen Tätigkeit auch als Grafiker einen Namen machte; gestaltet seine zur → *Literatura de Cordel* gehörenden Vers-Publikationen selbst. Seit 1965 verfasste und interpretierte er balladenartige Lieder wie »Guía turística de Barbalho« und »Encontro de Lampião com Kung Fu«.

José Betinotti bei einem Konzert in Buenos Aires

Bianco, Eduardo
* 28.6.1897 Rosario, † 1959 (?); argentinischer Musiker (Bandoneón), Arrangeur, Komponist und Bandleader; Vertreter des Tango; hat zusammen mit dem von ihm nach 1920 formierten Orchester, das zunächst seinen, später den Namen *Orquesta Bianco-Bachicha* (durch Zusammenarbeit mit Juan D. Ambroggio »Bachicha«) trug, viel zur Popularisierung des Tango in Europa beigetragen; er wurde deshalb oft »Botschafter des Tango« genannt; bei Odeon bzw. Grammophon entstanden zahlreiche Schallplatten, die auch in Deutschland verkauft worden sind, darunter die Titel »Noche sin estrellas«, »Martín Pescador«, »Bohemia« und »Derecho viejo«.

Biankomé (Bincomé)
afrokubanische Trommel, bei rituellen Veranstaltungen der ethnischen Gruppe → *Abakuá* verwendet; in den → *Biankomeko* bzw. Enkomé genannten Ensembles eingesetzt. (→ *Ñáñigo*)

Biankomeko
Bez. für eine Musikgruppe der afrokubanischen → *Abakuá,* bei versch. rituellen Veranstaltungen eingesetzt; begleitet z. B. die Lieder und Tänze des → *Íreme;* besteht aus vier Trommeln, → *Bonkó-enchemillá,* → *Biankomé, Obí-apá* und → *Kuchi-yerema,* dem → *Erí-kundi,* dem → *Ekón* und dem → *Itón.*

Big Band
Tanzorchester aus mehr als 10 Musikern im englischsprachigen Gebiet Lateinamerikas. Der Begriff hat sich zunehmend auch in der modernen Tanzmusik sowie vor allem in der Jazzmusik der spanisch- und portugiesischsprachigen Gebiete durchgesetzt. Auf einigen Karibikinseln existiert die sog. → *Steel Band* mit meist 15 oder mehr Musikern, deshalb häufig die Zusatzbezeichnung »Big Band« führend.

Big Drum (große Trommel, engl.)
in den englischsprachigen Gebieten Lateinamerikas von der afrokaribischen Bevölkerung zur musikalischen Begleitung u. a. von Kulthandlungen (→ *Shango*) bzw. des → *Big Drum Dance* eingesetzte, mit dem → *Premier* vergleichbare Trommel.

Big Drum Dance (Nation Dance)
folkloristischer Tanz der anglokaribischen Inseln; eine Tanzzeremonie der vorwiegend negroiden Bevölkerung, die mit ihren versch. Varianten u. a. der → *Yubá* bzw. der → *Tumba Francesa* sehr ähnlich ist. Obwohl Englisch dort die Landessprache ist, werden alle Lieder in Französisch oder der Mischsprache Créole gesungen und zwar nach dem responsorischen Prinzip »Vorsänger – Chor« (→ *Call & Response*). Zur rhythmischen Begleitung dienen drei Trommeln ein → *Cut Drum* und zwei → *Bulá* sowie das Schüttelidiophon → *Chachá.*

Biggi, Emilio (Bigi)
* 1.7.1910 Asunción, † 28.5.1969 San Cristóbal (Táchira – Venezuela); paraguayischer Musiker (Piano, Bandoneón), Bandleader, Arrangeur und Komponist typischer und folkloristischer Musik. B., italienischer Abstammung, erlernte zunächst das Akkordeonspiel, wenig später wechselte er zum Bandoneón und gehörte verschiedenen Folkloregruppen, jedoch auch der Polizei-Kapelle von Asunción (Banda de la Policía) an. Später formierte er eigene Gruppen, mit denen er Reisen in einige Länder Lateinamerikas unternahm; 1956 übersiedelte er nach Venezuela, wo er sich auch der Ausbildung von Nachwuchskünstlern widmete. Unter seinen zahlreichen Kompositionen, meist der Formen → *Polca paraguaya,* → *Purajhei* und → *Chamamé,* sind »Agosta Ñu«, »Carai Comisario« (Polcas) und »Cordión rasé« (Chamamé) nennenswert.

Biguin → *Beguine*

Biguin Lelé
rein folkloristische Form des Tanzes → *Beguine,* auf Martinique und Guadeloupe in ländlichen Regionen verbreitet.

Billo's Caracas Boys
venezolanisches Tanzorchester; 1940 in Caracas durch Luis María »Billo« → *Frómeta* gegründet; interpretiert vorwiegend Titel der → *Música tropical* bzw. in letzter Zeit der Mischform → *Salsa.* Die aus 20 Musikern bestehende Formation hat zahlreiche Auslandstourneen insbesondere durch Lateinamerika unternommen und unter diversen Labels (meist Billo) etwa 300 LPs produziert, deren Musik sich stetiger Beliebtheit besonders bei Jugendlichen erfreut; neben den zahlreichen, »Mosaicos« genannten Potpourris gängiger Tagesschlager sind u. a. die Titel »Juanita Bonita«, »Playas de Cartagena« und »Plena española« zu großer Popularität gelangt. Die Vorläufergruppe (1939) nannte sich *Billos Happy Boys.*

Bimbi y su Trío Oriental
kubanisches Vokal- und Instrumentaltrio, durch Maximiliano »Max« Sánchez (1908 – 1992) um 1935 in Santiago de Cuba gegründet; interpretierte landestypische Musik u. a. der Formen → *Guaracha,* → *Son cubano* (Son montuno) und → *Bolero;* auf Schallplatten (vorwiegend N78) u. a. der Labels America, Valle, Titan, Rival, Marvela, Riney und Verne entstanden zahlreiche Aufnahmen, darunter die Titel »Blanca paloma«, »El Guayabal« »Son de amor« und »San Cornelio«. Das Trio wurde 1951, als Sánchez sich in New York ansiedelte, neu, jedoch mit anderen Musikern, formiert.

Bimburrio → *Chimborrio*

Binomio de Oro
kolumbianisches Vokal- und Instrumentalduo der → *Música vallenata;* nach 1970 durch Jorge Oñate und Juancho Ríos gebildet; insbes. wurden folkloristisch-populäre Titel der Form → *Paseo* wie »Díme pajarito« und »La Molinera« interpretiert; bei CBS und Costeño erschienen einige LPs.

Biribiche
indianischer Volkstanz des Stammes der Huitoto Kolumbiens.

Birimbao
1. weitverbreitete Bezeichnung für eine Vielzahl sich geringfügig unterscheidender Musikbogen, primitive Monochorde, die insbes. durch indianische Musiker in versch. Teilen Lateinamerikas benutzt werden und unter den unterschiedlichsten Namen wie Timbirimba, Arco musical, Musical Bow, Urucungo, Berimbau-de-barriga, Gôbo, Bucumba, Gunga, Macungo, Mutungo usw. bekannt sind. Generell auch in anderen Teilen der Welt bekannte Musikbogen, darunter Modelle, bei denen eine Saite über eine halbierte, ausgehöhlte Kalebasse, diese als Resonator nutzend, gezogen wird. Die Saite besteht aus Stahldraht oder Pflanzensehnen; sie wird entweder gezupft, mit Stäbchen angeschlagen oder gestrichen, zuweilen wird auch ein Plektrum (z. B. eine Münze) verwendet. Die beim Spielen erzeugten Töne sind monoton; oft wird der B. deshalb zusammen mit anderen Instrumenten verwendet, so z. B. im brasilianischen Kampfspiel → *Capoeira.* 2. → *Trompe*

Biritador → *Guzunga*

Bisturices Armónicos, Los -
nikaraguanisches Vokal- und Instrumentaltrio; um 1952 in Chinandega durch die Ärzte César Ramírez F. (1. Stimme), Wilfredo Alvarez R. (1. Gitarre, 2. Stimme) und César Zepeda M. (2. Gitarre, 3. Stimme) formiert; durch auf eigenen Feldforschungen beruhende Arrangements von Liedern und Tänzen aus der anonymen Musikfolklore Nikaraguas – so wurde z. B. die alte Tonada »Son tus perjumenes mujer« neu bearbeitet – ist die Gruppe als Pionier auf dem Gebiet der Volksmusik des Landes bekanntgeworden.

Bittencourt, Jacob Pick »Jacob do Bandolim«
* 14.2.1918 Laranjeiras (Guanabara), † 13.8.1969 Rio de Janeiro; brasilianischer Musiker (Bandolim), Komponist und Bandleader; erlernte mit 12 Jahren das Geigenspiel und spezialisierte sich ab 1932 auf den → *Bandolim,* anerkannt als einer der besten Solisten auf diesem Musikinstr.; wurde durch die Interpretation der Form → *Choro* populär; gründete 1934 eine Instrumentalgruppe vom Typ eines → *Regional,* »Jacob e seu Gente« und später die Formation → *Epoca de Ouro.* B. komponierte zahlreiche Sambas und Choros, darunter die Titel »Noites cariocas«, »Vibrações«, »Pérolas« und »Tremetreme«.

Bittencourt, Lana (eigtl. Irlán Figueiredo Passos)
* 5.2.1931 Rio de Janeiro; brasilianische Sängerin; begann 1954 bei Rádio Tupi, später bei Rádio Mayrink Veiga Titel der Populärmusik bei Dominanz der Form → *Samba* zu singen. Unter versch. Labels (u. a. Todamerica, Columbia bzw. CBS) entstanden einige LPs.

Bituca → *Nascimento, Milton*

Black, Stanley
* 14.6.1913 London (England); englischer Pianist, Arrangeur, Bandleader und Komponist. B. studierte Piano an der Matthey School of Music und war später Pianist verschiedener Formationen seiner Region. Nach der Rückkehr von einer Konzertreise (1938) nach Lateinamerika widmete er sich überwiegend der lateinamerikanischen Tanzmusik, gründete 1943 ein eigenes Orchester, das fortan Rumbas, Sambas, Boleros und andere Formen interpretierte und auf Schallplatten des Labels Decca aufnahm, darunter die Titel »Siboney« (Rumba), »Rumba tambah« (Rumba) und »Adiós muchachos« (Tango).

Black Stalin (eigtl. Leroy Calliste)
* 24.9.1941 San Fernando (Trinidad); anglokaribischer Sänger, Liedermacher und Bandleader; wurde als Interpret des neueren → *Calypso* sehr populär; mit der von ihm gegründeten und geleiteten Gruppe produzierte er zahlreiche Schallplatten.

Blades, Rubén
* 16.7.1948 Panamá-Stadt; panamaischer Sän-

ger, Musiker und Komponist; lebt in New York (USA); gehörte im Kulturkreis → *New York Latino* einigen Bands, so denen von Ray → *Barretto* und Larry → *Harlow,* an und gründete später eine eigene Formation (*Seis del Solar*). B. ist einer der bekanntesten Vertreter der Mischform → *Salsa,* von der er zahlreiche Titel wie »Pedro Navaja« (1978), »Díme« (1978), »Buscando Guayaba« und »María Lionza« selbst schrieb und auf Schallplatten verschiedener Labels, darunter Fania, veröffentlichte.

Blanc Mendes, Aldir
* 2.9.1946 Vila Isabel (Rio de Janeiro); brasilianischer Musiker (Schlagzeug) und Komponist; ein vielseitiger und produktiver Künstler der jüngeren Generation; arbeitete seit 1970 mit João → *Bosco Mucci* zusammen, mit dem er insbes. Titel der Formen → *Samba* und → *Bossa Nova,* aber auch Balladen und Rockmusik schuf, darunter »Agnus Sei« (1972), »Mestre-sala dos mares« (1975), »Bala com bala«, »Caça a Raposo« und »Kid Cavaquinho«, die, meist von J. Bosco gesungen, auf LPs (RCA Victor) erschienen sind.

Blanca
spanischsprachige Bez. für die halbe Note.

Blanca, Augusto
* 24.7.1947 Banes; kubanischer Sänger, Gitarrist und Liedermacher; zählt zu den Mitbegründern der Neuen Kubanischen Trova (MNTC); gehörte der Gruppe *Teatrova* aus Santiago de Cuba an; schuf u. a. die Titel »Regalo No 1«, seine bekannteste Komposition, sowie »Carabina de Ambrosio« und »Caracol«, die auf LPs des Labels Siboney erschienen sind.

Blanck Martín, Olga de
* 11.5.1916 La Habana; kubanische Musikerin (Piano, Gitarre) und Komponistin; Tochter des Musikers und Komponisten Hubert de Blanck; studierte in den USA und Mexiko (1938) Musik; war ab 1945 stellvertretende Direktorin des Nationalkonservatoriums von La Habana, ab 1960 im Nationalrat für Kultur (CNC) tätig; komponierte neben Unterhaltungsmusik populäre Stücke wie »Mi guitarra guajira« (Guajira) und »Guíame a Belén« (Villancico).

Blanco, Billy
(eigtl. William Blanco Abrinhosa Trindade)
* 8.5.1924 Belém do Pará; brasilianischer Sänger und Liedermacher; lebte und wirkte längere Zeit in São Paulo; Autor zahlreicher Titel der Populärmusik wie »Samba do Morro« (1947), »Lá vem Portela« (1962), »Prece de um sambista« (1948), »Moleque Wardemar« (Samba campeirano) und »Viva meu samba«.

Blanco, Hugo
venezolanischer Musiker (Harfe), Arrangeur, Komponist und Bandleader; gründete nach 1960 die Instrumentalgruppe *Hugo Blanco y su Arpa Viajera,* die durch eigenwilligen Interpretationen, bei denen die von B. gespielte Harfe dominiert, bekannt wurde; bei Polydor erschienen mehrere LPs, darunter die Titel »Moliendo café«, »Orquidea« und »El Cigarrón«.

Blázquez, Eladia
* 1931 Avellaneda; argentinische Sängerin, Musikerin (Gitarre, Piano) und Liedermacherin; begann zunächst mit dem Gesang folkloristischer Lieder, spezialisierte sich später auf die Interpretation des neueren, mehr balladenhaften → *Tango*; produzierte 1948 (bei RCA Victor) erste Schallplattenaufnahmen; 1970 erschien ihre erste LP, auf der sich u. a. die von ihr geschriebenen Stücke »A Cátulo Castillo«, »Sin piel« und »Sueño de Barrilete« befinden.

Blenman, Anthony »Black Pawn«
* 21.2.1953 St. James (Barbados); anglokaribischer Sänger und Liedermacher; begann seine Karriere als → *Calypso*-Sänger 1978 bei der Gruppe *The Spot Light Tent,* wo er bei einem Ausscheid als »Calypso-Monarch« ausgezeichnet wurde; ab 1981 singt er bei der Formation *The House of Soca*; ist Autor u. a. der Titel »Maria«, »Politicians« (1980) und »Judgement day« (1984), die auch auf Schallplatte publiziert wurden.

Blez, Emiliano
* 11.10.1879 Santiago de Cuba, † 23.5.1973 La Habana; kubanischer Volkssänger (Trovador), Gitarrist und Liedermacher; einer der Initiatoren der → *Trova Cubana*; schuf zahlreiche Stücke trovadoresken Charakters wie den Bolero »Dos vidas« und die Lieder »Corazón de fuego« und »Besada por el mar«. B. gehörte der Gruppe → *Trovadores Santiagueños* als Gitarrist an, bildete mit »Sindo« → *Garay*, später mit Eduardo Reyes vielbeachtete Gesangs- und Instrumentalduos; er war ferner einer der ersten kubanischen Interpreten des → *Bolero*.

Bloco (Block, port.)
eine Bezeichnung für brasilianische Karnevalsgruppen, die eine ihrer jeweiligen Region entsprechende Musik darbieten und bestimmte Tänze zumeist auf Straßen und Plätzen aufführen. Früher wurden die aus Anlass des Weihnachtsfestes (Natal) durch die Straßen ziehenden Festgruppen so genannt. Neuere B.s interpretieren vor allem den → *Frevo Pernambucos* (Verbreitungszentrum ist Recife); häufig treten Mitglieder einer Gruppe in einheitlicher Kleidung auf; stets gehört ein kleines Orchester, meist aus Saxophon, → *Violão,* Banjo und → *Pandeiro* bestehend, dazu. (→ *Rancho*)

Bobadilla Cáceres, Emilio
* 3.3.1907 Cerro Verá (Pirayú), † 21.3.1979 Asunción; paraguayischer Sänger, Musiker und Komponist; lebte ab 1930 in Buenos Aires und bildete dort mit Agustín → *Barboza* ein Duo, das insbes. mit dem Orchester von José Asunción → *Flores* zusammenarbeitete und zahlreiche Schallplatten mit landestypischer Musik (bei Odeon) aufnahm. B. interpretierte bevorzugt Poeme des paraguayischen Autors Carlos Miguel Giménez, darunter den Titel »Florcita de mi cielo«.

Bocana → *Mejoranera*

Bocina
Bezeichnung für verschiedene Blasinstrumente 1. indianisches, dem → *Erkencho* verwandtes Horn, das in einigen Regionen Brasiliens und Perus gespielt wird und aus einem mit Mundstück versehenen Rinderhorn besteht. 2. die kolumbianische Indiotrompete → *Trompa de arcilla*. 3. als *Bocina huanca* primitive Trompete aus Zuckerrohr, mit einem Mundstück aus Horn versehen; die von peruanischen Indianern zur Alarmierung der Stammesmitglieder insbesondere bei Kriegszügen geblasen wurde. 4. Schalltrichter zur Aufnahme und Wiedergabe von Schallplatten in der Zeit der akustischen Tonaufzeichnung.

Bocú
afrokubanische Einfelltrommel von etwa 1,10 m Höhe mit einem Durchmesser von etwa 30 cm an der Ober- bzw. 20 cm an der Unterseite; hauptsächlich in den Karnevalsumzügen (→ *Comparsa*) mitgeführt; der Name ist der afrikanischen Kikongo-Sprache entlehnt.

Bocucos, Los -
kubanische Vokal- und Instrumentalgruppe; 1959 in La Habana durch »Pacho« → *Alonso* gegründet; interpretierte Populärmusik im landestypischen Rhythmus. Nach dem Tode Alonsos (1982) übernahm der Trompeter Roberto Correa González die Leitung; bei Areito wurden

Programmheft des Bloco »Ameno Resedá« zu einer Festveranstaltung zum Karneval Carioca, Rio de Janeiro – 1919

einige LPs produziert, darunter die Titel »El platanal de Bartolo« und »Deuda«.

Boda (Hochzeitsfeier, span.)
1. in einigen Ländern Lateinamerikas Feier volksfestartigen Charakters mit folkloristischen Aktivitäten, so werden z. B. in Chile Lieder der Form → *Parabién* gesungen. 2. von Mädchen gesungenes spanisches Volkslied.

Bodeguita del Medio, La -
im zentralen Teil der Altstadt von La Habana (Kuba) gelegene kreolische Traditionsgaststätte (Parrillada) mit internationalem Ruf; aus der »Casa Martínez« hervorgegangen; wurde offiziell am 26. Juli 1950 eröffnet und entwickelte sich zum Treffpunkt namhafter Musiker, Sänger, Komponisten, Schriftsteller, Politiker und Touristen und zu einem Zentrum der Pflege musikalischer Traditionen Kubas. Carlos → *Puebla* und seine Gruppe spielten hier viele Jahre landestypische Musik; Beny → *Moré,* »Sindo« → *Garay,* Rita → *Montaner,* das Trío → *Matamoros* und die → *Guaracheros de Oriente* traten neben anderen Interpreten hier ebenfalls auf; auch der mexikanische Komponist Agustín → *Lara* sowie bekannte Tangosänger, Flamencogitarristen und -sänger kehrten hier ein.

Boettner, Juan Max
* 1899 Asunción, † 16.10.1958 das.; deutsch-paraguayischer Musiker, Musikologe und Arzt; profunder Kenner der paraguayischen Folklore; erforschte die Volks- und Populärmusik Paraguays und veröffentlichte 1956 das erste umfassende Werk darüber »Música y músicos del Paraguay«. Daneben schrieb B. einige Musikstücke wie die Guaranias »Azul luna« und »Nostalgia guaraní«.

Boi-bumbá
regionale Variante des brasilianischen dramatischen Tanzes → *Bumba-meu-boi;* in den Bundesstaaten Amazônia und Pará (Belém do Pará) jedes Jahr im Juni zum Johannisfest (Festa de São João) aufgeführt.

Boi-de-reis → *Bumba-meu-boi*

Boi-surubí → *Bumba-meu-boi*

Bokú
ein Paar gleich großer zylindrischer Einfelltrommeln von etwa 50 cm Höhe, mit einem Ø von 20 cm; beim Musizieren zwischen den Beinen gehalten und mit beiden Händen perkutiert; entstammt der → *Tumba Francesa* und wird – bei stark rückläufiger Tendenz – in der Volksmusik der kubanischen Region Guantánamo insbes. zur Begleitung des → *Changüí* benutzt.

Bola de Nieve → *Villa, Ignacio*

Bola Sete (eigtl. Djalma de Andrade)
* 16.7.1928 Rio de Janeiro; brasilianischer Musiker (Violão, Gitarre, Laute) und Komponist; studierte am Konservatorium von Rio de Janeiro; formierte 1966 eine eigene Gruppe, die sich insbes. dem modernen Jazz widmete und in der er als brillanter Gitarrist hervortrat.

Bole-bole
afrobrasilianischer Volkstanz des Gebietes von Bahia; Abart des → *Samba;* mit Improvisationen gespielt und getanzt.

Bolera (Seguidilla bolera)
spanischer Tanz aus dem XVI. Jh., langsame und gestraffte Form der → *Seguidilla (2),* oft auch als gesungene und durch Gitarre begleitete Version des → *Bolero (1)* definiert; von Spanien aus in viele Länder Lateinamerikas gelangt, wo sie lange vor allem in der ländlichen Volksmusik verbreitet war.

Bolerista
in Spanien und Lateinamerika (außer Brasilien) weit verbreitete Bezeichnung für den Interpreten bzw. den Komponisten des → *Bolero.*

Bolero
langsamer spanischer Tanz aus dem XVIII. Jh. in mäßig bewegtem 3/4-Takt, mit Gesang oder rein instrumental; in der Ursprungsform von den

Tänzern mit Kastagnetten (Castañetas) bzw. mit Gitarre begleitet. Der B. fand in Lateinamerika weite Verbeitung; so entstanden Varianten im 2/4-Takt wie → *Bolero cubano,* → *Bolero-son,* → *Bolero ranchero,* → *Bolero moruno* u. a. Der schnell beliebt gewordene Tanz wurde durch die Kirche häufig kristisiert. Bereits in den Anfangsjahren entwickelte sich eine langsame und eine schnelle Version (B. rítmico); gegenwärtig existieren folgende hauptsächliche Varianten: 1. *Bolero español* (span. Bolero), auf die spanische Stammform aufbauend, hat er die Struktur einer langsamen vierteiligen → *Seguidilla* und ist in ganz Spanien verbreitet; einige regionale Formen sind Teil der Musikfolklore geworden. Ähnliche Versionen fanden Eingang insbesondere in die ländliche Volksmusik verschiedener Länder Lateinamerikas (z.B. Nikaragua). Dominierendes Begleitinstrument ist die Gitarre, unterstützt durch Kastagnetten. 2. *Bolero cubano* (kubanischer Bolero) die gegenwärtig am weitesten verbreitete Form darstellend. Die sich um 1940 durchsetzende Variante ist im 2/4-Takt konzipiert und stellt eine reine Tanzmusikform dar, häufig von größeren Gruppen oder Orchestern mit modernen Instrumenten interpretiert; viele Titel werden durch Gesang begleitet; Hauptverbreitungsgebiet sind Kuba und Mexiko; bekannte Komponisten u. a. José → *Sánchez,* Orlando de la → *Rosa,* Alberto → *Domínguez,* Gonzalo → *Curiel* und Agustín → *Lara* sowie Rafael → *Hernández;* bekannte Interpreten z. B. das Trío Los → *Panchos,* Trío → *Matamoros,* Beny → *Moré,* Pedro → *Vargas* und Pedro → *Junco;* durch das Aufkommen neuer Formen, z. B. Balladen, Rockmusik und Salsa, rückläufig in seiner Verbreitung. 3. *Bolero rítmico* (rhythmischer B.) in seinem Tempo dem → *Cha-cha-chá* angenähert; oft durch moderne Tanzorchester gespielt. 4. *Bolero ranchero* ein rein mexikanischer B., dessen Eigenheit in der Interpretation durch → *Mariachi*-Gruppen besteht und sich durch die in diesen Formationen verwendeten Instrumente einer → *Ranchera*

Das Gemälde »Bolero« von Johann Heinrich Ramberg (1763 – 1840)

annähert; zumeist gesungen; 1952 durch den Musiker Rubén → *Fuentes* eingeführt. Zu den bekannten Interpreten gehören Javier → *Solís,* Pedro → *Vargas* und die Mariachi → *Vargas de Tecalitlán.* 5. *Bolero-son* um 1920 entstandene Variante des → *Son cubano;* ein Bolero mit Komponenten des Son; insbesondere von den Son-Sextetten gespielt; ein bekannter Komponist dieser Form war Miguel → *Matamoros.* 6. *Bolero moruno* durch andalusische (»maurische«) Elemente bereicherte Variante eines in die Tanzmusik diverser lateinamerikanischer Länder eingeführten Boleros, wurde u. a. durch Ramón → *Veloz* (Kuba) und »Lucho« → *Bermúdez* (Kolumbien) interpretiert.

Bolero, Sexteto -

kubanisches Vokal und Instrumentalsextett; 1935 in La Habana durch Jesús »Tata« Gutiérrez (Gesang und Bandleader), Jesús Vegas Chacón (Tres, 2. Stimme), Félix → *Chapottín* (Trompete), José M. Carriera (Bongós), Rubén Calzada (Trompete) und Eliseo Silveira (später Niño Rivera, Tres) formiert; bekannte Interpreten des → *Son cubano;* das Trio trat auch in einigen ausländischen Filmen auf.

Bolivia Andina, Grupo -

bolivianische Musik- und Tanzgruppe; 1969 in La Paz durch Luis Calderón formiert. Das Ensemble, unter der Schirmherrschaft des Kulturministeriums stehend, popularisierte Lieder und Tänze Boliviens, darunter → *Cueca boliviana,* → *Diablada* und → *Huayño* vor allem auf Auslandstourneen; ihm gehörten 60 Sänger, Musiker und Tänzer an.

Bolivia Manta

bolivianische Vokal- und Instrumentalgruppe; um 1977 in Paris durch Carlos und Julio Arguedas gegründet; nahm 1983, inzwischen auf 8 Mitglieder angewachsen, am 2. Lateinamerikanischen Volksmusikfestival in Zürich teil; die erste LP entstand 1978 in Frankreich bei Auvidis.

Boliviana → *Bailecito*

Boloña Jiménez, Alfredo

* 1890 La Habana, † 1964 das.; kubanischer Musiker (Tres, Bongó, Gitarre), Sänger, Komponist und Bandleader; gehört zu den Pionieren des → *Son cubano* in La Habana, wo er 1915 das seinen Namen tragende Sextett (Sexteto Boloña) formierte, mit dem er ab 1926 in den USA (bei Brunswick und Columbia) zahlreiche Titel aufnahm, die zu den historischen Tondokumenten der kubanischen Populärmusik zählen, darunter »Flora«, »Carolina mulata« und »Aurora en Pekín«.

Bomba

1. afrohaitianischer Tanz, auch in der Dom. Republik und auf Puerto Rico verbreitet; früher Volkstanz der Arbeiter in Zuckerrohrplantagen und -verarbeitungsbetrieben, die ihn in Wochenendnächten nach der Ernte tanzten; generell als Paartanz im Freien aufgeführt; musikalisch begleitet durch zwei Trommeln gleichen Namens, → *Palillos (3)* und → *Maracas;* zwischen Tänzern und Musikern kommt es zu einem wechselseitigen Dialog; die einzelnen Stücke können bis zu 30 Minuten lang sein. Heute wird die B. häufig noch in Tanzorchestern gespielt. Weitere, z. T. regionale Bez. bzw. Varianten sind Cocobalé, Leró, Yubá, Calindá, Babú, Danuá und Cuembé. 2. Zweifelltrommel, in der Karibik weit verbreitet; auch in Kolumbien benutzt; hergestellt aus einem kleinen Holzfass, über dessen obere bzw. zuweilen auch untere Seite ein Leder straff gespannt wird; mit beiden Händen geschlagen, dient es zur Markierung der Schritte im Tanz gleichen Namens. 3. Dialoge, die in die auf der mexikanischen → *Vaquería* getanzten → *Jarana (1)* eingeschaltet werden; fester Bestandteil des Tanzes; werden nach Vollendung bestimmter Tanzfiguren deklamiert; die Musiker pausieren. Der Tänzer bringt seiner Braut oder einer Verwandten aus dem Stegreif gedichtete Verse dar. Nach der Deklamation setzt die Musik erneut ein, und es wird weitergetanzt. Man unterscheidet B.s lustiger, satirisch-ironischer, derb-komischer, lasziver und erotischer Art; ein bekannter Schöpfer und Interpret ist Rubén Duarte aus Mérida

(Yucatán). Bombas werden weiterhin auch in anderen Volkstänzen Zentral- und Südamerikas deklamiert.

Bomba del Chota
ekuadorianischer Volkstanz mit indianischen, kreolischen und negroiden Komponenten; insbesondere in Gebieten des Chota-Tales (Valle del Río Chota) aufgeführt; Teil der nationalen Musikfolklore.

Bombardão → *Bombardino*

Bombardino (Bombardón, in Brasilien Bombardão)
großes Blechblasinstrument mit tiefem Klang europäischen Ursprungs; mit rückläufiger Tendenz auch in der folkloristischen und populären Musik Lateinamerikas eingesetzt; zuweilen anstelle eines Kontrabasses, so z. B. in bestimmten, → *Chirimía (2) chocoana* genannten Folkloregruppen Kolumbiens.

Bombito
kleine zweifellige Trommel; in der Volksmusik der Region Huamanga (Peru) verwendet; von etwa 30 cm Ø, mit einem aus sog. Titanca-Holz gefertigten Körper. Das der Trommel → *Tinya* ähnliche Instrument dient der rhythmischen Begleitung des »Pockra-Tanzes«, eine regionale Form indianischer Musik Perus.

Bombo (Basstrommel)
zylindrische Zweifelltrommel von etwa 50 – 60 cm Ø, mit Ziegen- u./o. Schaf- bzw. Lama- oder Vicuñafell bespannt. Das Instrument wird mit einem Schläger perkutiert, dessen Spitze mit einem stoffumwickelten Kautschukball versehen ist. Durch das Anschlagen in die Mittel- oder Randzone des Trommelfells lassen sich Schwankungen der Tonhöhe erzielen; darüber hinaus kann auch der Spannbogen angeschlagen werden. Der Klang des B. ist tief und durchdringend (→ *Bombo legüero*); in Konstruktion und Klang sind sie den Trommeln → *Wankar* (Huancar), → *Aru* und Bumbo identisch. Der B. ist wichtiges Begleitinstrument der Volksmusik andiner Länder; so dient er in Argentinien, Bolivien, Chile (Zona Norte bis Valparaíso und auf Chiloé) zur rhythmischen Begleitung von Tänzen wie → *Zamba,* → *Bailecito,* → *Cueca,* → *Vidala,* → *Chacarera* usw.; bekannte Gruppen wie → *Inti-Illimani,* → *Illapu* und Los → *Jairas* machten das Instr. in Europa populär.

Bombo criollo
Bez. für die in einigen Regionen der Karibik verwendete Trommel → *Bombo* europäischen Ursprungs, ein mit zwei Fellen bespannter Zylinder aus Holz oder Metall mit einem Ø von 50 cm; mit einem Schlägel oder mit der Hand perkutiert, in Kuba z. B. zur rhythmischen Begleitung der → *Conga (1)* eingesetzt.

Bombo legüero
Trommel vom Typ eines → *Bombo;* in früherer Zeit in einigen Ländern Lateinamerikas zur Übermittlung akustischer Signale dienend; auf Entfernungen bis zu fünf Meilen (Leguas) hörbar, woraus sich die Bez. ableitet.

Bombú, Ignacio »Cucho el Pollero«
* 1914 Guantánamo, † 29.11.1973 Santiago de Cuba; kubanischer Volkssänger (Trovador), Gitarrist und Liedermacher; von Beruf Verkäufer; lebte ab 1920 in Santiago und wirkte dort u. a. als Interpret traditioneller, z. T. selbst geschaffener Musik auf Volksfesten und privaten Feiern.

Bonaldi, Jorge
* 28.6.1949 Montevideo; uruguayischer Sänger und Liedermacher; Vertreter des Neuen Uruguayischen Liedes; gehörte der Gruppe → *Los que Iban Cantando* an und nahm mit dieser u. a. seine Komposition »A la ciudad de Montevideo« auf eine LP (Label Ayuí) auf.

Bonfá, Luíz Floriano
* 17.10.1922 Rio de Janeiro; brasilianischer Gitarrist, Arrangeur und Komponist; erlernte im Alter von 12 Jahren bei seinem Vater das Gitarrespiel; schloß sich 1946 der Gruppe *Quitandinha Serenaders* an, in der er als Sologitarrist

erste Publikumserfolge erzielte. In der Periode der → *Bossa Nova* sicherte B. sich durch Interpretation und Komposition von Titeln dieser Form weitere Popularität; seine erste Auslandsreise (1962) führte ihn nach New York, wo er beim Bossa-Nova-Festival in der Carnegie Hall stürmisch gefeiert wurde. Es folgten zahlreiche Konzerte im In- und Ausland und Schallplattenaufnahmen unter versch. Labels (u. a. Capitol, Atlanta, Philips, Dot, Verve, Epic und Cook), darunter die von ihm geschriebenen Stücke »Manhã de Carnaval«, »Canção de outono«, »Lamento« und die Filmmusik zu »Orfeo Negro«.

Bonga
regionale Bezeichnung der Trommel → *Tambor*; in einigen Gebieten Kolumbiens benutzt.

Bongó (Plural: Bongoes)
1. in verschiedenen Ländern Lateinamerikas (Kuba, Dom. Republik, Puerto Rico, Peru) gespieltes Einfell-Trommel-Paar, dessen beide Trommeln unterschiedlich groß sind und deshalb als »B. macho« (groß) und »B. hembra« (klein) bezeichnet werden, das Paar wird zwischen den Knien gehalten und mit den Fingern perkutiert; wichtiges Instrument der Gruppen des → *Son cubano;* fand Eingang in die moderne lateinamerikanische Tanzmusik und den → *Jazz latinoamericano;* der Spieler heißt → *Bongosero.* 2. ein Volkstanz der Insel Trinidad.

Bongosero
der das Instrument → *Bongó* (Bongoes) spielende Musiker; in Kuba, Puerto Rico und weiteren Ländern insbesondere in den → *Son*-Gruppen fest integriert. Bekannte B.s sind u. a. Oscar Sotolongo, Antolín Suárez »Papakila«, José M. Carriera Incharte »Chino«, Joaquín Velazco (alle Kuba) und Manuel »Manny« → *Oquendo* (New York Latino).

Bonilla Chávez, Carlos Galo
* 23.3.1923 Quito; ekuadorianischer Musiker (Kontrabass, Gitarre), Komponist und Bandleader der folkloristischen und ernsten Musik; studierte am National-Konservatorium (Conservatorio Nacional) und wandte sich ab 1934, der Komposition landestypischer Musik zu, dirigierte Orchester, Chöre und Gitarregruppen. Zu seinen Werken gehören u. a. »Acuarela indígena« (fantasía), »Atahualpa« (yumbo), »Beatriz« (pasillo) und »Paisanito« (sanjuanito).

Bonkó-enchemilla (Bonkóenchemiyá)
Einfelltrommel (Tambor) des afrokubanischen Ensembles → *Biankomeko*, etwa 1 m hoch und mit einem Ø von 33 cm; von dem Spieler, Monibonkó genannt, mit den Händen perkutiert.

Bonné, Enrique
* 15.6.1926 San Luis; kubanischer Musiker, Komponist und Bandleader; studierte Musik unter Anleitung seiner Mutter und leitete später die afrokubanische Musikgruppe *Tambores de Oriente* bzw. *Tambores Bonné*. Der in Santiago de Cuba lebende Musiker hat in seinen Kompositionen mit versch. traditionellen Instr. wie z. B. Glocken (Campanas bzw. Cencerros) experimentiert; er schrieb Gesangstitel wie »Que me digan feo«, »Se tambalea« und »Baila José Ramón«, die vorzugsweise durch »Pacho« → *Alonso* interpretiert wurden; mit letzterem schuf er 1964 den Modetanz → *Pilón.*

Kubanisches Bongó-Paar (Bongoes) (Photo: CIDMUC)

Boogaloo (Bugalú)
auch genannt »Mambo with English lyrics«; um 1962 im Kulturkreis → *New York Latino* aufgekommener, zum Latin-Soul gehörender Modetanz, der neben Komponenten der afrokubanischen Musik nordamerikanische, zum Jazz und zum Boogie-Woogie tendierende Elemente enthält. Die kolumbianischen Gruppen Los → *Corraleros (de Majagual)* und *Los Diplomáticos* u. a. interpretierten diese relativ kurzlebige Form, die 1966 den Höhepunkt ihrer Verbreitung erreichte.

Boom
in der Tonlage »Bass« gestimmte → *Steel drum;* in der anglokaribischen → *Steel Band* benutzt.

Borba, Emilinha (eigtl. Emilia Savana Borba)
* 31.8.1923 Rio de Janeiro; brasilianische Sängerin und Liedermacherin; trat 1938 erstmals bei Rádio Nacional als professionelle Künstlerin auf; 1939 erschienen bei Columbia erste Schallplattenaufnahmen aus ihrem reichen Repertoire brasilianischer Populärmusik; 1940 erschien ein Samba, »Chiquita Bacana«, der ihr zu außergewöhnlicher Popularität verhalf. Später kamen weitere Titel, so ihr Samba »Vem brincar comigo« bei Copacabana heraus.

Die afrokubanische Trommel
Bonkó-enchemilla (Photo: CIDMUC)

Borbolla Téllez, Carlos
*1902 Manzanillo, † April 1990 La Habana; kubanischer Musiker (Piano), Arrangeur, Komponist und Bandeader; ein Wegbereiter des → *Son cubano* in Europa. B. lebte von 1926 – 30 in Paris, wo er letztere Form als Musiker popularisierte sowie Kenntnise über Konstruktion und Betrieb von Drehorgeln erwarb. Später baute er diese mechanischen Musikinstrumente in seiner Heimatstadt, die als → *Organo Oriental* in die Geschichte der kubanischen Populärmusik eingingen; er schrieb darüber hinaus mehr als 300 Musiktitel, darunter »Brazo de mi cruz« (Villancico) und produzierte zusammen mit seiner Gruppe bei Victor und Columbia Schallplattenaufnahmen.

Bordón, Luis (eigtl. Luis Machín)
* 19.8.1926 Guarambaré; paraguayischer Musiker (Harfe), Arrangeur und Komponist; einer der besten und weltweit bekanntesten Solisten auf dem paraguayischen Volksinstrument Harfe (→ *Arpa paraguaya*). B.s Interpretationsstil ist weich und melodisch; seine Arrangements zeichnen sich durch eine klare und einprägsame Linie aus. Der deit 1951 in São Paulo (Brasilien) lebende Musiker interpretierte zunächst nur paraguayische Musik wie die bekannten Titel »India« (Guarania) und »Carreta güí« (Galopa), später schrieb er instrumentale Arrangements für brasilianische Sambas, kolumbianische Porros usw. und komponierte Stücke für Harfe wie »Arpa paraguaya«, »Lamento indio« und »Can-

to de pajarito«. Bei Chantecler, Continental, Disc Jockey, Metronome (in Deutschland) u. a. erschienen etwa 35 LPs.

Bordoneo
1. Bez. für einen dumpf-brummenden Ton, der von der Bordunsaite (Bordón) der Gitarre erzeugt wird. 2. eine bestimmte Art des Harfespiels, bei der nur die tiefen Saiten zum Klingen gebracht werden.

Bordonero (Bordón)
derjenige auf einer → *Marimba* spielende Musiker, der nur tiefe, den Rhythmus markierende Töne anschlägt.

Bordonúa
puertorikanische Gitarre mit überzähligen Saiten, mit einem Plektrum (Palillo oder Púa) gespielt; in der Volksmusik eingesetzt; etwas größer als eine normale Gitarre, im ländlichen Milieu noch weit verbreitet.

Borges, Lino
* 1936 Batabanó; kubanischer Sänger; bekannter Interpret des kubanischen → *Bolero;* war Landarbeiter und gehörte regionalen Gruppen als Vokalist an; nach 1950 trat er als Gesangssolist in die Gruppe Saratoga ein, bei der er mehr als 20 Jahre verblieb und mit der er zahlreiche Schallplattenaufnahmen (u. a. bei Panart, Maype, Meca, Modiner und Corona) produzierte, darunter sein größter Erfolg »Vida consentida« sowie »Corazón en cristal« und »No quisiera despertar«.

Boricua, Conjunto -
puertorikanische Vokal- und Instrumentalgruppe; 1970 in San Juan durch Tito Henríquez Díaz formiert; pflegte landestypische Musik im Stile der 40er Jahre des XX. Jh.; Titel wie »Bello amanecer« und »Concierto del Jibarito« erschienen u. a. auf vom Puertorikanischen Kulturinstitut (ICP) edierten LPs. Mitglieder der Gruppe: Chiquitín García (Gesang), Tito Henríquez (Gesang, Gitarre), Rafael Hernández Fanta (Gitarre), Miguel Carrillo (Trompete), Miguel Cruz (Kontrabass) und Freddie Rivera (Perkussion).

Borinquen. Sexteto -
puertorikanisches Vokal- und Instrumentalsextett; nach 1950 in San Juan durch den Sänger und Musiker (Tres) Mario Hernández u. a. mit »Papi« Andino (Bongoes) formiert. Die Gruppe interpretierte vorwiegend Titel des → *Son cubano;* unter den Labels Dirma Records, B.M.C. Records, Alegre Records, Ansonia u. a. erschienen zahlreiche Schallplatten, darunter die Titel »La vida es un sueño« und »La Sitiera«.

Borinqueña, La -
eine im landestypischen Stil Puerto Ricos (indianischer Name: Borinquen) in Form einer → *Danza (2)* konzipierte Volksweise, die 1867 durch den spanischen Musiker und Komponisten Félix Antonio J. Astol Artés (1813 – 1901) in Mayagüez geschaffen und später zur Nationalhymne von Puerto Rico deklariert wurde. Es

Luis Bordón (Harfe) zusammen mit seinem Sohn Luisito (Gitarre) in Asunción (Paraguay) musizierend (Photo: Gentileza Luis Bordón)

existieren, vergleichbar mit der kubanischen → *Bayamesa,* mehrere Textversionen; 1892 schrieb die puertorikanische Pianistin Ana Otero das heute noch gültige Arrangement dieses patriotischen Liedes.

Borja, Esther
* 5.9.1913 Santiago de las Vegas; kubanische Sängerin (Mezzosopran); begann in ihrem Heimatort auf Volksfesten zu singen, beendete 1934 in La Habana ein Lehrerstudium und wurde 1935 von Ernesto → *Lecuona* im »Teatro Principal de la Comedia« erstmals der Öffentlichkeit vorgestellt; trat 1938 zusammen mit Lecuona eine Gastspielreise durch Lateinamerika an; sang später auch in Operetten und Zarzuelas, gab Konzerte mit lyrisch-romantischen Liedern und produzierte unter verschiedenen Labels (z. B. Kubaney, Montilla und Areito) Titel wie »Déjame estrechar tu mano« und »Bayamesa«.

Bosco Mucci, João
* 13.7.1946 Ponte Nova (Minas Gerais); brasilianischer Sänger, Musiker (Violão) und Liedermacher; schrieb seine zahlreichen Lieder stets zusammen mit Aldir → *Blanc Mendes*, der sie auch sang und auf Schallplatten (RCA Victor) publizierte, dazu gehören u. a. die Titel »Bala com bala« (Rock, 1972), »Kid Cavaquinho« (Samba, 1975) und »Bijuteria«.

Bossa Nova
brasilianischer Modetanz in mäßig schnellem 4/4-Takt; unter dem Einfluss von → *Samba* und Cool-Jazz 1958 im kulturellen Umfeld von São Paulo entstanden, zuweilen als *Jazz-Samba* bezeichnet; erlangte nach 1960 auch in Europa eine bis heute anhaltende Bedeutung. Die B. N. besteht im allgemeinen aus zwei Teilen, einem rezitativen und einem rhythmischen, synkopierten; der Gesangssolist wird von einem Orchester oder einer Instrumentalgruppe begleitet, wobei oft das Piano benutzt wird; auch rein instrumentale Titel sind verbreitet. Aus der Geschichte: Im April 1958 erschien eine LP mit Sambas, »Canção do amor demais« (Festa LDV-6.002) mit Kompositionen von Antônio Carlos → *Jobim* und Vinícius de → *Morais,* gesungen von Elisete → *Cardoso,* die jedoch bereits einige Stücke im Bossa-Nova-Sound enthielt. Durch den → *Violão*-Spieler João → *Gilberto* wurden auf dieser LP völlig andere, vom Samba abweichende Synkopen eingesetzt, die für diese neue Form charakteristisch werden sollten, so in den Sambas »Chega de saudade« und »Outra vez«. Diese neuartige Synkopierung wurde nachfolgend als *Batida de Bossa nova* (= Bossa-Nova-Schlag) bezeichnet. Als erste LP mit eindeutig deklarierter B. N. gilt »Chega de saudade« vom März 1959, in der João Gilberto als Gesangssolist auftrat und die auch den inzwischen weltweit verbreiteten und genretypischsten Titel »Desafinado« der Komponisten A. C. Jobim und Newton → *Mendonça* enthält. In der Folgezeit griffen viele nordamerikanische Musiker wie Roy Eldridge, Charlie Byrd und Stan → *Getz* diesen Rhythmus auf und modifizierten ihn teilweise weiter in Richtung des Jazz; eine neuere Abart ist der → *Sambalanço.*

Bossa Nova, Grupo -
brasilianische Formation moderner Populärmusik; 1959 in Rio de Janeiro gegründet; leitete die Bewegung des Neuen Brasilianischen Liedes (→ *Nueva Canción Latinoamericana/Brasilien*) mit ein.

Bossa Rio, Sexteto -
brasilianisches Instrumentalsextett; 1962 in Rio de Janeiro von Angehörigen des vormaligen *Hot Trio* als Gruppe moderner Populärmusik bei Dominanz der → *Bossa Nova* formiert; Mitglieder der Gruppe waren Paulo Moura (Saxophon), Pedro Paulo (Pistón), Otávio Baily (Bass), »Dom Um« Romão (Schlagzeug), Durval Ferreira (Violão) und Sérgio → *Mendes* (Bandleader, Keyboards).

Botija (Botijuela, Bunga) (Aerophon)
Instrument der kubanischen Volks- und Populärmusik; heute nur noch selten benutzt. In eine aus Keramik bestehende dickbauchige Flasche wurde seitlich ein Loch gebohrt, in das der

Musiker (Botija oder Botijuelista) hineinbläst und die Silben »tun, pun, dun« intoniert. Durch Auf- bzw. Zudecken der Flaschenöffnung mit der Hand werden klangliche Variationen erzeugt. Noch im XIX. Jh. wurde die B. in den Regionen Sancti Spíritus, Trinidad, Manzanillo, Bayamo, Santiago de Cuba und Guantánamo weitverbreitet gespielt; noch üblich war ihr Einsatz in den ersten Gruppen des → *Son cubano* von La Habana (etwa bis 1922; später wurde sie durch den Kontrabass ersetzt). Ein berühmter B.-Spieler war Antonio → *Bacallao A.*, Gründungsmitglied des Sexteto → *Habanero.*

Botijão (Aerophon)
früher in der Volks- und Populärmusik Brasiliens eingesetztes Musikinstrument, mit der kubanischen → *Botija* identisch; wird 1728 in brasilianischen Quellen erstmals als Begleitinstr. der von Afrobrasilianern durchgeführten → *Calundu*-Zeremonien erwähnt.

Bottle & Spoon Band
(Flaschen- und Löffel-Band, engl.)

kuriose Musikgruppe von der Insel Trinidad, z. T. auch anderer Karibikinseln; eine Gruppe von Musikern, meist Afroamerikaner, die mit Löffeln, Messern oder Metallstäben unterschiedlich hoch mit Wasser gefüllte Flaschen, meist Bierflaschen, perkutieren und dadurch die rhythmische Begleitung für Volks- und Tanzlieder lieferten. Diese Bands entstanden in jener Zeit, als die Weißen den Afroamerikanern den Gebrauch jeglicher Trommeln zum Musizieren strikt verboten hatten. Insbesondere bereicherten diese Gruppen das Musikleben zur Karnevalszeit; nach 1940 allgemein durch die → *Steel Band* verdrängt.

Botuto (Bututo, Bototó, Botutó ...)
1. präkolumbische Muscheltrompete; in der Karibik bis nach Mexiko in der indianischen Musik weitverbreitet, heute nur noch gelegentlich gespielt. 2. Sammelbezeichnung für eine Vielzahl primitiver Trompeten von großer Dimension, noch heute von versch. Indianervölkern Lateinamerikas gespielt, u. a. in Venezuela (Orinoko-Indianer), Peru und Kolumbien. Der Klang des B. ist meist heiser, zuweilen furchterregend.

Bovea Fandiño, Julio César
* 6.9.1934 Santa Marta; kolumbianischer Musiker (Akkordeon), Sänger, Arrangeur, Komponist und Bandleader; einer der bekanntesten Vertreter der → *Música vallenata*; durch die von ihm formierte Gruppe → *Bovea y sus Vallenatos* in ganz LA populär geworden; schuf zahlreiche Stücke u. a. der Form → *Paseo,* darunter die Titel »Huerfanito« und »Lamento provinciano«.

Bovea y sus Vallenatos
kolumbianisches Vokal- und Instrumentaltrio der → *Música vallenata;* 1950 in Valledupar durch Julio C. → *Bovea F.* (Akkordeon, Gesang) zusammen mit Alberto Fernández Mendioval (Gesang, Gitarre) und Angel Arnoldo Fontanel-

Kubanischer Botija-Spieler einer Son-Gruppe (Photo: Prensa Latina)

la Ospina (Gesang, Gitarre) gegründet. Ab 1953 erfolgten erste Auslandsgastspiele durch Süd- und Zentralamerika und es wurden unter versch. Labels (u. a. Tropical, Fuentes und Miami) zahlreiche Schallplatten produziert, insbes. mit Kompositionen von Rafael → *Escalona,* darunter die Titel »La casa en el aire«, »Bella molinera« und »El testamento«. Nach einer Gastspielreise (Buenos Aires, 1965) löste sich die erfolgreichste Gruppe der Vallenato-Musik auf.

Bowen Gómez, Luis Enrique »Lucho«
* 1926 Guayaquil; ekuadorianischer Sänger; bekannter Interpret romantischer Populärmusik; wurde bei seinen zahlreichen Aufnahmen u. a. von der Gruppe *Los Yumbos* begleitet; bei Fuentes, Onix und Miami Records entstanden in den 60er Jahren zahlreiche LPs, darunter sein Erfolgstitel, der Walzer »Yolanda«.

Bozán, Sofía (eigtl. S. Isabel Bergero de Hess)
* 5.11.1904 Buenos Aires, † 9.7.1958 das.; argentinische Sängerin; gehörte mit ihrer eigenwilligen Stimme in den 20er und 30er Jahren des XX. Jh. zu den beliebtesten Interpretinnen des → *Tango* und folkloristischer Lieder. Bei ihren Aufnahmen, unter dem Label Odeon publiziert, wurde sie häufig durch das Trío Delfino (Dir. Enrique → *Delfino*) begleitet, so auch in der Tonada »Pica pica« und dem erfolgreichen Tango »Yira-yira«.

Bracamonte, Cecilia
peruanische Sängerin; interpretiert sowohl rein kreolische als auch afroperuanische Volksmusik wie → *Vals peruano*, → *Landó* und → *Festejo;* unter dem Label Sono Radio entstanden einige LPs, darunter die Titel »Oita nomá« und »No me cumbe«.

Bramadera (Bramadora, Bramera)
Schnarre, in Spanien und Lateinamerika zum Begleiten von Kinderliedern oder in der Karnevalsmusik benutzt.

Bramador → *Kinfuiti*

Brasiliana, Ballet -
brasilianisches Musik- und Tanzensemble; 1949 durch Miécio Askanasy in Rio de Janeiro gegründet. Das unter der musikalischen Leitung von José Prats stehende Ballett hatte 1950 seinen ersten öffentlichen Auftritt in Rio de Janeiro und bereiste in der Folgezeit 35 Länder; Anliegen ist die Popularisierung brasilianischer Volks- und Populärtänze wie → *Samba* und → *Frevo* bzw. die Komplexe → *Macumba* und → *Candomblé.* Eine neuere, aus dem weiterhin bestehenden Ballett hervorgegangene Formation ist *Brasil Tropical*, eine vor allem der Show verhaftete Musik- und Tanzgruppe.

Brass Band
englischsprachige Bezeichnung für ein vorwiegend aus Blasinstrumenten bestehendes Orchester vom Typ einer → *Banda* (2)*;* Militärkapellen auf Jamaika und anderen anglokaribischen Inseln. Weltweit bekannt wurde die → *Tijuana Brass Band* von Herb → *Alpert,* ein reines Tanzorchester.

Bravo, Hermanos -
kubanische Vokal- und Instrumentalgruppe; am 26.9.1947 in Santiago de Cuba durch die Gebrüder Bernardo Silva (Gitarre, Bandleader),

Bovea y sus Vallenatos – LP »Un garrotazo más de Bovea y sus Vallenatos« – Fuentes LP-300.430 (1968)

Juan Francisco Silva (Cencerro, Gesang), und Félix Matute Silva (Tumbadora, Gesang) formiert; später kam Marcos Hernández (Perkussion) dazu. Öffentliche Auftritte und Produktionen für Rundfunk und Schallplatte (Label RCA Victor), u. a. mit den Orchestern von »Niño« → *Rivera* und »Pío« → *Leiva,* machten die Gruppe mit Titel wie »Bonche« und »Te toca... Liborio« populär.

Bravo, Soledad

* 1943 Logroño (Nordspanien); spanisch-venezolanische Sängerin und Liedermacherin; interpretierte Lieder aus der venezolanischen und hispanojüdischen Musikfolklore, teilweise auch Stücke der Bewegung des Neuen Lateinamerikanischen Liedes bzw. Protestsongs; gab Gastspiele im Ausland und erhielt beim Internationalen Liedfestival von Agua Dulce (Peru) den Großen Preis als »Beste Interpretin«. Bis 1987 erschienen mit ihr 24 LPs (u. a. bei Polydor, Promus und Top Hits), darunter die Titel »Canción de paz« und »Malagueña oriental«.

Brenner, Mauricio → *Molar, Ben*

Bribiesca, Antonio

* 1929 México-Stadt; mexikanischer Gitarrist, Arrangeur und Komponist; dank seinem eigenwilligen Spielstil einer der bedeutendsten Gitarristen Mexikos, der sich der Volks- und Populärmusik widmete; wirkte als Solist oder begleitete namhafte Sänger wie Tito → *Guízar,* »Cuco« → *Sánchez* oder Chabela → *Vargas;* unternahm zahlreiche Auslandstourneen und produzierte u. a. bei CBS, DimSa und Orfeón LPs mit Titeln wie »Tú sólo tú«, »Hace un año« und »Vitoriana«.

Bribones, Los -

mexikanisches Duett folkloristischer Musik, 1953 in México-Stadt durch Ignacio Irigoyen und Fernando Ocampo formiert; hauptsächlich wurden Titel der Formen → *Corrido* und → *Ranchera* in einem sehr romantischen Stil interpretiert; bei Maya, Cariño und RCA Victor entstanden einige Schallplatten, darunter »Ya tengo un amor«.

Briceño Contreras, Arnulfo

* 26.6.1938 Cúcuta, † 11.6.1989 bei Yopal (Flugzeugabsturz); kolumbianischer Sänger und Liedermacher; begann seine Karriere 1965 in der von Marco Rayo geleiteten Tanzmusikgruppe *Los Vlamers*, in der er mit seinen Liedern »Ay mi Llanura« und »Quinceañera« überaus erfolgreich war; später wirkte er, in Bogotá lebend, als Solist; er schrieb u. a. die Stücke »Linda colegiala« und »La noche más larga«.

Brillantes, Trío Los -

ekuadorianisches Vokal- und Instrumentaltrio, 1962 in Quito als Quartett formiert, wenig später in ein Trio umgewandelt; Mitglieder waren die argentinische Sängerin Olga Gutiérrez, Homero Hidrobo (Gesang, Requinto) und Héctor Jaramillo (Gesang, Gitarre); interpretierte landestypische Musik u. a. der Formen → *Pasillo* und → *Pasacalle;* 1966 erfolgte die Auszeichnung mit einer »Goldenen Schallplatte«; unter den Labels Orión, Onix und Sonolux entstanden LPs, u. a. mit den Titeln »Lamparilla«, »Taita Salasaca« und »Sombras«.

Soledad Bravo

Brincadeira → *Baianá* → *Brinquedo*

Brinco
mexikanischer Volkstanz, im Bundesstaat Morelos speziell zur Karnevalszeit aufgeführt.

Brindis de Salas, Claudio
* 30.10.1800 La Habana, † 17.12.1872 das.; kubanischer Musiker (Violine, Kontrabass) und Komponist; leitete das Orchester La → *Concha de Oro*, schuf neben Operetten Titel der Form → *Danza* (2).

Brindis de Salas,
Claudio José Domingo »Paganini Negro«
* 4.8.1852 La Habana, † 1.7.1911 Buenos Aires; kubanischer Musiker (Violine) und Komponist; Sohn von Claudio → *Brindis de S.;* erhielt ersten Musikunterricht bei seinem Vater, setzte seine Studien in Paris fort; schrieb Kompositionen u. a. der Populärmusik wie »Barcarola«; starb völlig verarmt in Argentinien.

Brinquedo (Brincadeira)
Sammelname für verschiedene Kinderreigen in Brasilien, die zumeist durch kollektives Absingen von Reimen oder Liedern begleitet werden; auf portugiesische Traditionen zurückgehend, z. T. durch afrikanische oder indianische Komponenten bereichert.

Briseño, Severiano
* 1901 San José de Canoas (San Luis Potosí); mexikanischer Volkssänger (Trovador), Musiker (Violine, Gitarre) und Liedermacher; übersiedelte bereits im Kindesalter nach Tampico und begann Lieder der Región Huasteca (Veracruz, San Luis Potosí, Tamaulipas und Hidalgo) zu singen; durch seinen Falsettgesang (Falsete) und seine hervorragende Spielweise auf Violine bzw. → *Vihuela* bekanntgeworden; schrieb u. a. den Huapango »Torito Requezón«, der, 1922 entstanden, heute zur Musikfolklore des mexikanischen Nordostens gehört, ferner stammen »El Sinaloense« (Huapango, 1945) und »Los Camperos« (Canción) von ihm.

Brítez Faraldo, Julio César
»Julio César del Paraguay«
* 18.04.1936 Asunción; paraguayischer Sänger, Musiker (Gitarre) und Liedermacher folkloristischer und populärer Musik. B. bildete als Jugendlicher zusammen mit den Gebrüdern Pánfilo und Ramón Leguizamón das *Trío Los Guadalupanos* und später trat er der Gruppe von Neneco Norton als Schlagzeuger bei, danach wirkte er in der Tanzmusik-Formation *Habana Jazz de Chono Duarte*. In den folgenden zwei Jahren, in Brasilien lebend, trat er dem *Trío Los Cangrejos* bei bzw. gründete eine eigene Folkloregruppe, mit der er sowohl paraguayische als auch brasilianische Volksmusik interpretierte. Unter diversen Labels entstanden einige LPs, u. a. mit seinen Kompositionen »Como no creer en Dios« (Canción) und »Poema a tus ojos« (Guarania).

Brito, Alfredo »El Rubio«
* 6.6.1896 La Habana, † 17.12.1954 das.; kubanischer Musiker (Flöte, Klarinette, Saxophon, Piano), Arrangeur, Komponist und Bandleader; studierte bei Armando → *Romeu;* spielte 19 Jahre im Orchester von Antonio Ma. → *Romeu* Flöte (Flauta) und schuf ein sehr populär gewordenes Arrangement des Stücks »El → *Manisero*«; gründete das Orchester »Siboney« und gehörte zwischenzeitlich dem nordam. Orchester von Paul Whiteman an. B. schuf die Filmmusik u. a. für »Rumba« und komponierte Titel wie »La flauta mágica« und »Tropicana«.

Brito, Julio
* 21.1.1908 La Habana, † 30.7.1968 das.; kubanischer Musiker (Saxophon), Komponist und Bandleader; studierte Musik bei Pedro Sanjuán; trat 1924 als Saxophonist in das Orchester von »Don« → *Azpiazú* ein, schrieb Filmmusik, darunter für »Tamtam« und »Embrujo antillano« und zahlreiche Stücke, von denen »Amor de mi bohio« (Guajira, 1937), »Linda boca« (Bolero-son) und »Ilusión china« (1931) die erfolgreichsten sind. Nach 1940 leitete B. das Tanzorchester des Senders CMBF Radio Universal (La Habana).

Brizuela, Marcos
* 29.3.1949 Calazapa (Chaco); paraguayischer Sänger, Gitarrist und Liedermacher; widmete sich vorwiegend der Interpretation typischer Lieder – Polkas, Guaranias u. a. – des paraguayischen Chaco; unter verschiedenen Labels (Azur und Naranja) erschienen einige LPs, darunter die Titel »Che vallemí«, »San Si Juan« und »Mi guitarra y la vida«.

Broadway, Orquesta -
Latino-New-Yorker Tanzorchester; 1962 in New York durch Eddy Zervigón Ayala (Flöte und Direktor) gegründet; interpretierte gekonnt lateinamerik. Musik bei Dominanz kubanischer Formen wie → *Mambo,* → *Cha-cha-chá* und → *Guaracha;* unter versch. Labels (u. a. Alba Records) erschienen Titel wie »Embrujo antillano« und »Despacito pa' gozar«; später wandte sich die Band der Mischform → *Salsa* zu.

Brouwer, Leo
* 1.3.1939 La Habana; kubanischer Gitarrist, Arrangeur, Dirigent und Komponist; studierte Gitarre bei Isaac → *Nicola;* erwarb autodidaktisch Kenntnisse in Komposition, besuchte später die New Yorker Juillard School, danach die Hardford University (Connecticut); lehrt seit 1960 am Konservatorium »Amadeo Roldán« in La Habana. Zusammen mit dem Komponisten Juan Blanco und dem Dirgenten Manuel Duchesne C. war B. Initiator von Veranstaltungen der musikalischen Avantgarde in Kuba. Bekannt wurde er, als er 1970 die Leitung der Gruppe → *Experimentación Sonora del ICAIC* übernahm, in der er Gitarre spielte; heute zählt er zu den bekanntesten Gitarristen der Welt, ist Direktor der Abt. Musik des Kubanischen Filminstituts (ICAIC) und Chefdirigent des Nationalen Sinfonieorchesters (OSN). Bis 1975 schuf er etwa 50 Musiktitel für Dokumentar- und Spielfilme, Stücke des spanischen Flamenco (»Tarantos« und »Poema«), Jazzmusik (»Ragtime«); produzierte mehr als 10 LPs.

Brown Ramírez, Roy »Latin Bob Dylan«
* Florida; puertorikanischer Sänger, Musiker (Gitarre) und Liedermacher; Gründungsmitglied der Gruppe → *Taoné;* hervorragender Gitarrist; nahm 1982 am II. Festival des Neuen Lateinamerikanischen Liedes in México-Stadt teil; produzierte unter dem Label Rodward Records einige LPs, die u. a. die Titel »Yo protesto« und »Basta ya« enthalten.

Brown Express, The -
US-amerikanische Vokal- und Instrumentalgruppe der → *Música chicana;* bei Einsatz von Akkordeon und Gitarre insbesondere auf die Interpretation der Formen → *Corrido* und → *Ranchera* spezialisiert; unter dem Label Fama erschienen Schallplattenaufnahmen wie der Titel »Máquina 501« (1977).

Bruckin' Party (Bruckins)
afrojamaikanischer Volkstanz, aus der Zeit der Sklaverei (XVIII. Jh.) stammend; heute noch durch die schwarze Bevölkerung Jamaikas aufgeführt.

Brujo
alter folkloristischer Tanz aus Peru; in der Region von Chivay (Arequipa) aufgeführt.

Bruno, Lenita
* 1929 Rio de Janeiro; brasilianische Sängerin folkloristischer und populärer Musik; begann ihre künstlerische Laufbahn im Orchester »All Stars« von Rádio Nacional (Rio de Janeiro) als »Crooner«, ging später in die USA, wo sie im Fernsehen und in Nachtclubs Tanzlieder in sechs Sprachen sang; in Brasilien wurden einige LPs mit ihr, darunter »Modinhas fora de moda«, produziert (Labels Festa, Sinter u. a.).

Bruquil (Broquel) (Idiophon)
eine oder zwei Holzscheiben mit maximal 12 cm Ø; in der Mitte mit einem Griff versehen, von Tänzern in bestimmtem Rhythmus gegen ein mitgeführtes Schwert oder einfach gegeneinander geschlagen; in der Volksmusik der peruanischen Regionen Ancash, Huanuco und Lima (Cauto) verwendet.

Brute Force Steel Band, The -
anglokaribisches Instrumentalorchester vom Typ einer → *Steel Band*, um 1950 in St. Johns (Antigua) formiert; gehört zu den populärsten Bands dieser Region; interpretierte u. a. Titel der Formen → *Calypso* und → *Merengue,* darunter die Titel »Reel & Tun« und »Alec Betsa«; Schallplatten erschienen u. a. bei Cook.

Bryan, Karl »Cannonball«
* Kingston; jamaikanischer Musiker (Saxophon) und Bandleader; Leiter eines Tanzorchesters, in dem er Saxophon spielte, das vorwiegend den → *Reggae* pflegte und zahlreiche Schallplatten, darunter den Titel »Penny Reel«, produzierte.

Buá → *Yapurutú*

Buarque de Hollanda, Francisco »Chico«
* 19.6.1944 Rio de Janeiro; brasilianischer Sänger, Musiker (Gitarre) und Liedermacher; Pionier und einer der bedeutendsten Vertreter der Bewegung des Neuen Brasilianischen Liedes

Chico Buarque de Hollanda – LP »Vida« – Philips-6349 435 (1980)

(→ *Nueva Canción Latinoamericana* / Brasilien); Protestsänger. Der in São Paulo lebende Interpret studierte am Colégio Santa Cruz und hatte erste öffentliche Auftritte im »Teatro Paramount«; aus dieser Zeit stammt auch seine bekannte Komposition »A Banda« (Marcha, 1966), Siegermelodie beim 2. Festival der Populärmusik Brasiliens. B. musste das Land 1969 wegen aus politischen Gründen verhängten Auftrittsverbotes verlassen und ging ins Exil nach Italien; sein Samba »A pesar de você« wurde wegen seines kritischen Textes verboten. Seit 1970 lebt er wieder in Brasilien, wo er seine Tätigkeit als Sänger und Liedermacher fortsetzte; neben zahlreichen Filmmusiken, so für »Morte e vida severina« (hieraus das populäre Protestlied »Funeral de um lavrador«, 1967 nach einer Textvorlage des Dichters João Cabral do Melo Neto komponiert) schuf B. Lieder und Tanzmusik wie »Fado tropical«, »Construção«, »Partido alto«, »Roda viva« und »Um chorinho«, die u. a. auf LPs der Labels Philips, RGE und Ariola publiziert worden sind.

Bucaneros, Los -
kubanisches Vokalquartett der Populärmusik; 1958 in La Habana durch Orlando »Bebo« Rodríguez, Roberto Marín, Lucas La Guardia und Carlos Meunier formiert; wirkte häufig im Cabaret → »Tropicana« und produzierte zahlreiche Titel für Rundfunk und Schallplatte wie »Vamos pa' la pachanga« und »Qué bella es Cuba«.

Bucumbi → *Congada*, → *Cucumbi*

Bucumbumba → *Urucungo*

Buena Vista Social Club
in Teilen fiktive kubanische sozial-kulturelle Institution vom Typ einer → *Tanda*, die durch den Filmproduzenten und Musiker Ry Cooder und den Regisseur Wim Wenders im Jahre 1995 durch einen Film und einige CDs bekannt gemacht wurde. Mit Musikern wie Francisco → *Repilado* »Compay Segundo«, Eliades Ochoa, Ibrahim → *Ferrer*, Omara → *Portuondo* und v. a. wurde traditionelle Musik aus Kuba, vor allem der → *Son cubano,* stilecht popularisiert. Auf CDs des Labels World Circuite erschienen Titel wie »Chan Chan«, »Cuarto de Tula« und »Buena Vista Social Club«.

Buenaventura de Valencia, Leonor
* 10.5.1914 Ibagué (Tolima); kolumbianische Musikerin und Komponistin; studierte am Konservatorium von Ibagué; schrieb später folkloristische Musik, vornehmlich der Form → *Bambuco,* die u. a. von den Duos → *Garzón y Collazos* bzw. Los → *Tolimenses* interpretiert worden ist; dazu gehören die Titel »Ibaguereña«, ihre bekannteste Komposition, »Calentanita« und »Leyendas de mi tierra«.

Buenos Aires, Cuarteto -
argentinisches Instrumentalquartett; 1968 in Buenos Aires durch Arturo José Penón (Bandoneón), Enrique Lanoo (Cello), Carlos Piccione (Violine) und Omar → *Murtagh* (Kontrabass) gegründet; spezialisierte sich auf die Interpretation des rein instrumentalen Tango der Neuzeit mit Anklängen an die »avantgardistische« Linie.

Buenos Aires, Octeto - (Bs. As. 8)
argentinisches Instrumentaloktett, widmete sich der Interpretation des → *Tango;* 1955 in Buenos Aires durch die Musiker Atilio Stampone (Piano, Arrangements und Bandleader), Osvaldo Montes (Bandoneón), Tito Besprobán (1. Violine), Eduardo Walzac (2. Violine), Alberto Seleson (Viola), José Luis Bragato (Cello), Juan Antonio Vasallo (Kontrabass) und Rubén »Chocho« Ruiz (Elektrogitarre) formiert. Unter dem Label Music Hall erschienen einige LPs mit neuzeitlich arrangierten Tangos.

Buenos Paraguayos, Los -
paraguayisches Vokal- und Instrumentaltrio; nach 1970 durch den Harfenisten Nelio Gamarra gegründet. Der Interpretationsstil der Gruppe lehnt sich eng an den der → *Paraguayos* in deren letzter, stark kommerzialisierter Phase an; in Europa erfolgten Gastspiele und es erschie-

nen einige LPs (Label Decca) darunter die Titel »Elvira Madigan« und »Caminito«.

Buey Cansao (Baile del B. c.)
Anfang der 80er Jahre durch den kubanischen Musiker Juan → *Formell* geschaffener Modetanz; enthält wesentliche Elemente des traditionellen → *Son cubano*, die mit neuartigen, z. T. internationalen Stilelementen verknüpft worden sind; der Tanz hat sich nicht durchgesetzt.

Bufos
(Singular: Bufo, ital. Buffone = Hanswurst) Sänger komischer Charakterrollen in der Stimmlage Tenor-Buffo und Bass-Buffo mit besonderem Spieltalent; aus Italien stammende Tradition, im Spanien des XIX. Jh. sehr populär (»Bufos madrileños«); wurde durch die Spanier nach Lateinamerika transkulturiert. In vielen lateinamerikanischen Städten wie La Habana und México-Stadt haben sich Ende des XIX. Jh. sog. *Compañías de Bufos* gebildet (so z. B. die von Arquímedes → *Pous* und Narciso López [Mexiko]); ein besonderes Tätigkeitsfeld der Bufos war die Darbietung der → *Zarzuela*. B.-Traditionen haben die Entwicklung der heutigen lateinamerikanischen Populärmusik entscheidend beeinflusst. → *Bufos Habaneros, Compañía de*

Bufos Habaneros, Compañía de -
singende Theatergruppe aus La Habana (Kuba), die etwa Mitte des XIX. Jh. ein Musiktheater betrieb bzw. Gastspiele im In- und Ausland (z. B. 1869 in Mexiko) gab und sich große Verdienste um die Entwicklung der Populärmusik erwarb; so wurden Tänze wie die → *Guaracha* dargeboten und popularisiert; ein Zentrum der Aktivitäten war das Theater → *Alhambra*.

Bufuna → *Runrun*

Bugalú → *Boogaloo*

Bugio
regionale Variante des → *Fandango (4);* im brasilianischen Bundesstaat Rio Grande do Sul noch weit verbreitet; wird stets durch Gesang begleitet.

Bugutá
Volkstanz der Guaymí-Indianer Costa Ricas; Reihentanz, wird durch Trommeln, Flöten und einem perkutierten Schildkrötenpanzer (Gelekuada) begleitet.

Buitrago Henríquez, Guillermo de Jesús »Trovador del Magdalena«
* 20.4.1920 Ciénaga (Magdalena), † 19.4.1949 das.; kolumbianischer Sänger, Gitarrist und Liedermacher; bedeutender Vertreter der → *Música vallenata;* formierte de Gruppe *Buitrago y sus Muchachos* und schuf ca. 600 Stücke vorwiegend der Formen → *Paseo* und → *Merengue,* darunter die Titel »Araña Picua« und »Gallo atravesao«; bei Fuentes erschienen einige LPs sowie zahlreiche Platten N78.

Buitraguito → *Sanjuan E., Julio*

Bulá (Bebé)
kleinste Trommel innerhalb eines Ensembles der → *Tumba Francesa;* etwa 45 cm hoch und mit einem Ø von 20 cm; mit kurzen Stöcken perkutiert. → *Rada*

Buluca → *Bunde*

Bullerengue (Chadé, Chandé)
afrokolumbianischer Volkstanz der atlantischen Küstenregion; zur Gruppe der → *Cumbia* gehörend; als Ritualtanz vorwiegend von heiratsfähigen Frauen getanzt, die dazu weiße Blusen und blumenbestickte Röcke tragen. Die musikalische Begleitung erfolgt fast ausschließlich durch Perkussionsinstrumente (Tambores). Der B. kann auch von Männern und Frauen getanzt werden, außerdem existiert eine gesungene Version mit zuweilen improvisierten Gesangsduellen in Form der → *Décima*.

Bumba
afrohaitianischer Volkstanz; zum Komplex des → *Vodú* gehörend.

Bumba-meu-boi
brasilianischer Tanzzyklus dramatischen Charakters; mestizisch; zur Gruppe der → *Pastorís* zählend, mit einigen indianischen Elementen angereichert (→ *Reisado*). Schlüsselfigur ist der der italienischen Oper entlehnte Harlekin (Arlequim); weitere Figuren sind Tiere, wie z. B. der Ochse (Boi). In weiten Teilen Brasiliens, speziell im N und NO, wird der B.-m.-b. noch heute bei Volksfesten aufgeführt; regionale Varianten sind → *Boi-Bumbá,* Boi-de-reis und Boi-surubí. Zur musikalischen Begleitung dienen in Nord- und Nordostbrasilien membranophone Instrumente; in Südbrasilien Akkordeon (Sanfona oder Gaita-de-foles); in Piauí → *Pandeiro,* → *Tambor,* → *Maracá* und → *Puíta;* in Ceara Mundharmonika, → *Caixa,* → *Cavaquinho,* Tamborin, Pandeiro und → *Prato;* in Recife, Goiânia und São Paulo → *Zabumba,* → *Canzá,* → *Viola,* → *Violão,* → *Rabeca* und Pandeiro.

Bumbatuk
afrokaribischer Ritualtanz der Antilleninsel Barbados; durch Trommeln begleitet; heute nur noch wenig verbreitet.

Bumbo
brasilianische Variante der Basstrommel → *Bombo.*

Bumbum (Chordophon)
primitiver Musikbogen der Lenca-Indianer von Honduras.

Bunde
1. aus der Pazifikregion Kolumbiens stammendes Tanzlied afrokolumbianischen Ursprungs, soll von dem Tanzlied *Wunde* aus Sierra Leone (Afrika) abstammen und wird gegenwärtig noch auf dem → *Velorio* für Kinder bzw. Totenfesten gesungen und getanzt; seine Texte haben zuweilen spöttischen Charakter. Varianten sind Chocolate, Punto, Trapicherito, Pelusa, Margarita patiana, Canoa paula, Laurel, Carpintero, Buluca und Moña, auch die moderne Form → *Charanga.* Der Erzbischof von Cartagena, Gregorio de Molledo, hat während seiner Amtszeit (1722 – 40) das Tanzen des B. verboten. 2. von dem kolumbianischen Komponisten Alberto → *Castilla* geschaffenes folkloristisches Tanzlied, das Komponenten der traditionellen Formen → *Guabina,* → *Torbellino* und → *Bambuco* in sich vereint; eine der bekanntesten Kompositionen dieser um 1925 entstandenen Variante ist der »Bunde tolimense«. 3. im Gebiet von Antioquia (Kolumbien) aufgeführte folkloristische Form, eine → *Tonada (2),* auch *Bunde antioqueño* genannt. Der Sänger bzw. Tänzer des B. (1 – 3) heißt *Bundelero.*

Bunga
1. regionale Bezeichnung für eine ländliche Volksmusikgruppe Kubas, typisch für das Gebiet von Manzanillo; bestand aus den Instrumenten → *Botija* oder → *Quijada (de burro),* zuweilen Akkordeon, → *Cornetín,* → *Güiro* und → *Maracas;* heute nur noch sehr wenig verbreitet. 2. → *Botija*

Buré → *Boré*

Burero (Tekao) (Schüttelidiophon)
Volksmusikinstrument der Amazonasindianer (Huitoto) von Peru; den → *Sonajas* ähnelnd.

Burke, Elena »Señora Sentimiento«
(eigtl. Ramona Burgues)
* 28.2.1928 La Habana; kubanische Sängerin; bekannte Interpretin von Liedern (Canciones), Balladen und Boleros mit lyrischen Texten; debütierte 1941 in einem Programm des Senders CMQ und wurde 1942 als professionelle Sängerin bei den Radiostationen 1010, Cadena Roja, Coco und Progreso engagiert; wirkte auch in den Cabarets »Sans Souci« und »Zombie« sowie in Theater- und Show-Veranstaltungen mit; sang im Cuarteto → *D'Aida* und in den Quartetten von Facundo → *Rivero* und Orlando de la → *Rosa.* Ab 1958 trat sie als Solistin auf, begleitet u. a. durch Froilán → *Roque* (Gitarre); wirkte in einigen kubanischen Filmen wie »Llanto de luna« und »Nosotros la música« mit und produzierte zahlreiche Schallplattenauf-

nahmen (u. a. bei Gema und Areito), darunter die Titel »Ahora sí viviré« und »Si te cantará«.

Burra mocha (Danza de la Burra m.)
Volkstanz der Region der Atlantikküste Kolumbiens; zum Klang der Instrumente → *Tambor*, → *Maracas* und → *Caña-de-millo* von einer als Eselin (Burra) verkleideten Frau und einigen Männern getanzt.

Burrero
alter kolumbianischer Tanz, früher durch arme, ins Elend geratene Menschen aufgeführt.

Burriquita
venezolanischer Volkstanz dramatischen Charakters, von einer Gruppe aus 12 Tänzern bei Volksfesten im Dezember dargeboten. Hauptperson ist eine als Eselin (La Burriquita) verkleidete Person, während ein als »Zambo« bezeichneter Tänzer den choreographischen Ablauf leitet und koordiniert. Die Begleitmusik – traditionell venezolanische Volksmusik – wird meist durch die Instrumente → *Cuatro*, → *Maracas*, Trommeln (Tambores) sowie Harfe (Arpa) erzeugt; die dazu gesungenen Texte nehmen auf das dramatische Geschehen des Tanzes Bezug. Die B. ist Bestandteil des Repertoires vieler venezolanischer Folkloregruppen.

Burro negro
Regionalbezeichnung der afrovenezolanischen Großtrommel → *Cumaco*.

Bustos, Octavio
chilenischer Gitarrist; interpretierte vor allem traditionell-folkloristische Musik Chiles; sein Stil ist der klassischen Gitarre verhaftet, frei von jeglichen Modernismen; Philips produzierte eine LP die u. a. die Titel »Tonada tradicional« und »Al pie de mi guitarra« enthält.

Bustos, Salvador
* 1959 Managua; nikaraguanischer Sänger, Gitarrist und Liedermacher; erlernte mit 10 Jahren das Gitarrespiel und begann 1977 als professioneller Künstler mit der Interpretation von Liedern, deren Stil sich an alte europäische Gesangstraditionen, aber auch an den Sound von Silvio → *Rodríguez*, anlehnt; es entstanden mehrere LPs (Label Redward Records), darunter die Titel »Tragaluz« und »Visión«.

Bututú → *Botuto*

Buzina
gekrümmtes Horn mit Mundstück; zur Jagd, zur Erzeugung von Hirtensignalen usw. in Brasilien benutzt. (→ *Bocina*)

C

Caba, Eduardo
* 2.10.1890 Potosí, † 7.3.1953 La Paz; bolivianischer Musiker (Piano) und Komponist populärer und ernster Musik; studierte bis 1926 in Argentinien, ging dann nach Spanien, lebte von 1936 – 44 wieder in Argentinien; kehrte später nach Bolivien zurück und setzte dort seine für die bol. Musikgeschichte bedeutungsvolle Tätigkeit als Musiker und Komponist fort; verarbeitete in seinen Kompositionen Motive indianischer Inspiration; schrieb u. a. ein »Poema de la Quena« für Piano, Oboe und Quena, das Ballett »Kallana«, das Gitarrenstück »Pastoril« und den Zyklus »8 motivos folklóricos de los Valles de Bolivia«. Eine → *Banda (1)* und einige mit der Musik befasste Institutionen tragen seinen Namen.

Cabaça (Kalebasse, port., Schüttelidiophon)
brasilianisches Musikinstrument; ausschließlich in Gruppen des → *Samba* zum Markieren des Rhythmus gespielt; ursprünglich mit Perlenschnüren und einem kurzen Griff versehene Flaschenkürbisse, heute vielfach durch Kunststoffkörper ersetzt; durch Drehen, Anschlagen oder mit einem so genannten Schleifschlag gespielt.

Cabaçal (auch: Conjunto Típico Nordestino)
Bezeichnung für eine Volksmusikformation des brasilianischen Nordostens (Paraíba, Pernambuco und Ceará), die folkloristisch-traditionelle Tänze (z. B. den → *Côco*) mit den Instrumenten → *Zabumba* (meist 2 Instrumente), → *Pife*, → *Ganzá* und → *Tamborim* spielt.

Caballero
1. Allgemeinbezeichnung für den männlichen Partner in Paartänzen zahlreicher Länder Lateinamerikas (C. = Ritter, Ehrenmann oder Reiter; span.). Seine Partnerin wird häufig »La Dama« (die Dame) genannt; auch regionale Synonyme wie »China«, »Chola« u. a. sind üblich. 2. alter, von Spanien nach Lateinamerika überkommener Salontanz, der im XVIII. Jh. u. a. in Mexiko (Nueva España) sehr populär war.

Caballete
peruanischer Volkstanz; in einigen Ortschaften der Region Andahuaylas aufgeführt.

Caballitos, Los -
1. nikaraguanisches Tanzlied aus der ländlichen Musikfolklore, vor allem im Gebiet von Nicoya verbreitet; zur Begleitung dienen die Instrumente → *Marimba* u./o. Gitarren. 2. mexikanischer Tanz dramatischen Charakters, im Bundesstaat Zacatecas aufgeführt.

Cabaqui
der europäischen Gitarre ähnliches Volksmusikinstrument mit vier Saiten; in Siedlungen der peruanischen Ticuna-Indianer (Amazonasgebiet) von regionalen Musikern gefertigt und gespielt, oft zusammen mit Flöten vom Typ → *Quena*.

Cabaquinha → *Cavaquinho*

Cabel, René (eigtl. René Cabezas Rodríguez)
* 9.3.1914 La Habana; kubanischer Sänger moderner Populärmusik. C., der mit seiner Tenorstimme auf Konzerten von Ernesto → *Lecuona* Lieder wie »Yo quiero que tú sepas« sang, gehört zu den ersten bekannten Interpreten des → *Bolero cubano* und produzierte (u. a. bei Puchito) zahlreiche Schallplatten, darunter die Titel »Camino viejo« und »Soberbia«.

Cabeza de Cochino → *Polkekin*

Cabezudo → *Gigantón*

Cabildantes, Los - (Danza de los C.)
1. Allgemeinbezeichnung für innerhalb des → *Cabildo (1)* aufgeführte afrolateinamerikanische, insbesondere afrokubanische Tänze. 2. afrokolumbianischer Tanz aus der Kolonialzeit, dem → *Paloteo* sehr ähnlich; noch heute bei stark rückläufiger Verbreitung in der Region Chocó aufgeführt. 3. Bezeichnung der Angehörigen bzw. Teilnehmer des → *Cabildo (1).*

Cabildo
1. ursprünglich die spanische Stadtverwaltung, wurde später zum Sammelbegriff für Zentren kultureller Betätigung, z. T. auch religiöser Art. 2. Versammlung afrolateinamerikanischer Bevölkerungsgruppen (Carabalí, Mandinga, Congo u. a.) zur Ausübung folkloristisch-sozialer Aktivitäten, z. B. ein Tanzfest mit Musik und Gesang; vor allem in Kuba hat der C. der schwarzen Sklaven eine bis ins XVI. Jh. zurückreichende Tradition aufzuweisen. Nach alten Quellen existierte bereits 1573 in La Habana eine Stätte, in der sie das kathol. Fronleichnamsfest feierten. Heute bestehen solche Zentren nur noch vereinzelt, die meisten verschwanden bzw. gingen in anderen, neueren Zentren oder Gruppen auf. Die letzte C.-veranstaltung wurde in Kuba am 6.1.1884 aus Anlass des Dreikönigstages in La Habana zelebriert. Heute noch bestehende Zentren wie der Cabildo Nilonillé in Matanzas haben nach Aufhebung der Sklaverei ihre Motivation grundlegend geändert. C.s existierten weiterhin u. a. in Kolumbien, Peru und Uruguay.

Cabinda (Cambinda)
afrobrasilianischer Defiliertanz, von Gruppen während des Kanevals in Recife (Pernambuco) aufgeführt.

Caboca → *Afoxe*

Caboclinho (Cabocolinho)
Sammelbegriff für einige dramatische Mestizentänze in Brasilien, zur Gruppe der → *Pastorís* gehörend und zur Zeit des Karnevals in den Bundesstaaten Paraíba, Pernambuco und Rio Grande do Norte getanzt. Man unterscheidet sowohl gesungene, als auch rein instrumentale Formen, die generell durch → *Pife* und → *Zabumba* begleitet werden; zuweilen verwendet man zusätzlich → *Taró* und → *Caracaxá;* die Choreographie ist vielseitig und erfordert große Geschicklichkeit der Tänzer.

Caboclo (Os Caboclos)
1. dramatischer Volkstanz des brasilianischen Gebietes Itaparica (Bahia) und – in modifizierter Form – von Ceará, in dem indianische und kreolische Komponenten verknüpft sind. 2. die mythischer Inspiration zugrundeliegende indianisch-kreolische Zeremonie einiger Regionen Nordbrasiliens, bei der übernatürliche Wesen

Der Santero Cucho präsentiert die Fahne des Cabildo Nilonillé (Los Hijos de Atocha), die bei jeder Aktivität des Cabildo gezeigt wird; Matanzas / Cuba, 27.4.1981

angerufen werden; der verstorbene und heiliggesprochene Kultchef trägt den gleichen Namen. 3. Allgemeinbez. für einen aus der Vermischung zwischen Weißen (Kreolen) und Indianern hervorgegangenen Mischling in Brasilien, der Träger einer eigenständigen Kultur ist.

Cabral, Facundo

* 1938 La Plata; argentinischer Sänger, Gitarrist und Liedermacher; gilt als → *Payador,* der insbes. ländlich-folkloristische Formen wie → *Milonga,* → *Vidala* und das balladenhafte Lied (Canción trovadoresca) interpretiert, seine Texte zumeist selbst schreibt und sich auf der Gitarre selbst begleitet. Unter dem Label RCA Victor erschienen zahlreiche Schallplattenaufnahmen, darunter die Titel »Pobrecito mi patrón«, »Yo no vendo, yo no compro« und »Buen día, paloma«.

Cabrera Urrutia, Felipe (de) Nery

* 1876 Marianao (La Habana) † 1936 La Habana; kubanischer Sänger, Musiker (Maracas) und Liedermacher; hervorragender Vertreter des frühen → *Son cubano*; spielte bereits als Jugendlicher in urbanen Volksmusikgruppen seiner Region, darunter im *Sexteto Los Apaches,* das Instrument → *Maracas* und gehörte ab 1917 dem Cuarteto/Sexteto → *Oriental* an. C. schrieb einige Sones, die vorzugsweise vom Sexteto Oriental interpretiert wurden, darunter die Titel »Africana«, »Las maracas de Nery« und »Nieves«.

Cabrera, Musi

* 8.12.1956 Montevideo; uruguayischer Sänger, Musiker und Liedermacher; gehörte ab 1977 der Gruppe *Montresvideo* und ab 1982 der Formation moderner Populärmusik *Baldío* an. 1984/85 erschienen seine LPs »El viento en la cara« und »Auto Blues«.

Cabrera, Quintín

* 1939 (?) Montevideo; uruguayischer Sänger, Musiker und Liedermacher; lebte ab etwa 1975 im Exil (Barcelona [Spanien]), wo er mit kata-

Quintín Cabrera (Mitte) auf einem Konzert linker Jugendverbände Kataloniens in Barcelona

lonischen Musikgruppen kooperierte und mit diesen einige LPs (Label Edigsa) produzierte, die zahlreiche Protestlieder auf der Basis uruguayischer Volksweisen wie → *Milonga* oder → *Chamarrita* enthalten, darunter die von ihm geschriebenen Titel »Yo nací en Montevideo« und »Vidalita del destierro«.

Cabrera, Ramón
* 1918 Bayamo; kubanischer Sänger, Musiker und Komponist; entstammt einer Musikerfamilie, lebte zunächst in La Habana, später in Spanien; komponierte zahlreiche Stücke landestyp. Musik insbesondere der Formen → *Son montuno* und → *Guaracha,* darunter die Titel »Banes«, »Miguel«, »Oriente querido« und »Bayamo«.

Cabrisas - Farach, Dúo -
kubanisches Vokal- und Instrumentalduo; um 1952 durch Jesús Cabrisas und Irene Farach in La Habana gegründet; pflegte vorwiegend traditionell-trovadoreske Lieder, wobei insbes. Stücke von »Sindo« → *Garay* interpretiert wurden; 1955 als »Bestes Duo des Jahres« ausgezeichnet. Unter verschiedenen Labels, darunter Panart und Melody erschienen zahlreiche LPs, darunter die Titel »Dos lindas rosas«, »Amorosa guajira« und »En el tronco de un árbol«.

Cáceres, Oscar
* 1928 Montevideo; uruguayischer Gtarrist; Schüler von Ramón Ayestarán und Martino Sánchez; gab mit 13 Jahren öffentliche Gitarrenkonzerte, trat 1955/56 in Paris, Madrid, Barcelona und Valencia, später in Uruguay und Brasilien mit Darbietungen ernster und populärer Musik auf. 1964 Beteiligung am 2. Festival »Heitor Villa-Lobos«; ferner war C. auch Gründer der Gruppe *Artemus.*

Cachaca
nach 1990 in Paraguay eingeführte Genrebezeichnung für Tänze der → *Música tropical* wie → *Cumbia* oder → *Lambada* bzw. einer paraguayischen Variante dieser Musik. Nationale Gruppen interpretieren die C. vorwiegend mit Akkordeon, Gitarre (auch elektrisch) und Trommeln; ein weiterer Teil kommt in Originalversionen z. B. aus Kolumbien oder Brasilien. Oft werden die z. T. stark erotisch motivierten Texte der C. in der 2. Landessprache Guaraní gesungen.

Cachaça, Carlos
(eigtl. Carlos Moreira de Castro)
* 3.8.1902 Mangueira (Rio de Janeiro); brasilianischer Sänger, Musiker und Komponist; gehört zu den Vertretern des volkstümlichen → *Samba;* gehörte der Künstlergruppe der Samba-Schule → *Estação Primeira da Mangueira* an; komponierte zahlreiche Titel selbst bzw. zusammen mit anderen Musikern, darunter »Não me deixaste ir ao samba« (1923) und »Vingança« (1937).

Cachafaz, El - (eigtl. José Ovidio Bianquet)
* 14.2.1885 Buenos Aires, † 7.2.1942 Mar del Plata; berühmtester argentinischer Tänzer des → *Tango,* der durch seinen unnachahmlichen Stil mit spontaner Improvisation viel zur Popularisierung dieser Form in aller Welt beigetragen hat, in zahlreichen Filmen auftrat und Tanzunterricht erteilte. Auf Vorstellungen im Ausland (Paris, New York [Metropolitan Opera] und in Lateinamerika) gab er Proben seines Könnens.

Cachampa (Kachampa)
im 2/4-Takt gespielte indianische Melodienfolge, die die Begleitmusik für einen peruanischen Kriegstanz (Danza de Guerra) darstellt.

Cachao y su Ritmo Caliente (»Típica Cachao«)
kubanisches Vokal- und Instrumentalsextett, 1957 in La Habana durch den Kontrabassisten Israel → *López »Cachao«* formiert; es handelt sich um eine → *Jazzband,* deren Arrangements sich durch ein hohes und eigenwilliges musikalisches Niveau auszeichnen; weitere Mitglieder der Gruppe waren »El Negro« Vivar (Trompete), Guillermo Barreto (Trommeln, Schlagzeug), »Tata« → *Güines* (Tumbadora), Rogelio Iglesias (Bongoes) und Gustavo Tamayo

(Güiro). Schallplattenaufnahmen entstanden u. a. bei Maype, Panart, Kubaney und Salsoul, darunter die Titel »Trombón criollo«, »Pamparana« und »Controversia de metales«. Die Gruppe wurde 1961 mit anderen Musikern in New York neu formiert.

Cacharaína → *Quijada*

Cacharpari (Kacharpari)
Volkstanz aus Peru und Bolivien mit einem fröhlichen, sehr lebhaften Tempo, innerhalb des Komplexes indianischer Hochzeitsbräuche (Casarasiri) aufgeführt; gilt als eigentlicher Hochzeitstanz und wird, von den Brautleuten angeführt, von allen Dorfbewohnern in frei improvisierten Schritten getanzt und von Flöten, Trommeln und Gesang begleitet.

Cacharpaya (Kacharpaya)
bolivianischer Tanz der Indianer, zur Zeit des Karnevals bzw. zum Abschluss bestimmter Ereignisse und Festtage aufgeführt. Die C. hat sich später auch in Nordargentinien verbreitet.

Cachimbo
1. afrokubanische Trommel vom Typ der → *Tumba*; die kleinste der Tambores → *Yuka*, von den Congo-Gruppen Kubas zur Erzeugung der → *Bantú*-Musik benutzt. 2. Name des Saxophons im volkstümlichen Sprachgebrauch der Dominikanischen Republik; in die traditionellen → *Merengue*-Gruppen integriertes Instrument. 3. mestizischer Volkstanz Nordchiles (Norte Grande), dem → *Huayño* verwandt; durch Komponenten der → *Cueca* bereichert. Der C. ist durch indianischen Einfluss aus dem Gebiet der Hochebene (Altiplano) wahrscheinlich bereits im XIX. Jh. entstanden; nach Meinung von Folkloristen stammt er aus der in der Atacama-Wüste gelegenen Oase Pica; er wird als Paartanz festlichen Charakters aufgeführt und gehört zu den markantesten Formen der nordchilenischen Musikfolklore. Die Begleitmusik wird durch → *Charango*, → *Bombo*, indian. Flöten, neuerdings auch durch Akkordeon erzeugt; bekannter Erforscher und Interpret dieses Tanzes ist Calatambo → *Albarracín*, der mit seiner Folkloregruppe Titel wie »Cachimbo tarapaqueño« und »Caliche« interpretierte. 4. → *Catimbó*

Cachirí
indianischer Prozessionstanz der kolumbianischen Stämme Tatuya und Barasana.

Cachirulo
alter afrokubanischer Volkstanz ländlicher Regionen im Ostteil von Kuba; heute nicht mehr aufgeführt.

Cacho (Kachú)
Variante eines aus dem Horn eines Rindes hergestellten trompetenartigen Volksmusikinstruments, u. a. in Nikaragua und Kolumbien verwendet. In den kolumbianischen Regionen Antioquia, Santander, Ost-Cundinamarca und den Llanos dient es auch als Signalinstrument der Viehhirten. (→ *Pitón*, → *Jatonés*)

Cachua (Kashua, Qachua, Qashua, Caswa)
indianischer Rundtanz der peruanischen Provinz Arequipa; im 2/4-Takt konzipiert; die Teilnehmer halten sich beim Tanzen an den Händen.

Cachucha
aus Andalusien stammender, 1828 erstmals erwähnter lebhafter → *Bolero* im 3/4- bzw. 3/8-Takt, der Elemente des → *Fandango (1)* aufnahm; zunächst nur durch Gitarre, später auch durch andere Instrumente begleitet. Die auch in LA populär gewordene C. (in Brasilien → *Maria-Cachucha*) wurde wegen ihrer oftmals lasziven Texte insbes. durch kirchliche Kreise angefeindet; in Europa wurde die C. von der Wiener Tänzerin Fanny Elssler (1810 – 1884) popularisiert.

Cachullapi
ekuadorianisches Tanzlied indianischer Inspiration, in bewegtem 6/8-Takt mit landestypischen Musikinstrumenten (→ *Rondador*, Gitarre und zuweilen Akkordeon) ausgeführt; aus

dem → *Amorfino* unter Hinzufügung von Komponenten aus der indoekuadorianischen Musikfolklore entstanden. Bekannteste Komposition ist »Canelazo« von Gerardo Arias.

Cachumba
alter, heute nicht mehr aufgeführter kubanischer Tanz; war der → *Guaracha* sehr ähnlich.

Cachupina
1. nur noch selten aufgeführter chilenischer Volkstanz. 2. kolumbianischer Volkstanz der östlichen Region der Provinz Cundinamarca.

Caçula e Marinheiro
brasilianisches Vokal- und Instrumentalduo (Dupla) ländlicher Volksmusik; um 1955 durch Orlando Biachi »Caçula« (* 1934) und Benedito Brás dos Reis »Marinheiro« (* 1929) formiert; unter versch. Labels (u. a. Victor, Tropical) erschienen zahlreiche Aufnahmen der → *Música caipira*, darunter die Titel »Oração« und »Galopeira«.

Cacumbi → *Ticumbi*

Cadacada (Idiophon)
aus Muschelgehäusen angefertigte Kastagnetten; in der Volksmusik der Araukaner (Mapuche) Chiles benutzt.

Cadena (Kette, span.)
1. eine der wichtigsten choreographischen Figuren der → *Contradanza*, auch »Cadeneta« oder »Cadena de Señores« genannt. 2. zu den → *Garabato*-Tänzen Kolumbiens gehörender Tanz mit ein bis vier Tanzpaaren, von der → *Seguidilla (2)* herkommend; auch in Puerto Rico verbreitet. 3. Tanzfigur der → *Cuadrilla,* auch »C. inglesa« genannt. 4. → *Chicotillo* 5. in Lateinamerika weitverbreiteter Begriff für eine über ein ganzes Land verteilte Senderkette.

Cadence (kadans)
Volks- und Populärtanz der Französischen Antillen (z. B. Martinique), der aus Komponenten der Form → *Beguine* (*biguine)* sowie anderer francokaribischer Tänze entstanden ist. Viele Stücke dieses Tanzes werden in der Mischsprache *Créole* interpretiert. Zu den weitaus bekanntesten Interpreten der C. gehören David Martial und das Ensemble La Perfekta. Später ging aus dieser Form der inzwischen in weiten Teilen der Karibik verbreitete Modetanz *Zouk* hervor.

Cadencia (port.: Cadência)
Kadenz; zuweilen Synonym für Rhythmus, z. B. des brasilianischen → *Samba* (Cadência do Samba).

Cadenita
bolivianischer Volkstanz der Region von Tarija.

Caderona
kolumbianischer Volkstanz; in der Pazifik-Region verbreitet. Die in ihrem Rhythmus mehr einem Marsch ähnelnde C. ist schon sehr alt und wird derzeit kaum noch getanzt; sie gehört zur Gruppe des → *Currulao.*

Cadete e Baiano
brasilianisches Vokalduo (Dupla); um 1900 durch Manoel Evêncio da Costa M. »Cadete« (1874 – 1960) und Manoel Pedro dos Santos »Baiano« (1875 – ?) gegründet. Durch die Casa Edison wurden 6 Tonwalzen (Phonogramme), für das Label Odeon ab 1913 erste Schallplatten, darunter der Titel »Santa Catarina«, produziert. Bei diesem Duo handelt es sich um die älteste brasilianische Formation ihres Typs, über die gesicherte Nachrichten vorliegen, gleichzeitig gehört sie zu den Pionieren der Tonaufzeichnungen in Brasilien.

Cadícamo, Enrique »Rosendo Luna«
* 15.4.1900 Luján (Prov. Buenos Aires); argentinischer Textautor und Dichter; schuf zahlreiche Texte hoher literarischer Aussagekraft zu Titeln des → *Tango,* darunter »Che Papusa oí« (1927; Musik: G. H. Matos Rodríguez), »Anclao en París« (1931, Musik: G. Barbieri), »Niebla del Riachuelo« (Musik: J. C. Cobián)

Jorge Cafrune (links) bei einer Begegnung mit seinem Kollegen und Freund aus Paraguay Mauricio Cardozo Ocampo. Das Foto entstand 1972 in Asunción.

und »Nunca tuvo novio« (Musik: A. Bardi). Für Carlos → *Gardel* schrieb C. 20 Tango-Texte.

Café cantante (Café Concert)
urspr. spanische Gaststätte (Konzert-Café), in der Musik versch. Art dargeboten wird; in LA um die Jahrhundertwende populär geworden (u. a. in Buenos Aires, La Habana, Montevideo und México-Stadt). Auftritte zumeist kleiner Gruppen oder Solisten; in Argentinien waren diese Cafés Zentren des → *Tango;* heute insgesamt rückläufig, die Live-Musik wird vielfach durch das Abspielen von vorfabrizierten Tonträgern ersetzt.

Cafrune, Jorge
* 8.3.1937 Jujuy, † 1.2.1978 Tigre; argentinischer Sänger, Gitarrist und Liedermacher; zählt zu den bekanntesten Interpreten lyrisch-poetischer Lieder, die er z. T. selbst schrieb oder von Atahualpa → *Yupanqui,* Eduardo → *Falú* u. a. übernahm. Der → *Payador* begann 1957 als professioneller Interpret, 1962 nahm er erfolgreich am Liederfestival von Cosquín (Argentinien) teil und bereiste Lateinamerika und Europa; wobei seine Interpretation in den letzten Schaffensjahren gewissen Kommerzialisierungstendenzen unterlag. Bei CBS enstanden zahlreiche LPs, die u. a. die Titel »Cururu« und »Albahaca sin carnaval« enthalten.

Cahuiri → *Marini*

Caiapó
zu den dramatischen Tänzen der brasilianischen → *Pastorís* gehörender Volkstanz religiöser Inspiration; heute kaum noch verbreitet.

Caicayén, Dúo -
chilenisches Vokal- und Instrumentalduett folkloristischer Musik; nach 1990 durch Carlos Mansilla (Gesang und Akkordeon) und seine Ehefrau (Gesang und Gitarre) in Linao (Insel Chiloé) gebildet. Das Duo interpretierte und publizierte (bei Círculo Cuadrado) Titel wie »Vamos pa' Linao« (Rin), »Soy viejo chilote« (Vals), »Canción a Calbuco« (Vals) und »Ranchera chilota« (Ranchera).

Caignet Salomón, Félix Benjamín »Félix Ve«
* 31.3.1892 Finca Burene (San Luis), † 25.5.1976 La Habana; kubanischer Sänger, Musiker (Gitarre), Liedermacher, Journalist und Schriftsteller; wandte sich nach schriftstellerischer und rezitatorischer Tätigkeit, ab 1936 in La Habana lebend, dem Gesang zu und trat u. a. zusammen mit Rita → *Montaner* auf; schrieb mehr als 300 Musikstücke, darunter »Te odio« (Criolla, 1928 durch R. Montaner erstmals gesungen), »Carabalí«, die → *Zarzuela* »Barracón« und die weitaus bekannteste, in die Musikfolklore Kubas eingegangene Komposition »Frutas del Caney« (Pregón, u. a. durch das Trío → *Matamoros* interpretiert).

Caimán
dominikanische Tanzlied der Region von Puerto Plata; durch Akkordeon, → *Maracas,* → *Claves* und → *Tambora* begleitet.

Caisse
1. Allgemeinbez. für die Trommel in französischsprachigen Gebieten Lateinamerikas. 2. Synonym für → *Caja,* wobei zwischen Caisse sourde (eine Wirbeltrommel), C. claire (klein) und C. plate (Flachtrommel) unterschieden wird.

Caixa (Taró, Tarol)
portugiesisch-brasilianisches Äquivalent der Trommel → *Caja (1);* findet in der brasilianischen Volks- und Populärmusik breite Anwendung.

Caixinha
kleine Ausführung der Trommel → *Caixa.*

Caja
(port.: Caixa bzw. Caixinha; franz.: Caisse)
1. Sammelbezeichnung für in großer Formenvielfalt in ganz Lateinamerika gespielte kleine Trommeln mit 34 – 50 cm Ø und einer Höhe von 10 – 15 cm; an Bändern, Riemen oder Schnüren

um den Leib getragen, besonders zum Musizieren beim Marschieren geeignet; europ. Ursprungs und nahezu identisch mit der von Militärkapellen und Spielmannszügen verwendeten Flachtrommel; unter einer großen Zahl spezieller Namen wie → *Tinya,* Huancar, Uancara usw. in der Volksmusik versch. Länder Lateinamerikas bekannt. Eine im äußersten Norden Chiles gespielte Trommel dieser Art heißt *Caja chayera*; eine in der → *Música vallenata* eingesetzte C. wird *C. vallenata* genannt. Der Spieler wird als *Cajero* bezeichnet. 2. zur Gruppe der Trommeln → *Tambor* gehörende afrolateinam. → *Yuka*-Trommel, die von den Congo-Musikern Kubas bzw. Panamas (z. B. in Darién) gespielt wird. 3. Caja del arpa – Resonanzkörper einer Harfe (Arpa); in einigen Ländern Lateinamerikas, z. B. in Peru (Ayacucho, Cusco, Lambayeque und Piura) mit den Fingern perkutiert und so als Idiophon benutzt

Cajigas Gamarra, Tula

* 7.10.1944 Apurímac; peruanische Sängerin ländlich-mestizischer Volksmusik; interpretierte Titel der Formen → *Yaraví*, → *Huayno*, → *Carnaval* und → *Vals peruano*, daneben auch Populärmusik (Boleros); 1972 erschien ihre erste LP, 1975 besuchte sie zusammen mit der Gruppe *Kutaq* u. a. Kuba.

Cajita

kleinere Ausführung der Marschtrommel → *Caja;* in der Volks- und Populärmusik versch. Länder Lateinamerikas gespielt, u. a. in der afroper. Musikfolklore der Regionen La Libertad (Trujillo) und Lima.

Cajón

lateinamerikanisches Perkussionsinstrument eindeutig afrikanischer Herkunft; ursprünglich eine Holzkiste, wie sie zur Verpackung handelsüblicher Artikel, z. B. Fisch, benutzt wurde; später jedoch ausschließlich für den musikalischen Gebrauch hergestellt; in den meisten Fällen mit den bloßen Händen, seltener mit Stäben perkutiert; der Spieler heißt *Cajoneador*. Das Instrument dient u. a. zur rhythmischen Begleitung afroperuanischer Volkstänze wie → *Festejo* und auch der → *Marinera* insbes. in den Regionen Ancash, Ica, Lambayeque, La Libertad, Lima und Piura. Ferner kommt es in der Volksmusik Kolumbiens (Variante Canjilón) und in der afrokubanischen Musik zur Begleitung von → *Guaguancó*, → *Yambú* und → *Rumba* zum Einsatz, dabei wird oft der improvisierte *Cajón de bacalao*, eine aus dünnen Brettern für den Transport von Stockfisch hergestellte Kiste, verwandt.

Calabacito

1. kleine Ausführung eines aus einer Kalebassenfrucht hergestellten Schüttelidiophons von der Art der → *Maracas.* 2. in der indianischen Volksmusik verschiedener Stämme (Tribus) der kolumbianischen Provinz Vaupés benutztes Perkussionsinstrument.

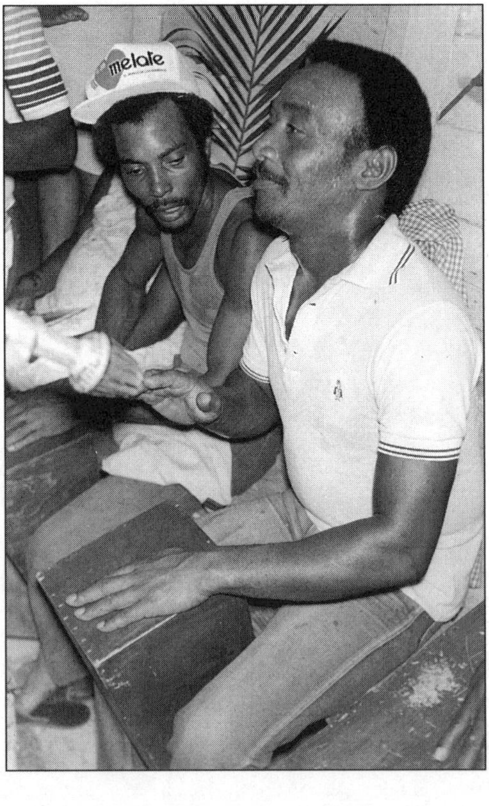

Kubanischer Cajón-Spieler bei der Interpretation einer Rumba (Photo: CIDMUC)

Calabazas, Las -
mexikanischer Karnevalstanz mit langer Tradition, Variante der Polka; von Bewohnern ländlicher Gebiete des Bundesstaates Durango auseinander getanzt; der Mann nimmt der Frau gegenüber Aufstellung und widmet ihr im Verlauf des Tanzes improvisierte Verse.

Calabazo → *Güiro*

Calabazón (Calabasón, Baile del C.)
alter, seit längerer Zeit nicht mehr aufgeführter kubanischer Tanz, dem → *Tumbantonio* ähnelnd und zur Gruppe der → *Rumba* gehörend.

Calacoru
regionale Variante der primitiven Muscheltrompete → *Kachú;* in der Volksmusik der Arahuaca-Indianer Perus gespielt.

Calandá
afrohaitianischer Tanz; typisches Merkmal ist die stets ausgeführte → *Ombligada.*

Calandria
alter, heute nur noch selten aufgeführter argentinischer Volkstanz für auseinander tanzende Paare; in den Regionen San Luis, Córdoba und Santa Fe verbreitet.

Calango
Volkstanz des brasilianischen Bundesstaates Minas Gerais; im 2/4-Takt konzipiert, vorwiegend in den Regionen Bicas, Caratinga und Barbacena sowie auch im Gebiet von Rio de Janeiro verbreitet; man unterscheidet gesungene und instrumentale Versionen; es wird paarweise zusammen getanzt; der Rhythmus ähnelt dem → *Samba urbano.* Eine besondere Variante ist der *C. de Desafio*, bei der die Zuhörer aktiv an der gesanglichen Gestaltung teilnehmen; zur musikalischen Begleitung wird insbesondere die → *Sanfona (de Oito Baixos)* eingesetzt; ein bekannter Interpret mit Titeln der Populärmusik ist Martinho da → *Vila.*

Calaveras, Trío -
mexikanisches Vokal- und Instrumentaltrio; 1938 in México-Stadt durch Miguel Bermejo, Raúl Prado und Pepe Zaldívar gegründet; die bis 1963 bestehende Gruppe interpretierte vorwiegend Volksmusik der Formen → *Ranchera,* → *Corrido* und → *Huapango;* unter dem Label RCA Victor entstanden zahlreiche Schallplatten, darunter die Titel »Corazón mexicano«, »Flor silvestre« und »Teniente Coronel«.

Calchakis, Los - (Calchaquis o. Grupo de Flautas Indígenas Calchakis)
argentinisch-lateinamerikanische Vokal- und Instrumentalgruppe; um 1965 durch Héctor Miranda, Fernando Vildosola und Rodolfo Dalera (alle Argentinien) sowie Nicolás Pérez G. (Paraguay) und Sergio Arriagada (Chile) formiert, zeitweilig mit dem Flötisten Alfredo de Robertis (Argentinien) musizierend; zum Einsatz gelangten 19 typische Folkloreinstrumente wie → *Quena,* → *Pinkillo,* → *Sicu,* → *Rondador,* → *Tarka,* → *Anata* und → *Bombo,* darüber hinaus Harfe und → *Charango.* Das Repertoire bestand im wesentlichen aus Titeln der argentinischen und lateinamerikanischen Musikfolklore bei Dominanz andiner Lieder und Tänze; die durch Gastspiele und Schallplattenaufnahmen (u. a. bei Barclay und Arion) in Europa sehr bekann-

Los Calchakis: LP »Les flûtes indiennes – Vol. 3« (in Frankreich produziert) – Arion 30 T 091 (Paris, 1970)

Sílvio Caldas während eines Konzertes in Rio de Janeiro

te Formation interpretierte u. a. die Titel »Camino del Indio«, »El arriero va« und »Amanecer andino«.

Caldas, Sílvio »O Seresteiro do Brasil«
(eigtl. S. Narciso de Figuereido C.)
* 23.5.1980 Rio de Janeiro; brasilianischer Sänger, Musiker und Liedermacher; hervorragender Interpret romantisch-trovadoresker Lieder der Form → *Seresta;* von Beruf Mechaniker und durch seinen Vater musikalisch gefördert, begann 1927 bei Rádio Mayrink Veiga und 1929 bei Rádio Sociedade zu singen und ab 1930 bei Brunswick, Victor, Columbia und Odeon Schallplatten zu produzieren, darunter die Titel »Faceira«, »Torturante ironia« und »Chão de estrêlas« sowie »Suburbana«; insgesamt erschienen 116 Schallplatten, auch im Duett mit Carmen → *Miranda,* Gastão → *Formenti* u. a. vorgetragen.

Calderón, Gilberto Miguel »Joe Cuba«
* 22.4.1931 New York; US-amerikanischer Musiker (Conga, Tumbadora), Arrangeur, Bandleader und Komponist puertorikanischer Abstammung; nahm 1954 den Künstlernamen »Joe Cuba« an und gründete in dieser Zeit in Spanish Harlem (New York) das *Joe Cuba Sextet*, mit dem er auch englisch oder zweisprachig gesungene Stücke interpretierte. 1992 formierte er seine neue Band *New Generation*, mit der er im »Club Broadway« auftrat. Sein Repertoire umfasste zuletzt Titel der Mischform → *Salsa,* darunter »Alafia« und »La calle está durísima«, eigene Kompositionen.

Calderón, Trío Hermanos -
mexikanisches Vokal- und Instrumentaltrio; um 1962 durch die Gebrüder (Hermanos) Calderón formiert; unter der Leitung des Musikers (Violine), Sängers, Arrangeurs und Komponisten Cuco Calderón wurde Volksmusik aus der sog. »Zona Huapanguera« (Nordostmexiko), insbesondere der Formen → *Huapango* bzw. → *Son huasteco,* interpretiert; auf Schallplatten (Label Peerless u. a.) erschienen u. a. die Titel »La Huazanga« und »La Petenera«.

Caleador → *Poporo*

Calebasse
innerhalb des afrohaitianischen Kultes → *Vodú* aufgeführter Ritualtanz, in dem drei verschieden große Kalebassen an Stelle der sonst üblichen Trommeln als Rhythmusinstrumente eingesetzt werden.

Calenda
1. alter, vollkommen in Vergessenheit geratener Tanz des La-Plata-Gebietes mit Dominanz negroider Elemente. Bis zum Erscheinen der Bezeichnung → *Candombe* (etwa 1830) wurden alle negroiden Tänze dieses Gebietes entweder als C. oder auch als »Tango« bezeichnet. 2. → *Calindá*

Calero → *Poporo*

Caleta, Dueto -
mexikanisches Vokal- und Instrumentalduo;

nach 1940 durch Enrique Rosas und Benjamín Galeano gegründet; gehört zu den bekanntesten Interpreten traditionell-folkloristischer Musik vorwiegend des Bundesstaates Guerrero wie → *Chilena* und → *Corrido;* Schallplatten erschienen bei Victor, darunter die Titel »La Cucaracha« und »La San Marqueña«.

Calheiros, Augusto »Patativa do Norte«
* 5.6.1891 Maceió (Alagoas), † 11.1.1956 das.; brasilianischer Volkssänger (Cantador) und Liedermacher; kam als Jugendlicher nach Recife und lernte hier den Musiker Luperce → *Miranda* kennen, der sein späteres Wirken entscheidend beeinflusste; er gehört zu den Gründern der legendären Gruppe Os → *Turunas de Mauricéia,* mit der er als Gesangssolist Walzer (Valsas), Toadas und trovadoreske Lieder, darunter »Ranchinho abandonado« und »Flor do Sertão«, darbot.

Calindá (Calenda, Caringa, Calinda)
heute nicht mehr aufgeführter Tanz einiger Geheimgesellschaften der Afrohaitianer, der → *Caringa* weitgehend ähnlich. Oft wird auch der afropuertorikanische Tanz → *Bomba (1)* im regionalen Sprachgebrauch so bezeichnet, dessen Ursprung ebenfalls in Haiti zu suchen ist. Die C. war einer der populärsten Tanze afrolateinamerikanischer Sklaven, die aus Guinea stammten; im Mittelalter, von Afrika aus, gelangte die C. auch nach Spanien, wo sie längere Zeit als »exotischer Tanz« aufgeführt wurde; heute noch unter der Bez. *Calenda* in Cayenne (Franz. Guayana) von der schwarzen Bevölkerung getanzt; auch auf Carriacou, Trinidad u. a. karibischen Inseln erhielten sich vereinzelt C.-tänze.

Calinga
alter kubanischer Tanz spanischen Ursprungs; seit langem nicht mehr verbreitet.

Call & Response (Principio Responsorio) (Anruf- und Antwort-Prinzip)
das »Anrufen« (Provozieren) eines Gesangssolisten (hier »Vorsänger« genannt) zur Ausführung eines Wechselgesanges Vorsänger / Chor, wobei letzterer auf den solistisch intonierten Initialgesang »antwortet«. Dieses auf afrikanische Traditionen zurückgehende Prinzip wurde in die Musikfolklore aller von negroiden Bevölkerungsgruppen bewohnten Länder Lateinamerikas übernommen; häufig werden einzelne Parts in afr. Dialekten gesungen; in jüngerer Zeit jedoch überwiegend in den Landessprachen (Spanisch, Portugiesisch, Englisch, Französich, auch Créole oder Papiamento). Das Prinzip der Alternanz Vorsänger / Chor beeinflusste neuere Volks- und Populärtänze wie → *Merengue,* → *Samba* und → *Rumba* nachhaltig; in der indianischen Musikfolklore existieren analoge Formen des Wechselgesanges.

Calladito
alter, heute nicht mehr verbreiteter chilenischer Volkstanz.

Callahuaya (Qollahuayo)
indianischer Volkstanz der Hochebene (Altiplano) Boliviens und Perus; aus Anlass von Patronatsfesten in Ortschaften städtischen Charakters aufgeführt. Tänzer und Tänzerinnen nehmen in getrennten Reihen Aufstellung und

Dueto Caleta – LP »Recordando Dueto Caleta« – RCA Camden CAM-077 (1963)

bewegen sich im Rhythmus der Instrumente → *Quena,* Saxophon, Klarinette, Posaune, → *Bombo* und Dreiangel (Triángulo).

Callejera

kostarikanischer Volkstanz im 6/8- bzw. 2/4-Takt mit Texten (Coplas) meist sentimentalen, amourösen oder burlesken Charakters; Hauptbegleitinstrument ist die Gitarre, es können jedoch auch → *Marimba* u./o. Akkordeon sein. Die C. entstand Ende des XIX. Jh. aus der kubanischen → *Contradanza;* einige Varianten weisen Ähnlichkeiten mit der → *Guajira* auf; die musikalische Struktur ähnelt der des → *Punto guanacasteco,* wobei die C. lebhafter und in leichterem Tonfall vorgetragen wird. Interpreten sind u. a. Los → *Ticos* und Lorenzo »Lencho« → *Salazar.*

Caló, Miguel

* 28.10.1907 Buenos Aires, † 24.5.1972 das.; argentinischer Sänger, Musiker (Violine, Bandoneón), Arrangeur und Bandleader; wurde durch sein um 1940 formiertes Orchester, in dem er sang und Bandoneón spielte und das oft auch *La Orquesta de las Estrellas* (Star-Orchester) genannt wurde, sehr populär; widmete sich fast ausschließlich der Interpretation eines zur → *Lunfardo*-Szene tendierenden → *Tango.* Unter den Labels Odeon, Musart u. a. entstanden zahlreiche Schallplatten, darunter »Percal«, »Mano a mano« und »Uno«.

Calundu

alte Bezeichnung für Sessionen der → *Macumba* bzw. des → *Candomblé* der Afrobrasilianer; sie war bis gegen 1750 gebräuchlich.

Caluyo → *Kaluyo*

Calvo, Luis Antonio »El Chato«

* 28.8.1882 Santafé de Gámbita, † 22.4.1945 Agua de Dios; kolumbianischer Musiker und Komponist; zu den bekanntesten Persönlichkeiten der Volks. und Populärmusik Kolumbiens zählend; studierte ab 1905 in Bogotá; 1910 entstanden erste Lieder insgesamt romantischen Charakters wie »Los Pinos« und »Anhelos«; komponierte daneben Pasillos, Bambucos, Danzas und Walzer, leitete in Agua de Dios eine folkloristische Lehranstalt, die heute seinen Namen trägt, war längere Zeit Mitglied der Musikgruppe *Lira Colombiana* und veröffentlichte ein Liederbuch (Cancionero).

Calypso (Calipso)

über weite Teile der Karibik verbreiteter Tanz urspr. rein folkloristischen Charakters; sehr oft durch Gesang begleitet; vor allem auf den englischsprachigen Inseln Trinidad und Jamaika und den kleineren Karibikinseln, jedoch auch auf San Andrés (Kolumbien) und an der atlantischen Küste Costa Ricas und in Guyana verbreitet; soll Ende des XIX. Jh. als afrolateinamerikanische Form auf Trinidad entstanden sein, die u. a. Elemente von → *Rumba,* → *Mento* und → *Paseo* in sich vereinigte. Um 1930 bildete sich die noch heute übliche Form der Interpretation heraus. Die Herkunft des Namens ist ungeklärt; eine der Deutungen leitet ihn von dem dem Pidgin-Englisch Trinidads entstammenden Wort *kaiso* (= wild) ab. Ursprüngliche Calypsos aus Trinidad hatten balladenhaften Charakter und wurden durch die Bewohner ländlicher Regionen in Englisch gesungen, die Texte entstanden oft in spontaner Inspiration. Der C. ist seit 1955 Modetanz, der etwa 1956 auch nach Europa gelangte, wo er durch Interpreten wie → *Lord Kitchener,* → *Lord Melody,* Mighty → *Sparrow* und Harry → *Belafonte* schnell populär wurde; Titel wie »The Banana Boat Song« (»Day O«), »Marianne« und »Mama looka boo boo« waren gängige Schlager. C.s wurden in das Repertoire der → *Steel Band* in zumeist instrumentaler Version integriert; man versuchte später auch, diesen Tanz dem sog. »Disko-Sound« anzupassen, was zu einer starken Kommerzialisierung beitrug, u. a. entstand die Form → *Soca* (Soul Calypso). Zu den interessantesten und aussagekräftigsten C.s gehören die der sog. *Old Brigade*, einer Gruppe von Interpreten der 30er und 40er Jahre, darunter Wilmoth → *Houdini,* Raymond → *Quevedo »Atilla the Hun«* und Hubert Raphael Charles. Bevorzugte Begleitinstrumente sind neben versch. Trommeln (heute meist → *Steel Drum*) Gitarren (vornehmlich mit Stahlsaiten bespannt), Banjo, Trompeten, Klarinetten usw. Auf einem Ausscheid in Port of Spain (Trinidad) wird einmal im Jahr der beste Interpret (Calypsonian), »King of Calypso«, ermittelt; gegenwärtig zählt Mighty Sparrow zu den populärsten Sängern und Liedermachern dieser Form.

Calypso Rose (eigtl. Mc Cartha Lewis)
* 27.4.1940 Bethel (Tobago); anglokaribische Sängerin und Liedermacherin; zählt gegenwärtig in ihrer Region zu den populärsten Interpreten der Formen → *Calypso* und → *Soca.*

Calzadilla, Ramón
* 8.1.1934 La Habana; kubanischer Sänger (Bariton); studierte bei Arturo Sovi und Maria Pissarewskaya Gesang; spezialisierte sich auf die Interpretation lyrischer Lieder und wurde 1960 beim Wettbewerb »B. Gigli« in Italien sowie 1962 beim Internationalen Gesangsausscheid von Toulouse jeweils mit dem 1. Preis ausgezeichnet; gab Gastspiele im In- und Ausland und produzierte einige LPs (u. a. bei Areito, darunter die Titel »Marta« und »Romance carabalí«.

Camaleão
ländlicher Volkstanz des brasilianischen Bundesstaates Rio Grande do Norte; Abart der → *Chula;* heute jedoch nur noch wenig verbreitet.

Camalión → *Golpe*

Camargo, Ely
* 12.2.1930 Goiânia (Goiás); brasilianische Sängerin, Liedermacherin und Folkloreforscherin; neben Inezita → *Barroso* eine der bekanntesten Interpretinnen brasilianischer Volksmusik; entdeckte bei ausgedehnten Forschungsreisen durch weite Landesteile vor allem Stücke der → *Música caipira* wieder, die sie arrangierte und interpretierte und z. T. auf Schallplatten des Labels Chantecler veröffentlichte, darunter die Titel »Mulher rendeira« und »Eu conheço muita gente«. Neben Stücken der Formen → *Modinha,* → *Seresta* und → *Toada,* repräsentativ für die Musikfolklore Gesamt-Brasiliens, widmete sich C. vor allem Liedern und Tänzen der Bundesstaaten Goiás, Paraná und São Paulo.

Camargo Spolidore, Jorge
* 18.6.1912 Sogamosa (Boyacá), † 29.1.1974 Medellín; kolumbianischer Musiker (Tiple), Komponist, Arrangeur und Bandleader; entstammt einer Musikerfamilie; trat zusammen mit seinen Brüdern dem Orchester von Efrain Orozco bei und übernahm 1948 in Bogotá die Leitung eines Orchesters; schrieb mehr als 70 Stücke, zu denen der → *Bambuco* »Chatica linda«, der → *Torbellino* »Mi tiple« und der Tango »Ingrata« gehören.

Camba
alter, nicht mehr verbreiteter Volkstanz Kolumbiens.

Ely Camargo

Cambaré, Roberto
* 16.8.1925 Balcarce (Buenos Aires); argentinischer Gitarrist und Liedermacher; schrieb einige Stücke insbes. der Form → *Zamba,* die in Argentinien Popularität erlangten, darunter »Angélica« (1958, von Horacio → *Guarany* erstmals gesungen), »Chiquilín« und »Tú«.

Cambinda → *Cabinda*

Cambio (Wechsel, Tausch, span.)
1. Allgemeinbez. für die Modifikation, den Wechsel von Rhythmus bzw. Tanzschritten. 2. Tanzfigur in Volks- und Populärtänzen Lateinamerikas wie → *Galerón* oder → *Contradanza.*

Camel (Ccamile, Kamili, Qamili)
indianischer Volkstanz Perus, in Regionen des Dep. Arequipa verbreitet; musikalisch durch die Instrumente → *Taqlla* und → *Campanilla* begleitet.

Caminero
heute kaum noch gebräuchliche Bezeichnung für den wandernden Volkssänger in verschiedenen Ländern Lateinamerikas. In Chile wurde eine selbstgebaute primitive Gitarre als → *Guitarra caminera* bezeichnet; neben Gitarren als Begleitinstrument verwendeten die Wandersänger häufig auch Violinen, Drehorgeln, Harfen bzw. den → *Serrucho.*

Camisão
kleine viereckige Trommel aus Brasilien, wird mit der Hand perkutiert.

Camo
von kolumbianischen Indianern gespielte, aus Schilfrohr hergestellte Flöte.

Campa (Adja) → *Campana*

Campana (Idiophon)
Glocke; in der Volksmusik versch. Länder Lateinamerikas, z. T. unter spez. Namen wie → *Cencerro* (Kuhglocke) oder → *Agogó* benutzt.

Campanario, Grupo -
chilenisches Vokal- und Instrumentalquintett der modernen Populärmusik; 1982 in Santiago de Chile durch Patricio Jauregui (Piano und Blasinstr.), Nino Ramírez (Schlagzeug, Trommeln), Francisco Provosta (Gesang und Gitarre), Carlos Vásquez (Saiteninstrumente, Perkussion) und Alberto Barabona (Bass) formiert. Die Gruppe experimentierte mit der Vermischung von Elementen der lateinam. Folklore mit denen des Jazz und der mod. Tanzmusik; sie beteiligte sich am Festival von → *Viña del Mar.*

Campanilla (C. manual)
mit einem Haltegriff versehene Metallglocke; in der Volksmusik vieler lateinamerikanischer Länder (z. B. in der Kultmusik Brasiliens oder der mestizischen Volksmusik Perus) verwendet.

Campanita (Glöckchen, span., Idiophon)
eine kleine Variante der → *Campana.*

Campanitas colgantes
kleine Metallglöckchen (zumeist aus Messing) mit Klöppeln, die an den Hosen bzw. Röcken der Tänzer befestigt werden und im Rhythmus der Tanzbewegungen erklingen; in der Musikfolklore zahlreicher lateinamerikanischer Länder verbreitet.

Campbell, Prince Buster »The King of Blue Beat«
* 28.5.1938 Kingston; jamaikanischer Sänger moderner Populärmusik; Sohn eines Eisenbahners; arbeitete nach Studien an der »Central Branch School« und der »St. Annes School« zunächst als Profi-Boxer; sang in seiner Freizeit den → *Calypso* und andere traditionelle Formen; trat später im »Grass Bucket Club« auf und vermischte nach 1960 Elemente des Beat mit dem Calypso; so entstand die neue Form → *Ska.* B. widmete sich ferner dem → *Reggae;* seine Titel »Julia«, »Too hot« und »Barrister Perdon« erschienen auf Schallplatten u. a. des Labels Melodisc.

Camperos de Colchagua, Los -
chilenisches Vokal- und Instrumentalquartett;

nach 1970 in Colchagua durch Guillermo Sepúlveda Carrasco, Lorena López, Miguel Lastra und Juan Tobar formiert; war auf die Interpretation der → *Cueca chilena* spezialisiert und nahm an diversen Wettbewerben folkloristischer Musik erfolgreich teil, z. B. mit der preisgekrönten Cueca »Un lucero cayó en Colchagua«, von G. Sepúlveda C. komponiert.

Campesina, Música - → *Música campesina*

Campesino (weibl. Form Campesina)
Sammelbegriff für den Bewohner ländlicher Gebiete des spanischsprachigen Raumes; zunächst für alle Einwohner; im allgemeinen Sprachgebrauch wird der Personenkreis eingegrenzt und überwiegend auf Kleinbauern und Landarbeiter (Peones) und deren Familien angewendet. Der C. ist Träger einer der unverfälschtesten Volkskulturen Lateinamerikas, der durch eine Lebensweise in relativer Abgeschiedenheit viele folkloristische Traditionen bis zum heutigen Tag bewahrt. Lieder und Tänze dieses kulturellen Umfeldes (→ *Música campesina*) gehören in den meisten lateinamerikanischen Ländern zum Gegenstand intensiver Feldforschung; in diesem Zusammenhang muss jedoch vor Bestrebungen geschäftstüchtiger Musikproduzenten gewarnt werden, die den Anhängern authentischer Volksmusik Elaborate als »Original-Bauernmusik« präsentieren, die zuweilen kaum in Beziehung zur ländlichen Musik stehen. Hervorragende Arbeit auf dem Gebiet der Bewahrung folklorist. Traditionen haben u. a. die US-amerikanische Plattenfirma → *Folkways* und ein von der UNESCO initiiertes Forscherteam geleistet; beide Gremien haben hervorragende Publikationen mit authentischer Musik (Feldaufnahmen) realisiert.

Campesinos, Trío Los -
peruanisches Vokal- und Instrumentaltrio folkloristischer Musik der Andenregion, in Andahuaylas (Apurímac) durch Wilfredo Quintana (Akkordeon, Arrangeur, Komponist und Sänger), Jorge Núñez del Prado (Violine und Komponist) und Daniel Quirhuayo (Gitarre) um 1960 formiert. Auf Schallplatten bzw. CDs erschienen vorzugsweise Titel der Form → *Huayno,* darunter »Huanchaquito« und »Yaulillay«.

Campo Alegre, Conjunto -
kubanische Vokal- und Instrumentalgruppe; 1968 in La Habana unter der Leitung von Raúl Lima gegründet; interpretiert ländliche Volksmusik Kubas u. a. der Formen → *Guajira,* → *Son montuno,* → *Controversia* und → *Criolla;* als Gesangssolisten wirkten u. a. Celina → *González* und Chanito → *Isidrón;* unter dem Label Areito entstanden zahlreiche LPs, darunter die Titel »Alborada guajira« und »Guajira linda«.

Campoamor, Manuel Oscar
* 7.11.1877 Montevideo, † 29.4.1941Ramón Mejía; uruguayischer Musiker (Piano) und Komponist; Autodidakt; hervorragender Vertreter der sog. »Alten Garde« des → *Tango;* trat in der Zeit um die Jahrhundertwende (XX. Jh.) als Solist oder in kleinen Gruppen als Pianist auf, begleitete u. a. auch die Sänger Angel G. → *Villoldo* und Gabino → *Ezeiza* bei ihren Auftritten; von seinen zahlreichen Solo-Piano-Aufnahmen, z. T. selbst komponiert und vornehmlich bei Odeon produziert, blieben viele als historische Dokumente der Geschichte des Tango erhalten, darunter die Titel »La Franela« und »La Mistonga«.

Campos, Hermanos -
chilenische Volksmusikgruppe, auf die Interpretation der → *Cueca chilena* spezialisiert; nach 1961 in Santiago de Chile durch die Gebrüder (Hermanos) Eleodoro und Humberto Campos gegründet; unter dem Label RCA Victor enstanden einige LPs, darunter die Titel »Campesino« und »Cueca de los músicos«.

Camú (C. purrui, Suarra, Kúisi)
indianische Panflöte aus drei verschieden langen Einzelflöten, deren Größe bis 90 cm messen kann; in der Volksmusik der Cuna-Indianer Kolumbiens und Panamas gespielt.

Canacana → *Bastón de Ritmo*

Canajagua, Conjunto -
panamaische Volksmusik- u. -tanzgruppe; 1963 in Las Tablas (Los Santos) formiert; unter der Leitung von Norma de Testa 45 Mitglieder umfassend; das Repertoire besteht aus traditionellen Volkstänzen wie → *Cumbia (panameña),* → *Tambor (4),* → *Mejorana* und → *Punto panameño;* unter dem Label Luna entstanden einige LPs.

Canario
1. alter mexikanischer Salontanz; heute nicht mehr aufgeführt. 2. kolumbianischer Karnevalstanz.

Canario y su Grupo
puertorikanische Volks- und Tanzmusikgruppe; 1925 in Ponce durch den Musiker Manuel A. → *Jiménez »Canario«* zunächst als Trio gegründet; spezialisierte sich auf die Interpretation des Tanzes → *Plena;* es wurden später zahlreiche Schallplatten (u.a. bei Colonial, Ansonia und RCA Victor) produziert, darunter die Erfolgstitel »Cortaron a Elena« und »Dios bendiga la plena«.

Canaro, Francisco »Pirincho« »El Kaiser«
* 26.11.1888 San José de Mayo, † 14.12.1964 Buenos Aires; uruguayisch-argentinischer Musiker (Violine, Mandoline), Komponist und Bandleader; hervorragender Vertreter der sog. »Alten Garde« des → *Tango;* begann seine Laufbahn als Musiker in der Gruppe von Vicente → *Greco,* bildete später mit Pedro Polito und José Martínez ein Trio, das sich um 1917 dem Orchester von Roberto → *Firpo* anschloss; später formierte C. ein eigenes Orchester, mit dem er 1925 u. a. nach Paris reiste und den Tango in Europa popularisierte. Zu den über 700 von ihm komponierten Titeln gehören »El internado«, »Madreselva« (1931), »La Tablada«, »Sangre azul« (1928) sowie der Welterfolg »Adiós Pampa mía« (1928, mit M. Mores und Ivo Pelay); Schallplatten entstanden u. a. bei »Atlanta«, Columbia und Odeon; von letzterem Label zahlreiche Tangos auch in Deutschland.

Canary, Mighty
* Geogetown; anglokaribischer Sänger und Liedermacher; einer der bekanntesten Interpreten Guyanas; widmete sich insbesondere dem → *Calypso*; 1979 erfolgreiche Teilnahme am Karibischen Liedfestival »Carifesta '79« (La Habana/Kuba).

Cana-verde (Caninha verde)
von Gesang begleiteter brasilianischer Rundtanz im 2/4-Takt; gehört zur Gruppe des → *Fandango (4);* insbes. im Bundesstaat Paraná verbreitet; typ. Begleitinstr. sind → *Viola* und → *Descante.*

Canção
portugiesisch-brasilianisches Äquivalent zur → *Canción.* In Brasilien existieren einige Mischformen, die langsame, gut singbare Varianten bestimmter Tänze sind, z. B. → *Samba-canção.*

Cancilleres, Trío Los -
kubanisches Vokal- und Instrumentaltrio; um 1958 in La Habana durch Guillermo Guerrero Rodríguez (1. Gitarre, 3. Stimme), Isidro Fonseca Ramos (2. Gitarre, 2. Stimme) und Jorge Rodríguez Lacchiocolt (1. Stimme) formiert; interpretierte romantisch-sentimentale Gesangsstücke, bei denen der → *Bolero* dominierte; unter dem Label Panart erschienen Schallplatten, darunter die Titel »Gracias« und »Esta fiebre«.

Canción (port.: Canção)
allgemeine Bezeichnung für viele gesungene Kompositionen; im besonderen liedhafte Stücke in meist getragenem Tempo mit sentimentaler, romantischer, verschiedentlich aktueller Aussage (Canción política, C. → *protesta*); ferner existieren in ganz Lateinamerika die *C. folklórica* (Volkslied), *C. popular, C. moderna*, daneben vereinzelt instrumentale (*C. instrumental*) sowie Mischformen wie Bolero-Canción und → *Ranchera Canción.* Zahlreiche Formen werden durch Zusatzbezeichnungen definiert: → *Canción de cuna* (Wiegenlied), → *Canción de trabajo* (Arbeitsgesang) und *C. religiosa* (religiöses Lied.) u. a.

Canción criolla
Sammelbezeichnung für das kreolische Lied (→ *Criollo*), das noch heute in fast allen Ländern Lateinamerikas als selbständiges Genre existiert und z. T. intensiv gepflegt wird. (→ *Trova*, → *Payador*, → *Nueva Canción Latinoamericana*)

Canción de cuna (Wiegenlied, span.)
Sammelbegriff für Lieder mit teilweise unterschiedlichen Bezeichnungen wie → *Nana*, → *Arrorró*, → *Arrullo*, → *Acalanto* u. a., die in den meisten Fällen von den Kindesmüttern gesungen werden und Teil der Musikfolklore sind.

Canción de trabajo (Arbeitslied, span.)
Allgemeinbezeichnung für Gesänge, die bei der Verrichtung diverser Arbeiten in meist monotoner Art und Weise entweder einzeln oder kollektiv angestimmt werden; teilweise unter spezifischen Namen wie → *Vaquerada*, → *Minga* u. a. bekannt; während der Arbeit mit dem Vieh – besonders bei dessen Beaufsichtigung – meist solistisch gesungen (→ *Canto de Vaquería*); beim Dreschen des Getreides (Canto de Trilla), beim Mahlen der Körner (Canto de Pilón), beim Teigzubereiten, bei der Ernte, beim Feldbestellen usw. Daneben gibt es spezielle Gesänge von Kutschern, Müllern, Fischern, Chauffeuren, ambulanten Verkäufern u. v. a.; sie sind generell Teil der Musikfolklore Lateinamerikas.

Canción huapangueada
die am langsamsten interpretierte Abart des → *Huapango*, auch *Huapango lento* genannt.

Canción protesta (Protestlied oder -song, span.)
Anfang des XX. Jh. als Ausdruck des Protestes gegen Armut, Ausbeutung, Rassendiskriminierung und Krieg populär gewordene Liedgattung, die sich relativ schnell in Lateinamerika verbreitete; ein Vorläufer der Bewegung des Neuen Lateinam. Liedes (→ *Nueva Canción Latinoamericana*). Eine besondere Form sind die zur Zeit der Sklaverei entstandenen Klagelieder (→ *Lamento*); in einigen Ländern Lateinamerikas fanden Festivals des Protestliedes statt, so z. B. in Mexiko und Kuba.

Canción ranchera
1. allgemeine Bezeichnung für ein im ländlichen Stil vorgetragenes mexikanisches Lied, meist romantisch-sentimentalen Charakters. 2. eine

Canción de trabajo – eine ländliche Zuckerrohrpresse (Trapiche), Gegenstand unzähliger Volks- und Arbeitslieder in ganz Lateinamerika; die abgebildete, durch Ochsen in Funktion gesetzte Presse stand in Itá (Paraguay)

bereits Mitte des XIX. Jh. in Mexiko entstandene langsame, getragene Variante der → *Ranchera (3);* erstmals erwähnt um 1860; demnach soll ein »Chinaco« genannter Soldat aus einem Truppenverband unter Benito Juárez (1806 – 1872) derartige *Canciones rancheras* komponiert und gesungen haben. Mit zeitweiligen Unterbrechungen wurde diese Form immer wieder aufgegriffen und gehörte zum Standardrepertoire bekannter Interpreten wie Lola→ *Beltrán,* Jorge → *Negrete* und Antonio → *Aguilar.* Musikalisch begleitet wird die C. r. zumeist von den → *Mariachi;* üblich sind auch Gitarren- u./o. Requintobegleitung. Bekanntester Komponist und Interpret dieser Form ist José Alfredo → *Jiménez,* dessen Titel »Ella«, »Guitarras de medianoche« u. a. sehr populär wurden und noch heute gespielt werden.

Canción rogativa → *Rogativa*

Canción sefardíe
durch jüdische Bewohner Spaniens bzw. Lateinamerikas interpretiertes Lied, das z. T. auf jüdische Traditionen zurückgeht und mit hebräischen bzw. altspanischen Worten durchsetzt sein kann. (→ *Romance judeoespañol*)

Cancioneiro → *Cancionero*

Cancionero (port.: Cancioneiro)
Liedersammlung; eine in den meisten Fällen als Buch oder kleines Heft herausgegebene Sammlung von Texten u./o. Partituren bestimmter Lieder der anonymen Folklore oder eines bzw. mehrerer Autoren; typisch für Spanien, Portugal und Lateinamerika. Während früher generell lyrisches Liedgut publiziert wurde, fanden später Schöpfungen bis hin zum Tagesschlager Eingang in derartige Sammlungen. Zu den ältesten zählen die in Spanien zwischen 1250 und 1350 veröffentlichten Sammlungen in portugiesisch-galizischem Dialekt unter dem Titel *»Cancioneiro del Rei Dom Diniz«* mit etwa 2000 Liedern. In LA wurden u. a. bekannt → *Lira Criolla,* Cancionero Tradicional Argentino (H. J. Becco, 1960), Canciones y Recuerdos (Jorge → *Añez,* 1952), El Corrido (Vicente T. Mendoza, 1956) und Cancioneiro gaúcho (Augusto Meyer, 1952). (→ *Literatura de Cordel,* → *Romance*)

Cancionero Noble de Colombia
eine 1962 durch die Universidad de los Andes (Anden-Universität), Bogotá herausgegebene musikwissenschaftliche Studie, die Lieder und Tänze aus der Musikfolklore Kolumbiens, landestypische Musikinstrumente, die verschiedenen Arten von Musikgruppen und Orchestern u. a. beschreibt und auf einer aus drei LPs bestehenden Schallplattenserie dokumentierte; das Projekt stand unter der Leitung namhafter Musikwissenschaftler und Feldforscher.

Cançoneta
Lied sehr melodischen Charakters; in Brasilien um die Jahrhundertwende populär; zumeist durch Solisten oder Duos dargeboten.

Candanga
alter kolumbianischer Volkstanz der Region von Antioquia, heute nicht mehr verbreitet.

Candeia
brasilianischer Volkstanz der Gruppe des → *Fandango (4).*

Candomba
länglich-schmale, aus Metall hergestellte Trommel, die im XIX. Jh. zu Festlichkeiten der Afroamerikaner des La-Plata-Gebietes gespielt wurde, u. a. im → *Candombe.*

Candombe
afrolateinamerikanischer Volkstanz der La-Plata-Region; in der ersten Hälfte des XIX. Jh. aus dem → *Tambo* entstanden; Zentren der Verbreitung des heute nur noch wenig aufgeführten bzw. in anderen Formen aufgegangenen Tanzes waren Montevideo und Buenos Aires. Der Name gehört mit großer Wahrscheinlichkeit zum gleichen Wortstamm wie »Candomblé«, auch wenn die Afroamerikaner des La-Plata-Gebietes beim C. keine Kulthandlungen ausüben. Erstmals erwähnt wurde der Tanz um 1830; bis

dahin wurden die negroiden Tänze dieser Region alle als »Calenda« oder auch als »Tambo« bzw. »Tango« bezeichnet. Auf Kuba existierte längere Zeit ein dem C. im wesentlichen gleichender afroamerikanischer Tanz, → *Quindembo* genannt. Nach 1890 verschwand der C. als Sozialtanz fast völlig; heute lediglich während des Karnevals aufgeführt, gehört zum Repertoire von Folkloregruppen und -solisten wie Los → *Olimareños* und von Alfredo → *Zitarrosa.* Hauptsächliche Begleitinstrumente sind → *Tamboril,* früher auch die Trommel → *Candomba,* ferner Gitarren und Violinen.

Candomblé
religiös inspirierter Kult der ethnischen Gruppen Jejé-Nagô des bras. Bundesstaates Bahia; mit der → *Macumba* bzw. dem → *Xangô* eng verwandt und auf kulturelle Traditionen der seit dem XVI. Jh. unter Zwang angesiedelten schwarzen Sklaven zurückgehend. Grundlage ist der stark verbreitete Glaube der Afrobrasilianer an übernatürliche Wesen (→ *Orixá*); unter Leitung des *Babalorixá* werden bei der im → *Terreiro* durchgeführten Session an jede Gottheit, z. B. → *Iêmanjá,* → *Oxalá* und → *Ogum,* spezielle Gesänge (zumeist in der Sprache Nagô) mit dem Anliegen gerichtet, in ideelle Verbindung mit ihren Göttern zu treten. Alle Gesänge und weitere Kulthandlungen werden rhythmisch durch Trommeln des Typs → *Atabaque,* beim C. → *Rum,* → *Rumpi* und Lé genannt, außerdem durch → *Maracas,* → *Caxixi* und → *Adjá* begleitet. Im Laufe der Zeit wurden Vermischungen (Synkretisationen) mit Komponenten der katholischen Religion wirksam; während der Feiern werden für jede Gottheit mindestens drei Lieder gesungen, darüber hinaus werden Betgesänge (→ *Malembe*) angestimmt.

Candomblé-de-Caboclo
religiöser brasilianischer Kult; im Gebiet von Bahia aufgeführt, Elemente der afrobrasilianischen Religion, des Katholizismus, des Spiritismus und indianische Komponenten sog. »heidnischer« Kulte in sich vereinend.

Candongueiro
brasilianische, zur Gruppe des → *Atabaque* gehörende Trommel, regionale Variante des → *Quinjengue;* zur rhythmischen Begleitung von Volkstänzen von der Art des → *Jongo* im Landesinnern von São Paulo eingesetzt.

Candunga
alter, aus der Kolonialzeit stammender Tanz der Afroamerikaner, in einigen Küstenregionen Ekuadors verbreitet.

Caney, Conjunto -
kubanische Instrumentalgruppe; 1969 in La Habana durch den Musiker Benito Llanes formiert; typisch für die Formation sind Instrumentaltitel traditioneller Musik mit kurzen Choreinlagen; bei Areito entstanden einige LPs, darunter die Titel »Rico Vacilón« und »Para Vigo me voy«.

Cangá (Idiophon)
afrobrasilianisches Musikinstrument; aus einem starken Rohr oder einer Bambussektion hergestellt, an beiden Enden verschlossen; mit Stäbchen perkutiert; der kubanischen → *Guagua* sehr ähnlich.

Cangaceiro
Mitglied der vielbesungenen legendären, den Sertão (Trockengebiete im Landesinnern Brasiliens) meist zu Pferde durchstreifenden Landnehmer, später Banden. Das Volkslied »Mulher rendeira« ist eng mit dem C. verbunden. (→ *Lampião*)

Canhoto 1. → *Soares de Araújo, Francisco.* 2. → *Jacomino, Américo*

Caninha verde → *Canha-verde*

Canjerê
Volkstanz des brasilianischen Bundesstaates Minas Gerais; aus der Vermischung afrikanischer und kreolischer Elemente hervorgegangen; zumeist durch Akkordeon (Sanfona) begleitet.

Canjilón → *Cajón*

Cannes Brulées Riot
öffentliche Demonstrationen mit eindeutigem Protestcharakter in Form von Spottliedern und -versen auf die englische Kolonialmacht; erstmals 1881 auf der Karibikinsel Trinidad von Afroamerikanern durchgeführt. Obwohl hier die Sklaverei offiziell 1838 aufgehoben wurde, änderte sich nichts an der brutalen Unterdrückung der Afroamerikaner. Das führte zu Aktionen gegen die Kolonialbehörden, zu denen auch die Manifestationen der C. B. R. gehörten und die heute symbolhaft in Volksfesten wieder aufleben.

Canoa
1. Einfelltrommel der Noanama-Indianer Kolumbiens. 2. brasilianischer Volkstanz; eine Abart der → *Barcarola;* in den Flussgebieten Nordbrasiliens verbreitet.

Canquen
araukanisches Lied, aus religiösem Anlass gesungen; in den von Araukanern (Mapuche) bewohnten Regionen Chiles und Argentiniens verbreitet.

Canta → *Cantica*

Cantaclaro, Dúo -
uruguayisches Vokal- und Instrumentalduo; um 1982 in Montevideo durch René und Javier dos Santos gegründet. Die zur Bewegung des Neuen Uruguayischen Liedes gehörende Formation produzierte 1984 mit Jorge Velásquez bei Orfeo eine LP, die u. a. die Titel »Canta cantor« und »Cantares de mi pueblo« enthält.

Cantadera
lyrische Form der → *Décima;* in der ländlichen Volksmusik von Panamá weit verbreitet, z. T. als Wettstreit (→ *Concurso*) zweier Interpreten ausgeführt.

Cantador
Regionalbez. für einen Volkssänger in weiten Teilen Nordost-, Ost- und Zentralbrasiliens, dem in der Tradition die gleiche Bedeutung wie dem → *Trovador* zukommt; gilt als Träger und Bewahrer einer folklorist. Regionalkultur, die sich im → *Desafio,* der → *Modinha,* → *Toada* und weiteren Formen widerspiegelt und mit der → *Literatura de Cordel* eng verknüpft ist. Meist waren es arme, oftmals blinde Sänger, die von Ort zu Ort zogen bzw. heute noch ziehen, um die Zuhörer mit ihren Darbietungen zu unterhalten und sich damit ihren Lebensunterhalt zu verdienen. Die oft spontan gedichteten Liedtexte des C. gehören zu den besten kulturellen Manifestationen; besondere Bedeutung erlangte die Blindenromanze (→ *Romance de Cego*); die Tradition geht auf europäische Einflüsse zurück.

Canta-Jai
Tanzlied der im Bereich der Pazifikküste Kolumbiens siedelnden Noanama-Indianer; bei bestimmten Anlässen, z. B. der Geisterbeschwörung durch den Medizinmann (Schamane), aufgeführt.

Cantalante → *Cantaora alante*

Cantaleta
1. Form balladenhafter Lieder der Dominikanischen Republik, im XIX. Jh. besonders populär, meist in der Nacht gesungen; Spottlieder, deren Kehrreime oft in anstößigen oder obskuren Versen bestanden; nach 1850 wandelte sich ihr Sinn in volkstümlich-politische Aussagen. 2. kolumbianischer Gesang burlesken Charakters mit lästernden, zuweilen unschicklichen Kehrreimen, oft durch Lärm und Misstöne auf Begleitinstrumenten unterstützt.

Cantamérica, Grupo -
chilenisches Vokal- und Instrumentalquintett; 1968 in Santiago de Chile gegründet; widmete sich der modernen Populärmusik; 1976 erschien bei Philips die erste LP, die Lieder aus verschiedenen Ländern Lateinamerikas enthält, darunter »Del tiempo i`mamá« und »Corazón de madera«.

Cantanguero
in Buenos Aires und Montevideo oft gebrauchte Bezeichnung für den Sänger des → *Tango;* es ist eine Wortzusammenziehung von »*can*tar« = singen, span. und »*tanguero*« = Tango-Interpret, span.

Cantante → *Cantor*

Cantaor (weibliche Form Cantaora)
ursprünglich in der spanischen → *Flamenco*-Musik übliche Bezeichnung für den Sänger; Abwandlung von »Cantador«; fand jedoch auch Eingang in die Musik einiger Länder von Lateinamerika, so in Panamá und Venezuela.

Cantaora alante (Cantalante)
Bezeichnung für die Frau, die als Vorsängerin von Liedern und Tänzen aus Panamá, z. B. im → *Tamborito,* auftritt; ein Chor »beantwortet« dann ihren Gesang im Refrain. Die auf alter afrikanischer Tradition beruhenden Gesänge entstammen der Musikfolklore der Regionen Darién, La Chorrera, Los Santos und Penonomé.

Cantar (singen, span.)
Bezeichnung für das Singen; im Spanischen und Portugiesischen auch als Substantiv gebraucht; oft als Definition für eine zu singende Komposition angewandt.

Cantata
Kantate, bereits im mittelalterlichen Spanien gepflegte, aus mehreren Sätzen bestehende poetische Vokalkomposition mit häufig gesellschaftskritischem Anliegen, wie z. B. in der »C. → *Santa María de Iquique*« von Luis → *Adivis* / Quilapayún oder der »Cantata sudamericana« des argentinischen Komponisten Ariel → *Ramírez,* letztere gesungen von Mercedes → *Sosa.*

Cantautor
in jüngerer Zeit entstandene Bez. für einen Komponisten u./o. Textdichter (Liedermacher), der sein Stück auch selbst singt; bekannte Vertreter sind u. a. Daniel → *Viglietti,* Silvio → *Rodríguez,* Pablo → *Milanés,* Angel → *Parra,* Alfredo → *Zitarrosa,* César → *Isella* sowie Carlos und Enrique → *Mejía Godoy.*

Cante flamenco
der gesungene spanische → *Flamenco.*

Cante gitano (Zigeunergesang, span.)
eine der zahlreichen Formen des → *Flamenco,* von Zigeunern (Gitanos) interpretiert; diese Zigeunergesänge haben direkt oder indirekt bestimmte Genres der kreolischen Musik Lateinamerikas beeinflusst; nach Lateinamerika ausgewanderte Zigeuner behielten Formen traditioneller Musik auch in ihren Gastländern bei bzw. modifizierten sie (→ *Cigano*).

Cante grande (Cante jondo)
spanische Liedform aus Andalusien; in ihrer Urform wahrscheinlich Vorbild für Genres wie → *Seis,* → *Jarana* u. a. Ausgangs des XVII. Jh. wandelte sich der C. g. in den *Cante flamenco* (Flamenco-Gesang), der als eine der wenigen spanischen Formen nicht nach Lateinamerika transkulturiert wurde. Es gibt zwei Grundformen des Gesangs Jipío (Schluchzer, span.) mit Schreien (»Ay!«) und Duendes, frei variierte Modulationen des Gesangs bis zur Ekstase; die zur musikalischen Begleitung benutzten Gitarren werden in einem betont sentimentalen und dramatischen Stil gespielt.

Cantería
Regionalform des Singens lyrischer Volkslieder in Venezuela.

Cantica (Canta)
eine bestimmte Art textlich überarbeiteter populärer kolumbianischer Gesänge der Region von Valle de Tenza (Tenza-Tal), durch regionstypische Instrumente begleitet.

Cantica di Tambú
improvisiertes, vorwiegend durch Perkussionsinstrumente wie → *Tambú* begleitetes Tanzlied der Niederländischen Antillen.

Cántico
religiöser Gesang, insbesondere Dankgesang, auch als *Salmo* (Psalm), *Himno, Antifona* usw. bezeichnet; auch die Motetten (Motetes) werden oft so genannt.

Cantierra
chilenisches Vokal- und Instrumentalsextett; 1976 in Santiago de Chile durch Daniel Ramírez, Juan Carlos Díaz, Berta Vega, Rafael Araya, Magdalena Rosas und Pablo Astaburuaga formiert; trat u. a. im Theater »Caupolicán« (Santiago) auf und produzierte Schallplatten mit landestypischer Musik bei Alerce, darunter den Titel »Guillatún«.

Cantiga (einstimmiger Wechselgesang)
bereits im Mittelalter bekannte poetische Komposition, vor allem im → *Cancionero* des galizisch-portugiesischen Kulturerbes des XI. – XIII. Jh. erwähnt und nach der Entdeckung Amerikas nach Brasilien und andere Länder Lateinamerikas transkulturiert. Der Inhalt reicht von profanen Themen bis zu kirchlichen Gesängen, die ihren Ursprung wiederum im Gregorianischen Choral haben und den populären und trovadoresken Gesängen sehr ähnlich sind. Heute existiert die C. als populäres Lied in Brasilien ebenso wie in Portugal. Eine besondere Form bilden die *Cantigas de trabalho*, bei bestimmten Arbeitsverrichtungen gesungene Lieder, die zumeist aus der anonymen Musikfolklore übernommen wurden (→ *Canto de trabalho*), ferner die → *Cantiga-de-ninar* und die → *Cantiga de Cego.*

Cantiga de Cego
durch blinde Sänger vorgetragenes brasilianisches o. portugiesisches Lied romantischen Charakters. (→ *Romance de Cego*).

Cantiga-de-ninar
Sammelbegriff für alle portugiesischen und brasilianischen Wiegenlieder (→ *Acalanto*).

Cantilación
in jüngster Zeit geprägter Begriff für insbesondere in der Musikfolklore lateinamerikanischer Indianer anzutreffende magische Gesänge, die oft in schrill-hohen Tönen intoniert werden.

Canto (Gesang, span.)
1. generelle Bezeichnung für Gesang. 2. Begriff für einzelne Gesangsstücke oder Gesangswerke wie z. B. des vertonten »Canto General« von Pablo Neruda. 3. Bez. für den gesungenen Teil in Konzertstücken. 4. Daneben gibt es eine Anzahl von Zusatzbezeichnungen, die Einsatzgebiet, Eigenheiten usw. näher definieren, z. B. *Canto á capella:* Solo-Gesang ohne jegliche instrumentale Begleitung, mehr bei kirchlichen (liturgischen) Gesängen, aber auch in der Folklore anzutreffen; Canto → *a lo divino,* C. → *a lo humano, C. de velorio:* religiös inspirierte, meist zu Totenfeiern vorgetragene Klagegesänge u. a.

Canto América, Grupo -
kostarikanische Vokal- und Instrumentalgruppe, um 1980 in Puerto Limón auf Initiative von Mr. → *Gavitt* (Walter Ferguson) im Rahmen der Bewegung des Neuen Kostarikanischen Liedes formiert. Diese Gruppe interpretierte vorwiegend afrokostarikanische Lieder und Tänze – mit großem Anteil von Kompositionen Fergusons – Salsa, Merengue, Reggae und andere moderne Formen; Titel wie »Monilia« (Calypso), »Sabecume« (Samba brasileiro) und »Puerto viejo« (Son) erschienen auf 3 LPs. 1988 gehörten der Gruppe folgende Musiker an: Manuel Menestel (Gesang, Berimbao, Guimbarda und Gitarre), Roberto Huertas (Querflöte und Gesang), Edín Solís (Gitarre – akustisch und elektrisch, Arrangements), Carlín Castro (Sintetiziser), Martín Mora (Elektrobass), Pepe Chacón (Tumbadoras, Bongoes, Chekeré, Cuíca, Pandero, Tambora) und Rodrigo Salas (Tumbadoras, Timbales, Bombo, Rototones, Yamaha RX-11).

Canto de boda (Hochzeitsgesang)
in Spanien sowie spanischsprachigen Ländern Lateinamerikas aus Anlass einer Hochzeit (Boda) vorgetragenes Lied; Gesänge der Vorbereitung auf die Hochzeit, der Bekanntmachung (→

Alborada) der Eheschließung sowie der eigentlichen Feier (→ *Boda*, → *Parabién*).

Canto de guitarra
1. allgemeine, umgangssprachlich häufig verwendete Bezeichnung für jeden durch Gitarre o. ä. begleiteten Gesang. 2. Name für bestimmte, an einigen Orten der kolumbianischen Atlantikküste ausgetragene Sängerwettstreite, die ihrem Charakter nach der → *Controversia* ähneln; insbes. zu nächtlicher Stunde versammeln sich Sänger, sich meist selbst auf einem Instrument, vornehmlich der Gitarre, begleitend und in spontaner Stegreifdichtung musikalisch-sängerische Kontroversen vortragend.

Canto de limosna (Bettelgesang)
durch Bettler in Spanien, Portugal und Lateinamerika auf Straßen und Plätzen intoniertes Lied, vom Inhalt her klar auf den Erwerb von Almosen orientiert; gehört zum → *Pregón*.

Canto de Romería
während einer religiösen Prozession (→ *Romería*) angestimmter Gesang mit rein geistlicher Thematik.

Canto de trabajo → *Canción de trabajo*

Canto de trabalho (Arbeitsgesang, port.)
in Portugal und Brasilien vorwiegend in ländlichen Gegenden verbreiteter Gesang, der solistisch u./o. im Chor bei meist monotonen Arbeiten angestimmt wird. Der Rhythmus passt sich der Arbeitshandlung an und wird zur Einheit mit ihr; der C. de t. dient vordergründig der Stimulierung der Arbeitsleistung. In Brasilien geht die Tradition, durch die wachsende Mechanisierung z. B. in der Landwirtschaft bedingt, stark zurück; die Sängerinnen Ely → *Camargo* und Inezita → *Barroso* sowie die Folkloregruppe *Os Tapes* u. a. interpretierten derartige Gesänge.

Canto de Velório (Sentinela, Incelênçá, Velório)
brasilianisches Lied schwermütig-monotonen Charakters, auf Beerdigungen bzw. Totenfeiern gesungen; zur katholischen Liturgie gehörend; als Motiv dienen meist geistliche Themen.

Canto Libre, Grupo -
nikaraguanische Vokal- und Instrumentalgruppe; nach 1980 als Formation des Neuen Nikaraguanischen Liedes in Masaya gegründet; beteiligte sich mit Populär- und Protestsongs u. a. am Festival des Lateinamerikanischen Liedes in Lima.

Canto Nuevo → *Nueva Canción Latinoamericana* / Chile

Canto religioso (religiöser Gesang, span.)
in ganz Lateinamerika verbreitete Form des religiösen Gesangs; zur → *Música religiosa* gehörend und zum großen Teil der folkloristisch-religiösen Tradition des aus Europa nach Lateinamerika transkulturierten Liedgutes entstammend.

Cantor
Allgemeinbezeichnung für den Sänger jeglicher Musik in Spanien, Portugal und Iberoamerika; die weibliche Form ist *Cantora*. Auch die Begriffe »Cantante«, »Cantador« u. a. sind üblich.

Cantoral
in Buch- oder Heftform vorliegende Gesangsunterlagen für einen Chor oder Solisten; auch die Bez. → *Cancionero* ist gebräuchlich.

Cantoral García, Antonio
* 1928 Tampico, † 4.11.1964 México-Stadt; mexikanischer Sänger, Musiker (Gitarre), Arrangeur und Komponist; Bruder von Roberto → *Cantoral*, mit dem er 1947 seine künstlerische Laufbahn in der Musikgruppe *Los Cuatreros* begann. Zahlreiche noch heute populäre Aufnahmen wurden auf Schallplatten produziert (→ *Cantoral, Hermanos-)*; zu seinen bekanntesten Kompositionen, zum Standardrepertoire vieler Solisten und Gruppen gehörend, zählen »El preso No 9« (Huapango), »La que iba a ser mi mujer«, »Abrazado de tu cruz« und der zusammen

mit Roberto C. geschriebene Huapango »Crucifijo de piedra« (1954).

Cantoral, Hermanos -
mexikanisches Vokal- und Instrumentalduo; nach 1950 durch die Gebrüder (Hermanos) Antonio und Roberto Cantoral formiert. Unter verschiedenen Labels entstanden zahlreiche Schallplatten, darunter die Titel »Corazón, no te rajes« (1955), »Preso No 9« und »Su último deseo«.

Cantoral García, Roberto
* 7.6.1930 Tampico; mexikanischer Sänger, Musiker (Gitarre), Arrangeur und Komponist; Bruder von Antonio → *Cantoral,* mit dem er 1947 seine künstlerische Laufbahn in der Musikgruppe *Los Cuatreros* begann. C. schrieb Lieder, Balladen und Boleros, von denen einige noch heute zu den lateinamerikanischen Evergreens zählen, darunter »El reloj« (Bolero, 1957), »Regáleme esta noche« (Bolero, 1958), »Así, así, así« (Bolero) und »La barca« (Bolero, 1957).

Cantores de Pánuco, Los -
mexikanische Folkloregruppe; um 1962 durch Everardo Ramírez (1. Stimme), Inocencio Zavala (Violine), Ceferino Galindo (Gitarre) und José Luis Delgado (2. Stimme und Jarana) gegründet. Zum Repertoire, teilweise auf LPs (Label Cisne) publiziert, gehört Musik aus dem NO Mexikos, so die Formen → *Huapango,* → *Son huasteco* und → *Gusto,* darunter »La Azucena« und »Cielito lindo huasteco«.

Los Cantores de Pánuco – LP »Huapangos huastecos« – Cisne CI-1041 (1967)

Cantores de Quilla Huasi, Los -
argentinische Folkloregruppe; 1956 in Buenos Aires durch C. A. Lastra, Oscar Valles, Roberto Palmer und Núñez formiert; gehörte längere Zeit zu den populärsten Interpreten argentinischer Volksmusik, gab zahlreiche Konzerte in den großen Städten, unternahm Auslandstourneen und produzierte zahlreiche Schallplatten unter versch. Labels (CBS, Philips, Caravelle, Microfón u. a.), darunter die Titel »Zamba de la Toldería«, »La López Pereyra« und »Norte adentro«.

Cantoria
Sammelbezeichnung für eine folkloristische Tradition im Bereich des trovadoresken Gesangs des NO Brasiliens; das Singen bzw. der poetische Disput in gesungener Form zwischen Sängern (→ *Desafio*); eng mit der → *Literatura de Cordel* und der → *Romance* verbunden. Träger dieser kulturellen Manifestation ist der → *Cantador*; im Laufe von Jahrhunderten sind, auf portugiesische Tradition aufbauend, Lieder von starker lyrischer Ausdruckskraft entstanden, oft aus anonymen Quellen schöpfend oder nach Dichtungen von José Lins do Rego, Joaquín Cardozo oder João Cabral de Melo Neto und v. a.; zum Klang einer → *Viola* oder eines Akkordeons (Sanfona) interpretiert. Themenkreise sind Heldentaten (→ *Lampião*), kuriose Begebenheiten, religiöser Ereignisse, komische, satirische und pikante Geschichten, historische und örtliche Vorkommnisse, Liebe, Kartenspiel usw.

Cantos de Palos
Bezeichnung für die zu den Zeremonien der afrolateinamerikanischen → *Santería* gesunge-

nen Lieder, die den imaginären Kontakt mit dem jeweils angerufenen Gott (→ *Orisha*) herstellen sollen. Weite Verbreitung erlangten diese Gesänge unter der schwarzen Bevölkerung Kubas; sie werden auch Canciones de → *Invocación* genannt. → *Cantos Negros*

Cantos Negros (schwarze Gesänge)
eine afrolateinamerikanische Gesangsform, die auf religiös inspirierten Festen, bei Kulthandlungen usw. intoniert wird. Dabei ist die Alternanz zwischen dem Solisten (Vorsänger), hier auch als »Gallo« bezeichnet, und dem Chor (Vasallo) vorherrschend; unter der negroiden Bevölkerung der ethnischen Gruppen → *Bantú* und → *Abakuá* Kubas weit verbreitet.

Cantún
indianische Lieder und Gesänge der Region Río Negro (Argentinien); heute nur noch wenig verbreitet bzw. durch modernere Einflüsse überlagert.

Canturía
Zusammenkunft von Sängern und Musikern in Kuba, insbesondere in der Region Las Villas, die den Charakter eines Sängerwettstreites trägt. Dabei dichten die Sänger in Form der → *Décima* spontan Verse, zu denen Saiteninstrumente bzw. kleine Gruppen der → *Música campesina* die Begleitung übernehmen. (→ *Punto*, → *Parranda*, → *Guateque* als Synonyme)

Canturião
im regionalen Sprachgebrauch Brasiliens der Sänger des → *Cururú*.

Canuto (Idiophon)
den → *Quitiplás* ähnliches Volksmusikinstrument der Region Santa Marta (Kolumbien), aus zwei Bambusabschnitten bestehend, die mit kleinen Steinchen gefüllt sind und beim Musizieren gegeneinander geschlagen werden.

Canyengue
1. Bez. für den → *Tango* der »Alten Garde« (Guardia Vieja), der zu den Ursprungsformen dieses Tanzes zählt und um 1880 entstanden ist. 2. ein nur durch Männer ausgeübtes Tanzen des Tango, war insbesondere um 1900 sehr populär. 3. rhythmisch stark betonte choreographische Figur des Tango.

Canyengue, Grupo -
argentinisches Instrumentalquartett des avantgardistischen Tango; 1980 in Paris durch Juan José → *Mosalini* (Bandoneón) mit Jean Claude Guzzelli (Kontrabass), Guy Cascolas (Schlagzeug) und Mario Lipwin (Piano) formiert; unternahm Gastspielreisen in mehrere europäische Länder und produzierte einige LPs.

Canzá → *Ganzá*

Caña
1. choreographische Figur, in der die Tanzpaare, sich an den Händen haltend, einen vollständigen Kreis zurücklegen. Die Ausführung eines halben Kreises heißt → *Media caña* (halbe C.); diese Version war in Argentinien und den angrenzenden Gebieten längere Zeit ein populärer Salontanz (in Brasilien → *Meia-canha*) und ging in die Musikfolklore ein. 2. andalusischer → *Flamenco*-Gesang. 3. Tanzlied der Bergarbeiter und Bewohner von Antioquia (Kolumbien). 4. ein in verschiedenen Regionen Kolumbiens verbreiteter Reihentanz, auch *Danza de la Caña* genannt.

Caña-de-millo
(Caña de lata, Flauta de millo, Pito, Carrizo) in der Volksmusik Kolumbiens (Atlantikküsten- und Andenregionen) eingesetzte Rohrflöte, Abkömmling der → *Flauta de caña,* die über vier Tonlöcher verfügt und etwa 40 cm lang ist; ihr Spieler wird Cañamillero genannt.

Cañas, Los -
kubanische Gruppe der Populärmusik; 1967 in La Habana formiert; zählt zu den Pionieren der Neuen Kubanischen Trova (→ *Nueva Canción Latinoamericana/Kuba*). Die ursprünglich als Quartett, inzwischen als Sextett wirkende Gruppe unter Leitung von Luis Carbonell bereiste 15

Ländern und produzierte einige LPs (Label Areito), darunter die Titel »Canción portorriqueña« und »Ella salió desnuda«.

Cañaveral
alter chilenischer Volkstanz des XIX. Jh.; heute nicht mehr aufgeführt.

Capacho → *Maracas* (in der → *Música llanera*)

Capador (Castruera, Caramillo, Castrapuercas) in der indokolumbianischen Volksmusik eingesetzte Panflöte, ein bis zu zehn Einzelflöten aufweisendes Äquivalent zu → *Rondador* bzw. → *Siku;* wurde früher weiträumig zur Begleitung des → *Bambuco* verwendet. Gegenwärtig beschränkt sich ihr Gebrauch auf die Regionen von Villapinzón (Cundinamarca) und Valle de Tenza (Boyacá).

Capetillo
1. regionale Variante des → *Son montuno.* 2. Kehrreim in bestimmten Liedern.

Capiba → *Fonseca Barbosa, Lourenço da -*

Caplau → *Kanga*

Capó, Bobby
(eigtl. Félix Manuel Rodríguez Capó)
* 1.1.1922 Coama, † 18.12.1989 San Juan (?); puertorikanischer Sänger, Musiker (Klarinette) und Komponist; schrieb und interpretierte mit 12 Jahren sein erstes Lied, »María Luisa«, musizierte später in der *Banda Municipal* seines Heimatortes und schuf zahlreiche Kompositionen; übersiedelte später nach San Juan, wo er zunächst bei einem Rundfunksender sang und später Mitglied des von Rafael → *Hernández* geleiteten Cuarteto → *Victoria* wurde. C. ist einer der bedeutendsten Komponisten und Sänger des → *Bolero* in Puerto Rico; seine mehr als 2000 Kompositionen der Populärmusik (Boleros, Guarachas, Cha-cha-chás und Lieder), darunter »Locura de amor«, »Piel canela«, »Poquita fe«, »La última noche« und »Luna de miel en Puerto Rico«, machten ihn in ganz Lateinamerika bekannt; es wurden zahlreiche Schallplatten (u. a. bei Seeco, Tropical, Marvela und RCA Victor) mit ihm produziert; er erhielt 1951 von der Long-Island-Universität (USA) den Titel »Dr. mus.«.

Capoeira (Vadiagem)
von schwarzen Sklaven aus Angola in Brasilien im XVI. Jh. eingeführtes Kampfspiel, mit dem Jiu-Jitsu vergleichbar; erfordert weniger Körperkraft als Geschicklichkeit, Körperflexibilität und Schnelligkeit der Bewegungen. War die C. früher ein gefährliches Angriffs- und Verteidigungsmittel, wird sie heute ausschließlich zur sportlichen Ertüchtigung ausgeübt, wobei sich die Wettkämpfe nur im Gebiet von Bahia lebendig erhalten haben. Generell wird sie musikalisch begleitet und hat ihre spezifischen Gesänge, von im Zentrum des Austragungsortes befindlichen Sängern und Musikern intoniert. Dazu werden die Instrumente → *Birimbao (1),* → *Ganzá (Reco-reco)* und → *Pandeiro,* zuweilen ein → *Caxixi* benutzt; ein Solist beginnt mit dem Gesang, und der Chor »antwortet« mit einem kurzen Kehrreim, dem letzten Vers oder dem letzten Wort des Solisten; der Gesang setzt immer vor dem Kampf ein.

Caporal
1. alter mexikanischer Tanz (XVIII. Jh.), heute nicht mehr verbreitet. 2. Leiter der Tanzgruppen innerhalb einer andinen → *Sociedad* (Bolivien, Peru, Nordchile).

Capra, Juan
* 1944 Santiago de Chile; chilenischer Sänger, Musiker und Liedermacher; studierte an der Schule der Schönen Künste der Universität von Chile, arbeitete u. a. als Kostümbildner bei der Gruppe → *Millaray* und erforschte intensiv die Musikfolklore Chiles. Ab 1965 lebte er in Paris und bildete dort eine Musikgruppe, die seinen Namen trug und mit der er einige LPs (Labels Clave, Le Chant du Monde, Barclay und BAM) produzierte, darunter die Titel »Yo me vuelvo

para Chile« (Sirilla, Eigenkomposition) und »Viva Balmaceda«.

Capri Hidalgo, Ana Luisa »Capri«
* 1956 Ñuñoa; chilenische Sängerin und Gitarristin; gehört zu den Nachwuchssängerinnen der Populärmusik; war ab 1974 u. a. auf den Festivals → *OTI* und → *Viña del Mar* erfolgreich.

Capricho (Capriccio)
in weiten Teilen Lateinamerikas bekanntes Musikstück mit dem Charakter einer instrumentalen Phantasie; häufig durch Solisten auf Gitarre, Harfe, Violine u. a. interpretiert.

Caqueltrún → *Kultrún*

Cará
brasilianischer Volkstanz; regionale Variante des → *Fandango (4)*.

Carabalí Izuama, Comparsa -
kubanisches Musikensemble mit weitestgehend sozialer Funktion; in Santiago de Cuba durch Einwohner der ethnischen Gruppe Carabalí in Form eines → *Cabildo* bereits in der Sklavenzeit gegründet; intensive Nachforschungen ergaben, dass die Gruppe seit 1876 sehr aktiv war, durch die Gebrüder Napolés geleitet wurde und während der Unabhängigkeitskriege die als »Mambises« bezeichneten Kämpfer aktiv unterstützte. In der Zeit der Republik konstituierte sie sich als → *Sociedad* und führte im wesentlichen während des Karnevals auf Straßen und Plätzen Santiagos Lieder und Tänze auf. Sitz der heute noch existierenden Gruppe (→ *Comparsa*) ist der Stadtteil Los Hoyos; ihr Status ist der einer Folkloregruppe, die mit den Instrumenten → *Bombo criollo,* → *Tumbadora,* → *Maruga* bzw. → *Chachá* musiziert, zum Markieren des Rhythmus' werden darüber hinaus Eisenstäbe (Hierros) perkutiert.

Carabiné
nach 1930 entstandener Populärtanz der Dominikanischen Republik; Vermischung des Marsches (Marcha) mit Komponenten des → *Son;* die zur musikalischen Begleitung typischen Instrumente sind Akkordeon, → *Balsié* (*tumbado*), → *Güiro,* → *Tres,* → *Cuatro,* Gitarre und → *Pandero.*

Caracalho → *Catacá*

Caracas, Los -
venezolanische Vokal- und Instrumentalgruppe; 1963 in Caracas durch die Gebrüder Guerra unter der Leitung von Carlos Guerra gegründet. Zum Repertoire gehören Volkslieder und -tänze versch. Regionen (z. B. Tocuyo, Arauco); unter dem Label Barclay entstanden einige LPs, darunter die Titel »Barlovento« und »Golpe tocuyano«.

Caracaxá
Name für unterschiedliche Musikinstrumente in Brasilien, so für → *Ganzá,* → *Reco-reco* und → *Maracá.*

Carachacha → *Quijada*

Caracol
1. Bezeichnung für eine Muscheltrompete, auch C. marino genannt, die indianischer Herkunft ist und in der Volksmusik vieler, vorwiegend küstenbewohnender Völkergruppen gespielt wird. Das gleiche Instrument wurde von den präkolumbischen Azteken → *Atecocolli* genannt. 2. → *Churo* 3. alter, heute nicht mehr aufgeführter Volkstanz Chiles. 4. choreographische Figur der → *Contradanza.*

Caracola
kolumbianischer Modetanz, nach 1961 aus der → *Música tropical* abgeleitet; fand nur wenig Verbreitung.

Caracumbé
alter afrokolumbianischer Volkstanz der Region von Antioquia, heute nicht mehr aufgeführt.

Caramba (Kankulunko, Carimba)
1. mit einer Metallsaite bespannter Musikbogen; in der indianischen Volksmusik von Honduras,

El Salvador und weiteren Ländern gespielt. 2. ein kolumbianisches Tanzlied, zur Gruppe des → *Currulao* gehörend; charakteristisch sind Gesangsparts mit → *Argumento.* 3. alter argentinischer Volkstanz der südlichen Region von Buenos Aires; war im XIX. Jh. verbreitet.

Caramba Gaucho

alter, nicht mehr aufgeführter argentinischer Volkstanz im 2/4- und 6/8-Takt; hatte vieles mit den Formen → *Carnaval (2)* und Vidalita del Pujllay gemeinsam.

Carambaitúa

regionale Variante der → *Caramba (2).*

Carambano → *Carángano*

Caramillo → *Caña-de-millo*

Carángano (Carambano)

1. chordophones Volksmusikinstrument, u. a. in Kolumbien und Venezuela gespielt; auf einen Holzrahmen aufgezogene Schilfsaiten von 1 – 2 m Länge. Das primitive Instrument kann bis zu sieben solcher Saiten aufweisen, die entweder perkutiert – in diesem Falle heißt es *C. de bolillo* – oder mit einer luftgefüllten Rinderblase gestrichen werden; in letzterem Falle wird es *C. de vejiga* genannt. 2. regionale Bezeichnung der → *Maracas* in einigen ländlichen Regionen Kubas.

Carangueijo

Volkstanz des brasilianischen Nordostens; zur Gruppe des → *Fandango (4)* gehörend; wird stets durch Gesang begleitet.

Carao

regionale Variante der argentinischen → *Milonga.*

Caravana

Bez. für das Verneigen des Tänzers vor seiner Partnerin; in versch. lateinam. Tänzen gebräuchlich.

Carbajal, José A. »El Sabalero«

uruguayischer Sänger, Gitarrist und Liedermacher; gehört zu den Vertretern des Neuen Uruguayischen Liedes, spezialisierte sich auf die Interpretation folkloristischer Genres, wobei die → *Chamarrita* dominiert; seine Texte haben progressive und volkstümliche Aussagen. Unter versch. Labels, darunter Orfeo und CBS, entstanden Titel wie »No te vayas Pedro«, »Bien de pueblo« und »A mi gente«.

Carbó Menéndez, José

* 13.5.1921 Santiago de Cuba; kubanischer Pianist, Bandleader und Komponist; schuf u. a. die Stücke »Embrujo antillano« (Guaracha) und »Baile del sillón« (Cha-cha-chá).

Cárcamo, Pablo

* 1951 Santiago de Chile; chilenischer Sänger, Musiker (Gitarre, Charango, Akkordeon, Quena, Zampoña) und Liedermacher; lebt und wirkt seit 1976 in Deutschland (Hamburg), wo er einige LPs (Label ARC Music) mit Titeln wie »Simpatía por una guitarra«, »Juan José« und »Allá viene un corazón« aufnahm.

Caramba-Spieler aus Honduras
(aus »Folklore Americano« 11/12-1964)

Carcelera (Canción carcelera)
von Häftlingen gesungenes Lied; aus Italien nach Spanien, von dort nach Lateinamerika gelangt. In Mexiko gibt es innerhalb des Komplexes des → *Corrido (3)* die besondere Form *Corrido carcelero*, die in sentimental-romantischer Weise das Schicksal Inhaftierter besingt; bekanntestes Beispiel ist der Titel »El preso No 9« von Alberto → *Cantoral.*

Cárdenas, Angel (eigtl. A. Bártoli)
* 19.7.1927 Chacabuco (Buenos Aires); argentinischer Sänger des → *Tango;* begann seine Karriere 1948, sang ab 1956 längere Zeit im Orchester von Aníbal → *Troilo,* mit dem zahlreiche Schallplatten (Labels Odeon, TK und RCA Victor), darunter die Titel »La última« und »Te llaman Malevo«, produziert wurden.

Cárdenas, Félix
* 6.11.1912 Matanzas; kubanischer Sänger, Musiker, Komponist und Bandleader; hat ab den späten 20er Jahren des XX. Jh. die sich insbes. dem → *Son cubano* widmende Gruppe Gruppe → *Lira Matancera* geleitet; schrieb zahlreiche Sones und Guarachas, darunter die Titel »A bailar monte adentro«, »Puntillita« und Tierra del rico son«.

Cárdenas Pinelo, »Guty« (Augusto) »Yucho«
* 2.12.1905 Mérida (Yucatán), † 5.4.1932 México-Stadt; mexikanischer Sänger, Gitarrist und Komponist; bekannter Vertreter des romantischen Liedes; wurde 1926 durch Ignacio → *Fernández Esperón* nach México-Stadt eingeladen, trat dort ab 1927 öffentlich als Sänger auf. Seine Komposition »Nunca«, heute eines der populärsten Lieder Yucatáns, wurde im gleichen Jahr erstmals vom Trío → *Garnica* – Ascencio interpretiert; die Schallplatten von »Nunca« und »Flor« (1928) erreichten die in damaliger Zeit ungewöhnliche Zahl von 25000 Kopien. Einige seiner Lieder, darunter »Caminante del Mayab« und »Quisiera«, wurden vom Trío Los → *Panchos* interpretiert; bei Columbia nahm C. zahlreiche Stücke wie »Blanca Rosa« und »Tú fuiste« selbst auf.

Cárdenas, Jenny
* 16.7.1956 La Paz; bolivianische Sängerin und Liedermacherin; begann ihre künstlerische Laufbahn 1973 und gehörte als Nachwuchssängerin zu den Vertretern der seit 1979 bestehenden Liederbewegung Boliviens; sie komponiert selbst bzw. singt Lieder ihres Vorbildes Benjo → *Cruz,* dem sie den Titel »El cazador solitario« widmete, sowie Stücke aus der anonymen Musikfolklore wie die Cueca »Juana Azurduy; veröffentlichte einige LPs.

Cárdenas, Olimpo »Bolerista de América«
(eigtl. O. León Francisco Moreira)
* 1928 Guayaquil, † 28.7.1991 (Herzinfarkt bei einem Auftritt); ekuadorianischer Sänger; bekannter Vertreter des romantisch-sentimentalen Liedes; wirkte längere Zeit in Mexiko und widmete sich dort überwiegend dem Gesang des → *Bolero,* trat meist zusammen mit Julio → *Jaramillo* auf; unter versch. Labels (u. a. Tropical, Continental, Sonolux und Intergas) entstanden 54 LPs und Schallplatten N78, darunter die Titel »Historia de amor« und »Cenizas«.

Cárdenas Álvarez, Ricardo
* 9.3.1942 Colosó (Sucre); kolumbianischer Sänger, Musiker, Komponist und Bandleader;

Olimpo Cárdenas – LP »Eternamente con Olimpo Cárdenas« – Sonido Alva LP/AL-182 (1983)

bekannter Vertreter der → *Música vallenata;* publizierte mit der von ihm gegründeten und geleiteten Gruppe *Ricardo Cárdenas y sus Vallenatos* 5 LPs (Label CBS), darunter die Titel »Talón rajao« und »El Bancario«.

Cardona García, León

* 10.8.1927 Yolombó (Antioquia); kolumbianischer Sänger, Musiker (Gitarre, Flöte), Arrangeur und Bandleader; wurde zuerst im Spiel der Gitarre von seiner Mutter, Celina García, ausgebildet, studierte später am Konservatorium von Medellín, leitete später einige Gruppen und Orchester der Volks- und Populärmusik, mit denen er zahlreiche LPs (Labels Zeida, Sonolux u. a.) produzierte, darunter die Titel »Al Sur« und »Lamparilla«.

Cardoso de Menezes, Carolina »Sinhazinha«

* 27.5.1916 Rio de Janeiro; brasilianische Pianistin und Komponistin; Tochter des Musikers Osvaldo Cardoso de M.; erlangte als Interpretin des → *Samba* auf dem Piano Popularität, komponierte zahlreiche Stücke und publizierte Schallplatten bei Copacabana, darunter »Na pavuna« und »Cabelos brancos«.

Cardoso, Elizeth

(Elisete, eigtl. E. Moreira Cardoso)

* 16.7.1920 Rio de Janeiro; brasilianische Sängerin; bekannte Interpretin des urbanen → *Samba;* begann ihre Karriere 1937 bei Rádio Guanabara; vertrat Brasilien beim 1. Festival der Kunst in Dakar (Senegal, 1966) und produzierte zahlreiche Schallplatten (Label Copacabana),

Jenny Cárdenas interpretiert eine bolivianische Cueca beim Lateinamerika-Abend in der Volksbühne in Berlin, 17.2.1984

darunter die Titel »Na cadência do samba«, »Cuíca e viola« sowie »Deixa andar«.

Cardoso, Jorge
* 26.1.1949 Posadas (Misiones); argentinischer Gitarrist; studierte Gitarre bei dem Musiker und Komponisten Luis Braulio, war später als Musiklehrer tätig, publizierte eine Abhandlung über die Methodik des Gitarrespiels und gewann auf versch. Wettbewerben jeweils 1. Preise, so 1963 auf dem Festival der → *Música litoraleña* und 1967 auf dem Folklore-Ausscheid von Cosquín; auf Schallplatten u. a. der Labels Dumag und Dial erschienen einige LPs, darunter der Titel »Misionera«.

Cardozo Ocampo, Amambay → *Amambay*

Cardozo, Hermanos -
argentinische Vokal- und Instrumentalgruppe, populäre Interpreten der → *Música litoraleña;* gebildet von den Gebrüdern (Hermanos) Emilio Cardozo (Gesang und Bandleader), Juan Modesto C. (Akkordeon), Miguel A. C. (Gitarre) sowie mit Manuel Zbinden (Akkordeon), Omar Acosta (Akkordeon), Luca Falcón (Gitarre), Hermenegildo Solís (Gitarre), Marcial Moyano (Gitarre), Mario Sandoval (Gesang und Gitarre) und Ramón A. Peralta (Bandoneón). Interpretierte vorwiegend Titel der Form → *Chamamé;* unter versch. Labels (u. a. Music Hall, Microfón und Philips) erschienen zahlreiche LPs, darunter die Titel »Flor de mi consuelo«, »Madre« und »Zapateador chamamecero«.

Cardozo Ocampo, Mauricio
* 14.5.1907 Ybycuí, † 5.5.1983 Buenos Aires; paraguayischer Musiker (Flöte, Gitarre, Violine u. a.), Arrangeur, Komponist, Textdichter, Orchesterleiter und Folkloreforscher; studierte Musik zunächst an seinem Heimatort bei J. R. Rojas, erlernte zuerst die Instrumente Gitarre und Flöte; gehörte später einer → *Banda (2)* in Asunción an und erforschte mit großer Sorgfalt die Folklore Paraguays; übersiedelte später nach Buenos Aires, wo er weiter studierte und zusammen mit anderen Musikern, Sängern und Komponisten vielfältige Aktivitäten zur Bewahrung der paraguayischen Musikfolklore entfaltete; so bildete er nach 1928 mit Eladio → *Martínez* das Folklore-Duo *Martínez – Cardozo*, war Mitbegründer der Volksmusikgruppe *Agrupación Folklórica Guaraní*, deren musikalischer Direktor er zwischen 1938 und 1943 war, formierte und leitete die Gruppen *Banda Ocara* und → *Perú Rimá,* die u. a. bei Odeon zahlreiche Schallplatten produzierten. C. ist eine der bedeutendsten Persönlichkeiten der Volks- und Populärmusik Paraguays, unter seinen mehr als 200 Kompositionen befinden sich die bekannten Stücke »Galopera« (Galopa, 1939), »Pueblo Ybycuí« (Guarania, 1932), »Paraguaya linda« (Polka, 1939) und »Che morenamí« (Purajhei, 1939); zahlreiche Titel wurden in der Landessprache Guaraní geschrieben, darüber hinaus arrangierte C. Titel aus der anonymen Musik-

Ein denkwürdiger Augenblick: am 24.9. 1968 wird Mauricio Cardozo Ocampo, seinerzeit Leiter des Bereichs Folklore der Generaldirektion Tourismus, aus den Händen von Minister Samaniego die Verdienstmedaille in Anerkennung seiner langjährigen Arbeit auf dem Gebiet der Volksmusik im Regierungsgebäude in Asunción verliehen

folklore neu und schrieb mehrere Bücher über die Folklore Paraguays, darunter »Mundo folklórico paraguayo«. C. wurde u. a. mit der Goldmedaille des Argentinischen Komponistenverbandes → *SADAIC* ausgezeichnet.

Cardozo Ocampo, Oscar
* 27.12.1942 Buenos Aires; argentinisch-paraguayischer Musiker (Piano), Arrangeur, Komponist und Bandleader; Sohn von Mauricio → *Cardozo O.;* schrieb Arrangements u. a. für Eduardo → *Falú* und Mercedes → *Sosa;* begleitete mit von ihm geleiteten Orchestern argentinische und paraguayische Gesangssolisten, mit denen er unter versch. Labels zahlreiche LPs produzierte. C. schrieb die Musik u. a. des Titels »Zamba del nuevo día« (Text: A. Tejada Gómez) sowie nach Texten von Oscar → *Matus.*

Careada → *Jota chocoana*

Carga
Finalpart des kolumbianischen → *Merengue;* in lustig-bewegtem Tempo gehalten.

Caribbean Calipso, Cuarteto -
kostarikanisches Vokal- und Instrumentalquartett regionstypischer und populärer Musik, um 1990 in der Hafenstadt Puerto Limón durch Oscar Sequeira »El Sabroso« (Sänger und Liedermacher), Rafael Espinoza Zapata (Sänger und Liedermacher) zusammen mit zwei weiteren Musikern formiert; zuweilen spielte Napoléon Argüeta D. das Saxophon. Die Gruppe interpretierte grundsätzlich Titel der Form → *Calypso,* wobei sowohl in Spanisch als auch in Englisch bzw. zweisprachig gesungen wurde. Auf einer Kassette erschienen Titel wie »Bacanal en Chiripo«, »Contaminación urbana«, »China children come Dady« und »Lindo Puerto Limón«, durchweg Kompositionen von Oscar Sequeira.

Caribeat
ein mit Elementen der traditionellen anglokaribischen Musik (z. B. Calypso) synkretisierter Beat-Rhythmus; wurde u. a. durch die Gruppe The Merrymen popularisiert.

Caribes, Trío Los -
kolumbianisches Vokal- und Instrumentaltrio; um 1968 durch die Solisten Luis Felipe Fajardo (* 1946), Tulio Fajardo (* 1948) und Walter Bonilla (* 1946) formiert; interpretierte folkloristische und populäre Musik; produzierte 1970 seine erste LP.

Carichipari
indianischer Volkstanz Kolumbiens; bei den Stämmen Noanama, Embera und Cholo verbreitet; durch Trommeln, neuerdings auch durch Gitarren und weitere Instrumente europäischer Herkunft begleitet.

Carifesta
periodisch stattfindendes Festival der Folklore und kulturellen Begegnung im Gebiet der Karibik, an dem neben karibischen Interpreten auch Gruppen und Solisten aus anderen lateinamerikanischen Ländern teilnehmen können; erstmals 1972 in Guyana, 1976 in Jamaika, später in Kuba abgehalten.

Cari-Folk Singers
afrojamaikanische Vokal- und Instrumentalgruppe, die auch den Volkstanz pflegt; 1973 in Kingston Town durch Angehörige der Excelsior High School gegründet, zählt gegenwärtig zu den drei besten Folkloregruppen Jamaikas; seit 1974 durch Keith Gordon geleitet; umfasst 13 Mitglieder (8 Frauen und 5 Männer); das Repertoire besteht aus traditionellen Liedern und Tänzen Jamaikas.

Carimba
in der Volksmusik El Salvadors gespielte Variante des zentralam. Musikbogens → *Caramba (1).*

Carimbó
1. afrobrasilianischer Tanz im 2/4-Takt; als Rundtanz (Dança-de-roda) in Marajó, Belém und Pará (Landesnorden) aufgeführt, dazu wird

ein siebensilbiger Versgesang intoniert. Man unterscheidet drei Arten C. praieiro, in der atlantischen Zone von Pará verbreitet; C. pastoral, in Soura oder Marajó und C. rural (agrícola), in Plantagengebieten am unteren Amazonas, Santarem, Obidos und Alenguer verbreitet. Als Begleitinstrumente dienen → *Reco-reco,* → *Raspador,* → *Xeque-xeque* und eine Trommel gleichen Namens. 2. zur Gruppe des → *Atabaque* gehörende, mit der Hand perkutierte Trommel.

Caringa

alter kubanischer Volkstanz ländlicher Regionen; zur Gruppe des → *Tumbantonio* gehörend; heute nicht mehr verbreitet. Auf den Kanarischen Inseln hat sich diese Form, von Zuwanderern aus der Karibik eingeführt, bis heute erhalten.

Cariñoso Group

karibische Volkmusikgruppe von der Insel Bonaire (Niederländische Antillen), in den 70er Jahren des XX. Jh. formiert; interpretierte traditionelle Musik, die z. T. auch in der Sprache → *Papiamento* gesungen wird; Gesangssolistin ist Ana Thodé.

Carioca

brasilianischer Populärtanz; um 1931 in Rio de Janeiro entstanden. Der Komponist José Luis de → *Morais* gehört zu den Schöpfern des im wesentlichen aus Komponenten des → *Samba* (*urbano*) und der kubanischen Rumba bestehenden, letzterer im Rhythmus ähnlichen Modetanzes. Zahlreiche Kompositionen dieser Form entstanden vor allem in den USA und in Deutschland; in den USA wurde ein Film gleichen Namens produziert, dessen Titelmelodie im Rhythmus der C. von Vincent Youmans (1898 – 1946) komponiert wurde.

Carioco

alter Volkstanz ländlicher Regionen Kubas; Ende des XIX. Jh.bereits vollkommen in Vergessenheit geraten.

Carite

venezolanischer Volkstanz dramatischen Charakters, von jeweils 14 Personen getanzt, die teilweise maskiert auftreten.

Carnaval

1. insbesondere in katholischen Ländern begangenes Volksfest mit ausgesprochenem Massencharakter. Das eigentliche Wesen des Karnevals, der in allen Ländern Lateinamerikas gefeiert wird, besteht in Maskeraden, Umzügen (Desfiles) und Tänzen. Durch jahrhundertealte Traditionen bildeten sich regionale Eigenheiten heraus, die folkloristischen Charakter tragen, wie der → *Carnaval carioca*, ferner der Karneval von Barranquilla (Kolumbien), von Copacabana und Oruro (beide Bolivien). In Kuba wird der Karneval, einer Tradition aus Santiago de Cuba (Carnaval de Santa Ana) entsprechend, Ende Juli gefeiert. Vielerorts werden nach Beendigung der Festlichkeiten symbolische Figuren, meist Teufel (Diablos) aus Stroh, dem Feuer geopfert. (→ *Comparsa,* → *Desfile,* → *Conga,* → *Carnival*) 2. mestizischer Volkstanz unterschiedlicher Modalität, der zur Zeit des Karnevals in Peru, Bolivien, vereinzelt auch in Nordargentinien vorwiegend in den Regionen der Hochebene (Altiplano) aufgeführt wird; auch die indianischen Namen *Pucllay* bzw. *Pujllay* sind gebräuchlich. Besonderes Augenmerk wird der Teilnahme einer möglichst großen Zahl von Tänzern, speziell jungen Leuten, geschenkt. Von den Tänzern werden bunte Schnüre, *Huichi-huichi* genannt, die Waldvögel auf ihrem Flug symbolisieren, im Rhythmus der Musik geschwenkt; die Tanzfiguren sind vielseitig. Die instrumentale Begleitung erfolgt durch die Flöte → *Pinquillo,* in einigen Regionen auch durch → *Charango.*

Carnaval carioca (Karneval von Rio)

die als größtes Volksfest der Welt bezeichnete Veranstaltung wird alljährlich unter Anteilnahme der gesamten Bevölkerung von Rio de Janeiro (Brasilien) und zunehmend auch in- und ausländischen Touristen in Form farbenprächtiger und phantasievoller Umzüge, Tänze und

Typische Szene beim Karneval in Santiago de Cuba (Photo: Prensa Latina)

weiterer Veranstaltungen abgehalten. Bei der Vorbereitung, Organisiation und Durchführung des als → *Desfile* bezeichneten Umzuges hat die → *Escola de Samba* (Sambaschule, port.) eine bedeutende Funktion. Jede der zahlreichen Sambaschulen tritt mit eigenen Musikern und Tanzgruppen auf und stellt einen oder mehrere eigens für den Karneval geschriebene Saisonschlager vor, die als → *Samba-enrêdo* bezeichnet werden; inzwischen ist der C. c. eine Touristenattraktion ersten Ranges, z. T. bereits stark kommerzialisiert; so werden die traditionellen Kostümierungen zunehmend durch Reklameträger überlagert. Hauptrhythmus ist der → *Samba,* insbes. der S. carioca bzw. der S. cívico; früher war die vielbesungene Praça XI (der Elfer-Platz)) Ziel der Umzüge, heute ist es die Avenida Marquês de Sapucai, bzw. das sog. »Sambadrom«, im Stadtzentrum gelegen.

Carnavalito

1. mestizischer Volkstanz, von Männern, Frauen und Kindern gemeinsam aufgeführt; sein Verbreitungsgebiet erstreckt sich auf Bolivien (Region Tarija), Nordargentinien (Jujuy), Nordchile und Peru, wobei es einige Abarten gibt. Der C. wird durch die Instrumente → *Charango,* → *Siku,* Quena, → *Bombo* u. a. begleitet, dazu wird gesungen, entweder in Quechua oder Spanisch, gelegentlich auch zweisprachig. 2. in Ostbolivien (Santa Cruz de la Sierra und Beni) entstandener Volkstanz, als reiner Paartanz aufgeführt; mit einer zweiteiligen musikalischen Struktur. 3. Tanzfestlichkeit der Ingano- und Sibundoy-Indianer Kolumbiens; in den ersten Dezembertagen veranstaltet.

Carnival

Äquivalent des Volksfestes → *Carnaval (1)* in englischsprachigen Gebieten Lateinamerikas; auf der Insel Trinidad Ende des XVIII. Jh. von franz. Pflanzern eingeführt. Nach alten Berichten waren 1837 erstmals die nach der Aufhebung der Sklaverei freien Afroamerikaner beteiligt. Sie brachten eigene Komponenten in die Karnevalsmusik ein, was zur Bildung jener Rhythmen und Formen führte, die in ihren Grundelementen noch heute existieren und für die Musikfolklore dieser Region typisch sind. Während auf Trinidad ab der Zeit um die Jahrhundertwende die sog. → *String-Bands* dominierten, hatten bis Ende der 30er Jahre die → *Tamboo-Bamboo*-Bands zur musikalischen. Ausgestaltung des C. überragende Bedeutung; ab etwa 1940 wird die Karnevalsmusik Trinidads und weiterer Antilleninseln weitgehend durch die → *Steel Band* bestritten.

Caro, Julio de

* 11.12.1899 Buenos Aires, † 11.3.1980 das.; argentinischer Musiker (Violine), Sänger, Komponist und Bandleader; gehört zu den bekannten Vertretern des → *Tango,* spielte seit 1910 Violine, die er 1926 durch eine von ihm geschaffene, *Violín corneta* genannte Variante ersetzte; wirkte ab 1923 im Orchester von Juan Carlos → *Cobián* und gründete 1924 ein Sextett, mit dem er erste Schallplatten produzierte und 1931 auf Europa-Tournee ging; er leitete diese Gruppe bis 1953. Schallplatten erschienen u. a. bei Victor, Brunswick, Odeon und Pathé, darunter seine Kompositionen »Aníbal Troilo«, »Buen amigo« (1950), und »Mala pinta« (1917).

Carpa de la Reina

von der chilenischen Volkssängerin Violeta → *Parra* 1965/66 in Santiago de Chile gegründetes, aus eigenen Mitteln finanziertes Folklorezentrum; ein Zirkuszelt, das im Stadtteil La Reina von P. erworben und zu öffentlichen Auftritten von Solisten und Gruppen des Neuen Chilenischen Liedes genutzt wurde.

Carpentier Valmont, Alejo

* 26.11.1904 La Habana, † 24.4.1980 Paris; kubanischer Musikwissenschaftler, Autor, Komponist, Schriftsteller und Dichter; wurde vor allem durch die musikalischen Zyklen »Ecué Yamba-O« (1933) und »Reino de este mindo« (1953) bekannt, die auf Motiven der afrokubanischen Volksmusik basieren. C. entdeckte in Archiven der Kathedrale von Santiago de Cuba Partituren des Komponisten Esteban → *Salas,* die als verloren galten. Eines seiner bekannte-

sten und oft zitierten Bücher ist »La música en Cuba« (1946 vollendet).

Carr, Vikki

(eigtl. Florencia Vicenta de Casillas Martínez) * 19.7.1941 El Paso (Texas); US-amerikanische Sängerin und Gitarristin; eine der bedeutendsten Vertreterinnen der Populärmusik innerhalb des Komplexes der → *Música chicana;* interpretierte balladenhafte Lieder romantischen Charakters, die sie zumeist in Spanisch, jedoch auch in Englisch oder zweisprachig (im Mischdialekt »Spanglish«) vortrug. Unter dem Label CBS entstanden einige LPs mit Titeln wie »Total« (Bolero).

Carracho (Güirero)

Variante des Schrapidiophons → *Güiro;* wird in der Volksmusik von Puerto Rico benutzt.

Carrasca (Carraca, Carraco)

in der Volksmusik versch. Länder Lateinamerikas (Peru, Kolumbien u. a.) verwendetes Schrapidiophon, sowohl in präkolumbischer Zeit verbreitet als auch von afrikanischen Einwanderern mitgebracht; ein länglicher Körper aus Bambus, Hartholz oder Knochen, in dessen eine Seite sägezahnartige Aussparungen eingearbeitet sind, über die mit einem Stab geschrapt wird. Analoge Instrumente sind → *Güiro,* → *Guacharaca* und → *Quijada.*

Carrasco, Alfredo

* 4.5.1875 Culiacán (Sinaloa), † 31.12.1945 México-Stadt; mexikanischer Musiker (Piano, Flöte) und Komponist; erwarb seine musikalische Bildung in Guadalajara, war ab 1899 Organist der dortigen Kathedrale, siedelte 1918 nach México-Stadt über, um dort seine künstlerische Tätigkeit fortzusetzen. Sein Lied »Adiós«, um 1895 entstanden und meist als »Adiós de Carrasco« bezeichnet, ist seine bekannteste Komposition, die heute speziell von kleineren Gruppen interpretiert wird; ferner schuf er die Titel »Primera mazurca« (1908), »Háblame« (1919) und »Amigo amigo« (1920).

Carrasco, Eduardo

* 1940 Santiago de Chile; chilenischer Musiker (Quena, Charango, Kontrabass ...), Arrangeur und Komponist; bedeutender Vertreter des Neuen Chilenischen Liedes (→ *Nueva Canción Latinoamericana / Chile*); Direktor der Gruppe → *Quilapayún* und komponierte zahlreiche Musikstücke wie »Canto del Cuculí«, »Cueca de la solidaridad«, »Compañero Presidente« und »Pido castigo« (nach Text von Pablo Neruda).

Carrasco, Tino

* 1900 Carora, † 1975 Barquisimeto; venezolanischer Musiker, Arrangeur und Komponist; hervorragender Solist auf dem Instrument → *Bandolín;* schrieb zahlreiche Stücke landestypischer Musik der Formen → *Golpe,* → *Corrido (4)* und Walzer (Valse).

Carrasco, Washington

* 7.12.1941 Montevideo; uruguayischer Sänger, Musiker (Gitarre, Akkordeón) und Liedermacher; Autodidakt auf musikalischem Gebiet; erlernte das Spiel von mehr als 30 Musikinstrumenten und begann 1962, sich auf der Gitarre begleitend, uruguayischer Lieder zu singen. Der zur Bewegung des Neuen Uruguayischen Liedes gehörende Interpret nahm bei Sondor u. a. die Titel »La Cañera« und »No preguntas por mí« auf.

Carreiro e Carreirinho

brasilianisches Vokal- und Instrumentalduett der → *Música caipira;* um 1948 in São Paulo durch Zé Carreiro und Adanto Ezequiel »Carreirinho« (* 1921) formiert. Das bis 1958 bestehende Duo produzierte 1956 seine erste LP (Label Copacabana), der bei RCA Victor und Galinho weitere folgten, darunter die Titel »Canoeiro« und »Pirangueiro«.

Carreño, Teresa

* 22.12.1853 Caracas, † 12.6.1917 New York; venezolanische Pianistin und Komponistin ernster und populärer Musik; studierte u. a. bei Louis Moreau → *Gottschalk* in New York; gab seit 1895 öffentliche Konzerte in Europa, lebte

längere Zeit in Berlin. Als Komponistin trat sie mit Konzertstücken für Piano hervor, denen teilweise folkloristische Motive zugrundeliegen.

Carrerilla

1. bestimmte kurze Tonschritte in verschiedenen Tänzen Lateinamerikas. 2. andalusische Romanze, ist in Lateinamerika verbreitet worden, floss teilweise in neuere Formen ein.

Carrero, Baltazar »Voz de la Montaña«

puertorikanischer Sänger und Liedermacher; bedeutender Vertreter ländlicher Volksmusik Puerto Ricos; spezialisierte sich auf die Interpretation des → *Seis;* Kompositionen wie »Jíbaro de Rincón« und »Casa de Yaguas« erschienen auf zahlreichen Schallplatten u. a. der Labels Seeco und Ansonia.

Carretería

alter spanischer Salontanz, im XVII. Jh. u. a. nach Mexiko (Nueva España) gekommen, wo er als burlesker Tanz noch längere Zeit populär war.

Carreteros, Los -

uruguayisches Vokal- und Instrumentalquartett; 1957 in Montevideo durch Víctor Santirio (Gesang, Gitarre), José Luis Gutiérrez (Gesang), José Antonio Ríos (Gitarre) und Oscar Muñiz (Bombo) formiert; interpretierte folklorist. Musik wie → *Milonga,* → *Chamarrita* und → *Media caña,* darunter die Titel »Salto grande« und »Canción del tropero«; Schallplatten entstanden u. a. bei Antar und Carumbé.

Carretilha → *Carritia*

Carril, Hugo del -

(eigtl. Piero Bruno Hugo Fontana Bertani)
* 30.11.1912 Buenos Aires, † 13.8.1989 das.; argentinischer Sänger, Bandleader und Filmschauspieler; bedeutender Vertreter des → *Tango;* begann mit 17 Jahren als Sänger bei Radio Buenos Aires, interpretierte seine Lieder später in mehreren Sprachen und bereiste nahezu ganz Lateinamerika; wirkte in vielen Filmen, darunter »La vida de Carlos Gardel«, mit und produzierte ab 1937 u. a. bei Victor, Ansonia, Musart und EMI mehr als 200 Schallplatten, so die Titel »Clavel del aire«, »Barrio reo« und »La Calesita«.

Carrilho Aquino, Altamiro

* 21.12.1924 Rio de Janeiro; brasilianischer Musiker (Flöte), Komponist und Bandleader; wirkte als hervorragender Solist auf der Flöte (Flauta) in diversen Musikgruppen; erwarb sich große Verdienste bei der Popularisierung des Genres → *Choro,* einerseits durch Komposition von Titeln wie »Canto do Sabiá« und »O flautista triste«, andererseits durch die Gründung (1955) und Leitung einer populären Musikgruppe des Typs → *Regional* »A. Carrilho e sua Bandinha«, mit der er viele Schallplatten (u. a. bei Copacabana, Tapecar und Pereira), darunter die Titel »Rio antigo« und »Sonhos«, produzierte.

Carrillo Alarcón, Álvaro

* 2.12.1921 Cocahuatepec (Oaxaca), † 1969 México-Stadt; mexikanischer Sänger, Musiker (Gitarre) und Komponist; von Beruf Lehrer; sang bereits in jungen Jahren Volkslieder in romantisch-sentimentalem Stil, sich dabei auf der Gitarre begleitend; spezialisierte sich später auf Komposition und Interpretation des → *Son huasteco* und insbesondere der → *Chilena.* Von letzterer schuf er einige Titel, die in die regionale Musikfolklore Eingang fanden, so »Pinotepa nacional«, »Con cuidadito« und »Yerbabuena«; in der Populärmusik ganz Lateinamerikas wurde sein 1959 entstandener Bolero »Sabor a mí« bekannt.

Carrillo, Antonio

* 29.10.1892 Barquisimeto, † 13.7.1962 das.; venezolanischer Musiker (Bandolín, Kontrabass), Arrangeur, Komponist und Bandleader; studierte Musik bei Félix Sánchez Durán in Duaca, leitete später die *Banda del Estado* und eine Folkloregruppe; komponierte zahlreiche Stücke, darunter den heute noch oft gespielten Walzer »Como llora una estrella«.

Carrillo, Isolina
* 9.12.1907 La Habana; kubanische Sängerin, Komponistin und Bandleader; populäre Vertreterin trovadoresker Musik; schuf nach 1940 bemerkenswerte Kompositionen, vorrangig Boleros wie »Dos gardenias« (1947), »Canción de amor« und »Sombra que besa«; leitete die aus Frauen bestehende Musikgruppe *Las Trovadoras del Cayo* und war später beim Kubanischen Rundfunk tätig.

Carrillo Trujillo, Julián
* 28.1.1875 Ahualulco, † 9.9.1964 San Angel (México); mexikanischer Musiker (Violine), Komponist und Bandleader; leitete seit 1905 das Orchester Potosina, war später Direktor des National-Konservatoriums in México-Stadt und der Musikgruppe *Sonido Trece*.

Carrillón
Glockenspiel; entweder mit der Hand oder mechanisch perkutiert; zuweilen in der Volks- und Populärmusik für besondere Effekte (z. B. in Venezuela) eingesetzt.

Carritia (Carretilha)
regionale Variante des → *Desafio,* mit fünfsilbigen Versen; im Landesinnern Brasiliens durch Volkssänger (Cantadores) interpretiert.

Carrizo
Sammelbegriff für eine in großer Typen- und Namensvielfalt existierende Gruppe kleiner Rohrflöten; ihr Grundaufbau entspricht dem der → *Quena.* Die vor allem von indianischen Musikern hergestellten Instrumente werden u. a. auch Soncari, Jiwaburü, Joncari, Flauta, Cañade-millo und Singari genannt.

Carrumba
kolumbianisches Volkslied, mit vielen, vorwiegend ausdrucksstarken Kehrreimen gesungen.

Carta do Folclóre Brasileiro
auf dem 1. Brasilianischen Kongress für Folklore in Rio de Janeiro (22. – 31.8.1951) verabschiedetes Dokument, das die prinzipiellen Richtlinien der Arbeit mit der brasilianischen Folklore festlegt, Aktivitäten aufzeigt und koordiniert. Wichtigste Punkte sind die Projekte intensiver Studien aller folkloristischen Manifestationen und die Erhaltung traditioneller Werte der Nationalkultur. Auf Grund dieser Beschlüsse wurde, durch Präsident Juscelino Kubitschek dekretiert, die Kampagne zur Verteidigung der Brasilianischen Folklore (Campanha de Defesa do Folclóre Brasileiro) vom Ministerium für Kultur ins Leben gerufen.

Cartola → *Oliveira, Angenor de*

Caruso, Juan Andrés
* 20.9.1890 La Plata, † 10.3.1931 Buenos Aires; argentinischer Textdichter; von Beruf Journalist; schuf Texte für mehr als 60 Tangos, 12 Walzer, 3 Zambas, 2 Estilos, 1 Milonga u. a.; darunter die bekannten Stücke »Sentimiento gaucho« (Musik: F. Canaro), »Alma de Bohemio« (Musik: Roberto Firpo) und »La última copa« (Musik: Francisco Canaro).

Carutana → *Bastón de Ritmo*

Carvalho da Costa, Elis → *Elis Regina*

Carvalho, »Beth«
(eigtl. Elizabeth Santos Leal de C.)
* 5.5.1946 Rio de Janeiro; brasilianische Sängerin; bekannte Vertreterin des Karnevals-Samba; begann ihre Karriere als professionelle Künstlerin 1962 und produzierte 16 LPs (u. a. bei RCA Victor und Tapecar), darunter die populär gewordenen Titel »Cavaquinho camarada«, »Carro de Boi« und »Sempre só«.

Carvalho, Joubert de
(eigtl. J. Gontijo de Carvalho)
* 6.3.1900 Uberaba (Minas Gerais), † 20.9.1977 das.; brasilianischer Musiker (Piano) und Komponist; promovierter Mediziner; gehört zu den bekanntesten und vielseitigsten Schöpfern brasilianischer Populärmusik; übersiedelte 1920 nach Rio de Janeiro, wo er überwiegend in Tango-Orchestern als Pianist wirkte; zu seinen

verbreitetsten Kompositionen gehören u. a. die Titel »Maringá« (Toada, 1932), »De papo pro à« (Cateretê, 1931), »Zíngara« (Samba, 1931), »Minha casa« (Modinha, 1946) und das erstmals 1930 durch Carmen → *Miranda* gesungene Samba-Lied »Taí«.

Carvalho Neto, Paulo de
* 10.9.1923 Simão Dias (Sergipe); brasilianischer Folkloreforscher, Soziologe, Psychologe und Schriftsteller; studierte an der Universität von Rio de Janeiro, promovierte in São Paulo (Literatur und Folklore), forschte u. a. auf dem Gebiet der Musikfolklore und publizierte Monographien und Artikel, darunter die Werke »Diccionario del Folklore ecuatoriano« (1964) und »Folklore sergipano«.

Casa de la Cultura Ecuatoriana
(Haus der Ekuad. Kultur, span.)
vom ekuadorianischen Staat am 9.8.1944 in Quito durch die Kulturschaffenden Benjamín Correa und José María Velasco Ibarra ins Leben gerufene Institution, die sich der Pflege und Wahrung der Künste, der Malerei und der traditionell-folkloristischen Musik Ekuadors widmet; es wurden z. B. Schallplatten mit Volks- und Populärmusik ediert, Konzerte veranstaltet und Bücher veröffentlicht. Gleiche Einrichtungen gibt es auch in Guayaquil und anderen Städten Ekuadors.

Casa de la Trova (Haus der → *Trova*)
Zentrum zur Pflege musikalischer Traditionen, insbesondere des trovadoresken Gesangs; in Kuba sowohl aus der → *Tanda de Cantadores* als auch aus dem Kulturkreis der → *Asociaciones Benéficas y Recreativas* bzw. anderen kulturellen Institutionen hervorgegangen. Solche Zentren gibt es in allen Stadtvierteln von La Habana, in Santiago de Cuba, Matanzas und anderen Städten und Gemeinden. Neben professionellen Künstlern treten vor allem sing- und musizierfreudige Laien auf. (→ *Peña*)

Casa de las Américas
(Haus der Amerikas, span.)
kubanische Institution zur Erforschung, Wahrung und Entwicklung der Kultur Lateinamerikas; 1959 durch die Regierung Kubas in El Vedado (La Habana) gegründet. Als Stätte internationaler Begegnungen, Wettbewerbe (»Premio Casa«) und des Meinungsaustausches erwarb sie sich einen guten Ruf unter Intellektuellen aus LA und anderen Ländern; es werden Bücher und Schallplatten (Label Casa) u. a. auf dem Gebiet der Volks-, Populär- und Kunstmusik publiziert, weiterhin erscheint die Zeitschrift »Música«, die über Aktivitäten und Tendenzen in der Musik Lateinamerikas informiert; darüber hinaus verfügt die Abt. Musik über ein umfangreiches Tonträgerarchiv mit Musik aus ganz Lateinamerika.

Casablanca Steel Band
anglokaribisches Tanzorchester, um 1935 in Port of Spain (Trinidad) aus der Musikgruppe *Bar Twenty* hervorgegangen; die Gruppe vom Typ einer → *Steel Band* interpretierte vorwiegend Titel der Form → *Calypso;* die Leitung oblag dem Musiker Oscar Pyle; es wurden zahlreiche Schallplatten produziert.

Casaca (Cassaca, Schrapinstrument)
hohler Holzzylinder von etwa 60 cm Länge, oben mit Einkerbungen versehen, die mit einem Stäbchen geschrapt werden; regionale Variante des → *Reco-reco;* in der Volks- und Populärmusik des brasilianischen Staates Espíritu Santo eingesetzt.

Casarasiri
peruanischer Volkstanz-Zyklus indianischer Bevölkerungsgruppen der Hochebene (Altiplano); zu Hochzeitsfeiern in versch. Zyklen aufgeführt; Haupttanz ist der → *Cacharpari.*

Casarata (von casar = heiraten, span.)
im Dialog gesungene Verse, die im unmittelbaren Zusammenhang mit der bevorstehenden Hochzeit durch Verwandte und Brautleute im Norden von Chile, in Bolivien und Peru in oft lustiger oder leicht ironischer Weise vorgetragen werden; dazu kann auch getanzt werden.

Die argentinische Sängerin Mercedes Sosa gehört zu den zahlreichen Künstlern, die in der Casa de las Américas auftraten; Aufnahme von 1976

Casas Romero, Luis
* 24.5.1882 Camagüey, † 30.10.1950 La Habana; kubanischer Musiker und Komponist; wirkte mit 12 Jahren als Flötist im Orchester der *Sociedad Popular Santa Cecilia.* Nach den Unabhängigkeitskriegen gründete er in Camagüey eine → *Banda (2)* und ein Tanzorchester; übersiedelte 1904 nach La Habana, leitete dort das Orchester des Theaters »Martí«, bald darauf das des Theaters »Payret«; gilt als Schöpfer der → *Criolla* (1909) und schrieb eine beachtliche Zahl von Kompositionen dieser und anderer Formen, darunter die Titel »El Mambí«, »Camagüeyana«, »Carmela« und »Mi casita« sowie einige Zarzuelas.

Cascabeles (Idiophon)
kleine Schellen, die aus hartwandigen Früchten oder Metall hergestellt und mit einer Einlage versehen werden, die bei einer Bewegung den typischen Klang erzeugen; u. a. an Gürteln und Kleidungsstücken, Schuhen oder an Musikinstrumenten befestigt; in der andinen Volksmusik von Peru, Bolivien, in Mexiko usw. verwendet.

Cascahuilla (Cascawilla, Idiophon)
an einer ledernen Schnur oder einem Band befestigte → *Cascabeles;* Musikinstrument der Araukaner (Mapuche) Chiles bzw. Argentiniens; bei Zeremonien zusammen mit dem → *Kultrún* eingesetzt; um das Handgelenk des Kultrún-Spielers gebunden; einer der seltenen Fälle der Aufnahme eines fremden Elements in die araukanische Volkskultur.

Cascata, João (eigtl. Alvaro Nunes)
* 23.11.1912 Rio de Janeiro, † 27.1.1971 das.; brasilianischer Sänger, Musiker (Violão) und Komponist; entstammt einer Musikerfamilie; erlernte zeitig das Spiel des → *Violão;* begann mit 17 Jahren zu komponieren, wobei er später meist mit Leonel Azevedo zsuammenarbeitete; so entstanden solche bekannten Titel wie »Mágoas de Caboclo« (1936), »História joanina« (1937) und »Não pago o bonde« (Samba, 1937).

Cascatinha e Inhana
brasilianisches Vokal- und Instrumentalduo (Dupla) der → *Música caipira;* 1942 in São Paulo durch Francisco dos Santos »Cascatinha«

(* 1919) und Ana Eufrosina da Silva »Inhana« (* 1923) formiert; widmete sich der ländlichen Volksmusik insbes. der Region von São Paulo, daneben wurde auch paraguayische Volksmusik interpretiert; auf Schallplatten (Labels Caboclo, Todamerica u. a.) erschienen u. a. die Titel »Ave Maria sertaneja« (1953), »Flor do cafezal« sowie die Guarania »India«.

Cashuirí → *Kashuirí*

Casindio, Trío -
US-amerikanisches Vokal- und Instrumentaltrio der → *Música chicana;* durch José Montoya, Esteban Villa und Rudi Carrillo in El Paso (Texas) gegründet; interpretierte traditionelle und neue Musik der Formen → *Ranchera,* → *Corrido,* Ballade und Rock, zum Teil zweisprachig (englisch und spanisch); produzierte zusammen mit der Gruppe *Royal Chicano Air Force* eine LP mit den Titeln »Contrabando de El Paso« (Corrido).

Casino, Conjunto -
kubanisches Tanzorchester vom Typ einer → *Jazzband;* 1940 in La Habana durch den Sänger José Saldarino gegründet; seit 1941 von Roberto Espí geleitet; gehört durch ihren unverwechselbaren Sound (»Casino-Stil«) zu den besten Formationen ihrer Art und dokumentiert eine markante Entwicklungsetappe kubanischer Populärmusik. Es fanden zahlreiche Auslandsgastpiele, u. a. in Mexiko, Puerto Rico und Venezuela, statt und es entstanden zahlreiche Schallplatten (u. a. bei Maype, Panart, Ansonia und Tropical), darunter die Titel »Anabacoa«, »La Pachanga« und »Coco may may«.

Casino de la Playa, Orquesta -
kubanisches Tanzorchester vom Typ einer → *Jazzband;* 1937 in La Habana durch Miguelito → *Valdés* formiert. Die bis etwa 1956 existierende Band nahm mehr als 600 Schallplatten auf, wirkte in Filmen mit und unternahm Auslandstourneen; bekannte Titel sind u. a. »Rumba Tambah«, »Cachita« und »José Isabel«.

Castañetas → *Castañuelas*

Castañetazo
Bez. für das in einigen lateinamerikanischen Volkstänzen anstelle Kastagnetten angewandte Fingerschnipsen; z. B. weit verbreitet in der → *Cueca chilena,* dem → *Joropo* und in bestimmten Gauchotänzen.

Castañuelas (Castañetas, Idiophon)
Kastagnetten; aus Spanien nach Lateinamerika transkulturiert; zwei ausgehöhlte Hartholz- oder Kunststoffschalen von 5 – 8 cm Ø, von der Form zweier Kastanienhälften; werden mit den Händen rhythmisch gegeneinandergeschlagen. Sie dienen zur Begleitung bestimmter Volkstänze u. a. in Peru, Mexiko und Kolumbien.

Castelar, Alberto
argentinischer Musiker (Piano), Arrangeur und Bandleader; gehörte ab den 50er Jahren zu den aktiven Vertretern anspruchsvoller folkloristischen Musik; mit der von ihm gegründeten und geleiteten Musikgruppe, die seinen Namen trug, nahm er bei Victor bzw. RCA Victor zahlreiche Schallplatten auf, darunter die Titel »Chacarera del santiagueño«, »Misionera« und »Pájaro campana«.

Castellanos, Tania (eigtl. Zoila Castellanos)
* 27.6.1920 La Habana, † 8.12.1988 das.; kubanische Liedermacherin; von Beruf Metallar-

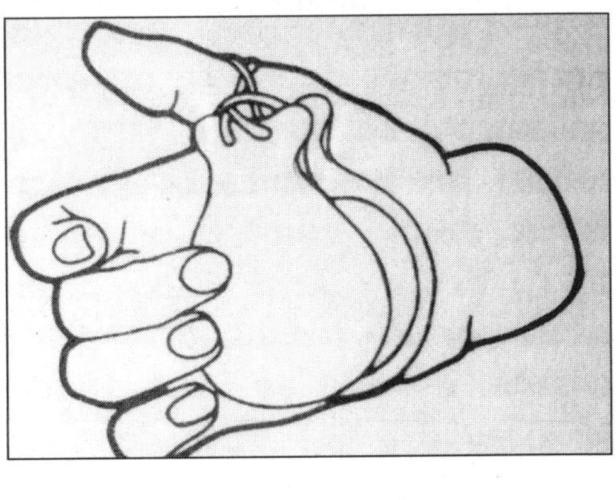

Castañuelas (Kastagnetten)
(aus: Mapa de los Instrumentos Musicales)

beiterin; widmete sich ab 1950 der Komposition von Populärmusik, von der einige Titel wie »En Nosotros« (Bolero), »Prefiero soñar« (Bolero, 1970), »Canción de mi Habana«, »Canción de las nieves de Praga« und »Cuba, corazón de nuestra América« weite Verbreitung fanden; außerdem schuf sie Arrangements ausländischer Schlager, z. B. für »Moskauer Nächte« (Solowjew-Sedoi).

Castilla Buenaventura, Alberto
* 9.4.1878 Boyacá, † 10.6.1937 Ibagué; kolumbianischer Sänger, Musiker und Komponist; erwarb sich große Verdienste um das Musikleben Kolumbiens, gründete das Konservatorium von Ibagué und war Organisator des ersten Kolumbianischen Musikkongresses (1935) in Ibagué. Als Schöpfer des Tanzes → *Bunde (2)* ging C. in die Geschichte der kolumbianischen Populärmusik ein; weitere bekannte Kompositionen C.s sind u. a. »Rondinela«, »Guabina« und »Tu rizo«.

Castilla, Cuates -
mexikanisches Vokal- und Instrumentalduo der Volksmusik; um 1944 von den Zwillingsbrüdern Miguel und José Castilla in Veracruz gegründet. Die sich auf der Gitarre begleitenden Solisten komponierten viele Titel wie den → *Huapango* »Flor Silvestre« (1929), »Plegaria guadalupana« (1947) und den → *Corrido (3)* »Fronterizo« (1950); Schallplatten entstanden u. a. bei *»Marvela«*.

Adilia Castillo – LP »Gran Festival del Folklore Venezolano« – Venevox BL-29/30 (1975)

Castillo, Adilia »La Novia del Llano«
venezolanische Sängerin und Liedermacherin; eine der bekanntesten Interpretinnen der → *Música llanera;* sang u. a. bei der Folkloregruppe *Los Llaneros del Oeste*, nahm unter versch. Labels (u. a. Discomoda, Venevox und Tropical) Titel wie »Rosalinda«, »Ansiedad« und → »*Alma llanera*« auf.

Castillo, Alberto (eigtl. A. de Luca Mataderos)
* 7.2.1914 Buenos Aires; argentinischer Sänger, Musiker und Bandleader; Vertreter des → *Tango* mit vorstädtischem Kolorit; gründete 1943 in Buenos Aires ein Orchester, das seinen Namen trug und sehr populär war; unter den Labels Odeon, Microfón, Music Hall und Caravelle erschienen zahlreiche Schallplatten, darunter die Titel »La Garufa« und »Charol candombe«.

Castillo, Cátulo
(eigtl. C. Ovidio González Castillo)
* 6.8.1906 Buenos Aires, † 10.12.1975 das.; argentinischer Musiker (Piano), Arrangeur, Autor und Bandleader; bekannter Tango-Pianist; das von ihm formierte und geleitete, seinen Namen tragende Orchester, zählte ab Ende der 20er Jahre des XX. Jh. zu den besten Formationen des Tango; es entstanden Aufnahmen, zu denen er Texte bzw. Arrangements schrieb, so für »La última curda«, »A Homero«, »Café de los angelitos« und »Tinta roja«.

Castillo, Nicandro
* Veracruz; mexikanischer Volkssänger (Trovador), Musiker, Komponist und Bandleader; gründete und leitete die Folkloregruppe *Nicandro Castillo y sus Huastecos*, die viele Stücke aus der regionalen Musikfolklore wie »Cielito lindo huasteco« und »El llorar« interpretierte. C. wurde weiterhin durch Adaptatio-

nen bzw. Arrangements von Titeln aus der anonymen Musikfolklore stammender Formen wie → *Son jarocho* und → *Son huasteco* bekannt; er schrieb u. a. »Las Tres Huastecas« (Huapango, 1947) und »Hidalguense« (Huapango, 1949).

Castillo, Patricio
* 1946 Valparaíso; chilenischer Sänger, Gitarrist und Liedermacher; studierte am Konservatorium der Universität von Chile, war zwischen 1965 und 1970 Mitglied der Gruppe → *Quilapayún,* bis 1973 der → *Peña de los Parra;* gehört der Bewegung des Neuen Chilenischen Liedes an und ging 1973 nach Frankreich ins Exil. Er komponierte zahlreiche Filmmusiken, z. B. für »La historia es nuestra« (1974), inszenierte 1974 Nerudas Stück »Glanz und Elend des Joaquín Murieta« an der Volksbühne Berlin und schuf Kompositionen, die er teilw. selbst interpretierte und auf Schallplatten aufnahm, darunter »Cueca de Murieta« und »Resistir«.

Castrapuercas → *Capador*

Castriota, Samuel
* 2.11.1885 Buenos Aires, † 8.7.1932 das.; argentinischer Musiker (Piano, Gitarre), Komponist und Bandleader; widmete sich vorwiegend dem → *Tango;* schuf u. a. die Titel »Mi noche triste« (1917, mit Pascual Contursi), gesungen z. B. von Carlos → *Gardel,* »Puerto Belgrano« und »El Gaucho«.

Castro Jérez, César
* 1938 Zambrano (Bolívar); kolumbianischer Sänger, Musiker, Arrangeur, Liedermacher und Bandleader; bekannter Vertreter der → *Música vallenata;* gründete eine Musikgruppe, die seinen Namen trug und mit der er zahlreiche Schallplatten (Label Fuentes) mit Titeln u. a. der Formen → *Paseo* und → *Merengue* produzierte, darunter die von ihm geschriebenen »Hay que gozar«, »Estás picao« und »Matica de Toronjil«.

Castro, Eduardo
* 1953 Punta Arenas; chilenischer Sänger, Musiker, Liedermacher und Folkloreforscher; begann in früher Jugend Lieder zu schreiben, erforschte die Musikfolklore Südchiles und war Mitglied der Folkloregruppe »Los Paracas«; seine Komposition »Sueña Negrito« erhielt auf dem 10. Patagonischen Folklorefestival (1978) den 1. Preis.

Castro, Henry
(eigtl. Alberto Enrique C. Martínez)
* 8.7.1936 Cartagena; kolumbianischer Sänger, Musiker, Liedermacher und Bandleader; Vertreter der → *Música tropical;* spezialisierte sich in den letzten Jahren mit der von ihm geleiteten Tanzmusikgruppe auf die Mischform → *Salsa;* seine Kompositionen »Cumbiando« (Cumbiamba) und »Mi Ki-.Ki« (Cumbia) sind auf Schallplatten verschiedener Labels erschienen.

Castro Neves, Oscar
* 15.5.1940 Rio de Janeiro; brasilianischer Musiker (Violão, Cavaquinho), Arrangeur und Komponist. C. zählt zur Avantgarde der → *Bossa Nova;* unternahm Gastspielreisen in verschiedene Länder, so 1964 in die USA; seine bekanntesten Kompositionen sind u. a. »Antes e depois« (Balada) und »Chora tua tristeza« (Bossa Nova).

Castro, Pedro
* 29.6.1947 La Capilla (Portuguesa); venezolanischer Harfenist, Arrangeur und Bandleader; Vertreter der → *Música llanera;* wurde durch seine eigenwillige Spielweise weithin bekannt; formierte eine Folkloregruppe, mit der er u. a. bei Dimagen Stücke der regionalen Volksmusik wie »El Gabán« und »Seis con variaciones« interpretierte.

Castro Sisters (Marvel Sisters)
kubanisches Vokaltrio, um 1938 in La Habana durch die Schwestern Margarita Dolores »Peggy« (* 1921 La Habana), Cherie Dawn (* 1923 New York) und Babette (de) Castro (* 1924 La Habana ?) formiert. Dieses Trio interpretierte prinzipiell Titel der nordamerikanischen Populärmusik, sich dabei am Stil der Andrews

Sisters orientierend. In den späten 40er Jahren des XX. Jh. wirkten sie in den USA, dabei sehr oft unter dem Namen *Marvel Sisters* in Konzerten sowie in Filmen, darunter »Cobacabana« (mit Carmen → *Miranda*) und »On the Santa Fe Rail«, auftretend. Schallplatten entstanden u. a. bei Capitol.

Castruera 1. → *Capador* 2. → *Chigualo*

Catá
wichtigste Trommel der → *Tumba Francesa;* Synonymbezeichnungen sind → *Premier* bzw. → *Cut Drum.*

Catacá (Caracalho, Idiophon)
zwei Holzblöcke, der eine sägezahnartig gefurcht, der andere glatt; wird darüber hinweggestrichen, entsteht ein rasselnd-schrapender Ton, ähnlich dem → *Reco-reco;* in der Volksmusik Brasiliens, u. a. bei den Tambés-Indianern, benutzt.

Catacumba
alter mexikanischer Volkstanz, bis zum Ende der Kolonialzeit existierend; unterdessen völlig in Vergessenheit geraten; gehörte neben anderen Formen zu den von der katholischen Kirche angegriffenen Tänzen einfacher Leute.

Catalán Portillo, Mario
23.12.1913 Antofagasta, † 29.12.1979 Santiago de Chile; chilenischer Sänger, Musiker und Liedermacher; schrieb und interpretierte Volksmusik insbes. der Form → *Cueca chilena,* darunter die Titel »Adiós a Guatón Loyola«, »Alo alo«, »Chaplín en Rengo« und »El sombrero del Huaso«; sie zeichnen sich durch feinsinnigen Humor in den Texten und eine musikalische Ausgewogenheit aus und werden landesweit interpretiert.

Catalier (von → *Catá*)
Spieler von Perkussionsinstrumenten bei der Ausübung afrolateinamerikanischer Kulte auf Haiti bzw. bei der → *Tumba Francesa.*

Catarineta → *Nau Catarineta*

Cateretê (Dança dos Catequistas, Catira)
afrobrasilianischer Volkstanz im 6/8- oder 2/4-Takt; eine spezielle Variante des → *Batuque;* Männer und Frauen tanzen in Reihen einander gegenüber. Der C. enthält die → *Umbigada* mit dazwischengeschalteten choreographischen Figuren der → *Quadrilha;* der Tanz wird durch Gesang und die Instrumente → *Viola,* → *Reco-reco,* → *Rabeca,* → *Zabumba,* → *Pandeiro* und → *Maracaxá* begleitet; in den Bundesstaaten São Paulo, Rio de Janeiro, Minas Gerais, Mato Grosso, Goiás, Sergipe und Bahia verbreitet.

Catimbó (Catimbau, Cachimbo)
afrobrasilianischer Kult bestimmter Gebiete des Landesnordostens, auf dem imaginären Vorhandensein übernatürlicher Mächte, → *Mestre* genannt, basierend. Es werden Lieder des Typs → *Ponto* bzw. → *Linha* intoniert, die durch → *Maracas* begleitet werden und zu denen auch getanzt wird.

Catira
1. → *Cateretê.* 2. zur Gruppe des → *Joropo* gehörender regional verbreiteter Tanz der → *Música llanera.*

Cauca → *Birimbao (2)*

Cauqui → *Birimbao (2)*

Cauto, Sexteto -
kubanisches Vokal- und Instrumentalsextett; um 1925 in La Habana durch den Musiker Manuel »Mozo« Borgellá (Tres, Bandleader) u. a. mit »Panchito« Riset (Gesang, Claves), »Nené« Enriso (Gitarre) und Marcelino Guerra (Gesang, Maracas) formiert; hat zwischenzeitlich (1931 – 33) den Namen *Sexteto Sans Souci* angenommen, längere Zeit bei der Radiostation 1010 (La Habana) u. a. mit Beny → *Moré* (Gesang) gearbeitet und zahlreiche Schallplatten (u. a. bei Varsity) produziert, darunter die Titel »A mi patria« und »Al son del cuero«. Das Sextett gilt als hervorragende Gruppe des → *Son cubano.*

Cavaco → *Cavquinho*

Cavagnaro Llerena, Mario
* 16.2.1926 Arequipa; peruanischer Musiker, Arrangeur, Komponist und Bandleader; gründete und leitete in den 60er Jahren des XX. Jh. die Gruppen *Mario Cavagnaro y sus Carretas* und später die *Sonora Sensación*, Formationen der zur → *Música tropical* tendierenden Tanzmusik, mit denen er zahlreiche Schallplatten (Label Sono Radio) produzierte, darunter das aus 5 LPs bestehende Album »30 años de música« (1981). C. komponierte u. a. die Titel »Carretas aquí es el tono«, »Historia de mi vida«, »Lima vieja« (Valses peruanos), »Noche de tu ausencia« (Tondero) und den sehr populären Walzer »Rosario de mi madre«.

Cavailhón Megret, Emilio
* 14.5.1939 Guantánamo; kubanischer Sänger, Musiker (Tres, Gitarre) und Liedermacher; Autodidakt; spielte zunächst in den Gruppen *Los Llamas* und *Pepín Vaillant;* widmete sich später der Interpretation eigener Titel als Solist; schrieb ab 1960 u. a. »Suena el piano Rubén« (Son), »Siempre estás pegao« (Merengue) und »Para conocer amigos« (Guaracha).

Cavaquinho (Cavaco, Cabaquinha, Machete) portugiesisch-brasilianisches Saiteninstrument der Volks- und Populärmusik, mit 4 oder 5 Saiten bespannt; etwas kleiner als die → *Viola.* Der aus der ländlichen Volksmusik stammende C. findet in Brasilien erste Erwähnung um 1780; Verbreitung fand er jedoch erst Ende des XIX. Jh.; die normale Stimmung der viersaitigen Variante ist D-G-B-D. Der brasilianische Musiker Mário Alvares entwickelte eine fünfsaitige Variante, die heute in Brasilien häufig verwendet wird und z. B. zur Begleitung von → *Samba,* → *Choro,* → *Maxixe* und ländlicher Volksmusik dient. Bekannte Solisten sind Mário Alvares, José Menezes, Waldir → *Azevedo,* Luperce → *Miranda* und Heitor dos → *Prazeres.* In der Volksmusik der peruanischen Regionen Loreto und San Martín wird das gleiche Instrument unter der Bez. *Cavaquiño* verwendet.

Cavaquiño → *Cavaquinho*

Cavour Aramayo, Ernesto
* 9.4.1940 La Paz; bolivianischer Musiker, Sänger, Arrangeur, Komponist und Bandleader; einer der besten Solisten auf dem → *Charango;* Autodidakt; gehörte zunächst der Gruppe des Bolivianischen Nationalballetts (Ballet Nacional de Bolivia) in La Paz als Musiker an, bildete nach 1960 zusammen mit Alfredo → *Domínguez* und Gilberto → *Favre* das *Trío Folklórico* und war Mitglied der Folkloregruppe Los → *Jairas;* 1966 eröffnete er in La Paz die *Peña Naira,* in der er mit einer eigenen Gruppe auftritt; Gastspielreisen führten ihn durch Lateinamerika und nach Europa und Asien (Japan). C. schrieb zahlreiche Stücke, darunter die Bailecitos »Mis llamitas« und »Coquiendo« sowie das Solostück für Charango »Romance de un charango«; er ist weiterhin Autor einer Charango-Lehrmethode und publizierte zahlreiche LPs, u. a. bei Lauro, Discolandia, Campa, Tatú, Pueblo und Harmonia Mundi.

Ernesto Cavour (Photo: Angelika Gawlista-Eidam)

Cawibe, Grupo -
nikaraguanisches Tanzorchester; unter der Leitung des Musikers und Sängers René A. Cassells in Bluefields (Atlantikküste) um 1982 formiert. Das sieben Mitglieder umfassende Orchester spielt karibische Tanzmusik (Calypso, Reggae und Rock) und produzierte 1984 bei Juvenil (Enigrac) eine LP, darunter die Titel »Enfermera nocturna« und »Calipso men«.

Caxambú
1. dem → *Samba* weitgehend ähnlicher Tanz des XIX. Jh.; im Gebiet von Itaperuna (Rio de Janeiro) zum Klang von Trommeln (Tambores) aufgeführt. 2. Schüttelidiophon der folkloristischen und populären Musik Brasiliens; Heitor → *Villa-Lobos* nutzte es in einigen seiner Kompositionen; er beschrieb es als eine mit Kies gefüllte Flasche, die beim Schütteln ein rasselndes Geräusch erzeugt.

Caxixi (Mucaxixi, Schüttelidiophon)
Volksmusikinstrument Brasiliens, der → *Angóia* ähnelnd; für die Erzeugung der Begleitmusik von → *Capoeira* und → *Candomblé* benutzt.

Caymmi, Danilo Cândido
(eigtl. D. C. Tostes Caymmi)
* 7.3.1948 Rio de Janeiro; brasilianischer Musiker (Flöte) und Liedermacher; Sohn von Dorival → *Caymmi;* begleitete namhafte Sänger und wirkte als Komponist mod. Populärmusik; Autor bzw. Mitautor der Titel »Andança«, »Aperta outro« und der Ballade »Codajás« (1978).

Caymmi, Dori (eigtl. Dorival Tostes Caymmi)
* 26.8.1943 Rio de Janeiro; brasilianischer Sänger, Musiker und Liedermacher; Sohn von Dorival → *Caymmi;* erlernte bei seinem Vater das Piano- und Violinespiel; widmete sich vor allem mod. Genres, insbes. der → *Bossa Nova.* Von 1959-61 begleitete er seine Schwester Nana Caymmi; in den folgenden Jahren entstanden Lieder, die C. in der Mehrzahl zusammen mit Paulo César → *Pinheiro* schrieb und die auch auf LPs erschienen, darunter »Desafio«, »Estrêla da terra« und »A porte« (Label EMI).

Caymmi Soares, Dorival
* 30.4.1914 São Salvador (Bahia); brasilianischer Sänger, Musiker (Piano, Violine, Gitarre u. a.) und Liedermacher; gehört zu den bekanntesten Volkssängern Brasiliens; schrieb mit 19 Jahren erste Stücke, sang 1935 erstmals in einer Radiostation von São Salvador. Sein 1936 entstandener Samba »A Bahia também dá« wurde ausgezeichnet; viele seiner Stücke, meist Sambas und Balladen, gehören zum Standardrepertoire brasilianischer Orchester, darunter die Titel »O que é que a baiana tem?« (1938), »Marina morena« (1947), »Rainha do mar« (1939), »Promessa de pescador« (1939), »Rosa morena« (1942) und das populäre Samba-Lied » Saudade da Bahia« (1957). Zahlreiche der insbes. nach 1945 entstandenen Lieder, oft nach Texten von Jorge → *Amado,* sind authentische Reflexionen des Lebens der Jangada-Fischer von Bahia; C. gehört als → *Obá* der Gesellschaft des → *Candomblé* von Bahia an. Auf Schallplatten des Labels Odeon erschienen zahlreiche Titel, in denen er als Solist bzw. durch ein Orchester begleitet auftritt.

Ccamile → *Camel*

Cecilia Valdés
1932 von dem Komponisten Gonzalo → *Roig* geschriebene → *Zarzuela,* bekanntestes kubanisches Stück ihres Genres. Das für das Lyrische Theater Kubas repräsentativste Werk beruht auf der literarischen Vorlage des Buches »C. Valdés o La Loma del Angel«, einer Erzählung des Dichters Cirilo Villaverde (1812 – 1894), heute Nationalpoem. Roig schuf eine Reihe eingängiger Melodien zu diesem Singspiel, die mit dem von ihm geleiteten Orchester mehrfach auf Schallplatten aufgenommen wurden; 1982 erfolgte die Verfilmung.

Cedro
oft verw. Bez. für eine in der Volksmusik Kolumbiens gespielte → *Vihuela* mit vier Saiten.

Cedrón, Cuarteto -
argentinisches Vokal- und Instrumentalquartett des modernen → *Tango;* 1963 in Buenos Aires durch Juan Cedrón (Gesang, Gitarre, Bandleader) mit César Stroscio (Bandoneón), Miguel Praino (Violine) und Carlos Carlsen (Kontrabass, Cello) formiert; pflegt insbes. den avantgardistisch arrangierten und z. T. mit lyrischen Texten – u. a. nach Vorlagen von Raúl González Tuñón, Juan Gelman und Bertolt Brecht – unterlegten Tango; 1974 wurde eine ausgedehnte Europa-Tournee unternommen; auf mehr als 10 publizierten LPs erschienen Titel wie »Balada del hombre que se calló la boca«.

Celestino, Vicente (eigtl. Antônio Felipe V. Celestino)
* 12.9.1894 Santa Tereza (Rio de Janeiro), † 23.8.1968 Rio de Janeiro; brasilianischer Sänger (Trovador), Musiker (Violão) und Liedermacher; Sohn kalabrischer Einwanderer, urspr. Schuhmacher; mit acht Jahren Mitglied einer Musikgruppe, mit elf Jahren erfolgreicher Teilnehmer eines Wettbewerbes des lyrischen Liedes; wurde durch seine eigenwillige Tenor-Stimme bald in weiten Teilen Brasiliens, später auch im Ausland, sehr populär. Ab 1916 widmete er sich ausschließlich dem Gesang, wobei eigene Texte dominieren; sang auch in Opern (»Tosca« und »Aida«), gilt als einer der bedeutendsten Vertreter des romantischen Liedes Brasiliens, wurde deshalb auch oft »Vorstadt-Caruso« (O Caruso Suburbano) genannt; auch als Tango-Sänger sehr beliebt gewesen. Zu seinen auch auf Schallplatten (Labels Victor und Odeon) erschienen Titeln gehören u. a. »Ouvindote« (Tango, 1935), »O ébrio« (Seresta, 1936), »Patativa« (Modinha, 1937) und »Quero voltar« (1939).

Celina y Reutilio
kubanisches Vokal- und Instrumentalduo; das beste Duett der → *Música campesina* Kubas; 1945 in Santiago de Cuba durch Celina → *González* und Reutilio → *Domínguez* formiert; spezialisierte sich auf die Interpretation der → *Guajira* bzw. des → *Punto cubano;* erreichte den Höhepunkt künstlerischer Aussagekraft um 1955; bemerkenswerte Titel wie »A Santa Bárbara«, »San Lázaro« und »Alborada Guajira« wurden in hohen Auflagen auf Schallplatten diverser Labels (u. a. Suaritos, Kubaney, Puchito, America und Ansonia) publiziert; das Duett wirkte in einigen Filmen wie »Rincón criollo« mit; 1964 löste es sich auf.

Cello Pan
eine der vier Grundtypen der in der → *Steel Band* verwendeten Stahlblechtrommeln; in der Tonlage »Tenor« gestimmt.

Cencerro
(Cowbell, Gangarria, Ekón, Idiophon)
eine plattgedrückte Metallglocke (Kuhglocke); wird beim Spielen entweder in der Hand gehalten oder an einer großen Trommel, hier zuweilen auch in zwei Exemplaren, befestigt und mit kleinen Stöcken bzw. dem normalen Trommelstock perkutiert. Erfahrene Spieler erreichen zahlreiche klangliche Variationen; vorrangig zur Begleitung des → *Son cubano* in Kuba, außerdem in Peru, Chile und weiteren Ländern Lateinamerikas bzw. in Tanzmusikformationen (u. a. auch im Kulturkreis → *New York Latino*) eingesetzt.

CENDA
(Abk. f. Centro Nacional de Derecho de Autor)
kubanische Gesellschaft zur Wahrung musikal. Aufführungsrechte, mit Hauptsitz in La Habana; im Februar 1978 durch ein Regierungsdekret gegründet; Direktor ist Francisco Martínez Hinojosa.

Centenario, Cuarteto Criollo -
argentinisches Instrumentalquartett vom Typ einer → *Estudiantina;* 1910 in Buenos Aires durch den Musiker Vicente Abad gegründet. Die Gruppe (zunächst drei Bandurrias und eine Gitarre, später Bandoneón, Gitarre, Violine und Flöte) hinterließ mit ihren zahlreichen Schallplatten, darunter »Hotel Gran Victoria« (N78 Vic 62868 A), hervorragende Tondokumente aus der Epoche des »primitiven« → *Tango.* 1974

wurde in Buenos Aires aus Anlass der Hundertjahrfeier des Tango ein Quartett gleichen Namens formiert, das Titel aus dem Repertoire der Vorgängerformation interpretierte und auch auf einer LP (Label RCA Victor) herausbrachte.

Centro Musical (Centro Folklórico)
Bezeichnung für Gruppen oder Orchester folkloristischer Musik, die in vielen Orten andiner Regionen Perus zumeist regionale Musikformen pflegen; bekannt sind u. a. → *Centro Musical Yunguyo* und Centro Musical Ayaviri.

Centro Musical Yunguyo
peruanisches Vokal- und Instrumentalensemble; im August 1956 in Puno durch den Musiker Augusto Gómez Romero (Mandoline und Bandleader) gegründet; das Repertoire dieser in Peru und angrenzenden Ländern sehr bekannten Formation besteht aus Titeln der Formen → *Huayno,* → *Marinera* (puneña) und → *Carnaval* wie »Pascu pascu« und »Isla Sicu«; bei Sono Radio und Lauro entstanden einige LPs.

Cepillado → *Escoba*

Cervantes Kawanagh, Ignacio
* 31.7.1847 La Habana, † 29.4.1905 das.; kubanischer Musiker (Piano) und Komponist; studierte bei Louis Moreau → *Gottschalk* und Nicolás Ruiz Espadero, vervollkommnete 1865 seine Kenntnisse in Paris; kehrte 1869 als gefragter Pianist nach Kuba zurück. C. ist einer der ersten lateinam. Musiker, die die Notwendigkeit der Schaffung einer nationalen Musik erkannten und diese Erkenntnis verarbeiteten. Zu seinen Werken, ernste und populäre Musik, gehören u. a. der am 31.8.1885 der Öffentlichkeit vorgestellte → *Danzón* »Habana elegante« und der Walzer »Figaro« (1869). C. trat oft zusammen mit José → *White* (Violine) auf.

Chacallo (Chakallo, Chaqallo)
eine der → *Quena* weitgehend ähnliche Rohrflöte, die auf der Vorderseite 5 Tonlöcher in digitaler Folge, auf der Rückseite ein Tonloch aufweist, 75 – 80 cm lang ist und einen durchdringenden Ton erzeugt; in der Volksmusik der südlichen Gebiete Perus, insbes. in der Zeit des Karnevals, auf Hochzeiten usw. gespielt.

Chacarera (Chacra, eigtl. Feld oder Maispflanzung, Quechua-Sprache)
argentinischer Volkstanz im 6/8- und 3/4-Takt; zur ländlichen Musikfolklore weiter Teile Argentiniens gehörend; gegenwärtiges Verbreitungszentrum ist Santiago del Estero; musikalisch in eine instrumentale Introduktion (Einführung; mit 6 Tanzschritten) und einen gesungenen Teil (mit 8 Schritten) gegliedert; außerdem existieren reine Instrumentalversionen. Der Rhythmus der Ch. erinnert an das Galoppieren von Pferden. Nach Isabel → *Aretz* wurde sie bereits um 1850 in den Salons von Tucumán getanzt; als einer der wenigen kreolischen Volkstänze Argentiniens in nahezu unveränderter Form erhalten und zum Repertoire nationaler Folkloregruppen wie Los → *Fronterizos,* Los → *Chalchaleros* und Los de → *Salta* gehörend. Interpreten wie Atahualpa → *Yupanqui* und vor allem Los Hermanos → *Abalos* haben einige Titel komponiert bzw. aus der anonymen Musikfolklore neu arrangiert, so »Cañada Honda« oder die weitverbreitete, bereits vom Dúo → *Gardel* / Razzano interpretierte »Chacarera doble« (auch: »La doble«). Es existieren verschiedene regionale Varianten wie die *Ch. polqueada* (mit Elementen der Polka angereichert), die, im Gegensatz zur normalen, auseinander getanzten Ch., zusammen getanzt wird. Der sog. *Correntino* ist eine mehr zum → *Gato* tendierende Unterart. Zur instrumentalen Begleitung dienen meist Gitarre, Violine und → *Bombo* sowie das Bandoneón oder auch Akkordeon.

Chac-chac
regionale Variante des Schüttelidiophons → *Maracas;* zur rhythmischen Begleitung des → *Big Drum Dance* auf anglokaribischen Inseln (z. B. Grenada, Tobago, Carriacou und Petit Martinique) verwendet.

Chacha
peruanische Panflöte mit 7 Tuben; in der Volksmusik der Region von Cajamarca gespielt.

Chachá (Schüttelidiophon)
Musikinstrument von der Art der → *Maraca* bzw. der → *Maruga;* bei der → Tumba Francesa in den Ostregionen Kubas eingesetzt; ein zylindrischer Metallkörper mit planen Stirnseiten, mit Steinchen oder Samenkörnern gefüllt. Mit einem Haltegriff versehen, wird das Instrument rhythmisch bewegt; die haitianische Ursprungsausführung heißt → *Tchatcha (1).*

Cha-cha-chá
kubanischer Populärtanz in mäßig bewegtem 2/4- oder 4/4-Takt; 1969 von Enrique → *Jorrín* geschaffen; ein langsamer, mit Elementen des → *Bolero cubano* und des → *Danzón* angereicherter → *Mambo* mit weniger synkopiertem und anpassungsfähigerem Rhythmus; oft auch als »langsamer Mambo« bezeichnet; als Muster diente Jorrín hierbei der Bolero »Nunca« des mexikanischen Komponisten Guty → *Cárdenas.* Erster Titel des neuen Tanzes war »La Engañadora« (Enrique Jorrín, 1969). Man unterscheidet rein instrumentale und gesungene Versionen, wobei letztere größere Popularität erlangten. Heute ist der Ch. weltbekannt und weit verbreitet in den Repertoires moderner Tanzorchester; in Europa gehört er zu den lateinam. Standardtänzen.

Chacón Segura, Anatolio Mario
* 7.12.1911 San José; kostarikanischer Sänger, Musiker (Gitarre), Komponist, Arrangeur und Bandleader. Ch., Autodikakt in der Musik, begann seine Künstlerkarriere 1929 als Sänger beim Radiosender »Nueva Alma Tica« (San José); später, zwischen 1935 und 1949, gehörte er der von ihm formierten Tango-Gruppe *Cuadro Buenos Aires* an. 1949 gründete und leitete er die Musikgruppe Los → *Ticos,* eine der bekanntesten Formationen landestypischer Musik Costa Ricas; schrieb mehr als 300 Stücke, darunter »Amalia« (Bolero), »Así es mi tierra« (Callejera), »Luna en Costa Rica« (Walzer) und »Ticas lindas« (Tambito) bzw. arrangierte aus der anonymen Musikfolklore stammende Lieder wie »Caballito nicoyano«.

Chacona
alter spanischer Salontanz des XVI. Jh., im Verlaufe der Eroberung von LA u. a. nach Mexiko und Peru gekommen (bereits aus dem Jahre 1598 liegen Nachrichten über seine Verbreitung in Lima vor).

Chacra → *Chacarera*

Chadé → *Bullerengue*

Chagas Batista, Francisco das
* 5.5.1882 Teixeira (Paraíba), † 26.1.1930 João Pessoa; brasilianischer Volkssänger (Cantador), Poet und Folklorist der → *Cantoria* des Nordostens; begann 1902 seine zur → *Literatura de Cordel* gehörenden Verse zu schreiben und zu interpretieren; Autor der zum → *Romanceiro Popular Nordestino* zählenden Volksliedsammlungen »A Lira do Poeta«, »Poesias escolhidas« und »Cantadores e Poetas Populares«. In seinen Liedern und Versen widerspiegeln sich Geschichte und Leben der Bewohner des Landesinnern (Sertão) des Nordostens, u. a. in »Os decretos de Lampião«, »Saudades do Sertão« und »História da Escrava Isaura«.

Chagual, Grupo -
chilenische Vokal- und Instrumentalgruppe; um 1968 in Santiago de Chile gegründet; arbeitete mit der Volkssängerin Violeta → *Parra* zusammen und trat in deren Folklorezentrum → *Carpa de la Reina* mit chilenischen Volksliedern und -tänzen auf.

Chal
1. Idiophon; mit einem Schlagstock perkutiertes Becken, in der Volksmusik der Insel Trinidad eingesetzt. 2. alter, schon lange nicht mehr verbreiteter kolumbianischer Tanz.

Chalchaleros, Los - (Chalchalero, ein amselartiger argentinischer Singvogel) argentinische Folkloregruppe; 1948 in Córdoba durch Carlos Franco, Víctor Zambrano, Juan Carlos Saravia und Aldo Saravia gegründet. Die Formation, zwischenzeitlich aufgelöst, später mit teilweise anderen Mitgliedern reaktiviert, gehört zu den populärsten und insbesondere im Ausland bekanntesten Interpreten nahezu aller Formen der Volksmusik Argentiniens; bevorzugt wurden Kompositionen von Eduardo → *Falú* und Atahualpa → *Yupanqui*. Unter den Labels RCA Victor bzw. RCA Camden entstand eine größere Zahl LPs, u. a. mit den Titeln »El arriero va«, »Nostalgias santiagueñas«, »La López Pereyra« (Zamba) und »Chakai manta« (Chacarera); die Gruppe gab Gastspiele in vielen Ländern Lateinamerikas.

Chalice (Chalisse)
jamaikanische Vokal- und Instrumentalgruppe; als Septett in Kingston Town gegründet; zum Repertoire gehören neben traditionellen Tänzen Titel aus der neueren Populärmusik, z. B. des → *Reggae;* 1982 nahm das Ensemble am Liedfestival von Varadero (Kuba) mit großer Publikumsresonanz teil.

Chama → *Atabaque,* → *Surdo*

Chamal, Grupo -
chilenische Vokal- und Instrumentalgruppe, wurde 1969 in Maule durch Jorge Orellana, Mario Riquelme, Jaime Chamorro, Hiranio Chávez (Leiter) und 10 weitere Mitglieder formiert; die Gruppe war auf die musikalische und tänzerische Interpretation traditioneller Formen der Folklore der Insel Chiloé, wie z. B. den Volkstanz → *Nave*, spezialisiert.

Chamamé
argentinischer Volkstanz im 3/4-Takt mit moderiertem Tempo; um 1930 zunächst als reiner Modetanz auf der Grundlage der Polka-Variante → *Siriri (2)* entstanden; entwickelte sich zu einem der typischsten und weitverbreitetsten Tänze der Regionen Corrientes, Misiones, Formosa sowie Teilen des Chaco; außerdem in Paraguay und neuerdings in Teilen Südbrasiliens (Paraná, Santa Catarina und Rio Grande do Sul) verbreitet. Varianten sind u. a. eine schnelle Version, der *Ch. galopeado* (meist instrumental dargeboten), sowie eine wesentlich langsamere, zum Walzer tendierende Form. Die eng zusammen tanzenden Paare (zuweilen Wange an Wange) bewegen sich in einem langsam-schaukelnden Rhythmus, dabei bunte Tücher (Pañuelos) schwenkend; die Choreographie ist regional unterschiedlich. Die musikalische Begleitung erfolgt vorwiegend durch Akkordeon u./o. Bandoneón sowie eine oder mehrere Gitarren und gezupften Kontrabass (Contrabajo), wobei bevorzugt kleine Gruppen zum Einsatz kommen. Zu den bekanntesten Interpreten gehören die Formationen von Emilio → *Chamorro,* Tarragó → *Ros,* Ernesto → *Montiel,* Mario del Tránsito → *Cocomarola,* Damián Cena und Hermanos Fernández sowie Damasio → *Esquivel.* Bekannte Titel sind u. a. »Corrientes potý« (erster populär gewordener Titel, bereits 1930 entstanden), »Kilómetro 11« (T. Cocomarola) und »Cuando canta el correntino« (Méndez-Adami); die Interpreten heißen *Chamameceros.*

Chamarra
Variante der → *Milonga;* in Argentinien, Uruguay und Südbrasilien verbreitet. → *Chamarrita,* → *Chimarrita*

Chamarrita
Tanzlied der Musikfolklore Argentiniens, Uruguays und Südbrasiliens (hier auch → *Chimarrita* genannt); eine walzerhafte, melodisch-getragene Variante der → *Milonga.* Die Choreographie ist weitgehend vom Walzer bestimmt, oft wird dazu gesungen. Als Begleitinstrumente dienen Gitarre, seltener Harfe, in wachsendem Maße das Akkordeon. In Argentinien werden Ch. bzw. Chamarra vor allem in Entre Ríos, Corrientes und Formosa aufgeführt; in Uruguay sind sie bis zur Grenze nach Brasilien weit verbreitet; in Grenznähe existiert die spezielle Form *Chamarrita fronteriza* (Grenz-Chamarrita), in deren Texten sehr oft portugiesische Wörter vorkommen. Bekannte Interpreten sind Aníbal → *Sampaio,* Los → *Olimareños,* José A. →

Carbajal, Los → *Tacuruses* und Alfredo → *Zitarrosa* (alle Uruguay); in Argentinien erlangte die Formation Los Hermanos → *Cuestas* Popularität.

Chamas, Los -
peruanisches Vokal- und Instrumentaltrio kreolischer Populärmusik; um 1952 in Lima durch Washington Gómez Hidalgo, Rolando Gómez und Ricardo Luna formiert. Zum Repertoire gehörten vorwiegend Titel der Form → *Vals peruano.* Auf Schallplatten des Labels Sono Radio erschienen u. a. die Stücke »La flor de la canela« und »Evocación limeña«.

Chambelona
in Kuba zu großer Popularität gekommener typischer Gesang auf der Grundlage eines alten spanischen Liedes, mit rhythmischen Elementen aus der afrokubanischen Volksmusik vermischt; erstmals um 1908 von dem Musiker José Miguel Gómez und seiner Gruppe öffentlich aufgeführt. Als eigentlicher Schöpfer dieser musikgeschichtlich interessanten Form gilt der Komponist Rigoberto Leyva mit seinem Titel »La Chambelona«; zur Wahlkampagne 1916 wurde sie, mit politischen Texten angereichert, von liberalen Politikern genutzt. Damit zählt die Ch. zu den Vorläufern des politischen Liedes. Zuweilen wird die diese Form interpretierende Gruppe ebenfalls *Chambelona* genannt.

Chamberga
alter spanischer Salontanz, Variante der → *Seguidilla;* im XVII. Jh. durch spanische Siedler auch nach Lateinamerika, u. a. nach Mexiko (Nueva España) gebracht.

Chambo (Schüttelidiophon)
ein etwa 70 cm langer, aus Weichholz gefertigter Rohrkörper mit ca. 10 cm Ø, der, mit Bohnen gefüllt und an beiden Enden verschlossen,

Ländliche Instrumentalgruppe (Chamameceros guaraníticos) aus dem Chaco (Bandonion, Akkordeon, 2 Gitarren und Kontrabass)

beim Musizieren rhythmisch geschüttelt wird; in der afroekuadorianischen Volksmusik der Region Esmeraldas benutzt.

Chamorro, Emilio
* 30.6.1904 Nueve de Julio (San Roque, Corrientes), † 11.2.1971 Rosario (Santa Fe); argentinischer Sänger, Musiker (Gitarre), Bandleader und Komponist folkloristischer und populärer Musik; einer der bekanntesten Interpreten des »klassischen« → *Chamamé;* kam um 1927 nach Buenos Aires, wo er als einer der ersten Volkssänger (Trovadores) Musik aus der Provinz Corrientes vorstellte und auch auf Schallplatten (zuerst bei Victor, später bei Magenta) aufzeichnete. Unter seinen zahlreichen Kompositionen befinden sich die Chamamés »Camba Sa Verá« und »Carumbé«.

Champi (Idiophon)
eine Art Taktstock (Bastón de ritmo), der mit metallischen Glöckchen und Schellen drapiert ist und zur rhythmischen Begleitung best. Karnevalstänze in verschiedenen Gebieten Perus (Abancay, Grau, Andahuaylas) eingesetzt wird.

Chamrara → *Chanrara*

Chan Cil (»Cancionero Yucateco«)
im mexikanischen Bundesstaat Yucatán Ende des XIX. Jh. ins Leben gerufene, auf die Hauptstadt Mérida konzentrierte Bewegung des folkloristischen und populären Liedes, der Sänger und Liedermacher wie Ricardo → *Palmerín,* Fermín Pastrana und Huay Cuc angehörten. Als Institution zur Wahrung trad. Liedgutes existiert Ch. C. noch heute, allerdings mit gewissen, durch die Entwicklung bedingten Modifkationen. Ein Höhepunkt waren die anlässlich des 100. Jahrestages der Gründung der Stadt Progreso (1979) veranstalteten Liederwettstreite.

Chandé → *Bullerengue*

Changango
ländliche Bez. für eine normale Gitarre in einigen Regionen der argentinischen Pampa.

Changmarín, Carlos Francisco
* 1922 Caserio Los Leones (Veraguas); panamaischer Sänger, Musiker (Gitarre), Liedermacher, Bandleader und Kinderbuchautor; Vertreter der Bewegung des Neuen Panamaischen Liedes; mit Liedern wie »Negrita« und »Tío Caimán« protestierte er gegen die Besetzung pan. Territoriums durch die USA, weitere von ihm geschriebene Stücke sind u. a. »Adiós, adiós tierra mía« und »Victoriano«. C. ist Mitbegründer der *Frente de Trabajadores de la Cultura de Panamá* (Front der Kulturarbeiter Panamas).

Changó
1. ein afrokubanischer Volkstanz, heute jedoch völlig in Vergessenheit geraten. 2. in der afrolateinamerikanischen → *Yoruba*-Religion die Gottheit der Trommeln (Tambores), der Festlichkeiten, des Blitzes, der Männlichkeit sowie der Kriegsgott; mit der katholischen Santa Bárbara (Heilige Barbara) synkretisiert. In zahlreichen Tänzen wird das Auftreten von Blitzen simuliert (→ *Santería*). 3. afrodominikanischer Kult in der Dominikanischen Republik; Synkretisation aus afrikanischen und kathol. Elementen, durch den → *Vodú*-Kult Haitis stark beeinflusst, innerhalb dessen sog. Misterios (Mysterien) wie »Erzili Freda« und »Guede Limbo« durch den Zeremonienmeister (Houngan) angerufen werden; zur musikalischen Begleitung der Kulthandlungen werden Bambusflöten, Rasseln, Trommeln und Ratschen gespielt. → *Xangô,* → *Shango*

Changüí (Son changüí)
in der Region Guantánamo (Ost-Kuba) verbreitete Variante des folkloristischen → *Son cubano,* eine der ältesten und zugleich typischsten Son-Versionen darstellend; bis heute nahezu unverändert erhalten. Der eng mit dem → *Son montuno* verwandte Volkstanz wird durch die Instrumente → *Tres,* → *Guayo,* → *Bongó* und → *Marímbula* oder zusätzlich → *Claves* begleitet; oft wird dazu gesungen. Bekannte Interpreten (Changüiceros) aus Guantánamo sind u. a. »Chito« Latamblé und die Gruppe Conjunto → *Changüí de Guantánamo;* das Orchester →

Revé hat den Ch. in Tanzmusik-Versionen über die Grenzen Kubas hinaus popularisiert. Ein bekannter Titel dieser Form ist »María Guevara«.

Changüí de Guantánamo, Conjunto -
kubanische Folkloregruppe; 1945 in Guantánamo (Ost-Kuba) durch den Sänger und Musiker (Maracas) Pedro Speck mit dem Ziel gegründet, Volkslieder und -tänze der Region zu erforschen und durch stilgerechte Interpretation zu bewahren, insbes. den → *Changüí.* Zu den auf Schallplatte veröffentlichten Titeln gehört »María Guevara«, aus der anonymen regionalen Musikfolklore stammend.

Chanrara (Chamrara)
Volksmusikinstrument vom Typ → *Sonajero;* aus einer Reihe an Schnüren befestigter Glöckchen aus Kupfer u./o. Silber ohne Klöppel bestehend; beim Musizieren rhythmisch bewegt; die dabei aneinanderstoßenden Glöckchen erzeugen einen typischen Klang; in der Folklore andiner Gebiete Perus benutzt.

Chanson
generelle Bezeichnung für ein folkloristisches oder populäres Lied in französischsprachigen Gebieten Lateinamerikas (Haiti, Martinique, Guadeloupe, Cayenne).

Chanson engagée
das engagierte Lied bzw. der Protestsong in Haiti (→ *Nueva Canción Latinoamericana/Haiti*).

Chantemas
aus der anonymen Musikfolklore der Antilleninsel Dominica stammende Lieder mit Texten poetischen Charakters, die in meist lustiger, aber auch ironischer Form Alltagsbegebenheiten oder geschichtliche Ereignisse besingen.

Chantunyab
Volkstanz religiösen Charakters aus der Zeit der Maya; durch Priester oder Medizinmänner während des Festes der Mediziner und Zauberer aufgeführt.

Chantwells
traditionelle, heute kaum noch übliche Bez. für den Interpreten des karibischen → *Calypso.*

Chapaca (Canción chapaca)
bestimmte Art humorvoller Tanzlieder Boliviens, in der Provinz Tarija verbreitet; die Begleitmusik ist im Rhythmus der → *Habanera* konzipiert.

Chapandonga
nikaraguanischer Volkstanz, mit dem mexikanischen → *Jarabe* verwandt; heute kaum noch verbreitet; meist durch die landesübliche → *Marimba* begleitet.

Chapecao
chilenischer Volkstanz der Zona Central (Mittelchile), wahrscheinlich in den Salons der Städte entstanden; enthält spanische und zu einem geringen Teil auch indianische Komponenten; gilt seit längerem als ländlicher Tanz, dessen bevorzugtes Begleitinstrument die Gitarre wurde; fast immer im Rhythmus einer → *Cueca* ausklingend; die Tanzpartner werden zuweilen während des Tanzes gewechselt.

Chapetona
alter, heute kaum noch verbreiteter venezolanischer Volkstanz.

Chapinlandia, Marimba -
eine der bekanntesten Gruppen der Tanz- und Populärmusik Guatemalas; um 1955 in Guatemala-Stadt durch den Musiker Froilán → *Rodas Santizo* gegründet; interpretierte u. a. den → *Son chapín;* unter verschiedenen Labels (u. a. Iximche, Dideca, Fonica und Gal) entstanden zahlreiche Schallplatten, darunter die Titel »Cuando llora el indito«, »San Rafael« und »Mi Chapinlandia«.

Chapitas (Schüttelidiophon)
auf einen Draht gefädelte Metallplättchen, vorzugsweise in der Mitte aufgebohrte Kronenverschlüsse von Bierflaschen, die, durch eine Vorrichtung bogenförmig gespannt, vom Musiker

mit einer Hand rhythmisch bewegt werden. Dabei wird ein metallisch-schepperndes Geräusch erzeugt. Das kuriose Instrument wird u. a. in der peruanischen Volksmusik der Regionen Cajamarca (Celendía), Huanuco und Lima verwendet.

Chapottín, Félix »Chapo«

* 31.3.1909 Guanajay (La Habana), † 21.12.1983 La Habana; kubanischer Musiker (Trompete, Kornett), Komponist und Bandleader; gilt als profiliertester Trompeter des → *Son cubano;* wirkte mit 11 Jahren in einer Kinder-Musikgruppe seines Heimatortes, war 17 Jahre Musiker und Bandleader der Formation *Chambelona de Guanajay* und gehörte, seit 1927 in La Habana lebend, den Sextetten Colín, Munamar, Pinín, Agabama, Universo, Boloña u. a. an. In den 40er Jahren des XX. Jh. musizierte er in der Gruppe von Arsenio → *Rodríguez,* deren Leitung er 1950 übernahm und die sich von nun an *Chapottín y sus Estrellas* nannte, zu den populärsten Interpreten des kubanischen Son gehörte und unter verschiedenen Labels (u. a. Maype, Puchito, Panart, Kubaney und Areito) eine größere Zahl von Schallplatten, darunter die Titel »La Guarapachanga« (Eigenkomposition von Chapottín), »Alto Songo« und »Mentiras criollas«, produzierte.

Marimba Chapinlandia – LP »Tradiciones de Chapinlandia« – Fonica SF-7150 (1971)

Chaquira (Schüttelidiophon)
venezolanisches Volksmusikinstrument, in der Region von Río Caquetá (Landessüden) eingesetzt; den → *Quitiplás* ähnlich.

Charande
alter venezolanischer Volkstanz; heute nicht mehr aufgeführt.

Charanga
1. Bezeichnung für eine der typischsten Musikgruppen der kubanischen Tanz- und Populärmusik, nach 1920 aus der bis dahin weitverbreiteten → *Orquesta Típica* (Kuba) entstanden (→ *Charanga Francesa*). 2. weitverbreiteter Name für ein nur mit Blechblasinstrumenten (u. a. in Brasilien) ausgerüstetes Orchester. 3. familiäre Tanzfestlichkeit in Costa Rica, Mexiko und Peru. 4. moderner kolumbianischer Tanzrhythmus im Stile der → *Música vallenata*. 5. Bez. für einen früher duch arme Leute getanzten → *Bunde*. 6. brasilianischer Populärtanz. 7. in Kuba um die Weihnachtswoche von Afrokubanern und Kreolen mit Musik und Gesang zu früherer Zeit veranstaltete Prozession.

Charanga Colonial
lateinamerikanische Vokal- und Instrumentalgruppe, um 1979 in New York durch den Pianisten und Arrangeur Alfredo Valdés Jr. gegründet; im Bereich des kulturellen Umfeldes → *New York Latino* interpretierte die Gruppe im wesentlichen traditionelle kubanische Tanzmusik; als Vokalsolisten wirkten Felo Barrios und Roberto Torres; das Instrument → *Tres* spielte Charlie Rodríguez, Violine Rudy Zervigón und Eddy Drennen die Flöte; Alberto Valdés spiel-

Eine Charanga in Foto-Pose: das Orchester Perlas Cubanas

te die Conga u. a. Unter verschiedenen Labels, darunter Neon Records, erschienen einige LPs, darunter die Titel »La Sitiera« und »Caramelo a kilo«.

Charanga Duboney

US-lateinamerikanisches Tanzorchester vom Typ einer → *Jazzband* bzw. einer → *Charanga;* 1959 in New York durch den Musiker Charlie → *Palmieri* (Piano und Bandleader) u. a. mit Johnny → *Pacheco* (Flöte) und vier Violinen formiert. Die Formation pflegte ein Repertoire, in welchem kubanische Genres wie → *Pachanga,* → *Guaracha* und → *Cha-cha-chá* dominierten, später widmete sie sich auch der → *Salsa;* unter den Labels Alegre und West Side Latino entstanden zahlreiche Schallplatten; darunter die Titel »Tengo máquina y voy a 60« und »Pachanga sabrosa«.

Charanga Francesa

für die kubanische Populärmusik typischste Art von Orchestern; um 1900 in La Habana entstanden und zunächst im wesentlichen für die Interpretation des → *Danzón* eingesetzt. Das ursprüngliche Instrumentarium bestand aus Flöte (Flauta), Violine, Piano, Kontrabass, → *Paila criolla* oder Timbal und → *Güiro;* später kamen → *Tumbadora,* zwei weitere Violinen und Gesangssolisten hinzu. Erste Formation dieser Art war die 1899 gegründete Charanga Francesa de Antonio María → *Romeu.* Bekannte, heute insbesondere den → *Cha-cha-chá* oder auch die → *Salsa* interpretierende Orchester sind Orquesta → *Aragón,* Orquesta → *Revé* und die → *Charanga Nacional de Concierto.*

Charanga Nacional de Concierto

kubanisches Instrumentalorchester vom Typ einer → *Charanga Francesa;* 1954 in La Habana durch den Musiker Odilio → *Urfé* formiert und geleitet. Anliegen ist die Wahrung musikalischer Traditionen unter besonderer Hinwendung auf die nationale Form → *Danzón;* unter verschiedenen Labels entstanden einige LPs.

Charanga Típica Cubana

kubanisches Instrumentalorchester vom Typ einer → *Charanga (1);* 1960 unter Förderung des Nationalen Kulturrates (CNC) in La Habana mit insgesamt 11 Musikern gegründet; interpretierte innerhalb einer Bewegung der Rückbesinnung auf traditionelle Populärmusik Titel der Formen → *Danzón* und → *Danza,* darunter die Titel »Perla marina« und »Reminiscencia«; unter dem Label Sierra Maestra erschien eine LP.

Charanga Vallenata

US-lateinamerikanische Vokal- und Instrumentalformation; um 1980 in New York durch den Sänger und Pianisten Roberto Torres organisiert; der Interpretationsstil der Gruppe vereint Merkmale der traditionellen → *Charanga (1)* mit denen der Gruppen der → *Música vallenata;* eingesetzte Instrumente (1981) sind Piano, 2 Trompeten (Alfredo Armenteros und Leonel Sánchez), Kontrabass, Timbales, Conga, Violine, Flöte, Tres (Charlie Rodríguez), Akkordeon (Jesús Hernández) und Güiro (Hugo Adames).

Charango (Quirquincho, Guitarrilla criolla) südamerikanisches Saiteninstrument; kleine, mit 5, 6 oder mehr Saitenpaaren aus Darm u./o. Stahldraht bespannte Gitarre. Der Resonanzkörper kann aus Holz oder dem Panzer eines Gürteltieres (Quirquincho) bestehen; bei den hölzernen Instrumenten kann er gitarrenförmig, rund, trapezförmig oder sogar dreieckig sein. Allein in Peru existieren mehr als 10 verschiedene Formen mit unterschiedlicher Besaitung bzw. Stimmung. Eine übliche Stimmung, E'-A-E-C'-G, wird auch *Santo Domingo* genannt; Populärmusik-Gruppen benutzen oft die Stimmung A'-D-F-H-F. Normalerweise wird der Ch. mit den Fingern (digital) gespielt; in bestimmten Regionen wie Puno und Arequipa (Peru) wird zuweilen ein Plektrum benutzt. Bisher lässt sich nicht mit Sicherheit feststellen, wann das Instrument entstanden ist; es wird jedoch angenommen, dass es um 1780 von indianischen oder mestizischen Instrumentenbauern erstmals konstruiert wurde; das Vorbild dazu muss eine kleine Gitarre bzw. einer ihrer Vorläufer gewesen sein. Der Ch. ist eines der wichtigsten Begleitinstrumente der Volks- und Populärmusik indianischer und mestizischer Bevölkerungsteile Perus, Boliviens, Nordargentiniens (Prov. Salta und Jujuy) und Chiles (Norte Grande, seit kurzem auch in araukanischen Gebieten); nicht-indianische bzw. nicht-mestizische Musikgruppen dieser und weiterer lateinamerikanischer Länder bedienen sich in zunehmendem Maße dieses Instruments, das sowohl als Soloinstrument als auch im Ensemble durch seinen vollen und reinen Klang besticht. Häufig werden die Ch.s indianischer Musiker einer → *Sirenar* genannten Prozedur mystischen Charakters unterzogen; der Solist wird → *Charanguista* genannt.

Charangueado
in einigen Volkstänzen Südamerikas, besonders im → *Kaluyo,* praktiziertes musikalisches Zwischenspiel, in dem während des Tanzes auf dem Instrument → *Charango* ein äußerst bewegter → *Rasgueao* dargeboten wird; dabei führen die Tänzer am Ort einen kräftigen → *Zapateado* aus. Der bolivianische Komponist Simeón → *Roncal* führte das Ch. in seinen Liedern ein.

Charanguista
allgemein gebräuchliche Bezeichnung für den Spieler des → *Charango;* in den meisten Fällen indianische oder mestizische Musiker innerhalb einer Folkloregruppe; einige Solisten wie Jaime → *Torres,* Mauro → *Núñez,* Héctor Soto (Chile), Ernesto → *Cavour,* Horacio Durán (Chile, bei → *Inti-Illimani*), Juan Vargas (Peru) und René Guzmán (Peru, beim Centro Musical → *Yunguyo*) gelten als Meister ihres Instruments. 1973 fand in La Paz das erste Treffen von renommierten Charango-Spielern statt.

Charanguita (»kleine → *Charanga« [1]*)
kleine kubanische Musikgruppe der folkloristischen und populären Musik, mit den Instrumenten Akkordeon, → *Timbal* und → *Güiro* gebildet; in ihrer Tradition bis um 1850 zurückreichend; war bis Mitte der 50er Jahre des XX. Jh. insbes. in Ostkuba (Oriente) weit verbreitet.

Charanku
im bolivianischen Hochland gespielte Variante des → *Charango.*

Charka (Charkha, Charca, Pinkillo)
1. im regionalen Sprachgebrauch Bez. für die indianische Flöte → *Tarka.* 2. aus Rohr gefertigte indianische Flöte, zwischen 35 und 55 cm lang, zum Typ des → *Pinkillo* zählend; in Puno (Peru) in der Aymará-Volksmusik gespielt.

Charlo (eigtl. Juan Carlos Pérez de la Riestra)
* 6.5.1907 Estancia »El Avestruz« (La Pampa), † 30.10.1990 Buenos Aires; argentinischer Sänger, Pianist und Liedermacher; bekannter Interpret des → *Tango;* begann 1924 in Belgrano (Buenos Aires) als Sänger und Pianist, orientierte sich am Gesangsstil von Carlos → *Gardel.* Ab 1925 erschienen u. a. bei Electra, Victor, Music Hall, Panart und Odeon zahlreiche Schallplatten, darunter die Titel »La Morocha« und »Pobre varón«; zu seinen eigenen Kompositionen, meist Tangos, gehören »Rondando tu esquina«, »Viejas alegrías« und »Ave de paso«.

Charrango (Saiteninstrument)
in der chilenischen Volksmusik eingesetztes kurios-primitives Instrument, dessen Gebrauch jedoch stark zurückgegangen ist. An den Enden eines 1 m oder mehr Länge und etwa 30 – 40 cm Breite messenden Bretts wird je eine Glasflasche gelegt und befestigt, über die Oberkante der Flaschen werden 6 oder mehr Stahldrähte straff gespannt, deren Enden auf der Unterseite des Bretts festgebunden werden. Durch einen über die Saiten geführten Draht wird der Ch. zum Klingen gebracht; in der Volksmusik der Regionen Colchagua bis Valdivia benutzt; auch in den araukanischen Gebieten nachgewiesen. Die Folkloregruppe → *Rucalahuen* setzt den Charrango oft in ihren Darbietungen ein.

Charrasca (Idiophon)
ein in der Volksmusik Venezuelas eingesetztes, dem → *Güiro* sehr ähnliches Schrapinstrument, u. a. zur rhythmischen Begleitung der → *Fulia* dienend.

Charro
in Mexiko der männliche Tanzpartner im → *Jarabe* und weiteren landestypischen, insbes. ländlichen Tänzen; die Partnerin heißt → *China (1).* Charakteristisch ist das Tragen eines Hutes, ebenfalls Ch. oder Sombrero genannt. Als Ch. werden im mexikanischen Sprachgebrauch oft auch die Sänger und Musiker ländlicher Lieder und Tänze bezeichnet; bekanntester Vertreter ist Jorge → *Negrete »El Charro Cantor«.*

Charros de Ameca, Los -
mexikanische Folkloregruppe; nach 1950 in Ameca (Jalisco) durch Ramón Palomar gegründet und geleitet; interpretierte ausschließlich mexikanische Musik besonders der Form → *Ranchera;* Titel wie »Pajarillo barranqueño« und »Jarabe zapoteco« erschienen auf Schallplatten des Labels Peerless.

Chase, Gilbert
* 4.9.1906 La Habana; kubanischer Musikwissenschaftler, Folklorist und Dozent; übersiedelte in jungen Jahren in die USA, wo er u. a. als Direktor der *National Broadcasting Co.* in New York und als Vertreter der Sektion Musik der Interam. Universität tätig war; Mitglied der Amerikanischen Musikologischen Gesellschaft; schrieb u. a. die Bücher »The music of Spain« (1941), »Guía de la música latinoamericana« (Führer durch die lateinamerikanische Musik) und das Standardwerk »Bibliografía de la música folklórica latinoamericana« (Bibliography of Latin American Folk Music, New York, 1942).

Chaskas, Los -
bolivianisches Vokal- und Instrumentalquartett, um 1964 in La Paz gegründet; mit den Instrumenten → *Charango,* → *Quena,* → *Bombo* und Gitarre musizierend, gehörte lange zu den populärsten Interpreten bolivianischer Volksmusik; auf Schallplatten (Label RCA Victor) erschienen u. a. die Titel »Llanto del olvido« (Yaraví) und »Boquita de cereza« (Huayño).

Chaskis, Los -
bolivianische Vokal- und Instrumentalgruppe; 1975 durch den Musiker und Liedermacher Rodolfo Dalera (Zampoña) in La Paz gegründet; interpretierte indianisch-mestizische Volksmusik Nordargentiniens, Boliviens und anderer andiner Länder, dabei regionstypische Instrumente wie → *Quena,* → *Kenacho,* → *Charango,* Violine und Gitarre benutzend. Schallplatten entstanden bei CBS, darunter die Titel »Ojos azules« und »Lejana Purmamarca«.

Chatripuli
regionale Variante des peruanischen Tanzes → *Puli.*

Cháves Cifuentes, Berenice
»Reina de la Canción Colombiana«
* 12.6.1926 Bogotá; kolumbianische Sängerin; bildete zusammen mit ihrer Schwester Cecilia ein vielbeachtetes Vokalduo (Hermanas Cháves); widmete sich dem Studium und der Interpretation der kolumbianischen Musikfolklore; so wurden u. a. Kompositionen von Emilio → *Murillo,* darunter der → *Bambuco* »Muchachita linda« interpretiert. Ch. war mit dem paraguayischen Harfenisten Digno → *García* verheiratet.

Chaves, Gilván (eigtl. G. de Assis Ch.)
* 20.9.1923 Olinda (Pernambuco); brasilianischer Sänger, Musiker (Violão) und Liedermacher; bekannter Interpret romantischer Lieder der Form → *Seresta;* hat zahlreiche seiner meist selbstgeschriebenen Stücke auf Schallplatten (u. a. Musidisc) aufgenommen, darunter die Titel »A vida passou« und »Cabra grande e bêsta«.

Chaves, Juca (eigtl. Jurandyr Ch.)
* 22.10.1938 Rio de Janeiro; brasilianischer Sänger und Liedermacher; in den 60er Jahren des XX. Jh. als Protestsänger international bekanntgeworden. Sein 1960 entstandenes kritisches Lied über Präsident Juscelino Kubitschek, »Presidente Bossa Nova«, wurde durch Regierungsdekret verboten. Mit Auftrittsverbot belegt, ging Ch. 1963 für drei Jahre ins Exil. Nach

Brasilien zurückgekehrt, wurde er für Musiktheater, Shows usw. tätig. Der sich auf dem Instrument → *Violão* begleitende Sänger produzierte einige LPs, darunter die Titel »Brasil já vai à guerra«, »Caixinha obrigado« und »Contrabando de café«.

Chávez Ramírez, Carlos

* 13.6.1899 México-Stadt, † 2.8.1978 das.; mexikanischer Musiker (Piano) und Komponist; studierte u. a. bei Manuel M. → *Ponce;* arrangierte zahlreiche Titel der anonymen Musikfolklore wie den → *Corrido* »La → *Cucaracha*«; war 1928 – 35 Direktor des Nationalkonservatoriums und leitete zwischen 1946 und 1952 das von ihm gegründete Nationalinstitut der Schönen Künste (Instituto Nacional de Bellas Artes); komponierte u. a. die Stücke »Intimo« (Walzer), »Cantos mexicanos«, »Paloma azul« (1940) und »La casada infiel« (nach Texten von Federico García Lorca [Spanien]).

Chávez Rojas, Leonor »Flor Pucarina«

* 22.9.1940 Tacna, † 5.10.1987 Lima; peruanische Sängerin und Liedermacherin; wirkte u. a. im andinen Folklore-Orchester *Los Engreídos de Jauja,* wo sie insbes. Titel der Form → *Huayno* wie »Trozo de mi alma« und »Joven soy« sang; bei Virrey entstanden einige LPs; sie schrieb u. a. »La noche y mis penas« (Huayno), »Lima huayta« und »Manchaste mi vida«.

Chávez, Lino

* Veracruz; mexikanischer Musiker (Harfe), Arrangeur und Bandleader; bekannter Solist auf der in der Region von Veracruz gespielten Harfe (→ *Arpa jarocha*); leitete die Volksmusikgruppen *Conjunto Jarocho Medellín* und *Conjunto Veracruzano de Lino Chávez,* die vorwiegend die regionalen Volkstänze → *Son jarocho* und → *Huapango* interpretierten, darunter die Titel »El Cascabel« und »El Cupido«.

Chávez, Oscar

* 20.3.1935 México-Stadt; mexikanischer Volkssänger (Trovador) und Liedermacher; studierte an der Kunstschule des Nationalinstituts der Schönen Künste, betrieb später umfangreiche Studien der Folklore Mexikos, arrangierte alte Volkslieder neu und nahm sie z. T. auf Schallplatten (Label Polydor) auf, darunter der → *Corrido* »Carabina 30-30«, der Romanzenzyklus »Herencia lírica mexicana« sowie die eigenen Kompositionen »Caña« (Guajira), »Nunca jamás« und »Por la sangre« (Ranchera); darüber hinaus interpretierte er in einer sehr romantischen Form Lieder nach Texten von José → *Martí* wie »La niña de Guatemala« und »Bailarina española«.

Chávez, Patricia »Patty«

* 1946 Santiago de Chile (?); chilenische Sängerin; begann ihre Karriere als Sängerin populärer und folkloristischer Musik 1970; 1974 arbeitete sie mit der Gruppe *Los Lazos* zusammen, ab 1975 u. a. auch mit Tito → *Fernández »El Temucano«*, mit dem sie im gleichen Jahr die LP »Somos« produzierte, darunter das sehr populäre Tango-Lied »El violín de Becho«.

Chávez Torres, Rafael

* 1839 San José, † 1907 das.; kostarikanischer Musiker und Komponist; leitete eine Militärkapelle (Banda militar); seine Kompositionen, insbes. Walzer und Märsche wie »Duelo de la patria« (Marcha fúnebre), wurden auch häufig in Mexiko gespielt.

Chayera

ortsübliche Bezeichnung für die in der Volksmusik benutzte Trommel → *Caja* in den argentinischen Regionen Catamarca u La Rioja.

Chayna (Khayna)

eine regionale Variante der Flöte → *Quena.*

Chazarreta, Andrés A.

* 29.5.1876 Santiago del Estero, † 23.4.1960; argentinischer Musiker (Gitarre), Arrangeur, Komponist, Bandleader und Folkloreforscher; gehört zu den bekanntesten Bewahrern der argentinischen Musikfolklore. Die von ihm 1929 in Santiago del Estero gegründete und geleitete Volksmusikgruppe *Andrés Chazarreta y su Or-*

Oscar Chávez in der Volksbühne in Berlin, 17.2.1984

questa Nativa leistete einen wertvollen Beitrag zur Popularisierung argentinischer Lieder und Tänze im Ausland (Schallplatten entstanden bei Victor). Ch. arrangierte etwa 400 Stücke aus der anonymen Musikfolklore wie die → *Zamba* »La López Pereyra« und die → *Chacarera* »La doble«, die bis heute landesweit verbreitet sind. Ch. komponierte u. a. »Siete de abril« (Zamba und »Flor del jardín«. Weiterhin gründete er 1941 das erste Folklore-Institut Argentiniens.

Chec, Estudiantina -
kolumbianische Volksmusikgruppe vom Typ einer → *Estudiantina*; 1972 in Manizales durch Angestellte des Wasserkraftwerkes Caldas (CHEC) durch Javier Sánchez Carmona u. a. gegründet; interpretierte landestypische Musik u. a. der Formen → *Pasillo* und → *Bambuco;* als Sängerin der Gruppe wirkte Mariela Salazar.

Checan, Conjunto -
peruanisches Vokal- und Instrumentalquintett; im Oktober 1979 in Lima durch Alberto Quispe (Gitarre, Gesang), Carlos Damjanovic (Zampoña, Gesang), Charo Guevara (Gitarre, Gesang, Arrangements), Arturo Aguirre (Gitarre, Quena, Gesang) und César González (Perkussion, Kontrabass) formiert. Die zur Bewegung des Neuen Peruanischen Liedes gehörende Gruppe musizierte insbes. an Universitäten und bei öffentlichen Konzerten, interpretiert Populärmusik und produzierte einige LPs, darunter den Titel »Amauta«.

Checo (Idiophon)
Instrument der afroperuanischen Volksmusik; nach oben offener Kalebassenkörper, der durch einen sitzenden Musiker perkutiert wird.

Checos (Idiophon)
zwei kleine Kalebassen, die, mit Samenkörnern gefüllt, vorwiegend zur rhythmischen Begleitung der peruanischen Volkstänze *Danza de la Reina* und *Danza de los Turcos* dienen und in der Region um La Libertad (Trujillo) eingesetzt werden.

Checu (Tseko)
primitive Panflöte mit 3 – 7 Einzelflöten, in der Volksmusik der peruanischen Ticuna-Indianer (Amazonasgebiet) gespielt.

Chegança
zur Gruppe der → *Pastorí*-Tänze gehörendes dramatisches Tanzspiel (→ *Auto*) Brasiliens; mit dem Zyklus → *Moros y Cristianos* identisch; generell zur Weihnachtszeit – bei stark rückläufiger Tendenz – aufgeführt; symbolisiert, auf alter portugiesischer Tradition beruhend, den Kampf der Spanier und Portugiesen gegen die Araber (Moros = Mauren, span.), sowie deren Vertreibung von der Iberischen Halbinsel. Bei der dramatischen Aufführung werden bestimmte romanzenhafte Lieder gesungen, Volksmusikgruppen begleiten die einzelnen Tänze. Regionale Formen sind die *Ch. de Marujos* (in Alagoas), die *Ch. de Mouros* (in Bahia), *Barca* (in Paraíba), *Fandango* (in Rio Grande do Norte, Paraíba, Maranhão und Amazônia), → *Nau Catarineta* u. a.

Andrés Chazarreta

Chei-ka (Chei-sa)
indianisches Lied des Kogi-Stammes (Sierra Nevada, Kolumbien).

Chekeré (Chequeré, Xequeré)
Schüttelidiophon, der → *Maracá* weitgehend ähnlich; aus einem Flaschenkürbis von etwa 50 cm Länge bestehend, um den ein Netz von Kordeln gespannt ist, an denen rundum Glasperlen oder Steinchen festgebunden sind, die beim rhythmischen Schütteln des Instruments an die Außenwand des hohlen Kürbisses schlagen und ein intensives Geräusch erzeugen; heute nur noch vereinzelt in der afrokubanischen Volksmusik benutzt.

Chepín - Chovén, Orquesta -
kubanisches Tanzorchester vom Typ einer → *Charanga (1);* 1932 in Santiago de Cuba durch die Musiker Electo → *Rosell »Chepín«* und Bernardo → *Chovén* formiert. Neben Auftritten im In- und Ausland wirkte es bei Rundfunksendern wie *Cadena Oriental* und produzierte zahlreiche Schallplatten insbes. mit Titeln der Form → *Danzón,* darunter »Que me toquen mi danzón« und »Violín encantado« (u. a. bei Areito).

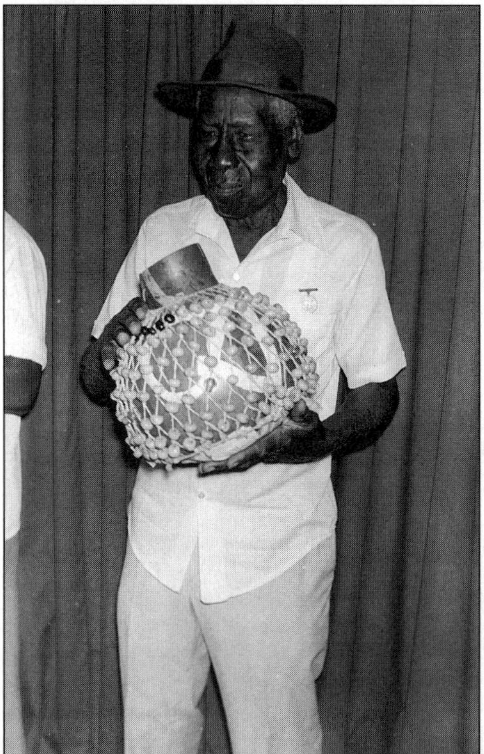

Cheré (Schüttelidiophon)
afrokubanisches Volksmusikinstrument, aus Metall bestehende Klappern, die, paarig gespielt, u. a. in der → *Arará*-Musik Kubas zum Einsatz gelangen.

Cherqué
primitive Flöte, die in der indianischen Volksmusik von Peru und Bolivien gespielt wird.

Chiapaneca
regionale Variante des mexikanischen → *Huapango;* in der Volksmusik des Bundesstaates Chiapas verbreitet.

Chiba
afrobrasilianischer Volkstanz; er ist jedoch nicht mit der → *Xiba* identisch.

Chica
alter, seit längerem in Vergessenheit geratener afrokaribischer Volkstanz mit direktem Ursprung in der afrikanischen Musikfolklore.

Chicahuaztli → *Tzicahuaztli*

Chicana, Música - → *Música chicana*

Chicano
Angehöriger der spanischsprachigen Bevölkerungsgruppe in den Südstaaten der USA mit einer auf mexikanischer Tradition beruhenden Kultur (→ *Tex-mex Style,* → *Música chicana*).

Chicas del Can-Chicán, Las -
dominikanisches Tanzorchester; 1986 in Santo Domingo als reine Frauengruppe durch Miriam Cruz, Eunice Betances, Verónica Medina (Ge-

Das afrokubanische Schüttelidiophon Chekeré (Photo: CIDMUC)

sang), Yanina Quero (Piano), María Acosta (Trompete), Mirián Pelaez (Trompete), Felicia García Sánchez und Ana María Cruz (Posaune) sowie Sunilda Baron Rosen (Perkussion), Vilma Gómez Frías und Ronina Rojas (Bassgitarre) gegründet; interpretiert moderne lateinamerikanische Tanzmusik im Stile der → *Salsa;* es entstanden einige LPs.

Chicha (Huayno-cumbia)
regionaler Name einer mit Elementen des → *Huayno* angereicherten → *Cumbia,* die während der frühen 80er Jahre im peruanischen Hochland (Callejón de Huaylas) entstand und in weiten Teilen Perus insbesondere bei der Jugend große Verbreitung fand. Die Ch. wird vorwiegend durch eine folkloristische → *Banda (2)* dieser Region interpretiert.

Chichamaya
von den Arawak-Indianern der kolumbianisch-venezolanischen Halbinsel Guajira aufgeführter Ritualtanz; zumeist nur durch eine Trommel rhythmisch begleitet.

Chicharra → *Cauca*

Chicheros
volkstümliche Bezeichnung für Straßenmusiker in Nikaragua; der Name leitet sich von dem alkoholischen Getränk Chicha ab.

Chico (Nhô Chico)
1. brasilianischer Volkstanz, zur Gruppe des → *Fandango (4)* gehörend; eindeutig portugiesischen Ursprungs; in Rio Grande do Sul und Paraná aufgeführt. 2. unter der Bez. Chico-puxada oder Chico-de-roda bekannte Abart des sowohl als reiner Rundtanz als auch als → *Fandango (4)* aufgeführten Chico (1); in den Bundesstaaten São Paulo und Rio Grande do Sul verbreitet; Begleitinstrument ist der → *Violão.*

Chicotén → *Salterio*

Chicotillo (Cadena, Idiophon)
Metallketten, früher aus Gold, heute aus Messing oder Stahl gefertigt, die von Tänzern getragen und bei den Tanzbewegungen rhythmisch geschüttelt werden; insbes. in der Volksmusik der peruanischen Region Huanuco im sog. »Negertanz« (Danza de los Negritos) verwendet.

Chiflado
Begleitung eines Musikstücks durch Kunstpfeifen; z. B. oft im → *Tango* praktiziert.

Chiflos
1. in einigen lateinamerikanischen Volkstänzen (z. B. im → *Joropo*) spontan ausgebrachte, zumeist schrille Pfiffe. 2. in der kolumbianischen Region von Boyacá gespielte mestizische Panflöte aus bis zu zehn einzelnen Flöten; dem → *Rondador* ähnlich.

Chigualo (Castruera)
1. ländlicher Volkstanz Kolumbiens, in mondhellen Nächten als Rundtanz aufgeführt; auch in Küstenregionen Ekuadors verbreitet. 2. Bezeichnung für ein auf der Totenfeier zu Ehren eines Afroamerikaners in der Region von Barbacoas (Pazifikküste Kolumbiens) gesungenes Lied; eine in Buenaventura verbreitete Abart ist ein einfacher → *Bunde.*

Chil-Chil (Schüttelidiophon)
den → *Maracas* ähnelndes Musikinstrument; in der indianischen Volks- und Populärmusik von Ekuador, vereinzelt auch in Peru eingesetzt; von dem peruanischen Komponisten Teodoro → *Valcárcel* in seinem Ballett »Suray-surita« verwendet.

Chilchil (Coyoli) (Idiophon)
kleine Glocke; zur Begleitung folkloristischer Tänze u. a. bei Volksfesten indianischer Bevölkerungsgruppen in Nikaragua eingesetzt.

Chile, Cuarteto -
chilenisches Streichquartett; 1971 durch Gastón Soublette mit Mitgliedern der Kathol. Universität in Santiago de Chile organisiert Jaime de la Jara (1. Violine), Fernando Ansaldi (2. Violi-

ne), Manuel Díaz (Viola) und Arnaldo Fuentes (Violoncello); widmete sich der kammermusikalischen Interpretation traditionell-folkloristischer Musik des Landes; 1972 erschien unter dem Titel »Chile en 4 Cuerdas« (bei Dicap) eine vielbeachtete LP, die u. a. die Stücke »Malaheña« und »Qué pena siente el alma« enthält.

Chile Canta, Coro -
chilenische Vokalgruppe; in Santiago de Chile nach 1960 durch den Musiker Vicente Bianchi, der auch das Orchester zur musikalischen Begleitung leitete, formiert; interpretierte folkloristische und populäre Musik Chiles; auf Schallplatte (Label RCA Victor) erschienen u. a. die Titel »Cachimbo« und »Mi Cutral«.

Chile Ríe y Canta, Conjunto - (Gruppe »Chile singt und lacht«)
chilenische Folkloregruppe; in den späten 50er Jahren des XX. Jh. in Santiago de Chile gegründet; mit der Bewegung des Neuen Chilenischen Liedes verbunden, arbeitete sie eng mit der Volkssängerin Violeta → *Parra* zusammen; eine gemeinsame Gastpielreise führte 1959 durch verschiedene chilenische Provinzen.

Chilena
1. ursprüngliche, heute jedoch kaum noch verwendete Bezeichnung für die → *Cueca chilena.* 2. mexikanischer Volkstanz, typisch für die Region der sog. Costa Chica (Gebiet der Bundesstaaten Guerrero und Oaxaca). Die auch als *Chilena guerrense* bezeichnete Form ist eindeutig chilenischer Herkunft. Stammform ist die chilenische → *Cueca;* um 1850 von Seeleuten und Teilnehmern der in Kalifornien beginnenden Goldschürfungen u. a. in das Gebiet von Acapulco gebracht, wurde diese bald durch die einheimische Bevölkerung aufgegriffen und regionalen Gegebenheit angepasst. Die Ch. setzt sich aus einer chilenischen Cueca und Bestandteilen des mexikanischen → *Son* und des → *Zapateado* zusammen; die Choreographie (symbolisierte Darstellung des Liebeswerbens von Hahn und Henne) entspricht im wesentlichen der chilenischen Stammform; beim Tanzen werden im Rhythmus der Musik Tücher geschwenkt, dazu werden meist achtsilbige Vierzeiler stets in der ersten Person und in männlicher Form gesungen; typisch ist der Wechsel zwischen Versen und Kehrreim. Die am häufigsten verwendeten Begleitinstrumente sind Harfe (Arpa), eine Violine und eine kleine → *Jarana (2),* ebenso Gitarre oder → *Requinto (5)* und der → *Tamboreo* sowie (in größeren Formationen) Klarinetten, Saxophone, Posaunen, → *Tambora* und → *Platillos.* Bekannte Komponisten sind u. a. José Agustín → *Ramírez* mit Titeln wie »La San Marqueña« und »Acapulqueña« und Álvaro → *Carrillo* mit »Pinotepa nacional« und »Yerbabuena«; viele Stücke entstammen der anonymen Musikfolklore. 3. zur Gruppe des → *Fandango (4)* gehörender lebhafter brasilianischer Volkstanz, in dem der Tanzpartner mit angelegten Sporen (Esporas) tanzt.

Chilenero
landläufige Bezeichnung für den Volkssänger oder -musiker in Zentralchile, der die → *Cueca chilena* interpretiert.

Chilenita
alter Name für die peruanische→ *Marinera;* kaum noch gebraucht.

Chililihtli
präkolumbische Querflöte; aus gebranntem Ton hergestellt, von den Indianern Mexikos und Guatemalas gespielt; im Klang der Klarinette ähnelnd.

Chillador (Saiteninstrument)
kleinste Ausführung eines → *Charango;* etwa 47 – 50 cm lang, mit 5, 6, 10 oder 12 Stahlsaiten bespannt; in der mestizischen Volksmusik von Peru, Bolivien und Nordchile verwendet; in den peruanischen Regionen Puno, Arequipa und Moqueque zuweilen mit einem Plektrum gespielt.

Chilota (Cueca chilota)
auf der chilenischen Insel Chiloé getanzte Abart der → *Cueca chilena.*

Chimarrita (Chamarrita, Chinarrita)
Volkstanz aus Südbrasilien (Rio Grande do Sul und Teile von São Paulo) mit walzerähnlichen Tanzfiguren; eng verwandt mit der argentinisch-uruguayischen → *Chamarrita;* stets gesungen; gehört zur Gruppe des → *Fandango (4);* Begleitinstrumente sind Gitarre, → *Violão,* neuerdings auch Akkordeon. Beim Tanzen nehmen Frauen und Männer jeweils in einer Reihe gegenüber Aufstellung; gesungen wird während der 2., 4. und 6. Tanzfigur.

Chimbangle
afrovenezolanische Einfelltrommel zylindrischer oder konischer Form; 60 – 90 cm hoch, mit 17 – 30 cm Ø; aus einem ausgehöhlten Baumstamm gefertigt; zur rhythmischen Begleitung traditioneller Volksmusik der Küstenregionen (z. B. Bobares) als Soloinstrument oder mit anderen Trommeln in einer Batterie gespielt.

Chimborrio (Chimbor, Bimburrio)
kolumbianische Zweifelltrommel; oben und unten mit Schaffell bespannter Hohlzylinder, durch dessen Mitte eine Saite gezogen wurde. Das mit zwei Stäben perkutierte Instrument verfügt über eine gute Resonanz und erzeugt weithin hörbare Töne.

Chimichimitos, Los -
venezolanischer Volkstanz dramatischen Charakters; durch jeweils 5 Tanzpaare ausgeführt Afroamerikaner und Afroamerikanerin, alter Mann und alte Frau, hinkendes Paar, Hexer und Hexe sowie Indio und Indiofrau. Der auf geschichtliche Traditionen zurückgehende Ch. symbolisiert Begebenheiten und Umstände wie die Existenz dreier unterschiedlicher Rassen in Venezuela, Dämonen- und Geisterglauben usw. Die Begleitmusik ist regionalen Formen angepasst.

Chimila (Danza de la Ch., Las Chimilas)
indianischer Volkstanz Kolumbiens, während des Karnevals in Barranquilla durch eine Gruppe von Indianerinnen und Indianern in bunten Trachten und mit bemalten Gesichtern ausgeführt; dem Bänder-Tanz (Danza de las → *Cintas*) ähnelnd.

Chimizclan
heute nicht mehr aufgeführter mexikanischer Volkstanz, der bis zum Ende der Kolonialära populär war, jedoch seinerzeit von der katholischen Kirche abgelehnt wurde.

China (hübsches Mädchen, Dienerin; Quechua-Sprache)
in zahlreichen lateinamerikanischen Ländern meist im Sinne von »Tanzpartnerin« verwendete Bezeichnung für ein Mädchen bzw. eine Frau; in Chile die Tänzerin des Nationaltanzes → *Cueca chilena.* Ein im gleichen Sinne in Mexiko, speziell im → *Jarabe* gebrauchter Ausdruck spricht von der *China poblana*, der in reichverzierte Volkstrachten gekleideten, aus Puebla stammenden Frau, die gleichen historischen Ruhm genießt wie die *Chula madrileña* oder die *Iembra andaluza*, typische Frauengestalten aus Zentral- bzw. Südspanien. Auch in Peru, Bolivien, Argentinien, Uruguay, Kuba und Brasilien ist dieser Ausdruck geläufig.

Chinampera
nikaraguanischer Volkstanz, dem mexikanischen → *Jarabe* ähnlich bzw. aus ihm entstanden, wird vornehmlich durch die → *Marimba* begleitet.

Chinchin
1. Schüttelidiophon; guatemaltekische Variante der → *Maracas;* das auch von Indianern benutzte Musikinstrument besteht aus hartschaligen, ausgehöhlten Früchten, die zur Hälfte mit Steinchen oder Samenkörnern gefüllt sind; u. a. zur Begleitung religiös-dramatischer Tänze wie *Danza de los Moros* eingesetzt. 2. ländlicher Volkstanz Kubas, seit langem nicht mehr aufgeführt.

Chincol (Chincolito)
alter chilenischer Volkstanz; seit langem vollkommen in Vergessenheit geraten.

Chinelo (Los Chinelos, Danza de los Aztecas)
mexikanischer Volkstanz aus dem Bundesstaat Morelos, wurde früher während der drei Karnevalstage auf Straßen und Plätzen aufgeführt.

Chingana
1. regionale Bez. für das Musikinstrument → *Sonajero (de calabaza)* in der peruanischen Provinz La Libertad. 2. Begriff aus der urbanen Musikfolklore Chiles im XIX. Jh.; Kneipen oder Tavernen, in denen getrunken und dabei zum Klang von Harfe, Gitarre, → *Rabel* und → *Vihuela* die → *Cueca (chingana),* die → *Refalosa* usw. gespielt, gesungen und getanzt wurden; diese Tradition blieb in den Städten bis nach 1850 lebendig. 3. Bez. für eine chilenische Vokal- und Instrumentalgruppe, die in Lokalen (siehe 2.) musizierte.

Ching-ching
brasilianischer Volkstanz aus dem Gebiet von Bragança; zu den Volksfesten für → *São João* (Johannistag) aufgeführt, den Tänzen → *Pau-de-fita* bzw. Engenho (novo) sehr ähnlich; heute nicht mehr verbreitet.

Chingolingo
regionale Bezeichnung für mexikanische Volksfeste mit Musik und Tanz, besonders in den Bundesstaaten Tabasco und Chiapas.

Chino (Diener, Quechua-Sprache)
Name eines Mitgliedes der Musik- und Tanzgruppen Boliviens und Nordchiles, die die religiösen Feiern der katholischen Kirche bestreiten. Gegenwärtig werden die Teilnehmer der sog. → *Cofradía* des Nordens von Chile sowie von Bolivien und Peru so bezeichnet. Musik und Brauchtum stellen eine Vermischung (Mestizierung) indianischer und kreolischer Kulturelemente dar.

Chipicuaraca → *Sonecito del País*

Chipola (Son de la Ch.)
venezolanisches Tanzlied, dem → *Seis (2)* sehr ähnlich, zur → *Música llanera* gehörend. Begleitinstrumente sind Harfe (Arpa), → *Cuatro,* → *Maracas,* gelegentlich → *Bandola;* meist wird dazu gesungen; die Texte stammen vielfach aus der anonymen Folklore.

Chiquichá
von dem kolumbianischen Musiker und Komponisten »Pacho« → *Galán* Anfang der 60er Jahre des XX. Jh. geschaffener Tanz, bei dem Elemente des Marsches (Marcha) mit denen der → *Música tropical* vermischt worden sind.

Chiriguano (Chirihuano, Chiriwano)
nach einem Indianerstamm benannter alter peruanischer Volkstanz der Aymará-Region der Hochebene (Altiplano); seine Ursprünge sollen auf einen archaischen Kriegstanz zurückgehen, der in der Legende mit der Zerstörung der Stadt Tihuanaco in Verbindung gebracht wird. Männer und Frauen bilden eine Tanzgruppe, die innerhalb einer → *Comparsa* von einem Solisten, der das Instrument → *Pututo* spielt, angeführt wird; der Tanz selbst wird in langen Schritten, langsam und kräftig auftretend, ausgeführt; er ähnelt stark dem → *Ayarachi.* Der Rhythmus der Begleitmusik, von → *Zampoñas* und rustikalen → *Bombos* erzeugt, ist langsam und sieht kurze Pausen in der Interpretation vor.

Chiriguanos, Danza de los -
bolivianischer Volkstanz der Region Umala (Prov. Aroma); zu den Kriegstänzen gehörend; heute nur noch zu Feiertagen und Volksfesten aufgeführt. → *Chiriguano*

Chiriguara
venezolanischer Volkstanz, in der Region von Antonio del Golpo (Sucre) zur Zeit des Karnevals in den Straßen getanzt.

Chirimía (Chirimoya, Chirmía, Chirisuya, Xalamía, Xeremía, Zú)
rustikale Schalmei, eindeutig arabischen Ursprungs; über Spanien in weite Teile Lateinamerikas transkulturiert, wo sie bis heute als ausgesprochenes Volksmusikinstrument insbesondere von indianischen Bevölkerungsgruppen

genutzt wird und eine Vielzahl regionaler Namen trägt; verbreitet u. a. in Guatemala, El Salvador, Ekuador, Peru, Nikaragua, Mexiko, Venezuela sowie Teilen von Kolumbien (Girardot und San Vicente). Das meist von indianischen Musikern selbstgefertigte Instrument besteht aus Holz, ist etwa 25 cm lang, hat auf der Oberseite bis zu 7 Tonlöcher und verfügt über ein Mundstück. Das Spielen erfordert große Geschicklichkeit des *Chirimiyero* oder *Chirimero* genannten Musikers; während im allgemeinen in das Instrument hineingeblasen wird, erzeugen z. B. mexikanische Spieler den Ton durch Einsaugen der Luft; der generell etwas wehmütige Klang erinnert an den der Oboe. In Guatemala (in uspantekischen Gebieten heißt das Instr. → *Zú*) gibt es in Form und Klang zu letzterer tendierende Varianten; hier existierten auf altindianischer Tradition beruhende Orchester, deren Kern die Ch. und der → *K'ohón* bildeten. Heute werden mestizische Kompositionen Guatemalas wie der → *Son chapín* oft zusammen mit → *Marimba* und Chirimía gespielt.

Chirimía (Grupo)
Bezeichnung einer Musikgruppe, deren Hauptinstrument die → *Chirimía* ist; u. a. in Kolumbien und Guatemala verbreitet. In der Prov. Chocó (Kolumbien) bestehen derartige Ensembles mit folgender Besetzung: Chirimía (heute auch Klarinette), Bombardino, → *Bombo,* → *Platillos* und → *Redoblante.*

Chirimoya → *Chirimía*

Chirinos, Hermanos -
venezolanisches Instrumentaltrio; durch die Gebrüder Egberto und Angel Chirinos (Harfe bzw. → *Cuatro*) zusammen mit einem → *Maracas*-Spieler formiert; interpretierte insbes. Stücke der → *Música llanera* wie »Pasaje No 8« und »Llano adentro«, letzteres eine Komposition von Egberto Chirino, dem Leiter der Gruppe. An insgesamt 150 LPs, zumeist Gesangssolisten begleitend, hat das Trio mitgewirkt.

Chiriqui
regionale Variante des → *Punto panameño*, im 3/4-Takt, als reiner Kollektivtanz ausgeführt, wobei sich Männer und Frauen in einer Reihe gegenüberstehen. Der im Stil der Quadrille getanzte Ch. wird durch → *Rabel* und eine oder mehrere Trommeln (Tamboras) begleitet.

Chirisuya
peruanische Variante einer → *Chirimía*; u. a. in den Regionen Andahuaylas (6 Tonlöcher), Ayacucho bzw. Apurímac (7 Tonlöcher) u, Yauyos (10 Tonlöcher) verbreitet.

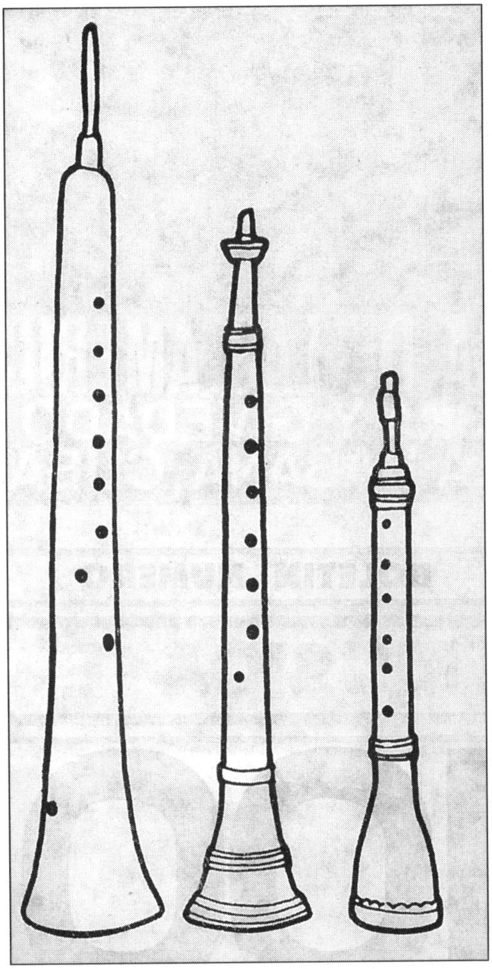

Verschiedene Modelle der Chirimía aus der Musikfolklore Perus (aus: Mapa de los Instrumentos Musicales, Instituto Nacional, Lima – 1978)

Chiriwano → *Chiriguano*

Chirmía → *Chirimía*

Chiru
regionale Variante der in der andinen Volksmusik gespielten → *Zampoña.*

Chiruru
indianischer Volkstanz der kolumbianischen Stämme Makuna bzw. Tukano (Río Piraparaná, Vaupés) mit musikalischer Begleitung u. a. durch den → *Capador,* dazu werden Texte lebhaft-fröhlichen Charakters gesungen.

Chisca (Chiska)
kleine peruanische Rohrflöte, etwa 30 cm lang, mit 5 Tonlöchern; vorwiegend in der Volksmusik des nördlichen Hochlandes eingesetzt.

Chispa
in der kolumbianischen Region Bolívar aufgeführter Volkstanz, mit Gesangsteil, wird durch ein traditionelles Instrumentaltrio (→ *Guita (2),* → *Tambor* und → *Guacharaca*) begleitet; auch in Venezuela (Region Aragua) verbreitet.

Chitãozinho e Xororó
brasilianisches Vokal- und Instrumentalduo (Dupla) der ländlichen Volksmusik, um 1976 in São Caetano do Sul (São Paulo) durch die Gebrüder José und Durval Lima Sobrinho (* 1955 / * 1957) formiert; das Duo experimentierte mit neuen Instrumenten (wie z. B. dem Banjo) und neuartigen Arrangements in diesem Genre; Erfolgstitel waren u. a. »Fio de cabelo« (1983) und »No rancho fundo«; inzwischen erschienen mehr als 15 LPs.

Chiuka
primitive Flöte, in vorspanischer Zeit von Musikern des Inkastaates gespielt; heute nur noch vereinzelt von bolivianischen und peruanischen Hochlandindianern zur Begleitung folkloristischer Tänze gespielt.

Chiva, Danza de la -
(Tanz der jungen Ziege, span.)

Chisca – drei Indianer aus Tumpa (Ancash, Peru) spielen die Flöten Chisca, der rechte Musiker spielt eine Trommel Tinya (Photo: Elisabeth den Otter)

an der kolumbianischen Atlantikküste zur Karnevalszeit aufgeführter Volkstanz dramatischen Charakters; Hauptperson ist eine durch eine Frau dargestellte Ziege.

Chocalho (Chucalho)
Sammelbez. für eine Gruppe schüttelidiophoner Musikinstrumente der brasilianischen Volks- und Populärmusik, die in großer Typenvielfalt existieren, sowohl von der Konstruktionsform, als auch vom Material (Bambus, Metall oder Kunststoff) her. Oft werden ähnliche Instrumente wie → *Tubo* oder → *Ganzá* als Chocalho bezeichnet; die meisten regionalen Namen wie *Xeque-xeque* sind Lautmalereien, die auf das rasselnde Geräusch Bezug nehmen, das bei der rhythmischen Bewegung entsteht; zur Begleitung der verschiedensten Tänze und Rhythmen, insbes. jedoch im → *Samba* eingesetzt.

Chocolate
1. ein u. a. als Trauergesang für ein verstorbenes Kind in der kolumbianischen Pazifikregion intoniertes Lied; im Volksmund auch als → *Bunde (1)* bezeichnet. 2. alter chilenischer Volkstanz des XIX. Jh.; heute nicht mehr aufgeführt. 3. Pseudonym des kubanischen Musikers Alfredo → *Armenteros.*

Chofana (Alnumaxkaki)
in der peruanischen Volksmusik der Urariana-Indianer (Amazonasgebiet) verwendete primitive Panflöte, die zwischen 2 und 12 Tuben aufweisen kann.

Chohom (Chochom)
lustiger Maya-Tanz aus vorspanischer Zeit (Mexiko, Guatemala); Abart der Danza de las → *Cintas;* zum Tag des Fischers (12. September) unter breiter Anteilnahme der Bevölkerung aufgeführt.

Chokela → *Choquela*

Cholos
wichtige Bevölkerungsgruppe der Andenländer Peru, Bolivien, Argentinien (NW), Ekuador, Nordchile. Bezeichnung der Mestizen des Andenraumes; als Nachkommen einer Rassenvermischung zwischen Indianern und Europäern bzw. Kreolen sind sie Träger einer ausgedehnten und eigenständigen Volkskultur (→ *Música mestiza*), die sich u. a. in Volkstänzen wie → *Huayno,* → *Carnavalito* und → *Sanjuanito* manifestiert.

Chontaduro
indianischer Volkstanz Kolumbiens; innerhalb einer Fruchtbarkeitszeremonie von den Stämmen Bora und Muinane (Amazonasgebiet) während der Herstellung des alkoholischen Getränks »Chicha« aufgeführt.

Choperena, Wilson
* 1924 El Plato (Magdalena); kolumbianischer Musiker und Komponist; wurde durch seine im Rhythmus der → *Cumbia* geschriebenen Stücke, insbesondere »La pollera colora« und »Lamento costeño« bekannt.

Chopí (Cielito chopí)
paraguayischer Volkstanz; zählt zu den weitverbreiteten, durch indianische Komponenten beeinflussten Formen der Musikfolklore Paraguays; der Komponist und Folkloreforscher Mauricio → *Cardozo Ocampo* erfasste ihn bei Feldforschungen und schrieb Arrangements.

Choquela (Chokela, Choquella)
1. Volkstanz des peruanisch-bolivianischen Hochlandes (Altiplano) um den Titicaca-See (Meseta Kollavina); auf eine alte Tradition der Aymará-Indianer zurückgehend. Die Choreographie ist grotesk und soll die Jagd auf die Vicuña (wildlebende Kamelidenart der Andenregion) versinnbildlichen; sowohl von Frauen als auch von Männern getanzt; die Begleitmusik (pentatonisch) wird im wesentlichen von dem Instrument → *Quena-quena* erzeugt. 2. große indianische Flöte der Aymará-Musik Boliviens; als Vorgängerin der → *Quena (Kena)* geltend.

Chorado (Chorando)
auf Seemannsfesten in der brasilianischen Ha-

fenstadt Bragança während der Feiern für São Benedito (Heiliger Benedikt) in der Zeit zwischen 18. und 26. Dez. aufgeführter Tanz. Dabei tanzen die Männer in einer Runde und in der Mitte eine Frau allein; heute kaum noch verbreitet.

Chorinho → *Choro*

Choro (Chôro, Assustado, Chorinho)
brasilianischer Populärtanz in mäßig schnellem Tempo, mit zum Melancholischen tendierender Melodik (chorar = weinen, port.); aus Elementen des Walzers (Valsa), des → *Maxixe* und des → *Samba* entstanden. Der Ende des XIX. Jh. in Städten populär gewordene Tanz fand nach 1900 in ganz Brasilien weite Verbreitung und wird häufig durch spezielle Gruppen, → *Regional* genannt, interpretiert; typische Begleitinstrumente sind Querflöte (Flauta transversal), → *Cavaquinho* und → *Violão;* zu den noch oft gespielten Titeln gehören u. a. »Dinorah« (Benedito Lacerda), »André de Sapato Novo« (André Victor Corrêa) und insbes. »Tico tico no fubá« (Zequinho de Abreu). Populäre Interpreten waren Manoel Gomes und Altamiro → *Carrilho.* Gegenwärtig widmen sich im Umfeld der Traditionspflege einige neu formierte Gruppen ausschließlich der Interpretation vorwiegend instrumentaler Choros. 2. Allgemeinbezeichnung für eine brasilianische Musikgruppe der urbanen Volksmusik, die fast immer mit einem Solisten (als Sänger oder Musiker) auftritt und in der Blasinstrumente wie Flöte (Flauta), Klarinette und Saxophon dominieren. Die in den ersten Jahren der Republik (ab 1889) populären Gruppen haben vor allem den → *Choro (1)* gespielt; sie werden derzeit jedoch immer seltener.

Chotes → *Chotis*

Chotis (Chotes, Schottische, Schottiss, Xote)
schneller Paartanz im 2/4-Takt, der deutschen Polka ähnlich; im XVIII. Jh. aus der Schottischen Polka entstanden; in einigen Ländern Lateinamerikas, z. B. Argentinien, Brasilien, Uruguay, Zentralamerika, zumeist in ländlichen Regionen getanzt; Teil der Musikfolklore. Bei heutigen Varianten handelt es sich um nationale Adaptionen der seit etwa 1850 nach LA gekommenen Grundform.

Chovén Villalón, Bernardo (eigtl. Chauvon)
* 25.2.1910 Santiago de Cuba; kubanischer Musiker (Piano und Violine) und Bandleader; Mitgründer der Tanzorchesters → *Chepín – Chovén* (1930), zu den profiliertesten afroamerikanischen Musikern des kubanischen → *Danzón* gehörend.

Chovena
regionale Variante des bolivianischen → *Takirari.*

Choyke-purún
traditioneller Volkstanz der Araukaner Chiles; durch einige Folkloregruppen wie *Manquilef y sus Mapuches* auch außerhalb Südchiles popularisiert worden.

Christmas Mummings (Mummings)
traditionelles Volksfest der Afroamerikaner Jamaikas, der Bermudas und weiterer anglokaribischer Inseln. Unter breiter Anteilnahme der Bevölkerung findet während der Weihnachtszeit (Christmas) eine Maskerade mit Musik und Tanz statt, deren zentrale Figur eine als Königin (Queen) verkleidete Afroamerikanerin ist, in deren Gefolge junge Mädchen, sog. *Set Girls*, tanzend durch die Straßen ziehen. Ferner treten *Koo-koo*, ein maskierter Junge, ein mit einer langhaarigen Perücke bekleideter Mann namens *John Canoe* und weitere Figuren auf. Der als *Goombay Drum* bezeichnete Trommler begleitet neben andereen Musikern (weitere Trommeln, Tambourins, Flöten und Dreiangel) die Tänze; dazu wird gelegentlich gesungen. Die zum Komplex des → *Auto* zählenden dramatischen Tänze sind in vereinfachter Form bis heute verbreitet; sie lassen einen überwiegend afrikanischen Einfluss erkennen.

Chucalho → *Chocalho*

Chucha
1. → *Chucho* 2. häufig verwendete Bezeichnung für die → *Maracas* in Kolumbien.

Chucho (Schüttelidiophon)
geschlossener Zylinder aus Bambus, Rohr o. ä. von 20 – 25 cm Länge. Der Tubus wird mit Samenkörnern, bevorzugt Bohnen, oder Steinchen gefüllt, mit kreuzförmig angeordneten Stäbchen an den Stirnseiten verschlossen und beim Musizieren rhythmisch geschüttelt. Das Instrument, bei den Saliva-Indianern Kolumbiens entstanden, wird gegenwärtig zur Begleitung des klassischen → *Bambuco* und des → *Villancico* der Musikfolklore Kolumbiens benutzt.

Chuchumbé
alter afrokubanischer Volkstanz; um 1775 in Kuba sehr populär gewesen; zu einer Gruppe ähnlicher Tänze wie → *Paracumbé,* Cachumba u. a. gehörend; wurde durch eine aus Spanien kommende Flotte, die zunächst in La Habana verweilte, nach Veracruz (Mexiko) gebracht und dort als *Coplas de Chuchumbé* von der dort lebenden schwarzen bzw. gemischtrassigen Bevölkerung begeistert aufgegriffen.

Chul
Maya-Flöte; bereits in vorspanischer Zeit in der Volksmusik der Maya-Völker gespielt.

Chula (Chulado, Camaleão)
brasilianisches Tanzlied portugiesischen Ursprungs (XVI. Jh.). In Brasilien ist seine Existenz seit Anfang des XIX. Jh. dokumentarisch belegt; hier häufig mit den Formen → *Lundú* oder → *Samba* verwechselt; in bestimmten Regionen von São Paulo »Fandango« genannt, was eine gewisse Verwandtschaft mit der Choreographie des Lundú unterstreicht. Die Ch. ist ein ausdrucksstarker, galanter, zuweilen lasziver, mit Schuhplatteln (Sapateio) bzw. Händeklatschen begleiteter Volkstanz, in dem auch die → *Umbigada* vorkommen kann; gegenwärtig kaum noch getanzt; zuweilen als reines Lied interpretiert, wie in Amazonien und im Nordosten. Zur musikalischen Begleitung der Ch. als Lied dienen → *Violão,* bei Tanzformen außerdem → *Viola,* → *Pandeiro* und → *Castanholas* (oder auch → *Castañetazo*) bzw. Akkordeon.

Chulado → *Chula*

Chuli
Doppelflöte; in der indianischen Volksmusik des Hochlandes von Bolivien gespielt.

Chullchu (Idiophon)
zwei Metallglöckchen, die gegeneinander geschlagen und zusammen mit dem → *Charango* gespielt werden; in der indianischen Musikfolklore Boliviens eingesetzt.

Chullo-chullo
regionale Variante des Rasselinstruments → *Sistro*; in der Volksmusik der Quechua-Indianer Boliviens eingesetzt.

Chulo-Pusaña (Ch. Phufaña, Ch. Phusaña)
regionale Variante des aerophonen Instruments → *Pututu.*

Chulupies, Los -
paraguayische Folkloregruppe; um 1965 formiert; auf die Interpretation von Liedern in der Guaraní-Sprache spezialisiert. Nach 1980 gehörten der Gruppe Oscar Corrales (Gesang und Bandleader) und Silvio Álvarez (Gesang) – als Dúo Álvarez – Corrales – sowie »Bebito« Vargas (Harfe), Oscar Benito (Gitarre) und Oscar Alfredo Corralero (Kontrabass) an; unter versch. Labels (u. a. RCA Camden, Amambay und Elio) entstanden zahlreiche Schallplatten, darunter die Titel »Angel de la Sierra« und »Che valle curupaytpe«.

Chumba
afrohonduranischer Volkstanz; in der Garifuna-Region insbes. von Belize (ehem. Britisch-Honduras) verbreitet; mit Trommeln (Primero und Segundo) musikalisch begleitet; dazu werden einfache Texte gesungen. Die Choreographie der Ch. setzt eine exakte Kommunikation zwischen Musikern und Tänzern voraus.

Chumu (Aerophon)
regionale Variante der → *Tolumpa*; in der peruanischen Volksmusik von den Cashinahua (Pano)-Indianern des Amazonasgebietes verwendet.

Chuncho
peruanischer Volkstanz der indianischen Bevölkerung aus der Region des Ostabfalls der Anden, einst *Chunchos* genannte kriegerische Indianer nachahmend; auf Volksfesten der Provinzen Sandia und Carabaya sowie zu offiziellen Veranstaltungen in der Departementshauptstadt von jungen Männern, die Federschmuck an Kopf, Armen und Beinen sowie Pfeil und Bogen in den Händen tragen, getanzt nach einer Choreographie voller aggressiver Posen, Kampf- und Abwehr-Attacken; die monotone Begleitmusik wird durch die kleine Flöte → *Pito* oder (in Orten der Sierra) die → *Quena* bzw. das → *Chacallo* (manchmal zusammen mit einem → *Charango*), zuweilen auch mit einem → *Bombo* erzeugt.

Chunga
ein von dem Musiker Dámaso → *Perez Prado* nach 1960 geschaffener Modetanz; enthält Komponenten von → *Mambo* und → *Guaracha*; war nur relativ kurze Zeit populär.

Chunguinada
religiös inspirierter peruanischer Volkstanz, von der mestizischen Bevölkerung der Region Jauja getanzt; die Begleitmusik entspricht der des → *Huayno.*

Chuntunqui (Chuntunki, Bailarín)
bolivianischer Kindertanz, der zur Weihnachtszeit insbesondere im religiösen Umfeld, aber auch im Hause aufgeführt wird; u. a. durch Kastagnetten, dem → *Chullo-chullo,* Flöten und Trommeln begleitet.

Churea
spontaner Ausruf von der Art eines Schreis am Anfang eines → *Bambuco* oder ähnlicher Tänze Kolumbiens in Form von »Iii, San Juan!«.

Churo (Caracol)
mit Schnüren an einer Stange o. ä. festgebundene Schneckenhäuser oder kleine Muscheln, die sich beim rhythmischen Bewegen berühren. Das idiophone Instrument wird in der Volksmusik u. a. Perus (Region San Martin) und Kolumbiens (afrokolumbianische Tänze der Pazifikregion) eingesetzt.

Churripampli
regionale Variante des → *Son* im kolonialen Mexiko (Nueva España) des XVIII. Jh.; zum Komplex des → *Sonecito* del País gehörend; wurde seinerzeit von der katholischen Kirche angefeindet.

Churu (Quipa)
Abart der Muscheltrompete → *Pututu;* in der indianischen Volksmusik der Amazonasregion Perus und Ekuadors gespielt.

Chuscada
regionale Variante des → *Huayno* aus dem Gebiet Callejón de Huaylas (Ancash; Peru) wurde 1948 von Ernesto → *Sánchez Fajardo »Jilguero del Huascarán«* geschaffen.

CIDMUC (Abk. f. Centro de Investigación y Desarrollo de la Música Cubana)
Zentrum für Forschung und Entwicklung der Kubanischen Musik; am 26.12.1978 in La Habana durch das Kulturministerium gegründete Institution, die sich in vier Spezialabteilungen (Forschung, Entwicklung, Information und Dokumentation sowie Entwurf und Fotografie) der folkloristischen und populären Musik Kubas widmet; Direktor ist Olavo → *Alén Rodríguez.*

Cielito (Cielo)
traditioneller Salontanz Argentiniens, Uruguays, Paraguays und Chiles; Rundtanz mit auseinander tanzenden Paaren, die dazu auch singen; nach Antonio Barcelo der »älteste der kreolischen Gesellschaftstänze«. Choreographische Vorlage ist die → *Contradanza* des XVII. Jh. Der auch durch den → *Payador* vorgetragene C. ist heute nur noch wenig verbreitet; einige uru-

guayische und argentinische Volkssänger legten traditionellen Cielitos aktuelle Texte unter.

Cielito chopí → *Chopí*

Cielo → *Cielito*

Cifra
alter argentinisch-uruguayischer Gauchotanz mit improvisierten, zur Melancholie tendierenden Gesängen, entweder durch zwei Sänger (→ *Payador*) alternierend bzw. von einem Sänger in Alternanz zu seinem Gitarrespiel (»Dialog mit der Gitarre«) vorgetragen. Bemerkenswert sind der → *Rasgueo* in der Einführung (Introducción) und das instrumentale Zwischenspiel (Interludio). Heute, von entlegenen Orten der Pampa abgesehen, als Volkstanz kaum noch verbreitet, gelegentlich von Volkssängern wie Daniel → *Viglietti* oder Alfredo → *Zitarrosa* aufgegriffen; ein in früherer Zeit populärer Interpret war der Argentinier Santos Vega.

Cigano
portugiesisch-brasilianische Bezeichnung für den Zigeuner, der im XV. Jh. in Portugal ansässig wurde und im Zuge der Kolonialisierung in relativ starken Gruppen auch nach Brasilien kam, wo er sich vorrangig in Rio de Janeiro und anderen Städten ansiedelte. In Dokumenten aus dem Jahre 1574 wird die Existenz von Zigeunern in Bahia und Rio de Janeiro erwähnt. Diese ethnische Gruppe spricht eine *Calão* genannte Mischsprache und ist Träger einer regional limitierten Musikfolklore mit Romanzen, Volksliedern und -tänzen. Wenn sie auch auf die Musikfolklore Brasiliens kaum Einfluss ausgeübt hat, ist sie dennoch Gegenstand einer großen Zahl brasilianischer Volkslieder.

Cilindro (Zylinder, span.)
um die Jahrhundertwende in einigen Ländern Lateinamerikas übliche Bezeichnung für die Walzen des Tonaufnahmeystems »Edison« (→ *Fonógrama*).

Cilulo → *Silulo*

Cinco (Quinto, Lira)
zur Familie der Gitarren gehörendes fünfsaitiges Instrument; in der traditionell-populären Musik Venezuelas gespielt; bis heute vorwiegend im → *Tamunangue* des Bundesstaates Lara und zur Begleitung ländlich-religiöser Gesänge verwendet.

Cinco Crioulos, Os -
brasilianisches Vokal- und Instrumentalquintett; 1967 in Rio de Janeiro von ehemaligen Mitgliedern der Gruppe *A Voz do Morro* gegründet; durch seine hervorragende Interpretation des → *Samba urbano* bekanntgeworden; produzierte bei Odeon einige LPs, darunter die Titel »Em cima da hora« und »Solidão«. Mitglieder waren Nelson Sargento, Nescarzinho do Salgueiro, Jair do Cavaquinho, Mauro Duarte und Elton → *Medeiros*.

Cinco de Colombia, Los -
kolumbianisches Vokal- und Instrumentalsextett; 1971 durch die Kolumbianer »Quique« Fernández, Anita Domínguez, Mario Cuesta, Marino Romero und José Cuesta sowie den Ekuadorianer Jacinto Cuesta in Bogotá formiert. Das Repertoire der Gruppe umfasst Titel der → *Música tropical* bei Dominanz von → *Cumbia* und → *Merengue*.

Cinco Latinos, Los -
argentinisches Vokal- und Instrumentalquintett; 1957 in Buenos Aires durch Estela Raval, Ricardo Romero, Héctor Bounsanti, Jorge Francisco Patero und Mariano Grisinglione gegründet; durch seine eigenwilligen Arrangements argentinischer, lateinamerikanischer und auch europäischer Populärmusik weithin bekannt geworden; Reisen wurden durch Süd- und Zentralamerika, nach Kuba, Spanien, Portugal, Griechenland und Frankreich realisiert; es wurden ca. 100 LPs (überwiegend bei CBS) produziert, darunter die Titel »Pequeña flor«, »En un rincón del alma« und »Adiós Pampa mía«.

Cinco u Cuatro, Los - (Los 5U4)
kubanische Vokal- und Instrumentalgruppe;

1968 in La Habana durch Osvaldo → *Rodríguez* gegründet. Die insbesondere unter der kubanischen Jugend beliebte Formation experimentierte mit der Vermischung traditioneller Musik und Komponenten des Beat; dafür wurden 3 Gitarren, Kontrabass, Perkussion und Schlagzeug eingesetzt. Bei Areito sind einige LPs produziert worden; 1978 Auszeichnung mit der »Silbernen Schallplatte« der Firma EGREM sowie dem Großen Preis des Schlagerwettbewerbes von Sotschi (UdSSR).

Cinisko → *Triángulo*

Cinquillo
rhythmisches Grundmodell der afrolateinamerikanischen Musik, das u. a. in die kubanische Version der → *Contradanza* Eingang fand und später durch Miguel → *Failde* im → *Danzón* verarbeitet wurde; eine Verkettung von Achtel- und Sechzehntelnoten.

Cinta
1. → *Cintas, Danza de las* – 2. → *Cintakana* 3. afrohonduranischer Volkstanz, als Kollektivtanz durch Frauen und Männer in ländlichen Regionen im Freien aufgeführt. 4. spanischsprachiger Begriff für den Tonträger Magnetband; Fita magnética.

Cintakana (Bänder flechten, span./aymará)
peruanischer Volkstanz der Indianer der Hochebene (Altiplano), dessen Ursprünge bis in die präkolumbische Zeit zurückgehen; sein heutiger Name entstand jedoch erst während der Kolonialzeit. Hauptfigur ist ein legendärer Vogel, größer als ein Kondor, der bei den Indianern als Friedensbringer galt und »Lulli« genannt wurde. Auf der Spitze einer 5 – 6 m hohen Holzstange wird eine Nachbildung dieses Vogels befestigt, an dessen Füßen eine Anzahl etwa einen Zentimeter breiter, in allen Regenbogenfarben gehaltener Bänder (Cintas) befestigt ist, die länger als die Stange sind; um diese, von einer Person getragene Stange tanzen alle Beteiligten nach der Musik von Flöten (Toqoro, Quenaquena) und Trommeln, dabei jeder das Ende eines Bandes haltend.

Cintas, Danza de las -
Sammelbegriff für viele Volkstänze Lateinamerikas, die auf span.-port. Traditionen zurückgehen und teilweise auch andere Namen tragen (z. B. Dança de → *Pau-de-fita*). Grundelement ist ein Baumstamm bzw. ein Mast, an dessen oberem Ende eine der Anzahl der Tänzer entsprechende Zahl verschiedenfarbiger Bänder (Cintas) von mehreren Metern Länge befestigt ist, von denen jeder Tänzer eines ergreift und tanzend den Stamm umkreist; dazu wird musiziert und gesungen. (Danza de la → *Trenza*, → *Cintakana*)

Cintas, Las -
1. alter, heute fast vergessener argentinischer Volkstanz. 2. im Südwesten Mexikos früher auf Straßen und Plätzen aufgeführter Karnevalstanz in Form einer → *Comparsa*, begleitet von einem kleinen Orchester mit → *Tunkul*, → *Zacatán* und anderen indianischen Instrumenten; dazu wurde auch gesungen. 3. Kurzbez. für die Danza de las → *Cintas*.

Cintureras, Baile de las -
kolumbianischer Volkstanz der andinen Region Guaduas; zum Rhythmus des traditionellen → *Torbellino* oder → *Bambuco* führen junge, schlanke Frauen einen Tanz auf, wobei eine möglichst schlanke Taille oberstes Gebot ist.

Ciranda
1. brasilianischer Rundtanz; ursprünglich durch Kinder aufgeführt. Die Jungen und eine größere Zahl von Mädchen fassen sich an den Händen und tanzen im Kreis; ein Kind nimmt in der Mitte Aufstellung, in bestimmter Abfolge wird seine Position durch ein anderes Mädchen / einen anderen Jungen wahrgenommen. 2. zur Gruppe des → *Samba* zählender Volkstanz, der in weiten Teilen Brasiliens verbreitet ist und dessen regionale Varianten u. a. Cirandinha, Sarandí (in Goiás), Serandina (in Minas Gerais) sind; während des ganzen Jahres getanzt; zen-

trale Figur ist der *Cirandeiro*, der bestimmte Texte singt, deren Themen u. a. landschaftliche Schönheit, Liebesgeschichten oder Abenteuer auf dem Meer sein können. Die Begleitung wird im allgemeinen durch die Instrumente → *Bumbo,* → *Caixa,* → *Ganzá,* → *Zabumba,* manchmal auch Flöten, Klarinetten, Posaune oder Saxophon übernommen. Gegenwärtig ist die C. vor allem im Gebiet des Bundesstaates Pernambuco (vornehmlich Recife) verbreitet; ein populärer Interpret ist Claudionor Germano.

Cirandinha → *Ciranda*

Círio de Nazaré
eines der ältesten, traditionellsten, zugleich das populärste religiös inspirierte Volksfest in Nordbrasilien (Belém do Pará); 1720 erstmalig erwähnt und vor bzw. nach dem zweiten Sonntag im Oktober mit Musik, Gesang und Tanz gefeiert.

Ciriri (Siriri)
für einige Gebiete des brasilianischen Bundesstaates Mato Grosso charakteristischer Volkstanz; zur Familie der → *Samba-Tänze* gehörend; begleitet durch → *Viola* und einen Porzellanteller (Prato), der mit einem Löffel oder einer Gabel rhythmisch perkutiert wird; hinzu kommt ein kleines Reisigbündel, das zum Takt der Musik auf eine Holzoberfläche geschlagen wird.

Cisne (Schwan, span.)
alter Salontanz; im XVIII. Jh. in Nueva España (heute Mexiko) populär gewesen.

Citadelle, Orchestre -
haitianisches Vokal- und Instrumentalensemble der typischen und populären Tanzmusik, in den 60er Jahren des XX. Jh. in Port-au-Prince durch den Musiker und Bandleader René Diogène mit Musikern wie den Pianisten Edner Guignard formiert. Auf einigen LPs des Orchesters wurde landestypische Musik wie die Titel »Manman pala« (Meringue) und »Nou pap Marie« (Guaracha) aufgenommen.

Cítara
das aus Europa nach Lateinamerika gekommene Saiteninstrument Zither, in Form und Dimensionen nur wenig von den europäischen Originalen abweichend; weist zwischen 24 und 42 Saiten aus Darm oder übersponnenener Seide auf und wird entweder mit den Fingernägeln

Eine kubanische Volkstanzgruppe interpretiert eine Danza de las Cintas

oder einem Plektrum angerissen; u. a. in Peru (Cusco, Paucartambo), Brasilien und Chile, hier besonders von deutschen Einwanderern und deren Nachkommen gespielt.

Ckalcha, Los de -
bolivianisches Vokal- und Instrumentalquintett folkloristischer Musik; nach 1960 in Potosí formiert; pflegte insbes. die in der regionalen Volksmusik weitverbreitete → *Tonada;* Gesangssolistin ist Martita León. Bei Lauro entstanden einige LPs, darunter die Titel »Carnaval en Sud Chichas« und »Yau Imilla«.

Clairon
eine aus Weißblech hergestellte afrohaitianische Trompete; wird in Port-au-Prince und weiteren Ortschaften beim → *Rara*-Kult durch Afrohaitianer gespielt.

Clap Hands
musikalisch-rhythmische Begleitung von Volks- oder Populärmusik mittels Händeklatschen durch Musiker, Tänzer oder die Zuschauer im anglophonen Sprachbereich Lateinamerikas.

Clara y Mario, Dúo -
kubanisches Vokalduett; 1953 durch Clara Morales und Mario Rodríguez in Regla (La Habana) formiert; begann seine künstlerischen Aktivitäten auf Volksfesten in Regla, wirkte später in Nachtclubs und Radioprogrammen von La Habana; ab 1961 erreichte es vor allem wegen seines zum Romantischen tendierenden Interpretationsstils große Popularität. Trovadoreske Stücke wie »La → *Bayamesa*« (3) und »Amorosa guajira« erschienen auf LPs des Labels Areito.

Clarín
1. Trompete mit durchdringendem Klang; in Spanien und Lateinamerika vor allem in der Militärmusik eingesetzt; auch ihr Spieler wird so genannt. 2. aus Rohr (Caña) gefertigte Naturtrompete; in der Volksmusik Perus (Cajamarca und Lima) verwendet. Das aus drei Teilen bestehende Instrument kann 3 – 4 m lang sein; sein indianischer Name ist *Kepa.*

Clarín de La Montaña (eigtl. Severino Víctor Esteves Linares)
* 24.1.1923 Corral Falso (heute Pedro Betancourt)/Prov. Matanzas; kubanischer Sänger und Autor ländlicher Volksmusik (música campesina), hervorragender Interpret des → *Punto cubano,* der durch seine spontan gedichteten → *Décimas* und seine kräftig-klare Stimme besticht. E. begann seine Künstlerkarriere um 1967 und wurde mehrfach mit Medaillen und Ehrungen ausgezeichnet; in La Habana betreibt er eine → *Peña,* die sich der folkloristischen Musik ländlicher Regionen Kubas widmet.

Clarín del Norte → *Erke*

Clarinete
die in der Volks- und Populärmuik sowie in der ernsten Musik Lateinamerikas weitverbreitete Klarinette; in zahlreichen Varianten in der kreolischen, mestizischen und indianischen Musik u. a. in Brasilien, Kuba, Peru, Kolumbien, Venezuela, Mexiko, Ekuador, Guatemala, Trinidad und weiteren karibischen Inseln benutzt; der Solist heißt → *Clarinetista.*

Clarinete agudo → *Pampa corneta*

Clarinetista
der Solist auf der Klarinette (→ *Clarinete*); bekannte Musiker auf diesem Instrument sind Luis Americano (1900 – 1960), Abel Ferreira, Ernani Amorim und Nélson de Seixas (alle Brasilien), Ramón Alemán und Juan de Dios Alfonso (beide Kuba).

Clark, Zoila
in Belize geborene Sängerin; singt folkloristische und populäre Lieder ihrer Heimat; interpretiert u. a. den → *Calypso;* nahm 1979 am Festival → *Carifesta* in La Habana (Kuba) teil.

Claro
kleine Trommel, die in Folkloregruppen der pa-

namaischen Region La Chorrera zusammen mit drei weiteren, verschieden großen Trommeln (Tambora, Pujador und Seguero) bei bestimmten Anlässen – dazu zählen die durch die überwiegend schwarze Bevölkerung ausgeübten → *Congo-Rituale* – zum Einsatz gelangt.

Clásicos, Los -
mexikanisches Vokaltrio; um 1944 in México-Stadt durch die Solisten Horacio Bigurra, David Portillo und Eduardo del Campo gegründet; wurde u. a. durch das Orchester von »Chucho« Ferrer begleitet; interpretierte Titel aus der nationalen Musikfolklore bzw namhafter Komponisten; auf Schallplatten (Label RCA Victor u. a.) erschienen u. a. die Titel »Pajarillo barranqueño« und »Un viejo amor«.

Class, José Miguel »Gallito de Manatí« / »Astro Boricua«
* 26.9.1938 Manatí; puertorikanischer Sänger, Musiker (Gitarre), Bandleader und Komponist tpischer und populärer Musik. C. formierte eine eigene Musikgruppe, die seinen Namen trug und mit der er zahlreiche Schallplatten N78 und LP u. a. bei Ansonia, Riney Records, Seeco, Tropical und Neliz produzierte, darunter die Titel »Cuando el año se marchita« (Seis de guaraguao) und »Feliz cumpleaños mamá« (Vals).

Claudia (eigtl. Blanca Gladys Caldas Méndez)
* 1951 Bogotá; kolumbianische Sängerin; eine der erfolgreichsten Interpretinnen kolumbianischer Populärmusik; erhielt Gesangsunterricht bei ihrer Mutter; gewann viele Preise und Auszeichnungen; wurde für ihre in Millionenhöhe verkauften Schallplatten (Label CBS) mit mehreren »Goldenen« (Disco de Oro) geehrt, darunter für das Lied »Yo creo en tí«.

Clavada (Polca jecutú)
ländliche Variante der paraguayischen Polka (→ *Polka paraguaya*); in Zentral-Paraguay weithin verbreitet.

El Clarín de la Montaña trägt einen Punto cubano vor

Clave

1. lyrisches Lied Kubas; im XIX. Jh. in den an die Hafenzonen von La Habana grenzenden Stadtvierteln entstanden, danach unter der Bez. *Canción clave* in weiteren Hafenstädten wie Matanzas, Cárdenas und Sancti Spíritus verbreitet; zumeist durch Chöre gesungen, die den gleichen Namen erhielten. Die C. stellen eine Verschmelzung spanischer (kreolischer) und negroider Elemente dar; zur musikalischen Begleitung dienten eine kleine Trommel und die → *Viola (2)*. Besondere Formen sind die *C. ñáñiga*, in afrikanischem Dialekt (Abacuá) gesungen, und die *C. teatral*, eine von Jorge → *Anckermann* aus der Folkloreform entwickelte Variante, die nur in Theatern und Schaubühnen interpretiert wird. Bekannte Volkssänger des XIX. Jh. wie Agustín Bonilla, Bernardino Cabrera und Ignacio → *Piñeiro* haben diese Form auch in ländliche Gebiete Kubas gebracht; später entstand aus ihr die → *Criolla.* 2. Bez. für den die kubanische Liedform Clave interpretierenden Chor, auch *Bando* genannt; die Tradition dieser gemischten Chöre reicht ins XIX. Jh. zurück; sie entstanden in den Hafenzonen kubanischer Städte. Jede Vereinigung hatte ihren Sitz und eigenen Namen, z. B. »La Unión« oder »Arpa de Oro«; sie gelten als Vorläufer der heute noch existierenden Singevereinigung → *Orfeón.* Der Name soll auf den spanischen Chordirektor José Anselmo Clavé (1824 – 1874) zurückgehen.

Clave, Quinteto -

argentinisches Vokal- und Instrumentalquintett; in Buenos Aires innerhalb der Bewegung des Neuen Argentinischen Liedes durch Javier Zentner gegründet und geleitet; interpretierte Protest- und Volkslieder Argentiniens und anderer Länder Lateinamerikas, darunter »Campesino«, »Chacarera al aire« und »Vasija de barro«; unter dem Label Trova entstand 1973 eine LP. Mitglieder waren Adriana Burt (Sopran), Angel Contopolos (Tenor), Gabriel Spivak (Alt-Bariton), Adrián Fernández (Bass) und Hugo Flam (Bass).

Clavelito (Idiophon)

kleiner Rahmen aus Holz oder Metall, auf dem Muscheln, Schneckenhäuser, Samenkörner u. a. befestigt oder durch Schnüre aufgefädelt sind und der beim Musizieren rhythmisch bewegt wird, so dass ein rasselnd-schepperndes Geräusch entsteht; in der Volks- und Populärmusik Nordargentiniens eingesetzt. Vorbild war der Schellenbaum der europäischen Spielmannszüge.

Clavell, Miguel Mario

* 9.10.1926 Tandil; argentinischer Sänger und Komponist; wirkte seit 1942 in Buenos Aires als Refrainsänger (Crooner) in Jazzformationen, widmete sich ab 1946 der Komposition; schrieb mehr als 600 Stücke, zumeist der Formen → *Bolero* und Canción (Lied) in einem zum Romantischen tendierenden Stil, darunter die Titel »Abrázame así«, »Somos«, »Quisiera ser« und »Amor mío«. Unter versch. Labels produzierte C. 10 LPs und 120 Singles.

Claves (Palitos, in Peru: Taca Tica, Idiophon)

zwei meist verschieden lange Hartholzstäbe aus einem bestimmten Palmenholz, etwa 17 – 25 cm lang, mit einem Ø von 2 – 4 cm; der größere wird C. macho, der kleine C. hembra genannt. Beim Spielen wird ein Stab mit der linken Hand parallel zum Daumen gehalten, so dass die Handhöhle als Resonanzkörper dient. Mit dem in der rechten Hand befindlichen Stab wird der linke angeschlagen, wodurch ein typisches Geräusch zum Markieren von Rhythmus bzw. Spieltempo entsteht. Das Instrument wird bei bestimmten Liedern und Tänzen Kubas, Kolumbiens, Puerto Ricos, Mexikos, Brasiliens, Perus usw. eingesetzt; wegen seiner Dominanz in den traditionellen → *Rumba*-Tänzen spricht man häufig von »Rumbahölzern« bzw. auch »Palitos«.

Cluzeau Mortet, Luis

* 16.11.1889 Montevideo, † 28.9.1957 das.; uruguayischer Musiker (Piano, Violine) und Komponist; studierte Piano und Komposition bei seinem Großvater Paul Faget, Violine bei María Visca; war später an verschiedenen Bil-

dungseinrichtungen als Professor für Musik tätig, gehörte ab 1931 dem Radio-Orchester von Montevideo (Ossodre) an und schrieb neben sinfonischen Poemen, Sinfonien und Kammermusik Stücke der Populärmusik, darunter »Río indígena« (1918), »Canto de Chingolo« (1924), »Vidalita Cerro Largo« (1945), »Pericón« (1918) und »Tamboriles« (Candombe, 1952).

CMQ, Orquesta -
kubanisches Tanzorchester; vor 1950 durch den Rundfunksender CMQ in La Habana organisiert; begleitete namhafte Gesangssolisten bei ihren Aufnahmen; Direktoren waren u. a. Carlos Ansa und Enrique → *González Mantici.*

Cobián, Juan Carlos
* 31.5.1895 Pigüe (Prov. Buenos Aires), † 9.12.1953 Buenos Aires; argentinischer Musiker (Piano), Komponist und Bandleader; hervorragender Pianist des → *Tango* der frühen bzw. mittleren Generation; wirkte ab 1920 im Trio bzw. Orchester Select, formierte 1923 in Buenos Aires ein eigenes, seinen Namen tragendes Orchester, das durch seine musikalisch ausgewogene Interpretation große Popularität erlangte. Zu den zahlreichen, meist zusammen mit Enrique → *Cadícamo* geschriebenen Tangos gehören »El Campeón«, »El motivo« und »Niebla del Riachuelo«. Schallplatten entstanden bei Victor.

Cobija
das gemeinsame Bestellen, Bearbeiten und Abernten der Felder in ländlichen Regionen Kubas, meist durch kollektiven Gesang traditionell-folkloristischer Lieder (Arbeitsgesänge) begleitet; heute kaum noch verbreitet; als »Ersatz« werden meist Transistorradios mit auf die Felder genommen.

Cobo
1. → *Fotuto* 2. von den Indianern des Gebietes der heutigen Dominikanischen Republik früher benutztes schüttelidiophones Musikinstrument, das aus einer Meeresmuschel gefertigt war.

Coco
regionale Variante des → *Punto panameño.*

Côco
brasilianischer Paartanz im 2/4-Takt; zur Familie des → *Samba* gehörend; vor allem in den Küstenregionen des Nordostens verbreitet; in der zweiten Hälfte des XVIII. Jh. erstmals erwähnt. Man unterscheidet regionale Varianten wie den C.-de-sertão (im Landesinnern), C.-de-praia (in Küstenregionen), C.-de roda (Rundtanz) und → *Toré* (in Paraíba), wobei Choreographie und Musik im wesentlichen identisch sind; daneben existieren einige mit lyrischen Texten unterlegte Mischformen wie C.-de-décima, C.-rimado (mit Reimtext), C.-desafio usw. Als Begleitinstrumente werden → *Pífano,* Perkussion und in steigendem Maße auch Akkordeon (Sanfona) oder die Instrumentenkombination → *Cabaçal* eingesetzt; die Choreographie ähnelt der weiterer Tänze des NO
die Paare führen unter starker Bewegung des Körpers einen Rundtanz aus, dabei können einzelne Tänzer im Zentrum des Kreises, zuweilen die → *Umbigada* vollziehend, auftreten. In anderen Varianten bewegen sich die Musiker in der Runde mit; außerdem gibt es Versionen, in denen die Tänzer entweder den gesamten Text oder zumindest den Kehrreim singen.

Cocobalé → *Bomba (1)*

Cocomarola Aquino, Mario del Tránsito »Don Coco« »Taita Marola«
* 15.8.1918 San Cosme, † 19.9.1974 Corrientes; argentinischer Musiker (Akkordeon, Bandoneón, Gitarre), Arrangeur, Bandleader, Komponist und regionaler Folkloreforscher; einer der bedeutendsten Vertreter der → *Música litoral,* insbes. der Form → *Chamamé;* gründete nach 1940 mehrere Folkloregruppen (z. B. *Los Zorzales, Trío Cocomarola, Cocomarola y su Grupo Correntino*), in denen er musizierte, arrangierte und die Leitung innehatte. Auf Schallplatten verschiedener Labels, vorwiegend Odeon und Philips, erschienen u. a. die Titel »Kilómetro 11« (Chamamé, seine bekannteste Kom-

position), »Mogote Monda«, »Eterna ansiedad« und »Pampa del Indio«. Auf einem zentralen Platz von Corrientes, der heute seinen Namen trägt, wurde ihm ein Denkmal errichtet.

Cocoyé, El -

1. eine Gesellschaft (→ *Sociedad*) der → *Tumba Francesa* Kubas, die Anfang des XX. Jh. in Santiago de Cuba gegründet wurde und auf Karnevalsfesten auftrat. Musiker wie Amadeo → *Roldán* und der Folklorist Fernando → *Ortiz* studierten Musik und soziales Umfeld dieser → *Comparsa,* die sich 1945 auflöste. Später formierte sich die Nachfolgegruppe *Los Hijos del Cocoyé* mit jungen Leuten aus der gleichen Region. 2. alter afrokubanischer Volkstanz, aus Haiti stammend; schon lange nicht mehr aufgeführt; auf der Musikkultur der schwarzen Bevölkerung aus Dahomey (Afrika) aufbauend; mit afrohaitianischen Einwanderern Ende des XVIII. Jh. nach Ostkuba (Oriente) gekommen.

Cocula, Mariachi -

mexikanische Instrumentalgruppe; pflegte folkloristische und populäre Musik; um 1940 in Cocula (Jalisco) als Nachfolger der Gruppe *Mariachi Auténtico Reyes de Cocula* unter der Leitung von Enrique Silva formiert. Die bis 1970 existierenden → *Mariachi* zählen zu den renommierten Interpreten der mexikanischen → *Ranchera.*

Codazo

eine der choreographischen Figuren der → *Contradanza.*

Codina Fernández, Genaro

* 1'0.9.1852 Zacatecas, † 22.11.1901 das.; mexikanischer Musiker (Harfe), Arrangeur und Komponist; einer der letzten Harfenisten der *Arpa de Tierra Caliente* (→ *Arpa mexicana,* 4.); leitete eine seinerzeit sehr populäre Musikgruppe, die vorwiegend folkloristische Musik darbot, und schuf eine größere Zahl von Kompositionen, unter denen die 1892 als »Marcha aréchiga«, später als »Zacatecas« oder »Marcha Zacatecas« bezeichnete Marsch-Ranchera die weitaus bekannteste ist und heute noch sehr oft gespielt wird.

Codina, Joaquín »Trovador Codina«

* 2.7.1907 Manzanillo, † 4.5.1975 La Habana; kubanischer Volkssänger und Musiker; hervorragender Gitarrist; übersiedelte 1932 nach La Habana, wo er als »Trovador Codina« große Popularität erlangte und in Radiostationen und Nachtclubs traditionelle und neuere Lieder vortrug, deren Texte er teilweise selbst verfasste; bei Gema erschienen LPs mit Liedern wie »Pecador« und »Bajo un palmar«.

Coelho, Olga

* 12.8.1916 Manaús (Amazonas); brasilianische Sängerin (Sopran) und → *Violão*-Spielerin; studierte Gitarre bei Andrés Segovia (Spanien) sowie Violão bei Patricio Teixeira, der sie in die folkloristischen Genres einführte. 1928 trat sie erstmals als Solistin in Rio de Janeiro auf; neben Werken der ernsten Musik (z. B. von Heitor Villa-Lobos) interpretierte sie nationale und internationale Volksmusik, die bei RCA Victor, Decca, Parlophone und London auf Schallplatte erschienen ist.

Coelho Cavalcante, Rodolfo

* 12.3.1917 Rio Largo (Alagoas); brasiliani-

Tránsito Cocomarola y su conjunto – LP »Don Coco« – Philips 80.118-PL (1966)

scher Volkssänger (Cantador) und Versdichter der → *Literatura de Cordel*; widmete sich der Volksmusik des Nordostens Brasiliens; organisierte 1955 den 1. Nationalkongress der Troubadoure und Violão-Spieler (Congresso dos Trovadores e Violeiros) und gab Periodika wie »O Trovador« und »Brasil poético« heraus. Der seit 1945 in São Salvador de Bahia lebende Künstler ist Autor u. a. der Liedverse »ABC da Macumba« und »Vida de pobre«.

Coereta (Cuereta)
Regionalbezeichnung für das in der Volksmusik einiger Bezirke des venezolanischen Bundesstaates Sucre (z. B. in Canchunchú und Carúpano) eingesetzte Knopf-Akkordeon.

Cofradía
1. Versammlung oder Treffen bestimmter, religiös inspirierter Musik- und Tanzgruppen, auch »Hermandades« (Brüderschaften, span.) oder »Congregaciones« (Vereinigungen, span.) genannt. Sie ziehen an bestimmten Tagen singend, musizierend und tanzend durch Straßen und Plätze. So werden in Nordchile, Bolivien, Guatemala und anderen Ländern von dort lebenden indianischen oder mestizischen Bevölkerungsgruppen prozessionsartige Umzüge veranstaltet, die folkloristische Traditionen bewahren und auf denen Tänze wie → *Chino*, → *Chuncho*, → *Moreno* u. a. aufgeführt werden. (→ *Sociedad*) 2. Gesellschaft afrolateinamerikanischer Bevölkerungsteile, auch *Comité* genannt, die Rituale in einer dem → *Cabildo* ähnlichen Form pflegten; bekannt aus Kuba, Peru, Kolumbien und Brasilien (hier: Confraria); es wurde mit afrikanischen Instrumenten musiziert und dazu gesungen.

Cofré, Charo
* 1951; chilenische Sängerin und Liedermacherin sowie Folkloreforscherin; Vertreterin der Bewegung des Neuen Chilenischen Liedes; begann 1965 mit dem Gesang volkstümlicher Lieder und betrieb zusammen mit ihrem Ehemann, Hugo Arévalo, intensive Forschungen auf dem Gebiet der Musikfolklore Chiles. Unter dem Titel »Tolín tolín tolán« produzierte sie bei IRT eine LP mit Kinderliedern; 1973 ging sie ins Exil. Mit dem Lied »Métale a la marcha« beteiligte sie sich am 2. Lateinamerikanischen Liedfestival (Zürich, 1983).

Cogollo (Herzstück, span.)
in der Volks- und Populärmusik zumeist gesprochene Vierzeiler, die auf eine bestimmte Sentenz orientieren; häufig z. B. in der chilenischen → *Tonada* angewandt, insbesondere durch die Volkssängerin Violeta → *Parra*.

Cola
kolumbianischer Karnevalstanz aus der Region der Atlantikküste.

Colcheia
brasilianisches poetisches Lied mit in Sechszeilern (Sextilhas) gehaltenen Texten; zur → *Música sertaneja* gehörend.

Cole, Nat »King« (eigtl. Nathaniel Coles)
* 17.3.1917 Montgomery, † 15.2.1965 Santa Monica (Kalifornien); afroamerikanischer Sänger und Musiker; pflegte eine zum Jazz tendierende Musik, wurde jedoch auch durch seine sehr eigenwilligen Interpretationen lateinamerikanischer Lieder vor allem der → *Música tropical* bekannt; auf ca. 5 LPs (Label Capitol) erschienen u. a. die Titel »Cachito«, »Adelita« und »Ansiedad«, jeweils in Spanisch gesungen.

Colla (Kolla, Qolla)
1. Quechua-Bezeichnung für Bewohner der Hochebenen Boliviens und Nordargentiniens, Träger einer indianisch-mestizischen Musikkultur. 2. volksfestartige Veranstaltung der Nachkommen von Spaniern in Kuba, auf der Lieder und Tänze spanischer Herkunft erklingen; erstmals 1871 in Matanzas organisiert, noch heute verbreitet.

Collongo (Coyongo, Danza de los Collongos)
kolumbianischer Karnevalstanz der Region der Atlantikküste; dabei werden tänzerisch Bewegungen und der Flug des an der Seeküste le-

benden Vogels, der für den Tanz namensgebend war, imitiert. Zur rhythmischen Begleitung dient das Instrument → *Coyongo (1).*

Colo → *Kohlo*

Colombia, Trío -
kolumbianisches Vokal- und Instrumentaltrio; 1961 in Barranquilla durch die Sängerin Carmenza Rodríguez Vásquez und die Gitarristen Tony Solani und Jaime Fernández Flores formiert; auf die → *Música tropical* spezialisiert; zählte lange zu den populärsten Gruppen Kolumbiens und produzierte mehr als 15 LPs (u. a. bei RCA Victor), darunter die Titel »La Rosa blanca« und »Un pocotón«.

Colomche
alter Maya-Tanz von der Halbinsel Yucatán; aus vorspanischer Zeit, mit ausgesprochenem Massencharakter bei der Teilnahme; dazu wurde gesungen und mit indianischen Instrumenten musiziert; heute nicht mehr verbreitet.

Colón, Johnny
* 1942 East Harlem (New York); US-lateinamerikanischer Musiker (Piano, Gitarre, Kontrabass, Saxophon), Arrangeur, Bandleader und Liedermacher; stammt von puertorikanischen Einwanderern ab; gründete 1960 in New York seine erste, vorwiegend aus Studenten bestehende Formation und publizierte 1965 seine erste LP, von der mehr als 3 Mill. Exemplare verkauft wurden. In Harlem eröffnete C. eine heute seinen Namen tragende Schule, an der lateinamerikanische Musiker ausgebildet werden. C. ist ein bekannter Vertreter der Mischformen → *Boogaloo* und → *Salsa* und schrieb zahlreiche Titel, darunter »Lo tuyo está aquí« (Guajira) und »Boogaloo blues«.

Colón, Willie »Bad Boy of Latin Music«
(eigtl. William Anthony Colón)
* 28.04.1950 Brooklyn (New York); US-lateinamerikanischer Sänger, Musiker (Posaune, Trompete), Arrangeur und Bandleader; Vertreter der modernen Populärmusik im Kulturkreis → *New York Latino*; puertorikanischer Abstammung; organisierte und leitete in New das Tanzorchester → *Latin Jazz All Stars* und gehört zu den Pionieren der Mischform → *Salsa,* er arrangierte und komponierte zahlreiche Titel dieser Form wie »Día de mi muerte« und »Murga panameña«. Unter verschiedenen Labels, darunter Fania, Messidor und Vaya, entstanden zahlreiche LPs.

Colonial, Conjunto -
kubanische Vokal- und Instrumentalgruppe traditioneller Tanzmusik; 1948 in La Habana durch den Sänger Nelo Sosa zusammen mit Alfredo → *Armenteros* (Trompete), Pepe Delgado (Piano) und Tony Tejera (Gitarre) formiert; widmete sich insbes. dem → *Son cubano;* unter verschiedenen Labels, darunter RCA Victor, Panart, Puchito und Egrem, sind Titel wie »A Burujón Puñao« und »Ha pasado« entstanden. 1982 wurde die Gruppe (Leitung: Teodoro B. Gutiérrez) in *Sonora '82* umbenannt.

Columbia (Rumba Columbia)
bewegteste, turbulenteste Variante der kubanischen → *Rumba;* zur afrokubanischen Musikfolklore zählend, heute noch durch spezielle Musikgruppen (z. B. → *Columbia del Puerto*) vorwiegend in der Region Matanzas interpretiert; in ländlichen Gebieten mit negroider Bevölkerung entstanden, hat sie ihren Ursprung in der → *Congo-* und Gangá-Musik aus der Zeit der Sklaverei; typisch sind die von den Musikern gesungenen Silben »ay-ay-ay«, die auf andalusische Einflüsse schließen lassen. Die C. wird zumeist nur von Männern getanzt; eine Variante ist die → *Giribilla.*

Columbia del Puerto, Grupo
afrokubanisches Vokal-, Musik- und Tanzensemble; 1970 in Cárdenas (Matanzas) durch musikbegeisterte Hafenarbeiter gegründet; gehört zu den gegenwärtig hervorragendsten Interpreten der kubanischen → *Rumba,* insbes. der → *Columbia;* musiziert mit 4 Trommeln (Tumbadoras – macho, hembra, quinto und segundo), mit → *Guagua* und → *Guataca* sowie Chor-

sängern und Tänzern. Einer der besten Titel, »Canto a Malanga«, wurde auf einer LP publiziert.

Columpio, Canción de - (Schaukellied, span.)
spanisches Volkslied, aus Andalusien stammend, von dort über weite Teile Lateinamerikas verbreitet. Die auch als *Bamba* oder *Canto de Mecedero* bezeichneten Lieder sind mit einem alten Brauchtum verknüpft, das von jungen Männern und deren Bräuten ausgeübt wird. An bestimmten Tagen, vorzugsweise im Mai, kommen die jungen Leute auf Plätzen zusammen, auf denen an Bäumen Schaukeln befestigt sind; die Mädchen werden von ihren Kavalieren geschaukelt und singen dabei. (→ *Huallungas*)

Colvoco, Les -
francokaribisches Vokal- und Instrumentalensemble folkloristischer Musik; um 1960 durch Gérard La Viny in Basse-Terre (Guadeloupe) gegründet. Das Repertoire, z. T. auf Schallplatten in Frankreich (Label Barclay) publiziert, besteht aus regionstypischen Tänzen wie Mazurka, Calypso und Walzer; teilweise wird in der Mischsprache → *Créole* gesungen.

Combo
international übliche Bezeichnung für eine kleinere Formation von Musikern; in Jamaika, Trinidad sowie im lateinamerikanischen Jazz auch als *Small Band* definiert; in den 50er Jahren des XX. Jh. entstanden und durch nordamerikanische Musizierstile beeinflusst; verfügt generell über die Instrumente Saxophon, Piano, Trompete, Trommeln, Schlagzeug, Gitarre (heute meist elektrisch) sowie neuerdings Syntheziser. In Lateinamerika wird als C. oft eine Tanzmusikformation bezeichnet, die in Bars, Restaurants und Tanzsälen wirkt und häufig internationale Musik spielt.

Comité → *Cofradía (2)*

Comoi (Danza del Tigre)
bolivianischer Volkstanz, von den Uru-Chipaya-Indianern zu Ehren des Jaguars (hier »Tigre« = Tiger genannt) auf Volksfesten aufgeführt wird.

Compadres, Dúo Los -
kubanisches Vokal- und Instrumentalduo; 1938 in La Habana durch Lorenzo → *Hierrezuelo* und Francisco → *Repilado »Compay Segundo«* formiert; hervorragender Vertreter der → *Música campesina;* interpretierte vorwiegend Stücke der Formen → *Son cubano,* → *Guaracha* und → *Guajira,* die entweder der Musikfolklore der Provinz Oriente entstammen oder Kompositionen von Hierrezuelo sind. Im In- und Ausland wurden zahlreiche Schallplatten (u. a. bei Tropical, Seeco, Panart, Areito und Siboney) produziert, darunter die Titel »Linda soberbia«, »Mi son oriental« und »Frutas del Caney«. Ab 1948 wurde das Duo zeitweise zum Quintett erweitert und nannte sich in dieser Besetzung *Grupo Los Compadres.*

Companioni, Miguel
* 21.7.1881 Sancti Spíritus, † 21.2.1965 La Habana; kubanischer Volkssänger (Trovador), Musiker (Gitarre, Piano, Flöte, Violine) und Komponist; verlor bereits mit 11 Jahren das Augenlicht; wirkte in versch. Musikgruppen und arbeitete an Theatern und Stummfilmkinos als Pianist, leitete den Folkloristischen Chor »Santa Ana« und schrieb zahlreiche Musikstücke der Formen → *Clave,* → *Pasacalle,* → *Rumba* und → *Bolero;* seine bekannteste, heute noch gespielte Komposition ist das 1914 entstandene trovadoreske Lied »Mujer perjura«.

Compañía (port.: Companhia)
eine der zahlreichen Bezeichnungen für bestimmte Tanz-, Gesangs- oder Musikgruppen in versch. Ländern Lateinamerikas; als C. werden ferner auch die in einer → *Cofradía* oder → *Peña* vereinten zus Musik- und Tanzgruppen bezeichnet. Beispiel: Compañía → *Zampoñas* del Titicaca.

Comparsa
Gruppe von häufig auch maskierten Personen, die in Kuba, Kolumbien, Bolivien, Argentinien

u. a. spanischsprachigen Ländern Lateinamerikas am Karnevalsumzug (→ *Desfile*) teilnimmt; die bis in die Kolonialzeit zurückreichende folkoristische Tradition wird noch heute gepflegt und ständig weiterentwickelt. Die C. von Santiago de Cuba bezog bestimmte Manifestationen der → *Tumba Francesa* ein; Analogien bestehen zum → *Carnaval carioca;* bekannt wurden u. a. auch die farbenfrohen Comparsas der argentinischen Region Corrientes und der kolumbianischen Stadt Barranquilla. → *Carnaval*

Compay Gallo, Cuarteto -
kubanisches Vokal- und Instrumentalquartett; 1942 in Santiago de Cuba durch Antonio → *Fernández »Ñico Saquito«* (Gesang und Bandleader), Rigoberto Hechevarría »Maduro« (Cuatro), Manolo Castillo (Gesang) und Angel Almenares (Gitarre) gegründet; pflegte insbesondere regionstypische Volksmusik u. a. der Formen → *Son cubano* und → *Guaracha.*

Complainte
1. im französichen Sprachgebiet Lateinamerikas (Haiti, Franz. Guayana, einige Antillen-Inseln) verbreitetes Klagelied, das mit seiner ins Monotone gehenden Melodik dem → *Lamento* sehr ähnlich ist. 2. balladenhaftes Lied, von Straßenmusikanten der unter 1. genannten Gebiete interpretiert; weitgehend in Vergessenheit geraten.

Composer → *Compositor*

Compositor (engl.: Composer)
Komponist musikalischer Werke; im engeren Sinn, sofern es sich um gesungene Werke handelt, der Schöpfer des musikalischen Teils; der

Das Dúo Los Compadres (Photo: Gentileza »Bohemia«)

Textdichter wird im allgemeinen als »Letrista« oder »Poeta« bezeichnet.

Con → *Kon*

Concepción, César
* 28.7.1909 Cayey, † 11.3.1974 (?); puertorikanischer Sänger, Musiker (Trompete), Komponist und Bandleader; Vertreter des romantisch interpretierten → *Bolero* und der → *Plena;* leitete ein aus 13 Musikern bestehendes Tanzorchester, mit dem er eine größere Anzahl von Schallplatten u. a. bei Alegre, Seeco, Trojan und Ansonia produzierte, darunter die Titel »Timbalero« und »La culebra«; C. schrieb u. a. die Titel »Lentamente« und »A Mayagüez«. Seine Bemühungen um die Wiedereinführung der Plena in den 50er Jahren des XX. Jh. waren sehr erfolgreich.

Concertina (Konzertina)
Handharmonika; insbesondere in der Volksmusik verschiedener Länder Lateinamerikas benutzt, u. a. in Bolivien (besonders zur Begleitung des → *Bailecito*), Brasilien (für ländliche Tanzformen im Landesinnern), Argentinien (Region von Corrientes), Peru und Uruguay; in einigen Ländern, z. B. in Kolumbien, kaum noch gespielt; an ihre Stelle trat zumeist das Akkordeon.

Concha (Muschel, span.)
1. aus der Kolonialzeit stammendes Saiteninstrument, das in der mestizischen Volksmusik Mexikos gespielt wird; zehnsaitige Variante der Gitarre, deren Resonanzkörper aus dem Panzer eines Gürteltieres gefertigt ist. Der Musiker (Conchero) begleitet damit die noch heute populäre Danza de los → *Concheros*. 2. Aerophon; primitive Muscheltrompete u. a. der Noanama-Indianer Kolumbiens. 3. Bez. für eine zuweilen als Schüttelidiophon in der Volksmusik indianischer Völker Lateinamerikas verwendete Meeresmuschel.

Concha de Oro, Orquesta -
kubanisches Salon-Tanzorchester; durch Claudio → *Brindis de Salas* in La Habana zu Anfang des XIX. Jh. gegründet; die zeitweise mit mehr als 100 Musikern spielende Formation stellte die während des XIX. Jh. in Kuba populärste → *Orquesta Típica* dar; das Repertoire bestand u. a. aus Contradanzas, Menuetts, Rigodones und Quadrillas.

Concha de Tortuga (Perkussionsinstrument)
in der Volksmusik des vorspanischen Mexiko verwendeter Schildkrötenpanzer, der als Trommel mit den Händen oder Schlagstöcken rhythmisch perkutiert wurde; unter teilw. anderen Namen ist das Instrument auch heute noch u. a. in Mexiko, Nikaragua und Belize in Gebrauch.

Conchero
Solist auf den Instrumenten → *Concha (1-3).*

Concheros, Los -
mexikanische Tanz-, Gesangs- und Musikgruppen in den Bundesstaten México, Querétaro, Puebla, Guanajuato und Morelos sowie in der Hauptstadt. Zu bestimmten religiös inspirierten Volksfesten bieten sie im Vorhof von Kirchen Volkstänze (→ *Alabanza,* → *Son*) und Gesänge religiös-historischer Thematik dar; die Tradition geht auf die Zeit der Conquista im XVI. Jh. zurück, deshalb tragen diese Gruppen auch den Namen *Danzantes de la Conquista* und einer ihrer markantesten Tänze den Namen *Danza de la Conquista.* Zur musikal. Begleitung dienen traditionelle Zupfinstrumente wie Mandolinen oder die Gitarre → *Concha (1)* im Zusammenwirken mit den präkolumbischen Instrumenten → *Teponaztli* oder → *Huéhuetl.* Die C.s sind ein signifikantes Beispiel für die Synkretisierung präkolumbischer und (katholisch)-spanischer Kulturelemente.

Concierto (port.: Concerto)
1. musikalische Darbietung, Konzert. 2. Komposition für mehrere Instrumente.

Concurso Guzmán (»Guzmán«)
kubanischer Musikwettbewerb, der seit 1978 jährlich unter der Schirmherrschaft des Kuba-

Los Cóndores aus Bolivien: LP »El Cóndor pasa« (in Frankreich produziert) – Musidisc CV 1136 (Paris, 1970)

nischen Rundfunks und Fernsehens (ICRT) und des Ministeriums für Kultur veranstaltet wird und der Förderung des musikalischen Nachwuchses vor allem in der Tanz- und Unterhaltungsmusik dient; nach dem Musiker und Komponisten Adolfo → *Guzmán* benannt. Zu den ersten erfolgreichen Teilnehmern gehörte der Sänger Silvio → *Rodríguez.*

Condemarín Vásquez, Carlos Alberto
* 8.4.1898 Lima, † 24.1.1976 das.; peruanischer Musiker und Komponist; widmete sich im wesentlichen der kreolischen Populärmusik; Schöpfer des bekannten per. Walzers »Hermelinda«; gehört zu den Gründungsmitgliedern des Peruanischen Komponistenverbandes → *APDAYC.*

Condenado
peruanischer Volkstanz dramatischen Charakters, in der Region Chivay verbreitet; steht mit der historisch belegten Flucht inhaftierter Freiheitskämpfer in Zusammenhang, deren Andenken er wahren soll.

Condición
Volkstanz des argentinischen Nordens; aus zwei Teilen (der 1. im 2/4-, der 2. im 6/8-Takt) bestehend, die durch ein Zwischenspiel (Interludio) verbunden sind; der erste Teil ein Menuett (Minuet), der zweite eine → *Zamba.* Der bereits seit Anfang des XIX. Jh. populäre Tanz wird insbes. in der Region Catamarca aufgeführt.

Cóndor pasa, El -
weltbekannte Komposition des peruanischen Musikers Daniel → *Alomía Robles.* Im Rhythmus eines → *Yaraví* gehalten, war sie ursprünglich Teil einer → *Zarzuela,* zu der der Argentinier Julio Bandonin das Libretto schrieb; 1933 erstmals veröffentlicht; nach 1960 durch lateinamerikanische Folkloregruppen wieder aufgegriffen. Der Titel gewinnt besonders durch geschickt arrangierte Soli der Instrumente → *Quena* und → *Charango;* es überwiegen instrumentale Versionen.

Cóndores, Los -
1. chilenische Instrumentalgruppe folkloristischer Musik; um 1955 in Santiago de Chile formiert; begleitete insbesondere die Sängerin Silvia → *Infantas;* bekannteste Aufnahme ist die → *Cueca chilena* »La rosa y el clavel« (Label Odeon). 2. bolivianisches Vokal- und Instrumentaltrio; durch Antonio Roso, Virgilio Rojas und Abel Fleury um 1965 gegründet; interpretierte mit den Instrumenten → *Quena,* Harfe (Arpa) und → *Charango* Themen der bolivianischen und argentinischen Musikfolklore wie die Titel »La Boliviana« und »Santa Ana« (Label Musidisc).

Conductor
Leiter bzw. Dirigent eines Orchesters oder einer Gruppe im anglophonen Lateinamerika.

Confraria → *Cofradía (2)*

Conga
1. zur Musikfolklore gehörender kubanischer Tanz der Provinz Oriente, als eines der populärsten Karnevals-Tanzlieder über ganz Kuba verbreitet; während der Sklavenzeit auf den Volksfesten der schwarzen Bevölkerung entstanden; als Begleitmusik der → *Comparsa* ge-

nannten Straßengruppen dienend; überwiegend mit Perkussionsinstrumenten gespielt, u. a. die Trommel → *Conga (3),* → *Tumbador,* → *Quinto,* → *Bombo criollo* sowie → *Cencerro,* → *Sartén* u. a. metallische Körper. Die Zahl der Tanzschritte schwankt zwischen 28 und 36. Zur Zeit der Errichtung der Republik diente die C. als Mittel der politischen Propaganda; vor den Wahlen ließen die jeweiligen Kandidaten eigene Congas komponieren, um massenwirksam zu werden (→ *Chambelona*). Später wurde die C. auch von Tanzorchestern arrangiert, mit z. T. für die folkloristische Form nicht typischen Instrumenten wie Saxophon als reine Tanzmusik gespielt in das Repertoire von Shows (z. B. des → *Tropicana*) integriert bzw. auf Schallplatten aufgenommen. Bekannte Interpreten sind neben den traditionellen Comparsas die Afrokubanische Gruppe von Alberto → *Zayas,* das Orchester → *Riverside* (Conga Carnaval) und die *Banda Kubavana de Carlos Barbería* (»Conga de Santiago«). Die → *Lecuona Cuban Boys* popularisierten die C. in den 30er Jahren des XX. Jh. in Europa in bereits stark der modernen Tanzmusik angepassten Arrangements (z. B. »Conga de Jarugo«). 2. Bez. für eine typische Vokal- und Instrumentalgruppe, die die Musik der → *Comparsa* produziert; diese rein kubanische Formation hat ihren Ursprung in den von afrikanischen Sklaven bis zum XIX. Jh. veranstalteten Tanzfesten mit Massencharakter; sie führt Trommeln verschiedener Größen, Ausführungen und Klangrichtungen, u. a. → *Conga (3),* Tumbadora und Quinto sowie → *Cencerro,* → *Sartén,* Trompeten usw. mit. 3. kubanische Trommel afrikanischer Herkunft; aus einem fass- oder kegelförmigen Holzkörper von 70 – 80 cm Höhe und 25 cm Ø, einfellig, meist mit Eselsfell bespannt, an der Unterseite mit Spannreifen versehen. Das insbes. zur musikalischen Begleitung der → *Conga (1)* eingesetzte Instrument wird beim Spielen im allgemeinen umgehängt, kann jedoch auch zwischen den Knien gehalten oder auf einen Ständer postiert werden; die Perkussion erfolgt mit den Händen oder einzelnen Fingern, der differenzierten Technik des jeweiligen Musikers entsprechend.

Congada (Congado, Bucumbi)
zur Gruppe der → *Pastorís* gehörender dramatischer Volkstanz Brasiliens, bei dem afrikanische und portugiesisch-spanische Elemente und Traditionen vermischt (synkretisiert) wurden, meist zu Ehren des Schutzheiligen São Benedito bzw. zur *Festa de Nossa Senhora do Rosário,* einem religiös inspirierten Volksfest, in weiten Teilen Brasiliens aufgeführt; dazu werden epische Verse gesungen. Die zur musikalischen Begleitung dienenden Instrumente sind Trommeln (Tambores, Caixas), versch. Varianten des → *Chocalho* und die → *Viola.* Die 1760 erstmals erwähnte C. wird vor allem vor Kirchen und anderen religiösen Stätten aufgeführt, wobei verschiedene dramatische Szenen, darunter die Krönung der Könige des Kongo, dargestellt werden. Die Folkloresängerinnen Inezita → *Barroso* und Ely → *Camargo* interpretierten einige aus der anonymen Musikfolklore stammende Titel.

Congo
1. auf Kuba entstandener Tanz afrikanischer Sklaven, im → *Cabildo* unter Einhaltung bestimmter religiöser Zeremonien aufgeführt. Die Zentren der Darbietung wurden Los → *Congos* oder auch Reglas genannt; zum Karneval werden in der → *Comparsa Imitationen* versch. Tiere (Tiger, Löwe, Esel, Kühe usw.) mitgeführt; dazu spielen Orchester (ebenfalls »Congo« genannt), Von Kuba aus hat sich der C. nach Cayenne (Franz. Guayana), New Orleans (heute USA) und Kolumbien (hier → *Congo grande* genannt) verbreitet; auf Jamaika wird er heute noch auf Hochzeiten und anderen familiären Festen getanzt. 2. brasilianischer Tanz dramatischen Charakters, zu den → *Pastoris* gehörend; rein afrikanischer Herkunft; zu Festen wie Weihnachten (Natal) und São Benito aufgeführt.

Congo grande
zum Karneval aufgeführtes dramatisches Tanzspiel, das in Regionen der Atlantikküste Kolumbiens (Verbreitungszentrum Barranquilla) verbreitet ist. Die Teilnehmer tanzen in farben-

frohen Kostümen, wozu halbzylindrische Hüte von mehr als 50 cm Höhe gehören, durch die Straßen; zur musikalischen Begleitung dienen Einfelltrommeln verschiedener Größe; dazu werden possenhafte Lieder gesungen.

Congoerá (Idiophon)
von den Guaraní-Indianern hergestelltes Schrapinstrument, in seiner Funktion dem → *Güiro* ähnelnd; früher gelegentlich aus dem Schienbeinknochen eines Menschen gearbeitet; dient zur rhythmischen Begleitung folkloristischer Tänze Paraguays.

Congos, Los -
1. Kubanische Bezeichnung für die der Sprachgruppe → *Bantú* zugehörigen ehemaligen schwarzen Sklaven, deren Heimat die Region des afrikanischen Kongo war. 2. Bezeichnung für die Kulte und Tänze des → *Congo (1)* ausübenden Personen. Die Teilnehmer versammelten sich in bestimmten sozial-kulturellen Zentren, → *Cabildo* genannt, die sich u. a. in Las Villas (»Kunalumba«), Matanzas »Musumbi« und »Loango«) und La Habana (»Congo Real«) befanden.

Congos Reales, Los -
kubanische Folkloregruppe aus dem Gebiet von Trinidad; zur Wahrung und Pflege afrokubanischer Kulturtraditionen auf der Basis der → *Congos (2)* neu gegründet.

Conguinho (Schüttelidiophon)
brasilianisches Volksmusikinstrument, aus einer Blechbüchse gefertigt, die mit Steinchen u. ä. gefüllt wurde; zur Gruppe des → *Chocalho* gehörend; von den Tänzern des afrobrasilianischen → *Moçambique* der Region von Santa Isabel (São Paulo) mit einem Lederband am Ho-

Congo (1): in den nationalen Folklore-Traditionen leben geschichtliche Hintergründe auf – hier die »Reina« (Königin) der Congos, dargestellt von Alejandrina Lan de Rodríguez vom Ballet Folklórico Nacional de Panamá (Photo: Gentileza del Ballet Folklórico de Panamá)

senrand befestigt. Durch die Tanzbewegungen entsteht der typische Klang.

Conguito reformado
Tanzform innerhalb des Komplexes der afrolateinamerikanischen → *Congo*-Tänze mit modifizierter Choreographie; in einigen von Afroamerikanern bewohnten Küstengebieten Kolumbiens aufgeführt.

Conjunto
1. Bez. für eine Gruppe von Personen, speziell eine Gruppe von Musikern oder Tänzern bzw. ein kleineres Orchester. 2. in den 40er Jahren des XX. Jh. entstandene Musikerformation; durch Vergrößerung von Sextetten oder Septetten entstanden; von Bedeutung u. a. in der kubanischen Volks- und Tanzmusik.

Conquista, Danza de la -
auf einer Legende beruhender mexikanischer Volkstanz dramatischen Charakters mit zahlreichen zeremoniellen Handlungen; zu bestimmten Festlichkeiten aufgeführt. Die Teilnehmer, Indianer und Eroberer (Conquistadores) darstellend, treten in historischer Kleidung auf; Hauptfiguren sind Cuauhtémoc (1495 – 1525) und der Eroberer Mexikos, Hernán Cortés (1485 – 1547, → *Concheros,* Los -).

Constância
brasilianischer Kinderreigen (→ *Jogo infantil*); aus Portugal stammend; durch Gesang begleitet; seine Verbreitung ist stark rückläufig.

Conteo (C. de Juego)
regionale Form einer → *Ronda* für Kinder; ohne musikalische Begleitung; typisch für die Atlantikregion Kolumbiens.

Contes Chantés (span.: cuentos cantados = gesungene Märchen)
literarisch-musikalische Form von Märchen, die sich aus der reichen narrativen Folklore heraus-

Folkloristische Gruppe (Conjunto) von Mauricio Cardozo Ocampo (Paraguay); die Aufnahme entstand 1948 in Buenos Aires

bildeten; in weiten Teilen Lateinamerikas bei insgesamt rückläufiger Tendenz verbreitet.

Contestación (Antwort, span.)
in versch. Ländern Lateinamerikas (z. B. Kuba, Mexiko oder Peru) meist von namhaften Komponisten bzw. Textautoren angewandte Methode, auf bestimmte erfolgreiche Titel von Berufskollegen mit einer Eigenkomposition zu »antworten«; so schrieb z. B. der peruanische Komponist Gilberto Plasencia den Walzer »Tus pretensiones«, sein Kollege Manuel A. Guerrero verfasste später die »Antwort« – »Contestación a ›Tus pretensiones‹«.

Contoneo (Zarandeo)
in ganz Lateinamerika übliche Bezeichnung für das Sich-in-den-Hüften-Wiegen der Frauen, das in vielen Volkstänzen praktiziert wird, u. a. im → *Gato* Argentiniens; der Mann vollführt innerhalb dieser Tanzphase meist einen → *Zapateo.*

Contrabaixo → *Contrabajo*

Contrabajo (port.: Contrabaixo)
Kontrabass; Saiteninstrument der Volks-, Tanz- und Kunstmusik Lateinamerikas, häufig als »Bajo« (Bass, span.) bezeichnet. Der in der Volks- und Populärmusik gespielte C. wird gezupft bzw. gestrichen, wobei die erstere Spielform überwiegt. Häufige Verwendung findet er u. a. bei den kubanischen → *Son*-Gruppen, in kleinen Formationen der → *Música norteña* Mexikos bzw. in der → *Música chicana,* in der → *Orquesta Típica* Kubas und Argentiniens und bei modernen Gruppen der Populärmusik; seit Beginn des XX. Jh. verstärkt in der lateinamerikanischen Musik verwendet; verdrängte traditionelle Instrumente wie → *Marímbula* oder → *Botija* ganz oder teilweise.

Contracanto (Gegengesang, span.)
mehrstimmiger Gesang, wobei die 2. Stimme im Kontrapunkt singt; in einigen lateinamerikanischen Ländern besonders von modernen Gruppen gepflegt (→ *Contrapunto,* Quinteto-, Grupo → *Contracanto* [Argentinien], Contrapunto '76 [Chile]).

Contracanto, Grupo -
argentinische Vokalgruppe moderner Populärmusik; in den 60er Jahren in Buenos Aires formiert; interpretierte Protestsongs wie »Estudiantes de Mayo« und »A la mina no voy«, die auch auf Schallplatten (Label Qualiton) erschienen sind.

Contradanza (franz.: Contredanse)
ursprünglich aus England stammender ländlicher Volkstanz; im XVI. Jh. als *Country-Dance* entstanden, wobei sich versch. Varianten herausbildeten. Nach 1680 zunächst nach Frankreich, um 1700 nach Spanien und von dort aus bereits in einer großen Zahl von Abarten bzw.

Contradanza: Partitur des kubanischen Titels »Recuerdos tristes«, geschrieben von Manuel Saumell Robredo (Photo: Gentileza Prensa Latina)

choreographischen Eigenheiten als *Española* nach Lateinamerika gelangt, wurde sie schnell populär und stellte die Ausgangsform für neue Tänze wie → *Contradanza criolla,* → *Danza* und → *Habanera* dar.

Contradanza criolla
in Lateinamerika entstandene Variante der europäischen → *Contradanza.* 1803 erschien in La Habana der Titel »San Pascual Bailón«; nach Ansicht von Musikwissenschaftlern die erste Komposition dieser Art in Lateinamerika überhaupt. 1804 wurden erste Partituren publiziert, ab 1842 erschienen gesungene Versionen. Insgesamt wurde die C. c. schnell populär; in Brasilien (als »Contradança crioula«) soll sie bereits 1790 auf einem Volksfest im Bundesstaat Mato Grosso aufgeführt worden und der massiven Kritik konservativer Kräfte ausgesetzt gewesen sein. In Kolumbien sollen während der Schlacht in Boyacá (1819) die ersten nationalen Kompositionen, »La Vencedora« und »La Libertadora«, durch die Musikkapelle des von Simón Bolívar (1783-1830) befehligten Regiments intoniert worden sein. Fiel die C. c. in weiten Teilen Lateinamerikas der Vergessenheit anheim oder floss in neuere Formen ein, hat sie sich relativ unverändert in den Gebieten von Chocó (Kolumbien) als ländlich-folkloristischer Tanz (*Contradanza chocoana*) erhalten und bildet dort einen Teil der nationalen Musikfolklore. Bekannte Komponisten der C. c. waren Manuel → *Saumell Robredo* und Nicolás Muñoz y Zayas (beide Kuba).

Contrapunteo (Duelo)
Sängerduell in einem Volkslied; auch → *Desafio* oder → *Controversia* genannt; Dialog; der als »Gegner« auftretende Sänger heißt *Contria* oder *Contrincante.*

Contrapunto (Kontrapunkt)
durch zwei Sänger improvisierter musikalischer Dialog; zumeist auf Gitarren oder ähnlichen Instrumenten begleitet. (→ *Cantoria,* → *Pallador,* → *Punto cubano*)

Contrapunto, Quinteto -
venezolanisches Vokal- und Instrumentalquintett; in Caracas um 1962 durch Rafael Suárez (Gesang, Bandleader), Morella Muñoz, Marina Auristela Guancho (beide Gesang), Domingo Mendoza (Gitarre, Cuatro) und Jesús Sevillano (Gesang) formiert. Eigenheit der zur Bewegung des Neuen Venezolanischen Liedes gehörenden Gruppe ist der kontrapunktische Gesang folkloristischer und populärer Lieder; auf Schallplatten (Label Polydor) erschienen u. a. die Titel »Sebucán margariteño« und »Pájaro tilín«.

Contredanse → *Contradanza*

Contreras, Marta
chilenische Sängerin und Liedermacherin; schrieb und sang ab etwa 1972 Protestsongs und Balladen; unter dem Label Dicap entstand eine vielbeachtete LP mit Liedern nach Versen von Nicolás → *Guillén;* nach dem Militärputsch in Chile (1973) setzte die Künstlerin ihre Tätigkeit im Exil fort.

Contreras, Silvio
* 3.11.1911 La Habana, † 14.1.1972 das.; kubanischer Musiker (Piano), Arrangeur, Komponist und Bandleader; gründete zusammen mit seinen Brüdern 1927 in Habana ein Tanzorchester vom Typ einer → *Charanga* (*Charanga de los Hermanos Contreras*), in der er als Pianist und Bandleader wirkte und die insbes. nach 1930 große Popularität erlangte. Zu den zahlreichen Kompositionen von C. gehören u. a. »Masacre« (Danzón), »Rey de reyes« (Danzón) und »Malanga amarilla« (Guaracha).

Contria
der »Gegner« in Gesangsduellen, u. a. in der → *Controversia.*

Contrincante → *Contria*

Controversia (Kontroverse, span.)
eine der ausdrucksstärksten Formen solistischen Gesangs, insbes. in der ländlichen Volksmusik (→ *Música campesina*) Kubas, Puerto Ricos

und weiterer Länder in zumeist spontan-kreativer Inspiration dargeboten. Die einfachste Form besteht im Auftreten zweier Sänger, von denen jeder ein Thema aufgreift, mit dem er seinen »Gegner« (Contrincante) zunächst »provoziert«, worauf letzterer singend »antwortet«; in den meisten Fällen begleiten sich die Sänger auf Gitarren, Lauten oder anderen Instrumenten. Die schwierigste Form ist das wechselseitige spontane Konzipieren und Singen jeweils nur eines Verses, wobei stets auf den Text des Vorsängers Bezug genommen werden muss. Bekannte Interpreten sind u. a. Angel → *Valiente,* Adolfo → *Alfonso,* Justo → *Vega,* Eugenio Hernández und Jesús Pérez Sosa (alle Kuba).

Contursi, Pascual »El Cantor del Suburbio« (Vorstadtsänger)
* 18.11.1888 Chivilcoy (Prov. Buenos Aires), † 29.5.1932 Buenos Aires; argentinischer Sänger, Gitarrist und Liedermacher; einer der Initiatoren des gesungenen → *Tango* (Tango canción), schrieb und interpretierte zahlreiche Titel, die Popularität erlangten, darunter »Bandoneón arrabalero« (1928), »De vuelta al bulín«, »En esta tarde gris«, »Flor de Fango«, »Mi noche triste« und eine um 1927 ohne Einwilligung des Komponisten geschaffene Textversion von »La → *Cumparsita*«.

Convince
afrojamaikanischer Kult, von der schwarzen Bevölkerung Jamaikas ausgeübt. Zum Klang diverser Trommeln werden protestantisch-religiöse Hymnen im Kollektiv gesungen; Zeremonienmeister ist der *Bongoman* (Cheftrommler), Assistent der *Groom.* Der Kult beruht auf einem Synkretismus zwischen afrikanischem und europ.-protestantischem Kulturgut. Austragungsort kann ein Acker sein, auf dem die Teilnehmer beim Singen der Hymnen und Lieder ihre Arbeiten (z. B. Feldbestellung) kollektiv verrichten. (→ *Convite*)

Convite (Combite, Corvee, Convince, Timoun)
kulturell-soziale Manifestation ländlicher Gemeinden Lateinamerikas (z. B. der Dominikanischen Republik), aus dem gemeinschaftlichen Bestellen, Bearbeiten und Abernten der Felder und dem diese Arbeiten stimulierenden kollektiven Gesang bestimmter Volkslieder bestehend, die zur Gruppe der Arbeitsgesänge (→ *Canto de trabajo*) gehören. Die Tradition ist stark rückläufig, da durch mechan. Feldbestellung und -bearbeitung nicht mehr so viele Feldarbeiter benötigt werden.

Convite, Grupo -
dominikanisches Vokal- und Instrumentalsextett; in Santo Domingo zur Pflege der traditionellen Volksmusik ländlicher Gebiete gegründet. Zum Repertoire gehörten neu arrangierte Stücke u. a. der Formen → *Tonada* und → *Salve (2),* denen z. T. sozialkritische Texte unterlegt worden sind, darunter der Titel »Tonada de la hora santa«.

Conyvi (Cuyvi)
kleine, schmale Rohrflöte vom Typ → *Quena;* in der Volksmusik versch. Andengebiete Südamerikas gespielt.

Copa
kolumbianischer Volkstanz der Region Santander; in die Mitte der Tanzfäche wird ein Hut mit einem Schnapsglas darauf postiert. Jenes Tanzpaar, das den Hut berührt und dadurch das Glas zum Umkippen bringt, muss eine Runde für alle Teilnehmer ausgeben; es bestehen Ähnlichkeiten mit den Tänzen → *Gallarda,* → *Jarabe* und → *Sombrerito.*

Copia, Nicolino »Copinha«
* 3.3.1910 São Paulo; brasilianischer Musiker (Flöte, Saxophon, Klarinette), Komponist und Bandleader; Sohn italienischer Einwanderer; Autodidakt; trat anfangs in Stummfilmkinos von São Paulo auf, arbeitete später als Musiker bei Rádio Record, danach bei Sendern von Rio de Janeiro, wo er auch in Casinos musizierte und ein Orchester im Hotel »Copacabana Palace« leitete. Ab etwa 1958 begleitete er den Musiker João → *Gilberto* u. a. bei dessen legendärer Aufnahme der → *Bossa Nova* »Desafinado«.

Copla (Liedchen, Vers, span.)
1. generelle Bezeichnung für einen gesungenen Text bzw. Kehrreim, zuweilen als Synonym für »Lied« genutzt. 2. aus Spanien stammendes Lied im 6/8-Takt mit vier sequentiellen achtsilbigen Versen, auch C. cantada (gesungene C.) genannt, in ganz Lateinamerika verbreitet; teilweise jedoch auch anders genannt.

Coplas de Chuchumbé → *Chuchumbé*

Coplero (von → *Copla*)
Bezeichnung für den zumeist aus dem Stegreif singenden und improvisierenden Interpreten Spaniens und weiter Teile Lateinamerikas; mit dem europ. Bänkelsänger des 17. – 18. Jh. vergleichbar.

Coral
durch Chor dargebotene Komposition; im engeren Sinne Kirchengesang (Choral).

Coranta
alter mexikanischer Salontanz aus der Kolonialzeit, im XVIII. Jh. in Städten weit verbreitet.

Corazas, Los -
ekuadorianische Instrumentalgruppe; 1960 in Otavalo durch Marco Tulio Hidrobo (Gitarre Violine, Direktor), Arturo Aguirre Cruz (Rondador), Bolívar Ortiz (Gitarre), Segundo Guaña Acuña (Gitarre) und Arturo Mena (Flauta de carrizo) formiert; zählt zu den bekanntesten Volksmusikgruppen Ekuadors und wurde durch seine ausgewogene, sich streng an traditionelle Vorbilder haltende Interpretation im In- und Ausland sehr schnell populär. Unter verschiedenen Labels (u. a. Onix und Rondador) entstanden einige LPs, darunter die Titel »Aires de mi tierra« und »Los Coarazas«.

Corchea
spanischsprachige Bezeichnung für die Achtelnote.

Corda → *Cuerda*

Cordão (Plural: Cordões)
brasilianische Musik- bzw. Tanzgruppe, deren Repertoire aus pantomimisch-dramatischen Tänzen beim Karneval bzw. religiösen Volksfesten besteht; die meist als Teufel, Greise, Könige, Indios, Totengerippe usw. maskierten Tänzer agieren zu einer häufig durch → *Adufe,* → *Cuíca* und dem → *Reco-reco* erzeugten Musik; zuweilen werden Texte einer → *Chula* gesungen. Als *Cordõoes-de-Carnaval* bereichern sie in teilweise modifizierter Form die Karnevalsumzüge (Desfiles).

Cordão-de-bicho
zur Gruppe der → *Pastorí*-Tänze Brasiliens gehörender dramatischer Tanzzyklus; dem → *Bumba-meu-boi* ähnelnd. Hauptperson ist jeweils ein Tier, z. B. der Stier, das der Tanzgruppe seinen Namen verleiht; in den Regionen von Amazônia während der Volksfeste für → *São João* aufgeführt.

Cordeiro Tobias, Carlos
* 9.1.1877 Belém, † 30.8.1922 das.; brasilianischer Musiker (Violine) und Komponist; galt als hervorragender Violinist in regionalen Volksmusikgruppen; er schuf eine Variante der ländlichen Polka namens → *Sitiana,* von der er mehr als zwanzig Titel schrieb.

Conjunto Los Corazas –
LP »Aires de mi tierra« – Onix LP-12.8081 (1968)

Cordeona
regionale Bezeichnung für das Akkordeon in Teilen Südbrasiliens.

Cordero Aurrecoeche, Víctor
* 10.10.1914 León (Guanajuato); mexikanischer Sänger, Musiker und Komponist; studierte Musik zunächst in Guanajuato, später in México-Stadt; schrieb eine größere Zahl von Titeln der Volksmusik – Corridos, Rancheras, Huapangos, Boleros und Lieder, von denen u. a. »Juan Charrasqueado« (Corrido, 1942), »Gabino Barrera« (Corrido, 1955), »Con las manos vacías« (Bolero, 1959), »Corrido de Venustiano Carranza« (1970) und »Paloma consentida« (Ranchera, 1946) Popularität erlangten.

Cordión
ländlich-regionale Bezeichnung – auch in der Guaraní-Sprache – des in der Volksmusik Paraguays benutzten Akkordeons.

Cordovil, Hervé
* 3.2.1914 Viçosa (Minas Gerais); brasilianischer Musiker (Piano) und Komponist; arbeitete seit 1931 beim Orchester von Romeu Silva als Pianist, übernahm später die Leitung des Tanzorchesters von Rádio Record und lebte seit 1945 in São Paulo; begleitete u. a. die Folkloresängerin Inezita → *Barroso;* schuf zahlreiche Kompositionen wie »Pé de Manaca« und »Triste cuíca«, die überwiegend im Stil der ländlichen Volksmusik konzipiert sind.

Coreto (»Kleinchor«, port.)
brasilianischer Gesang, beim Genuss alkoholischer Getränke angestimmt; heute nur noch wenig verbreitet (auf die Stadt Diamantina [Minas Gerais] beschränkt); zur Musikfolklore Brasiliens gehörig.

Corimá
afrobrasilianischer Tanz; früher im Gebiet São Paulo aufgeführt; dem → *Jongo* ähnelnd.

Corneta
1. Bez. für ein Horn; zuweilen anstelle einer Trompete in der Volks- und Populärmusik eingesetzt. 2. → *Pampa corneta* 3. ein vom Klang her dem Waldhorn ähnliches Musikinstrument, aus 8 – 10 Rinderhörnern zusammengesetzt, mindestens 2 Windungen aufweisend, die, nachdem die Spitzen der einzelnen Hörner abgetrennt wurden, ineinandergesteckt werden, wobei es eine Spiralform erhält. 4. als C. china, asiatischen Ursprungs, zuweilen als »chinesische Trompete« bezeichnet; Trompete, die nur über einen Tonumfang von 5 Noten und einen schrillen Klang mit leicht näselndem Timbre verfügt; erstmals Ende des XIX. Jh. durch chinesische Einwanderer in der → *Comparsa Los Chinos Buenos* (Straßenmusikergruppe des Chinesenviertels von La Habana) bei Karnevalsumzügen benutzt; heute Bestandteil des Instrumentariums der kubanischen urbanen Volksmusik.

Cornetín (Aerophon)
Variante des Kornetts, wegen des Einbaus von Ventilen auch C. de llaves genannt; dem → *Pistón* ähnlich. Trotz rückläufigen Gebrauchs wird das Instrument vor allem in der → *Banda (2)* bzw. in der → *Orquesta Típica* (Kuba) gespielt.

Corno → *Cuerno*

Coro
span.-port. Bez. für den Chor bzw. den Chor-Gesang.

Coro de Claves
im XIX. Jh. in Kuba gebildete Gruppen zur Interpretation der Form → *Clave (1);* heute nicht mehr verbreitet; die musikalische Begleitung derartiger Gruppen erfolgte durch die Instrumente → *Viola (2),* Gitarren, → *Claves,* mitunter auch → *Botija* und Harfe (Arpa).

Corona, Manuel Raimundo
* 7.6.1880 Caibarién (Las Villas), † 9.1.1950 La Habana; kubanischer Volkssänger (Trovador), Gitarrist und Liedermacher; gehört zu den bedeutendsten Vertretern der klassischen kubanischen→ *Trova;* war zunächst Tabakarbeiter, der

in seiner Freizeit sang; übersiedelte 1895 nach La Habana und war ab 1915 Gitarrist im Sextett von Alfredo → *Boloña.* Seine ersten populär gewordenen Kompositionen waren »Adriana« (Bolero) und »Record de un año« (Guaracha, 1915) sowie »Adiós a La Habana«, »Perjura« (1914) und »Punto de Majagua« (1915). 1914 veröffentlichte C. die Liedsammlung »Cancionero de Corona«; eine Besonderheit seines kompositorischen Schaffens waren sog. »Erwiderungen« auf bekannte Stücke zeitgenössischer Autoren (→ *Contestación*); so schrieb er »Gela amada« auf »Gela hermosa« von Rosendo → *Ruiz Suárez* und »Habanera« als Antwort auf »La → *Bayamesa*« (3) von Gumersindo »Sindo« → *Garay.* Weitere Titel sind »Mercedes« (Criolla, 1908) und »Santa Cecilia« (1923).

Coronado, Florencio

* Ayacucho; peruanischer Harfenist und Arrangeur; einer der vor allem im Ausland bekannten Solisten der insbesondere in der Region Ayacucho gespielten Harfe (Arpa); zahlreiche Stücke regionstypischer Instrumentalmusik, darunter die Titel »Llantos del Indio«, »Huamanguita« und »El cóndor pasa« erschienen auf Schallplatten (Label Sono Radio).

Corporación de Danza Azteca

Bezeichnung für Tanz- und Gesangsgruppen von der Art der → *Concheros,* die folkloristische Traditionen des kolonialen Mexiko (Nueva España) pflegen.

Corpus Cristi, Danza del -

alter spanischer Volkstanz rein religiöser Inspiration, im Zuge der Eroberung nach Lateinamerika gelangt; heute kaum noch aufgeführt.

Corraleros de Majagual, Los -

kolumbianische Vokal- und Instrumentalgruppe der → *Música tropical;* um 1963 als Quintett durch den Musiker Antonio → *Fuentes* (Gitarre) zusammen mit Lisandro → *Meza* (Akkordeón), Calixto Ochoa (Geang) u. a. gegründet; gehörte lange zu den im In- und Ausland populärsten Interpreten von Tanzmusikversionen der Formen → *Cumbia,* → *Merengue* und → *Porro;* unter versch. Labels, darunter Fuentes, wurden zahlreiche LPs produziert, u. a. die Titel »Hace un mes« und »La gallina«.

Corrêa, Djalma »Bruxo«

18.11.1942 Ouro Preto (Minas Gerais); brasilianischer Musiker (Perkussion), Bandleader und Komponist; aus einer Musikerfamilie stammend; ging mit 17 Jahren nach São Salvador, wo er in Musik-Seminaren der Bundes-Universität Perkussion (speziell das Instrument → *Atabaque*) und Komposition studierte; danach als Mitgestalter von Szenarien für Shows wirkte und 1970 die Gruppe → *Baiafro* gründete und verdienstvoll als Verantwortlicher des Projekts zur Erforschung und Dokumentation der Folklore Brasiliens (1973 – 1976) wirkte. Gegenwärtig ist die Musik C.s stark an den lateinamerikanischen Jazz angebunden; auf mehr als

Der kubanische Trovador Manuel Corona (Photo: Gentileza »Bohemia«)

40 LPs spielt er als Solist bzw. Mitglied einer Gruppe mit (u. a. bei Philips und Polydor).

Correntino

regionale Variante des argentinischen → *Gato;* mehr der → *Chacarera* ähnelnd; beginnt mit einem → *Zapateo,* von der ersten gesungenen → *Cuarteta* begleitet; nicht mit dem *Gato correntino* zu verwechseln. Der C. ist in den Regionen Córdoba, San Luis und San Juan, nicht jedoch in Corrientes verbreitet.

Correopatía

afrohonduranischer Volkstanz; als Ritualtanz nur von Männern aufgeführt, einer imaginären Kontaktaufnahme mit magischen Kräften dienend.

Corrida

1. volkstümliche Bezeichnung für eine bei Stierkampfveranstaltungen (Corrida de Toros) musizierende → *Banda (2),* eine spezielle Instrumentalgruppe, auch *Banda taurina* oder *Banda torera* genannt, die vor allem den → *Pasodoble* interpretiert. 2. Bezeichnung für bestimmte, weiterhin auch *Playeras* genannte Gesänge.

Corridista (Corridero)

der Interpret (Sänger und Musiker) des → *Corrido (2-4).*

Corrido

1. alter spanischer Volkstanz, früher vorrangig in der Provinz Castilla zum Klang der → *Dulzaína* getanzt und gesungen. 2. Variante romanzenartiger spanischer Lieder. 3. mexikanische Lieder; in Form von Balladen vorgetragene Romanzen, die tief im Volk verwurzelt sind und zu den bekanntesten Manifestationen der Musikfolklore Mexikos und einiger zentralamerikanischer Länder (Nikaragua, Costa Rica, Guatemala) gehören. Generell von narrativem Charakter, deshalb oft mit den Balladen oder dem Bänkelsang europäischer Länder verglichen; die Texte bestehen aus achtsilbigen Versen. Die im mexikanischen Stil als → *Ranchera,* Polka oder auch langsames Lied vorgetragene Begleitmusik wird durch Violine, Harfe (Arpa), → *Jarana (2),* Gitarre und → *Guitarrón,* in jüngster Zeit vor allem auch durch Akkordeon, produziert, daneben findet auch die → *Marimba* Verwendung. Der C. wird vorrangig durch → *Mariachi* bzw. Duette (Duetos) interpretiert. Geschichte und Entwicklung sind bisher noch nicht in allen Einzelheiten erforscht. Einige Musikologen führen seinen Ursprung auf die gleichnamige spanische Romanze zurück, während andere ihn als rein mexikanische Form darstellen. Nach Vicente T. → *Mendoza* entstand der erste C., »Las coplas del Tapado«, bereits um 1684; aus heutiger Sicht ist der 1821 durch den Sänger Pepe Quevedo dargebotene Titel »La Pulga« der erstentstandene C.; Quevedo gab diesen Liedern auch die Bezeichnung *Corrido.* Nach einer Aufstellung des C.-forschers Álvaro Custodio existieren versch. Themenkreise historischer C. (*C. histórico*), revolutionärer C. (*C. revolucionario*) und amouröser C. (*C. amoroso*); ferner Geschichten von Mannesmut, Räuber- und Banditenstreichen (*C. bandolero*), Kerkerlieder (*C. carcelero*), Lieder über landschaftliche Schönheit (*C. panorámico*), über Hinrichtungen, Begebenheiten, Lästerungen und Flüche (*C. de maldición*) sowie über Tiere (Pferde, Stiere usw.). Größte Verbreitung fanden die die mexikanische Revolution und ihre Führer (Francisco »Pancho« → *Villa,* Francisco Madero u. a.) besingenden Corridos, die zwischen 1910 und 1917 eine vorher nicht gekannte Bedeutung erlangten und als die Kampfmoral stärkende Lieder galten. Besonders populär wurden die der anonymen Musikfolklore entstammenden Titel »La → *Cucaracha*« und »La → *Adelita*«; bekannt wurden auch »Corrido de Durango« (Graciela Olmos), »Valentina« (anonym, 1912), »Corrido de Pancho Villa« (anonym). Bekannte Autoren sind z. B. Samuel M. → *Lozano,* Graciela → *Olmos,* Felipe → *Bermejo,* Juan S. → *Garrido* und in jüngster Zeit die Protestsängerin Judith → *Reyes.* Zu den populären Interpreten gehören das Trío → *Garnica* – Ascensio, Lucha → *Reyes,* das Dueto América und Antonio → *Aguilar* sowie das Dueto Las Rieleras. 4. zur Gruppe des → *Joropo*

gehörender Volkstanz der Ebenen (Llanos) von Kolumbien und Venezuela; auch unter den Bezeichnungen »Torbellino«, »Corrío« oder »Galerón llanero« im Komplex der → *Música llanera* verankert; ein bekannter Interpret ist Miguel Angel → *Martín.* 5. eine im Rhythmus der → *Cumbia* gehaltene modernere Tanzform der Atlantikküsten-Region Kolumbiens. 6. die in den Gebieten von Mar Grande und Ituparica (Brasilien) übliche Bezeichnung für den → *Samba-de-roda;* als *Samba-corrido* wird zuweilen die gesungene Variante eines → *Samba* ohne Kehrreim näher definiert.

Corrío 1. → *Corrido (4)* 2. → *Curbata (2)*

Corriola
brasilianischer Volkstanz des Bundesstaates São Paulo; Männer und Frauen tanzen in langsamem Walzerschritt im Kreis zum Klang der → *Viola (1)* eines *Mestre* genannten Musikers; originell ist der Schlussteil, in dem der Mestre in Form eines kleinen Verses eine auf jede anwesende Person zugeschnittene Sentenz singt; niemand verlässt den Kreis, ohne das vom Sänger aufgetragene Anerbieten, z. B. eine Runde Schnaps auszugeben, ein Gebet aufzusagen oder wie ein Schwein zu grunzen, erfüllt zu haben.

Corumba (Currumba, Corrumbay)
regionale Bezeichnung bzw. Variante des argentinischen→ *Sombrerito.*

Corsini Salomone, Ignacio »El Payador de San Telmo« »Caballero Cantor«
* 13.2.1891 Troina (Sizilien), † 26.7.1967 Buenos Aires; argentinischer Volkssänger (Payador) und Liedermacher; 1896 nach Argentinien gekommen und später als Landarbeiter tätig, gehört zu den bekanntesten Interpreten von Liedern der Vorstadt-Folklore; namhafter → *Tango*-Sänger. Seine Version von »Caminito« (1917) wurde sehr populär; durch Enrique Maciel auf der Gitarre begleitet, trat er ab 1928 als Sänger argentinischer Volks- und Schlagerlieder auf; es entstanden unter versch. Labels (u. a. Odeon) 620 Schallplattenaufnahmen (N78), darüber hinaus wirkte C. in einigen Stummfilmen wie »Milonguita« und »Fortín alto« mit.

Corta-jaca
1. brasilianischer Volkstanz im 2/4-Takt, regionale Variante des → *Samba* in ländlichen Gebieten von Rio de Janeiro und Bahia; heute nur noch wenig verbreitet. 2. von der Komponistin Francisca → *Gonzaga* um 1897 geschaffene Variation des → *Tanguinho;* war etwa 10 Jahre in Brasilien populär. 3. regionale Abart des → *Samba-de-roda* im Gebiet von São Salvador; wird durch das Saiteninstrument → *Viola (1)* begleitet.

Cortázar, Ernesto
* 1900 Tamaulipas, † 30.11.1953 Guadalajara; mexikanischer Sänger, Gitarrist und Textautor; von Beruf Autohändler, gehörte in jungen Jahren den → *Trovadores Tamaulipecos* und dem *Quinteto Tampiqueño* (von 1926 – 32) an; war von 1949 – 51 und 1953 Präsident des Mexikanischen Komponistenverbandes (SACEM); schrieb die Texte für viele bekannte und heute noch populäre Kompositionen, wobei er eng mit dem Komponisten Manuel → *Esperón* zusammenarbeitete; so entstanden u. a. die Rancheras »Me he de comer esa tuna«, »Ay Jalisco no te rajes« (1941), »Así se queire en Jalisco« (1943), und »Fiesta mexicana« (1946).

Côrtes, Aracy
(eigtl. Zilda de Carvalho Espíndola)
* 31.3.1904 Rio de Janeiro; brasilianische Sängerin; debütierte 1921 als Revue-Sängerin am Theater »Recreio«, war bis 1940 Theatersängerin und widmete sich danach vorwiegend dem populären Tanzlied. Ihre ersten Schallplatten (Labels Parlophon und Odeon) erschienen 1928, darunter die Titel »Jura«, »Os rouxinóis« und »Semente do samba«; größten Erfolg hatte C. 1965 in der Revue »Rosa de Ouro«, wovon bei Odeon 1965 bzw. 1975 LPs erschienen sind.

Côrtes, Paixão
(eigtl. João Carlos D' Avila Paixão C.)

* 12.7.1927 Sant' Ana do Livramento; brasilianischer Arrangeur, Komponist, Bandleader und Folkloreforscher; rief 1947 die »Bewegung zur Pflege und Erhaltung des traditionellen Folkloregutes des Bundesstaates Rio Grande do Sul« ins Leben, erforschte die regionale Musikfolklore und entdeckte zahlreiche Lieder und Tänze insbes. solche der Gauchos wieder, die er neu arrangierte, teilweise mit der von ihm 1953 gegründeten Volksmusikgruppe interpretierte und auf Schallplatten (Label Philips) herausbrachte, darunter die Titel »Chimarrita Balão« und »Seu Belendrengue« (1962).

Cortesi, Santiago
* 7.6.1913 Isla Saca (Fulgencio Yegros), † 4.6.1992 Asunción; paraguayischer Harfenist und Komponist; musizierte und komponierte bereits als Jugendlicher, wobei er auch später vorwiegend folkloristische Formen pflegte; ab 1954 widmete er sich der Ausbildung von Harfenisten. Zu seinen zahlreichen Kompositionen gehören die noch oft interpretierte Polka »Isla Saca« und das Lied »Asunción del Paraguay« (Text: Emiliano R. Fernández); bei Discos Amambay entstanden zahlreiche Aufnahmen mit ihm.

Cortéz, Alberto
* 11.3.1940 Rancul (La Pampa); argentinischer Sänger und Liedermacher; studierte am Konservatorium »Chopin« von Mendoza, begann seine Künstlerlaufbahn 1960 in Spanien; wurde bereits 1962 in Belgien als bester ausländischer Sänger geehrt; 1964 und 1965 Preisträger des Festivals von Palma de Mallorca (Spanien); für seine in hohen Stückzahlen verkauften LPs mit mehreren »Goldenen Schallplatten« ausgezeichnet. Seine engagierten Lieder, darunter »Me lo dijo Pérez« und vor allem »Los Americanos«, ein Spottlied auf Touristen aus den USA, ferner »No soy de aquí« wurden in ganz Lateinamerika populär.

Cortijo, Rafael (Raphael)
* 11.12.1928 Aldea Loiza, † 3.10.1982 San Juan; puertorikanischer Musiker, Arrangeur und Bandleader; bedeutender Perkussionist (Timbales, Conga, Bongoes); gründete am 28. Januar 1954 in San Juan die seinerzeit aus 10 Musikern bestehende Formation *Cortijo y su Combo*; mit zur Tanz- und Populärmusik gehörendenen Titeln wie »Plena española« und »Calypso, bomba y plena«, auf Schallplatten versch. Labels (u. a. Tico, Seeco, Marvela und Gema) publiziert, war diese Gruppe sehr erfolgreich; sie widmete sich insbesondere der Interpretation der → *Plena.*

Cortinas, Las -
mexikanische Kinderlieder, die als Rundtanz (→ *Ronda infantil*) ausgeführt werden.

Corvee → *Convite*

Cosecha → *Sonecito del País*

Cosmopolita, Orquesta -
kubanisches Tanzorchester vom Typ einer → *Jazzband;* 1938 in La Habana durch Vicente Viana gegründet; wirkte in der Folgezeit 20 Jahre im Theater »América« von La Habana; außerdem spielte es für die Rundfunkstation RHC »Cadena Azul« und nahm unter versch. Labels (u. a. Panart und Tropical) zahlreiche Stücke wie »Silbando en cha-cha-chá« und »Antolín« auf Schallplatte auf.

Costa, César (eigtl. C. Roel)
* 1941 México-Stadt; mexikanischer Sänger und Musiker der modernen Populärmusik; spielte bereits in Jugendjahren Gitarre, gehörte später der Rockgruppe *Las Camisas Negras* an, trat daneben in Filmen als singender Schauspieler auf. Mit seinen Balladen wie »Mi pueblo« und »Diana« erlangte er Popularität; unter versch. Labels (u. a. Orfeón) entstanden zahlreiche LPs.

Costa, Dalmiro
* 7.5.1836 Montevideo, † 9.8.1901 Buenos Aires; uruguayischer Musiker (Piano) und Komponist ernster und populärer Musik; Autodidakt in Komposition; stellte bei seinem ersten öffentlichen Auftritt am 21.10.1855 zusammen

mit dem jungen Violinisten Lloveras ein selbstgeschriebenes Werk vor; die Habanera »Pecadora« (1870) ist einer der ersten in Uruguay bekanntgewordenen Titel dieser Form; weitere Kompositionen sind die Mazurka »Cantares« und »Sobre el Río Negro«.

Costa, Ercília »Santa do Fado«
* 3.8.1902 Caparica, † 16.11.1986 Algés (Lisboa); portugiesische Sängerin folkloristischer und populärer Musik, eine der besten und bekanntesten Interpretinnen des → *Fado,* dem sie sich seit ihrer Kindheit in einem eigenen, sehr weichen und gefühlvollen Gesangsstil widmete. Ihre ersten Aufnahmen entstanden 1925. Begleitet von namhaften Gitarristen wie João Fernandes bereiste sie Portugal, Spanien, Frankreich, Brasilien und die USA. Zu ihren größten Erfolgen gehört der Titel »Fado de Lisboa«.

Costa, Gal (eigtl. Maria da Graça Costa)
* 26.9.1945 São Salvador; brasilianische Sängerin und Musikerin (Violão); eine der bekanntesten und besten Interpretinnen des urbanen → *Samba* und balladenhafter Lieder z. T. auch mestizischer oder indianischer Herkunft; hat ihre Karriere um 1960 begonnen und produzierte in der Folgezeit unter versch. Labels (u. a. Philips, Trova und RCA Victor) zahlreiche LPs, darunter die Titel »Falsa baiana«, ihr größter Erfolg, und »Oração de Mãe menininha«, »Modinha de Gabriela« und das paraguayische Lied »India«.

Costa Moreira, Manuel Evêncio da - »Cadete«
* 3.5.1874 Ingaceiro (Pernambuco), † 25.7. 1960 Rio de Janeiro; brasilianischer Sänger, Musiker (Violão) und Liedermacher; bedeutendster Interpret populärer und traditioneller Musik Brasiliens um die Wende zum XX. Jh.; er genoss legendären Ruf als → *Repentista* bzw. → *Seresteiro,* schrieb eine größere Zahl Stücke der traditionellen Formen → *Modinha,* → *Desafio* und Romanze; gilt als Pionier der Tonaufzeichnung in Brasilien; auf Tonwalzen (Fonógramas) weist der 1902 erschienene Katalog der »Casa Edison« auf der ersten Seite bereits 59 Aufnahmen (Nr. 381-459) von ihm aus; später erschienen Schallplatten der Labels Edison, Odeon, Columbia und Victor, darunter die Titel »Camponesa morena« und »O bonde«, letzterer ein Spottlied auf die Straßenbahn von Rio de Janeiro.

Costanzo, Jack James »Mr. Bongó«
* 24.9.1922 Chicago; US-amerikanischer Musiker (Perkussion) des → *Jazz latinoamericano;* Afroamerikaner; trat zunächst als Tänzer in Shows auf, war ab 1946 als → *Bongó-* und → *Conga (3)*-Spieler in versch. US-lateinamerikanischen Formationen tätig, 1947/48 bei Stan Kenton und von 1949 – 53 bei Nat »King« → *Cole* als Musiker im Einsatz und produzierte zahlreiche Schallplatten u. a. bei Liberty, Verve und Sunset Records.

Costillar
alter, in der Kolonialzeit in verschiedenen Ländern Lateinamerikas (Chile, Kolumbien u. a.) aufgeführter Volkstanz mit stark erotischem Charakter; wurde von der Kirche oft kritisiert.

Cotillón
aus der → *Contradanza* entstandene Variante eines Gesellschaftstanzes; die Männer banden

Gal Costa:
LP »Gal Tropical« – Philips-6349 412 (São Paulo, 1980)

sich die obligaten Krawatten ab und die Frauen entledigten sich ihrer Schuhe, um unbeschwerter tanzen zu können; im ausgehenden XVII. Jh. u. a. in Mexiko und Kolumbien verbreitet gewesen.

Cotunto
traditioneller Volkstanz der kubanischen Isla de Pinos (heute Isla de la Juventud); Vorläufer des → *Sucu sucu,* von dem er sich durch eine einfachere musikalische Struktur unterscheidet; generell durch das Saiteninstrument → *Tres* begleitet; ein bekannter Titel ist »Compay Cotunto« aus der anonymen Musikfolklore der Insel.

Coumbite → *Convite*

Country Music
(Country & Western Music, Hillbilly Music)
Komplex der ländlich-folkloristischen Musik des Südens und Mittelwestens der USA. Die überwiegend mit Violine, Gitarre und Banjo gespielte Musik bildete sich unter dem Einfluss der mexikanischen Musikfolklore heraus (flächenmäßig große Gebiete gehörten bis Mitte des XIX. Jh. zu Mexiko). C. M. wurde ab etwa 1940 speziell in Nashville (Tennessee), Texas und New Mexico durch Musikwissenschaftler aufgezeichnet und später auch auf Schallplatten herausgegeben; inzwischen ist diese Musik jedoch starken Kommerzialisierungstendenzen unterworfen (→ *Tex Mex Style,* → *Música chicana*).

Courante
alter französischer Salontanz, der im XVII. bzw. XVIII. Jh. über Spanien nach Lateinamerika gelangte und z. B. in Kolumbien zeitweise große Popularität erlangte.

Covarrubias Castillo, Manuel
* 14.5.1896 Lima, † 31.3.1975 Lima; peruanischer Musiker und Komponist; bekannter Vertreter der kreolischen Populärmusik; schrieb zahlreiche Titel vor allem der Form → *Vals peruano,* darunter »Las flores de mi bandera«, »Tus pupilas« und »Ocarinas«.

Cowbell (Idiophon)
Kuhglocke; mit dem → *Cencerro* identisch; in der Volks- und Populärmusik anglokaribischer Länder benutzt (u. a. in Jamaika).

Coxilha Nativista
eine ab 1981 in Cruz Alta stattfindende volksfestartige Veranstaltung, bei der die besten Volkslieder des brasilianischen Bundesstaates Rio Grande do Sul ermittelt werden.

Coxiri
regionale Variante der indianischen Bambustrompete → *Tiati,* in der Volksmusik der peruanischen Ticuna-Indianer (Amazonasgebiet) verwendet.

Coyoli → *Chilchil*

Coyom (Goyom, Gojom)
1. indianische Trommel aus Guatemala, dem → *Redoblante* sehr ähnlich, mit einem aus Holz oder Bambus gefertigten zylindrischen Körper; existiert in drei versch. Größen; die kleinste begleitete in der Region von Chichicastenango die Flöte → *Tzijolaj,* die mittlere gehört als Begleitinstrument zur indianischen Klarinette → *Chirimía,* während die größte, auch *Tamborón* genannt, zusammen mit dem → *Zú* in den Tänzen → *Moros y Cristianos* eingesetzt wird. 2. indianische Bezeichnung für die → *Marimba in Guatemala.*

Coyongo
1. Idiophon, aus festem Holz hergestellt, hat die Form des Schnabels des Seevogels Collongo; werden die Schnabelhälften gegeneinandergeschlagen, klingen sie wie → *Castañuelas;* ausschließlich bei den Karnevalsfesten der Region der kolumbianischen Atlantikküste eingesetzt; dabei fällt ihm die Rolle eines Taktgebers für den Tanz gleichen Namens zu 2. → *Collongo (2)*

Cradle Song
Allgemeinbezeichnung für Wiegenlieder im englischsprachigen Gebiet Lateinamerikas; da-

neben gibt es zahlreiche regionale Namen für Lieder dieser Art.

Crecelle (Matraca)
der → *Carrasca* ähnliches Schrapidiophon; in den afrohaitianischen Kulten (→ *Rará*) der Region von Port-au-Prince (Haïti) verwendet.

Créole (Haitianisch, Kreolenfranzösisch)
auf Haïti und anderen Antilleninseln verbreitete Mischsprache, die in der Kolonialzeit durch eine Vermischung von Komponenten des Französischen und westafrikanischer Sprachen hervorging, seit 1979 Unterrichtssprache ist und von annähernd 6 Mill. Menschen, vorwiegend Afroamerikanern, gesprochen wird. Viele Volkslieder dieser Region werden in C. gesungen.

Creole Jazz
der »kreolische« Jazz, eine archaische, im Umfeld von New Orleans im XIX. Jh. entstandene Variante des Jazz, mit Elementen der lateinamerikanischen Musik angereichert, die durch Musiker aus der Karibik eingebracht wurden. Später kam es erneut zu Interaktionen dieser Form mit der Musik Lateinamerikas.

Creuza, Maria (eigtl. M. Creuza Silva Lima)
* 26.2.1944 Esplanada (Bahia); brasilianische Sängerin; interpretierte ab 1965 Lieder der Populärmusik (Bossa Novas) vorwiegend aus der Feder ihres Ehemannes, Antônio Carlos → *Jobim;* produzierte zahlreiche Schallplatten (Labels RGE und RCA Victor), darunter die Titel »Mas que nada« und »Você abusou«.

Criolla
im Jahre 1909 von Luis → *Casas Romero* aus wesentlichen Komponenten der lyrischen Liedform → *Clave (1)* entwickeltes kubanisches Lied, das auch in der Dominikanischen Republik und Mexiko (Yucatán) Verbreitung fand; populärster Titel dieser Form ist »Quiéreme mucho« (engl. Version: »Yours«), 1911 von Gonzalo → *Roig* geschaffen, der noch heute zum Standardrepertoire vieler Tanzorchester Lateinamerikas, Europas und der USA gehört und z. B. von María Teresa → *Vera,* Rita → *Montaner,* »Sindo« → *Garay,* Alberto → *Villalón,* dem Tanzorchester von G. Roig und dem Trío → *Matamoros* (alle Kuba) interpretiert wurde.

Criollismo
im XIX. Jh. im Rahmen der Unabhängigkeitsbewegung in spanischsprachigen Ländern Lateinamerikas entstandene Bewegung mit Orientierung auf eine nationale, von spanischer Vorherrschaft freie Kultur, von den Nachkommen der Spanier, den Kreolen (Criollos), getragen. Neben der Schaffung einer nationalen Musik kreolischer Prägung hatte sie die Erneuerung der Literatur und aller anderen kulturellen Bereiche zum Ziel. Regionale Bewegungen gab es in vielen Ländern, so in Kuba den sog. »Siboneyismo« (Siboney: Häuptling einer Gruppe von Ureinwohnern der Insel), oder den sog. → *Gauchismo* (Argentinien). (→ *Criollo*)

Criollo (port.: Crioulo)
Kreole, eine im völkerkundlichen Sinne gebräuchliche Bez. für den reinrassigen Nachkommen der spanischen und portugiesischen Eroberer in Lateinamerika. Als Adjektiv definiert *criollo* alles, was mit dieser Bevölkerungsgruppe verbunden ist; auf die Musik beziehen sich u. a. die Begriffe *Música criolla* und → *Canción criolla.*

Criollo Chileno, Cuarteto -
chilenisches Instrumental- und Vokalquartett; 1925 in Santiago de Chile formiert; ist die Vorläufergruppe der → *Cuatro Huasos* und interpretierte folkloristische Musik Chiles.

Criollos, Trío Los -
peruanisches Vokal- und Instrumentaltrio; um 1930 durch Lucho de la Cuba, Ernesto Echecopar und Luis »Lucho« Aramburú Raygada in Lima gegründet; durch seine hervorragende Interpretation des → *Vals peruano* und anderer kreolischer Formen bekanntgeworden.

Cristancho Hernández, Francisco
* 18.2.1941 Bogotá; kolumbianischer Musiker (Trompete, Piano. Violoncello), Komponist und Bandleader; studierte zunächst bei seinem Vater, F. Cristancho Camargo, später am Nationalkonservatorium, gründete und leitete das Orchester *Tampa*; er lehrte an der National-Universität und war Direktor der Musikakademie »Cristancho«; komponierte zahlreiche Stücke wie »Bochica« (Bambuco) und »Torbellino de mi tierra« (Torbellino).

Cristo Nhandejara
eine bestimmte Art in Guaraní-Sprache gesungene Lieder religiöser Inspiration; nur noch vereinzelt in Rio Grande do Sul (Brasilien) verbreitet; diese sollen auf Passionsthemen der Jesuiten (→ *Jesuítas*) zurückgehen.

Crop
auf der Karibikinsel St. Vincent aufgeführter Volkstanz der afroamerikanischen Bevölkerung.

Cruz (Plural: Las Cruces)
Bez. für eine choreographische Figur (Cruz, span. = das Kreuz bzw. das Kreuzen beim Tanz) in bestimmten lateinamerikanischen Tänzen, die der → *Contradanza* entstammt; jedoch auch in der → *Cumbia* und weiteren Volkstänzen existierend.

Cruz, Benjo
* 1942 La Paz, † 1977 Teoponte; bolivianischer Volkssänger, Gitarrist und Liedermacher; gehört zu den Begründern der Bewegung des Neuen Bolivianischen Liedes; schrieb Lieder, die zum Kampf für den gesellschaftlichen Fortschritt aufrufen. Einige davon, im Rhythmus einer → *Cueca boliviana* wie »Gritando esperanzas«, wurden auf der LP »Grito del Pueblo« unter dem Label Lauro veröffentlicht.

Cruz, Celia
(eigtl. Celia de la Caridad Cruz Alfonso)
* 21.10.1928 La Habana (Santos Suárez); kubanische Sängerin; begann frühzeitig mit dem Gesang afrokubanischer Musik und wurde durch ihren Auftritt als Solistin (ab 1950) bei der → *Sonora Matancera* (erste Schallplattenaufnahme »Burundanga«) überaus populär; sang außerdem nach 1960, bereits im Kulturkreis → *New York Latino* wirkend, in den Orchestern von Tito → *Puente,* Johnny → *Pacheco* u. a., widmete sich insbesondere in der Formation von Willie → *Colón* der Mischform → *Salsa* und wirkte auch als Cumbia-Sängerin (nannte sich auch »Reina de la Cumbia«). Unter verschiedenen Labels (u.a. Seeco, Tico, Tropical, Peerless und Vaya) produzierte sie mehr als 50 LPs, darunter die Titel »Babalú ayé«, »Qué bello es Cuba« und »Contestación a El Marinero«.

Cruz, Claudionor (eigtl. C. José da Cruz)
* 1.4.1910 Paraibuna (São Paulo); brasilianischer Sänger, Musiker und Liedermacher; trat in der Zeit zwischen 1932 und 1969 in den Rundfunksendern Tupi, Nacional, Globo und Mundial (São Paulo) als Gesangssolist auf; widmete sich insbes. der Interpretation des → *Samba;* bei Copacabana erschienen zahlreiche Schallplatten, darunter die Titel »Já sei sorrir« und »Sei que é covardia«.

Cruz Mena, José de la -
* 3.5.1874 León, † 22.9.1907 das.; nikaraguanischer Musiker und Komponist; stammt aus einer Musikerfamilie; studierte Musik ab 1888 u. a. in Managua (Nationalschule für Musik), ging später nach Tegucigalpa (Honduras), wo er der von Adalid Gamero geleiteten *Banda Nacional* beitrat; übersiedelte später nach San Salvador (El Salvador), wo er wiederum in einer Banda musizierte; 1895 kehrte er nach Managua zurück, wo er eine umfangreiche kompositorische Tätigkeit aufnahm und Walzer, Lieder, Mazurkas, Villancicos, Sones und religiöser Musik, darunter »21 Romanzas« (nach Texten v. Rubén Darío), »Lola« (Walzer) und »Libertador« (Marsch), schuf.

Cruz Hermida, Juan de la -
* nach 1900, † ?; kubanischer Volkssänger (Tro-

vador), Gitarrist und Liedermacher; bekannter Vertreter trovadoresker Musik; wirkte in einigen Duos (u. a. mit Bienvenido → *León* und Alberto → *Villalón*), Trios und im Sexteto → *Nacional* (1927); schuf einige populär gewordene Titel wie »Que no se queme La Habana« (Son), »Marcha carabalí«, »Novia manzanillera« (Son) und das Lied »Pensamiento«; Schallplatten mit ihm entstanden bei Columbia.

Cruz - Bienvenido - Villalón, Trío -
kubanisches Vokal- und Instrumentaltrio trovadoresker Musik; 1924 in La Habana durch Juan de la → *Cruz,* Bienvenido → *León* und Alberto → *Villalón* gegründet; gehörte seinerzeit zu den populärsten Formationen des Landes. Bei Reisen nach New York wurden (nach 1926) bei Columbia Schallplatten wie »Linda criolla« (Son), »Chaparrita« (Son) und »Iyamba bero (Clave ñáñiga) produziert.

Cruz de Mayo (Mai-Kreuz, span.)
urspr. rein liturgischer Gesang, der am 3. Mai jeden Jahres in Spaniens Kirchen intoniert wurde und wird; gelangte auch nach Lateinamerika; gegenwärtig in vielen Ländern von LA ein nicht- oder semireligiöses Volksfest, das alljährlich über den ganzen Monat Mai abgehalten wird (z. B. in Chile); Gruppen von Sängerinnen und Sängern ziehen, ein mit Papierblumen drapiertes Kreuz vorantragend, durch den Ort, vor jeder Haustür haltmachend und improvisierte Verse zu Ehren des Hausvorstandes singend, der sie danach mit Geschenken belohnt, die für die Allgemeinheit gesammelt werden.

Cuadrado Cruz, Marta
* Barrio Nuevo de Naranjito (San Juan); puertorikanische Sängerin ländlicher Volksmusik; sang bereits in jugendlichem Alter u. a. auf Volksfesten; interpretierte später als Solistin bzw. Mitglied von regionalen Folkloregruppen Stücke aus der anonymen Musikfolklore wie »Seis fajardeño«, »Controversia« und »Aguinaldo cagueño«; gründete später die Gruppe → *Areyto,* mit der sie 1973 u. a. in Paris auftrat. Das Puertorikanische Kulturinstitut (ICP) produzierte eine LP mit ihr.

Cuadrilla (in Brasilien → *Quadrilha*)
1. Quadrille, französischer Salontanz des XVIII. Jh.; durch Spanier, Portugiesen, vereinzelt auch durch Engländer nach Lateinamerika transkulturiert und als reiner Gesellschaftstanz zunächst nur in Salons größerer Städte gepflegt. Später entstanden in verschiedenen Staaten ländlich-folklorist. Varianten, die entweder als Basiskomponenten für neue Formen dienten bzw. unverändert Eingang in die regionstypische Musikfolklore fanden, z. B. in Jamaika (als Quadrille), in Brasilien (als Quadrilha) oder bei allerdings stark rückläufiger Tendenz, in Chile, Kolumbien und Mexiko, zur Traditionspflege noch von Folkloregruppen interpretiert werden.
2. Allgemeinbegriff für Vereinigungen oder Gruppen, die musizieren, singen und meist auch tänzerische Darbietungen öffentlich aufführen.

Cuadros Romero, Hilario
* 23.11.1902 Guaymallén (Mendoza), † 8.11.1956 Guaymallén; argentinischer Musiker, Arrangeur, Komponist und Folkloreforscher; profunder Kenner und Erforscher der Musikfolklore Westargentiniens; gründete 1935 in

Trío Cruz – Bienvenido – Villalón: Etikett der A-Seite der N78-Platte Columbia 2314-X »Linda criolla«, erschienen in New York um 1925

Mendoza die Volksmusikgruppe Los → *Trovadores de Cuyo,* die er bis zu seinem Tode leitete; arrangierte aus der anonymen Folklore stammende Themen und wurde durch die Komposition vieler regionaltypischer Stücke wie »Los 60 granaderos« (Cueca cuyana) und »Flor de Guaymallán« (Walzer) bekannt.

Cuándo

alter argentinischer Volkstanz; früher vorwiegend in der Region von Mendoza, teilweise auch in Chile verbreitet; eine Kombination von Menuett (Minué) und → *Gato* darstellend, wobei die Paare auseinander tanzen.

Cuarta

regionaler Name für das in der Volksmusik von Bonaire, Aruba und Curaçao (Niederl. Antillen) häufig gespielte Saiteninstrument → *Cuatro.*

Cuarteta (→ *Redondilla*)

in Spanien und lateinamerikanischen Liedtexten häufig vorkommende metrische Kombination von vier Versen (Zeilen) z. B. in der folgenden Form »Doña Javiera Carrera / bailaba la refalosa / hermosa, fina, valiente / y su mirada orgullosa...« = »Doña Javiera Carrera / tanzte die Refalosa / schön, anmutig, vortrefflich / und ihr Antlitz voller Stolz...«

Cuarteto (Quartett, span.)

Bezeichnung für eine in Lateinamerika weitverbreitete Formation von vier Musikern u./o. Sängern der folkloristischen, populären oder ernsten Musik.

Cuatro

in versch. Ländern Lateinamerikas speziell in der Volksmusik eingesetztes Saiteninstrument mit vier Saiten aus Stahl; häufig mit der Stimmung H-Fis-D-A; sowohl zur Begleitung als auch als reines Soloinstrument dienend; der Gebrauch reicht bis in die Kolonialzeit zurück. Der C. gelangt in der → *Música llanera* Venezuelas und Kolumbiens (eine in der Region Sucre gespielte Variante heißt → *Discante*) sowie in den Küstenregionen von Cumaná (Venezuela), in Puerto Rico (als fünfsaitige Variante) und auf den Niederländischen Antillen (als Cuarta) zum Einsatz; neuerdings wird er von einigen Gruppen und Solisten mit gesamtlateinamerikanischem Repertoire gespielt, u. a. von Isabel → *Parra* zur Begleitung eigener Kompositionen. Bekannte Solisten (Cuatreros) sind u. a. Hermanos → *Chirinos* und Fredy → *Reyna.*

Cuatro, Trío de -

argentinische Vokal- und Instrumentalgruppe; 1969 in Buenos Aires als Sextett gegründet, später in ein Quartett mit drei Gesangssolisten (Sopran, Mezzosopran, Tenor) umgestaltet; unter der Leitung von Eduardo Hernán Gómez entstanden einige LPs mit populärer und folkloristischer Musik, darunter die Titel »Zamba vieja« und »Te recuerdo Amanda«.

Cuatro Brujas, Las - (die Vier Hexen, span.)

chilenisches Vokal- und Instrumentalquartett, um 1963 in Santiago de Chile durch María Edith Casanova, María Teresa Maino, María Paz Undurraga und María Elena Infante (Gitarre) formiert. Durch Einbeziehung der Gitarristin María Cristina Navarro erweiterte sich die Formation zu einem Quintett und nannte sich fortan *Las Brujas*; interpretierte traditionelle und folkloristische Musik im Stile der → *Neofolklore;* unter versch. Labels (u. a. Demón und Arena) entstanden einige LPs, darunter die Titel »Refalosa de las Brujas« und »Mi abuela bailó sirilla«.

4.40, Grupo - (Cuatro Cuarenta)

dominikanisches Vokal- und Instrumentalsextett; 1985 in Santo Domingo durch Juan Luis → *Guerra,* Maridalia Hernández, Mariela Mercado, Roger Zayas, Adalgisa Pantaleón und Mario Hernández formiert; interpretiert mod., zur → *Salsa* tendierende Tanzmusik, in der allerdings der → *Merengue* dominiert; ab 1985 erschienen mehrere LPs, zuerst »Soplando«, gefolgt von »Mudanza y acarreo«, in der u. a. Elemente des → *Flamenco* integriert worden sind.

Cuatro Cuartos, Los -

chilenisches Vokal- und Instrumentalquartett,

um 1963durch Luis Enrique Urquidi, Willy Bascuñán, Jorge Inestroza und Pedro Messone in Santiago de Chile gegründet. Hinsichtlich des zur → *Neofolklore* tendierenden Interpretationsstils das männliche Gegenstück zu den → *Cuatro Brujas* darstellend; Schallplatten entstanden u. a. bei Demón und RCA Victor, darunter die Titel »Doña Javiera Carrera« und »Adiós Santiago querido« sowie eine Serie patriotischer Lieder.

Cuatro Huasos, Los -
chilenisches Vokal- und Instrumentalquartett; 1927 in Santiago de Chile durch Raúl Velasco García, Jorge Bernales Valdés, Fernando Donoso Silva und Carlos Mondaca Kirkman formiert; Vorläufergruppe ist das Cuarteto → *Criollo Chileno.* Das hervorragende Quartett ist die erste chilenische Gruppe, die ländliche Volksmusik (Música campesina) u. a. der Formen → *Cueca chilena* und → *Tonada* im städtischen Ambiente wieder populär gemacht hat, z. T. in von der Gruppe auf ländlichen Exkursionen wiederaufgefundenen und neu arrangierten Versionen darbot und zahlreiche Schallplatten (Label Victor bzw. RCA Victor), darunter die Titel »Corazones partidos« (Cueca) und »Palomita callejera« (Tonada), aufzeichnete.

Cuba, Sexteto -
kubanisches Vokal- und Instrumentalsextett; 1926 in La Habana durch den Sänger und Gitarristen Fernando Collazo mit Enrique García (Claves, Gesang), Anselmo Rodríguez (Tres), Heredio Loynaz (Maracas), Alfredo Rivero (Kontrabass) und Mariano González (Bongoes) formiert; 1933 kam – als Neuheit in derartigen Gruppen – das Piano, gespielt von Armando Valdés, hinzu und die Gruppe nannte sich fortan *Septeto Cuba*. Insbes. wurde durch die sehr populäre Formation der → *Son cubano* interpretiert.

Cuba, Trío -
kubanisches Vokal- und Instrumentaltrio; 1941 in La Habana durch Dannys Ríos (Gesang, Perkussion), Félix Torres (Gesang, Gitarre) und Angel Alday (Gesang, Gitarre, Bandleader) formiert; interpretierte vorwiegend traditionell-landestypische Musik, wobei Titel aus dem Repertoire des Trío → *Matamoros* dominierten; auf Schallplaten versch. Labels (u. a. Areito) erschienen Stücke wie »Mamá son de La Loma« und »Lágrimas negras«.

Cubana de Música Moderna, Orquesta -
kubanisches Orchester für moderne Populärmusik; 1967 auf Initiative des Nationalen Kulturrates (CNC) in La Habana gegründet; die Leitung oblag Armando Romeu; Mitglieder waren u. a. Jesús »Chucho« → *Valdés* (Piano) und Arturo → *Sandoval* (Trompete); unter dem Label Areito entstanden einige LPs, darunter die Titel »Quiéreme mucho« und »Habana«.

Cubarro (Aerophon)
Variante der in der venezolanischen Volksmusik eingesetzten Flöte → *Turá.*

Cubop
in den 40er Jahren des XX. Jh. in den USA aufgekommenes Genre innerhalb des → *Jazz latinoamericano;* vereint in sich Komponenten der kubanischen Populärmusik und des Afro American Jazz (Bebop); hervorgegangen u. a. aus der Zusammenarbeit der Musiker »Chano« → *Pozo* und Dizzy Gillespie; auch die Gruppe → *Machito y sus Afrocubanos* pflegte diese Stilrichtung.

Cuca-arpa (Cuca grande, Arpa cuca)
regionale Variante der kleinen, als Volksmusikinstrument verwendeten Harfe → *Domingacha* mit einem aus Kalebassen gefertigten Resonanzkörper; in ländlichen Ortschaften der peruanischen Provinz Piura gespielt.

Cucalambé, El -
1. Pseudonym des kubanischenVolkssängers Juan Cristóbal → *Napolés F.* 2. alter, seit langem nicht mehr aufgeführter afrokaribischer Volkstanz.

Cucalambé, Conjunto Campesino -
kubanische Volksmusikgruppe; 1968 in Las Tunas unter der Leitung von Santos Parras formiert; pflegt ländliche Musik der Region wie → *Guajira,* → *Son montuno* sowie Populärmusik u. a. der Formen → *Bolero* und → *Cha-cha-chá;* unter dem Label Areito erschienen Schallplatten wie »A buscar mi amor« (Guajira).

Cucamba
1. kolumbianischer Volkstanz dramatischen Charakters, in Ortschaften der Region Mompos aus Anlass des Fronleichnamsfestes aufgeführt. 2. → *Cucumba*

Cucaracha, La -
eines der meistgespielten mexikanischen Volkslieder; aus der anonymen Musikfolklore stammend; soll bereits um 1860 im Rhythmus der damals in Mexiko populären *Varsoviana* interpretiert worden sein. Zur Zeit der Mexikanischen Revolution (1910 – 17) wurde es von der kämpfenden Truppe gesungen und nahm den Charakter eines → *Corrido (3)* an; heute wird es sowohl in der romantischen Form als auch in Arrangements als Rumba, Cha-cha-chá, Mambo usw. in Mexiko, Lateinamerika, in Europa und den USA gesungen und gespielt.

Cuchara (Idiophon)
Esslöffel aus Metall; entweder einzeln rhythmisch auf Tischplatten usw. perkutiert oder im Paar (Cucharas) in einer Hand gegeneinandergeschlagen; der Effekt ist ähnlich dem der Kastagnetten. Das kuriose Instrument wird u. a. in der Volksmusik Chiles (zur rhythmischen Begleitung bestimmter Formen der → *Cueca chilena*), Perus (insbes. Region Lima), Kolumbiens und Venezuelas (in der → *Música llanera*) sowie in Kuba (Musikgruppen der → *Rumba* bzw. des → *Guaguancó*) eingesetzt. Darüber hinaus werden Löffel als Rhythmusinstrumente zur Erzeugung improvisierter Musik, u. a. in Strafanstalten (→ *Cueca carcelera*) benutzt.

Cuchimbalé
kleine Trommel, in der Volksmusik der Indianer des Stammes der Guambiano Kolumbiens eingesetzt.

Cucúas, Los -
indianischer Volkstanz aus Panamá; dem Charakter nach zu den religiös inspirierten dramatischen Tänzen zählend, aus der Kolonialzeit überliefert; auf ländlichen Straßen und Plätzen aufgeführt. Verbreitungszentrum ist die Region von Penonome. Während der einige Stunden dauernden Tanzfestlichkeit werden improvisierte Verse versch. Art gesungen; die Tänzer treten u. a. als Teufel (Diablos) maskiert auf.

Cucumba (Cucamba)
Regionalbezeichnung für eine Volksmusikgruppe im Gebiet von Huila (Kolumbien), die mit Instrumenten wie → *Puerca* Volkstänze (z. B. die → *Rajaleña*) musikalisch begleitet.

Cucumbi (Ticumbi, Bucumbi, Quilombo)
1. zu den dramatischen Volkstänzen Brasiliens zählende Variante der → *Congada,* zur Gruppe der → *Pastorí*-Tänze rechnend und dem → *Congo (1)* sehr ähnlich; heute nicht mehr aufgeführt; wurde u. a. durch → *Ganzá,* → *Chocalho,* → *Adufe,* → *Marimba* und → *Agogô* begleitet. 2. afrobrasilianische Trommel, früher u. a. zur Begleitung von Volkstänzen eingesetzt.

Cueca
(Zambacueca, Zamacueca, Zambaclueca)
in mehreren lateinamerikanischen Ländern weitverbreiteter Volkstanz im 6/8-Takt; reiner Paartanz, bei dem Mann und Frau auseinander tanzen, kleine Sprünge in lebhaftem Tempo ausführen und mit den Absätzen rhythmisch aufstampfen (Taconeo). Das Wort ist von »clueca« (= Henne, span.) abgeleitet und bezeichnet nach Ansicht von Musikwissenschaftlern die choreographische Umsetzung des Liebesspiels zwischen Hahn und Henne. Über den Ursprung der C. gibt es derzeit noch keine eindeutigen Aufschlüsse; einzelne Theorien führen sie auf rein spanisch-kreolische Elemente zurück; eine glaubhaftere Version geht davon aus, dass es sich um die Vermischung kreolischer Kompo-

nenten mit afrolateinamerikanischen und – in geringem Umfang – indianischen Elementen handelt. Als sicher gilt, dass der Vorläufer aller Varianten im kulturellen Umfeld des kolonialen Lima (Peru) im XVIII Jh. entstanden ist. Der in den meisten C.s eingeschaltete Gesang ist mit Melismen angereichert; die Choreographie lässt gewisse Parallelen zur argentinischen → *Zamba* erkennen, Varianten sind → *Cueca* chilena (Chile), → *Cueca* boliviana (Bolivien), → *Cueca cuyana* (Argentinien), → *Marinera* (Peru) und → *Chilena* (Mexiko).

Cueca chilena (chilenische Cueca)
bedeutendste Version der → *Cueca* und Nationaltanz Chiles; im 6/8-Takt konzipiert; beginnt und endet im allgemeinen mit Gesang; oftmals werden am Anfang oder in der Mitte verbindende Worte oder kurze Sätze meist lustigen Inhalts, die sog. »Ripios«, spontan ausgerufen. Musikalisch baut sich die C. auf zwei Sätzen auf, die miteinander verbunden sind; normalerweise besteht sie aus 48 oder 52 Schritten. Vom Text her setzt sie sich aus drei Teilen, der → *Cuarteta,* der → *Seguidilla* und der »Cola« (Schluss) zusammen; der männliche Partner wird *Huaso*, seine Partnerin *China* genannt; beide tragen typische Trachten und halten sog. »Pañuelitos« (Tüchlein, span.) in der Hand, die sie beim Tanzen nach bestimmtem Schema rhythmisch schwenken; mit der anderen Hand rafft die Frau ihren Rock und versucht, den Annäherungsversuchen des Mannes auszuweichen. Häufig klatschen Zuschauer im Takt der Musik, damit ihre Zustimmung zur tänzerischen Leistung der Paare ausdrückend. In Chile wird die C. seit den ersten Tagen der Republik (1818) getanzt; im Laufe der Zeit entstand eine Vielfalt regionaler Varianten, darunter die *C. nortina*, schnelle und rustikale Version mit für den Landesnorden typischer Instrumentierung und aus drei Teilen bestehend; die *C. campesina* – ländliche Form der Zona Central, etwas langsamer und durch Gitarre begleitet; die *C. centrina (C. criolla)* – die für Zentralchile charakteristische Version; die *C. valseada* – in langsamem Tempo gehalten und nicht gesungen, mehr einem Walzer ähnelnd; die *C. de velorio* – eine verschleiert getanzte Form (auf Totenfeiern verbreitet); die *C. larga* – »lange Cueca«, mindestens doppelt so lang wie die Normalversion; die Tänzer bilden eine Runde; die *C. de destreza* – die Teilnehmer müssen eine mit Wein gefüllte Flasche auf dem Kopf balancieren; die *C. cómica* – die Tänzer machen in Worten und Gebärden Untugenden und Gebrechen der Umstehenden lächerlich; die *C. chilota* (Chilota) – auf der Insel Chiloé und in Südchile getanzte Variante mit sehr schnellen Schritten; die *C. chora* – eine C. zwielichtiger Elemente mit Ausdrücken aus dem Gauner-Slang; die *C. caminera* – C. der Gastarbeiter (in Chile mit langer Tradition); die *C. carcelera* – die in Strafanstalten auf primitiven Instrumenten (Tontöpfe, Flaschen, Löffel und Holzplatten) gespielte C.; die *C. prostibularia* – in Bordellen entstandene C., lasziv und mit doppelsinnigen Texten, durch Gitarre, Piano oder Akkordeon begleitet. Die allgemein zur musikalischen Begleitung verwendeten Instrumente sind Gitarre, Akkordeon, Harfe (Arpa), Piano, → *Tormento,* Schlagzeug und der von den Sängern gespielte → *Pandero;* außerdem Löffel (Cucharas), ein oder zwei Kaffeeteller (Platillo chico) und rhythmisches Händeklatschen (Palmas); bekannte Interpreten sind das Dúo Hermanas → *Parra,* Dúo → *Leal – del Campo,* Los Hermanos → *Campos,* Los Hermanos Lagos, Dúo → *Rey – Silva,* Los Hermanos Orellana und Violeta → *Parra;* bedeutende Komponisten u. a. Mario → *Catalán,* Hugo Lagos, Roberto → *Parra,* Hernán Núñez Oyarce, Efraín Navarro und Segundo Zamora. Die Folkloristen Violeta Parra und Rolando → *Alarcón* haben auf Exkursionen in entlegene Gebiete Cuecas aus der anonymen Musikfolklore wiederentdeckt und interpretiert; populäre Titel sind u. a. »Adiós al Guatón Zamora«, »Corazones partidos«, »Cueca a Balmaceda« und »La rosa y el clavel«.

Cueca boliviana
aus der → *Cueca chilena* entstanden, wie diese im 6/8-Takt, aber etwas langsamer, getragener und mit einer zum Melancholischen tendierenden Melodik; in ganz Bolivien verbreitet, meist

mit einer gesprochenen Einleitung (z. B. »Vamos a bailar la cuequita boliviana!« = »Lasst uns die bolivianische Cueca tanzen!«, span.) beginnend; die Tanzpartner haben Tücher (Pañuelos) in der Hand, führen jeweils eine halbe Drehung aus, und erst jetzt beginnt der eigentliche Tanz nach den Instrumenten Gitarre, → *Charango,* → *Bombo,* Akkordeon (meist Knopfinstr.), Konzertina, zuweilen → *Pinkillo.* Die C. boliviana soll bereits um 1850 getanzt worden sein, bekannte Titel sind »La Boliviana« (Antonio Rojas), »Adiós Oruro del alma« (anonym) und »Juana Azurduy« (anonym).

Cueca cuyana
(C. mendocina, Cuyana, Mendocina)
ebenfalls auf die chilenische Cueca zurückgehende Version; langsamer als die Stammform, in ländlichen Regionen der argentinischen Provinz Mendoza (Cuyo) noch heute als Volkstanz verbreitet. Der bekannteste Titel ist »Entre San Juan y Mendoza« (Carlos Montbrun O.); als Begleitinstrumente dienen u. a. Gitarre und → *Bombo,* entsprechend den regionalen Gegebenheiten. Das Dúo → *Gardel – Razzano* hat nach 1914 Titel auf Schallplatten aufgenommen, die heute historische Ton-Dokumente darstellen, z.B. den Titel »La Yegüecita« (1919).

Cuembé → *Bomba (1)*

Cuenca Saldívar, Andrés
* 29.11.1926 Caraguataí, † 30.8.1986 Asunción; paraguayischer Sänger, Musiker (Gitarre) und Liedermacher; hat zusammen mit Ramón → *Vargas Colmán* das Dúo → *Vargas – Saldívar* gebildet, das zu den bekanntesten Interpreten folkloristischer Musik aus Paraguay zählt.

Cuerda (port.: Corda)
1. spanische Bezeichnung für die Saite. 2. in der → *Música llanera* Bezeichnung für die Stimmung eines Saiteninstruments.

Cuestas, Hermanos -
argentinisches Vokal- und Instrumentalduo folkloristischer und populärer Musik aus dem Gebiet von Entre Ríos; 1963 durch Néstor und Rubén Cuestas in Diamante (Entre Ríos) formiert; interpretierte regionstypische Musik in einem eigenwilligen, »canto alado« genannten Interpretationsstil, wobei die → *Chamarrita* dominiert. Die Gruppe trat erstmals erfolgreich auf dem *Festival del Litoral* in Posadas auf; unter dem Label Microfón, teilweise auch mit Orchesterbegleitung, entstanden zahlreiche LPs mit Titeln wie »Entrerriano y de a caballo« und »Candombe chamarritero«. Das Duo gewann eine »Goldene« und eine »Platin«-Schallplatte.

Cueto, Margarita (eigtl. M. Sánchez C.)
* 1900 México-Stadt, † 1977 das.; mexikanische Sängerin; studierte in Puebla Gesang und Piano; gilt als erste Mezzosopran-Stimme Mexikos; interpretierte ernste und populäre Musik; ab 1926 entstanden ca. 2000 Schallplatten, darunter der von Ernesto → *Lecuona* geschriebene Titel »Siboney«.

Cueto, Rafael
* 14.3.1900 Santiago de Cuba, † 7.8.1991 La Habana; kubanischer Volkssänger (Trovador), Musiker (Gitarre, Tres) und Liedermacher; erlernte autodidaktisch das Gitarre-, → *Tres-* und → *Cornetín*spiel; begleitete u. a. die Gebrüder Castillo, Pepe → *Figarola* und wirkte ab 1924 im Trío → *Oriental,* gehörte ab 1925 dem Trío → *Matamoros* als Gitarrist an; unter seinen 11 Kompositionen ist die → *Conga* »Los Carnavales de Oriente« (1928) sehr populär geworden und wird heute noch gespielt.

Cueva, Julio
* 12.4.1897 Trinidad, † 25.12.1975 La Habana; kubanischer Musiker (Trompete), Komponist und Bandleader; spielte mit 10 Jahren in einem Kinderorchester Kornett; ab 1916 das gleiche Instrument in der Banda Musical von Santa Clara, trat später der Musikgruppe von Arquímedes → *Pous* bei und leitete ab 1923 die von ihm formierte *Banda Municipal* von Trinidad; 1929 übersiedelte er nach La Habana, wo er u. a. den Orchestern von Moisés → *Simons* und »Don«

→*Azpiazú* angehörte. In der Zeit zwischen 1934 und 1940 wirkte er in Europa, darunter als Musiker in einem Pariser Cabaret, das später »La Cueva« genannt wurde. Er gehört zu den kubanischen Musikern, die den → *Son cubano* in Europa popularisierten. Mit dem von ihm geleiteten Tanzorchester entstanden zahlreiche Schallplatten, darunter die eigenen Titel »Golpe de Bibijagua« und »Marañón«.

Cueva Celi, Segundo
* 10.1.1901 Loja, † 17.4.1969 Loja; ekuadorianischer Musiker (Violine, Piano, Bandolín) und Komponist folklorist. und populärer Musik. Aus einer Familie mit reicher musikalischer Tradition entstammend und dort auch ausgebildet, trat C. das erste Mal im Alter von 12 Jahren als Pianist auf. Später war er Professor am Kolleg »Bernardo Valdivieso« in Loja und widmete sich ebenfalls der Komposition von Stücken verschiedener Genres, darunter »Corazón que no olvida« (Pasillo) und »Vaso de lágrimas« (Pasillo, 1925).

Cuevas, José Jacinto
* 16.8.1830 Mérida (Yucatán), † 6.5.1878 das.; mexikanischer Musiker und Komponist; von Beruf Lehrer; erhielt seine musikalische Ausbildung bei seinem Vater, Mariano Cuevas, wirkte später als Lehrer am Musikinstitut von Mérida; gilt als Förderer der regional-traditionellen Musik Yucatáns und komponierte zahlreiche populäre Stücke wie den Zyklus »Miscelánea yucateca«, der u. a. die Titel »El torito« und »El Tunkuluchú« enthält.

Cugat, Xavier (eigtl. Francisco de Asis J. Cugat Mingall de Bru y Deulofeo)
* 1.1.1900 San Cugat de Valles (Barcelona), † 27.10.1990 Barcelona; spanisch-lateinamerikanischer Musiker (Violine), Arrangeur, Komponist und Bandleader; bedeutender Musiker der lateinamerikanischen Populärmusik; studierte in Gerona Violine; wandte sich frühzeitig der Populär- bzw. Tanzmusik Lateinamerikas zu, formierte 1935 in Los Angeles (USA) ein Tanzorchester (Xavier Cugat & His Orchestra), das sich insbesondere der → *Música tropical* zuwandte, sich im Interpretationsstil jedoch ständig gängigen Modetrends der Tanzmusik anpasste und später überwiegend im »Waldorf Astoria«-Hotel von New York wirkte. C. widmete sich, durch längeren Aufenthalt in La Habana (Kuba) angeregt, vor allem der kubanischen → *Rumba* und dem karibischen → *Merengue,* Formen, die er in eigenen Arrangements auf die Interessen und Hörgewohnheiten der US-Amerikaner zuschnitt, so fanden dort seine Versionen von »Rhumba rhapsody«, »South«, »El → *Manisero*« und später »Mambo No 8«, teilweise auch mit englischen Texten dargeboten, großen Anklang; in den USA erhielt er auch den Titel »The King of Rumba«. C. leitete zusammen mit weiteren Musikern mit seinen Arrangements, die bewusst nationale Elemente ineinanderfließen lassen (oft mehrere Stilrichtungen in einem Stück, z. B. Rumba und Bolero), den Prozess der Internationalisierung und teilweise auch Verfremdung und Kommerzialisierung der lateinam. Populärmusik ein. Unter verschiedenen Labels (u. a. Victor, Columbia – N78 – und CBS, Mercury und »Harmony« – LPs) entstand eine sehr große Zahl von Schallplatten,

Auf der N78-Platte Columbia-36780 (B) hat Xavier Cugat mit seinem Waldorf-Astoria-Orchester den Samba »Tico Tico« aufgenommen

darunter die Titel »Cachita«, »Madreselva«, »Ay, qué merengue« und »Tequila«.

Cuíca (Puíta, Púita)
brasilianischer Brummtopf; aus einem Holzzylinder von etwa 30 cm Höhe und 15 – 20 cm Ø bestehend; auf der Oberseite mit einem Fell, das in der Mitte ein Loch hat, versehen, durch das ein langer Holzstab geführt wird. Letzterer wird beim Musizieren rhythmisch auf und ab gestrichen, so dass entsprechend den spielerischen Fertigkeiten unterschiedliche Geräusche bis zum imitierten Quieken eines Schweines entstehen. Für die C. werden zahlreiche regionale Namen wie *Omelê* (Rio de Janeiro), *Onça* (Maranhão), *Adufo* (Alagoas), *Roncador, Fungador* und *Socador* verwendet. Das seit dem XVII. Jh. in Brasilien verbreitete Instr. soll durch Holländer eingeführt worden sein; heute ist es zur Begleitung u. a. des → *Samba carioca* unerlässlich; sein Spieler heißt *Ritmista.*

Culebra
1. Volkstanz der mexikanischen Tepchuá-Indianer, dramatisch das Töten einer Schlange symbolisierend; vom Instrument → *Teponaztli* begleitet. 2. afrovenezolanisches Tanzlied, auch *Canto para matar culebra* (Gesang zum Töten der Schlange, span.) genannt; in der Region von Curiepe zur Zeit des Karnevals aufgeführt; durch Trommeln (Tambores) begleitet. 3. in der kolumbianischen Region Magdalena eine kurzzeitige Unterbrechung des Tanzes, um ein alkoholisches Getränk zu sich zu nehmen.

Cullahua (Cullawa, Kullahua, Cullahuada)
peruanischer Volkstanz, in Gemeinden am Ufer des Titicaca-Sees aufgeführt; einer der ausdrucksstärksten und künstlerisch vollendetsten Tänze der Hochebene (Altiplano); stets im Rahmen religiöser Feiern von Männern und Frauen getanzt. Die Begleitmusik wird von Volksmusikgruppen des Typs → *Banda (2)* dargeboten, die sich auch moderner Instrumente wie Saxophon, Posaune und Kornett bzw. auch der Flöte bedienen, auch werden Trommeln und Triangel benutzt.

Cullcull → *Küllküll*

Culo-en-tierra (Culoentierra)
eine halbe Kokosschale, die, mit einem Pergament bespannt, bis zum oberen Rand in die Erde eingegraben und beim Musizieren mit zwei Stäbchen perkutiert wird; kleinste Trommel der Volksmusik Venezuelas, nur regional (afrovenezolanische Musiker) benutzt.

Culta, Música- → *Música culta*

Cultrún → *Kultrún*

Cumaco (Macizo, Burro negro, Campanita, Pujo, Curbata, Piano) große zylindrische Trommel, aus dem ausgehöhlten Stamm eines Ceiba-Baumes, meist über 2 m lang, mit etwa 50 cm Ø und mit nur einem Fell bespannt; wird beim Musizieren horizontal auf den Boden gelegt und entweder mit der Hand oder mit Schlägeln perkutiert. Das afrovenezolanische Instrument wird von der schwarzen und Mischlingsbevölkerung der Küstenregionen Venezuelas (Ocumare, La Sabana, Barlovento usw.) zur rhythmischen Begleitung traditioneller Volkstänze eingesetzt, oft zusammen mit der → *Mina.*

Cumaná, Comparsa -
afrovenezolanische Musik-, Gesangs- und Tanzgruppe vom Typ einer → *Comparsa;* in Cumaná durch María Magdalena Rodríguez de Fuentes mit insges. 25 Mitgliedern gegründet; interpretierte vorwiegend zur Karnevalszeit Musik aus dem Ostteil Venezuelas.

Cumanana
in der afroperuanischen Volkskultur verankerte Form vierzeiliger bzw. achtsilbiger Verse, zur lyrisch-musikalischen Tradition der Afroamerikaner Perus gehörend. Ihre Entstehungszeit reicht in die Epoche der Sklaverei zurück; Nachforschungen ergaben, dass die C. aus der Region von Piura (Orte Catacaos, Chulucanos, Huancabamba und Morropón) stammt und auch zum Repertoire fahrender Sänger gehörte. Der Folkloreforscher Justino Ramírez A. publizier-

te unter dem Titel »Cumananas piuranas« eine Sammlung dieser Form. Nicomedes → *Santa Cruz G.* sang und rezitierte diese Verse und gründete eine Folkloregruppe gleichen Namens.

Cumanana, Conjunto -
afroperuanische Folkloregruppe; 1965 in Lima durch Nicomedes → *Santa Cruz G.* gegründet. Die aus etwa 20 Mitgliedern bestehende Formation interpretierte nahezu alle Formen der afroperuanischen Musikfolklore wie → *Landó,* → *Zaña,* → *Panalivio* und → *Cumanana;* unter dem Label Virrey erschienen einige LPs, darunter der populäre Titel »Belén Cochambre«.

Cumbacúm
ein in den 50er Jahren des XX. Jh. in Kuba geschaffener Modetanz; Kombination verschiedener Formen, u. a. der → *Cumbia* mit einheimischen Formen; war nur kurzzeitig populär.

Cumbé
früher u. a. in Kuba von den Afrokubanern aufgeführter Tanz rein afrikanischen Ursprungs.

Cumbée
im XVII. Jh. in Mexiko (Nueva España) aufgeführter Salontanz; heute vollkommen in Vergessenheit.

Cumbia (von »cumbé« = Tanz, afrikanisch)
mestizisch-afrokolumbianischer Volkstanz im 2/4-Takt, existiert in verschiedenen Versionen, sowohl gesungen als auch rein instrumental interpretiert 1. *Cumbia colombiana* rein folkloristische Form aus Kolumbien, nur in Gebieten der Atlantikküste (Atlántico, Bolívar, Sucre, Córdoba und Teile von Magdalena) verbreitet; die daraus entstandene Tanzmusikform wird landesweit gespielt und verbreitete sich in ganz Lateinamerika. Der Rhythmus ist getragen, der Tanz erotisch orientiert. Als Begleitinstrumente wurden zunächst → *Gaita (2),* → *Caña-demillo,* → *Maracas* und → *Tamboril* benutzt; später kamen Akkordeon, Gitarre und weitere Trommeln hinzu; neuerdings gelangen auch Trompete, Saxophon, Kontrabass und Elektroinstrumente zum Einsatz. In der Originalversion eröffnet meist ein Ausruf (z. B. »Eta e la cum-

Das Ballet Folklórico Nacional de Panamá führt eine Cumbia darientita, eine der eindrucksvollsten Cumbia-Varianten, auf (Photo: Gentileza Instituto Nacional de Cultura)

bia! Je!«) die Musik; beim Tanz tragen die Frauen brennende Kerzen. Bekannte Komponisten neuzeitlicher Cumbias sind u. a. José → *Barros* (»Navidad negra«), »Lucho« → *Bermúdez,* »Pacho« → *Galán* und Clímaco → *Sarmiento;* zahlreiche Titel entstammen der anonymen Musikfolklore; zu den populären Interpreten gehören u. a. Leonor → *González Mina,* die *Combo Sampuesano*, ferner die Orchester von Pacho Galán und Lucho Bermúdez sowie Los → *Corraleros de Majagual.* Unterdessen ist die C. im Ausland, wo sie auch als eine Basiskomponente für die → *Salsa* diente, einer starken Kommerzialisierung unterworfen worden. 2. *Cumbia panameña* aus der kolumbianischen Ursprungsversion entstanden; Bestandteil der Musikfolklore Panamas (Region Darién – Variante *Cumbia darienita*, Region La Chorrera – *C. chorrereña* u. a. Varianten); generell als Rundtanz mit regional differenzierter Choreographie aufgeführt; zur musikalischen Begleitung gehören als wichtigste Instrumente das Akkordeon, ferner Violine u./o. → *Rabel,* → *Mejorana* und → *Tambor.* 3. *Huayno-Cumbia* → *Chicha*; auch in Gebieten der Pazifikküste Kolumbiens, Ekuadors und Nordperus verbreitet, ohne jedoch zur regionalen Musikfolklore zu gehören. Weitere regionale Tanzmusikformen Paraguays (→ *Cachaca*), Boliviens (→ *Taki-taki*) und anderer lateinamerikanischer Länder basieren auf dem rhythmischen Grundkonzept der Cumbia, so auch eine Version, die in der → *Música norteña* Mexikos Verbreitung fand.

Cumbiachi
eine von der chil. Musikgruppe Los Tres Reales um 1974 geschaffene Tanzform, die Elemente der kolumbianischen → *Cumbia,* der chilenischen → *Tonada* und des mexikanischen → *Corrido (3)* enthält; fand nur wenig Verbreitung.

Cumbiamba
der kolumbianischen → *Cumbia* weitgehend ähnlicher Volkstanz; der markanteste Unterschied zu letzterer besteht darin, dass die C. nicht mit brennenden Kerzen getanzt wird; ursprünglich von armen Bewohnern der Atlantikküstenregion Kolumbiens aufgeführt; die musikalische Begleitung erfolgt durch → *Flauta,* → *Tambor,* → *Bombo,* → *Llamador,* → *Maracas* und → *Guacho.* Oftmals trägt eine Tanzfestlichkeit im Einzugsgebiet der → *Música vallenata* und weiterer Gebiete, auf der die Tänze Cumbia, → *Bullerengue,* → *Mapalé* und → *Porro* zur Aufführung gelangen, ebenfalls die Bezeichnung *Cumbiamba.*

Cumbiambero
in Kolumbien und Panamá gebräuchliche Bezeichnung für Tänzer, Musiker und Sänger von → *Cumbia* bzw. → *Cumbiamba.*

Cumbiero
kleine Trommel, die in der Volks- und Populärmusik Panamas insbesondere zur rhythmischen Begleitung der → *Cumbia panameña* eingesetzt wird; Verbreitungszentrum ist die Provinz La Chorrera.

Cumbión
kolumbianischer Modetanz, geschaffen um 1960; enthält vorwiegend Komponenten der → *Cumbia;* durch Hinzufügen von Kadenzen des → *Paseo* wurde das musikalische Tempo akzeleriert; zu den Interpreten gehörte u. a. die lateinamerikanische Tanzmusikruppe Los → *Wawancó.*

Cumbre, Trío -
paraguayisches Vokal- und Instrumentaltrio der Populärmusik, 1974 in Buenos Aires als *Trío Sombra* durch Juan Cristaldo (Requinto), Julio César Alvarez (Gesang) und Oscar Rivarola (Harfe) formiert; hat 1975 den 1. Preis des Wettbewerbes aus Anlass der 50-Jahr-Feier der → *Guarania* gewonnen; die Gruppe veröffentlichte 12 LPs.

Cumbreños, Los -
paraguayische Vokal- und Instrumentalgruppe typischer und populärer Musik, 1977 in Asunción als Quartett durch Antonio Ovelar (Requinto und Director), Emi Aiub, Juan Ángel Echague und Ángel Chávez formiert; später ka-

men, jedoch weiter unter der Leitung von Ovelar, neue Musiker hinzu. Diese Gruppe widmete sich der traditionellen und neueren Musik mit gewissen Anklängen an die → *Neofolklore*; unter verschiedenen Labels entstanden LPs mit Titeln wie »Himno de la Independencia« und »Recuerdos de Alberdy«.

Cumina → *Kumina*

Cumparsita (La)
eine der populärsten und signifikantesten, bis heute weltweit gespielten Kompositionen eines → *Tango;* 1917 durch den uruguayischen Musiker Gerardo Hernán → *Matos Rodríguez* geschaffen; später durch Pascual → *Contursi* und Enrique P. Maroni ohne Einwilligung des Urhebers modifiziert und unter dem Titel »Si supieras« als eigene Komposition der letztgenannten Musiker in Buenos Aires herausgebracht; der ursprüngliche Titel konnte sich jedoch durchsetzen.

Cumplido, Alberto
* 1957 Santiago de Chile; chilenischer Gitarrist; studierte bereits mit 7 Jahren Gitarre an der Chilenischen Universität, später bei Abel Carlevaro (Uruguay); der sehr begabte Musiker beteiligte sich u. a. am Gitarrenfestival in Fort-de-France (Martinique, 1981).

Cunculcahue (Künkülkawe)
doppelter Musikbogen mit jeweils einer groben Saite u. a. aus dem Rohrgras Coligüe bespannt. Beim Musizieren werden beide Bogen kreuzförmig mit den Saiten aneinandergerieben, wodurch ein kratzender Ton entsteht; zur Begleitung eines → *Rogativo* von den araukanischen Bewohnern Chiles und Argentiniens (Neuquén und Río Negro) verwendet; die Verbreitung des Instruments ist rückläufig.

Cuncumén, Conjunto -
chilenische Vokal- und Instrumentalgruppe; 1955 in Santiago de Chile durch den Sänger und Liedermacher Rolando → *Alarcón S.* mit zunächst 7 Mitgliedern gegründet; eine der hervorragendsten und authentischsten chilenischen Volksmusikgruppen, deren Interpretation von Liedern und Tänzen aller geographischen Zonen Chiles (einschl. der Osterinsel) in Arrangement und Instrumentierung von einem unverwechselbaren Charakter der Darbietung durchdrungen war. Keiner der zahlreichen Nachfolgegruppen ist es bislang gelungen, dieses hohe künstlerische Niveau wieder zu erreichen. C. setzte sich anfangs aus Studenten bestimmter Sonderkurse der Universität von Chile zusammen, Direktor war Rolando Alarcón; zu den weiteren Mitgliedern gehörten u. a. Víctor → *Jara* und die Sängerinnen Olga Pizarro und Eugenia Pereira. Die zur musikalischen Begleitung verwendeten Instrumente reichten von der Harfe (Arpa) bis zur ländlichen Gitarre. 1957 wurde eine Europatournee (Berlin, Moskau, Paris, Sofia, Wien) unternommen; unter dem Label Odeon entstanden innerhalb der Reihe »El Folklore Chileno« 10 LPs mit Titeln ausschließlich der chilenischen Musikfolklore, die von den Mitgliedern der Gruppe auf Forschungsreisen durch das ganze Land gesammelt und neu arrangiert wurden, dazu gehören u. a. die Titel »Pae miti« (Vals pascuense), »Contigo me voy (Sajuriana), »El Pequén«, »Las tres Carrera« (Cueca) und »Adiós prenda idolatrada« (Tonada).

Cuní, Miguelito (eigtl. Miguel Cunill)
* 8.5.1920 Pinar del Río, † März 1984 La Habana; kubanischer Sänger, Musiker, Komponist und Bandleader; begann um 1934 als Sänger im Orchester *Yamilé*, wirkte 1938 in der Formation von Ernesto Muñoz, später bei Antonio → *Arcaño,* im *Septeto Caridad* von »Niño« → *Rivera,* bei Arsenio → *Rodríguez* (1940), bei Beny → *Moré* im Orchester von »Bebo« Valdés und später längere Zeit bei Félix → *Chapottín* sowie als Leiter einer eigenen Formation. C. gilt als einer der hervorragendsten Interpreten des → *Son cubano* neuerer Prägung; seine eigenwillige Stimme gab Titeln wie »Iloro Changó«, »Lazareño« und »El Taracumbe« das Gepräge; unter diversen Labels entstanden zahlreiche Schallplatten.

Cununú (Cununo, Tambor caucano)
mit Affen- oder Hirschfell bespannte konische Einfelltrommel; in zwei Ausführungen existierend: als große – C. macho – etwa 1 m hoch mit einem Ø von 50 cm und als kleine Trommel – C. hembra – etwa 70 cm hoch mit 30 cm Ø. Das Instrument wird in der Volksmusik Kolumbiens (Pazifikküste) gespielt.

Cuñaos, Los -
venezolanische Vokal- und Instrumentalgruppe; um 1970 in Caracas durch den Musiker Ali Agüero formiert. Das aus 10 Mitgliedern bestehende Ensemble interpretierte mit den Instrumenten Flöte, → *Cuatro,* Mandoline, Kontrabass, Akkordeon und Gitarre landestypische Musik in tanzbaren Versionen; unter dem Label CBS erschienen einige LPs, darunter die Titel »Barlovento« und »Ruperta«.

Cuplé (Couplet)
deklamiertes Strophenlied mit burleskem bzw. satirischem Inhalt, der sich meist auf aktuelle Begebenheiten bezieht; die Ende des XIX. Jh. in Frankreich populäre Liedgattung gelangte über Spanien nach Lateinamerika, wo sie, in Operetten, im Kabarett, auf Straßen und Plätzen gesungen, in den 20er und 30er Jahren des XX. Jh. den Höhepunkt ihrer Verbreitung erreichte. Eine bekannte kubanische Interpretin des C. war Rita → *Montaner;* in Kolumbien wird bestimmten Tanzliedern, vor allem dem → *Bambuco,* zuweilen ein C. pikaresken, satirischen oder frivolen Charakters vorangestellt.

Curaçao, Combo -
Tanzmusikgruppe von den Niederländischen Antillen; nach 1960 in Willemstad (Curaçao) durch Eric La Cross (Piano, Hammondorgel, Bandleader) formiert; interpretierte Tanzmusik der Karibik, die in ihren Arrangements auf landestypische Musiziergewohnheiten zugeschnitten ist; die Titel »Conta Bai« und »Dutch Romance« erschienen auf LPs des Labels Delta.

Curacas, Conjunto Los -
chilenische Vokal- und Instrumentalgruppe; um 1971 im Rahmen der Bewegung des Neuen Chilenischen Liedes als Gruppe *Los de la Peña* gegründet, später umbenannt. Die mit den Musikern Mario Necochea (Charango), José Camus (Quena), Ricardo Yocelevzky (Quena), Carlos Necochea (Perkussion), Alberto Zapicán (Perkussion) und Pedro Aceituno (Gitarre) wirkende Formation pflegte Formen der Musikfolklore Nordchiles; unter dem Label Dicap erschienen einige LPs, darunter die Titel »Cachimbo« und »Trote en Quelga«. 1977 gewann die Gruppe den »Premio Alerce« für das Lied »Sombrero de Sao«.

Curacha
regionale Variante des → *Punto panameño.*

Curbata
1. → *Cumaco* 2. Bezeichnung für eine Batterie, die aus drei afrovenezolanischen Rundtrommeln (Tambores redondos) – Corrío, Tambor cruzao und Tambor pujao – besteht und die in der Volksmusik der Küstenregionen Venezuelas zum Einsatz gelangt.

Curbelo, José Silvio
* 17.2.1917 La Habana; kubanischer Pianist, Bandleader und Komponist der Populärmusik; gehörte zu den Mitgründern des Orchesters → *Riverside* und ging 1939 in die USA (New York), wo er sich dem Orchester von Xavier → *Cugat* und weiteren Formationen anschloss. 1941 formierte er eine eigene Band, mit der er in zahlreichen Kabaretts und Konzertsälen New Yorks auftrat und zahlreiche Schallplatten (vorwiegend Alegre Records) produzierte. 1959 zog er sich vom aktiven Musizieren zurück.

Curi, Ivon José
* 5.6.1929 Caxambú (Minas Gerais); brasilianischer Sänger des → *Samba* und anderer Formen; begann seine Laufbahn 1944 bei Rádio Nacional, wurde in der Folgezeit durch Auftritte in ganz Brasilien und später in Portugal sowie in verschiedenen Ländern Lateinamerikas sehr populär. Seine Titel »Pisa na fulô« und »Tarantela napolitana« erschienen auf Schallplatten.

Curiel Braba, Gonzalo »Chalo«
* 10.1.1904 Guadalajara (Jalisco), † 4.7.1958 México-Stadt; mexikanischer Pianist, Komponist und Bandleader; begann seine Musikstudien im Alter von 13 Jahren, widmete sich später medizinischen Studien; übersiedelte 1927 nach México-Stadt, wo er um 1931 seine künstlerische Laufbahn begann; arbeitete bei Alfonso → *Ortiz Tirado* als Pianist und komponierte Stücke der Populärmusik und gehörte versch. Musikgruppen an. C. ist Vertreter eines leicht melancholischen Kompositionsstils, seine Titel lassen z. T. den Einfluss nordamerikanischer Tanzmusik erkennen; seine bekannteste Arbeit, der Bolero »Vereda tropical«, 1936 entstanden, gehört zum Standardrepertoire lateinamerikanischer Gruppen und Orchester; weitere Titel sind »Tú« (1936), »Morena linda« und »Di que es mentira« (1958); auch als Schöpfer von Filmmusik (u. a. für »Payasadas de la vida«, 1936) trat C. in Erscheinung. Mit seinem 1956 gegründeten Orchester unternahm er ausgedehnte Auslandstourneen und produzierte Schallplattenaufnahmen.

Curitibano
brasilianischer Volkstanz der Region von Campo Largo (Curitiba/Paraná); Abart des → *Fandango (4);* als Rundtanz überwiegend durch unverheiratete Paare aufgeführt.

Curruca (Saiteninstrument)
regionale Variante einer → *Bandola* bzw. einer Laute (Laúd); 6-sait. Volksmusikinstr., dessen Korpus aus dem Panzer eines großen Gürteltieres gefertigt ist und das mit einem Plektrum bzw. einem einfachen Federkiel gespielt wird; in Kolumbien und Venezuela vorwiegend von indianischen Musikern benutzt, die darauf mestizische Volksmusik spielen.

Currulao
einer der wichtigsten und typischsten Volkstänze der schwarzen und Mischlingsbevölkerung der pazifischen Küstenregion Kolumbiens und Ekuadors (Gebiet von Esmeraldas); ein bewegter, erotisch inspirierter Tanz, in der Kolonialzeit entstanden. Von kirchlichen Behörden wurde er oft als »die Moral gefährdend« verboten. Hauptbegleitinstrument ist die → *Marimba (1),* dazu werden häufig zwei Trommeln → *Cununú,* eine → *Tambora* oder ein → *Bombo* sowie ein → *Redoblante* als rhythmische Basis eingesetzt; zur Musik wird zuweilen auch in einfachen Strophen gesungen.

Currumba
regionale Variante des kolumbianischen → *Bambuco;* mit einer eigenen Choreographie in andinen Regionen des Landes aufgeführt.

Curucaye String Orchestra, The -
(Grand Curucaye String Orchestra)
anglokaribische Formation der traditionellen Instrumentalmusik, in den 40-er Jahren des XX. Jh. in Santa Cruz (Trinidad) als sog. → *String Band* organisiert, erreichte ein hohes künstlerisches Niveau. Mit den Instrumenten → *Bandola,* Violine, Flöte, Gitarrae, → *Cuatro (3),* Cello, Kontrabass und Piano interpretierte man Genres des venezolanischen Kulturerbes (Paseos, Parrandas, Valses, Mazurcas). Auf Schallplatte wurden Titel wie »Caracas« (joropo), »Galerón D Mayor«, »Salutation« (serenal) und »Amba Cailla« (Calypso) aufgenommen.

Curugú
Trommel primitiver Bauart; in der Volksmusik der Guaraní-Indianer Paraguays und Brasiliens benutzt.

Curuqué
primitive Trompete, die in der Volksmusik einiger Indianerstämme Brasiliens gespielt wird.

Cururú (C. rural, Maião)
brasilianischer Rundtanz im 2/4-Takt; in ländlichen Gebieten u. a. der Bundesstaaten São Paulo und Minas Gerais aufgeführt, heute fast in Vergessenheit geraten; durch Händeklatschen und Schuhplatteln (Sapateio) sowie Gesang be-

gleitet; als Begleitinstrumente kommen → *Machete (1)*, → *Adufe* und → *Reco-reco* zum Einsatz. Heute ist eine im kulturellen Umfeld der Städte entstandene Variante, der *C. urbano*, verbreitet.

Curveta
aus einem Fass hergestellte und mit den Händen perkutierte Einfelltrommel; in der afrovenezolanischen Volksmusik der Region von Barlovento, jedoch auch in der Tanzmusik, gespielt.

Cusillo → *Kusillo*

Cusuco
regionale Variante des Brummtopfes → *Zambumbia;* das Instrument ist bei geringerem Durchmesser höher als die Stammform und wird in der Volksmusik Kolumbiens gespielt.

Cut Drum
afrolateinamerikanische Trommel; im Komplex der → *Big Drum Dances* auf Grenada und anderen anglokaribischen Inseln eingesetzt; identisch mit dem → *Premier* der → *Tumba Francesa.*

Cutilada
regionale Bezeichnung für eine brasilianische Instrumental- oder Chorgruppe im Landesinnern (Sertão) von Paraíba und Pernambuco, die bei Volksfesten religiöser Inspiration auftritt; im allgemeinen aus 2 Flöten (→ *Pífano*), einer Trommel (→ *Zabumba*) und einem weiteren → *Tambor* bestehend; mehr und mehr werden derzeit Akkordeon (Sanfona) oder Konzertina gespielt. Generell wird in der Nähe von Kirchen musiziert bzw. werden diese marschierend-musizierend umrundet.

Cutumay Camones, Grupo -
salvadorenische Vokal- und Instrumentalgruppe; 1982 im Umfeld der Streitkräfte der FMLN gegründet. Unter Einbeziehung traditioneller Elemente der zentralamerikanischen Musikfolklore interpretierte sie Titel mit sozialkritisch-politischer Thematik, so »Anastacio Aquino« und »Radio Venceremos«; eine LP erschien bei Enigrac (Nikaragua).

Cutumba, Conjunto -
kubanische Volksmusikgruppe; 1959 in Santiago de Cuba zunächst unter dem Namen *Conjunto Folklórico de Oriente*, der später (1979) geändert wurde, gegründet. Unter der Leitung von Milián Galí, später Roberto Sánchez, werden regionale Volkstänze wie → *Tahona,* Yantó, Gagá u. a. arrangiert und interpretiert. Bei Areito entstanden einige Schallplatten, darunter der Titel »Pregones callejeros«.

Cux
Volksfest im mexikanischen Bundesstaat Campeche mit Musik und folkloristischen Tänzen (nach Otto Mayer-Serra).

Cuyaca → *Kuyaka*

Cuyana
häufig gebrauchte Bezeichnung für die → *Cueca cuyana.*

Cuyaylia
ekuadorianisches Tanzlied der indianischen und mestizischen Bevölkerung; die dazu gespielte Begleitmusik ist traurig-melancholisch.

Cuyos, Los -
argentinische Vokal- und Instrumentalgruppe; 1956 durch Clemente Cancillo in Mendoza gegründet; Nachfolger der im gleichen Jahr aufgelösten Los → *Trovadores de Cuyo.*

Cy, Quarteto Em -
brasilianisches Vokalquartett der Populärmusik; 1963 in São Salvador (Bahia) durch die Schwestern Cybele (* 1940), Cylene (* 1946), Cyva (* 1939) und Cynara de Sá Leite (* 1945) formiert; interpretierte vorwiegend Titel der Formen → *Samba* und → *Ciranda;* begleitet von Musikgruppen wie → *MPB-4* entstanden zahlreiche Schallplatten mit Titeln wie »Bom dia amigo«, »Nosso mal« und »Macunaima« (Label Elenco, Philips u. a.).

D

D'Aida, Cuarteto -
kubanisches Vokalquartett; als reine Frauengruppe 1952 in La Habana durch Aida → *Diestro* mit Elena → *Burke,* Moraima Secada sowie den Schwestern Haydée und Omara → *Portuondo* formiert; leistete bis Anfang der 70er Jahre des XX. Jh. einen großen Beitrag zur weltweiten Verbreitung kubanischer Populärmusik; Gastspiele in Mexiko, Südamerika und Europa; es wurden zahlreiche Schallplatten (u. a. bei RCA Victor, Panart und Areito) produziert. 1989 setzte die Gruppe mit Silvia Mirbal, Salomé Choy und María Estela Estévez ihre Aktivitäten erneut fort.

D'Arienzo Amendola, Juan »Rey del Compás«
* 14.12.1900 Buenos Aires, † 14.1.1976 das.; argentinischer Sänger, Musiker (Violine), Komponist und Bandleader; zu den bekannten Vertretern des → *Tango* gehörend. Mit dem von ihm geleiteten Typischen Orchester (→ *Orquesta Típica*/Argentinien) wurden etwa 40 LPs (Labels RCA Camden bzw. RCA Victor), darunter die Titel »Bien porteño« und »Adiós corazón« produziert; er schrieb ferner zahlreiche Stücke, meist Tangos, wie z. B. die Titel »Tigre Millán« und »Vino triste«.

D'León, Oscar
(eigtl. Oscar Emilio Lean Simoza)
* 11.7.1943 Caracas; venezolanischer Sänger, Musiker (Kontrabass, Perkussion), Arrangeur, Komponist und Bandleader; spezialisierte sich, inspiriert durch seine Vorbilder Beny Moré und Eddy Palmieri, nach 1970 auf die Mischform → *Salsa,* die er mit seiner Musikgruppe *Oscar D'León y su Salsa Mayor* interpretierte; komponierte u. a. die Titel »Junto pa' gozar« und »Riquití«. Unter versch. Labels, darunter Top Hits, entstanden 14 LPs; weiterhin wurden mit der Gruppe → *Dimensión Latina* weitere 7 LPs produziert.

Dadoo (Schüttelidiophon)
den → *Maracas* ähnliches Instrument; in der Volksmusik bestimmter Regionen Venezuelas eingesetzt.

Dagha Sapaico, Zenobio
4.4.1920 Chupuro (Huancayo); peruanischer Musiker, Arrangeur, Komponist und Bandleader; gehörte bereits mit 10 Jahren einem Orchester andiner Volksmusik in Huamanmarca an; begann mit 17 Jahren ein dreijähriges Studium bei einem chilenischen Musikprofessor und eignete sich später autodidaktisch weitere Kenntnisse an; musizierte seit 1940 in der durch Pablo Pastor Díaz geleiteten Gruppe *Los Aborrecidos*; übernahm 1949 die Leitung des Ensembles *Embajada de Arte Popular* in Junín und brachte im gleichen Jahr seine erste Komposition, »Mi Huancayo«, heraus, der bisher mehr als 400 Titel der Formen → *Huayno,* → *Muliza,* → *Huaylas* u. a. folgten. 1950 gründete D. in Huancayo das andine Volksmusikorchester *Juventud Huancaína,* mit dem er zahlreiche LPs produzierte.

Dahomé, Grupo -
afrokubanische Vokal-, Tanz- und Rhythmusgruppe, in Ciego de Avila durch den Musiker Luis Morell gegründet. Die generell aus Landarbeitern bestehende Formation – Nachkommen haitianischer Einwanderer – pflegt folkloristische Traditionen des afrohaitianischen Kulturerbes.

Dahomey
zum Komplex des → *Vodú* gehörender Volkstanz Haitis, mit Beginn der Sklavendeportationen aus der afrikanischen Region gleichen Na-

mens auf die Insel transkulturiert; rhythmisch begleitet von den drei magischen Trommeln → *Rada.*

Dalmar, Alvaro (eigtl. A. Chaparro Bermúdez)
* 7.3.1919 Bogotá; kolumbianischer Musiker (Gitarre, Tiple), Arrangeur, Bandleader und Komponist; studierte zunächst in Wien, später in den USA und war Schüler des spanischen Gitarristen Andrés Segovia. D. gilt als bester Gitarrist Kolumbiens; gründete 1940 die → *Estudiantina Los Cuatro Diablos* und später das *Quinteto Dalmar* und das *Trío Dalmar* (1947), gab zahlreiche Auslandsgastspiele und produzierte – als Solist bzw. mit den von ihm geleiteten Formationen – zahlreiche Schallplatten (u. a. bei Seeco, Verne und Sonolux), die u. a. auch seine Kompositionen »Debemos separarnos« (Pasillo), »Guabina de Salustiana« und »Al caer de la tarde« (Bambuco) sowie den überaus populären Bambuco »Bésame morenita« enthalten.

Dama
1. Allgemeinbez. für den weiblichen Tanzpartner in Paartänzen. 2. spitzbübisch-lustiger Tanz; im kolonialen Mexiko (Nueva España) im XVIII. Jh. insbes. in Musiktheatern der großen Städte aufgeführt.

Damirón y Chapuseaux
puertorikanisch-dominikanisches Vokal- und Instrumentalduo; in den 50er Jahren durch Frank Damirón (Piano) und »El Negro« Chapuseaux (Gesang) formiert; hat in der karibischen Tanzmusik durch die Interpretation u. a. der Formen → *Son,* → *Guarachà* und → *Bolero* große Popularität erlangt; Schallplatten entstanden u. a. bei Montilla, Ansonia, Seeco und Fragoso, darunter die Titel »La Maricutana«, »Merengue de frac« und«La Jicotea«, die durchweg von einer durch D. y Ch. geleiteten Musikgruppe begleitet wurden.

Dan, Leo »Trovador de América«
(eigtl. Leopoldo Dante Teves)
* 1945 Atamisqui; argentinischer Sänger und Liedermacher; sang zunächst in Jazz-, Rock- und Twist-Gruppen, widmete sich später dem balladenhaften Lied, zu dem er die Texte selbst schrieb; schuf mehr als 1000 Titel; erster größerer Erfolg war das Lied »Celia«; der seit 1966 in Mexiko lebende Sänger produzierte 20 LPs u. a. bei CBS und Caytronics, darunter die Titel »Fanny« und »Por un caminito«.

Dança → *Danza*

Dança de Santa Cruz
portugiesisch-brasilianischer Volkstanz religiöser Inspiration; Äquivalent der *Danza de Santa Cruz* spanischsprachiger Länder; wird bei stark rückläufiger Tendenz nach dem Verlassen der Kirche auf Straßen und Plätzen im Kreis getanzt; dazu werden religiös motivierte Lieder gesungen; zur musikalischen Begleitung durch die → *Viola* wird rhythmisch in die Hände geklatscht und auf den Fußboden aufgestampft.

Dance → *Danza*

Dancehall (Dance Hall)
1. Mischform aus HipHop und Reggae, entstanden Mitte der 80er Jahre in Jamaika. Als erster Dancehall-Titel gilt »Under Me Sleng Teng« von Wayne Smith (1986). 2. Tanzveranstaltung in Jamaika, zumeist im Freien, die auch eine wichtige Rolle als lokale »Nachrichtenbörse« spielt.

Dandão
brasilianischer Volkstanz, zur Gruppe des → *Fandango (4)* gehörend; bei rückläufiger Tendenz in den Bundesstaaten Rio Grande do Sul, Paraná und São Paulo aufgeführt; seine Choreographie gleicht der der Polka.

Dantas, Zé (eigtl. José de Sousa Dantas Filho)
* 27.2.1921 Carnaíba (Pernambuco), † 11.3.1962 Rio de Janeiro; brasilianischer Musiker, Komponist und Folkloreforscher; zu den bedeutendsten Schöpfern typischer Musik Nordostbrasiliens, insbes. der Form → *Baião* gehörend. Einen großen Teil seiner Komposi-

tionen schuf D. zusammen mit Luíz → *Gonzaga,* den er 1947 kennenlernte und die letzterer zumeist auch interpretierte, dazu gehören u. a. die Titel »A dança da moda« (Baião, 1950), »Xote das meninas«, »São João na Roça« (Marcha junina, 1952), »Xô pavão« (Toada), »Samarica parteira« (Canção sertaneja) und »Sabiá«.

Danúa → *Bomba (1)*

Danza (port.: Dança, engl./franz.: Dance)
1. Allgemeinbezeichnung für jeden nach bestimmten choreographischen Regeln bzw. individuell ausgeführten Tanz, Volkstanz (D. folklórica), Salontanz (Danza de salón) usw.; auch für die zur rhythmisch-melodischen Begleitung eingesetzte Musik verwendeter Begriff. Hinsichtlich der Ausführungsform werden z. B. Paartänze (→ *Danza de pareja*), Kollektivtänze (→ *Danza colectiva*), Tänze, an denen nur Frauen bzw. Männer beteiligt sind, Kindertänze (D. infantil) sowie Einzeltänze, oft mit individueller Choreographie, unterschieden. Es kann in Reihen (cadenas oder filas), im Kreis (ronda) usw. getanzt werden; die Anlässe können weltlicher oder religiöser Natur sein. In Lateinamerika schuf sich die höhere Gesellschaft eigene Tänze (→ *Danza de salón*), die zumeist auf europäischen Vorbildern (oft höfische Tänze) aufbauten oder unverändert übernommen wurden; die Tanzfiguren sind oft reserviert, steif und wenig gefühlsbetont. Die sog. »niederen Stände«, Bauern, Handwerker, Arbeiter, vor allem die Afrolateinamerikaner und Indianer bzw. Mischlinge (Mestizen) hingegen pflegten Formen, die im Ausdruck direkter, offener und bei weitem lustiger und ungezwungener waren. Letztere waren es auch, die zur Entwicklung und Erhaltung einer nationalen Musikfolklore den größten Teil beitrugen. → *Danza folklórica* 2. kubanischer Populärtanz, etwa Anfang des XIX. Jh. aus der → *Contradanza* entstanden. Der Musiker und Komponist Emilio → *Grenet* erforschte diese Form eingehend; Komponisten der durch andere Tänze weitgehend verdrängten D. sind u. a. Manuel → *Saumell,* Ignacio → *Cervantes* und Ernesto → *Lecuona.* Die D. gelangte 1825 nach Mexiko; in Puerto Rico war sie ab 1850 populär; in Kolumbien widmeten sich ihr u. a. Luis A. → *Calvo* und Luis → *Dueñas.* Längere Zeit war sie Teil des Repertoires der Compañías de → *Zarzuela;* gegenwärtig wird sie durch traditionell-folkloristische Gruppen verschiedener Länder Lateinamerikas noch interpretiert.

Danza colectiva (Gemeinschaftstanz, span.)
in lateinamerikanischen Ländern mit afrikanischen und indianischen Bevölkerungsteilen häufig praktizierte Form der Aufführung folkloristischer Tänze; besonders ausgeprägt bei der schwarzen Bevölkerung in Kuba, Brasilien, Haiti und Kolumbien. Markantestes Merkmal der D. c. ist, dass Männer und Frauen nicht paarweise, sondern getrennt in Reihen tanzen bzw. gemischte Reihen bilden; die Indianer Perus, Boliviens und weiterer Länder vollziehen einen großen Teil ihrer Volkstänze analog.

Danza de pareja (Paartanz, span.)
im Gegensatz zum Kollektivtanz (→ *Danza colectiva*) wird paarweise, in den meisten Fällen von Männern und Frauen, getanzt. Dabei gibt es Unterschiede: Entweder tanzt das Paar zusammen (Pareja enlazada) wie in Walzer, → *Tango* oder → *Chamamé* oder auseinander (Pareja suelta), so in → *Cueca,* → *Zamba* oder → *Bambuco.* Der Paartanz geht in Lateinamerika eindeutig auf europäische Kulturtraditionen zurück und kam in der Folge der Eroberung nach dort. Teilweise wurde diese Tradition von Afrolateinamerikanern übernommen bzw. verarbeitet; so gibt es Formen, die sowohl als Kollektiv- als auch als Paartanz ausgeführt werden.

Danza de Salón (Salontanz, span.)
Bez. für den aus Europa nach LA gelangten Salontanz, der zumeist aus den an europäischen Höfen getanzten Formen entstand, teilweise unverändert übernommen und von der herrschenden Gesellschaft Lateinamerikas gepflegt wurde. Salontänze zeichnen sich durch eine große Vielfalt z. T. komplizierter choreographischer

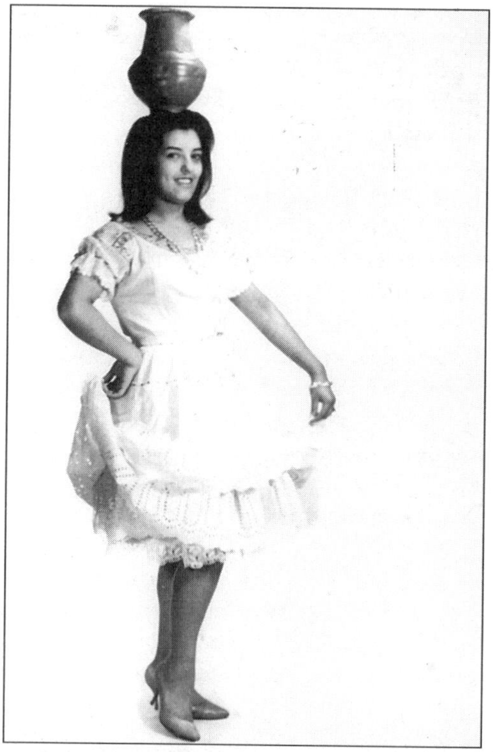

Figuren aus, denen jedoch der lebendige, gefühlsbetonte Ausdruck oft fehlt.

Danza folklórica (Volkstanz, span.)
allgemeine Bezeichnung für einen auf der Musik- und Tanzfolklore beruhenden, vom einfachen Volk gepflegten Tanz; der bei den verschiedensten Anlässen aufgeführt wird, wie z. B. regionalen oder nationalen Volksfesten, Familienfeiern, an religiösen Feiertagen usw. Einen breiten Raum nehmen die so genannten dramatischen Tänze (Danzas dramáticas) ein, denen meist historische Anlässe zugrundeliegen. (→ *Auto*)

Danza Nacional de Cuba, Conjunto -
kubanisches Folkloreensemble; am 7.5.1959 in La Habana zunächst als *Conjunto Cubano de Música Moderna* gegründet; seit 1962 unter seinem heutigen Namen bekannt. Die unter der Leitung von Ramiro Guerra und Lorna Burdsall (Choreographie) stehende Musik- und Tanzgruppe von insgesamt 60 Mitgliedern hat die

Oben: Danza folklórica – Paraguayisches Mädchen (Amambay) tanzt die sog. Danza de las Botellas, die mit auf dem Kopf balancierten Flaschen oder Tonkrügen aufgeführt wird. Unten: Das Ballet Folklórico Nacional de Panamá (Panamaisches Nationalballett) führt einen Volkstanz (Los Negros Bozales, auch Zaracunde genannt), auf (Photo: Gentileza del Ballet Folklórico de Panamá)

Aufgabe übernommen, traditionelle Lieder und Tänze aus Kuba – von den ältesten Formen negroider und kreolischer Musikfolklore bis hin zu modernen Populärtänzen wie z. B. → *Cha-cha-chá* – im Ausland bekanntzumachen; der Schwerpunkt liegt auf der tänzerischen Darstellung; erstes Auslandsgastspiel erfolgte 1961 in Paris, unterdessen wurden 26 Länder besucht und einige LPs (Label Areito) veröffentlicht.

Danza procesional (Prozessionstanz, span.)
Bezeichnung für den generell religiös inspirierten, der Folklore zugehörigen Tanz, der während der in vielen lateinamerikanischen Ländern noch heute anlässlich bestimmter kirchlicher oder auch weltlicher Feiertage stattfindenden Prozessionen aufgeführt wird; häufig von in der Prozession mitmarschierenden, oft mittanzenden Musikern begleitet, die insbesondere auf Flöten (Quenas, Pitos) u./o. umgehängten Trommeln (Cajas) musizieren. Die Tradition stammt aus Spanien bzw. Portugal; teilweise erfolgten Synkretisationen mit indianischen (Bolivien, Peru, Mittelamerika) oder negroiden Kulturen (Brasilien).

Danzamérica de Chile, Conjunto Folklórico -
chilenisches Vokal-, Instrumental- und Tanz-Ensemble, widmete sich ab 1979 der Interpretation traditioneller Lieder und Tänze aus allen Regionen des Landes einschließlich der Osterinsel. D. wurde durch Professoren und Studenten der Städtischen Universät in Santiago de Chile unter der Leitung von Mónica Vásquez (Gesang, 1. Posaune) und Rodrigo González (Gesang, Akkordeón, Quena, 1. Trompete) zusammen mit 8 weiteren Musikern und Sängern sowie einer Tanzgruppe formiert. 1999 nahm die Formation am Festival der Weltkulturen Drummond in Quebec (Kanada) teil; hierbei entstand unter dem Label ARC Music eine bemerkenswerte CD mit Titeln wie »Malaheña« und »No atu«.

Danzahoy
venezolanisches Folkloreballett; in Caracas unter der Schirmherrschaft des Nationalrates für Kultur gegründet. Die von Adriana Urdaneta geleitete Gruppe pflegte folkloristische Themen, die in eine zeitgenössische Choreographie umgesetzt werden. Mit dem Tanzzyklus »Selva« (Urwald, span.) trat D. 1983 u. a. in Kuba auf.

Danzante
1. im gesamten spanischen Sprachgebiet Lateinamerikas angewandte Bezeichnung für den Tänzer. 2. ekuadorianischer Volkstanz; aus der Vermischung kreolischer Komponenten mit Elementen der indianischen Volksmusik hervorgegangen. Durch seine melodisch-eingängige Art gehört der überwiegend in instrumentalen Versionen gespielte D. noch heute zu den populärsten Formen des Landes. Der etwas melancholische, im 2/4- oder 6/8-Takt gehaltene Tanzrhythmus ist darüber hinaus auch in einigen Regionen von Peru (Abancay, Cotabambas) verbreitet. Bekannteste Komposition ist das durch Víctor H. Valencia neu arrangierte Stück »Vasija de barro«, das auch durch ausländische Gruppen und Solisten wie → *Inti-Illimani* und Facio → *Santillán* interpretiert wurde.

Danzaq → *Tijera*

Danzón
kubanischer Salontanz; aus der → *Danza (2)* bzw. der → *Contradanza* im XIX. Jh. entstanden; gilt als kubanischer Nationaltanz und ist sehr melodisch und harmonisch. Der Rhythmus ist getragen, die Choreographie relativ kompliziert, sie setzt die volle Konzentration der Tanzpaare voraus. Als Schöpfer des D. gilt Miguel → *Faílde,* der mit seinem Orchester am 1.1.1879 in dem heute als Gedenkstätte eingerichteten Gebäude in der Calle Contreras Nr. 28805 von Matanzas mit dem Titel »Alturas de Simpson« erstmals an die Öffentlichkeit trat. Im Laufe der Zeit wurde dieser Tanz in Kuba, darüber hinaus auch in Mexiko und weiteren Ländern sehr populär. Der Höhepunkt seiner Verbreitung lag in den 20er Jahren des XX. Jh., als er sich zum Standardtanz der → *Charanga Francesa* bzw. der Orquesta → *Típica* (Kuba) entwickelte. Komponisten und Musiker wie José → *Urfé,*

Antonio María → *Romeu* u. a. popularisierten ihn; Urfé fügte als Bereicherung rhythmische Elemente des → *Son (cubano)* ein; erste Komposition dieser modifizierten Variante war »El bombín de Barreto« (um 1910 entstanden). Ende des XIX. Jh. wurde der D. insbes. mit den Instrumenten Kornett, Posaune, Figle, zwei Klarinetten, → *Timbales* (oder → *Tímpano*) und → *Güiro* gespielt, später kamen u. a. auch Violine und Piano hinzu; es dominieren instrumentale Titel. Zu den bekanntesten Orchestern des D., als solche auch → *Danzonera* genannt, zählen u. a. die Orquesta Francesa Romeu, Orquesta José Urfé, später kamen → *Aragón* und die *Danzonera de Pedro Escobedo Hernández* (Mexiko) hinzu; in letzterem Land galt der → *Salón México* als Zentrum seiner Verbreitung. Einer der berühmtesten Danzón-Sänger ist der Kubaner Barbito → *Diez;* bekannte Titel sind u. a. »Fefita« (José Urfé), »Horchata« (José Urfé), »La casita criolla« (José Urfé), »Dorila« (José Urfé), »La cleptómana« (Manuel M. Luna), »Panamá viejo« (Ricardo Fábrega), »La flauta mágica« (Antonio Ma. Romeu, 1918) und »Almendra« (Abelardo Valdés).

Danzonera
in Kuba und Mexiko häufig verwendete Bezeichnung für eine Musikgruppe bzw. ein Orchester, zu dessen Repertoire insbes. der Tanzrhythmus → *Danzón* gehört. Solche D.s waren z. B. das Orchester von Antonio Ma. → *Romeu,* → *Acerina y su Danzonera* sowie die → *Charanga Nacional de Concierto.*

Danzonete
kubanischer Populärtanz; Modifikation des → *Danzón;* 1929 durch den Musiker Aniceto → *Díaz* geschaffen. Dieser heute noch oft gespielte Tanz wurde durch Elemente des → *Son cubano* bereichert; charakteristisch ist ein ausgedehnter Vokalteil, der hohe sängerische Anforderungen an den Solist stellt. Der erste Titel, »Rompiendo la rutina«, wurde am 8.6.1929 im »Casino Español« von Matanzas aufgeführt und durch den Sänger Arturo Aguiló mit dem Orquester von Aniceto → *Díaz* interpretiert. Später widmeten sich u. a. Miguelito → *Cuní,* Barbarito → *Diez,* Rosita Miranda und Roberto → *Faz* dieser Form.

Dão-dão
Variante des brasilianischen → *Fandango (4);* wurde bis etwa 1950 im Bundesstaat Paraná als Salontanz aufgeführt.

Dávalos, Jaime
* 21.1.1921 Salta; argentinischer Sänger und Liedermacher; schrieb und interpretierte folkloristische Stücke der Formen → *Zamba,* → *Tonada* und → *Canción,* darunter die bekannten Titel »El jangadero«, »Zamba de la candelaria« und »Vidala del nombrador« (mit Eduardo Falú), die auf Schallplatten u. a. des Labels Philips erschienen sind. 1945 veröffentlichte D. das Liederbuch (Cancionero) »El nombrador – poemas y canciones«.

Dávalos, Julia Elena
* Salta; argentinische Sängerin und Liedermacherin; Enkelin des Schriftstellers Juan Carlos Dávalos; der Bewegung des Neuen Argentinischen Liedes angehörend, war sie mit den Titeln »Sirviñaco«, »Tendrás un altar« und »Pastorcito de Peña«, eine Eigenkomposition, sehr erfolgreich; unter versch. Labels (u. a. CBS und Philips) erschienen einige LPs.

Davidson, Eduardo (eigtl. Eduardo Cuza Frisson)
* 30. – 10.1929 Baracoa (Oriente), † 10.6.1994 New York; kubanischer Musiker, Komponist, Arrangeur und Bandleader; wurde durch zahlreiche Kompositionen der Form → *Guaracha,* darunter die Titel »Agua de Belén«, »Filomena« und »Los Hermanos Pinzones«, sehr populär, darüber hinaus ist D. Schöpfer der Modetänze → *Pachanga* (1959) und Bimbi, von ersterem schrieb er einige Titel wie »La Pachanga«, »Lola Catula« und »Pancho Calma«, auch interpretierte er diese mit seinem Orchester, das seinen Namen trug und brachte sie auf Schallplatten u. a. der Labels Alegre und United Artists heraus. Weiterhin schuf D. Titel der Formen → *Son montuno* wie »Cuba criolla« und

»Mi Oriente«, → *Bolero* wie »Carta a mi corazón«, → *Conga* wie »Ochún del cobre«, → *Danzón* wie »Novia del año nuevo«.

Dávila Ropaín, Jenny Emilce »Emilce«
* 20.6.1951 Bogotá; kolumbianische Sängerin der Populärmusik; sang zunächst mit ihrer Schwester Janet in einem Duo; wirkte später als Solistin u. a. in der Gruppe *La Creación* und avancierte zu einer der populärsten Nachwuchssängerinnen Kolumbiens; ihre Titel »Piel sobre piel« und »Pienso« erschienen auf LPs mit hohen Verkaufsziffern.

Dávila Rosario, Rafael »Chivirico«
* 2.8.1929 Santurce, † 5.10.1994 New York (Bronx); puertorikanischer Sänger, Musiker und Komponist; bekannter und erfolgreicher Interpret des → *Son* und des → *Bolero;* wirkte in seiner Jugend in verschiedenen Gruppen seiner Heimatregion und übersiedelte später nach New York, wo er sich Formationen und Orchestern lateinamerikanischer Musik anschloss. So sang er u. a. bei Dámaso → *Pérez Prado,* Tito → *Puente,* Orlando Marín und Larry Harlow. Zu seinen Eigenkompositionen gehören die Titel »Camina ven« (Conga) und »Don Simón« (Guaracha).

Davilita (eigtl. Pedro Ortiz Dávila)
* 21.5.1912 San Juan (?), † 8.7.1986; puertorikanischer Sänger, Musiker und Liedermacher. D., ein Afroamerikaner, erlangte Popularität durch seine am 14.7.1930 zusammen mit → *Canario y su Grupo* aufgenommene Version des Volksliedes »Lamento borincano«. Später trat er dem Cuarteto → *Victoria* bei, sang u. a. bei den Orchestern von Toño Ferrer, dem *Conjunto Santurce* und im Duo mit weiteren Volkssängern. Bei Tropical, Ansonia u. a. Labels entstand eine größere Anzahl von Schallplatten.

Décima (Espinela)
Komposition von 10 achtsilbigen Versen, auch »Zehnzeiler« genannt; kann sowohl deklamiert als auch gesungen werden; in beiden Varianten in ganz Lateinamerika verbreitet, teilweise unter anderen Namen wie → *Copla,* Tonada u. a.; hat ihren Ursprung in der *Copla Real* Spaniens des XV. Jh. Bereits in dieser Zeit gab es eine große Zahl verschiedener Formen; im alten Liederbuch von Fouchó-Delbac (1516) werden 19 aufgeführt. Bekannte Dichter des Mittelalters, darunter Fray Íñigo Mendoza, Hernán Mexía und El Marques de Santillana, schrieben Décimas, die zum Teil heute noch in der Folklore Spaniens und Lateinamerikas original oder in modifizierter Form existieren. Als eigentlicher Schöpfer gilt der Dichter und Musiker Vicente → *Espinel,* der, auf der Copla Real aufbauend, die in ihrer Form heute noch verbreiteten Zehnzeiler geschaffen hat, die nach ihm auch *Espinela* genannt wurden; in Folge der spanischen Eroberung im XV. und XVI. Jh. wurde diese Form in versch. Gebiete Lateinamerikas transkulturiert und entwickelte sich hier differenziert weiter. Man unterscheidet zwei klassische Themenkreise den weltlichen (→ *a lo humano*) und den religiösen (→ *a lo divino*). Traditionelle Begleitinstrumente waren → *Vihuela* und Laute (Laúd), heute ist es meist die Gitarre. Die in balladenhafter Art vorgetragenen D.s sind u. a. in Argentinien, Chile und Uruguay als → *Estilo* bzw. auch als Décima, in Puerto Rico als → *Seis,* in Kuba als → *Punto cubano,* in Mexiko als → *Valona,* in Venezuela als → *Guasa,* in Peru als → *Socabón,* in Panamá als → *Torrente,* in Brasilien (Süden) als *Décimas de Mingote*, in Nikaragua als → *Tonada* usw. verbreitet und stellen jeweils einen Teil der nationalen Musikfolklore dar. Waren es zuvor original spanische Décimas, die in Lateinamerika interpretiert wurden, entstanden im XVII. Jh. die ersten, oft von Soldaten mit poetischem Talent in einfacher Manier konzipierten kreolischen Analogformen, insbes. mit amouröser oder auch patriotischer Thematik. Teilweise wurden auf bekannte spanische Versionen neue Texte geschrieben bzw. es entstanden Mischungen span. und kreolischer Kreation. Bei vielen oft nur fragmentarisch erhaltenen D.s ist eine Klärung von Ursprung und Entstehungszeit kaum noch möglich. Der Interpret heißt → *Decimista* bzw. auch *Decimero.*

Decimista (Decimero)
im lateinamerikanischen Sprachgebrauch weit verbreitete Bezeichnung für den Interpreten bzw. den Schöpfer der → *Décima*. Vertreter sind u. a. Nicomedes → *Santa Cruz* (Peru), Juan Cristóbal → *Napolés F.* und Jesús → *Orta Ruiz* (beide Kuba) sowie Santos Díaz und Beto Navarro (beide Panamá).

Delfín Figueroa, Eusebio
* 1.4.1893 Palmira (Las Villas), † 28.4.1965 La Habana; kubanischer Volkssänger (Trovador), Gitarrist und Komponist; wurde von den Meistern Barrios und Gelabert (Gitarre) sowie Sánchez Torrealba (Gesang) unterrichtet; sang und spielte 1916 erstmals auf einer öffentlichen Veranstaltung in Cienfuegos. D.s Spielweise mit halb gebrochenen Akkorden auf der Gitarre erregte Aufsehen. 1918 entstand sein erstes Lied, »Ciprés«; ab 1921 hatte er einen Exklusivvertrag mit der Schallplattenfirma Victor (New York), wo im gleichen Jahr erste Aufnahmen seiner heute zur traditionellen Musik zählenden Stücke entstanden, dazu gehören u. a. »En el tronco de un árbol« (Bolero, 1921), »La Guinda« (Canción, 1923), »Guajiras« (Guajira), »Tus ojos azules« (Criolla«) und »Ansias locas« (Bolero, 1933).

Delfino, Enrique Pedro »Delfy«
* 15.11.1895 Buenos Aires, † 10.1.1967 das.; argentinischer Musiker (Piano), Arrangeur, Komponist und Bandleader; bekannter Vertreter des → *Tango* der sog. »Alten Garde«; debütierte 1911 als Pianist eines Stummfilmkinos in Buenos Aires; wirkte ab 1920 im *Trío Select* (später Orquesta Select), dem Osvaldo Fresedo (Bandoneón) und David Roccatagliata (Violine) angehörten und mit dem er neben einigen Pianosolos bei Victor in Camden (New York) etwa 50 Tangos aufnahm. Zu seinen Kompositionen gehören u. a. die Titel »Re-fa-sí«, »Milonguita«, »Pibe«, »Rancho viejo« und »Pica pica« (Ranchera).

Delgadillo Rivas, Luis Abraham
* 26.8.1887 Managua, † 1965 das.; nikaraguanischer Musiker (Piano) und Komponist sowie Musikologe; hervorragender Pianist der populären und ernsten Musik; war als Professor für Musik tätig und erlangte mit seinen mehr als 400 Kompositionen, darunter 14 Romanzen nach Texten des Nationaldichters Rubén Darío, Anerkennung als bekanntester Komponist Nikaraguas; außerdem schrieb D. einige Bücher über die Musik, u. a. »Mi odísea musical en América Hispana«.

Demare, Lucio
* 1906 Buenos Aires, † 6.3.1974 das.; argentinischer Musiker (Piano), Arrangeur, Komponist und Bandleader; begann seine künstlerische Laufbahn als Jazz-Pianist in der Gruppe von Nicolás Verona; wandte sich Mitte der 20er Jahre dem → *Tango* zu, so spielte er 1926 in der Formation von Francisco → *Canaro* und bildete später zusammen mit Agustín Irusta und Roberto Fugazot das vielbeachtete *Trío Irusta-Fugazot-Demare*, das längere Tourneen durch Süd- u. Mittelamerika sowie Europa realisierte. 1938 bildete er zusammen mit Elvino Vardaro (Violine) ein Orchester. D. schrieb zahlreiche Stücke, meist Tangos, die auch auf Schallplatten (u. a. Victor und Columbia) erschienen sind, darunter »Malena« (mit Homero Manzi), »Cariño gaucho« und »Sentimiento tanguero«.

Demônios de Garôa, Os -
brasilianisches Vokal- und Instrumentalquintett; 1943 in São Paulo durch Francisco Paulo Galo (Gesang, Perkussion), Artur Bernardo (Gesang, Perkussion), Arnaldo Rosa (Gesang, Perkusssion), Antônio Gomes (Violão) und Claudio Rosa (Pandeiro) gegründet; interpretierte brasilianische Populärmusik bei Dominanz der Form → *Samba;* der größte Erfolg der Gruppe war »Trem das onze« (Samba), 1964 auf einer LP des Labels Chantecler erschienen; 1965 ist die Formation in der neugebildeten Gruppe *Conjunto Antônio Gomes Neto* aufgegangen.

Denesa
alter panamaischer Salontanz aus der Region

Tonosí; der → *Mejorana* ähnlich, jedoch mit anderer Choreographie; vermutlich aus den Tänzen → *Cuadrilla* und Lanceros in der Zeit des Kanalbaus (um 1899) entstanden; inzwischen nicht mehr verbreitet.

Dengue
kubanischer Modetanz; Abart des → *Mambo;* um 1960 von Dámaso → *Pérez Prado* geschaffen. Im D. sind Komponenten des Mambo, der → *Conga* und des Guaracha-son vermischt; markantestes Merkmal ist der durch das Perkutieren eines Eisens mittels zweier Metallstäbe erzeugte Rhythmus (»Tiqui-tiqui«). Insbesondere wurde der D. durch die Orchester von Pérez Prado und Roberto → *Faz* interpretiert; ein bekannter Titel war »El dengue y su tiqui tiqui«.

Denis, Sergio (eigtl. Héctor Omar Hoffmann)
* 1949 Coronel Suárez; argentinischer Sänger und Liedermacher; sang Lieder romantisch-sentimentalen Charakters; war 1970 auf dem Liedfestival von Mexiko u. a. mit dem Titel »Te llamo para despedirme« erfolgreich.

Dentle (Schrapidiophon)
hölzerner Bogen, auf einer Seite mit Einkerbungen versehen; beim Musizieren mit einem Bambusstab geschrapt; zur rhythmischen Begleitung einiger Sozialtänze von Haiti eingesetzt.

Desafio (Herausforderung, Duell; port.)
poetisch inspirierte Lieder Brasiliens, die meist im ländlichen Milieu in Form eines Wettstreites zweier oder mehrerer Sänger interpretiert werden; mit der kubanischen → *Controversia* vergleichbar. Aus spontaner Eingebung erfinden die Sänger (Desafiadores) Verse, zumeist in Form der → *Décima,* bzw. werden Dichtungen der anonymen und traditionellen Folklore genutzt. Der Gesang wird in den meisten Fällen instrumental begleitet, vorwiegend durch die → *Viola,* im Nordosten auch durch die → *Rabeca,* in Südbrasilien durch Akkordeon (Sanfona). Hauptverbreitungsgebiet ist der NO, hier werden in den *Desafios sertanejos* oft fünfsilbige, *Carretilha* oder *Carritia* genannte Verse verarbeitet. (→ *Cantoria*). Das Singen des D., dessen Texte häufig kritische Worte an den »Gegner« (Contrincante) enthalten und diesen zum Wettstreit provozieren sollen, erfordert von letzterem eine »Beantwortung« (Resposta). Bekannte Interpreten sind u. a. Dorival → *Caymmi,* Hélio de Araújo, José Russo, Nhô Chico und Nilo Vale.

Descante (Saiteninstrument)
kleine → *Viola;* insbes. in der Volksmusik des brasilianischen Bundesstaates Paraná z. B. zur Begleitung des Volkstanzes → *Cana-verde* eingesetzt.

Descarga
von dem kubanischen Musiker Amado Borcelá »Guapacha« (1934 – 1966) nach 1950 geschaffene Variante der → *Guaracha,* überwiegend von Trompete, Saxophon und Trommeln gespielt und als reine Tanzmusikform noch oft interpretiert. Der Musiker und Komponist Generoso → *Jiménez* schrieb einige populär gewordene Stücke dieser dem Jazz angenäherten Form wie »Trombón majadero« und »Descarga solfeando«.

Desfeiteira
brasilianischer Salontanz mit humoristischen Einlagen (im gegebenen Moment wird der den Musikern am nächsten tanzende Mann aufgefordert, aus dem Stegreif einen Vierzeiler zu singen); im Bundesstaat Amazonas verbreitet; die musikalische Begleitung erfolgt durch → *Violão,* Flöte, → *Cavaquinho* und Posaune.

Desfile
allgemeine Bezeichnung für einen in ganz Lateinamerika zu festlichen Anlässen zumeist mit Musikkapellen durchgeführten großen Aufmarsch; im engeren Sinn die alljährlich stattfindenden Karnevalsumzüge. Bekannt ist der langfristig organisierte D. der Sambaschulen von Rio de Janeiro. (→ *Carnaval,* → *Destaque,* → *G.R.E.S.*)

Despedimento (span.: Despedimiento)
Abschiedslieder meist melancholischen Charakters; besonders in ländlichen Regionen intoniert; meist in der Gruppe gesungen.

Destaque
Begriff aus der Vorbereitungs- und Umzugspraxis der brasilianischen Sambaschulen (→ *Escola de Samba*); umfasst Auswahl und Zusammenstellung bzw. Realisierung der von den einzelnen Teilnehmern der Karnevals-Umzüge (→ *Desfile*) getragenen Kostümierung sowie alle mitgeführten Figuren, Fahnen, Ausstattungen usw.

Devia Dueñas, René Fernando
* 15.5.1950 Villavicencio; kolumbianischer Musiker (Harfe, Gitarre, Cuatro), Sänger und Komponist der → *Música llanera;* gründete 1966 das Volksmusiktrio *Los Vaqueros*, mit dem er einige LPs (Label CBS) produzierte, darunter die von ihm geschriebenen Titel »Gratos recuerdos« (Pasaje) und »A mi región« (Catira).

Di Polito, Jorge
* 8.2.1952 Montevideo; uruguayischer Sänger und Liedermacher; Vertreter der Bewegung des Neuen Uruguayischen Liedes; war Mitglied der Gruppe → *Los que iban cantando;* schrieb u. a. die Titel »Mediomundo« und »Sombras«, insgesamt balladenhafte Songs.

Di Sarli, Carlos »El Señor del Tango«
* 7.1.1903 Bahía Blanca, † 12.1.1960 Buenos Aires; argentinischer Sänger und Musiker (Piano) sowie Bandleader; bekannter Vertreter des → *Tango;* wirkte sowohl als Sänger wie auch als Musiker in diversen Gruppen und Orchestern, in einem von ihm geleiteten Typischen Orchester (Orquesta Típica de Carlos Di Sarli) sang er solistisch bzw. im Duo mit Roberto → *Rufino;* Titel wie »Jaguel«, »Don Juan« und »Nido gaucho« wurden auf insges. 14 LPs des Labels RCA Victor veröffentlicht.

Diablada (von »diablo« = Teufel, span.)
1. Regionalbezeichnung für den indianischen Volkstanz → *Sicuri (3)* in Bolivien und Peru; der Name leitet sich von den bei der Aufführung durch die Tänzer getragenen Teufelsmasken ab. 2. Begriff für den gesamten Karnevalsaufzug (*Escuadrilla carnavalesca*), auf dem sowohl der Tanz gleichen Namens als auch andere Formen zur Aufführung gelangen, darunter der Son de los → *Diablos.* Verbreitungszentrum dieser folklorist. Manifestation ist die bolivianisch-peruanische Region des Titicaca-Sees.

Diablitos, Los -
religiös inspirierte Volkstänze dramatischen Charakters mit z. T. geringfügig variierender Choreographie und Musikbegleitung u. a. in Peru, Kolumbien, Panamá; durch Vermischung spanischer und afrikanischer Elemente entstanden und an Orten mit negroiden Bevölkerungsanteilen aufgeführt; Höhepunkt der Popularität war um die Mitte des XIX. Jh., gegenwärtig auf Karnevalsumzüge und Schauveranstaltungen traditionsbewusster Folkloregruppen beschränkt (Peru, Kolumbien); in einigen Ländern (z. B. Kuba) vollkommen der Vergessenheit anheimgefallen.

Diablo (Teufel, span.)
1. der »Teufel«, zentrale Figur bei dramatischen Tänzen vieler lateinamerikanischer Länder; u. a. auf Karnevalsumzügen dargestellt; auf die katholische Religion zurückgehend. 2. peruanischer Karnevalstanz der Regionen Paucartambo, Huamachuco u. a.; in der Quechua-Sprache »Saqra« genannt. 3. Bez. für die im gleichnamigen Tanz auftretende Tanzgruppe. (Son de los → *Diablos*)

Diablos, Danza de los -
1. allgemeine Bezeichnung für in großer Formenvielfalt in weiten Teilen Lateinamerikas aufgeführte Volkstänze religiöser Inspiration, meist dramatische Tanzspiele, in denen eine Person in der Maske eines Teufels (Diablo) auftritt. 2. kolumbianischer Volkstanz der Region Atlántico, in dem die Tänzer sich mit in rot und schwarz gehaltenen Tüchern bekleiden. Zum Tanz singen die Teilnehmer in einer ganz be-

stimmten Tonlage, dazu spielen Trommeln (Tambores), die → *Caña-de-millo*, → *Guacharaca*, → *Maracas* u./o. Akkordeon. Auch die Namen *Cucamba* oder *Danza de Diablos* sind üblich.

Diablos, Son de los -

Variante des afroperuanischen Volkstanzes → *Festejo;* eine Tanzform, bei der die Teilnehmer bis nach 1930 während des Karnevals durch das Zentrum von Lima oder durch Orte des Distrikts La Victoria zogen. Eine solche Karnevals-→ *Cuadrilla (2)* bestand aus acht oder zehn Diablos (Teufel, span.), die von einem Diablo Mayor (Oberteufel, span.) angeführt wurden. Die Musik ist von einer aus Gitarre u./o. Harfe (Arpa), → *Cajita* und → *Quijada (de burro)* bestehenden Gruppe gespielt worden. Der peruanische Folklorist Nicomedes → *Santa Cruz* erforschte die Geschichte der D. und interpretierte sie mit seiner Folkloregruppe.

Diana

1. spezielle Bezeichnung für den religiösen Marsch → *Tocata,* insbes. in der Volks- und Populärmusik Boliviens und Nordwestargentiniens verbreitet. 2. einstimmige Introduktion, die in der kubanischen → *Comparsa* die Aufforderung zum Beginn des kollektiven Gesangs darstellt. Bei der Interpretation von → *Rumba* und deren Varianten bzw. → *Clave* wird die D. im → *Laleo* vokal angestimmt; dabei gibt es Wendungen und Melismen, die an andalusische Gesänge erinnern. Bei der kubanischen → *Conga* wird sie durch die »Chinesentrompete« (Trompeta chinaca) ersetzt.

Díaz Cartaya, Agustín

* 25.9.1933 Marianao; kubanischer Musiker und Komponist; Autor der Hymne der Kubanischen Revolution, »Himno del 26 de Julio«; schrieb ferner das Marschlied »Marcha de la América Latina«.

Sog. Diablos danzantes (tanzende Teufel)
bei einem Volksfest in San Rafael de Orituco (Guarico – Venezuela) am 18.6.1981

Díaz, Alirio

* 12.11.1923 La Candelaria (Lara); venezolanischer Gitarrist, Folklorist und Musikologe; studierte ab 1945 an der Musikhochschule von Caracas u. a. Gitarre (bei Raúl Borges); setzte seine Studien am Konservatorium von Madrid fort; ist heute als Professor für Musik tätig. D. gilt als bester Gitarrist Venezuelas mit ausgewogener, perfekter Spieltechnik. Konzerte mit Werken lateinamerikanischer Komponisten wie Heitor → *Villa-Lobos,* Agustín → *Barrios* (»Danza paraguaya«) und Antonio Lauro (»Danzas venezolanas«) fanden in vielen Ländern Lateinamerikas und Europas starke Beachtung. D. schrieb Abhandlungen über die Musikfolklore Venezuelas, transkribierte alte Kompositionen für → *Vihuela* und Laute und produzierte einige LPs (Label Siruma), darunter die Stücke »Aguinaldo caraqueño« und »Venid pastorcillo«.

Díaz, Ángel

* 23.12.1921 La Habana; kubanischer Sänger, Musiker und Liedermacher; Sohn des Volkssängers Tirso Díaz; studierte am Seminar für Populärmusik in La Habana unter Anleitung von Vicente → *González;* Vertreter der Populärmusik mit besonderer Hinwendung zum Interpretationsstil → *Feeling;* eines seiner bekanntesten Lieder ist »Rosa mustia«.

Díaz, Aniceto

* 17.4.1887 Matanzas, † 10.7.1964 La Habana; kubanischer Musiker (Flöte), Arrangeur, Komponist und Orchesterdirigent; gehört zu den bedeutendsten Musikern Kubas nach der Jahrhundertwende; musizierte zunächst in verschiedenen Tanzorchestern, darunter dem von Miguel → *Faílde.* Um 1914 formierte er in Matanzas ein eigenes Orchester vom Typ einer → *Charanga Francesa,* das sich besonders der von ihm geschaffenen Tanzform → *Danzonete* widmete; komponierte Titel der Formen Danzón, Son, Bolero und Danzonete, darunter »Rompiendo la rutina« (1929), »Capricho español« (1931), »Cuba libre« (1920) und »Así es la vida«. Im Jahre 1944 übersiedelte D. zusammen mit seinem Orchester nach La Habana, wo er seine Tätigkeit fortsetzte und in sein Orchester Neuerungen einbrachte, so ersetzte er die bislang in derartigen Orchestern übliche Posaune durch das Saxophon.

Díaz, Carlos »Caíto«

* ? Matanzas, † 28.09.1990 Mexiko (?); kubanischer Sänger; bekannter Interpret landestypischer Populärmusik; sang u. a. im Orchester → *Casino de la Playa,* bei der → *Sonora Matancera* und wirkte, nachdem er Kuba verlassen hatte, u. a. bei der Gruppe → *Nuevayorquino de Folklore y Experimentación;* lebte seit 1977 in Mexiko. Auf Schallplatten (u. a. bei Panart und WCL) erschienen Titel wie »Dolor cobarde«, »Rumba blanca« und »José Isabel«.

Díaz Zelaya, Francisco

* 4.10.1898 Ojojana, † ?.; honduranischer Musiker, Bandleader und Komponist; leitete die

Aniceto Díaz in Fotografierpose

Staatskapelle von Honduras (*Banda de los Supremos Poderes*) in der Hauptstadt Tegucigalpa; er hinterließ zahlreiche Kompositionen, darunter 35 Walzer, 12 Romanzen, 20 Hymnen, 35 Lieder und 46 Militärmärsche.

Díaz, Hugo
* 10.8.1928 Santiago del Estero; argentinischer Musiker (Akkordeon, Konzertina), Komponist und Bandleader; formierte um 1960 eine Folkloregruppe, mit der traditionelle Tänze wie → *Chacarera,* → *Gato* und → *Malambo* interpretiert und auf Schallplatten (u. a. bei Caravelle, Tonodisc, RCA Victor und EMI) aufgenommen wurden, darunter die von ihm geschriebenen Titel »Don Moisés« (Gato) und »Flor de chacarera«.

Díaz, José Domingo
* 1805 Choya (Catamarca), † 6.9.1866 Monteros (Tucumán); argentinischer Volkssänger (Payador) und Liedermacher; studierte am Franziskanerkloster von Catamarca und widmete sich danach als Wandersänger der Volksmusik. Viele seiner Texte existieren noch in traditionellen Volksliedern der Region von Tucumán.

Díaz Calvet, Rey
* 16.11.1919 La Habana; kubanischer Musiker (Piano), Arrangeur, Komponist und Bandleader; gründete in La Habana ein Tanzorchester, das seinen Namen trug, in dem er als Pianist wirkte und das bekannte Gesangssolisten begleitet hat; schuf außerdem eine größere Zahl von Titeln der Formen → *Guaracha,* → *Son,* → *Conga,* Bolero, → *Guaguancó* u. a., darunter »Doña Bartola« (Conga), »Quítame el chaquetón« (Son montuno), »En el rincón del olvido« (Pilón), »Malembe« (Guaracha« und »Tú no sabes de amor«.

Díaz, Servando
* 10.5.1912 Matanzas, † 2.4.1985 San Juan (Puerto Rico); kubanischer Sänger, Musiker (Gitarre), Arrangeur, Komponist und Bandleader; wurde vor allem durch das von ihm 1937 in La Habana zusammen mit Otilio Portal (Gitarre) und Octavio Mendoza (Gesang und Maracas) gegründete Trio bekannt, das sich zunächst *Los Trovadores Sonrientes* und später *Trío Servando Díaz* nannte und das in den 50er Jahren als populärstes kubanische Trio galt und eine große Zahl von Schallplatten (u. a. bei Maype, RCA Victor, Extra, Panart, Gas und Lina) produzierte, darunter die Titel »Compay gallo«, »María Cristina«, »Pelinegra« und »Lamento de un Congo Real«. Das Trio bestand bis 1959 (Besetzung S. Díaz, José A. Pinares, Angel Alday). D. schrieb zahlreiche Musikstücke, darunter »Guajira de monte adentro« (Son montuno) und »Muy francamente« (Bolero).

Díaz Peña, Simón »Puntero de la Tonada«
* 1928 Barbacoas (Aragua); venezolanischer Musiker und Komponist; studierte an der Musikschule von Caracas; schrieb und interpretierte vorwiegend folkloristische Stücke der Formen → *Parranda u.* → *Gaita (6),* die auf mehreren LPs (Label Palacio) veröffentlicht worden sind, darunter die Titel »Por Elba« und »El Matagente«.

DICAP (Abk. für Discos del Cantar Popular = Schallplatten des volkstümlichen Gesangs) chilenische Schallplattenfirma; 1968 in Santiago de Chile durch progressive Produzenten und Interpreten zur allseitigen Förderung der Bewegung des Neuen Chilenischen Liedes (→ *Nueva Canción Latinoamericana/Chile*) gegründet. Insgesamt wurden unter den Labels Jota Jota (Jugendlied) 17 LPs und Dicap 46 LPs sowie zahlreiche Singles produziert, darunter Aufnahmen mit Isabel → *Parra,* Margot → *Loyola,* → *Tiemponuevo,* → *Inti-Illimani,* → *Quilapayún* u. a.; nach Schließung der Firma, 1973 durch die Militärregierung, wurden im Ausland (Italien, Holland, Schweden) Teile des Repertoires neu aufgelegt bzw. neue Schallplatten produziert.

Didin (Membranophon)
peruanische Einfelltrommel; mit Affenfell bespannt, 10 cm hoch, mit 40 cm Ø; wird mit einem Schlägel (Baqueta) perkutiert und in der

Volksmusik der Regionen Huallaya und Rioja (San Martín) gespielt.

Diestro, Aída

* 1928 La Habana, † 28.10.1973 das.; kubanische Musikerin (Piano), Arrangeurin und Bandleader; durch die von ihr initiierte Gründung und Leitung des Vokalquartetts → *D' Aida* bekanntgeworden; gehört außerdem zu den Mitbegründern des → *Feeling* in Kuba.

Diez Junco, Barbarito

* 4.12.1909 Bolondrón (Matanzas); kubanischer Sänger und Bandleader; einer der populärsten Interpreten des → *Danzón;* Sohn eines Landarbeiters, sang bereits als Kind auf ländlichen Volksfesten, begann seine professionelle Laufbahn 1920; gehörte nach 1930 dem von Graciano → *Gómez* geleiteten Trío Gómez – Diez – Oviedo an; wirkte ab 1935 als Gesangssolist in der → *Charanga Francesa* von Antonio Ma. → *Romeu Jr.,* dessen Leitung er nach dem Tod von R. übernahm und das fortan seinen Namen trug. Insgesamt erschienen unter versch. Labels (u. a. Panart, Areito und Guamá) etwa 20 LPs, darunter die Titel »Panamá viejo«, »Mercedes« und »Ausencia«, durchweg Danzones.

Digging Sing

Arbeitsgesang der afroamerikanischen Bevölkerung Jamaikas; der Vorarbeiter intoniert eine kurze Strophe und die Arbeiter singen im Chor eine ebenso kurze, Bobbin genannte Strophe in stetiger Folge während der Arbeitsverrichtung.

Dimensión Costeña

nikaraguanische Tanzmusik-Formation; um 1982 in Bluefields gegründet; ihr Interpretationsstil tendiert zur → *Salsa;* insbes. wurden Lieder und Tänze der Region der Atlantikküste Nikaraguas wie »Bluefields Express« und »Give me legs« in modernen Arrangements dargeboten; Vokalversionen erscheinen in Englisch u./o. Spanisch. Das unter der Leitung des Gitarristen Luis Cassells M. stehende Oktett produzierte unter verschiedenen Labels (u. a. Juvenil und Oldasy) einige LPs und bereiste 1985 u. a. Portugal, Italien, England, Holland, Deutschland, Belgien, Frankreich und Spanien.

Dimensión Latina

venezolanische Vokal- und Instrumentalgruppe moderner Populärmusik; 1972 in Caracas durch

Oben: Barbarito Diez Junco in einer frühen Fotografie
Unten: Barbarito Diez y su Orquesta: LP »Barbarito Diez« – Areito LD-3909 (La Habana, 1981)

Oscar → *D'León* zusammen mit den Musikern César Monge, José Rodríguez, Elio Pacheco, Enrique »Culebra« Iriarte und José Rojas, später noch Andy Montañez (Bandleader) gegründet; interpretiert vorwiegend auf der Basis des → *Son cubano* beruhende → *Salsa-Musik,* die auf zahlreichen LPs publiziert wurde.

Dipini, Carmen Delia »Bolerista de América«
* 18.11.1927 Naguabo, † 4.8.1998 Bayamón; puertorikanische Sängerin landestypischer und populärer Musik; hervorragende Interpretin des → *Bolero.* D. sang bereits mit sieben Jahren im Schulchor ihres Heimatortes. Im Jahre 1941 debütierte sie als professionelle Künstlerin in Musikprogrammen des Senders WNEL und 1945 ging sie nach New York, wo sie zunächst im Orchester des Kubaners René → *Touzet,* mit dem sie ihren ersten großen Erfolg mit dem Titel »Beso de fuego« hatte; später wirkte sie auch in Programmen des internationalen Senders *La Voz Hispana del Aire* (New York). Bei Seeco, Tropical, Peerless u. a. nahm sie Titel wie »Si no vuelves«, »Regálame un minuto« und »Experiencia« auf.

Discante (Discantillo)
Regionalbezeichnung für das Saiteninstr. → *Cuatro* in einigen Bundesstaaten Venezuelas (z. B. in Anzoátegui und Sucre); in Kolumbien Bez. für den aus einer kleinen → *Vihuela* entstandenen → *Tiple.*

Discépolo, Enrique Santos »Discepolín«
* 27.3.1901 Buenos Aires, † 23.12.1951 das.; argentinischer Musiker (Piano), Komponist, Textdichter, Bandleader, Librettist und Schauspieler; eine der hervorragendsten Persönlichkeiten des progressiven → *Tango;* Sohn des Musikers Santos Discépolo (1850 – 1906); griff in seinen Texten in teilweise zynischer und grotesker Manier gesellschaftliche Missstände und Not der einfachen Menschen auf und reflektierte deren Gedanken und Empfindungen, wobei sehr oft Begriffe aus dem Slang → *Lunfardo* einflossen. Seine Tangos waren bis zum Ende der Militär-Regimes in Argentinien und Uruguay verboten. Zu den bekanntesten Kompositionen gehören »Yira...yira« (1930 entstanden, durch Carlos → *Gardel* und Sofía → *Bozán* gesungen), »Esta noche me emborracho« (1928), »Qué vachaché« (1926), »Cambalache« (1935), »Tormenta« (1929), »Melodía porteña« (1937), »Cafetín de Buenos Aires« (1948, mit Mariano Mores), »Canción desesperada« (1945) und »Uno« (1943), durchweg Tangos mit überdurchschnittlicher Popularität.

Disco
Schallplatte, bekanntester, bis in die frühen 90er Jahre des XX. Jh. am weitesten verbreiteter Tonträger; als »Gramophone« 1887 durch den Deutsch-Amerikaner Emil Berliner erfunden. In Lateinamerika kamen Ende des XIX. Jh. erste importierte Schallplatten in den Handel, so 1895 in Buenos Aires und 1902 in Rio de Janeiro (Label Zonophone). Nationale Produktionen wurden in Argentinien durch die Unternehmen Víctor Lepage und Max Glücksmann, in Brasilien (Rio de Janeiro) durch die Casa Odeón (1913) auf den Markt gebracht; in Mexiko erschienen 1931 erste Schallplatten einheimischer Produktion (Label Peerless), viel später, teilweise erst

Eine alte, nicht durch hohe Produktionszahlen bekannt gewordene kuban. Schallplattenmarke: »Sonoro«; hier mit dem Trío Nacional

nach dem 2. Weltkrieg, auch in anderen Ländern Lateinamerikas. (→ *Sello,* → *Gramófono,* → *Fonógrama*)

Discófilo
in Lateinamerika häufig verwendete Bezeichnung für Liebhaber bzw. Sammler von Schallplatten.

Discografía (Diskographie)
eine nach versch. Gesichtspunkten bzw. Sortiermerkmalen erarbeitete Aufstellung von Schallplatten, zumeist bestimmten Interpreten, Musikgattungen, Labels usw. zugeordnet; auch nach chronologischen Kriterien aufgebaut; in Lateinamerika derzeit noch relativ selten.

Discoteca (Diskothek)
1. allgemein jede Sammlung phonographischer Aufzeichnungen auf Schallplatten und anderen Tonträgern; in Lateinamerika zugleich eine Handelseinrichtung, in der Schallplatten, Musikalien u. a. käuflich erworben werden können; auch größere, meist staatliche Schallplattenarchive werden so bezeichnet, u. a. in São Paulo (Brasilien): *Discotêca Pública de São Paulo*, durch Oneyda → *Alvarenga* gegründet; in Montevideo (Uruguay): *Discoteca Nacional*; Gründer: Francisco Curt → *Lange.* 2. seit den 60er Jahren des XX. Jh. auch in Lateinamerika insbesondere bei der Jugend populäre Tanzveranstaltungen, vorwiegend mit Musik von Schallplatten bzw. anderen Tonträgern einschließlich Videokassetten.

Dobrado
brasilianische Variante eines ursprünglich militärischen Marsches, instrumental durch eine

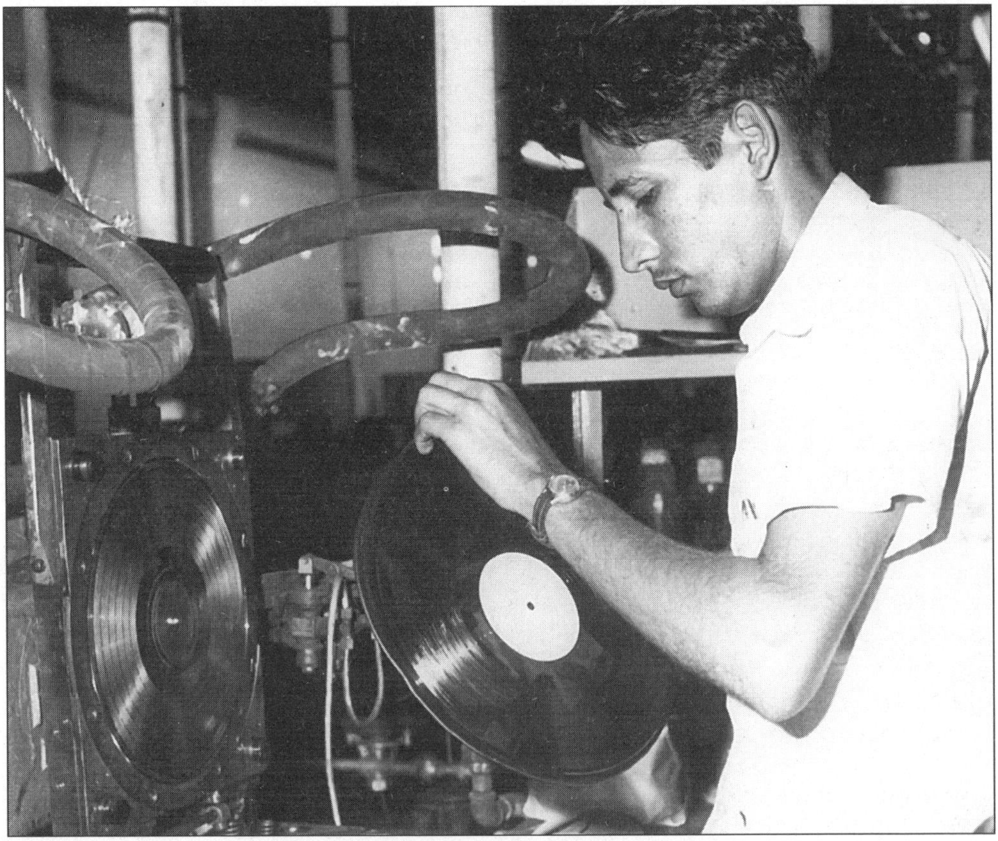

Schallplattenproduktion in einem lateinamerikanischen Land, um 1960

→ *Banda (2)* gespielt; auch als Karnevalsmusik in Brasilien weit verbreitet.

Doctorcito
Abart des Volkstanzes → *Auqui-auqui;* besonders in Bolivien verbreitet. Gegenüber der Stammform weist die insbesondere in Musiktheatern und bei Schauveranstaltungen aufgeführte Variante Modifikationen hinsichtlich der Choreographie und der Begleitmusik auf und es werden durch die Tänzer bunte, regionaltypische Trachten getragen.

Dôdo e Osmar, Trio Elétrico -
brasilianische Musikgruppe vom Typ eines → *Trio Elétrico;* das 1941 durch den Musiker Dôdo in São Salvador als *Pau Elétrico* konstruierte und Kernstück der Gruppe bildendende elektromechanische Instrument – vergleichbar mit einem Orchestrion – weist ein breites Repertoire nordestinischer Musik auf; der → *Frevo* »Pombo correio« erschien 1978; insgesamt wurden 12 LPs produziert.

Domingacha
spezielle Art der Harfe (→ *Arpa*); von Mestizen und Indianern in bestimmten Regionen Perus gespielt. Die D. sowie ihre Abart → *Cuca-arpa* sind ähnlich konstruiert wie die indianische Harfe (→ *Arpa indígena*), aber kleiner und mit einem birnenförmigen Resonanzkörper; auch sie kann im Laufen gespielt werden und ist meist nur Begleitinstrument insbes. für den → *Huayno;* blinde Straßenmusiker benutzen sie als Soloinstrument; ihr Verbreitungsgebiet sind die Provinzen Cusco und Piura.

Domingo, Plácido
* 21.1.1941 Madrid; spanischer Operntenor, dessen Eltern in der → *Zarzuela* sangen; wurde in der Populärmusik auch durch seine Interpretation traditioneller Titel des → *Tango* und von Kompositionen des kubanischen Musikers Ernesto → *Lecuona* bekannt, darunter die auf einer LP erschienenen Tangos »Caminito«, »Mi Buenos Aires querido« und »Cuesta abajo«.

Domingues de Morais, José »Dominguinhos«
* 12.2.1941 Garanhuns (Pernambuco); brasilianischer Musiker (Akkordeon) und Komponist; bekannter Vertreter der nordestinischen Tanzform → *Forró;* bildete 1957 mit den Solisten Borborema und Miudinho ein Trio, das folkloristische Musik des Nordostens Brasiliens interpretierte, später trat er als Solist auf und hat einige LPs (u. a. bei Chantecler) produziert, darunter den von ihm verfassten Titel »Forró do Dominguinhos«.

Domínguez Ramírez, Abel
* 29.5.1910 San Cristóbal Las Casas (Chiapas), † México (?); mexikanischer Musiker (Marimba, Saxophon, Klarinette, Piano, Akkordeon) und Komponist; Vater von Alberto → *Domínguez;* verbreitete das Volksmusikinstrument *Marimba* in Zentral-Mexiko; wirkte in einigen Musikgruppen, u. a. in der von Gonzalo → *Curiel* formierten *Escuadrón del Ritmo* (1934 in México-Stadt). Zu seinen zahlreichen Kompo-

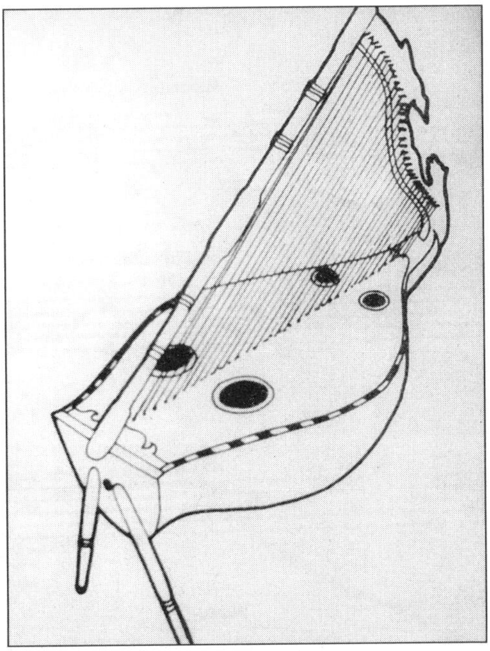

Eine Domingacha aus der Region von Cusco (aus: Mapa de los Instrumentos Musicales, Instituto Nacional, Lima – Perú – 1978)

sitionen gehören die Boleros »Óyelo bien« (1940) und »Perdón« (1941) sowie der Pasodoble »Conchito Cintrón« (1950), ferner »Chiapas« (Zapateado), »Ocosingo« (Walzer) und »Al son de la Marimba«.

Domínguez Borras, Alberto
* 21.4.1913 San Cristóbal Las Casas (Chiapas), † 2.9.1975 México-Stadt; mexikanischer Musiker (Piano), Arrangeur und Komponist; entstammt einer Familie mit reicher musikalischer Tradition, hatte noch 17 Geschwister (Hermanos → *Domínguez*), die sich fast alle musikalisch betätigten; erhielt ersten Musikunterricht in seiner Heimatstadt; in dieser Zeit entstanden auch erste Kompositionen wie »Viva la Feria« (1922). 1925 übersiedelte er nach México-Stadt, wo er mit namhaften Musikern wie Silvestre → *Revueltas,* Blas Galindo und Miguel → *Lerdo de Tejada,* bei dem er als Pianist wirkte, zusammenarbeitete. 1939 formierte D. ein Tanzorchester, später die Gruppe *Frenesí.* Zu seinen bekanntesten Kompositionen zählen »Frenesí« (Bolero, 1939) und »Perfidia« (Bolero, 1939), Standardtitel der lateinamerikanischen Tanzmusik sowie »Dos corazones« (Canción, 1935) und »Traigo mi 45« (Corrido, 1943).

Domínguez, Alfredo
bolivianischer Musiker (Gitarre), Sänger, Arrangeur und Komponist folkloristischer Musik; gehörte nach 1961 dem Trío → *Folklórico* und weiteren Formationen an; zu seinen zahlreichen Kompositionen, die u. a. durch die mit ihm verbundene Gruppe Los → *Jairas* interpretiert wurden, gehören u. a. die Titel »Bailecito sin nombre« (Bailecito), »En fa, sol, la, sí« (Cueca) und »La pastora« (Motivo andino).

Domínguez Borras, Ernesto
* ? San Cristóbal de las Casas (Chiapas); mexikanischer Musiker (Marimba), Komponist und Bandleader; spielte bereits in jungen Jahren das Volksmusikinstrument → *Marimba,* leitete später ein aus mehreren Instrumenten dieses Typs gebildetes Orchester, das unter dem Label Coro Schallplatten produzierte; schrieb u. a. die Stücke »Rosario« (Walzer), »Luna de miel« (Bolero, 1942) und »Cuando tú te vayas« (Bolero, 1945).

Domínguez, Hermanos -
durch die Gebrüder Abel, Alberto, Armando, Ernesto, Francisco, Gustavo und Ramiro Dominguez in San Cristóbal Las Casas (Chiapas) um 1920 formierte Musikgruppe, die u. a. 1921 in México-Stadt aus Anlass der Unabhängigkeitsfeiern erfolgreich auftrat, ab 1930 beim Sender XEW musizierte sowie in einigen Filmen mitwirkte. Die Gebrüder D. spielten in dieser Gruppe die Instr. → *Marimba,* Vibraphon, Xylophon, Piano, Akkordeon, Gitarre, Klarinette, Saxophon, Trompete, Kontrabass, Schlagzeug u. a. Später entstanden aus dieser Gruppe weitere Formationen wie *Marimba Diosa del Sur* und *Marimba Lira San Cristóbal Las Casas.*

Domínguez, Pepe
* 1900 Mérida (Yucatán), † 11.1.1950 La Habana (Kuba); mexikanischer Sänger, Musiker, Komponist und Bandleader; leitete ab 1925 das *Quinteto Mérida* und interpretierte vorwiegend trovadoreske Kompositionen von Ricardo → *Palmerín;* schuf später einige Lieder, die durch die folkloristische → *Jarana (1)* inspiriert sind und zu den populärsten Stücken der Musik Yucatáns gehören, darunter »Pájaro azul« (Canción yucateca, 1928; Text: Manuel Díaz), »Aires del Mayab« (1929; Text: Carlos Duarte) und »Granito de sal« (1929; Text: C. Duarte).

Domínguez Terrero, Reutilio
* Santiago de Cuba, † 1971 Guantánamo (US-Stützpunkt); kubanischer Sänger, Gitarrist und Liedermacher; Vertreter der → *Música campesina;* bildete mit Celina → *González* eines der hervorragendsten Duos ländlicher Volksmusik Kubas, das Dúo → *Celina y Reutilio.* D. schrieb u. a. die Stücke »A Santa Bárbara« und »Quiero bailar con Celina« (Son montuno).

Donato, Edgardo
(eigtl. Edgardo Felipe Valerio Donato)

* 14.4.1897 Buenos Aires, † 15.2.1963 das.; argentinischer Musiker (Violine), Komponist und Bandleader; bekannter Vertreter des → *Tango;* debütierte als Violinist um 1918 im Orchester des Bandoneonisten José Quevedo in Buenos Aires; lebte längere Zeit in Montevideo (Uruguay), wo er das Orchester *Edgardo Donato y sus Muchachos* formierte und leitete; wirkte zwischenzeitlich in Buenos Aires und gehörte verschiedenen Formationen an. Zu seinen Kompositionen gehören u. a. die Titel »A media luz« (1928; Text: Carlos C. Lenzi), »Julián« (1923; Text: J. Panizza) und »T.B.C.«; unter den Labels Pampa, Victor und Brunswick entstanden zahlreiche Schallplatten.

Donga → *Santos, Ernesto Joaquím dos -*

Donneños, Los -
Vokal- und Instrumentaltrio der → *Música chicana,* um 1948 in Mc Allan (Texas) durch Mario Montes (Gesang und Akkordeon), Ramiro Cavazos (Gesang und Gitarre) u. a. Cavazos (Kontrabass) gebildet. Als Interpreten der → *Tex-Mex-Musik* genoss das Trio große Popularität; Schallplatten entstanden bei Columbia), Falcón, Oro, El Toro, Rovi und DLV, darunter die Titel »Canción mixteca« und »Mi morena«.

Dos Oros, Los -
mexikanisches Vokal- und Instrumentalduo; um 1960 in Venustiano Carranza (Michoacán) durch Abelardo und Luis Pulido gegründet; interpretierte folkloristische Musik der Formen → *Ranchera,* → *Corrido;* bei CBS bzw. Harmony entstanden einige LPs, darunter die Titel »Chiquillos« und »Carta perdida«.

Drum
Allgemeinbezeichnung für die Trommel im englischsprachigen Gebiet Lateinamerikas (→ *Tambor*).

Drum Song → *Tamborcanto*

Duarte Brito, Ernesto
* 7.11.1922 La Habana, † 4.3.1988 Madrid; kubanischer Musiker, Arrangeur, Bandleader und Komponist; leitete nach 1950 ein seinen Namen tragendes Orchester, das landestypische Musik verschiedener Genres (Boleros, Guarachas, Sones Montunos, Afros u. a.) interpretierte, namhafte Sänger (z. B. Rolando → *Laserie*) begleitete und das unter diversen Labels (u. a. Duarte, Gema, Kubaney und RCA Victor) zahlreiche Schallplatten produzierte. Später gründete D. im Exil das Orchester *Cuerdas de Oro*. Zu seinen Kompositionen gehören die Titel »Coco seco« (Guaracha) und »Vámonos pa' la pachanga« (Pachanga).

Duarte Arrieta, Ulpiano
* 3.4.1929 Santa Cruz de Guanacaste; kostarikanischer Musiker (Marimba), Arrangeur und Komponist folkloristischer und populärer Musik. D., einer der derzeit besten Solisten Costa Ricas auf der → *Marimba* ist auf musikalischem Gebiet Autodidakt; seine Karriere als professioneller Musiker hat er 1939 in kleinen regionalen Musikgruppen begonnen; später leitete er derartige Gruppen und 1969 formierte er in Santa Cruz die *Marimba Diriá*, eine Gruppe, mit der er auf nationalen und internationalen Festlichkeiten auftrat und zahlreiche Schallplatten und andere Tonträger publizierte, darunter die von

Ulpiano Duarte Arrieta y su Marimba Diria – LP »Viva Guanacaste!« – CBS-20.054 (1974)

Don Ulpiano Enrique Duarte Arrieta beim Unterricht an der Marimba, Santa Cruz de Guanacaste / Costa Rica, 10.10.1997

ihm komponierten Titel »A mi madre« (Pasillo), »Chente Angulo« (Parrandera) und »Marimba Diriá« (Pasillo). Gegenwärtig unterrichtet D. Musikstudenten der Universität von Costa Rica im Spiel des Instruments Marimba.

Duchesne Morillas, Manuel
* 14.6.1902 La Habana; kubanischer Musiker (Flöte) und Orchesterdirigent; hervorragender Flötist, der ab 1939 in der *Banda Municipal* von La Habana und daneben in Tanzorchestern musizierte. Nach dem Tode von Gonzalo → *Roig* übernahm er 1970 die Leitung der *Banda Nacional de Concierto* von La Habana.

Duelo → *Contrapunteo*

Dueñas Perilla, Luis
* 1.2.1921 Somondoco (Boyacá), † 1979 (?); kolumbianischer Sänger, Musiker und Komponist; gilt als einer der besten Tenöre Kolumbiens; musizierte zunächst in einer regionalen → *Banda (2);* übernahm nach dem Tod von Alex → *Tovar* (1974) die Leitung des Kolumbianischen Komponistenverbandes → *SAYCO.* Zu seinen zahlreichen Kompositionen gehören »Negrita« (Danza), »Sublime instante« (Walzer) und »Ven que te espero morena« (Bambuco).

Dueto (Dúo; waren Dupla)
Allgemeinbezeichnung für das Duett; in ganz Lateinamerika insbesondere in der Volksmusik weitverbreitet; in Brasilien (als »Dupla«) bevorzugte Formation der → *Música caipira;* in Mexiko des traditionellen → *Corrido.*

Dulzaides, Felipe
* 13.3.1917 La Habana, † 22.1.1991 La Habana; kubanischer Musiker (Piano), Arrangeur, Komponist und Bandleader; Vertreter des Jazz; leitete verschiedene Gruppen der Populärmusik, u. a. *Los Armónicos* und *Los Dulzaides*, deren Musik sehr modern arrangiert war und nordamerikanische Einflüsse aufweist; unter versch. Labels (u. a. RCA Victor bzw. Discuba) wurden einige LPs produziert, die z. B. die Titel »Quiéreme siempre« und »Fiebre« enthalten. Seiner 1965 in La Habana gegründeten Formation gehörten an: F. Dulzaides (Piano), Rembert Egües (Vibraphon), Ahmed Barroso (Gitarre), Tony Valdés (Schlagzeug), Carlos Puerto (Kontrabass) und José L. Quintana (Drum).

Duncker, Estudiantina -
peruanische Folkloregruppe vom Typ einer → *Estudiantina;* 1924 in Arequipa durch den Musiker und Komponisten Alberto Rivarola y Miranda formiert; interpretierte folkloristische Motive aus dem Nachlass von Luis → *Duncker Lavalle;* bei Victor entstanden einige Schallplatten.

Duncker Lavalle, Luis
* 15.7.1874 Arequipa, † 29.10.1922 Arequipa; peruanischer Musiker (Piano, Violine), Musiker, Komponist und Folkloreforscher; profunder Kenner der Musikfolklore seiner Heimatregion, erforschte besonders die mestizischen Formen der urbanen Folklore und verarbeitete sie in seinen zahlreichen Kompositionen, die einem neuartigen Stil peruanischer Salonmusik verhaftet sind. Bekanntestes Stück ist der noch heute gespielte Walzer »Quenas«.

Dunduli
regionale Abart der peruanischen Baumstumpftrommel → *Tuntui.*

Dunkley, Errol
* 1953 Denham Town (Kingston); jamaikanischer Sänger, Musiker und Liedermacher der modernen Populärmusik. D., ein bekannter Interpret des → *Reggae,* begann seine Karriere als Sänger im Alter von 11 Jahren, wo er in einer der Veranstaltungen der *Prince Buster Session* erfolgreich war und seine ersten Titel auf Schallplatte aufnahm. Oft wurde er durch die Gruppe *The Heptones* begleitet, so auch in seinen Stücken »O. K. Fred« und »How could I let you go away«. 1973 gab er Konzerte in London, die durch *Count Shelly's Third World Organisation* organisiert wurden.

Dupla → *Dueto*

Duque, Carmenza
(eigtl. Carmen Elvira D. Uribe)
* 1951 Manizales; kolumbianische Sängerin der Populärmusik; lebt in Bogotá, ist Preisträgerin mehrerer internationaler Wettbewerbe; produzierte mehr als 10 LPs mit kolumbianischer Musik; ihr erster Erfolgstitel war »Cielo rojo«.

Durán Díaz, Alejandro »El Negro Alejo«
* 9.2.1919 El Paso (César), † 16.11.1989 (?); kolumbianischer Sänger, Musiker (Akkordeon) und Liedermacher; populärer Vertreter der → *Música vallenata;* gehört zu den besten kolumbianischen Akkordeon-Spielern. Seine Titel »Alicia adorada« (Paseo; Musik: Juancho Polo) und »Cero 39« (Cumbia) erreichten große Popularität; als seine bekannteste Komposition gilt der 1967 entstandene → *Paseo* »Pedazo de acordeón«, den er zusammen mit seiner Gruppe interpretierte; Schallplatten entstanden bei Fuentes.

Durán Plazas, Anselmo »Pemo«
* 12.11.1907 Neiva, † 22.1.1940 Bogotá; kolumbianischer Komponist und Musiker; erhielt seine musikalische Ausbildung bei seinem Vater, dem Musiker Micíades Durán; gilt als einer der besten und vielseitigsten Komponisten folkloristischer Musik seiner Heimatregion, wobei der 1934 veröffentlichte → *Joropo* »Sanjuanero« zu seinen bekanntesten Titeln zählt. Ein nationaler Wettstreit zur Ermittlung des besten → *Bambuco* trägt seinen Namen.

Durán, Dolores (eigtl. Adiléa da Silva Rocha)
* 7.6.1930 Rio de Janeiro, † 24.10.1959 das.; brasilianische Sängerin und Liedermacherin; gehörte frühzeitig einem Kinderchor an, der auf → *Reisado-* bzw. → *Pastorinhas*-Festen auftrat. Mit 10 Jahren sang sie das mexikanische Bolero-Lied »Vereda tropical« und entwickelte sich zu einer bekannten Interpretin des spanischsprachigen → *Bolero* und der → *Samba-canção.* D. produzierte einige LPs (Label Copacabana) und schrieb u. a. die Titel »Noite do meu bem« (1956), »Pela rua« und »Canção da tristeza« (mit Antônio Carlos Jobim) sowie »Castigo« (Samba, 1958).

Durand Rodríguez, Luis
* Cusco; peruanischer Musiker (Quena), Arrangeur, Komponist und Bandleader; gründete und leitete die Folkloregruppe → *Sol del Perú,* mit der er mehr als 40 LPs, darunter 9 mit Motiven der sog. inkaischen Musik, produzierte; zu seinen zahlreichen Kompositionen (Haynos, Danzas incaicas, Lieder usw.) gehören die Titel »El Indio y su quena«, »Taquiyninchis« und »Intallay quillallay« (Sirviñacuy).

Dutra, Altemar
* 6.10.1940 Aimorés (Minas Gerais); brasilianischer Sänger und Musiker (Violão); seine zahlreichen Lieder sind einem romantisch-trovadoresken Interpretationsstil verhaftet; auf Schallplatten (Labels Odeon und RCA Victor) erschienen u. a. die Titel »Bom dia tristeza«, »Sentimental demais«, »Laura« und »Trovador«.

E

Echagüe, Alberto (eigtl. Juan de Dios Osvaldo Rodríguez Bonfanti)
* 1909 (?), † 24.2.1987 Buenos Aires; argentinischer Sänger und Liedermacher; bekannter Vertreter des → *Tango;* begann seine Karriere 1934 als Sänger beim Sender Emisora Stentor; ab 1935 sang er im Orchester von Ángel D'Agostino (15 Jahre), später bei Juan Polito und Juan D'Arienzo (1968). E. schrieb u. a. die Tangos »La Tango« und »Gladiolo«.

Echeverría, Andrés → *Rivera, Niño*

Echeverría, Aquileo J.
* 1866, † 1909; kostarikanischer Volkssänger (Trovador), Liedermacher und Dichter; besang in seinen zahlreichen Liedern seine Heimat Costa Rica und seine Landsleute.

Efrén Echeverría »Camba-I« –
LP »Mbaracapu a lo Ymaité« – Elio F.E.V. 434 (1985)

Echeverría Sosa, Efrén »Camba-I«
* 04.03.1932 Lima (Provinz San Pedro); paraguayischer Musiker (Gitarra, Violine und Akkordeon), Arrangeur und Komponist; einer der besten Gitarristen des Landes mit einem sehr individuellen Interpretationsstil. E. ist auf musikalischem Gebiet Autodidakt; er begann seine Karriere um 1941, kam 1967 in die Landeshauptstadt Asunción und hat seitdem zahlreiche Schallplatten, darunter eigene Kompositionen oder auch von ihm aus der anonymen Musikfolklore neu arrangierte Titel, aufgenommen, darunter »Piririta«, »Liqui« und »Rojhecha yeyvo« (Polkas).

Ecuador
argentinischer Volkstanz, der, von einem oder zwei Paaren ausgeführt, heute nur noch wenig verbreitet ist; es besteht Ähnlichkeit mit dem → *Bailecito;* in den Provinzen La Rioja, Catamarca und Tucumán getanzt, in letzterer auch unter dem Namen *Patito* bekannt. Die argentinische Folkloristin Isabel → *Aretz* schreibt in ihrem Werk »Folklore musical argentino«, dass es in alter Zeit einen Salontanz gleichen Namens gab, der im Norden Argentiniens ebenso wie in Peru bis Mitte des XIX. Jh. getanzt wurde; von dem Forscher Manuel A. Fuentes 1866 als »Abkömmling der → *Zamacueca*« zitiert.

Eduardos, Los -
uruguayisches Vokal- und Instrumentalduo; 1972 von Eduardo → *Larbanois* und Eduardo Carrero formiert; wirkte später im Exil in Spanien. Das zur Bewegung des Neuen Uruguayischen Liedes gehörende Duett produzierte mehrere LPs mit populärer und folkloristischer Musik, darunter die Titel »Santa viejo« und »Llanto por medio mundo«.

Egg, Stellinha (eigtl. Stella Maria Egg)
* 18.7.1924 Curitiba; brasilianische Sängerin

und Liedermacherin; Folkloreforscherin und Schauspielerin; bekannte Vertreterin folkloristischer Musik Zentralbrasiliens; hat bereits als Kind auf Volksfesten ihrer Heimatregion gesungen; 1944 erschien (bei Continental) ihre erste Schallplatte N78 mit den Titeln »Uma lua no céu« (Toada) und »Tapiaquinha de côco« (Côco), der später (u. a. bei Polydor, Philips und RGE) zahlreiche LPs folgten. 1955/56 unternahm sie eine Europa-Tournee, auf der sie u. a. die UdSSR, Frankreich, Polen, Finnland, Italien und Portugal besuchte und dort teilweise Schallplatten aufnahm.

EGREM (Abk. f. Empresa de Grabaciones Eléctricas y Musicales)
kubanisches Nationalunternehmen zur Produktion von Schallplatten, Magnetbandkassetten und Musikalien, mit Hauptsitz in La Habana und Filiale in Santiago de Cuba; produziert seit 1960 Schallplatten der Labels Areito, Siboney, Guamá u. a.

Egües Martínez, Richard (eigtl. Eduardo E.)
* 16.10.1924 Santa Clara; kubanischer Musiker (Flöte), Komponist und Bandleader; studierte bei seinem Vater, trat in jugendlichem Alter der *Banda Municipal* von Santa Clara bei, gehörte später verschiedenen Tanz- und Unterhaltungsorchestern an; spielte seit 1953 im Orchester → *Aragón* und entwickelte sich zu einem der renommiertesten Flötisten Kubas; schuf zahlreiche Kompositionen wie den sehr populären → *Cha-cha-chá* »El bodeguero« (1956), die → *Guaracha* » El Cuini tiene bandera« und den → *Danzón* »Gladys«, Titel, die auf in- und ausländischen Schallplatten oft erschienen sind.

Egurbida, Leonardo
* 11.6.1945 Camuy; puertorikanischer Gitarrist und Komponist; studierte 1963 am Konservatorium von San Juan; setzte seine Studien ab 1965 im Fach Gitarre in Madrid (bei Regino Sáinz de la Maza) fort. E. spielte Gitarre im Puertorikanischen Sinfonieorchester, nahm 1978 an der 1. Begegnung lateinamerikanischer Gitarristen in La Habana und 1979 am 1. Internationalen Gitarre-Festival in México-Stadt teil; er komponierte Solostücke für Gitarre wie »Coqueterías« (1979), »Habanera« (1967) und »Intercambio« (1979) sowie ernste Musik.

Ekón (Cencerro, Ekóng, Banka, Idiophon)
regionale Bezeichnung für eine in der afrokubanischen Ritualmusik der → *Abakuá* eingesetzte Metallglocke, die in der Gruppe → *Biankomeko* im Zusammenwirken mit Trommeln unterschiedlicher Größe zum Einsatz gelangt. Das Instrument differiert in seinen Dimensionen; es werden metallisch-helle Töne damit erzeugt.

Ekué (Membranophon)
zu einer Gruppe von Trommeln gehörend, die nicht der Erzeugung von Musik dienen, sondern in rein symbolischer Funktion innerhalb bestimmter Ritualhandlungen der → *Abakuá*- bzw. → *Ñáñigo*-Gruppen nur kurz angeschlagen werden; das Instrument wird mit den Fingern auf einem über dem Trommelfell angebrachten Stab frottiert, wobei ein heiser-rauer Ton entsteht.

Ekueñón
innerhalb eines Ensembles der → *Abakuá*-Rituale verwendete afrokubanische Trommel, der lediglich Symbolfunktion zukommt; sie wird innerhalb der kultischen Handlungen mit nur wenigen Schlägen perkutiert.

Electrónica, Música - → *Música electrónica*

Eleggua (Eleguá)
afrokubanische Gottheit (→ *Orisha*); in den Glaubensvorstellungen und Riten der → *Santería* der Herrscher über »die Wege und Kreuzwege«; synkretisiert u. a. mit dem Heiligen Antonius. Alle Feste und Zeremonien der Santería beginnen und enden mit Gesängen, dem → *Toque* und speziellen Tänzen für E., der auch in zahlreichen populären Liedern Kubas besungen wird; diese durch kreolische Stilelemente bereicherten Lieder sangen z. B. Mercedes → *Valdés* und Celina → *González*.

Elenco
spanische und portugiesische Fachbezeichnung für das gesamte Personal eines größeren Ensembles oder Orchesters, Künstler und Sänger, Musiker und Tänzer als auch technisch-organisatorische Kräfte im Umfeld der Musiker.

Elie, Justin
* 1.9.1883 Cap Haitién, † 3.12.1931 New York; haitianischer Musiker, Komponist und Musikethnologe; studierte die Zeremonialpraktiken des → *Vodú*-Kultes und galt als profunder Kenner der Musikfolklore Haitis; publizierte eine Sammlung von Tanzliedern u. a. der Form → *Meringue* und komponierte romantische Stücke, Vodú-Musik sowie das Ballett »Voudou«. 1922 übersiedelte er nach New York, wo er seine Tätigkeit als Musiker und Komponist fortsetzte.

Elis Regina (eigtl. R. Carvalho da Costa)
* 17.3.1945 Pôrto Alegre, † 19.1.1982 São Paulo; brasilianische Sängerin; bekannte Vertreterin des → *Samba* der 70er Jahre; begann ihre Karriere 1959, interpretierte auch Bossa Novas, Balladen und folkloristische Lieder; unter den Labels Philips, Polydor und Continental entstanden 27 LPs, die u.a. die Titel »Falso brilhante« (Samba – ihr weitaus größter Erfolg), »Arrastão« und »Ela« enthalten.

Eloy Blanco, Andrés
* 1.8.1897 Cumaná (Sucre), † 22.5.1955 México-Stadt; venezolanischer Textdichter und Schriftsteller; gilt als einer der populärsten Dichter Venezuelas; wurde auch durch die von ihm geschaffenen Liedtexte zu dem lateinamerikanischen Welterfolg »Angelitos negros« (Musik: Manuel Álvarez) und zu »Venezuela habla cantando« (Tonada; Musik: Cony Méndez) bekannt.

Embajadores, Trío Los -
ekuadorianisches Vokal- und Instrumentaltrio;

Die Volkstanz- und die Musikgruppe (Elenco) des Panamaischen National-Balletts demonstrieren die Schönheit von Trachtentänzen (Photo: Gentileza del Ballet Folklórico de Panamá)

nach 1955 durch den Sänger Carlos Alberto Jervis (* 1924) zusammen mit Rafael de Jesús (* 1922) und Jorge Jaime Jiménez (* 1942) formiert; von dem Musiker Guillermo Rodríguez auf dem Instrument → *Requinto (1)* begleitet. Der Interpretationsstil tendiert zum Romantischen und ist eng mit der Musikfolklore Ekuadors verflochten; Titel wie »Canelazo« (Cachullapi) und »Lamparilla« (Pasillo) erschienen auf Schallplatten verschiedener Labels (u. a. Onix).

Embale, Carlos (eigtl. C. Embales Moliné)
* 3.8.1923 La Habana, † 1998 La Habana; kubanischer Sänger, Musiker und Bandleader; begann Ende der 30er Jahre folkloristisch-populäre Musik öffentlich zu interpretieren, wirkte in Sextetten des → *Son cubano* wie Sexteto Boloña und Sexteto Bolero, dem Orchester »Fantasía« und dem von »Neno« González und zwischen 1946 und 1954 im Conjunto → *Matamoros* und weiteren Formationen, die er teilweise auch leitete. Seit 1976 sang E. im Septeto → *Nacional* und leitete eine Musikgruppe des → *Guaguancó,* die seinen Namen trug; gilt als hervorragender Interpret der Formen Son cubano, → *Yambú* und Guaguancó; auf Schallplatten versch. Labels (u. a. Areito) erschienen Titel wie »Tonache« und »Gorongón«.

Embanda (Umbanda)
Kultchef bei den Sessionen der Rituale → *Macumba* bzw. im → *Terreiro* von Rio de Janeiro und Umland.

Embigada → *Umbigada*

Embolada
zur brasilianischen Musikfolklore gehörendes Tanzlied im 2/4-Takt; aus den Küstengebieten des Nordostens stammend; gehört als Liedform zum Repertoire der → *Cantador* oder Repentista genannten Wandersänger, die, wenn sie diese Form interpretieren, auch *Emboladeiros* heißen. Die Melodien sind auf den deklamatorischen Charakter der E. abgestimmt; sie enthalten schnelle Teile mit kurzen Intervallen. Die Texte sind im allgemeinen komischen, satirischen oder beschriebenden Inhalts; anfangs war sie ein rein ländliches Tanzlied, wurde später jedoch auch in den Städten populär und durch Radio und Schallplatte über ganz Brasilien verbreitet. Bevorzugtes Begleitinstrument ist der → *Violão.*

Emeterio y Felipe → *Tolimenses, Los -*

Emmanuel (eigtl. E. Irismar)
* 1938 Maranhão; brasilianischer Sänger und Arrangeur; studierte Musik in San Carlos Bariloche (Argentinien); hat zahlreiche Lieder, die generell zum Romantischen tendieren, im internationalen Stil und sowohl in portugiesischer als auch in spanischer Sprache interpretiert und auf mehreren LPs veröffentlicht; widmete sich später der Förderung des Künstlernachwuchses und war Direktor eines Schallplattenstudios von Philips. Der weitaus größte Teil seiner Schallplatten erschien in Mexiko.

Encadenado (verkettet, span.)
besondere Form der gesanglichen Interpretation der → *Décima;* der letzte Vers einer Strophe bzw. ein Teil davon bildet den Anfang der nächsten Strophe, so dass eine Verkettung entsteht 1. Strophe »Cuando dentré a tu amor / me pasó el haber nacido / en éste mundo engañoso, */ por haberte conocido.«* 2. Strophe *»Por haberte conocido* / fue mayor mi desventura...*«* Diese Form fand vor allem bei den argentinischen Volkssängern (Payadores) Anwendung, aber auch in neueren chilenischen Liedern; eine Anzahl dieser zumeist der anonymen Folklore entstammenden Texte wurde darin von Violeta → *Parra* verarbeitet.

Encanteria
Variante der → *Pajelança;* im brasilianischen Bundesstaat Piauí verbreitet.

Engono → *Ingome*

Enigma, Trío -
chilenische Instrumentalgruppe; 1980 in Temu-

co durch Tatiana Arancibia (Cello), Jorge Castillo (Flöte) und Cristián Márquez (Saiteninstr.) formiert; 1983 durch Alejandro Vega (Schlagzeug) und Domingo Ortiz (Kontrabass) zur Gruppe (Conjunto Enigma) erweitert; nahm erfolgreich an nationalen Wettbewerben u. a. mit dem Titel »Nuestra música, una paloma«, teil.

Enigrac (Abk. f. Empresa Nicaragüense de Grabaciones Culturales)
am 16.5.1980 in Managua (Nikaragua) gegründetes staatliches Unternehmen zur Produktion von Schallplatten und Magnetbandkassetten, die u. a. unter den Labels Ocarina, Chilamate und Enigrac erscheinen; zum Produktionsprogramm gehört sowohl populäre als auch folkloristische Musik, die meist von nikaraguanischen Künstlern interpretiert wird.

Enkómo
Bezeichnung für ein aus drei verschieden großen Trommeln bestehendes Ensemble, das zu den rituellen Handlungen des → *Ñáñigo* der afrokubanischen Bevölkerungsgruppe → *Abakuá* spielt.

Enkríkamo (Encrícamo)
afrokubanische Trommel, die bei den → *Abakuá*-Ritualen nur eine symbolische Funktion ausübt; das Instrument ist klein und keilförmig und wird innerhalb der Zeremonien zu einem bestimmten Moment kurz perkutiert.

Enne
rustikale einsaitige Violine, dem mittelalterlichen Trumscheit sehr ähnlich; in der Volksmusik der Seri-Indianer Mexikos gespielt.

Enriso Gallegos, Rafael »Nené«
* 24.10.1897 La Habana, † ?; kubanischer Volkssänger (Trovador), Gitarrist, Liedermacher und Bandleader; Autodidakt; trat mit 15 Jahren in der → *Tanda de Cantadores* von La Habana auf; bildete 1926 ein Sextett traditioneller Musik (Sexteto Enriso), das u. a. den → *Son cubano* pflegte und einige Schallplatten mit dieser Form produzierte. Daneben schrieb E. trovadoreske Lieder und übte jedoch weiterhin seinen Beruf als Friseur aus; 1930 trat er dem *Sexteto Agabama* und – nach längerer Pause – 1962 dem *Sexteto Tutankamén* jeweils als Gitarrist und Sänger bei.

Ensamble (Escuadra)
Allgemeinbezeichnung für eine Folkloregruppe aus Guanacaste (Costa Rica), die im allgemeinen aus zwei Marimbas besteht, die jedoch von insgesamt 5 Musikern gespielt werden.

Entrada
1. oft gebrauchte Bez. für den Beginn eines Tanzes. 2. choreographische Figur des → *Galerón.*

Entremés (Intermezzo)
alter europäischer Salontanz, Anfang des XVIII. Jh. über Spanien nach Lateinamerika gekommen; heute jedoch nicht mehr verbreitet.

Entre Ríos 5
argentinisches Vokal- und Instrumentalquintett der modernen Populärmusik; um 1972 durch José Antonio Ibarra (1. Tenor), Roberto Oscar Cáceres (2. Tenor, Gitarre). Enedín J. A. Matorras (Bariton, Gitarre), Hugo Ibarra (Bass, Gitarre) und Mario T. López (Bass) formiert; unter dem Label EMI entstanden einige LPs, darunter die Titel »Troperos« und »Solapa«.

Envite
Initialteil des afrokolumbischen → *Currulao.*

Enyubao
bolivianischer Volkstanz, von Gruppen aufgeführt, wobei sich die einzelnen Teilnehmer beim Tanzen die Hände reichen.

Epoca de Oro (Ouro)
(das »goldene Zeitalter«, span./port.)
in Lateinamerika gebräuchliche Bezeichnung für den Höhepunkt künstlerischer Leistung von Sängern, Musikern oder Orchestern. Häufig wird im Hinblick auf versch. Formen, z. B. den → *Bolero,* der Zeitabschnitt der 30er und 40er

Jahre des XX. Jh. als »Epoca de Oro« definiert. In der Populärmusik Brasiliens wird als *Epoca de Ouro* jene Zeit bezeichnet, in der → *Samba* und → *Choro* zu Popularität gelangten (ab etwa 1920).

Epoca de Ouro, Conjunto -
brasilianische Instrumentalgruppe vom Typ eines → *Regional,* 1966 in Rio de Janeiro als Nachfolgegruppe des 1934 von Jacob Pick → *Bittencourt* formierten Regional *Jacob e sua Gente* gegründet. Anliegen ist die Wahrung traditioneller Formen wie → *Choro,* → *Maxixe* und → *Samba;* es entstanden zahlreiche Schallplatten, darunter die Titel »Vibrações« und »Noites cariocas« (RCA Victor); die Formation wurde 1973 unter der Leitung von César Faria reorganisiert.

Erasmo Carlos (eigtl. E. C. Esteves)
* 5.6.1941 Tijuca (Rio de Janeiro); brasilianischer. Sänger und Liedermacher, Bruder von → *Roberto Carlos;* namhafter Interpret moderner, balladenhafter Lieder, die er selbst oder zusammen mit seinem Bruder schuf; unter dem Label RCA Victor erschienen zahlreiche LPs, darunter die Titel »Eu disse adeus« (1970), »Mundo deserto« und »Sua estupídez« (1975).

Erikundí (Erí-kundí, Erikúnde)
den → *Maracas* ähnliches Musikinstrument, als rein afrokubanischer Schüttelidiophon bei den → *Abakuá*-Sessionen zur musikalischen Begleitung ritueller Tänze innerhalb des Ensembles → *Biankomeko* gespielt.

Erke (Erque, Erqe, Corneta, Trompeta andina, Clarín del Norte)
primitive Trompete mit einem geraden, 4 – 6 m langen Tubus, der aus mehreren Teilen zusammengesteckt, mit Darm oder Leder umwickelt ist und durch ein Rinderhorn oder eine Kalebasse verschlossen wird. Dem dumpfen Klang des E. wurde bereits zur Inka-Zeit eine magische Kraft zugesprochen und es wurde zu bestimmten Anlässen geblasen. Gegenwärtig wird das Instrument u. a. bei religiösen Umzügen (Procesiones) wie den volksfestartigen Feiern Corpus Christi im Juni und zum Ausklang des Karnevals gespielt. Der Musiker heißt *Erkero*; der Gebrauch des E. ist im gesamten Gebiet der Hochebene (Altiplano) von Südbolivien, Peru (Abancay, Apurímac) und Nordchile (Quebrada del Río San Pedro de Atacama, Toconao, Peine, Socaire und Sólor) sowie in Nordargentinien (Jujuy, Salta und Santiago del Estero) nachweisbar.

Erkecito
regionale Form der Trompete → *Erkencho.*

Erkencho (Erqencho, Erkecito; oft fälschlicherweise auch Erke)
Volksmusikinstrument der Indianer der Andengebiete; eine rustikale Klarinette, aus dem Horn eines Rindes oder eines Ziegenbocks gefertigt, auf dessen schwächeres Ende ein etwa 10 cm langes Mundstück aufgesetzt ist. Der Klang ist eigenartig-durchdringend; gespielt wird das Instrument während der Tanzfeste des Karnevals in Argentinien (Teile von Jujuy, Salta, Formosa und Chaco), Bolivien, Nordchile (Zona Atacameña; hier auch als »Pututo« bezeichnet) und in Peru (hier auch als »Wakawak'ra«). Varianten sind u. a. → *Bocina,* → *Pututo,* → *Cuerno.*

Erximite → *Herr-Schmidt*

Escalona, Miguel
* 26.10.1949 Camagüey; kubanischer Sänger, Musiker (Gitarre, Akkordeon), Arrangeur und Liedermacher; widmet sich der Populärmusik und Kinderliedern; begann seine künstlerische Laufbahn innerhalb der Neuen Kubanischen Trova (→ *Nueva Trova Cubana*). Zu seinen zahlreichen Kompositionen, auch auf Schallplatten veröffentlicht, gehören die Lieder »Esa mujer«, »La casa y la sorpresa« (Text: Pablo Milanés) und »Yo tengo un amigo muerto« (Text: José Martí).

Escalona Martínez, Rafael
* 27.5.1927 Pastillal (César); kolumbianischer Musiker (Akkordeon), Sänger und Komponist;

zu den populärsten Vertretern der → *Música vallenata* gehörend; vielseitiger Komponist typischer Musik der Region der Atlantikküste Kolumbiens, gilt als Erforscher und profunder Kenner der Musikfolklore dieses Gebietes; schrieb mehr als 100 Stücke, in der Mehrzahl der Formen → *Merengue* und → *Paseo*. Überragenden Erfolg hatte er mit der Komposition »Esperanza«; weitere populäre Titel sind »El testamento« (Paseo), »La bella molinera« (Jaleo) und »La casa en el aire« (Paseo); sie wurden insbesondere von der Gruppe → *Bovea y sus Vallenatos* interpretiert.

Escambray, Dúo -
kubanisches Vokal- und Instrumentalduo der traditionellen und landestypischen Musik; 1972 in Trinidad durch Pedro González und José Ferrer gegründet; interpretierte Titel der Formen → *Son cubano,* → *Tonada (trinitaria),* Bolero und → *Canción trovadoresca,* die z. T., wie der Son »Abril«, von Ferrer bzw. González geschrieben wurden. Bei Siboney entstand 1989 eine LP.

Escamilla, Carlos »El Ciego«
* 15.10.1879 Bogotá, † 30.11.1913 das.; kolumbianischer Musiker (Tiple, Piano, Violine, Gitarre), Arrangeur und Komponist; gründlicher und versierter Fachmann der Musikfolklore Kolumbiens; war Mitglied u. a. der Gruppe → *Lira Colombiana;* hinterließ eine größere Zahl von Kompositionen insbes. der Form → *Pasillo* wie »Nena«, »Colón« und »Huracán«.

Escapulario
volksfestartige Veranstaltungen mit Gesang und Tanz der Afroamerikaner und Mulatten Mexikos im XVII. Jh., auf denen gegen die Zensur kultureller Manifestationen durch die Kirche protestiert wurde; die Inquisition schritt gegen die Festteilnehmer ein bzw. strengte Prozesse gegen sie an.

Escarramán
im XVII. und XVIII. Jh. in Mexiko (Nueva España) populärer Tanz spitzbübischen Charakters, der durch bürgerliche, insbesondere kirchliche Kreise angefeindet und häufig durch Zensur verboten wurde.

Esclavo (port.: Escravo)
der Sklave; im Zusammenhang mit der Geschichte Amerikas bezieht sich die Bezeichnung auf aus Afrika in die sog. Neue Welt deportierte Angehörige verschiedener ethnischer Gruppen. Insgesamt ging mit dem Prozess der Zwangsumsiedlung von ca. 15 – 20 Mill. Afrikanern eine Transkulturation von riesigem Ausmaß vonstatten. Durch die Völker der Bantú, Yoruba, Dahomey u. a. gelangten folkloristische Manifestationen und Traditionen nach Übersee, wo sie unter den neuen Lebensbedingungen vielfach und differenziert weiter entwickelt wurden. In der Folge entstanden durch Interaktionen mit den Kulturen der Europäer bzw. der Indianer neue Volkstänze, Bräuche und Gewohnheiten. Heute existieren in einigen Ländern Lateinamerikas Vereinigungen zur Wahrung und Pflege afrikanischer Kulturtraditionen, deren Mitglieder sich oft auch *Esclavos* nennen. (→ *Negritude,* → *Negrismo,* → *Santería,* → *Africa*)

Esclavo, Canto de - (Sklavengesang, span.)
in der Zeit der Sklaverei entstandene Lieder der Afroamerikaner mit zumeist monotoner, stets aber melancholischer Ausdrucksweise, die das Dasein der Sklaven reflektierten; diese Gesänge wurden bereits von den auf Schiffen angeketteten Menschen während ihrer Überfahrt von Afrika nach Amerika angestimmt und beherrschten lange die Musikfolklore der Afroamerikaner in Lateinamerika. Elemente dieser Gesänge finden sich heute noch in folkloristischen und populären Formen, u. a. im → *Lamento;* insgesamt kann der C. de E. als ein Vorläufer des Protestliedes eingestuft werden.

Escoba (Escobillado, Cepillado)
der »Besentanz«; in verschiedenen Ländern Lateinamerikas insbesondere zur Karnevalszeit aufgeführter Volkstanz; Hauptutensil ist ein von einem Tänzer mitgeführter Besen (Escoba), der

an bestimmten Stellen des Tanzes weitergereicht wird.

Escobar Delgado, Donato
* 7.4.1951 Pueblo Dr. Bottrell (Guairá); paraguayischer Sänger, Gitarrist und Liedermacher; begann seine Laufbahn als Interpret folkloristischer und populärer Musik 1963; er schrieb zahlreiche Titel der Formen → *Guarania* und → *Polka paraguaya,* darunter »A mi pueblo natal« und »Carai añete«, 1984 bzw. 1985 entstanden.

Escobar Casas, Gabriel
* 6.4.1895 Mariquita (Tolima), † 8.1.1953 New York; kolumbianischer Musiker (Piano, Tiple) und Komponist; studierte das Instrument → *Tiple* bei Jesús Hincapié; schrieb mehr als 200 Stücke u. a. der Formen → *Pasillo* und → *Bambuco* wie »Lo que a solas te he dicho« (1920) und »Primer serno de mayo« sowie das Ballett »Descubrimiento de América«.

Escobedo Hernández, Pedro
* Puebla; mexikanischer Musiker, Arrangeur, Komponist und Bandleader; wurde bekannt durch die von ihm in den 40er Jahren formierte Formation *Pedro Escobedo H. y su Danzonera,* die, im Stile eines Typischen Orchesters (→ *Orquesta Típica* / Kuba) Kubas musizierend, in weiten Teilen der Karibik bekannt wurde und insbesondere Titel der Form → *Danzón* interpretierte. E. schrieb eine große Zahl derartiger Stücke, die auf Schallplatten verschiedener Labels, darunter Torre erschienen, dazu gehören die Titel »Zacatlán« (1960), »María del Carmen« (1963), »Temblorín« (1948) und »Gutiérrez Zamora«.

Escobillado → *Escoba*

Escola de Samba (Sambaschule, port.)
brasilianische Bezeichnung für heute institutionell etablierte Vereinigungen zur Pflege urbaner Karnevalstraditionen (→ *Carnaval carioca*), vor allem zur Popularisierung und Verbreitung des → *Samba.* Der Name wurde 1908 während des Karnevals von Rio de Janeiro durch die renommierte Gruppe → *Ameno Resedá* eingeführt. Gegenwärtig wird ein erweiterter Begriff verwandt, fast immer mit → *G.R.E.S.* beginnend, folgt der eigentliche Name der jeweiligen Samba-Schule, z. B. G.R.E.S. → *Império Serrano.* Zu den Aufgaben gehören u. a. die Vorbereitung der öffentlichen Aufmärsche (→ *Desfile*) und die Vermittlung von Kenntnissen und Fähigkeiten zur Choreographie wichtiger Karnevalstänze; jede Sambaschule verfügt über einen Präsidenten, einen Musikalischen Direktor, ein oder mehrere Orchester und oft über mehrere tausend Mitglieder. Die erste offizielle E. de S., *União do Estácio,* wurde 1928 von den Komponisten und Musikern Heitor dos → *Prazeres,* Alcebíades → *Barcelos* und Newton Bastos ins Leben gerufen; danach folgte die Gründung von → *Portela u. Mangueira* (→ *Estação Primeira da Mangueira*). Eine Besonderheit ist die jährliche Schaffung neuer Karnevalsschlager (→ *Samba-enrêdo*), die jede Sambaschule der Öffentlichkeit präsentiert; derzeit wird der folkloristische Wert der Darbietungen der Gruppen durch verstärkten Einsatz als Werbeträger erheblich gemindert.

Escoleta
1. aus Amateurmusikern bestehende Gruppe, ein Orchester oder eine → *Banda (2)* in Mexiko. 2. Zusammentreffen von Musikern zum Zwecke des Einstudierens neuer Musik. 3. dem Erlernen des Tanzens dienende Tanzform im mexikanischen Bundesstaat Tabasco.

Escondido
Volkstanz im 6/8-Takt, Variante des → *Gato;* in Argentinien und Uruguay verbreitet. Der früher als *Gato escondido* bezeichnete Tanz kann auch durch Gesang (jeweils vier achtsilbige Vierzeiler) begleitet sein.

Escuadra → *Ensamble*

Escuadrón del Ritmo
mexikanisches Tanz- und Unterhaltungsorchester; 1932 in México-Stadt von Gonzalo → *Cu-*

riel gegründet und geleitet; insbesondere wurden Boleros und balladenhafte Lieder interpretiert; als Gesangssolisten wirkten u. a. »Chucho« Martínez Gil, Lydia Fernández und Olga Guillot; neben zahlreichen Schallplatten wurden zahlreiche Konzerte in Musiktheatern und bei den Sendern XEW und XEQ (México-Stadt) gegeben.

Española
spanische Variante der → *Contradanza;* insbesondere im XIX. Jh. weit verbreitet und spanischen Tanzgewohnheiten entsprechend modifiziert, teilweise um choreographische Figuren bereichert. Als E. wurde dieser Tanz nach Lateinamerika transkulturiert.

Españoleta
alter spanischer Salontanz des XVII. Jh.; nach Lateinamerika, u. a. Mexiko (Nueva España) gekommen; in Spanien bereits in der »Instrucción de Música sobre la guitarra española« des Gaspar Sanz (1674 – 1697) aus Zaragoza erwähnt. Neben der Gitarre wurde auch die Harfe als Begleitinstrument der E. benutzt.

Esparza Oteo, Alfonso
* 2.8.1894 Aguascalientes, † 31.1.1950 México-Stadt; mexikanischer Musiker (Piano), Arrangeur und Komponist; daneben Musikologe; wurde zunächst durch seinen Vater, Luis E., in Musik unterrichtet, studierte später u. a. bei Manuel M. → *Ponce* und dirigierte ab 1920 in México-Stadt ein Typisches Orchester (→ *Orquesta Típica* / Mexiko) und begann mit der Komposition von Stücken, die z. T. große Popularität erlangten, insbes. das 1923 entstandene Lied »Mi viejo amor«, das später in »Un viejo amor« umbenannt wurde. 1927 wurde E. in New York Direktor der Schallplattenfirma Columbia Records Inc., später der Brunswick Records Inc. Er erwarb sich große Verdienste um die Gründung des Mexikanischen Komponistenverbandes (SACEM). Mit seinen Forschungen bereicherte er den Erkenntnisstand auf dem Gebiet der traditionellen Musik und er entdeckte allein 126 Stücke aus der anonymen Musikfolklore wieder, darunter die Lieder »Hermosas fuentes« und »Estrellita marinera«; E. war ab 1935 für die Folkloreforschung der Sektion Musik der Akademie der Schönen Künste verantwortlich. Als Musiker gehörte er Gruppen und Orchestern, so dem *Trío Veneno*, an; weitere Kompositionen sind »Pajarillo barranqueño«, »Adolorido«, »La Rondalla« und »Carta de amor« sowie die Filmmusik zu »La Paloma« (1936) und »Con los Dorados de Villa« (1940).

Espectáculo (port.: Espetáculo)
in ganz Lateinamerika verbreitete Bezeichnung für eine Veranstaltung bzw. Vorstellung öffentlichen Charakters, in der Solisten, Gruppen, Orchester usw. auftreten.

Esperón González, Manuel
* 3.11.1911 México-Stadt; mexikanischer Musiker (Piano) und Komponist; durch seine Mutter, eine bekannte Pianistin, ausgebildet; wurde später für seine musikalische Leistung mehrfach ausgezeichnet; leitete das Orchester der Philharmonischen Union Mexikos und widmete sich der Komposition landestypischer und populärer Musik, die z. T. als Filmmusik verwandt wurde; arbeitete ständig mit dem Textdichter Ernesto → *Cortázar* zusammen. Bekannte Stücke sind »A la orilla del mar« (Bolero, 1940), »Ay Jalisco no te rajes« (Ranchera, 1941), »Cocula« (Canción, 1943), »Yo soy mexicano« (Corrido, 1943) und »Bonita Guadalajara« (Ranchera, 1943) sowie »Serenata tapatía« (Canción, 1946).

Espinel Torres, Pedro
* 1.8.1908 Los Naranjos (Lima), † 8.11.1981 Lima; peruanischer Musiker (Piano), Arrangeur, Komponist und Bandleader; bekannter Vertreter des kreolischen Liedes Perus; gründete in Lima das Trio *Los Amigos del Barrio* und schrieb zahlreiche Stücke vorwiegend der Formen → *Vals peruano* und Polka, darunter »Remembranzas« und »Ingratitud«.

Espinel, Vicente
* 1150 Ronda, † 1624 Madrid; spanischer Mu-

siker (Gitarre [Vihuela]) und Dichter; studierte Musik und Philosophie in Salamanca; unternahm ausgedehnte Studienreisen in verschiedene Länder. Als Dichter erlangte er Berühmtheit durch die Erfindung einer neuen, um 1580 aus der klassischen *Copla Real* entwickelten Versform, der → *Décima,* die ihm zu Ehren später auch *Espinela* genannt wurde. Als Musiker kommt E. das Verdienst zu, der Gitarre eine fünfte Saite (Espinela) hinzugefügt zu haben.

Espinela
1. → *Décima* 2. Name der fünften Saite der Gitarre, auf Vicente → *Espinel* zurückgehend.

Espinosa, José Angel »Ferrusquilla«
* 02.08.1922 Choix (Sinaloa); mexikanischer Musiker (Piano) und Komponist populärer Musik, war auch als Filmschauspieler tätig. E. hat sich nach Abschluss seiner Musikstudien in der Heimatregion im Jahre 1937 in México-Stadt angesiedelt, wo er zunächst ein Medizinstudium aufnahm und in verschiedenen Programmen des Senders XEQ wirkte. Insgesamt trat er in 120 nationalen und 48 ausländischen Filmen zumeist im musikalischen Ambiente auf. Unter seinen 80 Kompositionen waren u. a. »A los amigos que tengo« (Canción, 1973, aufgenommen durch Pedro → *Infante*), »Echame a mí la culpa« (Canción mexicana, 1957) und »Ley del monte« (Ranchera, 1970) erfolgreich.

Espinosa y Bedoya, Dúo -
kolumbianisches Vokal- und Instrumentalduett; 1945 als Nachfolger des Duos Obdulio y Julián durch die Solisten Eladio Espinosa (* 1920) und Francisco Antonio Bedoya (* 1915) gegründet; gehört zu den bekanntesten Interpreten folkloristischer Musik Kolumbiens u. a. der Formen → *Pasillo,* → *Bambuco* und → *Guabina;* unter versch. Labels (u. a. Sonolux, Zeida und Fuentes) entstanden zahlreiche Schallplatten, darunter die Titel »Reza«, »Rondel«, »Campesina« und »Mis flores negras«.

Espósito, Genaro »El Tano Genaro«
* 1886 San Telmo (Buenos Aires), † 1950 Paris; argentinischer Musiker (Bandoneón, Piano, Gitarre), Komponist und Bandleader; bekannter und einer der wichtigsten Vertreter der »alten Garde« des (»primitiven«) → *Tango;* formierte 1908 zusammen mit dem Violinisten Lafémina und dem Gitarristen Torres sein erstes Instrumentaltrio, 1912 gründete er die Instrumentalgruppe *Cuarteto Criollo El Tano*, deren Schallplatten (Labels Era [1913] und Atlanta [1914]), darunter die Titel »La Montura« und »El Entrerriano«, zu den Dokumenten der Frühgeschichte des Tango gehören. 1921 kam es zu Bildung des Orchesters Genaro/Pizarro (mit Manuel Pizarro), das in Paris sehr erfolgreich war und bis 1922 bestand; während Pizarro nach Argentinien zurückkehrte, verblieb E. in Paris, wo er das *Orchestre Argentina Genaro Espósito* formierte, das für viele Jahre den Tango in Frankreich popularisierte; Schallplatten entstanden u. a. bei Columbia, MaxSa und Gramophone. E. komponierte zahlreiche Tangos, Walzer, Polkas u. a., darunter die Titel »Percanta«, »Jeanette« und »La cantinera« (Polka).

Espuelas (port.: Esporas)
Sporen, als idiophones Musikinstrument in einigen Hirten- und Gauchotänzen Argentiniens, Chiles, Perus und Südbrasiliens zur rhythmischen Begleitung von Volkstänzen benutzt.

Esquenta Mulher
(Banda de Pífanos, Terno de Zambumba)
Regionalbezeichnung für eine Volksmusikgruppe Nordostbrasiliens, deren Hauptinstrumente → *Pífanos* sind; im allgemeinen 2 oder 3 Pífanos bzw. Pifes (de Taquara), eine → *Caixa* oder zwei → *Zabumbas* und ein Paar Metallteller (Pratos). Sie eröffnen einen Umzug, z. B. zum Karneval, bzw. spielen bei Volksfesten und Tanzveranstaltungen regionalen Charakters.

Esquila (Esquela, Idiophon)
eine gewöhnliche, mit einem Klöppel versehene Viehglocke aus Metall, die entweder durch einen Musiker rhythmisch bewegt oder am Gürtel der Tänzer im Rhythmus der Schritte zum Klingen gebracht wird; in der Volksmusik u. a.

der peruanischen Regionen Huancavelica, Ayacucho, Cusco, Apurímac, Arequipa und Moquegue verwendet.

Esquinado

alter brasilianischer Volkstanz, früher im Landesnorden (Espíritu Santo, Ceará, Piauí und Maranhão) aufgeführt; Männer und Frauen schritten tanzend diagonal über die Tanzfläche; es wurde dazu gesungen.

Esquinazo

1. chilenischer Volkstanz im 6/8-Takt, eigentlich mehr eine serenadenartige Melodie; als Gruß einer Person zum Geburtstag o. ä. gewidmet, früher vorzugsweise an Straßenecken (esquina = Ecke, span.) interpretiert, zumeist durch Gitarre begleitet. 2. eine der choreographischen Figuren der → *Contradanza* (española). 3. in Chile allgemeine Bezeichnung für eine öffentliche Veranstaltung mit landesüblicher Musik.

Esquipado

brasilianischer Volkstanz aus dem Süden; Variante des → *Fandango.*

Esquivel, Damasio

* 1.4.1919 Rosario (Santa Fe); argentinischer Sänger, Musiker (Bandoneón), Arrangeur, Bandleader und Komponist einer der bedeutendsten Interpreten des klassischen → *Chamamé.* E., Sohn paraguayischer Einwanderer, erlernte mit 8 Jahren das Bandoneón-Spiel; wenig später trat er der Musikgruppe seines Meisters (Francisco Peña) bei; bereits 1932 nahm er zusammen mit dem Sänger Samuel → *Aguayo* innerhalb des Trios *Aguayo – Esquivel* seine erste Schallplatte auf; 1939 gründete er seine erste eigene Gruppe, die seinen Namen trug (2 Bandoneóns, 3 Violinen, Cello, Kontrabass und 2 Gesangssolisten). Mit dieser und z. T. neuformierten Gruppen nahm E. u. a. bei Odeon, Magenta und Music Hall eine größere Zahl von Schallplatten auf, die derzeit z. T. auf CDs neu herausgegeben werden. Unter den Kompositionen befinden sich so bekannte Titel wie »Alma guaraní« (Chamamé), «Gaucho correntino« (Valseado) und »Reina de la selva« (Chamamé).

Estação Primeira de Mangueira, G. R. E. S. -

brasilianische Samba-Schule (→ *Escola de Samba*) mit langer Tradition; als dritte Institution ihrer Art am 28.4.1928 in Mangueira (Rio de Janeiro) durch den Musiker und Komponisten Agenor de → *Oliveira* gegründet; führte einige Neuerungen ein wie elektrische Beleuchtung bei öffentlichen Auftritten und die Anstellung eigener Komponisten. Die Mehrzahl der über tausend Mitglieder entstammt den Elendsvierteln (Favelas) von Rio de Janeiro.

Estefan, Gloria M. (eigtl. Gloria Fajardo)

* 1957 Marianao (Kuba); US-amerikanische Sängerin und Liedermacherin kubanischer Herkunft; entwickelte sich zu einer der bedeutendsten Interpretinnen von → *Salsa*-Titeln und balladenhaften Liedern, die sie in Spanisch oder auch in Englisch singt. Die in Miami (Florida) lebende und mit dem Bandleader Emilio Estefan verheiratete Künstlerin schrieb u. a. die bekannten Salsa-Songs »Hablemos el mismo idioma« und »Oye mi canto«. Begleitet vom Orchester *Miami Sound Machine* brachte sie mehrere LPs (CDs) bei CBS bzw. Epic heraus.

Estilban

hispanisierte Bez. für die → *Steel Band* in einigen Küstenorten Venezuelas nahe der Insel Trinidad.

Estilo

1. spanischsprachige Bezeichnung für eine bestimmte Gesngs-, Musizier- oder Kompositionstechnik im Sinne von »Stil«. 2. lyrisch-romantisches Tanzlied Argentiniens, Uruguays und Chiles; eine mit → *Décima*-Texten unterlegte → *Cifra;* von den Bewohnern ländlicher Gebiete meist als »Décima« bezeichnet. Die Begleitmusik kommt im ersten Teil im 2/4-Takt, währenddessen der zweite Teil im 3/4- oder 6/8-Takt gespielt wird; die Begleitung wird hauptsächlich durch Gitarre ausgeführt; die Musik tendiert oft zum Melancholischen, häufig

werden sehnsüchtig-romantische Texte aus dem Umfeld der Pampa gesungen, wo der E. auch seine weiteste Verbreitung fand. Bekannte Interpreten waren u. a. Los → *Fronterizos* (Argentinien), Los → *Cuatro Huasos* (Chile) und Alfredo → *Zitarrosa* (Uruguay).

Estrada Rincón, Julio Ernesto »Fruko«
1951 Medellín; kolumbianischer Musiker, Arrangeur, Komponist und Bandleader; studierte Musik bei Alfredo → *Gutiérrez* und Antonio → *Fuentes;* wirkte in der Gruppe Los → *Corraleros de Majagual* als Schlagzeuger und gründete nach 1970 die Gruppe *Fruko y sus Tesos*, die sich insbes. der Mischform → *Salsa* widmete und zahlreiche Schallplatten produzierte, darunter den Titel »El preso«.

Estrada, Noel
* 4.6.1918 Isabela, † 1.12.1979 San Juan; puertorikanischer Musiker (Piano) und Komponist; Autodidakt; begann frühzeitig zu musizieren; nach seiner Übersiedlung nach San Juan gehörte er diversen Orchestern sowie einem Trio der Populärmusik an und komponierte zahlreiche Stücke, von denen der Bolero »En mi viejo San Juan« (1943) das bekannteste ist; weitere Titel sind »Junto a mi bohío«, »Siempre contigo« und »En mi pueblito« (Seis).

Estrellas Cubanas, Orquesta -
kubanisches Tanzorchester vom Typ einer → *Charanga (1);* 1956 in La Habana durch Félix Reina (Violine) als Nachfolger des Orchesters → *Fajardo y sus Estrellas* formiert; interpretierte Titel der neueren Tanzmusik in einem seinem Vorläufer ähnlichen Sound; zum Repertoire gehörten Titel der Formen → *Cha-cha-chá* und → *Guaracha;* Schallplatten entstanden u. a. bei Puchito, Roxy, Dujo und Egrem, darunter die Titel »Bárbara Retoza« und »No me critiques«.

Estrellas de Chocolate, Conjunto -
kubanisches Vokal- und Instrumentalorchester; 1959 in La Habana durch den Musiker Félix Alfonso »Chocolate« (spielte das Instrument → *Tumbadora*) mit 9 weiteren Musikern, darunter »Niño« Rivera (Tres), David Palomares (Piano, Bandleader) und Armando Albertini (Trompete), gegründet; es wurden insbes. Titel der Form → *Son cubano* wie »Para gozar, Yaguajay« und »Prefiero el son« – erschienen u. a. auf LPs der Labels Puchito und Areito – interpretiert.

Estrellas de Oriente, Órgano -
kubanisches Tanzorchester vom Typ eines → *Órgano Oriental*; 1930 in Victoria de las Tunas durch den Musiker Joaquin Ochoa gegründet; das Repertoire des noch aktiven Orchesters besteht vorwiegend aus dem traditionellen → *Son cubano,* zusammen mit → *Bolero,* → *Cha-cha-chá* und balladenhaften Liedern; es wirkt sehr oft in lokalen Rundfunkprogrammen und wurde 1979 mit einem Diplom ausgezeichnet.

Estribillo (port.: Estribilho) → *Refrán*

Estros
kolumbianische Variante des im XIX. Jh. populären Strauss-Walzers; wurde insbesondere durch das alte Musikinstrument *Vihuelón* begleitet; der Name ist eine hispanisierte Form von »Strauss«.

Estudiantina (Tuna)
allgemeine Bezeichnung für eine in Lateinamerika meist mit Kreolen besetzte Musikgruppe der Volks- und Populärmusik, die vorwiegend Saiteninstrumente, gelegentlich auch ein oder mehrere Blasinstr. benutzt; Mitte des XVI. Jh. als rein folkloristische Formation in Santiago de Compostela (Nordspanien) entstanden. Studenten bildeten Gruppen, die an öffentlichen Orten Serenaden darboten, um damit ihren Lebensunterhalt zu bestreiten. Diese Musiziergewohnheiten verbreiteten sich sehr schnell in LA (Mexiko, Kuba, Peru, Argentinien usw.), wo im Umfeld neugegründeter Universitäten (z. B. in Chile ab 1730) derartige Gruppen entstanden. Eine kolumbianische E. begleitet ihre Lieder beispielsweise mit den Instrumenten → *Tiple,* → *Bandola* und klassische Gitarre; es können auch Lauten, → *Vihuela* und neuerdings das Akkor-

Oben: Estudiantina – eine mestizische Folkloregruppe (Estudiantina) aus Ranrahira (Ancash, Peru), aufgenommen 1977 (Photo: Elisabeth den Otter). Unten: Eine Estudiantina aus Kolumbien: Unter der Leitung von Víctor Sarmiento (2. von links, vorn, mit dem Instrument Bandola) wird ein instrumentaler Pasillo interpretiert

deon zum Einsatz gelangen. Generell haben es sich die E.s zur Aufgabe gemacht, traditionelles Liedgut zu bewahren.

Estudiantina de la Universidad Nacional Autónoma de Honduras
honduranische Vokal-, Instrumental- und Tanzgruppe folkloristischer und populärer Musik, um 1960 durch musikbegeisterte Professoren und Studenten der Fakultät für Rechtswissenschaften der National-Universität (UNAH) in Tegucigalpa formiert. Diese Gruppe hat sich nach anfänglichen Schwierigkeiten organisatorischer Art zu einer der im Lande populärsten Klangkörper im Bereich der Volksmusik entwickelt. Neben zahlreichen Auslandsgastspielen und erfolgreicher Teilnahme an einigen Wettbewerben des In- und Auslands hat die → *Estudiantina* Schallplatten und Kassetten produziert, darunter Titel wie »Corrido a Honduras«, »Mosaico de siques« und »Silbidito«.

Estudiantina Típica Oriental
kubanisches Vokal- und Instrumentalseptett; hervorragende Gruppe des → *Son cubano;* 1927 in Santiago de Cuba durch Pablo Armiñan (Gesang, Bandleader), Augusto Castillo (Gesang), Gabriel Rubio »Trova« (Gesang), Paquito Portela (Kontrabass), Angel Almenares (Timbales), Delfino Puentes (Tres) und Juan Limonta (Gesang) formiert; war längere Zeit eine der bekanntesten Gruppen der Ostregion Kubas.

Etno Pop (Ethno Pop, Pop etno)
eine durch den Musiker Carlos → *Santana* mitbegründete Stilrichtung der modernen Tanzmusik; vereint regionale (z. B. mexikanische) Musikelemente mit der internationalen Musik unter Verwendung im Trend liegender Instrumente wie Elektrogitarre und -bass, Synthesizer u. a.

Etu (Ettu)
Volkstanz rituellen Charakters der afroamerikanischen Bevölkerung Jamaikas; durch Gesang und Trommelrhythmus begleitet; auf westafrikanische Kulturtraditionen zurückgehend.

Evandro e seu Regional
brasilianische Instrumentalgruppe der Populärmusik; um 1961 als → *Regional* in Rio de Janeiro durch den Musiker Josevandro → *Pires de Carvalho* (Reco-reco, Tamborim, Agogô) mit Carlos → *Poyares* (Flöte), José Pinheiro (Violão), Ivan Augusto Pires (Violão), José Reli (Pandeiro) und Lúcio França (Cavaquinho) formiert; interpretierte überwiegend Stücke der Form → *Choro,* darunter »Serra da Boa Esperança« und »Ingênuo«.

Excelência
brasilianischer Trauergesang, von Angehörigen und Freunden eines Sterbenden oder bereits Verstorbenen angestimmt; aus 12 rituell-traditionellen Versen bestehend, die unisono intoniert werden; in den Bundesstaaten Paraíba, Rio Grande do Norte und Pernambuco verbreitet.

Exclamación → *Grito*

Experimentación Sonora del ICAIC, Grupo de - (GESI)
kubanische Vokal- und Instrumentalgruppe; 1970 durch den Musiker Leonardo → *Acosta* unter der Schirmherrschaft des Kubanischen Instituts für Filmkunst (ICAIC) in La Habana formiert; für Experimente zur Produktion neuer Filmmusik ins Leben gerufen, eng mit der Bewegung der Neuen Kubanischen Trova (NTC, → *Nueva Canción Latinoamericana/Kuba*) verbunden, inzwischen nicht mehr bestehend, leistete die Gruppe wertvolle Arbeit bei der Schaffung einer qualitativ neuen kubanischen Populärmusik, experimentierte sowohl mit traditioneller kubanischer Musik als auch mit Formen anderer lateinamerikanischer Länder, erprobte neue Instrumentenkombinationen, Klangrichtungen usw., von denen zahlreiche Schallplatten (Labels Egrem, Areito, Casa, Paredon u. a.), darunter die Titel »Fusil contra fusil« und »El rey de las flores«, entstanden. Zu den Mitgliedern, durchweg profilierte Sänger und Musiker, zählten Leo → *Brouwer* (Bandleader, Gitarre), Eduardo Ramos (Gesang, Gitarre), Emi-

liano Salvador (Schlagzeug, Elektronenorgel), Leoginaldo Pimentel (Perkussion), Noel → *Nicola* (Gesang, Gitarre), Norberto Carrillo (Perkussion), Pablo Menéndez (Gitarre), Pablo → *Milanés* (Gesang, Gitarre), Sara → *González* (Gesang, Gitarre), Sergio → *Vitier* (Gitarre, Tres) und Silvio → *Rodríguez* (Gesang, Gitarre).

Extravagância (Gamba)
regionale Variante der → *Mana-chica.*

Exu
in den afrobrasilianischen Kulten der Repräsentant der gegensätzlichen Kräfte im Menschen; mit dem Dämon der katholischen Religion synkretisiert und dem innerhalb kultischer Sessionen verschiedene Lieder und Tänze gewidmet sind.

Ezeiza, Gabino
* 3.2.1858 Buenos Aires, † 12.10.1916 das.; argentinischer Volkssänger (Payador), Gitarrist und Liedermacher; zählt zu den berühmtesten Wandersängern Argentiniens, dessen Repertoire neben 500 eigenen, zumeist spontan improvisierten Kompositionen auch Titel aus der anonymen Musikfolklore oder Vertonungen bekannter Dichter umfasste; er gehört zu den wenigen Vertretern seiner Künstlergeneration, deren Stücke z. T. auf Schallplatten (Label Columbia) aufgezeichnet worden sind, dazu gehören u. a. die Lieder »Promesa«, »Locura« und »Mi ayer y mi hoy«.

Der argentinische Payador Gabino Ezeiza

F

Fabini, Eduardo
* 18.5.1882 Solís de Mataojo, † 17.5.1950 Montevideo; uruguayischer Musiker (Violine) und Komponist; eine der bedeutendsten Persönlichkeiten der Musik Uruguays; studierte am Konservatorium La Lira von Montevideo sowie in Belgien; Verfechter der nationalen Musikkultur, dessen Werke überwiegend auf der Musikfolklore seines Landes basieren; komponierte u. a. die sinfonischen Poeme »Campo« (1922) und »Isla de los Ceibos« (1925), das Ballett »Mburucuyá« (1932) – letzteres auf Schallplatten des Labels Victor veröffentlicht – und die pop. Titel »Remedios« sowie den für Gitarre und Violine geschriebenen Zyklus »Triste«.

Fábrega Ricardo
* 28.1.1905 Santiago de Veraguas, 18.2.1973; panamaischer Musiker und Komponist; Autor einer großen Zahl populärer Titel insbes. der Form → *Danzón,* die viel Verbreitung fanden, darunter »Panamá viejo«, seine bekannteste Komposition, sowie »Una noche tropical«, »Bajo un palmar«, »Alevántate muchacho« (Tamborito) und »Los largueros« (Danza).

Fado
Form brasilianisch-portugiesischer Lieder trovadoresken Charakters; sehr melodisch, fast immer schwermütig, vorzugsweise von Frauen gesungen; begleitet mit Saiteninstrumenten wie → *Viola* oder portugiesischer Gitarre. Über den Ursprung gibt es widersprüchliche Deutungsversionen nach brasilianischer Darstellung ist er aus dem → *Lundú* entstanden – es gab hier ursprüngliche Lieder wie »Fado dos Chinangos« – , in Portugal gilt er als rein portugiesische Schöpfung; außerdem verlegen port. Quellen (Pinto de Carvalho »História do Fado«) sein Erscheinen in die Zeit nach 1840. Sowohl in Brasilien als auch in Portugal wurde der F. früher häufig auch getanzt. Während seine Popularität in Brasilien nachließ, gehört er in Portugal als Lied heute zu den typischsten Formen der urbanen Musikfolklore; Zentrum seiner Verbreitung sind die Städte Lissabon und Coimbra; zu den bekanntesten Interpreten des portugiesischen F. gehören Ercilia → *Costa,* Amália → *Rodrigues* (* 1920) und Alfredo Marceneiro.

Faena (Fagina, Arbeit, span.)
häufig verwendete Bezeichnung für soziokulturelle Aktivitäten der Bevölkerung ländlicher Regionen verschiedener Länder Lateinamerikas (u. a. Mexiko, Panamá und Ekuador), im gemeinschaftlichen Bearbeiten landwirtschaftlicher Flächen und dem zur Stimulierung der Arbeitsleistung im Kollektiv angestimmten Gesang bestimmter Volkslieder (→ *Canto de Trabajo*) bestehend; heute im Zusammenhang mit der fortschreitenden Mechanisierung landwirtschaftlicher Arbeitsprozesse und den veränderten Lebensgewohnheiten in seiner Verbreitung stark rückläufig.

Fagina → *Faena*

Fagner, Raimundo (eigtl. R. F. Cândido Lopes)
* 13.10.1950 Orós (Ceará); brasilianischer Sänger und Liedermacher; begann seine Karriere 1968, wirkte seit 1971 in Rio de Janeiro; schrieb zahlreiche Lieder balladenhaften Charakters, die insbesondere bei Jugendlichen großen Anklang fanden, darunter die Titel »Fracassos«, »Mucuripe« und »A palo sêco«; bei Continental erschienen ab 1974 einige LPs.

Fagundes, Darcy
* Rio Grande do Sul; brasilianischer Sänger, Liedermacher sowie Deklamator lyrischer Gaucho-Themen aus Rio Grande do Sul; als Interpret von Titeln der Form → *Milonga* aus Süd-

brasilien sehr bekanntgeworden; die Titel »Paisano«, »Pedro Ninguém« und »Desencanto« erschienen auf Schallplatten (Label Pereira).

Faílde Pérez, Miguel

* 23.12.1852 Caobas (Matanzas), † 26.12.1921 Matanzas; kubanischer Musiker (Kornett) Komponist, Arrangeur und Orchesterdirigent; erhielt durch seinen Vater, der Posaunist Cándido F., Musikunterricht; war bereits mit 12 Jahren Kornettist in der Feuerwehrkapelle (Banda de Bomberos) von Matanzas; studierte später Musik bei Federico Peclier und gründete 1870 in Matanzas das Typische Orchester (→ *Orquesta Típica*/Kuba) Los Faílde, das bis zu seinem Tode bestand. F. fand Eingang in die Musikgeschichte Kubas durch die Kreation eines neuen, rein kubanischen Tanzes, des → *Danzón,* dessen erste Komposition, »Alturas de Simpson«, am 1.1.1879 in Matanzas durch sein Orchester der Öffentlichkeit vorgestellt wurde; daneben schrieb F. weitere Danzones wie »A La Habana me voy«, »Malakoff« und »Cuba libre« sowie Danzas, Walzer, Pasodobles und Märsche.

Fajardo, José Antonio

* 18.10.1919 Guane (Prov. Pinar del Río); kubanischer Musiker (Flöte), Arrangeur, Komponist und Bandleader; bekannte Persönlichkeit der kubanischen Populärmusik; gründete und leitete in La Habana das Tanzorchester → *Fajardo y sus Estrellas;* komponierte u. a. die Titel »A bailar pachanga« und »Tan sabrosona«.

Fajardo y sus Estrellas

kubanisches Tanzorchester vom Typ einer → *Charanga (1),* das am 13.9.1949 beim Sender *García Serra* debütierte; Gründer und Leiter war der Flötist José Antonio → *Fajardo.* Durch seine hervorragende Interpretation landestypischer Tanzmusik erlangte das Orchester große Popularität, gab zahlreiche Auslandsgastspiele und produzierte unter diversen Labels, darunter Panart, Tico, Sirena, Puchito und Columbia eine größere Zahl von Schallplatten, darunter die Titel »Pancho Calma«, »Patricia« und »Gozando la pachanga«. 1959 löste sich die Formation auf; Mitglieder davon bildeten die neue Gruppe Las → *Estrellas Cubanas.* Fajardo ging später nach New York, wo er ein neues Orchester formierte.

Falgas Gaeta, Andrés

15.1.1914 Buenos Aires; argentinischer Sänger und Liedermacher; debütierte 1934 als Tango-Sänger bei Radio Splendid (Buenos Aires), war später Solist im Orchester von Enrique Rodríguez, mit dem er Tourneen im In- und Ausland unternahm; wirkte danach im Orchester von Rodolfo Biagi und unternahm 1940 als Solist eine Gastspielreise durch 19 Länder; in dem mexikanischen Film »Dos corazones y un tango« trat F. in einer Hauptrolle als singender Schauspieler auf; es entstanden zahlreiche Schallplatten, darunter der Tango »Déjame amarte aunque sea un día« (mit dem Orchester von Rodolfo Biagi).

Falsete (falsa voz)

Falsettgesang (Imitation einer Frauen- oder Kinderstimme durch Männer); in ganz Lateinamerika und Spanien besonders in der ländlichen Volksmusik verbreitet. So werden in den mexikanischen Regionen Tamaulipas, San Luis Potosí u. a. die als → *Son huasteco* oder → *Huapango* bekannten Volksweisen zumeist, der balladenhafte → *Corrido (3),* die panamaische → *Saloma,* der peruanische → *Yaraví* (auch in Bolivien), die argentinische → *Baguala* bzw. → *Vidala* teilweise im F. gesungen.

Falú Llamil, Eduardo

* 7.7.1923 Salta; argentinischer Gitarrist, Sänger und Liedermacher; einer der besten Gitarristen Argentiniens; Autodidakt, mit einem an klassischen Vorbildern orientierten Musizierstil, wirkte als Gitarrist und Sänger an verschiedenen Rundfunksendern und produzierte unter diversen Labels (darunter TK, Caravelle, Music Hall und Philips) etwa 30 LPs mit folkloristischer oder populärer Musik Argentiniens, unternahm Gastspielreisen durch Europa, Kanada und die USA; große Popularität erlangte die von ihm edierte LP-Serie »Folklore sudamericano«

(1977 – 79); bekannte Kompositionen von ihm sind u. a. »La atardecita« (Zamba), »Cuando se dice adiós« (Zamba), »Zamba de la candelaria«, »Canto a Rosario« (Canción) und »Vidala del nombrador« (Vidala); die meisten Texte dazu schrieb Jaime Dávalos.

Fandango
1. Sammelbezeichnung für zahlreiche Lieder und Tänze in Spanien, Portugal und Lateinamerika. 2. spanischer Volkstanz in lebhaftem 3/4-Takt, in versch. Landesteilen mit z. T. unterschiedlicher Choreographie aufgeführt, meist durch Gitarre und Kastagnetten (Castañuelas) begleitet; Stammform vieler lateinamerikanischer Tänze, z. B. in Mexiko, Venezuela und Zentralamerika. Die span. Ursprungsversion gelangte um 1750 nach LA und wurde dort von der Kirche heftig angegriffen bzw. sogar verboten (so im heutigen Mexiko). Innerhalb Spaniens fand der F. weite Verbreitung in Andalusien, von wo aus neuere Varianten wie die → *Malagueña* teilweise auch nach Lateinamerika gelangten. Es wird vermutet, dass Elemente davon auch in den brasilianisch-portugisischen → *Fado* einflossen. Auch die mexikanischen Formen → *Son huasteco,* → *Son jarocho* u. a. gehen auf ihn zurück und werden im regionalen Sprachgebrauch oft *Fandango* genannt. In Honduras und weiteren zentralamerikanischen Ländern ist er ein ländlicher Volkstanz. 3. zur Gruppe der → *Cumbia* gehörender Modetanz (*Fandango sinuano*). 4. Sammelbegriff für brasilianische Volkstänze, die in etwa 100 regionalen Varianten in mehreren Bundesstaaten Brasiliens verbreitet sind und stets durch Gesang (durch Musiker u./o. Tänzer intoniert) begleitet werden. Die Choreographie ist überall ähnlich, die instrumentale Begleitung regional unerschiedlich. So ist der F. – bei teilweise stark rückläufiger Tendenz – in den Bundesstaaten São Paulo, Rio Grande do Sul (Verbreitungszentrum) und Paraná vorwiegend im ländlichen Milieu verbreitet, hier durch → *Viola,* → *Violão,* Akkordeon, Violine, → *Rabeca* u. a. begleitet; oft wird der Rhythmus durch Händeklatschen (Palmadas) unterstützt. Regionalformen sind u. a. → *Tatú,* → *Recortado,* → *João-Fernandes,* → *Chimarrita,* Anú, Nhô-Chico, → *Meia-canha* und → *Pericó;* der F. lúdico (lúdicro) ist eine Form von Straßenliedern mit Spottversen. 5. dramatische Tänze der → *Chegança,* in den brasilianischen Bundesstaaten Paraíba, Rio Grande do Norte, Pernambuco, Maranhão und Amazônia aufgeführt.

Fania All Stars, The -
US-lateinamerikanische Vokal- und Instrumentalgruppe moderner Tanzmusik, 1964 in New York u. a. durch Willie → *Colón,* Roberto → *Roena,* Papo → *Lucca,* Héctor → *Lavoe,* Johnny → *Pacheco* und Rubén → *Blades* unter der Schirmherrschaft der Schallplattenfirma *Fania Records Inc.* gegründet. Die zum Kulturkreis → *New York Latino* gehörende Formation interpretierte in musikalisch gut durchgearbeiteten Arrangements vorwiegend Titel der Mischform → *Salsa,* die auf LPs des Labels Fania veröffentlicht wurden, darunter die Titel »Los muchachos de Belén«, »Descarga a Cuba« und »Inolvidable«; 1981 beteiligte sich die Gruppe am Musikfestival »Varadero '81« (Kuba).

Fantasía (Phantasie)
in den meisten Fällen eine instrumental ausgeführte, thematisch frei gestaltete Komposition, deren Aufbau von bestehenden Formen abweicht bzw. mit diesen oft in keinerlei Zusammenhang steht; häufig von bekannten Komponisten geschrieben, um ein bestimmtes Instrument hervorzuheben; so gibt es z. B. eine hohe Zahl Fantasías für → *Charango* oder → *Quena* sowie auch für Harfe (Arpa), Gitarre usw.

Farah María (eigtl. Farah García Callava)
* 7.12.1944 La Habana; kubanische Sängerin moderner Populärmusik; studierte an einer Kunstschule, sang 1963 in einem Duo, das im Hotel »Capri« auftrat, gehörte später dem Quartett von »Meme« Solís als Solistin an, trat beim Rundfunk und im Fernsehen mit einem Repertoire traditioneller und moderner kubanischer Lieder auf, die sie in einem romantischen Stil

vortrug; auf Schallplatten (Label Areito) erschienen u. a. ihre Titel »Nada pasa«, »Siempre recordaré« und »Este camino largo«.

Farney, Dick (eigtl. Farnésio Dutra e Silva)
* 14.11.1921 Rio de Janeiro; brasilianischer Sänger und Musiker (Piano); begann seine Künstlerlaufbahn als Pianist in einer Rundfunkstation von Rio de Janeiro; später widmete er sich dem Gesang, wo er u. a. in den Orchestern Swing Maníocas und von José Briamonte auftrat; 1971 bildete er mit den Musikern Sabá und Toninho ein Trio. F. wurde auch durch die Interpretation von Karnevals-Schlagern (Sambas, Marchas usw.) bekannt; unter versch. Labels (u. a. Elenco, RGE und Odeon) entstanden einige LPs, darunter die Titel »Alguém como tu« (Samba) und »Marina morena« (Samba-canção).

Faró, Chito (eigtl. Enrique Motto Arenas)
* Santiago de Chile; chilenischer Sänger, Gitarrist und Liedermacher; schuf mehr als 700 Lieder, von denen die folkloristische → *Tonada* »Si vas para Chile« und »Justo en Corrientes« (milonga) die bekanntesten sind. F. gründete in Santiago de Chile ein Folklorezentrum vom Typ einer → *Peña.*

Farrés, Osvaldo
* 28.2.1902 Quemada de Guines, † 22.12.1985 New Jersey (USA); kubanischer Musiker und Komponist; wurde durch zahlreiche Kompositionen kubanischer Tanz- und Populärmusik in weiten Teilen Lateinamerikas bekannt; seine Titel »Quizás, quizás, quizás« (Bolero rítmico), »Sin tí« (Bolero), »No, no y no« und »Un caramelo para Margot« (Guaracha) wurden vom Trío Los → *Panchos* und Olimpo → *Cárdenas* u. v. a. interpretiert; seine Komposition »Acércate más« (Bolero-Cha-cha-chá) gehört zum Standardrepertoire kubanischer Tanzorchester.

Farroupilha, Conjunto -
(auch: Conjunto dos Farroupilhas)
brasilianische Folkloregruppe; 1948 in Pôrto Alegre durch Ina Bangel (* 1933), Tasso José Bangel (* 1931), Danilo Vidal de Castro (* 1927) und Estrela D'Alva Lopes de Castro (* 1934) sowie Sidney Morais (* 1925) formiert. Die Gruppe, zunächst bei Rádio Farroupilha (Pôrto Alegre) tätig, bemühte sich um die Wiederbelebung der traditionellen Musikfolklore des Gebietes von Rio Grande do Sul, wobei der Schwerpunkt auf der Interpretation von Gaucholiedern und -tänzen lag; ab 1960 wurden auch Titel der Populärmusik (Samba, Bossa Nova u. a.) dargeboten; bei Fermata, Farroupilha, Columbia, Musicolor und Copacabana entstanden zahlreiche Schallplatten, darunter die Titel »Meu boi Barroso«, »Prenda minha«, »Chimarrita« und »Roda carreta«.

Fausto (eigtl. Luis Javier Piedrahita Gaviria)
* 1951 Medellín; kolumbianischer Sänger und Liedermacher; erzielte erste Erfolge bei Liederwettbewerben, so beim Festival von Bogotá mit dem Titel »El pescador«; sein Stück »Homenaje al Rey«, eine Würdigung des mexikanischen Sängers José Alfredo → *Jiménez,* und das von den chilenischen Komponisten Juan Carlos Gil und Carlos Alegría geschriebene Lied »Te inventé« erlangten, von ihm dargeboten, große Popularität.

Conjunto Farroupilha – LP »Gaúchos em Hi-Fi« – Columbia LPCB- 41.004 (1963)

Favio, Leonardo (eigtl. Fuad Jorge Jury Olivera) * 1938 Luján de Cuyo; argentinischer Sänger und Liedermacher sowie Filmschauspieler und -produzent; entwickelte sich zu einem bekannten Interpreten balladenhafter Populärmusik; die von ihm geschriebenen Titel »Fuiste mía en verano«, »Ella, ya me olvidó« und »Mi tristeza es mía y nada más« erschienen auf LPs.

Favre, Gilbert »El Gringo«
in der Schweiz geborener Musiker und Arrangeur; der in Bolivien lebende Künstler ist einer der renommiertesten Solisten auf der → *Quena;* er arbeitete in den 50er Jahren des XX. Jh. zunächst in Chile eng mit der Volkssängerin Violeta → *Parra* zusammen, verließ Chile 1960 und siedelte sich in La Paz an, wo er die *Peña Folklórica de La Paz* eröffnete. G. gehörte zunächst dem Trío → *Folklórico,* später der Gruppe Los → *Jairas* an.

Faxas, Carlos
* 30.10.1921 Manzanillo; kubanischer Musiker (Piano) und Bandleader; lebte seit seinem elften Lebensjahr in La Habana und studierte Musik bei Pérez Sentenat, Enrique Aparicio und Félix Guerrero; wirkte in einigen Orchestern, z. B. *Cosmopolita*; gründete nach 1950 ein Vokal- und Instrumentalquartett (*Cuarteto de Carlos Faxas*), das durch seinen gepflegten Interpretationsstil schnell populär wurde und zahlreiche Schallplatten mit kubanischer Populärmusik produzierte, darunter die Titel »Para Vigo me voy« und »Cariño del alma«.

Faxineira
brasilianischer Volkstanz, zum Komplex des → *Fandango (4)* gehörend; in ländlichen Regionen des Bundesstaates São Paulo verbreitet; stets gesungen.

Faz Monzón, Roberto
* 18.9.1914 Regla (La Habana), † 26.4.1966 La Habana; kubanischer Musiker, Sänger, Komponist und Bandleader; sang bereits als Kind im *Sexteto Infantil Bellamar*, gehörte später der aus Jugendlichen bestehenden Tanzmusikgruppe »Champán Sport« und versch. Tanzorchestern an; sang von 1943 – 1956 im Conjunto → *Casino.* Am 14.1.1956 gründete F. eine eigene Gruppe, *R. Faz y su Conjunto*, die bis zu seinem Tode bestand und nach 1970 unter der Leitung von Roberto García als *Conjunto Roberto Faz* reaktiviert wurde. Zahlreiche Schallplatten wie die Titel »Alma de mujer«, »Rumba de Cuba« und »Rumberito soy« entstanden u. a. bei Maype, Tropical, Puchito und Panart.

Federal
alter argentinischer Salontanz des XIX. Jh., Abart des Menuetts (Minué), deshalb auch *Minué federal* genannt; auseinander getanzt; seit längerer Zeit nicht mehr verbreitet.

Federals, The -
afrojamaikanische Vokal- und Instrumentalgruppe moderner Populärmusik; nach 1960 formiert. Zum Repertoire gehörten insbes. Titel der Form → *Rocksteady;* unter dem Label Wirl entstanden Aufnahmen wie »Penny for your song« (Rocksteady, 1968).

Federico, Leopoldo
* 12.1.1927 Buenos Aires; argentinischer Musiker (Bandoneón), Arrangeur, Komponist und Bandleader; renommierter Vertreter des → *Tango* der 50er Jahre des XX. Jh.; gründete und leitete ein seinen Namen tragendes Typisches Orchester (→ *Orquesta Típica*/Argentinien), das Titel wie »Mano a mano« und »Tango al cielo« sowie die bedeutenden Kompositionen »El Motivo« und »Sueño de Barrilete« interpretierte; u. a. bei Music Hall, CBS und EMI entstanden zahlreiche Schallplatten.

Feeling (Filín)
ab etwa 1955 weltweit verbreitete Art musikalischer Interpretation, getragen-melodiös; eine Abkehr von dem damals vorherrschenden »harten« Rhythmus«; setzte sich in Lateinamerika sehr schnell durch. Als besonders dafür geeignet erwiesen sich traditionelle und neukomponierte Stücke der Form → *Bolero.*

Feijão-miudo
brasilianischer Volkstanz; in ländlichen Regionen des Gebietes von Rio de Janeiro verbreitet; Variante der → *Mana-chica.*

Feijóo, Samuel
* 31.3.1914 San Juan de los Yeras (Las Villas), † Juli 1992 La Habana; kubanischer Folkloreforscher, Dichter und Schriftsteller; Autodidakt; arbeitete in künstlerischen Berufen; ab 1958 leitete er das Folklore-Institut von Las Villas und führte profunde Feldforschungen auf dem Gebiet der Volksmusik Kubas durch und veröffentlichte zahlreiche Artikel und Bücher, die zu den Standardwerken der Musikfolklore des Landes zählen, darunter »La Décima popular« (1961) und »Los Trovadores del Pueblo« (1960).

Feitiçaria (Singular: Feitiço)
Sammelbez. für alle Praktiken populär-traditioneller Magie in Brasilien, mit oder ohne religiöse Zeremonien. Der brasilianische Folklorist Mario de Andrade rechnet dazu → *Macumba,* → *Linha (de mesa),* → *Candomblé,* → *Xangô,* → *Catimbó,* → *Pajelança,* → *Tambor* (de Mina bzw. Crioulo) und → *Babassuê.*

Feliciano, José »Cheo«
* 10.9.1945 Lares; puertorikanischer Sänger, Gitarrist und Liedermacher; blind; seit 1950 in New York lebend; Autodidakt; spielt mehr als 30 Musikinstrumente; mit seinem eigenwilligen Gesang ein bekannter Vertreter trovadoresker Lieder, die er z. T. selbst schuf. 1955 erschien in New York seine erste Schallplatte mit dem Titel »Amor jibao, 1964 die erste LP, der etwa 25 weitere unter den Labels Seeco, Arcano, Vaya, RCA Victor u. a. folgten; er wurde mit mehreren »Goldenen Schallplatten« bzw. einem »Grammy« (1969) ausgezeichnet; bekannter Vertreter des Kulturkreises → *New York Latino;* spanischsprachige Titel mit hoher Publikumsresonanz sind u. a. »Nunca jamás«, »Si me contarán«, »Miénteme« sowie das 1971 in San Remo preisgekrönte Lied »Qué será«; viele Aufnahmen lassen eine Tendenz zur Kommerzialisierung erkennen; F. singt auch in Englisch.

Feliciano Vega, José Luis »Cheo«
* 3.7.1935 Ponce; puertorikanischer Sänger und Musiker (Gitarre, Congas); wirkte bereits als Kind in regionalen Musikgruppen und ging 1952 nach New York, wo er zunächst in der Band von → *Machito* als Conga-Drummer tätig war. Später, nachdem er 1954 autodidaktisch das Gitarrespiel erlernt hatte, trat er dem *Joe Cuba Sextet* bei, mit dem er Titel wie »Ratón« und »Estamos haciendo algo bien« aufnahm. Durch Rauschgiftdelikte musste er zwischenzeitlich seine künstlerischen Aktivitäten unterbrechen.

Feliú, Santiago
* 1952 La Habana; kubanischer Sänger und Liedermacher der Neuen Kubanischen Trova; Bruder von Vicente → *Feliú,* erlernte autodidaktisch das Gitarrespiel und zu singen; das selbstgeschriebene Lied »Para Bárbara« (1979) wurde in Kuba sehr populär.

Feliú Miranda, Vicente
* 11.11.1947 La Habana; kubanischer Sänger, Gitarrist und Liedermacher; zur Bewegung der Neuen Kubanischen Troba (MNT) gehörend; begann seine Laufbahn 1967 mit einer Gruppe jugendlicher Sänger, vertonte später Texte bekannter Dichter, u. a. Federico García Lorca (Spanien). Zu seinen Kompositionen gehören u. a. »Empieza al niño« und »Creeme«, die 1978 auf einer in Kuba, Mexiko und Spanien publizierten LP erschienen sind. Gegenwärtig ist F. Präsident der Bewegung der Neuen Kubanischen Trova (Nueva Trova Cubana).

Fender, Freddy → *Huerta, Baldemar*

Fernandes, Jorge (eigtl. J. de Olveira F.)
* 5.6.1907 Rio de Janeiro; brasilianischer Sänger und Musiker (Piano); besuchte ab 1925 die Schule der Schönen Künste (Escola de Belas Artes) und trat mit 13 bereits öffentlich auf; 1929 erschienen bei Odeon erste Schallplatten unter der musikalischen Leitung von Luperce → *Mi-*

Vicente Feliú in der Volksbühne in Berlin am 17.2.1984

randa »Cabocla de Arraiá« und »Amor de Caboclo«; weitere Aufnahmen (N78) entstanden bei Victor, Columbia und 16 Platten N78 in der UdSSR. Später wirkte F. in Rundfunkprogrammen mit, gab Auslandsgastspiele und beteiligte sich 1954 bei Sinter an der Produktion von 3 LPs mit Titeln der Populärmusik.

Fernández Mendioval, Alberto »Voz de Oro del Vallenato«
kolumbianischer Sänger, Musiker, Bandleader und Liedermacher der → *Música vallenata;* bildete in Bogotá mit Julio Bovea zunächst ein Duo, das später mit Angel → *Fontanilla* zum Trío → *Bovea y sus Vallenatos* formiert wurde. In Bogotá leitete F. außerdem seine Gruppe *A. Fernández y Los Auténticos Vallenatos*, für die er u. a. die Titel »Adiós corazón« (Paseo), »Contestación a La Casa en el Aire« (Porro) und »María Peralta« (Paseo) schrieb.

Fernández, Coralia
* ?, † 18.8.1988 La Habana; kubanische Sängerin; begann ihre Karriere um 1944 in dem Volksmusikprogramm »El Rincón Criollo« des Senders CMQ (La Habana) und später trat sie auch zusammen mit ihrem Ehemann, Ramón → *Veloz,* in Rundfunkprogrammen, auf Volksfesten usw. auf, wobei im wesentlichen Titel der ländlichen Volksmusik u. a. der Formen → *Guajira,* → *Son Montuno* und → *Punto cubano* interpretiert und auch auf Schallplatten u. a. der Labels Panart und Kubaney (meist im Duett mit R. Veloz) interpretiert wurden, darunter die Titel »Alborada guajira« und »Mi pedacito de tierra«.

Fernández Rivarola, Emiliano Rembiapo »Emiliano Re«
* 8.8.1894 Yvysunú (Guambaré), † 5.9.1949 Asunción; paraguayischer Volkssänger und Liedermacher; namhafter Interpret des in der 2. Landessprache Guaraní gesungenen Volksliedes (→ *Purajhei*); schrieb seine zahlreichen Liedtexte vorwiegend als aktiver Teilnehmer des Chaco-Krieges, die vorwiegend in Guaraní abgefasst sind; dazu gehören u. a. die Titel »Las siete notas musicales« (1936), »Adiós che paraje cué« und »13 Tuyutí«, die zum Standardrepertoire heutiger Folkloregruppen Paraguays gehören.

Fernández, Fernando
* 19.11.1916 Puebla; mexikanischer Sänger und Autor populärer Musik; bekannter Interpret von *Bolero* und *Bolero ranchero.* F. begann seine Karriere als professioneller Sänger 1933 in einer lokalen Rundfunkstation von Monterrey, wo er sich als hervorragender Interpret der Kompositionen von Gonzalo → *Curiel* profilierte. Später bereiste er weitere lateinamerikanische Länder, so z. B. Kuba (1939 und 1943). Zusammen mit seiner Ehefrau, der Sängerin Lupita Palomera, trat er in dem mexikanischen Film »Río Escondido« auf. F. nahm über 500 Titel auf Schallpllatten N78 des Labels RCA Victor auf, darunter die Rancheras »Dónde andará«

und »Tú y las nubes« (im Duett mit Lupita Palomera und mit Mariachi Vargas).

Fernández Díaz, Hermanos -
argentinische Vokal- und Instrumentalgruppe der → *Música litoraleña;* von den Gebrüdern Ramón, Juan und Hidalgo F. als *Los Hermanos Fernández y su Conjunto Paso Lovera* gegründet; widmete sich der Interpretation folkloristisch-populärer Musik u. a. der Formen → *Chamamé* und → *Valseado;* die Titel »Amistad« und »Una postal a Corrientes« erschienen auf LPs des Labels RCA Victor.

Fernández Esperón, Ignacio »Tata Nacho«
14.2.1894 México-Stadt, † 5.6.1968 das.; mexikanischer Musiker, Arrangeur, Komponist, Bandleader und Folkloreforscher; hervorragende Persönlichkeit der Populärmusik Mexikos; studierte zunächst Agronomie, widmete sich später jedoch der Musik, erforschte die Musikfolklore versch. Landesteile und gestaltete Musikprogramme für den Sender XEW. Ab etwa 1948 leitete er das Orchester → *Típica de México;* ab 1963 war er Präsident des Mexikanischen Komponistenverbandes (SACEM). Bekannt wurde er vor allem durch seine bereits 1940 gegründete → *Rondalla de Tata Nacho* und die Komposition einer hohen Zahl eingängiger Musikstücke wie »Adiós mi chaparrita« (1927), »Nunca, nunca, nunca« (1936), »Por una morena« (1918), »Borrachita« (1918) und Filmmusik, so für »Así es mi tierra« (1937).

Fernández, Joseíto (José) »El Rey de la Melodía«
* 5.9.1908 La Habana, 11.10.1979 das.; kubanischer Volkssänger (Trovador), Musiker, Liedermacher und Bandleader; bekannter Vertreter der kubanischen Populärmusik; trat in zahlreichen Trios, Sextetten und Orchestern auf, war 1934 erstmalig beim Rundfunk tätig; gründete eine eigene Musikgruppe vom Typ einer → *Danzonera,* mit der er seine bereits 1928 entstandene, später weltbekannt gewordene Komposition → *»Guantanamera«* interpretierte. F. wirkte auch als Erzähler in Kindersendungen des Rundfunks und komponierte Boleros, Guarachas und Guajiras, darunter »Elige tú, que canto yo« (Son cubano), »Son candela« (Son), »A mi buena madre« (Guajira), »Piano, ritmo y laúd« (Son-guajira) und »Tu tierra y tu libertad« (Son-guajira); Schallplatten mit ihm entstanden u. a. bei RCA Victor, Guamá und Areito.

Fernández, Teresita
* 20.12.1930 Santa Clara; kubanische Sängerin, Gitarristin und Liedermacherin; studierte Gitarre bei dem Volkssänger Benito Vargas in Las Villas, sang auf Familienfeiern und später in Bars und Restaurants landestypische Musik, wobei ihre Lieder eine Mischung von Musik und Poesie darstellen, so vertonte sie u. a. »Ismaelillo« des kubanischen Nationaldichters José → *Martí* und die »Rondas« der chilenischen Dichterin Gabriela Mistral.

Fernández, Tito »El Temucano«
* 1940 Temuco; chilenischer Sänger (Payador), Gitarrist und Liedermacher; einer der landesweit populärsten Vertreter des romantisch-balladenhaften chilenischen Liedes. Seine zahlreichen Kompositionen, darunter »Cantor de caminos«, »Adónde vas?«, »El árbol«, »Mañana« und »Yo quiero verte« widerspiegeln beste → *Payador*-Traditionen. Auf Reisen durch ländliche Gegenden fand er unbekannte, längst vergessen geglaubte Lieder wie »Coplas de una mujer« und übernahm sie in sein Repertoire; er vertonte weiterhin Themen von Pablo → *Neruda* wie »Del camino y el canto« und schrieb folkloristische Stücke wie die → *Cueca chilena* »Me gusta el vino« mit dem den Chilenen eigenen Humor. Bis 1974 entstanden 170 Titel, die z. T. auf Schallplatten und Kassetten (u. a. bei Dicap und Alba) erschienen.

Fernández, Vicente »El Tahur«
* 17.2.1940 Huentitlán el Alto (Jalisco); mexik. Sänger und Gitarrist, entwickelte sich ab 1972 zu einem der populärsten Interpreten der → *Ranchera,* trat in vielen Filmen und Fersehprogrammen auf und brachte bei CBS Schallplatten und CDs heraus, darunter die Titel »Palabra de Rey« und »Copa rota« (Rancheras).

Ferrari, Fernando
* 19.1.1906 Tegucigalpa; honduranischer Musiker und Komponist; studierte Piano, Gesang und Musiktheorie in Belize (ehem. Britisch-Honduras) und eignete sich autodidaktisch weitere Kenntnisse an. F. gehörte zu den Gegnern eines musikalischen Nationalismus, was in seinen durchweg zur populären Musik gehörenden Kompositionen wie »Entre tus brazos« (Foxtrot) und »Qué importa« (Bolero; wurde u. a. von Enrique Cárdenas gesungen) sowie »Sentiment in Blues« deutlich zum Ausdruck kommt.

Ferreira, América
* 14.3.1954 Asunción; paraguayische Sängerin typischer und populärer Musik; begann ab 1979 Lieder ihrer Heimat als professionelle Künstlerin zu singen, nahm an nationalen und internationen Wettbewerben erfolgreich teil und hat 7 LPs und 2 CDs produziert, darunter die Titel »A mi pueblito Escobar«, »Alfonso Loma« und »Así es mi Paraguay«.

Ferreira, Djalma (eigtl. D. Neves Ferreira)
* 5.5.1914 Rio de Janeiro; brasilianischer Musiker (Piano), Bandleader, Arrangeur und Komponist populärer Musik; organisierte 1945 in Rio de Janeiro seine Gruppe *Os Milionários do Ritmo*, die in modernen Arrangements insbes. Stücke der Form → *Samba* interpretierte und auf Schallplatten des eigenen Labels Drink veröffentlichte. Zu den Kompositionen von F. gehören u. a. die Sambas »Longe dos olhos« und »Café do Brasil«.

Ferreira da Silva, João Melquíades »O Cantor da Borborema«
* 7.9.1869 Bananeiras (Paraíba), † 10.12.1933 João Pessoa; brasilianischer Volkssänger (Cantador) und Dichter der → *Literatura de Cordel;* leitete zunächst eine Miltärkapelle im Gebiet Minas Gerais, zog später als Wandersänger durch den Bundesstaat Paraíba und wurde insbes. durch seine spontan gedichteten Texte zu Liedern der Form → *Desafio* populär.

Ferreira Alves, Nélson
* 9.12.1902 Bonito (Pernambuco), † 21.12.1976 Recife; brasilianischer Musiker (Piano, Violine), Arrangeur, Komponist und Bandleader; bekannter Interpret und Schöpfer des nordestinischen → *Frevo;* trat zunächst als Pianist in Cafés und Nachtclubs auf, begann bereits in jugendlichem Alter Stücke insbesondere der Form Frevo zu schreiben, die vorwiegend als Karnevalsmusik in Recife verwandt wurden, gehörte verschiedenen Orchestern an, die er teilweise auch leitete. Um 1931 übersiedelte F. nach Rio de Janeiro, wo er für den Rundfunksender Rádio Clube tätig war; 1967 formierte er sein bekanntes Frevo-Orchester, war daneben Künstlerischer Direktor der Schallplattenfirma Rozenblit (»Mocambo«), wo seine Musik auch veröffentlicht wurde. F. schrieb u. a. die Titel »Minha adoração« (Seresta, 1939), »Evocação No 1« (Frevo, 1956), »Qual é o Tom?« (Frevo, 1971) und »Silêncio« (1945).

Ferrer, Ibrahim
* 20.2.1927 San Luis (Oriente); kubanischer Sänger populär-traditioneller Musik, bekannter Interpret des → *Son cubano;* Autodidakt. F. sang seit seiner Jugendzeit in regionalen Son-Gruppen; 1959 übersiedelte er nach La Habana, wo er u. a. in den Formationen Orquesta → *Chepín-Chovén* und → *Los Bocucos* Titel wie »Viene de la tierra caliente« und »Así es la vida compay« gesungen und auf Schallplatte aufgenommen hat. Durch seine Mitwirkung am → *Buena Vista Social Club* wurde er auch im Ausland sehr bekannt.

Ferrer Montes, Pedro Luis
* 17.9.1952 Yaguajay; kubanischer Sänger, Gitarrist und Liedermacher; studierte an der Sektion Musik der Nationalschule für Musik (La Habana), gehört der Bewegung der Neuen Kubanischen Trova (MNTC) an, gründete 1970 in La Habana eine seinen Namen tragende Musikgruppe, mit der er landesweit auftrat und Reisen nach Mexiko und versch. europäische Länder, darunter Norwegen, Finnland, die DDR, Spanien und Polen unternahm. Unter versch. Labels

(Areito und Movieplay) erschienen zahlreiche Aufnahmen, darunter die von ihm geschriebenen Titel »Al son del pitazo«, »Mariposa« und »Operación Sitio«.

Festejo
afroperuanischer Volkstanz, mit spanischen (kreolischen) Komponenten angereichert; im XVII. Jh. erstmalig in Lima bekanntgeworden; mit großer Wahrscheinlichkeit aus den südlichen Regionen von Cañete und Mala stammend; gegenwärtig in seiner Interpretation aus drei Teilen bestehend: 1. Einführung (Introducción), 2. der eigentliche Tanz, der in drei Zyklen ausgeführt wird und 3. die Fuge (Fuga), ein Zwischenspiel, wozu nicht getanzt wird. In seiner urspr. Version wurde der F. durch → *Cajón* und → *Quijada* begleitet, später kamen Gitarre und Violine hinzu; die Teile 1 und 3 wurden nachträglich übernommen. Außerdem existieren die Varianten → *Alcatraz,* Son de los → *Diablos* und → *Zapateo.* Bekannte Interpreten sind Nicomedes → *Santa Cruz* mit seiner Folkloregruppe → *Cumanana,* Cecilia Bracamonte und Cecilia Barraza; zu den populärsten Titeln zählt »Toro mata«.

Festival de la Canción (Liedfestival, span.)
jährlich bzw. in bestimmten Zeitabständen stattfindende Massenveranstaltung nationalen oder internationalen Charakters, bei der Sänger, Musiker, Komponisten und Textautoren populärer und/oder folkloristischer Musik miteinander in Wettstreit (Concurso) treten. In Zusammenhang mit der Bewegung des Neuen Lateinamerikanischen Liedes (→ *Nueva Canción Latinoamericana*) erfuhren Liedfestivals unterschiedlicher Thematik, u. a. ländliches Volkslied, Protestsong usw., in ganz Lateinamerika einen starken Auftrieb. Solche Veranstaltungen, zu deren

Das Folklore-Festival »IV Sapecada da Canção Nativa« in Lages / Santa Catarina (Südbrasilien) erfreut sich eines zahlreichen Publikums (1996)
(Photo: Peterson Guerreiro)

Vorläufern u. a. das Son-Festival (La Habana, Kuba) vom Mai 1925 zählen, finden z. B. in Cosquín und Salta (Argentinien), → *Viña del Mar* und San Bernardo (Chile), Lages (Südbrasilien), Ypacaraí (Paraguay), Ancón (Peru) und Varadero (Kuba) statt.

Fierocuy
peruanischer Volkstanz; zur andinen Musikfolklore gehörend; in der Region Chincheros (Apurímac) verbreitet.

Fierro, Fermín
argentinischer Sänger und Liedermacher; Vertreter des romantisch-traditionellen Gesangs, der an die Kunst des → *Payador* anknüpft; er schrieb u. a. die Lieder »La antigua voz de mi pueblo« (Zamba), »Corazón sapucai« (Litoraleña), »Sol, amor, fiesta y vendimia« (Serenata) und »La paloma y el cantor« (Litoraleña); Schallplatten entstanden bei Cabal.

Fiesta
Allgemeinbezeichnung für jegliche Feiern sowohl familiären (privaten) als auch öffentlichen Charakters, zu letzteren zählen Nationalfeiertage, Patronatsfeste (z. B. Día de → *San Juan* [Johannistag]), Feste religiöser Inspiration, Karneval (→ *Carnaval*), Sonnenwendfeiern (→ *Inti Raymi*), Erntefeste u. v. a.

Fiesta Criolla, Conjunto -
peruanische Vokal- und Instrumentalgruppe kreolischer Volksmusik; nach 1960 in Lima durch den Sänger und Gitarristen Oscar → *Avilés* formiert; das Repertoire bestand im wesentlichen aus Titeln der Formen → *Vals peruano,* → *Marinera,* Polka und → *Tondero*; Schallplatten, darunter die Titel »Renacimiento« und »Chongayapana«, entstanden u. a. bei Sono Radio und Odeon. Mitglieder der Gruppe waren O. Avilés (Gesang, Gitarre, Bandleader), »Pancho« Jiménez (Gesang), Humberto Cervantes (Gesang, Gitarre), Arístides Ramírez (Cajón) und Pedro Torres (Castañuelas); zeitweilig wirkten Chabuca → *Granda* und María de Jesús → *Vásquez* als Gesangssolistinnen mit.

Fiesta Linda, Conjunto -
chilenische Vokal- und Instrumentalgruppe; nach 1940 durch den Musiker und Komponisten Luis → *Bahamonde* Alvear in Santiago gegründet; interpretierte vorwiegend Titel der folkloristischen Formen → *Tonada* und → *Cueca chilena,* von denen das auch auf Schallplatte erschienene Lied »Huaso Ladino« große Popularität erlangte.

Figarola Salazar, José »Pepe«
* 20.6.1893 Santiago de Cuba, † ?; kubanischer Volkssänger (Trovador) und Liedermacher; begann seine musikalische Laufbahn mit 16 Jahren; gehörte zunächst dem Quinteto de → *Trovadores Santiagueros* als Sänger an, bildete danach ein Duo mit José Banderas und formierte später mit Emiliano Blez und Bernabé Ferrer das bekannte Trío → *Oriental,* mit Juan → *Cruz* wirkte er in einem Son-Sextett. Zu seinen bekanntesten Kompositionen gehören die Boleros »Un beso en el alma«, »Muñequita de carne« und »Poesía«; Schallplatten wie »Dos vidas« (Bolero; im Dúo Figarola-Luis Felipe Porte) entstanden u. a. bei Odeon.

Figle (port.: Ofiglide)
um die Jahrhundertwende in versch. Ländern Lateinamerikas häufig, heute kaum noch verwendetes Blechblasinstrument; ein aus Messing- oder Kupferblech hergestelltes chromatisches Klappenhorn, das insbes. in Miltärkapellen vom Typ einer → *Banda (1)* bzw. in Orchestern der Populärmusik Kubas, Brasiliens und weiterer Länder gespielt wurde. In Brasilien gehörte es zum Instrumentarium der Feuerwehrkapelle (→ *Corpo dos Bombeiros*) von Rio de Janeiro.

Figo
in der indianischen Volksmusik Perus (Huitoto-Murui-Indianer) eingesetzte etwa fingerlange Rohrflöte ohne Tonlöcher, die auf Volksfesten zum Tanz gespielt wird.

Figueira de Melo, Elomar
* 1938 São Joaquim (Alagoas); brasilianischer

Volkssänger (Cantador), Musiker (Violão) und Liedermacher; sang insbesondere Stücke der Form → *Modinha;* schrieb u. a. die Titel »Joana flor das Alagoas«, »Canção da Caatingueira« und »Violeiro«; bei Philips und Pereira erschienen einige LPs.

Figueredo Saucedo, Betty
* 30.3.1952 Villarrica del Espíritu Santo; paraguayische Volksmusik-Sängerin; studierte bis 1970 in Villarrica. Ihre bereits seit früher Kindheit bestehende Neigung zum Gesang wurde nach Beendigung ihrer Studien zum Beruf. So sang sie zunächst in Clubs und Gaststätten mit folkloristischem Ambiente, so im »Jardín de la Cerveza« (Asunción) und nahm in der Folgezeit einige LPs auf, beteiligte sich erfolgreich an Ausscheiden und trat in Fernsehprogrammen auf. Zu ihren Titeln gehören u. a. »Desde el alma«, »Merceditas« und »Serenata Ocara« (mit dem Orchester von Oscar → *Cardozo Ocampo*)

Filarmonía
Regionalbezeichnung für Orchester vom Typ einer → *Banda (2),* die in Costa Rica (insbesondere in Guanacaste) zu Volksfesten, Prozessionen, Stierkämpfen usw. landestypische Musik interpretieren.

Filiberto, Juan de Dios
* 8.3.1885 La Rosa (Buenos Aires), † 11.11.1964 das.; argentinischer Musiker (Gitarre, Piano), Komponist und Bandleader; bekannter Vertreter des → *Tango;* Sohn des Tänzers Juan Filiberto »Mascarilla«; erwarb sich musikalische Kenntnisse zunächst autodidaktisch, später u. a. am Konservatorium Pezzini-Stiatessi (Buenos Aires, 1909), die ihn zur Komposition insbesondere von Stücken der Form Tango, ab 1915, befähigten; so schrieb er z. B. die heute noch oft gespielten Titel »Clavel del aire (1930), »Quejas del bandoneón«, »Porteñita« (1928) und den Welterfolg »Caminito« (1924, mit G. Coria Peñaloza); ab 1932 gründete und leitete er einige Gruppen und Orchester, darunter die *Orquesta Porteña,* mit denen er unter diversen Labels zahlreiche Schallplatten produzierte.

Filín
vor allem in Kuba gebräuchliche Schreibweise für → *Feeling,* zu dessen Begründern u. a. José Antonio → *Méndez,* César → *Portillo de la Luz,* Miguel de → *Gonzalo,* Adolfo → *Guzmán,* Facundo → *Rivero* und Orlando de la → *Rosa* gehören.

Filo (Seno)
aerophones Volksmusikinstrument der Jebero- und Chuyahuita-Indianer Perus; eine bis zu 12 Einzelflöten aufweisende primitive Panflöte.

Fiol, Henry
* 16.1.1947 New York; US-lateinamerikanischer Sänger, Liedermacher, Arrangeur und Bandleader. F., sein Vater Puertorikaner, seine Mutter Italo-Amerikanerin, begann um 1960 mit dem Gesang, wobei er sich vornehmlich der kubanischen Populärmusik und der → *Salsa* widmete. Mit einer von ihm geleiteten Band produzierte er 1976 seine erste LP, »Siempre seré guajiro« (Label Salsoul), der bei S.A.R. weitere folgten; F. schrieb den Text u. a. der Stücke »Esta vida es un mango« und »Si tú cocinas como caminas«.

Firmeza (Zapatero)
argentinischer Volkstanz im 6/8-Takt, als Paartanz in sich wiederholenden Zyklen ausgeführt; stets durch Gesang begleitet, der Text aus achtsilbigen Versen (Coplas) bestehend.; seit Mitte des XIX. Jh. in den Regionen von Buenos Aires und Montevideo (Uruguay) populär; heute, von wenigen ländlichen Gemeinden des Gebietes von La Rioja (Nordargentinien) abgesehen, nicht mehr verbreitet.

Firpo, Roberto
* 10.5.1884 Las Flores (Buenos Aires), † 1969 das.; argentinischer Musiker (Piano), Komponist und Bandleader; gehört zu den populären Pionieren der sog. »Alten Garde« (Guardia Vieja) des → *Tango;* Autodidakt; spielte bereits

1913 erste Schallplatten, z. B. des Titels »Sentimiento criollo«, ein, gehörte ab 1917 dem von Francisco → *Canaro* geleiteten Tango-Orchester *Gran Orquesta de Ases* an, gründete später ein Quartett (*Cuarteto de Roberto Firpo*) und in den 20er Jahren des XX. Jh. ein eigenes Orchester, dem von 1926-1929 als Pianist Osvaldo → *Pugliese* angehörte und mit dem er bei Odeon zahlreiche Schallplatten produzierte. F. schrieb u. a. die bekannten, heute noch gespielten Titel »Amanecer«, »Alma de Bohemio« (1914), »La Chola« (1913) und »Sentimiento criollo« (1913). Unter dem Titel »La legendaria Orquesta de Firpo« publizierte Odeon eine Anthologie mit historischen Aufnahmen des Orchesters Firpo.

Flamenco
Sammelbezeichnung für eine in großer Formenvielfalt existierende sing- und tanzbare Gattung der Musik Südspaniens, im engeren Sinne Andalusiens; Ende des XIX. Jh. aus regional-folkloristischen Elementen entstanden; hat im Laufe seiner Enwicklung Komponenten der spanischen sowie der arabischen (maurischen) Kultur aufgenommen; dazu kamen jüdische, zigeunerische, neuerdings auch lateinamerikanische Einflüsse. Man unterscheidet drei Grundformen der Interpretation: 1. den Gesang (Cante) einschließlich einer aus Worten bestehenden Aufforderung (Animación) der Teilnehmer (→ *Jaleo*), 2. den eigentlichen Tanz (Baile oder Danza), sehr oft als → *Zapateado* ausgeführt und 3. die instrumentale Begleitung (Toque), zumeist durch Gitarre (Guitarra flamenca). Jede dieser genannten Elementarformen kann für sich allein zur Aufführung gelangen, meist jedoch kommt es zur Ausführung von zwei bzw. aller drei Grundarten in Kombination. Zentren der Verbreitung sind die versch. Gebiete Andalusiens, die ihrerseits jeweils autochthone Varianten, so die → *Sevillana* (Sevilla), → *Malagueña* (Málaga), die → *Granadina* (Granada), die Gaditana (Cádiz) u. a. hervorgebracht haben. Eine ebenfalls bedeutende Szene existiert in Madrid. Als hervorragende Interpreten des sog. → *Cante chico,* des → *Cante jondo,* der → *Soleares,* → *Siguiriyas,* → *Bulerías,* → *Peteneras* und des → *Fandango (1)* erwiesen sich die andalusischen, neuerdings auch südfranzösischen Zigeuner (Gitanos). Interessant sind zahlreiche Mischformen wie *Rumba flamenca, Guajira flamenca* oder *Bulería ranchera*, in denen Basiskomponenten aus Lateinamerika eingeflossen sind. Nachdem während der Franco-Zeit der F. Einbußen am künstlerischen Niveau erlitt, erfolgte ab den späten 80er Jahren eine erneute Hinwendung zur Erhaltung und Pflege der Traditionen dieser kulturell bedeutsamen Form.

Flauta (Flöte, span.)
aus Holz gefertigtes Blasinstrument; in zahlreichen Varianten in der folkloristischen, populären und ernsten Musik in Lateinamerika eingesetzt; fester Bestandteil der → *Orquesta Típica* (Kuba), der → *Charanga (1),* des → *Regional* und weiterer Formationen der Populärmusik Kubas, Brasiliens, Méxikos, Perus u. a. In einigen Ländern werden jedoch auch solche Instrumente »Flauta« genannt, die hinsichtlich ihres Funktionsprinzips zwar zur Familie der flötenartigen Instrumente gehören, jedoch konstruktive Unterschiede aufweisen und zumeist auch eigene Namen wie → *Pito,* → *Pinkillo* oder → *Quena* tragen; der Solist heißt *Flautista.*

Flauta de Pan (Panflöte, span.)
folkloristisches Musikinstrument; in vielen Ländern Lateinamerikas, insbes. in jenen der Andenregionen Südamerikas, in großer Typenvielfalt und unter zahlreichen regionalen Bezeichnungen verbreitet; ein aus 4 – 30 (oder mehr) einzelnen, meist verschieden langen und damit unterschiedlich tönenden Flöten zusammengesetztes Instrument. Regionale Namen bzw. Varianten sind u. a. → *Zampoña,* → *Rondador,* → *Antara,* → *Capador,* → *Sicura* und → *Sikund*

Flautilla
1. Bez. für die kleine Flöte → *Pito* in Nordchile (Atacamagebiet) und Teilen Boliviens. 2. kleine Flöte, in der Musik der Ureinwohner Kubas oder benachbarter Inseln eingesetzt gewe-

Ein Indio-Musiker aus Yungay (Ancash, Peru) spielt seine indianische Flöte (Photo: Elisabeth den Otter)

sen. Das *Flautilla aborigen* (kleine Eingeborenenflöte, span.) genannte Instrument wurde aus kurzen Rohrstücken, vorzugsweise jedoch aus Tierknochen, gefertigt, besaß einige Tonlöcher und ein primitives Mundstück. Diese F. ist nur noch in Museen zu finden.

Flautón (Flauta de Chino)
primitive Flöte; in der indianischen Volksmusik der chilenischen Provinzen Coquimbo, Aconcagua und Valparaíso benutzt. Der Klang ist monoton; das aus Holz oder Bambus gefertigte 20 – 60 cm lange Instr. geht vermutlich auf die präkolumbische Musikfolklore zurück; gespielt wird es vorwiegend in den Musikgruppen der → *Chinos.*

Fleitas de Jesús, Delfín
* 24.12.1924 Buenos Aires, † 7.9.1950 das.; paraguayischer Sänger; wirkte u. a. in der Musikgruppe von Félix → *Pérez Cardozo;* nahm bei Victor und Odeon insbes. paraguayische und argentinische Volksmusik, darunter die Titel »La media caña« und »La Lorencita«, auf.

Flor de Cuba, Orquesta -
kubanisches Tanzorchester vom Typ einer → *Orquesta Típica* (Kuba); um 1850 in La Habana durch den Musiker Juan de Dios Alfonso (1825 – 1877) gegründet; galt als eine der seinerzeit besten und populärsten Formationen, deren Repertoire in Contradanzas, Menuetts, Rigodones, Lanceros, Cuadrillas, später auch moderneren Tänzen wie → *Danzón* bestand. Hauptinstrumente des Orchesters waren Kornett, Posaune, → *Figle,* zwei Klarinetten, zwei Violinen, Kontrabass, → *Timbal* und → *Güiro.*

Flor de Oroya (eigtl. María Minaya Gómez)
* 17.08.1942 Huancayo; peruanische Sängerin andiner Volksmusik; sang seit frühester Jugend in Gruppen und Orchestern ihrer Heimatprovinz Stücke u. a. der Formen → *Huayno,* → *Tunantada* und → *Muliza.* Auf zahlreichen Schallplatten und Kassetten erschienen Titel wie »Contestación a ›Tu maldad‹« (Huayno).

Flor Pucarina → *Chávez Rojas, Leonor*

Flores Albán, Adrián
* 8.9.1926 Sullena; peruanischer Musiker und Komponist folkloristischer und populärer Musik; Vertreter des kreolischen Liedes; schrieb zahlreiche Stücke, vorwiegend der Form → *Vals peruano,* von denen der Titel »Alma, corazón y vida« das weitaus bekannteste ist.

Flores, Celedonio Esteban »Cele«
* 3.8.1896 Buenos Aires, † 28.7.1947 das.; argentinischer Sänger (Payador), Musiker (Piano), Arrangeur und Liedermacher; zu den hervorragenden Autoren des → *Tango* gehörend; seine Texte von hohem poetischen Gehalt sind gleichzeitig sozialkritisch und engagiert. Bedeutung erlangten u. a. die Titel »Mano a mano« (vor 1923), »Corrientes y Esmeralda« (1933), »Milonga fina« und »La mariposa« (Musik: Pedro Maffia, 1921), die vorwiegend durch Carlos → *Gardel* und Rosita → *Quiroga* interpretiert und auf Schallplatten aufgenommen wurden. F. verfasste außerdem einige vielbeachtete Gedichtbände wie »Cuando pasa el organito«.

Flores del Campo, Francisco »Pancho«
* 16.3.1909 Santiago de Chile, 11.12.1993 das.; chilenischer Volkssänger, Musiker und Komponist sowie Folkloreforscher; bis 1930 Tenor im Teatro Municipal von Santiago de Chile und später Schöpfer und Interpret von Volksmusik, die er mit von ihm gebildeten Duos und Gruppen darbot, darunter die Titel »Mi caballo blanco«, »Nací en el campo« und »Tonadita chilena«.

Flores, Isidoro »Isidro«
* 1910 Nagua, † 6.1.1973 San Juan (Puerto Rico); dominikanischer Musiker (Akkordeon), Arrangeur und Komponist; einer der bekanntesten Akkordeonisten, Gründer und Leiter einer Volksmusikgruppe, die beim Sender Voz Dominicana musizierte, insbes. die Form → *Mangulina* pflegte und auf Schallplatten (Label Ansonia) publizierte, darunter die Titel »Majan-

do«, »Quisqueyana« und »Yo le canto a Barahona«, sämtlich Eigenkompositionen. F. lebte und wirkte zuletzt in den USA (New York) und Puerto Rico.

Flores, José Asunción

* 27.8.1904 Asunción, † 11.6.1975 Buenos Aires; paraguayischer Musiker, Arrangeur, Komponist, Orchesterdirigent und Folkloreforscher; begann seine Musikstudien an der Polizeischule von Asunción, erlernte später das Violinspiel und widmete sich der Komposition von Musikstücken, von denen einige weltbekannt wurden; arbeitete ab 1934 zusammen mit dem Dichter Manuel → *Ortiz Guerrero* bei Radio Buenos Aires und leitete hier auch die Konzerte der paraguayischen Musikgruppe *Agrupación Folklórica Guaraní;* wurde durch die von ihm um 1928 geschaffene, um 1942 der Öffentlichkeit vorgestellte Form → *Guarania* in ganz Lateinamerika bekannt; er schuf eine große Zahl dieser Stücke, darunter »En plenilunio«, »Querasy«, »Mburucá-ó«, »Arribeño resay«, »Musiqueada che amapekire-í«, »Ñasaindype« und vor allem das bekannte Stück »India« (Text: Manuel Ortiz Guerrero), das zum Standardrepertoire paraguayischer Gruppen gehört.

Flores, Julio

* 22.5.1867 Chiquinquirá (Boyacá), † 7.2.1923 Usiacurí (Atlántico); kolumbianischer Sänger, Musiker und Komponist landestypischer und populärer Musik; hervorragender Solist auf dem → *Tiple;* Mitglied einer Musikgruppe vom Typ → *Estudiantina;* hinterließ zahlreiche Kompositionen, von denen insbes. der → *Pasillo* »Flores negras« (1903) und das Lied »Canción de la tarde« Popularität erlangten.

Flores Córdoba, Pedro

* 9.3.1894 Naguabo, † 13.7.1979 San Juan; puertorikanischer Sänger, Musiker und Komponist; war zunächst Lehrer an einer Dorfschule, später Angestellter; übersiedelte in den 20er Jahren in die USA, organisierte 1929 in New York sein *Cuarteto Pedro Flores*, mit dem er zahlreiche Gastspielreisen unternahm und Schallplatten produzierte. F. gilt als einer der be-

José Asunción Flores zusammen mit Dr. Vallejos, Buenos Aires, 1971

Der Pasillo »Flores negras« (1903), die bekannteste Komposition von Julio Flores

kanntesten Schöpfer populärer Musik Puerto Ricos und hinterließ mehr als 800 Stücke, meist Boleros wie »Advertencia«, »Obsesión«, »Perdón« und »Amor perdido«, von denen viele vom Trío Los → *Panchos* interpretiert wurden. In den 50er Jahren kehrte F. nach Puerto Rico zurück.

Flores, Priscilla »La Alondra«

* San Lorenzo; puertorikanische Sängerin und Liedermacherin ländlicher Volksmusik; bekannte Interpretin u. a. der Formen → *Aguinaldo* und → *Seis,* von denen sie u. a. die Titel »El jíbaro veterinario«, »Aguinaldo mayaguezano« und »Frutas del Batey« selbst schrieb und auf Schallplatten u. a. der Labels Ansonia, »Tesoro« und »Selecto« veröffentlichte.

Floro y Miguel, Dúo -

kubanisches Gesangs- und Instrumentalduo ländlicher Volksmusik; 1912 in La Habana durch die Solisten Floro Zorrilla (1. Stimme und Gitarre) und Miguel → *Zaballa* (Gesang und Gitarre) formiert; das bis 1926 aktive Duett trat in Theatern von La Habana auf, unternahm einige Auslandstourneen, so nach den USA, Haiti, Puerto Rico, Mexiko und in die Dominikanische Republik und hat bei Columbia und Victor zahlreiche Schallplatten, darunter die Titel »Guajira de la Yaya« und »Se acabó la choricera«, produziert.

Flyn, Frank Emilio »Frank Emilio«

* 13.4.1921 La Habana; kubanischer Musiker (Piano), Arrangeur, Bandleader und Komponist; seit frühester Jugend blind; spielte bereits als Kind Piano, trat 1934 mit einem Konzert kubanischer Danzones erstmals öffentlich auf; arbeitete eng mit dem Komponisten Armando Romeu zusammen, leitete einige Jahre die Forma-

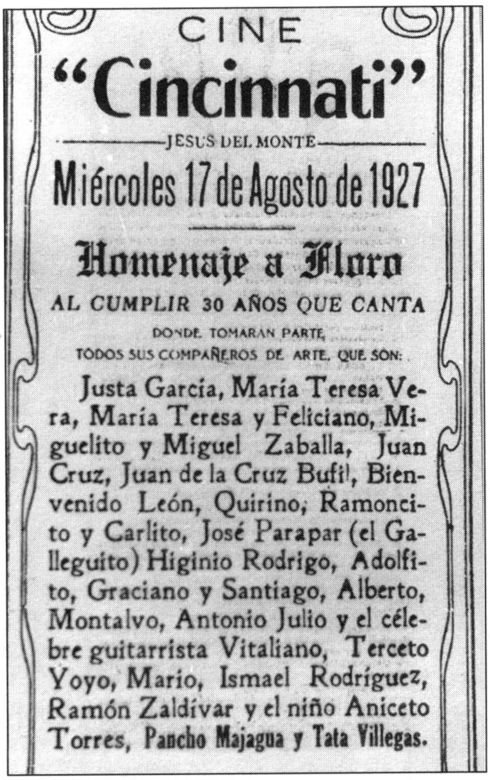

Dúo Floro y Miguel – Jugendstil-Plakat aus Anlaß der Feier zum 30. Bühnenjubiläum des kubanischen Trovadors Floro Zorrilla

tion Grupo → *Cubano de Música Moderna;* gründete nach 1960 in La Habana seine Band *Grupo de Frank Emilio*, die in kurzer Zeit durch die Interpretation landestypischer Musik sowie Kompositionen von Lecuona, Yáñez, Ñico Rojas u. a. große Popularität erlangte und Schallplatten bei Areito (EGREM) produzierte, darunter die Titel »Toda edad« und »Gandinga, Mondongo y sandunga« (Descarga).

Fobó → *Forró*

Folclóre → *Folklore*

Folclórico de Bahia, Grupo -
brasilianische Vokal- und Instrumentalgruppe folkloristischer Musik; 1962 in São Salvador (Bahia) durch den Musiker João Melo gegründet; pflegte afrobrasilianische Gesänge, Rhythmen und Tänze, die größtenteils aus der anonymen Musikfolklore ausgewählt wurden; Titel wie »Maculelê« und »Puxada da rêde do Xaréu« erschienen auf Schallplatten.

Fole
regionaler Name des in der Volksmusik des brasilianischen Bundesstaates Rio Grande do Sul weitläufig benutzten Akkordeons.

Folía
1. spanischer Tanz wandernder Studenten aus dem XVI. Jh., durch Saiteninstrumente in lebhaftem Tempo begleitet; heute kaum noch verbreitet. 2. einer der wichtigsten und typischsten Volkstänze der Kanarischen Inseln (Spanien); eine langsame, getragene, oft gesungene Form (Folía canaria) folgender Struktur: instrumentale Einleitung (Introducción) durch den → *Timple,* der sich die → *Copla* anschließt und nachfolgend ein Gitarrensolo; zur rhythmischen Begleitung kann eine → *Pandereta* eingesetzt werden; auch Laute (Laúd) wird dazu oft gespielt. Als Folge der Einwanderung kanarischer Emigranten nach Kuba und andere lateinamerikanische Länder wurden Komponenten der F. in dort existierende Formen integriert. 3. von Portugal nach Brasilien transkulturierter Volkstanz religiöser Inspiration bzw. Bezeichnung für Feierlichkeiten volksfestartigen Charakters, auf denen der gleichnamige Tanz zur Aufführung gelangt. Als *Folías de Reis* oder *Folías do Divino* werden diese Tänze zwischen dem 24. Dezember und dem 6. Januar bzw. bis 2. Februar in ganz Brasilien mit allerdings stark rückläufiger Tendenz aufgeführt; unter der Bez. »Bandeiras« oder »Folías« führen Gruppen sowohl weltliche als auch religiöse Lieder und Tänze vor. Die F. geht auf analoge Feierlichkeiten des mittelalterlichen Europa zurück; die musikalische Begleitung erfolgt durch → *Violão,* → *Pandeiro* und → *Cavaquinho.*

Folklore (Folklor; port.: Folclóre)
Sammelbegriff für vorwiegend mündlich überlieferte kulturelle Manifestationen des Volkes, z. B. Bräuche, Volkslieder und -tänze, Dichtungen u. a.; 1846 von dem engl. Archäologen W. J. Thomas (1803 – 1885) geprägt. Insgesamt werden vier Gruppen unterschieden. 1. literarische F. (F. literario), 2. Musikfolklore (F. musical), hierzu zählen Lieder, Liederbücher (Cancioneros) und Musikinstrumente, 3. choreographische F. (F. coreográfico) und demosophische F. (F. demosófico) – dazu gehören Volksbräuche, Kunsthandwerk usw. Die heute in Lateinamerika vorliegende Musik- und Tanzfolklore ist generell das Produkt von Interaktionen dreier unterschiedlicher Basiskulturen. Durch lateinamerikanische Musikwissenchaftler wurde die Folklore Lateinamerikas in insgesamt sieben Zonen aufgeteilt: Region 1) Bolivien, Peru, Chile, Nordargentinien und Südekuador – Gebiet der Anden-Folklore mit stark indianischem Einschlag (Quechua und Aymará); Interaktionen zwischen iberischer und indianischer Musik, unterschiedlicher Mestizierungsgrad; negroide Einflüsse sind nur in Peru von Bedeutung. Region 2) ehemalige La Plata-Staaten Argentinien und Uruguay mit nur geringem Anteil amerindischer Musik, vorwiegend europäisch geprägt, mit schwachem Einfluss des Afrikanischen; auch Teile Südbrasiliens und Paraguay (mit homogener Guaraní-Kultur) umfassend. Region 3) Brasilien – in Küstenregionen starke

afrikanische Beteiligung; im Landesinnern afrikanisch-amerindisch-europäische Mischformen. Region 4) Guayana-Staaten (Guyana, Surinam, Französich-Guayana); mit Dominanz negroider Elemente. Region 5) Kolumbien und Venezuela mit Teilen von Panamá, Honduras und Nordekuador; starke afrikanische Präsenz an der Küste, amerindische Mischformen und Naturvölker (Indios) im Süden der Region. Region 6) karibische Inselwelt – neben der Interaktion afrikanischer mit der spanischen Kultur sind auch französische, britische, holländische und nordamerikanische Einflüsse wirksam geworden. Region 7) Mittelamerika bis nördlich der mexikanisch-texanischen Grenze; vorwiegend Mestizenmusik; vereinzelt amerindische Kulturbereiche, insbes. im Norden (Yaqui) und Süden. Musikfolklorist. Belange werden durch den Internationalen Rat für Traditionelle Musik (→ *ICTM*) wahrgenommen, dokumentiert und erforscht.

Folklórico, Trío -
bolivianisches Vokal- und Instrumentaltrio folkloristischer Musik; um 1961 in La Paz durch Alfredo → *Domínguez,* Gilberto → *Favre und Ernesto* → *Cavour* gegründet. Das mit den Instrumenten → *Quena,* → *Charango* und → *Caja* sowie Gitarre musizierende Trio zeichnete sich durch gut ausgearbeitete Arrangements, die Titeln wie »Bailecito sin nombre« und »La Pastora« zu hoher musikalischer Aussagekraft verhalfen, aus. Die Gruppe, als Vorläufer von Los → *Jairas* geltend, produzierte unter dem Label Lauro eine vielbeachtete LP.

Folklórico de la Universidad del Norte, Conjunto -
chilenische Volksmusik- und -tanzgruppe, interpretiert ausschließlich Musik aus dem Landesnorden; 1961 von Studenten der Universität des Nordens (Universidad del Norte) in Antofagasta gegründet mit dem Anliegen der syste-

Auch so läßt sich folkloristische Musik in ländlichen Regionen verbreiten: ein auf einem Bahnhof in Paraguay haltender Zug (Tren musical) dient als Bühne

matischen Erforschung und Popularisierung folkloristischer Traditionen. Die Gruppe war bis zu 20 Mitglieder stark und wurde durch Miguel Politis und José Miguel Aguirre geleitet. In Antofagasta eröffnete sie eine → *Peña* unter dem Namen »Tambo atacameño«, nahm 1963 am 1. Lateinamerikanischen Folklorefestival in Salta (Argentinien) teil und gewann 1965 den 1. Preis des 1. Universitätsfestivals des Lateinam. Liedes. Die zur Bewegung des Neuen Chilenischen Liedes gehörende Gruppe produzierte unter dem Label Philips mehrere LPs, darunter die Titel »Caliche«, »Cachimbo tarapaqueño« und »Trote de anata«. Die Gruppe beteiligte sich 2000 am 29. Folklore-Festival von San Bernardo.

Folklórico Nacional, Conjunto -
kubanisches Ensemble folkloristischer und traditioneller Musik; am 7.5.1962 in La Habana unter der Orientierung von Rogelio Martínez Furé und Rodolfo Reyes C. formiert; im Auftrag des Ministeriums für Kultur wirkend; altes, teilweise vergessenes Liedgut der anonymen Musikfolklore wurde bearbeitet und insbes. im Ausland dargeboten; zum Repertoire gehörten u. a. die Zyklen → *Yoruba*- und → *Congo*-Musik, → *Rumba* und → *Comparsa,* sowie Populärmusik und alte afrokubanische Traditionen. Bei Egrem wurden einige LPs produziert.

Folklórico Pascuense, Grupo -
chilenisches Vokal- und Instrumentalensemble folkloristischer Musik; um 1952 auf der Osterinsel (Isla de Pascuas) durch Jorge di Lauro gegründet und geleitet. Die vorwiegend im Chor singende Gruppe pflegte vorrangig das in der Inselsprache *Rapa-Nui* vorgetragene Volkslied der Osterinsel, das mehr polynesiche als chilenische Merkmale aufweist. Titel wie »Pae Miti« und »Te tiare Tahiti« wurden auf einer LP publiziert.

Folklorista
eine folkloristische Studien bzw. Feldforschungen auf dem Gebiet der Musik betreibende bzw. folkloristische Lieder und Tänze darbietende Person.

Folkloristas, Los -
mexikanische Vokal- und Instrumentalgruppe; 1966 in México-Stadt durch René Villanueva Sandoval, Direktor der Gruppe und der Schallplattenfirma Pueblo, gegründet. Die im Rahmen der Bewegung des Neuen Lateinamerikanischen Liedes (NCL, → *Nueva Canción Latein-oamericana*) gebildete Formation interpretierte nicht ausschließlich mexikanische Volksmusik, sondern auch Lieder und Tänze ganz Lateinamerikas, wozu sie sich einer großen Zahl jeweils landestypischer Instrumente bediente. Die durch mexikanische Studenten gebildete Gruppe erarbeitet ihr Repertoire in kollektiver Form. Gründungsmitglieder waren René Villanueva, José Avila, Adrián Neto, Olga Alamis, Gustavo López und Rosalinda Reynoso. Unter versch. Labels, vorwiegend Pueblo, erschienen zahlreiche LPs, darunter die Titel »El Siquisiri«, »Linda Ballesteros« und »El cóndor pasa«.

Folkways
US-am. Schallplattenlabel, 1939 durch Moisés Asch (1905 – 1987) und Marion Distler zunächst als Asch Records gegründet und 1947 in Folk-

Am 3.12.1973 lud die Gruppe Los Folkloristas zu einem Konzert im Palast der Schönen Künste in México-Stadt ein

ways Records umbenannt. Bis 1985 wurden etwa 2000 LPs mit überwiegend folkloristischer Musik aus aller Welt mit z. T. sehr wertvollen Feldaufnahmen renommierter Forscher, darunter aus Lateinamerika, produziert; ab 1991 erfolgte, in Zusammenarbeit mit dem *Smithsonian Institute*, die Umstellung der Produktion auf den Tonträger CD.

Fonógrafo

Allgemeinbezeichnung für ein Tonaufzeichnungsgerät, einen Phonographen aus der Zeit der Edison-Tonwalzen bis hin zur modernsten Aufnahmetechnik; für moderne Aufnahmegeräte kaum noch gebraucht; heute in Lateinamerika die sog. *Grabadora* (von grabar = aufzeichnen, span.). Zahlreiche Musikethnologen und Entdeckungsreisende aus LA und dem Ausland haben seit Bestehen der Tonaufzeichnungstechnik Volkslieder und -tänze in authentischen Feldaufnahmen aufgezeichnet, so u. a. der dt. Forschungsreisende Theodor Koch-Grünberg (1872 – 1924) im Roroíma-Gebiet von Brasilien indian.-mestiz. Volksmusik und Henrietta → *Yurchenko* in entlegenen Ortschaften Mexikos, Guatemalas und Puerto Ricos.

Fonógrama

1. spanisch-portugiesische Bezeichnung für jegliche realisierte Tonaufzeichnung (Phonogramm); im allgemeinen Sprachgebrauch wenig verwandt, oft jedoch zur Namensbildung für Schallplattenmarken oder Tonstudios herangezogen. 2. Bez. für die inzwischen musealen Tonträger Walzen bzw. Zylinder (Cilindro), Patent (1877) des amerikanischen Erfinders Thomas Alva Edison (1847 – 1931).

Fonseca Barbosa, Lourenço da - »Capiba«

* 28.10.1904 Surubim (Pernambuco); brasilianischer Musiker, Arrangeur, Komponist und Bandleader; bekannter Vertreter der Populärmusik des Nordostens, insbes. der Form → *Frevo;* siedelte mit seiner Familie 1907 nach Recife um und studierte bei seinem Vater, der viele Instrumente spielte; beherrschte bereits mit acht Jahren das Spiel der Trompa (Horn), arbeitete von 1925 – 1930 als Pianist in einem Stummfilmkino der Stadt Campina Grande und gründete 1938 in Recife die *Jazz Band Acadêmica*, die wenig später in *Banda Acadêmica* umbenannt wurde und große Popularität erreichte. Ebenfalls 1930 begann er Frevos zu komponieren, die z. T. auch beim Karneval in Rio de Janeiro zur Aufführung gelangten, u. a. die Titel »Júlia« (1938), »Morena côr de canela« (1948) und »Verde mar de navegar« (1967).

Fontanilla Ospina, Angel Arnoldo

* 1927 Ciénaga (Magdalena); kolumbianischer Sänger, Gitarrist und Komponist; formierte 1941 eine aus Jugendlichen bestehende Musikgruppe, übersiedelte 1943 nach Santa Marta und wurde dort Mitglied der Gruppe von Guillermo → *Buitrago;* formierte 1948 das *Trío Fonseca*; in Bogotá bildete er mit Julio → *Bovea* und Alberto Fernández das Trío → *Bovea y sus Vallenatos*. F., bekannter Vertreter der → *Música vallanata,* komponierte u. a. die Stücke »Compae Yodoro«, »Huerfanito« und »Víspera de año nuevo«.

Forde, Michael »Director«

* 10.10.1949 Barbados; afrokaribischer Sänger und Arrangeur; bekannter Interpret des → *Calypso;* begann seine Karriere 1985 als Solist bei der Gruppe *Battleground Calypso Tent*; unternahm Gastspielreisen nach den USA, Kanada, England, den Virgin Islands und Trinidad; ein Erfolgstitel ist »Sousey« (1985, bei ICE publiziert).

Foreis Domingues, Henrique »Almirante«

* 19.2.1908 Rio de Janeiro; brasilianischer Musiker, Sänger, Komponist, Bandleader und Musikologe; sang bereits als Jugendlicher, spielte das Instrument → *Pandeiro* und schuf erste Kompositionen. Ab 1928 war er Mitglied der Musikgruppe *Flor do Tempo*, später des *Bando de Tangarás*. Durch den Rundfunk wurden insbes. seine Forschungsergebnisse auf dem Gebiet der Populärmusik publiziert; besonderes

Verdienst erwarb er sich durch die Organisation eines Musikarchivs – seit 1963 in Staatsbesitz –, das über 50000 versch. Ton- und Bilddokumente enthält; außerdem schrieb er eine Biographie über Leben und Werk des Komponisten Noel → *Rosa* (1963). In den Jahren nach 1950 gründete F. die Formation (Typ → *Regional*) *Almirante e seus Marinheiros*, mit der zahlreiche Stücke aufgenommen wurden, darunter die von ihm komponierten Titel »Batente« (Samba), »História de Brasil« und »Deixa a lua sossegada« (Samba).

Formell, Juan
* 2.8.1942 La Habana; kubanischer Musiker (Gitarre, Kontrabass), Bandleader, Arrangeur und Komponist; Sohn eines Musikers, war Mitglied einiger Formationen der modernen Populärmusik; wirkte ab 1968 im Orchester → *Revé,* wo er mit neuen stilistischen Mitteln innerhalb des Typischen Orchesters Kubas (→ *Orquesta Típica*/Kuba) experimentierte; 1970 gründete er das Tanzorchester Los → *Van Van* und trat 1982 mit dem von ihm geschaffenenen Modetanz → *Buey cansado* an die Öffentlichkeit. Zu seinen Kompositionen gehören der Blues »Lo material«, der Son-gó »Así« (beide 1970), »Marilú«, »Chirrín-chirrán« (Beat) und »Yuya Martínez« (Rock).

Formenti, Gastão
* 24.6.1894 Guaratinguetá (São Paulo), † 28.5.1974 Rio de Janeiro; brasilianischer Sänger; Sohn italienischer Einwanderer; begann neben seiner zeitweilig ausgeübten Tätigkeit als Maler ab 1927 mit dem Gesang von Liedern, Toadas, Tangos, Walzern, Serenaden, Choros, Foxtrotts, Marchas und weiterer Formen und entwickelte sich zu einem der berühmtesten Interpreten brasilianischer Populärmusik. Seine erste Schallplatte (Odeon-10.057) mit den Titeln »Anoitecer« (Canção sertaneja) und »Caboclo apaixonado« (Tango sertanejo, 1927), lässt seine Hinwendung zur → *Música sertaneja* deutlich erkennen. Bis 1947 entstanden 78 Schallplatten N-78, 1956 bzw. 1959 2 LPs, u. a. mit den Titeln »Maringá« und »Vingança«.

Formidables de Saint Marc, Les -
haitianisches Vokal- und Instrumentalensemble der Populärmusik, nach 1980 in Saint Marc (Port-au-Prince) durch Serge Jerôme zusammen mit Serge Jerôme (Saxophon und Bandleader), Marc Edwin St. Claud (1. Gitarre), Henri Hans Jr. (Begleit-Gitarre), Gerald Herissé (Bass), Jacques Boucicault (Tam-tam), Pierre Fleury (Batterie), Françoise Fleury (Batterie), Claude Fleury (Tambour), Pierre Antoine Desir (Gesang) und Frantz Alexis (Gesang) gegründet. Diese Gruppe interpretierte überwiegend den so genannten → *Mini-jazz* und nahm bei Haiti Record Titel wie »Papa Loco« und »Monique« auf.

Fornés, Rosita (eigtl. Rosalia Palet Bonavia)
* 11.2.1923 New York; spanisch-kubanische Sängerin (Sopran); sang bereits in jugendlichem Alter, wirkte später in Musiktheatern und trat in Operetten und Zarzuelas auf; Vertreterin des lyrisch-romantischen Liedes, sang 17 Jahre in der Künstlergruppe von Ernesto → *Lecuona,* dessen Lieder sie interpretierte; spielte in 15 Filmen mit und unternahm zahlreiche Auslandsgastspiele. Unter versch. Labels (u. a. Puchito und Areito) entstanden Schallplatten, darunter die Titel »Es mi hombre«, »Maracas« und »Ya verás«.

Forró
brasilianischer Volkstanz, ländliche Variante des → *Samba;* zur → *Música sertanjea* gehörend; im NO mit regionstypischen Instrumenten (Akkordeon [Sanfona], Triangel [Triângulo] usw.) gespielt. Abarten des F. sind → *Arrasta-pé,* Fobó und → *Bate-chinelo.* Der Volkssänger (Cantador) Luíz → *Gonzaga* hat zahlreiche Titel dieser Form interpretiert und auf Schallplatten publiziert. Der überwiegend in Instrumentalversionen dargebotene F. wird als Tanzmusik in ganz Brasilien gespielt; Elemente davon flossen in den Modetanz → *Lambada* ein.

Forrock (Wortzusammenziehung von »Forró« und »Rock«)
eine durch den brasilianischen Musiker Alceu

Valença (* 1946) um 1974 geschaffene Form moderner Tanzmusik auf der Basis des Rock, die mit Elementen des nordestinischen → *Forró* angereichert wurde.

Fotuto (Guamo, Bututú, Botuto, Fututo, Gobo, Potuto)
primitive Muscheltrompete; aus einer als *Caracol marino* bezeichneten Meeresmuschel hergestellt, die am äußeren Ende der Spirale aufgebohrt wird. Durch intensives Hineinblasen werden kehlig-heisere Töne erzeugt. Das heute nur selten benutzte Instrument wurde z. B. im präkolumbischen Kuba zur Begleitung des → *Areíto* benutzt. In Kolumbien werden unter der gleichen Bezeichnung von Indianern Instrumente aus Keramik hergestellt, die wie Pfeifen funktionieren. Der F. wurde auch von anderen indianischen Völkern Lateinamerikas benutzt.

Foule (Refoule)
mittelgroße Bambustrompete, in der → *Bande* der afrohaitianischen Volksmusik eingesetzt.

Fox incaico → *Foxtrot incaico*

Foxtrot (Fox, Foxtrott)
moderner Gesellschaftstanz nordamerikanischer Herkunft; ursprünglich in mäßig schnellem 4/4-Takt mit synkopierter Rhythmik, um 1910 aus Ragtime und Onestep entstanden. Der in mehreren Varianten, u. a. dem *Slowfox*, existierende Tanz war im ersten Drittel des XX. Jh. in Lateinamerika weit verbreitet, insbesondere in Mexiko, Zentralamerika, Kolumbien sowie in Argentinien, Brasilien und in der Karibik; er übte auch Einfluss auf verschiedene Tänze Lateinamerikas aus, so entstand in Ekuador der → *Foxtrot incaico* (Fox incaico). In Kuba und Brasilien besaß der F. als Tanzmusik große Bedeutung. 1912 wurden von *Jazzbands* in Guatemala bereits zwei Formen gespielt der langsame (Fox lento) und der bluesähnliche F. (F. indolente). Bekannte lateinamerikanische Titel sind »Ferrocarril de los altos« (Domingo Bethancourt; Guatemala) und »Llorando« (Faustino Valle).

Foxtrot incaico (Fox incaico)
moderne Variante des ekuadorianischen → *Sanjuanito;* aus letzterem entstanden, mit Komponenten des → *Foxtrot* angereichert. Der F. i., etwa um 1928 entstanden und meist instrumental dargeboten, erlangte in der Volks- und Populärmusik Ekuadors, aber auch in Peru und Bolivien Bedeutung und wird teilweise bereits zur neueren Musikfolklore gerechnet. Interpretiert wird er mit regionstypischen Instrumenten wie → *Quena* und → *Rondador.* Bekannte Titel sind »La Bocina« (José Rudecindo Inga Vélez), »Canción de los Andes« (Constantino Mendoza) und »Amor indio« (Moisés Vivanco; Peru).

Fragoso, Argelia
* 1958 La Habana; kubanische Nachwuchssängerin moderner Populärmusik; studierte am Konservatorium »Amadeo Roldán« sowie an der Akademie »Manuel Saumell« von La Habana und in Weimar; zu ihren Erfolgstiteln gehört das auch auf Schallplatte (Label Areito) erschienene Lied »Canto a una primavera«.

Franco, Vinicio
dominikanischer Sänger, Musiker, Arrangeur und Bandleader; bekannter Interpret der Formen → *Mangulina* und → *Merengue.* Mit der von ihm geleiteten Gruppe *Conjunto Cibaeño* produzierte er bei Ansonia einige LPs, darunter die Titel »Mangulina sanjuanera« und »Quisqueyana«.

Frank Emilio → *Flyn, Frank Emilio*

Frecuencia Mod, Grupo -
chilenisches Trio moderner Populärmusik; 1981 in Santiago de Chile durch die Geschwister Patricia, Dolores und Soledad García formiert; beteiligte sich mehrmals am Festival → *Viña del Mar* und produzierte bei Alba einige LPs.

Freire Júnior »Nhôzinho«
(eigtl. Francisco José F.)
* 4.8.1881 Santa Maria Magdalena, † 6.10.1956 Rio de Janeiro; brasilianischer Musiker (Piano) und Komponist; musizierte bereits als Kind und

komponierte erstmals mit 14 Jahren. Von 1926 – 34 war er Direktor der brasilianischen Filiale der Schallplattenfirma Odeon, später Impresario eines Theaters; zu seinen 150 Kompositionen landestypischer Populärmusik zählen Titel wie »Luar de Paquetá« (Fado; Text: Hermes-Fontes), »Baianinha« (Polka) und »Malandrinha« (Modinha).

Freire Camacho, Jacinto

* 1950 Guayaquil; ekuadorianischer Gitarrist und Komponist; studierte am Nationalkonservatorium in Quito und schloss dort als Professor für Gitarre ab und lehrt an dieser Institution Gitarre, Harmonie und Musikgeschichte. In von der → *Casa de la Cultura Ecuatoriana* organisierten Gitarre-Konzerten bereiste er Städte seines Landes, gab bei Euridice eine LP heraus, auf der sich u. a. die selbstgeschriebenen Stücke »Fantasía oriental« (Yumbo) und »Alegrías« (Pasillo) befinden.

Fresedo, Osvaldo Nicolás
»El Pibe de La Paternal«

* 5.5.1897 Buenos Aires, † 18.12.1984 das; argentinischer Musiker (Bandoneón), Komponist und Bandleader; bekannter Vertreter der mittleren Generation des → *Tango;* gründete um 1920 in Buenos Aires das *Trío Select*, in dem er Bandoneón spielte; später wurde dieses in das Orchester (Orquesta Típica) Select umgewandelt. F.s zahlreiche Kompositionen, darunter die Tangos »Aromas« und »Sollozos«, erschienen auf Schallplatten u. a. der Labels Victor, Odeon und Columbia. F. fungierte 1934 außerdem als Präsident des Argentinischen Komponistenverbandes (SADAIC).

In Deutschland wurde der Tango »Dulce amargura« mit dem Typischen Orchester von Osvaldo Fresedo bei Electrola herausgebracht

Frevo (Frêvo)

brasilianischer Populärtanz; eine im Bundesstaat Pernambuco nach 1900 entstandene Variante des Marsches (→ *Marcha*); überwiegend im Freien, speziell zur Zeit des Karnevals als *Frevo da Rua* (= Strassen-Frevo) aufgeführt. Zu den zahlreichen Unterarten gehören der getanzte F. (F.-dança) bzw. rein instrumentale und auch gesungene Versionen; teilweise erfolgte eine Eingliederung in die urbane Musikfolklore. Der F. wurde 1909 durch den Musiker José Lourenço da Silva in Recife (Pernambuco) eingeführt und durch seine → *Banda (2)* interpretiert, die dazu Posaune, Tuba, Saxophon und Perkussion benutzte. Eine große Zahl derartiger Formationen spielt den F. in den als → *Cordão* bezeichneten Karnevalsgesellschaften. Das Bemerkenswerte dieser Orchester der Gründerzeit war ihre gegenseitige Rivalität, wobei es nicht selten zu blutigen Auseinandersetzungen kam. 1935 wurde der F. erstmalig beim Karneval von Rio de Janeiro (→ *Carnaval carioca*) gespielt und erlangte eine bis heute anhaltende Popularität. Die Choreographie des getanzten F. umfasst eine bestimmte Anzahl Schritte und Schrittkombinationen wie »Parafuso«, »Sacarôla« und »Tesouro«; die Musiker marschieren einheitlich gekleidet im Gefolge des → *Bloco* in militärischer Ordnung und spielen während des Aufmarsches (Desfile). Bekannte Komponisten sind Lourenço da → *Fonseca* mit »Aí! Se eu tivesse« und Antônio Maria mit »Frevo No 2 do Recife«.

Fricote
eine Weiterentwicklung der Mischform → *Lambada,* entstanden um 1991 im Nordosten Brasiliens; es wurden Elemente von Rhythmus und Chorgesang des → *Candomblé* integriert; eine beliebte Interpretin des F. ist Roberta Miranda.

Frómeta, Billo (eigtl. Luis María F. Pereyra)
* 1916 Santo Domingo, † 26.4.1988 Caracas; dominikanisch-venezolanischer Musiker, Arrangeur, Bandleader und Komponist; wurde durch seinen Vater musikalisch ausgebildet; gründete mit 15 Jahren die Feuerwehrkapelle von Ciudad Trujillo (heute Santo Domingo) mit insges. 48 Mitgliedern, die er längere Zeit leitete. 1938 übersiedelte er nach Caracas (Venezuela), wo er zunächst die Tanzkapelle *Billo's Happy Boys* gründete und mit der er erste Schallplatten produzierte. 1940 formierte er die in weiten Teilen Lateinamerikas populär gewordene Gruppe → *Billo's Caracas Boys.* F. spielte Fagott, Piano, Klarinette, Kontrabass und Gitarre; er wirkte als einfallsreicher Arrangeur und Komponist; so schrieb er u. a. die Titel »Canción a Caracas« (Pasodoble), »Hoy contento« (Pasaje), »Playa de Margarita« (Cumbia) und »Sí hay, sí hay« (Joropo); ab 1970 galt er als profilierter Vertreter der Mischform → *Salsa* in Venezuela.

Front Line (of Guyana), The -
Tanzmusikgruppe aus Guyana; 1982 in Georgetown als sog. → *Steel Band* aus einer vorher bestehenden sog. *String Band* formiert; interpretiert gegenwärtig Stücke der Formen Pop, Soul, Funk und → *Calypso;* gab einige Gastspiele im Ausland (u. a. in Kuba, 1987).

Fronterizos, Los -
argentinische Vokal- und Instrumentalgruppe; 1953 in Salta durch Studenten des Nationalkollegs von Salta gegründet: Eduardo Madeo, Carlos Barbaran (später, bereits in Buenos Aires wirkend, durch Julio César → *Isella* ersetzt), Juan Carlos Moreno (Gesang) und Gerardo López gegründet. Gefördert durch Eduardo → *Falú* und Ariel → *Ramírez,* gehörten Los F. zu den weitaus populärsten Gruppen argentinischer Volksmusik, die sich in ihrer Anfangsphase ausschließlich Liedern und Tänzen der regionalen Musikfolklore des Landes wie → *Zamba,* → *Tonada,* → *Estilo,* → *Chacarera,* → *Vidala,* → *Litoraleña,* → *Carnavalito* u. a. widmeten, diese in eigenwillig-melodischer Interpretation darboten und zahlreiche LPs unter versch. Labels (vorwiegend Philips, jedoch auch TK, Caravelle und Microfón) produzierten, so die Titel »La López Pereyra«, »Añoranzas« und »Ay! San Juan«. Bekannt wurde die Gruppe auch durch ihre Mitwirkung an der → *Misa Criolla.* Durch das Ausscheiden von Solisten (darunter C. Isella) kam es zwischenzeitlich zur Einstellung der Aktivitäten. Nach 1980 wurden Los F. unter der Leitung von Gustavo Beytelmann, der auch die Arrangements schrieb, reorganisiert und veröffentlichten neue, nicht mehr nur auf argentinische Volksmusik beschränkte Aufnahmen; das hohe künstlerische Niveau der Anfangsjahre wurde indessen nicht wieder erreicht.

Fruko y sus Tesos → *Estrada R., Julio E.*

Fuego, Fiesta del - (Fest des Feuers, span.)
mexikanisches Volksfest, dem Feuergott der al-

Los Fronterizos – LP »Fronterizos de hoy« – Philips-85.580-PY (1969)

ten Azteken gewidmet; früher im August mit einem »Heiligen Tanz« aufgeführt, bei dem die Teilnehmer festlich gekleidet, nach bestimmtem Ritual auftraten. Heute wird der Tanzzyklus mehr oder weniger als touristische Attraktion dargeboten; u. a. gehört er zum Repertoire des Mexikanischen Nationalballetts (→ *Ballet Folklórico de México*).

Fuelle

aus dem Slang → *Lunfardo* stammende Bezeichnung für das im → *Tango* heute unentbehrlich gewordene Instrument → *Bandoneón;* in vielen Liedtexten, meist Tangos, wird es unter diesem Namen erwähnt.

Fuentes

kolumbianisches Schallplattenlabel; 1934 in Medellín durch den Musiker und Produzenten Antonio → *Fuentes* etabliert. Das Unternehmen übte starke Impulse auf das Entstehen einer nationalen Musikindustrie in Kolumbien aus; zum Repertoire gehören überwiegend Produktionen der Volks- und Populärmusik.

Fuentes López, Antonio »Toño«

* 1907 Cartagena, † 28.5.1985 Medellín; kolumbianischer Musiker (Gitarre, Violine), Arrangeur, Komponist und Musikproduzent; spielte bereits mit acht Jahren Violine, widmete sich später der Hawai-Gitarre, mit der er auf Konzerten, in Radioprogrammen und bei Schallplattenaufnahmen auftrat. F. ist Gründer eines der bedeutendsten Schallplattenstudios Kolumbiens, das unter dem Label → *Fuentes* Musik aller Landesteile sowie in- und ausländische Tanz- und Unterhaltungsmusik herausbringt. Zu seinen zahlreichen Kompositionen, darunter mehr als 100 Stücke der → *Música tropical,* gehören u. a. die weithin bekannt gewordenen Titel »La Múcura« (Porro) und »La Maestranza« (Guaracha). Außerdem organisierte F. die später sehr populär gewordene Gruppe Los → *Corraleros de Majagual.*

Fuentes, Guillermo

* 17.10.1916 Sololá; guatemaltekischer Musiker, Komponist und Folkloreforscher; schrieb zahlreiche Stücke, in denen er regional-folkloristische Motive verarbeitete, darunter »Atitlán«, »Camineros en Sololá«, »San Andrés« und »Feria de Sololá«. F. hat die Musikfolklore seiner Heimatregion intensiv erforscht und eine große Zahl von Feldaufnahmen aufgezeichnet, von denen er eine nichtkommerzielle Musikkassette veröffentlichte.

Fuentes, Ricardo

* 1944 Tocaima (Cundinamarca); kolumbianischer Sänger und Liedermacher; wirkte in der Gruppe *Los Chaparrines*; erster größerer Erfolg wurde sein Lied »Cuánto te debo«; 1975 wurde F. auf einem Wettbewerb als »Bester Nachwuchssänger« ausgezeichnet.

Fuentes Gasson, Rubén

* 1935 (?) Ciudad Guzmán (Jalisco); mexikanischer Musiker (Violine), Arrangeur, Bandleader, Komponist und Musikproduzent; bedeutender Violinist und eine der bekanntesten Persönlichkeiten im Umfeld der → *Mariachi;* schuf 1952 die Form → *Bolero ranchero,* organisierte und leitete Gruppen der Populärmusik, die in ihr Repertoire neuerdings auch ernste Musik einbeziehen (Mariachi Sinfónico) und integrierte in seinen Arrangements für Mariachi-Gruppen Gesangssolisten der → *Música tropical.* F. leitete versch. Musikgruppen, darunter auch die Mariachi → *Vargas de Tecalitlán,* arrangierte u. a. die Kompositionen von José Alfredo → *Jiménez* und war längere Zeit als Musikalischer Direktor der Schallplattenstudios RCA Victor in México-Stadt tätig. Er schrieb u. a. die Musikstücke »Cartas a Ufemia« (Ranchera, 1952), »Corazón partido« (Bolero, 1953) und »La noche y tú« (Ranchera, 1957).

Fuerza Latina, La -

US-lateinamerikanische Vokal- und Instrumentalgruppe moderner Populärmusik; nach 1970 in Brooklyn (New York) gegründet. Die zum Kulturkreis → *New York Latino* gehörende Formation interpretierte vorzugsweise Titel der Mischform → *Salsa.*

Fuga (Fuge, span.)
1. Bez. für ein freies Zwischenspiel; für bestimmte lateinamerikanische Tänze obligatorisch. 2. Strukturteil einiger afroperuanischer Volkstänze (z. B. in der → *Zaña*). 3. im → *Yaraví* häufig ausgeführtes, aus einem kurzen → *Huayno* bestehendes, *Alegre* genanntes heiteres Zwischenspiel, das meist auf dem → *Charango* ausgeführt wird.

Fugazot, Roberto
* 20.6.1902 Goes (Montevideo), † 9.8.1971 (?); uruguayischer Sänger, Liedermacher und Theater- und Filmschauspieler; gehörte zunächst einer Truppe von Wanderschauspielern (Troupe Circo Bachino) in Montevideo an; trat ab 1922 als Tango-Sänger in den Theatern »Nacional«, »Sarmiento« und »Nuevo« auf; wirkte ab 1927 als »Crooner« im Orchester von Francisco → *Canaro* und reiste später nach París, wo er zusammen mit Agustín Irusta und Lucio Demare (Piano) ein Trio bildete, das erstmals in Madrid (Spanien) öffentlich auftrat und durch seinen ausgewogenen Interpretationsstil sehr populär wurde.

Fulía
an der Küste Venezuelas gesungene Form folkloristischer Lieder, bei denen ein Solist und ein Chor alternieren. Die auf einer Vermischung kreolischer und afrovenezolanischer Elemente basierende F. wird insbes. zur Fiesta de San Juan (Johannistag, 23.6.) gesungen. Bekannteste Variante ist die *Fulía barloventeña*, aus der Region von Barlovento stammend. Typische Begleitinstrumente sind → *Charrasca*, → *Tambora* und → *Cuatro*. Der Folklorist Juan Liscano untersuchte die F. ab 1940 und zeichnete sie an versch. Orten der Küste auf Tonträger auf. Die Gruppe → *Contrapunto* und die Folkloresängerin Soledad → *Bravo* haben einige aus der anonymen Musikfolklore stammende Titel, darunter »Fulia cumanesa«, interpretiert und bei Polydor aufgenommen.

Função
brasilianischer Populärtanz, dem → *Samba* sehr ähnlich.

Fungador → *Cuíca*

Furruco
zur Gruppe des → *Roncador* gehörender Brummtopf; in der Volksmusik verschiedener Regionen Venezuelas eingesetzt.

Fusa → *Zampoña*

Fusión Latina, La -
chilenisch-lateinamerikanische Gruppe moderner Populärmusik; 1982 in Santiago de Chile durch die Solisten Miguel Piñera (Gesang, Gitarre, Bandleader), Eugenio Guzmán (Kontrabass), Andrés Miguel (Keyboards), Santiago Salas (Perkussion) und Oscar Pérez (Charango und Gitarre) aus der ehemaligen Formation *Hot Chile* gebildet. Zum Repertoire gehören u. a. Lieder von Violeta → *Parra* in mod. Arrangements.

Fututo → *Fotuto*

G

G. R. E. S.

(Abk. für *Gremio Recreativo Escola de Samba*) häufig im Zusammenhang mit den brasilianischen Sambaschulen (→ *Escola de Samba*) bzw. dem → *Carnaval carioca* gebrauchte Bezeichnung für Zentren zur Wahrung urbaner folkloristischer Traditionen. Hier sind Sänger und Musiker tätig, die als Spezialisten gelten; sie fertigten bis in jüngste Zeit ihre Musikinstrumente wie → *Surdo,* → *Cuíca,* → *Pandeiro* und → *Tamborim* selbst an. Zu einem G. R. E. S. gehören in der Regel 8 – 10 den Rhythmus markierende Trommler, *Marcadores* oder *Batidores* genannt, mehrere Rhythmiker (Ritmistas), auf kleinen Trommeln (Tamborim, Cuíca) musizierend, sowie → *Viola (1)*-Spieler. Geleitet wird ein solches Orchester durch einen Direktor (Diretor, Regênte), der mit einem Taktstock u./o. mit einer Trillerpfeife dirigiert. (→ *Samba,* → *Desfile*)

Gã → *Agogô*

Gabilondo Soler, Francisco »Crí-Crí« / »Grillito Cantor«

* 06.10.1907 Orizaba (Veracruz); mexikanischer Sänger, Musiker (Piano) und Liedermacher; bekannter Schöpfer lustiger und aussagekräftiger Lieder für Kinder, die Volkshumor und Humanität reflektieren. G. begann 1935 seine Laufbahn als Interpret von Kinderliedern in Sendungen der Radiostation XEW. Auf zahlreichen Schallplatten N78 (später auf LPs reediert) erschienen Stücke wie »Grillito Cantor«, »Canción de las brujas«, »Sillón« und »Solfeo de los patos«.

Gadae → *Garada*

Gadea, Norma Helena

* 28.12.1955 Ocotal (Nueva Segovia); nikaraguanische Sängerin; Tochter einer Tango-Sängerin; begann 1974 ihre Karriere als Interpretin traditioneller Lieder Nikaraguas wie »La flor del Pino« und wandte sich im Rahmen der Bewegung des Neuen Nikaraguanischen Liedes auch der Ballade zu; nahm 1988 am »Festival des Politischen Liedes« in Berlin teil.

Gaia, Lindolfo (eigtl. L. Gomes Gaia)

* 6.5.1921 Itareré (São Paulo); brasilianischer Musiker (Piano), Arrangeur, Bandleader und Komponist der Populärmusik; hat ab 1942 bei Rádio Transmissôra als Pianist gewirkt, trat später in das Orchester von Francisco Duarte ein und reiste 1955/1956 mit einem von ihm geleiteten Orchester, dem u. a. die Sängerin Stellinha → *Egg* angehörte, nach Frankreich und in die UdSSR, wo einige LPs (Labels Le Chant du Monde bzw. Melodiya) produziert wurden; später begleitete G. mit seinem Orchester namhafte Gesangssolisten bei ihren Schallplattenaufnahmen in Brasilien. G. schrieb u. a. die Titel »Brasil« und »Camará...ê«.

Gaita

1. der in einigen Regionen Spaniens (Galicia, Islas Baleares) und Portugals in der Volksmusik eingesetzte Dudelsack. 2. rustikale Flöte indianischen Ursprungs, in zwei Grundvarianten – *Macho*, mit einem Tonloch und *Hembra*, mit fünf Tonlöchern – existierend und in der Volksmusik der atlantischen Regionen Kolumbiens gespielt; auch die Bezeichnungen *Gaita costeña* oder *G. indiana* sind gebräuchlich. 3. Name einer in der indianischen und mestizischen Volksmusik der Andenländer zum Einsatz gelangenden Doppelflöte, auch Melliza, Pareada oder Doble quena genannt. 4. Bezeichnung für in großer Vielfalt existierende kleine Flöten aus Holz, Bambus oder Metall von der Art des →

Pífano, die in der Volks- und Populärmusik Brasiliens verwendet werden. 5. regionale Bezeichnung für das Akkordeon in bestimmten Gebieten Brasiliens, z. B. Rio Grande do Sul und Santa Catarina. 6. kolumbianischer Populärtanz der Atlantikküsten-Region, der → *Cumbia* bzw. dem → *Porro* verwandt; in ihrer Ursprungsversion stets durch das gleichnamige Instrument (2) begleitet; gegenwärtig werden u. a. Trompete oder Saxophon benutzt. Die Komponisten José → *Barros* und »Lucho« → *Bermúdez* schrieben zahlreiche Titel dieser Form. Im benachbarten Venezuela wird die G. ebenfalls aufgeführt; es formieren sich Gruppen, sog. Gaiteros, die ausschließlich den hier zur Musikfolklore gehörenden Tanz interpretieren. 7. als »Gaita« oder »Gaita-de-bôca« regional angewandter Begriff für die in der Volksmusik Brasiliens örtlich gespielte Mundharmonika. 8. in einigen Gebieten Lateinamerikas wird die 10-saitige Variante einer → *Bandurria* als G. bezeichnet.

Gaiticón (Merengón)
venezolanische Abart der → *Gaita (6),* mit Elementen des → *Merengue* oder verwandter Formen angereichert; nach 1960 entstanden.

Galán, »Pacho«
(eigtl. Francisco de Asis Galán Blanco)
* 6.10.1906 Soledad, † 21.7.1988 Barranquilla; kolumbianischer Musiker (Trompete), Bandleader, Arrangeur und Komponist; gehört zu den bekanntesten Vertretern der → *Música tropical* Kolumbiens; gilt als Pionier des Jazz seines Landes und beeinflusste die nationale Tanzmusik u. a. durch die Entwicklung neuer Rhythmen wie → *Merecumbé* (1954) und → *Tuqui-Tuqui.* 1937 bildete G. ein Tanzorchester, *Pacho Galán y sus Sabaneros*, das zu den populärsten Formationen Kolumbiens gehörte und dessen Leitung seit 1980 seinem Sohn, Armando G., oblag und das unter diversen Labels (Philips, Tropical, Columbia u. a.) Schallplattenaufnahmen produzierte. Zu den bekanntesten Kompositionen G.s gehören »Cosita linda« (Merecumbé, 1954), »Noche de Caracas« (Merecumbé), »Mi chocita« (Merengue), »Linda trigueñita« (Merecumbé), »Mario Jimeno« (Porro) und »Tico Noguera« (Cumbión).

Galarza, Ramona »La Novia del Litoral«
(eigtl. Ramona Modesta Onetto Galarza)
* Corrientes; argentinische Sängerin und Autorin; bekannte Vertreterin der → *Música litoral;* wandte sich der Musikfolklore der Region Corrientes zu und sang, begleitet von ihrer Musikgruppe oder auch von namhaften Orchestern und Solisten, wie der Gruppe von Tarragó Ros oder dem Harfenisten Quintín Irala, in den 50er und 60er Jahren des XX. Jh. Titel der Formen → *Chamamé,* → *Galopa,* → *Valseado* u. a., die z. T. auf Schallplatten des Labels Odeon erschienen, darunter »Ah, mi Corrientes porá« und »La voz del Taragüí«.

Galarza Loto, Roberto »Zorzal de Corrientes«
(eigtl. Eleotero G.)
* 18.4.1932 Alta Verde (Santa Fe); argentinischer Sänger, Musiker (Gitarre, Guitarrón, Kontrabass), Bandleader und Komponist; bedeutender Interpret des → *Chamamé;* begann seine Karriere um 1940 zuerst im Duo mit seinem Bruder Rogelio in der Stadt Santa Fe; später trat er den Gruppen *Corrientes Porá* und von Damasio → *Esquivel* bei und ab 1956 war er Mitglied

Ramona Galarza – LP »La Voz del Litoral« – Odeon LDI-228 (1963)

des legendären Cuarteto → *Santa Ana;* danach leitete er auch eigene Gruppen. Unter seinen Kompositionen erlangten die Chamamés »Casamiento campero« und »Compañera y amiga« (Text: Mario Bofill) eine herausragende Bedeutung.

Galeano, Maneco
(eigtl. Félix Roberto Galeano Mieres)
* 13.5.1945 Puerto Pinasco, † 9.12.1980 Asunción; paraguayischer Sänger und Liedermacher; gilt als Pionier des Neuen Paraguayischen Liedes (→ *Nueva Canción Latinoamericana/Paraguay*); studierte u. a. an der Katholischen Universität von Asunción, arbeitete als Journalist und wandte sich 1970 der Musik zu, begann eigene Lieder zu schreiben und gründete die Musikgruppe *Sembrador.* Unter seinen 60 Liedern waren »Al caído en la víspera« (für Víctor Jara), »Dos trocitos de madera« und »Donde la guarania crece« sehr erfolgreich und werden noch oft interpretiert.

Galerón (Corrido, Torbellino llanero)
romanzenhaftes Tanzlied Kolumbiens, Venezuelas und weiterer Länder; zur Gruppe des → *Joropo* gehörend, Teil der Musikfolklore; bereits sehr alte Lieder, deren Ursprung in liturgischen Gesängen des Mittelalters vermutet wird. Es existiert aber auch die glaubwürdigere Deutungsversion, dass es sich in den Ursprüngen um monotone Gesänge handelte, die beim Rudern auf Galeeren gesungen wurden, was auch die Herkunft des Namens erklären könnte. Der G., früher auch in Santo Domingo und Teilen der Guayanas anzutreffen, ist heute im wesentlichen auf das Gebiet der Tiefebenen (Llanos) Kolumbiens und Venezuelas beschränkt; in erster Linie ein Tanzlied der Viehhirten, dessen Rhythmus den Galopp von Pferden nachahmt; in jedem 2. Vers der achtsilbigen Vierzeiler-Texte wird ein Reim eingesetzt, der mit der in dieser Region typischen Endung »...ao« abschließt. Der G. wird mit intensivem Schuhplatteln (Zapateado) getanzt; einer der bekanntesten Titel ist »Galerón llanero« des kolumbianischer Komponisten Alejandro → *Wills;* die meisten jedoch entstammen der anonymen Musikfolklore. Als Begleitinstr. dienen überwiegend → *Cuatro,* → *Bandola,* → *Tiple* u./o. Gitarre.

Galhardo, Carlos (eigtl. Catello C. Guagliardi)
* 24.5.1913 São Paulo; brasilianischer Sänger; bekannter Interpret des → *Samba* und anderer Populärmusik; ab 1935 für versch. Rundfunksender tätig gewesen; produzierte bei Victor Schallplatten, darunter die Titel »Madalena« (Marcha, 1936), »Samba lelê« (Samba, 1940) und »Jurei« (1947).

Galindo Galarza, Pedro
* ?, † ?; mexikanischer Musiker, Arrangeur, Komponist, Textdichter und Bandleader; gründete 1932 die Folkloregruppe Los Trovadores Chinacos, der u. a. Elpidio → *Ramírez* angehörte, arrangierte eine größere Zahl aus der anonymen Musikfolklore stammender Titel wie »Jarabe tapatío« neu, schrieb Texte für erfolgreiche Instrumentalstücke wie der → *Huapango* »La Malagueña« (1938) und komponierte u. a. »Tú dirás« (Ranchera, 1938), »Soy puro mexicano« (Corrido, 1942, mit Ernesto Cortázar) und »Viva México!« (1942).

Galinha-morta
regionale Variante des brasilianischen → *Fandango (4),* wird stets durch Gesang begleitet.

Galiron
kreolischer Volkstanz Guyanas (ehem. Britisch-Guayana), regionale Variante des kolumbianisch-venezolanischen → *Galerón.*

Gallarda (Galliarde, Gaillarde)
alter, im XV. Jh. entstandener Reigentanz französisch-italienischer Herkunft; im XVII. Jh. auch in Spanien und Portugal populär, wenig später in Lateinamerika als aristokratischer Salontanz bekannt. Die in mäßig bewegtem 3/4-Takt mit punktiertem Rhythmus interpretierte G. erfreute sich lange Zeit insbes. in Mexiko und den La Plata-Ländern großer Popularität, ist heute jedoch vollständig der Vergessenheit anheimgefallen.

Gallinazo
1. alter chilenischer Volkstanz; Anfang des XIX. Jh. bis zur Insel Chiloé verbreitet. Die auseinander tanzenden Partner trugen ein Tuch (Pañuelo) in der Hand, das beim Tanzen rhythmisch bewegt wurde. Der G., Vorläufer einiger noch heute in Chile verbreiteter Volkstänze, stammt urspr. aus Peru. 2. afrokolumbianischer Volkstanz, bis heute in der Küstenregion des Pazifik aufgeführt; zur Gruppe des → *Currulao* gehörend.

Gallinazo, Pablus (eigtl. Gonzalo Navas Pardo)
* Piedecuesta (Santander); kolumbianischer Sänger und Liedermacher; einer der ersten Schöpfer von Protestliedern in Kolumbien. Erster größerer Erfolg wurde »Boca de chicle«; er gewann 1961 auf dem Liedfestival von Bogotá mit »Una flor para mascar« den 1. Preis; 1972 war er mit »El Coco de Oro« erfolgreich; produzierte einige LPs.

Gallino
Volkstanz aus Panamá, bei dem die Paare in gerader Linie tanzen und bei bestimmten Phasen die Position wechseln; gesungene Variante der → *Mejorana (2),* die weit verbreitet ist und von der eine Form mit einem Präludium existiert, das von der rustikalen Violine → *Rabel* gespielt wird. Generell wird der G. jedoch vom Saiteninstrument → *Mejorana (1)* begleitet.

Gallito, Marimba -
guatemaltekisches Tanzorchester; nach 1960 in Guatemala-Stadt formiert. Neben dem landestypischen Instrument → *Marimba* werden auch Klangkörper der modernen Tanzmusik wie Saxophon eingesetzt; außer dem traditionellen → *Son chapín* werden Titel der Formen → *Merengue,* → *Guarimba,* Foxtrot u. a. interpretiert. Bei Tikal entstanden zahlreiche LPs, darunter »Tristezas quetzaltecas«, »Luna de Xelajú« und »Mi Tunequita«.

Gallo
1. Bezeichnung für den in der afrokubanischen Kultmusik solistisch ausgeführten Gesang. 2. derjenige Solist im → *Guaguancó,* der den Initialpart singt bzw. auch dessen weiterer Solo-Gesang.

Gallumba (Gayumba)
1. chordophones Volksmusikinstrument der Dominikanischen Republik; aus einem mit einer Saite bespannten flexiblen Stück Holz hergestellter primitiver Musikbogen. 2. alter, heute nicht mehr aufgeführter Volkstanz negroider Herkunft; im XVIII. Jh. in Kuba, Mexiko und Santo Domingo populär gewesen.

Galopa
der Galopp, eine ursprünglich europäische, Anfang des XIX. Jh. in Deutschland entstandene Variante der Polka in lebhaft-bewegtem Tempo, die um 1890 Eingang in die Volksmusik Paraguays und Nordostargentinens (Region Corrientes) fand. Die G. ist ein Tanz für auseinander tanzende Paare, sie wird abwechselnd im 2/4- und 3/4-Takt unter Einschaltung von Gesten des Liebeswerbens ausgeführt. Traditionelle Begleitinstrumente sind Harfe (Arpa) und Gitarre, in jüngster Zeit verstärkt auch das Akkordeon. Es gibt gesungene Versionen, jedoch überwiegen instrumentale Titel. Bekannte Komponisten wie Agustín → *Barboza* (mit »Viva la vida, viva el amor«), Fernando J. Bustamante (mit »Misionera), Digno → *García* (mit »Cascada«) und insbes. Mauricio → *Cardozo* Ocampo (mit »Galopera«) schufen Titel, die heute zum Standardrepertoire von Folklore- und Tanzmusikgrupppen Paraguays und des Nordostens Argentiniens gehören.

Galope
aus dem europäischen Galopp entstandene, heute kaum noch aufgeführte Variante eines kolumbianischen Populärtanzes.

Gamba → *Extravagância*

Gan → *Agogô*

Gangarria → *Cencerro*

Gangoso
das Näseln; ein in bestimmten lateinamerikanischen Formen, z. B. im → *Son cubano* ländlicher Regionen der Ostprovinz, bewusst verwendeter Effekt des näselnden Gesanges, in moderneren Arrangements durch Saxophon oder Trompete simuliert.

Ganzá (Amelé, Xeque, Xeque-xeque, Caracaxá, Guasá, Gansa, Schüttelrohr)
brasilianisches Musikinstrument; ein zu einem Viertel mit Steinchen oder harten Samenkörnern gefüllter, auf beiden Seiten verschlossener Zylinder aus Bambus, Holz oder Metall, der rhythmisch geschüttelt wird; in der Volks- und Tanzmusik vieler Regionen Brasiliens eingesetzt; die Dimensionen und Bezeichnungen sind unterschiedlich. Varianten werden auch in der indianischen Volksmusik verwendet; regionale Tänze des Landesnordostens, bei deren rhythmischer Begleitung der G. dominiert, werden u. a. als *Côco-de-ganzá* oder *Embolada-de-ganzá* bezeichnet; eine regionale Variante des → *Reco-reco* in Bahia heißt ebenfalls Ganzá.

Garabato (Danza del G.)
1. kolumbianisch-mestizischer Volkstanz dramatischen Charakters; beim Karneval in Regionen der Atlantikküste aufgeführt. Den Mittelpunkt bilden als Skelette maskierte Tänzer, die die »Sterblichen« verfolgen, weshalb der Tanz auch »La muerte« (der Tod, span.) genannt wird.
2. heute kaum noch aufgeführter Tanz Puerto Ricos; war spanischen Ursprungs.

Garada (Monapue, Gadae)
schüttelidiophones Volksmusikinstrument peruanischer Amazonasindianer; eine Art Taktstock, an dessen oberem Ende mit Samen gefüllte getrocknete Kapseln oder Fruchtschalen befestigt sind.

Garavito, Hermanas -
kolumbianische Vokalgruppe; Ende der 40er Jahre durch die Geschwister Celmira, María Inés und Carmen G., Töchter des Musikers Milcíades → *Garavito,* gebildet; es wurde populäre und landestypische Musik interpretiert; unter dem Label Sonolux entstanden einige LPs, darunter die Titel »Arroyuelo de plata« und »No llores niñito«.

Garavito Sierra, Milcíades
* 29.6.1863 Gachalá (Cundinamarca), † 16.3. 1941 Bogotá; kolumbianischer Musiker und Komponist; entstammt einer Familie von Musikern; leitete in Honda eine Gruppe vom Typ einer → *Banda (2),* reiste zu Forschungszwecken durch die Regionen Valle, Antioquia und Cundinamarca; hinterließ, aus der reichen Musikfolklore schöpfend, mehr als 700 Kompositionen, darunter »Buscaruidos« (Bambuco), »Palmas de Belén« (Villancico) und »Villetano« (Bambuco).

Garavito Wheeler, Milcíades
* 25.7.1901 Fresno (Tolima), † 23.4.1953 Bogotá; kolumbianischer Musiker, Komponist und Bandleader; Sohn von Milcíades → *Garavito Sierra;* wirkte bereits als Zehnjähriger in dem Orchester (Banda) seines Vaters; wenig später, 1920, leitete er in La Palma (Cundinamarca) eine Musikgruppe gleichen Typs. G. genießt den Ruf, der vielseitigste und produktivste Komponist der Region von Tolima zu sein; er ist, zusammen mit Emilio → *Sierra,* der Schöpfer einer neuen, → *Rumba criolla* genannten Form. Zu seinen zahlreichen Kompositionen gehören die Titel »San Pedro en el Espinal« (Bambuco, weitaus populärstes Stück von G.), »La loca Margarita« (Rumba criolla) und »Mariquiteña« (Rumba criolla).

Garáwung
mit Hirschleder bespannte und mit den Händen perkutierte Einfelltrommel aus Zedern- oder Caoba-Holz; in der folkloristischen Musik der Garifuna-Region von Nikaragua und Honduras eingesetzt.

Garay, Gumersindo »Sindo«
* 12.4.1867 Santiago de Cuba, † 17.7.1968 La Habana; kubanischer Volkssänger (Trovador), Gitarrist und Liedermacher; bekanntester Inter-

Einer der Pioniere der kubanischen Trova: Gumersindo »Sindo« Garay (Photo: Gentileza »Bohemia«)

pret und Schöpfer trovadoresker Musik Kubas; Autodidakt; schrieb mit 10 Jahren erste Stücke; übersiedelte 1906 nach La Habana und schloss sich dort den → *Tandas de Cantadores* an und trat in Duos oder Gruppen, darunter mit Emiliano → *Blez* oder seinen Söhnen Guarionex, Hatuey und Cannao bzw. seiner Tochter Guarina auf. 1928 reiste er mit Rita → *Montaner* nach Paris, wo er ein dreimonatiges Programm kubanischer Musik gestaltete. Bekannteste Kompositionen, z. T. auf Schallplatten des Labels Victor erschienen, sind u. a. »La → *Bayamesa« (3),* »Germania« (1895), »La tarde« (1909), »Perla marina«, »Guarina« (1902) und »El huracán y la palma« (1925).

Garay, Narciso
* 12.6.1876 Panamá-Stadt, † 27.3.1953 das.; panamaischer Musiker, Komponist und Folkloreforscher; studierte in Cartagena und Bogotá (Kolumbien); übersiedelte 1897 nach Brüssel (Belgien), wo er seine Tätigkeit fortsetzte. Bedeutung erlangte sein 1930 publiziertes Werk »Tradiciones y cantares de Panamá«.

García Caturla, Alejandro
* 7.3.1906 Remedios (Las Villas), † 12.11.1940 das.; kubanischer Musiker (Piano) und Komponist ernster und populärer Musik; studierte zunächst Jura, später Musik; gründete 1932 das Orchester *Caibarién.* Neben Kammermusik und Stücken für Piano schrieb G. zahlreiche Titel der Populärmusik, darunter den Zyklus »Yamba O« (1928–31), »La Rumba« (1933), Danzas, Danzones und den Tango »Pebetita« (1925).

García Villalón, Alejandro »Virulo«
* 5.1.1955 La Habana; kubanischer Sänger, Gitarrist und Liedermacher; studierte zunächst Architektur, erlernte autodidaktisch das Gitarrespiel, begann zu singen und zu komponieren. Zur Bewegung der Neuen Kubanischen Trova (MNTC) gehörend, schrieb er bisher mehr als 500 Titel, von denen einige (Sones und Guarachas) beste Traditionen der kubanischen → *Trova* widerspiegeln, darunter »De un pájaro las dos alas«. G. gab Gastspiele in Puerto Rico, Portugal, Costa Rica, Mexiko, Venezuela, Deutschland und den USA; er produzierte einige LPs bei Areito.

García, Belisario de Jesús
* 1894 Montemorelos (Nuevo León), † 31.8.1952 México-Stadt; mexikanischer Musiker, Komponist und Bandleader; Offizier der Streitkräfte von Carranzas und Leiter einer Militärkapelle; schrieb mehr als 100 Stücke, von denen der Walzer »Morir por tu amor« (1922), der Marsch »Monterrey« (1925) und die volkstümliche Ranchera »Cuatro milpas« (1925) zu den weitaus bekanntesten zählen und heute noch oft gespielt werden.

García, Celestino
* 1853 Consolación del Sur (Pinar del Río), † 1918 San Cristóbal; kubanischer Volkssänger (Trovador) und Liedermacher; bekannter Interpret der für die Region Pinar del Río typ. Variante des → *Punto cubano;* bekannter Vetreter der → *Décima* Kubas in der Zeit der zweiten Hälfte des XIX. Jh.

García, Digno (eigtl. José del Rosario Iriarte)
* 22.9.1919 Luque, † 1990 Brüssel; paraguayischer Sänger, Musiker (Gitarre, Harfe), Komponist und Bandleader; erlernte mit 17 Jahren das Gitarre- und mit 22 Jahren das Harfespiel; war Mitglied versch. Gruppen wie dem *Trío Asunceño, Conjunto Ocara Poty* und Mitgründer des Trío → *Los Paraguayos.* Darüber hinaus war G. Gründer und Leiter eigener Gruppen wie *Digno García y sus Carios*, mit denen er unter versch. Labels zahlreiche Schallplatten produzierte; zu seinen Kompositionen gehören die einem im Landesinnern befindlichen Wasserfall (Pirá retá) gewidmete Galopa »Cascada«, weithin bekannt geworden, und die Polkas »Divino«, »Reicito« und »Viajera«.

García, Dúo Hermanos -
peruanisches Vokal- und Instrumentalduo; nach 1950 in Ayacucho durch die Gebrüder (Hermanos) Nery und Raúl García Zárate gegründet; interpretierte insbesondere Titel der Form →

Huayno, die teilweise auf Schallplatten des Labels Sono Radio erschienen, darunter die Titel »Ñahui ñahui« und »Palomita blanca«.

García Restrepo, Fernando

* 1954 Manizales; kolumbianischer Musiker (Gitarre) und Komponist; studierte am Konservatorium von Manizales und von 1973 – 75 in México-Stadt, wo er die mexikanisch-kolumbianische Musikgruppe *Tierra y Sonido* gründete und mit ihr Konzerte in Mexiko, Guatemala und El Salvador gab; 1976 kehrte er nach Kolumbien zurück, wo er seine künstlerische Tätigkeit fortsetzte. Zu seinen Kompositionen gehören u. a. »Nace tu canción« und »Alguien que me amará« sowie »Tal vez soy un extraño«.

García, Fulgencio

* 18.10.1880 Purificación (Tolima), † 4.3.1945 Bogotá; kolumbianischer Musiker (Bandola), Komponist und Bandleader; wirkte in den Musikgruppen von Emilio → *Murillo* und Pedro → *Morales Pino* als Bandola-Spieler; gründete danach eine eigene Musikgruppe vom Typ einer → *Estudiantina,* die seinen Namen trug und landestypisch-folkloristische Musik auf öffentlichen Konzerten, u. a. in den Folklorezentren (Peñas) »Rondinela« und »Gata Golosa«, interpretierte. Zu den zahlreichen Kompositionen G.s, in der Mehrzahl Pasillos, gehören u. a. die Titel »Gata golosa« (1912), »Vagabundo« und »Rosas de la tarde«.

Garcia, Izaura (»Isaurinha«)

* 26.2.1923 São Paulo; brasilianische Sängerin; bekannte Interpretin der Formen → *Samba* und → *Bossa Nova;* sang zunächst (ab 1938) bei Rádio Record (São Paulo) und wirkte später als Solistin; zu ihren zahlreichen Titeln, z. T. auf Schallplatten (u. a. bei Philips) erschienen, gehören »Pedido é samba«, »Pé de Manaca« und »Palhaçada«.

García, Lázaro

* 3.12.1947 Cienfuegos; kubanischer Sänger, Musiker, Arrangeur und Bandleader; gehörte der Bewegung der Neuen Kubanischen Trova (MNTC) an, gründete und leitete in Cienfuegos die Gruppe *Septiembre 5*, mit der er Gastspielreisen durch LA, Europa und Afrika unternahm; zu seinen Erfolgstiteln gehören »Querida vieja« und »Tejiendo un rostro en la canción«.

García Díaz, Pedro

* 1938 Atanques (César); kolumbianischer Sänger, Musiker (Akkordeon), Liedermacher und Bandleader; formierte an der Universidad Libre de Colombia die aus Studenten bestehende Musikgruppe »Los Universitarios«; in der Folgezeit widmete er sich dann verstärkt der → *Música vallenata,* komponierte Titel wie »Corazón corazón« und »Conocí a Catalina« (Cumbión) und brachte einige LPs heraus, 1962 die erste.

Garcia, Philip »The Executor«

* ? Port of Spain (Trinidad), † 1958 (?) das.; anglokaribischer Sänger und Liedermacher, auch »Lord Executor« genannt; bekannter Interpret des → *Calypso;* sang u. a. im String Orchestra von Cyril Monrose; um 1936 entstanden bei Victor zahlreiche Schallplatten, die Geschichte und Werdegang des Calypso mit belegen, darunter die Titel »Poppy day«, »My reply to Houdini« und »Three friends advice«.

García Esquivel, Juan

* 20.1.1918 Tampico (Tamaulipas); mexikanischer Musiker (Piano), Arrangeur, Komponist und Bandleader. Der überaus talentierte Pianist trat bereits 1932 bei einem Konzert in einem Rundfunksender in México-Stadt auf und leitete ab 1936 ein aus 22 Musikern bestehendes Orchester, das später bis auf 54 Mitglieder anwuchs. G. experimentierte mit völlig neuartigen Klangfolgen, mit denen er in der Zeit der Einführung der stereophonen Tonaufzeichnung insbesondere in den USA große Popularität erlangte. ab 1958 wirkte er dann in Hollywood, beschäftigt auch mit der Komposition von Filmmusik. Zu seinen zahlreichen Kompositionen gehören »Espera« (Canción, 1954), »Latin-Esque« (Fantasie) und »Muchacha, muchachá« (Cha-cha-chá). Schallplatten entstanden generell bei RCA Victor.

García Zárate, Raúl
* 12.12.1932 Huamanga (Ayacucho); peruanischer Musiker (Gitarre, Laute), Arrangeur und Komponist; bekannter Vertreter der mestizisch-andinen Volksmusik; einer der besten Gitarristen Perus; gehörte einer regionalen → *Estudiantina* und dem *Trío Bosqueño* bzw. in Lima der Gruppe *Huandoy* an; bildete mit seinem Bruder Nery ein vielgefragtes Duo (Hermanos → *García*). Als Solist interpetierte er u. a. die Stücke »Soñaba«, »Araskaska« und »Ayacucheñita«, die auch auf LPs (Label Sono Radio) erschienen. 1959 war er Preisträger des 1. Nationalen Gitarrewettbewerbes.

Gardel, Carlos »El Morocho«, »El Zorzal Criollo«
(eigtl. Charles Romuald Gardés)
* 11.12.1890 Toulouse (Frankreich), † 24.6.1935 Medellín (Flugzeugunglück); argentinischer Sänger, Gitarrist und Liedermacher; beliebtester → *Tango*-Sänger; kam als Kind mit seiner Mutter aus Europa nach Argentinien; trat ab 1909 in Vororten von Buenos Aires (z. B. Corrales Viejos und Mataderos) auf Straßen und Plätzen sowie in Kneipen (Boliches) auf; entwickelte sich zu einem der bedeutendsten Sänger Lateinamerikas, dessen Popularität nach seinem Tod weiter zunahm und dessen Schallplatten (bei Columbia [ab 1913], dann Nacional [Odeon] und Victor) höchste Verkaufsziffern erreichten. Musikwissenschaftler, Schriftsteller und Kritiker bemühten sich, diese einmalige Beliebtheit zu ergründen; es entstand eine große Zahl von Biographien; in Argentinien, Uruguay, Venezuela, Puerto Rico, Kuba und Chile wurden Denkmäler zu seinen Ehren errichtet. 1911 lernte G. den uruguayischen Sänger José → *Razzano* kennen und bildete mit ihm das Dúo → *Gardel* – Razzano, das bis 1925 bestand; später wandte sich G. fast ausschließlich dem Tango zu, wobei er entweder als Solist, sich auf der Gitarre begleitend, oder mit Orchestern bzw. Gitarrengruppen auftrat; die Musik vieler Titel komponierte er selbst, die Texte dazu schrieb u. a. Alfredo → *Le Pera*. G. interpretierte etwa 900 Titel; mit seinem eigenwillig-sentimentalen Stil war und ist er Vorbild für viele Tango-Sänger, wirkte in mehreren Filmen als singender Schauspieler und unternahm Konzert-Reisen in viele Länder Lateinamerikas und Europas. Bekannteste Kompositionen sind u. a. »Mano a mano« (1923, Text: Celedonio Flores), »Melodia de arrabal« (1934, Text: A. Le Pera), »Mi Buenos Aires querido« (1934, Text: A. Le Pera), »Tomo y obligo« (1931, Text: Manuel Romero), »Recuerdo Malevo« (1933, Text: A. Le Pera), »Cuesta abajo« (1934, Text: A. Le Pera) und »Volver« (1935, Text: A. Le Pera); G. interpretierte auch Tangos anderer Komponisten wie Enrique → *Cadícamo* (»Anclao en París«), Gerardo H. → *Matos Rodríguez* (»La Cumparsita«) und Enrique Santos → *Discépolo* (»Yira...yira«).

Filmplakat für »El día que me quieras«: Carlos Gardel und Rosita Moreno

Gardel - Razzano, Dúo -
argentinisch-uruguayisches Vokal- und Instrumentalduo; 1914 in Buenos Aires durch Carlos → *Gardel* und José → *Razzano* formiert; interpretierte zunächst überwiegend Volksmusik u. a. der Formen → *Zamba*, → *Gato*, → *Chaca-*

rera, → *Milonga,* → *Tonada* und → *Estilo* und wandte sich später mehr dem → *Tango* zu; das Duo – es debütierte 1914 im Teatro Nacional (Buenos Aires) – war in der ersten Hälfte der 20er Jahre eine der populärsten Formationen Lateinamerikas; 1914 entstanden erste Schallplatten, 1915 erfolgten die ersten Auslandsgastspiele, so in Montevideo (Uruguay), São Paulo und Rio de Janeiro (Brasilien), 1918 folgten Auftritte in Spanien, Frankreich und den USA; 1925 löste dich das Duo wegen einer Erkrankung Razzanos auf. Unter dem Label Nacional (Odeon) entstanden u. a. die Titel »Cantar eterno«, »Caminito soleado«, »Pobre gallo Bataraz« und »Barrio reo«.

Gardy, Raúl »El Motero« (eigtl. Augusto Bolívar)
* 1917 Note, † 13.1.1982 Santiago de Chile; chilenischer Sänger, Musiker und Liedermacher; begann seine Karriere als Tango-Sänger in Buenos Aires; widmete sich seit 1933 der Volks- und Populärmusik Chiles, vorwiegend der Formen → *Tonada* und → *Cueca chilena,* wobei er zahlreiche Stücke aus der anonymen Musikfolklore neu arrangierte. Auf Schallplatten (Label RCA Victor) erschienen u. a. seine Titel »Perro sin amo« (Tonada) und »El Chorero« (Cueca).

Garganteo
1. Allgemeinbezeichnung für Koloraturgesang. 2. dem in deutschsprachigen Gebirgsregionen verbreiteten Jodeln ähnliches bzw. identisches Singen ohne Worte; in versch. Ländern Lateinamerikas verbreitet. Ausgeprägtes Jodeln wird in einigen Formen der Musikfolklore des brasilianischen Bundesstaates Rio Grande do Sul, teilweise auch in Santa Catarina praktiziert; mit Sicherheit ist es ein Erbe europäischer Einwanderer aus dem Alpengebiet.

Garibaldina
Abart der Polka, in der Zeit der italienischen Unabhängigkeitsbewegung entstanden und nach dem Freiheitskämpfer Garibaldi (1807 – 1882) benannt, die u. a. in Kolumbien längere Zeit populär gewesen und heute nicht mehr verbreitet ist.

Garnica, Julia
* 1906 México-Stadt; mexikanische Sängerin populärer und landestypischer Musik; begann ihre Laufbahn als Sopranistin eines Lyrischen Theaters von México-Stadt; wirkte später als Solistin im Teatro Degollado von Guadalajara; ab 1927, als Höhepunkt ihrer Karriere, dem Trío → *Garnica – Ascencio* angehörend.

Garnica - Ascencio, Trío -
mexikanisches Vokaltrio folkloristischer und populärer Musik; 1927 in México-Stadt durch den Musiker Pepe Campillo organisiert; zuerst gehörten die Schwestern Julia, Blanca und Ofelia Ascencio dem Trio an, später Julia → *Garnica,* Lucha → *Reyes* und Pepe Campillo, auf dem Piano durch Raúl C. Rodríguez begleitet. Es war die erste in Volkstrachten auftretende mexikanische Gruppe (→ *China poblana*); seit 1929 sang das Trio Lieder von Agustín → *Lara,* mit dem es eng zusammenarbeitete. Die auf Schallplatten (Label Victor) aufgenommenen Titel, darunter »Feria de las flores« und »Jesusita la Vaquera«, gehören zu den historischen Tondokumenten der mexikanischen Populärmusik.

Garoto (eigtl. Anibal Augusto Sardinha)
* 28.6.1915 São Paulo, † 3.5.1955 Rio de Janeiro; brasilianischer Musiker (Bandolim, Violão, Cavaquinho, Hawai-Gitarre und Banjo), Bandleader und Komponist; gehörte ab 1928 der Musikgruppe des Senders Rádio Bandeirante (São Paulo) an; übersiedelte 1943 nach Rio de Janeiro, wo er sich versch. Gruppen vom Typ eines → *Regional* sowie der bekannten Gruppe *Bando da Lua* anschloss bzw. eine eigene Musikgruppe formierte. Von seiner Komposition »São Paulo quatrocentão« (mit Chiquinho) wurden 700.000 Schallplatten verkauft, weitere Titel sind »Famoso« und »Quanto dói uma saudade«.

Garrido, Ángel J.
* 1880 Jalapa (Veracruz), 2.5.1934 das.; mexikanischer Sänger, Musiker (Gitarre, Piano, Mundharmonika), Bandleader und Komponist;

begann seine Laufbahn als Straßensänger und Mundharmonika-Spieler, erlernte später das Spiel weiterer Instrumente und betätigte sich daneben als Dichter, schrieb zahlreiche Lieder und Tänze und leitetete ab 1932 eine Militärkapelle (Banda militar). Zu seinen Kompositionen gehören u. a. »Luz del alma« (Danza, 1910), »Rosas y Margaritas« (Chotis, 1910), »Cuando escuches éste vals« (Walzer, 1913) und der der Sängerin Esperanza Iris gewidmete Walzer »Bella Esparanza« (1918).

Garrido, Juan S.
* 9.5.1902 Valparaíso (Chile), † 23.1.1994 México; chilenisch-mexikanischer Musiker, Arrangeur, Komponist und Musikologe; übersiedelte nach Mexiko, wo er ab 1936 in der Gruppe *Cometas Castañedas* mitwirkte und zahlreiche Titel der Formen → *Corrido,* → *Ranchera,* Bolero, Walzer, Lied, Pasodoble usw. schrieb, darunter »Dáme un beso« (1935), »La suegra« (1946, »Ladrón« (1935) und »Alegría ranchera« (1954); darüber hinaus verfasste er eine Geschichte der mexikanischen Populärmusik.

Garrido, Pablo
* 26.3.1905 Valparaíso, † 1983 (?); chilenischer Musiker, Arrangeur, Komponist, Bandleader und Musikologe; durch die Gründung der ersten Jazzband Chiles (1923 Viña del Mar) bekanntgeworden; führte umfangreiche Forschungen auf dem Gebiet der nationalen Musikfolklore durch, gründete 1945 die Zeitschrift »Vida musical« (Musikleben) und schuf eine größere Zahl von Arrangements und Kompositionen wie z. B. den Liederzyklus »10 Poetas chilenos en música« und die Tonada »En el fondo del río«. Bedeutung erlangten auch seine Bücher »Tragedia del músico chileno« und »Biografía de la cueca« (1942).

Garrido, Vicente
* 1924 México-Stadt; mexikanischer Sänger, Musiker (Piano), Arrangeur und Komponist; begann in kleinen Gaststätten Piano zu spielen; schrieb ab 1952 Musikstücke, insbes. nach einem neuen, von ihm geschaffenen Konzept gestaltete Boleros, die ihn als Verteter des neuen romantischen Liedes Mexikos ausweisen; er orientierte sich dabei an der Musik von Agustín → *Lara,* Gonzalo → *Curiel* und René → *Touzet* (Kuba). 1956 erfolgte die Ehrung als »Bester Komponist des Jahres«; zu seinen Kompositionen gehören u. a. »Tres chilenas« (Bolero, 1952), »No me platiques más« (Beguine, 1954) und »Torpeza« (Bolero, 1960).

Garrote, Quinteto Criollo -
argentinisches Instrumentalquintett der sog. »Alten Garde« des → *Tango;* um 1911 in Buenos Aires durch Vicente → *Greco* (Bandoneón, Bandleader), Lorenzo Labissier (2. Bandoneón), Francisco → *Canaro* (Violine), Vicente Pecci (Flöte) und Domingo Greco (Gitarre/Piano) formiert, gehört zu den hervorragenden Gruppen aus der Frühzeit des Tango, deren Schallplatten (Labels Atlanta und Columbia), darunter die Titel »Rosendo« und »Pinta brava«, zu den historischen Tondokumenten der argentinischen Populärmusik zählen.

Garza, Eva
* 1917 Villa Frontera (Coahuila), † 1.11.1966 Tucson (Arizona, USA); mexikanische Sängerin pop. Musik; sang Lieder und Rancheras romantischen Charakters, darüber hinaus Titel aus anderen lateinamerikanischen Ländern, die z. T. auf Schallplatten der Labels CBS, Tico, Seeco, Musart, Tropical u. a. veröffentlicht wurden, darunter die Titel »La Panchita« und »Jaleo«.

Garzón, Dario
* 9.1.1912 Girardot (Cundinamarca); kolumbianischer Sänger, Musiker (Gitarre) und Liedermacher; studierte ab 1928 am Konservatorium von Ibagué Gesang, Gitarre und Musiktheorie; organisierte 1937 die *Estudiantina Darío Garzón*; gründete zusammen mit seinem ehemaligen Kommilitonen Eduardo Collazos 1938 das Dúo → *Garzón y Collazos.* Unter seinen mehr als 200 insbes. durch das Duo interpretierten Kompositionen befinden sich die Titel »El Boga« (Bambuco), »Las lavanderas« (Guabina), »Soy tolimense« (Guabina), der

»Sanjuanero huilense« sowie der Bambuco »Tus ojos«.

Garzón Ubidia, Guillermo

* 25.2.1902 Otavalo, † 2.3.1975 Bogotá; ekuadorianischer Musiker und Komponist folkloristischer und populärer Musik; organisierte und leitete die Folkloregruppe *Alma Nativa* und schrieb landestypische Musik, die von den bekanntesten Solisten und Gruppen Ekuadors interpretiert wurde, z. B. die Pasillos »Honda pena« und »Ojos maternales«, die Sanjuanitos »Longuita de mi vida« und »Llullaringue« sowie den Albazo »Dulce pena«; außerdem arrangierte G. Titel der anonymen Musikfolklore wie »La Naranja« (Tonada) neu. G. lebte und wirkte später in Kolumbien.

Garzón y Collazos, Dúo -

kolumbianisches Vokal- und Instrumentalduo folkloristischer und populärer Musik; am 20.11.1938 in Ibagué durch Darío → *Garzón* (1. Stimme, Gitarre) und Angel Eduardo Collazos (1916 – 1977; 2. Stimme und → *Tiple*) gegründet; gehört neben Los → *Tolimenses* und dem Dueto de → *Antaño* zu den hervorragendsten

Dúo Garzón y Collazos – LP »Flor del Campo« – Sello Vergara LP-131 (1958)

und populärsten Interpreten der Musik andiner Regionen Kolumbiens; beeinflusste später entstandene Formationen entscheidend; spielte vorwiegend Lieder und Tänze der Region Tolima; unter den Labels Sello Vergara und Sonolux entstanden 21 LPs, die u. a. die Titel »Huri« (Pasillo), »Ibaguereña« (Bambuco), »Contrabandista« (Sanjuanero), »Flor del campo« und »Rosalinda« (Bambucos) enthalten; 1947 erfolgte die erste Auslandsreise (nach Kuba), 1950 Gastpiel in den USA, 1952 in Ekuador, Chile, Venezuela und Argentinien, 1960 in Zentralamerika, Peru und Puerto Rico. Im Todesjahr von Collazos (1977) löste sich das Duo auf.

Gasta-sola
brasilianischer Volkstanz; eine Variante der → *Polquinha* Südbrasiliens.

Gatatumba
alter kubanischer Tanz afrikanischen Ursprungs; im XVII. populär; heute nicht mehr verbreitet.

Gatiadito
aus dem → *Torbellino* entstandener kolumbianischer Volkstanz.

Gatica, »Lucho« »Pitico«, »La Voz Romántica de América« (eigtl. Luis G. Silva)
* 11.8.1928 Rancagua; † 1994 (?); chilenischer Sänger, Musiker, Arrangeur und Liedermacher; einer der bekanntesten Interpreten des → *Bolero,* schuf einen durch seine romantisch-weichen Züge gekennzeichneten Interpretationsstil; lebte längere Zeit in Mexiko und produzierte ab etwa 1940 unter verschiedenen Labels (u. a. Odeon, Musart und Capitol) eine große Zahl von Schallplatten, dazu gehören die Boleros »Quisiera ser«, »Regresa a mí« und »Sufrir«; des weiteren sang. G. Tangos, Gaucho- und Tanzlieder; er gab Gastspiele in den meisten lateinamerikanischen Ländern.

Gato
1. argentinischer Volkstanz in lustig-bewegtem Tempo; Paartanz für auseinander tanzende Partner. Der seit etwa 1820 in allen Provinzen Argentiniens, Teilen Chiles und in Uruguay getanzte G. wurde früher auch als *Mis-mis* oder *Perdiz* bezeichnet. Während er in Chile und Uruguay in Vergessenheit geriet, gehört er in Argentinien heute noch zum Standardrepertoire der folkloristischen Musik, meist durch Gitarre oder Harfe in gleichmässigem 6/8-Takt begleitet. Der argentinische Folklorist Antonio Barceló nennt u. a. folgende regionale Varianten: *G. bonaerense* (Gebiet von Buenos Aires), *G. porteño* (Küstenregionen), *G. cuyano* (Cuyo), *G. cordobés* (Córdoba), *G. encadenado* bzw. *polqueado* (Nordosten), *G. santiagueño* (Santiago del Estero), wobei jeweils gesungene und rein instrumentale Fassungen unterschieden werden. Als Gaucho-Tanz ist eine Version mit wechselseitigen Dialogen (→ *Relación*) verbreitet. Die Gebrüder (Hermanos) → *Abalos* interpretierten ihn auch mit Piano; speziell mit ihren Arrangements von Gatos aus der anonymen Musikfolklore leisteten sie einen wertvollen Beitrag zu seiner Popularisierung. 2. → *Sonecito del País*

Gatos, Los -
ekuadorianisches Instrumentalquintett landestypischer und populärer Musik; 1968 in Guayaquil durch die Solisten Rodrigo Saltos (Elektrogitarre), Humberto Saltos (Requinto), Alejandro Saltos (Gitarre), Sergio Bedoya (Gitarre) und Ramón Alarcón (Kontrabass) gegründet; interpretierte in z. T. mod. Arrangements Musik der Formen → *Albazo,* → *Tonada,* → *Danzante* und → *Pasillo* und veröffentlichte sie auf LPs u. a. der Labels Fenix, Onix und Orión, darunter die Titel »Dolencias«, »Vasija de barro« und »Linda tierra mía«.

Gatosada
alter, nur noch in historischen Quellen nachgewiesener Salontanz im kolonialen Mexiko (Nueva España) des XVII. Jahrhunderts.

Gauchismo
eine seit langem in den La Plata-Staaten Argentinien und Uruguay breit entfaltete musika-

lische und literarische Bewegung, deren Leitthema Leben, Geschichte und Wirken des → *Gaucho* ist. Zahlreiche trad., aus der anonymen Musikfolklore stammende Lieder und Tänze wurden neu arrangiert, es entstanden aber auch viele Lieder mit ins Kitschige abgleitenden Texten. Gegenstand dieser Lieder sind vor allem die Liebe, die Einsamkeit des Gaucho inmitten der Pampa, Pferde und das Leben des Gaucho bis hin zur romantischen Verklärung. Bevorzugtes Ausdrucksmittel ist die → *Milonga;* ein bekannter Interpret Jorge → *Cafrune;* realistische Darstellungen mit schonungsloser Offenheit brachte Atahualpa → *Yupanqui.*

Gauchita
eine kantatenartige Komposition, die in ihren Texten und in ihrem Stil auf den → *Gaucho* Bezug nimmt und stets durch Gitarre begleitet wird.

Gauchito
argentinischer Volkstanz der Zona Cuyana (Mittelwesten), heute kaum noch verbreitet; die Choreographie ähnelt der der → *Refalosa.*

Gaucho (in Süd-Brasilien Gaúcho)
Allgemeinbezeichnung für den Bewohner der Tiefebenen (Pampas) Argentiniens, Uruguays und Südbrasiliens (im Einzugsgebiet des Rio Uruguai); im engeren Sinne ein Viehhirt, der meist vom Pferd aus die riesigen Herden beaufsichtigt; Träger einer jahrhundertealten Volkskultur, die im wesentlichen auf kreolischer Basis beruht und mit sentimentalen, oft melancholischen Liedern und Tänzen Leben und Wirken der Menschen widerspiegelt. Der G. schuf Volkslieder von einmaliger musikal. Schönheit und poetischem Ausdruck, meist im Stil der → *Milonga.* Heute gilt er als nationale Figur, der Schriftsteller, Dichter und Komponisten ein

Gauchos beim Matetrinken und Musizieren in einer ländlichen Kneipe (Pulpería) am Stadtrand von Buenos Aires, um 1900

Denkmal setzten. Mit → »*Martín Fierro*« schuf der argentinische Dichter José Hernández (1834 – 1886) ein Gaucho-Epos, das die Grundlage für viele Gaucholieder oder Liederzyklen bildete.

Gaúcho da Fronteira, O -
(eigtl. Herber Artigas Fros)
* Santana do Livramento (Rio Grande do Sul); brasilianischer Sänger, Musiker (Akkordeon), Arrangeur, Komponist und Bandleader; bedeutender Interpret der Volksmusik Südbrasiliens, insbesondere der Gaucho-Folklore; hat mit der ihn begleitenden Musikgruppe an regionalen und internationalen Festivals und Ausscheiden erfolgreich teilgenommen und LPs sowie CDs aufgenommen (u. a. bei WEA, ACIT und Chantecler). Zu seinen bekanntesten Titeln gehören u. a. »Acordes orientais« (chamamé), »Querência« (milonga) und »Praia gaúcha«.

Gauchos de Güemes, Los -
argentinisches Vokal- und Instrumentalquartett; nach 1940 in Salta durch Elva Laura Mena, Martín Maya, Héctor Acosta und Omar Gutiérrez formiert; hat folkloristische Musik der Region Salta interpretiert; bei RCA Victor entstanden zahlreiche Schallplatten, darunter die Titel »Recuerdo salteño« und »Poeta sin luna«.

Gavilán
1. alter kubanischer Volkstanz ländlicher Regionen; heute nicht mehr verbreitet. 2. kolumbianischer Volkstanz der Bergregionen von Antioquia; wird durch Gesang begleitet.

Gavioli, Romeo
* 1912 La Comercial (Montevideo), † 17.4.1957 Montevideo; uruguayischer Sänger, Musiker (Violine), Komponist und Bandleader; Vertreter des → *Tango;* sang als Jugendlicher in einem Kirchenchor, gehörte später diversen Tanzorchestern und Gruppen an, gründete 1926 die Gruppe *Los Bemoles*, die später in Conjunto Romeo Gavioli umbenannt wurde und vorwiegend Tangos interpretierte. Ab 1935 lebte und wirkte G. in Buenos Aires, wo er unter dem Pseudonym Romeo Gavio im Orchester von Edgardo → *Donato* sang; später kehrte G. nach Montevideo zurück und gründete dort ein eigenes Tango-Orchester.

Gavitt, Mister (eigtl. Walter Ferguson Gavitt)
* 1915 Jamaicatown (Puerto Limón); kostarikanischer Sänger, Gitarrist und Liedermacher; bekannter Vertreter des englisch gesungenen → *Calpyso* der östl. Küstenregion; begann seine Karriere als Sänger in Nachtbars, spezialisierte sich auf die Interpretation des karibischen Calypso; schrieb zahlreiche Titel dieser Form, die zumeist das Leben auf den Kakao-Plantagen reflektieren, darunter die Titel »Carnival day«, »Monilia« und »Love your neighbor«; bei Folkways entstand eine LP.

Gay Desperadoes (Steel Orchestra), The -
anglokaribisches Instrumentalorchester vom Typ einer → *Steel Band;* 1941 in Larentine (Port of Spain, Trinidad) durch den Musiker Raymond »Artie« → *Shaw* mit zunächst 6 Musikern gegründet. Diese Band wurde mehrmals mit dem Prädikat »Beste Steel Band« ausgezeichnet; Gastspielreisen wurden u. a. nach Jamaika, Guyana, Venezuela, Kuba, Europa und Afrika durchgeführt; unter verschiedenen Labels entstanden zahlreiche Schallplatten, darunter der Titel »No pan«.

Romeo Gavioli y su Orquesta Típica – LP »Candombe« – Sondor SLP-33.023 (1962)

Gayat
gemeinschaftliche Arbeit in ländlichen Gebieten der karibischen Insel Trinidad, bei der im Kollektiv bestimmte, die Arbeitsleistung stimulierende Lieder (Work songs, → *Canto de trabajo*) intoniert werden; heute stark rückläufig in der Verbreitung.

Gaytán, Eddy
* 30.6.1929 Santa Fe; argentinisch-kubanischer Musiker (Piano, Akkordeon), Bandleader, Arrangeur und Komponist; lebt seit 1950 in Kuba, gründete dort eine Combo, die seinen Namen trug und mit der er in Nachtclubs sowie in Rundfunk und Fernsehen auftrat. G. komponierte u. a. »Alguna vez« (Calypso) und »Nadita de nada« (Canción); unter versch. Labels (RCA Victor und Areito) entstanden einige LPs. Außerdem schuf G. den Modetanz *Wa Wa*.

Genaro, Orquesta Típica -
argentinisches Instrumentalquartett; um 1912 in Buenos Aires durch Genaro »Tano« → *Espósito* (Bandoneón, Bandleader) mit Pedro Vicente Testa (Violine), Echeverry (Flöte) und Félix »Tuerto« Camerano (Gitarre) formiert; bekannter Vertreter des frühen → *Tango*, dessen Schallplatten (bei Columbia), darunter die Titel »La Despedida« und »La Tiranita«, historische Tondokumente der argentinischen Populärmusik darstellen.

Género (port.: Gênero)
spanisch-portugiesische Bezeichnung für eine best. Art bzw. Form von Musik, gleichbedeutend mit dem Wort »Genre«; in Lateinamerika auch für Formen des Volks- u./o. Populärtanzes.

Génesis
kolumbianische Gruppe moderner folkloristischer und populärer Musik; 1972 zunächst als *Dúo Gene* durch die Gesangssolisten Edgar Restrepo und Humberto Monroy gegründet; später wurde der Flötist Juan Fernando Echavarría einbezogen. Das Trio produzierte die erste LP der nunmehr *Génesis* genannten Formation. Später schlossen sich Guillermo Guzmán, Miguel Muñoz, Tania und Claudia Guerrero sowie Jorge Latorre an. In originellen Arrangements werden teilweise indianische Musikinstrumente eingesetzt.

Gente Morena, Conjunto -
afroperuanische Vokal- und Instrumentalgruppe; gegründet und geleitet durch Roberto Rivas (Gesang) und Nicanor Lobatón; interpretierte Lieder und Tänze der traditionellen Musikfolklore afroperuanischer Bevölkerungsgruppen, darunter → *Festejo* (z. B. der Titel »Arroz con concolón«), → *Panalivio* und → *Ingá*, die auf Schallplatten des Labels Virrey erschienen.

Gentil, Romeu (eigtl. R. Scovino Gentile)
* 3.6.1911 Rio de Janeiro; brasilianischer Sänger, Musiker (Violão) und Komponist; sang, sich auf dem → *Violão* begleitend, bereits mit 16 Jahren Serenaden; war ab 1940 beim Sender Mayrink Veiga tätig, produzierte später unter dem Label Mocambo Schallplatten; zu seinen Kompositionen gehören die Titel »Eu sou Exú« (1954), »Tomara que chova« und »Era de madrugada« (1952).

Gerardi, Alcides (João A. Gerardo)
* 15.5.1918 Rio Grande (Rio Grande do Sul); brasilianischer Sänger und Liedermacher; begann 1935 als »Crooner« in einem regionalen Tanzorchester; sang später als Mitglied versch. Gruppen, gründete 1941 das Trio *Os Três Marreros* und trat später wieder in Orchestern als → *Samba*-Sänger auf; unter verschiedenen Labels (u. a. Odeon und CBS) erschienen Schallplatten, darunter »Ditado certo«.

Gere → *Gerreh*

Germano, Claudionor (eigtl. C. G. da Hora)
* 10.8.1932 Recife; brasilianischer Sänger; begann seine Künstlerlaufbahn als Refrainsänger (Crooner) im Jahre 1949; später widmete er sich als Solist vorwiegend der Form → *Ciranda;* bei Mocambo und Musicolor erschienen einige LPs, darunter die Titel »Minha ciranda« und »Boa viagem«.

Gerreh (Gere)
sozial-folkloristische Manifestation mit speziellen Liedern und Tänzen, die bei Begräbnissen von Afroamerikanern in Jamaika (Hanover und Westmoreland) aufgeführt werden; die dabei zur Ausführung gelangenden traditionellen Tänze tragen den gleichen Namen.

Getz, Stanley »Stan«
* 2.2.1927 Philadelphia; US-amerikanischer Musiker (Tenor-Saxophon) und Komponist; bekannter Jazz-Saxophonist und -Arrangeur; einer der Pioniere des Jazz-Samba → *Bossa Nova,* einer neuen Form, die er mit weiteren Komponenten des Jazz anreicherte; arbeitete eng mit Luíz → *Bonfá* sowie mit Astrud und João → *Gilberto* zusammen, mit denen er einige LPs (Label Verve) produzierte. G.s Beteiligung an Aufnahmen wie »Samba triste« (mit ausgewogenen Saxophonsoli) und »Insenzatez«, Kompositionen von Baden → *Powell* bzw. Antônio C. → *Jobim,* verlieh diesen ein völlig neues musikalisches Gepräge.

Gieco, León
* 20.11.1951 Santa Fe; argentinischer Sänger, Gitarrist, Bandleader und Liedermacher; musizierte seit frühester Kindheit, war längere Zeit Rock-Sänger; er gilt als Pionier des nationalen Rock in Argentinien. Sein gegenwärtiger Interpretationsstil verknüpft traditionell-folkloristische Elemente mit modernen Formen (z. B. der Rockmusik). Bisher erschienen 10 LPs, darunter das aus 2 Platten bestehende Album »De Ushuaia a La Quiaca« (Label Music Hall). 1986 gründete G. in Buenos Aires eine Musikgruppe mit Lidio Reyes (Bandoneón), Daniel Cañueto (Violine), Aníbal Forcada (Charango) und Rubén Lobo (Perkussion), die in einem mehr der traditionellen Musik Argentiniens verhafteten Stil musiziert und die überaus erfolgreiche Komposition G.s, »Sólo le pido a Dios« interpretierte.

Giga → *Rabeca*

Gigante, Baile del -
nikaraguanischer Volkstanz dramatischen Charakters; wird in verschiedenen Landesteilen aufgeführt und symbolisiert den Kampf zwischen David und Goliath.

Gigante, Banda - (Tribu Moré) → *Moré, Beny*

Gigantón (Cabezudo)
alter, aus Spanien nach Lateinamerika transkulturierter Tanz religiöser Inspiration; heute nicht mehr aufgeführt.

Gigantona
nikaraguanischer Volkstanz dramatischen Charakters, aus dem → *Gigantón* entstanden; in den Straßen von León während der Festlichkeiten für die Jungfrau María »La Purísima« zwischen Ende November und 6. Dezember aufgeführt. Beim Tanzen führt die Gruppe von der Art einer → *Comparsa* eine mit langen Röcken und Sombrero bekleidete große Puppe, »La Gigantona«, mit; ihr zugewandt tanzen zwei »Enanos« (Zwerge) und es spielen Musikgruppen (Bandas), meist mit den Trommeln → *Bombo* und → *Redoblante* ausgerüstet, dazu werden Lieder (Coplas) oder eine → *Bomba (3)* gesungen bzw. deklamiert.

Gil Bojalil, Alfredo »El Guero«
* 5.8.1915 Tezaintlán (Veracruz); mexikanischer Sänger, Musiker (Gitarre) und Komponist; von Beruf Friseur; entwickelte sich autodidaktisch zu einem hervorragenden Gitarristen; konstruierte 1940 eine Gitarre mit neuen spieltechnischen Effekten, die er → *Requinto (5)* nannte. In weiten Teilen Lateinamerikas wurde G. als Gründungsmitglied des berühmten Trío Los → *Panchos* (1944) bekannt, zu seinen populärsten Kompositionen, generell der Form → *Bolero,* gehören u. a. »Sin un amor« (1949, mit Ch. Navarro), »Un siglo de ausencia« (1949), »Desamparada« (1953), »Cien mujeres« (1955) und »Caminos diferentes« (1958); alle Titel wurden zuerst durch Los Panchos interpretiert.

Gil, Andrés »Turco«
kolumbianischer Sänger, Musiker (Akkordeon), Liedermacher und Bandleader der → *Música vallenata;* gründete und leitete eine Gruppe, in der er sang und auch Akkordeon spielte. Zu seinen zahlreichen Kompositionen gehört der → *Paseo* »Qué bonito es amar así«, auf einer LP erschienen.

Gil, Gilberto (eigtl. G. Passos Gil Moreira)
* 29.6.1942 Ituaçu (Bahia); brasilianischer Sänger, Musiker (Gitarre, Akkordeon) und Liedermacher; übersiedelte 1951 nach São Salvador, wo er das Akkordeonspiel erlernte und später ein Musikstudium aufnahm, das er 1957 abschloss. G. zählt zu den Gründern der Bewegung des Neuen Brasilianischen Liedes (→ *Nueva Canción Latinoamericana / Brasilien*) und mit Chico → *Buarque de Hollanda* und Caetano → *Veloso* zu den bekanntesten Vertretern des progressiven brasilianischen Liedes; mit Veloso arbeitete er seit 1963 zusammen. G. verwendete als einer der ersten Musiker Brasiliens die Elektrogitarre; er produzierte LPs u. a. bei Trova, Philips, Som Livre, Elektra und WEA, gab Auslandsgastspiele und vertrat sein Land 1976 beim »Festival der Kunst« in Lagos (Nigeria); komponierte Balladen, Bossa Novas, Sambas, Toadas und Lieder bis hin zum Rock, darunter »Aquele abraço«, »Amor até o fim«, »Ela«, »Ensaio geral«, »Ê, povo' ê«, »Lunik 9«, »Meditação«, »Procissão«, »Vento de maio« und »Soy loco por tí, América« (in Spanisch).

Gil Mallma, Víctor Alberto »Picaflor de los Andes«
* ? Huancayo; † 14.7.1974 Junín; peruanischer Sänger, Musiker, Arrangeur, Komponist und Bandleader; bekannter Schöpfer und Interpret andiner mestizischer Volksmusik; gründete und leitete eine Folkloregruppe; hinterließ mehr als 80 Kompositionen, wobei solche der Form → *Huayno* dominieren, darunter die Titel »Paisana«, »Maldita pasión« und »Alegre amanecer« (Muliza), die auch auf Schallplatten erschienen sind.

Gilberto, Astrud (eigtl. A. Weinert)
* 29.3.1940 São Salvador (Bahia); brasilianische Sängerin; Ehefrau von João → *Gilberto;* bekannte Interpretin der → *Bossa Nova;* hat an der Seite ihres Mannes in New York 1963 zusammen mit »Stan« → *Getz* und seinem Orchester eine bemerkenswerte LP mit Bossa Nova eingespielt; ihr größter Erfolg war dabei der Titel »Garota de Ipanema«; LPs mit ihr erschienen u. a. bei Verve und CTI Records.

Gilberto, João (eigtl. J. G. do Prado)
* 10.6.1931 São Salvador (Bahia); brasilianischer Sänger, Musiker (Violine) und Komponist; hervorragender Vertreter der → *Bossa Nova;* übersiedelte 1949 nach Rio de Janeiro, wo er in diversen Musikgruppen sang und musizierte; gehört zu den Schöpfern und Wegbereitern der Bossa Nova. Zusammen mit seiner Ehefrau Astrud → *Gilberto* nahm er 1962 am »Festival der Bossa Nova« in New York mit großem Publikumserfolg teil und lebt seither in den USA. Zu seinen Erfolgstiteln gehören u. a. »Outra vez«, »Chega de saudade«, »Só danço samba« und »Samba de uma nota só«, die auf LPs u. a. der Labels Verve, Atlantic, Capitol, Odeon und Polygram erschienen sind.

Giménez, Herminio
* 26.2.1905 Caballero, † 5.6.1991 Asunción; paraguayischer Musiker (Violine, Bandoneón), Arrangeur, Komponist und Bandleader; lebte viele Jahre im Exil (Brasilien, Argentinien); gründete in der Grenzstadt Ponta Porã die paraguayische Musikgruppe *Conjunto Ponta Porã.* G. hinterließ mehr als 500 Kompositionen, wobei die Formen → *Polka paraguaya* und → *Guarania* überwiegen, darunter die Titel »Malvita«, »Lejanía«, »Así canta mi tierra« sowie das sinfonische Poem »Oración por la paz«. Unter verschiedenen Labels (u. a. Musicolor und Amambay) entstanden zahlreiche LPs.

Giménez, Prudencio
* 5.5.1907 Guairá (Villarrica), † 23.10.1977 Buenos Aires (?); paraguayischer Musiker (Harfe, Gitarre), Komponist, Arrangeur und Bandlea-

der; spielte seit seinem achten Lebensjahr das paraguayische Volksinstrument Harfe (Arpa); formierte 1942 in Buenos Aires eine Volksmusikgruppe (Cuarteto Paraguayo), mit der er bei Odeon und Victor Schallplatten produzierte; zu seinen bekanntesten Kompositionen gehören die Titel »Adiós a Itaquirí«, »Recuerdos de Villarrica« und »Viejo campanario«.

Ginastera, Alberto Evaristo

* 1.4.1916 Buenos Aires, † 1983 Genua (Italien); argentinischer Musiker (Piano) und Komponist landestypischer und populärer Musik; studierte bis 1942 bei namhaften Musikern des In- und Auslandes, darunter José Gil; wurde für bereits während seiner Studienzeit entstandene Kompositionen ausgezeichnet, so für sein 1937 geschriebenes Ballett »Panambí«. Bekannte Werke sind »Danzas Argentinas« (für Piano, 1937), »Cantos de Tucumán (1938, nach Texten von Rafael Sánchez) und die Vidala »Canción del árbol del olvido«; G. schuf weiterhin die Musik für den argentinischen Film »Malambo« (1942) und eine »Sinfonía porteña«.

Ginés, Teodora »Ma' Teodora«

legendäre Persönlichkeit der kubanischen Musikgeschichte, häufig im Kontext mit der Entstehung des → *Son cubano* erwähnt. Es wird angenommen, dass G. aus Santo Domingo stammt und Ende des XVI. Jh. nach Santiago de Cuba übersiedelte, die → *Bandola* spielte und zusammen mit ihrer Schwester Micaela G. und anderen Musikern eine Folkloregruppe gebildet hatte. Wie es heißt, spielte diese zu Volksfesten auf und interpretierte archaische Formen des kubanischen Son. Der traditionelle »Son de la Ma' Teodora« wird ihr zugeschrieben.

Giribilla

Unterart der kubanischen → *Rumba* mit Improvisationen; wird nur durch Männer getanzt.

Gitano

1. spanischer Volkstanz schelmischen Charakters; im XVIII. Jh. u. a. in das koloniale Mexiko (Nueva España) gelangt und dort insbesondere in Theatern als Schautanz aufgeführt. 2. mestizischer Volkstanz der peruanischen Region Talavera (Andahuaylas), aus insgesamt 11 verschiedenen choreographischen Figuren bestehend, von Männern und Frauen jeweils in einer Reihe getanzt; religiös motiviert. 3. Allgemeinbez. für Zigeuner, insbes. die Angehörigen dieser ethnischen Gruppe in Südspanien (Andalusien); Träger einer Musikkultur, die von der ihres Siedlungsgebietes z. T. abweicht. Im Umfeld der Eroberungen kamen Zigeuner auch nach Lateinamerika, meist als *Gitanos criollos*, in Brasilien als → *Ciganos,* in Venezuela als *Chinganeros, Maromeros* oder *Titiriteros* u. a. bezeichnet. Diese, auch in LA von der Gesamtbevölkerung relativ isoliert lebende Volksgruppe entwickelte eine Kultur, die sich in Teilen von der kreolischen Linie unterscheidet; bevorzugte Instrumente sind → *Vihuela* und Gitarren, meist durch Frauen gespielt, sowie → *Maracas* und → *Tambor.* Bekannte lateinamerikanische Zigeunerlieder sind »La Montonera« und »Zambullidora«, heute jedoch nur noch wenig verbreitet.

Gismonti, Egberto (eigtl. E. Amin Gismonti)

* 5.12.1944 Carmo; brasilianischer Sänger, Musiker (Piano, Gitarre), Arrangeur, Komponist und Bandleader; hat Studien über die folkloristische Musik Brasiliens betrieben und Stücke der Populärmusik für die von ihm gespielte 10- oder 14-saitige Gitarre bearbeitet; bei Polydor veröffentlichte er einige LPs, darunter die Titel »Orfeo novo« (1976, in Deutschland produziert) und »Dança das cabeças« (1976).

Giucci, Carlos

* 4.11.1904 Montevideo, † 7.5.1958 das.; uruguayischer Musiker (Piano), Komponist und Musikologe; erhielt zuerst von seiner Mutter, Luisa Gallo de G., später auch von seinem Vater, dem Liszt-Schüler Camilo G., Unterricht im Piano-Spiel. Der spanische Musiker und Komponist Manuel García de la Ilera bildete ihn im Fach Komposition aus. Das erste eigene Stück, »Candombe«, wurde um 1930 der Öffentlichkeit vorgestellt. Bis 1950 komponierte G. Musik

im nationalen Stil, darunter die Pianostücke »Luz mala«, »Viento entre los ceibos« und »Triste«. Verdienstvoll als Gründungsmitglied der Folkloristischen Gesellschaft Uruguays (Sociedad Folklórico del Uruguay) und als Professor für Musikkultur an verschiedenen Instituten.

Glacial, Duo -

brasilianisches Duo (Dupla) der → *Música sertaneja;* 1955 in Araraquara durch die Geschwister Miguel (* 1937) und Ana Cerván Vidal (* 1939) gebildet; trat erstmals bei Rádio Cultura in Araraquara auf; verlegte seinen Sitz ein Jahr später nach São Paulo; produzierte dort bei Copacabana und Chantecler bzw. Galinho 5 LPs, darunter die Titel »Vida triste«, »Amor distante« und »Upa..upa«; 1967 Beteiligung am Film »No rancho fundo«.

Gloria Cubana, Sexteto -

kubanisches Vokal- und Instrumentalsextett; 1925 in La Habana (Cerro) durch Feliciano García (Gesang, Bandleader), Hilario Machado (Tres, 2. Stimme), Augusto Lamar (Gitarre, Gesang), Ramón Verona (Kontrabass), Inocente Betancourt (Bongoes) und María Teresa »Tete« Ovando de García (Piano) gegründet; 1928 kam der Trompeter Alfredo García hinzu, der Name »Sextett« wurde jedoch beibehalten. Namhafte Formation des → *Son cubano;* bemerkenswert ist der Einsatz des Pianos, derzeit in den Son-Sextetten kaum üblich.

Gloria Matancera, Conjunto (Lírico) -

kubanische Vokal- und Instrumentalgruppe; am 3.6.1927 in Matanzas als *Sexteto Gloria Matancera* durch Juan M. Díaz gegründet; ab 1928 nahm es den Status einer professionellen Gruppe an, verlegte 1931 seinen Sitz nach La Habana und nannte sich fortan *Conjunto Lírico Gloria Matancera;* als Sänger in dieser Gruppe wirkten u. a. Roberto Sánchez, »Cheo« Junco Ortiz, »Pepe« Meriño, »Nelo« Sosa, Manuel Licea. Die bis heute bestehende Gruppe hat sich insbesondere den Fromen → *Guaracha,* → *Son cubano,* → *Bolero,* → *Rumba* und → *Guaguancó* gewidmet; unter versch. Labels (u. a. Victor, Columbia, Puchito, Dujo und Areito) entstanden zahlreiche Schallplatten, darunter die Titel »Conga colombiana«, »Vengo arrollando«, »Mulata guarachona« und »Sentir guajiro«.

Glosa

1. poetische Komposition des meist aus dem Stegreif improvisierten Textes einer → *Décima,* wobei religiöse (a lo divino) und weltlich (a lo humano) inspirierte Themen unterschieden werden. Während die Verbreitung der religiös inspirierten Form zurückging und durch das Vordringen neuartigen Gedankengutes mehr und mehr an Bedeutung verloren hat, ist die weltliche Form vor allem im ländlichen Umfeld der Folklore Lateinamerikas weiterhin stark vertreten. 2. selten gebrauchter Begriff für eine musikalische Variation. 3. Strukturteile bestimmter Tänze, u. a. afroperuanischer Tanzlieder.

Glosador (weibl. Glosadora)

heute nur noch selten gebrauchte Bezeichnung für den Interpreten der → *Décima* bzw. der → *Glosa.*

Gnatalli, Radamés

* 27.1.1906 Porto Alegre; brasilianischer Musiker (Piano), Arrangeur, Komponist und Bandleader; studierte in seiner Heimatstadt, danach in Rio de Janeiro Musik; leitete einige Orchester, so Ende der 30er Jahre des XX. Jh. das der Schallplattenfirma Victor (Orquestra Victor); erwarb sich innerhalb dieser Formation große Popularität als Pianist; gründete und leitete 1943 das *Quarteto Continental,* das später zum Sextett erweitert wurde. G.s Kompositionen, darunter »Gaúcho« und »Remechando« (Choro), sind in einem neo-romantischen Stil konzipiert.

Gobbi, Alfredo Eusebio

* 5.2.1877 Paysandú (Uruguay), † 25.1.1938 Buenos Aires; argentinisch-uruguayischer Volkssänger, Musiker (Gitarre, Piano), Arrangeur, Komponist und Bandleader; bekannter Vertreter der sog. »Alten Garde« des → *Tango;* war zusammen mit Ángel G. → *Villoldo* Wegbereiter dieser Form in Europa. G. soll den

Tango bereits um 1907 in Paris vorgestellt haben; er hat sich in erster Linie um den Gesang (oft im Duett mit seiner Frau Flora → *Gobbi*) archaisch-pikaresker Tangos und anderer Formen (z. B. Milongas) verdient gemacht, die, häufig mit → *Lunfardo*-Texten angereichert, auf Schallplatten (ca. 1800 Aufnahmen unter diversen Labels, darunter Victor) erhalten, die zu den wertvollen historischen Tondokumenten zählen. Er schrieb u. a. die Titel »El amurado«, »Criollo argentino«, »Viento norte« und »Vidalita ya te lo hei dicho« (Zamba) sowie den Walzer »Delirio gaucho«.

Gobbi, Flora Hortensia
(eigtl. F. H. de Rodríguez de Gobbi)
* 1880 Spanien, † 22.7.1952 Buenos Aires; spanisch-argentinische Sängerin folkloristischer und populärer Musik; 1905 als Mitglied eines span. Wandertheaters nach Buenos Aires gekommen, heiratete im gleichen Jahr den Sänger Alfredo E. → *Gobbi* und trat mit ihm in einem *Los Gobbi* genannten Vokal- und Instrumentalduo auf, das zu den Pionieren phonographischer Aufzeichnungen in Argentinien gehört; interpretierte vor allem den sog. »primitiven« → *Tango*, darunter die Titel »Minguito«, »Cuidado con los 50« und »Criollo falsificado«.

Gôbo → *Urucungo*

Godínez Facenda, Carlos
* 1882 Casablanca (La Habana), † 10.1.1953 La Habana; kubanischer Musiker (Tres) und Bandleader; wurde von dem Musiker Carlos Valdés im Spiel des Instruments → *Tres* unterrichtet und war in der Folgezeit ein vielgefragter Solist auf diesem Saiteninstrument. G. gehörte zunächst dem *Sexteto Los Apaches* (um 1913), später dem *Cuarteto Oriental* (1918) und ab 1920 dem Sexteto → *Habanero,* durchweg renommierte Gruppen des → *Son cubano,* als Tres-Spieler (Tresero) an.

Godoy Echauri, Cayo Sila
* 4.10.1919 Coronel Oviedo; paraguayischer Gitarrist und Komponist; bekanntester und notabelster Interpret der Werke des parag. Klassikers Agustín → *Barrios;* wurde durch seine Mutter, die Gitarristin und Harfenistin Basilia Echauri Cáceres, ausgebildet; später vervollständigte er seine Kenntnisse durch ein Studium am National-Konservatorium in Asunción. Nach Studienabschluss gab G. vielbeachtete Konzerte in Süd- und Zentralamerika und in den USA. Daneben studierte er 1959 erneut beim spanischen Flamenco-Gitarristen Andrés Segovia, um seine praktischen Kenntnisse im Spiel der klassischen Gitarre zu erweitern. Unter diversen Labels erschienen zahlreiche Schallplattenaufnahmen, darunter seine Version von »Danza paraguaya«.

Godoy del Pozo, Francisco
* 14.4.1919 Guatemala-Stadt; guatemaltekischer Sänger, Gitarrist und Komponist; begann 1937 seine Laufbahn als Sänger bei der Radiostation T.G.X., später gehörte er der Künstlergruppe des Senders T.G.W. in Guatemala-Stadt an; wurde durch seine Interpretation von Liedern versch. Formen in weiten Teilen Zentralamerikas bekannt, gab Konzerte und bereiste das Ausland. Insbesondere widmete sich G. der Interpretation des → *Tango;* er schrieb selbt einige Stücke dieser Form wie »Eso sos y nada más«.

Goizueta, Adrián
argentinisch-kostarikanischer Sänger, Musiker (Gitarre, Perkussion), Arrangeur, Liedermacher und Bandleader; gründete in San José eine Gruppe der modernen Populärmusik, *Adrián Goizueta y su Grupo Experimental,* in deren Repertoire lateinamerikanische Stilelemente mit denen des nordamamerikanischen Jazz vermischt wurden; auf einer LP (Label Pentagrama) erschien u. a. das Jazz-Lied »Eugenia«.

Gojom → *Goyom*

Golondrina (Golondriana)
paraguayischer Volkstanz, bereits im XIX. Jh. entstanden; wird durch die Musik einer Polka, eines Walzers oder einer Mazurka begleitet.

Golpe
1. Gruppe afrovenezolanischer Volkstänze, in den Küstenregionen aufgeführt. Charakteristisch ist der Einsatz von Trommeln wie → *Curbata* und → *Chimbangle*. Varianten sind der *Golpe tocuyano* (aus Tocuyo) sowie der *Camalión*. 2. Variante des → *Joropo* in Venezuela. 3. Begriff für den Trommelschlag im allgemeinen (von golpear = schlagen, span.); ein vom Musiker bewusst abgegebener Trommelschlag, um die Aufmerksamkeit der Tänzer zu erregen (z. B. in Panamá und in der Karibik). 4. bestimmte Art der Rhythmuserzeugung auf der Gitarre, dabei wird der Korpus mit dem Finger perkutiert (→ *Tamboreo*). 5. Bezeichnung für das gleichzeitige Anschlagen mehrerer Saiten auf der Gitarre bzw. anderen Saiteninstrumenten zur Erzeugung von Akkorden. 6. durch die → *Marimba* abgegebenes Zeichen, das den Beginn des Tanzes markiert (in Guatemala, Kolumbien u. a.).

Gombay → *Gumbay*

Gomes, Manoel »Manezinho da Flauta«
* 12.4.1924 Rio de Janeiro; brasilianischer Musiker (Flöte), Arrangeur, Komponist und Bandleader; erlernte bereits als Kind das Flötespiel, spezialisierte sich später auf die Interpretation des → *Choro;* war ab 1939 als Musiker bei Rádio Guanabara beschäftigt; gründete um 1967 in Rio de Janeiro die Musikgruppe *Manoel Gomes e seu Regional*, die er leitete und in der er Flöte spielte; weitere Mitglieder waren Benedito Costa (Cavaquinho), Geraldo Cunha (Violão), Adauto Santos (Violão) und »Fritz« (Pandeiro).; unter versch. Labels (CBS und Pereira) erschienen einige LPs, darunter die Titel »Dinorah«, »Murmurando« und »Brasileirinho«.

Gómez, Edgar »Eddie«
* 4.10.1944 Santurce; puertorikanischer Jazzmusiker (Bass); Autodidakt; studierte ab 1943 an der Juilliard School of Music (New York); war Mitglied diverser Jazz-Formationen, u. a. der von Rufus Jones und Bill Evans; produzierte einige LPs.

Gomez Vargas, Graciano
* 28.2.1895 La Habana, † 22.5.1980 das.; kubanischer Volkssänger (Trovador), Musiker (Flöte, Gitarre) und Liedermacher; bekannter Vertreter der landestypisch-traditionellen Musik Kubas; studierte bei Máximo del Castillo Flöte und danach Gitarre bei dem Mexikaner Ramón Donadio; formierte 1912 mit Floro Zorrilla, Miguel Zaballa und Juan Cruz ein Quartett trovadoresker Musik; bildete 1929 die Gruppe Conjunto → *Matancero* und gehörte weiteren Formationen, auch solchen des → *Son cubano*, an; komponierte Titel u. a. der Formen → *Bolero*, → *Pregón*, → *Son cubano*, → *Guajira*, → *Criolla*, → *Danzón* und Canción, darunter die Titel »Eso no es na'« (Son), »Guitarra querida«, »Usted«, »En falso« (Danzón), »Habanera ven« und »Flores«.

Gómez, Hilario
* 1935 Barranca (Guajira); kolumbianischer Sänger, Musiker (Akkordeon) und Liedermacher; Vertreter der → *Música vallenata;* studierte in Caracas Musik, spezialisierte sich auf das Akkordeon, gründete 1960 in Maracay die Gruppe *Los Alegres Vallenatos*, formierte Ende 1962 die *Vallenatos de Zulia*. Seit 1968 lebt G. in Bogotá, wo er zahlreiche Stücke publizierte wie »Pájaro errante« (Paseo vallenato), »Negro Antonio« (Paseo) und »Muchachas del Calabacito« (Merengue).

Gomez, Johnny
* Port of Spain (Trinidad); anglokaribischer Musiker (Saxophon), Arrangeur, Komponist und Bandleader; formierte und leitete eine Instrumentalgruppe, die nach 1950, u. a. im Konzertsaal »Normandie« (Port of Spain) wirkend, insbesondere Titel der Form → *Calypso* in dem Jazz angenäherten Arrangements interpretierte. Auf LPs des Labels Cook erschienen u. a. die Titel »Skookian«, »Ana« (El Negro Zumbón) und »Train calypso«.

Gómez Mayea, Rafael »Teofilito«
* 20.4.1889 Sancti Spíritus, † 1971 das.; kubanischer Volkssänger (Trovador), Musiker (Flö-

te, Gitarre, Klarinette, Akkordeon, Timbal) und Liedermacher; Sohn des Violinisten Teófilo Gómez; leitete den Chor *Jesús María* und das *Trío Pensamiento*; war ab 1919 Mitglied der Philharmonischen Gesellschaft und der → *Banda (2)* von Sancti Spíritus; erlangte besondere Popularität mit dem Gesang trovadoresker Lieder, zu denen die Eigenkompositionen »Pensamiento« (Canción, 1918), »Si volvieras a mí« (Bolero) und »Nenita« (Danzón) gehören.

Gómez, Teresa »Teresita«

* 9.5.1943 Medellín; kolumbianische Pianistin populärer und ernster Musik; studierte in Bogotá, danach an der Universität von Antioquia; spielte im Philharmonischen Orchester von Bogotá und gab Auslandsgastspiele. Ihre Darbietungen sind stark auf die nationale Musikfolklore orientiert; bei Orbe entstanden Schallplattenaufnahmen, so die Titel »Bambuco en mi mayor« und »Trozo en el sentimiento popular«.

Gómez, Tito

(eigtl. José Antonio Tenreiro Gómez)
* 30.1.1920 La Habana, † 15.10.2000 La Habana; kubanischer Sänger und Bandleader; sang zunächst im Orchester von Osvaldo Estivill (ab 1938), später beim Orchester → *Riverside* und danach bei der Formation von Enrique → *Jorrín,* deren Leitung er nach dem Tode von Jorrín unter dem Namen *Orquesta de Tito Gómez* übernahm. Mit seiner eigenwillig-kräftigen Stimme interpretierte G. Titel der kubanischen Tanzmusik wie »Oriente querido«, »Miénteme«, »Vereda tropical« und »Tributo a Carlos Gardel«, die auf Schallplatten u. a. der Labels Spanoramic Records, Panart und Areito veröffentlicht worden sind.

Gonçalves Júnior, José »Zumba«

* 9.10.1889 Timbauba (Pernambuco), † 7.3. 1974 Recife; brasilianischer Musiker (Klarinette, Saxophon) und Komponist; bedeutender Schöpfer regional sehr populärer Stücke der Form → *Frevo;* gehörte diversen Musikgruppen, darunter dem Frevo-Orchester von Nélson → *Ferreira* und der Formation *Jazz PRA-8* an; zu seinen bedeutendsten Kompositionen gehören u. a. »Alegria do Nordeste« (1972), »Morena areliada« (1932), »Minha bola de ouro« (1936) und »Recordação de Ceciliano« (1949).

Gongon

in der Volksmusik Brasiliens gespielte Trommel afrobrasilianischer Herkunft.

Gongué → *Agogó*

Gonguê → *Atabaque*

Gonzaga, Chiquinha

(eigtl. Francisca Hedwiges Neves G.)
* 17.10.1847 Rio de Janeiro, † 28.2.1935 das.; brasilianische Musikerin (Piano) und Komponistin; erste Komponistin Brasiliens; begann ihre Tätigkeit 1885 und hinterließ mehr als 2000 Stücke – Polkas, Walzer, Quadrillen, Havaneiras, Modinhas, Tangos u. a., von denen »O abre alas« (Marsch, 1899; von 1899 – 1910 meistgespieltes Karnevalslied, heute noch populär), »Lua branca« (Modinha, 1911) und »Gaúcho« (Corta-jacá, 1897) große Popularität erlangten. Um 1900 leitete sie eine Musikgruppe, *Grupo de Chiquinha Gonzaga,* (Piano, Flöte, Violão und Cavaquinho), die bei Odeon und Columbia zahlreiche Schallplatten produzierte, darunter den Titel »Falena«.

Gonzaga, Luíz »Gonzagão«, »Rei do Baião«

(eigtl. L. Gonzaga de Nascimento)
* 13.12. 1912 Araripe (Paraíba), † 2.8.1989 Recife; brasilianischer Volkssänger (Cantador), Musiker (Akkordeon) und Liedermacher; einer der bedeutendsten Vertreter der Volksmusik des brasilianischen Nordostens (→ *Música sertaneja*); sang schon als Jugendlicher traditionelle Lieder des Sertão und gilt als Pionier des volkstümlichen Gesangs im NO; pflegte insbes. den → *Baião.* Seine besten Kompositionen schuf er zusammen mit Humberto → *Teixeira* bzw. Zé → *Dantas,* darunter die Titel »Asa branca« (1952), »Mangaratiba« (Xote, 1949) und »Assum Prêto« (Baião, 1950) bzw. »Dança da mo-

da« (1950), »Vem morena« (1950), »Baião de dois« (1950) und »Juázeiro« (1948). Ab 1946 erschien unter dem Label RCA Victor eine größere Anzahl von Schallplatten, sowohl als Single (N-78) als auch als LP; erste Aufnahme war die Mazurca »Mariquinha«, 1943 publiziert.

Gonzaga Júnior, Luíz »Gonzaguinha«

* 22.9.1945 Rio de Janeiro, † 29.4.1991 Paraná (Autounfall); brasilianischer Sänger, Musiker (Violão) und Liedermacher; Adoptivsohn von Luíz → *Gonzaga;* Autodidakt, jedoch durch seinen Vater angeleitet, aus dessen Repertoire er zunächst diverse Titel interpretierte; später schrieb er selbst sowohl Stücke der → *Música sertaneja* als auch moderne, teilweise stillose Musik. Einige Titel wie die → *Quadrilha* »Matuto de opinião« und die Marcha-da-roda »Boibumbá« schuf er zusammen mit seinem Vater. Unter verschiedenen Labels, darunter EMI und World Pacific erschienen zahlreiche LPs, die u. a. auch die Eigenkompositionen »Erva Rasteira« (Baião, 1968), »Pobreza por pobreza« (Baião), »Plano de Vôo« (Ballade, 1975), »Romântico do Caribe (Canção) und »Geraldinos e Arquibaldos« (Ballade, 1975) dieses für die nordestinische Populärmusik bedeutenden Interpreten enthalten.

González Zuazo, Alfredo »Sirique«

* 29.9.1895 La Habana (Cerro), † 1979 das.; kubanischer Volkssänger (Trovador) und Liedermacher; von Beruf Mechaniker; entwickelte sich in der → *Tanda (de Cantadores)* zum Volkssänger, gehörte bis 1968 einer → *Peña* (Peña de Sirique) an, sang u. a. mit Manuel → *Corona* und Rafael → *Enriso* im Duett und war Mitglied in Son-Septetten und weiteren Gruppen; erwarb sich große Verdienste um die Verbreitung des trovadoresken Gesangs im Rundfunk, so war er ein Pionier dieser Form bei Radio CMQ in La Habana, wo er u. a. den Bolero »Aquella boca« interpretierte.

González, Andy

* 1.1.1951 New York; US-lateinamerikanischer Musiker (Kontrabass, Trompete), Arrangeur uund Bandleader; populärer Vertreter des lateinam. Jazz im Kulturkreis → *New York Latino;* gehörte Formationen wie dem Latin Jazz Quintet, dem Orchester Monguito Santamaría, Tito → *Rodríguez,* → *Machito* und danach dem Grupo → *Nuevayorquino de Folklore y Experimentación* als Musiker an, mit denen er jeweils einige Schallplatten produzierte. Zusammen mit »Manny« Oquendo formierte er die Gruppe Libre.

González, Benito »Roncona«

* vor 1900 Jovellanos, † 1950 La Habana; kubanischer Sänger, Musiker und Tänzer der → *Rumba;* war Mitglied von Rumba-Gruppen seines Heimatortes, übersiedelte später nach La Habana, wo er Programme mit folkloristischer Musik beim Sender RHC Cadena Azul mitgestaltete. Zu seinen bekanntesten Kompositionen gehören der → *Afro* »Lamento de un Congo Real« und der → *Pregón* »Verdulero«.

González, Celina

* 16.3.1929 La Luis (Jovellanos); kubanische Sängerin und Liedermacherin; bekannte Inter-

Luíz Gonzaga – LP »Sanfona do Povo« – RCA Victor BBL-1278 (1965)

pretin der → *Música campesina* Kubas; bildete mit 16 Jahren in Santiago de Cuba zusammen mit Reutilio → *Domínguez* das Dúo → *Celina y Reutilio,* das zu den weitaus populärsten Gruppen ländlicher Volksmusik Kubas zählte. Ab 1964 wirkte sie als Solistin und wurde dabei durch die Gruppe → *Campo Alegre* begleitet; später sang sie auch im Duett mit ihrem Sohn Reutilio Jr. und unternahm Gastspielreisen ins Ausland. Mit Titeln wie »Yo soy el punto cubano«, »Alborada guajira« und »Lágrimas negras« wurden unter dem Label Areito zahlreiche LPs produziert, die hohe Verkaufsziffern erreichten.

González, Celio

* 29.1.1924 Camajuaní; kubanischer Sänger der Populärmusik; trat zuerst bei der Gruppe *Los Jóvenes del Cayo* und später bei der → *Sonora Matancera* auf, wo er mit Titeln wie »Cien mil cosas« und »Amor sin esperanzas« in kurzer Zeit große Popularität erlangte.

González Mantici, Enrique

* 4.11.1912 Sagua la Grande (Las Villas), † 29.12.1974 La Habana; kubanischer Musiker (Violine), Komponist und Bandleader; gründete 1938 das Orchester → *Riverside,* war u. a. Direktor des Orchesters des Senders 1010 und Gründer des Orchesters Radio CMQ sowie des Nationalinstituts für Musik in La Habana, unternahm zahlreiche Auslandsgastspiele und schrieb zahlreiche Musikstücke wie den Marsch »Guerrillo« (1960) sowie das Ballett »Mestiza« (1966).

González Allué, Jorge

* 10.2.1910 Camagüey; kubanischer Musiker

Celina González beim Auftritt in einem TV-Programm ländlicher Volksmusik (La Habana) (Photo: Gentileza »Bohemia«)

(Piano) und Komponist der Populärmusik; studierte Piano, Gesang und Musiktheorie am Nationalkonservatorium, gründete 1935 ein eigenes Orchester (Orquesta Yemayá), das sich vor allem dem kubanischen Jazz widmete; schuf die Musik zu den »Motivos de Son« des Dichters Nicolás → *Guillén* sowie zahlreiche Stücke, von denen die → *Guajira* »Amorosa guajira« (1937) weite Verbeitung fand.

González Márquez, José

* 1934 Puebla; mexikanischer Gitarrist und Theaterschauspieler; studierte zunächst am Nationalkonservatorium und später an der Freien Musikschule; bekannter Gitarrist, hat u. a. den Volkssänger Oscar → *Chávez* auf seinem Instrument begleitet.

González Mina, Leonor »La Negra Grande«

* 1934 Robles (Cauca); kolumbianische Sängerin afrolateinamerikanischer Musik, Tänzerin; zu den bekanntesten Interpretinnen der → *Cumbia* und artverwandter Tanzlieder gehörend; begann als Tänzerin, übersiedelte 1949 nach Cali, wo sie Mitglied einer Volksmusik- und -tanzgruppe wurde. Ab 1958 sang sie und debütierte bald darauf im »Olympia« in Paris. 1960 wurde ihre erste LP mit Volksmusik der Atlantikküste Kolumbiens produziert; ab 1962 bereiste G. nahezu den gesamten amerikanischen Kontinent und popularisierte Lieder und Tänze ihrer Heimat; nahm an zahlreichen Festivals des In- und Auslandes teil, gab Gastspiele in Europa, Asien und Afrika und produzierte unter verschiedenen Labels (u. a. Sonolux, Philips und Impacto) zahlreiche LPs, darunter die signifikanten Titel »Navidad negra«, »A la Mina«, »Yo me llamo Cumbia« und »Berejú Currula«.

González Valdés, Luis »Neno«

* 20.8.1903 La Habana; kubanischer Musiker (Piano), Arrangeur, Komponist und Bandleader; bekannter Vertreter der kubanischen Populärmusik; begann seine Karriere als Musiker 1918; war Mitglied versch. Formationen; gründete 1926 in La Habana ein Typisches Orchester (*Orquesta Típica de Neno González*), das große Popularität erlangte und unter versch. Labels (u. a. Tico, Panart, Fiesta, Kubaney und Areito) zahlreiche Aufnahmen herausbrachte, darunter die Titel »El Brete«, »Baila mi son« und »Vuelve el danzón«.

González Mejía, Luis Carlos

* 1907 Pereira; kolumbianischer Musiker, Komponist und Textdichter; bereicherte insbes. die Form → *Bambuco* mit hervorragenden Kompositionen, darunter die Titel »Aguardiento de caña«, »Besito de fuego«, »Café de Colombia«, »Mi Casta« und »La Ruana«, die durch namhafte Interpreten wie z. B. das *Trío Pereira* interpretiert wurden.

González, Sara

* 13.7.1951 La Habana; kubanische Sängerin und Liedermacherin; studierte am Konservatorium »Amadeo Roldán«, gehörte zwischen 1966 und 1972 der Populärmusikgruppe → *Experimentación Sonora del ICAIC* an und ist eine bekannte Vetreterin der Neuen Kubanischen Trova (MNTC), für die sie einige sehr bekannte Lieder schuf, die auf LPs (Labels Areito, Casa und Movieplay) veröffentlicht wurden, wie »Playa Girón, la victoria« und »Mis versos«; ihre nach Texten von José → *Martí* gesungenen Balladen waren sehr erfolgreich.

González Siaba, Sergio

* 31.7.1915 Santiago de Compostela (Spanien); spanisch-kubanischer Musiker und Komponist; Autodidakt; emigrierte in jungen Jahren nach Kuba, wo er zahlreiche Stücke der kubanischen Populärmusik, insbes. der Form → *Guaracha,* schrieb, dazu gehören u. a. die Titel »Ave María Lola«, »Oye Mima«, »Tu desconfianza« und »Guajiro guarachero« (Son montuno).

González Rubiera, Vicente »Guyún«

* 27.10.1908 Santiago de Cuba; kubanischer Volkssänger (Trovador), Musiker (Gitarre) und Liedermacher; studierte bei José Banderas und »Sindo« Garay, mit denen er um 1932 ein vielbeachtetes Vokal- und Instrumentaltrio bildete. G. komponierte u. a. die Boleros »Corazón de

cristal« und »Mar de ensueño«; ferner schrieb er einige Bücher, darunter das vielzitierte »La guitarra, su técnica y armonía«.

Gonzalo, Miguel D' (de)
* ? Santiago de Cuba, † 13.11.1975 La Habana; kubanischer Sänger der Populärmusik; war zunächst Mitglied des *Orfeón Cuba* in Santiago de Cuba; übersiedelte um 1940 nach La Habana, wo er u. a. in den Rundfunkorchestern der Sender 1010, CMQ und RHC Cadena Azul wirkte. G. gilt als Pionier der Interpretationsform → *Feeling* in Kuba; seine Boleros wie »Rosa mustia« erschienen auf Schallplatten (Erna, Stinson Records u. a.).

Goñi, Orlando
* 1914 Buenos Aires, † 5.2.1945 Montevideo; argentinischer Musiker (Piano), Arrangeur und Bandleader; bekannter Pianist des → *Tango;* wirkte u. a. im Typ. Orchester von Aníbal → *Troilo* (ab 1937); formierte später ein Tango-Sextett und wirkte später in der Formation von Alberto Pugliese, gründete danach erneut eine Gruppe, produzierte zahlreiche Schallplatten (u. a. bei Victor) und schrieb Stücke wie »Mi regalo« (Milonga).

Goo → *Yakumana*

Goombay → *Gumbay*

Goombay Dance Band, The -
anglokaribische Vokal- und Instrumentalformation der modernen Pop-Musik, wurde Anfang der 80er Jahre insbes. bei Jugendlichen in Europa durch die Interpretation von teilweise bereits stark kommerzialisierter karibischer Tanzmusik sehr populär.

Gormé, Eydie
* 16.8.1931 New York (Bronx); US-amerikanische Sängerin populärer Musik, widmete sich nach 1950 verstärkt der Interpretation lateinamerikanischer Musik, die sie meist auch in Spanisch, das sie von Haus aus beherrschte, sang. Den Höhepunkt ihrer Karriere stellten öffentliche Auftritte und die Produktion einiger LPs zusammen mit dem populären Trío Los → *Panchos* dar. Ab 1964 entstanden so Titel wie »Noche de ronda«, »Historia de un amor«, »Nosotros« u. a. (Label CBS).

Gorrión (Spatz, span.)
spanischsprachige Bezeichnung des guatemaltekischen Indiotanzes → *Tz'unum.*

Gotán
insbesondere in argentinischen Liedtexten oft gebrauchte, aus dem Slang → *Lunfardo* stammender Begriff für den → *Tango;* der uruguayische Tango-Kritiker Raúl González Brignone (* 1922) benutzte dieses Wort als Pseudonym, unter dem er einschlägige Artikel publizierte.

Gottschalk, Louis Moreau
* 8.5.1829 New Orleans, † 18.12.1869 Rio de Janeiro; nordamerikanischer Musiker (Piano), Arrangeur und Komponist; vielseitige und aufgeschlossene, progressive Musikerpersönlichkeit des XIX. Jh.; übte auf das Entstehen nationaler Musikformen in Lateinamerika, insbes. der Karibik, Einfluss aus. Durch intensive Reisetätigkeit (er lebte bis 1853 in Europa, u. a. in Spanien; 1865 in San Francisco und anschließend in Südamerika) trug er maßgeblich zur Verbreitung neuer Tänze (z. B. der → *Habanera*) und Musiziertechniken bei; komponierte zahlreiche Stücke, vor allem Salontänze, die, zum Romantischen tendierend, beim Publikum großen Anklang fanden. G. bildete namhafte Musiker, z.B. Teresa → *Carreño,* aus.

Goyeneche, Juan C.
* 1930 Socha (Boyacá); kolumbianischer Musiker, Komponist und Bandleader; hat die Musikgruppe *Voces de Colombia* geleitet, mit der er insgesamt 6 LPs produzierte; lebt seit 1957 in Bogotá, wo er Mitglied des Duos *Alma de Colombia* war; von seinen mehr als 150 Kompositionen wurden annähernd 50 veröffentlicht, darunter die Titel »Paisaje boyacense«, »Sogamoseñita« (Guabina) und »Tus enojos« (Bambuco«.

Goyeneche, Roberto »El Polaco«
* 29.1.1926 Buenos Aires; argentinischer Sänger, Musiker und Textautor; bekannter Interpret des → *Tango;* sang u. a. in den Orchestern von Armando → *Pontier* und Aníbal → *Troilo.* Unter dem Label RCA Victor entstanden zahlreiche Schallplatten, darunter die Titel »Un boliche« und »La última curda«.

Goyom (Gojom)
1. von guatemaltekischen Indianern gespielte Trommel. 2. indianische Bez. für das Instrument → *Marimba* in Guatemala.

Gozo
ein ursprünglich spanischer Volksgesang religiöser Inspiration; Lobgesang auf Leben und Wunder der Heiligen Jungfrau, aus Katalonien (Cataluña) stammend; durch span. Siedler auch in Lateinamerika verbreitet worden; heute dort nur noch wenig intoniert.

Grabación (port.: Gravação)
Allgemeinbezeichnung für die Aufnahme akustischer Signale. Als meistverbreitetes Aufzeichnungsverfahren gilt das Herstellen von Studio-Aufnahmen (G. de estudio), ferner existieren Mitschnitte öffentlicher Veranstaltungen (*Grabación en vivo*), zu Forschungszwecken hergestellte Feldaufnahmen (Grabación en situ, G. de campo) bis hin zu modernsten, computerisierten Verfahrenstechniken.

Grabadora
Gerät zur Tonaufzeichnung; oft wird auch das die Aufnahme produzierende Studio bzw. Unternehmen so bezeichnet.

Graciana
Variante des brasilianischen → *Fandango (4);* wird stets durch Gesang begleitet.

Gracimás
regionale Variante des afropuertorikanischen Tanzes → *Bomba (1);* sowohl der Tanz als auch sein Name haben ihren Ursprung in der Musikfolklore Haitis.

Graduados, Los -
kolumbianisches Vokal- und Instrumentaloktett moderner Tanzmusik; nach 1960 durch den Sänger Gustavo Quintero gegründet und auch geleitet. Aus der Formation Los → *Hispanos* entstanden, hat es deren Stil im wesentlichen beibehalten und vorwiegend Titel der → *Música tropical* interpretiert, darunter »Cumbia negra« und »Rosa blanca«. Los G. wurden mit 12 Auszeichnungen, darunter 8 »Goldenen Schallplatten«, geehrt.

Grage (Schrapidiophon)
ein im Funktionsprinzip dem → *Güiro* ähnliches Musikinstrument, das bei der Ausübung des Kultes → *Rará* in Port-au-Prince (Haiti) verwandt wird.

Gramófono
Bezeichnung für das Plattenabspielgerät Grammophon; heute im wesentlichen nur noch für ältere, meist mechanisch angetriebene Plattenspieler für Schellackplatten gebraucht; neuere Geräte dieser Art werden u.a. → *Tocadiscos* genannt. (→ *Disco*)

Gran Combo, El -
puertorikanisches Tanzorchester; 1962 in San Juan durch den Pianisten Rafael Ithier (Bandleader) mit insgesamt 12 Musikern gegründet; interpretierte vorwiegend → *Música tropical,* neuerdings auch → *Salsa;* es erlangte große Popularität. Vorwiegend unter dem Label Gema enstanden mehr als 20 LPs, darunter die Titel »Mi Bomba«, »Brujería« und »Sabor boricua«.

Granata, Salvador
* vor 1900 Montevideo, † 5.5.1947 das.; uruguayischer Gitarrist, Komponist und Bandleader; erzielte mit der 1924 von ihm in Montevideo gegründeten Musiktheatergruppe »Troupe Un Real al 69«, die vor allem Stücke der Form → *Sainete* darbot, durch neuartige Spielweisen eine große Publikumswirksamkeit; G. gilt als bekannter Vertreter des Karnevals seiner Heimatstadt, spielte Gitarre in einer intuitiven Weise und leitete ein eigenes Orchester. Er hinter-

ließ viele Kompositionen, darunter die Tangos »Pancho Talero«, »Un Real al 69«, »Cuento criollo« und »El milonguero«.

Grand Tambour
Bezeichnung für die afrolateinamerikanische Großtrommel in französischsprachigen Gebieten Lateinamerikas (z. B. Haiti, Guadeloupe); in bestimmten Kulten führt sie eigene Namen wie → *Premier* oder den Doppelnamen *Grand Tambour Premier.*

Granda, Bienvenido
* 30.8.1915 La Habana, † 10.7.1983 México-Stadt; kubanischer Sänger, Musiker und Bandleader; war in La Habana zunächst Mitglied einiger Gruppen des → *Son cubano,* in denen er sang und → *Claves* spielte, so im Septeto → *Nacional* (1935 – 37) und beim *Sexteto Carabina de Ases*; später trat er der → *Sonora Matancera* als Gesangssolist bei. In dieser für ihn erfolgreichsten Schaffensperiode nahm er etwa 20 LPs (u. a. bei Tropical, Peerless, Seeco und Panart) auf, darunter die Titel »Gallo espuelerico« (Son), »Vaca lechera« (Guaracha) und »Patricia« (Cha-cha-chá).

Granda, Chabuca (eigtl. Isabel Granda Larco)
* 3.9.1920 Cotabambas (Apurímac), † 8.3.1983 Fort Lauderdale (USA); peruanische Sängerin und Liedermacherin; eine der besten und weltweit bekanntesten Interpretinnen des lyrisch-romantischen Liedes Perus; schrieb Lieder, Walzer, Tonderos, Romanzen und Balladen, deren berühmtestes Stück der in ganz Lateinamerika gespielte → *Vals peruano* »La flor de la canela« ist; weitere bekannte Kompositionen sind »Fina estampa« (Walzer), »Coplas a Pancho Graña« (Tondero), »Coplas a Fray Martín« (Criolla), »Paso de vencedores« (Canción) und »Herida obscura« (Marinera). Insgesamt hinterließ G. etwa 150 Lieder, die auch auf Schallplatten (Label Sono Radio) erschienen. Als Folkloresängerin gehörte sie zeitweilig der Gruppe → *Fiesta Criolla* an; später bildete sie mit Martín Torres, Rafael Amaranto und Vicente Vázquez (Gitarre) sowie Carlos Hayre (Kontrabass; Ehemann von G.) eine eigene Gruppe.

Grandiablos (Großteufel, span.)
maskierte Tänzer, die in den religiösen Zeremonien mit volksfestartigem Charakter, *Corpus Christi* genannt, in Panamá auftreten; werden musikalisch durch eine Flöte und eine Trommel begleitet.

Granduque
alter, im XVII. Jh. im kolonialen Mexiko (Nueva España) aufgeführter Salontanz span. Ursprungs.

Graneros, Conjunto -
chilenische Folkloregruppe; 1966 im Rahmen der Bewegung des Neuen Chilenischen Liedes formiert; interpretierte vorwiegend ländliche Volkstänze der kreolischen Linie wie Chotis, Polka, → *Habanera* und → *Chapecao;* es wurden etwa 40 LPs (u. a. bei Odeon) produziert, darunter die Titel »Pasando el puente« und »Niña de Cavancha«.

Granja Almeida, Luis Aníbal
* 12-05-1901 Ambato, † 14-09-1991 Quito; ekuadorianischer Musiker (Piano), Arrangeur, Komponist und Bandleader; darüber hinaus einer der bedeutendsten Förderer und Produzen-

Chabuca Granda – LP »Chabuca Granda... y don Luis González« – Sono Radio QS-1001 (1982)

ten der Volksmusik Ekuadors; gründete und leitete in Quito mehrere Musikgruppen, die Solisten wie das Dúo → *Benítez – Valencia* begleiteten. Die aufgenommene Musik wurde auf Schallplatten des von G. gegründeten Unternehmens Granja produziert. Außerdem war G. Künstlerischer Direktor des Senders HCJB.

Grant, Edmond »Eddy«
* 5.3.1948 Buckdam (Guyana); anglokaribischer Sänger, Musiker (Gitarre, Trompete, Synthesizer, Drums), Arrangeur, Liedermacher und Bandleader; bekannter Interpret des → *Calypso;* studierte in England, wo er sich einer Rockgruppe seiner Lehranstalt anschloss; 1966 gründete er in London die karibische Tanzmusikgruppe *The Equals*, die sich auch den Formen → *Reggae* und Funky widmete. 1977 erschien seine erste LP als Solist; seit 1981 lebt und wirkt er auf Barbados, wo er sein Blue Wave Studio zur Aufnahme von Musik betreibt. Zu seinen Titeln gehören u. a. »Georgetown girl« und »Blue Wave«.

Graña, María
* 1953 Villa Urquiza (Buenos Aires); argentinische Nachwuchssängerin des → *Tango;* studierte ab 1966 bei Elvira Aquilano, trat in dieser Zeit bereits in Shows auf und sang ab 1971 im Orchester von Osvaldo → *Pugliese;* ihre erste LP entstand 1976 (Label Almalí); sie sang u. a. »Uno« und »Y no puedo olvidarte«.

Grasimá
wichtiger Tanz der afrokubanischen → *Tumba Francesa;* sie ist haitianischen Ursprungs.

Grasso, Gerardo
* 1864 Capocele (Nápoles), † 18.7.1937 Montevideo; uruguayischer Musiker (Flöte), Komponist, Arrangeur und Bandleader; kam mit 11 Jahren nach Montevideo, studierte hier Musik, spezialisierte sich auf das Flötenspiel; wurde zum Direktor der → *Banda (2)* seiner Musikschule berufen, mit der er 1887 erstmals seine berühmt gewordene Komposition »Pericón Nacional« spielte, die auf folkloristischen Motiven ländlicher Regionen Uruguays basiert und am 14.5.1934 durch Regierungsdekret in ihrer Version für Gesang und Piano zur Nationalhymne Uruguays erklärt wurde. G. widmete sich außerdem der Ausbildung von Musikern und leitete verschiedene Orchester. In seinem Nachlass befinden sich u. a. die Titel »Los 33«, »Elvira« und »Infancia« (Mazurkas) sowie einige »primitive« Tangos wie »Hijo de Panchito«.

Greco, Vicente »Garrote«
* 3.6.1886 Concepción (Buenos Aires), † 5.10.1924 Buenos Aires; argentinischer Musiker (Bandoneón, Gitarre), Sänger, Arrangeur, Komponist und Bandleader; bedeutende Persönlichkeit der sog. »Alten Garde« des → *Tango;* gründete nach 1900 einige sehr bekannte Gruppen; wirkte ab 1910 mit Francisco → *Canaro* im Konzertcafé »El Estribo« von Buenos Aires zusammen; in der von ihm um 1911 formierten *Orquesta Típica Criollla* interpretierten versierte Musiker in instrumentalen Arrangements Tangos, die, auf Schallplatten (Columbia) aufgenommen, zu den historischen Tondokumenten der argentinischen Populärmusik gehören, darunter die Titel »Rosendo«, »La Queca« und »El Morochito«. G. schrieb zahlreiche Tangos, darunter »Rodríguez Peña«, »El Estribo« und »Ojos negros«.

Grela, Roberto
* 28.6.1913 Buenos Aires; argentinischer Musiker (Gitarre), Komponist und Bandleader; bekannter Tango-Gitarrist; begleitete ab 1930 namhafte Sänger, darunter → *Charlo,* auf seinem Instrument; spielte längere Zeit im Orchester u. a. von Aníbal → *Troilo,* produzierte mit den Solisten und Orchestern zahlreiche Schallplatten, darunter die Titel »Nunca tuvo novio« und »La Cumparsita« sowie die Eigenkompositionen »De punta y taco« und »Color gris« (Tangos).

Grenet, Eliseo
* 12.6.1893 La Habana, † 5.11.1950 das.; kubanischer Musiker (Piano), Komponist und Bandleader; leitete ab 1909 das Orchester des Musik-

theaters Politeama in La Habana und gehörte ab 1926 der Formation von Arquímedes → *Pous* an, mit der er durch ganz Kuba reiste. Durch seine progressive Einstellung war er gezwungen, 1932 Kuba zu verlassen Im Exil (USA) entstand das Protestlied »Lamento cubano«; 1936 stellte er in New York Tänze wie die → *Conga* vor und schrieb die Musik für einige Filme, darunter »Estampas coloniales« und »Milonga de arrabal« sowie für Theaterstücke wie »Niña Rita« (bereits 1927 entstanden). Bei einem längerem Aufenthalt in Paris organisierte er dort ein Tanzorchester (*Orquesta Típica de Eliseo Grenet*), das kubanische Musik in Europa popularisierte und von dem zahlreiche Schallplatten (Label Victor) entstanden. In den frühen 50er Jahren arrangierte G. den → *Sucu sucu* für die Tanzmusik; Titel wie »Felipe Blanco« und »Domingo Pantoja« (Sucu sucus) erfreuten sich, obgleich durch die Zensur des Batista-Regimes verboten, großer Popularität. Weitere bekannte Kompositionen sind u. a. der in ganz Lateinamerika bekannte Tango-Congo »Ay, mamá Inés« (aus dcr Zarzuela »Niña Rita«, 1927), »Las perlas de tu boca« (Criolla), »Amanecer montuno« (Guajira) und »Lamento esclavo«.

Grever, María
(eigtl. M. Joaquina de la Portilla Torres)
* 14.9.1885 León (Guanajuato), † 15.12.1951 New York; mexikanische Musikerin (Piano) und Komponistin; schuf zahlreiche Lieder und Boleros, die zum Teil Welterfolge wurden, wie die um 1925 enstandene Rumba »Tipitín« – ihr weitaus bekanntester Titel –, der Bolero »Te quiero dijiste« (1930), »Lamento gitano« (1930) und »Alma mía« (Canción, 1933). G. gab vielbeachtete Piano-Konzerte, in denen sie ihre zahlreichen Kompositionen vorstellte; Sänger wie Alfonso → *Ortiz T.* und Juan → *Arvizu* sowie Carmen Redondo gehörten zu den renommierten Interpreten, die die Stücke G.s sangen.

Grillo, Frank → *Machito*

Grito (Exclamación, Schrei, span.)
in der lateinamerikanischen Musikfolklore aller drei Basiskulturen in bestimmten Liedern und Tänzen ausgebrachte primitiv-gutturale Schreie oder schreiartige Interjektionen, vor allem in der mexikanischen Volks- und Populärmusik weit verbreitet. Tanzmusiker wie Dámaso → *Pérez Prado* arbeiteten in ihren Arrangements (z. B. im → *Mambo*) mit Gritos.

Grondona, Gonzalo »Payo«
* 26.8.1945 Valparaíso; chilenischer Sänger, Musiker (Gitarre, Banjo) und Liedermacher; Protestsänger; sang bis 1973 in Chile meist in einer → *Peña,* darunter auch der der Familie → *Parra* in Santiago de Chile. Der zur Bewegung des Neuen Chilenischen Liedes gehörende Interpret war nach 1973 Mitglied der im Exil wirkenden Gruppe → *Tiemponuevo;* seit 1982 lebt er wieder in Valparaíso, wo er als Solist auftritt. Bei Dicap erschienen 2 LPs, eine weitere (1962) in Uruguay. Der Gesang G.s knüpft an → *Payador*-Traditionen in modernen Versionen an; zu seinen Liedern und Balladen gehören u. a. »El hombre actual«, »Mujer« und »El pueblo tiene su camino«.

Grupo Norteño
Sammelbezeichnung für Formationen der Volks- und Populärmusik des Nordens von Mexiko, 1850 erstmals erwähnt und mit den Instrumenten Harfe (Arpa, heute kaum noch benutzt), → *Vihuela* und dem → *Salterio* musizierend. Seit 1890 wurden jedoch → *Jarana* und Gitarre benutzt, später das heute dominierende Akkordeon integriert. Das Verbreitungsgebiet reicht bis in Regionen der → *Música chicana.*

Guaba larga
regionale Variante des kolumbianischen → *Currulao.*

Guabaleña
afrokolumbianischer Volkstanz der Pazifikregion.

Guabina (Guavina)
einer der verbreitetsten und typischsten kolumbianischen Volkstänze der ländlichen Gebiete

von Santander del Sur und Tolima; ein → *Son* im 2/4-Takt; Tanz für zusammen tanzende Paare; in versch. Varianten verbreitet *G. aguadeña* (aus La Aguada stammend), landesweit populär, vom Gesang lyrischer Texte begleitet, außerdem die *G. antioqueña* (aus Antioquia; mit zuweilen possenhaften Texten), die sehr schnell getanzte *G. chiquinquireña* (aus Boyacá), die eng mit dem → *Torbellino* verwandte *G. santandereana* (aus Santander) und die *G. tolimense* (aus Tolima), die besonders durch den Komponisten Alberto → *Castillo* gepflegt wurde. Zur traditionellen Folklore zählend, wird die G. vorwiegend durch die Instrumente → *Tiple,* → *Requinto (1),* → *Chucho,* → *Capador* oder Flöten, zuweilen auch durch → *Pandereta* und → *Cucharas* begleitet. Bekanntester Titel ist »Guabina chiquinquireña«, geschaffen von Alberto → *Urdaneta.*

Guacal (Jícara)
aus einer Kalebassenfrucht hergestellte Trommel, die in der indianischen Volksmusik von Honduras verwendet wird.

Guacanic
alter Volkstanz der argentinischen Tobas-Indianer; seit langem nicht mehr aufgeführt.

Guacha → *Guache*

Guachamba
alter, bereits seit langem nicht mehr aufgeführter chilenischer Volkstanz.

Guachará (Guáchara) (Idiophon)
dem → Güiro ähnliches, in der ländlichen Volksmusik Panamas eingesetztes Schrapinstrument.

Guacharaca (Carrasca, Raspa, Huacharaca)
1. für die Volksmusik insbesondere der Atlantikregion Kolumbiens typisches Schrapidiophon; ein etwa 50 bis 60 cm langes Stück Bambusrohr oder hartes Holz, das längs halbiert und in der Mitte ausgehöhlt ist; die mit Einkerbungen versehenen Außenränder werden mit einer Bürste oder einer Gabel geschrapt, so dass ein durchdringendes Geräusch entsteht, das durch den hohlen, als Resonanzkörper wirkenden Teil des Instruments noch verstärkt wird; eine Variante ist aus einer Kalebassenfrucht gefertigt. Die G. wird speziell in der → *Música vallenata* zur rhythmischen Begleitung von Tänzen wie → *Cumbia* und → *Paseo* eingesetzt. 2. Name einer Liedart mit vielen Kehrreimen, wurde früher in der kolumbianischen Provinz Antioquia gesungen. 3. venezolanisches Liebeslied (Serenata), von jungen Männern an Feiertagen nachts ihren Mädchen dargebracht.

Guacharito
alter mexikanischer Tanz des XVIII. Jh., unter negroidem Einfluss entstanden; früher häufig in Musiktheatern aufgeführt.

Guache (Guacha, Guacho, Guacherna)
zu den Schüttelidiophonen gehörendes Volksmusikinstrument Kolumbiens; eine aufgeschnittene Kalebasse, die mit einigen Maiskörnern oder ähnlichem gefüllt und mit einem Tuch geschlossen wird.

Guacherna → *Guache*

Guagua (Idiophon)
afrokubanisches Volksmusikinstrument; aus einem ca. 40 cm langen und 10 cm starken Bambusrohr gefertigter zylindrischer Körper, der in horizontaler Position an einem etwa 90 cm hohen Ständer befestigt ist und mit zwei Holzstäben perkutiert wird; u. a. zur rhythmischen Begleitung der Tänze → *Guaguancó* und → *Rumba* in der Region Matanzas benutzt.

Guaguancó
eine stark afrokubanisch inspirierte Variante der folkloristischen → *Rumba (cubana),* durch Gesang begleiteter Paartanz, wobei der Refrain (Capetillo) typisch ist. Der G. besteht aus vier Teilen: 1. einer Einführung (Introducción) in Form der → *Nana (2)* bzw. → *Diana (2),* ausgeführt durch einen Gesangssolisten, der *Guía* genannt wird; 2. dem eigentlichen Thema (Te-

ma), mehrstimmig, einschließlich des Kehrreims (Refrán, Capetillo), durch einen *Vasallo* genannten Chor gesungen; 3. der »Eingebung« (inspiración), wobei der Solist nach eigener Improvisation den vorangegangenen solistischen bzw. kollektiven Gesangspart des Leitthemas variiert und 4. dem Schluss (cierre). Der Gesang wird von einer Gruppe (Grupo de → *Guaguancó*) von Musikern begleitet. Populär gewordene Solisten sind u. a. Gonzalo A. Hernández »Tío Tom« (* 1919), Carlos → *Embale,* das Dúo → *Saldiguera y Virulilla;* bekannte Gruppen *Los Roncos* und *El Paso Franco*; Verbreitungszentrum ist die Provinz Matanzas.

Guaguancó, Grupo de -
Bezeichnung für eine nach 1900 in Kuba (Zentrum der Verbreitung Region Matanzas) entstandene Volksmusikgruppe, die die Rumba-Varianten → *Guaguancó,* → *Yambú* und → *Columbia* interpretiert; sie musiziert u. a. mit den Instrumenten → *Cajón de Bacallao* und Holzkästchen für Kerzen (cajita) bzw. → *Tumba,* → *Conga (3),* → *Quinto,* → *Cucharas* und → *Claves,* erstere die einfache, primitive, letztere die entwickelte Gruppe charakterisierend; jede von ihnen verfügt über einen oder mehrere Improvisationssänger.

Guaiá → *Angóia*

Guaino → *Huayno*

Guajey
1. mit Kieselsteinchen halbgefüllter Flaschenkürbis, der von dominikanischen Volksmusikern als Schüttelidiophon benutzt wird. 2. Bezeichnung für ein in Puerto Rico verwendetes, dem → *Güiro* ähnliches Schrapinstrument.

Guaji (Faji, Guapi, Guapireña)
regionale Variante einer → *Tonada* der Pazifikregion Kolumbiens.

Guajira
im ländlichen Ambiente entstandenes kubanisches Tanzlied, das eine gewisse Ähnlichkeit mit der → *Criolla* aufweist. Charakteristisch ist der Wechsel zwischen 6/8- und 3/4-Takt, wobei regional bedingte Modalitäten vorkommen. Die

Guaguancó (Rumba)-Gruppe aus Zentralkuba: 3 Tumbadoras und ein Tambor Catá (Photo: CIDMUC)

Entstehungszeit ist noch nicht genau ermittelt, sicher ist jedoch, dass die G. im XIX. Jh. bereits in der → *Música campesina,* später auch in der urbanen Volksmusik integriert war. Einwanderer von den Kanarischen Inseln brachten vermutlich Elemente spanisch-kanarischer Volksmusik ein. Später wurden Guajira-Themen u. a. durch den Komponisten Jorge → *Anckermann* aufgegriffen und neu arrangiert, so dass letzterer als Schöpfer der bearbeiteten G. gilt. Die ländliche Originalform wurde durch Interpreten und Arrangeure urbanen Musiziergewohnheiten angepasst; so entstand durch den Sänger Guillermo → *Portabales* die sog. »Salon-Guajira« (*Guajira de salón*), eine Züge der Kommerzialisierung tragende Variante. Daneben existieren Vermischungen mit anderen Formen, die bekanntesten sind *Guajira-son* und *G.-bolero.* Eine traditionell-regionale Form ist die → *Guantanamera (1).* Die Texte sind fast ausschließlich auf dem Modell der → *Décima* aufgebaut; die Thematik ländlicher Formen widmet sich dem Alltag des Bauern (Campesino); in oft romantisch-idyllischer Form werden, teilweise mit feinem Humor, alltägliche Probleme besungen. Nach 1930 entstanden unter dem Einfluss der USA teilweise Titel, die das Leben in Armut inmitten einer paradiesischen Landschaft zur Idylle verklärten. Sänger und Autoren wie Carlos → *Puebla* nutzten die G. später für die Kritik am Batista-Regime; es entstanden Titel wie »Ay, pobre mi Cuba«. Die instrumentale Begleitung der ländlichen G. erfolgt meist durch Gitarre oder Laute (Laúd) bzw. durch eine Grupo → *Campesino.* Bekannte Interpreten sind Joseíto → *Fernández,* Celina → *González,* Ramón → *Veloz* und Radeúnda → *Lima.*

Guajira-son (Regina)
ein mit Komponenten der → *Guajira* angereicherter → *Son cubano.*

Guajurú
indianischer Volkstanz bestimmter Andenregionen Perus.

Gualagallo → *Wallagallo*

Gualambao
argentinischer Tanz im 12/8-Takt, eine indianische Volksweise, die mit afrikanische Komponenten bereichert worden ist; Schöpfer der neuen Form ist der Sänger und Musiker Ramón → *Ayala.*

Gualambo (Gualambau)
in der Volksmusik der indianischen Bewohner Paraguays eingesetzter Musikbogen (Arco musical).

Guamo → *Fotuto*

Guanasco
indohonduranisches Volksfest mit jahrhundertealter Tradition; in einander benachbarten Orten der Bergregion Yaramanguila und Intibucá jährlich gefeiert. Grundanliegen ist das Treffen zweier »Nación« oder »Corporación« genannter Abordnungen, die sich gegenseitig einer guten Nachbarschaft versichern. Auf dem G. werden alte, der anonymen Musikfolklore entstammende Lieder und Tänze aufgeführt; bei Umzügen kommen Kalebassentrommeln (Guacal) und indianische Flöten, von den Musikern simultan gespielt, zum Einsatz.

Guaneña
kolumbianischer Volkstanz der Region Nariño; nach 1800 durch Vermischung kreolischer, afrikanischer und indianischer Komponenten entstanden; im Rhythmus der peruanischen → *Marinera* ähnelnd; es werden instrumentale und gesungene Versionen unterschieden, letztere häufig mit patriotischen Texten versehen.

Guantanamera (Guajira guantanamera)
1. regionale Variante der → *Guajira,* zur Musikfolklore der Region von Guantánamo (Ostkuba) gehörend. 2. weltweit bekannte Komposition von Joseíto → *Fernández,* 1928 als sog. *Tonada campesina* entstanden. F. benutzte sie als Erkennungsmelodie für den Schluss einer seit 1929 bei Radio CMCO gestalteten Musiksendung. Von 1933 – 35 verwendete er diese Melodie für ein Programm bei Radio CMQ (La

Habana); er schrieb täglich einen neuen Text zur gleichen Musik. Am 8.6.1963 wurde »Guajira g.« von dem nordamerikanischen Protestsänger Peter »Pete« Seeger in der New Yorker Carnegie Hall gesungen; dem ging der Vorschlag des kubanischen Musikers Héctor Angulo voraus, der Seeger nahelegte, den Text eines Gedichtes von José → *Martí* (»Versos sencillos«) für die Melodie von Fernández zu verwenden. Diese neue Version wurde schnell populär, es heißt, dass mit Erscheinen des Liedes die Bewegung des engagierten Protestgesangs ihren Anfang nahm. In der Folge entstanden Schallplatten mit namhaften Solisten und Gruppen aus aller Welt, darunter José Guardiola (Spanien), Joe Dassin (Frankreich), Marcello Minerbi (Italien), Karel Gott (CSSR), Bantou Jazz (Congo), The Sandpipers (USA) und vor allem lateinamerikanischen Gruppen wie Aragón, Los Incas, Los Paraguayos und das Trío Los Panchos.

Guapachá
1. Nach 1960 in Kuba entstandene Modeform der → *Guaracha,* mit Elementen der → *Pachanga* angereichert; heute kaum noch verbreitet. 2. Pseudonym des kubanischen Musikers Amado Borcelá (1934 – 1966).

Guapireña → *Guaji*

Guaracha
über weite Teile der Karibik (mit Schwerpunkt in der kubanischen Region Santiago de Cuba) verbreiteter Tanz mit einer aus der rhythmischen Kombination von 6/8- und 2/4-Takt bestehenden Musik; vorherrschend sind durch Gesang begleitete Versionen. Zur musikalischen Begleitung dienen die für die jeweiligen Länder typischen Instrumente. In Kuba, dem Land mit der weitesten Verbreitung, sind das Trommeln (→ *Tumbadora,* → *Bongó*), → *Güiro,* → *Maracas,* Gitarre u. a.; in Puerto Rico zusätzlich das Akkordeon; in Guatemala die → *Marimba;* in Kolumbien dem Stil der → *Música vallenata* angepasste Instrumente. Die Texte der G. sind im allgemeinen possenhaft-erotisch oder satirisch, sie widerspiegeln gleichermaßen die Epoche ihrer Entstehung. Ihr Ursprung geht auf die Zeit der → *Bufos Habaneros* (Kuba, XIX. Jh.) zurück. Nach Argeliers → *León* ist der 1801 entstandene Titel »Guavina« die erste bekannte Komposition. In der Folge erfuhr die aus einer Vermischung afrokubanischer und kreolischer Elemente hervorgegangene G. eine starke Modifikation; die heute übliche Version ist nach 1950 durch Musiker (»Guaracheros«) wie Ñico → *Saquito* und Carlos → *Puebla* geprägt worden. Gegenwärtig wird die G. sowohl durch ländliche Volksmusikgruppen, als auch durch moderne Tanzorchester interpretiert.

Guaracheros de Oriente, Los -
kubanische Vokal- und Instrumentalgruppe landestypischer und populärer Musik; 1941 in La Habana durch Ñico → *Saquito* gegründet; durch ausgewogene Interpretation insbes. der Formen → *Guaracha,* → *Son cubano* und → *Bolero* schnell bekanntgeworden; die Gruppe trat in versch. Besetzung auf, als Gruppe, Quintett oder als Trio (1959; mit Florencio Santana »El Picolo«, Félix Escobar »El Gallego« und Gerardo Macias). Unter diversen Labels (u. a. Musart, Gema, Panart, Velvet und Ansonia) entstanden zahlreiche Schallplatten, darunter die Titel »María Cristina«, »Mamá son de La Loma« und »El fiel enamorado«.

Guaranda (Guarandeña)
regionale Variante des ekuadorianischen → *Danzante,* vor allem zur Karnevalszeit in der Provinz Guaranda aufgeführt.

Guarani, Noel
* 26.12.1941 São Luíz Gonzaga (Rio Grande do Sul); brasilianischer Sänger, Musiker (Viola), Liedermacher und Folkloreforscher; sang seit frühester Jugendzeit; 1957 schrieb er mit »Fandango na fronteira« sein erstes folkloristisches Lied; ab 1965 widmete er sich der Erforschung und Interpretation von Liedern und Tänzen aus dem Umfeld des südbrasilianischen Gaucho. 1971 brachte er seine erste LP mit Gaucholiedern (Label Premier) heraus; zu seinen bekanntesten Stücken gehören u. a. »Chamarrita sem

fronteira«, »Potro sem dono« (Polca) und »Filosofia de Gandéiro« (Milonga missioneira).

Guaraní, Agrupación Folklórica - (A. F. G.) paraguayische Vokal- und Instrumentalgruppe; am 21.9.1936 in Buenos Aires durch den Musiker Félix → *Pérez Cardozo* (Harfe und Bandleader) gegründet; ihr gehörten, teilweise zu versch. Zeitpunkten, eine große Zahl von im argentinischen Exil lebenden paraguayischen Sängern und Musikern an, dazu gehören u. a. Agustín → *Barboza,* Mauricio → *Cardozo* Ocampo, José Asunción → *Flores,* Herminio → *Gimenez,* Sara Antunez Frutos, Samuel → *Aguayo* sowie Francisco und Angel Alvarenga. Zu den zahlreichen, z. T. auch auf Schallplatte aufgenommenen Titeln gehören »Mensu Resay« (Guarania) und »Anike peico resi« (Polka).

Programmheft für ein Konzert der Agrupación Folklórica Guaraní im Teatro Rossini (Buenos Aires) am 14.5.1945

Guarania
in langsamem, einem Slow-Walzer ähnelndem Rhythmus vorgetragenes paraguayisches Lied, meist mit lyrischen Texten unterlegt und auf landesüblichen Instrumenten wie Harfe oder Gitarre begleitet. Schöpfer sind der Komponist José Asunción → *Flores* und dessen Textdichter Manuel → *Ortiz Guerrero,* die 1942 mit dieser für die Musik Paraguays neuartigen Form an die Öffentlichkeit traten (nach Mauricio → *Cardozo Ocampo* entstand die G. in ihren Grundzügen bereits nach 1925), die breiten Eingang in die Musikfolklore Paraguays fand und zum

Der Schöpfer der Guarania, José Asunción Flores (3. von links), traf sich 1971 in Buenos Aires mit Musikern aus Paraguay. Ganz links im Bild: Mauricio Cardozo Ocampo, ganz rechts: Emilio Vaesken

Die Agrupación Folklórica Guaraní bei ihrem Auftritt im »Salon Bompland« in Buenos Aires, 1945

Standardrepertoire von in- und ausländischen Volksmusikgruppen gehört. Die am weitesten verbreitete Komposition ist »India« (José A. Flores; Text: Manuel Ortiz G.), u. a. durch das Trío Los → *Paraguayos* auch in Europa bekanntgeworden; weitere bekannte Titel sind »Recuerdos de Ypacarai« (Zulema de Mirkín – Demetrio Ortiz), »Mi dicha lejana« (Emigdio Ayala B.) und »Pueblo Ybycuí« (Mauricio Cardozo O.). In Paraguay wird die G. sowohl in Spanisch als auch in der Indiosprache Guaraní bzw. zweisprachig gesungen.

Horacio Guarany mit seiner Gitarre (in Buenos Aires)

Guaranís, Los -

paraguayische Vokal- und Instrumentalgruppe; um 1950 in Paris durch die Solisten Francisco Marín, Gerardo Servín (Harfe), Cristóbal Cáceres und Angel Sanabria formiert; hat zunächst paraguayische Volksmusik, später dann auch lateinamerikanische Volks- und Populärmusik interpretiert; gehört neben dem Trío Los → *Paraguayos* zu den Gruppen, die in den 50er Jahren des XX. Jh. paraguayische Musik in Europa bekanntgemacht haben. Unter den Labels AZ Disques und Barclay entstanden einige LPs, die u. a. die Titel »Pájaro campana«, »Vidala del Culampaja« und »Che lucero aguai'y« enthalten.

Guarany, Horacio

* 15.5.1925 Alto Verde (Santa Fe); argentinischer Volkssänger und Liedermacher; Vertreter der Bewegung des Neuen Argentinischen Liedes. Nach Studien, vorwiegend im Fach Komposition, erforschte er intensiv die sozialen

Probleme Argentiniens, studierte die traditionelle Musik Südamerikas und interpretierte Volkslieder seiner Heimat. Er wurde politisch verfolgt und musste 1975 das Land verlassen; lebte und wirkte u. a. in Spanien, schrieb neben Protestliedern wie die Milonga »Si se calle el cantor« zahlreiche Stücke nach Texten lateinamerikanischer Dichter, z. B. »Me peina el viento los caballos« (Text: Pablo Neruda) und »No sé porque piensas tú« (Text: Nicolás Guillén) sowie folkloristische Titel, darunter »El árbol« (Chacarera), »Guitarra de medianoche« (Zamba) und »Pobre Tata« (Vidala), die er mit seiner eigenwillig-kräftigen Stimme vortrug und auf Schallplatten des Labels Philips veröffentlichte.

Guarapá
Variante des brasilianischen → *Fandango (4)*, auf Plantagen der Bundesstaaten São Paulo und Minas Gerais verbreitet.

Guarapo
folkloristische Ballade, früher in Venezuela, Kolumbien und der Dominikanischen Republik gesungen.

Guararé
kolumbianischer Modetanz; um 1960 im Umfeld der → *Música vallenata* aus Komponenten von → *Paseo* und → *Cumbia* entstanden; durch Gesang begleitet.

Guarda Velha, A - (die »alte Garde«)
brasilianische Gruppe der Populärmusik; 1932 in Rio de Janeiro durch den Musiker Alfredo da → *Rocha »Pixinguinha«* (Flöte, Bandleader) zusammen mit namhaften Solisten wie Ernesto dos → *Santos »Donga«* (Cavaquinho, Banjo, Violão), Luis Americano (Saxophon), Vantuil de Carvalho (Posaune) u. a. mit dem Ziel gegründet, die traditionelle Musik Brasiliens wiederzubeleben und auf ein künstlerisch hohes Niveau zu bringen. Unter versch. Labels (Victor, Sinter u. a.) entstanden bis in die 50er Jahre des XX. Jh. hinein zahlreiche Schallplatten, darunter »Já andei« (Batucada) und »Quê querê«.

Guardabarranco, Dúo -
nikaraguanisches Vokal- und Instrumentalduo; 1980 in Managua durch Katia Cardenal (Gesang, Gitarre, Violine) und Salvador Cardenal (Gesang, Texte) gegründet. Der Stil des Duos ist an alte europäische Gesangstraditionen angelehnt; 1982 erschien unter dem Label Ocarina eine LP, darunter die Titel »Él es«, »Ayapal« und »Guardabosques«.

Guardia Neyra, Jaime
* 10-02-1933 Pauza (Parinacochas/Ayacucho); peruanischer Sänger, Musiker (Charango, Gitarre, Quena) und Komponist mestizischer Volksmusik; einer der besten Charango-Spieler seiner Heimatregion. G. sang zunächst in einem Kirchenchor in Lima und gehörte 1950, in Pauza, zu den Gründungsmitgliedern der Folkloregruppe *Lira Paucina*, mit der er 1953 bei Odeon erste Schallplatten produzierte, darunter zahlreiche eigene Kompositionen wie »Parinacochas« (Huayno, 1953), »Madrecita linda« (Huayno, 1953) und »Serenata serrana« (Yaraví, 1958). Wie es heißt, hat G. das Instrument → *Charango* in Lima popularisiert.

Guarimba (Wortzusammenziehung von *Gua*temala und Ma*rimba*)
ein nach 1900 in Guatemala aus Komponenten der → *Música tropical* (insbes. der → *Guaracha*) und des Foxtrots entwickelter Populärtanz im 6/8-Takt, der überwiegend auf der landesüblichen → *Marimba* gespielt wird; Schöpfer dieser neuen Form ist der Komponist Víctor W. → *Aguilar*.

Guarumo
eine in der folkloristischen Musik der Indianer Ekuadors gespielte Naturtrompete, die aus langem Rohr hergestellt wird.

Guarura
in der indianisch-mestizischen Volksmusik Kolumbiens und Venezuelas gespielte Muscheltrompete; eine mit Löchern versehene Triton-Muschel.

Guasa
meist satirische, heute kaum noch verbreitete venezolanische Ballade, deren Texte oft als → *Décimas* ausgelegt waren.

Guasá (Schüttelidiophon)
regionale Variante des Volksmusikinstruments → *Guache;* an der Pazifikküste Kolumbiens zur Begleitung bestimmter Tänze benutzt.

Guastavino, Carlos
* 5.4.1914 Santa Fe; argentinischer Musiker (Piano), Arrangeur und Komponist sowie Folkloreforscher; studierte Piano an der Universität Litoral von Santa Fe, übersiedelte später nach Buenos Aires, erforschte, am Nationalkonservatorium wirkend, die Musikfolklore seines Landes, schrieb zahlreiche folkloristische und populäre Stücke, darunter »Bailecito« (1940), »La Tempranera« (Zamba), »Romance de Cuyo« (Canción, 1953), 15 Lieder nach Texten von Gabriele Mistral (Chile) und »Tres Romances Nuevos« (1954/55).

Guataca (kleiner Spaten, Feldhacke, span.)
normale Feldhacke aus Metall, in der afrokubanischen Volksmusik benutzt; wird mit Eisenstäben perkutiert. Das metallisch-helle Geräusch markiert den Rhythmus von Tänzen meist religiöser bzw. kultischer Inspiration.

Guatemarimba
von dem Musiker Raúl Albizú Anleu in Guatemala-Stadt gegründete Tanzmusikgruppe, für die eine Einheit aus sechs kleinen Marimbas charakteristisch ist, die jeweils durch einen Musiker (Marimbero) gespielt werden. A. nannte diese Instrumentenkonfiguration *Marimba fraccionada* (= getrennte Marimba), mit der völlig neue spiel- und klangtechnische Möglichkeiten erschlossen wurden.

Guatecano
regionale Variante des kolumbianischen → *Torbellino;* im Tal von Tenza verbreitet.

Guateque
(Parranda, Canturía, Punto, Melcocha)
Bezeichnung für eine Art Volksfest mit folkloristischer Musik, Sängerwettstreit (→ *Controversia*) und Tanz in ländlichen Regionen karibischer Länder, insbes. Kuba, wo früher die Formen → *Zapateo,* → *Rumba,* Walzer, Polka, Mazurka und Danzón interpretiert wurden; heute sind → *Punto cubano,* → *Son cubano,* → *Guajira,* → *Seis* u. a. an ihre Stelle getreten.

Guavina → *Guabina*

Guayabero, El - → *Oramas O., Fausto*

Guayaki, Los -
paraguayische Vokal- und Instrumentalgruppe; um 1955 in Paris durch den Musiker Pedro Leguizamón (* 1935, Gesang und Gitarre) mit Ada »Nenequita« Valiente Cáceres (Harfe; Tochter von Agustín → *Barrios*) gegründet; die Formation hat paraguayische Volksmusik in Europa popularisiert; unter verschiedenen Labels (u. a. Bel Air, Concert Hall, Le Chant du Monde und Ducretet-Thompson) erschienen einige LPs, darunter die Titel »Adiós mi reina querida«, »Che corazó yara mí« und »Ypane« (paraguayische Polkas).

Guaycán, Grupo-
kubanische Vokal- und Instrumentalgruppe landestypischer und populärer Musik; 1978 in La Habana im Rahmen der Bewegung der Neuen Kubanischen Trova (MNTC) als reine Amateurgruppe unter der Leitung von Rafael de La Torre Guerrero gegründet. Zum Repertoire gehörten afrokubanische Rhythmen, der → *Son cubano,* moderne Balladen und die Mischform → *Salsa.*

Guayo (Schrapidiophon)
dem → *Güiro* ähnelndes Volksmusikinstrument, das von Nachkommen der Indianer in der Dominikanischen Republik und Kuba (Region Guantánamo) benutzt wird.

Guazá
regionale Variante des brasilianischen Schüttelidiophons → *Ganzá.*

Guazabara
kolumbianischer Karnevalstanz der Küstenregionen, wird durch Gesang, Händeklatschen und möglichst viel Lärm begleitet.

Güe!
charakteristischer Ausruf in einigen afrolateinamerikanischen Tänzen, u. a. im → *Candombe.*

Güegüence
in Nikaragua am »San-Gerónimo-Tag« (13.9.) in ländlichen Regionen aufgeführtes dramatisches Tanzspiel, aus der Kolonialzeit stammend, indianische und christliche Elemente der religiösen Folklore verbindend; in mystischer Manier ausgeführt und mit Texten in Spanisch und Nahuatl interpretiert, mit einer der anonymen Musikfolklore entstammenden Begleitmusik.

Guella → *Huella*

Güero → *Güiro*

Guerra Peixe, César »Peixe Guerra«
* 18.3.1914 Petrópolis (Rio de Janeiro); brasilianischer Musiker (Violine), Arrangeur, Komponist, Bandleader und Musikologe; studierte bei Paulo Carneiro (Musiktheorie) und 1925 an der Musikschule »Santa Cecilia«; leitete ein Tanzorchester, das seinen Namen trug und beim Sender »Rádio Nacional« (São Paulo) wirkte; daneben wurden mit diesem Orchester namhafte Solisten bei ihren Schallplattenaufnahmen begleitet.

Ländlicher Volksmusiker aus Ostkuba mit seinem Güiro (Photo: CIDMUC)

Guerrero, Enrique »El Rey de la Guaracha«
* nach 1800 (?), † 1889 La Habana; kubanischer Musiker (Piano), Bandleader und Komponist der Populärmusik; Leiter einiger Gruppen der → *Bufos (habaneros);* lebte lange in Mexiko und kehrte 1886 nach Kuba zurück; komponierte eine größere Zahl von Liedern, Claves, Danzones, Danzas, Walzer, Contradanzas und vor allem Guarachas, die heute nur noch vereinzelt gespielt werden, z. B. »Mi bandera cubana« (Guaracha).

Guerrero Mosquera, Gastón
* 1926 Istmina (Chocó), † 7.6.1984 (Autounfall); kolumbianischer Sänger, Musiker und Liedermacher; gründete 1948 die Gruppe *Renacimiento Tropical*, später das *Trío Atlantic* und 1951 das in Kolumbien sehr populär gewordene Trío Los → *Isleños.* Zu seinen Kompositionen gehören »Birilingui-birilingo« (Pompo) und »Pajarillo« (Cumbia).

Guevara, Nacha
argentinische Sängerin (Mezzospran) und Liedermacherin; als Protestsängerin zur Bewegung des Neuen Argentinischen Liedes gehörend; ihre Titel »Llora Argentino« (Tango) und »Los Ameriquenos« (Ballade) erschienen auf LPs u.a. der Labels Music Hall und Olympia.

Guevara, Walfrido
* 9.12.1916 Santiago de Cuba; kub. Sänger, Musiker und Komponist landestypischer und populärer Musik; trat seit 1930 in Duos und Trios mit trovadoresken Liedern, Sones, Guarachas und Guajiras auf; wirkte 1940 in der Radiostation 1010 (La Habana). Zu seinen zahlreichen Kompositionen gehören u. a. »Un juramento de amor« (Bolero), »Qué buena es la Nochebuena« (Guaracha«, »Patria querida« (Guajira) und »Que no muera el son« (Son montuno). Später gehörte G. dem Trío Los → *Idaidos* an.

Guía (Leiter, Führer, span.)
der Solist in bestimmten afrolateinamerikanischen Liedern; auf die Tradition des »Vorsängers« (→ *Call & Response*) zurückgehend, u. a. im traditionellen → *Guaguancó* wirkend.

Guícharo (Schrapidiophon)
Folkloreinstrument Puerto Ricos; auf Traditionen der Tainos zurückgehend; aus einer trockenen Marimbo-Frucht hergestellt; dem kubanischen → *Güiro* ähnlich.

Güijompo → *Quijongo*

Guillama Pérez, Marisol
* 20.2.1967 La Habana; kubanische Sängerin der ländlichen Volksmusik (→ *Música campesina*). G., Tochter kanarischer Einwanderer, begann bereits als Kind mit dem Gesang folkloristischer Musik aus ländlichen Regionen Kubas. Nach 1995 trat sie bei Volksfesten in La Habana auf und war Teilnehmerin des Musikwettbewerbes der iberisch-lateinamerikanischen Länder »OTI« (1999). Begleitet von der Folkloregruppe → *Palmas y Cañas* trat sie mit Titeln wie »Yo soy el punto cubano« und »Alborada guajira« in Fernseh- und Rundfunkprogrammen kubanischer Sender auf.

Guillatún (Nguillatún)
religiöse Zeremonie mit Gesang und dem Rhythmus der Trommel → *Kultrún;* von den Araukanern (Mapuche) Chiles und Argentiniens (Region Neuquén) ausgeführt. Die zu den Betgesängen (→ *Rogativa*) gehörende folkloristische Manifestation, an der neben dem Häuptling alle Stammesangehörigen teilnehmen, erbittet Schutz, Beistand und Wohlwollen der Götter. Leiterin ist die Priesterin *Machi.*

Guillén Batista, Nicolás
* 10.7.1902 Camagüey, † 16.7.1989 La Habana; kubanischer Nationaldichter und Lyriker, dessen Texte von Sängern und Liedermachern häufig verwendet wurden, z. B. von Horacio → *Guarany* (Argentinien), Daniel → *Viglietti* (Uruguay), Marta Contreras (Chile), das Septeto → *Nacional* (Kuba), die seine Gedichte zu Liedern und Balladen wie z. B. »Songoro cosongo«, ein Motiv aus der afrokubanischen Folklore, verar-

Der kubanische Nationaldichter Nicolás Guillén auf einem Kongreß, 1961

beiteten. Zahlreiche Poeme aus seinem Buch »Motivos de Son« (1930) wurden durch diverse Komponisten des In- und Auslands vertont.

Guillot, Olga
* 9.10.1924 Santiago de Cuba; kubanische Sängerin; bekannte Interpretin des Bolero; Vertreterin des → *Feeling;* gehörte zur Künstlergruppe der Rundfunkstation 1010 in La Habana; hat ab 1948 im Orchester von Gonzalo → *Curiel* (Mexiko) bzw. beim Sender »XEW« (México-Stadt) gesungen; produzierte zahlreiche Schallplatten u. a. bei Panart, Musart, Puchito, Tropical und Marvela, darunter die Titel »Poquita fe«, »Incertidumbre« und »Lágrimas del alma«.

Guimbarda → *Trompe*

Güiro (Güero, Calabazo, Guayo, Sapo cubano, Schrapidiophon)
Volksmusikinstrument, das, in vielen Varianten existierend, urspr. ein länglicher getrockneter Kürbis mit sägezahnartigen Kerbungen an der Oberseite, über die mit einem Stab aus Holz oder Kunststoff, dem jeweiligen Rhythmus entsprechend, schnell oder langsam geschrapt wird; zuweilen wird der kalebassenartige Instrumentenkörper anstelle eines → *Clave* zusätzlich an der ungezähnten Fläche perkutiert; in der Volks- und Populärmusik u. a. in Kuba, Guatemala und Peru eingesetzt; der Spieler heißt Güirero. In Panamá wird eine Variante der → *Maracas* ebenfalls G. genannt.

Ein chilenischer Wandersänger (Pallador) mit seiner Guitarra caminera

Guitar
englischsprachige Bezeichnung für Gitarre (→ *Guitarra*).

Guitar Pan
eine der vier Grundtypen der in der → *Steel Band* verwendeten Stahlblechtrommeln; die Stimmung dieser Trommel ist in der Stimmlage »Alt« gehalten.

Guitara
regionale Bezeichnung für eine Variante der europäischen Gitarre, die in der Volksmusik der peruanischen Ticuna-Indianer gespielt wird.

Guitare
französischsprachige Bezeichnung für Gitarre (→ *Guitarra*) in francokaribischen Gebieten.

Guitaron → *Guitarrón*

Guitarra (Gitarre)
bekanntestes, am weitesten verbreitetes Saiteninstrument Lateinamerikas; in der folkloristischen, populären und ernsten Musik als Solo- und Begleitinstr., in Gesangsgruppen u./o. Orchestern eingesetzt. Generell wird die normalerweise 6 Saiten aufweisende Gitarre mit den Fingern gespielt; viele Varianten existieren mit teilweise eigenen Bezeichnungen; eine Stimmung z. B. in Peru ist E-H-G-D-A-E. Als Soloinstrument hat sie in Lateinamerika, im Gegensatz zu Spanien, weniger Bedeutung; in den meisten Fällen dient sie zur Begleitung des Gesangs; ihr Spieler heißt → *Guitarrista.* Spezielle Gitarrenarten: 1. *Guitarra eléctrica* (oder G. electrónica; Elektrogitarre): vorwiegend in der Tanz- und Unterhaltungsmusik bzw. im latein-

am. Jazz gespielt. 2. *G. española* (spanische Gitarre): Urform der heutigen Gitarren; 3. *G. latina* (lateinische Gitarre): eine aus dem XIII. Jh. stammende archaische Gitarre; 4. *G. morisca* (moresca, maurische G., auch *G. saracénica* genannt) lautenförmiges Instrument; 5. *G. portuguêsa* (portugiesische Gitarre): → *Machete (1);* 6. *G. flamenca* (Flamenco-Gitarre): normale Gitarre, unterscheidet sich durch eine Spieltechnik besonderer Art; wird im → *Flamenco* gespielt. 7. *G. hawaiana* (Hawai-Gitarre): in der Volks- und Populärmusik Lateinamerikas eingesetzt; in ihrer Verbreitung stark rückläufig.

Guitarra caminera (G. esquinera)
primitive Gitarre; von Wandersängern (Camineros) verschiedener Länder Südamerikas (z. B. in Chile) gefertigt und gespielt. Als Resonanzkörper dient ein flaches, rechteckiges bzw. quadratisches Blechgefäß oder ein 5-Liter-Benzinkanister, der an einem 50 cm oder mehr messenden hölzernen Steg befestigt wird, auf dem Saiten aufgezogen und gespannt werden. Das Instrument wird bunt bemalt, der Steg mit Reißzweckenn, Geldstücken, Plasteknöpfen usw. verziert. Das Repertoire der auf der G. c. spielbaren Lieder ist überraschend groß.

Guitarreada
ein Treffen von Gitarrespielern zum gemeinsamen Musizieren bzw. Leistungsvergleich.

Guitarreo
die auf einer → *Guitarreada* gespielte Musik.

Guitarrería
trovadoreske Bewegung Kolumbiens (insbesondere der Region Chiquinquirá) zur Pflege kultureller Traditionen, in der Laien- und Berufskünstler musizieren.

Guitarrero
in Spanien und Lateinamerika Bezeichnung für den Gitarrenbauer bzw. den Händler von Gitar-

Guitarrillo-Spieler (links) in einer Marimba-Gruppe (Mitte: die nikaraguanische Marimba) aus Nikaragua zusammen mit einem Gitarristen. Diese Instrumentenkonfiguration gehört zu den populärsten Volksmusikgruppen Nikaraguas

ren; in Argentinien und weiteren Ländern wird auch der Solist (→ *Guitarrista*) so genannt.

Guitarrilla criolla → *Charango*

Guitarrillo
1. Bez. für eine kleine Gitarre mit nur 4 bzw. auch 5 Saiten; in Spanien und Lateinamerika (z. B. Nikaragua) benutzt. 2. rustikale Gitarre mit schrillem Klang, meist von ländlichen Volksmusikern selbst gebaut.

Guitarrista
generelle Bezeichnung für den Gitarrespieler, der in Lateinamerika meist auch Sänger ist. Bekannte Gitarristen der lateinamerikanischen Volks- und Populärmusik sind Ricardo Acevedo (Chile), Laurindo → *Almeida* (Brasilien), Rafael → *Amaranto* (Peru), María Luisa → *Anido* (Argentinien), Agustín → *Barrios* (Paraguay), Alex Basso (Panamá), Sergio Bedoya (Ekuador), Carlos Bonilla (Ekuador), Luíz → *Bonfá* (Brasilien), Antonio → *Bribiesca* (Mexiko), Leo → *Brouwer* (Kuba), Octavio Bustos (Chile), Dorival → *Cammi* (Brasilien), Eusebio → *Delfín* (Kuba), Pablo und Alirio → *Díaz* (Venezuela), Eduardo → *Falú* (Argentinien), Roberto → *Grela* (Argentinien), José → *Feliciano* (Puerto Rico), Alfredo → *Gil* (Mexiko), Raúl García (Peru), Chanito → *Isidrón* (Kuba), Eduardo → *Larbanois* (Uruguay), Alvaro Martínez (Kolumbien), Miguel → *Matamoros* (Kuba), Gentil Montaña (Kolumbien), Pablo → *Milanés* (Kuba), Baden → *Powell* (Brasilien), Ñico → *Rojas* (Kuba), Rosalino Quintero (Ekuador), Rubén Danilo Rivera (Guatemala), Martín Torres (Peru), Armando Trejo (Mexiko), Alberto → *Villalón* (Kuba), Daniel → *Viglietti* (Uruguay), Cacho → *Tirao* und Atahualpa → *Yupanqui* (beide Argentinien) und v. a.

Guitarrita
→ *Lunfardo*-Bezeichnung für die Gitarre.

Guitarro
regionale Bez. für das früher in der → *Música llanera* häufig gespielte Instrument → *Tiple.*

Guitarrón
in der Volksmusik verschiedener lateinamerikanischer Länder eingesetztes Saiteninstrument; allgemein eine große, mit 6, 12 oder mehr Saiten bespannte Gitarre, deren bekannteste Variante in Chile gespielt wird und 25 in Fünfergruppen angeordnete Normalsaiten sowie weitere vier, *Diablitos* genannte zusätzliche Saiten aufweist; bevorzugtes Instrument des → *Payador;* mit stark rückläufiger Verbreitung im Einsatz; ihr Spieler heißt Guitarronero.

Guízar Morfin, José »Pepe«
* 12.2.1912 Guadalajara (Jalisco), † 27.9.1980 México-Stadt; mexikanischer Musiker und Komponist landestypischer und populärer Musik. G. übersiedelte 1928 nach México-Stadt, wo er am Nationalkonservatorium studierte; beschreibt in seinen Liedern Landschaften und Gebräuche Mexikos in sehr bildhafter Darstellung; einige → *Ranchera*-Lieder gehören zum Standardrepertoire der → *Mariachi*-Gruppen, darunter »Guadalajara« (1937), »El Mariachi« (1937), »San Luis Potosí« (Canción, 1957), »Chapala« (Ranchera-Can-ción, 1964) und »Sin tí« (Bolero, 1948).

Guízar Morfin, Federico »Tito«
* 18.4.1910 Guadalajara (Jalisco); mexikanischer Sänger, Musiker und Liedermacher; Bruder von »Pepe« → *Guízar,* mit dem er 1928 nach México-Stadt übersiedelte und am Nationalkonservatorium studierte; widmete sich insbes. der Interpretation der → *Ranchera,* produzierte zahlreiche Sachallplatten (u. a. bei Seeco, Tropical und Mercury) und trat als singender Schauspieler, z. B. in dem Film »Allá en el rancho grande«, auf; schrieb u. a. die Stücke »Una vez más« und »Pobre de mí« (1948).

Gumbay (Goombay, Gombay)
urspr. während der Weihnachtstage auf Jamaika und anderen englischsprachigen Karibikinseln durchgeführtes Volksfest mit Musik und Tanz; heute als reiner Modetanz durch karibische Gruppen in weiten Teilen der Welt verbreitet; als kollektive Manifestation traditionel-

ler Folklore den → *Christmas Mummings* sehr ähnlich. Olive Lewin (Jamaika) schrieb in ihrer Abhandlung über die folkloristische Musik Jamaikas: »Der G. wird in abgelegenen Regionen von St. Elizabeth (Jamaika), im Südwesten des Landes gelegen, praktiziert. Trommeln (Drums), Gesänge und Tänze mischen sich zu einer erregenden Zeremonie, deren Zweck die Zurückdrängung böser Geister ist. Einer der interessantesten Eindrücke dieser Musik wird von jener quadratischen, mit Ziegenfell bespannten Trommel vermittelt, deren Rhythmen generell in schnellen Takten (Sechzehntelnoten) kommen.«

Gunga → *Urucungo*

Gunjai
afrokaribischer Volkstanz der Garifuna-Region von Belize (ehem. Britisch Honduras); als Rundtanz aufgeführt und durch Gesang begleitet.

Gurufim
afrobrasilianischer Totengesang im Gebiet des Bundesstaates São Paulo; in der Wohnstätte des Verstorbenen, in der dieser aufgebahrt ist, zelebriert.

Gusto
mexikanischer Volkstanz des Bundesstaates Guerrero; Variante des mexikanischen → *Son*; in langsam-getragenem Rhythmus durch Gitarre und Violine interpretiert. Die dazu gesungenen Texte (Coplas) bestehen aus Vierzeilern mit lyrisch-sentimentalem Inhalt; viele der meist zur anonymen Musikfolklore gehörenden Stücke nehmen Bezug auf Leben und Arbeit der Viehhirten (Cuerudos); einige Titel erinnern an die → *Chilena*.

Gutiérrez Vital, Alfredo de Jesús
»Rebelde del Acordeón«
* 1943 Sincelejo (Sucre); kolumbianischer Musiker (Akkordeon), Sänger, Liedermacher und Bandleader; führte eine zur Moderne tendierende Modifikation der → *Música vallenata* ein, die insbes. bei jüngeren Musikliebhabern im In- und Ausland großen Anklang fand (u. a. der Einsatz neuer Instrumente). G. gründete eine Musikgruppe, *Alfredo Gutiérrez y sus Estrellas*, mit der er mehr als 60 LPs (u. a. bei Sonolux und Fuentes) einspielte; einige Titel wie »Cañaguatera« erreichten Auflagen in Millionenhöhe. Zu den bekanntesten Kompositionen von G. gehören u. a. die Titel »Arranca tronco« (Fandango), »Sirena« (Pasaje), »Paloma guarumera« (Porro) und »Porque tumbo la pared« (Paseaíto) sowie »La Trabajadora« (Joropo). Einige Male wurde ihm der Ehrentitel »Rey Vallenato« verliehen.

Gutiérrez, Bienvenido Julián
* 22.3.1900 La Habana, † 10.12.1966 das.; kubanischer Musiker (Maracas) und Komponist; Autodidakt; spontan-intuitiv arbeitend; musste für die Niederschrift seiner zahlreichen Kompositionen die Hilfe notenkundiger Musiker in Anspruch nehmen. G. wirkte als Maracas-Spieler seit seiner Jugend in diversen Gruppen, ab 1918 in der Son-Gruppe Renacimiento; zu seinen Stücken, meist der Form → *Son cubano,* gehören u. a. »Diablo tuntún«, »Sensemaya«, »El huerfanito« sowie die Guarachas »Cabeza dura« und »La Ruñidera«; diese wurden meist durch die Son-Sextette interpretiert.

Gutiérrez, Efraín
* 1946 Pedasí; panamaischer Sänger, Musiker, Arrangeur und Bandleader; hervorragender Solist auf der → *Mejorana (2),* wirkte in einigen Folkloregruppen und war Direktor des Zentrums für Folkloristische Kunst in Los Santos.

Gutiérrez, Julio
* 10.1.1918 Manzanillo, † 15.12.1990 New York; kubanischer Sänger, Musiker, Komponist und Bandleader; gehörte einigen Gruppen der Populärmusik an, formierte in den 50er Jahren die Jazzband *Julio Gutiérrez y sus Reyes del Mambo* bzw. *Conjunto de Julio Gutiérrez*, mit denen er überwiegend kubanische Tanzmusik interpretierte und auf Schallplatten verschiedener Labels (u. a. Columbia und Panart) publi-

zierte; G. schrieb die populären Titel »Un poquito de tu amor« (Cha-cha-chá), »De tí enamorado« (Bolero) und »Con su bata de olla« (Bachata).

Gutiérrez Gutiérrez, Manuel

* 1940 San Juan de Oriente; nikaraguanischer Musiker (Marimba) und Arrangeur; begann 1965 mit dem Spiel der → *Marimba,* wobei sich sein Interpretationsstil stets an der ländlichen Musikfolklore Nikaraguas orientierte; in letzter Zeit hat er auch lateinamerikanische Tanzmusik u. a. der Formen → *Cumbia* und → *Bolero* arrangiert und auf seinem Instrument gespielt.

Gutiérrez, Pedro Elías

* 1870 Guaira, † 1954 Caracas; venezolanischer Musiker, Komponist und Bandleader; war in Caracas längere Zeit Direktor des Orchesters *Banda Marcial,* für das er arrangierte und Stücke schrieb. Seine Komposition → *»Alma llanera«,* ein → *Joropo,* wurde weltbekannt und wird heute noch oft gespielt.

Guyana Folklor Group, The -

guyanisches Vokal-, Instrumental- und Tanzensemble, zur Popularisierung landestypischer Musik; in Georgetown mit 21 Mitgliedern unter staatlicher Förderung gegründet. Das Repertoire besteht aus traditionellen Liedern und Tänzen Guyanas, wobei die landesübliche Variante des → *Calypso* dominiert. Breiten Raum nehmen chorale, auf afrikanische Musiktradition beruhende Stücke ein; unter dem Titel »Bamboo Fire« entstand eine LP.

Guyana Police Male Voice Choir

guyanische Vokal- und Instrumentalgruppe landestypischer und populärer Musik; in Georgetown durch Amateursänger und -musiker der Polizeikräfte gegründet. Die unter Leitung von Sergeant Morris Watson wirkende Gruppe interpretiert vorwiegend Musik aus der nationalen Tradition; Gesangssolisten sind Cyril Andrews und Eulick Thomas; die Titel »Jane engage«, »Tell Myray« und »Blue coat« erschienen auf einer LP.

Guzmán González, Adolfo

* 13.5.1920 La Habana, † 30.7.1976 das.; kubanischer Musiker (Piano), Orchesterleiter, Arrangeur und Komponist; bekannter Vetreter der kubanischen Populärmusik; wirkte ab 1937 als professioneller Musiker, wobei er zunächst der argentinischen Gruppe *Los Románticos Gauchos* als Pianist angehörte, in der er überwiegend Titel der Form → *Tango* interpretierte; begleitete ferner Sänger wie Alberto Gómez (Argentinien), arrangierte zahlreiche Titel, leitete diverse Orchester und komponierte viele Stücke, darunter die Boleros »Libre de pecado«, »Así verte de lejos«, »Magia del amor«, »Luna del Congo« (1945), »No es posible querer tanto« (1954), den Tango »Charlemos« (1941) und seine bekannteste Komposition, den Bolero »No puedo ser feliz« (1954). Unter versch. Labels entstanden zahlreiche Schallplatten. G. ist einer der vielseitigsten und besten Komponisten Kubas; ein jährlich veranstalteter Interpretenwettbewerb trägt seinen Namen (→ *Concurso Guzmán*).

Guzmán, Enrique

* 1942 Caracas; venezolanischer Sänger, Liedermacher und Bandleader der Populärmusik; im Rahmen der Renovationsbewegung → *Nueva Ola* während der 60er Jahre bekanntgeworden; produzierte 15 LPs, darunter die balladenhaften Stücke »Muñequita«, »Celos de tí« und »Payasito«, alles Eigenkompositionen; wirkte in mehr als 20 Filmen als singender Schauspieler und leitete das Rock-Quartett *Nahuatl.*

Guzunga (Biritador)

zylindrisch geformte Einfelltrommel, vom Spieler getragen und mit der Hand perkutiert; in der Volksmusik einiger Regionen des brasilianischen Bundesstaates São Paulo benutzt.

H

Habana, Trío -
kubanisches Vokal- und Instrumentaltrio; in La Habana nach 1930 durch die Solisten Rosendo → *Ruiz Suárez,* E. Betancourt und H. Hernández formiert; es wurden trovadoreske Stücke interpretiert, darunter »Mujer infortunada«, die auf Schallplatten (Label Brunswick) erschienen.

Habanera (port.: Havaneira)
eine um 1825 aus der kubanischen → *Danza* hervorgegangene nationale Form eines Salontanzes, die wenig später in andere Länder wie Mexiko, Kolumbien, Argentinien, Brasilien und Chile bzw. nach Spanien gelangte. Die in das La Plata-Gebiet transkulturierte H. bildete eine wesentliche Komponente für den dort entstandenen → *Tango;* unter Bezeichnungen wie *Habana Air, Danza habanera* oder *Havanaise* (im französischen Sprachgebiet Lateinamerikas) war sie längere Zeit als Modetanz sehr populär. Im 6/8- und 2/4-Takt gehalten, wurde die H. ein wichtiger Bestandteil der Repertoires der Compañías de → *Zarzuela,* besonders in Kuba und Mexiko. 1866 sang Conchita Méndez die bekannte, heute noch überaus populäre H. »La → *Paloma*« des Spaniers Sebastián de → *Yradier;* nach 1900 gelangte sie nach Europa. Ein bekannter Habanera-Sänger war der Kubaner Mariano Meléndez (1886 – 1960). In Uruguay, wo die H. ab 1860 zunächst als Salontanz aufgeführt wurde, fand sie später Eingang in die ländliche Musikfolklore, in der sie, durch Gitarre oder Akkordeon begleitet, bis heute einen festen Platz innehat.

Habanero, Sexteto-
kubanisches Vokal- und Instrumentalsextett, ab 1927 -septett; eine der populärsten Gruppen des → *Son cubano;* in La Habana 1919 durch Guillermo Castillo García (Gitarre, 2. Stimme, Bandleader), Gerardo Martínez Rivero (Vokalist), Felipe de Nery Cabrera (Maracas, Chorgesang), Joaquín Velazco (Bongoes), Ricardo Martínez (Tres) und Antonio Bacallao (Botija) gegründet; war die erste bedeutende Gruppe ihres Typs in La Habana; 1927 erfolgte die Erweiterung zum Septett, wobei die Bezeichnung »Sextett« beibehalten wurde, durch den Einbezug einer Trompete (u. a. durch Enrique Hernández U. gespielt); gleichzeitig kam es zu einer weiteren Neuerung: das traditionelle Instrument → *Botija* wurde durch den Kontrabass (gespielt durch Gerardo Martínez Rivera) ersetzt. Die Formation, eine der wichtigsten in der Geschichte der kubanischen Populärmusik des XX. Jh., hat bei Victor zahlreiche Schallplatten, darunter die Titel »A la Loma de Belán«, »Elena la cumbanchera« und »Criolla carabalí« (Sones) aufgenommen, in einigen Filmen mitgewirkt und Auslandsgastspiele, u. a. in die USA, bestritten.

Haciendo Punto en Otro Son, Grupo -
puertorikanisches Vokal- und Instrumentalquintett landestypischer und populärer Musik; 1975 in San Juan durch den Musiker Iván González gegründet, interpretierte nationale und internationale Musik; produzierte bislang 5 LPs, darunter die Titel »Nuestra América« und »Seis chacarero«.

Hacha
alter, im XVII. Jh. populärer mexikanischer Salontanz; heute nicht mehr verbreitet.

Hacheros, Los -
uruguayisches Gesang- und Instrumentalduo, wurde um 1970 in Treinta y Tres durch die Solisten Aníbal López und Rómulo Messones (beide Gesang und Gitarre) formiert; interpretierte folkloristische und populäre Musik Uruguays, wobei bevorzugt Kompositionen von Rubén →

Lena dargeboten wurden. Bei Sondor entstanden mehrere LPs u. a. die Titel »Yerbaluna«, »ta llorando« und »Bandoneón de Treinta y Tres« enthaltend.

Haravecos, Los -
argentinisches Vokal- und Instrumentalquartett der folkloristischen Musik; nach 1960 durch Víctor Raúl Sánchez, Julio César Casas, Roberto Santos Barrera und Juan Carlos Arbitelli in Villa María gegründet; auf LPs (Label Parlophone) wurden u. a. die Titel »Viva Santa Cruz« und »Sargento Cabral« veröffentlicht.

Harawi
peruanisches Tanzlied, bereits sehr alt; mit Sicherheit aus der vorspanischen Ära stammend; wird insbes. bei Hochzeiten, beim Aussäen und Ernten, bei Besuchen und zum Abschied intoniert; heute nur noch in den Regionen Huancavelica, Ayacucho und Apurímac verbreitet.

Harlow, Larry »Judío Maravilloso«
(eigtl. Lawrence Ira Kahn)
* 20.3.1939 New York; US-amerikanischer Musiker (Piano), Arrangeur, Komponist und Bandleader; jüdischer Abstammung; lebte einige Jahre in Kuba, wo er sich der lateinamerikanischen Musik zuwandte, wirkt seit längerem in New York, wo er innerhalb des kulturellen Umfeldes → *New York Latino* zunächst in einigen Gruppen musizierte und nach 1965 ein eigenes Orchester vom Typ einer → *Charanga Francesa* formierte, das sehr schnell große Popularität erlangte und in dem u. a. der bekannte Bongó-Spieler »Manny« → *Oquendo* mitwirkte. Im neuartigen → *Salsa*-Stil entstanden bei Fania zahlreiche LPs, darunter die Salsa-Titel »No hay amigo« und »Paso de Encarnación«.

Harold (eigtl. H. Orozco Rengifo)
* 1947 Cali; kolumbianischer Sänger, Musiker, Arrangeur und Liedermacher; gilt als Begründer der Modelinie → *Nueva Ola* in Kolumbien; produzierte ab 1966 einige LPs, darunter den Erfolgstitel »Destino a la ciudad«.

Harpa
portugiesische Schreibweise für → *Arpa* (=Harfe).

Hatarisun, Taller -
peruanisches Vokal- und Instrumentalensemble des Neuen Peruanischen Liedes, 1972 in Lima durch den Musiker Américo Valencia Chacón gegründet; pflegte mestizische und indianische Musik; beteiligte sich 1978 am *Festival des Lateinamerikanischen Liedes* in Lima.

Hatfield Folk & Cultural Group
jamaikanische Vokal-, Instrumental- und Tanzgruppe zur Wahrung folkloristischer Traditionen, insbesondere der Region Hatfield/Westmoreland; 1975 in Montego Bay von sechs zu einer Familie gehörenden Mitgliedern und einigen von den → *Jamaican Folk Singers* kommenden Künstlern, angeleitet durch Daphne Davis, gegründet. Das gegenwärtig unter David Miller wirkende Ensemble trat u. a. zu den XI. Weltfestspielen der Jugend und Studenten in La Habana sowie anlässlich der Feiern zum 200. Geburtstag von Simón Bolívar (1983) in Caracas auf.

Havana Cuban Boys
1955 in La Habana durch den Musiker Armando → *Oréfiche* formiertes Tanzorchester; die Gründung (mit 11 Musikern) war das Resultat einer Re-Organisation der legendären Gruppe → *Lecuona Cuban Boys;* es wurden Show-Programme im »Casino Parisien« (La Habana) bestritten und einige Schallplatten (Label Panart) aufgezeichnet, darunter der Titel »Rumba azul«.

Hayre Ramírez, Carlos
* 30.6.1932 Barranco; peruanischer Musiker (Kontrabass, Gitarre), Arrangeur, Bandleader und Komponist; bekannter Vertreter der kreolischen Musik Perus; studierte bei Víctor Toledo und Manolo Avalos; wurde als Gitarrist u. a. im Trío Los Peruanos bzw. als Kontrabassist in der *Sonora Sensación* sehr populär; er erforschte insbes. den peruanischer Nationaltanz → *Marinera,* schrieb zahlreiche Arrangements traditio-

neller Walzer und Marineras, leitete ein Orchester und produzierte einige LPs (Labels Sono Radio, Virrey u. a.), darunter die Titel »Campesino«, »Ojazos negros« und »Celos míos«. Wegen seines eigenwillig-gekonnten Interpretationsstils auf der Gitarre wird er oft als »Erneuerer der kreolischen Gitarre« bezeichnet.

Heitmann, Donato Román
* San Bernardo, † ?; chilenischer Musiker, Komponist, Arrangeur und Bandleader deutscher Abstammung; wurde durch die von ihm gegründete Folkloregruppe → *Villa San Bernardo* in ganz Chile bekannt; schrieb u. a. Stücke der Formen → *Tonada,* → *Pregón,* → *Villancico* und → *Refalosa;* darunter die Titel »Campos de mi tierra«, »Como el agüita fresca« und »Río abajo«.

Hell Yard, The -
anglokaribische Musikgruppe vom Typ → *Tamboo-Bamboo*-Band, um 1935 in Port of Spain (Trinidad) unter der Leitung von Neville Jules formiert; die insbes. zur Karnevalszeit aktive Band wurde später, dem allgemeinen Trend der 40er Jahre des XX. Jh. folgend, in eine → *Steel Band* umgewandelt und nannte sich fortan *The Trinidad All Stars*.

Hembra (Frau, span.)
zur Unterscheidung bei paarig eingesetzten Musikinstrumenten wie → *Claves,* → *Bongó* → *Quitiplás,* u. a.) benutzter Ausdruck für das jeweilig kleinere Instrument (→ *Macho*).

Henríquez, Hugo
* 1941 Guayaquil; ekuadorianischer Sänger moderner Populärmusik; zu den bekanntesten Interpreten seines Landes gehörend. Auf dem 2. Festival des Lateinamerikanischen Liedes in New York erhielt er für sein Lied »Te voy a regalar un continente« den 1. Preis.

Henríquez, Nélson (eigtl. N. Antonio Osorio H.)
* 1944 Maracaibo; venezolanischer Sänger, Bandleader und Liedermacher; gehörte zunächst dem Tanzorchester *La Playa* an, sang später bei → *Billo's Caracas Boys* und im Orchester von »Porfi« Jiménez; um 1970 gründete er ein seinen Namen tragendes Orchester, mit dem er insbes. beim Karneval von Barranquilla auftrat und das 1971 als »Bestes Orchester« und mit weiteren Auszeichnungen geehrt wurde.

Henríquez, Reinaldo
* 21.8.1915 Santiago de Cuba, † 20.6.1986 La Habana; kubanischer Sänger trovadoresker und populärer Musik; bildete in Santiago de Cuba 1934 mit Rolando Rabí ein Duo der traditionellen Musik, übersiedelte 1939 nach La Habana und sang bei versch. Rundfunksendern Lieder aus Kuba und Mexiko, wobei er oft von dem Pianisten Orlando de La → *Rosa* begleitet wurde. H. gehört zu den Pionieren des → *Feeling* in Kuba; unter verschiedenen Labels (u. a. Columbia) entstanden zahlreiche Schallplatten wie das Lied »Sinceramente tuyo«.

Henríquez Díaz, Tito
* 12.1.1920 Santurce, 22.9.1992 San Juan (?); puertorikanischer Musiker (Gitarre), Komponist und Bandleader; erlernte frühzeitig das Gitarrespiel, war Mitglied diverser Gruppen, gründete später die Formation Tahoné; war danach Sänger und Gitarrist im Cuarteto → *Marcano* bzw. Cuarteto → *Mayarí.* Nach 1940 widmete er sich verstärkt dem puertorikanischen Lied, gründete das *Cuarteto Boricua* und komponierte Stücke wie »Bello amanecer«, »Serenata« und »Tierra nuestra«, die durchweg romantischen Charakter tragen.

Heredia, Víctor
* 1947 Buenos Aires; argentinischer Sänger und Liedermacher; vielseitig begabter Nachwuchssänger, der mit seinem Lied »El viejo Matías« bekannt wurde; nahm ab 1971 an Liederfestivals des In- und Auslandes teil; produzierte 8 LPs, darunter die Titel »Para cobrar altura« (Zamba) und »Dulce madera cantora« (Canción).

Herencia Maya Quiché, Conjunto-
salvadorenische Instrumentalgruppe folkloristi-

scher und populärer Musik; in San Salvador durch den Musiker Hugo Perrales gegründet; interpretierte mit typischen Instrumenten wie → *Marimba* und → *Chirimía* u. a. die indianische Suite »Paabanc«, die auf LPs des Labels Dicesa veröffentlicht wurde.

Hermano Bartolo
alter spanischer Tanz des XVII. Jh.; wurde später in versch. Länder Lateinamerikas verbreitet.

Hermanos de la Cuadra, Los -
venezolanische Vokal- und Instrumentalgruppe kreolischer Volks- und Tanzmusik; 1968 in Falcón durch die Gebrüder (Hermanos) Miguelito, Frank, Víctor und Douglas Manzano Quiñones gegründet; bestritt Auslandsgastspiele (u. a. nach den Niederländischen Antillen) und produzierte zahlreiche Schallplatten.

Hermoza Vierreira, Ulises
* 1958, † 1992 (Leukämie); bolivianischer Musiker, Arrangeur, Komponist und Bandleader; gründete und leitete die Musikgruppe Los → *Kjarkas;* seine Komposition »Llorando se fue« (Saya) wurde von französischen Arrangeuren weiterverarbeitet und später als → *»Lambada«* veröffentlicht.

Hernández, Armando
* 4.2.1945 Magangué (Bolívar); kolumbianischer Sänger, Musiker (Akkordeon) und Liedermacher; Vertreter der → *Música tropical;* sang zuerst Boleros und Rancheras, wirkte später in der Gruppe Los → *Corraleros de Majagual* bzw. bei der *Combo Caribe*; bei Fuentes entstanden einige LPs, darunter der Titel »Vuelve a tu casa«.

Hernández, Gilberto
* 7.7.1921 Puntarenas; kostarikanischer Sänger und Bandleader; bekannter und notabler Interpret des → *Bolero.* H. begann seine Laufbahn 1944 in San José als Sänger des Tanzorchesters *Lubín Barahona y sus Caballeros del Ritmo*, später sang er bei der *Orquesta Solís* und in der Folgezeit formierte er seine eigene Gruppo *Nocturnal*, mit der er bis 1950 bei den Runfunksendern Radio Monumental und La Voz de la Victor wirkte. Ab 1950 publizierte er Schallplatten, zuerst bei Musart (México), danach bei Sonoloux (in Kolumbien) und letztendlich unter dem eigenen Label Gilbert. In der Folgezeit (ab 1963, mit einem neuen Orchester) erschienen in Mexiko bzw. in den USA bei CBS Titel »Porque te quiero tanto me voy« (Bolero) und »Llorona« (Cumbión).

Hernández, Mario
* 1924; puertorikanischer Sänger, Musiker (Tres, Gitarre), Bandleader und Komponist; bekannter Vertreter des → *Son cubano;* leitete die Gruppen *Los Diablos del Caribe* und *Sexteto Borinquen*; schrieb u. a. die Titel »Canto a Borinquen« und »Mujeres que dominan«; unter versch. Labels (u. a. B.M.C. Records, Verne, Seneca, Reina, Dirma, Mardi, Aldia, DDC, Alegre, Tropical und Ansonia) entstanden zahlreiche Schallplatten.

Hernández, Rafael »El Jibarito de Yauco«
* 24.10.1893 Aguadilla, † 11.12.1965 San Juan; puertorikanischer Musiker (Piano), Arrangeur, Komponist und Bandleader; berühmtester Komponist Puerto Ricos; erhielt ersten Musikunterricht in seinem Heimatort, vervollständigte seine Kenntnisse autodidaktisch; ging nach 1920 nach New York, wo er im Puertorikanerviertel musizierte und 1926 zu komponieren begann. 1929 kehrte H. mit dem von ihm gegründeten *Trío Borinquen* nach Puerto Rico zurück; Mitte der 30er Jahre nahm er ein Studium am Konservatorium in México-Stadt bei Julián → *Carrillo* und Juan León auf und widmete sich daneben der Komposition. 1947 übernahm er in San Juan die Leitung der *Sinfonietta Puertorriqueña*, begann hier mit der Komposition ernster Musik; gründete das Cuarteto → *Victoria* sowie ein Orchester, das seinen Namen trug und im In- und Ausland große Popularität erlangte. H. schuf mehr als 2000 Stücke, überwiegend Boleros, die teilweise noch heute in weiten Teilen Lateinamerikas gespielt werden; dazu gehören

»Lamento borincano« (1929), »El Cumbanchero« (Conga, 1943), »Rumba Tambah«, »Cachita« (Rumba, 1933), »Campanitas de cristal« (Bolero, 1936), »Perfume de gardenias« (Bolero, 1936), »Enamorado de tí« (Bolero, 1934), »Canción del alma« (Bolero, 1942) und »Ahora seremos felices« (Rumba lenta).

Herrera, Cándido
* 10.3.1940 El Baúl (Cojedes); venezolanischer Musiker (Harfe), Arrangeur und Komponist; einer der besten Harfenisten der Gegenwart; gründete und leitete eine Folkloregruppe der → *Música llanera*; schrieb zahlreiche Stücke wie den bekannten → *Pasaje* »Homenaje a El Baúl« und »Venezuela canta«.

Herrera, Eliseo
kolumbianischer Sänger, Musiker und Liedermacher; wirkte u. a. in der Gruppe Los → *Corraleros de Majagual* und komponierte zahlreiche Stücke der → *Música tropical,* darunter »Adivinanza«, »Casi nada« und »La burrita de Eliseo« (Cumbia).

Herrera, Norma
* 24.05.1940 México-Ciudad; mexikanische Sängerin und Musikerin (Piano), daneben auch ausgebildete Tänzerin für typische und folkloristische Musik. Nach ihren Musikstudien (Gesang, Piano) spezialisierte sich H. auf die Interpretation von Rancheras, die sie in Programmen des Senders XEW präsentierte; wenig später entstanden erste Schallplattenaufnahmen, darunter die Titel »Guadalajara« und »Malagueña«.

Herr-Schmidt (Erximite)
brasilianischer Volkstanz der deutschstämmigen Volksgruppen in Rio Grande do Sul und Santa Catarina (Blumenau); wird auf Volksfesten von Paaren getanzt, die, sich an den Händen haltend, im Kreis bewegen.

Hezô-hezô
lange indianische Trompete, mit einer als Resonanzkörper dienenden Kalebasse versehen; sie wird in der Volksmusik der brasilianischen Pareci-Indianer (Amazonas) gespielt.

Hidalgo, Bartolomé »El Payador del Plata«
* 1788 Montevideo, † 1823 das.; uruguayischer Volkssänger (Payador) und Liedermacher; einer der ersten und seinerzeit populärsten Wandersänger des La Plata-Gebietes; griff Themen aus dem Kulturkreis des → *Gaucho* auf; besang als einer der ersten Interpreten seiner Region Motive aus dem Umfeld der ländlichen Musikfolklore.

Hidalgo, Ginamaría
* 1946 Buenos Aires; argentinische Sängerin; interpretierte lyrisch-romanzenhafte Stücke, Tangos und folkloristische Lieder; produzierte bis 1974 10 LPs (u.a. bei Odeon und Microfón) und 50 Singles, darunter die Titel »Romance de María Pueblo« und »Milonga triste«.

Hierrezuelo La O, Lorenzo
* 5.9.1907 El Caney (Oriente); kubanischer Sänger, Musiker (Gitarre) und Liedermacher; entstammt einer Musikerfamilie; formierte ein Trio, mit dem er 1930 nach La Habana ging. Von 1937 – 1962 bildete er zusammen mit María Teresa → *Vera* eines der besten Duos trovadoresker Musik Kubas; daneben formierte er 1938 das sehr populär gewordene Dúo Los → *Compadres;* H. schrieb eine größere Zahl von Titeln der Formen → *Son,* → *Guaracha,* → *Guajira* u. a., darunter die Titel »Así son Los Compadres« (Son), »Calabaza« (Son), »Cañero No 15« (Son), »Mi son oriental« (Son montuno) und »Pilarcita« (Bolero).

High Life Music (Ngoma Music)
Sammelbezeichnung für ein Genre der populären Tanzmusik Afrikas; heute im wesentlichen auf dem Territorium der beiden kongolesischen Staaten Kongo und Zaire sowie in benachbarten Ländern verbreitet; eine Mischung lateinamerikanischer (insbes. Komponenten von → *Rumba* und → *Guaracha*) mit afrikani-

schen Elementen der Gegenwart. Es dominieren im Beat-Sound gespielte Gitarren, heute z. T. elektrisch verstärkt, und Perkussionsinstrumente. Der Klang ist rhythmusbetont, zuweilen werden Liedtexte in afrikanisiertem Spanisch, meist jedoch in Suaheli oder anderen Landessprachen gesungen. Die Entwicklung geht vor allem auf die im Umfeld der Rückwanderung freigelassener Sklaven erfolgte Re-Transkulturation afrolateinamerikanischer Lieder und Tänze zurück. (→ *Jazz africano*)

Hijos del Paraguay, Los-
paraguayisches Vokal- und Instrumentaltrio; um 1970 (?) in Asunción durch die Gebrüder Estanislao Aguero González (Harfe), Esteban Aguero (Gitarre, 2. Stimme) und Pablo Aguero (Requinto und 1. Stimme) formiert. Das Repertoire bestand vorwiegend aus Titeln der nationalen Volksmusik; bei Blue Caps entstanden einige LPs, darunter die Titel »Trigueñita«, »En tu ventana« und »Adiós che paraje cué«.

Hilawata (Puso)
etwa 80 cm lange Flöte vom Typ der → *Quena;* in der Volksmusik der Region von Puno (Peru) gespielt.

Hime, Francis (eigtl. F. Victor Walter H.)
* 31.8.1939 Rio de Janeiro; brasilianischer Musiker (Piano), Sänger, Arrangeur und Komponist; studierte zunächst am Brasilianischen Konservatorium für Musik (Rio de Janeiro) und später in der Schweiz; begann 1963 mit der Komposition von Populärmusik; so schrieb er u. a. »Trocando em miudos« (Canção; Text: Chico Buarque), »Herança« (Canção; Text: Paulo C. Pinheiro) und »Com mais adeus« (1963).

Himno Nacional (port.: Hino N.)
Nationalhymne; wichtiger Bestandteil der politischen und kulturellen Identifikation der Länder Lateinamerikas; nachfolgend eine Aufstellung der einzelnen Staaten; es folgen der Name des jeweiligen Komponisten und an 2. Stelle der des Textdichters:

Argentinien	Blas Parera, Vicente López y Planes
Bolivien	aus der anonymen Musikfolklore; ein Huayño des Altiplano
Brasilien	Francisco Manoel da Silva
Kolumbien	Oreste Sindici
Costa Rica	Manuel María Gutiérrez, José María Zeledón Brenes
Kuba	»Perucho« Figueredo
Chile	Ramón Carnicer, Eusebio Lillo
Ekuador	Antonio Neumane, Juan Leda Mera
El Salvador	Juan Aberle, Juan José Cañas
Guatemala	Rafael Álvarez, anonym
Honduras	Carlos Haertking, Augusto C. Coello
Jamaika	Robert Lightbouruc-Poulle, Reverend Hugh Sherlock
Mexiko	Jaime Nunó Francisco, González Bocanegra
Nikaragua	Salomón Ibarra Mayorga, Fraile Castinove
Panamá	Jorge Santos, Jerónimo de La Ossa
Paraguay	Francisco José Deballi, Francisco Acuña de Figueroa
Peru	José Bernardo Alcedo, José Torres Ugarte

Dom. Rep.	Juan Bautista Alfonseca
Uruguay	Francisco Acuña de Figueroa
Venezuela	Juan José Landaeta

Hinestroza de Rosero Rivera, Maruja
* 16.11.1916 Pasto; kolumbianische Musikerin und Komponistin; studierte an einer Schule des Franziskaner-Ordens; begann frühzeitig mit der Komposition folkloristischer und populärer Musik; als erste Komposition entstand »El Cafetero« (Pasillo, 1930); weitere bekannte Stücke sind »Las tres de la mañana«, »Mi Terruño« und »Serenata colombiana«.

Hinojosa, Tish »Cuquita«
(eigtl. María del Refugio Coronado Zamudio)
* 196? Villa Juárez (Coahuila); mexikanisch-texanische Sängerin, Gitarristin und Liedermacherin; begann ihre Karriere nach 1980 im Umfeld der Universität von Austin (Texas) und konzentrierte sich auf die Interpretation von Liedern und Balladen im → *Tex-Mex-Style,* denen sie mit ihrer außergewöhnlichen Stimme Ausdruck verlieh. Unter ihren zahlreichen Aufnahmen nehmen »Corazón viajero«, »Pajarillo Barranqueño« und »Las Marías« einen vorderen Platz ein.

Hirúkiam
Schrapidiophon der Yaqui-Indianer Nordmexikos; aus Brasilholz gefertigt; etwa 60 cm lang; an der Oberseite werden Kerben eingeschnitzt, die mit einem Stab geschrapt werden. Das Instrument wird u. a. beim Baile del → *Venado* eingesetzt.

Hispanos, Los -
kolumbianisches Vokal- und Instrumentalquartett der → *Música tropical;* Anfang der 60er Jahre durch Studenten in Bogotá gegründet; produzierte mehr als 20 LPs mit Tanzmusik (Labels Zeida und Fuentes), darunter die Titel »Ramita de Matimbá« und »Para Santa Marta«; unternahm einige Auslandsgastspiele.

Hoja (Mirlitón)
ein zwischen die Finger gelegtes und an den Mund geführtes Baum- bzw. Kunststoffblättchen, das angeblasen wird; in der indianischen Volksmusik u. a. in Peru (Amazonas, Cajamarca, San Martín und Lambayeque) benutzt.

Holcan Okot
Tanz der Maya-Krieger von Yucatán (Mexiko); in vorspanischer Zeit zu bestimmten Volksfesten aufgeführt.

Hom
primitive Trompete der alten Maya-Kultur, die ihrerzeit auf Volksfesten u. a. gespielt wurde.

Hombre Orquesta (Einmann-Orchester)
kuriose Bereicherung des Musiklebens auf Straßen und Plätzen; ein Musiker, der mehrere Instrumente, meist Trommeln, Schelleninstrumente, Violine und Akkordeon geleichzeitig spielt und damit ein kleines Orchester simuliert. In einigen Ländern Lateinamerikas (Kuba [Eugenio Collado Hernández], Chile [El Chinchinero], Paraguay [Ruperto Coronel Ayala]) erlangten derartige Musiker große Popularität.

Das Einmann-Orchester (Hombre Orquesta) von Luis Enrique Rosabal Rodríguez (* 21.4.1975 Bayamo) spielte am 10.11.1999 in einem Hof an der Straße Consulado in Alt-Habana (Kuba).

Hondo
eine dem → *Tambor* ähnliche Trommel, die von bestimmten Folkloregruppen der Region Darién (Panamá) benutzt wird.

Hora, Rildo (eigtl. R. Alexandre Barreto da H.)
* 20.4.1939 Recife (Pernambuco); brasilianischer Musiker, Sänger, Arrangeur, Komponist und Bandleader; lebt und wirkt in Rio de Janeiro, wo er ein Orchester leitete, das namhafte Sänger wie Martinho da → *Vila* und Eliseth → *Cardoso* bei ihren Schallplattenaufnahmen begleitet hat. H. schrieb u. a. die Titel »Chico Valente« (Baião), »Dia de São João« (Baião) und »Andando de banda« (Samba; mit Sérgio Cabral).

Hornada → *Jornada*

Hororó-até
in der Volksmusik der Amazonasindianer verwendeter primitiver Musikbogen.

Hortelano
alter, aus der Kolonialzeit stammender Volkstanz versch. Regionen Lateinamerikas; heute beschränkt sich seine Verbreitung auf Gebiete der peruanischen Provinz Apurímac.

Houdini, Wilmoth (eigtl. Frederick W. Hendricks)
* 25.11.1895 Port of Spain (Trinidad), † 6.8.1973 New York; anglokaribischer Sänger, Musiker, Liedermacher und Bandleader; bekannter Vertreter der sog. Old Brigade des → *Calypso;* widmete sich ab 1916 dem Gesang folkloristisch-populärer Musik, so interpretierte er auch die → *Calinda.* Begleitet durch die von ihm geleiteten Gruppen, u. a. *The Humming Birds* und *The Calvary Bamboo Band*, avancierte er zu einem der besten Calypso-Sänger; er produzierte insges. 136 Schallplatten (N78), die zu den historischen Tondokumenten der Geschichte der anglokaribischen Populärmusik gehören, darunter die Titel »Song No 99«, »Sweet Papa Willie« und »The Cooks in Trinidad«. Auf zahlreichen Auslandsgastspielen (z. B. mit der Show »Calypso Carnival« in der Carnegie Hall in New York, 1947) popularisierte er den Calypso im Ausland.

Houmtegui (Second)
eine der Trommeln (Tambores) → *Rada;* etwa 55 cm hoch und mit einem Ø von ca. 20 cm; mit beiden Händen bzw. mit einer Hand und einem bogenförmigen Schlägel im Wechsel geschlagen.

Houmtor (Hountor)
1. bei Kulthandlungen in Haiti gespielte Trommel des Typs → *Rada (3)* bzw. Bez. für deren Spieler. 2. haitianischer Ritualtanz, von der Trommel gleichen Namens begleitet.

Houngenikon
Kultchef (Zeremonienmeister) im → *Vodú-Ritual,* gleichzeitig der Vorsänger.

Huacatocori (Huaca tocori)
bolivianischer Volkstanz des Hochlandes, besonders zur Zeit des Karnevals aufgeführt. Die Tänzer treten in Stier-Kostümen auf und imitieren einen Kampf; begleitet von einem mit dem → *Pinkillo* musizierenden Ensemble.

Huacaylli
festlich-religiöse Hymne der Quechua-Indianer, die dem Gott *Pachacamac* gewidmet ist.

Huaccata → *Huancay*

Huacharaca → *Guacharaca*

Huachi-toro
argentinischer Volkstanz, mestizisch, von Kindern zur Weihnachtszeit als Rundtanz aufgeführt; im Nordwesten bzw. auf der Hochebene verbreitet.

Huacla → *Santiago (1)*

Huada (Wada)
schüttelidiophones Musikinstrument der Araukaner Chiles, den → *Maracas* sehr ähnlich.

Huaillia (Waillia)
peruanischer Volkstanz der Quechua-Indianer, dem → *Huayno* verwandt; u. a. in den Regionen Talavera und Grau verbreitet.

Huaino (Huaiño) → *Huayno*

Huájira
1. aus dem Horn eines Stiers gefertigtes Naturhorn, in der indianischen Volksmusik Nordargentiniens gespielt. 2. nordargentinischer Volkstanz indianischen Ursprungs; durch das gleichnamige Instrument (1) begleitet.

Huallatha
präkolumbischer Volkstanz der Aymará-Indianer, zum feierlichen Empfang des Inka (Inca) aufgeführt; die Männer reichen sich die Hände, die Frauen nehmen hinter ihnen Aufstellung; seit längerer Zeit (Zerfall des Inka-Imperiums) nicht mehr verbreitet.

Huallungas
populäre bolivianische Lieder mit Texten in Quechua, die auf den Volksfesten zu Allerheiligen in Cochabamba gesungen werden; Indiofrauen bzw. Mestizinnen (Cholitas) nehmen auf an Bäumen befestigten Schaukeln Platz und werden von jeweils zwei Männern möglichst hoch geschaukelt; dazu müssen die Frauen H.s singen; vermutlich eine Anpassung an die aus Spanien überkommene → *Canción de Columpio* (Schaukel-Lied).

Huamanguino
peruanischer Volkstanz andiner Regionen, u. a. in Abancay und Grau aufgeführt.

Huamarí, Conjunto -
chilenische Vokal- und Instrumentalgruppe; innerhalb der Bewegung des Neuen Chilenischen Liedes durch den Musiker Jaime Soto mit Solisten wie der Sängerin Violeta Ludwig formiert. Unter dem Titel »Historia del Movimiento Sindical Obrero« veröffentlichte die Gruppe 1972 bei Dicap eine LP, die u. a. das »Oratorio de los Trabajadores« (Arbeiter-Oratorium) enthält; um 1973 löste sich die Gruppe auf; einige Mitglieder bildeten die Formation → *Barroco Andino.*

Huanamigi
primitiver Musikbogen der Amazonas-Indianer.

Huanara
Trommel der Kolla (Qolla)-Indianer Boliviens, über deren Unterseite diagonal ein aus Strohhalmen oder dünnen Holzstäbchen geflochtener Gurt gespannt wird. Beim Perkutieren entsteht ein eigentümlich knarrendes Geräusch.

Huanateque
indianischer Volkstanz der peruanischen Region Tambobamba (Apurímac).

Huanca
melancholischer Gesang der Aymará-Indianer Südamerikas; von Frauen nach der Arbeit am Abend angestimmt.

Huancar → *Huankara*

Huancaracha (Wankara)
Quechua-Name für Trommel (→ *Huankara*).

Huankara (Wankara, Wancara, Wáncar, Huancar, Huankar)
Sammelbezeichnung für alle in der andinen Volksmusik des Sprachbereiches der Quechua-Indianer (Bolivien, Peru) eingesetzten Trommeln vom Typ der → *Caja,* die bereits in der Inkazeit benutzt wurden, sowie des → *Bombo* bzw. eine wesentlich kleinere, mit Schaffell bespannte Volksmusiktrommel.

Huankay (Huancay, Aranhuayy, Huaccata)
Gesang der indianischen Viehhirten in weiten Teilen der Hochebene (Altiplano) von Peru und Bolivien; in Quechua intoniert. Die Themen stammen aus der Tierwelt; der musikalische Aufbau ist meist einfach. Die H.s gehören zu den Arbeitsgesängen und sind Teil der Musikfolklore.

Huanquilla
indianische Flöte mit 3 Tonlöchern; aus Rohr, neuerdings auch aus Plaste gefertigt; bei religiösen Feierlichkeiten in Peru (Callejón de Huaylas) gespielt.

Huapango
mexikanischer Volkstanz; im wesentlichen mit dem → *Son huasteco* identisch; im 2/4-, 3/4- oder 6/8-Takt konzipiert; in zahlreichen regionalen Varianten verbreitet. Die zuweilen verwendete Bez. → *Fandango (1)* deutet auf Herkunft und Entstehung hin. Häufig wird der H. durch Gesang im Falsett (Falsete) begleitet. Als Musikinstrumente zur Begleitung dienen hauptsächlich Gitarre (einschl. des auf ihr erzeugten → *Tamboreo*) und Violine; in Veracruz außerdem die Harfe (Arpa). Der H. besitzt eine eigene Choreographie, die u. a. den → *Zapateo* vorsieht. Der H. ist verbreitet im Norden von Veracruz, in Süd-Tamaulipas, Hidalgo, Teilen der Bundesstaaten San Luis Potosí und Querétaro, Zentral-Veracruz (Alvarado und Tlacotalpán), in Ost-Puebla und auch im Süden von Veracruz (Los Tuxtlas). Lieder und Tänze des H. werden durch spezielle Gruppen, Agrupación → *Huapanguera (2)* bzw. Conjunto → *Jarocho,* aber auch durch Solisten u./o. → *Mariachi* aus anderen Landesteilen interpretiert. Eine in jüngster Zeit entstandene Variante, *Huapango nuevo* bzw. H. lento, gelegentlich auch *Canción huapangueada* genannt, ist Resultat einer Vermischung mit Elementen des mexikanischen Liedes bzw. der → *Ranchera*; ihr Tempo ist wesentlich langsamer als das der Stammform.

Huapanguera
1. Bezeichnung für eine spezielle, zur musikalischen Begleitung des → *Huapango* eingesetzte acht- oder zehnsaitige Gitarre. 2. Sammelname für Vokal- und Instrumentalgruppen zur Interpretation der Formen → *Huapango* bzw. → *Son huasteco,* die meist mit Violinen, gewöhnlichen oder speziellen, ebenfalls H. genannten Gitarre und Harfen ausgerüstet sind; auch als *Agrupación Huapanguera* oder *Conjunto Huapanguero* bezeichnet. 3. Kurzbez. für »Zona Huapanguera«, das Verbreitungsgebiet des → *Huapango.*

Huará
regionale Variante bzw. Bezeichnung der Signaltrommel → *Manguaré.*

Huaracanacuy (Warakanakuy)
Quechua-Volkstanz Perus, typisch für die Regionen San Jerónimo, Arequipa und Alca.

Huarajo (Badajo, Barajo, Huaracco, Huirajo)
primitive, oft über 3 m lange peruanische Trompete mit geradem Tubus, aus Rohr oder Blech gefertigt; zu bestimmten Festen (Karneval, Weihnachten) in der ländlichen Musikfolklore von Ayacuhco und Huancavelica gespielt.

Huari-khuma
Jagdlieder und -musik der Indianer Boliviens.

Huaruntsi (Rondadorcillo)
indianischer Name für eine verkleinerte Ausführung der ekuadorianischen Panflöte → *Rondador.*

Huasa (Cueca huasa)
Variante der → *Cueca chilena*, die in ländlichen Zonen Zentral- und Südchiles verbreitet und Teil der regionalen Musikfolklore ist.

Huaso (Guaso)
vor allem in Chile verwendete Bezeichnung für den Bewohner ländlicher Gegenden (Campesino). Dabei kann es sich um einen Feldarbeiter, einen Reiter oder um den männlichen Tanzpartner der → *Cueca chilena* handeln; heute in Chile für den Mann aus dem Volke, auch den Städter, verwendet.

Huasos del Algarrobal, Los -
chilenische Vokal- und Instrumentalgruppe landestypischer und populärer Musik; 1966 in Algarrobo mit insgesamt 14 Mitgliedern, darunter ein Gitarren-Quartett, unter der Leitung von Eugenio Rengifo formiert; bevorzugte die Interpretation der Formen → *Tonada* und Bolero; die

Titel »Gracias a la vida« und »Caballito blanco« u. a. erschienen auf Schallplatten.

Huasos Quincheros (Los Quincheros)
chilenisches Vokal- und Instrumentalquartett landestypischer und populärer Musik; 1937 durch die Studenten der Kathol. Universität Carlos Morgan, Ernesto Amenábar, Carlos Casanueva und Hernán Velasco in Santiago de Chile als *Los Quincheros* gegründet. Die Gruppe lehnte ihren Interpretationsstil an den der → *Cuatro Huasos* an und interpretierte vorzugsweise Titel der Form → *Tonada.* Daneben wurde vor allem bei den zahlreichen Auslandsgastspielen Musik anderer lateinamerikanischer, vor allem der jeweils besuchten Länder dargeboten. Gegen Ende der 50er Jahre des XX. Jh. traten verstärkt kommerzielle Tendenzen hervor (→ *Neofolklore*). Mit Benjamín Mackenna (Direktor), Ricardo Videla, Alfredo Sauvalle und Patricio Reyes (1983) waren H. Q. offizielle Kultur-Repräsentanten Chiles. Unter dem Label Odeon enstanden zahlreiche LPs, während bei Victor und Pro Arte N78-Schallplatten (Los Quincheros) erschienen, darunter die Titel »Oro purito«, »Huaso Ladino«, »Río rio« und »Chile lindo«.

Huastecos, Los Tres-
mexikanisches Vokal- und Instrumentaltrio; 1940 in México-Stadt durch die Gebrüder Ignacio, Lorenzo und Raymundo Pantoja gegründet; unter dem Namen *Los Trovadores Huastecos de Elpidio Ramírez* begleitete das Trio bis 1951 den Volkssänger Elpidio → *Ramírez;* es ist eine der besten Formationen der folkloristische Musik des Nordostens von Mexiko und interpretierte vor allem Titel der Form → *Son huasteco.*

Huaycheños, Los -
bolivianische Vokal- und Instrumentalgruppe der folkloristischen Musik; am 12.4.1966 in Puerto Acosta (vorher Huaycho) durch den Musiker Primitivo Machicao Gironda gegründet; interpretierte insbes. Titel der Formen → *Huayño* und → *Sicuri;* unter dem Label Huaycho entstanden einige LPs, darunter die Titel »Añatuya« und »Copacabaneña (Huayños).

Huaylas (Huaylash)
Variante des peruanischen → *Huayno,* als folkloristische Form vorwiegend in der Region Andahuaylas (Apurímac) verbreitet; zuweilen auch als *Andahuaylina* bezeichnet. Der H. wurde ab 1960 in modernen Versionen, teilweise unter Einbeziehung des Saxophons, durch die für diese Gebieten typische → *Banda (2)* gespielt; es existieren auch gesungene Versionen.

Huayllaquepa (Huaylla-quepa, Wailla-kepa)
regionale Variante der peruanischen Muscheltrompete → *Pututu,* die in der indianischen Volksmusik gespielt wird.

Huaylli
Helden oder Göttern der Quechua-Indianer gewidmetes feierliches Lied.

Huaynito (Huayñito)
1. Verkleinerungsform des Wortes → *Huayno (Huayño);* insbes. in Bolivien verwandt, z. T. auch für einen → *Carnavalito* gebraucht. 2. besonders kurze Version eines → *Huayno (Huayño).*

Huayno (Huayño, Guaino, Wayno, Uaino)
bedeutendster mestizischer Volkstanz der andinen Hochebene (Altiplano) Perus und Boliviens (hier als Huayño definiert); Kollektivtanz, bei dem Männer und Frauen jeweils in einer Runde die Musiker tanzend umkreisen im letzten Drittel des XIX. Jh. in Bolivien entstanden. Die Musik war zunächst rein pentatonisch strukturiert, später wurden kreolische Komponenten einbezogen. Die Musik ist sehr melodisch und oft durch poetische Texte unterlegt. Um 1900 wurde der H. mit den Instrumenten → *Bandurria,* Gitarre, → *Charango,* → *Quena,* oft auch mit der Harfe (Arpa indígena) gespielt; später wurde die Bandurria durch die Mandoline ersetzt und das Instrumentarium um Akkordeon, Konzertina, Violine, Saxophon, Trompete und Klarinette erweitert, wobei die Interpretation durch

größere Gruppen vom Typ einer → *Banda (2)* schnell zunahm; sehr oft wird der H. auch durch die sog. → *Estudiantina* (z. B. in der Region von Puno [Peru]) interpretiert. Daneben gibt es Abkömmlinge des H. wie den nordchilenischen → *Cachimbo,* den ekuadorianischen → *Sanjuanito,* den nordargentinischen → *Sirviñaco* und den südbolivianischen → *Kaluyo.* Regionale Varianten sind u. a. der *Huayno puneño* (Region Puno), im Zusammenhang mit der → *Pandilla* auch *H. pandillero* genannt, und der durch bolivianische → *Sikuris (2)* gespielte Huayño. Die Musik wird generell im 2/8-, 2/4- oder 6/8-Takt gespielt. Ein großer Teil der populären Titel entstammt der anonymen Musikfolklore; darüber hinaus schufen Komponisten wie Teodoro → *Valcárcel* (Peru) und Edgar »Yayo« Joffre (Bolivien) bemerkenswerte Titel. Zu den bekannten Interpreten zählen die Gruppen Los → *Jairas* und das Centro Musical → *Yunguyo.*

Huayno-cumbia → *Chicha*

Huayño
bolivianische und nordargentinische Version des → *Huayno.*

Huéhuetl (Zacatán)
bereits in vorspanischer Zeit von den Azteken benutzte, aus einem ausgehöhlten Baumstamm gefertigte Einfelltrommel von 40 – 60 cm Ø und etwa 1 m Höhe, mit Hirsch- oder Jaguarfell bespannt, die mit den Händen bzw. mit den Fingern perkutiert wird; gegenwärtig von einigen mexikanischen Musikgruppen zur Traditionspflege wieder benutzt.

Huella (Hueya, Guella)
argentinischer Volkstanz im 6/8-Takt; im XIX. Jh. als Gaucho-Tanz weit verbreitet; später nur noch in der Region Buenos Aires sowie in Zentralargentinien, heute lediglich in einigen Provinzen des Nordostens aufgeführt; vorzugsweise durch Gitarre (sowohl angerissen als auch gezupft) begleitet; die dazu gesungenen Texte bestehen aus sechssilbigen Coplas; der Kehrreim wird stets mit den Worten »A la huella, huella...« eingeleitet.

Huentelauquén, Conjunto -
chilenische Folkloregruppe vom Typ einer → *Sociedad;* von Enrique Molina um 1970 in Antofagasta als Quintett gegründet; beteiligt sich an den Karnevalsfeiern der Region. Unter dem Label Alba erschien eine LP, darunter die Titel »Fiesta en Tarapacá« und »Tamarugo«.

Huerta, Baldemar (»Freddy Fender«)
* 4.7.1937 San Benito (Texas); US-amerikanischer Sänger, Gitarrist und Liedermacher, bekannter Vetreter der → *Música chicana;* interpretierte u. a. die Formen → *Ranchera* und → *Bolero (ranchero)* im sog. → *Tex-Mex-Style;* sang seine Lieder in Spanisch u./o. in Englisch und publizierte einige LPs (Label Folkways u. a.). Später wandte sich H. ausschließlich der Country & Western Music zu.

Huesca, Andrés
* 1917 Veracruz, † 12.9.1957 Los Angeles (USA); mexikanischer Sänger, Musiker (Harfe), Arrangeur, Komponist und Bandleader; bekannter Vetreter der regionalen Musikfolklore von Veracruz, hervorragender Harfenist; interpretierte mit der von ihm um 1930 in Veracruz gegründeten Gruppe *Los Costeños* den → *Son jarocho;* arrangierte aus der anonymen Musikfolklore stammende Titel wie »El Cupido« neu und schrieb u. a. die Stücke »Canto a Veracruz« und »Traidora Coronelas«, die er mit seiner Gruppe einstudierte.

Huesca, Hermanos -
mexikanisches Vokal- und Instrumentalduo der folkloristischen Musik; nach 1940 durch die Gebrüder (Hermanos) Víctor und Andrés → *Huesca* in Veracruz formiert; interpretierte vorwiegend den → *Son jarocho.* Unter dem Label Peerless entstanden zahlreiche Schallplatten, darunter die weithin verbreiteten Titel »La Bamba« und »El torito jarocho«.

Hueya → *Huella*

Huey Tecuilhuitl (Teytecuilhuitl)
eines der Jahresfeste des Landwirtschaftskalenders der alten Azteken, in präkolumbischer Zeit zu Ehren der Maisgöttin Xilonen im zentralen Teil Alt-Mexikos gefeiert; zwischen dem 22. Juni und dem 11. Juli als Kulttänze durch reich gekleidete Männer und Frauen aufgeführt. Dabei wurde eine Frau als Ebenbild der Göttin geopfert.

Huichi-huichi
eine etwa 70 – 80 cm lange Schnur, an der in Abständen von ca. 10 cm kleine Stoffbälle befestigt sind. Jeder Ball ist durch Draht mit vier weiteren Bällchen, die Vögel symbolisieren, verbunden. Die Schnüre werden von den Tänzern andiner Volksmusik Perus und Boliviens vor allem zur Karnevalszeit bei öffentlichen Tänzen geschwenkt.

Huifala → *Wifala*

Huilacapiztli → *Tortolita*

Huirajo → *Huarajo*

Huirse Muñoz, Rosendo A.
* 26.2.1880 Santa Rosa de Melgar (Puno), † ?; peruanischer Musiker, Arrangeur und Komponist; studierte von 1897 – 1899 am Seminarkolleg von Puno, war später Professor für Musik am Nationalkolleg »San Carlos« in Puno; komponierte zahlreiche Stücke sowohl der landestypisch-folkloristischen als auch der populären Musik, darunter »Ondas del Titicaca« (Walzer, 1920), »Leonor« (Jazz-Foxtrot, 1931), »Puno« (Marsch) und »Paja brava« (Huayno, 1942; Preisträgertitel des Nationalen Huayno-Ausscheides in Lima).

Humarí
indianisches Tanzlied Kolumbiens; in den Siedlungen des Bora-Stammes (Amazonas- Gebiet) zur Ernte aufgeführt.

Hun
Sammelname für die vier Trommeln des Orchesters → *Arará,* die u. a. bei Kult-Sessionen gespielt werden; sie tragen – von der größten zur kleinsten – eigene Namen: Hugán, Xumpé, Hunhogulo und Huní; der Spieler heißt Huntor.

Hunguhungu
Trauer- und Prozessionsgesänge der Bewohner der Garifuna-Region von Belize; zum Klang von Trommeln gesungen und getanzt.

Hunprí
in der afrobrasilianischen Kult- und Volksmusik eingesetzte mittelgroße Trommel.

Huntor → *Hun*

Hurtado, Marimba Hermanos -
guatemaltekisches Instrumentalensemble landestypischer Musik; in Guatemala-Stadt durch den Musiker Rocael → *Hurtado* gegründet. Die auf dem Volksinstrument → *Marimba* musizierende Gruppe interpretierte vorwiegend Titel der Form → *Son chapín.* Bei Tikal und Dideca entstanden einige LPs, darunter die Titel »Candelaria« und »Azufral«.

Hurtado Mazariego, Rocael
* 22.4.1900 Quetzaltenango; † 17.5.1973 das.; guatemaltekischer Musiker (Marimba), Arrangeur, Komponist und Bandleader; entstammt einer renommierten Musikerfamilie; begann frühzeitig in lokalen Folkloregruppen zu musizieren und zu komponieren; gründete und leitete einige Gruppen, darunter die Marimba Hermanos → *Hurtado,* gab Musikunterricht auf der → *Marimba* und komponierte u. a. die Stücke »Mi reina«, »Visión azul« und »Centroamericanas«.

Hutite (Huitite)
peruanischer Volkstanz der Regionen Cabanaconde, Cailloma und Chivay.

I

Iá
brasilianischer Volkstanz des Gebietes von Santarem Novo (Bundesstaat Pará).

Ibáñez, José »Chicho«
* 22.11.1875 Corral Falso, † 1975 Pedro Betancourt; kubanischer Musiker (Tres), Sänger und Liedermacher; Vertreter des → *Son cubano;* trat in diversen Gruppen seiner Heimatregion und als Straßensänger auf; neben dem von ihm bevorzugten Son interpretierte er auch Musik aus dem Kulturkreis → *Abakuá;* zu seinen zahlreichen Kompositionen, meist Sones, gehören u. a. »Toma, mamá, que te manda tío«, »Evaristo« und »Yo era dichoso«.

Ibáñez, »Paco« (Francisco)
* 1940; spanischer Sänger, Gitarrist und Liedermacher; lebte und wirkte aus politischen Gründen seit 1948 in Paris; begann 1956 mit dem Gesang progressiver Lieder; gilt als Pionier der Bewegung des Neuen Spanischen Liedes (Nueva Canción Española). I. vertonte Texte spanischer und lateinamerikanischer Dichter wie Federico García Lorca, Rafael Alberti, Luis de Góngora und Pablo Neruda, die er selbst interpretierte und auf LPs (Labels Moshé-Naim, Polydor) veröffentlichte, darunter die Titel »Es amarga la verdad«, »Nocturno« und »Villancico«.

Ibo
afrohaitianischer Kulttanz; zum Komplex des → *Rada* gehörend und zum Rhythmus dreier Trommeln (Tambours Rada) getanzt; auch auf Grenada und benachbarten Inseln bekannt.

Ica (Ika)
primitive Trompete der Bororó-Indianer Brasiliens mit kehlig-rauem Klang; früher bei Totenfeiern und religiösen Zeremonien benutzt.

ICR Son, Conjunto -
kubanische Folkloregruppe; 1980 in Guantánamo durch 11 Amateure (Aficionados) mit Förderung des Regionalsenders CMKS gegründet; widmet sich insbes. der Form → *Changüí.*

ICTM (Abk. f. International Council for Traditional Music = Intern. Rat für Trad. Musik)
zur UNESCO gehörende Spezialorganisation, die sich der Erforschung und Erhaltung der folkloristisch-traditionellen Musik ihrer Mitgliedsländer widmet; 1947 in London als *International Folk Music Council* (IFMC) gegründet. Zur besseren Koordinierung der Arbeit wurden nationale Komitees gebildet; Präsident ist Krister Malm (Schweden); Ehrenpräsident Erich Stockmann (Deutschland).

Idaidos, Trío Los -
kubanisches Vokal- und Instrumentaltrio trovadoresk-traditioneller und moderner Populärmusik; durch Ida Laguardia, Antonio Rodríguez und Walfrido → *Guevara* in La Habana gegründet; zu den Erfolgstiteln des Trios gehören »Mi regalo« und »Dolor de ausencia«.

Ideal, Marimba -
guatemaltekische → *Marimba*-Gruppe landestypischer Musik; 1932 in Guatemala-Stadt durch den Musiker und Komponisten Domingo → *Bethancourt* M. gegründet; produzierte zahlreiche Schallplattenaufnahmen wie den bekannten Foxtrot »Ferrocarril de los Altos«.

Iemanjá (Yemanya)
afrobrasilianische Gottheit, »Mutter der Gewässer« (Mãe-d'água), als → *Orixá* insbesondere auf den → *Candomblé*-Sessionen von Bahia geehrt.

Ieumai
regionale Variante des Schüttelidiophons → *Maracas,* in der indianischen Musik Venezuelas gespielt.

Iglesias Villoud, Héctor Alfredo
* 31.1.1913 San Nicolás; argentinischer Musiker (Violine, Piano), Komponist, Musikprofessor und Folkloreforscher; studierte Violine (1929) und Piano (1933). I. war ab 1940 Sekretär des Argentinischen Komponistenverbandes und ab 1939 widmete er sich im Auftrag der Nationalen Kulturkommission Argentiniens dem Studium der Musikfolklore Nordargentiniens, Boliviens, Perus, Chiles, Uruguays und Brasiliens. Die dabei gewonnenen Erkenntnisse flossen in seine zahlreichen Kompositionen, überwiegend folkloristische Themen wie »Danza de los Mineros«, »Chacarera« und der Liedzyklus »Provincianas«, ein.

Iglesias de La Cueva, Julio
23.9.1943 Madrid; spanischer Sänger und Liedermacher; als Interpret meist sentimentaler Lieder in weiten Teilen Lateinamerikas bekanntgeworden. I. sang in jungen Jahren mit großem Erfolg Lieder der Provinz Galicia, z. B. den Titel »Un canto a Galicia«; unter dem Einfluss großer Schallplattenfirmen wurde das Repertoire des begabten, durch seine eigenwillige Interpretation populären Sängers mehr und mehr kommerzialisiert. Der gegenwärtig in den USA lebende Künstler gab mehr als 2000 Konzerte in vielen Ländern und produzierte unter verschiedenen Labels (u. a. Alhambra, Philips und CBS) eine größere Zahl von LPs, darunter die Titel »Seguiré mi camino« und »Gwendolyne«.

Ignacio, Rafael
* 15.6.1897 San Francisco de Macoris; † ?; dominikanischer Musiker (Trompete, Flöte), Bandleader und Komponist populärer und ernster Musik; war Mitglied verschiedener Militärkapellen (Bandas militares); leitete bekannte Tanzorchester wie *Amores y Amorios* und *Arte y Simpatía* und komponierte neben einer Sinfonie und einer folkloristischen Suite populäre Lieder und Tänze wie Pasodobles, Märsche, Tangos, Habaneras, Foxtrots, Walzer, Danzones und Merengues, darunter die Titel »Vironey«, »Así se baile« (Merengue) und »Primaveral« (Criolla).

Igni Tawanka (»Luz del Pueblo«)
nikaraguanische Vokal- und Instrumentalgruppe landestypischer und populärer Musik; 1977 durch Solisten wie César Mairena (aus Kreisen der Miskito-Indianer) formiert. Die vorwiegend in Miskito-Sprache singende Gruppe produzierte eine LP unter dem Label Ocarina, darunter der Titel »Chepano Huerta«.

Ika → *Ica*

Ikonkolo
bei Zeremonien der → *Santería* verwendete Trommel.

Illapu, Conjunto -
chilenische Instrumental- und Vokalgruppe, widmete sich besonders der andinen Volks- und Populärmusik; 1970 von Studenten der Universität von Antofagasta durch die Gebrüder Márquez, Eric Maluenda und Osvaldo Torres als Sextett gegründet. Die Gruppe wurde durch ihre eigenwillige Interpretation traditioneller Musik insbes. der Zona Norte von Chile sehr schnell populär. 1972 entstand bei Dicap die erste LP (»Música andina«). Nach anfänglichen Unstimmigkeiten mit der Zensur der Militär-Junta spielte I. ab 1974 in der Folkloregruppe der Universität Antofagasta; ab 1976 erfolgten Gastspiele in Bolivien, Argentinien, Brasilien und Europa und es entstanden weitere LPs, darunter die Titel »Tarqueadas«, »Cacharpaya del carnaval« und eine gut arrangierte Version des afroperuanischen Tanzliedes »Toro mata«.

Ilú → *Atabaque*

Imbigo (Imbigado) → *Umbigada*

Die Gruppe Illapu präsentiert ihre Instrumente

Imilla
Quechua-Bezeichnung für die Tänzerin, die in Bolivien und Peru zumeist auch singt.

Imperio Argentina
(eigtl. Magdalena Nile del Río)
* 1910 Buenos Aires; spanisch-argentinische Sängerin, Tänzerin und Schauspielerin; spezialisierte sich ab 1930 auf die Interpretation des → *Tango;* sang u. a. im Duett mit Carlos → *Gardel* (z. B. »Mañanita del sol«). Bei Odeon und Polydor entstanden zahlreiche Schallplatten, darunter »Viejos recuerdos« (1938), »Mi caballo murió« (Tango) sowie span. Musik. 1989 erfolgte die Auszeichnung mit dem Spezialpreis der Spanischen Akademie der Künste und Wissenschaften.

Auch sie erschien in Deutschland:
Imperio Argentina, hier mit ihrem
Tango »Mi caballo murió« auf Odeon-25.782 (A)

Império Serrano, Escola de Samba
(G.R.E.S. Império Serrano)
eine der bekanntesten Samba-Schulen (→ *Escola de Samba*) von Rio de Janeiro (Brasilien); unter dem Namen *Prazer da Serrinha* offiziell am 23.3.1947 im Stadtteil Madureira gegründet. Zu den Gründern gehören die Musiker Eloy Anthero Dias und Abimael Nascimento Alvares. Império S. war von 1947-51 und 1956, 1972 und 1982 Preisträger des Karnevalswettbewerbs. Die Erkennungsfarben der beim Umzug

(→ *Desfile*) mitgeführten Traditionsfahnen sind Grün-Weiß; ein Karnevalsschlager (Samba-enrêdo) der Gruppe war »Nordeste, seu canto, sua glória« (1971).

Inca Taki, Los -
bolivianisches Vokal- und Instrumentaltrio; nach 1970 durch Maurice Assouline (Quena), Jorge Castro (Gitarre) und César Espada (Charango) gegründet; interpretierte traditionell-folkloristische Musik andiner Regionen Boliviens. 1975 erschien bei Capitol eine LP.

Incas, Los -
lateinamerikanische Vokal- und Instrumentalgruppe; um 1955 durch den Musiker und Arrangeur J. M. Inca, nach dem die Gruppe auch benannt ist, u. a. mit den Solisten Carlos Argueta und Jorge Milchberg formiert. Los I. interpretierten Volks- und Tanzmusik verschiedener Länder Lateinamerikas in technisch perfekter Weise, jedoch in zunehmendem Maße mit Tendenz zur Kommerzialisierung. Unter dem Label Philips entstanden mehr als 10 LPs, darunter die Titel »El cóndor pasa«, »Carnavalito quebradeño« und »María Chuchena«.

Incatos (Incanatos)
indianischer Volkstanz Perus, in der Region Apurímac verbreitet.

Indepandan, Atis
* Port-au-Prince; haitianischer Sänger und Liedermacher; begann 1960 als Student mit dem Gesang von sozialkritischen Liedern und versuchte, mit seinen in landestypischem Rhythmus gehaltenen Kompositionen einen Gegenpol zur modernen Populärmusik zu schaffen; er sang viele Stücke in der Mischsprache → *Créole*. Unter dem Titel »Ki sa pou-n fè« erschien unter dem Label Paredon (USA) eine LP mit seinen Liedern.

India Valedora → *Sonecito del País*

Indianos, Trío Los -
ekuadorianisches Vokal- und Instrumentaltrio, 1941 in Santa Bárbara (Quito) durch Eduardo Arturo (später durch Luis Heredia [1939] ersetzt – 1. Stimme), Camilo Santacruz (2. Stimme und Direktor) und Gonzalo Mendoza (3. Stimme und Gitarre) gegründet. Das Trio gehört bis in die Gegenwart zu den populärsten Gruppen Ekuadors; die erste Schallplatte (bei Sonolux) erschien 1946 »Amor imposible« (Bolero) und »Rebeldia« (Pasillo).

Indígena, Música → *Música indígena*

Indigenismo (Indigenismus)
nach 1900 in Lateinamerika entstandene Bewegung, die speziell auf kulturellem Gebiet unter Einschluss der Musik eine bewusste Hinwendung auf indianische Traditionen in den nationalen Kulturen vorantreiben soll und von nahezu allen Ländern von LA mit starken indianischen Bevölkerungsanteilen aufgegriffen wurde. Neben zahlreichen literarischen Werken entstand eine große Zahl von Kompositionen sowohl auf dem Gebiet der populären als auch der ernsten Musik. Zentren der Aktivitäten des I. sind Peru, Bolivien und Mexiko.

Los Incas – LP »Saludos musicales de la América Latina« – Philips 840.592-BY (1967)

Indio (Indianer)
1. Sammelbezeichnung für den Ureinwohner Amerikas bzw. den reinrassigen indianischen Bewohner Lateinamerikas (Indígena). Der Indio ist Träger teilweise völlig unterschiedlicher Musikkulturen (z. B. Inka, Mayas), deren Entwicklung durch das Eindringen fremder Kulturelemente stark beeinflusst bzw. fast gänzlich zum Erliegen gebracht wurde (so die Kultur der karibischen Indianer). 2. alter, im kolonialen Mexiko (Nueva España) im XVIII. Jh. vorrangig in Theatern aufgeführter Tanz mit negroiden Einflüssen. 3. Pseudonym des brasilianischen Musikers Cándido das → *Neves.*

Indio Figueredo, El - (eigtl. Ignacio Figueredo) * 31.7.1900 Apure, † ?; venezolanischer Harfenist und Cuatro-Spieler, Arrangeur und Komponist; bekannter Vertreter der → *Música llanera* Venezuelas; Autodidakt. F.s Harfespiel zeugt von großem musikalischen Einfühlungsvermögen und einer hervorragenden Spieltechnik; er wurde nach 1980 oft als »Bester Harfenist Venezuelas« geehrt. Er schrieb viele folkloristische Instrumentalstücke wie »Alborada apureña«, »Brindis a Venezuela« und »Flor de Arauca«; bei Venedisco erschienen einige LPs mit ihm.

El Indio Figueredo – LP »Joropos instrumentales« – Venedisco VD-2115 (1975)

Indio Naborí, El - (eigtl. Jesús Orta Ruiz) * 30.9.1922 San Miguel del Padrón; kubanischer Volkssänger (Trovador), Liedermacher und Schriftsteller; bekannter Interpret von → *Décima* und → *Punto cubano;* leitete ab 1950 eine Volksmusikgruppe, *Grupo Guajiro de Guitarras*, der die Solisten Huerta, Menéndez und Aguilar angehörten und mit der er u. a. »Guajira guantanamera«, »Controversia de la rubia y trigueña« und »Cuba« auf einer LP des Labels Panart aufnahm. 1980 erschien sein Buch »Décima y folklor«.

Indios, Trío Los -
paraguayisches Vokal- und Instrumentaltrio; um 1956 durch die Solisten Juan Alfonso Ramírez (Gitarre), Julio Jara (Gitarre und Gesang) und Abel Sánchez Giménez (Harfe) mit Chinita Montiel als Sängerin gegründet; interpretierte längere Zeit in Europa neben paraguayischen Volksliedern wie »Asunción« und »Paraguay« Musik anderer Länder Lateinamerikas; unter den Labels Philips, Fontana und Olympic Records entstanden einige LPs, darunter die Titel »Musiqueada jazmín guype« und »Bravo Paraguay« (Polkas).

Indios Tabajaras, Os -
brasilianisches Vokal- und Instrumentalduo; 1936 von den Gebrüdern Antenor »Herudy« und Natalicio »Masuperi« Lima in Ceará gegründet; sang zunächst regional-folkloristische Musik; ab 1963, nachdem ein Musiksachverständiger der Plattenfirma RCA Victor auf das Duo aufmerksam wurde, begann eine äußerst produktive Epoche in der Künstlerlaufbahn der I. T.s; es kam ein Exklusivvertrag mit obiger Plattenfirma zu Stande und es wurden zahlreiche LPs, vom Repertoire mehr und mehr der internationalen Musik angepasst, produziert. Erschienen zunächst Lieder aus dem brasilianischen Sertão wie »Meu pinhão« und »Mulher rendeira«,

Links: Im Musik-Museum (Museo de la Música) von Quito befinden sich, sorgfältig restauriert und gepflegt, Musikinstrumente von z.T. hohem historischem Wert: hier eine Harfe aus dem Landesinnern, die noch aus der Kolonialzeit stammt (22.5.1995)
Rechts: Drei Mitglieder des ausschließlich von Frauen formierten kubanischen Orchesters Anacaona, v.l.n.r.: Lourdes Soberas (Bongoes), Ada Castro (Tres) und Dalia Rodríguez (Gesang und Gitarre); La Habana 6.5.1981

Ein blinder Straßenmusiker spielt auf seinem Akkordeon im Stadtzentrum von Quito (Ekuador) traditionelle Volksmusik

Links: Ein typischer Vertreter der ländlichen Volksmusik Paraguays: Agapito Morínigo »Tacho-í«. Das Foto wurde 1994 in Asunción aufgenommen Links unten: Der argentinische Bandeonion-Spieler Lidio Reyes, Mitglied der Musikgruppe von León Gieco, Berlin 19.2.1986 • Unten: Die andine Folkloregruppe (Banda andina) »Centro Folklórico Brisas de Tumpa« aus Yungay (Peru) in Photo-Pose (Photo: Elisabeth den Otter)

Ein blinder Harfespieler aus Cusco (Perú) verdient sich seinen Lebensunterhalt als Straßenmusiker (Photo: Ursula Thiemer-Sachse)

Links oben: Eine Musikerin der Folkloregruppe Rucalahuen zeigt ihr Instrument, den Charrango (nicht zu verwechseln mit dem Charango). San Bernardo (Chile) am 30.1.2000
Rechts oben: In spontaner Intuition dichtet der aus der Provinz Matanzas stammende Clarín de la Montaña seine Verse des Punto cubano; La Habana – 23.10.2000
Links: Ein spontan formiertes Trio der traditionellen Musik Ost-Kubas tritt in der Casa de la Trova von Manzanillo (Granma) auf – 28.10.2000

Links: Der bolivianische Charango-Solist Ernesto Cavour A. bei einem Konzert in Berlin am 19.2.1986 • Rechts oben: Der paraguayische Harfenist Luis Bordón bei einer häuslichen Feier in Asunción, aufgenommen am 24.8.1992 • Rechts unten: Der paraguayische Trovador Agustín Barboza in seinem Haus in Asunción. Photo: 29.5.1997

Links: Der argentinische Sänger und Liedermacher Alberto Cortez
Rechts: Titelblatt der Partitur des »Fado d' uma Bohémia« des Komponisten Reynaldo Varela

Unten: Eine zufällige Begegnung im Stadtzentrum von Lima (Peru): die Folkloregruppe Sentimiento Andino spielt abends auf belebten Plätzen der Stadt. (Photo: 2.7.1998)

Rechts: Musiker der Rumba-Gruppe Columbia del Puerto interpretieren auf einer nächtlichen Session in Cárdenas (Zentralkuba) die Rumba »A Malanga«, aufgenommen am 24.4.1981

Oben: Sie treten sehr oft in Gaststätten, Cafés und Bars auf: kleinere Gruppen der Populärmusik (Conjuntos) wie hier im historischen Ambiente der kubanischen Hauptstadt La Habana (Platz vor der Kathedrale) • Unten: Nicht alltäglich zu beobachten: ein nur aus Mädchen (Schülerinnen eines staatlichen Kollegs) bestehender Spielmannszug ist auf dem Marktplatz der Stadt Jauja (Valle de Mantaro) zu einer patriotischen Feier aufmarschiert; das Photo entstand am 28.6. 1998

Das religiös inspirierte Volksfest Corpus Christi, auf dem maskierte und gehörnte Teufel (Diablos) als Sinnbild des Bösen auftreten; San Rafael de Orituco (Venezuela) (Photo: Arturo Alvarez D' Armas)

Rechte Seite (von links oben nach rechts unten): Schallplattenhüllen (Cover) als Zeugnisse künstlerischen und gestalterischen Schaffens: 1. Lauro LPLR-1114 Bolivien – Martita León y Los de Ckalcha • 2. RCA Victor BBL-1278 Brasilien – Luíz Gonzaga • 3. Dicap DCP-42 Chile – Margot Loyola • 4. I-R-T ILS-131 Chile – Conjunto Norte Andino • 5. Areito LD-3804 Kuba – Grupo La Edad de Oro de Matanzas• 6. Casa de las Américas 1 + 2 Kuba – La Canción Protesta. Diese Graphik, oft auch als Symbolfigur für die Bewegung des Protestliedes geltend, wurde von dem holländischen Designer Roostgard geschaffen.

MARTITA LEON
con
Los de Ckalcha

LUIZ GONZAGA
sanfona do povo

de Luis Advis "Canciones del 900" Margot Loyola

NORTE ANDINO
ESTEREO

GRUPO "EDAD de ORO de Matanzas"

CANCION PROTESTA
casa de las américas/cuba
CANCION PROTESTA
CANCION PROTESTA
casa de las américas/cuba

Vorherige Doppelseite:

San Pedro de Saño (Ayacucho): eine Banda andina marschiert zum Patronatsfest durch den Ort. Der in der Bildmitte sichtbare Musiker, der eine Harfe trägt, spielt diese (fast) genau so perfekt wie in der Normalposition (auf dem Boden stehend). (Photo: 29.6.1998)

(kleine Bilder, von links nach rechts):

1: *El Clarín de la Montaña und Marisol Guillama Pérez formieren spontan ein Vokal-Duo der ländlichen Volksmusik (La Habana, 23.10.2000)*
2: *Ein Folkloretrio aus Veracruz (Conjunto Jarocho) (mit den Instrumenten Harfe, Requinto und Jarana) spielt in einem Urlauberzentrum Musik aus ihrer Heimatregion – El Carmen (Yucatán) Photo: Ulrike Wittig*
3: *Ein nächtliches Volksfest im Andendorf Acolla (Huancayo, Peru). Der Bürgermeister (Alcalde) tanzt zusammen mit seiner Frau einen Huayno (Photo: 28.6.1998)*
4: *Basstrompeten (Tubas) und Posaunen (Trombones) sorgen bei diesem Patronatsfest in San Pedro de Saño (Ayacucho) für Stimmung (29.6. 1998)*

Unten: In den traditionellen Bräuchen bei Volksfesten (Fiestas) ist der Affe (Mono; Bildmitte) fest verankert und treibt seine mitunter recht handgreiflichen Späße mit den Festteilnehmern; San Pedro de Saño, 29.6.1998

Oben: Auch maskierte Figuren, hier spanische Eroberer (Conquistadores), sind integre Bestandteile des Festumzuges zu Ehren von San Pedro – hier im Andendorf San Pedro de Saño (Photo: 29.6.1998)

Unten: Die Banda Show Tupac Amaro aus Huancayo marschiert musizierend zur Patronats-Fiesta durch das Andendorf San Pedro de Saño

Vorherige Doppelseite: Ein sonniger Nachmittag im Andendorf San Pedro de Saño, das den Tag seines Schutzheiligen San Pedro feiert (Photo: 29.6.1998)

(kleine Bilder, von links nach rechts):

1: Indianische und kreolische Musikinstrumente (Mandoline, Charango und Zampoñas) werden in der Estudiantina »Brisas del Titicaca« gespielt. Lima, Kulturzentrum »Brisas del Titicaca« am 3.7. 1998

2: Andendorf Acolla (Huancayo, Peru): Beim Tanz auf Volksfesten tragen die Frauen nach wie vor festliche Trachten. (Photo: 28.6.1998)

3: Mestizinnen (Cholitas) tanzen in Festtracht einen Huayno im Andendorf Acolla (Huancayo / Valle de Mantaro, Peru) (Photo: 28.6.1998)

Doppelseite: Aus Anlaß einer patriotischen Feier ist im Zentrum von Lima (Peru) ein aus Schülern eines Gymnasiums gebildeter Spielmannszug aufmarschiert. (Photo: 2.7.1998)

(kleine Bilder, von links nach rechts):
1: Fiesta in Diriamba (Nikaragua): das Fest des Toro Huaco, eine zu den dramatischen Volkstänzen gehörende traditionelle Manifestation, zu der die aktiven Teilnehmer als Spanier maskiert teilnehmen (Photo: Wolfgang Bautz)
2: Ein in Puno geborener Musiker der Folkloregruppe des Kulturzentrums »Brisas del Titicaca« in Lima spielt die Basstrommel Bombo (Photo: 3.7. 1998)

Rechts: Das Volksfest (Fiesta) für San Pedro im gleichnamigen Ort im Gebiet von Guatire (Venezuela): Ein schwarz geschminkter Festteilnehmer trägt eine Statuette des Heiligen Petrus im Festumzug (Photo: Arturo Alvarez D'Armas)

Unten: Das religiös inspirierte Volksfest Corpus Christi, auf dem maskierte und gehörnte Teufel (Diablos) als Sinnbild des Bösen auftreten; San Rafael de Orituco (Venezuela) (Photo: Arturo Alvarez D' Armas)

Der ekuadorianische Folkloresänger Luis Herrera P. vom Trío Los Indianos an einer aus der Inka-Zeit stammenden Wandmalerei in einem im Berg Panecillo befindlichen Observatorium; Quito, 23.5.1995

Rechts oben: Im Stadtteil Punta Carapá (Chacarita) von Asunción (Paraguay) befindet sich das Museum »José Asunción Flores« im Geburtshaus des Komponisten. Blick auf eine Ausstellungsvitrine mit Exponaten. (Photo: 27.5.1997)

Rechts unten: Die populäre Sängerin Flor de Oroya, die an einer Fernesehproduktion mit folkloristischer Musik aus den Anden mitgewirkt hat, erlaubt einem Gringo, von ihr ein Foto zu machen; Lima 7.7.1998

Der Gaucho-Sänger und LiedermacherLuíz Gnazzelli aus Rio Grande do Sul beim Folklore-Festival »Recanto« in Lages (Santa Catarina, Südbrasilien am 3.6.1997)

Oben: Eine freundliche Geste: in Jamaica einreisende Besucher werden auf dem Flughafen mit landestypischer Musik begrüßt; Montego Bay, 1.3.1999
Unten: Für reichen Nachschub ist stets gesorgt: Eine Instrumentenbauer-Werkstatt verkauft auf dem Sonntagsmarkt in Quito eine breite Palette von Volksmusikinstrumenten Ekuadors, u. a. die Panflöte Rondador und die kleine Stahlsaitengitarre Charango. Quito am 22.5.1995

Eine der derzeit weitaus beliebtesten Sängerinnen von Gaucho-Musik Südbrasiliens ist Berenice Azambuja – hier beim Signieren einer ihrer zahlreichen LPs; Lages (Santa Catarina am 7.6.1995)

Links: In vielen Teilen Brasiliens finden regelmäßig oder auch aus besonderem Anlass Folklore-Festivals statt: Plakat des 3º Festival Matogrossense de Arte e Tradição Gaúcha (3. Festival der Volkskunst und Tradition des Mato Grosso) in Sorriso – 6.- 8.12.1996

Alvaro Feliciani, Akkordeonist der Folkloregruppe von Berenice Azambuja, spielt auf dem Folklore-Festival von Lages (Santa Catarina, Südbrasilien) einen traditionellen Gauchotanz

Sein Akkordeon fehlt auf keinem Musikfestival Südbrasiliens: Luíz C. Borges spielt einen Fandango. (Photo: Peterson Guerreiro)

Rechts oben: Die afrokubanische Folkloregruppe Columbia del Puerto, aufgenommen in Cárdenas (Matanzas) am 24.4.1981

Rechts unten: León Gieco und seine Gruppe beim Auftritt auf dem Lateinamerika-Abend in Berlin am 19.2.1986

Unten: Ein bekannter Interpret südbrasilianischer Gaucho-Lieder: Victor Hugo, Preisträger regionaler Folklorefestivals. (Photo: Peterson Guerreiro)

Die chilenischen Sänger und Liedermacher Gonzalo ›Payo‹ Grondona und Sergio Sánchez, beide Gründungsmitglieder der Gruppe Tiemponuevo, bei einem Auftritt im Club ›Pablo Neruda‹ Karl-Marx-Stadt (Chemnitz) am 7.5. 1977

Links: Die Sängerin ländlicher Volksmusik Marisol Guillama Pérez singt in ihrer Peña eine Guaracha; La Habana – 23.10.2000

Rechts oben: Das Folklore-Duett Amambay Cardozo Ocampo und Alberto de Luque bei ihrem Auftritt in der bereits seit langem geschlossenen Peña »Guarajhy« in Encarnación (Paraguay)

Links unten: Plakat zum 10. Internationalen Gitarren-Festival, das vom 13. bis 20. Mai 2000 im Theater »Amadeo Roldán« in La Habana (Kuba) stattfand

Oben: Der kolumbianische Gitarrist Jesús ›Chucho‹ Dueñas, Musiker im Ballet Nacional de Colombia, interpretiert einen instrumentalen Pasillo, aufgenommen am 21.10.1980
Rechts: Die Mädchengruppe eines afrokubanischen Musik- und Tanzensembles aus La Habana übt in einem improvisierten Proberaum die letzten Liedtexte und Gesten ein – Tag der Rumba in Alt-Habana, 17.10. 2000
Unten: Die Hatfield Folk & Cultural Group aus Jamaica in Photografierpose (Photo: Courtesy Olive Lewin)

Zampoña-Spieler aus einer lateinamerikanischen Musikgruppe, die 1987 in der Innenstadt von Hannover auftrat *(Photo: Rudolf Conrad)*

Vorherige Doppelseite:
Ein neu angelegter Park in der Nähe von Huancayo ist der peruanischen Musikkultur gewidmet. Der auf dem Bild dargestellte Brunnen stellt eine Kalebassenfrucht dar, die bereits in vorspanischer Zeit von den Indios als schüttelidiophones Musikinstrument verwendet worden ist. (30.6.1998)

(kleine Bilder, von links nach rechts):

1: *Sie ist nach wie vor in der ländlichen Volksmusik Kubas ein wichtiges Begleitinstrument: die Laute (Laúd), hier gespielt durch den Musiker Miguel Rodríguez; La Habana – 16.10.2000*

2: *Zwei Mariachi-Musiker (Gitarre und Guitarrón) in der typischen Tracht des Charro; hier im Hof eines Restaurants in El Carmen (Yucatán); 5.3. 1999 (Photo: Ulrike Wittig)*

Festlich gekleidete und bemalte Teilnehmer der Prozession zum Fest ›Tora de Batata‹ der Krahó-Indianer in Kên-Poikre (Tocantins, Brasilien) am 8.6.1992 (Photo: Rudolf Conrad)

Zwei indianische Musiker aus dem Stamm (Tribu) der Waurá spielen auf Watana-Flöten die Eröffnungs melodien des sog. Kuarup-Festes; Piulaga, Xingú-Nationalpark Mato Grosso, Brasilien

(Photo: Rudolf Conrad, 20.8.1992)

Links: Ein indianischer Musiker aus dem Hochland von Peru spielt beim Marschieren in einem Festzug simultan zwei Musikinstrumente: eine Trommel (Caja) und eine Rohrflöte (Roncadora)
(Photo: Elisabeth den Otter)

Rechts oben: Eine Marimba aus dem mexikanischen Bundesstaat Oaxaca: Marimba Nuevo Ritmo, aufgenommen 1962 (Photo: Wilhelm Morgenstern/Otter)
Rechts unten: Der in Zentralamerika weithin bekannte Marimba-Virtuose Ulpiano Duarte Arrieta erteilt an der Außenstelle Guanacaste der Universität von Costa Rica Marimba-Unterricht

Die Folkloregruppe Los Aventureros de Tumpa, eine andine Estudiantina bei einer Photografierpause in Yungay, 1981 (Photo: Elisabeth den Otter)

Rechts: Eine peruanische Volksmusik- und -tanzgruppe gestaltet ein Programm andiner Volksmusik für den TV-Sender »Frecuencia Latina« in einem Park in von Lima

(Photo: 7.7. 1998)

Links: Música afrolatinoamericana (negra): Perkussion ist das Hauptelement auch in der kubanischen Musikgruppe Aché Iyá. Aufgenommen in La Habana (Casa de Cultura del Centro) am 14.11.1999

Unten: In farbenfrohen Volkstrachten präsentiert sich eine andine Volksmusikgruppe für das TV-Programm »El Folklore de mi Tierra« (Sender »Frecuencia Latina«) in Lima (Peru) am 7.7.1998

Bilder oben
(von links nach rechts):

1: Der Musiker und Programmierer des Organo Oriental »Radio No 2« aus Manzanillo Pedro »Chito« Fornaris Pérez (4.12.1935); die Aufnahme entstand am 27.10.2000*

2: Eine in dieser Besetzung nicht wiederholbare Aufnahme des Septeto Nacional, als Gast (invitado; hinten in der Bildmitte) trat der Sänger Carlos Embale auf, der hier zusätzlich einen Güiro spielt; La Habana, 4.5.1981

3: Organo Oriental »El Radio No 2« aus Manzanillo zusammen mit der dazugehörigen Musikgruppe (Tumbadora, Cencerro, Orgelbediener, Claves, Paila, Timbales und Guayo (ganz rechts) – 2.10.2000

4: Auch in der ländlichen Volksmusik Kubas wird die Trompete gespielt: der Trompeter Elio Rojas von der Gruppe Palmas y Cañas; La Habana, 20.11.1999

Rechts: Ein Kuarup-Fest bei den Waurá Indianern (Piulaga, Xingú-Nationalpark Mato Grosso, Brasilien). Die Indios sind vor zwei bemalten Baumstämmen zum Tanz angetreten. (Photo: Rudolf Conrad, 22.8.1992)

Unten: Bei den Karajá-Indianern in Santa Isabel (Ilha do Bananal, Brasilien): zwei maskierte Indios, Maracas in den Händen haltend, beginnen ihren Tanz vor dem Männerhaus. (Photo: Rudolf Conrad, 13.9. 1992)

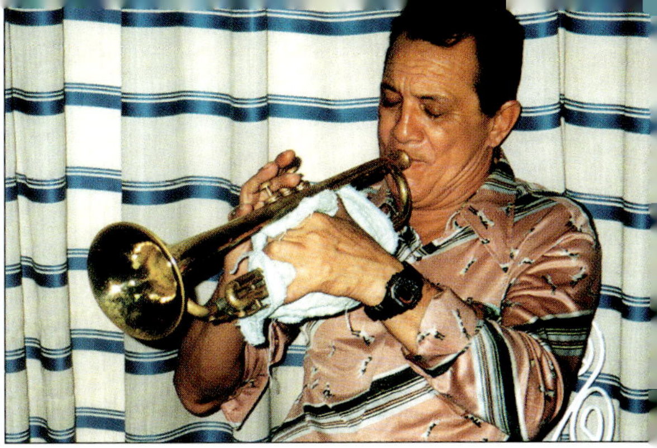

Oben: Straßenmusiker (Cuarteto Los Mambises), die in der Nähe der Kathedrale von Alt-Habana (Habana Vieja) insbesondere für die hier zahlreichen Touristen aufspielen, interpretieren immer wieder »Guajira guantanamera«. 21.10.2000

Unten: Gegenwärtiger Direktor der Gruppe Palmas y Cañas ist Israel Pérez Gil, auf dem Photo einen kubanischen Cuatro spielend. Je nach Repertoire vertauscht er dieses Instrument auch mit einer Laute (Laúd). La Habana, 20.11. 1999

Von links oben nach rechts unten:

1: Der Tres-Spieler (Tresero) Marino Díaz aus La Habana begleitet auf seinem Instrument Sänger des Punto cubano; La Habana – 16.10.2000

2: Die südchilenische Folkloregruppe Inapilén aus Patagonien hat am Folklore-Festival von San Bernardo teilgenommen und stellt sich am Eingang des Tempels ›Virgen del Carmen‹ in Maipú (Chile) den Photographen, 30.1.2000

*3: Einer der populärsten Pianisten Ekuadors: José Huberto Santacruz Carrera (*8.10.1915 Quito) bei einem Konzert in der Casa de la Cultura Ecuatoriana in Quito, 22.5.1995*

4: Der bei Radio Progreso singende Interpret des Punto cubano Sergio Amaral Padrón (14.4.1935 Villa Clara) trägt, begleitet von einem Instrumental-Dúo (Laute und Tres), ein spontan gedichtetes Stück vor.*

5: Ein ostkubanischer Trovador (Daniel Alarcón) trägt seine Version des ríoplatensischen Tangos »Caminito« vor, die bei ihm bolerohafte Züge angenommen hat; Casa de la Trova Manzanillo – 28.10.2000

6: Der ostkubanische Trovador Daniel Alarcón Vega (3.4.1928 Manzanillo) trägt in der Casa de la Trova das Lied »Mujer perjura« vor.*

wechselte es sehr bald auf englischsprachige Titel wie »Over the rainbow« u. a. über. Größter Erfolg wurde die Instrumentalversion des mexikanischen Walzers »María Elena«.

Indita → *Sonecito del País*

Indoamérica, Grupo -
chilenisches Vokal- und Instrumentalquintett; um 1980 im Exil gegründet; gehörte zur Bewegung des Neuen Chilenischen Liedes (Canto Nuevo Chileno); nahm 1983 mit den Liedern »De barro y arcilla« und »Un despertar que se agrada« am 2. Lateinamerikan. Volksmusik-Festival in Zürich (Schweiz) teil.

Infantas, Silvia
chilenische Sängerin landestypischer Musik; interpretierte ab 1960 zusammen mit den Gruppen *Los Cóndores* und *Los Baqueanos* Volksmusik insbes. aus dem zentralen Teil Chiles in zur Kommerzialisierung tendierenden Arrangments und nahm bei Odeon einige LPs auf, darunter die Titel »Valses del recuerdo« und »Bajando pa' Puerto Aysén«.

Infante Cruz, Pedro
* 18.11.1917 Mazatlán (Sinaloa), † 15.4.1957 Mérida/Yucatán (Flugzeugunglück); mexikanischer Sänger, Bandleader und Liedermacher; bekannter Vertreter des Ranchera-Gesangs; leitete zunächst ein Orchester vom Typ einer → *Banda (2),* gründete später selbst eine kleine Gruppe; wirkte in diversen Formationen, darunter → *Mariachi*-Gruppen, als Sänger von Titeln der Formen → *Ranchera,* → *Corrido,* → *Canción-ranchera,* → *Huapango* u. a. 1943 erschien seine erste Schallplatte; in der Folgezeit erlangte C. eine außergewöhnliche Popularität in weiten Teilen Mexikos; es entstanden insgesamt 322 auf Schallplatte (Label Peerless) aufgenommene Titel, darunter »Amorcito corazón«, »Ella«, »Siete leguas« und »Gavilán pollero«; ferner trat er in insgesamt 45 Filmen wie »Feria de las flores« als singender Schauspieler auf; seine Popularität stieg nach dem tragischen Tod und dauert bis heute an.

Ingá (Danza del Muñeco)
afroperuanischer Volkstanz, Variante des → *Alcatraz;* ein fröhlicher und erotisch motivierter Tanz aus der urbanen Musikfolklore, dessen Ursprünge im → *Festejo* zu suchen sind. Bevorzugte Begleitinstrumente sind Gitarre, → *Cajón* und → *Cajita* sowie rhythmisches Händeklatschen (Palmas); dazu wird im Chor gesungen. Der Folklorist Nicomedes → *Santa Cruz* arrangierte und interpretierte die I. mit seiner Gruppe → *Cumanana.*

Ingléz, Roberto
* 1910 Schottland, † 5.9.1977 Santiago de Chile; chilenischer Sänger, Liedermacher, Musiker (Piano) und Bandleader; sang populäre Lieder Chiles und anderer Länder (z. B. Brasiliens); gründete und leitete ein Tanzorchester und war zwischen 1960 und 1969 Künstlerischer Direktor bei Radio Portales und Leiter der Schallplattenfirma I-R-T in Santiago de Chile; seine Schallplatten erschienen bei Odeon, darunter »Felicidades a Paul«.

Ingomba → *Ingome*

Ingome (Engomo, Engono, Ingomba, Ingono)
zur Gruppe des → *Atabaque* gehörende große brasilianische Einfelltrommel, die mit den Händen perkutiert und in den → *Xangô*-Kulten Pernambucos sowie im Norden und Nordosten Brasiliens für → *Macumba,* → *Candomblé* und Volkstänze wie → *Côco* und → *Bambelo* benutzt wird; heute wegen des durch ihre Größe bedingten aufwendigen Transports nur noch selten gespielt.

Inselência
auf Totenfeiern in Brasilien gesungene gebethafte Lieder.

Instrumentos musicales
(Musikinstrumente, span.)
Gesamtheit aller Mittel zur Erzeugung von Musik; grob untergliedert in *instrumentos aerófonos* (aerophone Instrumente), *instrumentos idiófonos* (idiophone Instrumente) mit ihren Un-

tergruppen *instrumentos de choque* (Stoß oder Schlag), *instrumentos de entrechoque* (Schüttelidiophone), *instrumentos de percusión* (Perkussionsinstrumente), *instrumentos de fricción* (Friktions-Instrumente) sowie *instrumentos membranófonos* (Trommeln), *instrumentos cordófonos* (Saiteninstrumente) und – neuerdings – *instrumentos electrónicos* (elektronische Instr.). Von wenigen Ausnahmen abgesehen, werden in der lateinamerikanischen Musik alle Gruppen von Instrumenten eingesetzt, die Verbreitung bestimmter Instr. ist regional unterschiedlich; eine besondere Rolle kommt den aus präkolumbischer Zeit stammenden Musikinstrumenten (→ *Instrumentos precolombinos*) zu.

Instrumentos precolombinos
Allgemeinbezeichnung für alle vor der Eroberung Amerikas (1492) von den Ureinwohnern (Indígenas) benutzten Musikinstrumente, von denen zahlreiche heute noch unverändert im Gebrauch sind, während andere weiterentwickelt wurden, insbes. die Instrumente andiner Länder. Nach Curt Sachs wurden in den mexikanischen und peruanischen Hochkulturen Idiophone wie → *Sonajas*, → *Raspadores*, Aerophone wie Flöten (→ *Quena*, → *Silbato* und Naturtrompeten) sowie diverse Trommeln benutzt. Auch ein chordophones Instrument in Form eines primitiven Musikbogens wurde möglicherweise durch präkolumbische Indianer verwendet. Jedes Musikinstrument hatte eine lokale Bezeichnung, die vielfach jedoch nicht überliefert ist. Über zahlreiche Klangkörper gibt es keinerlei schlüssige Information; durch Funde wurde bekannt, dass die Azteken lange vor den Eroberungen Musik- und Singschulen, *Cuicacalli* genannt, unterhielten, in denen Musiker auf verschiedenen Instrumenten sowie Sänger ausgebildet wurden. Ähnliches gab es bei den Inka. Der mexikanische Forscher Vicente T. → *Mendoza* hat in mühevoller Kleinarbeit allein für das heutige Territorium Mexikos den Gebrauch von 36 verschiedenartigen Musikinstrumenten nachgewiesen; dazu zählen die Schlitztrommel → *Teponaztli*, die Felltrommel → *Huéhuetl*, die Raspel → *Omichicahuaztli*, die Muscheltrompete → *Teccíztli*, die Metalltrommel → *Tetzila-*

Instrumentos musicales: Diese mestizische Folkloregruppe aus Huambo-Musho (Peru) besteht nur aus Saiteninstrumenten (2 Violinen, Harfe, Gitarre u. Mandoline). (Photo [1977]: Elisabeth den Otter)

catl, die Flöten → *Chilihtli,* Cohuilotl und Chocholoctli und die Tontrommel → *Kayum.* Gegenwärtig findet in vielen Ländern Lateinamerikas eine starke Orientierung auf das indianische Kulturerbe statt (→ *Indigenismo*).

Interacción (Interaktion)
speziell in der Fachliteratur verwendeter Begriff, der, auf die Musik bezogen, den Prozess der gegenseitigen Beeinflussung verschiedener Kulturen definiert, der zur Herausbildung der Musikfolklore bzw. auch der Populärmusik führte. In Lateinamerika kam es zu Interaktionen zwischen bodenständigen (indianischen) und europäischen, afrikanischen, in geringem Maße auch asiatischen Kulturen in jeweils regional differenzierter Form. Neuerdings vollziehen sich Interaktionen zwischen lateinamerikanischen und internationalen, z. T. sehr stark kommerzialisierten Formen.

Interludio
musikalisches Zwischenspiel, meist durch Gitarre, aber auch durch Piano, Flöten u. a. ausgeführt. Der → *Punto cubano* sieht ein als *Tonadilla* bezeichnetes I. vor; im dominikanischen → *Merengue*, in Volkstänzen des Nordostens Brasiliens u. a. ist es Teil der Darbietung der Musik.

Intermedio (Intermédio)
Intermezzo, span.; port.

Inti-Illimani (Conjunto -)
chilenisches Vokal- und Instrumentalsextett; im Mai 1967 in Santiago de Chile von Studenten der Technischen Universität gegründet; eine der insbes. im Ausland bekanntesten Gruppen der Volks- und Populärmusik Chiles. Die zur Bewegung des Neuen Chilenischen Liedes gehörende Gruppe wandte sich dem progressiven Volkslied aus ganz Lateinamerika zu. In der Besetzung Horacio Salinas Álavet (Bandleader), Max Berrú Carrión (Gitarre, Perkussion), José Seves Sepúlveda (Gitarre, Charango, Quena), José Miguel Camus Vargas (Quena, Zampoña, Perkussion), Jorge Coulon Larrañaga (Gitarre, Tiple, Zampoña) und Horacio Durán Vidal

Die Gruppe Inti-Illimani in Fotografierpose

(Charango, Gitarre, Cuatro, Zampoña) interpretierte I. I. vorwiegend andine Musik und produzierte unter versch. Labels (Odeon, Dicap, Zodiaco u. a.) mehr als 20 LPs, deren erste das Album »Sí somos americanos« war. Von 1973 bis 1988 lebte und wirkte die Gruppe im Exil in Rom; bei den dort aufgenommenen Titeln wurden teilweise Elemente der italienischen Musikfolklore einbezogen, z. B. in »Mercado Testacci«. Es wurden Gastspielreisen in viele Länder unternommen, auch die Teilnahme an Interpreten-Ausscheiden (z. B. beim Festival des Politischen Liedes in Berlin) ließ diese Gruppe insbes. in Europa sehr populär werden.

Inti Raymi
Festlichkeit im Inka-Staat; zu Ehren der als göttliches Wesen angebeteten Sonne (Inti) unter Anteilnahme der gesamten Bevölkerung mit Musik und Tanz im Monat Juni durchgeführt. Eine Zeremonie innerhalb des I. R. war die feierliche Aufnahme der 16- bzw. 18-jährigen Frauen und Männer in den Kreis der Erwachsenen, *Huarochico* genannt. Während des Festes wurden bestimmte Tänze, u. a. die → *Wifala,* dargeboten. Gegenwärtig werden einmal im Jahr in Puno (Peru) und auch in Ekuador (hier: Inti Laymi genannt) sowie bei bestimmten Folklorefestivals sowohl I. R. als auch die damit verbundenen Volkstänze originalgetreu wiederaufgeführt.

Introducción (port.: Introdução)
musikalische Einführung in ein Musikstück meist durch Gitarre, Piano, aber auch durch → *Charango,* → *Quena* u. a.; in einigen lateinamerikanischen Formen, z. B. im → *Yaraví* und → *Punto cubano,* fest verankert.

Inubia (Janubia)
primitive Trompete der Guaraní-Indianer Paraguays; wurde früher vorzugsweise bei Kriegszügen geblasen.

Invocación (port. Invocação)
die Anrufung eines Gottes in der lateinamerikanischen Religionsausübung, vor allem in der → *Santería* und weiteren afrolateinamerikanischen Kulten. Dabei werden Lieder (Canciones de I.) oder → *Cantos de Palos* intoniert. Für jede Gottheit wie → *Chango* und → *Iemanjá* gibt es bestimmte, der folkloristischen Tradition entstammende Lieder und Tänze. (→ *Música religiosa*)

Iolocamba-i-ta → *Yolocamba Ita*

Iorubá → *Yorubá,* → *Nagô*

Iparaguirre, Pedro Antonio
* 17.1.1879 Barracas, † ?; argentinischer Musiker (Violine, Gitarre), Arrangeur und Komponist populärer und ernster Musik; wirkte an der Akademie »F. Sor« in Buenos Aires und komponierte insgesamt 313 Stücke für Gitarre und Violine, darunter »Adelante con los faroles«, »El Pampeano« (Estilo) und »Variaciones sobre la vidalita«.

Iporre Salinas, Humberto
* Potosí; bolivianischer Musiker und Komponist landestypischer und populärer Musik; schrieb viele Titel insbes. der Formen → *Huayño* und Canción boliviana, darunter die Stücke »Acuarela boliviana«, »Potosino soy« und »Viento helado«.

Ira (Yra, Ira phuku)
regionale Bezeichnung bzw. Variante der Panflöte → *Zampoña;* aus sechs Einzelflöten zusammengesetzt und vor allem in der → *Cofradía* der nordchilenischen Region Tarapacá gespielt.

Iracundos, Los -
uruguayisches Vokal- und Instrumentalsextett; 1962 in Paysandú gegründet; interpretierte in modernen Arrangements Titel der nationalen und internat. Populärmusik; bis 1982 erschienen bei RCA Victor insgesamt 32 LPs, deren Musik besonders bei Jugendlichen Anklang fand, darunter die Erfolgstitel »Todo terminó« und »Calla« sowie »Millonario, pobre millonario«.

Irakere, Grupo -
kubanische Vokal- und Instrumentalgruppe; 1973 in La Habana von dem Musiker Jesús »Chucho« → *Valdés* (Piano) formiert; orientiert sich in ihrer zum Jazz tendierenden Populärmusik an Elementen der afrokubanischen Musikfolklore, insbes. beim Gebrauch von Trommeln (Tambores Bata), an der traditionellen kubanischen Populärmusik sowie Strömungen moderner (elektronischer) Musik bzw. des Jazz. Durch ausgewogene Aufbereitung und Vermischung dieser Komponenten gelangte die Formation zu ihrem typischen Musizierstil, der sie als Vertreter des kubanischen Jazz (→ *Afro Cuban Jazz*) charakterisiert. Mitglieder der Initialformation waren Jesús Valdés (Piano, Elektronenorgel, Bandleader), Germán Velazco und Carlos Averoff (Saxophone), Arturo Sandoval und Jorge Varona (Trompeten), Carlos Emilio Morales (Elektrogitarre), Carlos del Puerto (Elektrobass), Enrique Pla (Schlagzeug), Jorge Alfonso und Carlos Barbón (Perkussion) sowie Oscar Valdés (Gesang, Perkussion). Bei Areito (Egrem), CBS u. a. wurden zahlreiche LPs produziert, darunter die Titel »Misaluba«, »Luisa« und »Catalina«; 1980 erhielt die Gruppe eine »Silberne« von Egrem und den »Grammy« von CBS.

Iraquitã (Irakitán), Trio -
brasilianisches Vokal- und Instrumentaltrio; 1950 in Natal durch die Solisten Edison Reis de França (1930 – 1965, Violão und Gesang), Paulo Gilvan Duarte (* 1929, Afoxe und Gesang) und João da Costa Neto (* 1930, Gesang) formiert; interpretierte in sehr gut gestalteten Arrangements neben dem populären → *Samba* auch Titel der → *Música sertaneja* sowie ausländische Musik (z. B. Boleros); auf LPs (Label Odeon) erschienen u. a. die Titel »Asa Branca«, »Kalú« und »Praça Onze« (Samba).

Íreme (Irime)
Name des Darstellers in den afrokubanischen Ritualen der → *Abakuá,* der das Teuflische verkörpert; im Spanischen auch »Diablito« genannt; singt rituelle Lieder u. a. im → *Ñáñigo,* bei denen er durch das Ensemble → *Biankomeko* begleitet wird.

Irizarri - de Córdova, Dúo -
puertorikanisches Vokal- und Instrumentalduo der Populärmusik, es wurde 1951 in San Juan durch Aida Irizarry (1925 – 1974) und Adalberto de Córdova (1921 – 1982) formiert. Dieses Duo – es produzierte bei »Marvela« insgesamt 50 Schallplatten N78 und 15 LPs – gehört zu den hervorragenden Interpreten Puerto Ricos von Boleros, Criollas und anderer Formen, hervorzuheben sind die Titel »Quisiera« und »Así soy yo«, beides Kompositionen von Rafael → *Hernández.*

Iron (= Gong)
idiophones Instrument; Metalltrommel, meist eine ausgebaute Bremstrommel eines Automobils, die mit einem Metallstab perkutiert wird und in der → *Steel Band* insbes. in Port of Spain (Trinidad) zum Einsatz gelangt.

Irusta Arévalo, Agustín Cipriano
* 28.2.1902 Rosario, † Venezuela (?); argentinischer Sänger und Liedermacher des → *Tango;* auch als singender Schauspieler bekannt geworden. I. begann seine Künstlerlaufbahn um 1924 in Rosario, später trat er der → *Compañía* von Enrique Muiño bei und 1927 nahm er bei Victor seine erste Schallplatte mit den Tangos »Barranca abajo« und »Lirio criollo« auf. Auf einer Reise nach Europa formierte sich um 1932 das berühmt gewordene Trio *Irusta – Fugazot – Demare*. Später sang I. im Typischen Orchester von Francisco → *Canaro* und trat in Filmen wie »Nobleza gaucha« (1937) und »Fortín Alto« (1941). Zu seinen Kompositionen gehören die Tangos »Dos vidas« und »Mañanitas de Montmartre«.

Isella, César (eigtl. Julio C. Isella)
* 20.10.1938 Salta; argentinischer Sänger, Musiker und Liedermacher; gehörte längere Zeit der Folkloregruppe Los → *Fronterizos* an, wirkte danach als Solist und gilt zusammen mit Mercedes → *Sosa,* Oscar Matus und Armanda →

Tejada Gómez als Begründer der Bewegung des Neuen Argentinischen Liedes. Zusammen mit letzterem schuf I. populäre Lieder bzw. Protestsongs wie »Canción de lejos«, »Canción con todos« und »Triunfo agrario« sowie »Viento no más« (Vidala); daneben vertonte er Texte von Pablo Neruda (»Soneto a Matilde«) und Nicolás Guillén (»Canción para despertar a un niñito«); er produzierte einige LPs (Label Philips), u. a. mit den Titeln »Para cobrar altura« und »Plegaria de un labrador«.

Isguete
Tanz brasilianischer Seeleute; ohne Beteiligung von Frauen zu nächtlicher Stunde früher in den Herbergen rund um die Bucht von Guanabara (Rio de Janeiro) aufgeführt.

Isidrón Torres, Cipriano »Chanito«
* 26.9.1903 Calabazar de Sagua (Villa Clara), † 22.2.1987 La Habana; kubanischer Volkssänger (Trovador), Musiker (Tres) und Liedermacher; bekannter Interpret des → *Punto cubano;* war ab 1931 als Wandersänger vorwiegend in Dörfern der Provinz Las Villas aktiv. Sich auf der Gitarre begleitend, sang er im Duett mit anderen Interpreten die → *Controversia,* trat in Rundfunkprogrammen auf und nahm u. a. bei Gema und Areito zahlreiche Titel auf Schallplatten auf, darunter »Seguidilla del café«, »Cuatro cuentos« und »Soñando«.

Isleños, Trío Los -
kolumbianisches Vokal- und Instrumentaltrio; 1955 in Barranquilla durch die Solisten Oscar Fajardo, Gastón Guerrero und Rogelio Caicedo gegründet; das in einem romantisch-melodiösen Stil musizierende Trio trat 1956 erstmals in Bogota und danach in vielen Ländern Lateinamerikas mit großem Erfolg auf; unter versch. Labels (u. a. Tropical, Zeida und Miami) entstanden 30 LPs vorwiegend mit Boleros, Serenaden und Liedern, darunter die Titel »Jardinera del amor«, »Pajarillo« (Cumbia) und »El lunar de María«.

Isúpo Iragüo, Grupo - (Isupo Irawo)
afrokubanische Vokal- und Instrumentalgruppe; nach 1950 in La Habana durch den Perkussionisten Jesús → *Pérez* gegründet; spielte eine für die ethnische Gruppe → *Yorubá* typische Musik; Gesangssolistin war Merceditas Valdés; bei Panart erschienen Schallplattenaufnahmen wie »A Eleggua« und »Babalú ayé«.

Itón
in der afrokubanischen Ritualmusik der → *Abakuá* verwendetes Holz (Palito), mit dem der Musiker die Trommel → *Bonkó-enchemillá* auf der hinteren Seite perkutiert und dabei jeweils einen hohen und einen tiefen Ton erzeugt. (→ *Ñáñigo*)

Itótele
zum Ensemble der drei Trommeln (Tambores) → *Batá* gehörende mittelgroße Trommel; in der afrokubanischen → *Santería* der ethnischen Gruppe → *Yorubá* eingesetzt.

Ivoti, Conjunto -
argentinisches Vokal- und Instrumentalsextett; um 1980 in Ceres (Santa Fe) durch Nestor Maldonado (1. Akkordeon), Rolando Montenegro, Rubén Valenzuela (Gesang, Gitarre), Antonio Arballo (2. Akkordeon), Mario Nadal (Kontrabass) und Juan Carlos Mansilla (Bandleader, Arrangements) formiert; insbes. werden Titel der Form → *Chamamé* wie »La Cau« und »Puerto Monte Caseros« interpretiert; bei »Microfón« und »M & M« entstanden einige LPs.

Iyá
größte Trommel eines aus drei verschieden

Die afrokubanische Trommel Itótele (Photo: CIDMUC)

großen Instrumenten bestehenden Ensembles, das bei den Sessionen der afrokubanischen → *Santería* eingesetzt wird. Mit ihrem nach innen gewölbten konischen Körper gehört die I. zu den typischen Instrumenten der → *Yorubá*-Kulte.

Iyá, Grupo -
afrokubanische Folkloregruppe; um 1970 in Cueto (Holguín) vom Kulturzentrum »Víctor Jara« gegründet; pflegt insbes. die von Haiti (Hispaniola) nach Kuba gelangten afrohaitianischen Tänze wie → *Gagá*.

Iyesá (Tambores Iyesá)
ein aus vier verschieden großen Trommeln bestehendes Ensemble der afrokubanischen Musik; bei rituellen Veranstaltungen und Volksfesten der ethnischen Gruppen Iyesá bzw. → *Yorubá* gespielt; ergänzend können → *Güiro* und → *Agogó* eingesetzt werden.

Iznaga, Inocente »El Jilguero de Cienfuegos«
* 29.12.1930 Cienfuegos; kubanischer Volkssänger (Trovador) und Liedermacher; interpretierte seit 1943 in seiner Heimatregion den → *Punto cubano* und andere Formen der ländlichen Volksmusik Kubas, übersiedelte später nach La Habana und trat dort in zahlreichen Rundfunk- und Fernsehprogrammen, darunter in »Palmas y Cañas«, auf, gab Auslandsgastspiele und produzierte zahlreiche Schallplattenaufnahmen wie »Sube la loma«, »Monona mía« und »Siempre vivir riendo« (Labels Maype, Tropical, Egrem u. a.).

Iznaola Fernández, Ricardo
* 1949 La Habana; kubanischer Gitarrist; studierte zunächst am Konservatorium, später bei Sainz de la Maza; gewann mehrere nationale und internationale Ausscheide und lebt seit 1962 in Caracas; komponierte u. a. die Stücke »Chorada laudade« und »Suite venezolana«; interpretiert folklorist. und ernste Musik.

Izquierdo Padrón, Pedro »Pello el Afrokán«
* 1930 Jesús María (La Habana); kubanischer Schlagzeuger, Arrangeur, Bandleader und Komponist; gründete 1959 in La Habana eine Gruppe moderner Tanzmusik (*Pello el Afrokán y su Grupo*), mit der er einige LPs (Labels Egrem und Areito) produzierte; erlangte durch den 1963 von ihm entwickelten Modetanz → *Mozambique* große Popularität, schrieb u. a. die Titel »Centro de Cuba«, »Mozambique internacional« und »María Caracoles«; von letzterem produzierte der Musiker Eddie → *Palmieri* 1979 mehr als eine Million Schallplatten.

Oben: Ein Ensemble kubanischer Iyesá-Trommeln: Caja (links), Salidor (Mitte) u. Segundo (rechts) (Photo: CIDMUC) Unten: Trommel Iyá aus dem Ensemble der Tambores Batá (Photo: CIDMUC)

J

Já (Idiophon)
Musikinstrument der afrobrasilianischen Folklore; ein Metallglöckchen, das bei der Zeremonie des »Beköstigens« (dar comida) des → *Orixá* in Ritual-Sesssionen angeschlagen wird.

Jabao
dreisaitiges gitarrenartiges Volksmusikinstrument; wurde früher in ländlichen Regionen von Puerto Rico gespielt.

Jácara
alter Salontanz des XVIII. Jh., aus Spanien u. a. nach Mexiko (Nueva España) gelangt.

Jacarandá
brasilianischer Rundtanz (Dança-de-roda) ländlicher Regionen, meist durch → *Viola (1)* begleitet; es wird dazu auch gesungen.

Jackson do Pandeiro (eigtl. José Gomes Filho)
* 31.8.1919 Alagoa Grande (Paraíba), † 1982 Rio de Janeiro (?); brasilianischer Sänger, Musiker (Zabumba, Pandeiro) und Liedermacher; populärer Interpret nordestinischer Musik der Formen → *Côco,* → *Forró* und → *Baião;* trat zunächst in diversen Gruppen in Campinas, später in João Pessoa u. a. in Kabaretts und Gaststätten auf; sang in der Formation *Regional de Rádio Tabajara* und nahm zahlreiche der von ihm verfassten Stücke wie »Éta baião«, »Falsa toureiro«, »Sebastiana« und »Cantiga de sapo« auf Schallplatten (Labels Copacabana, Som, Fontana, CBS u. a.) auf.

Jacundá (Piranha)
alter indianischer Rundtanz des brasilianischen Amazonasgebietes; wird noch vereinzelt durch Fischer und ihre Frauen aufgeführt.

Jairas, Los -
bolivianisches Vokal- und Instrumentalquartett; 1965 in La Paz durch Edgar »Yayo« Joffre (Gesang, Bombo), Ernesto → *Cavour* (Charango), Gilbert Favre (Quena) und Julio Godoy (Gitarre) gegründet; trat häufig mit Alfredo → *Domínguez* (Gesang) auf. Mit ihrer Art der Interpretation alter und neuer bolivianischer Volksmusik nach gut durchgearbeiteten Arrangements wurden Los J. in den 60er Jahren für viele nachfolgende Gruppen richtungsweisend; später wurden zuweilen Anklänge an die → *Neofolklore* deutlich. Gastspielreisen führten in weite Teile Lateinamerikas und nach Europa; unter versch. Labels (u. a. Musidisc, Lyra und Lauro) wurden zahlreiche LPs veröffentlicht; darunter die Titel »Ollantay« (Huayño), »Carahuata« (Huayño), »Señora Chichera« (Tonada) und »Llanto del olvido« (Yaraví).

Jaivas, Los -
chilenische Vokal- und Instrumentalgruppe der Populärmusik; Mitte der 60er Jahre in Santiago de Chile gegründet; das Anliegen der Formation bestand in der Verschmelzung traditionell-folkloristischer Elemente mit solchen der modernen Rockmusik, zum Teil auch sinfonischer Musik. Viel Anklang fand im August 1973 ein gemeinsames Konzert mit dem Sinfonieorchester von Viña del Mar. Nach 1973 entstanden in Argentinien einige Schallplatten; später kam es zur Übersiedlung nach Frankreich; in der Besetzung Eduardo Gato Alquzinta (Bandleader), Eduardo Parra (Texte), Gabriel und Claudio Parra sowie Mario Mutis trat die Gruppe 1981 in Berlin (Festival des Politischen Liedes) auf. Auf LPs erschienen u. a. die Titel »Todos juntos« und der Zyklus »Alturas de Machu Picchu« (1981).

Jalaíto (Jala jala)
um 1961 durch den kolumbianischen Musiker

Carlos Martelo de la Hoz geschaffener Modetanz, der zur → *Música tropical* zu rechnen ist, aber relativ kurzlebig war.

Jaleada (Seguidilla jaleada)
urspr. spanische Variante der → *Seguidilla,* die sehr schnell getanzt wird; verbreitete sich auch in Lateinamerika, wo sie in neuere Formen einfloss.

Jaleo
1. aus Spanien stammender Tanz im 3/8- oder 3/4-Takt; in einigen lateinamerikanischen Tänzen als Einleitung (Introducción) dienend, der Musikfolklore Andalusiens entstammend; zumeist durch Gitarre interpretiert. 2. Schlussteil des → *Merengue* der Dominikanischen Republik, der einen gesprochenen Kommentar enthält. 3. die im spanischen → *Flamenco* aus gesprochenen Worten bestehende Einführung (Animación) des gesungenen Teils im → *Cante flamenco.*

Jamaican Folk Singers, The -
Vokal-, Instrumental- und Tanzgruppe aus Jamaika; 1967 in Kingston Town durch die Sängerin, Pianistin und Folkloristin Olive → *Lewin* gegründet; gegenwärtig aus 47 Mitgliedern bestehend, darunter 29 Frauen. Das mit staatlicher Förderung auftretende Ensemble pflegt traditionelle afrojamaikanische Lieder und Tänze wie → *Revival,* → *Kumina* und Tambo, es repräsentierte Jamaika bei internat. Folklorewettbewerben, unternahm Auslandstourneen und produzierte mehrere LPs mit folkloristischer Musik.

Janeira (von »janeiro« = Januar, port.)
serenadenartiges Lied; das bis etwa 1900 in Brasilien zu Neujahrsfeiern im häuslichen Kreis gesungen wurde.

Jara, Víctor
28.9.1938 Chillán, † 14.9.1973 Santiago de Chile (ermordet); chilenischer Volkssänger, Musi-

Jamaican Folk Singers beim Auftritt (phot. Monica da Silva)

Víctor Jara bei einem Konzert

ker (Gitarre), Liedermacher, Bandleader und Folkloreforscher; einer der bekanntesten Vertreter des Neuen Chilenischen Liedes; entstammt einer Landarbeiterfamilie; begann frühzeitig zu singen und wurde wegen seiner außergewöhnlichen Begabung am Priesterseminar von San Bernardo immatrikuliert; studierte 1957 – 62 an der Theaterschule der Universität von Santiago de Chile. Als Mitglied der Folkloregruppe → *Cuncumén* (1958 – 62) betrieb er umfangreiche Feldforschungen zur Musikfolklore Chiles und arrangierte bei Exkursionen ins Landesinnere wieder aufgefundene Volkslieder, darunter die Tonada »La edad de la mujer« und die Cueca »El Chincolito«. 1960 schrieb er seine erste Komposition, das Lied »Palomita verte quiero«. 1964 trat J. erstmals in der → *Peña de los Parra* auf und widmete sich mit großer Aktivität dem chilenischen Protestlied. Von 1967 – 69 hatte er die Leitung der Gruppe → *Quilapayún* inne, mit der er seine erste LP (Label Odeon) produzierte; für sein Lied »Plegaria de un labrador« wurde er mit dem Preis des Festivals des Neuen Chilenischen Liedes ausgezeichnet. In der Folgezeit veröffentlichte J. u. a. bei Dicap einige bemerkenswerte LPs, die zunehmend Protestsongs und politisch engagierte Lieder enthalten, er bereiste versch. Länder Lateinamerikas (u. a. Peru) und Europas. Bekannte Stücke sind u. a. »Las casitas del Barrio Alto« (Walzer), »Te recuerdo Amanda (Canción), »El arado« (Canción) »A Cuba« (Guaracha) und »Canción del minero« (Lamento); nach seinem tragischen Tod wurden seine Schallplatten u. a. in Frankreich, Deutschland (bei Pläne) und Italien neu aufgelegt.

Jarabe

alter mexikanischer Volkstanz mit einem lebhaft-bewegten Rhythmus; Nationaltanz Mexikos; Variante des → *Son (2).* Der mit großer Wahrscheinlichkeit auf die spanische → *Jota* zurückzuführende Tanz wurde 1778 in Veracruz erstmals erwähnt; bereits in dieser Zeit soll er auf Grund seiner »gegen die Moral...« gerichteten Texte (Coplas) Gegenstand des Inquisitions-Tribunals gewesen sein. Um 1800 wurde der *Jarabe gatuno*, eine lyrische Variante, populär, die wenig später (1802) ebenfalls der Zensur der Kirche anheimfiel und als »lasziv, bösartig und ausschweifend« disqualifiziert wurde. Ungeachtet aller Anfeindungen setzte sich der J. in weiten Teilen Mexikos durch und es bildeten sich regionale Varianten heraus wie der *J. mixteco* (in Oaxaca), der *J. michoacano* (in Michoacán), der *J. pateño* (in Coahuila), der *J. jalisciense* (in Jalisco) u. a. Der stark dem → *Son jalisciense* ähnelnde J. wird von Paaren in farbenfrohen Trachten getanzt (→ *China,* → *Charro*). Gegenwärtig wird der J. vorwiegend durch → *Mariachi*-Gruppen interpretiert; instrumentale Versionen dominieren. Weltbekannt wurde der 1913 erstmals publizierte Titel »Jarabe tapatío«, aus der anonymen Musikfolklore der Region Guadalara stammend, als »Mexikanischer Huttanz« (Mexican Hat Dance) derzeit im Repertoire vieler Tanzorchester des In- und Auslandes.

Jaramillo Jaramillo, Carlota

(eigtl. María Isabel Carlota Jaramillo)
* 9.7.1904 Calacalí, † 10.12.1987 Quito; ekuadorianische Sängerin und Gitarristin typischer und folkloristischer Musik; bekannte und durch ihre hervorragende Stimme weithin beliebte Interpretin von Musik u. a. der Formen → *Pasillo* und → *Albazo;* begann während ihrer Studienzeit zu singen und bildete zunächst mit ihrer Schwester Inés ein Duo, das seinerzeit das erste seiner Art in Ekuador war, ab 1942 sang sie im Duett mit Luis Alberto → *Valencia,* mit dem sie 46 Lieder in Argentinien aufnahm. Später trat sie solistisch auf und gab Gastspiele in vielen Ländern Lateinamerikas, in Europa (Frankreich) und in den USA.

Jaramillo, Fabio

* 1935 Aguadas (Caldas); kolumbianischer Sänger, Musiker, Komponist und Bandleader; studierte am Konservatorium von Caldas, bildete 1956 mit Antonio Rojas das *Dúo Los Caminantes*, mit dem 3 LPs produziert wurden. Später formierte J. das bis 1964 bestehende Trio Los Tres Imperiales und 1974 die Tanzmusikfor-

mation *Los Joviales*, mit der er seine mehr als 100 Kompositionen, darunter »Vuelve a mí« (Bolero) und »Cruel olvido« (Pasillo), auf Schallplatten aufnahm. Später war J. dann in Manizales als Solist tätig.

Jaramillo Laurido, Julio Alfredo

* 1.10.1935 Guayaquil; 9.2.1978 das.; ekuadorianischer Sänger, Musiker (Gitarre) und Liedermacher; einer der bekanntesten Vertreter des romantisch-sentimentalen Liedes Lateinamerikas, Bolero- und Walzer-Interpret; begann 1956 als professioneller Künstler und sang viele Stücke aus dem Repertoire von Olimpo → *Cárdenas,* mit dem er häufig im Duett sang; daneben bildete er mit Fresia Saavedra ein Duett. Sein aus mehr als 2000 Titeln bestehendes Repertoire wurde insbes. in Mexiko und Venezuela überaus populär und auf Schallplatten (u. a. bei Tropical, Seeco, Oasis, RCA Victor, Intergas, Sonolux und Onix) herausgebracht, darunter die Titel »Guayaquileña«, »Nuestro juramento« und »Olvídame muchacha«.

Jarana

1. einer der typischsten und populärsten Volkstänze der Halbinsel Yucatán (Mexiko); aus einer Vermischung indianischer und kolonialspanischer (kreolischer) Komponenten entstanden. Man unterscheidet zwei Arten mit jeweils unterschiedlichen Tempi: die im 6/8-Takt gehaltene J. mit → *Zapateado*-Teilen, die sich in direkter Linie aus dem → *Cante Grande* entwickelt haben soll, und die walzerhafte J. im 3/4-Takt, in die indianische Elemente einflossen. Noch heute ist die J. wichtiger Bestandteil der traditionellen → *Vaquería* und wird meist von Orchestern des Typs einer → *Banda (2)* instrumental interpretiert. Die auf Volksfesten gespielte J. ist nach einem bestimmten Schema konzipiert: während die Musik kurzzeitig pausiert, deklamieren die Tänzer eine → *Bomba (3);* getanzt wird meist paarweise in traditionellen Volkstrachten. Ein bedeutender Komponist von J.s ist Rubén Darío Herrera, der mit seinem Orchester *Maya* zahlreiche Schallplattenaufnahmen produzierte. 2. kleine Schlaggitarre mit 3, 5, 12 oder 18 Saiten, vor allem in der Volksmusik Mexikos (u. a. in Michoacán) eingesetzt; auch unter der Bez. »Jaranita« bekanntgeworden. 3. der meist aus drei Teilen (1., 2. und 3. Jarana) bestehende Hauptabschnitt des peruanischen Nationaltanzes → *Marinera;* auch als Allgemeinbezeichnung für die *Marinera limeña* gebräuchlich. 4. eine sehr vertrauliche Form des Tanzens in Kolumbien, Ekuador und Puerto Rico; meist im familiären Kreis praktiziert.

Jaranita → *Jarana (2)*

Jararaca

1. primitive brasilianische Bambusrohr-Trom-

Julio Jaramillo – LP »Mis Mejores Valses« – Onix LP-60.029 (1986)

pete. 2. brasilianischer Volkstanz des Nordostens (Rio Grande do Norte), Variante des → *Xote;* heute kaum noch verbreitet.

Jardineira
brasilianisches Tanzlied der Bundesstaaten Santa Catarina und Rio Grande do Sul; von unverheirateten Paaren bei zunehmendem Mond getanzt. Der Ursprung geht auf port. Traditionen zurück.

Jarocho, Conjunto -
Allgemeinbezeichnung für eine Folkloregruppe aus der Region Veracruz (Mexiko), die mit einer 32-saitigen Harfe (Arpa jarocha), einem viersaitigen → *Requinto (1),* der generell mit einem Plektrum gespielt wird, und einer kleinen, → *Jarana (2)* genannten Gitarre musiziert. Der Harfenist verfügt im allgemeinen über die Fähigkeit zur spontanen Improvisation. Interpretiert werden durch solche Gruppen die Formen → *Son jarocho,* → *Zapateado* und → *Huapango;* bekannte Formationen sind u. a. Lino → *Chávez y su Conjunto, Conjunto Sotavento* und *Conjunto Balajú* (Direktor Alfredo Kayser).

Jatari, Conjunto -
ekuadorianische Vokal- und Instrumentalgruppe; 1970 als Quartett gegründet und später unter dem Quechua-Namen »Jatari« (= erhebe dich!) zum Quintett erweitert. Zur Bewegung des Neuen Ekuadorianischen Liedes gehörend, pflegte sie neben dem andin-mestizischen Volkslied den Protestsong; Mitglieder waren Carlos Mantilla (Gitarre, Quena, Perkussion), Patricio Mantilla (Gitarre, Cuatro, Charango), Ataulfo Tobar (Gitarre, Charango, Perkussion), Diego Luzuriaga (Flöte, Gitarre, Quena) und Rodrigo Robalino (Gesang und Bandleader); unter versch. Labels (u. a. Monitor und L'escargot) entstanden einige LPs, darunter die Titel »Mi raza«, »Coplas del carnaval« und »Pájaro madrugador«.

Jawbone
englischsprachige Bezeichnung für die auch in der anglophonen Karibik gespielte → *Quijada.*

Jazz africano (African Jazz)
Teilgebiet der → *High Life Music* mit einer durch Elemente des neueren Jazz bereicherten Rhythmik; z. Z. mit starker Hinwendung zu bereits afrikanisierten Versionen des karibischen → *Reggae* oder des dominikanischen → *Merengue.* Bekannte Vertreter sind u. a. die Orchester → *O. K. Jazz* und African Fiesta. Verbreitungszentrum ist die Kongoregion.

Jazz cubano → *Afro Cuban Jazz,* → *Jazz latinoamericano*

Jazz latinoamericano (Jazz latino, Latin Jazz)
ein dem traditionellen bzw. modernen Jazz angenäherter oder analoger Musizierstil, dessen Verbreitung in weiten Teilen Lateinamerikas stark zunimmt; in zwei voneinander relativ unabhängige Wirkungsbereiche unterteilt in das lateinamerikanische Umfeld und in das Umfeld lateinam. Einwanderer in den USA (→ *New York Latino*). Die Anfänge des J. l. gehen auf die Zeit um 1900 zurück, als lateinamerikanische, vor allem kubanische Musiker in New Orleans, später auch in Chicago in Jazz-Formationen – meist als Schlagzeuger bzw. Perkussionisten – mitwirkten, traditionelle Spieltechniken ihrer Heimatländer einbrachten und damit den Interpretationsstil nachhaltig beeinflussten, ein Fakt, der zu Modifikationen Anlass gab, die ins Lateinamerikanische tendierten und dessen Ergebnisse wiederum nach LA ausstrahlten. Nach 1920 formierten sich in einigen Ländern (Argentinien, Brasilien, Chile u. a.) Orchester und Gruppen, die sich Jazz Band oder Jazz-Orchester nannten; von gelegentlichen Jazz-Titeln abgesehen jedoch eine Musik produzierten, die zwar modern war, keinesfalls aber Jazz in seiner heutigen Definition darstellte. Das eigtl. Aufgreifen des Jazz für die Bildung stilistisch neuer Musizierqualitäten ist vorwiegend in die späten 40er Jahre des XX. Jh. zu datieren, viele Musiker studierten und analysierten den trad. Jazz und versuchten, neue Rhythmen unter Einbeziehung von Jazz-Elementen zu schaffen. So ist der von dem Kubaner Dámaso → *Pérez Prado* entwickelte → *Mambo* das Ergebnis einer

Synthese lateinamerikanischer Komponenten mit denen des Jazz; das Gleiche trifft auf die später entstandene → *Bossa Nova* des Musikers João → *Gilberto* zu. Daneben existieren in vielen Teilen Lateinamerikas Formationen, die traditionellen Jazz in Originalversionen darbieten oder ihn mit Elementen aus der nationalen Musik anreichern. Nach 1955 wurden in Brasilien Cool Jazz und Bebop durch die Sänger und Musiker Dick Farney, Lúcio Alves, Johnny Alf u. a. eingeführt. In Kuba führte Jesús »Chucho« → *Valdés* Experimente durch, bei denen der trad. → *Guaguancó* auf die Linie des Jazz ausgerichtet wurde. Der in Argentinien und Uruguay populäre → *Tango* wurde durch namhafte Musiker dieses Genres zum Jazz-Tango umgearbeitet usw. Bekannte Jazz-Musiker und -gruppen Lateinamerikas sind → *Joe Loco* (New

Sie zählen u. a. zu den typischen Instrumenten einer Jazzband: Tumbadora (vorn), Posaunen (rechts) u. Trompeten (hinten); Aufnahme aus La Habana

York Latino, seit 1951), Djalma → *Corrêa* (Brasilien, seit 1979), die *Intersouthamerican Drums All Stars*, die *Gerry Weil Band* (Venezuela), das Dino → *Saluzzi Quartet* (Argentinien), die *Brazil Jazz All Stars*, der Jazz-Gitarrist »Bola Sete« (* 1928; Brasilien), Ismael Miranda (Puerto Rico), die Gruppen → *Irakere* und Los Papines (Hermanos → *Abreu*, beide Kuba), Jazz Majestic (Haiti), *Gerry González & The Fort Apache Band* (New York), *Arrigo Barnabé & His Group* (Brasilien) und Luciano »Chano« → *Pozo* (Kuba).

Jazzband (latinoamericano)
in den 20er und 30er Jahren des XX. Jh. in versch. Ländern Lateinamerikas entstandene Tanzmusik-Formation, die in logischer Konsequenz des Trends dieser Zeit den Einfluss der nordam. Populärmusik, insbes. des Jazz der Afroamerikaner, reflektiert. Nach 1920 entstanden in Brasilien und Chile derartige Bands, nach 1930 auch in Kuba und den Ländern Zentralamerikas; in den 40er Jahren kam es zu einem Höhepunkt ihrer Verbreitung. Charakteristisch ist die Verwendung sowohl neuer, in der nordamerikanischen Musik eingesetzter als auch landestypischer Instrumente. Neben Foxtrot, Shimmy, Onestep u. a. bestand ihr Repertoire aus nationalen Formen wie Guaracha, Rumba und Son (in Kuba) oder Samba (in Brasilien), die mehr oder weniger »verjazzt« wurden. In Kuba verfügte eine J. in den 30er Jahren über folgende Instrumente: Piano, Kontrabass, Drums (Tambores), 4 oder 5 Saxophone, drei oder vier Trompeten, Posaune, Perkussion (Tumbadora, Bongó, Paila criolla), Maracas, Güiro, dazu ein Gesangssolist (seinerzeit oft als »Crooner« bezeichnet). Eine der ersten populären kubanischen Jazzbands war die 1947 in México-Stadt von Dámaso → *Pérez Prado* gegründete Formation, später kamen die Orchester von Julio → *Gutiérrez*, Conjunto → *Casino* u. a. hinzu. In Brasilien erlangten die → *American Jazz Band Sousa* und die Jazz Band → *Sul Americano* Popularität; in Port-au-Prince (Haiti) die Bande Jazz Corondo.

Jean Claude, Martha
* 1923 Port-au-Prince; haitianische Sängerin und Liedermacherin; studierte an der Kathol. Lehranstalt »Santa Rosa de Lima«, begann frühzeitig selbst Lieder zu schreiben, erforschte die Musikfolklore Haitis und entwickelte sich zu einer der bekanntesten Volkssängerinnen ihrer Heimat, die mit ihrer vollen Stimme zunächst folkloristische, später sozialkritische Lieder sang; lebte von 1951 – 1986 im Exil (Kuba); am 6.10.1986 gab sie, in die Heimat zurückgekehrt, ihr erstes öffentliches Konzert in Port-au-Prince. Unter versch. Labels (u. a. Gema und Areito) entstanden LPs, die u. a. die Titel » »Choucoune«, »Cousin« und »Declaration paysenne« sowie haitianische Kinderlieder enthalten.

Jeanty, Occide
* 16.3.1860 Port-au-Prince, † 28.1.1936 das.; haitianischer Musiker (Piano), Komponist und Bandleader; studierte bis 1886 in Paris, leitete einige Militärkapellen vom Typ einer → *Banda* und komponierte zahlreiche Märsche und andere Stücke, bei denen er sich am Stil des nordamerikanischen Musikers John Philip Sousa orientierte.

Jesuítas (Jesuiten)
katholischer Orden von straffer Organisation und Ideologie, deren Basis die römisch-katholische Religion ist; von Ignacio de Loyola (1491 – 1556) um 1540 in Spanien gegründet. Von Bedeutung, insbesondere für die Entstehung nationaler Musikkulturen in Lateinamerika, war die Errichtung von Befestigungen paramilitärischen Charakters (Misiones) speziell im La Plata-Gebiet, die zu ihrer Zeit geistig-kulturelle Zentren darstellten und durch die mit der indianischen Bevölkerung in diesen Landesteilen aufgenommenen Kontakte das Entstehen einer regionalen bzw. nationalen Musikfolklore unter Einbeziehung indianischer Komponenten entscheidend stimulierten. Das gut organisierte Bildungssystem der J. war u. a. auch auf die Schulung der Indianer im Gebrauch und die Herstellung europäischer Musikinstrumente wie Gitarre, Harfe, Orgel und Violine orientiert; es wur-

den indianische Instrumentenbauer ausgebildet, die teilweise hervorragende, noch heute erhaltene Kirchenorgeln konstruierten. Viele kreolische bzw. mestizische Formen wie die paraguayische Polka oder der venezolanische Joropo gehen direkt oder indirekt auf die weitreichenden kulturellen Aktivitäten der Jesuiten zurück. (→ *Arpa paraguaya*)

Jesús, Clementina de -
* 7.2.1927 Rio de Janeiro, † 20.7.1987 das.; brasilianische Sängerin, bekannte Interpretin des → *Samba;* durch die 1965 erstaufgeführte Musikrevue »Rosa de Ouro« zu großer Popularität gelangt; wirkte zeitweise in der Samba-Schule → *Estação Primeira da Mangueira* und produzierte zahlreiche Schallplattenaufnahmen (u. a. Odeon), darunter die Titel »Marinheiro só«, »Abaluaiê« und »Moda mineira«.

Jew's harp (Judenharfe, engl.)
Bezeichnung für das Instrument → *Trompe,* das in einigen englischprachigen Gebieten in der Karibik vor allem in der Volksmusik eingesetzt wird.

Jícara → *Guacal*

Jimagua (Zwilling, Taino-Sprache)
in der kubanischen Volksmusik benutztes Idiophon; ein doppeltes → *Ekón.*

Jiménez Arismendi, Amparo de Jesús »Amparito«
* 1939 Buga (Valle); kolumbianische Sängerin; widmete sich vorwiegend der → *Musica tropical;* ihre Titel »Río Manzanares« (Pasaje) und »Pepe« (Porro) erbrachten auf Schallplatten hohe Verkaufsergebnisse. Die auch als »Reina de la Chiquichá« bezeichnete Solistin ging später nach Chile, wo sie sich der Interpretation der → *Cumbia* zuwandte; in Peru gewann sie zwei Tanzmusikwettbewerbe.

Jiménez, Andrés »El Jíbaro«
* Orocovis (Río Piedra); puertorikanischer Sän-

Die Jesuiten (Jesuítas) haben die Kultur Lateinamerikas nachhaltig beeinflusst. Auf dem Bild: Plakat aus Anlass des Welt-Sonntages der Katholischen Missionen, Heredia / Costa Rica; 19.10.1997

ger, Musiker und Liedermacher; Protestsänger, wirkte u. a. in der Gruppe → *Taoné,* mit der er einige der von ihm geschriebenen Lieder wie »Antonia Martínez« (Punto fajardeño), »Artículo de fe« (Aguinaldo) und »Campesino« (Guajira) aufnahm.

Jiménez, Bobby
* 21.9.1938 La Habana; kubanischer Sänger; begann 1957 als professioneller Künstler in einm Hotel-Restaurant von La Habana, wirkte in Rundfunk- und Fernsehsendungen, Kabaretts und Theatern; produzierte Schallplattenaufnahmen wie die Titel »Y dónde estaré« und »Uma canoa va«.

Jiménez, Generoso »Tojo«
* 17.7.1917 Cruces (Las Villas); kubanischer Musiker (Posaune), Komponist, Arrangeur und Bandleader; spielte zunächst in Bandas und Orchestern seiner Heimatregion, war später, bereits nach La Habana übersiedelt, Mitglied einiger Gruppen vom Typ einer → *Jazzband.* Nach 1950 musizierte und arrangierte er im Orchester von Beny → *Moré* und danach im Orchester »ICRT«, widmete sich vorwiegend der Komposition und Interpretation des Modetanzes → *Descarga,* zu deren Schöpfern er gehört. J. schrieb u. a. »Descarga solfeando«, »Trombón majadero« und »Vieja rosa« (Descargas); mit dem von ihm geleiteten Orchester, das seinen Namen trug, zeichnete er zahlreiche Schallplatten auf (u. a. bei Tropical, Seeco und Areito).

Jiménez Sandoval, José Alfredo
* 19.1.1926 Dolores Hidalgo (Guanajuato), † 23.11.1973 México-Stadt; mexikanischer Sänger, Musiker und einer der bekanntesten und populärsten Komponisten Mexikos; Autodidakt; gründete 1945 das *Trío Los Rebeldes,* mit dem er 1947 beim Sender XEL erstmals öffentlich auftrat; wurde als Komponist 1949 durch seine → *Ranchera* »Yo« bekannt, der über 300 weitere Stücke der Formen Ranchera, Rancheracanción, Corrido, Huapango und Canción folgten, darunter so populäre Titel wie »Ella« (1951), »Cuatro caminos« (1951), »Corazón, corazón« (1952), »El Jinete« (1953), »Serenata huasteca« (1953), »Paloma querida« (1953), »Pa' todo el año« (1962) und »Amanecí en tus brazos« (1964), die heute zum Basis-Repertoire der → *Mariachi* Gruppen gehören; Sänger wie Pedro → *Infante,* Lucha → *Villa,* Jorge → *Negrete* und Miguel → *Aceves Mejía* haben diese Lieder interpretiert, viele davon sang er auch selbst bzw. im Duett mit seiner Ehefrau Alicia; bei RCA Victor entstanden zahlreiche LPs und Singles mit ihm.

Jiménez, Leonardo »El Flaco«
* 11.3.1939 San Antonio (Texas); US-amerikanischer Sänger, Musiker (Akkordeon), Bandleader und Liedermacher der → *Música chicana;* Sohn von Santiago → *Jiménez;* widmete sich insbes. der Musik im → *Tex-Mex-Style;* seine Polkas (norteñas) erlangten große Popularität; als Solist oder zusammen mit seiner Gruppe produzierte er zahlreiche Schallplattenaufnahmen (u. a. bei DLB Records, Arhoolie und Zensor), darunter die Titel »Arriba el norte« und »Spanish ice«.

Jiménez, Manuel A. »Canario«
* 1.1.1895 Orocovis, † 21.11.1975 San Juan; puertorikanischer Musiker (Gitarre), Sänger, Arrangeur, Bandleader und Komponist; arbeitete als Jugendlicher auf einer Tabakplantage, sang und musizierte in seiner Freizeit; ging um 1920 nach New York, wo er im Puertorikanerviertel ein Sextett organisierte, mit dem er wenig später erste Schallplattenaufnahmen produzierte. Nach Puerto Rico zurückgekehrt, gründete er 1925 in Ponce die Formation → *Canario y su Grupo* und 1932 das Orchester Puerto Rico, die sich insbes. der Interpretation der → *Plena* widmeten. 1938, in New York, gehörte er zu den Mitgründern des Quartetts → *Mayarí,* das große Popularität erlangte und viele Schallplatten aufnahm. J. gilt als bekanntester Komponist von Titeln der Form Plena, darunter »Reina de San Antón«, »Mi jíbara borinqueña« und »Qué bonita bandera«, daneben schuf er Danzones, Guajiras, Pasodobles, Danzas und Guarachas.

Jiménez, Manuel »Pulguita«

* 1918 Santurce, † 14.08.1985 (Infarkt); puertorikanischer Sänger, Gitarrist und Komponist landestypischer Musik; gehörte am Anfang seiner Laufbahn dem Cuarteto Mayarí und später dem Trio von Johnny Rodríguez an. Danach formierte er ein eigenes Vokal- und Instrumentalquartett, das seinen Namen trug und mit dem er eigene Kompositionen wie »Pulguita« (Guaracha) und »Temeridad« (Bolero) aufnahm.

Jiménez, Marcos A.

* 1.9.1882 Tacámbaro (Michoacán), † 27.6. 1944 Pátzcuaro (Michoacán); mexikanischer Musiker und Komponist; studierte zunächst in seiner Heimatstadt, später in Morelia und spezialisierte sich auf das folkloristisch-populäre Lied; erste erfolgreiche Komposition war die bekannte → *Ranchera* »La borrachera«. 1907 übersiedelte J. nach México-Stadt, wo er neben so populär gewordenen Liedern wie »Adiós

Leonardo »Flaco« Jiménez (Photo: Arhoolie Records)

Mariquita linda« (1925) und »Dulce recuerdo« (1927) Theaterstücke der Form → *Zarzuela* wie »Por esos barrios« schrieb.

Jiménez, Santiago
* 13.7.1912 San Antonio (Texas, † 22.7.1984 das.; US-amerikanischer Sänger, Musiker (Akkordeon) und Liedermacher; bekannter Vertreter der → *Música chicana;* begann 1930 als Rundfunksänger, wirkte in einigen Musikgruppen und produzierte ab 1936 zahlreiche Schallplatten im → *Tex-Mex-Style* (Rancheras norteñas, Polkas, Corridos), darunter die Titel »El primer beso«, »Eres un encanto« und »Ay te dejo en San Antonio«; später trat er häufig mit seinem Sohn Leonardo »Flaco« J. im Duett auf.

João-Fernandes
alter, nicht mehr aufgeführter brasilianischer Volkstanz; Rundtanz; zur Gruppe des → *Fandango (4)* gehörend.

Jobim, Antônio Carlos »Tom Jobim«
(eigtl. A. C. Brasileiro de Almeida Jobim)
* 25.1.1927 Tijuca (Rio de Janeiro), † 8.12.1994 New York; brasilianischer Musiker (Piano, Gitarre), Arrangeur und Komponist; hervorragende Persönlichkeit der neueren Populärmusik, gehört zu den Pionieren der → *Bossa Nova,* von der er zahlreiche eigene Kompositionen einbrachte. Zusammen mit Vinícius de → *Morais* brachte er 1959 die richtungsweisende LP »Chega de saudade« heraus. Als Pianist übte J. in einigen dem Jazz angenäherten Formationen signifikanten Einfluss auf das Entstehen neuer Musizierstile in der brasilianischen Populärmusik aus, dabei arbeitete er eng mit den Musikern Luíz → *Bonfá,* Newton Mendonça und V. de Morais u. a. zusammen. Bedeutendste Kompositionen sind »Desafinado« (1958; mit N. Mendonça), »Água de março«, »Água de beber«, »Samba de uma nota só«, »Garota de Ipanema« (1962, m. V. de Morais), »Outra vez« und »O pato« (Bossa Novas) sowie der Samba »Lamento«. Unter verschiedenen Labels (u. a. Elenco, Festa, A & M Records und Philips) entstanden zahlreiche LPs.

Joca
alte afrokubanische Einfelltrommel; heute kaum noch benutzt.

Jocafi (eigtl. José Carlos Figueiredo)
* 1944 São Salvador (Bahia); brasilianischer Sänger, Musiker und Komponist; bekannter Vertreter der → *Bossa Nova*; arbeitete u. a. mit Antônio Carlos → *Jobim* zusammen, mit dem er u. a. die Titel »Conclusão«, »Regina« und »Você abousou« schrieb. J. bildete ferner mit Antônio Carlos Marques Pinto ein vielbeachtetes Duo der Populärmusik.

Joe Loco (eigtl. Joe Estevez)
* 1921 New York, † 18.2.1988 New York; US-amerikanischer Pianist, Arrangeur, Bandleader und Komponist puertorikanischer Abstammung; bekannter Vertreter des lateinamerikanischen Jazz, interpretierte als einer der ersten nordamerikanische Tanzmusik im Rhythmus Lateinamerikas. Bevor er seine eigene Band gründete, war er Mitglied der Formationen von Ciro Rimac, Machito, Xavier Cugat, Noro Morales, Pupi Campo, Tito Puente u. a. L. hat um 1951 den Modetanz → *Mambo* in New York popularisiert. Unter versch. Labels (u. a. Tico, Ansonia, Mercury, Sunset, Tropical und Imperial) entstanden zahlreiche Schallplattenaufnahmen, darunter die Titel »Perdido«, »Tenderly« und »Pachanga«.

Joelma (eigtl. Joelma Giro)
* 19.9.1945 Cachoeiro de Itapemirim (Espírito Santo); brasilianische Sängerin; interpretierte populäre Musik in teilweise modernen Arrangements; ihre Titel »Pombinha branca« (brasilianische Version von »Paloma blanca«) und »Não digas nada« waren überaus erfolgreich; auf LPs (Labels Continental und Chantecler) erschienen zahlreiche Aufnahmen.

Joffre, Edgar »Yayo«
bolivianischer Musiker, Arrangeur, Sänger und Komponist; Gründer bzw. Mitgründer der Gruppen *Cuarteto de Oro* und Los → *Jairas,* in letzterer sang, arrangierte und komponierte er;

von ihm stammen u. a. die Titel »Llanto del olvido« (Yaraví), »San Benito« (Tundiqui) und »Mi Soledad« (Cueca boliviana).

John Canoe (Song)
folkloristische Lieder der Afroamerikaner in Jamaika, die während bestimmter Volksfeste mit Gesang und Tanz intoniert werden. J.C., maskiert auftretend, ist die Zentralfigur der gleichnamigen, auf die Kolonialzeit zurückgehenden Zeremonie.

Joi-joi
regionale Variante der argentinischen → *Baguala;* im Tafí-Tal als Volkslied verbreitet.

Jonc
Name eines aus Metall gefertigten Schüttelidiophons, das bei den → *Rara*-Kulten Haitis eingesetzt wird.

Jongo
afrobrasilianischer Volkstanz im 2/4-Takt, mit dem → *Samba* verwandt; heute kaum noch verbreitet; war früher in den Bundesstaaten Rio de Janeiro, Espírito Santo, São Paulo und Minas Gerais Teil der Musikfolklore.

Jongo Trio
brasilianisches Instrumentaltrio; 1965 in São Paulo durch die Musiker Antônio Pinheiro Filho »Toninho« (Perkussion), Sebastião Oliveira de Paz »Sabá« (Kontrabass) und Aparecido Bianchi »Cido« (Piano) formiert; das Repertoire war stark dem Jazz angenähert; es wurden Shows gegeben und es kam zur Produktion einiger LPs, darunter mit der Sängerin Elis Regina; das zwischenzeitlich (1967) aufgelöste Trio wurde 1970 mit teilweise neuer Besetzung reorganisiert; bekannte Titel waren u. a. »Voz do povo« und »Garota do Pasquim«.

Jonkunnu (Junkanoo)
Tanz und Volksfest der Afroamerikaner Jamaikas, der Bahama-Inseln u. a. Inseln der Anglokaribik; alljährlich am 26.12. und 1.1. unter breiter Anteilnahme der Bevölkerung aufgeführt; auf die Zeit der Sklaverei zurückgehend. Die Begleitmusik wird durch ziegenfellbespannte Trommeln, Flöten, Hörner und Kuhglocken (Cowbells) erzeugt.

Jorge Ben (eigtl. Jorge Duílio Lima Meneses)
* 22.3.1942 Rio de Janeiro; brasilianischer Sänger, Musiker (Pandeiro, Gitarre) und Komponist; debütierte 1955 als → *Pandeiro*-Spieler in einer Musikgruppe vom Typ → *Regional,* sang ab 1957 in der Kirche des Kollegs, an dem er ein Studium aufgenommen hatte, wirkte später als Rock- und Bebop-Sänger; er orientierte die von ihm geschaffene Musik generell an afrobrasilianischen Formen, schuf eine moderne Variante des → *Samba,* die er → *Afro Samba* nannte. Zahlreiche Kompositionen sind von Jazz und Bossa Nova beeinflusst; er schuf u. a. die Titel »Magnólia«, »Chove, chuva«, »Pais tropical« und die weithin bekanntgewordene Bossa Nova »Mais que nada«. Schallplattenaufnahmen entstanden u. a. bei Philips, Soma und Continental.

Jornada
1. Bezeichnung für die verschiedenen Szenen im dramatischen Tanz → *Pastori;* aus Gesängen, Tänzen, deklamierten Teilen und dem → *Loa* bestehend; wird im allgemeinen durch → *Pandeiro* und → *Maracas* musikalisch begleitet. 2. nach 1850 entstandener venezolanischer Volkstanz, der → *Chipola* sehr ähnlich; heute kaum noch verbreitet; auch als *Hornada* oder *Ornada* bezeichnet.

Joropo
wichtigste Form einer Gruppe von Liedern und Tänzen der → *Música llanera* Venezuelas und Kolumbiens. Der im 6/8-Takt interpretierte J. gilt in Venezuela als Nationaltanz; er wird hier um 1870 bereits als *Guarapo* erwähnt; in den wesentlichsten Elementen spanisch-kreolischen Ursprungs; mit Teilen eines → *Zapateado* angereicherter Paartanz, der auseinander getanzt wird; es existieren versch. choreographi-

sche Figuren wie Escobillao, Tapatiao und Valsiao. Außerdem bildeten sich Varianten wie → *Pasaje,* → *Galerón,* → *Golpe,* → *Seis,* → *Corrido (4)* und Burra heraus; in Kolumbien ist der J. in den Regionen Arauca, Casanare de Boyacá und San Martín del Mata als Teil der regionalen Musikfolklore verbreitet. Dem Tanz wird fast immer eine deklamierte Einführung (Introducción) vorangestellt; der Gesang ist individuell gehalten; häufig werden Stimmbrüche und Alterationen im Ton, Melismen oder Arabesken bewusst eingeschaltet. Typische Begleitinstrumente des folkloristischen Joropo sind Harfe (Arpa), → *Cuatro* und → *Maracas,* zuweilen rhythmisches Fingerschnipsen (Castañetazo), in Kolumbien früher auch → *Carraca* und → *Requinto.* Oft wird der J. als Sängerduell, → *Contrapunto* oder Quirpa genannt, interpretiert; neuerdings sind moderne Arrangements in die lateinamerikanische Tanzmusik eingeflossen; am weitesten verbreiteter Titel ist → *»Alma llanera«* des venezolanischen Komponisten Pedro Elías → *Gutiérrez.*

Joropo sanjuanero → *Sanjuanero*

Jorrín, Enrique
* 25.12.1926 Candelaria, † 12.12.1987 La Habana; kubanischer Musiker (Violine, Piano), Komponist, Arrangeur und Bandleader; gilt als Schöpfer des weltweit verbreiteten Modetanzes → *Cha-cha-chá;* begann 1946 als Violinist beim Orchester *América*; wirkte in der Folgezeit u. a. im Orchester *Arcaño y sus Maravillas* mit; lebte und wirkte von 1954 – 58 in México-Stadt, gründete in dieser Zeit eine Formation vom Typ einer → *Charanga* und komponierte zunächst Titel der Formen → *Danzón* (wie z. B. »Liceo del Pilar«) und → *Mambo* und später der von ihm geschaffenen Form Cha-cha-chá, dessen erster Titel »La Engañadora« (1949) ist; es folgten solche Stücke wie »Don Juan«, »Suave mamí« und »Silver star« (1977). Zusammen mit seinem Orchester nahm er zahlreiche Schallplatten (u. a. bei Panart, Maype, Trébol und Areito) auf und bereiste mit seiner Formation weite Teile von Lateinamerika.

José José (eigtl. J. Sosa Ortiz)
* 1948 México-Stadt; mexikanischer Sänger und Musiker (Kontrabass) und Liedermacher der Populärmusik; widmete sich der modernen Ballade; begann als Kontrabassist in einer Jazz-Formation, schrieb selbst Texte und wirkte fortan als Solist. Seit 1977 entstanden unter verschiedenen Labels (u. a. Cariño, Pronto, RCA Victor, Ariola und Arcano) LPs mit starker Tendenz zur Kommerzialisierung, die im wesentlichen Jugendliche ansprachen und von ihnen gekauft wurden, darunter die Titel »Nave del olvido«, »El triste« und »Buenos días, amor«.

Jota
im XIII. Jh. in der Region von Aragón entstandener spanischer Volkstanz; gilt als Nationaltanz Spaniens (mit regionalen Versionen in allen Provinzen) und wurde später in weite Teile Lateinamerikas transkulturiert. Während die J. in Spanien heute noch in nahezu allen Regionen populär ist, geht ihre Verbreitung in LA stark zurück. Sie ist u. a. in Westargentinien, Venezuela, Kolumbien (→ *Jota chocoana*) und Mexiko Teil der nationalen Musikfolklore. Weiterhin entstanden aus der J. in Lateinamerika neue Volkstänze, z. B. der mexikanische → *Jarabe.* Im 3/4- bzw. 3/8-Takt interpretiert, wird sie in der Regel durch Gitarren und Bandurrias sowie Kastagnetten, in Lateinamerika auch durch Violine, Flöte und Akkordeon begleitet; es existieren rein instrumentale und gesungene Versionen. Eine Musikgruppe, die sich vorwiegend der Interpretation der J. widmet, heißt in Spanien → *Rondalla.*

Jota chocoana (Careada)
in der kolumbianischen Region von Chocó (Pazifikküste) als Teil der Musikfolklore verbreitete Variante der → *Jota,* die einige Komponenten der afrokolumbianischen Volksmusik aufnahm und überwiegend von der schwarzen- bzw. Mischlingsbevölkerung getanzt wird; ihre Choreographie wurde gegenüber der Stammform um einige satirische Elemente bereichert, zur musikalischen Begleitung dienen regionstypische Saiten- und Perkussionsinstrumente.

Jote
heute kaum noch aufgeführter chilenischer Volkstanz aus dem Süden (Concepción); aus zwei im Tempo unterschiedlichen Teilen bestehend.

Jóvenes del Cayo, Los -
kubanisches Vokal- und Instrumentalsextett; bekannte Gruppe des → *Son cubano;* 1926 in Cayo Hueso (La Habana) durch Domingo Vargas (Gesang, Claves, Bandleader) u. a. mit Armando Díaz (Tres) und Armando Torriente (Gitarre) gegründet; gehörte zu den derzeit sehr populären Gruppen des urbanen Son; um 1950 gehörte der Gruppe Félix → *Chapottín* als Trompeter an; bei Landia u. a. Labels entstanden Schallplattenaufnahmen, darunter die Titel »Encantado de la vida« und »No critiques«.

Juan Gabriel (eigtl. Alberto Aguilar Valadés)
* 1945 Parácuaro (Michoacán); mexikanischer Sänger und Liedermacher; schrieb in den 70er Jahren eine Vielzahl neoromantischer Lieder und Balladen, die er auch selbst sang und auf zahlreichen LPs (Labels Arcano, Pronto, Cariño u. a.) veröffentlichte, dazu gehören die Titel »Me he quedado sólo« (1971), »No tengo dinero« (1971) und »En ésta primavera« (1973).

Juangomero
ein → *Merengue* der Dominikanischen Republik mit possenhaftem, zuweilen erotischem Text; meist in der einfachen Sprache der Landarbeiter vorgetragen.

Juárez, Alicia »Lucha« (eigtl. Alicia López Polazuelos)
* 1952; mexikanische Sängerin populärer und, typischer Musik. J., die sich insbesondere den Formen → *Ranchera* und *Ranchera canción* widmete, begann ihre künstlerische Laufbahn 1967, wobei sie durch den Sänger und Komponisten José Alfredo → *Jiménez,* dessen 3. Ehefrau sie wenig später wurde, aktiv unterstützt und angeleitet wurde. Viele Lieder sang sie in der Folgezeit im Duett mit letzterem. Nach dem Tode von Jiménez (1973) trat sie als Solistin auf und nahm Titel wie »Ya no tengo su amor«, »Tu sigues siendo el mismo« und »Estrella« auf.

Juárez, Jorge Rubén
* 5.11.1947 Ballesteros (Córdoba); argentinischer Tango-Sänger und -musiker (Bandoneón), nahm, durch namhafte Orchester begleitet, eine große Zahl von Titeln auf Schallplatten (Labels Odeon bzw. EMI) auf, darunter »Mi bandoneón y yo«, eine eigene Komposition, »Último farol« und »Aguacero«.

Jubá
1. → *Baboule, Yuba.* 2. kleine birnenförmige Trommel, die zur Begleitung kultischer Tänze in der Karibik gespielt wird.

Juckui
Volkstanz der Huitoto-Indianer Kolumbiens.

Juco (Juque)
Brummtopf, aus einem Fass ohne Deckel bestehend und mit einem Trommelfell bespannt, durch dessen Mitte ein Strick gezogen wird, den der Spieler rhythmisch bewegt; das Instrument wird in Zentralamerika (z. B. Nikaragua) in Volksmusikgruppen gespielt.

Juego (port.: Jogo)
1. Allgemeinbezeichnung für ein Spiel, vor allem für Kinder (J. infantil), das den Kinderreigen (Ronda infantil) einschließt. Während des Singens zumeist aus der anonymen Musikfolklore stammender Lieder tanzen die Kinder, sich an den Händen haltend, im Kreis. 2. Spiel bzw. Zusammenspiel einzelner oder mehrerer Musikinstrumente in einer Gruppe, einem Orchester; z. B. spricht man vom *Juego de tambores,* wenn die Aktion des Spielens bzw. das korrekte Zusammenspiel versch. Trommeln beschrieben wird.

Juga
mestizischer Volkstanz der Region der Pazifikküste Kolumbiens; mit einem eingeschobenen Vokalteil, der von zwei Personen gesungen wird.

Juglar
allgemeine Bezeichnung für eine Person, die sich ihren Lebensunterhalt mit dem Rezitieren von Versen bzw. dem Singen von Liedern verdient. Die im mittelalterlichen Spanien entstandene Tradition gelangte nach Lateinamerika und wurde dort unter regionalen Bedingungen weiterentwickelt, teilweise auch unter anderen Namen. → *Trovador,* → *Payador,* → *Cantoria*

Junco y Redonda Regla, Pedro »Pedrito«
* 22.2.1920 Pinar del Río, † 25.4.1943 La Habana; kubanischer Musiker (Piano), Arrangeur und Komponist; wirkte in Formationen seiner Heimatprovinz und schuf zahlreiche Musikstücke, von denen 36 publiziert wurden, darunter der bekannte, heute noch gespielte Bolero »Nosotros« (1942) sowie »Ya te lo dije« und »Como soy«.

Jungle Wood Drum (»Buschtrommel«)
geschlitzte Holztrommel vom Typ des → *Manguaré;* in der afrolateinamerikanischen Volksmusik einiger Gebiete der Anglokaribik gespielt.

Junkanoo → *Jonkunnu*

Junllu (Idiophon)
Schellen bzw. Glöckchen (Cascabeles), in der Volksmusik der Araukaner (Mapuche) Chiles verwendet.

Junta
gemeinsames Bearbeiten bzw. Abernten landwirtschaftlicher Flächen in einigen Ländern Lateinamerikas; früher stets, heute nur noch selten mit dem gemeinschaftlichen Singen bestimmter Lieder (→ *Canto de trabajo*) verbunden.

Juque → *Juco*

Jurga
früher in Kolumbien und auch in Chile aufgeführter Volkstanz; heute vollkommen vergessen.

Juruminga
1. alter kolumbianischer Volkstanz, der vor allem bei Totenfeiern für Kleinkinder aufgeführt wurde; dazu intonierte man bestimmte, auf den Anlass zugeschnittene Verse (Coplas). 2. Teil des → *Tamunangue* Venezuelas.

Jústiz, Pedro »Peruchín«
* 31.1.1913 Banes, † 24.12.1977 La Habana; kubanischer Musiker (Piano), Arrangeur, Bandleader und Komponist; übersiedelte 1928 nach dem Studium des Pianos nach Antilla; musizierte 1933 im Orchester → *Chepín-Chovén* in Santiago de Cuba, wirkte später in La Habana als Pianist u. a. in der Jazzband → *Casino de La Playa,* im Conjunto → *Matamoros,* bei Mariano → *Mercerón,* Armando Romeu, Julio → *Gutiérrez,* Beny → *Moré,* im Orchester → *Riverside* u. a. Mit seiner eigenen Jazzband; *Peruchín y sus Big Leaguers*, in den 50er Jahren formiert, entstanden zahlreiche Schallplattenaufnahmen, darunter die Titel »Voy monte adentro« und »Melodia oriental«. Sein Sohn, Pedro J. jr., ist ebenfalls ein bekannter Musiker und Bandleader.

Pedro Jústiz »Peruchín«: LP »Can can chá« – Velvet VE-1100 (La Habana, 1960)

K

K'ohon
große indianische Trommel, die neben der → *Chirimía* den Kern der altindianischen Orchester im heutigen Guatemala bildete; aus dem ausgehöhlten Stück eines Baumstamms von etwa 90 cm Höhe u. 75 cm Ø bestehend. Das Instrument wird mit zwei Schlägeln perkutiert.

Ka
haitianischer Volkstanz, zum Komplex des → *Vodú* gehörend.

Ka'i (Kaha di musika)
ein mechanisches Klavier, das, aus Venezuela kommend, in der Volksmusik der Niederländ. Antillen Aruba, Bonaire u. Curaçao zur Interpretation von Volks- u. Populärmusik benutzt wird.

Kaani
in Patagonien verbreitete schwermütig-getragene Balladen; Teil der argentinischen Folklore.

Kacharpaya → *Cacharpaya*

Kachú → *Cacho*

Kadans → *Cadence*

Kaiso → *Calypso*

Kala (Aerophon)
eine Flöte der Cuna-Indianer von Panamá.

Kalaff, Luis
* 11.10.1916 Pimentel; dominikanischer Sänger, Musiker (Akkordeon), Arrangeur, Bandleader u. Komponist; einer der bedeutendsten Vertreter des → *Merengue;* gründete die Musikgruppe *Luis Kalaff y sus Alegres Dominicanos* (2 Gitarren, Akkordeon, Elektrogitarre, Güiro, Trommeln), die u. a. bei Seeco, Ansonia, Virginia, Alma, Kubaney u. a. eine große Zahl von Schallplattenaufnahmen produziert hat. Zu den zahlreichen Kompositionen K.s gehören die Merengues »Empalizá«, »Reaglito«, »Hay que tener dos« und »Por arriba y por abajo«.

Kalinda → *Calinda*

Kallú (Kenali)
kleine Flöte der Aymará-Indianer Perus und Boliviens.

Kaluyo (Caluyo)
nordargentinischer bzw. bolivianischer Volkstanz mit → *Zapateo*-Teilen, dem → *Carnavalito* sehr ähnlich; aus der → *Zamacueca* entstanden u. durch indianisch-mestizische Komponenten bereichert; wird normalerweise von der Trommel → *Caja,* von → *Charango* u. Flöten

Luis Kalaff y Los Alegres Dominicanos – LP »El Rey del Merengue« – Seeco SCLP 9241 (1959)

begleitet; ein bekannter Interpret ist der argentinische Volkssänger Atahualpa → *Yupanqui.* Eine → *Huayño*-Variante Südboliviens heißt ebenfalls so.

Kamalamas, De -
Tanzmusikgruppe aus Surinam; um 1960 in Paramaribo gegründet. Unter der Leitung des Pianisten Eddy Muringen wurden überwiegend Titel der → *Música tropical* interpretiert; Titel wie »Sinanga« und »Bari na doti« entstanden auf LPs des Labels Emigold in Holland.

Kamili → *Camel*

Kamu (Kammu)
primitive indianische Flöte, in der Volksmusik der Cuna-Indianer von San Blas (Panamá) gespielt.

Kanchi (Canchi)
indianischer Volkstanz des peruanischen Hochlandes; in der Region Chivay verbreitet.

Kandiroé
primitiver Musikbogen der Indianer des Amazonasgebietes (Brasilien).

Kanga (Caplau)
afrohaitianischer Volkstanz, dem → *Ibo* ähnlich; wahrscheinlich durch den gleichnamigen afrikanischen Volksstamm im Kontext der Sklavendeportationen nach Haiti gebracht.

Kankulunko → *Caramba*

Kaqueltrun → *Kultrún*

Karachi, Los -
kubanische Vokal- und Instrumentalgruppe; 1961 in Santiago de Cuba mit 10 Mitgliedern gegründet; widmete sich seit Beginn der Aktivitäten der Interpretation von Formen wie → *Son cubano,* Guaracha, Bolero u. Merengue; gegenwärtiger Direktor ist Porfirio Mario Sagarra »Fifo«. Unter dem Label Siboney erschienen einige LPs, darunter die Titel »Pedro Ramírez« und »Almendra«.

Karumanta, Grupo -
lateinamerikanisch-peruanisches Vokal-, Musik- und Tanzensemble; 1975 mit sechs Musikern u. sieben Tanzpaaren aus Peru, Chile, Kolumbien, Bolivien, Argentinien u. Ekuador gegründet. Zum Repertoire gehört andine Volks- u. Populärmusik. 1981 trat die Gruppe mit großem Erfolg in Paris u. 1983 in Zürich (2. Lateinamerikanisches Volksmusikfestival) auf.

Kaseko (Opu Poku)
einer der wichtigsten Volkstänze Surinams; Abkömmling des karibischen → *Calypso;* insbes. durch negroide Komponenten bereichert und in Landesdialekten (z. B. Sranang) gesungen; zu familiären Festlichkeiten sowie auf Volksfesten als Paartanz aufgeführt. Eine heutigen Musiziergewohnheiten angepasste Tanzmusikgruppe interpretiert den K. mit den Instrumenten Saxophon, Trompete, Bassgitarre (elektrisch), Trommeln und Maracas; bekannt ist z. B. das → *Washboard Orchestra.*

Kashua (Kashwa, Cachua, Kjaswa)
Quechua-Tanz rein sozialen Charakters, in dem Jugendliche, Frauen und Männer in bestimmten Vollmondnächten während der Frühlingszeit paarweise rund um Friedhöfe tanzen; geht auf altüberlieferte Traditionen zurück, Zentrum der Verbreitung ist die Region von Talavera (Peru).

Kashuiri (Cashuiri)
Volkstänze andiner Regionen Boliviens und Perus; dem → *Huayno* sehr ähnlich.

Katakí
Trommel aus keramischem Material; in der Volksmusik der Matacos-Indianer des argentinischen Chaco-Gebietes gespielt.

Katenga
Volkstanz der Osterinsel (Chile), zu dem ausgeprochen erotische Texte gesungen werden.

Katikubi
mexikanisches Tanzlied der Mixteken von Oaxaca; durch einen als Trommel benutzten Schildkrötenpanzer, neuerdings auch durch primitive Gitarren oder eine Harmonika begleitet.

Katunga, Grupo -
argentinisch-uruguayisches Quintett der Populärmusik, wurde nach 1970 in Buenos Aires formiert. Die Gruppe hat sich auf Musik, in der Perkusssion dominiert, spezialisiert. K. wurde allein in Argentinien mit 3 »Goldenen Schallplatten« geehrt, mit 5 weiteren in anderen Ländern; Erfolgstitel sind u. a. »Me lo dijo una gitana« und »Veo veo«. Mitglieder waren Carlos Alberto und Edgardo Chamarro, Carlos Alberto Altamirano und Eduardo Moremblit (Argentinien) und Walter Alvarez (Uruguay).

Kauka → *Trompaiboca*

Kawina
Variante des afrikanisch inspirierten Kultes → *Winti;* von der afroamerikanischen Bevölkerung Surinams ausgeübt. Die dazu gesungenen spezifischen Lieder werden generell in Stammessprachen (z. B. Taki-taki) vorgetragen; dabei bewegen sich die Tänzer in einem großen Kreis; verschiedene Trommeln markieren den Rhythmus, der durch Händeklatschen der Zuschauer verstärkt wird.

Kaxa (Gaxa, Kaaja, Caaja)
in der Volksmusik der peruanischen Arabela-Indianer eingesetzte Zweifelltrommel; der → *Caja* sehr ähnlich.

Kayab → *Ayotl*

Kayum
aus gebranntem Ton hergestellte präkolumbische Trommel der Ureinwohner Mexikos.

Kbandu
in der folkloristischen Musik der afroamerikanischen Bevölkerung Jamaikas gespielte Trommel, vorwiegend zur rhythmischen Begleitung der → *Kumina* benutzt; beim Musizieren zwischen die Beine gepresst und mit beiden Händen perkutiert.

Kcalaschanakuy
Volkstanz der Quechua-Indianer Perus (Region Apurímac).

Kcashua (Kcaswa) → *Kashua*

Kélé
afrokaribischer Volkstanz der Antilleninsel Santa Lucia.

Ken
primitive Trompete der Tupi-Indianer des brasilianisch-paraguayischen Grenzgebietes; zu Jagd-, Fisch- und Kriegszügen geblasen; Abart der Indio-Trompete → *Toré.*

Kena
1. → *Quena* 2. kleine Rohrflöte mit 5 Tonlöchern, in der Volksmusik der Quechua-Indianer der peruanischen Region San Martín eingesetzt.

Kenali → *Kallú*

Kepa (Kkepa, Keppa, Quepa) → *Clarín,* → *Poro corneta*

Kerb
brasilianisches Volksfest, speziell in den deutschen Ansiedlungen der Bundesstaaten Rio Grande do Sul und Santa Catarina (z. B. beim Oktoberfest in Blumenau) gefeiert; stark rückläufig; dabei kommen u. a. die Volkstänze Polka, → *Xote,* → *Rancheira* und → *Herr-Schmidt* zur Aufführung; die während des Festes verabreichten Speisen (z. B. Würstchen mit Sauerkraut) sind typisch deutsch.

Khachúa
1. indianischer Name für den → *Huayño* in Nordbolivien. 2. indianischer Paartanz; von jungen, noch unverheirateten Personen getanzt, er

wird durch Perkussionsinstrumente wie → *Caja* begleitet.

Kimba
rhythmisches Händeklatschen in der 2. Strophe des bolivianischen → *Bailecito* bzw. in der → *Cueca boliviana.*

Kinfuiti
in der afrokubanischen Volksmusik eingesetzter Brummtopf; der → *Cuíca* sehr ähnlich; u. a. bei kultischen Veranstaltungen der afrokubanischen Bevölkerung von Pinar del Río benutzt.

Kingstonians, The -
jamaikanisches Vokal- und Instrumentalensemble moderner Tanzmusik; um 1960 in Kingston Town (Jamaika) gegründet; durch die Interpretation der Formen → *Calypso,* → *Rocksteady* und neuerdings des → *Reggae* bekanntgeworden; nahm unter verschiedenen Labels zahlreiche Schallplatten auf, darunter den Titel »Winey winey«.

Kin Lalat, Taller -
(= Wir singen, Quiché-Sprache)
einc 1982 in Managua (Nikaragua) gegründete Vokal- und Instrumentalgruppe des progressiven Liedes Guatemalas. Die u. a. mit nationalen Volksmusikinstrumenten wie → *Marimba* und → *Chirimía* musizierende Gruppe vertrat ihr Land beim 2. Festival des Neuen Lateinamerikanischen Liedes in Managua (1983) und produzierte eine LP (Label Ocarina) mit dem Titel »Maíz y Fusil«. Weiterhin war die Gruppe erfolgreich bei Gastspielen in Vancouver und Winnipeg.

Kinray
regionale Variante der Panflöte → *Zampoña*; in der Volkmusik Perus gespielt.

Kipus, Los -
peruanisches Vokal- und Instrumentalduett; auf das kreolische Lied bei Dominanz des → *Vals peruano* spezialisiert; in Lima um 1950 durch Paco Maceda und Genaro Ganoza (beide Gitarre, Gesang und Komposition) zusammen mit häufig wechselnden Sängerinnen (u. a. Teresa Andrade und Susana Santander) gebildet; produzierte bei Odeon zahlreiche Schallplattenaufnahmen, darunter die Titel »Mucho la quiero«, »Rosario de mi madre« und »Nada soy«.

Kire'y (Kireí, Kyre-yu)
Abart der → *Polka paraguaya;* in der ländlichen Volksmusik u. a. der Region von Caacupé weit verbreitet und wird insbesondere durch Harfe (Arpa) begleitet.

Kirki
Hirtenlied der Hochlandbewohner Boliviens.

Kitag (Kitan, Gitan, Aravir, Kitiar)
rustikale Violine, aus Balsa- oder Zedernholz gefertigt; in der indianisch-mestizischen Volksmusik Perus eingesetzt.

Kjarkas, Los -
bolivianische Folkloregruppe; um 1982 in Potosí durch die Gebrüder Elmer, Gonzalo und Ulises → *Hermoza,* Gastón Guardia und Edwin Castellanos (ab 1990) formiert; es wurden Titel der Formen → *Huayno,* → *Cueca boliviana,* → *Bailecito* u. a. interpretiert; unter den Labels Lauro, EMI u. a. entstanden mehr als 10 LPs, darunter die Titel »Flor de Potosí«, »Oruro« und »Hombre de la montaña«. Diese Gruppe hat Gastspiele in weiten Teilen Lateinamerikas gegeben und erlangte sehr große Popularität. Der von der Gruppe 1983 erstmals veröffentlichte Titel »Se fue llorando« wurde durch französisch-brasilianische Arrangeure als Basistitel für die Modeform → *Lambada* genutzt; der Originaltext wurde ins Portugiesische übersetzt und der Öffentlichkeit als eigene Kompositionen letzterer präsentiert.

Kobito → *Songarinchi*

Kohlo (Kolo, Colo, Quinquecahué)
in der Volksmusik der Patagonier im Süden von Argentinien und Chile eingesetzter Musikbogen, dessen Rahmen aus Pferdeknochen besteht

Los Kjarkas in der »Peña Naira« von Ernesto Cavour (La Paz)

und der mit Pferdehaar bespannt wird; ein Kondor-Federkiel dient beim Spielen als Plektrum.

Kolla → *Colla (1)*

Kolo → *Kohlo*

Kon (Con)
indian. Zweifelltrommel der Amuesha- und Arahuaca-Indianer der peruanischen Amazonasregion.

Kromantin
afrokaribischer Volkstanz, der zum Komplex der → *Big Drum*-Tänze gehört und auf Grenada, Carriacou und weiteren anglokaribischen Inseln aufgeführt wird.

Kuchi-yeremá
eine rein afrokubanische Trommel, die bei den → *Abakuá*-Sessionen innerhalb des Ensembles → *Biankomeko* gespielt wird. Das etwa 25 cm lange Instrument wird vom Musiker unter den linken Arm geklemmt und mit einer Hand ausschließlich auf das Lederfell perkutiert.

Kúisi → *Camú*

Kullawa (Kullahua) → *Cullawa*

Küllküll
von den Araukanern (Mapuche) in Chile gespieltes Naturhorn, das bei zeremoniellen Veranstaltungen bzw. in der Volksmusik eingesetzt wird.

Kultrún (Cultrún)
aus einem ausgehöhlten Baumstumpf in konischer oder konkaver Form hergestellte Einfelltrommel von 12 – 15 cm Höhe und 35 – 40 cm Ø, die, mit einem Rindslederfell bespannt, in den Siedlungen der Araukaner (Mapuche) in Chile und Argentinien bei rituellen Handlungen benutzt und mit einem Schlägel (Trapucultrunhue) vorwiegend durch den Schamanen (Machi) des Stammes perkutiert wird. Der K. stellt in der Mapuche-Kultur ein mystisch-symbolisches Element dar, einen Mikrokosmos, der gleichzeitig das Universum der Mapuche und des Priesters bzw. seine durch das Schlagen der Trommel aus-

geübte Vermittlerrolle wiedergibt. Eine zweifellige Variante heißt *Kaqueltrún*.

Kumina

1. afrikanisch-protestantischer Kult der afrojamaikanischen Bevölkerung, Synkretismus aus → *Revival*- und Obeah-Kult; durch die ethnische Gruppe Ashanti praktiziert, wobei die »Geister« Verstorbener (Duppies) angerufen werden. Kultchefin ist die »Queen«, die nach dem Klang der *Akate* genannten Trommeln tanzt. Weitere Begleitinstrumente sind Triangel und Trompete. 2. afrojamaikanischer Volkstanz, aus der gleichnamigen Kulthandlung stammend, in weiten Teilen Jamaikas verbreitet. Die Begleitgesänge werden mit Worten aus der Congo-Sprache bzw. im Kreolen-Englisch intoniert; zur musikalischen Begleitung dienen u. a. die Trommeln → *Kbandu* und → *Playing cast*. Moderne Tanzorchester interpretieren die K. mit europäischen Instrumenten.

Künkülkawe → *Cunculcahue*

Kuntur, Agrupación -

peruanische Vokal-, Instrumental- und Tanzgruppe der traditionell-indianischen Volkskultur; 1977 in Lima durch den Musiker, Arrangeur und Komponisten Alberto Chávez gegründet; interpretierte Musik der peruanischen Hochlandindianer und betreibt in Lima eine → *Peña*.

Kuperibajche

Volkstanz der Huitoto-Indianer Kolumbiens.

Kupim

primitive Flöte der Jebero-Indianer Perus.

Kurawi (Boborara, Auno)

indianische Querföte aus Rohr bzw. Bambus; im peruanischen Amazonas-Gebiet gespielt.

Kusillo (Cusillo)

peruanischer Volkstanz mit spöttischem Charakter; insbes. in indianischen Gemeinden der Prov. Chucuito (Altiplano) verbreitet; mit einer → *Comparsa* beginnend. Einige junge Männer in phantasievoller Kleidung führen den Tanz an und versuchen, Gebärden und Mentalität der Weißen bzw. der Mestizen (→ *Cholo*) nachzuahmen. K. heißt in der Aymará-Sprache »Affe«, auf dessen Nachahmungstrieb der dramatische Tanz anspielt. Die Choreographie des K. macht die Gewohnheiten der Weißen bzw. die ihrer mestizischen Gefolgsleute lächerlich. Die Begleitmusik wird nach regionstyp. Rhythmen auf kleinen Flöten → *Pito* erzeugt.

Kusis, Los -

bolivianische Folkloregruppe; 1967 in Cochabamba durch den Sänger und Musiker Tito Zeballos (*1954, Quena, Gitarre, Charango) mit Eufronio Sánchez A. (Charango), Juan Arnáez (Gitarre, Bombo) und Jaime López G. (Quena, Gitarre) gegründet. Das Repertoire umfasst landestypische Musik u. a. der Formen → *Huayño* und → *Cueca* boliviana; unter versch. Labels (u. a. Claves und Tudor) entstanden einige LPs, darunter die Titel »San José«, »Curacas« und »El nacimiento del charango«.

Kuyaka (Cuyaca)

nordchilenischer Volkstanz, von der Musik des → *Trote* begleitet; er wird im allgemeinen nur durch Frauen getanzt.

Kwakwa (Idiophon)

in den → *Winti*-Kulten der afroamerikanischen Bevölkerung Surinams benutztes Musikinstrument; eine Art hölzerner Bottich mit relativ guter Resonanz, der mit 2 Schlägeln sowohl durch Männer als auch durch Frauen perkutiert wird.

Kwatro

in Surinam gespielte Variante des Saiteninstruments → *Cuatro*.

Kweki

soziale, der → *Junta* sehr ähnliche Aktivität; in weiten Teilen Surinams und der Niederländischen Antillen verbreitet; wie bei der Junta werden bestimmte auf die Arbeiten bezogene Volkslieder kollektiv gesungen.

L

La Calle, Juan José y María (auch: Lacalle)
* 1.11.1879 Vendrell (Tarragona, Spanien) † ?; spanisch-US-amerikanischer Musiker (Piano), Arrangeur und Komponist populärer Musik; übersiedelte frühzeitig nach New York (USA), wo er sich als ein aktiver Promoter der lateinamerikanischen Musik entwickelte, über 40 Jahre lang hatte er das Amt des Künstlerischen Direktors der Abt. Lateinamerika des Musikunternehmens Columbia inne. Die von ihm 1924 geschriebene kubanische Rumba »Amapola« erfreut sich noch heute großer Popularität.

La Playa, Sexteto - (Septeto/Cuarteto) –
US-lateinamerikanische Vokal- und Instrumentalgruppe der populären Tanzmusik, im Februar 1947 in New York durch den Puertorikaner Paul Alicea »Payo« (Gitarre und Bandleader) als *Cuarteto La Playa* zusammen mit Marie de Alicea (Gesang), Jules »Slim« Cordero u. a. gegründet. Insgesamt wurden, bei relativ häufigem Wechsel der Anzahl der Musiker, 18 LPs produziert mit Titeln der Formen Mambo, Descarga, Cha-cha-chá bis hin zum → *Son cubano.*

La Rosa, Trío -
kubanisches Vokal- und Instrumentaltrio; in den frühen 40er Jahren in Santiago de Cuba durch Francisco La Rosa (Gitarre, Gesang), Antonio »Ñico« Serrano (Gesang, Maracas) und »Julito« (Gesang, Gitarre) gegründet; interpretierte zunächst ländliche Musik der Provinz Oriente und später, in La Habana wirkend, vorwiegend → *Música tropical.* Bei Panart erschienen einige LPs, darunter die Titel »Angela Lucía« und »Dele leña compay«.

Laca → *Zampoña*

Lacerda, Benedito (Benedicto)
* 14.3.1903 Macaé (Rio de Janeiro), † 16.2.1958 Rio de Janeiro; brasilianischer Musiker (Flöte), Arrangeur, Bandleader und Komponist; einer der bekanntesten Flötisten Brasiliens; wirkte bereits als Jugendlicher in regionalen Musikgruppen; übersiedelte 1922 nach Rio de Janeiro, wo er vor allem mit Alfredo da → *Rocha* zusammenarbeitete; gründete und leitete Formationen wie *Gente do Morro* und *Regional de Benedito Lacerda*, wobei stets die Interpretation der Form → *Choro* dominierte. Die Arbeit von L. ist darüber hinaus eng mit der Geschichte des Karnevals von Rio de Janeiro verbunden – so komponierte er zahlreiche Titel wie »Eva querida« (Samba, 1935) und »Um a zero« (Choro, mit A. da Rocha) und »Espanhola« (Samba, 1946, mit H. Lobo), die Karnevalsschlager wurden.

Ladi, Conjunto -
puertorikanische Vokal- und Instrumentalgruppe, 1932 durch Ladislao → *Martínez »Ladi«* in San Juan gegründet; interpretierte landestypische Formen wie → *Seis,* → *Aguinaldo* und → *Mazurca,* die auf zahlreichen Schallplatten N78 (u. a. bei Alegre, Ansonia, Jitazo records und EPD Records) publiziert wurden, darunter die Titel »Carmen«, »Historia popular« und »La santa cena«.

Laggia
Volkstanz der Karibikinsel Martinique; symbolisiert kämpferische Szenen in dramatischer Form.

Lagos, Hermanos -
chilenisches Trio folkloristischer Musik; durch die Gebrüder Hugo, Ramón und Alejandro Lagos Arellano in Santiago de Chile nach 1950 gebildet. Das Trío widmete sich insbes. der Interpretation der → *Cueca chilena,* wovon zahlreiche Titel auf Schallplatten (Label Odeon) auf-

gezeichnet wurden, darunter die Titel »Con arpa, guitarra y piano« und »Celosa«.

Lajata
dem → *Bombo* ähnliche, etwa 35 cm hohe Trommel der Quechua-Indianer der peruanischen Region San Martín.

Laleo (Lalaleo)
Bezeichnung für einen in vielfältigen Variationen vorgetragenen Silbengesang, zumeist mit den Silben »La la la« als zentralem Bezugspunkt; in fast allen Ländern Lateinamerikas verbreitet; insbesondere auch in ländlichen Liedern.

Lamarque Bouza, Libertad »La Reina del Tango«
* 24.11.1908 Rosario; argentinische Sängerin; eine der beliebtesten Interpretinnen des → *Tango;* begann mit 14 Jahren als professionelle Künstlerin in einer Musikgruppe; wirkte später auch als singende Schauspielerin in zahlreichen, das Tango-Ambiente berührenden Filmen wie »Tango« (1933, mit Mercedes → *Simone* und Agustín → *Magaldi*) und »Madreselva« (1938) mit. Unter den Labels Victor bzw. RCA Victor entstanden eine große Zahl von Schallplattenaufnahmen wie »Maldito tango«, »Verde mar« und »Gaucho Sol« (1926). Wegen Meinungsverschiedenheiten mit der argentinischen Sängerin und späteren Regierungschefin Eva Duarte de Perón »Evita« (1918 – 1952) musste L. das Land verlassen und übersiedelte nach Mexiko, wo sie in mehr als 50 Filmen mitwirkte und Tangos bzw. Lieder mexikanischer Komponisten (u. a. von María → *Grever*) sang und auf Schallplatten aufnahm.

Lambada
1. ein 1989 auf dem europäischen Markt erschienener Musiktitel, an Rhythmus und Musizierweise des brasilianischen Nordostens angelehnt; zunächst durch die Gruppe Kaoma aufgenommen. Dabei handelt es sich um ein von Olivier Lamotte d' Incamps »Chico Oliveira« (Frankreich) arrangiertes Plagiat des bolivianischen → *Tundiqui* »Llorando se fue« der Gebrüder Hermoza, dessen Original u. a. durch die Gruppen Los → *Kjarkas* und Los Andaluces (beide Bolivien) interpretiert wurde. In Westeuropa, aber auch in Lateinamerika wurde »Lambada« binnen kurzem äußerst populär und in die Hitparaden übernommen. 2. brasilianischer Modetanz, etwa um 1982/83 mit ersten Aufnahmen von Tanzmusikgruppen aus Brasilien auf Schallplatten veröffentlicht; es handelt sich um eine Mischform, der → *Salsa* vergleichbar, die Komponenten von → *Forró,* → *Calango,* Samba, aber auch → *Merengue,* → *Reggae,* zentralafrikanischer Tanzmusik usw. in differenzierten Arrangements enthält; ein konkreter Volks- oder Populärtanz dieses Namens existiert nicht.

Libertad Lamarque (Mitte) zusammen mit Gonzalo Roig (Kuba) und Alfredo Malerba

Lambi
haitianische Muscheltrompete, von Fischern und Bauern zum Musizieren benutzt.

Lamento (Klage, span., port.)
Klagelied; in vielfältigen Formen in ganz Lateinamerika verbreitet, meist in getragen-melancholischem Tonfall gesungen. Die Anlässe zum Intonieren des L. sind generell trauriger Natur (Trauer, menschenunwürdiges Dasein, Sklaverei usw.). Während Protestlieder der Gegenwart oft kämpferische Züge tragen, begnügt sich ein L. im allgemeinen mit der Darstellung von Ungerechtigkeit, Sklaverei und Rassendiskriminierung, die als Gegebenheit hingenommen werden; L.s waren insbes. unter der afroamerikanischen Bevölkerung verbreitet (→ *Canto de Esclavo*), häufig auch in Regionen mit indianischer Bevölkerung gesungen. Ein bekannter Titel ist »Lamento sertanejo« von Gilberto → *Gil* (Brasilien).

Lamothe, Ludovic »Chopin Negro«
* 1882 Port-au-Prince, † 1952 das.; haitianischer Musiker (Piano), Komponist und Folkloreforscher; studierte ab 1910 in Paris; nach seiner Rückkehr widmete er sich intensiv der Erforschung der Musikfolklore seiner Heimat. Viele seiner Kompositionen (Lieder, Meringues und andere Tänze), darunter »Aveu« und »Nibo«, werden noch heute gespielt; einige erschienen auf Schallplatten des Labels Victor.

Lampião (eigtl. Virgolino Ferreira da Silva)
* 4.6.1898 Floresta do Navio (Pernambuco), † 28.7.1938 Pôrto da Fôlha (Sergipe); legendäre Figur des brasilianischen Nordostens; Viehhirt; sang bereits mit 16 Jahren leidenschaftlich traditionelle Volkslieder, spielte meisterhaft Akkordeon, mit seinen Sambas und Emboladas wurde er weithin bekannt; leistete einen wesentlichen Beitrag bei der Verbeitung des Volkstanzes → *Xaxado.* Widersprüchliche Berühmtheit erlangte er mit der Bildung einer bewaffneten Bande, die, von Ort zu Ort ziehend, vor allem Gutsbesitzer ausraubte und andere Gewalttätigkeiten verübte, sich einer Strategie bedienend, die es der Polizei so gut wie unmöglich machte, seiner habhaft zu werden. Bereits seit 1925 widmeten die nordestinischen Volkssänger der → *Cantoria* ihre Lieder L.; allein über seinen Tod – er wurde aus dem Hinterhalt erschossen – gibt es mehr als mehr als 150 Volkslieder; damit gehört er zu den meistbesungenen Persönlichkeiten Brasiliens; das Volkslied »Mulher rendeira« (Toada) ist eng mit seinem Leben verbunden (→ *Literatura de Cordel*).

Lancero
aus der → *Contradanza* hervorgegangener Salontanz; während des XVIII. Jh. u. a. in Kuba und Mexiko populär gewesen.

Landero, Andrés »Rey de la Cumbia« (eigtl. Andrés Guerra Landero)
* 04-02-1931 San Jacinto (Bolívar); kolumbianischer Musiker (Akkordeon), Arrangeur, Bandleader und Komponist der → *Música tropical;* bekannter Interpret und Schöpfer der → *Cumbia.* L. begann seine professionelle Karriere als Musiker 1949 in der Gruppe von Delia Zapata Olivella; später gründete er seine eigene Formation, *Andrés Landero y su Conjunto,* mit der er sowohl im In- als auch im Ausland (Venezuela, Panama, Mexiko u. a.) sehr erfolgreich war und zahlreiche LPs (u. a. bei Fuentes) produzierte. Zu seinen mehr als 400 Kompositionen zählen die Cumbias »Angélica María«, »Clarín de la montaña« und »Mara del Carmen«.

Landín, María Luisa
* 1922 Veracruz; mexikanische Sängerin populärer Musik, hervorragende Interpretin des → *Bolero;* außerdem Filmschauspielerin. L. begann ihre Laufbahn als aktive Sängerin zusammen mit ihrer Schwester Avelina, mit der sie um 1937 ein notables Vokalduett (*Dúo Hermanas Landín* oder *Pirita y Jade*) bildete. Ab 1940 trat sie jedoch als Solistin auf, wobei sie sich als hervorragende Sängerin der Kompositionen des puertorikanischen Komponisten Rafael → *Hernández* profilierte. Außerdem wirkte sie in insgesamt 14 Filmen als singende Schauspielerin und nahm eine große Zahl von Schallplatten

bei RCA Victor auf, darunter die Titel »Por qué no te vas«, »Tú me gustas« und »Tú eres mi destino« (Boleros).

Landó (Samba-landó)
alter afroperuanischer Volkstanz der schwarzen Sklaven Nordperus, speziell der Orte Paita und Piura; im XVI. Jh. aus der angolanischen Volksmusik hervorgegangen. Varianten sind → *Toromata* und, bereits modifiziert, die → *Zaña*. Der L. wird bis in die Gegenwart durch afroperuanische Volksmusikgruppen interpretiert und ist Teil der nationalen Musikfolklore Perus.

Langa
brasilianischer Volkstanz; als Rundtanz auf dem São-Gonçalo-Fest aufgeführt.

Lange, Francisco Curt (eigtl. Franz Kurt L.)
* 12.12.1903 Eilenburg (Sachsen); deutsch-lateinam. Musikwissenschaftler, Publizist; emigrierte 1923 nach Montevideo, war Herausgeber des »Boletín Latino Americano de Música« und vieler anderer Publikationen zur Musik; erwarb sich Verdienste mit dem Anlegen eines als *Discoteca Nacional* bezeichneten Schallplattenarchivs in Montevideo, einer einmaligen Sammlung historischer Tondokumente. 1986 übersiedelte er nach Caracas/Venezuela.

Lapinha (Lapa)
ältere, heute nur noch selten gebrauchte Bezeichnung bzw. Variante des → *Pastoril;* als Votivtanz und -gesang vor Hausaltären ausgeführt.

Laquita → *Zampoña,* → *Sicuri (3)*

Lara Aguirre del Pino, Agustín »El Músico Poeta«
* 30.10.1897 México-Stadt, † 6.11.1970 das.; mexikanischer Musiker (Piano), Arrangeur, Komponist und Bandleader; Autodidakt; einer der bekanntesten und vielseitigsten Komponisten populärer Musik Lateinamerikas; als Begründer der Epoche des romantischen Liedes bezeichnet. Mit seinen mehr als 600 Kompositionen – Boleros, Tangos, Danzones, Pasodobles, Lieder, Beguines usw. – verlieh er dem Musikleben Mexikos und ganz Lateinamerikas maßgebliche Impulse. L. begann 1927 in Gaststätten, Kabaretts und Tanzschulen als Pianist, wirkte später beim Sender XEW und trat ab 1930 auch als Sänger auf. Er komponierte Lieder, die weniger der Folklore verhaftet sind, sondern mehr aus den modernen Formen eines musikalischen Kosmopolitismus schöpfen; widmete sich besonders dem Bolero und schuf zahlreiche Kompositionen, die auf Foxtrot, Blues oder anderen Tanzrhythmen aufbauen. Das bekannteste Lied ist »Granada« (1929), weitere Stücke sind »Solamente una vez« (Bolero, 1941), »Lamento jarocho« (Bolero, 1933), »Noche de ronda« (Serenade, 1935), »Oración caribe« (Bolero, 1934) und »Príncipe vals« (Walzer, 1936); die Texte dazu verfasste er selbst; mit dem von ihm geleiteten Orchester spielte er zahlreiche Schallplattenaufnahmen unter verschiedenen Labels (speziell RCA Victor bzw. Victor) ein.

Lara Foster, Benigno
* 1908 Mérida (Yucatán), † 1965 México-Stadt; mexikanischer Volkssänger (Trovador) und Liedermacher; bekannter Interpret von Liedern der Halbinsel Yucatán, die er z. T. auch selbst schrieb, darunter »Desdeñosa« (Bolero yucateco, 1960), »Labios mentirosos« und »Rosas de Oriente« (Boleros yucatecos); bei Cisne erschienen einige LPs.

Lara, Ivone
* 13.4.1922 Rio de Janeiro; brasilianische Sängerin und Liedermacherin; bekannte → *Samba*-Interpretin; kam 1944 zur Samba-Schule *Prazer da Serrinha* (später in G.R.E.S. → *Império Serrano* umbenannt); veröffentlichte zahlreiche Schallplattenaufnahmen, darunter die Titel »Minha verdade«, »Espelho da vida« und »Agradeço a Deus« (Sambas).

Larbanois, Eduardo
* 1.8.1953 Tacuarembó; uruguayischer Sänger, Gitarrist und Liedermacher; wirkte seit 1972 in der Bewegung des Neuen Uruguayischen Liedes, bildete zusammen mit Eduardo Lagos das

Duo Los → *Eduardos;* produzierte LPs, darunter die selbstgeschriebenen Stücke »Santana viejo« und »Amaneciendo« (Milonga).

Larralde, José
* 20.10.1937 Huanquelén (Prov. Buenos Aires); argentinischer Volkssänger (Payador) und Liedermacher; wurde nach 1960 durch seine Interpretation der → *Milonga* und anderer ländlicher Formen sehr bekannt; bei RCA Victor erschienen etwa 30 LPs, die u. a. die von ihm geschriebenen Stücke »Por eso«, »Permiso« und »Grito Changa« enthalten; z. T. macht sich eine Kommerzialisierung insbes. der Texte bemerkbar.

Larroca, Oscar
(eigtl. O. Antonio Moretti Boganelli)
* 1922 Buenos Aires, † 1976 das.; argentinischer Sänger des → *Tango;* begann 1944 als professioneller Künstler; gehörte u. a. dem Orchester von Alfredo de → *Angelis* an und formierte 1958 ein eigenes Orchester, bereiste viele Länder Lateinamerikas und publizierte zahlreiche Schallplatten (Label Odeon), darunter die Titel »Viejo rincón« und »Flor de Fango«.

Laserie (La'serie), Rolando »Rolo«
* 27.8.1923 Mata (Las Villas), † 22.11.1998 Miami (Florida); kubanischer Sänger, Musiker (Saxophon, Klarinette, Schlagzeug) und Bandleader; bekannter Interpret kubanischer Tanzmusik; wirkte zunächst in Gruppen seiner Heimatregion, wo er zwischenzeitlich ein Tanzorchester gründete; übersiedelte 1946 nach La Habana, hier wirkte er zunächst beim Orchester Kubaney als Schlagzeuger, bildete später das Orchester Sanssouci, widmete sich in der Folgezeit überwiegend dem Gesang; verließ Kuba nach 1960 und setzte im Exil seine künstlerischen Aktivitäten fort. Schallplattenaufnahmen wie die Titel »Lágrimas negras« und »Bilongo« erschienen u. a. bei Gema, Duarte, Musart und Caimán.

Látigo (Peitsche, Peitschenhieb, span.)
findet zur rhythmischen Begleitung bestimmter ländlicher Volkstänze Lateinamerikas (z. B. im venezolanisch-kolumbianischen → *Joropo*) vielfach Verwendung.

Latin Hustle
eine durch in New York lebende puertorikanische Musiker aus der → *Salsa* heraus entwickelte Tanzform, bei der die Tanzpaare eng umschlungen auftreten und sich dabei im Kreise drehen.

Latin Jazz → *Jazz latinoamericano*

Latin Jazz All Stars
(*Willie Colón y su Orquesta,* Conjunto)
US-lateinamerikanische Vokal- und Instrumentalgruppe der modernen Tanzmusik, nach 1965 in New York durch Willie → *Colón* formiert; interpretierte lateinamerikanische Musik im Sound des → *Jazz latinoamericano.* Um 1978 gehörten dem Orchester folgende Musiker an: Willie Colón (Posaune, Chorgesang und Bandelader), Leopoldo Pineda (Posaune), José Rodríguez (Posaune), Angel Papo Vásquez (Posaune), Sam Burtis (Posaune), José Torres »Profesor« (Piano), Salvador Cuevas (Bass), Eddie Rivera (Bass), José Mangual Jr. (Bongoes, Maracas und Chorgesang), Eddie Montalvo (Tumbadora), Jimmy Delgado (Timbales), Bryan Brake (Schlagzeug), Adalberto Santiago (Maracas und Chorgesang) sowie die nicht ständigen Gesangssolisten Rubén → *Blades* und Celia → *Cruz.*

Latin Rock
um 1980 insbes. in den von Lateinamerikanern bewohnten Gebieten der USA (→ *New York Latino*) entstandener Musizierstil. der vor allem für Jugendliche geschaffene Rockmusik mit Elementen traditionell lateinamerikanischer Formen verbindet; als einer seiner Schöpfer gilt Carlos → *Santana.*

Latinoamericano, Quinteto -
1982 von Musikern aus drei lateinamerikanischen Ländern in Spanien gebildetes Vokal- und Instrumentalquintett: Conny Philip (Peru, Ge-

sang), Santiago Reyes (Gitarre), Horacio Icasio (Piano) und Quique Alvarado (Bass, alle Argentinien) und Carlos Carli (Uruguay, Schlagzeug); interpretierte moderne Tanzmusik in Jazz-Versionen.

Laúd (Laute, span.)
6-, zuweilen auch 12-saitiges gitarrenartiges Instrument; aus Spanien nach Lateinamerika transkulturiert; in der kreolischen und mestizischen Volksmusik u. a. in Kuba (→ *Música campesina*), Mexiko, Nikaragua und Peru gespielt; der Solist heißt → *Laudista.*

Laudista
Solist auf der Laute (→ *Laúd*) bzw. ähnlichen Instrumenten; bekannt wurden u. a. Alejandro → *Aguilar,* Juan Pagés und Marcelo Lamas (alle Kuba).

Laurel
regionale Variante des kolumbianischen → *Bunde (1).*

So künstlerisch verziert können in der ländlichen Volksmusik Kubas eingesetzte Lauten sein (Photo: CIDMUC)

Ländlicher Volksmusiker aus Ostkuba mit seiner Laute (Photo: CIDMUC)

Laurenz, María Cristina
* 9.7.1940 Buenos Aires; argentinische Sängerin und Schauspielerin; Tochter von Pedro → *Laurenz;* studierte Piano am Konservatorium Tibaud-Piazzini; trat ab 1958 als Sängerin des → *Tango* auf; wirkte in einigen Filmen wie »Pajarito Gómez« (1984) mit; gründete 1974 zusammen mit Roberto → *Grela,* Raúl Garello u. a. die Gruppe *Trova Porteña.*

Laurenz, Pedro B.
* 10.10.1902 Buenos Aires, 7.7.1972 das.; argentinischer Musiker (Bandoneón) und Komponist; bekannter Vertreter des → *Tango;* wirkte u. a. in der Gruppe von Julio de → *Caro* und schrieb zahlreiche Stücke wie »Orgullo criollo«, »Veija amiga« und »Milonga de mis amores«; später betrieb L. eine Schule zum Erlernen des Bandoneón-Spiels.

Lavín, Carlos
* 10.8.1883 Santiago de Chile, † 27.8.1963 Barcelona; chilenischer Musiker, Komponist und Folkloreforscher; Schüler u. a. von Erich Hornbostel; begann 1943 mit der systematischen Erforschung der Musikfolklore Chiles und komponierte versch. Titel mit folkloristischen Motiven, darunter »Fiesta araucana«, »Cantos de la Mahuida« und »Procesión flotante«; gründete in Santiago de Chile das Institut für Musikforschungen.

Lavoe, Héctor (eigtl. Héctor Pérez)
* 30.9.1946 Ponce, † 29.6.1993 New York (Herzinfarkt); puertorikanischer Sänger und Autor; seit 1952 im Kulturkreis → *New York Latino* wirkend; begann hier seine Karriere als Sänger im Orchester von Willie → *Colón,* sang später auch bei den → *Fania All Stars* und entwickelte sich zu einem der bekanntesten Interpreten der Mischform → *Salsa;* er schrieb u. a. den Salsa-Titel »Mi gente«.

Lay Apezteguía, Rafael
* 17.8.1927 Cienfuegos, † 13.8.1982 La Sierrita (Cienfuegos); kubanischer Musiker (Violine), Arrangeur, Komponist und Bandleader; studierte bei Sara Torres; trat 1946 dem Orchester → *Aragón* bei, als dessen Direktor er von 1948 bis zu seinem frühen Tod (Autounfall) wirkte; leitete außerdem das Orchester *Popular de Conciertos* und komponierte zahlreiche, meist im Cha-cha-chá-Rhythmus gehaltene Stücke wie »Mi charlestón chá«, »Los Tiñosos«, »Si envidia« (Danzón chá) und »Los pescadores de Varadero«.

Laza, Pedro
* 12.12.1904 Cartagena, † 8.4.1988 Cartagena; kolumbianischer Musiker, Arrangeur, Bandleader und Komponist populärer Musik; hervorragender Interpret des Tanzes → *Porro,* den er speziell mit seiner Musikgruppe *Pedro Laza y sus Pelayeros* interpretierte und auf Schallplatten N78 und LP des Labels Fuentes aufnahm, darunter die Titel »Panadera« und »Chicharrón«.

Lazaroff, Jorge
* 28.2.1950 Montevideo; uruguayischer Sänger, Musiker (Gitarre) und Liedermacher; Vertreter des Neuen Uruguayischen Liedes; Interpret und Autor balladenhafter Stücke wie »Albañil«, »Los que iban cantando« und »Darle vuelta«; gehörte der Gruppe → *Los que iban Cantando* an.

Lazos, Los -
chilenisches Vokal- und Instrumentalsextett; 1969 in Coihayque unter der Leitung von Arturo Barros formiert; interpretierte Lieder und Tänze Südchiles; war auf den Patagonischen Liedfestivals mehrere Male sehr erfolgreich; trat später nur noch als Quintett auf. Bei RCA Victor erschienen Aufnahmen wie »Pilchero« und »Flor de Coihayque«.

Lé
kleinste Trommel innerhalb eines Ensembles verschieden großer Instrumente des brasilianischen → *Atabaque.*

Le lo lay
1. in der puertorikanischen, dominikanischen

und ostkubanischen Volksmusik häufig gesungene Silbenkombination; wahrscheinlich aus der Region Almería (Südspanien) nach Lateinamerika überkommen. 2. als *Baile del Le lo lay* oder Le lo lay puertorikanischer Volkstanz; typisch sind die sich häufig im Gesang wiederholenden Silben.

Le Pera, Alfredo

* 4.6.1902 São Paulo, † 24.6.2935 Medellín (Kolumbien; Flugzeugunglück); argentinischer Musiker und Komponist; hervorragender Vertreter des → *Tango;* schrieb seine Stücke vorwiegend für Carlos → *Gardel,* mit dem er eng zusammenarbeitete, so u. a. die Titel »Cuesta abajo« (1934), »Volver« (1935), »El día que me quieras« (1935) und »Arrabal amargo« (1935) sowie »Mi Buenos Aires querido« (1934); die Texte verfasste jeweils Gardel.

Leal - del Campo, Dúo -

chilenisches Vokal- und Instrumentalduo folkloristischer Musik; nach 1950 in Santiago de Chile durch Francisco Flores del Campo und Pedro Leal Pizarro innerhalb der Folkloregruppe *Los Baqueanos* formiert; interpretierte vorwiegend Titel der Form → *Cueca chilena* wie »Morena, bailemos la cueca« und »Paseo en carreta«.

Leão, Nara

* 19.1.1942 Vitória (Espírito Santo), † 1989 Rio de Janeiro; brasilianische Sängerin und Musikerin (Violão); bekannte Vertreterin des urbanen → *Samba;* begann 1956 mit dem Gesang im Bereich der städtischen Folklore; wirkte ab 1963 professionell. L. gehört zur Avantgarde der → *Bossa Nova* und hat unter dem Label Philips einige LPs produziert, darunter die Titel »Opinião«, »Calix Bento« und »Desafinado«.

Leba (Senhor Leba, Exu)

brasilianisches Äquivalent zur afrokubanischen Gottheit → *Elegguá.*

Lecuona, Ernestina

* 16.1.1882 Matanzas, † 3.9.1951 La Habana; kubanische Musikerin (Piano) und Komponistin; Schwester von Ernesto → *Lecuona;* studierte Piano am Centro Asturiano von La Habana, gab zahlreiche Konzerte und schrieb Stücke wie »Cierra tus ojos« und »Junto al río«.

Lecuona y Casado, Ernesto Sixto

* 7.8.1896 Guanabacoa, † 29.11.1963 Tenerife (Spanien); kubanischer Musiker (Piano), Arrangeur, Komponist und Bandleader; eine der bedeutendsten Persönlichkeiten des Musiklebens Kubas; erlernte mit 5 Jahren das Pianospiel an der Seite seiner Schwester Ernestina, komponierte mit 11 Jahren erste Stücke; schuf etwa 600 Kompositionen, insbes. der Populärmusik, die heute zum Standardrepertoire der kubanischen und lateinamerikanischen Tanz- und Unterhaltungsmusik gehören, dazu zählen »Siboney« (Rumba, 1929), »Malagueña« (Canción española, 1923), »María La O« (Rumba lenta, 1929), »Para Vigo me voy« (Conga), »Damisela encantadora« (Walzer, 1935) und »La Comparsa« (Danza, 1912). Bereits 1913 wurde L. für sein weltweit verbreitetes Werk mit einer Goldmedaille geehrt. Als Pianist bzw. Bandleader, u. a. der → *Lecuona Cuban Boys,* war er vor allem in den 30er Jahren des XX. Jh. erfolgreich; auf Schallplatten u. a. der Labels Victor bzw. RCA Victor, Puchito, Panart, Tropical und Maype erschienen Aufnahmen mit von ihm gespielten Solostücken, darunter die Titel »Danza negra«, »Tus ojos azules« und »Mariposa«.

Lecuona, Margarita

* 1910 La Habana; kubanische Sängerin und Komponistin; vor allem durch ihre im afrokubanischen Stil komponierten Stücke »Tabú« (Rumba lenta, 1934) und »Babalú« (Afro) bekanntgeworden, die in den 40er und 50er Jahren des XX. Jh. zum Standardrepertoire vieler lateinamerikanischer Gruppen und Orchester zählten; L. lebte und wirkte ab 1947 in Buenos Aires (Argentinien).

Lecuona Cuban Boys

kubanische Vokal- und Instrumentalgruppe; hat wie kaum eine andere ihrer Zeit kubanische Populärmusik in Europa verbreitet und legendäre Popularität erlangt; 1930 in La Habana von Ernesto → *Lecuona* durch Fusion der Formationen *Orquesta Lecuona* und *Havana Cuban Boys* gegründet; die Leitung oblag Armando → *Oréfiche;* bereiste weite Teile Europas und Lateinamerikas; in Paris entstanden nach 1930 bei Pathé erste Schallplatteneinspielungen; 1935 trat die Gruppe im Berliner »Wintergarten« auf; sie verfügte damals über 20 Musiker (3 Trompeten, 2 Posaunen, 5 Saxophone, Gitarre, Flöte, Piano, Kontrabass, Klarinette, Timbales, Claves, Maracas, Bongoes usw.). Gab es in Interpretation und Repertoire starke Tendenzen zur Kommerzialisierung, hat die Gruppe dennoch entscheidend zur Popularisierung kubanischer Musik im Ausland beigetragen. Vorwiegend unter den Labels Columbia und Odeon entstanden zahlreiche Schallplattenaufnahmen wie die Titel »Rumba Tambah«, »Tabú«, »Conga de Jarugo« und »Siboney«. Nach einigen, nur wenig erfolgreichen Neu-Formierungen löste sich die Gruppe 1975 endgültig auf.

Ledesma, Amanda

(eigtl. Josefina Rubianes Alzuri)
* 31.12.1914 Buenos Aires; argentinische Sängerin des → *Tango* und romantisch-sentimentaler Balladen; debütierte 1929 bei Radio Splendid (Buenos Aires), wirkte in einigen Filmen wie »Melodías porteñas« (1937) als singende Schauspielerin und produzierte zahlreiche Schallplatten, u. a. auch mit dem Komponisten Héctor Stamponi, mit dem sie in Mexiko eng zusammenarbeitete.

Ledesma, Argentino

* 24.6.1928 Santiago del Estero; argentinischer Sänger; bekannter Interpret des → *Tango;* begann 1940 beim Sender LV11 (Santiago del Estero), übersiedelte 1952 nach Buenos Aires, wo er u. a. in den Typischen Orchestern von Héctor → *Varela* und Julio de → *Caro* sang und mit diesen zahlreiche Schallplattenaufnahmen (insgesamt 300 Titel) produzierte, darunter »Uno«, »Fueron tres años« und »Cafetín de Buenos Aires«.

Ledesma, Víctor M.

* 24.4.1909 Santiago del Estero; argentinischer Musiker (Gitarre) und Komponist folkloristischer Musik; schrieb regionstypische Stücke, wobei Titel der Form → *Chacarera* wie »Chakai Manta« und »La última« dominierten.

Lee, Rita

* 31.12.1947 São Paulo; brasilianische Sängerin, Musikerin (Flöte, Harfe) und Liedermacherin; gehörte 1966 der Rockgruppe *Os Mutantes* an; wirkte später als Solistin; 1969 erschien ihre erste LP (Label Philips); die von ihr geschriebenen Stücke »Babilônia«, »No norte da saudade« und »Suicida« (Rock) fanden bei Jugendlichen großen Anklang.

Leguizamón, Gustavo »Cuchi«

* 29.9.1917 Salta; argentinischer Musiker (Piano), Arrangeur und Komponist; schrieb Titel, die, durch bekannte Gruppen interpretiert, sehr populär wurden, darunter »La arenosa« (Cueca), »Zamba del carnaval«, »Lloraré« (Zamba) und »Chacarera del Zorro«; als Interpret gehörte L. u. a. dem *Dúo Salteño* an.

Leguizamón, Pedro

* 10.9.1935 Asunción; paraguayischer Musiker (Harfe), Arrangeur und Bandleader; gründete bzw. leitete die Folkloregruppen *Los Caballeros del Paraguay* und Los → *Guayaki*, mit denen er zahlreiche Schallplattenaufnahmen produzierte.

Leiva, Wilfredo »Pío« »El Montunero de Cuba«

* 1915 Morón; kubanischer Sänger, Musiker (Bongó), Liedermacher und Bandleader; begann als → *Bongó*-Spieler im Orchester Siboney de Morón, trat in Trios bzw. Gruppen seiner Region auf; übersiedelte um 1950 nach La Habana, wo er die Gruppe *Pío Leiva y su Kimbo* gründete und sich zum vielgefragten Interpreten des → *Son Montuno* spezialisierte; unter versch. Labels (u. a. Maype, Velvet, RCA Victor und Kubaney) entstanden zahlreiche Schallplattenaufanhmen, darunter die von ihm ge-

schriebenen Titel »Francisco Guayabal«, »Me voy para Jaronu« und »Mulata con cola«.

Lelê (Lelelé)
brasilianischer Version der → *Contradanza*; zur deren rhythmischer Begleitung u. a. Kastagnetten (Castanholas) verwendet wurden; heute kaum noch verbreiteter Tanz.

Lemos, Fafa (eigtl. Rafael Lemos Júnior)
* 19.2.1921 Rio de Janeiro; brasilianischer Musiker (Violine), Arrangeur und Bandleader; war längere Zeit im »Cassino de Urca« (Rio de Janeiro) als Musiker tätig, gehörte dem Rio Trio an und war als Künstlerischer Direktor der Plattenfirma Victor Brasileira tätig und begleitete die Sängerin Carmen → *Miranda* auf ihren Gastspielreisen durch die USA, wirkte dort zwischen 1961 und 1965; produzierte zahlreiche Schallplattenaufnahmen (RCA Victor) mit z. T. hervorragenden Violin-Soli, darunter die Titel »Madalena« und »Nós três«.

Lena, Rubén
* 1926 Treinta y Tres; uruguayischer Musiker, Komponist und Textdichter; verfasste Titel der Formen → *Milonga,* → *Serranera,* → *Candombe* u. a. mit hervorragender poetischer Aussage, die, vorwiegend durch das Duo Los → *Olimareños* interpretiert, große Popularität erlangten, dazu gehören »Pobre Joaquín«, »Nuestra razón«, »De Cojinillo« und »Y va de aquí«.

Lenca, Conjunto -
hondurenische Vokal- und Instrumentalgruppe folkloristischer Musik; um 1950 in Tegucigalpa mit dem Sänger Federico Ramírez u. a. gegründet; unter dem Label Elia erschien u. a. der → *Pasacalle* »San Pedro Sula«.

Lenço → *Samba-lenço*

Lenda
historische Episode (Legende) bzw. sentimentaler Text, der in Portugal und Brasilien entweder in erzählender oder gesungener Form dargeboten wird.

Lenzi, Carlos César
* 3.11.1895 Montevideo, † 10.6.1963 Buenos Aires; uruguayischer Textdichter der Populärmusik, schuf zahlreiche Texte insbes. für Tangos wie »A media luz« (1925; Musik: Edgardo Donato) und »Noches de Montmartre« (Musik: Manuel Pizarro).

León, Argeliers
* 7.5.1918 La Habana, † 22.2.1991 das.; kubanischer Musikwissenschaftler, Folkloreforscher; Musiker, Komponist und Publizist; war Professor an der Sektion Musikologie der Fakultät für Musik des Institutes für Kunst, bis 1987 Direktor der Abt. Musik der → *Casa de las Américas* in La Habana. L. betrieb umfangreiche Forschungen auf dem Gebiet der kubanischen Musikfolklore, publizierte Bücher (z. B. »Del canto y el tiempo«, 1974) und Artikel über Volksmusik; verfügte über eine umfangreiche Spezialsammlung traditioneller Musik Kubas auf historischen Schallplatten (N78).

León Chacón, Bienvenido
* 22.3.1888 La Habana, † ?; kubanischer Volkssänger (Trovador) und Musiker (Maracas); bekannter Vertreter des → *Son cubano;* sang ab 1912 im *Cuarteto Nano*; war ab 1927 Mitglied des Sexteto → *Nacional* und ab 1936 gehörte er dem *Sexteto Cauto* als Sänger (2. Stimme) und Maracas-Spieler an; 1938 formierte er eine eigene Gruppe, mit der er u. a. in Nachtclubs auftrat.

León Franco, Pedro »León Santamarta«
* 11.1.1867 Medellín, † 16.1.1952 das.; kolumbianischer Volkssänger (Trovador) und Liedermacher; erwarb vor 1900 große Verdienste bei der Verbreitung des Nationaltanzes → *Bambuco* der Region von Antioquia; interpretierte und schrieb zahlreiche Titel dieser Form, darunter »Antioqueñita«, »Grato silencio« und »Lamento campesino«.

Leone, Graciano de -
* 1890 Buenos Aires, † 21.6.1945 das.; argentinischer Musiker (Gitarre, Bandoneón), Kom-

ponist und Bandleader; bekannter Vertreter des »primitiven« Tango; wirkte zunächst als Gitarrist in kleinen Gruppen, z. B. in einem Duo mit Antonio Cacace (Bandoneón), das u. a. im Café »Las Mercedes« musizierte; später widmete sich L., angeregt durch Eduardo → *Arolas*, dem Bandoneón-Spiel, wobei er sich einigen Gruppen anschloss. Er schrieb zahlreiche Tangos wie »El Pillete«, »Tierra negra« und »Oración criolla«.

Lerdo de Tejada, Miguel
* 29.9.1869 Morelia (Michoacán), † 25.5.1941 México-Stadt; mexikanischer Musiker (Piano), Arrangeur, Komponist und Bandleader; Autodidakt; gründete 1901 sein berühmt gewordenes Orchester (*Orquesta Típica de Miguel Lerdo de Tejada*), das aus 25 Musikern bestand und in dem Gesangssolisten wie Mario Talavera, Carmen Harcía C. und Pedro → *Vargas* auftraten. L. machte das mexikanische Lied populär und wandelte dieses später zum mexikanischen Bolero (→ *Bolero mexicano*); er schrieb zahlreiche Titel wie »Perjura« (Danza, 1899), »El Faisán« (Walzer, 1927) und »México bello« (Walzer, 1918), die auf Schallplatten des Labels Victor erschienen. Darüber hinaus war L. Gründer des Mexikanischen Komponistenverbandes.

Leró → *Bomba (1)*

Letelier Llona, Alfonso
* 4.10.1912 Santiago de Chile; chilenischer Musiker und Komponist ernster und populärer Musik; studierte am Konservatorium der Universität Santiago, wurde später Mitglied der Kommission »Folkloristische Musik« des Musikinstitutes. L. schrieb u. a. »Sonetos de la muerte« (1942 – 43, nach Texten von Gabriela Mistral) und »La palomita« (Tonada-cueca).

Letra
generell der Text eines musikalischen Werkes.

Leva (Levada)
derjenige Abschnitt im pan. → *Tamborito*, in dem alle Frauen der Tanzrunde allein tanzen.

Lewin, Olive
* Vere (Clarendon); jamaikanische Sängerin, Musikerin (Piano, Violine), Musikpädagogin, Publizistin und Folkloreforscherin; studierte Musik u. a. an der Londoner Royal Academy of Music; erwarb sich große Verdienste bei der Wahrung folkloristischer Traditionen Jamaikas; so führte sie ab 1966 Feldforschungen durch, sammelte Lieder und Tänze, transkribierte und katalogisierte Volksmusik, gründete und leitete die → *Jamaican Folk Singers* und edierte Volksmusik ihres Landes.

Libertad, Tania
* 1953 Chiclayo; peruanische Sängerin; begann mit acht Jahren als Interpretin der → *Zaña* und schloss sich in den 70er Jahren der Bewegung des Neuen Peruanischen Liedes an, in der sie Lieder wie »Balada para Violeta Parra« und »Concierto para una sola voz« sang, die auf insgesamt 16 LPs (u. a. Virrey und Fonovisa) publiziert wurden.

Die jamaikanische Folkloreforscherin und Tanzgruppenleiterin Olive Lewin

Lichiguayo
Flöte vom Typ der → *Quena,* die in der Volksmusik Nordchiles gespielt wird.

Licu
mittelgroße Doppelflöte, in der indianischen Volksmusik Boliviens eingesetzt.

Lied
in vielen Ländern Lateinamerikas verbreitete deutschsprachige Bezeichnung für ein Kunstlied bzw. Gesangsstück romantisch-getragenen Charakters; geht auf Schubert- bzw. Schumann-Traditionen zurück.

Ligeira
lyrische Lieder Brasiliens mit meist improvisiertem Text; Variante des → *Desafio.*

Ligina
Regionalbez. für das Saiteninstrument → *Viola* in der Volksmusik von São Salvador (Bahia; Brasilien).

Likembe → *Marímbula*

Lima, Radeúnda
* 28.8.1923 Vueltas (Las Villas); kubanische Sängerin und Liedermacherin ländlich-folkloristischer Musik (Guajiras, Controversias); trat ab 1931 u. a. mit ihrem Bruder Raúl → *Lima* zusammen auf und schrieb einige Stücke wie »Nochebuena criolla« (Villancico guajiro) und »Mi tierra es así« (Guajira) selbst; Schallplattenaufnahmen erschienen u. a. bei Duarte und Suaritos.

Lima Caso, Raúl
* 1920 Vueltas (Las Villas); kubanischer Musiker (Laute) und Komponist ländlicher Volksmusik; begleitete häufig seine Schwester Radeúnda → *Lima;* gilt als einer der besten Solisten Kubas auf der Laute (Laúd). Zu seinen Kompositionen gehören »Alborada guajira« (Guajira), »Muero del olvido« (Son) und »Orquidea de la montaña« (Joropo-son). L. gehörte einigen ländlichen Folkloregruppen an und leitete zeitweilig die Gruppen → *Campo* Alegre und *Ariguanabo,* mit denen er zahlreiche Schallplattenaufnahmen produzierte.

Lima, Víctor
* ? Salto, † 1977; uruguayischer Komponist und Textdichter; schrieb zahlreiche Stücke, die insbes. durch die Gruppe Los → *Olimareños* interpretiert wurden, darunter »Candombe mulato«, »Sanducera«, »Tierra de Artigas« und das dem Unabhängigkeitsstreben der Völker Lateinamerikas gewidmete Walzerlied »La Segunda independencia«.

Limba → *Limbo*

Limbo (Limba)
afrokaribischer Volkstanz, urspr. Bestandteil einer Initiationszeremonie, bei der jungen Männern nach Bestehen bestimmter Mutproben der Eintritt in die Gemeinschaft der Erwachsenen gestattet wurde; soll bereits im XVIII. Jh. auf der Insel Trinidad stattgefunden haben. Höhepunkt ist jener Moment, in dem der Tänzer eine waagerecht und möglichst tief angebrachte brennende Latte mit erheblichem Kraftaufwand und akrobatischem Geschick unterqueren muss, ohne diese zu berühren. Dazu spielen versch. Trommeln. Später fand der Limbo Eingang in die moderne, teilweise auch in die internationale Tanzmusik, wobei neben Trommeln Trompeten und Saxophone zum Einsatz gelangen. Während früher nur Instrumental-Versionen des L. existierten, werden Tanzmusiktitel der Neuzeit oft durch Gesang begleitet. Verbreitungszentrum ist Haiti.

Limpa-banco
Variante der brasilianischen → *Chamarrita;* im Bundesstaat Paraná verbreitet.

Linares Savio, María Teresa
* 14.8.1920 La Habana; kubanische Musikwissenschaftlerin und Folkloreforscherin; war von 1938 – 1947 Mitglied des Chores von La Habana; arbeitete nach Beendigung ihrer Studien als Professsorin für Musik, u. a. am Konservatorium »Amadeo Roldán«; war ferner bei →

EGREM als Produzentin für folkloristische Musik tätig, betrieb umfangreiche Feldforschungen und publizierte Bücher wie »La música y el pueblo«; zuletzt war sie Direktorin des Nationalmuseums für Musik in La Habana.

Lincoln, Ed (eigtl. Eduardo L. Barbosa)
* 31.5.1932 Fortaleza (Ceará); brasilianischer Musiker (Kontrabass, Piano), Arrangeur und Bandleader; hat ab 1951 versch. Jazzgruppen angehört und gründete 1955 eine eigene Band, mit der er ab 1960 einige LPs (u. a. bei RCA Victor, Drink und Musidisc) produzierte, darunter die Titel »Nunca mais« und »Olhou pra mim«.

Linha
1. regionale Bez. für den → *Ponto*. 2. eine Art des persönlichen Gesangs innerhalb afrobrasilianischer Ritualhandlungen.

Lins, Ivan
* 16.6.1945 Rio de Janeiro; brasilianischer Sänger, Musiker (Piano) und Liedermacher; gehörte 1965 dem *Alfa Trio* als Pianist an, war später Mitglied des *Quarteto Piramidal* und veröffentlichte mehrere LPs, die u. a. die selbstgeschriebenen Stücke »Cartomante« (Canção, 1977) und »Ih! Meu Deus do céu« (Samba, mit R. M. de Souza) sowie »Mãos de afeto« (Ballade, 1978, mit Victor Martens) enthalten.

Lion, The (The Roaring Lion; eigtl.Hubert Raphael Charles de León)
* 1910 Port of Spain; anglokaribischer Sänger und Liedermacher; hervorragender Interpret des → *Calypso* der Karnevalsfeste. L. wurde meist durch die *Sa Gomes Rhythm Boys* begleitet und nahm eine große Zahl von Titeln auf N78-Platten der Labels Victor und Decca auf, die heute zu den wertvollen Dokumenten der Musikgeschichte Trinidads gehören, darunter »Ancient Carnival«, »Sa Gomes' Emporiums« und »Charming Trinidad«.

Lira
1. Saiteninstrument; Stammform der Harfe (Arpa), mit einem Plektrum gespielt; von den Spaniern nach Lateinamerika transkulturiert und bis Ende des XIX. Jh. u. a. in Chile gespielt. 2. Bezeichnung für eine Liedtext- oder Gedichtsammlung; z. B. »Nueva Lira Criolla« (Kuba, 1920). 3. Name für Musikgruppen Lateinamerikas, die vorwiegend traditionell-folkloristische Musik pflegen und dabei insbes. Saiteninstrumente einsetzen; bestanden u. a. in Kolumbien (→ *Lira Colombiana*), Kuba (Lira Matancera), Brasilien (Lira Santarritense), Peru (Lira Tarmeña) und Guatemala (Lira Marquense); ihre Verbreitung ist stark rückläufig. 4. → *Cinco*

Lira, Carlos
(eigtl. Carlos Eduardo Lira Barbosa)
* 11.5.1936 Rio de Janeiro; brasilianischer Musiker (Violão), Sänger und Komponist; wirkte als Violão-Spieler in verschiedenen Orchestern und gilt als bekannter Vertreter der → *Bossa Nova;* produzierte zahlreiche Schallplattenaufnahmen, darunter die Eigenkompositionen »Afro Latino« (Samba, 1971), »Aruanda« (Samba) und »Antes do tempo« (Ballade).

Lira Colombiana
kolumbianische Volksmusikgruppe; um 1890 in Bogotá durch den Musiker Pedro → *Morales Pino* gegründet; zum Repertoire gehörten Walzer, Danzas, Pasillos, Gavotas und Bambucos; 1906 kam es zu einer zwischenzeitlichen Auflösung und 1912 zur Neuformierung der Gruppe; bei Victor entstanden Schallplattenaufnahmen.

Lira Criolla
eine der bekanntesten Liedsammlungen Kubas; im XIX. Jh. durch die Zeitschrift »La Poesía Moderna« in La Habana publiziert, 1897 bereits in 2. Auflage erschienen; 1920 folgte unter dem Titel »Nueva Lira Criolla« eine weitere Ausgabe neuer Liedtexte.

Litanía (Letanía; dt. Litanei)
Sammelbezeichnung für kirchlich-religiöse monoton-psalmodierende Bittgesänge; Anrufungen Gottes und der Heiligen; oft durch Or-

gel, aber auch durch Volksmusikinstrumente begleitet. (→ *Lapinha*, → *Rogativa*)

Literatura de Cordel
Begriff aus der brasilianischen Folklore; auf portugiesisches Erbe zurückgehende kulturelle Tradition des Nordostens Brasiliens in Form kleiner, entweder gedruckter oder handgeschriebener Hefte mit Versen, die von wandernden Sängern der → *Cantoria* gesungen bzw. rezitiert werden. Die Heftchen, meist im Format 16 x 11,5 cm, wurden an ihrer linken oberen Ecke mit einer Schnur (= Cordel) zusammengebunden und durch einen *Doutor de Raízes* (Wunderdoktor) verkauft. Inhaltlich handelt es sich um echte Volksdichtung aus der Überlieferung bzw. um von Volkssängern geschriebene Verse mit teilweise sehr hohem künstlerischen Niveau (→ *Romanceiro Popular Nordestino*)

Litoraleña (Canción litoraleña, Canción litoral)
Sammelbezeichnung für Lieder und Tänze aus der Region des Mittellaufes des Río Paraná (Argentinien); Interpreten wie »Cholo« → *Aguirre* und Ramona → *Galarza* widmeten sich bevorzugt dieser Form. (→ *Música litoraleña*)

Liwicha
peruanischer Volkstanz, mestizisch, in der Region Apurímac verbreitet.

Llaima, Cuarteto -
chilenische Vokal- und Instrumentalgruppe; nach 1960 durch den Musiker Osvaldo Silva gegründet; interpretierte folkloristische Musik u. a. von der Osterinsel; die Titel »Camino de la luna« und »Opa opa« erschienen auf LPs (Label Odeon).

Llamada (Anruf, Ausruf, span.)
Bezeichnung für ein Lied bzw. ein Stück mit proklamatorischer Thematik.

Llamador
1. eine der → *Tumba* ähnliche Trommel, gespielt in der Volks- und Populärmusik Kolumbiens (Atlantikküste). 2. Solo- oder tonangebende Trommel in der Volksmusik versch. lateinamerikanischer Länder.

Llamallama
alter Volkstanz aus der Zeit des Inkastaates; anlässlich des → *Ytu*-Festes unter Beteiligung großer Teile der Bevölkerung aufgeführt.

Llamerada
bolivianischer Volkstanz der Hochebene (Altiplano); indianisch; aus vorspanischer Zeit stammend, das Einfangen und Zähmen des Lamas (Llama) symbolisierend.

Llamero
peruanischer Volkstanz dramatischen Charakters; aus der → *Llamerada* entstanden; wird bei bestimmten Festlichkeiten in indianischen Gemeinden (Comunidades) getanzt. Die Begleitmusik wird von drei oder vier auf der Rohrflöte → *Pito* spielenden Musikern erzeugt.

Llanera, Música → *Música llanera*

Llaneros, Los -
kolumbianisches Vokal- und Instrumentalquintett folkloristischer Musik, um 1940 in Bogotá durch Alejandro → *Wills*, Jorge Andrade, Perucho Volis, Antonio María Rodríguez (Bandola) und Pedro Andrade gegründet; interpretierte u. a. Bambucos, Guabinas und Joropos.

Llaneros del Oeste, Los -
venezolanische Instrumentalgruppe der → *Música llanera;* begleitete häufig die Sängerin Adilia → *Castillo* bei ihren Auftritten und Schallplattenaufnahmen.

Llano González, Jaime
* 5.6.1932 Titiribí (Antioquia); kolumbianischer Musiker (Piano, Hammondorgel), Arrangeur und Bandleader; in ganz Südamerika bekannter Solist auf der Hammond-Orgel; gründete eine Gruppe der → *Música tropical,* mit der er zahlreiche LPs (Label Sonolux) produzierte, darunter die Titel »Borrachera« (Cumbia) und

»Espíritu colombiano«; Mitglieder dieser Gruppe waren Jaime Llano G. (Hammondorgel, Bandleader), Zoilo Neto (Kontrabass), Pedro Caycedo (Maracas), Hernando Diez (Schlagzeug), Paco Nieto (Tumbadora) und Carlos Pineda (Güiro).

Llanto
1. argentinischer Volkstanz im 3/4-Takt, auch in Chile verbreitet gewesen; heute kaum noch aufgeführt. 2. panamaisches Volkslied; durch die → *Mejorana* begleitet. 3. auf dem Gebiet der heutigen Dominikanischen Republik bis etwa 1900 verbreiteter Volkstanz.

Llaqui-aru
Variante des → *Yaraví;* in einigen Gebieten Boliviens verbreitet.

Llauquil, Conjunto -
chilenische Vokal-, Instrumental- und Tanzgruppe der folkloristischen Musik; 1980 in Quellón (Chiloé) durch Amador Cárdenas P. gegründet. Die aus 21 Mitgliedern bestehende Formation interpretierte traditionelle Volkstänze wie → *Nave* und → *Jote.*

Llegada
1. generelle Bezeichnung für ein serenadenhaftes Lied in Paraguay. 2. bekannte Komposition im Rhythmus einer → *Polka (paraguaya)* oder auch einer → *Galopa;* die von dem paraguayischen Musiker und Komponisten Félix → *Pérez Cardozo* geschaffen wurde; gehört zur nationalen Musikfolklore.

Llipipuli
regionale Variante des peruanischen → *Puli.*

Llosas, Juan (eigtl. Juan Baptiste Isidore Llosas
* 27.4.1900 Barcelona (Catalunya), † 21.5.1957 Salzburg (Österreich); spanischer Musiker (Piano), Arrangeur, Bandleader und Komponist; bekannter Interpret und Promoter des → *Tango* in Deutschland; debütierte mit seinem Orchester, die »Original Spanisch-Argentinische Tango-Kapelle Juan Llosas« 1929 in Berlin (Femina-Palast) und trug viel zur Verbreitung des Tango sowohl in Deutschland als auch in dessen Nachbarländern bei. Obwohl sein Orchester (Piano, Trompeten, Posaunen, Saxophon, Tuba, drei Akkordeons, drei Violinen, Kontrabass und Schlagzeug) ein hohes künstlerisches Niveau aufwies, sah er sich ständiger Kritik argentinischer Musiker ausgesetzt, die seine Tangos, darunter »Fuego azul«, »Tango apasionado«, »Granada« u. a. als »Pseudo-Tangos« abwerteten. Schallplattenaufnahmen entstanden bei Odeon, Electrola, Ultraphone, Brunswick und anderen Labels.

Lloviznita → *Sonecito del País*

Llungur (Longor, Yungor, Shurs corneta)
peruanisches Volksmusikinstrument, die gleichen Eigenschaften wie die indianischen Trompete → *Mamac* aufweisend, jedoch wird erstere aus einem Palmenstumpf gefertigt.

Loa
1. Sammelname für Gottheiten des afrolateinamerikanischen Kultes → *Vodú,* z. T. mit katholischen Heiligen synkretisiert. 2. Gesänge aus der altportugiesischen Liturgie, die nach Brasilien transkulturiert worden sind; auch als *Verso de Louvor* oder *Louvação* bezeichnet.

Loaiza, Betriz
salvadorenische Sängerin populärer und landestypischer Musik; trat mit der Gruppe → *Herencia Maya Quiché* auf und produzierte mit dieser Schallplattenaufnahmen.

Loangue
afrohaitianischer Ritualtanz, zum Komplex des → *Vodú* gehörend.

Lôbo, Edu (eigtl. Eduardo de Góis L.)
* 29.8.1943 Ipanema (Rio de Janeiro); brasilianischer Sänger, Musiker (Akkordeon) und Liedermacher; sang u. a. im Duett mit Marília Medalha und war Mitglied der Gruppe *Momento Quatro*; schrieb und interpretierte Lieder u. a. der Formen Samba und Bossa Nova, darunter

die Titel »Borandá« (Bossa Nova, 1964), »Chegança« (Samba, 1965) und »Arrastão« (Samba, 1965; mit Vinícius de Morais; Preis des Fernsehens). Schallplattenaufnahmen entstanden u. a. bei Elenco und A & M Records.

Lôbo; Haroldo
* 22.7.1910 Rio de Janeiro, † 20.7.1965 das.; brasilianischer Musiker und Komponist; begann in einer Gruppe vom Typ eines → *Bloco* zu musizieren, leitete später solche Formationen und schrieb zahlreiche Stücke vorwiegend der Formen → *Marcha* und → *Samba,* darunter die Titel »Passo do canguru« (Karnevalssamba, 1941; mit Milton de Oliveira), »Eva« (Samba, 1952), »Emilia« (Samba, 1942) und »Nêga do Congo« (Marcha, 1962).

Lobos, Los -
Vokal- und Instrumentalgruppe der → *Música chicana;* 1947 in San Antonio (Texas) durch die Musiker Louis Pérez (Gitarre, Schlagzeug), César Rosas (Gitarre, Gesang), David Hidalgo (Arrangeur) und Conrad Lozano (Kontrabass) gegründet; musizierte bis 1984 im → *Tex-Mex Style,* um sich danach der modernen Tanzmusik bis hin zum Rock zuzuwenden. Schallplattenaufnahmen wie »Ahí te dejo en San Antonio« (Ranchera) wirken bereits stark der mod. Tanzmusik angenähert.

Lockward, Juan
* 1915 Puerto Plata; dominikanischer Sänger, Gitarrist und Liedermacher; bekannter Interpret trovadoresker Lieder; wurde durch seinen Vater, den bekannten Straßensänger Luis Alejandro Lockward, ausgebildet und begann seine professionelle Karriere um 1931 in seiner Heimatstadt Puerto Plata. Später wirkte er dann in Santo Domingo und zeichnete dort zahlreiche Lieder auf, darunter »Allá en mi juventud«, »Cuando yo te olvidé« und »Guitarra bohemia«, durchweg Eigenkompositionen.

Lolomché (Baile de las Cañas)
alter Maya-Volkstanz; in vorspan. Zeit zum Klang der Schalmei → *Caramillo* und des → *Caracol* durch einen Kreis bildende junge Männer getanzt; auch von Trommeln bzw. Gesang begleitet.

Lomuto, Francisco Juan »Pancho Laguna«
* 24.11.1893 Buenos Aires, † 23.12.1950 das.; argentinischer Musiker (Piano, Violine), Komponist und Bandleader; bekannter Vertreter des → *Tango;* gründete und leitete ein Typisches Orchester, mit dem er zahlreiche Schallplattenaufnahmen wie »Adiós muchacho« und »Madreselva« (Label Victor) produzierte. Zu seinen Kompositionen gehören »El Chocotón« und »Río Bamba«. Darüber hinaus ist L. Gründer des Vorläufers des Argentinischen Komponistenverbandes (1918).

Loncomeo
vom Charakter her melancholisches, ursprünglich nur bei Kriegszügen gesungenes Lied der Araukaner (Mapuche) Südchiles und -argentiniens; noch heute Teil der Musikfolklore.

Londón Karapé
alter, heute nicht mehr verbreiteter paraguayischer Volkstanz mestizischer Herkunft.

Londoño Zuleta, Luis Ángel »Calandria«
* 9.12.1909 Belacázar (Caldas); kolumbianischer Sänger, Musiker (Gitarre) und Liedermacher; sang und musizierte bereits in kindlichem Alter; war später Mitglied einiger renommierter Duos und Trios, mit denen er süd- und mittelamerikanische Länder bereiste und schrieb zahlreiche Stücke wie »A Manolete« (Pasodoble), »El Campesino« (Bambuco), »Mazorca de oro« (Bambuco) und »Monumental de Cali« (Pasodoble).

Longor → *Llungur*

Lonquimay, Conjunto -
chilenische Volksmusikgruppe; um 1964 durch den Musiker und Komponisten Richard → *Rojas* gegründet; produzierte bei Odeon Schallplattenaufnahmen wie die Titel »Nací por las salitreras« und »Refalosa libertaria«.

Lopes Sousa, Avelino »Xangai«

* Xangai (Bahia); brasilianischer Volkssänger (Cantador), Musiker (Gitarre) und Liedermacher; stammt aus einer Landarbeiterfamilie und sang frühzeitig folkloristische Lieder seiner Region; nahm 1988 am Gitarrenfestival in La Habana erfolgreich teil; schrieb u. a. das Stück »Curucaya« (Canto gitano).

López, Belisario

* 7.10.1903 Cárdenas, † 19.11.1969 New York; kubanischer Musiker (Flöte), Arrangeur, Komponist und Bandleader; gründete um 1928 in La Habana ein Orchester vom Typ einer → *Charanga Francesa,* das zu den populärsten Formationen dieses Typs gehörte, bei versch. Rundfunksendern (Progreso, CMQ und RHC Cadena Azul) Musikprogramme gestaltete und im Ausland (New York, Palladium Ballroom, Waldorf Astoria Hotel, Carnegie Hall usw.) auftrat und zahlreiche Schallplatten produzierte (u. a. bei Ansonia). Stets nahm die Form → *Danzón* im Repertoire, darunter die Titel »La flauta mágica« und »El cadete constitucional«, einen breiten Raum ein. 1960 ging L. nach New York, löste sein kubanisches Orchester auf, das wenig später in New York mit anderen Musikern neu formiert wurde.

López Buchardo, Carlos Félix

* 12.10.1881 Biúenos Aires, † 21.4.1948 das.; argentinischer Musiker (Violine, Piano) und Komponist ernster und populärer Musik; leitete das Nationalkonservatorium und schuf zahlreiche Piano- und Violinstücke mit folkloristischer Thematik wie »Bailecito« und »Porteñita«.

López Rivas, Gonzalo

* 29.1.1931 Huehuetengango; guatemaltekischer Sänger, Musiker (Gitarre, Saxophon) und Liedermacher; sang und musizierte bereits als Jugendlicher auf Volksfesten und anderen Feierlichkeiten seiner Heimatregion; studierte Musik bei J. Eduardo Tánchez und trat später Musikgruppen (Bandas) in Huehuetenango, später in Tononicapán und Chimaltenango als Saxophonist bei. Danach übernahm L. die Leitung einer → *Banda (2)* in seiner Heimatstadt, war als Musiklehrer tätig und komponierte zahlreiche Musikstücke, darunter »Canto a mi Huehuetenango«, »Club Deportivo Fenix« und »Como quisiera«.

López, Israel »Cachao«

* 14.9.1918 La Habana; kubanischer Musiker (Kontrabass), Arrangeur, Komponist und Bandleader; formierte versch. Tanzmusikgruppen, darunter die in den 50er Jahren populäre Jazzband → *Cachao y su Ritmo Caliente;* später, nach 1960 im Exil wirkend, widmete er sich der Mischform → *Salsa.* Zu seinen Kompositionen gehören u. a. die Titel »Controversia de metales« (Conga) und »Repica la tambora« (Cha-cha-chá).

López, Juan Pedro

* 15.8.1885 Canelones, † 25.1.1945 Montevideo; uruguayischer Volkssänger (Payador), Musiker (Gitarre) und Liedermacher; Schüler von Gabino → *Ezeiza;* verfasste zahlreiche lyrische Verse, die er insbes. in Läden mit Ausschank (Almacenes) der Altstadt von Montevideo sang, so die Komposition »La estancia del Mojón«; daneben sang L. auch Tangos der Vorstadt wie »Flor campera«.

López Valdés, Orestes »Macho«

* 29.8.1908 La Habana, † 26.1.1991 La Habana; kubanischer Musiker (Kontrabass, Piano, Flöte, Violoncello), Arrangeur, Komponist und Bandleader; gehörte diversen Tanzorchestern an, gründete 1938 eigenes, *Unión* genanntes Orchester. 1931 komponierte er den → *Danzón* »Mambo«, der wegen seiner neuartigen Elemente schnell populär und von Musikern wie Dámaso → *Pérez Prado* aufgegriffen bzw. modifiziert und in das Repertoire der kubanischen → *Jazzband* integriert wurde. Weitere Kompositionen von L. sind »El que más goza« (Danzón), »El Cabildo« und »África viva« (Danzón).

López, Trini

* 15.5.1937 Dallas (Texas); US-amerikanischer

Sänger und Musiker (Gitarre) der → *Música chicana;* begann seine Karriere 1952 in Nachtclubs, sang viele seiner Lieder in spanischer Sprache; wandte sich nach 1960 der internationalen Musik zu und produzierte unter versch. Labels (u. a. Gala, Reprise und Duchesse) zahlreiche LPs, darunter die Titel »Adelita« und »Angelito«.

López, Virginia »Voz de la Ternura« (eigtl. Dolores Virginia Rivera García)
* 29.11.1929 New York; US-amerikanisch-mexikanische Sängerin populärer Musik. L., Tochter eines puertorikanischen Einwanderers, sang in verschiedenen Formationen, darunter im Trío → *San Juan.* Später übersiedelte sie nach Mexiko, wo sie sich insbes. der mexikanischen Populärmusik widmete und dort ihre eigene Gruppe, das *Trío Imperio,* bildete. Auf zahlreichen LPs der Label RCA Camden und RCA Victor erschienen Titel wie »Miedo de quererte«, »Un rayito de luz«, »Un segundo después« und »Tú me perteneces«.

Lord
Teil der Künstlernamen bekannter → *Calypso*-Sänger und Liedermacher der Anglokaribik, z. B. → *Lord Kitchener,* → *Lord Melody,* Lord Beginner und Lord Creator.

Lord Kitchener (eigtl. Aldwayn Roberts)
* 1921 Arima (Trinidad), † 11.02.2000 Port of Spain (Trinidad); anglokaribischer Sänger und Liedermacher; bekannter Calypso-Interpret; begann seine künstlerische Laufbahn in *Attilas Old Brigade Calypso Tent*, wirkte später als Solist; produzierte u. a. bei Island Records zahlreiche Schallplattenaufnahmen mit Titeln der Formen → *Calypso,* → *Ska* u. a., darunter »The Road« und »Wife & mother«.

Lord Melody »M' Lord«
(eigtl. Fitzroy Alexander)
* 1925 Port of Spain (Trinidad), † 1988 das.; anglokaribischer Sänger, Musiker, Arrangeur und Liedermacher; einer der bekanntesten Interpreten des → *Calypso;* gehörte diversen Musikgruppen an; arrangierte daneben auch für andere Sänger wie z. B. Harry Belafonte; schrieb eine große Zahl von Stücken mit teilweise auch sozialkritischen Texten, darunter die Titel »Sweetheart from Venezuela«, »Olga«, »New York Taxi« und den erfolgreichen Calypso »Mama looka boo boo«. Schallplatten, z. T. mit dem Orchester von Cyril Diaz, entstanden u. a. bei Cook.

Lorencita
im XIX. Jh. in Zentralargentinien aufgeführter Volkstanz; Variante des → *Gato.*

Los Que Iban Cantando
uruguayische Vokal- und Instrumentalgruppe moderner Populärmusik; 1977 in Montevideo durch die Solisten Jorge → *Bonaldi,* Luis Trochón, Jorge di Polito und Jorge → *Lazaroff* gegründet; erlangte große Bedeutung für die Bewegung des Neuen Uruguayischen Liedes; inzwischen aufgelöst; publizierte unter dem Label Ayuí einige LPs, darunter die Titel »Milonga de pelo largo« und »Los que iban cantando«.

Lourdes, María de - (eigtl. M. Pérez López)
mexikanische Sängerin; interpretierte seit 1960 insbes. Titel der Formen → *Ranchera* und → *Huapango,* die auf LPs der Labels RCA Victor, Columbia, Polydor, Mercury, Okeh, Capitol und Arcano erschienen, darunter die Titel »Cucurrucucu paloma« und »Cuando duerme Guadalajara«.

Lovera Talavera, Aníbal »Papato«
* 26.1.1920 Quyquyhó, † 23.1.1994 San Lorenzo; paraguayischer Volkssänger, Gitarrist und Komponist folkloristischer Musik; einer der besten Interpreten der Lieder von Emiliano R. → *Fernández.* L. wurde am Ateneo Paraguayo von Dionisio Basualdo ausgebildet; wenig später formierte er seine erste Folkloregruppe, mit der er insbes. auch in Rundfunkprogrammen wirkte, auf Volksfesten auftrat und zahlreiche

Schallplattenaufnahmen veröffentlichte, darunter die Titel »A mi florido Yuty«, »Azucena« und »Ruth Carolina« (Polkas).

Lowe, Vesta
guyanische Sängerin und Folkloreforscherin; hat ab 1925 ländliche Regionen von Britisch-Guayana (heute Guyana) bereist, deren Musikfolklore erforscht, Lieder und Tänze gesammelt und aufgenommen; sie gründete und leitete den *Vesta Lowe Choir*, mit dem sie aus der anonymen Musikfolklore stammende Stücke wie »Yalla Gal« und »Itaname« aufzeichnete.

Loyola Palacios, Margot
* 1923 Linares; chilenische Volkssängerin, Musikerin (Piano, Gitarre), Arrangeurin, Liedermacherin und Folkloreforscherin; eine der bekanntesten und aktivsten Forscherinnen auf dem Gebiet der Musikfolklore Chiles; spezialisierte sich auf die Musik der Osterinsel (Isla de Pascuas). Eine große Zahl von Liedern und Tänzen, die durch L. wiederentdeckt wurden, interpretierte sie, begleitet durch ihre 1963 formierte Folkloregruppe *Palomar*, und nahm sie auf Schallplatten u. a. der Labels RCA Victor, Dicap, Philips und Melodiya auf, darunter die Titel »Alerta vidalita«, »Sajuriana«, »Katere te vaca« und »Te vahine anami« sowie eines der typischsten Lieder der Osterinsel »Sau sau reva«.

Lozano Blancas, Samuel Margarito »Padre del Corrido Mexicano«, »Juglar de la Revolución«
* 10.6.1891 Cuernavaca (Morelos), † 21.5. 1977 Puebla; mexikanischer Sänger (Trovador), Gitarrist und Liedermacher; bekannter Interpret und Schöpfer des → *Corrido* der mexikanischen Revolution; begann seine Karriere als Interpret romantischer Lieder und lyrischer Romanzen, gehörte ab 1910 den Streitkräften des Generals Francisco »Pancho« → *Villa* an und schrieb u. a. die Titel »Los crímenes del tirano Huerta« (1914), »Corrido a Pancho Villa«, »Carabina 30-30« und »Tampico hermoso« (1918). Später sang er auch im Duett mit seiner Tochter Adriana »La Montañesa« Stücke wie den Corrido »Triste y sin consuelo«.

Lucca, Papo (eigtl. Enrique Lucas Jr.)
* 1946 Ponce; puertorikanischer Musiker (Piano), Komponist und Arrangeur; Sohn des Kontrabassisten Enrique Lucas, der sich, später im Kulturkreis → *New York Latino* lebend, zu einem vielgefragten Pianisten entwickelte und insbes. die Mischform → *Salsa* pflegte. Er war Mitglied der Formationen The → *Fania All Stars,* der Sonora Fonsera und der Sonora Ponceña, letztere zunächst unter der Leitung seines Vaters und später durch ihn dirigiert. Unter seinen Kompositionen befindet sich auch der bekannte Salsa-Titel »Nací moreno«.

Lucumí
generelle Bezeichnung für die im XVII. Jh. aus dem Niger-Gebiet zwangsweise nach Kuba gebrachten schwarzen Sklaven; daneben auch Ritualtanz der → *Yoruba* mit ausgesprochenem Massencharakter; der Anrufung (Invocación) eines → *Orisha* dienend. Letzterer L. wird von drei Trommeln, Maracas und einem perkutierten Eisen (hierro) rhythmisch begleitet.

Luis Miguel (eigtl. Luis Miguel Gallego Bastery)
* 19.4.1970 San Juan (Puerto Rico); mexikanischer Sänger (durch Annahme der mex. Staatszugehörigkeit) moderner Lieder und Balladen, Sohn des spanischen Sängers Luis Gallego, wurde bekannt durch seine LP »Romance« (1993), von der 6 Millionen Exemplare verkauft wurden.

Luíz Melodia (eigtl. Luíz Carlos dos Santos)
* 7.1.1941 Rio de Janeiro; brasilianischer Sänger, Musiker und Liedermacher; sang ab 1965 in der Musikgruppe *Os Instantâneos*, spezialisierte sich auf die Interpretation von Sambas der urbanen Folklore (Samba do Morro); ab 1976 wirkte er in der Formation *Black Rio*; zu seinen zahlreichen Kompositionen, u. a. auf LPs des Labels Soma erschienen, gehören die Titel »Farrapo humano« (Canção, 1972), »Ebano« (Samba, 1975) und »Perôla negra« (Canção, 1972; von Gal → *Costa* gesungen).

Lumbalú
folkloristische Zeremonie und Tanzlied (Canto de Lambalú) der afrokolumbianischen Region Palenque de San Basilio; wird durch die Trommel → *Pechiche* begleitet.

Luna Salgado, Manuel
* 1887 Colón (Matanzas), † 1975 La Habana; kubanischer Volkssänger (Trovador), Gitarrist, Liedermacher und Bandleader; bildete um 1918 mit José Castillo ein vielbeachtetes Duo trovadoresker Musik; 1928 war er, zusammen mit Antonio → *Machín* und Armando Peláez, Mitglied eines Trios (Trío Luna) und 1934 bildete und leitete er die Gruppe *Cuarteto Luna*, die insbes. Titel der Form → *Son cubano* interpretierte. L. schrieb u. a. die Titel »La cleptómana« (Danzón, 1924) und »Secretos pasionales« (Bolero).

Lundero (L. afroperuano)
hispanisierte Bezeichnung für den Volkstanz → *Zaña.*

Lundú (Lundum, Landu, Londu)
alter afrobrasilianischer Volkstanz im 2/4-Takt; früher auch in Portugal verbreitet. Die Choreographie ähnelt der des → *Batuque* bzw. des → *Samba;* zur Begleitung wurden → *Viola,* zuweilen auch Piano und Gitarre eingesetzt und es wurde die → *Umbigada* ausgeführt.

Lunfardo
in Buenos Aires und Montevideo nach 1800 entstandener Slang, der nach Jorge A. Bossio 78,5 % spanische, 12,6 % italienische, 0,6 % englische, 2,3 % aus der Zigeunersprache stammende, 1 % portugiesische, 0,6 % der Gaunersprache entstammende, 3,1 % galizische und 0,16 % afrikanische Wörter enthält. Das L. bildet eine wichtige Komponente der bis etwa 1945 entstandenen Tango-Texte; später wurden Wörter aus diesem Slang weniger verarbeitet. In der Traditionspflege im Rio-de-La-Plata-Gebiet hat das L. einen festen Platz.

Luthiers, Les -
argentinisches Vokal- und Instrumentalsextett, es wurde nach 1980 in Buenos Aires gegründet und interpretierte auf kritisch-humorvolle Weise u. a. Tangos, Jazz und moderne Lieder. Die zur musikalischen Begleitung verwendeten Instrumente stellen improvisierte Eigenkonstruktionen dar wie z. B. die Blechdosen-Violine »Latin« und das Blasinstrument »Yerbamotofone d'amore«; unter versch. Labels (u. a. Trova) wurden bis 1987 7 LPs produziert.

M

Macalé, Jards (eigtl. J. Anet da Silva)
* 3.3.1943 Tijuca (Rio de Janeiro); brasilianischer Sänger, Musiker (Violão) und Liedermacher; er ist auf die Interpretation von → *Samba* und modernem Lied bis hin zum Rock spezialisiert; formierte mit Chiquinho Araújo 1959 das Duo *Dois no Balanço*, das 1963 in das Sextett *Os 6 do Balanço* umgewandelt wurde; er schrieb u. a. die Titel »Mal secreto« (Ballade, 1971) sowie »Movimento dos barcos« (Canção, 1972).

Macana
in der Volksmusik der peruanischen Region Lambayeque eingesetztes Schüttelidiophon; aus einer Kalebassenfrucht hergestellt.

Maçanico
zur Gruppe des → *Fandango (4)* gehörender lustiger brasilianischer Paartanz, dessen Ursprünge auf die Musikfolklore der Azoren-Inseln zurückgehen.

Machete
1. kleine portugiesische Gitarre mit 4 oder 5 Saiten bzw. Doppelsaiten; auch Machim, Machinho oder Machetinho genannt; dem → *Cavaquinho* ähnlich. Der M. wird in der port. und brasilianischen Volksmusik (ländliche Zonen von São Paulo) eingesetzt. 2. Haumesser lateinamerikanischer Landarbeiter; in der Volksmusik als idiophones Musikinstrument benutzt; mit einem Eisenstab perkutiert bzw. mit einem weiteren M. aneinandergeschlagen.

Machicha
in verschiedenen lateinamerikanischen Ländern (z. B. Mexiko) populär gewordene Version des brasilianischen → *Maxixe*.

Machín, Antonio
* 1900 Sagua La Grande (Las Villas), † 4.8.1977 Madrid (Spanien); kubanischer Sänger, Musiker (Claves), Arrangeur und Bandleader; bekannter Vertreter des → *Son cubano*; war zunächst Mitglied einiger regionaler Musikgruppen; übersiedelte 1926 nach La Habana, wo er sich u. a. dem *Trío Luna* anschloss, mit Miguel → *Zaballa* ein Duo trovadoresker Musik bildete und 1930 das *Cuarteto Machín* bildete, in der er, die 1. Stimme singend und als Bandleader agierend, zusammen mit Alejandro Rodríguez López (Tres), Norberto Fabelo (Trompete) und Daniel Sánchez (Gitarre und 2. Stimme) vorwiegend Sones wie »Lamento cubano« und »La rosa oriental« interpretierte und bei zahlreichen Auslandsgastspielen (u. a. in New York [1933] und London) kubanische Musik popularisierte; Schallplatten entstanden u. a. bei Victor, Discophon, Vergara, Odeon, Hispavox. Um 1936 ging M. nach Spanien, wo er eine neue Musikgruppe formierte und weiter kubanische Musik interpretierte.

Machito »Frank Grillo«
(eigtl. Francisco Pérez Gutiérrez)
* 30.12.1910 La Habana, † 18.4.1982 New York; kubanischer Musiker (Perkussion), Sänger, Arrangeur, Komponist und Bandleader; bekannter Vertreter des → *Jazz latinoamericano* mit legendärem Ruf; erlernte frühzeitig autodidaktisch das Spiel von → *Bongó* und → *Tumbadora*, ehe er zu singen begann. M. wirkte zunächst in diversen Tanzorchestern und Son-Sextetten; ging 1937 nach New York, wo er wenig später die legendäre Jazzband → *Machito y sus Afro Cubanos* formierte.

Machito y sus Afro Cubanos
kubanische Jazzband; um 1937 durch den Musiker → *Machito* in New York formiert; interpretierte im kulturellen Umfeld → *New York La-*

tino vorwiegend vor lateinamerikanischem Publikum zum *Latin Jazz* tendierende Tanzmusik vorwiegend kubanischer Herkunft; nach 1970 erfolgte die Umwandlung in eine Big Band und das Repertoire wurde auf die Mischform → *Salsa* erweitert. Unter diversen Labels (u. a. Tico, Tropical, Decca, Coral, Mercury, Seeco und UA) erschienen zahlreiche Schallplatten, darunter die Titel »Almendra«, »Noche de farra« und »En alas de rumba«.

Machitún
magische Zeremonie der Araukaner (Mapuche) Chiles und Argentiniens, die von einer Schamanin (Machi) ausgeführt wird. Zum Klang der Ritualtrommel → *Kultrún* wird sowohl gesungen als auch getanzt. Der M. erbittet u. a. die Heilung erkrankter Stammesmitglieder oder auch Regen nach langer Trockenheit.

Macho (Mann, span.)
1. Bez. für das jeweils größte Instrument von paarig gespielten Trommeln, Flöten, → *Claves* u. a. 2. Pseudonym des kubanischen Musikers Orestes → *López.*

Machu quena
Variante der → *Quena;* in der Region von Melgar (Peru) gespielt.

Machu tusuq (M.-tusoq)
regionale Bezeichnung bzw. Variante des Volkstanzes → *Auqui-auqui* bei den Quechua-Indianern Boliviens und Perus.

Machucambos, Los -
lateinamerikanische Vokal- und Instrumentalgruppe; in den frühen 60er Jahren in Paris durch den span. Musiker (Gitarre) u. Sänger Rafael Gayoso u. a. mit der Sängerin Julia Cortés (Costa Rica) und Romano Zanotti (Argentinien) formiert; wurde zunächst folkloristische Musik insbes. andiner Regionen Südamerikas interpretiert, verlagerte sich das Repertoire wenig später auf Volks- und Tanzmusik ganz Lateinamerikas und danach wurden, bei z. T. spürbaren Einbußen in der künstlerischen Qualität, moderne Tanzmusiktitel vorgetragen. Bei Decca bzw. London entstanden etwa 10 LPs, darunter die Titel »Soy tolimense«, »El pobrecito«, »Negra María Esther« und »El caimán«.

Macizo → *Cumaco*

Macú
große Trommel, die vorwiegend in der Zeit des XVIII. und XIX. Jh. durch die afroamerikanischen Bevölkerung Uruguays in kultischen Veranstaltungen eingesetzt wurde.

Macumba
1. afrobrasilianischer Kult, mit dem → *Candomblé* bzw. dem → *Xangô* fast identisch; in Rio de Janeiro praktiziert. Gesänge (→ *Ponto cantado*), die generell durch diverse Perkussionsinstrumente begleitet werden, alternieren mit Tänzen. Die in einem → *Terreiro* bzw. einer → *Tenda* stattfindenden Sessionen der M. werden durch einen *Embanda* oder *Umbanda* genannten Kultchef geleitet; als Motivation gilt die imaginäre Kontaktaufnahme mit übernatürlichen Mächten (→ *Orisha,* → *Santo*). Rituelle Gesänge der M. wurden oft für die Populärmusik

Auf dem bereits selten gewordenen Label »V Disc« der US-Streitkräfte 1943 in New York erschienen: Machito y sus Afro Cubanos

bearbeitet; João Batista de Carvalho veröffentlichte mit seiner Gruppe *Tupi* Zyklen der Macumba-Tänze auf einer LP. 2. eine brasilianische Trommel, die in der Kult-, jedoch auch in der Populärmusik eingesetzt wird.

Macungo → *Urucungo*

Macuta (Makuta)
afrokubanischer Tanz urspr. religiösen Charakters; früher vor den Heiligen-Altären der → *Congos* aufgeführt, später auch als Tanzmusik dargeboten. Als Begleitinstrumente dienten zwei oder drei Trommeln (Tambores M.); dazu wurde gesungen.

Maderas de mi Tierra, Marimba -
guatemaltekische Instrumentalgruppe landestypischer und populärer Musik; durch den Marimba-Spieler Higinio Ovalle Bethancourt um 1954 in Guatemala-Stadt gegründet; interpretierte u. a. den → *Son chapín;* bei Capitol und RCA Victor entstanden einige LPs, darunter die Titel »Ave Lira« und »Bajo los pinos«.

Los Machucambos – LP »Los ›Pepito‹ Machucambos« – Decca SLK 16.842-P (1968)

Maderna, Osmar Héctor
* 26.2.1918 Pehuajó (Buenos Aires), † 26.4.1951 Buenos Aires; argentinischer Musiker (Piano), Arrangeur und Komponist; Vertreter des → *Tango;* spielte seit 1939 u. a. im Orchester von Miguel → *Caló;* schrieb u. a. die Titel »Caracatanfú« (Milonga), »Rapsodía del tango« und »Lluvia de estrellas« (Tangos).

Madi, Tito (eigtl. Chaiki M.)
* 12.7.1932 Pirajúi (São Paulo); brasilianischer Sänger und Liedermacher; begann 1954 zu singen; übersiedelte 1955 nach Rio de Janeiro, wo er zunächst in einer Nachtbar, später in den Studios Odeon, SOM und RCA Victor auftrat. Mit seinem in Englisch gesungenen Samba »Chova lá fora« (»It's raining outside«, 1956) wurde er in den USA populär. Seine Eigenkomposition »Gauchinha bem querer« (Toada, 1956) wurde in Brasilien ein großer Erfolg; 1959 erschien seine erste LP (Label Continental), bis 1964 kamen bei CBS weitere 5 LPs heraus und später kam es bei Odeon und RCA Victor zu weiteren Produktionen, darunter die Titel »Menina moça« (Bossa Nova, Erfolg von 1964).

Madrigal
mehrstimmiges lyrisches Lied; in Lateinamerika weit verbreitet und vorwiegend durch Amateur-Gruppen gepflegt. (→ *Madrigal Renascentista*)

Madrigal Renascentista
brasilianischer → *Madrigal*-Chor; 1956 in Belo Horizonte (Minas Gerais) durch Afrânio Lacerda als A-Capella-Quintett gegründet; interpretierte Stücke der traditionellen Musik wie die → *Modinha;* bei Philips entstanden einige Schallplattenaufnahmen, darunter die Titel »Luar do Sertão« und »Casinha pequenina«.

Madrigalistas, Coro de -
kubanischer → *Madrigal*-Chor; um 1950 durch Manuel Ochoa in La Habana gegründet; Gesangssolistinnen waren Carmelina Rosell (Sopran) und Marta Pérez (Mezzo-Sopran), am Piano begleitete Laurence Davis. Bevorzugt wurden Stücke der Formen Lied und → *Villancico* interpretiert; bei Puchito entstanden Schallplattenaufnahmen, darunter die Titel »Palmas reales« und »Tríptico de villancicos«.

Madriguera i Rodón, Enric (Eric)
* 17.2. 1904 Barcelona, † 7.9.1973 Danburg (Connecticut, USA); spanisch-amerikanischer. Musiker (Violine, Piano), Arrangeur, Komponist und Bandleader; einer der Pioniere der Verbreitung lateinamerikanischer Musik in den USA; gründete, nach längerem Aufenthalt in Kuba, in New York ab 1928 einige Tanzorchester (u. a. The Floridians, The Castilians und Enric Madriguera Orchestra), deren Repertoires insbes. in den 30er Jahren populäre kubanische Rumbas, Tangos, Boleros, Danzones u. a. umfassten. Seine bekannteste Komposition, »Adiós« (Bolero-Beguine, 1931), wird noch heute gespielt. Bei Brunswick, Victor, Columbia und Decca entstanden zahlreiche Schallplattenaufnahmen, darunter »Siboney«.

Madruga
zur Gruppe des → *Currulao* gehörender kolumbianischer Volkstanz.

Madrugada, Trío -
kubanisches Volksmusiktrio; um 1944 in Sancti Spíritus gegründet; pflegte insbes. den → *Punto cubano* und die → *Tonada;* ihre Titel »Comiendo harina« und »Mujer viciosa« erschienen auf Schallplatten des Labels Puchito.

Mãe Preta (Schwarze Mutter, port.)
in afrobrasilianischen Kultsessionen agierende ältere Frau, die als Zeremonienmeisterin wirkt.

Maffia, Pedro Mario »El Pibe de Flores«
* 28.8.1899 Buenos Aires, † 17.10.1967 das.; argentinischer Musiker (Bandoneón, Akkordeon), Arrangeur, Komponist und Bandleader; bekannter Vertreter des → *Tango;* einer der populärsten Bandoneón-Spieler seiner Epoche; gehörte ab 1912 diversen Gruppen und Orchestern, darunter dem *Cuarteto Cardarópoli* und dem Orchester von Roberto → *Firpo* an und

gründete später ein seinen Namen tragendes Typisches Orchester, mit dem er zahlreiche Schallplattenaufnahmen, darunter die Titel »Siempre flor« und »Reo noble« (Label Brunswick), produzierte. Zu seinen zahlreichen Kompositionen, meist sog. »primitive« Tangos, gehören u. a. »Ventarrón«, »Princesa arrabalera« und »Juan Tango«; mit J. H. Stafolani schuf er 1930 den Tango »Taconeando«.

Magaldi, Agustín
»Voz Sentimantal de Buenos Aires«
* 15.8.1901 Casilda (Santa Fe), † 8.9.1938 Buenos Aires; argentinischer Sänger, Musiker und Liedermacher; übersiedelte 1923 nach Buenos Aires, wo er u. a. mit Rosita → *Quiroga* und Pedro → *Noda* (Dúo → *Magaldi – Noda*) im Duett sang. Nach dem Tode von Carlos → *Gardel* galt M. als beliebtester Sänger Argentiniens, am 9.12.1924 produzierte er seine ersten Schallplattenaufnahmen in den Studios von Victor; am 15.1.1936 wurde sein Lied »Nieve« erstmals von Radio Splendid (Buenos Aires) übertragen. M. hat mit seiner melodisch-weichen Stimme insgesamt 166 Schallplattenaufnahmen, darunter 114 Tangos, produziert; populär wurden u. a. »El Negro de San Martín«, »Mis delirios« und »Madre Angelical«.

Magaldi, Agustín Jr.
* 10.9.1932 Buenos Aires; argentinischer Sänger; Sohn von Agustín → *Magaldi;* begann seine Karriere um 1945 und widmete sich vorwiegend der Interpretation des → *Tango;* war eine zeitlang beim Sender Radio Belgrano angestellt; produzierte bei Music Hall u. a. Labels Schallplattenaufnahmen.

Magaldi - Noda, Dúo -
argentinisches Vokal- und Instrumentalduett, 1925 in Buenos Aires durch die Solisten Agustín → *Magaldi* (Gesang) und Pedro → *Noda* (Gesang und Gitarre) gegründet. Die bis 1931 bestehende Formation zeichnete sich durch einen zum Romantisch-Sentimentalen tendierenden Interpretationsstil aus; es wurden folkloristische Titel u. a. der Formen → *Zamba,* → *Tonada,* → *Estilo* und → *Chacarera* sowie sehr melodiös vorgetragene Tangos dargeboten; bei Victor entstanden zahlreiche Schallplatenaufnahmen, die später auf LPs re-ediert wurden, darunter die Titel »Pajarito cantor« und »Fiesta campera«.

Magisterial, Conjunto -
mexikanische Vokal- und Instrumentalgruppe; 1965 in México-Stadt von Pedro Alonso Palacios V. mit insgesamt 80 Mitgliedern, vorwiegend Studenten und Lehrern, gegründet. Das Repertoire bestand aus präkolumbischen, mestizischen und kreolischen Volksliedern und -tänzen wie »Danza del Venado«, »Huapango« (La Malagueña) und »Son jarocho«.

Magistral, Quinteto -
venezolanisches Vokal- und Instrumentalquintett; um 1960 durch den Sänger und Arrangeur José Oscar Guerra gegründet. Mit den Instrumenten → *Cuatro,* Gitarre u. a. wurde vor-

Pedro Mario Maffia und sein Typisches Orchester

wiegend Volksmusik aus der anonymen Folklore interpretiert; bei Palacio entstanden Schallplattenaufnahmen, darunter die Titel »Mi caballito se fue« und »Burriquita«.

Maglio Dodero, Juan Félix »Pacho«
* 18.11.1880 Buenos Aires, † 14.7.1934 das.; argentinischer Musiker (Bandoneón, Akkordeon), Arrangeur, Komponist und Bandleader; einer der wichtigsten Vertreter der »Alten Garde« des → *Tango;* populärster Interpret der Zeit um die Jahrhundertwende in Buenos Aires; debütierte um 1899 im Café »El Vasco« als Bandoneón-Spieler innerhalb nur zeitweilig bestehenden Formationen (so um 1905 in einem Trio zusammen mit Julián Urdapilleta [Violine] und Luciano Ríos [Gitarre] usw.). M. gründete 1906 sein Cuarteto Pacho – Juan Maglio (Bandoneón), Pepe Guerriero (Flöte), Luis Guerriero (Violine) und Ciro Marchengo (Gitarre), das um 1912 zur *Orquesta Típica Criolla Pacho* erweitert wurde und mit dem M. erste Schallplatten-

Oben: Juan Félix Maglio Dodero, ein berühmter Bandonion-Spieler aus der Zeit des »primitiven« Tangos – Buenos Aires, um 1910. Unten: Dúo Magaldi – Noda

aufnahmen (Label Columbia) wie die Titel »Armenonville«, »Aires criollos« und »La Morocha« produzierte, die heute zu den wertvollen Tondokumenten der Geschichte der Populärmusik Argentiniens gehören. M. hat als erster Tango-Musiker Solo-Stücke für Bandoneón auf Schallplatte aufgenommen (versch. Labels, z. B. Era); zu seinen zahlreichen Kompositionen gehören die Titel »El Tejado«, »Adelita«, »Chitita«, »Guardia vieja«, »Margot« und »Royal Pigall«.

Magonguê → *Atabaque*

Maguaré
1. → *Manguaré.* 2. ein indianisches Tanzlied Kolumbiens.

Magüey (Maguei)
präkolumbische Schlitztrommel; aus einem ausgehöhlten Baumstamm gefertigt und in der Volksmusik der Urbevölkerung der heutigen Dominikanischen Republik gespielt; heute nur noch vereinzelt eingesetzt. → *Manguaré*

Maguiña de Hayre, Alicia
* 28.11.1938 Lima; peruanische Sängerin, Komponistin und Tänzerin; gehört zu den namhaften Vertreterinnen des kreolischen Liedes von Peru; schrieb und interpretierte zahlreiche Stücke der Formen → *Vals peruano,* → *Marinera,* → *Festejo,* → *Tondero* und → *Huayno,* darunter die populär gewordenen Titel »Estampa limeña« (Vals), »Indio« (Vals), »Negra quiero ser« (Marinera), »Viva el Perú y sereno« (Vals) und »Ica mañana voy« (Tondero). Unter dem Label Sono Radio erschienen einige LPs. Später war M. auch Präsidentin des Peruanischen Komponistenverbandes → *APDAYC.*

Die Sängerin und Komponistin Alicia Maguiña präsentiert in ihrem Haus in Lima (Peru) ihre erfolgreichste LP; Lima, 1.7.1998

Maião → *Cururú*

Maitín
chilenisches Volkslied; auf der Insel Chiloé verbreitet; der Gesang ist getragen-klagend.

Maizani, Azucena »La Ñata Gaucha«, »Azabache«
* 17.11.1902 Buenos Aires, † 1970 das.; argentinische Sängerin und Liedermacherin; bekannte Interpretin des → *Tango;* begann ihre Karriere als professionelle Künstlerin 1920 im Orchester von Francisco → *Canaro* mit Auftritten im »Royal Pigall« (Buenos Aires); 1924 erschien ihre erste Schallplatte (Odeon) mit den Titeln »Padre nuestro« und »Yo tuve un cariñito«; sie unternahm 1931 eine längere Gastspielreise nach Spanien und wirkte in zahlreichen Filmen wie »Tango« (1933) und »Monte criollo« (1935) als singende Schauspielerin mit; ab 1938 unternahm sie eine Tournee nach Kuba und den USA, wo sie den Tango popularisierte. Schallplattenaufnahmen, darunter die von ihr verfassten Stücke »En ésta soledad« und »Volvé negro«, entstanden bei Victor, Brunswick und Odeon bzw. EMI (Re-Editionen).

Makandal, Ensemble -
haitianische Vokal- und Instrumentalgruppe, 1978 durch die Sängerin Martha → *Jean Claude* gegründet und geleitet; interpretierte landestypische Volks- und Populärmusik; produ-

zierte einige LPs, darunter die Titel »Agoe« und »Je suis la chanson haitienne«.

Makerule → *Maquerule*

Mala (Kena-kena)
mittelgroße peruanische Flöte vom Typ der → *Quena.*

Malagueña
1. spanisches Tanzlied im 3/2- oder 3/4-Takt; Variante des → *Fandango (2);* in Málaga (Südspanien) entstanden, mit teilweise arabischen Einflüssen; typisch sind die ständigen Wechsel zwischen melancholisch-getragenem und schnellem Tempo. Die M. verbreitete sich auch in Murcia, Castilla, auf den Kanarischen Inseln (M. canaria) und in Lateinamerika (Mexiko, Chile, Venezuela u. a.). 2. bekanntes mexikanisches Musikstück im Rhythmus eines → *Huapango;* als »La Malagueña« 1938 von Elipidio → *Ramírez* nach einem Motiv aus der Musikfolklore zunächst als Instrumentalstück geschaffen, zu dem Pedro → *Galindo* wenig später den Text schrieb. 3. Komposition des kubanischen Komponisten Ernesto → *Lecuona,* in typisch spanischem Stil als *Canción española* konzipiert (1923); fand einen bis heute währenden Eingang in die Tanz- und Unterhaltungsmusik Lateinamerikas.

Malagueño
paraguayischer Volkstanz; heute kaum noch verbreitet.

Malambito
alter, nicht mehr aufgeführter chilenischer Volkstanz.

Malambo
ein bereits sehr alter Volkstanz der Gauchos im 6/8-Takt; normalerweise nur durch Männer ausgeführt; eine Art Wettstreit der Gauchos darstellend; die Tänzer (Malambeadores) stellen sich einander gegenüber auf und stampfen, durch eine Gitarre rhythmisch begleitet, nach einer bestimmten Choreographie auf den Boden auf. Sie entwickeln auch individuelle Schritte und schuhplattlerartige Effekte (Taconeo). Bis etwa 1900 war der M. auch in Uruguay populär, heute ist er dort jedoch kaum noch verbreitet; in Argentinien wird er durch einige Folklore-Tanzgruppen besonders gepflegt, so auch durch das Ensemble *Malambo.*

Malando (eigtl. Arie Massland)
* 26.5.1908 Rotterdam (Holland); holländischer Musiker (Akkordeon), Arrangeur, Bandleader und Komponist populärer Musik; bekannter europäischer Interpret des → *Tango.* M. hat 1939 die Musikgruppe *Malando & His Orchestra of Rumba & Tango* formiert, die relativ schnell in Westeuropa durch stilecht arrangierte Tangos, darunter der Welterfolg »Olé Guapa«, eine eigene Komposition, und auch durch Rumbas und Guarachas populär wurde. Später wandte sich M. vorwiegend dem Tango zu und hat unter den Labels Philips und Fontana zahlreiche Schallplatten (N78 und LPs) produziert. M. erhielt für seine langjährigen Aktivitäten diverse Preise und Ehrungen, darunter den »Oscar Mundial de Accordion«.

Maldonado, Fernando Z.
* San Luis Potosí; mexikanischer Musiker (Piano), Arrangeur, Komponist und Bandleader; gründete und leitete eine Gruppe, die vorwiegend Vokalisten bei ihren Auftritten und Schallplattenaufnahmen begleitete; er schrieb ferner eine größere Zahl von Musikstücken insbes. der Form → *Bolero,* darunter die Titel »Perdóname« (1942), »Extraño amor« (1957), »Vida« (1962), »Vamos a Tampico« (Porro-cumbia, 1968) und »Volver, volver« (Ranchera, 1972).

Maldonado, Raúl
* 30.1.1937 María Suzana; argentinischer Gitarrist und Komponist; studierte am Konservatorium Litoral von Santa Fe; wirkte als Professor für Gitarre, schrieb und interpretierte zahlreiche folkloristische Solostücke für Gitarre wie »Chacarera de la piedra« und »Don Roberto« (Cueca), die auf LPs des Labels Arion veröffentlicht worden sind.

Malembe
1. afrovenezolanisches Tanzlied aus der Folklore der Küstengebiete (Region Cumaná) 2. Betgesang (Cântico rogatório) im brasilianischen → *Candomblé;* geht auf Bantú-Traditionen zurück.

Males, Enrique
* Imbabura; ekuadorianischer Sänger und Liedermacher, zu den Vertretern des Protestsongs seines Landes gehörend; gründete und leitete die Folkloregruppe → *Quinchuquimanda Imbayacuna;* als Solist produzierte er bei Rondador die LP »Canto esclavo« (1975).

Malla
Schuhplattlertanz der kolumbianischen Küstenregion.

Malta
regionale Variante der → *Zampoña* mit 4 oder 5 Einzelflöten; in der Volksmusik der peruanischen Region Sandia gespielt.

Mamac (Mamaq)
aus Rohr gefertigte etwa 1,15 m lange indianische Trompete; in der Volksmusik Perus (Regionen Huancavelica und Junín) insbesondere bei den Festen der Viehmarkierung gespielt.

Mamamier
der in der → *Tumba francesa* die Trommel → *Premier* spielende Musiker.

Mamán
1. größte, etwa 80 – 90 cm hohe Trommel innerhalb der Tambores Rada. 2. größte innerhalb eines Ensembles der afrohaitianischen Volksmusik benutzte Bambustrompete → *Vaccine.*

Mambo
1. Name der Priesterin im Vodú-Kult Haitis. 2. kubanischer Tanz, oft mit gesungenen Passagen; auf Motive aus dem → *Danzón* »Mambo« von Orestes → *López* aufbauend. Ab 1946 experimentierte der in Mexiko lebende kubanische Musiker Dámaso → *Pérez Prado* mit synkopierten Elementen dieses Populärtanzes, die er

Das Mambo-Orchester von Dámaso Pérez Prado (Photo: Prensa Latina)

mit Komponenten des Jazz vermischte; die daraus hervorgegangene neue Form nannte er Mambo. Erster Titel dieses weltweit populär gewordenen Modetanzes war »Qué rico el mambo« (1947), gefolgt u. a. von den Kompositionen »Mambo No 5«, »Mambo a lo Kenton« und »Mambo No 8« (alle von D. Pérez Prado). Charakteristisch sind die bei bestimmten Passagen ausgebrachten gutturalen Schreie (langgezogenes »Úuu« oder »Uuaa«). Viele lateinamerikanische Musiker griffen den M. auf; in den 50er Jahren wurden regelrechte Mambo-Orchester gebildet; besondere Popularität erlangte der M. in den USA; in Europa ließ seine Popularität nach. 1999 hatte Lou Bega einen Hit mit »Mambo Nr. 5«.

Mampó
Trauergesang bestimmter Regionen Ostvenezuelas; früher auch auf der Insel Trinidad verbreitet gewesen.

Mampulorio
afrovenezolanisches Tanzlied der Region von Mirandina (Barlovento); bei Totenfeiern für Kleinkinder aufgeführt.

Mana-chica
brasilianischer Volkstanz aus dem Gebiet des Bundesstates Rio de Janeiro; seiner Choreographie nach eine → *Quadrilha* mit Schuhplattler-Parts; in vielen Varianten (z. B. Mangalô) existierend; wird durch → *Viola* und → *Pandeiro* begleitet.

Mana-Joana
brasilianischer Volkstanz; Variante der → *Mana-chica;* im Gebiet von Campos (Rio de Janeiro) verbreitet.

Mancay-puitu (Manchay puitu)
besondere Art des → *Quena*-Spiels; von den Hochlandindianern Perus, Boliviens und Nordargentiniens ausgeübt. Das Instrument wird in einen Tonkrug versenkt, der 2 Öffnungen aufweist – breit genug, um den Händen Durchlass zu gewähren. Der damit erzeugte Ton klingt verhalten-schwermütig, Schmerz oder Kummer ausdrückend. Die Kolla-Indianer Boliviens nennen die dazu verwendete Flöte ebenfalls Manchay puito.

Mancotal, Conjunto -
nikaraguanische Vokal- und Instrumentalgruppe; 1980 in Managua durch Luis Enrique → *Mejía Godoy* gegründet; interpretierte Populärmusik landestypischer Formen; unter versch. Labels (u. a. Ocarina) entstanden einige LPs, darunter die Titel »Celestino Mondragón« und »Para construir la patria«.

Mandado
→ *Fandango (4)*

Mandola → *Bandola*

»Mambo Jambo« (Qué rico el mambo) von Pérez Prado (Partitur)

Mandolina (Mandolino)
Mandoline; Saiteninstrument; teilweise unter anderen Bezeichnungen (z. B. → *Bandolim,* in Brasilien) in der Volks- und Populärmusik vieler Länder Lateinamerikas eingesetzt; im XVIII. Jh. aus Spanien nach LA gekommen, u. a. in Nikaragua, Costa Rica, Chile (Zona Norte, bei der → *Cofradía* bzw. beim Karnevals), Peru (Puno) und Brasilien meist im Ambiente der ländlichen Musik gespielt.

Man drom
zweitgrößte Trommel im Ensemble zur Begleitung des → *Winti* in Surinam.

Mandura
eine Variante der → *Bandurria.*

Mandurria
in Puerto Rico verwendetes Saiteninstrument; die Bezeichnung ist aus einer Verballhornung von → *Bandurria* hervorgegangen.

Mangalô → *Mana-chica*

Mangonguê → *Atabaque*

Manguaré (Juarai, Huara, Manguari, Maguaré, Manhuaré)
zu Signalzwecken und zum Musizieren verwendete Trommel indianischen Ursprungs, deren Einsatz in präkolumbischer Zeit u. a. aus Kuba, Kolumbien und Peru bekannt wurde; eine aus Holz gefertigte Schlitztrommel von 1,50 m Länge und 60 cm Ø, die oft in zwei verschiedenen Größen (Macho und Hembra) gleichzeitig gespielt wurde und weithin – oftmals bis zu 3 km – hörbar war. Äquivalente sind → *Teponaztli* und → *Arón.*

Manguaré, Grupo -
kubanisches Vokal- und Instrumentalsextett (später -septett); 1971 in La Habana unter der Leitung von Jorge Campos gegründet; zur Bewegung der Neuen Kubanischen Trova (MNTC) gehörend; beteiligte sich an nationalen und internationalen Wettstreiten und produzierte unter versch. Labels (u. a. Areito, Dicap und Pläne) einige LPs mit kubanischer Populärmusik, darunter die Titel »Hasta siempre comandante« und »Guajira guantanamera«.

Mangueira, Escola de Samba → *Estação Primeira da Mangueira*

Mangulina
Volkstanz der Dominikanischen Republik; im Rhythmus dem → *Son cubano* ähnlich, jedoch mit einer zum Walzerhaften tendierenden Choreographie, sowohl in instrumentalen als auch in gesungenen Versionen existierend. Folkloristische Feldforschungen ergaben, dass die M. in der Ortschaft Hicayagua (Südosten des Landes) entstanden ist, wobei Komponenten der italienischen Tarantella eingeflossen sind. Die Interpretation erfolgt vorwiegend durch ländliche Volksmusikgruppen, jedoch neuerdings auch durch moderne Tanzorchester.

Maní (Baile de M., Mula, Djuka)
afrokubanischer Volkstanz der → *Congo*-Gruppen Kubas, nur von Männern getanzt und vom Rhythmus der Trommeln begleitet; heute nicht mehr aufgeführt.

Manigüero → *Son Montuno*

Manigueta → *Órgano Oriental*

Manimbula
in der afrohaitianischen Volksmusik gespielte → *Marimba.*

Manisero, (El) (auch: »El Manicero«, »The Peanut Vendor« = Erdnussverkäufer)
weltbekannte Komposition des kubanischen Musikers Moisés → *Simons* in Form eines → *Pregón;* 1927 für die Sängerin Rita → *Montaner* geschrieben, die sie, begleitet vom Orchester des Komponisten, am 24.3.1927 in La Habana erstmals sang. Die Schallplattenfirma Victor hielt, nachdem sie die Aufführungsrechte erworben hatte, ein Arrangement des Musikers Alfredo → *Brito* bis 1932 geheim, um es dann

in New York als Schallplatte auf den Markt zu bringen. Mit über 1 Mill. verkaufter Platten erbrachte das Stück einen für damalige Verhältnisse überraschenden ökonomischen Erfolg. Nach 1940 wurde »El M.« von Orchestern und Gruppen in und außerhalb Lateinamerikas interpretiert, z. B. vom Orchester Dámaso → *Pérez Prado,* Orch. Enrique → *Jorrín,* Los → *Paraguayos* u. v. a.

Manjericão → *Fandango (4)*

Manns, Patricio
* 1937 Nacimiento; chilenischer Sänger, Musiker und Liedermacher; Autodidakt; zu den Mitbegründern der Bewegung des Neuen Chilenischen Liedes gehörend; wirkte in einigen Filmen als singender Schauspieler mit; die von ihm geschriebenen Liedtexte sind sozialkritisch; 1973 ging er ins Exil nach Frankreich, wo er seine künstlerische Tätigkeit fortsetzte und eine neue Musikgruppe formierte. Zu seinen bekanntesten Kompositionen, auf Schallplatten u. a. der Labels Arena, Demón, Philips, Le Chant du Monde und NCL erschienen, gehören die Titel »Boliviariana« (Son norteño), »Ya no somos nosotros« (Cha-carera), »Canto esclavo« (Guajira), »América novia mía« und »Alta lanza« (Refalosa).

Manounba
afrohaitianische Variante der → *Marímbula.*

Manzanero Canché, Armando
* 1935 Mérida (Yucatán); mexikanischer Sänger, Musiker (Piano), Arrangeur und Komponist; bekannter Vertreter des romantischen → *Bolero,* lebt und wirkt seit 1957 in México-Stadt; begleitete Solisten wie Angélica María und Marco Antonio Muniz auf dem Piano; interpretierte als Sänger zahlreiche eigene bzw. von Roberto Ledesma geschriebene Kompositionen, die auf LPs der Labels RCA Victor und CBS erschienen, dazu gehören die Titel »Adoro« (1967), »Mío«, »Por tí« und »Parece que fue ayer« (1966).

Manzi, Homero (eigtl. H. Nicolás Manzine)
* 1.11.1907 Añatuya, † 3.5.1951 Buenos Aires; argentinischer Textdichter des → *Tango;* arbeitete eng mit Aníbal → *Troilo,* Cátulo → *Castillo* u. a. Musikern zusammen; eine Nachforschung ergab, dass M. insgesamt 153 Stücke, zumeist Tangos, mit Texten versah, so die Titel »Barrio de Tango«, »Che bandoneón« und »Sur« (alle mit A. Troilo) sowie »Milonga sentimental« (mit Sebastián Piana) und »Malena« (mit Lucio Demare).

Mañanita
Allgemeinbezeichnung für serenadenhafte mexikanische Lieder, die zu Ehren einer bestimmten Person, als Geburtstagsständchen oder bei anderen Feierlichkeiten gesungen werden; der bekannteste Titel ist »Las mañanitas« (anonym, XIX. Jh.).

Mapachera
eine in der mexikanischen Volksmusik gespielte Trommel.

Mapalé
afrokolumbianischer Volkstanz der Region der Atlantikküste; zur Gruppe der → *Cumbia* gehörend; an bestimmten Stellen des Tanzes wechselt der Gesang mit Dialogen; zuweilen werden Duelle mit Haumessern imitiert bzw. stark erotische Szenen vorgeführt. Die rhythmische Begleitung erfolgt im allgemeinen durch eine gleichnamige Trommel sowie durch Händeklatschen; zu den bekanntesten Titeln gehört »Prende la vela« (anonyme Musikfolklore).

Mapuchina (Canción mapuchina)
Allgemeinbezeichnung für ein Volkslied der Araukaner (Mapuche) Südchiles; Teil der Musikfolklore Chiles. Die Folkloresängerinen Violeta → *Parra* und Margot → *Loyola* widmeten sich der M., erforschten und interpretierten sie.

Maquerule (Makerule)
kolumbianischer Volkstanz der Pazifikregion; im Ergebnis einer Vermischung vorwiegend negroider Elemente mit indianischen Komponen-

ten entstanden; gehört zur Gruppe des → *Currulao* und beinhaltet kuriose Pantomimen und schnelle Schrittkombinationen.

Maquesiña
ein Rundtanz der Aymará-Indianer Südamerikas.

Maracá (Caracaxá)
brasilianisches Schüttelidiophon, mit den → *Maracas* verwandt; bereits vor Eindringen der Europäer durch die Ureinwohner benutzt und in vielen Varianten bzw. unter speziellen Bezeichnungen zur rhythmischen Begleitung von Tänzen oder Gesängen eingesetzt. Die Urform ist eine mit Steinchen oder Samenkörnern gefüllte getrocknete Kalebasse.

Maracaibo → *Son Montuno*

Maracas (Chucho, Sanoja, Karachaqui, Capacho, Atchere, Maraca)
schüttelidiophones Volks- und Tanzmusikinstrument in Form zweier meist gleichgroßer Kugeln, die, mit Steinchen, Sand oder Samenkörnern gefüllt, mit einem Griff versehen sind und durch rhythmisches Schütteln zum Klingen gebracht werden; fast immer paarig, mit einer Kugel in jeder Hand durch einen *Maraquero* genannten Musiker gespielt; der Ursprung des Instruments ist präkolumbisch, die Urform sind Kalebassen; heute wird es auch aus Hartholz- oder Kunststoffkugeln bzw. Blechdosen gefertigt. Der Kugeldurchmesser beträgt zwischen 5 und 15 cm; zur Erzielung einer differenzierten Klangwirkung werden oft verschieden große Kugeln benutzt. Generell werden M.s in der Volksmusik vieler indianischer Stämme Lateinamerikas eingesetzt und tragen in den meisten Fällen spezielle Namen; im übrigen verwendet man sie in der Volks- und Tanzmusik der meisten Länder Lateinamerikas, z. B. in Kuba (so im → *Son cubano*), Kolumbien und Venezuela (in der → *Música llanera*), Puerto Rico, Peru, Paraguay. Als sog. *Rumbakugeln* fanden sie auch Eingang in die europäische Tänzmusik.

Maracatú
afrobrasilianischer Volkstanz im 2/4-Takt; im Bundesstaat Pernambuco früher zu religiösen, weltlichen sowie privaten Festlichkeiten, heute indessen nur noch zur Karnevalszeit aufgeführt. Der mit einigen dramatischen Szenen verbundene M. wird vorwiegend durch → *Zabumba*, → *Atabaque* und → *Ganzá* begleitet und innerhalb des → *Bloco* getanzt.

Maracujá → *Reisado*

Marcador → *Batidor*

Marcano, Cuarteto -
puertorikanisches Vokal- und Instrumentalquartett typischer und populärer Musik, um 1935 in New York durch Pedro »Piquito« Marcano (Bandleader und Gesang), Claudio Ferrer (Gesang), Vitín Mercado und Lalo Martínez (Gitarre) formiert. Später kam es zu Wechseln, so wirkten u. a. Miguelito Carrillo, Tito Henríquez, Lalo Rodríguez (Gitarre) und Paquito Sánchez (Gitarre) in der Gruppe. Auf Schallplatten der Labels Columbia, Victor und Decca er-

Cuarteto Marcano: Etikett der N78-Schallplatte Victor-32889 (A) mit dem Bolero »Mari Luz«

schienen Boleros, Sones, Rumbas und andere Formen, darunter die Titel »Campanitas de cristal« (Bolero), »Tabú« und »Cachita« (Rumbas).

Marcha

1. Sammelbezeichnung für den in ganz Lateinamerika vor allem durch Militärkapellen (Bandas militares) gespielten Militärmarsch (Marcha militar), der sehr oft europäischen Ursprungs ist; durch seinen Rhythmus zum Marschieren bestens geeignet und im wesentlichen von Blasinstrumenten und Trommeln gespielt. 2. Komposition im Marschrhythmus, die nichtmilitärischen Zwecken dient, u. a. bei Demonstrationen und öffentlichen Großveranstaltungen gespielt, so z. B. das chilenische Marschlied »Venceremos«, 1971 entstanden (Claudio Iturra – Sergio Ortega). Eine Kurzform der M. ist die *Marchiña*. 3. brasilianischer Populärtanz, auch *Marchinha* genannt; eine wesentliche Komponente der Karnevalsmusik. Der durch seine spezielle Rhythmik gut geeignete Marsch wird insbes. in den so genannten Karnevalsblöcken (→ *Bloco*) des Nordostens, mit Verbreitungszentrum Recife, gespielt, wobei rein instrumentale und vokale Versionen existieren. Die Variante Marchinha stellt eine synkopierte, mit Jazz-Elementen angereicherte Form dar, die ab 1940 vorwiegend beim → *Carnaval carioca* verbreitet war. Begleitinstrumente sind Trommeln verschiedener Art, → *Violão* u. a. (→ *Frevo*)

María

panamaisches Tanzlied im 2/4-Takt, das in der Region von Chitré verbreitet ist.

María Alma (eigtl. María Luisa Basurto Ríos)
* vor 1900 Monterrey (León), † 10.5.1955 México-Stadt; mexikanische Sängerin und Liedermacherin; interpretierte volkstümliche Lieder, von denen sie einige selbst schrieb, darunter »Desilusión« und »Compréndeme« (1940).

Maria Bethânia (eigtl. M. B. Viana Teles Veloso)
* 18.6.1946 Santo Amaro (Bahia); brasilianische Sängerin und Liedermacherin; Schwester von Caetano → *Veloso;* eine der bekanntesten und populärsten Interpretinnen balladenhafter Lieder Brasiliens; begann ihre Karriere um 1962 im Umfeld der Bewegung des Neuen Brasilianischen Liedes (→ *Nueva Canción Latinoamericana/Brasilien*); Titel wie »Passaro proibido«, »Reino antigo«, »Trampolim« und »Viramundo« erschienen auf LPs u. a. der Labels Philips und Elenco; in vielen ihrer Lieder arbeitete sie mit Caetano Veloso, Edu → *Lobo,* Djalma → *Corrêa* u. a. zusammen.

María - Inés, Dúo -

chilenisches Vokalduo der Volksmusik; um 1960 in Santiago de Chile durch die Sängerinnen María Vanegas und Inés Sotelo gebildet; auf die Interpretation der → *Cueca chilena* spezialisiert. Schallplattenaufnahmen entstanden bei Odeon, darunter die Titel »Soy del puerto« und »Mineros de Chuqui«.

María la Pastora

Singspiel für Kinder aus dem Norden Mexikos, heute nur noch wenig verbreitet.

María Lionza

religiöser Kult Venezuelas; Synkretismus afrikanischer, indianischer und spanisch-katholischer Komponenten; überwiegend durch Afrovenezolaner in den Küstenregionen ausgeübt; in ihm werden afrikanische Götter, Geister und Verstorbene angerufen; ursprünglich eine Legende, die den Raub einer indianischen Prinzessin beschreibt. Die Zeremonien werden durch Trommeln (Tambores) und → *Maracas* begleitet; die Leitung der Sessionen obliegt dem *Banco* genannten Priester.

Mariachi (zuweilen »Mariachis«)
mexikanische Folklore- und Tanzmusikgruppen, die bei vielerlei Anlässen insbesondere auf Straßen und Plätzen landestypische Musik interpretieren. Die Tradition geht bis etwa 1880 zurück; der Name selbst soll vom französischen »Mariage« (= Hochzeit) abgeleitet sein. Erste Gruppen, *Mariachi primitivo* bzw. *M. jaliscien-*

se, musizierten im allgemeinen mit zwei Violinen, einer kleinen → *Vihuela,* einem → *Guitarrón,* einer Harfe (Arpa) sowie einer Tambora (Trommel). Von dem Musiker Emilio Azcárraga wurde die traditionelle Harfe später durch die Trompete ersetzt. In bezug auf das Repertoire unterscheidet man M. ländlicher und städtischer Volksmusik, letztere auch *Mariachi original* genannt. Ungefähr seit 1940 existieren die »kommerziellen« M., die gegen Entgelt vor allem für ausländische Touristen spielen und deren Repertoire sich dem Geschmack ihrer Auftraggeber anpasst. Der Musiker Rubén → *Fuentes* bildete die *M. sinfónico,* die neben traditioneller auch klassische Musik bis hin zu Sinfonien von Beethoven interpretieren. Die im In- und Ausland bekannteste Gruppe sind die Mariachi → *Vargas de Tecalitlán,* eine Formation mit einem hohen musikalischen Niveau, deren Ursprünge in die Zeit um 1900 zurückreichen. Zum Repertoire der in den urbanen Ballungszentren von México-Stadt und Guadalajara (Jalisco) auftretenden Gruppen gehören vorwiegend Titel der Formen → *Ranchera,* → *Canción ranchera,* → *Corrido,* → *Son jalisciense,* → *Huapango* sowie Serenaden und aktuelle Tagesschlager.

Mariandá

puertorikanischer Volkstanz spanischen Ursprungs; im 6/8-, 3/4-, zuweilen auch im bewegten 2/4-Takt aufgeführt.

Maricuba

volkstümliche Bezeichnung für die Gitarre in der Volksmusik der Dominikanischen Republik.

Marimba (Idiophon)

Instrument eindeutig afrikanischen Ursprungs, das in der Volks- und Tanzmusik weiter Teile Lateinamerikas eingesetzt wird. Die gegen-

Der Marimba-Konstrukteur Marcos Duarte Alvarez (* 1921, links) in seiner Werkstatt im Gespräch mit dem Musikwissenschaftler Raziel Acevedo Alvarez – Santa Bárbara (Guanacaste, Costa Rica), 11.10.1997

wärtig am weitesten verbreitete Bauform stellt eine durch einen Rahmen gehaltene, mit einem Xylophon vergleichbare Anreihung von verschieden langen Brettchen dar, an deren unteren Enden Resonanzkörper aus Holz befestigt sind. Diese Brettchen werden durch zwei mit einer Kautschukkugel versehene Schlägel perkutiert. Der Tonumfang beträgt 3½ – 6½ Oktaven. Afrikanische Stammformen verwenden an Stelle der hölzernen Resonanzkörper Kalebassen (in der afrohaitianischen Volksmusik so noch im Einsatz). In einigen Ländern (Guatemala, Mexiko) wird ein mit einer bzw. mehreren Marimbas ausgerüstetes Orchester ebenfalls als *Marimba* bezeichnet. Das Instrument wird benutzt in Guatemala, wo es als Nationalinstrument gilt und landesweit insbes. unter der indianischen und mestizischen Bevölkerung gespielt wird; in Mexiko (Bundesstaaten Chiapas, Oaxaca [Isthmus von Tehuantepec] und Tabasco), ferner in El Salvador, Costa Rica, Nikaragua und Honduras. Darüber hinaus wird es in den Küstengebieten der Pazifikregion Kolumbiens, Ekuadors und Nordperus, in der Kekchi-Region von Belize, auf Haiti (als Manimbula) und einigen Westindischen Inseln (als Thumb piano) gespielt. In Brasilien war die M. früher weit verbreitet; heute wird sie vereinzelt nur noch in der → *Congada* von São Sebastião und Caraguatuba (Gebiet von São Paulo) gespielt. Der Musiker heißt *Marimbero* oder *Marimbista*; bekannte Gruppen sind u. a. Marimba → *Gallito* (Guatemala) und → *Marimba Chiapas* (Mexiko) und die → *Marimba Alma Tuneca* (Guatemala) .

Marimba Alma Tuneca
guatemaltekisches Tanzorchester der → *Música tropical,* um 1968 in Guatemala-Stadt gegründet. Mit Sängern wie Oscar Moreno, Julio Gallardo u. a. wurden Titel der guatemaltekischen und lateinamerikanischen Tanzmusik bei Dominanz der Form → *Cumbia,* darunter die Titel »Bailando con la Tuneca«, »Cumbia de Monterico« und »María Isabel« interpretiert und auf Schallplatten und Kassetten diverser Labels aufgenommen. Das Orchester, das die traditionelle → *Marimba* als Hauptinstrument nutzt, hat Gastspiele in vielen lateinamerikanischen Ländern und in den USA gegeben.

Marimba Chiapas
mexikanische Instrumentalgruppe; nach 1950 formiert; interpretierte zunächst folkloristische Musik Mexikos, gehörte zeitweilig dem Orchester von Miguel → *Lerdo de Tejada* an; wandte sich später jedoch mehr der im Stile der → *Música tropical* interpretierten Tanzmusik zu; Hauptinstrument der Gruppe ist die traditionelle → *Marimba;* unter versch. Labels, darunter Columbia, Musart, Audio Fidelity und Capitol, entstanden zahlreiche Schallplatten, darunter die Titel »Las Chiapanecas« und »Las bicicletas«.

Marimba Hermanos Paniaga
mexikanische Instrumentalgruppe landestypischer und populärer Musik; nach 1945 durch die Gebrüder (Hermanos) Paniaga in Venustiano Carranza gegründet. Unter der Leitung von Hermisendo Paniagua musizierte die Formation mit der → *Marimba*; auf Schallplatten (Label Peerless) entstanden zahlreiche Schallplatten, darunter »Zacatlán« (Danzón) und »Sones Ixtapa Soyalo« (Zapateado).

Marimbau (Marimba) → *Urucungo,* → *Birimbao*

Marimbol
idiophones Volksmusikinstrument der Garifuna-Region von Belize; ein hölzerner Kasten, der rhythmisch perkutiert wird.

Marímbula (Likembe, Zupfidiophon)
Volksmusikinstrument Kubas und weiterer karibischer Länder; aus einem zumeist trapezförmigen Holzkasten (Cajón) bestehend, der auf seiner Breitseite eine Öffnung in Form eines Schlitzes hat, an dem eine bestimmte Anzahl elastischer Stahlbänder angebracht und befestigt sind. Der Spieler setzt sich auf den Kasten und zupft an den nach außen stehenden Bändern, so dass ein tiefer Brummton entsteht; der Kasten hat die Funktion eines Resonanzkörpers.

Analogformen sind Manounba (Haiti) und die → *Rhumba Box* (Jamaika). In Kuba wird, bei stark rückläufiger Tendenz, die M. vorwiegend zur Begleitung des → *Son cubano* verwendet.

Marín Varona, José

* 10.3.1859 Camagüey, † 17.9.1912 La Habana; kubanischer Musiker, Arrangeur, Bandleader und Komponist; übersiedelte frühzeitig nach La Habana, wo er u. a. das Orchester des Theaters »Albizu« leitete. Aus politischen Gründen ging er ins Exil in die USA (Cayo Hueso), aus dem er nach Gründung der Republik (1902) zurückkehrte und wenig später die Leitung des Orchesters der Streitkräfte übernahm. M. komponierte Zarzuelas, Romanzen, Danzas und Hymnen wie »Mi patria« und Walzer wie »Consuelo«.

Marinera (Chilena, Chilenita, Mozamala)

peruanischer Volkstanz im 6/8-Takt; in Peru Nationaltanz. Die Paare tanzen auseinander, nach einer bestimmten Zeremonie Tücher (Pañuelos) schwenkend. Die M. setzt sich aus insges. 48 Schrittkombinationen zusammen und besteht aus drei Teilen: der Einleitung (Introducción), dem Hauptteil mit der 1., 2. und 3. → *Jarana (3)* und der am Schluss erscheinenden → *Resbalosa;* gelegentlich schließt sie mit einem kurzen → *Huayno,* der durch eine Fuge (Fuga) mit der Resbalosa verbunden ist. Zur musikalischen Begleitung dienen Gitarre, → *Cajón,* zuweilen Piano und Harfe (Arpa), unterstützt durch rhythmisches Händeklatschen; meist wird dazu gesungen. Instrumentalversionen werden vorwiegend durch eine → *Banda (2)* interpretiert. Besondere Varianten sind die M. mit Huayno-Fuge (in den Regionen Ocobamba, Pacobamba und Pacucha), die *M. arequipeña* (Arequipa) und die *M. puneña* (in der Region von Puno verbreitete langsame Form mit Pausen, die den Tanz → *Pandilla* einleitet) sowie *Mozamala* oder *Chilena.* Über die Entstehung gibt es verschiedene Deutungsversionen, u. a. soll sie zu Beginn des XIX. Jh. im afroperuanisch beeinflussten kulturellen Umfeld von Lima entstanden sein, wobei Komponenten u. a. des → *Landó* zu ihrer Herausbildung führten. Der Name M. wurde ihr 1879 von dem Musiker Abelardo Gamarra »El Tunante« (1850 – 1924) zu Ehren peruanischer Seeleute (Marineros) gegeben.

Marinho da Silva, Getúlio »Amor«

* 1889 São Salvador, † 1969 Rio de Janeiro; brasilianischer Musiker und Komponist; verdienstvoll durch die Verbreitung des urbanen → *Samba;* ließ als erster Musiker → *Ponto*-Gesänge der → *Macumba* auf Schallplatte aufnehmen; komponierte zahlreiche Stücke wie »Apanhando papel« (Samba) und »Ponto de Inhassã«.

Marini (Cahuiri)

peruanischer Volkstanz der Aymará-Indianer der Provinz Puno; sein Ursprung steht noch

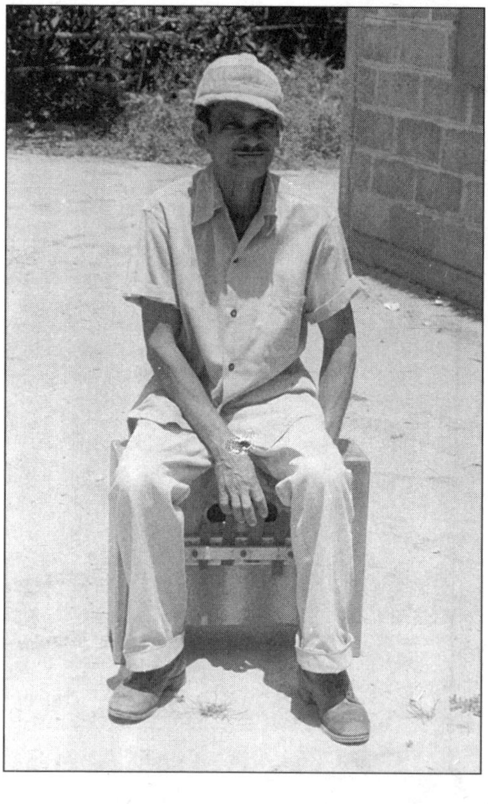

Kubanischer Marímbula-Spieler aus einer ländlichen Folkloregruppe (Photo: CIDMUC)

nicht eindeutig fest; heute von jungen Paaren als Kollektivtanz aufgeführt; zu seiner musikalischen Begleitung dienen → *Bombo* und → *Chacallo.*

Marini, Leo (eigtl. Alberto Batet Vitali)
* 23.8.1920 Mendoza; argentinischer Sänger und Schauspieler; wurde besonders durch seine romantisch-sentimentale Interpretation des → *Bolero* bekannt; begann seine Karriere im Orchester *Don Azpiazú y sus Caribes*; ab 1952 war er Sänger bei der → *Sonora Matancera,* mit der er einige LPs (Labels Seeco, Tropical und Panart) produzierte, darunter die Titel »Libre de pecado« und »Baión de Nene«. Später wirkte er wieder in Buenos Aires, wo er hauptsächlich als Schauspieler auftrat.

Marino Rivero, René
* 26.12.1936 Tacuarembó; uruguayischer Musiker (Bandoneón, Piano), Komponist und Bandleader; studierte u. a. bei Alejandro Barletta (Bandoneón), war später Direktor der sog. »Werkstatt für Zeitgenössische Musik«, trat im Duo mit A. Barletta auf und war als Lehrkraft für Musik tätig. M. veröffentlichte auf Schallplatte (Label Orfeo) einige Solostücke für Bandoneón, darunter »Ciudad vieja« und »Barrio sur«, die sich stark dem sog. avantgardistischen → *Tango* annähern.

Mariona
im XVIII. Jh. aus Spanien nach verschiedenen Ländern Lateinamerikas transkulturierter Salontanz; bereits seit langem nicht mehr aufgeführt.

Mariquita
argentinischer Volkstanz im 6/8-Takt; von auseinander tanzenden Paaren aufgeführt; heute nur noch in einigen ländlichen Gebieten von La Rioja und Catamarca verbreitet. Die M. war nach 1810 in Argentinien, später auch in Bolivien und Peru populär.

Marisela (Maricela)
venezolanischer Volkstanz, in seinem Ursprung auf indianische Elemente zurückgehend; heute u. a. durch die Instrumente Akkordeon, → *Cuatro* und → *Maracas* begleitet.

Marizápalo
Salontanz des kolonialen Mexiko (Nueva España) im XVII. Jh.; heute nicht mehr aufgeführt.

Marley, Bob (eigtl. Robert Nesta Marley)
* 6.2.1945 Rhoden Hall (Jamaika), † 11.5.1981 Miami (USA); jamaikanischer Sänger, Musiker, Bandleader und Liedermacher; zu den namhaften Vertretern anglokaribischer Musik gehörend; sang zunächst vorwiegend den → *Rocksteady,* widmete sich ab 1958 dem → *Reggae;* gründete 1959 in Kingston Town die Gruppe The → *Wailers,* mit der er Auslandsgastspiele gab und zahlreiche LPs unter versch. Labels (u. a. Calla, Surprise und San Juan Music) veröffentlichte, darunter die von ihm geschriebenen Titel »Simmer down« und »Put it on«. M. hat in seinen Kompositionen verstärkt Traditionen des → *Rastafari*-Kultes mit verarbeitet; für seine Leistungen auf musikkulturellem Gebiet wurde er u. a. mit dem Jamaikanischen Verdienstorden ausgezeichnet.

Maroto (Marote)
1. alter argentinischer Volkstanz des Nordens; nicht mehr verbreitet. 2. zur Zeit der brasilianischen Unabhängigkeitsbewegung gesungene Spottlieder auf die Portugiesen.

Marquetti, José »Cheo«
* 26.4.1909 Alquízar, † 29.3.1967 La Habana; kubanischer Musiker (Tres, Gitarre), Sänger, Bandleader und Komponist; bekannter Vertreter des → *Son cubano;* gehörte zunächst diversen Son-Sextetten wie S. Facenda, S. → *Habanero* an, gründete 1935 das Sexteto Hatuey; gilt als einer der besten Interpreten der mit Son-Elementen angereicherten → *Guajira* (in dieser Version auch *Regina* genannt); später widmete er sich u. a. dem Gesang des → *Danzonete* und war Mitglied weiterer Gruppen und Orchester wie *Sensación.* Zu seinen Kompositionen

gehören u. a. die Titel »Que no muera el son« (Son montuno) und »Baila ahora« (Guajira).

Márquez, Beatriz
* 17.2.1952 La Habana; kubanische Sängerin der Populärmusik; Tochter des Komponisten René Márquez (* 1914); wirkte nach Musikstudien in der Gruppe *Los Barba* sowie als Solistin. Ihr Repertoire umfasst neben kubanischer Tanzmusik auch internationale Schlager; auf LPs der Labels Areito und Siboney erschienen einige Titel wie »Será tan fácil«, »Hilos largos« und »Solo nos tenemos a nosotros«.

Márquez Talledo, Eduardo
* 25.2.1902 Callao (Lima), † 29.1.1975 Lima; peruanischer Sänger und Komponist; bekannter Vertreter der kreolischen Musik; schrieb insbes. Titel der Form → *Vals peruano* wie »Nube gris«, »Ventanita« und »Rosas de mi jardín« sowie die → *Marinera* »Mañana por la mañana«. M. war darüber hinaus erster Präsident des Peranischen Komponistenverbandes → *APDAYC* (1952).

María Teresa Márquez

Márquez Gómez, Juan
* 22.12.1883 Mayarí, † 31.8.1976 Holguín; kubanischer Musiker (Gitarre), Arrangeur, Komponist und Bandleader; lebte und wirkte zunächst in Puerto Padre, später in Holguín, wo er eine → *Banda (2)* gründete; M. war außerdem als Professor für Gitarre tätig und schrieb zahlreiche Stücke, darunter »Cuidado con la vela« (Pa'ca) und »Tumbao No 11«.

Márquez, María Teresa (eigtl. María Teresa Villone)
* 20.12.1918 Caballito (Buenos Aires) argentinische Sängerin folkloristischer und populärer Musik, die außerordentliche Beliebtheit erlangte; sang nach 1940 u. a. in den paraguayisch-argentinischen Gruppen von Félix → *Pérez Cardozo* und Herminio → *Giménez*; die von ihr gesungenen Lieder, darunter »Galopera« und »Lucerito alba«, erschienen auf Schallplatten versch. Labels.

Márquez Zayas, Ramón »Mongo«
* 31.8.1908 Santiago de Cuba, † 27.6.1980 das.; kubanischer Volkssänger (Trovador), Musiker und Bandleader; begann seine Karriere 1923; bildete zusammen mit Ángel Almenares das *Dúo Reliquia Santiaguera*; gründete 1925 die Musikgruppe *Congregación Sánchez* und formierte um 1927 zusammen mit Valeriano Dougherty und Mario Colás das *Trío Oriental*; letzteres wurde durch seine hervorragende Interpretation trovadoresker Musik sehr populär.

Marreca → *Mana-chica*

Martelo (Versos martelianos)
brasilianische Liedform, auf zwölfsilbigen Versen mit 6 – 10 Zeilen aufbauend; gehörte bis in jüngste Zeit zum Repertoire der Wandersänger (Cantadores) des Nordostens, die Bezeichnung

geht auf den Dichter Pedro Jaime Martello (1665 – 1727) zurück.

Martelo de la Hoz, Carlos

* 5.11.1931 Piñón (Magdalena); kolumbianischer Musiker, Arrangeur, Komponist und Bandleader; gehörte den Orchestern von Antonio María Peñaranda und Pacho → *Galán* an; gründete in Medellín nach 1960 das aus 14 Musikern bestehende Tanzorchester *Los Hermanos Martelo*, das er leitete und mit dem er bei Tropical einige LPs produzierte. M. ist Schöpfer des Modetanzes → *Jalaíto* und schrieb zahlreiche Stücke wie »Jalaíto en Bogotá«, »Antioqueñita« und »Los bomberos«.

Martí, Dúo Hermanas -

kubanisches Vokal- und Gitarrenduo der traditionell-trovadoresken Musik; 1938 in La Habana durch die Geschwister (Hermanas) Berta und Amelia »Cuca« Martí gebildet; interpretierte zunächst Schlager, spezialisierte sich dann aber auf den Gesang von Kompositionen der Klassiker der kubanischen Trova wie Eliseo → *Grenet,* »Sindo« → *Garay,* Manuel R. → *Corono* und Rosendo → *Ruiz Sr.* Ab 1954 erschienen unter versch. Labels (Kubaney, Panart, Guamá, Areito u. a.) LPs, darunter die Titel »Longina«, »La Bayamesa« und »Martí y Maceo«; Gastspielreisen erfolgten u. a. in die USA (New York, Miami, Tampa) und Mexiko; 1978 erfolgte eine Auszeichnung des Kulturministeriums Kubas.

Martí y Pérez, José

* 28.1.1853 La Habana, † 19.5.1895 Boca de dos Ríos; kubanischer Dichter, Schriftsteller und Revolutionär; schrieb zahlreiche Gedichte, die vielfach vertont wurden; es entstanden nach seinen Texten weltbekannte Lieder wie → *»Guajira guantanamera«* und »La Niña de Guatemala« sowie der gesamte Zyklus seiner »Versos sencillos«, der 1949 von dem spanisch-kubanischen Komponisten José Ardévol erstmalig für Piano und Sopran bearbeitet wurde. Bekannte Interpreten von Liedern nach Texten M.s sind u. a. Oscar → *Chávez* (Mexiko) und Sara → *González* (Kuba).

Martín, Miguel Ángel

* 29.9.1932 Tamé (El Llano); kolumbianischer Sänger, Musiker (Harfe), Komponist und Bandleader; studierte am Konservatorium von Cúcuta und betrieb Forschungen zur → *Música llanera;* gründete um 1955 eine Folkloregruppe, die seinen Namen trug und die Musik der Formen → *Joropo,* Son tameño, → *Pasaje,* → *Zumba que zumba* u. a. in der für diese Region typischen Interpretationsweise darbot und zahlreiche Schallplattenaufnahmen (Label Zeida) produzierte. M. gründete die Musikakademie von Meta, publizierte eine Monographie über die Regionalfolklore und komponierte zahlreiche Stücke, von denen »Carmen Tea« (Joropo), »Paisaje matinal« (Catira) und »Canta cucaracherito« (Son tameño) die bekanntesten sind.

José Martí

Martín, Ricky (eigtl. Enrique Martín Morales)
* 24.12.1971 Hato Rey; puertorikanischer Sänger und Schauspieler. M. begann seine Laufbahn als Chorsänger in seiner Schule, trat 1983 der Rockgruppe *Menudo* bei und entwickelte sich zu einem gefragten Rock-Interpreten, zu dessen Erfolgen u. a. die Titel »María« und »Copa de la vida« (1998) gehören. Der mit zahlreichen Preisen (u. a. »Premio Billboard« als Bester lateinamerikanischer Nachwuchssänger) ausgezeichnete Interpret lebt derzeit in New York; CDs erschienen bei Sony Music.

Martín Fierro
bedeutendes argentinisches Heldenepos des Dichters José Hernández (1834 – 1886), 1872 entstanden, erzählt es in einfühlsamer Weise vom Leben des → *Gaucho.* Das Epos wurde in neuerer Zeit durch bekannte Volkssänger wie Joan Manuel → *Serrat* (Spanien) in Liedform interpretiert und auf Schallplatte aufgenommen. M. F. wurzelt im hispanischen Romantizismus; auf eine zutiefst humane Art und Weise besingt der → *Payador* seinen Kampf für die Freiheit, gegen Ungerechtigkeit und Elend.

Martínez Magos, Abundio
* 8.2.1875 Huichapán (Hidalgo), † 27.4.1914 México-Stadt; mexikanischer Musiker, Komponist und Bandleader; von Beruf Tischler; auf musikalischem Gebiet Autodidakt; gründete in seiner Heimatregion eine Musikgruppe (*Banda de Polotitlán*); schuf, seit 1892 in México-Stadt lebend, eine größere Zahl von Kompositionen, Walzer, Danzas, Pasodobles, Chotis u. a., von denen das noch heute gespielte mexikanische Lied »La Barca de Oro« die weitaus bekannteste ist.

Martínez, Eladio
* 19.5.1912 Paraguarí, † 7.6.1990 Asunción; paraguayischer Sänger und Liedermacher; bildete um 1928 mit Mauricio → *Cardozo Ocampo* ein gefragtes Folklore-Duo; später war er Mitglied des Trio Olímpico, das 1948 in London erfolgreich war. M. schrieb u. a. die bekannten Stücke »Che la reina« und »Lucerito alba«.

Martínez Rivero, Gerardo
* 1900 La Habana, † 1958 das.; kubanischer Sänger, Musiker (Marímbula, Kontrabass) und Komponist; bekannter Vertreter des → *Son cubano;* begann seine Karriere im Sextett *Los Apaches*, gehörte 1917 zu den Gründern des Sexteto → *Oriental* und 1919 des Sexteto → *Habanero;* in letzterem sang er und spielte zunächst die → *Claves* und ab 1925 den Kontrabass. 1935 formierte er eine eigene Gruppe (*Conjunto Típico Habanero*); er schrieb u. a. die Titel »Elena la cumbanchera« und »El Florero« (Sones).

Martínez Gil, Hermanos -
mexikanisches Vokalduo bzw. -trio; 1928 in Veracruz durch die Gebrüder (Hermanos) Pablo und Jesús »Chucho« bzw. Carlos Martínez Gil gegründet; bekannte Vertreter des romantischen Liedes Mexikos; wirkten ab 1932 in México-Stadt und produzierten zahlreiche Schallplattenaufnahmen (Victor bzw. RCA Victor), darunter die Stücke »Chacha linda« (Bolero) und »Escapulario« (Huapango).

Martínez Gil, Jesús »Chucho«
* 16.12.1917 Veracruz, † 22.5.1988 México-Stadt; mexikanischer Sänger, Musiker und Liedermacher; bildete mit seinen Brüdern (Hermanos) → *Martínez Gil* notable Duos oder Trios, die durch ihre Interpretation von Titeln der Formen → *Ranchera,* → *Corrido,* → *Huapango* und → *Bolero* große Popularität erlangten; M. sang außerdem im Orchester *Escuadrón del Ritmo* und schrieb eine größere Anzahl von Stücken wie »Dos arbolitos« (Huapango, 1943), »Pocito de Nacaquinia« (Canción, 1949) und »Pimpollo« (Cha-cha-chá, 1955).

Martínez Arteaga, Julio
* 6.2.1909 La Paz; bolivianischer Musiker, Komponist, Bandleader und Folkloreforscher; Autodidakt; musizierte zunächst in Cafés und Clubs von La Paz; gründete hier den Bolivianischen Autoren- und Komponistenverband und schrieb zahlreiche Stücke der Formen → *Cueca boliviana,* → *Huayno,* → *Bailecito* u. a., darunter die Titel »Tarijeñita« (Cueca), »Lucila«,

»No te olvido« (Bailecitos) und »Mira la Pampa« (Huayño).

Martínez Oyanguren, Julio
* 3.7.1905 Durazno, † 16.8.1973 Montevideo; uruguayischer Musiker (Gitarre, Piano) und Komponist typsicher und ernster Musik. M. studierte Musik bei Professor Alfredo Hargain; sein erstes Konzert gab er bereits 1916. Ab 1941 bereiste er Lateinamerika und danach übersiedelte er nach New York (USA), wo er Konzerte mit Werken u. a. von Eduardo Fabini gab und zahlreiche Schallplatten produzierte, darunter das volkstümliche Stück »Canción del alba«.

Martínez, Ladislao »Ladi«
* 27.6.1898 San Juan, † 1.2.1979 das.; puertorikanischer Musiker (Cuatro, Gitarre), Bandleader und Komponist; formierte um 1932 eine Musikgruppe, Conjunto → *Ladi,* in der er das Instrument → *Cuatro* spielte und vorwiegend die ländliche Volksmusik Puerto Ricos interpretierte. Zu seinen zahlreichen Kompositionen gehören u. a. die Titel »Aurora« (Mazurca) und »De mi tierra« (Canción). M. leitete ebenfalls die Musikgruppe Aurora (1934).

Martínez Argote, Luis Enrique
* 24.2.1922 Haticos de las Cabezas (Guajira); kolumbianischer Sänger, Musiker (Akkordeon) und Liedermacher; Vertreter der → *Música vallenata,* die er in einem zum Romantischen tendierenden Stil vortrug; entstammt einer Landarbeiterfamilie und ist Autodidakt auf musikalischem Gebiet; begann seine Karriere als Berufskünstler 1947; gründete wenig später die Gruppe *Conjunto Lírico Vallenato*, mit der er u. a. bei CBS Schallplattenaufnahmen produzierte; zu seinen bekanntesten Kompositionen gehören u. a. »La tengo domina´« (Paseo), »Cumbia cienaguera« (Cumbia) und »Triste llorando« (Merengue).

Martínez Griñán, Luis »Lilí«
* 16.2.1917 Guantánamo, † 26.8.1990 La Habana; kubanischer Musiker (Piano), Arrangeur und Komponist; bekannter Vertreter des → *Son cubano;* gehörte u. a. den Gruppen von Arsenio → *Rodríguez* und *Estrellas de Chocolate* an; zu seinen zahlreichen Kompositionen, überwiegend der Form Son cubano, gehören u. a. »Alto Songo«, »Aprovechen pollos«, »Las cositas del Mamí«, »Qué se fuñan« und »Quim-bombó que resbala«.

Martínez Serrano, Luis
* 1900 Barcelona, † 29.8.1970 México-Stadt; spanisch-mexikanischer Musiker (Piano), Arrangeur und Komponist sowie Bandleader; wirkte in México-Stadt als Pianist; formierte später ein eigenes Orchester, arrangierte zahlreiche Titel aus der anonymen Musikfolklore wie »La → *Bamba*« (Son jarocho, 1945) und »Me he de comer esa tuna« (Ranchera, 1945) und komponierte Titel wie »Dónde estás corazón« (Canción, 1927) und »¡Qué chulo es besar!« (Corrido, 1943).

Martínez, Narciso »Huracán del Valle«
* 29.10.1911 Reynosa (Tamaulipas); † 5.6.1992 San Benito, (Texas); mexikanischer Musiker (Akkordeon), Komponist und Bandleader; bedeutender Interpret der → *Música norteña* bzw. des → *Tex-Mex Style;* bildete zusammen mit Santiago Almeida (Gitarre, Kontrabass) ein vielgefragtes Duo, das Musik der Formen → *Ranchera,* → *Corrido,* Polka, Mazurka u. a. interpretierte, vorwiegend in Texas auftrat und zahlreiche Schallplattenaufnahmen produzierte. Zu den Kompositionen von M. gehört u. a. der Titel »Tamatán« (Chotis).

Martínez, Pedro
* 1839 Managua, † 1923 das.; nikaraguanischer Sänger (Tenor) und Komponist; sang zunächst in Kirchenchören; er war später als bester Tenor Nikaraguas anerkannt und schrieb Liebeslieder, Romanzen sowie sakrale Musik.

Martínez Furé, Rogelio
* 28.8.1937 Matanzas; kubanischer Musiker, Sänger, Arrangeur, Bandleader und Komponist; Folkloreforscher; wirkte am Institut für Ethnologie und Folklore der Akademie der Wissen-

schaften Kubas und spezialisierte sich auf das Studium der Einflüsse der afrikanischen Kulturen in Amerika. 1962 gründete M. die Gruppe Conjunto → *Folklórico Nacional;* schrieb u. a. die Stücke »Mulata« (Habanera) und »Déjame ya mujer« (Guaguancó).

Martínez, Saúl »Trovador del Recuerdo«
* ? Salina Cruz (Oaxaca), † 1969 das.; mexikanischer Volkssänger (Trovador) und Liedermacher; bekannter Vertreter des romantisch-trovadoresken Volksliedes der Regionen Oaxaca und Yucatán; interpretierte neben eigenen Liedern auch solche von Ricardo → *Palmerín* und Guty → *Cárdenas.* M. schrieb u. a. die Stücke »Juchiteca« und »Mareña« (Zandungas). Er gehörte längere Zeit dem Trio *Los Cancioneros del Sur* an.

Martinho da Vila → *Vila, Martinho da -*

Martins, Herivelto (eigtl. H. de Oliveira M.)
* 30.1.1912 Rodeio (Rio de Janeiro), † 15.9.1992 Rio de Janeiro; brasilianischer Musiker, Sänger, Arrangeur und Komponist; bekannter Vertreter des urbanen → *Samba;* übersiedelte 1930 nach São Paulo, wo er 1932 mit Francisco Sena bzw. Tertuliano Chagas (ab 1937) das *Duo Preta e Branco* und wenig später, mit Dalva de Oliveira, das *Trio de Ouro* bildete. M. schuf mehr als 100 Kompositionen, von denen die Titel »Ave Maria no Morro« (Lamento, 1940), »Izaura« (Samba, 1942), »Praça XI« (Samba 1942) »Carlos Gardel« (Tango, m. David Nasser) und »Cabelos brancos« (Samba, 1948) die weitaus bekanntesten sind und heute noch gespielt werden.

Maruga (Schüttelidiophon)
afrokubanisches Volksmusikinstrument; zwei Hohlkegel aus Blech, die, mit Steinchen gefüllt, zu einem Doppelkegel zusammengeschweißt oder -gelötet sind; an einer der abgestumpften Spitzen ist ein Haltegriff befestigt.

Marujada
traditioneller rustikaler Volkstanz Brasiliens, zur Gruppe des → *Fandango (4)* gehörend; in Küstenregionen von Bahia, Rio Grande do Norte, Paraíba und Pernambuco vorwiegend durch Frauen getanzt. Als Begleitinstrumente dienen → *Tambor,* → *Cuíca,* → *Pandeiro,* → *Rabeca,* → *Cavaquinho,* → *Viola* und Violine.

Marujo
regionale Variante des brasilianischen → *Fandango (4);* stets durch Gesang begleitet.

Marujos, Os -
in den brasilianischen Bundesstaaten Bahia und Sergipe verbreitete Abart der → *Chegança.*

Marumba → *Marunga*

Marunga (Marumba)
ländlicher Volkstanz Puerto Ricos im 2/4-Takt; rustikale Variante des → *Seis.*

Mary-Mary
Volkstanz aus Guyana; durch die mestizische Bevölkerung insbesondere der Region des River Pomeroon aufgeführt.

Marza (März-Gesang)
spanische Lieder; auf altromanische Traditionen der März-Feiern zurückgehend; im Kontext der Eroberung auch nach Lateinamerika gelangt; im allgmeinen a capella vorgetragen, zuweilen auch durch Flöte oder Gitarren begleitet; in Lateinamerika ist die Verbreitung der M. stark rückläufig.

Máscara (Maske, span.)
speziell während des Karnevals (→ *Carnaval*) übliche Methode zur Verdeckung des Gesichts mittels Masken; u. a. in traditionellen und rituellen Tänzen zur Darstellung bestimmter Personen, Tiere usw. angewandt. Die in der lateinamerikanischen Folklore am häufigsten benutzten Masken sind die des Teufels (Diablo), des alten Mannes (Viejo), der alten Frau (Vieja) und des Stiers (Toro).

Masón
einer der wichtigsten Tänze der → *Tumba Francesa;* ein Paartanz, der eine mit afrikanischen Komponenten angereicherte Imitation der Salontänze der einstigen Plantagenbesitzer, die gleichzeitig auch Eigentümer der schwarzen Sklaven waren, darstellt.

Mata Redonda
kolumbianischer Volkstanz aus dem XIX. Jh.; zur Musik des → *Torbellino* in Ortschaften der Hochebene von Cundinamarca und Boyacá noch heute getanzt.

Matabó (Horesomoi)
primitive Bambustrompete der Amazonasindianer Brasiliens.

Matachín (Los Matachines)
ländlicher Volkstanz dramatischen Charakters mit derben Späßen und teilweise doppeldeutigen Texten; im XVIII. Jh. u. a. im kolonialen Mexiko (Nueva España) und in Kolumbien (Nueva Granada) aufgeführt; im Landesinnern Kolumbiens wird der M. in Form einer → *Comparsa* zuweilen heute noch aufgeführt.

Matamoros, Miguel
* 8.5.1895 Santiago de Cuba, † 15.4.1971 das.; kubanischer Sänger, Musiker (Gitarre), Liedermacher, Arrangeur und Bandleader; eine der hervorragendsten Persönlichkeiten der trovadoresken Musik Kubas und des → *Son cubano;* Autodidakt; trat 1912 im »Teatro Heredia« von Santiago de Cuba erstmals öffentlich auf, wirkte in diversen regionalen Gruppen und übersiedelte 1922 nach La Habana, wo er ab 1924 das *Trío Oriental* leitete; gründete 1925 in Santiago de Cuba das später berühmtgewordene Trío → *Matamoros.* M. entwickelte eine neuartige

Trío Matamoros auf einem Foto, das in den 30er Jahren des XX. Jh. entstand; von links nach rechts: Miguel Matamoros, Rafael Cueto und Siro Rodríguez.

Spieltechnik auf der Gitarre, das sog. »vibrierende Zupfen« (Punteo vibrante). Neben dem Trio formierte M. weitere Gruppen wie Septeto und *Conjunto Matamoros*, sowie das *Cuarteto Maisí*. Er schrieb 186 Stücke, in denen die Formen Son, Son-bolero, Bolero, Guaracha und Conga überwiegen, darunter die überaus populären Titel »Mamá son de La Loma« (Son, 1923), »Lágrimas negras« (Son, 1931), »Mariposita de prima-vera« (Habanera, 1928), »El que siembra su maíz« (Son, 1928), »Juramento« (Bolero, 1928) und »El trío y el ciclón« (Bolero-son, 1931) sowie »Comentarios en el solar« (Guaracha, 1934).

Matamoros, Trío -
kubanisches Vokal- und Instrumentaltrio trovadoresk-populärer Musik; bis heute unübertroffen in Kuba; am 8.5.1925 in Santiago de Cuba durch Miguel → *Matamoros* (Gesang, Gitarre), Siro → *Rodríguez* (Gesang, Maracas, Claves) und Rafael → *Cueto* (Gesang und Gitarre) formiert. In dieser Besetzung musizierte das Trio bis zu seiner offiziellen Verabschiedung (am 10.5.1960 im Kanal VI des Kubanischen Fernsehens). Bereits 1928 wurden erste Schallplattenaufnahmen (bei Victor in Camden [New York]) produziert, darunter die Titel »Promesa«, »Regáleme el ticket« und »A cinco reales«; später entstanden u. a. bei Marvela, Kubaney, Tropical, Ansonia, Velvet, Guamá eine große Zahl von Schallplattenaufnahmen; das Trio bereiste nahezu ganz Lateinamerika, Europa (1932 Spanien, Frankreich und Portugal) und die USA. Später entstanden unter weiteren Labels, darunter auch Bootlegs, zahlreiche Re-Editionen.

Matancera, La Sonora-
→ *Sonora Matancera, La -*

Matancero, Conjunto (Sexteto) -
kubanische Vokal- und Instrumentalgruppe; 1929 in Matanzas durch Isaac Oviedo (Tres, Bandleader) gegründet; interpretierte insbes. den → *Son cubano;* bereiste später u. a. Puerto Rico und nahm zahlreiche Schallplatten auf.

Matapú
primitive Trommel der Guaraní-Indianer Paraguays.

Matarozzo, Maysa
* 6.6.1936 São Paulo, † 22.1.1977 Rio de Janeiro (Suizid); brasilianische Sängerin und Liedermacherin; interpretierte ihre Stücke in einer romantisch-sentimentalen Form; schrieb 1948 ihr erstes Lied, »Adeus«; weitere Kompositionen sind »Felicidade infeliz«, »Ouça« und »Resposta«; bei Copacabana, RGE, Premier, Philips und CBS erschienen einige LPs.

Mateo, Joseíto »El Rey del Merengue«
dominikanischer Musiker, Arrangeur, Komponist und Bandleader; bekannter Vertreter des → *Merengue;* war Mitglied diverser Formationen und gründete später eine eigene Gruppe, mit der er zahlreiche LPs u. a. bei Ansonia produzierte, darunter die selbstgeschriebenen Titel »¡Compay, que fiesta!« und »El Pegao«.

Ma' Teodora → *Ginés, Teodora*

Matinué (Idiophon)
Volksmusikinstrument der Amarakaeri-Indianer des peruanischen Amazonasgebietes; ein dem → *Sonajero* ähnliches Gehänge, wird von den Tänzern an der Schulter getragen.

Matos Rodríguez, Gerardo Hernán »Becho«
* 18.3.1897 Montevideo, † 25.4.1948 das.; uruguayischer Musiker (Piano) und Komponist; studierte Architektur und wandte sich später der Musik zu; bekannter Vertreter des Tango; lebte und wirkte zeitweilig in Paris, Berlin (war Konsul in Deutschland) und Buenos Aires, wo er u. a. mit den Textdichtern Enrique → *Cadícamo,* Víctor Soliño und Fernán Silva V. zusammenarbeitete und den Zyklus »Canciones montevideanas« schuf; durch seinen Tango »La → *Cumparsita*« (1917), der als meistverbreiteter Titel dieser Form gilt, gilt, wurde er weltbekannt; darüber hinaus schrieb er u. a. die Tangos »Mocosita« (1925), »Che Papusa oí« (1928;

Text: E. Cadícamo), »La muchacha del circo« und »San Telmo«.

Matraca (Idiophon)
in der Volksmusik vieler Länder Lateinamerikas benutztes Instrument; eine bis zu 50 cm lange rechteckige Schnarre, die mit der in Europa verwendeten »Knarre« (Ratsche oder Knatter) identisch ist; u. a. bei der religiös inspirierten Prozession (→ *Procesión*) der indianisch-mestizischen Bevölkerung andiner Länder (Peru, Bolivien, Nordchile) sowie bei Karnevalsumzügen in Kolumbien und Brasilien verwendet.

Matti Phusaña (Mattiphufaña) → *Poro corneta*

Mattos, Rubén
* 1951 Montevideo; uruguayischer Nachwuchssänger und Liedermacher moderner Populärmusik, dem mit seinem Lied »Salta pequeña langosta« der Einstieg in den professionellen Gesang gelang; produzierte einige LPs.

Matungo → *Urucungo*

Matus, Oscar
* Salta (?); argentinischer Musiker, Sänger und Komponist; Mitgründer (1963) der Bewegung des Neuen Argentinischen Liedes (Nuevo Cancionero); seine Kompositionen bauen auf folkloristischen Traditionen auf, die dazu von ihm verfassten Texte haben eine progressive Aussage; er arbeitete dabei eng mit seiner Schwester Ada, mit der er ein Duo bildete, sowie mit seiner Frau Mercedes → *Sosa,* zusammen. Zu seinen populärsten Titeln gehören u. a. »Coplero del viento« (Canción, mit Armando Tejada Gómez), »Mi canto es distancia« und »El encuentro«; bei Le Chant du Monde erschien eine LP mit ihm als Solist.

Mauchi
bolivianisches Tanzlied negroider Bevölkerungsgruppen der Region Yungas; wird nach dem Tode von Verwandten im familiären Kreis aufgeführt.

Mauré, Héctor (eigtl. Vicente J. Falivene)
* 13.3.1920 Buenos Aires; argentinischer Sänger des → *Tango.* M. wirkte in seiner Jugend als Boxer und begann um 1938 mit dem Gesang; so gehörte er zwischen 1940 und 1945 dem Typischen Orchester von Juan → *D'Arienzo* an, mit dem er bei RCA Victor diverse Schallplatten produzierte; später trat er u. a. im Typischen Orchester von Leopoldo → *Federico* auf. 1958, als Solist, begleitet vom Bandoneón von Pascual Elia und dem Piano von Jorge Dragone, gab er Gastspiele in Paris. Zu seinen Erfolgstiteln gehören die Tangos »Que camine sola« und »Fue tu amor«, bei Odeon aufgenommen.

Maurity, Ruy (eigtl. R. M. de Paula Alfonso)
* 12.12.1949 Paraíba do Sul; brasilianischer Sänger und Liedermacher; konzipierte und interpretierte seine Lieder sowohl im Samba-Rhythmus als auch im modern-balladenhaften Stil; arbeitete dabei stets mit José Jorge Miquinioti zusammen. Unter den Labels Som Livre und Odeon erschienen zahlreiche LPs, darunter die Titel »Fazendeiro do Ar«, »Raça nascente« und »Continente perdido« (Ballade).

Máxima
in Brasilien gesungene Aphorismen im Stile des → *Adágio.*

Maxixe (Machicha)
nur noch selten gespielter brasilianischer Populärtanz im 2/4-Takt; aus dem → *Tango* und Komponenten der kubanischen → *Habanera* entstanden; erster rein urbaner Modetanz Brasiliens. Waren die Kompositionen zunächst noch dem Tango ähnlich (zuerst wurden sie auch so bezeichnet), wurde zwischen 1870 und 1880 mit fortschreitender Integration von Komponenten der Habanera, später auch der Polka, die Bez. Maxixe populär; Verbreitungszentrum war Rio de Janeiro. Bekannte Komponisten wie Ernesto → *Nazareth* und José Luíz de Mora schufen zahlreiche Stücke dieser Form; es folgte eine Verbreitung (als *Machicha*) in weiteren Ländern Lateinamerikas, z. B. in Mexiko.

May Pole
folkloristischer Tanz Jamaikas; in modernen Arrangements auch in die neuzeitliche Tanzmusik einbezogen.

Mayarí, Cuarteto-
puertorikanisches Vokal- und Instrumentalquartett; 1938 in New York durch die Solisten Plácido Acevedo, Tito → *Rodríguez,* Manuel → *Jiménez* und Paquito Sánchez formiert; die Gruppe widmete sich vorrangig der Interpretation des → *Son cubano;* unter versch. Labels (Victor bzw. RCA Victor, Verne, Alegre, Seeco, Ansonia u. a.) entstanden zahlreiche Schallplattenaufnahmen, darunter die Titel »Silvana« und »Fue en vano«.

Maychil → *Chilchil*

Maydana, Maruja
* Puno; peruanische Folkloresängerin; interpretierte vorwiegend Titel der Form → *Huayno*; gehörte der Volksmusikgruppe Centro Musical → *Yunguyo* an, mit dem sie u. a. den Titel »Sirisma« (Huayno-kajjelo) interpretierte.

Mayer Serra, Otto
* 1904 Barcelona, † 19.3.1968 México-Stadt; deutsch-mexikanischer Musikologe und Musikkritiker; studierte und promovierte in Deutschland u. a. bei Curt Sachs und Erich Hornbostel; ließ sich später in Mexiko nieder, wo er eine umfangreiche Forschungs- und Publikationstätigkeit auf dem Gebiet der lateinam. Musik betrieb; zu seinen Hauptwerken zählt das zweibändige enzyklopädische Lexikon »Música y músicos de Latinoamérica«, 1947 in México-Stadt erschienen.

Mayo (Mayo de la Virgen)
Mailied, ursprünglich Anfang Mai oder am letzten Apriltag gesungenes spanisches Volkslied, das auch nach Lateinamerika transkulturiert wurde. Die aus Versen zu Ehren der Jungfrau (Virgen) bestehenden Lieder werden bei stark rückläufiger Tendenz vorwiegend von durch den Ort ziehenden jungen Männern gesungen.

Mayo ya → *Palo de Mayo*

Mayohuacán
indokubanische Holztrommel, dem → *Manguaré* ähnlich; wurde in vorspanischer Zeit u. a. zur musik. Begleitung des → *Areito* gespielt.

Mayohuacán, Grupo -
kubanisches Vokal- und Instrumentalseptett; 1972 in La Habana durch musikbegeisterte Amateure gegründet. Die zur Bewegung der Neuen Kubanischen Trova (MNTC) gehörende Formation, deren Leitung Adolfo González oblag, interpretierte neben traditionellen Titeln wie »A la loma de Belén« (Son) auch Stücke der Mischform → *Salsa*; bei Areito und Amiga entstanden einige LPs.

Mayombe, Grupo -
puertorikanische Vokal- Instrumental- und Tanzgruppe; 1973 in Eloisa (Costa Norte) unter der Leitung von Gladys Rivera gegründet. Das aus 17 Mitgliedern – Studenten und Arbeitern – bestehende Ensemble interpretierte landestypische Formen, darunter die Stücke »Bakiné« und »Buey cansao«.

Mayor
1. spanische Bezeichnung für das Tongeschlecht Dur; port. »Maior«. 2. oft gebrauchte Bez. für die jeweils größte Trommel innerhalb eines Ensembles verschieden großer Instrumente.

Mayor, Sexteto -
argentinische Instrumentalgruppe des → *Tango*; 1972 in Buenos Aires durch den Musiker José A. Bello (Bandleader) gegründet; interpretierte vorwiegend traditionelle Titel in modernen Arrangements, von denen »La Cumparsita« und »Taconeando« auf einer von zahlreichen LPs (meist Odeon) erschienen; Bandoneónspieler der Gruppe war José Libertella.

Mayoyo
afrohaitianischer Volkstanz, wird nur durch negroide Bevölkerungskreise getanzt.

Maytals, The -
anglokaribische Vokal- und Instrumentalgruppe; 1968 in Kingston Town durch den Sänger und Musiker Toots Hibbert formiert; pflegte u. a. → *Calypso* und → *Reggae*; bei Island Records erschienen einige LPs, darunter die Titel »John & James« und »Pressure drop«.

Mazamorra
chilenischer Volkstanz; heute kaum noch verbreitet; früher vorwiegend in Südchile getanzt; symbolisiert in der Choreographie zwei Sperber (Gavilanes), die eine Taube (Paloma) umkreisen, die beim Tanz von zwei Männern und einer Frau dargestellt werden. Die Folklore-Gruppe → *Cuncumén* erforschte die M. in Traiguén (Ñuble), interpretierte sie und nahm sie innerhalb einer Serie von Folklore-LPs auf.

Mazo (Mazos)
1. Bezeichnung für die meist paarig verwendeten Schlagstöcke einer Trommel. 2. idiophones Musikinstrument; zwei flaschen- bzw. keulenförmige Holzkörper, die, gegeneinander geschlagen, zur rhythmischen Begleitung von Volkstänzen in den peruanischen Regionen Cusco und Lima dienen.

Mazonne
afrohaitianischer Volkstanz; zur Gruppe der → *Congo*-Tänze gehörend, innerhalb der → *Vodú*-Zyklen aufgeführt; ihm liegt eine dem → *Masón* äquivalente Choreographie zugrunde.

Mazumba → *Tambu (1)*

Mazurka (Mazurca, Ranchera [in Argentinien und Uruguay], Rancheira [in Brasilien] u. a.)
um 1600 in Polen entstandener Gesellschaftstanz; der um 1828 in Spanien verbreitet war und danach von dort aus in weite Teile Lateinamerikas transkulturiert wurde; hier als Mode- bzw. Salontanz nur von kurzem Bestand, Ende des XIX. Jh. reaktualisiert und in einigen Ländern noch heute als vorwiegend ländlicher Volkstanz existierend, z. B. in Chile, Argentinien, Uruguay, Costa Rica, Nikaragua und Brasilien; in letzterem Land fand sie um 1850 Eingang in die Volksmusik des Nordostens und wird hier meist durch Akkordeon (Sanfona) begleitet.

Mbaracá
schüttelidiophones Volksmusikinstrument der Guaraní-Indianer Paraguays; aus Kalebassenfrüchten hergestellt und mit den → *Maracas* identisch.

Mbaracaguasú
Guaraní-Name für die Paraguay-Harfe (→ *Arpa paraguaya*).

Mbila
afrikanische Bezeichnung für ein u. a. in Moçambique gespieltes idiophones Volksmusikinstrument, das als eine Stammform der → *Marimba* angesehen werden kann.

Medalha, Marília
* 25.7.1944 Niterói (Rio de Janeiro); brasilianische Sängerin und Liedermacherin; gehörte von 1965 – 67 der Gruppe von Sérgio → *Mendes* als Sängerin an; trat später mit Edu → *Lobo* u. a. auf; 1968 erschien ihre erste LP (Philips), der weitere folgten; zusammen mit Vinícius de Morais verfasste sie den Walzer »Valsa para um ausente«.

Medeiros, Elton de -
(eigtl. Elto Antônio de Medeiros)
* 22.7.1930 Rio de Janeiro; brasilianischer Sänger, Musiker (Saxophon, Posaune), Arrangeur und Liedermacher; komponierte und arrangierte für die Samba-Schule (→ *Escola de Samba*) *Unidos de Lucas*; schuf u. a. die Titel »Pra bater minha viola« und »Avenida fechada« (Sambas, 1973).

Medellín, Conjunto -
mexikanische Volksmusikgruppe (Conjunto → *Jarocho*); in Medellín (Veracruz) durch den Harfenisten Lino Chávez formiert und geleitet; interpretierte vorwiegend den → *Son jarocho*. Titel wie »La Bamba« und »Balajú« erschienen auch auf Schallplatte (u. a. Label RCA Victor).

Media caña
nur noch wenig verbreiteter Volkstanz in Argentinien, Uruguay, Paraguay, Chile, Kolumbien (Andenregion) und Brasilien (in Rio Grande do Sul als *Meia-canha* populär; ein im XIX. Jh. aus der → *Contradanza* entstandener rein kreolischer Tanz. In der M. c. des La Plata-Gebietes vermischten sich Elemente des → *Pericón,* der → *Zamacueca* und des → *Gato;* erste Nachweise über die Existenz dieses Tanzes stammen aus der Zeit um 1830.

Media tuna
alter dominikanischer Volkstanz bzw. ein bei der Arbeit gesungenes Lied; vermutlich aus der spanischen → *Petenera* entstanden; heute ein nur noch wenig verbreitetes Tanzlied, das durch das Instrument → *Cuatro* begleitet wird.

Medio punto (Mediopunto)
Variante des panamaischen → *Punto,* weniger getanzt als zum Klang des Instruments → *Mejoranera* gesungen.

Meia-canha → *Media caña*

Mejía Godoy, Carlos
* 27.6.1943 Somoto (Diriamba); nikaraguanischer Sänger, Musiker (Akkordeon, Marimba, Piano), Arrangeur, Liedermacher und Bandleader; einer der bekanntesten Vertreter der Volks- und Populärmusik Nikaraguas; war unter dem Somoza-Regime mehrfach inhaftiert und wirkte bis 1979 im Exil. Mit der von ihm formierten Gesangs- und Instrumentalgruppe Los de → *Palacagüina* interpretierte er folkloristische und populäre Musik, der er z. T. sozialkritische und tagespolitische Texte unterlegte; seine »Misa campesina«, der »Canto épico al FSLN« (1983 auf dem Festival des Politischen Liedes in Berlin uraufgeführt) und seine aus der anonymen Musikfolklore arrangierten Stücke wie »Son tus perjumenes mujer« erschienen auf LPs u. a. der Labels CBS und Enigrac.

Mejía Godoy, Luis Enrique
* 19.2.1945 Las Segovias; nikaraguanischer Sänger, Musiker (Gitarre), Arrangeur, Liedermacher und Bandleader; Bruder von Carlos → *Mejía G.;* schrieb ab 1970 eine große Zahl von Liedern mit teilweise politisch-sozialen Inhalten; gründete und leitete die Musikgruppe → *Mancotal;* schrieb u. a. die Lieder »Celestino Mondragón, »Volveré a mi pueblo« und »Josafana va« (Guaracha); als Solist produzierte er u. a. bei CBS und Ocarina mehrere LPs, weitere zusammen mit seiner Gruppe.

Mejía, Antonia »Toñita«
* 1915 San Pedro (Antioquia); kolumbianische Musikerin (Tiple), Arrangeurin und Bandleader; hervorragende Solistin auf dem Volksinstrument → *Tiple (1);* gründete und leitete eine ihren Namen tragende → *Estudiantina,* mit der sie Stücke insbes. der Formen → *Bambuco* und → *Pasillo* interpretierte und auf einigen LPs des Labels Zeida produzierte.

Mejías Palazzi, Laudelino
* 1893 Trujillo (Maracaibo), † 1963 ?; venezolanischer Musiker (Klarinette), Komponist und Bandleader; war längere Zeit Direktor der → *Banda (2)* Sucre del Estado de Trujillo sowie weiterer Musikgruppen; komponierte zahlreiche Stücke, von denen die Walzer »Conticinio« (1923) und »Pobre Juan Bimba« (1926) sehr populär wurden.

Mejorana
1. einer der typischsten Volkstänze Panamas; als Kollektivtanz, zuweilen auch als Paartanz aufgeführt; begleitet durch die → *Mejoranera* und (z. B. in der Region Veraguas) eine rustikale Violine, → *Rabel* und → *Caja;* vorwiegend aus → *Zapateo*-Parts bestehend; charakteristisch ist der Versuch der Tanzpaare, das Aufstampfen der Füße mit dem durch die Saiten der Mejoranera vorgegebenen Takt zu synchronisieren; eine spezielle Variante ist die *M. santeña*, auch *Santeña* genannt. 2. oft gebrauchte Bezeichnung für das Saiteninstrument → *Mejoranera,* speziell wenn sie als Soloinstrument fungiert.

Mejoranera (Mejorana [2], Guitarra mejoranera) kleine fünfsaitige Gitarre, typischstes Volksmusikinstrument Panamas; häufig rustikal konstruiert; mit den Fingern gezupft, wobei ein weicher, zuweilen auch durchdringender Ton erzeugt wird. Eine mögliche Stimmung ist E²-B²-A²-A3-D3. Die M. wird vorwiegend zur Begleitung des Volkstanzes → *Mejorana (1),* aber auch für weitere kreolische und mestizische Formen des gesamten Territoriums von Panamá eingesetzt; eine durch Indianer gespielte, etwas größere Variante heißt *Bocana*; der Solist wird *Mejoranero* genannt.

Melcocha
regionaler Name des kubanischen → *Guateque.*

Meléndez López, Betti »La Gitanilla«
* 1929 Buenaventura; kolumbianische Sängerin und Tänzerin sowie Filmschauspielerin; studierte von 1950 – 54 in Madrid Musik und Flamenco-Tanz; trat zunächst in Madrid unter dem Pseudonym *La Gitanilla* auf, später übersiedelte sie nach Mexiko, wo sie in Musiktheatern als Sängerin und Tänzerin sowie in zahlreichen Filmen wirkte; produzierte einige LPs; der von ihr gesungene → *Merecumbé* »Cosita linda« wurde mit einer »Goldenen Schallplatte« ausgezeichnet.

Melgar, Mariano
* 1791 Arequipa, † 1815 das.; peruanischer Musiker, Komponist, Folkloreforscher und Dichter; einer der klassischen Vertreter nationaler Musik Perus; Urheber der heute noch weit verbreiteten Form → *Yaraví,* die er aus Komponenten der indianischen Folklore entwickelte. Wegen seiner patriotischen Gesinnung wurde M. als Teilnehmer des Aufstandes von Pumacahua (1815) standrechtlich erschossen.

Melliza
kleine 25 cm lange Rohrflöte, in der Volksmusik verschiedener Regionen Perus, u. a. Piura, gespielt.

Melodías del 40, Orquesta -
kubanisches Tanzorchester vom Typ einer →

Ein typisches Volksmusikduo aus Panamá: ein Décima-Sänger (Santos Díaz) und ein Mejorana-Spieler (Rafaelito González, 25.4.1981 Panamá-Stadt)

Charanga Francesa; 1940 in La Habana durch den Pianisten Regino Frontela Fraga gegründet und geleitet; hat annähernd 30 Jahre lang landestypische Musik, vor allem den → *Cha-cha-chá* interpretiert; als Gesangssolisten wirkten u. a. Luis Lecour, Manuel Montalvo und Rodovaldo Bernal; unter versch. Labels (u. a. Panart, Puchito und Areito) erschienen zahlreiche Schallplattenaufnahmen, darunter die Titel »Caminito de Guarena« und »Tunas-Bayamo«.

Melodio (Pampa piano)
in der sakralen, später auch in der folkloristischen Musik der peruanischen Regionen San Martín, Cusco und Amazonas eingesetztes kleines transportables Harmonium.

Melopeya (Melopea; port. Melopeia)
feierlicher Gesang; zuweilen auch Synonym für »Gesang«.

Membé → *Memby*

Membiela, Ñico
* 3.12.1913 Zulueta; kubanischer Sänger und Musiker; Vertreter des romantisch-getragenen Bolero-Liedes; hat in verschiedenen Orchestern (z. B. Orquesta Saratoga) gesungen und bei Puchito, Panart, Kubaney u. a. Schallplattenaufnahmen produziert, darunter die Titel »Campanitas de cristal«, »Súblime indecisión« und »Amor arrepentido«.

Membrives, Dolores »Lola«
* 28.6.1885 Buenos Aires, † 1969 (?); argentinische Sängerin (Cancionista) kreolischer Lieder und Theaterdarstellerin; entwickelte sich zu einer außergewöhnlich populären Interpretin, zeitweilig in Spanien wirkend und vorwiegend der Form → *Tonadilla* zugewandt. M. sang zwischen 1915 und 1920 frühe Formen des → *Tango,* darunter die auf Schallplatten (Label Nacional) aufgenommenen Titel »Milonguita«, »Maldito tango« und »Rosita la chacarera«; darüber hinaus sang sie auch chilenische Tonadas wie »El delantal de la china«.

Memby (Membi, Membé, Flauta, Assobio, Pífaro)
nach Abmessungen und Material unterschiedliche Flöten der Guaraní-Indianer in Paraguay und Südwestbrasilien; früher aus dem Schienbeinknochen eines Menschen, heute meist aus Zuckerrohr gefertigt; es existieren zahlreiche Varianten, die sich in Dimension und Klang unterscheiden.

Mendes, Sérgio
* 11.2.1941 Niterói (Rio de Janeiro); brasilianischer Sänger, Musiker (Piano), Arrangeur und Bandleader; formierte mit 15 Jahren in Rio de Janeiro eine Musikgruppe, die brasilianischen Jazz interpretierte und wurde ab 1963 als Interpret der → *Bossa Nova* populär; gründete 1966 die Jazzgruppe *Sérgio Mendes e Brasil 66*, mit der er zahlreiche Auslandsgastspiele – vorwiegend in den USA – bestritt und zahlreiche Schallplattenaufnahmen produzierte (Labels WEA, Capitol, A & M Records u. a.), darunter die Titel »Mais que nada« und »O pato«.

Méndez, José Antonio »Filinero«
* 21.6.1927 La Habana, † 10.6.1989 das.; ku-

Dolores »Lola« Membrives – Ihre frühe Aufnahme des Tangos »La Morocha« (auf Odeon-41.814) trug zur wachsenden Popularität des Tangos bei

banischer Sänger, Gitarrist und Liedermacher; bekannter Vertreter des → *Feeling;* studierte ab 1940 Gitarre und Komposition; sang später beim Sender 1010. Von 1949 – 59 wirkte er in Mexiko; nahm einige LPs (Labels RCA Victor und Areito) auf und schrieb zahlreiche zum Romantischen tendierende Lieder wie »La gloria eres tú« (1946; seine bekannteste Komposition), »Novia mía« (Canción, 1946), »Quiéreme y verás« und »Si me comprendieras« (1957).

Méndez Sosa, Tomás
* 1928 (?) Zacatecas, † 19.5.1995 México-Stadt; mexikanischer Musiker, Sänger, Arrangeur und Komponist; bekannte Persönlichkeit der mexikanischen Populärmusik; begann seine künstlerische Laufbahn als Mitglied des Trios *Los Diamantes*, wirkte später auch als Solist und schuf eine größere Zahl von Musikstücken versch. Formen, die heute z. T. zum Standardrepertoire mexikanischer Folkloregruppen zählen, darunter die Titel »Cucurrucucu paloma« (Huapango, 1954; bekannteste Komposition von M.), »Puñalada trapera« (Ranchera, 1954), »Paloma, déjame ir« (Ranchera canción, 1955), »Huapango torero« (1956), »Bala perdida« (Corrido, 1959) und »A los cuatro vientos« (Ranchera, 1955).

Mendizábal, Anselmo Rosendo »Negro Rosendo«
* 21.4.1868 Buenos Aires, † 30.6.1913 das.; argentinischer Musiker (Piano) und Komponist; bekannter Vertreter der so genannten »Alten Garde« (Guardia Vieja) des → *Tango;* populärster Tango-Pianist der Zeit um 1900; Autodidakt; spielte in diversen Cafés und Gaststätten von Buenos Aires, darunter im »Hansen« und in der »Casa María la Vasca«, wo er um 1897 seinen berühmt gewordenen Tango »El Entrerriano« erstmals öffentlich vorstellte. Seine zahlreichen Kompositionen wurden generell unter dem Pseudonym »A. Rosendo« signiert; dazu zählen die Titel »Don Enrique«, »Matilde«, »Tres arroyos«, »Por aquí que no hay espinas« und »A la larga«.

Mendonça, Newton (eigtl. N. Ferreira de M.)
* 14.2.1927 Rio de Janeiro, † 19.11.1960 das.; brasilianischer Musiker (Piano), Arrangeur und Komponist; bekannter Vertreter der → *Bossa Nova;* arbeitete eng mit Antônio Carlos → *Jobim* zusammen, mit dem er zahlreiche Stücke schrieb, darunter die Titel »Desafinado«, »Samba de uma nota só« und »Meditação«.

Mendoza, Amalia »La Tariácuri«
mexikanische Sängerin; interpretierte zunächst Titel der Form → *Bolero* und spezialisierte sich dann auf das Ranchera-Lied (→ *Canción ranchera*), wodurch sie, begleitet u. a. durch die Mariachi → *Vargas de Tecalitlán,* zur Folklore-Sängerin avancierte. Bei RCA Victor erschienen zahlreiche LPs, darunter die Titel »Amarga Navidad« und »Maldición ranchera« sowie »Laguna de pesares«.

Mendoza, Celeste »Reina del Guaguancó«
* 6.4.1930 Santiago de Cuba; kubanische Sängerin; ab 1950 sehr erfolgreich mit dem Gesang liedhafter Versionen der Form → *Guaguancó* (Canción guaguancoseada), mit denen sie beim Rundfunk und später im Fernsehen auftrat; weiterhin wirkte M. in Cabarets von La Habana und in dem Musikfilm »Nosotros la música«, gab

Amalia Mendoza y Mariachi Vargas de Tecalitlán – LP »Las canciones que siempre quise grabar ... « – RCA Victor MKL-1504 (1964)

Auslandsgastpiele u. a. in Panama, Venezuela, Puerto Rico, USA, Mexiko, Frankreich und in der UdSSR; unter versch. Labels (u. a. Gema, Tropical und Areito) entstanden zahlreiche Schallplattenaufnahmen. darunter die Titel »Bemba colorada« und »Santa Cecilia«.

Mendoza Suasti, Hermanas -
ekuadorianisches Vokalduett der folkloristischen und populären Musik, um 1928 durch die Schwestern Laura und Mercedes Mendoza Suasti in Quito formiert. Nach einem erfolgreichen Debut 1940 bei einem regionalen Sender entwickelte sich das Duo zum beliebtesten femininen Gesangsduett Ekuadors; Titel wie »Esta pena mía«, »Tu partida« und »Noches quiteñas« erschienen u. a. bei Granja.

Mendoza, Lydia »Alondra de la Frontera«
* 31.5.1916 Houston (Texas); US-amerikanische Sängerin und Gitarristin der → *Música chicana;* bekannteste und populärste Verteterin regionaler Lieder im → *Tex-Mex Style;* verfügte über ein Repertoire von mehr als 1000 Titeln, die zwischen 1928 und 1980 z. T. auf Schallplatten der Labels Arhoolie, Azteca, Columbia, Falcón, Gaviota, Globe, Ideal und Victor aufgezeichnet worden sind, darunter die Titel »Cuatro milpas« (1928), »Noche tenebrosa«, »Pálida luna«, »Una noche serena y oscura« und »Silverio Pérez«. Im Repertoire, das u. a. auch durch die Radiostation KCDR (San Antonio) gefördert wurde, überwiegen Stücke der Formen → *Ranchera* (Corrido) und → *Polka norteña* aus Mexiko.

Mendoza, Nicolás »Colacho«
kolumbianischer Musiker (Akkordeon), Arrangeur und Liedermacher; bekannter Vertreter der → *Música vallenata;* widmet sich vorwiegend der Form → *Paseo;* arbeitete eng mit Diomedes Díaz zusammen, in dessen Musikgruppe er wirkte und mit der er 7 LPs produzierte, darunter seine Komposition »Amores en cine«.

Mendoza y Cortés, Quirino F.
* 10.5.1862 Tulyehualco (México), † 10.11. 1957 México-Stadt; mexikanischer Musiker (Piano, Orgel, Gitarre), Arrangeur, Komponist und Bandleader; Professor für Musik; wurde durch seinen Vater, selbst Musiker, und von notablen Organisten in Milpa Alta und Xochimilco ausgebildet; wurde vor allem durch seine etwa 500 hinterlassenen Kompositionen, von denen ein Teil heute noch gespielt wird, bekannt. So schuf er 1918 das Arrangement für das in seinen Grundelementen aus der anonymen Musikfolklore stammende bekannte Ranchera-Lied »Cielito lindo«, ferner schuf er die Stücke »Honor y gloria« (Walzer, 1905), »Jesusita en Chihuahua« (Polka, geschrieben um 1915, veröffentlicht 1948), »Joaquinita« (Corrido, 1916) und »Espuelas de Amozac« (Danza).

Mendoza, Vicente Toribio
* 27.1.1894 Cholula (Puebla), † 27.10.1964 México-Stadt; mexikanischer Musiker (Piano), Komponist und Folkloreforscher; kam 1907 nach México-Stadt, studierte dort Piano und Komposition und entwickelte sich zu einem Spezialisten auf dem Gebiet der Musikfolklore Mexikos; publizierte u. a. »El Corrido mexicano« (1939) und »Instrumental precortesiano« (1937) – Werke, die heute zur meistzitierten Literatur über die Geschichte der Volks- und Populärmusik Mexikos gehören. M. gründete außerdem 1938 die Mexikanische Folklore-Gesellschaft.

Menéndez Barnet, Nilo
* 1906 Matanzas, † 1987 Burbank (USA); kubanischer Musiker, Arrangeur, Komponist und Bandleader; wirkte längere Zeit in der Gruppe von Ernesto → *Lecuona;* gehörte um 1935, bereits in den USA lebend, dem Orchester von Xavier → *Cugat* an; gründete später das Trio *Cuban Boys.* M. schrieb einige Stücke, von denen »Aquellos ojos verdes« (Bolero, 1929; Text: Adolfo Utrera) das weitaus bekannteste ist und heute noch gespielt wird.

Menescal, Roberto (eigtl. R. Batalha M.)
* 25.10.1937 Vitório (Espírito Santo); brasilianischer Musiker (Violão) und Komponist;

gehört zu den Pionieren der → *Bossa Nova;* gründete 1958 eine der ersten Instrumentalgruppen dieser Form und schuf, meist in Zusammenarbeit mit Ronaldo Boscoli, zahlreiche Stücke dieser Form wie »Barquinho« (1961), »Você«, »Ai, se eu pudesse« (1963) und »Errinho à Toa« (1961).

Menezes Campos, Monsueto
»O Filósofo do Samba«
* 4.11.1926 Góvea (Rio de Janeiro), † 17.3.1973 Rio de Janeiro; brasilianischer Sänger, Musiker (Schlagzeug) und Komponist; bekannter Vertreter des urbanen → *Samba;* schuf zahlreiche Titel dieser Form, die durch feinsinnig-eigenwillige Texte bestechen, darunter die Titel »A fonte secou« (1954, mit Tufi Lauar), »Ziriguidum« (1961) und »Couro do falecido« (1970).

Menor
spanische Bezeichnung für das Tongeschlecht »Moll«.

Mento
jamaikanischer Volkstanz; mit der → *Rumba* eng verwandt; auch auf den zu Kolumbien gehörenden Inseln San Andrés und Providencia in einer mit Komponenten des → *Porro* angereicherten Variante verbreitet; vorwiegend durch kleine Folkloregruppen (wie z. B. die *Jericho Mento Band* [Jamaika]) mit den Instrumenten → *Rhumba Box,* Banjo und Gitarre gespielt. Während der M. in Jamaika als reiner Kollektivtanz zur Aufführung gelangt, wird die kolumbianische Variante häufig als Paartanz und – für afrolateinamerikanische Formen sehr untypisch – zusammen getanzt. Der M. kann als ein Vorläufer des → *Calypso* und des → *Reggae* angesehen werden; die meisten Stücke entstammen der anonymen Musikfolklore.

Mercé, Antonia »La Argentina«
* 4.9.1890 Buenos Aires, † 18.7.1936 San Sebastián (Spanien); argentinisch-spanische Tänzerin (Bailaora); kam frühzeitig nach Madrid, wo sie am Teatro Real als Tänzerin ausgebildet wurde; genoss weltweite Popularität durch die perfekte Beherrschung aller Tanzformen des spanischen → *Flamenco.*

Mercerón Masó, Mariano
* 6.11.1905 Santiago de Cuba, † 26.12.1975 México-Stadt; kubanischer Musiker (Saxophon), Arrangeur, Komponist und Bandleader; gehörte diversen Musikgruppen seiner Heimatregion an; interpretierte zunächst vorwiegend Titel der Form → *Danzón;* gründete um 1925 sein erstes Orchester, mit dem er sich insbes. dem → *Son cubano* widmete; seine Gruppe *Mercerón y sus Muchachos,* ab etwa 1944 aktiv, wurde sehr populär und produzierte zahlreiche Schallplattenaufnahmen (Label Puchito). M. schrieb u. a. die Titel »Ven y ven y ven« (Danzón), »Dónde está la pulga« (Guaracha« und »Montuno del amor« (Son).

Merecumbé
von dem kolumbianischen Musiker »Pacho« → *Galán* um 1952 geschaffener Modetanz; aus der Kombination der Formen → *Merengue* und → *Cumbia* hervorgegangen; zumeist als gesungene Version gespielt; gehört auch heute noch zum Repertoire kolumbianischer und lateinamerikanischer Tanzorchester; der bekannteste Titel ist »Ay cosita linda«.

Merecure
von der afroamerikanischen Bevölkerung Kolumbiens gespielte Trommel.

Merengue
ein sehr schneller, rhythmisch betonter Volkstanz; in zahlreichen regionalen Varianten mit teilweise eigenen Bezeichnungen im gesamten karibischen Raum verbreitet. Es existieren drei Grundtypen 1. die sehr schnelle Form in synkopiertem Rhythmus mit responsorischem Gesang (→ *Call & Response*), gilt als Basisform des M. und ist Teil der städtischen und ländlichen Musikfolklore der Dominikanischen Republik; hier Nationaltanz und Haiti (→ *Meringue*); fand auch Eingang in die Tanzmusik Guatemalas

(mit der → *Marimba* gespielt und als *Merengue chapinizado* bezeichnet) und weiterer Länder. Als kreolisch-negroide Form soll der M. bei den Unabhängigkeitskämpfen bei Talanquera (Dominikanische Republik) bereits um 1864 gespielt worden sein. Begleitinstrumente sind diverse Trommeln und Saiteninstrumente, in jüngster Zeit Akkordeon und Saxophon. Der dominikanische M. ist in zwei Teile gegliedert: die instrumentale Einleitung (Introducción oder »Paseo«) und die gesungene *Copla cantada*; beide werden durch ein Zwischenspiel (Interludio) verbunden, den Ausklang bildet der → *Jaleo (2)*. Die Texte ländlicher Formen sind meist einfach und eingängig konzipiert, häufig im Dialekt der afroamerikanischen Bevölkerung. Bekannte Interpreten sind Alberto → *Beltrán,* Luis → *Kalaff* und Joseíto → *Mateo*. 2. eine vorwiegend in den Atlantik-Küstengebieten Kolumbiens und Venezuelas verbreitete langsame Form; in Kolumbien zur Gruppe des → *Paseo* bzw. zur → *Música vallenata* gehörend; existiert in Varianten wie *M. folklórico* (Provinz Valledupar), der die unverfälschteste Form darstellt. Begleitinstrumente in Kolumbien sind Akkordeon, → *Caja*, → *Maracas* und → *Guacharaca*; in Venezuela (Region von Barlovento) überwiegend Trommeln; im Raum von Caracas → *Tambor,* → *Cuatro,* → *Charrasca,* Gitarre, zuweilen auch Blasinstrumente. Bekannte Komponisten sind u. a. José → *Barros* und Rafael → *Escalona* (Kolumbien) sowie Eduardo → *Serrano* (Venezuela; schrieb u. a. den bekannten Titel »Barlovento«). 3. eine u. a. auf Puerto Rico gespielte gemischte Form, vornehmlich durch lateinamerikanische Vertreter der → *Música tropical* interpretiert. Als Modetanz gelangte der M. ab 1950 auch nach Europa und in die USA, wo er nach stark kommerzialisierten Arrangements u. a. durch das Orchester von Xavier → *Cugat* interpretiert wurde. Aus allen drei Unterarten gingen Titel mit sozialkritischen Texten hervor, dazu gehören vor allem die Varianten → *Juangomero* und → *Suspiro;* häufig wird der → *Aguinaldo* im Rhythmus eines Merengue dargeboten.

Merequetengue

eine nach 1960 in Kolumbien als Modetanz entwickelte Variante des → *Merengue (2)*.

Meringue

haitianische Variante des → *Merengue (1);* Volkstanz mit eigener Choreographie, zumeist durch Gesang begleitet; als Musikinstrumente werden versch. Trommeln, Violinen, Akkordeon und zuweilen Gitarre eingesetzt; besonders im ländlichen Bereich werden die Liedtexte häufig in der Mischsprache → *Créole* vorgetragen. Bekannte Interpreten sind Emy de Pradines, Martha → *Jean Claude,* Raoul Guillaume und Atis → *Independan,* der Protestsongs mit Meringue-Rhythmen unterlegte.

Merriwang

primitive, früher in der folkloristischen Musik Jamaikas eingesetzte, aus einer Kalebasse hergestellte Gitarre.

Merrymakers Steel Band, The -

anglokaribische Instrumentalgruppe vom Typ einer → *Steel Band;* wurde nach 1950 in Port of Spain (Trinidad) gegründet; interpretierte neben dem traditionellen → *Calypso* auch karibische Tanzmusik verschiedener Formen; bei Cook entstanden einige Schallplattenaufnahmen.

Merrymen, The-

anglokaribische Vokal- und Instrumentalgruppe; in Bridgetown (Barbados) durch den Sänger und Gitarristen Emile Straker m. Robin Hunte (Gitarre, elektrische Mandoline), Stephen Fields (Gitarre), Chris Gibbs (Bassgitarre) und Robert Foster (Drums) gegründet; interpretierte vorwiegend Titel der Form → *Calypso* wie »Wings of a dove«, die auf Schallplatten des Labels Merry Disc veröffentlicht wurden.

Mesada

kolumbianischer Volkstanz der Páez-Indianer der Region von Cauca; am 23. Juni (Día de San Juan) zum Klang der Instrumente → *Bombo,* → *Redoblante,* Flöten und → *Pandereta* getanzt.

Mesano
panamaischer Volkstanz; Variante der → *Mejorana;* durch Gitarre, → *Mejoranera* und Gesang begleitet.

Mestre
1. in der religiös inspirierten Folklore Brasiliens verankerte gottähnliche Persönlichkeit (»Espíritu«). 2. Vorsänger bzw. Leiter folkloristischer Tänze bzw. Gruppen im Landesinnern Brasiliens. 3. in weiten Teilen Brasiliens Bezeichnung für eine Person mit hervorragenden Musik-, Gesangs- und Tanzkenntnissen.

Metáfora, Grupo -
peruanisches Instrumentalquartett; 1977 in Cusco durch Francisco Olazabal Castillo (Perkussion), Santiago Palomino Coll C. (Charango, Quena), Marcial Arechaga Salas (Gitarre) und Raúl Castelo Hermoza (Quena und Zampoña) formiert; interpretierte Volks- und Populärmusik verschiedener Länder Lateinamerikas und produzierte einige LPs.

México, Mariachi -
mexikanische Musikgruppe vom Typ → *Mariachi;* einer der bekanntesten Vertreter der mexikanischen Populärmusik; wurde um 1945 in México-Stadt durch den Musiker Pepe Villa gegründet; interpretierte vorwiegend Titel der Formen → *Ranchera,* → *Corrido,* → *Son jalisciense* und → *Huapango;* unter versch. Labels (u. a. Musart, Peerless, Capitol, Columbia und Prospect) erschienen zahlreiche Schallplatten, darunter die Titel »Las mañanitas«, »La Norteña«, »Cocula« und »Guadalajara«.

Meza, Lisandro
* 1939 Sincelejo (Sucre); kolumbianischer Sänger, Musiker (Akkordeon), Bandleader und Komponist der → *Música vallenata;* erlernte mit 17 Jahren autodidaktisch das Akkordeonspiel und seit 1961 widmete er sich auch dem Gesang regionstypischer Musik. M. gehörte zu den Gründungsmitgliedern der Gruppe Los → *Corraleros de Majagual* und formierte später eigene Bands (*Los Hijos de la Niña Luz* und *Lisandro Meza y su Conjunto*), mit denen er in Kolumbien und den USA annähernd 50 LPs bzw. CDs produzierte. Seine Komposition »Baila mi boogaloo« war längere Zeit in den Hitlisten auf vorderen Positionen.

Meza Roa, Justo »Papi«
* 14.5.1937 Luque (Maramburé); paraguayischer Musiker (Akkordeon, Gitarre, Schlagzeug), Komponist und Bandleader; bekannter Interpret folkloristischer Musik des Landes; begann seine Karriere in jungen Jahren als Gitarrist auf privaten und öffentlichen Festen; war später Schlagzeuger des Tanzorchesters von Manuel Roa und erlernte um 1960 das Akkordeonspiel, gründete eine eigene Musikgruppe (Akkordeon, Harfe, Gitarre, Kontrabass) und widmete sich fortan der Volksmusik; insbes. der → *Polka paraguaya;* von letzterer Form komponierte er einige Titel wie »Che año mi yavé« und »Mocoi che yboty« (1980).

Michel, Hermanos -
mexikanisches Vokal- und Instrumentaltrio; um 1951 in Tonaya (Jalisco) durch die Gebrüder (Hermanos) Ignacio, José Antonio und Manuel Michel (Gesang und Gitarren) formiert; interpretierten zunächst mexikanische Serenaden an ihrem Heimatort; übersiedelten später nach México-Stadt, um Musik zu studieren; wurden sehr schnell durch ihre Interpretation traditioneller und folkloristischer Lieder populär, bereisten das Land und gaben Auslandsgastspiele in den USA; traten hier als erste mexikanische Gruppe im Fernsehen auf und produzierten 7 LPs, darunter die Titel »Crucifijo de piedra«, »Dónde estás juventud« und »Cucurrucucu paloma«.

Mico
regionale Variante des brasilianischen → *Fandango (4).*

Mighty Sparrow → *Sparrow, Mighty*

Milanés Areas, Pablo
* 24.2.1943 Bayamo; kubanischer Sänger, Gitarrist und Liedermacher; einer der bedeutend-

sten Vertreter der Bewegung der Neuen Kubanischen Trova (MNTC); im Vergleich zu Silvio → *Rodríguez* mehr zur traditionell-trovadoresken Interpretationsweise tendierend. M. wirkte zunächst als Sänger im *Cuarteto del Rey*, dann bei *Los Bucaneros*; sang auch Negro-Spirituals; war danach Mitglied der Gruppe → *Experimentación Sonora del ICAIC,* mit der er der kubanischen Singebewegung bedeutende Impulse verlieh. Ab 1964 wirkte er, von einer eigenen Gruppe begleitet; als Solist; er schrieb eine große Zahl von Liedern wie »Mis 22 años« (Guajira, 1965), »Sí el poeta eres tú (Canción, 1969), »Estás lejos« (Ballade, 1963), »Su nombre puede ponerse en verso« (Ballade, 1968 und »Pobre del cantor« sowie Film- und Theatermusik. Unter versch. Labels (u. a. Areito, Le Chant du Monde, Ariola und Polydor) erschienen zahlreiche LPs. M. gab Gastspiele in vielen Ländern Lateinamerikas und Europas und trat auf Konzerten z. T. mit namhaften Sängern wie Chico → *Buarque de Hollanda* gemeinsam auf.

Milionário e José Rico

brasilianisches Vokal- und Instrumentalduo der → *Música caipira;* 1970 in São Paulo durch Romeu Januário de Matos »Milionário« (* 1940) und José Alves dos Santos »José Rico« (* 1946) formiert. Bis 1986 wurden 184 Titel folkloristische und populäre Musik auf ca. 5 Mill. verkaufter Schallplatten produziert, darunter der Titel »Velho Candeeiro«.

»Papi« Meza y su Conjunto – LP »Dulce recuerdo« – RCA Camden CAS-3388 (1974)

Milionários do Ritmo, Os -
brasilianische Tanzmusikgruppe; 1945 in Rio de Janeiro durch den Musiker Djalma Ferreira formiert; interpretierte in modernen Arrangements brasilianische Populärmusik insbes. der Form → *Samba;* unter dem Label Drink erschienen einige LPs, darunter die Titel »Bicharada« und »Zé Marmita«.

Millaray, Conjunto -
chilenische Vokal- und Instrumentalgruppe; 1958 durch die Sängerin und Folkloreforscherin Gabriela → *Pizarro* unter der Schirmherrschaft des Hauses der Kultur von Ñuñoa gegründet; Mitinitiator der Bewegung des Neuen Chilenischen Liedes; arrangierte und interpretierte in künstlerisch sehr ausgewogener Form vorwiegend Stücke der anonymen Musikfolklore, die bei Forschungsreisen der Gruppe in entlegene Landesteile wiederentdeckt wurde wie z. B. die → *Cueca chilena* »En Valdivia canta un gallo« und »Cachimbo«; innerhalb der Serie »El Folklore de Chile« entstanden Schallplattenaufnahmen bei Odeon.

Miller, Imelda
* Mérida (Yucatán); mexikanische Sängerin folkloristischer Musik, deren Lieder generell romantischen Charakter tragen und zumeist der regionalen Musik Yucatáns entstammen, wie die Titel »Qué alegre va María« und »Si nos dejan«.

Milonga
1. folkloristisches Lied Argentiniens, Uruguays und Teilen Südbrasiliens, zumeist mit Texten lyrischen Charakters vorgetragen und einer im 2/4-Takt gehaltenen monotonen und langsamen bis mäßig schnellen Melodie, durch Gitarre, in bestimmten Regionen auch durch das Akkordeon erzeugt, begleitet. Die Entstehungszeit reicht bis in die zweite Hälfte des XIX. Jh. zurück; in Uruguay wird die M. 1870 erstmals erwähnt. Ab 1880 erhielt sie eine eigene Choreographie mit sehr einfachen Tanzschritten. Bedeutendster Interpret ist der → *Payador* des La Plata-Gebietes bzw. der → *Gaucho.* Als unverfälschteste und aussagekräftigste Variante gilt die *Milonga campera* ländlicher Regionen Argentiniens und Uruguays; in letzterem Land kam es ab 1960 zur Herausbildung einer Variante, die rein venezolanische Lieder (u. a. den → *Pasaje*) an die M. anpasst. Der Interpret der M. heißt → *Milonguero.* 2. im kulturellen Umfeld des → *Tango* entstandene besondere Form, die viele Komponenten des → *Candombe,* jedoch auch der Milonga (1) aufnahm; auch als *Tango milonga* bezeichnet. 3. rein familiäre Tanzveranstaltung in Argentinien und Uruguay.

Milonga galponeira
regionale Variante der → *Milonga (1);* in ländlichen Regionen des äußersten Südens von Brasilien verbreitet, meist durch Gitarre begleitet; zuweilen auch ganz oder teilweise rezitiert; auch als *Milonga missioneira* bezeichnet.

Milongón
uruguayische Variante der → *Milonga (1),* die sich durch einen bewegten, mehr gleitenden Rhythmus auszeichnet und vorwiegend durch Gitarre u/o. Akkordeon begleitet wird. Der Sänger Alfredo → *Zitarrosa* und die Gruppe Los → *Olimareños* widmeten sich dieser Form.

Milonguero
1. Komponist und Interpret der → *Milonga;* bekannte Vertreter sind u. a. Atahualpa → *Yupanqui,* Carlos Santa María, Facundo → *Cabral,* José → *Larralde,* Horacio → *Guarany,* Suma Paz und Carlos → *Gardel* sowie das Duo → *Magaldi-Noda* (alle Argentinien), Amalia de la → *Vega,* Osiris → *Rodríguez* Castillos, Aníbal → *Sampayo,* Marcos → *Velásquez,* Daniel → *Viglietti,* Alfredo → *Zitarrosa* und das Dúo Los

Musikalische Struktur einer Milonga aus Tucumán, nach Isabel Aretz

→ *Olimareños* (alle Uruguay) sowie Darcy → *Fagundes* und Conjunto → *Farroupilha* (Brasilien). 2. Allgemeinbezeichnung für einen Liebhaber von Populärtänzen in Argentinien.

Miltinho (eigtl. Milton Santos de Almeida)
* 31.1.1928 Rio de Janeiro; brasilianischer Sänger und Musiker (Pandeiro); begann seine Künstlerkarriere nach 1945 als Mitglied der Vokalgruppe *Cancioneiros do Luar*; gehörte ab 1948 der populär gewordenen Gruppe *Os Anjos do Inferno* als Sänger und Pandeiro-Spieler an, die zusamen mit Carmen → *Miranda* die USA bereiste, war dann Sänger des Orchesters Tabajara bzw. der Gruppe Os → *Milionários do Ritmo;* produzierte zahlreiche Schallplattenaufnahmen, darunter mehr als 15 LPs, darunter die Titel »Recado«, »Mulher de Trinta« und »Fica comigo«.

Mina (Mine)
aus einem ausgehöhlten Baumstamm hergestellte zylindrische Einfelltrommel von bis zu 2 m Länge mit ca. 30 cm Ø; in der afrovenezolanischen Volksmusik der Region Tuy (Curiepe) eingesetzt. Eine kolumbianische Variante dieser Trommel heißt *Pechiche*.

Mineira → *Mana-chica*

Mineiro-pau
alter brasilianischer Rundtanz mit Gesang; durch Händeklatschen (Palmadas) begleitet; heute kaum noch verbreitet.

Minera
Sammelbezeichnung für Lieder der Bergarbeiter (Mineros); bereits im Mittelalter in Spanien (u. a. in der Region La Unión [Cartagena]) gesungen. Im Zuge der Eroberung nach Lateinamerika gekommen, lebt die Tradition der M. in regional unterschiedlichen Varianten u. a. in Bolivien, Peru, Mexiko und Kolumbien fort; die Texte entstammen meist der anonymen Folklore.

Minero
alter, schon lange nicht mehr aufgeführter Volkstanz Chiles.

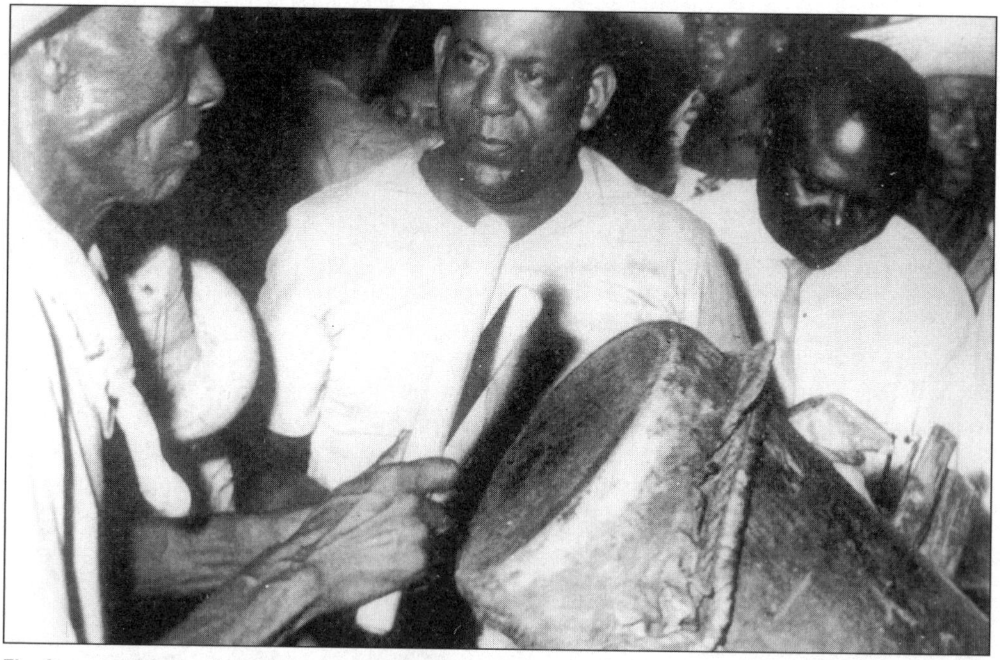

Ein afrovenezolanischer Volksmusiker aus der Region Barlovento musiziert auf der Trommel Mina

Minga (Mingaco, Mingado)
gemeinschaftliches Bestellen und Abernten von Feldern in Teilen Chiles, Perus, Ekuadors, Kolumbiens und Argentiniens, das von gemeinsamem Gesang begleitet wird. Früher wurde unter dem gleichen Namen ein Fest zum Abschluss der Ernte gefeiert. Das heute kaum noch verbreitete Brauchtum soll aus der Inka-Zeit stammen.

Mini
Sammelname für alle bei den → *Yurupari*-Ritualen gespielten Blasinstrumente.

Mini Jazz (mini djaz)
eine um 1965 in Haiti entwickelte Stilrichtung der Populärmusik, die Rhythmen und Melodien aus den → *Vodú*-Ritualen mit Jazz-Elementen verkettet; häufig haben die dazu gesungenen Texte lasziv-obszöne Inhalte. Bekannte Vertreter des M. J. sind die aus Port-au-Prince stammende → *Tabou Combo* sowie die *Mini All Stars*. Erste Schallplatten erschienen 1966 auf dem Label Marc des Produzenten Marc Duverger. Nach 1970 verbreitete sich diese Form auch in Trinidad, Dominica, Martinique und weiteren Teilen der Karibik.

Minué (Minuet)
Menuett; europäischer Salontanz, im XVIII. Jh. nach Lateinamerika gekommen; stellte hier die Basisform für diverse kreolische Tänze wie → *Sajuriana,* → *Cielito,* → *Cuándo,* → *Condición* und → *Cadena* bzw. Minué Federal dar.

Minué Federal (Minué Montonero)
seit etwa 1825 in Argentinien getanzte regionale Variante des → *Minué;* auch in Uruguay verbreitet; typisch ist die Imitation von Kastagnetten durch Fingerschnipsen (Castañetazo).

Miño, Eustaquio
* 20.9.1912 El Pacito, Dpto. Gral. Paz (Corrientes), † 26.2.1967 Buenos Aires (?); argentinischer Musiker (Bandoneón), Arrangeur und Komponist regionstypischer Musik, bekannter Interpret der Form → *Chamamé;* war Mitglied diverser Musikgruppen (z. B. beim Dúo Vera – Lucero) und schrieb Musikstücke wie »Cañada Fragoso«, »Pacitero« und »Palo blanco«, seine bekannteste Komposition im Chamamé-Rhythmus.

Miño Naranjo, Dúo Hermanos-
ekuadorianisches Vokal- und Instrumentalduo, 1958 durch die Brüder Danilo Miño Naranjo (Gesang, Gitarre und Direktor) und Eduardo Miño Naranjo in Quito gegründet; zu den bekanntesten Interpreten traditionell-folkloristischer Musik Ekuadors gehörend; unter dem Label Onix erschienen zahlreiche LPs mit Titeln der Formen Pasillo, Tonada, Pasacalle und Albazo wie »Quiteña linda« und »Sombras«.

Miranda, Cármen
(eigtl. Maria do Carmo Miranda da Cunha)
* 9.2.1909 Marco de Canavezes (Portugal), † 5.8.1955 Beverly Hills (USA); brasilianische Sängerin der Populärmusik; durch sie wurde brasilianische Musik insbes. der Form → *Samba* vor allem im Ausland popularisiert; sie begann ihre Karriere 1928 und wurde durch den Musiker Aníbal Duarte gefördert; trat u. a. mit den Formationen → *Bando da Lua* und → *Vel-*

**Dúo Hermanos Miño Naranjo –
LP »Vasija de barro« – Onix LP 50.026 (1971)**

ha Guarda auf, mit denen sie lt. einer Discographie von Ary Vasconcelos 76 Schallplatten N78 (meist bei Victor) produzierte, darunter die Titel »Bamboleo« (1931), »Alô alô« (1933) und »Tahí« (1930). Ab 1940 trat M. in insgesamt 14 Filmen als singende Schauspielerin auf; weiterhin wirkte sie oft im Duett mit ihrer Schwester Aurora M., mit Sílvio → *Caldas* und Francisco → *Alves*. Spezielle Arrangements für sie schrieb der Komponist Alfredo da → *Rocha Viana*.

Miranda, Luperce
(eigtl. L. Pessoa de M. Bezerra)
* 28.7.1904 Afogados (Recife), † 5.4.1977 Rio de Janeiro; brasilianischer Musiker (Bandolim, Cavaquinho, Piano, Violine u. a.), Arrangeur, Komponist und Bandleader; entstammt einer Musikerfamilie, spielte bereits als Kind das Instument → *Bandolim,* auf dem er 1916 in Recife sein erstes öffentliches Konzert gab. M. gilt als einer der besten brasilianischen Solisten auf letzterem Saiteninstrument; er gründete 1927 die legendäre Gruppe Os → *Turunas de Mauriceio,* mit der er zahlreiche Schallplatten, darunter die Eigenkompositionen »Tézinha« (Choro) und »Abôco zangado« (Choro), produzierte.

Mirliton → *Hoja*

Misa (port.: Missa)
Messe; im religiösen Sprachgebrauch höchste Kultushandlung der katholischen Kirche, durch einen in sich abgeschlossenen Gesang (Misa cantada) charakterisiert. In Folge der Eroberung gelangte das gesamte kirchliche Brauchtum nach Lateinamerika. Anfang der 60er Jahre des XX. Jh. kam es im Zusammenhang mit der generellen Erneuerungsbewegung auf dem Gebiet der folkloristischen Musik verstärkt zur Schaffung ausgesprochen volkstümlich-folkloristischer Messen, die gleichzeitig auch dem vielfach zu beobachtenden Nachlassen des Interesses der Bevölkerung an liturgischen Gesängen (bislang zumeist in Latein gesungen) entgegensteuern sollte. Die erste, weltweit bekanntgewordene Messe in vollkommen neuer Form ist die *Misa criolla* des argentinischen Musikers und Komponisten Ariel → *Ramírez,* der die Gesänge einer sakralen Messe in traditionell-folkloristische Formen kleidete; so erscheint das Kyrie als → *Vidala,* das Gloria als → *Carnavalito,* das Credo als → *Chacarera* usw. Die 1964 in Buenos Aires erstmals veröffentlichte M. wird durch die Gruppe Los → *Fronterizos,* Ariel Ramírez (Piano), Jaime → *Torres (charango)* und den Chor der Basílica del Socorro auf Volksmusikinstrumenten dargeboten. Nach ihrem Vorbild entstanden in anderen lateinamerikanischen Ländern ähnliche Zyklen; in Chile die *Misa chilena* von Raúl de → *Ramón,* in Brasilien die *Missa do Vaqueiro* (Messe der Viehhirten) mit dem Quinteto → *Violado,* in typische Lieder und Gesänge des Nordostens eingearbeitet, die 1977 durch Carlos → *Mejía Godoy* unter Mitarbeit des Geistlichen Ernesto Cardenal in Nikaragua geschaffene *Misa campesina nicaragüense,* die von den bisherigen, sich im Text an das liturgische Original haltenden Messen insofern abweicht, als sie sozialkritische Modifikationen, in den Kontext der *Theologie der Befreiung* einmündend, aufgenommen hat.

Misacantano
der eine Messe (Misa) singende Priester.

Misachicu (Misa chica)
bolivianische Messe (Misa) für Kinder; dem → *Chuntunqui* äquivalent.

Mis-mis
alte, heute kaum noch verbreitete Bezeichnung für den Volkstanz → *Gato.*

Miudo → *Mana-chica*

M. O. R. (MOR) (Abk. für »Middle of the Road«)
eine der Bewegung des Neuen Lateinamerikanischen Liedes (→ *Nueva Canción Latinoamericana*) adäquate Strömung im englischsprachigen Bereich Lateinamerikas.

Moçambique
brasilianischer Volkstanz dramatischen Cha-

rakters, zur Gruppe der → *Pastorís* gehörend; afro-brasilianischen Ursprungs; in São Paulo zu den Feiern »Espírito Santo« und in Goiás bzw. Minas Gerais zu Festlichkeiten für »Nossa Senhora do Rosário« getanzt. Die musikalische Begleitung des M. erfolgt vorwiegend durch → *Reco-reco,* → *Caixa,* → *Xique-xique,* → *Cuíca,* auch → *Violão,* → *Rabeca* und → *Cavaquinho;* oft werden dazu einfache, leicht eingängige Texte gesungen.

Moceño (Aerophon)
bolivianisches Volksmusikinstrument; aus drei verschieden großen Rohrflöten zusammengesetzt; sein Klang ist dumpf und wehmütig.

Moda
1. Allgemeinbezeichnung für Gesang, Melodie bzw. Musik in Portugal und Brasilien. 2. in Brasilien Sammelname für eine mehrere Formen umfassende Gattung ländlich-folkloristischer Lieder, wozu auch die → *Moda-de-viola* gehört; generell von schwermütigem Charakter, im 2/4-Takt gehalten; vom Text her zu den Romanzen zählend (→ *Romance*). Die Begleitung erfolgt zumeist durch die → *Viola;* der Interpret wird als *Modista* bezeichnet. Die M. ist in weiten Teilen Zentralbrasiliens (z. B. Bundesstaat São Paulo) verbreitet. Unter zahlreichen Varianten wie Gemedeira, Martelo und Mourão ist die als → *Décima* konzipierte Version die weitaus bekannteste.

Moda caipira
in ländlichen Gebieten des brasilianischen Bundesstaates São Paulo verbreitete → *Moda;* Teil der → *Música caipira.*

Moda-de-viola
Abart der brasilianischen → *Moda;* normalerweise gesungen bzw. durch die Instrumente → *Viola* oder → *Violão* begleitet; in den Bundesstaaten São Paulo, Minas Gerais, Mato Grosso, Goiás und Rio de Janeiro verbreitet. Der Gesang wird zumeist improvisiert und ist von narrativem Charakter; zu einer durch Händeklatschen und dem → *Zapateado* begleiteten Variante wird gelegentlich auch getanzt.

Modernistas, Los -
1. kubanische Vokal- und Instrumentalgruppe; 1928 in Santiago de Cuba durch den Musiker Francisco »Paquito« → *Portela* (Kontrabass, Bandleader) gegründet; pflegte insbes. Titel der Form → *Son cubano.* 2. kubanisches Vokalquartett der modernen Populärmusik, 1960 in La Habana durch die Solisten Gilberto Aldanás, Eugenio Fernández, Miguel de la Uz und Yolanda Brito formiert; trat in Rundfunk und Fernsehen, in Shows, Cabarets und Theatern auf und produzierte einige LPs, darunter der Titel »Ahora brilla más«.

Modinha
brasilianisches Lied sentimental-lyrischen Charakters, um 1750 im kulturellen Umfeld der Städte entstanden, heute Teil der traditionellen Musikfolklore; zumeist Liebeslieder, die zunächst durch → *Violão,* später auch durch Piano begleitet wurden und deren Ursprung auf Arien aus italienischen Opern zurückgeht. Klassische Titel wurden u. a. durch Vicente → *Celestino,* Inezita → *Barroso,* Ely → *Camargo* und Xisto → *Bahia* interpretiert; ein sehr bekannter Titel ist das 1912 von Chiquinha → *Gonzaga* geschriebene Stück »Lua branca«.

Modista
Interpret bzw. Autor der → *Moda.*

Mojica, José (eigtl. Fray José de Guadalupe)
* 14.9.1895 San Gabriel, † 20.9.1974 (?); mexikanischer Sänger und Filmschauspieler; hat um 1930 erstmals Stücke des Komponisten Gonzalo → *Curiel,* Boleros und Lieder, gesungen; trat in zahlreichen Filmen als singender Schauspieler auf und produzierte zahlreiche Schallplatten (Victor, RCA Victor u. a.), darunter die Titel »Canción del paria«, »Júrame« und »Amores y amorios«.

Molar, Ben (eigtl. Mauricio Brenner)
* 3.10.1915 Buenos Aires; argentinischer Text-

dichter und Musikproduzent; durch seine zahlreichen, z. T. für Arrangements europäischer oder US-amerikanischer Erfolgstitel geschaffenen spanischsprachigen Textversionen in ganz Lateinamerika bekanntgeworden.

Molejón
kolumbianischer Volkstanz der Kolonialzeit; heute nicht mehr verbreitet.

Molina, Freddy »El Vallenato Sentimental«
(eigtl. Alvaro Cepeda Samudio)
* 1945 Patillal (Valledupar), † 16.10.1972 Valledupar; kolumbianischer Musiker (Akkordeon) und Liedermacher; bekannter Vertreter der → *Música vallenata.* Auf seine Initiative hin wird in Valledupar alljährlich ein Ausscheid (Festival Vallenato) zur Ermittlung des besten Akkordeonspielers der Region ausgetragen. M. schrieb und interpretierte u. a. die Titel »Recuerdos de ella« (Paseo), »Buscando un nido« (Canción vallenaata) und »Amor sensible« (Paseo).

Molina, Olivia
* 3.1.1946 México-Stadt; mexikanische Sängerin; begann ihre Künstlerlaufbahn als Interpretin folkloristischer Musik ihrer Heimat; wandte sich später auch der Populärmusik Lateinamerikas zu. Bekannt wurde ihre »Misa latinoamericana« mit Weihnachtsliedern versch. Länder, 1980 bei »Prisma« produziert. M. lebt und wirkt in Hamburg.

Molinillo
choreographische Figur der → *Contradanza.*

Molino
regional gebrauchter Name für eine Variante der → *Chacarera.*

Molto
regionale Bezeichnung für eine Abart der → *Quena.*

Monada
in einigen Orten der Region von São Paulo (Brasilien) verbreitete Form des → *Fandango (4),* mit Walzer-Elementen angereichert und durch Gesang begleitet.

Monapue
in der peruanischen Volksmusik verwendeter Taktstock (Bastón de ritmo).

Moncada, Grupo-
kubanisches Vokal- und Instrumentalseptett; 1972 durch Studenten der Universität von La Habana gegründet; zur Bewegung der Neuen Kubanischen Trova (MNTC) gehörend; trat am 7.10.1972 in einer Gedenkveranstaltung für Ernesto »Che« Guevara erstmals öffentlich auf; heute eine der erfolgreichsten Gruppen Kubas. Mitglieder Manuel Calviño Valdés (Gesang, Gitarre, Kontrabass), Alberto Faya Montaño (Gesang, Gitarre, Tres, Charango), Julián Fernández Collín (Gitarre, Tres, Perkussion), Jorge Gómez Barranco (Perkussion), José Alberto Himely Torriente (Perkussion), Jose Rivero Valdés (Piano, Akkordeon, Gitarre) und Pedro Trujillo Travieso (Flöte, Perkussion, Quena, Klarinette). Es wurde kubanische und lateinamerikanische Volks- und Populärmusik interpretiert; unter versch. Labels (u. a. Areito, Monitor u. a.) entstanden zahlreiche LPs, darunter die Titel »La carga« und »Guajira guantanamera«.

Mondongue (Moundongue)
1. haitianischer Ritualtanz; zum Komplex des → *Vodú* gehörend. 2. Afroamerikanische Gottheit (→ *Loa*) aus dem religiösen Umfeld der → *Congo*-Gruppen.

Monge Ramírez, Jesús »Chucho«
* 9.11.1910 Morelia, † 9.8.1964 México-Stadt; mexikanischer Volkssänger (Trovador), Gitarrist und Liedermacher; widmete sich frühzeitig der Komposition und Interpretation und schrieb mehr als 600 Titel der Formen → *Ranchera,* → *Corrido,* Walzer, Bolero u. a., von denen die Stücke »La Feria de las flores« (1942) und »Sacrificio« (Bolero, 1934) die bekanntesten sind. M. gehört außerdem zu den Gründern des Mexikanischen Komponisten-Verbandes; seine

Musik-Programme »Noches tapatías« beim Sender XEW wurden sehr populär.

Monge, Yolandita
* 1955 Santurce; puertorikanische Sängerin der Populärmusik; nahm mit 13 Jahren erstmals Lieder auf, bereiste viele Länder Lateinamerikas. Ihre romantisch-femininen, zum Sentimentalen tendierenden Lieder »Cierra los ojos« (1976) und »Soy ante todo mujer« (1977) erreichten hohe Auflagen und erschienen auf LPs u. a. der Labels Coco und Seeco.

Mongelós, Teodoro Salvador
* 9.11.1914 Ypacaraí, † 20.5.1966 São Paulo; paraguayischer Sänger, Poet und Liedermacher; schrieb und interpretierte folkloristische Stücke wie die → *Guarania* »Che jazmín« und den → *Purajhei* »Musiqueada jazmín guype«.

Mongó
in der Volks- und Tanzmusik der Dominikanischen Republik eingesetzte Trommel; überwiegend bei der Interpretation des → *Merengue* gespielt.

Monibonkó → *Biankomeko*

Monimbó, Trío -
nikaraguanisches Vokal- und Instrumentaltrio; nach 1970 in Monimbó durch die Gebrüder Erwin und Carlos Krüger sowie Pepe Ramírez (Gitarre) gegründet; interpretierte vorwiegend Titel aus der regionalen Musikfolklore; in Managua wurden einige Schallplattenaufnahmen, darunter die → *Tonada* »El Zanatillo«, produziert.

Monito → *Wititi*

Mono
1. → *Monófono*. 2. brasilianischer Volkstanz der Region von São Paulo; zur Gruppe des → *Fandango (4)* gehörend, er wird stets durch Gesang begleitet.

Monocordio (Monochord)
einsaitiges Musikinstrument; unter verschiedenen Namen wie → *Sirrampla*, → *Uru-cungo*, → *Birimbao*, → *Trompe* u. a. vorwiegend in der indianischen und mestizischen Volksmusik Lateinamerikas verbreitet.

Monófono
Bezeichnung für eine einkanalige akustische Auzeichnung; bis zur Einführung des stereo- bzw. quadrophonischen Tonaufzeichnungsverfahrens bei der Schallplatte üblich.

Montalvo Malo, César Augusto
* 1950 Guayaquil; ekuadorianischer Sänger und Liedermacher, zur Bewegung des Neuen Ekuaduadorianischen Liedes gehörend; interpretierte folkloristische Musik in modernen Arrangements; produzierte bislang eine LP.

Montaner, Rita
(eigtl. Aurelia Fulceda M. y Facenda)
* 20.8.1900 Guanabacoa (La Habana), † 17.4.1958 La Habana; kubanische Sängerin und Pianistin; eine der bekanntesten Vertreterinnen des lyrischen Liedes in Kuba; studierte am Konservatorium Peyrellade und ab 1917 bei Ernesto → *Lecuona*. M. trat 1922 als erste Frau in der neugegründeten Radiostation PWX Habana auf und interpretierte 1927 in der → *Zarzuela* »Niña Rita« den bekannten Tango-Congo »Ay Mamá Inés«; sie trat 1928 in Paris in den Varietés »Olympia« und »Palace« sehr erfolgreich auf. 1935 sang sie im »Komödiantentheater« von La Habana afrokubanische Lieder wie »Ogguere« und »Bembé« und trat in Filmen wie »María la O« (1948) als singende Schauspielerin auf, bestritt zusammen mit Ignacio → *Villa* (»Bola de Nieve«) Programme u. a. im Cabaret → *»Tropicana«* und produzierte unter versch. Labels zahlreiche Schallplattenaufnahmen wie die Titel »El → *Manisero*« (Pregón), »Lamento negroide« und »Golpe bibijagua« (Guaracha, 1940).

Monteiro, Ciro »Formigão«
* 28.5.1913 Rio de Janeiro, † 13.7.1973 das.;

brasilianischer Sänger und Liedermacher; bekannter Interpret des urbanen → *Samba;* begann seine professionelle Laufbahn als Sänger 1932, 1933 sang er oft auch zusammen mit Sílvio → *Caldas* u. a.; unter versch. Labels (u. a. Continental, Copacabana, RCA Victor und Odeon) erschienen zahlreiche Schallplattenaufnahmen wie »Falsa baiana« (Samba, 1944; einer seiner populärsten Titel), »Você chorou« (Samba) und »Madame Fulano de Tal« (Samba).

Montenegro, Maitén

* 1950 Santiago de Chile; chilenische Sängerin, Gitarristin und Schauspielerin; hatte ihren ersten öffentlichen Auftritt in einer Show des Puertorikanischen Fernsehens (San Juan); wurde in Chile mit ihren Liedern »Cumpleaños de una mujer sola« und »Yo quisiera ser tu amiga« sehr populär. Sie gewann mehrfach Lied-Ausscheide.

Montenegro Brenes, Mario

* 1952 Managua; nikaraguanischer Sänger, Gitarrist und Liedermacher; Autodidakt, von Beruf war er Bauarbeiter und wirkte u. a. als Rundfunkmoderator und schrieb seine Lieder meist in traditionell-folkloristischem Stil, darunter das auf dem 1. Festival des Nikaraguanischen Liedes preisgekrönte Stück »Un niño es« sowie »Nunca es tarde mi compa« (Tonada).

Monterrío, Claudio

* 9.10.1935 Santa Fe; argentinischer Sänger, Gitarrist und Liedermacher; Vertreter der → *Música litoraleña;* schrieb und interpretierte zahlreiche Stücke, die auf folkloristischen Traditio-

Mario Montenegro Brenes beim Lateinamerika-Abend in der Volksbühne in Berlin (17.2.1984)

nen beruhen, wie »Los Inundados« (Litoraleña), »Coplas para el viejo Ramúa« (Milonga; Text: Alfredo Carrió) und »Silbando« (Chamamé).

Montesinos, Rey
* 23.8.1944 Pinar del Río; kubanischer Gitarrist und Arrangeur; studierte Gitarre bei »Che« Tejera in Pinar del Río, war Mitglied diverser Musikgruppen und begleitete Sängerinnen wie Elena → *Burke* und Ela Calvo auf seinem Instrument; leitete zeitweise auch das Orchester des Kubanischen Rundfunks und gab einige Auslandsgastspiele.

Monti, Yaco (eigtl. Julio César Eugenio)
* Villa Mercedes; argentinischer Sänger und Liedermacher; errang beim Liederfestival von La Plata mit seinem Lied »Siempre te recordaré« den 1. Platz; produzierte u. a. bei Seeco und Odeon Schallplattenaufnahmen, darunter die Titel »Me voy al parque« und »Vanidad«.

Montiel, Ernesto
* 26.2.1926 El Palmar (Paso de los Libres, Corrientes), † 6.12.1975 Buenos Aires; argentinischer Musiker (Akkordeon), Arrangeur, Bandleader und Komponist typischer und populärer Musik; bedeutender Schöpfer und Intepret des → *Chamamé;* gründete und leitete ab 1942 das berühmte Cuarteto → *Santa Ana,* mit dem er zahlreiche Schallplatten (bei Odeon und Polydor) aufnahm, darunter die Eigenkompositionen »Mi ponchillo y mi facón«, »Guazuncho« und »Mi querida Santa Ana«.

Montiel, Sarita (eigtl. María Antonia Abad Fernández; in Mexiko: »María Alejandra«)
* 10.3.1928 Campo de Criptana (Ciudad Real, Spanien); spanische Sängerin und Liedermacherin sowie Filmschauspielerin; spezialisierte sich auf die Interpretation des → *Cuplé;* schrieb Titel wie »No« und »Amo«. Mit ihrer zum Romantischen tendierenden Stimme wurde M. in Lateinamerika, darunter speziell in Mexiko, sehr populär und produzierte zahlreiche LPs.

Montielera
alte, heute kaum noch gebrauchte Bezeichnung für die → *Chamarrita.*

Montonero
1. alter argentinischer Volkstanz, regionale Variante des Menuetts (Minué); um 1845 populär gewesen. 2. peruanischer Volkstanz, im XVII. Jh. aus einer kreolischen Variante der → *Gallarda* hervorgegangen; beim Tanzen hält der Mann einen Hut (Sombrero) in den Händen.

Montoya, Carlos
* 13.12,1903 Madrid, † 3.3.1993 Long Island (New York/USA); spanischer Gitarrist des → *Flamenco;* Autodidakt, spielte bereits mit 8 Jahren perfekt Gitarre. M. hat in der Folgezeit berühmte Sängerinnen bzw. Tänzerinnen wie Antonia → *Mercé »La Argentina«* begleitet; wirkte später auch als Solist. Seine Versionen von Formen wie → *Sevillana,* → *Bulerías,* → *Fandangos* u. a. erschienen auf Schallplatten verschiedener Labels, darunter ABC Paramount, Folkways und Musidisc.

Montuno
1. Bezeichnung für den Kehrreim (Estribillo) im ländlichen → *Son cubano,* auf einem durch das Instrument → *Tres* markierten rhythmischen Schema und einem sehr alten, in der Sierra Maestra entstandenen Motiv basierend. Der mit dem Montuno-Part angereicherte Son wird zumeist *Son Montuno* genannt. 2. ländlicher Volkstanz der Dominikanischen Republik.

Montunos, Los -
kubanische Vokal- und Instrumentalgruppe; 1968 in Santiago de Cuba durch José Manuel Rodríguez und Ramón Huerta gegründet; pflegt Genres der kubanischen → *Música campesina;* bei Areito wurden einige LPs produziert, darunter die Titel »Paisajes naturales (Guajira-son) und »María Cristina« (Guaracha).

Mora, Trino
* 1946 Caracas; venezolanischer Sänger und Liedermacher; begann seine künstlerische Lauf-

bahn 1967 u. a. mit den Stücken »Corazón de papel« und »El sol no brilla«.

Morais, José Luíz de - »Caninha«
* 6.7.1883 Jacarepaguá, † 16.6.1961 Olario (Rio de Janeiro); brasilianischer Musiker (Cavaquinho) und Komponist; begann seine Laufbahn in Musikgruppen der Kleinstadt Pedro do Sol, gründete später die Gruppe *Sou Brasileiro*; schrieb zahlreiche Sambas, die nach 1920 sehr populär wurden, darunter »Meu Brasil« und »Me leva Seu Rafael« (1927); gehört zu den Schöpfern des Modetanzes → *Carioca* und betrieb Forschungen zur Geschichte und Entwicklung des → *Samba.*

Morais, Vinícius de - (eigtl. Marcus V. da Cruz de Melo Morais)
* 19.10.1913 Rio de Janeiro, † 9.7.1980 das.; brasilianischer Sänger, Musiker, Arrangeur und Komponist; bekannter Vertreter der Bewegung des Neuen Brasilianischen Liedes bzw. der → *Bossa Nova;* arbeitete eng mit Baden → *Powell* und Antônio Carlos → *Jobim* zusammen und schuf mit letzterem u. a . die Titel »Água de beber«, »Chega de saudade« (Bossa Nova, 1958) und »Mulher carioca«; weitere Kompositionen entstanden mit → *Toquinho* (z. B. »Bençāo, Bahia«), Adonirán → *Barbosa* (z. B. »Bom dia tristeza«), Edu → *Lobo* (z. B. »Canto triste«) u. a. Auf LPs u. a. der Labels Elenco, Trova, Columbia, Fermata, RGE und Philips erschienen mit ihm eine große Zahl von Balladen, Bossa Novas, Sambas, Walzern und Liedern.

Morales, Carlos Emilio
* 6.11.1939 La Habana; kubanischer Jazz-Gitarrist; studierte bei Clara Nicola und Jesús Ortega und begann 1959 öffentlich aufzutreten; gehörte Gruppen und Orchestern der Populärmusik, später der Formation → *Irakere* an; sein Stil tendiert zur → *Bossa Nova;* er schrieb das Instrumentalstück »Bossa del pico electrico«.

Morales Ramos, Florencio (Flor) »Ramito«
* 5.9.1915 Caguas, 23.01.1990 (Suizid); puertorikanischer Sänger, Musiker und Komponist folkloristischer Musik, einer der bekanntesten Schöpfer und Interpreten ländlicher Volksmusik (in Puerto Rico: Música jíbara). Der aus einer Musikerfamilie stammende Künstler veröffentlichte zahlreiche Schallplatten, darunter die Titel »Corazón alegre«, »Estrella de Oriente« und »Ensalada de inglés y español«, gab Konzerte im In- und Ausland und trat mehrere Jahre in New York auf.

Morales, José A.
* 19.3.1914 Socorro (Santander), † 1978 Bogotá; kolumbianischer Sänger, Musiker und Komponist; einer der vielseitigsten und produktivsten Komponisten seiner Heimat; hinterließ über 500 Stücke, die u. a. vom Dúo → *Garzón y Collazos* interpretiert wurden, darunter »Matica de caña dulce« (Bambuco) und »Campesina santandereana« (Bambuco) sowie das durch seine musikalische Ausgewogenheit sehr populär gewordene kolumbianische Lied »Pueblito viejo«.

Morales, Noro (eigtl. Norosvaldo Morales)
* 4.11.1911 San Juan, † 4.1.1964 das.; puertorikanischer Musiker (Piano), Sänger, Arrangeur, Bandleader und Komponist; gehörte zahlreichen Formationen der Tanzmusik, darunter *Los Hermanos Morales*, als Musiker bzw. Sänger an, leitete später ein Tanzorchester, das seinen Namen trug und große Popularität erlangte und mit dem er unter versch. Labels (u. a. Tico, Tropical, Seeco, Columbia, Riverside und Design Records) eine große Zahl von Schallplattenaufnahmen produzierte, darunter die Titel »Mambo loco«, »Rumbambola« und »La bella cubana«.

Morales, Obdulio
* 7.4.1910 La Habana, † Januar 1981 das.; kubanischer Musiker (Piano, Violine), Arrangeur, Bandleader und Komponist; dirigierte 1942 den Folklore-Chor des Philharmonischen Orchesters von La Habana, gründete später diverse Tanzmusik- und Folkloregruppen; war zuletzt Leiter des Conjunto → *Folklórico Nacional;*

schrieb zahlreiche Stücke wie »La culebra« (Son montuno) und »Nika« (Guaracha) sowie Filmmusik, so für »Rincón criollo«.

Morales Pino, Pedro
* 22.2.1863 Cartago, † 4.3.1926 Bogotá; kolumbianischer Musiker (Gitarre und Bandola), Arrangeur und Komponist; studierte bei Julio Quevedo Arvelo; erforschte später die Musikfolklore seiner Heimatregion. Zahlreiche Kompositionen, darunter der → *Bambuco* »Cuatro preguntas« (Text: Eduardo López), der → *Pasillo* »Dolores« und der Walzer »Lunares« ließen ihn zu einer herausragenden Persönlichkeit der kolumbianischen Musikgeschichte werden, die insbesondere den »klassischen« Bambuco pflegte; darüber hinaus gründete und leitete M. einige Gruppen der traditionell-folkloristischen Musik wie die → *Lira Colombiana.*

Morales Pino, Trío -
kolumbianisches Instrumentaltrio; um 1958 in Cali durch die Musiker Alvaro → *Romero* (Tiple), Peregrino Galindo (Gitarre) und Diego Estrada (Bandola) gegründet. Das das musikalische Andenken an Pedro → *Morales* Pino wahrende Trio interpretierte folkloristische und traditionelle Musik Kolumbiens; es entstanden mehr als 20 LPs (Label Sonolux), darunter die Titel »Iris« und »Reflejos« (Pasillos).

Moralito »El Cantor de la Montaña«
(eigtl. Juan Morales Ramos)
* Caguas; puertorikanischer Sänger, Musiker und Liedermacher; war Mitglied diverser Volksmusikgruppen und -duette und gehört zu den populärsten Interpreten ländlicher Musik u. a. der Formen → *Seis* und → *Aguinaldo;* produzierte unter versch. Labels (u. a. Waldo, Verne, Palma und Ansonia) zahlreiche Schallplattenaufnahmen, darunter die Titel »Canto a Puerto Rico«, »Dejo eso men« und »Tomo para olvidar«.

Morão
brasilianische Variante eines langsamen Walzers.

Moré, Beny (Benny) »Bárbaro del Ritmo«
(eigtl. Bartolomé Maximiliano Moré)
* 24.8.1919 Santa Isabel de las Lajas, † 19.2.1963 La Habana; kubanischer Sänger, Musiker (Gitarre), Arrangeur, Bandleader und Komponist; Autodidakt. Er war einer der populärsten Vertreter der kubanischen Populärmusik mit einer eigenwilligen Tenor-Stimme; bedeutender Interpret des → *Son cubano;* übersiedelte 1940 nach La Habana, wo er u. a.als Mitglied des *Sexteto Cauto* in Cafés und Clubs, später, auf Vorschlag von Miguel → *Matamoros,* in der Radiostation 1010 sang. Danach gehörte er dem Conjunto → *Matamoros* an, mit dem er im Jahr 1945 nach Mexiko ging; wirkte dort ab 1946 im Orchester von Dámaso → *Pérez Prado,* danach bei Mariano → *Mercerón* als Gesangssolist. 1953 kehrte Moré nach Kuba zurück und gründete dort ein eigenes Orchester, die sogenannte *Banda Gigante de Beny Moré,* das in kurzer Zeit außerordentlich große Popularität erlangte und mit dem er u. a. bei dem Schallplatten-Label RCA Victor zahlreiche Schallplattenaufnahmen produzierte und ausgedehnte Gastspielreisen unternahm; weitere Schallplatten entstanden z. B. mit der Gruppe von Matamoros bzw. mit dem Orchester von Pérez Prado (60 Titel). Seine Kompositionen, vorwiegend Stücke der Formen → *Son,* → *Guaracha* und → *Bolero,* darunter die Titel »Caricias cubanas« (Son Montuno), »Qué bueno baila ud« (Son Montuno), »Santa Isabel de Las Lajas« (Son Montuno), »Perdí la fe« (Bolero) und »Dolor y perdón« (Bolero) werden auch heute noch oft gespielt und sind ein integrer Bestandteil der Musiktradition.

Morel, Antonio
* 20.12.1920 Peña Tamborial; dominikanischer Sänger, Musiker, Arrangeur und Bandleader; gründete und leitete ein Tanzorchester, das insbes. die Form → *Merengue* interpretierte und auf zahlreichen LPs (Labels Panart, Ansonia, Vogue u. a.) aufnahm, darunter die Titel »Juan Gomero«, »Desiderio Arias« und »Arroyito cristalino«.

Morenada
Variante des Volkstanzes → *Sicuri;* in Nordwestbolivien verbreitet.

Moreninha
regionale Variante bzw. Bezeichnung für den im brasilianischen Bundesstaat Goiás aufgeführten Volkstanz → *Serra.*

Moreno
folkloristischer Tanz der peruanischen Region Chilcaimarca (Dpt. Arequipa); eine weitere Variante des → *Şicuri* darstellend.

Moreno, Armando
(eigtl. A. Orencio Bassi Marianetti)
* 1924 Buenos Aires; argentinischer Musiker (Bandoneón) und Tango-Sänger; gehörte längere Zeit den Typischen Orchestern von Alfredo de → *Angelis* und Enrique Rodríguez an, mit denen er in seiner mit dem Sänger → *Charlo* vergleichbaren Stimme zahlreiche Schallplatten (Labels Odeon, Victor, Fuentes u. a.) veröffentlichte, darunter die Titel »Son cosas del bandoneón« und »Disfrazado«.

Moreno e Moreninho
brasilianisches Vokal- und Instrumentalduo; 1948 in Poços de Caldas (Minas Gerais) durch die Gebrüder Pedro Cioffi »Moreno« (* 1925) und João Cioffi »Moreninho« (* 1927) formiert; interpretierte ländliche Volksmusik (→ *Música sertaneja*) wie die Titel »Briga de sogra« und »Cabocla Tereza«; das Duo wirkte 1973 in dem Film »No rancho fundo« mit.

Moreno, Gladys
* Cochabamba; bolivianische Sängerin und Liedermacherin; wirkte längere Zeit im kreolischen Restaurant »La Pascana« von Santa Cruz, trat im Theater von La Paz auf und produzierte unter versch. Labels (Méndez, Lauro u. a.) zahlreiche Schallplattenaufnahmen mit landestypischer Musik wie die Titel » A Cotoca«, »Carretero« und »Alma cruceña«.

Moreno González, Juan Carlos
* 19.1.1916 Asunción, 1983 Asunción; paraguayischer Sänger, Musiker (Piano) und Komponist; studierte ab 1938 in São Paulo (Brasilien); leitete später das Konservatorium von Asunción und schrieb eine größere Zahl lyrischer Stücke für Piano, zu denen u. a. die zur Populärmusik zu rechnenden Titel »Pobre Pebe-ta« (Tango, 1926), »Margarita« (Tango, 1929; Text: Gabino Coria Peñaloza) und »Mi casita« (Tango, 1930; Text: Gabino Coria Peñaloza) gehören.

Moreno, Segundo Luis
* 3.8.1882 Cotacachi (Imbabura), † 18.11.1974 Quito; ekuadorianischer Sänger, Musiker (Klarinette, Fagott), Arrangeur, Bandleader und Komponist; war Mitglied des Kirchenchores des Salesianer-Kollegs und ab 1906 am Konservatorium von Quito tätig, leitete einige Militärkapellen (Bandas Militares) und schrieb zahlreiche Stücke für Piano, Lieder und Tänze sowie folkloristische Musik der Formen → *Sanjuanito,* → *Pasillo* u. a., darunter die Titel »Samaritana« und »Holgazán«; daneben erforschte M. die Musikfolklore Ekuadors und publizierte einige Bücher darüber; von 1945 – 50 leitete er das Konservatorium von Guayaquil.

Moreno, Yolanda »Negrita Marisol«
* 1937 Caracas; venezolanische Sängerin, Tänzerin, Choreographin, Arrangeurin und Folkloreforscherin; begann ihre künstlerische Tätigkeit 1950 und gründete das *Ballet Folklórico de Yolanda Moreno,* mit dem sie Stücke der anonymen Musikfolklore wie »Canchunchu dichoso« und »Burriquita caraqueña« einstudierte und darbot. 1965 übernahm sie die Leitung der Folkloregruppe *Danzas Venezuela.*

Mores, Mariano (eigtl. Mariano Martínez)
* 18.2.1922 Buenos Aires; argentinischer Musiker (Piano), Komponist und Bandleader; bekannter Vertreter des → *Tango;* leitete längere Zeit ein Orchester (*Orquesta Típica de Mariano Mores*) und ein Sextett, mit denen er bei Odeon und Capitol zahlreiche Schallplattenaufnahmen produzierte; zu seinen Kompositionen ge-

hören u. a. die Titel »Taquito militar« (Tango milonga), »Cuartito azul« (Tango) und »Gricel« (Tango).

Morisca (Moresca)
1. im XVI. Jh. in Spanien unter arabischem Einfluss entstandener Tanz dramatischen Charakters, der den Kampf zwischen Spaniern und Mauren symbolisiert und z. B. zur Zeit des Karnevals aufgeführt wird. (Danza de → *Moros y Cristianos*). 2. ein als *Morisca con cascabeles* bezeichneter Tanz, bei dem die Teilnehmer mit Schellen (Cascabeles) besetzte Bänder an den Beinen tragen.

Morochucos, Los -
peruanisches Vokal- und Instrumentalduo; 1940 in Lima durch Alejandro Cortéz und Augusto Ego Aguirre formiert; bekannte Vertreter der kreolischen Musik Perus bei Dominanz des → *Vals peruano;* 1945 durch Max José Cordero Martínez (1. Gitarre, danach Oscar Avilés) zum Trio erweitert. Unter versch. Labels, vorwiegend Odeon und Ansonia, entstanden zahlreiche Aufnahmen wie »Plebeyo«, »Anita«, »Qué importa«, »José Antonio« und »Alejandrina«.

Moros y Cristianos, Danza de los -
(port.: Dança de Mouros e Cristãos)
Tanz der »Mauren und Christen«; altes dramatisches Tanzspiel, das den Kampf zwischen den arabischen (maurischen) Okkupanten und den später siegreichen Spaniern bzw. Portugiesen symbolisiert. Dieses wurde später nach Lateinamerika gebracht und bis heute bei stark rückläufiger Tendenz in bestimmten Orten einiger Länder noch aufgeführt. Das Szenarium ist mit der → *Chegança Brasiliens* identisch.

Morote
alter, nicht mehr verbreiteter argentinischer Volkstanz; war dem → *Triunfo* sehr ähnlich.

Morro-seco
regionale Variante des brasilianischen → *Fandango (4).*

Morwa
der Vorsänger in den Zeremonien der afrolateinamerikanischen → *Abakuá*-Liturgie; der auch die Trommeln → *Eríkunde* spielt.

Mosalini, Juan José »Don Bandoneón«
* 29.11.1943 Buenos Aires; argentinischer Musiker (Bandoneón) und Komponist; Vertreter des modernistisch-verfremdeten (»avantgardistischen«) → *Tango;* arbeitete u. a. mit Astor → *Piazzolla,* Osvaldo → *Pugliese* und Susana → *Rinaldi* zusammen; formierte später die Gruppe *La Guardia Nueva* und lebt seit 1977 in Paris, wo er 1980 die Gruppe → *Canyengue* gründete und einige LPs (Label Telefunken) produzierte; schrieb u. a. die Stücke »Tangueada« und »Buenas noches, bandoneón«.

Moura, Paulo
* 15.7.1932 São José de Rio Preto; brasilianischer Musiker (Piano, Klarinette), Arrangeur und Bandleader; musizierte bereits als Jugendlicher auf Volksfesten seiner Heimatregion; studierte bei César → *Guerra Peixe* und José → *Siqueira;* gehörte ab 1951 dem Orchester von Osvaldo Borba und später dem von Zacarias an. Mit einem von ihm formierten Orchester, in dem u. a. Maria Elena Raposo sang, produzierte er zahlreiche Schallplatten und unternahm Auslandstourneen.

Mouros e Cristãos → *Chegança.* → *Moros y Cristianos, Danza de los -*

Moya, Roberto de -
* 26.9.1897 Santiago de Cuba, † 27.1.1971 La Habana; kubanischer Musiker (Gitarre), Arrangeur, Komponist und Bandleader; schloss 1923 sein Studium für Gitarre ab, bildete 1932 das *Cuarteto de Trovadores Líricos* und gehörte einem Gitarrentrio an, das u. a. den Sänger Carlos → *Gardel* bei Filmaufnahmen, z. B. bei »El día que me quieras« begleitete. M. komponierte zahlreiche Stücke ländlich-trovadoresker Musik wie die Titel »Ranchito mío« (Guajira), »Mujer querida« und »En mi Cuba tropical« (Guajira-son).

Mozamala → *Marinera*

Mozambique 1. → *Moçambique.* 2. kubanischer Modetanz, eine Vermischung der → *Conga (1)* mit Elementen bestimmter afrokubanischer Ritualtänze, der 1963 durch den Musiker und Komponisten Pedro → *Izquierdo* geschaffen wurde. Der relativ kurzlebige Tanz erreichte 1965 seine größte Popularität und wurde in der Originalversion durch Trommeln, Bombo, Kontrabass, Glocken (Campanas), → *Sartén,* Trompeten, Posaunen und Saxophone begleitet. Titel wie »María Caracoles« und »Qué es esto que llega« wurden sehr bekannt und auch im Kulturkreis → *New York Latino* verbreitet.

MPB-4 (Abk. für Música Popular Brasileira-4) brasilianische Vokal- und Instrumentalgruppe; 1962 in Niterói als Quartett durch Rui Alexandre Faria (* 1938), Aquiles Rique Reis (* 1949), Miltin Lima dos Santos Filho (* 1944) gegründet; 1963 kam Antônio José Wagabi Filho (* 1945) hinzu. Die im Rahmen der Bewegung des Neuen Brasilianischen Liedes angesiedelte Gruppe wurde sehr populär und gilt als bekannter Vertreter des in mod. Arrangements interpretierten → *Samba* bzw. der → *Bossa Nova;* unter versch. Labels (u. a. Elenco, Philips und Polydor) entstanden zahlreiche Schallplattenaufnahmen, darunter die Titel »Lamento« und »Manhã de carnaval«. Später vergrösserte sich die Formation, der Name wurde jedoch beibehalten.

Mucaxixi → *Caxixi*

Mula
1. zur Gruppe der → *Tumba* gehörende afrokubanische Trommel; mittleres Instrument der Tambores → *Yuka.* 2. → *Maní*

Mulembe → *Quinjengue*

Mulens, Fernando
* 29.11.1919 Matanzas, † 10.11.1986 San Juan (Puerto Rico); kubanischer Musiker, Arrangeur, Bandleader und Komponist; leitete diverse Tanz- und Unterhaltungsorchester, die stets insbes. den → *Bolero* pflegten und namhafte Sänger wie Carmen Delia → *Dipini* und »Chito« Galindo begleiteten. M. setzte nach 1960 seine Tätigkeit in Puerto Rico fort; er schrieb u. a. die Boleros »Extraña humanidad« und »Habana«. Schallplatten entstanden u. a. bei RCA Victor, Seeco und Egrem.

Mulinha
innerhalb der *Festa de Reis* (→ *Reisado*) im São-Francisco-Gebiet Brasiliens aufgeführter dramatischer Tanz.

Mulita, Danza de la -
alter mexikanischer Volkstanz dramatischen Charakters; bis etwa 1950 in den Bundesstaaten Guerrero und Tlaxcala zum Klang einer Trommel, einer Flöte und → *Platillos* aufgeführt.

Muliza
peruanischer Volkstanz; Variante des → *Huayno,* zur mestizischen Musikfolklore gehörend. Meist werden dazu Vierzeilertexte von unterschiedlicher Thematik gesungen, die durch einen Kehrreim (Estribillo) verbunden werden.

Mummings → *Christmas Mummings*

Munamar, Sexteto -
kubanische Vokal- und Instrumentalgruppe; 1929 in Regla (La Habana durch Juan José »Macho« Izquierdo (Gesang, Bandleader) u. a. mit Alberto Zayas (Gesang, Gitarre), Antonio Piñera C. (Gesang, Claves) und Félix Chapottín (Trompete) gegründet. Diese Gruppe pflegte insbes. den → *Son cubano;* bei Brunswick entstanden Schallplattenaufnahmen wie die Titel »Crucé los mares« und »Espabílate«.

Muñequitos de Matanzas, Los -
kubanische Vokal- und Instrumentalgruppe der regionalen Volksmusik; 1956 durch den Musiker und Komponisten Florencio Calle Paraza in Matanzas gegründet; hervorragende Interpreten des → *Guaguancó;* unter versch. Labels entstanden zahlreiche Schallplattenaufnahmen,

darunter die Titel »A los Embales« und »El Marino«.

Muñiz Vega, Marco Antonio

* 3.3.1933 Guadalajara (Jalisco); mexikanischer Sänger und Liedermacher; bekannter Vertreter des romantisch-serenadenhaften Liedes; gehörte einigen Formationen wie dem *Trío Los Brillantes* und den *Tres Ases* an; er veröffentlichte bei RCA Victor etwa 15 LPs und wirkte in mehr als 20 Filmen als singender Schauspieler. Er schrieb u. a. die Titel »Desde cuando«, »Ama«, »Ande« und »Quiero abrazarte tanto«.

Muñoz, Avelino

* 20.12.1920 Panamá-Ciudad, † 24.1.1962 Puerto Rico; panamaischer Musiker (Piano, Akkordeon, Elektronenorgel), Arrangeur, Bandleader und Komponist populärer Musik. M. gehörte zunächst diversen Formationen seiner Heimatregion als Musiker und Arrangeur an; später übersiedelte er nach México-Stadt, wo er für das Orchester von Mario Ruiz Armengol arrangierte und danach als Pianist für Bobby → *Capó* wirkte. Später gründete M. dann eine eigene Gruppe, *Avelino Muñoz y su Ritmo*, mit der er einige Aufnahmen produzierte, darunter die selbst komponierten Titel »Irramediablemente sólo« (Bolero), »Maldición gitana« (Bolero moruno) und »Ya voy hacia tí« (Tamborera).

Muré-muré

in der Volksmusik der Guaraní-Indianer Paraguays eingesetzte primitive Trommel.

Murga

Bez. für eine Gruppe bzw. ein Orchester von Straßenmusikern in vielen Ländern Lateinamerikas (u. a. Kolumbien und Uruguay), meist mit Perkussionsinstrumenten ausgerüstet; musiziert vornehmlich zum Karneval.

Murillo Chapul, Emilio »Puntillón«

* 9.4.1880 Guateque (Boyacá), † 8.8.1942 Bogotá; kolumbianischer Musiker (Piano, Flöte), Sänger, Komponist, Arrangeur und Bandleader; galt als populärster Musiker Kolumbiens; studierte an der Nationalakademie bei Pedro → *Morales Pino;* komponierte bereits in jungen Jahren folkloristische Stücke u. a. der Formen → *Bambuco,* → *Pasillo,* Polka, → *Copla* und → *Danza,* darunter die bekannten, heute zur Musikfolklore gehörenden Titel »El Trapiche« (Bambuco), »El Guatecano« (Danza, 1908), »De lejos« (Pasillo) und »El Carbonero« (Bambuco). M. gründete in Bogotá um 1905 eine Musikgruppe vom Typ einer → *Estudiantina* (Estudiantina Murillo), die, in einer → *Peña* auftretend, große Popularität erlangte und zahlreiche Schallplattenaufnahmen mit kreolischer Musik produzierte.

Murtagh, Omar

* 6.1.1930 Rosario; argentinischer Musiker (Kontrabass); bekannter Vertreter des neuzeitlichen → *Tango;* debütierte als Kontrabassist in der Musikgruppe *Los Provincianos*, spielte später bei den *Poetas del Tango*; übersiedelte 1953 nach Buenos Aires, wo er wenig später im Orchester von Francisco Rotundo und weiteren Formationen musizierte; 1961 bildete er das Trio *Los Tres de Buenos Aires*; in der Folgezeit gehörte er weiteren Formationen an und gründete 1976 die Gruppe *Octango.*

Murucu → *Bastón de ritmo*

Música afrolatinoamericana (Música negra)

Komplex der afrolateinamerikanischen Volks- und Populärmusik; signifikanteste Merkmale sind der überwiegende Gebrauch diverser Trommeln und das → *Call & Response*-Prinzip beim Begleitgesang. Teilweise kam es zu Synkretisationen mit europäischen bzw. indianischen Kulturelementen. → *Abacuá,* → *Atabaque,* → *Bantú,* → *Batuque,* → *Candomblé,* → *Tumba Francesa,* → *Vodú* und → *Yorubá.*

Música andina

Allgemeinbezeichnung für die aus dem Anden-Gebiet stammende mestizische und indianische Volks- und Populärmusik der Länder Peru, Bolivien, Ekuador, Nordargentinien und -chile sowie Teilen von Kolumbien und Venezuela.

Música autóctona → *Música indígena*

Música bailable (Tanzmusik, span.)
tanzbare Musik; im engeren Sinne moderne, auch internationale Tanzmusik; Teil der so genannten Populärmusik (Música popular).

Música caipira (eigtl. Música campirana)
Sammelbezeichnung für die in den brasilianischen Bundesstaaten São Paulo, Goiás, Minas Gerais, Paraná u. a. weitverbreitete ländliche Volksmusik, die z. B. die Formen → *Moda,* → *Rancheira* und → *Cateretê* einschließt.

Música caliente (»heiße Musik«, span.) → *Música tropical*

Música campesina (ländliche Musik, span.)
die Gesamtheit aller ländlichen, meist der anonymen und traditionellen Musikfolklore entstammenden Lieder und Tänze des spanischsprachigen Teils von Lateinamerika; Äquivalent zur brasilianischen → *Música caipira;* nach Form und Interpretation (z. B. durch die häufige Verwendung rustikaler Musikinstrumente) die reinste und am wenigsten verfälschte Manifestation der Volkskultur verkörpernd. → *Campesino,* Milonga, Punto cubano.

Música chicana
Komplex folkloristischer, traditioneller, aber auch moderner Musik, die in den südlichen und südwestlichen Regionen der USA (früher, bis

Oben: Música campesina – kubanischer Lautenspieler (Laudista) aus der Provinz Oriente
Unten: Música andina – Aymará-Folkloregruppe aus Bolivien

etwa 1850, mexikanisches Territorium) verbreitet und, von gewissen Modifikationen (z. B. zweisprachiger Gesang Spanisch/Englisch) abgesehen, der → *Música norteña* Mexikos sehr ähnlich ist. Gegenwärtig lässt sich eine stark auf das mexikanische Kulturerbe orientierte Bewegung feststellen. (→ *Tex-Mex Style*)

Música colonial
in weiten Teilen des spanisch- und portugiesischsprachigen Amerika verwendete Definition für jegliche in der Kolonialzeit (XVI. – XIX. Jh.) entstandene Musik; Lieder und Tänze dieser Zeit werden als Teil des nationalen Kulturerbes erfasst, erforscht und teilweise neu interpretiert.

Música comercial (M. comercializada; kommerzielle Musik, span.)
als reines Handelsobjekt dienende, zur Ware degradierte Musik; vielfach sind absatzfördernden Kriterien unterworfene Modifikationen zu beobachten; besonders stark ist der Trend der Kommerzialisierung bei der für Jugendliche bestimmten Populärmusik spürbar.

Música culta (Música elaborada)
Sammelbegriff für alle Arten ernster Musik, z. B. sinfonische M. (M. sinfónica), Kammermusik (M. de Cámara) und klassische M. (M. clásica).

Música electrónica (port.: M. eletrônica)
elektronische Musik, Komplex von Verfahren zur Erzeugung von Musik auf elektronischem Wege; vorwiegend in der Tanzmusik angewendet.

Música folklórica
Gesamtheit der Volksmusik, die in Lateinamerika eine jahrhundertelange Tradition besitzt und Teil des kulturellen Erbes ist. (→ *Folklore*, → *Música campesina*, → *Música sertaneja*)

Música indígena (M. indiana)
Komplex der von der indianischen Bevölkerung Lateinamerikas hervor gebrachten Musik; Lieder und Tänze der Indianer, die in den meisten Fällen auf vorspanische Kulturtraditionen u. a. der Quechua-, Aymará, Chibcha- und Guaraní-Indianer sowie der Maya, Azteken, Yaqui, Ckachiquel u. a. Völkerschaften basieren. Durch Vermischung indianischer mit spanisch-kreolischen Komponenten enstand die → *Música mestiza*.

Música ligera (leichte Musik, span.)
häufig für die nicht der ernsten Musik (Música culta) zugehörige Tanz- und Unterhaltungsmusik gebrauchter Begriff.

Música litoraleña (M. litoral)
Sammelbegriff für folkloristische und populäre Musik Argentiniens, teilweise auch Uruguays und Paraguays, deren Ausbreitungsgebiet die Regionen nahe der Flüsse Paraná, Paraguay und Uruguay sind. Wichtige Formen sind u. a. → *Chamamé* und → *Valseado*.

Música llanera
Gesamtheit der folkloristischen und populären Lieder und Tänze der Grassteppengebiete (Llanos) Venezuelas und Kolumbiens; Volkstanz dieser Region ist hauptsächlich der → *Joropo;* wichtigste Musikinstrumente dieser Region sind Harfe (Arpa), → *Cuatro* und → *Maracas*.

Música mestiza (port.: M. mestiça)
sämtliche aus der seit dem XVI. Jh. vollzogenen Vermischung (Mestizierung) indianischer und spanisch-kreolischer Elemente hervorgegangenen Lieder und Tänze Lateinamerikas, darunter → *Bailecito*, → *Carnavalito*, → *Huayno*, → *Mejorana*, → *Purajhei*, → *Sanjuanito*, → *Valona* und → *Vidala*.

Música nordestina → *Música sertaneja*

Música norteña
Sammelbegriff für die Volks- und Populärmusik der im Norden Mexikos gelegenen Bundesstaaten Nuevo León, Coahuila, Chihuahua, Sonora und Sinaloa; eine Vermischung von Stilen und Elementen versch. Herkunft darstellend;

mit den geschichtlichen Ereignissen in Mexiko im XIX. und XX. Jh. eng verbunden. → *Grupo Norteño*

Música popular (Populärmusik, span.)
volkstümliche Musik; seit der zweiten Hälfte des XX. Jh. werden zur M. p. sing- u./o. tanzbare Formen wie Bolero, Ballade, Tango, Mambo, Samba (urbane Varianten), Foxtrot, Rock, Reggae u. a. gerechnet. Es gibt in Lateinamerika keine exakte Trennung zwischen Volks- und Tanzmusik.

Música Popular Brasileira (MPB)
eine um 1967 in Brasilien entstandene Bewegung, deren Ziel die Verbreitung nationalen Musikgutes und die Zurückdrängung des Prozesses der Internationalisierung auf dem Gebiet der Populärmusik ist. M. P. B. unterscheidet sich von der Bewegung Nova Canção Brasileira (→ *Nueva Canción Latinoamericana/Brasilien*) durch die Einbeziehung von Instrumentalmusik. Bekannte Vertreter sind z. B. die Gruppen → *MPB-4* und → *Baiafro.*

Musica precolumbina (präkolumbische Musik)
Gesamtheit der vor der Eroberung Lateinamerikas (1492) verbreiteten Lieder und Tänze wie z. B. → *Areito* und → *Huaylli;* die überkommenen Informationen darüber sind wenig umfangreich. → *Instrumentos precolombinos*

Música precolumbina – Der Paukenschläger, Illustration aus dem »Codex Borbonicus«

Música protesta
Lieder zumeist balladen- oder auch volksliedhaften Charakters, die gegen soziale Ungerechtigkeit, für die Beseitigung des Analphabetentums usw. eintreten. → *Nueva Canción Latinoamericana.*

Música religiosa
Sammelbegriff für Musik, die bei religiösen Handlungen bzw. Volksfesten und Feierlichkeiten religiöser Inspiration gespielt wird; vielfach Lieder aus der katholischen Liturgie, aber auch reine Volksmusik mit religiös motivierten Texten.

Música sertaneja
sämtliche folkloristischen und populären Lied- und Tanzformen des Landesinnern (Sertão) Brasiliens, auch Formen der ländlichen Volksmusik (Música caipira) beinhaltend, jedoch vorwiegend auf Musik des Landesnordostens angewandt; u. a. die Tänze → *Baião,* → *Embolada* und → *Côco.*

Música típica
typische, im engeren Sinne landestypische Musik; im Unterschied zur folkloristischen, größtenteils auf der anonymen Musikfolklore beruhenden Musik, eine auf Volksmusikelementen aufbauende, meist von neuzeitlichen Komponisten geschaffende Musik, in der Regel durch traditionelle Instrumente interpretiert; eine exakte Trennung zwischen folkloristischer und typischer Musik ist kaum möglich.

Música tradicional (traditionelle Musik, span.)
Sammelbegriff für Lieder und Tänze, die, z. T. auf spanischen, indianischen oder negroiden Formen bzw. deren vielfältigen Vermischungen aufbauend, nach und nach Teil der National-

kultur eines lateinamerikansichen Landes wurden und durch traditionsbewusste Solisten und Gruppen gepflegt werden, wobei eine korrekte Trennung in reine Volks- bzw. Populärmusik nicht mehr möglich ist. (→ *ICTM*)

Música tropical (M. caliente)
Sammelname für eine in Lateinamerika weitverbreitete Tanzmusik, die nach Rhythmus und Interpretationsstil oft keinem bestimmten Land mehr zugeordnet werden kann; meist handelt es sich um Arrangements aus dem Repertoire der Tanzmusik tropischer Länder (Kolumbien, Karibik) u. a. der Formen → *Cumbia,* → *Porro,* → *Merengue,* → *Son (cubano),* → *Guaracha,* → *Samba,* → *Calypso* und → *Rumba;* auch die Mischformen → *Salsa* und → *Lambada* sind diesem Formenkomplex zuzurechnen.

Música trovadoresca (trovadoreske Musik)
die auf jahrhundertealten Traditionen wandernder Volkssänger (→ *Trovador,* → *Payador,* → *Cantador*) beruhenden Lieder; Teil einer Volkskultur, die in ganz Lateinamerika Verbreitung fand und in zahlreichen Bewegungen regionaler oder überregionaler Art gepflegt und weiterentwickelt wird.

Música vallenata
Sammelbezeichnung für die folkloristische und populäre Musik der kolumbianischen Sub-Region Zona Vallenata, Gebiete von Magdalena, César und den Süden der Halbinsel Guajira einschließend; das Wort ist von *Valledupar*, einem Ort dieses Gebietes, abgeleitet. Bedeutendste Formen der M. v. sind → *Paseo,* → *Merengue* und einige Varianten der → *Cumbia;* typisch sind die an bestimmten Stellen dieser Tanzlieder ausgebrachten Interjektionen wie »yepa«, »jeepa«, »güepa jé« usw.

Musical bow → *Arco musical*

Musicasión, Grupo -
venezolanisches Instrumentalquintett moderner Populärmusik; 1982 in Maracaibo gegründet;

Música sertaneja: der Sänger und Liedermacher Luíz Carlos Borges (links) bei einem Auftritt beim Liederfestival von Lages (Santa Catarina, Brasilien) (Photo: Peterson Guerreiro)

experimentierte mit Komponenten der traditionellen Musikfolklore, der modernen Tanz- und Unterhaltungsmusik, sowie der ernsten Musik, die in bestimmter Relation zueinander verarbeitet wurden; Interesse erweckte die LP »Pregones zulianos«.

Músico
Allgemeinbezeichnung für den Musiker.

Musicuba, Conjunto -
kubanische Vokal- und Instrumentalgruppe; 1959 in La Habana unter der Leitung von Ernesto González gegründet; widmete sich überwiegend der Interpretation der Formen → *Bolero (cubano)* und → *Guaracha;* wirkte in Nachtclubs, Theatern und hat bei Egrem einige Schallplattenaufnahmen produziert.

Musigán, Grupo -
kubanische Vokal-, Instrumental- und Tanzgruppe; im April 1974 in Santiago de Cuba durch Juan Morris (Direktor) gegründet; interpretiert mit insges. 32 Mitgliedern Lieder und Tänze aus der negroiden Musikfolklore.

Mutirão
allgemeine Bezeichnung für die mit Liedern und Tänzen verbundene gemeinschaftliche Arbeit in ländlichen Gegenden Brasiliens. (→ *Junta*)

Mutungo → *Urucungo*

Sie zählen zu den Klassikern der traditionellen kubanischen Trova: Colombo y García – Etikett der N-78-Platte Victor-62008 (B, 1907)

N

Nacional, Septeto (Sexteto)
(später auch: Septeto N. de Ignacio Piñeiro) kubanische Vokal- und Instrumentalgruppe; 1927 in La Habana zunächst als Sextett formiert; eine der bekanntesten und populärsten Gruppen des → *Son cubano.* Gründungsmitglieder waren Ignacio → *Piñeiro* (Kontrabass, Bandleader), Juan de la → *Cruz Hermida* (Gesang, Claves), Bienvenido → *León* (Gesang, Maracas), Alberto → *Villalón* (Gitarre, Chor), Francisco González (Tres, Chor), José Manuel Carriera I. »El Chino« (Bongó) sowie kurz danach Lázaro Herrera »El Pecoso« (Trompete). In z. T. veränderter Besetzung reiste die Gruppe 1928 nach New York und produzierte dort ihre ersten 10 Schallplatten; im Folgejahr repräsentierte sie Kuba im kulturellen Teil der Weltausstellung in Sevilla (Spanien) und erzielte großen Publikumserfolg. Um 1936 wurde die Gruppe auf Grund ökonomischer Probleme zwischenzeitlich aufgelöst und erst 1954 reaktiviert, zunächst unter der Leitung von Piñeiro, später von Rafael → *Ortiz »Mañungo«* bzw. Ignacio »Richard« Aymé (* 1943 La Habana – ab 1995). Unter verschiedenen Labels entstanden zahlreiche Schallplattenaufnahmen, darunter die Titel »Las cuatro palomas« (Son, 1928), »Guanajo relleno« (Son) und »Suavecito« (Son).

Nacional de Conciertos, Banda -
kubanisches Instrumentalorchester vom Typ einer → *Banda (2);* 1899 in La Habana durch den Musiker Guillermo Tomás als *Banda Municipal de La Habana* des Polizeikorps gegründet. Das

Ein bereits historisches Foto: 4 Mitglieder des Septeto Nacional bei der Probe (von links nach rechts): Carlos Embalé (Gesang u. Güiro), Antonio García (Claves), Lázaro Herrera (Trompete) und Florencio Hernández (Maracas) – La Habana-Centro, 4.5.1981

zu offiziellen Anlässen musizierende Orchester wurde später u. a. durch Gonzalo → *Roig,* gegenwärtig durch Manuel Duchesne Morillas geleitet.

Nago
1. Tanz innerhalb des haitianischen → *Vodú*-Kultes. 2. als Nago bzw. Nagô (in Brasilien) werden Angehörige des Yoruba-Stammes bezeichnet.

Nakos, Los -
mexikanisches Vokal- und Instrumentalquartett; 1968 in México-Stadt durch Gabriela Huesca (* 1947), Ismael Colmenares (* 1945), Amparo Martínez (* 1950) und José Martínez (* 1941) im Rahmen der Bewegung des Neuen Mexikanischen Liedes formiert; beteiligte sich an Sänger-Wettstreiten, gab Gastspiele u. a. in den USA und nahm einige Titel wie »Indios« und »Unidos todos« auf Schallplatten auf.

Nana (Na-na)
1. aus Spanien nach Lateinamerika transkulturierte Form von Wiegenliedern (→ *Canción de cuna*). 2. Einführungsgesang (Canto de introducción) im → *Guaguancó,* aus den auf afrikanische Tradition zurückgehenden Silben »anana nana na...« bestehend.

Nangku → *Pinkuy*

Nápoles Fajardo, Juan Cristóbal »Cucalambé«
* 1.7.1828 Victoria de las Tunas, † 1862 Santiago de Cuba; kubanischer Volkssänger (Trovador) und -dichter; schrieb lyrische Lieder in der Form der → *Decima;* Vertreter der ländlichen Volksmusik; interpretierte seine zahlreichen Lieder als → *Punto cubano* bzw. als → *Guajira,* so die Titel »Trovadores cienfuegueros« und »Tonadas de parranda«. N. ist Initiator einer *Cucalambismo* genannten Variante der Bewegung des → *Criollismo* in Kuba.

Naranjos, Los -
kubanische Vokal- und Instrumentalgruppe; am 3.4.1926 in Cienfuegos durch den Sänger Gumercindo Soriano Zayas gegründet; interpretierte regionstypische Tanzmusik, vor allem den → *Son cubano;* die gegenwärtig mit 10 Mitgliedern musizierende Formation veröffentlichte bei Areito einige LPs, darunter die Titel »Linda Graciela« und »Cuéntame«.

Nascimento, Milton »Bituca«
* 26.10.1942 Diamantina; brasilianischer Sänger, Musiker (Violão) und Liedermacher; wirkte von 1962 – 65 in Belo Horizonte, später in São Paulo und übersiedelte dann nach Rio de Janeiro; schrieb Lieder und Balladen und gehörte der Bewegung des Neuen Brasilianischen Liedes an. N. verarbeitete in seinen Stücken wie »E a gente sonhando« und »Morro velho« Elemente traditioneller Formen wie z. B. die → *Toada* und des modernen Jazz bzw. Rock; bei Odeon erschienen einige LPs.

Nau Catarineta (Catarineta)
auf historischen Begebenheiten (Entdeckung Brasiliens mit dem Segelschiff »Catarineta« am 22.4.1500) beruhendes dramatisches Tanzspiel; bei stark rückläufiger Verbreitung in weiten Teilen des Landes, insbes. im Nordosten, aufgeführt; die dazu gespielte Musik weist Ähnlichkeiten mit der → *Chegança* auf.

Navarro, Cherry »El Romántico de Venezuela«
* 9.7.1944, † 28.9.1967; venezolanischer Sänger, Musiker und Autor typischer und populärer Musik. N. wurde durch seinen zum Romantischen tendierenden Interpretationsstil schnell bekannt. Zahlreiche seiner Titel, darunter »Crepúsculo guayanés« (Walzer) und »Orinoco río abajo« (Tonada), erschienen auf LPs des Labels Palacio.

Navarro Moreno, José de Jesús »Chucho«
* 20.1.1913 Ilapuato (Guanajuato), † 24.12. 1993 México-Stadt; mexikanischer Sänger, Gitarrist und Liedermacher der populären Musik, hervorragender Interpret und Schöpfer des → *Bolero.* N. hat Mexiko um 1940 zusammen mit der von ihm formierten Gruppe *Los Caporales* verlassen und siedelte sich in New York an. Zu-

sammen mit zwei anderen Musikern, einem Mexikaner und einem Puertorikaner, formierte er 1944 in New York das Trío → *Los Panchos.* Zahlreiche eigene Kompositionen, Boleros, flossen ins Repertoire des Tríos ein, darunter »Lo dudo« (1954), »Maldito corazón« (1949) und »Mar y cielo«.

Nave
chilenischer Volkstanz, charakteristisch für die Insel Chiloé; kann durch eine Frau oder einen Mann jeweils allein, aber auch paarweise getanzt werden; im wesentlichen aus altspanischen Komponenten bestehend, mit z. T. indianischen Einflüssen. Der Tanz ist reich an pantomimischen Figuren; dazu werden teilweise auch lyrische Texte gesungen.

Nazareth, Ernesto Julio »Nazaré«
* 20.3.1863 Rio de Janeiro, † 4.2.1934 Jacarepaguá; brasilianischer Musiker (Piano) und Komponist; Autodidakt; Verfechter des nationalen Charakters in der Musik; hinterließ mehr als 220 instrumentale Stücke, darunter »Ameno Reseda« (Choro, 1912), »Apanheite cavaquinho« (Choro, 1930), »Fidalga« (Walzer, 1910). N. schuf eine als *Tango brasileiro* bezeichnete Variante des → *Tango,* von der er u. a. die Titel »Odeon« (1908) und »Pierrot« und »Turuna« schrieb; weiterhin kommt ihm das Verdienst zu, als erster das Piano zur Interpretation des → *Choro* eingesetzt zu haben.

Ned, Nelson (eigtl. N. N. Dávila Pinto)
* 1943 Ubá; brasilianischer Sänger und Liedermacher; schrieb ab 1969 Stücke sentimentalballadenhaften Charakters; allein sein Lied »Todo pasará« wurde mit insgesamt 6 Goldenen Schallplatten (Label West Side Latino) geehrt; auch die Titel »Eu também sou sentimental« und »Mi otro yo« waren sehr erfolgreich.

Negra (Semínima)
spanischsprachige Bezeichnung für die Viertelnote.

Negrete, Jorge Alberto »Charro Cantor«
* 1911 León (Guanajuato), † 4.12.1953 Los Angeles (USA); mexikanischer Sänger, Liedermacher und Filmschauspieler; einer der berühmtesten → *Ranchera-* und → *Corrido*-Sänger Mexikos; wurde in ganz Lateinamerika populär; wirkte in vielen in- und ausländischen Filmen, darunter in »¡Ay Jalisco, no te rajes!« (1941), als singender Schauspieler, trat häufig im Duett mit Pedro → *Vargas* bzw. mit seiner Ehefrau María Félix auf. N.s Lieder, vorwiegend Kompositionen von Manuel → *Esperón* und Ernesto → *Cortázar,* darunter »Ay Jalisco, no te rajes« und »Yo soy mexicano« (Rancheras), oft auch auf seinen Gastspielreisen durch weite Teile Lateinamerikas vorgetragen und auf Schallplatten des Labels Victor bzw. RCA Victor veröffentlicht, sicherten ihm eine bis heute andauernde Popularität.

Negrillo (Tarpuy)
peruanischer Volkstanz andiner Regionen.

Negrismo → *Negritude*

Negrito → *Sonecito del País*

Negritos, Danza de los -
1. Bez. für Volkstänze unterschiedlicher Art in einigen lateinamerikanischen Ländern mit negroiden Bevölkerungsanteilen (Peru, Kolumbien, Panamá); religiös inspiriert bzw. rein weltlichen Charakters; zur Begleitmusik werden häufig Texte gesungen oder rezitiert. 2. mexikanischer Volkstanz aus der Kolonialzeit; teilweise noch heute in Orten der Staaten Veracruz, Puebla und Hidalgo aufgeführt. Die Begleitmusik ähnelt dem → *Huapango.*

Negritude (span.: Negrismo)
eine um 1930 in Brasilien und weiteren lateinamerikanischen Ländern ins Leben gerufene Bewegung, deren Ziel die Bewahrung des afrolateinamerikanischen Kulturerbes ist.

Nengón (Son corrido, Sonsito)
eine bereits sehr alte Varainte des → *Son cuba-*

no, dem → *Changüí* sehr ähnlich und wie dieser in der Region von Guantánamo verbreitet.

Neofolklore

eine fast zeitgleich mit der Bewegung des Neuen Lateinamerikanischen Liedes (→ *Nueva Canción Latinoamericana*) entstandene Strömung, deren Ziel in der Aufbereitung, Aufwertung und Vermarktung folkloristischer Traditionen besteht; von großen Schallplattenkonzernen unterstützt mit der Absicht, dem empfindlichen Mangel an folkloristischer Musik auf dem Plattenmarkt mit der Neuproduktion von teilweise alter Musik, mehr noch mit Neukompositionen pseudofolkloristischer Stücke zu begegnen. So entstanden Gruppen wie Las → *Cuatro Brujas* und Los → *Cuatro Cuartos* (Chile), Las Voces Blancas (Argentinien) und Grupo Universo (Uruguay), die durch völlig neue Stilelemente, teilweise aus dem Repertoire von Ray Conniff und anderen ausländischen Arrangeuren, auffielen, mit folkloristischer Tradition jedoch oft nur wenig gemein haben, teilweise undefinierbar und mitunter sogar ausgeprochen geschmacklos sind.

Neves, Cândido das - »Índio«

* 24.7.1899 Rio de Janeiro, † 14.11.1934 das.; brasilianischer Sänger, Musiker (Violão), Komponist und Bandleader; stammt aus einer Musikerfamilie; leitete später die Gruppe *Rancho O Prazer das Morenas* und schrieb romantische Lieder der Formen → *Modinha* und → *Seresta,* die u. a. durch Vicente → *Celestino* und Orlando Silva interpretiert wurden, darunter »Noite cheia de estrêlas« (1932), »Cinzas«, »Ultima estrofe« (1935) und »Cabocla serrana«.

Neves, Eduardo das - »Cantor de Modinhas«

* 1874 Rio de Janeiro, † 1919 das.; brasilianischer Sänger und Liedermacher; zählte in der Zeit um 1900 zu den bekanntesten Interpreten der → *Modinha;* publizierte Liedersammlungen wie »Mistérios do Violão« (1905) und nahm zahlreiche Stücke seines Repertoires auf Tonwalzen und Schallplatten (von 1904 – 1919), darunter die Titel »Isto é bom« (Lundú; bei Odeon) und »Feijoada completa« auf, die insgesamt zu den wertvollen Tondokumenten der brasilianischen Populärmusik zählen.

New York Latino

Bezeichnung für ein im Gebiet von New York seit der Jahrhundertwende gewachsenes kulturelles Umfeld, dessen Urheber und Träger im wesentlichen Einwanderer aus verschiedenen Ländern Lateinamerikas, vornehmlich aus Puerto Rico, Mexiko und Kuba bzw. deren bereits in dieser Region geborene Nachkommen sind. Innerhalb dieser Siedlungsräume, wozu auch Chicago mit seinen → *Chicano*-Vierteln zu rechnen ist, werden viele musikalische Formen Lateinamerikas, in der Gegenwart vor allem populäre Musik wie → *Jazz latinoamericano,* → *Salsa,* → *Música tropical,* aber auch traditionelle Musik aus den ehemaligen Siedlungsgebieten in Lateinamerika gepflegt, wobei es teilweise zu Interaktionen mit US-amerikanischen Formen oder auch zur Kommerzialisierung kam und kommt. Die Mischform Salsa ist z. B. ein Produkt des Kulturkreises N. Y. Latino. Insgesamt üben die kulturellen Aktivitäten in diesem Siedlungsraum neuerdings starken Einfluss auf die Populärmusik in Lateinamerika aus. Bekannte Vertreter aus diesem Bereich sind Daniel Santos (ab 1930), Eddie Palmieri, Frank Grillo, Celia Cruz und die Formation *Grupo Nuevayorquino de Experimentación y Folklore* und viele andere. Beachtlich ist vor allem der Schallplatten- und CD-Markt; neben einer großen Zahl von Neuproduktionen unter diversen Labels werden auch Re-Editionen mit Musik aus nahezu allen Ländern Lateinamerikas angeboten.

Ney, Nora (eigtl. Íracema de Sousa Ferreira)
* 20.3.1922 Rio de Janeiro; brasilianische Sängerin; begann ihre Karriere 1951 mit dem Gesang ausländischer Tanzmusik bei Rádio Tupi in Rio de Janeiro; danach war sie zusammen mit Doris Monteiro und Jorge → *Goulart* bei Rádio Nacional tätig, produzierte bei Continental 1952 ihre erste Schallplatte; 1972 erschien bei Som Livre eine bemerkenswerte LP mit brasilianischer Populärmusik; ihre Titel »India« und

»Quando eu me chamar saudade« wurden sehr populär.

NG la Banda (NG = Nueva Generación/ Neue Generation, span.)
kubanische Vokal- und Instrumentalgruppe der modernen Tanzmusik, die 1988 in La Habana durch José Luis Cortes »El Tosco« (Flöte) formiert wurde. Unter seiner Leitung und mit Musikern wie Giraldo Piloto Jr. (Schlagzeug), Carlos Averhoff (Saxophon) und dem Sänger Tony Calá entwickelte sich die Gruppe schnell zu einer der in Kuba führenden Formationen, die insbesondere die Mischform → *Salsa* pflegen. Der Interpretationsstil ist mit dem des Orchesters Los → *Van Van* vergleichbar. NG la Banda beteiligte sich 1990 erfolgreich an der 2. Begegnung der Son-Gruppen in Mayarí (Kuba) und unternahm zahlreiche Auslandsgastspiele, darunter 1998 ein Auftritt im Cameo Theatre von Miami Beach (Florida/ USA). Schallplatten erschienen bei Areito und CDs u. a. bei Blue Jackel, Retro Records und Trumpets of Jericho, darunter Titel wie »Longina«, »Me voy pa' l pueblo« und »Necesito una amiga«.

Ngoma
1. in der afrokubanischen Volksmusik eingesetzte Einfelltrommel. 2. in Westafrika verbreitete Volks- und Tanzmusik, deren Ursprung auf lateinamerikanische Einflüsse zurückgeht; meist als → *High Life* (Music) bezeichnet.

Nicola Romero, Isaac
* 11.4.1916 La Habana; kubanischer Gitarrist; studierte zunächst bei seiner Mutter Clara Romero und 1931 in Paris bei Emil Pujol; betrieb Forschungen über die → *Vihuela* und die alte Gitarre; gab Konzerte und bildete Solisten wie Leo → *Brouwer* aus.

Nicola, Noel
* 7.10.1946 La Habana; kubanischer Sänger, Musiker (Gitarre) und Komponist; entstammt einer Musikerfamilie, trat innerhalb der durch die → *Casa de las Américas* veranstalteten Treffen von Protestsängern 1967 zum ersten Male auf, studierte u. a. bei Leo → *Brouwer,* gehörte der Gruppe → *Experimentación Sonora del ICAIC* an und schrieb die Musik zu Poemen von José → *Martí* sowie die Titel »Comienza el día« und »26«.

Nocheros de Anta, Los -
argentinische Vokal- und Instrumentalgruppe; 1961 durch Tito Ortiz, Enrique Ríos, Héctor Borda, Miguel Angel Reyes und Jorge Bereu gegründet, interpretierte Stücke in zur → *Neofolklore* tendierenden Arrangements wie »Chinita santiagueña« und »Una lágrima«, die auf LPs u. a. der Labels Request, RCA Camden und Diorama PMA erschienen sind.

Nocturno
eigentlich eine lyrische Komposition für Piano; jedoch auch ein zu nächtlicher Stunde interpretiertes Lied in getragen-feierlichem Rhythmus.

Noda, Pedro
* 30.12.1901 Buenos Aires, † 24.8.1967 das.; argentinischer Sänger, Musiker (Gitarre) und Liedermacher; war Mitglied des populären Duos → *Magaldi – Noda;* schrieb u. a. die Stücke »Trapo viejo«, »Los muñecos« und »Allá en el bajo«.

Nonquilñ (Aerophon)
in Südchile eingesetztes Volksmusikinstrument der Araukaner (Mapuche); ein etwa 1 m langer und 2 cm starker Stab, der mit einem Pferdedarm umwickelt, mit bunten Tüchern aus Wolle drapiert und am oberen Ende mit einem Mundstück versehen wird. Durch kräftiges Anhauchen wird das Instrunent zum Klingen gebracht.

Nopalera, La -
mexikanisches Vokal- und Instrumentalsextett; zur Bewegung des Neuen Mexikanischen Liedes gehörend; 1975 in México-Stadt durch den Musiker Arturo Cipriano (Flöte, Harmonika, Saxophon) mit Hely Orsini (Gesang, Perkussion), René Lemus (Perkussion), Maru Enríquez (Gesang, Perkussion), Francisco Javier Izquier-

do (Gitarre) und Eniac Martínez (Gesang und Gitarre) formiert; produzierte unter dem Label NCL eine LP, die u. a. die Titel »Huapango« und »Manantial« enthält.

Norte (Norteao, Norte abierto, N. seco)
afropanamaischer Volkstanz im 2/4-Takt; zur Gruppe des → *Tambor (4)* gehörend; vorwiegend durch Trommeln unterschiedlicher Größe begleitet.

Norte Andino, Grupo -
chilenische Folkloregruppe, um 1971 in Arica mit insgesamt 8 Solisten, darunter 2 Frauen, gegründet. Mit den Instrumenten → *Quena,* → *Zampoña,* → *Charango,* → *Bombo* und Gitarre wurde vorwiegend mestizische Volksmusik Nordchiles interpretiert; bei IRT entstanden Schallplattenaufnahmen wie »Chitita« und »Carnaval de Chiapa«.

Norteña
Kurzbezeichnung für → *Música norteña.*

Nova Canção Brasileira → *Nueva Canción Latinoamericana/Brasilien*

Novarro, Chico (eigtl. Bernardo Mitnik)
* 4.11.1933 Santa Fe; argentinischer Sänger, Bandleader, Pianist und Liedermacher sowie Schauspieler; wirkte ab 1946 in Tanzmusikgruppen in Córdoba bzw. Buenos Aires, zunächst als Schlagzeuger, später als Sänger und Pianist und bildete in den 60er Jahren eine Gruppe der → *Música tropical.* Seine Kompositionen, darunter »Orangután« (Merengue), »El camaleón« (Merengue) und »Quién pueda juzgarte« (Tango, 1969) erlangten in ganz Lateinamerika große Popularität und erschienen auf Schallplatten.

Nueva Canción Latinoamericana (NCL)
(Neues Lateinamerikanisches Lied, span.)
Sammelbegriff für eine ab Ende der 50er Jahre des XX. Jh. in vielen Ländern Lateinamerikas entstandene Bewegung auf dem Gebiet der folkloristischen und populären Musik. Grundanliegen war das Streben engagierter Interpreten und Autoren nach neuen Ausdrucksmitteln und der fortschreitenden Kommerzialisierung und der damit einhergehenden künstlerischen Verflachung Einhalt zu gebieten. Maßgeblichen Anteil an der Herausbildung eines sowohl auf national-kulturelle Traditionen als auch auf ein politisches Bekenntnis orientierten Liedes mit massenwirksamem Charakter hatte die Zuspitzung der sozialen Probleme auf dem gesamten Kontinent. Dabei wurden zwei Wege beschritten Komposition bzw. Arrangement von Titeln im traditionell-folkloristischen Stil mit z. T. sozialkritisch-politischen Texten (Vertreter sind u. a. Los → *Olimareños* und → *Ali Primera*) oder Liedermacher konzipierten ihre Stücke in einem modernen, an internationale Trends angelehnten Stil (Vertreter sind u. a. Silvio → *Rodríguez,* Geraldo → *Vandré* sowie das Dúo Normán y Darío [Kolumbien]); auch Musik nach klassischen Motiven (z. B. des Barock) wurde genutzt (z. B. Grupo → *Barroco Andino*). Die Bewegung der N. C. L. hat der Singebewegung europäischer Länder starke Impulse verliehen und war hier durch zahlreiche Auftritte und Schallplatteneinspielungen öffentlicher Konzerte präsent. Nachstehend ein Überblick zu Entwicklung und Verbreitung der N. C. L. in einigen Ländern Lateinamerikas:

1. Argentinien
Im Umfeld der ab 1960 sich vollziehenden Hinwendung zur traditionellen Musikfolklore (manifestiert durch das 1. Nationale Folklorefestival in Cosquín, 1961) wurde 1963 in Mendoza die Bewegung des Neuen Argentinischen Liedes (Nuevo Cancionero Argentino, NCA) gegründet; zu den Initiatoren gehörten Armando → *Tejada Gómez,* Mercedes → *Sosa* und deren Ehemann Oscar → *Matus.* Weitere bedeutende Interpreten des NCA sind Atahualpa → *Yupanqui,* Alberto → *Cortez* und César → *Isella.*

2. Bolivien
Zu den Initiatoren gehören die Solisten Benjo → *Cruz* und Nilo → *Soruco;* später schlossen

Angel Parra, ein bekannter Vertreter der Bewegung des Neuen Chilenischen Liedes

sich Jenny → *Cárdenas* sowie die Gruppe Savia Nueva an.

3. Brasilien (Nova Canção Brasileira, NCB = Neues Brasilianisches Lied, port.)
Die NCB entstand im Kontext der Popularisierung der → *Bossa Nova* etwa 1959; Solisten wie Geraldo → *Vandré,* Juca → *Chaves,* Edu → *Lobo,* später Chico → *Buarque de Hollanda,* Gilberto → *Gil,* Caetano → *Veloso,* Baden → *Powell,* Vinícius de → *Morais* und v. a. traten im Rahmen des → *Tropicalismo* mit ersten Protestsongs an die Öffentlichkeit. Parallel zur NCB kam es zur Gründung einer weiteren Bewegung mit der Bez. → *Música Popular Brasileira (MPB).*

4. Chile
Grundlage für das Entstehen der Bewegung des Neuen Chilenischen Liedes (Nueva Canción Chilena) bilden die Aktivitäten von Violeta → *Parra,* Margot → *Loyola,* Calatambo → *Albarracín,* Héctor → *Pávez* sowie der Gruppen → *Cuncumén* und → *Millaray* in den späten 50er Jahren bzw. frühen 60er Jahren des XX. Jh. Wesentliche Impulse gingen von der 1965 in Santiago de Chile durch Violeta, Ángel und Isabel → *Parra* gegründeten → *Peña (de los Parra)* aus; in der Folgezeit wurden weitere kulturelle Zentren u. a. in Valparaíso eröffnet; 1969 wurde in Santiago das 1. Festival des Neuen Chilenischen Liedes unter Beteiligung vieler nationaler Solisten und Gruppen wie Víctor → *Jara,* → *Quilapayún* und → *Tiemponuevo* durchgeführt. Der Verbreitung dieser Musik widmete sich insbes. die Schallplattenfirma → *DICAP.* Nach dem Militärputsch (1973) kam es zunächst zur Herausbildung von zwei Teilströmungen mit unterschiedlichen Wirkungskriterien. Der größte Teil der progressiven Interpreten musste emigrieren und bildete die im Exil wirkende Bewegung »Nuevo Canto«, der u. a. Ángel und Isabel Parra, Patricio → *Manns* sowie die Gruppen → *Inti Illimani* und Quilapayún angehörten; es formierten sich im Exil neue Gruppen wie *Raíz* und *Unidad*; insgesamt unterlag diese im Exil wirkende Bewegung auf Grund verschiedener Ursachen einer gewissen Orientierungslosigkeit, die sich u. a. auch in der sich häufenden Auflösung bestehender Gruppen äußerte. Den in Chile verbliebenen Künstlern gelang es etwa 1975, ihre Aktivitäten im Rahmen der gegebenen Möglichkeiten zu koordinieren; unter dem Begriff »Canto Nuevo« entstand eine Bewegung, innerhalb derer neue Gruppen wie → *Santiago del Nuevo Extremo,* → *Ortiga* und → *Barroco Andino* gegründet wurden. Später kehrten die meisten Künstler wieder nach Chile zurück und wurden wieder aktiv, reaktivierten alte Gruppen oder gründeten neue Formationen. Generell ist das Neue Chil. Lied in Europa die am meisten bekannte Strömung innerhalb des NCL.

5. Ekuador
die Bewegung des Neuen Ekuadorianischen Liedes (Nueva Canción Ecuatoriana, NCE) orientiert sich ab etwa 1973 besonders an Formen der traditionellen Musikfolklore wie → *Sanjuanito,* → *Albazo* und → *Yumbo.* Am 23.11.1984 wurde in Quito ein Festival des Neuen Liedes, unterstützt durch die Gewerkschaftszentrale FUT, veranstaltet. Neben dem Sänger und Liedermacher Enrique → *Males* widmeten sich u. a. die Gruppen *Los Ñucahuasi* (in Loja), *Jesús Gualavisi* (in Tungurahua), *Huari Taki* und *Voz Latinoamericana* (in Quito) sowie *Nuestra Tierra, Los Chigualeros* und → *Quinchuquimanda Imbayacuna* (in Imbabura) der NCE.

6. Haiti
Zu einer organisierten Bewegung kam es auf Grund der brutalen Unterdrückung durch das Duvalier-Regime nicht; unter dem Begriff *Chanson engagée* organisierten sich in strenger Illegalität einige Gruppen wie *Soley Lere* und *Tambu Libeté*; Interpreten wie Martha → *Jean Claude* und Atis → *Indepandan* wirkten im Exil.

7. Guatemala
In der Illegalität bzw. im Exil organisierten sich einige der Organisation URNG nahestehende Gruppen wie → *Kin Lalat, Los Hombres del Maíz* und *Guitarra Campesina.*

8. Kolumbien

Nach 1960 entstand die Bewegung des Neuen Kolumbianischen Liedes, Nueva Canción Colombiana (NCC). 1964 wurde unter starker Anteilnahme der Jugend in Bogotá das Nationale Zentrum des Protestliedes (Centro Nacional de la Canción Protesta) gegründet. Erste engagierte Gruppe ist ein durch Juan Sebastián, Chaulivei und Carlos Parada gebildetes Trio; später erlangten der Sänger Pablus → *Gallinazo,* Perla Valencia und das Duo *Normán y Darío* Popularität. Die Gruppen → *Yaki Kandru* und → *Nueva Cultura* verbreiteten unverfälschte Volksmusik.

9. Kuba

Die Bewegung der Neuen Kubanischen Trova (Movimiento Nueva Trova Cubana, MNTC), 1972 in La Habana offiziell gegründet, setzte die reichen Traditionen der kubanischen → *Trova* fort. Zu den Gründungs-mitgliedern gehören u. a. Silvio → *Rodríguez,* Pablo → *Milanés,* Noel → *Nicola,* Sara → *González* und Amaury → *Pérez;* maßgebliche Impulse gingen von der Gruppe → *Experimentación Sonora del ICAIC* aus. Die Bewegung umfasst gegenwärtig 400 aktive Mitglieder; kulturelle Zentren (→ *Casa de la Trova*) wurden in allen größeren Orten gegründet.

10. Mexiko

Kurz nach 1960 formierte sich die Bewegung des Neuen Mexikanischen Liedes (Nueva Canción Mexicana, NCM), deren Ziel der Protest gegen soziale Ungerechtigkeit und das Streben nach Rückbesinnung auf nationale Traditionen war. Interpreten wie Judith → *Reyes* und später Amparo → *Ochoa,* Gabino → *Palomares,* Enrique Ballesté und Oscar → *Chávez* sowie die Gruppen Onda, Canek, Los → *Folkloristas* und → *Nopalera* widmeten sich progressivem Liedgut, darunter dem → *Corrido,* dem sie teilweise gesellschaftskritische Texte unterlegten. In México-Stadt wurde die Schallplattenfirma NCL (Nueva Cultura Latinoamericana) gegründet.

Die musikalische Ausbildung für junge Künstler geschieht bereits im Schulalter: eine Lehrerin für Gitarre in La Habana (1981) **(Photo: Marquetti)**

11. Nikaragua (Neues Nikaraguanisches Lied; Nueva Canción Nicaragüense; NCN)
Bereits um 1955 entstanden illegale Protestlieder wie »Queja india« gegen das Somoza-Regime, u. a. durch Otto de la Rocha »El Peón« und Erwin Krüger interpretiert. 1973 wurde die Dachorganisation *Taller de Sonido Popular* (Werkstatt des volkstümlichen Gesangs, span.) in Managua formiert. Bekannte Vertreter des NCN sind u. a. Carlos und Enrique → *Mejía Godoy,* Mario → *Montenegro,* Norma Gadea, Pablo Martínez Téllez, Diego Aguirre sowie die Gruppen Nueva América, → *Igni Tawanka,* → *Mancotal* und Los de → *Palacagüina.*

12. Paraguay
Zur Zeit des Stroessner-Regimes, das erst 1989 durch eine demokratische Regierung abgelöst wurde, hatte die Bewegung *Nueva Canción Paraguaya* (Nuevo Cancionero Paraguayo, Neues Paraguayisches Lied, span.) innerhalb des Landes kaum Möglichkeiten zur Betätigung, von Ausnahmen, wie ein am 10.9.1969 im Internationalen Kolleg von Asunción durchgeführtes Festival, auf dem Protestlieder erklangen, abgesehen. Bis 1989 entwickelte sich jedoch in Buenos Aires, wo viele Paraguayer leben, eine nennenswerte Bewegung des progressiven Liedes, zu der die Sänger und Liedermacher Maneco → *Galeano,* Arnaldo Llorens, Claudia Abente sowie die Gruppen → *Ñamandú, Los Corales, Sembrador, Vocal Dos* u. a. gehören.

13. Peru (Neues Peruanisches Lied; Nueva Canción Peruana – NCP)
Der Beginn der Bewegung geht auf die frühen 60er Jahre des XX. Jh. zurück; die Bildung progressiver Gruppen wie → *Alturas,* → *Tiempo Nuevo* und → *Perú Negro* wurde durch die Gewerkschaft der Volkskünstler (FETAP) maßgeblich unterstützt. Später entstand die Bewegung → *Takisun Llactamasi* und durch den Volksmusiker Celso Garrido Lecca wurde in Lima die Interpretenwerkstatt *Taller de la Canción Popular* ins Leben gerufen.

14. Puerto Rico
Nach 1960 bildete sich unter der Bez. *Nueva Trova Boricua* eine Bewegung heraus, die sich vor allem gegen die Überfremdung der spanischen Sprache durch das Englische wendet; Vertreter sind u. a. die Gruppe → *Taoné,* das Dúo → *Pepe y Flora,* Estrella → *Artau* und später die Formationen → *Haciendo Punto en Otro Son* und *Quinteto Puertorriqueño.*

15. Uruguay
In den späten 50er bzw. frühen 60er Jahren des XX. Jh. wurde durch Interpreten wie Aníbal → *Sampayo* und Osiris → *Rodríguez* Castillos eine Erneuerungsbewegung eingeleitet. Liedermacher wie Daniel → *Viglietti,* Alfredo → *Zitarrosa,* später auch Marcos → *Velázquez* und Yamandú → *Palacios* sowie das hervorragende Duo Los → *Olimareños* gehören zu den Initiatoren des Neuen Uruguayischen Liedes, dem sich in der Folgezeit weitere Sänger und Gruppen (z. B. Héctor → *Numa Moraes*) anschlossen. Ein Höhepunkt ist die 1968 erfolgte Gründung des *Centro de la Canción Popular o de Protesta* in Montevideo. Unter der später folgenden Militärdiktatur wurden die meisten Interpreten verfolgt bzw. wirkten im Exil.

16. Venezuela
(Nueva Canción Venezolana – NCV)
Die ab etwa 1964 in verschiedenen Landesteilen gegründeten Kulturzentren übten einen bedeutenden Einfluss auf die Entwicklung einer Liederbewegung aus; ein wichtiger Schritt in diese Richtung war die 1979 vollzogene Gründung der Dachorganisation »Fundacultura«. Zu den bekanntesten Vertretern gehören → *Ali Primera,* Soledad → *Bravo,* Lilia Vera und Gloria Martín, ferner die neugebildeten Gruppen *Cultural,* Los *Guaraguao, Quena, Pro Patria* und *Venezuela Libre.*

17. Anglokaribische Länder
(Jamaika, Trinidad, Barbados u. a.)
Es kam zur Herausbildung einer als *Middle of the Road* (Wegesmitte, engl.), abgekürzt MOR, bezeichneten Bewegung, die z. T. Texte mit aus-

gesprochen sozialkritischem Inhalt in die weitverbreiteten Rhythmen von → *Calypso* und → *Reggae* kleidete. Erwähnenswert ist ferner, dass es in dieser Region bereits in den Jahren nach 1930 ausgesprochen sozialkritische Lieder, meist Calypsos, gegeben hat.

Nueva Cultura, Grupo -
kolumbianische Vokal- und Instrumentalgruppe folkloristischer Musik; 1982 in Bogotá durch Jorge Sossa gegründet. Die bis zu 10 Mitglieder umfassende Formation führte ausgedehnte Feld-Forschungen auf dem Gebiet der Musikfolklore Kolumbiens durch, produzierte auf eigene Kosten drei LPs mit anspruchsvoller Volksmusik aus allen Regionen des Landes, darunter die Titel »Mi bello Santander«, »A los toros« und »Corrío de Guadalupe«.

Nueva Forma, Grupo -
dominikanische Vokal- und Instrumentalgruppe des Neuen Dominikanischen Liedes; in Santo Domingo durch die Studenten Sonia Silvestre, Víctor Víctor, Luis Oviedo und Claudio Cohen gegründet; zum Repertoire gehören Protestlieder wie »Si se calla el cantor«.

Nueva Ola (neue Welle, span.)
in den 60er Jahren insbes. durch große Schallplattenfirmen initiierte Strömung in der Populärmusik, die einer Erneuerung des traditionellen Repertoires u. a. durch neue Interpretationsweisen, den Einsatz moderner Musikinstrumente usw. dienen sollte; mit der → *Neofolklore* im wesentlichen konform gehend.

Nueva Trova Cubana (MNTC)
→ *Nueva Canción Latinoamericana/Kuba*

Nuevayorquino,
Grupo Folklórico y Experimental -
um 1972 in New York durch Sänger und Musi-

Gruppe Nueva Cultura bei einem Auftritt 1985 in einem Fernsehprogramm (Photo: Jorge Alvarez)

ker aus verschiedenen Ländern Lateinamerikas bzw. aus den USA gegründete Gruppe der Populärmusik, der u. a. der Trompeter Alfredo »Chocolate« → *Armenteros* und der → *Timbal*- bzw. → *Bongó*-Spieler »Manny« → *Oquendo* angehörten. Bei Salsoul erschienen einige LPs mit anspruchsvoll und stilecht arrangierter Musik vorwiegend aus Kuba, darunter die Titel »Canto Ebioso«, »Anabacoa« und »Trompeta de cuero«.

Numa Moraes, Héctor

* 28.4.1950 Tacuarembó; uruguayischer Sänger, Gitarrist und Liedermacher; wurde durch Washington → *Benavides* ausgebildet, mit dem er später eng zusammenarbeitete, wirkte als Solist und produzierte einige LPs mit sozialkritisch-politischen Liedern nach eigenen Texten bzw. solchen von Mario Benedetti und Nicolás Guillén, darunter die Titel »El Orientalito« (Milonga) und »Seu Franklín Olivera« (Canción; m. W. Benavides).

Nunes Pinheiro, Clara Francisca

* 12.8.1943 Paraobeba (Minas Gerais), † 2.4.1983 Rio de Janeiro; brasilianische Sängerin; bekannte Vertreterin des Karnevals-Samba; war längere Zeit Mitglied der Samba-Schule → *Portela;* produzierte 1966 ihre erste LP (»A voz adorável de Clara Nunes«), der bis zu ihrem frühen Tod 14 weitere (Label Odeon) folgten, darunter die Titel »Brasil mestiço«, »A pesar de você« und »Minha gente do Morro«.

Nunes Batista, Paulo

2.8.1924 João Pessoa (Paraíba); brasilianischer Volkssänger und Liedermacher; bekannter → *Cantador* des Nordostens; lebt seit längerem in Anápolis (Goiás), wo er eine große Zahl von Versen wie »ABC da bicicleta«, »Adeus a Assis Valente« und »Avisa de um trovador« verfasste und als Wandersänger interpretierte, weiterhin publizierte er einige Liedsammlungen wie »Canto presente« und »Ciranda espiritual«.

Núñez Takajishi, Luis Abelardo

* 22.11.1927 Ferrañafe (Chiclayo); peruanischer Sänger, Musiker und Komponist; Vertreter des kreolischen Liedes; schrieb zahlreiche Titel insbes. der Form → *Vals peruano,* die sehr populär wurden und heute noch oft gespielt werden, darunter die Titel »Engañada«, »Angustia«, »Ansias«, »El embrujo« und »Ingrata« sowie »Trujillanito« (Tondero).

Núñez, Mauro »El Maestro del Charango«

* Villa Serrana; bolivianischer Musiker (Charango), Arrangeur, Komponist und Bandleader; gehört zu den bekanntesten Solisten des andinen → *Charango,* auf dem er zahlreiche Musiker, darunter seinen Neffen Jaime → *Torres,* ausbildete; er leitete eine Folkloregruppe, komponierte einige typische Stücke wie »Serranito lindo« (Huayño) und »Chascosita« (Huayño) und arrangierte aus der anonymen Musikfolklore Boliviens stammende Titel wie »Villancico de Sucre«.

Ñ

Ñamandú, Grupo -
paraguayisches Vokal- und Instrumentaltrio des Neuen Paraguayischen Liedes; 1985 durch Rolando Chaparro (*1966), Ricardo Flechas (*1964) und Chago Paredes (*1954) in Peru formiert; größtenteils wurden Lieder in Guaraní-Sprache interpretiert; der Sitz des Trios ist die unweit Asuncións gelegene Kleinstadt Luque, wo es in einer eigenen → *Peña* auftrat.

Ñanda Mañachi; Conjunto-
ekuadorianische Vokal- und Instrumentalgruppe indianisch-mestizischer Volksmusik; 1978 als reine Musikgruppe gegründet; später zur Tanzgruppe erweitert. Die von 10 Landarbeitern gebildete Formation produzierte 5 LPs, darunter die Titel »Vamos todos juntos« und »Toros del pueblo«.

Ñande Koga, Conjunto -
paraguayisches Vokal- und Instrumentalorchester; nach 1935 in Buenos Aires durch den Musiker Mauricio → *Cardozo Ocampo* u. a. mit Agustín → *Barboza,* Agustín Larramendia, dem Dúo Núñez – Bedoya und Luis Alberto del Paraná formiert; interpretierte Volksmusik aus Paraguay und produzierte bei Odeon Titel wie »Amambay«, »Pueblo Ybycuí« und »Mariza de Ponta Porã«.

Ñáñigo
1. Angehöriger einer der afrokubanischen Geheimgesellschaften, die früher in verschiedenen Orten Kubas als kultisch-religiöse Zellen existierten. 2. afrokubanischer Kult; ähnelt bestimmten Manifestationen innerhalb des haitianischen → *Vodú.* Auf rituellen Sessionen, auf denen insbes. solistische bzw. durch Chor u./o. Instrumente begleitete Lieder gesungen werden und bestimmte Rituale (z. B. Blutopfer) durch die Mitglieder der Geheimgesellschaften (*Sociedades Secretas; Sociedades Ñáñigas*) abgehalten wurden bzw. vereinzelt auch werden. In La Habana wurde der Ñ. erstmals um 1830 erwähnt.

Ñongo
regionale Variante des folkloristischen → *Son cubano.*

Ñora kragrogo
aus Hirschknochen gefertigte Flöte der Guaimí-Indianer Panamas, mit 4 Tonlöchern versehen.

Ñucprun
alter, beim manuellen Getreidedrusch aufgeführter Volkstanz der Araukaner Südchiles.

O

O' Farrill, Arturo »Chico«, »Cuban Jazz King«

* 28.10.1921 La Habana; kubanischer Musiker (Trompete), Arrangeur, Komponist und Bandleader; bekannter Vertreter des → *Jazz latinoamericano;* studierte Musik in den USA und später in Kuba bei Félix Guerrero; gehörte als Trompeter diversen Orchestern, darunter dem von Armando → *Romeu,* an und begann ab 1946 mit dem Schreiben von Arrangements. 1948 ging er nach New York, wo er u a. für Stan Kenton und Frank Grillo »Machito« arrangierte. In La Habana formierte er 1953 seine eigene Band, *Chico O'Farrills All Star Cuban Band*, der u. a. »Tata Güines« (Perkussion), Emilio und Osvaldo Peñalver (Saxophone), »Peruchín« (Piano) und Richard Egües (Flöte) angehörten und die bei Panart, Verve, Fiesta u. a. Schallplattenaufnahmen wie »El bodeguero« und »Chico's cha-cha-chá«, letzterer Titel eine seiner Eigenkompositionen, produzierten.

O. K. Jazz (African Jazz O. K.)

kongolesische Vokal- und Instrumentalgruppe; 1956 in Léopoldville (heute Kinshasa) durch den Musiker Franco Luambo Makiadi (Gitarre, Bandleader) gegründet; eine der bedeutendsten Formation der → *High Life Music;* unter verschiedenen Labels erschienen zahlreiche Schallplatten wie die Titel »La fiesta« und »Lina«.

Obá

→ *Orixá* der Afrobrasilianer; in den Sessionen der → *Macumba* werden ihr, der Tochter von → *Iemanjá,* Lieder und Tänze gewidmet.

Obatalá

afrolateinamerikanische Gottheit (Orisha bzw. Orixá); der in der → *Santería* diverse Lieder und Tänze gewidmet werden; mit der Heiligen Mercedes der katholischen Kirche synkretisiert.

Obí-apá

afrokubanische Trommel; im Ensemble → *Biankomeko* in den → *Abakuá*-Sessionen gespielt.

Ocarina (Okarina)

ein meist aus Ton hergestelltes aerophones Musikinstrument, das bereits in präkolumbischer Zeit gespielt wurde und gegenwärtig noch in der indianisch-mestizischen Volksmusik Kolumbiens, Perus, Boliviens und Nordchiles benutzt wird.

Occidente, Sexteto -

kubanisches Vokal- und Instrumentalsextett; 1926 in La Habana durch den Sänger Miguelito García mit María Teresa → *Vera* (Gesang und Gitarre), Ignacio → *Piñeiro* (Kontrabass), Julio Torres Biart (Tres; Chor), Manuel Reinoso (Bongó) und Francisco Sánchez (Maracas u. Chor) auf Initiative der Plattenfirma Columbia gegründet; interpretierte vorwiegend den → *Son cubano;* trat im gleichen Jahr in New York (Apollo-Theater) auf und produzierte Schallplattenaufnahmen wie »Esas no son cubanas«. Zwischen 1933 und 1934 trat Miguelito → *Valdés* als Sänger der Gruppe auf; Schallplattenaufnahmen entstanden bei Columbia.

Ochoa Castaños, Amparo

* 29.9.1946 Culiacán (Sinaloa), † 1994 México-Stadt; mexikanische Sängerin; interpretierte zunächst Kinderlieder ihrer Heimatregion, trat später in Bars und Cafés von México-Stadt sowie in Folklorezentren (Peñas) auf; gehört zu den bekanntesten Sängerinnen der Bewegung des Neuen Mexikanischen Liedes; arbeitete eng mit der Gruppe Los → *Folkloristas* zusammen und produzierte unter verschiedenen Labels (u. a. Pueblo, Philips und Varagram) zahlreiche LPs, darunter die Titel »Maldición de Malin-

Amparo Ochoa

che« (Corrido), »Jacinto Cenobio« (Corrido) und »La mano y el pie« (Chilena).

Ochosi
afrolateinamerikanische Gottheit, der in der → *Santería* Lieder und Tänze rituellen Charakters gewidmet werden; als Gott der Jagd mit dem Heiligen Hubertus synkretisiert.

Ochún
afrolateinam. Gottheit der Liebe, des Reichtums, der Schönheit und des Süßwassers, ihr werden in den Sessionen der → *Santería* diverse Lieder und Tänze dargebracht.

Ocobambina
peruanischer Volkstanz der Region Ocobamba (Apurímac)

Octavilla
achtzeilige Versform, die z. B. in der → *Milonga* zur Anwendung gelangt.

Octavín
kleine sechssaitige Gitarre, die in der Volksmusik von Chile und Peru bei allerdings stark rückläufiger Tendenz zum Einsatz kommt.

Octeto (Oktett)
insbesondere in der Tanzmusik weit verbreitete Formation von Musikern.

Oda (Ode)
feierlich-festlicher Gesang; lyrisches Poem, dessen Strophen dem Andenken einer Person bzw. bestimmten historischen Anlässen gewidmet sind; im kirchlichen Gesang werden geistliche Themen behandelt. Eine bekannte O. ist der mehrfach vertonte »Große Gesang« (Canto General) von Pablo → *Neruda* (Chile).

Oddo, Guillermo
* 1943 Santiago de Chile, † 7.11.1991 das.; chilenischer Sänger und Musiker; wurde von Violeta → *Parra* ausgebildet; gehört zu den Gründungsmitgliedern der Gruppe → *Quilapayún,* mit der er zwischen 1973 und 1988 im Exil wirkte.

Ofiglide → *Figle*

Oga → *Ogan*

Ogã
Kultchef in den Sessionen von → *Candomblé* und → *Macumba.*

Ogan (Oga)
Metallglocke, zur rhythmischen Begleitung von rituellen Handlungen in Haiti benutzt; in Kuba wird das gleiche Instrument in der → *Arará*-Musik eingesetzt.

Oggún (Ogún; in Brasilien Ogum)
afrolateinamerikanische Gottheit; mit San Pedro der katholischen Kirche synkretisiert. In den Kulten der → *Santería* bzw. der → *Macumba* u. a. werden O. als »Beherrscher der Schmiede, der Feldwerkzeuge und der Berge« Lieder und Tänze gewidmet.

Oito Batutas, Os -
brasilianisches Vokal- und Instrumentaloktett; 1919 in Rio de Janeiro durch Alfredo da → *Rocha* gegründet; widmete sich insbes. der Interpretation des → *Samba.* Die bis 1923 bestehende Gruppe gehört zu den markantesten Vertretern der brasilianischen Populärmusik der 20er Jahre des XX. Jh.; bei Victor entstanden zahlreiche Schallplattenaufnahmen wie »Já te digo« (Samba) und »Falado« (Maxixe, 1922).

Okónkolo (Omelé)
kleinste Trommel innerhalb des Ensembles der Tambores → *Batá* der afrokubanischen Volksmusik.

Okot-Bil
alter Maya-Tanz; zu vorspan. Zeit in Yucatán (Mexiko) zum Fest der Priester (Pokam) aufgeführt.

Olé! (port.: Olê!)
Interjektion, die vor allem dazu dient, Sängern und Musikern zu applaudieren bzw. diese zu weiteren Darbietungen zu animieren; besonders im andalusischen → *Flamenco* üblich.

Olimareños, Los -
uruguayisches Vokal- und Instrumentalduo; 1961 in der Stadt Treinta y Tres durch die Solisten Braulio López und José Luis Guerra gegründet. Mit einem unverwechselbaren, künstlerisch ausgewogenen Interpretationsstil gehört das Duo zu den hervorragendsten Vertretern der Bewegung des Neuen Uruguayischen Liedes. Interpretiert wurden folkloristische Stücke u. a. der Formen → *Serranera,* → *Milonga* und → *Candombe* sowie neuzeitliche Balladen und Lieder; 1953 erschien bei Antar die erste LP, der bis 1986 32 weitere unter verschiedenen Labels (meist Orfeo) folgten mit Titeln wie »Candombe nacional«, »Y va de aquí« und »De Cojinillo«. in der Zeit zwischen 1974 und 1984 wirkte das Duo im Exil; im Mai 1984 gaben sie im Centenario-Stadion von Montevideo vor 45000 Zuschauern ihr erstes öffentliches Konzert nach Beendigung der Militärregierung in Uruguay.

Olímpico, Trío -
paraguayisches Vokal- und Instrumentaltrio; 1948 in Asunción durch Eladio → *Martínez,* Emigdio Ayala Báez und Albino Quiñonez aus Anlass der Olympischen Spiele (1948 in London) formiert, wo es im Rahmen des kulturellen Teils der Olympiade erfolgreich auftrat.

Oliveira, Agenor de - »Cartola«
* 11.10.1908 Catete (Rio de Janeiro), † 30.11.1980 Rio de Janeiro; brasilianischer Sänger, Musiker (Cavaquinho, Violão) und Komponist; bekannter Vertreter des → *Samba;* musizierte bereits in jugendlichem Alter und gehörte diversen regionalen Musikgruppen an, die im Stadtviertel (Morro) Mangueira von Rio de Janeiro musizierten. O. war 1928 unter den Mitbegründern der Samba-Schule → *Estação Primeira* da Mangueira; zu seinen bekanntesten Kompositionen, vorwiegend Sambas, gehören u. a. die Titel »Amor proibido«, »Preconceito«, »Tive sim« und »Côr da esperança«.

Oliveira, Dalva de - (eigentlich Vicentina de Paulo Oliveira Martins)
* 5.5.1917 Rio Claro (São Paulo), † 31.8.1972 Rio de Janeiro; brasilianische Sängerin und Pianistin; interpretierte Tangos, Boleros sowie brasilianische Formen wie → *Samba* und → *Baião.* Ihre bekanntesten Titel »Praça Onze« und »Ave Maria no Morro« (mit dem Trio de Ouro zusammen) erschienen bei Columbia bzw. Odeon.

Oliveira, Eduardo de - »Duduca«
* 8.6.1926 Rio de Janeiro, † 21.6.1978 das.; brasilianischer Musiker (Tamborim) und Komponist; gehört zu den Gründern der Sambaschule *Depois eu Digo*, später in Escola de Samba → *Acadêmicos do Salgueiro* umbenannt; komponierte seit 1943 zahlreiche Karnevalsschlager wie »Praça XI carioca da Gema« (Samba) und »Velho candeeiro« (Toada).

Olmos Villarreal, Graciela »La Bandida«
(eigtl. Marina Aedo)
* ?, † 31.5.1962 México-Stadt (?); mexikanische Sängerin und Liedermacherin; verfasste

zahlreiche Stücke der Form → *Corrido,* deren Thematik insbesondere in den Geschehnissen der Mexikanischen Revolution angesiedelt ist, so die Titel »Siete leguas« (1920) und »Benjamín Argumedo« (1920) sowie den Bolero »La Enramada« (1955).

Olúbata
in der Ritualmusik der → *Lucumí* eingesetzte afrokubanische, von einem Priester gespielte Trommel.

Ombligada → *Umbigada*

Omelé → *Okónkolo*

Omelê → *Cuíca*

Omichicahuaztli (Omitzcahuaztli)
in Mexiko bereits zu vorspanischer Zeit zur musikalischen Begleitung kultischer Handlungen verwendetes Schrapidiophon; ein Oberschenkelbeinknochen mit zackenförmigen Einkerbungen, der mit einer Muschel geschrapt wurde; von Folkloregruppen der Neuzeit zur Interpretation indianischer Volksmusik wieder eingesetzt.

Onça → *Cuíca*

Onda chicana (Chicano-Welle, span.)
in den Jahren nach 1970 im Südwesten der USA (Kalifornien, Texas, New Mexico) eingeführte Stilrichtung der → *Música chicana;* in Orchestern bzw. größeren Gruppen werden traditionelle Formen wie → *Ranchera* und Polka (norteña) mit Komponenten von Foxtrot, → *Danzón* u./o. Bolero angereichert.

Ondú
1. im XIX. Jh. nach Argentinien gelangte Variante des → *Lundú.* 2. während der Kolonialzeit in den kolumbianischen Küstenregionen des Pazifik verbreitete Version des afroperuanischen Lundero bzw. der → *Zaña;* auch als »Londu« bezeichnet.

One-step (One step)
an der Wende vom XIX. zum XX. Jh. in den USA entstandener Modetanz im 2/4- bzw. 6/8-Takt; im Rhythmus entfernt an einen Marsch erinnernd, gilt als Vorläufer des → *Foxtrot;* in vielen Ländern Lateinamerikas sowie in Spanien entstanden durch nationale Komponisten geschaffene Titel (z. B. in Mexiko ab 1910). In Bolivien wurden Stücke des traditionellen → *Huayno* mit Elementen des O. bereichert. Die bekannteste, noch heute sehr oft gespielte Komposition ist »Valencia« des spanischen Musikers und Komponisten José → *Padilla.*

Opanije
innerhalb des afrobrasilianischen → *Candomblé* aufgeführtes Tanzlied mit schnellen Schrittkombinationen, die durch Trommelschläge markiert werden. Der Gesang wird durch Mädchen (Filhas-de-Santo) in sehr hoher Tonlage ausgeführt.

Opu poku → *Kaseko*

Opus Cuatro
argentinisches Instrumentalquintett; in Buenos Aires durch Juan Carlos Cuacci, Osvaldo Avena, Celedonio Flores, Osvaldo Piro und Julián Plaza gegründet; widmete sich der Interpretation des → *Tango* in modern-avantgardistischen Arrangements. Zusammen mit Susana → *Rinaldi* produzierte die Gruppe eine LP (Label Trova) u. a. mit dem Titel »Sexto piso«.

Oquendo, Manuel »Manny«
* 1.1.1931 Brooklyn (New York); US-lateinamerikanischer Musiker (Timbal, Bongó); legendäre Figur der kulturellen Szene → *New York Latino;* musizierte in diversen Gruppen, so bei Charlie → *Palmieri,* Tito → *Rodríguez,* José → *Curbelo,* Miguelito → *Valdés,* Johnny → *Pacheco,* Eddie → *Palmieri,* Larry Harlow, Tito → *Puente,* im *Conjunto Libre* und im Conjunto → *Nuevayorquino de Experimentación y Folklore* u. a., mit denen er eine große Zahl von Schallplattenaufnahmen produzierte.

Oración (port.: Oração)
Gebete, Klagen bzw. Bitten in der religiös inspirierten Folklore Lateinamerikas, die zum großen Teil gesprochen, teilweise auch in monotoner Art gesungen werden.

Oramas Osorio, Faustino »Guayabero«
* 4.6.1911 Holguín; kubanischer Sänger, Musiker (Tres) und Liedermacher; begann seine künstlerische Karriere 1926 in Musikgruppen von Holguín, wobei er sich von Anfang an insbesondere der Interpretation des → *Son cubano* widmete. O. schrieb u. a. die Stücke »Las mujeres de Bayamo« (Son), »Yo toco el son«, »A Félix Soriano« (Son) und den bekannten Titel »En Guayabero« (Pregón); bei Areito erschienen einige LPs.

Oratorio (Oratorium)
1. religiöse Festlichkeiten der afroamerikanischen Bevölkerung Mexikos im XVII. Jh., bei denen Lieder und Tänze spezifischer Art aufgeführt wurden. 2. zumeist mehrteiliges Musikwerk für Solisten, Chor und Orchester, z. B. das O. »Canto General« nach dem Werk von Pablo Neruda. (→ *Misa*)

Oré Lara, Adalberto
* 1906 Ancash, † 15.6.1988 Lima; peruanischer Musiker und Komponist; bekannter Vertreter der kreolischen Musik Perus; schrieb ab 1928 zahlreiche Stücke insbesondere der Form → *Vals peruano,* darunter die Titel »Sí Don Luis«, »Nunca podrás« und »Regresa mi amor«.

Orebi (Oruubi, Siroro)
eine aus drei 35 – 40 cm langen Tuben bestehende Panflöte; in der Volksmusik der Ocaína (Huitoto)-Indianer Perus eingesetzt.

Oréfiche, Armando »Fichín«
* 1911 La Habana; kubanischer Musiker (Piano); Arrangeur, Bandleader, Komponist und Tänzer; begann als Pianist in der Grupe von Ernesto → *Lecuona,* übernahm später die Leitung dieser Formation (→ *Lecuona Cuban Boys*), die er 1955 reorganisierte und fortan *Havana Cuban Boys* nannte. O. schrieb zahlreiche Stücke der Formen → *Rumba,* → *Conga,* → *Son cubano,* Bolero und → *Cha-cha-chá,* darunter die Titel »Rumba blanca«, »La Habana a París« (Conga) und »Carnaval del Uruguay« (Conga). Auf Schallplatten u. a. der Labels Telefunken (N78), Montilla und Panart erschienen zahlreiche Schallplattenaufnahmen, darunter »Sensemaya« (Guaracha).

Orellana, Hermanas -
chilenische Volksmusikgruppe; durch die Geschwister (Hermanas) Orellana unter der Leitung von Petronila Orellana in Santiago de Chile gegründet; interpretierte in den 50er und 60er Jahren des XX. Jh. landestpypische Musik vorwiegend der Formen → *Cueca chilena* und → *Tonada,* darunter die Titel »Los lagos de Chile« und »Los ríos« (Cueca larga).

Oremu
Arbeitsgesang; von Frauen der Garifuna-Region von Belize (ehem. Britisch Honduras) bei der Zubereitung von Maniokmehl gesungen.

Orfeón
Bezeichnung für ursprünglich rein militärische Chöre, später auch für zivile Chorgruppen. Die aus Spanien nach Lateinamerika überkommene Tradition lebt u. a. in Kuba und Mexiko fort. In Kuba, wo auch Elemente der → *Clave*-Chöre integriert wurden, erlangten die Gruppen → *Orfeón Santiago, Orfeón Cuba* und *Orfeón Habanero*, in Mexiko das *Orfeón Infantil Mexicano* große Popularität.

Orfeón Santiago
kubanische Chorgruppe; 1960 durch Electo Silva in Santiago de Cuba gegründet; 30 Mitglieder umfassend, mit einem von der traditionellen Musik (Son cubano, Canción trovadoresca) bis hin zu polyphonen Werken alter Meister bzw. modernen Gesängen reichendem Repertoire; bei Areito erschienen Schallplattenaufnahmen wie »Mamá son de La Loma«.

Organillo
(Órgano portátil, Organito callejero, Pianito) Drehorgel, zu den mechanischen Musikinstrumenten gehörend; Ende des XVIII. Jh. aus Europa in verschiedene Länder Lateinamerikas (Kuba [→ *Órgano Oriental*], Brasilien [→ *Realejo*], Peru [Pianito], Argentinien und Chile) gelangt. Bei stark rückläufiger Tendenz wird das Instrument vorwiegend durch Straßenmusiker zur Interpretation populärer und folkloristischer Musik benutzt.

Organillo de Boca (Mundharmonika, span.) als Volksmusikinstrument u. a. in Peru, Mexiko, Bolivien und Chile zumeist durch Straßenmusiker benutzt.

Organito callejero → *Organillo*

Órgano (portugiesisch Orgão)
1. Orgel, meist in Kirchen zur Darbietung sakraler Musik dienend; im XVI. Jh. nach Lateinamerika gelangt (z. B. 1544 in der Kathedrale von Santiago de Cuba, 1752 in Meriana [Brasilien] und 1711 in Caracas installiert); in zunehmendem Maße auch zur Begleitung folkloristischer Musik eingesetzt, z. B. in Mexiko und Ekuador; der Solist heißt *Organista*. 2. Bezeichnung für die Mundharmonika u. a. in der Volksmusik Perus. 3. eine neuartige Kurzbezeichnung für die Elektronenorgel.

Órgano Oriental (Manigueta)
heute nur noch relativ selten eingesetzte kubanische Musikgruppe, deren wichtigstes Instrument eine große Drehorgel (→ *Organillo*) ist; zur rhythmischen Begleitung dienen → *Timbal*, → *Tumbadora* oder andere Trommeln, → *Güiro* bzw. → *Guayo;* wichtiger Bestandteil der Musikfolklore der Ostregion Kubas, auf den aus Manzanillo stammenden Musiker und Instrumentenbauer Francisco Borbolla zurückgehend, der diese Tradition an seine Söhne (u. a. Carlos → *Borbolla*) weitergab. Die zumeist stationäre Orgel wird mittels eines oft durch eine rückwärtige Handkurbel betätigten Mechanismus, durch den vorgestanzte, in Leporelloform vorliegende Pappbänder (sog. Cartones) hindurchgeführt werden, zum Spielen gebracht. Wichtige Gruppen sind u. a. die der Gebrüder (Hermanos) → *Ajo,* Hermanos Marrero, Nuevo Rit-

Oben: Aus Manzanillo stammt die Musikgruppe »Organo Oriental de los Hermanos Fornaris« (Aufnahme von 1961)
Unten: Organillo-Spieler an einer Straßenecke in Buenos Aires, nach 1900

mo, La Rumba, El Radio No 2 (aus Manzanillo) und Nuevo París.

Órgano portátil → *Organillo*

Oriental, Trío -

1. kubanisches Vokal- und Instrumentaltrio; 1914 in Santiago de Cuba durch den Volkssänger (Trovador) Salvador → *Adams* gegründet; interpretierte in typischer Weise vorwiegend trovadoreske Lieder und Boleros. 2. kubanisches Vokal- und Instrumentaltrio; 1924 in La Habana durch Miguel → *Matamoros* (Gesang, Gitarre) mit Alfonso del Río (Gitarre) und Miguel Bispé (Gesang, Claves) gegründet; interpretierte ebenfalls trovadoreske Musik und wurde 1929 neu organisiert durch Valeriano Dougherty, Roberto de Moya und José »Pepe« Figarola. 3. → *Bimbi y su Trío Oriental.*

Orisha → *Orixá*

Orixá (spanisch Orisha oder Santo) übernatürliches bzw. heiliges Wesen; eine Gottheit, der in afrolateinamerikanischen Kulten wie → *Santería* und → *Candomblé* Lieder und Tänze dargebracht werden. (→ *Exú,* → *Iemanjá,* → *Ogúm,* → *Oxalá,* → *Oxossi*)

Ormeño Belmonte, Filomeno

* 6.6.1899 Lima, † 5.11.1975 das.; peruanischer Musiker (Piano) und Komponist; schrieb und interpretierte vorzugsweise Titel der kreolischen Musik Perus insbesondere der Formen → *Vals peruano,* Polka und → *Tondero;* unter dem Label Virrey entstand u. a. eine aus 5 LPs bestehende Anthologie von ihm auf dem Piano gespielter Stücke, u. a. die Titel »Idolatria«, »Estrellita del sur« und »Se va la paloma« enthaltend.

Oropeza Volcán, Pedro

* 1874 Guardatinajas (Guárico), † 1959 Victoria; venezolanischer Musiker (Harfe, Cuatro,

Gesamtansicht eines Organo Oriental (von vorn – Organo El Radio No 2 aus Matanzas)

Violine, Bandolina, Piano), Arrangeur und Komponist; erlernte autodidaktisch das Spiel zahlreicher Volksmusikinstrumente; musizierte in verschiedenen Gruppen und widmete sich, seit 1921 in Victoria lebend, der Komposition folkloristischer Stücke, zu denen die Titel »Guabina« (Joropo), »Pajarillo llanero« (Joropo) und »Arturito« (Walzer) gehören.

Orozco Araujo, Efraín
* 22.1.1897 Cajibío (Cauca), † 1976 Bogotá; kolumbianischer Musiker (Gitarre, Trompete, Piano), Arrangeur, Komponist und Bandleader; formierte Ende der 20er Jahre ein Orchester der → *Música tropical* (*Efraín Orozco y sus Alegres Muchachos*), schuf zahlreiche Kompositionen folkloristischer und populärer Musik wie die Titel »Allá en la montaña« (Bambuco), »El Mochilón« (Merengue-Cumbia), »Señora María Rosa« (Pasillo) und »Noches de amor« (Vals).

Orquesta (port.: Orquestra)
Orchester; eine Vereinigung von Instrumentalsolisten in größerer Besetzung; zusätzlich können Gesangssolisten mitwirken. (→ *Conjunto*, → *Combo*)

Bis heute haben Typische Orchester (Orquestas típicas) in Paraguay einen wichtigen Platz in der Nationalkultur inne; 1928 entstand die Platte Victor-80884 (B) mit Manolo Lozano y su Orquesta Típica Paraguaya

Ein Typisches Orchester (Orquesta típica) aus Peru: Unión Jauja, gegründet 1980 in Yauyos (Jauja, Peru); das Foto entstand 1993

Orquesta Francesa → *Charanga Francesa*

Orquesta Típica (Typ. Orchester, span.) lateinamerikanische Orchester urbaner Volks- u./o. Populärmusik; in zahlreichen nationalen Varianten mit jeweils landesüblicher Instrumenten-Konfiguration existierend; u. a. in Argentinien und Uruguay als bevorzugte Interpreten des → *Tango* zwischen 1915 und 1920 entstanden. Ein Pionier derartiger Orchester war der Musiker Julio de → *Caro;* eingesetzt werden Piano, Violinen, Bandoneón (1 oder mehrere), Kontrabass, Gitarre, neuerdings auch Rhythmusinstrumente. In Brasilien erreichte die O. T. um 1925 den Höhepunkt ihrer Popularität; zum Instrumentarium gehörten Pistón (Pistão), Tuba, Bombardino, Klarinette, → *Flautim,* Flöte, Schlagzeug (Bateria), → *Prato,* → *Reco-reco* in jeweils unterschiedlicher Anzahl. In Kuba besitzt die O. T., auch *Orquesta de Viento* (Blasorchester, span.) genannt, eine bis ins XVIII. Jh. zurückreichende Tradition. Mit dem Orchester von Félix González (1915 – 1967) endete hier praktisch die Periode derartiger mit Kornett, Posaune, → *Figle,* Klarinetten, Violinen, Kontrabass, → *Tímpano* und → *Güiro* musizierender Orchester und wurde durch die Formation → *Jazz Band cubano* ersetzt. In der Populärmusik Mexikos erlangte die O. T. nach 1850 große Popularität; hauptsächliche Instrumente waren Violine, Gitarre, Harfe, Flöte, Klarinette und Trompete in unterschiedlicher Zahl; zu den bekanntesten Formationen gehörte das Typische Orchester von Miguel → *Lerdo de Tejada.*

Orta Ruiz, Jesús → *Indio Naborí*

Ortega, Jesús
* 15.9.1935 Guanabacoa; kubanischer Gitarrist; studierte bei Isaac → *Nicola* und Leo → *Brouwer;* durch seine Transkriptionen folkloristischer Musik Kubas für Gitarre sowie durch zahlreiche Eigenkompositionen wie »Puntos« und »Cantos Yorubá« bekanntgeworden. Bei Areito erschienen mehrere LPs mit seinen Gitarren-Stücken.

Ortega, Palito (eigtl. Ramón Bautista Ortega)
* 1941 Tucumán; argentinischer Sänger und Komponist; durch seine hervorragende Interpretation von Balladen und modernen Liedern schnell populär geworden; wirkte in Filmen als singender Schauspieler und produzierte bei RCA Victor, Musart, International u. a. zahlreiche LPs, darunter die Titel »La felicidad« und »Changüito cañero« (Litoraleña).

Ortega, Sergio
* 2.2.1938 Antofagasta; chilenischer Musiker, Arrangeur und Komponist; u. a. als Musikalischer Direktor des Theaters der Universität von Chile in Santiago und Professor für Komposition tätig gewesen. O. musste 1973 Chile verlassen und gründete 1974 in Paris die Interpretenwerkstatt *Taller Luis Emilio Recabarren*; komponierte viele bekannte Stücke, von denen das 1971 entstandene Marschlied »Venceremos« weltweit bekannt wurde; weitere Stücke sind »Amanda« (Canción) und »Norte grande, pobre Norte« (Canción protesta).

Ortiga, Conjunto -
chilenisches Vokal- und Instrumentalseptett; 1974 in Santiago de Chile formiert; interpretierte unter Einbeziehung von elektronischen Instrumenten sowie Perkussion traditionelle und neue Musik; es wurden unter verschiedenen Labels (Metronome, Pläne u. a.) einige LPs produziert, darunter die Titel »Santiago penando estás« und »Albertío«.

Ortiz Tirado, Alfonso
* 24.1.1893 Alamos (Sonora), † 7.9.1960 México-Stadt; mexikanischer Sänger; war ab 1922 zunächst Opernsänger, widmete sich später ausschließlich der Populärmusik, wobei durch ihn viele aus Südamerika stammende Lieder popularisiert wurden, auch die Arbeiten namhafter Komponisten Mexikos wurden durch ihn interpretiert, darunter »Clavel sevillano« (1931, von Agustín Lara) und »Lamento gitano« (1930, von María Grever). Sein Gesangsstil tendiert zum Romantischen; Schallplattenaufnahmen ent-

standen unter dem Label Victor bzw. RCA Victor.

Ortiz, Demetrio
* 22.12.1917 Asunción, † 18.8.1975 Buenos Aires; paraguayischer Musiker (Gitarre), Sänger, Bandleader und Komponist; wirkte ab 1938 in diversen Volkmusikgruppen, darunter (1947) der von Félix → *Pérez Cardozo;* organisierte und leitete in Buenos Aires die Gruppe *Gran Orquesta Folklórica* und gehörte kurzzeitig auch der Musikgruppe von Digno → *García* an. Unter seinen zahlreichen Kompositionen, zumeist Stücke der Form → *Guarania,* hat der Titel »Recuerdos de Ypacaraí« (Text: Zulema de Mirkín) in weiten Teilen Lateinamerikas große Popularität erlangt; weitere bekannte Stücke sind »Mis noches sin tí« und »Tus lágrimas«.

Ortiz, Fernando
* 16.7.1881 La Habana, † 10.4.1969 das.; kubanischer Musikwissenschaftler, Ethnograph und Folkloreforscher; studierte in Spanien und Kuba; gründete 1923 die Kubanische Folklore-Gesellschaft und 1937 die Afrokubanische Studiengesellschaft; gehört zu den hervorragendsten Erforschern der afrokubanischen Musikfolklore. Seine Hauptwerke sind »Instrumentos de la música afrocubana« (5 Bände, 1952 – 55) und »La africanía en la música folklórica de Cuba« (1950). O. wurde 1955 mit dem Friedens-Nobelpreis ausgezeichnet.

Ortiz Guerrero, Manuel »Manu«
* 17.6.1893 Villarrica, † 8.5.1933 Asunción; paraguayischer Textdichter; arbeitete eng mit José Asunción → *Flores* zusammen und schuf mit ihm in Buenos Aires zahlreiche Stücke der Form → *Guarania,* so »India«, »Nde rendape ayu« u. a. Flores benannte sein Folkloristisches Orchester nach ihm (*Orquesta Manuel Ortiz Guerrero*).

Ortiz Rodríguez, Rafael »Mañungo«
* 20.6.1908 Cienfuegos, † Januar 1995 La Habana; kubanischer Musiker (Tres, Gitarre), Arrangeur, Bandleader und Komponist; bekannter Vertreter des → *Son cubano;* gründete und lei-

Rafael Ortiz R. (Tres, rechts) zusammen mit dem Gitarristen Israel González in Ortiz' Wohnung in der Calle Belascoain (La Habana / Cuba, 4.5.1981)

tete 1927 in Cienfuegos das Sextett *Santa Cecilia*, schloss sich im gleichen Jahr dem in La Habana musizierenden *Sexteto Favorito* an, dessen Leitung er später übernahm; 1933 bildete er das *Sexteto Montmartre*, 1939 das *Sexteto Trovadores Cubanos* und ab 1958 leitete er das neu organisierte Septeto → *Nacional.* Unter seinen zahlreichen Kompositionen, zumeist Stücke der Form *Son cubano*, wurden die Titel »Uno, dos y tres« (Conga), »Gongorongón« (Son) und »Cuatro paredes« (Son) sehr populär.

Osái (Schüttelidiophon)
in der Kult- und Volksmusik der afroamerikanischen Bevölkerung Haitis benutztes Instrument, das dem → *Atcheré* sehr ähnlich ist.

Osorio, Alberto
* 1929 Boavita (Boyacá); kolumbianischer Sänger; begann seine Karriere um 1950 mit dem Gesang von Stücken der Populärmusik; in Medellín wurden u. a. bei Fuentes und Zeida einige LPs produziert, darunter der Titel »Magia blanca«.

Ossa Domínguez, Mariano de la -
* 20.7. 1938 Chocó (Sucre); kolumbianischer Sänger, Musiker (Akkordeon) und Liedermacher; bekannter Vertreter der → *Música vallenata;* schrieb mehr als 60 Stücke der Form → *Paseo;* war Preisträger bei Festivals der Volksmusik und produzierte einige LPs (Label Tropical).

OTI
(Organización de la Televisión Iberoamericana)
Dachorganisiation für Fernseh-Gesellschaften spanisch- und portugiesischsprachiger Länder; organisiert den jährlich in einem anderen Land stattfindenden Musikwettbewerb *Festival OTI*, der vom Repertoire her mit dem *Grand Prix d' Eurovision* vergleichbar ist.

Owebi Mateoto
aus Schädelknochen des Hirschs hergestellte rundliche Flöte der venezolanischen Guajibo-Indianer.

Oxalá (Orixalá)
ranghöchster → *Orixá;* Gottheit, die die Produktivkräfte der Natur symbolisiert; sie wird in afrobrasilianischen Kulten wie → *Candomblé* und → *Macumba* angerufen.

Oxossi (in Kuba: Ochosé)
in afrolateinamerikanischen Kulten wie → *Candomblé* angerufene Gottheit (Orixá); symbolisiert die Jagd und die Jäger; mit dem Heiligen Hubertus synkretisiert.

Oxri (Ori)
eine von Indianern der peruanischen Region Ticuna (Amazonasgebiet) gespielte primitive Violine.

Oxum
afrobrasilianische Gottheit (→ *Orixá*); Personifizierung des Süßwassers; wird in Kulten wie → *Xangô* und → *Macumba* angerufen.

Oxum-maré (Oxumaré, Ossum-mauré)
Gottheit (Orixá) des Regenbogens; die in afrobrasilianischen Kulten angerufen wird.

Oy-oy
Interjektion in Form eines vokalen Tremolos; u. a. in haitianischen und zentralamerikanischen Liedern und Tänzen ausgebracht.

Oyualli
aus kleinen Muscheln gefertigte mexikanische Glockenrassel, die bereits in vorspanischer Zeit benutzt worden ist.

P

Paca
eine durch verschiedene peruanische Indianerstämme gespielte bis zu 1 m lange Bambustrompete.

Pacá
auf der Basis der → *Rumba* bzw. des venezolanischen → *Joropo* durch den kubanischen Musiker Juanito Márquez entwickelter Modetanz; war relativ kurze Zeit ausschließlich in Kuba verbreitet.

Pachanga
ein in ganz Lateinamerika verbreiteter kubanischer Modetanz, der um 1959 durch Vermischung von Komponenten der kubanischen → *Guaracha* und des dominikanischen → *Merengue* gebildet wurde. Schöpfer ist der Komponist Eduardo → *Davidson*, der auch zahlreiche Titel dieser Form wie »La Pachanga« schrieb.

Pacheco, Johnny (Juan)
* 25.3.1935 Santiago de los Caballeros; dominikanischer Musiker (Flöte), Sänger, Komponist, Arrangeur, Bandleader und Schallplattenproduzent. P. siedelte sich 1946 in New York (Bronx) an, wo er sich diversen Musikgruppen innerhalb des Kulturkreises → *New York Latino* anschloss und später das Tanzorchester *Johnny Pacheco y su Charanga* formierte, das sich zu einem der populärsten Interpreten kubanischer Populärmusik bzw. der Mischform → *Salsa* entwickelte. Schallplattenaufnahmen wie die Stücke »Agua de clavelito« und »La dicha mía« entstanden u. a. bei Alegre, Audio Fidelity, Universe Records, Vaya und Fania. P. war darüber hinaus Mitgründer der Schallplattenfirma Fania (New York).

Pacho, Cuarteto -
argentinisches Instrumentalquartett; bekannter Vertreter des frühen (»primitiven«) Tango; um 1906 in Buenos Aires durch die Musiker Juan »Pacho« → *Maglio* (Bandoneón), Pepe Guerriero (Flöte), Luis Guerriero (Violine) und Ciro Marchengo (Gitarre) formiert; die in der Entwicklungsgeschichte des Tango sehr bedeutende Formation musizierte in Cafés und Ausschankstätten (Boliches) von Buenos Aires.

Pachucos, Los -
kubanische Tanzmusikgruppe, um 1963 in La Habana durch den Musiker »Pacho« → *Alonso* gegründet als Nachfolgegruppe von *Pacho Alonso y sus Bocucos*. Nach 1982 wurde sie von »Pachito« Alonso, Sohn von Alonso, geleitet; produzierte bei Areito einige LPs.

Pachungos, Los -
paraguayisches Vokal- und Instrumentalquartett; 1968 im Exil (Budapest, Ungarn) durch José Arzamendía (Harfe), Salvador López (Gesang, Gitarre), Alfredo Mendoza (Gesang, Gitarre) und Mikó György (Bombo; Ungarn) formiert; die Gruppe interpretierte paraguayische und lateinamerikanische Volks- und Populärmusik wie die Polka »Campamento Cerro Corá«.

Das legendäre Cuarteto Pacho, Buenos Aires, um 1912

Pacuna
Variante der Panflöte → *Siku (1)* mit 5 Einzelflöten; im Andenhochland ausschließlich von Frauen gespielt.

Padilla, Hermanas -
mexikanisches Vokalduo, um 1937 in México-Stadt durch die Schwestern (Hermanas) Margarita Padilla Bourlon und María Padilla Quintero gebildet; interpretierte Volkslieder und Corridos wie »La barca de oro« und »La feria de las flores« in einem sehr romantisch-sentimentalen Stil; Schallplattenaufnahmen entstanden u. a. bei den Labels Victor, Columbia und Musart.

Padilla Sánchez, José
* 1889, † 31.10.1960; spanischer Musiker und Komponist populärer Musik; schrieb, zwischen 1915 und 1933 in Paris lebend, zahlreiche Stücke, die sowohl in Europa als auch in Lateinamerika große Popularität erlangten, dazu gehört der Pasodoble »Valencia« (1926), von dem derzeit allein in Deutschland 22 Millionen Schallplatten verkauft wurden, ferner »El Relicario« (Pasodoble) sowie das erstmals durch die französische Chansonette Mistinguett gesungene Stück »Ça c'est Paris« (1927).

Pagará
alter brasilianischer Volkstanz; Variante des → *Fandango (4);* vereinzelt noch im Bundesstaat Rio Grande do Sul verbreitet.

Pagelança → *Pajelança*

Pagode
1. Bezeichnung für eine unter durchdringendem Lärm durchgeführte Festlichkeit in Brasilien. 2. brasilianischer Volkstanz; eine Variante des ländlichen → *Samba.*

Pai-de-Santo
Leiter (Zeremonienmeister) bei den Sessionen des afrobrasilianischen → *Umbanda*-Kultes.

Paiá
der → *Ganzá* ähnliches brasilianisches Schüttelidiophon.

Paila criolla
halbkugelförmiges Metallgefäß (Becken), mit einem Trommelfell bespannt, das vor allem in kubanischen Orchestern, allerdings mit stark rückläufiger Tendenz, eingesetzt wird, so z. B. in der → *Danzonera;* der Spieler heißt *Pailero.*

Paiva, Vicente
* 1909 São Paulo, † 18.2.1963 das.; brasilianischer Musiker und Komponist; gehört zu den bedeutendsten Komponisten jenes als »Epoca de Ouro« (Goldenes Zeitalter, port.) bezeichneten Zeitabschnitts (20er Jahre des XX. Jh.) in der Geschichte der brasilianischen Populärmusik; seine Kompositionen »Mamãe eu quero« (Samba, 1937; mit Jararaca), »Exaltação à Bahia« und »Bahia, oi Bahia« werden noch heute gespielt.

Paixão Cearense, Catulo de -
* 31.1.1866 São Luís, † 10.5.1945 Rio de Janeiro; brasilianischer Musiker (Violine, Flöte), Arrangeur, Komponist und Textdichter; war Mitglied diverser Musikgruppen und schrieb zahlreiche durchweg auf folkloristischen Motiven des Nordostens aufbauende Stücke, darunter »Cabôca de Caxangá« (Embolada) und »Luar do sertão« (Seresta).

Páiz, Santiago »Indio Pan de Rosa«
nikaraguanischer Volkssänger (Trovador), Musiker und Liedermacher; interpretierte folkloristische Lieder u. a. der Formen → *Tonada* und → *Corrido,* zu denen er teilweise neue, auf aktuelle Geschehnisse Bezug nehmende Texte schrieb.

Pájara Pinta
ein urspr. spanischer Kinderreigen mit gesungenen Versen; erlangte u. a. in Mexiko Popularität.

Pajarillo
1. Tanzlied der → *Música llanera;* zur Gruppe

des → *Joropo* gehörend; die meisten Titel entstammen der anonymen Musikfolklore. 2. alter argent. Volkstanz, eine Variante des → *Gato.*

Pajarito

alter, kaum noch aufgeführter chilenischer Volkstanz.

Pájaro Guarandol

venezolanischer Volkstanz dramatischen Charakters; zum Rhythmus regionaltypischer Formen wie dem → *Pasillo* von 10 Mädchen und drei den legendären Vogel Guarandol, den Jäger und den Zauberer darstellenden Personen zu Volksfesten aufgeführt.

Pajchay (Phallchay)

peruanischer Volkstanz der Region Apurímac.

Pajelança (Pagelança)

in den brasilianischen Regionen Amazônia, Maranhão und Norte de Piauí ausgeübter Kult, eine Vermischung katholischer, indianischer und negroider Elemente darstellend. Die während der Sessionen aufgeführten Lieder und Tänze werden durch Trommeln sowie durch die → *Maracá* begleitet.

Pajpaku

bolivianischer Volkstanz des Gebietes Tarabuco mit einer den → *Zapateo* vorsehenden Choreographie.

Pak'ochis, Danza de los -

bolivianischer Volkstanz der Region von Achacachi; auf einen alten indianischen Kriegstanz zurückgehend.

Paki (Paqui)

mestizischer Volkstanz Perus (Arequipa, Apurímac) und Ekuadors mit einem durch indianische Komponenten beeinflussten Rhythmus. In Ekuador existieren sowohl in Spanisch als auch in Quechua gesungene Varianten wie der *Chiri-paki*; typische Begleitinstrumente sind die Panflöte → *Rondador,* weitere Flöten und z. T. auch Trommeln.

Pala-pala (Palapala, Pallapalla)

1. von Indianern Boliviens und Nordargentiniens noch heute aufgeführter alter Volkstanz mit zumeist in Quechua gesungenen Texten; ursprünglich ein Kriegstanz. 2. alter, nicht mehr aufgeführter kreolisch-mestizischer Volkstanz aus der argentinischen Region Santiago del Estero; mit der → *Mariquita* verwandt. Eine adäquate Form war im XIX. Jh. der Tanz *Sandoval.*

Palacagüina, Los de -

nikaraguanische Vokal- und Instrumentalgruppe; 1977 in Managua durch Carlos → *Mejía Godoy* (Akkordeon, Marimba, Piano, Gesang, Bandleader) mit Enrique Duarte (Gitarre, Requinto, Violine, Gesang), Silvio Linarte (Gitarre, Gesang) und Humberto Quintanilla (Gitarre, Mandoline, Requinto, Gesang) gegründet; interpretierte folkloristische und populäre Musik Nikaraguas, darunter die Volkslieder »Son tus perjumenes mujer« und »Flor de pino« sowie eine »Misa campesina« (→ *Misa*); Auslandsgastspiele führten in verschiedene Länder Lateinamerikas und nach Europa; Schallplattenaufnahmen entstanden bei CBS.

Palacios Ruiz, Elías

* 1930 Valle de la Laguna de Apoyo (Masaya); nikaraguanischer Musiker (Marimba), Arrangeur, Komponist und Bandleader; hervorragender Solist auf der → *Marimba*; begann seine Karriere 1947 in Monimbó; gründete später eine Folkloregruppe, der seine Brüder Carlos Palacios (Gitarre) und Eugenio Palacios (Gitarrilla) sowie Heliodoro Galán (Kontrabass) angehörten und mit der (u. a. bei Ocarina) mehr als 18 LPs produziert wurden, darunter die von P. geschriebenen Titel »Lindo Monimbó«, »El Dirialeño« (Son) und »Palomitas blancas«.

Palacios, Yamandú

* 28.4.1940 (?); uruguayischer Sänger und Liedermacher; der Bewegung des Neuen Uruguayischen Liedes angehörend; lebte und wirkte längere Zeit im Exil in Rom, wo er bei Zodiaco eine LP produzierte, die u. a. die Titel »De la bai-

lanta« (Chamarrita) und »Décimas políticas« enthält.

Palenque
kolumbianischer Modetanz, um 1960 durch die Vermischung von Elementen der → *Música vallenata* mit modernen Komponenten entstanden. Die Komponistin Esther Forero schrieb einige Titel dieser relativ kurzlebigen Form, darunter »Bombo y maracas«.

Paleros
Sammelbegriff für afrokubanische Musiker der ethnischen Gruppen der → *Congos,* diese sind die Produzenten der → *Bantú*-Musik.

Palillo (Hölzchen, span.)
1. volkstümliche Bezeichnung für die → *Claves* in der Karibik. 2. hölzerner Trommelschlägel. 3. beim Spielen bestimmter Saiteninstrumente (z. B. → *Bordonuá*) als Plektrum verwendetes Holzstäbchen.

Palillos, Danza de los -
spanischer Volkstanz des XVII. Jh.; später in Lateinamerika schnell populär geworden; bekannt auch unter diversen regionalen Namen wie z. B. Danza de las → *Cintas.*

Palito
alter argentinischer Volkstanz im 3/4- oder 6/8-Takt; Variante des → *Gato,* vorwiegend in Pampa-Regionen als Paar- oder Dreiertanz (ein Mann und zwei Frauen) aufgeführt; dazu werden Texte satirischen oder auch erotischen Inhalts gesungen.

Palitos → *Claves*

Pallacha
Volkstanz der Quechua-Indianer der Region von Talavera (Peru).

Pallador
chilenische Bezeichnung für den Wandersänger → *Payador.*

Palla-palla → *Pala-pala*

Pallas, Las -
indianisch-mestizischer Volkstanz aus Peru, dessen Besonderheit darin besteht, dass ausschließlich Frauen nach der rhythmischen Begleitung durch einen Taktstock, *Asucena* genannt, tanzen.

Pallot
aus Rohr, vereinzelt auch aus Knochen hergestellte kleine Flöte mit drei Tonlöchern, der → *Quena* ähnlich; sie wird in der Volksmusik der Amesha-Indianer Perus gespielt.

Palma, Athos
* 7.6.1891 Buenos Aires, † 10.1.1951 Miramar; argentinischer Musiker und Komponist ernster und populärer Musik; studierte u. a. bei Carlos Pedrell, war am Nationalkonservatorium tätig und komponierte folkloristisch inspirierte Liederzyklen wie »Canciones salteñas« und »Ensueño del atardecer«; für seinen Tango »Asistencia« wurde er im Rahmen eines Ausscheides 1916 mit einem Preis geehrt.

Palmadas (Palmas)
Händeklatschen; oft zur rhythmischen Begleitung von Liedern und Tänzen praktiziert, z. B. im spanischen → *Flamenco,* in der → *Cueca,* der → *Marinera* sowie in vielen Formen der → *Música caipira.*

Palmas → *Palmadas*

Palmas y Cañas, Conjunto -
kubanische Vokal- und Instrumentalgruppe der → *Música campesina;* 1960 aus der Folkloregruppe von Miguel Ojeda hervorgegangen; begleitete namhafte Gesangssolisten wie Celina → *González,* trat in den gleichnamigen Programmen von Rundfunk und Fernsehen Kubas auf, bereiste zahlreiche Länder und produzierte bei Areito Schallplattenaufnahmen, darunter den Titel »Alborada de oro«. 2000 leitete der Lauten- und → *Cuatro*-Spieler Israel Pérez Gil die Gruppe.

Palmerín Pavia, Ricardo
* 3.4.1887 Tekax (Yucatán), † 30.1.1944 México-Stadt; mexikanischer Volkssänger (Trovador), Gitarrist und Komponist; Autodidakt; zu den Klassikern der regionaltypischen Musik Yucatáns gehörend; schuf romantisch-einfühlsame Lieder (Canciones yucatecas), Boleros, Bambucos und Habaneras, die er selbst interpretierte, darunter die Titel »Rosal enfermo« (Canción, 1923; Text: Lázaro Sánchez), »Golondrinas« (1923; Text: Luis Rosado) und die bekannte Komposition »Peregrina« (Habanera, 1923; Text: Luis Rosado V.).

Palmieri, Carlos »Charlie«
* 1927 New York, † 1988 das.; US-lateinamerikanischer Musiker (Piano, Orgel), Arrangeur, Komponist und Bandleader puertorikanischer Abstammung; Vertreter des → *Jazz latinoamericano* in der kulturellen Szene → *New York Latino;* studierte Piano an der Julliard School; wirkte ab den 40er Jahren u. a. bei Pupi Campo, Rafael Muñoz, Xavier → *Cugat* und Tito → *Puente;* gründete 1959 eine Band vom Typ einer → *Charanga* (*Charanga Duboney*), die um 1965 in die Formation *New Duboney Orchestra* umgewandelt wurde. Darüber hinaus wirkte P. als Instrumentalsolist in zahlreichen Sessionen bekannter Musiker und Sänger, z. B. Celia Cruz und Rafael → *Cortijo,* mit. Schallplattenaufnahmen entstanden u. a. bei Alegre, West Side Latino, Tropical und Alba Records, darunter der Titel »Pachanga sabrosa«.

Palmieri, Eddie »El Dinamito«
* 1936 East Harlem (New York); US-lateinamerikanischer Musiker (Piano), Arrangeur, Komponist, Bandleader und Musikproduzent puertorikanischer Abstammung; Bruder von »Charlie« → *Palmieri;* formierte 1950 seine erste Gruppe im kulturellen Bereich → *New York Latino,* musizierte später u. a. bei Vicentico → *Valdés* und Tito → *Rodríguez* (1958) und bildete 1961 die Band *La Perfecta*, ein lateinamerikanisches Tanzorchester, das bis 1968 bestand und sich vorwiegend der Mischform → *Salsa* widmete; später trat P. zusammen mit Sängern wie »Cheo« Feliciano auf, spielte bei den *Tico All Stars* und schrieb Stücke wie »Ritmo caliente« (Pachanga) und »Mi isla preciosa« (Cha-cha-chá). Schallplattenaufnahmen entstanden u. a. bei Alegre, Tico, Coco Records und Verve.

Palminha
brasilianischer Volkstanz des Bundesstaates Goiás; Variante der → *Quadrilha.*

Palo
1. afrokubanischer Tanz der → *Congos,* auch *Baile de Palo* genannt; sowohl Kollektiv- als auch Paartanz. 2. in Kuba umgangssprachliche Bezeichnung für die durch → *Paleros* erzeugte Musik.

Palo de Mayo
(Mayo Ya, Mayaya [yala] sinki, May Pole) nikaraguanischer Tanzzyklus, von der afrokaribischen bzw. mestizischen Bevölkerung des Gebietes der Atlantikküste vorwiegend im Mai aufgeführt. Der stark von negroiden Elementen (Begleitinstrumente sind hauptsächlich Trommeln verschiedener Dimensionen) geprägte Tanz dramatischen Charakters geht auf eine im XVII. Jh. entstandene Legende zurück; Zentrum seiner Vorbereitung ist die Region Bluefields; Varianten lokaler Art existieren in Orten der sog. Garifuna-Region und in Zentral-Nikaragua (Masaya). (→ *Walagallo*)

Palo zumbador (Toro bramador)
in der indianischen Volksmusik Perus (Apurímac, Ayacucho und Huanuco) eingesetztes Schwirrholz, das bei Rotation ein summendes Geräusch erzeugt.

Paloma (Taube, span.)
umgangssprachliche Bezeichnung für ein mexikanisches Lied meist romantisch-sentimentaler Art, das vor allem zu Geburtstagen gesungen wird.

Paloma, La -
1. alter argentinischer Volkstanz. 2. von dem Komponisten Sebastián de → *Yradier* um 1850

geschaffenes Lied im Rhythmus einer → *Habanera,* das weltweit Verbreitung fand und durch Folklore- und Tanzmusikgruppen noch heute sehr oft interpretiert wird.

Palomares, Gabino

* 16.5.1950 Guanajuato; mexikanischer Sänger, Gitarrist und Liedermacher; wirkte als Student in Musikgruppen vom Typ einer → *Estudiantina* und widmete sich ab 1971 dem Protestlied; nahm u. a. am Festival von Varadero (Kuba) und am Festival des Politischen Liedes in Berlin (1984) teil. P. schrieb zahlreiche Lieder wie »Maldición de Malinche« und »Nicaragua«, die er auf einigen LPs (u. a. bei Discos Pueblo) veröffentlicht hat.

Palomera, Lupita

* 12.12.1916 Guadalajara (Jalisco), † 3.7.1958 México (Infarkt); mexikanische Sängerin populärer und landestypischer Musik; bedeutende Interpretin von Rancheras und Boleros; übersiedelte 1934 nach México-Stadt, wo sie in anspruchsvollen Musikprogrammen des Rundfunksenders XEW sang. Ab 1941 trat sie dann auch im Duett mit ihrem Ehemann, dem Sänger Fernando → *Fernández,* auf. Bei Victor bzw. RCA Victor entstanden zahlreiche Schallplatten N78, u. a. die Titel »Vereda tropical« und »Frenesí«.

Gabino Palomares beim Lateinamerika-Abend in Berlin (Volksbühne, 17.2.1984)

Palomita

alter, seit langem nicht mehr aufgeführter chilenischer Volkstanz.

Palomita, La -

paraguayischer Volkstanz; in Rhythmus und Choreographie dem → *Bailecito* sehr ähnlich; wird durch Harfe (Arpa), Akkordeon und Perkussionsinstrumente begleitet; für den bereits sehr alten, der anonymen Musikfolklore zugehörigen Tanz schrieb der Komponist Julian Rejala ein noch heute gültiges Arrangement.

Palomo

mexikanischer Volkstanz des Bundesstaates Durango, wird durch Trommeln und Flöten begleitet.

Paloteo

Volkstanz der venezolanischen Region Apure; Variante der → *Polka;* in der Tradition der Choreographie eines dramatischen Tanzes aufgeführt.

Pambiche

ein aus dem dominikanischen → *Merengue* hervorgegangener Modetanz, wesentlich langsamer als letzterer; nach 1950 besonders durch die Musikgruppe *San Rafael* interpretiert und teilweise auch auf Schallplatten aufgezeichnet.

Pamo (Pamy)

einfaches, aus Holz hergestelltes Horn; in der Volksmusik brasilianischer Indianer eingesetzt.

Pampa corneta

(Mamac, Corneta, Clarinete agudo)
3 – 4 m lange primitive indianische Trompete,

aus Agavenstengeln hergestellt; zu Festen der Viehmarkierung (*Marcación de Ganado*) in Peru (Apurímac, Huancavelica und Junín) gespielt.

Pampa piano → *Melodio*

Pampeña
1. Bezeichnung für ein in der argentinischen Pampa verbreitetes Lied zumeist lyrisch-romantischen Charakters. 2. peruanischer Volkstanz der Region Caima (Departement Arequipa).

Pan
generelle Bezeichnung für die in der → *Steel Band* gespielten Stahlblechtrommeln (Steel Drums).

Panalivio
afroperuanisches Volkslied; zur Zeit der Sklaverei im Küstenbereich Nordperus als Klagegesang (→ *Lamento*) der schwarzen Plantagenarbeiter entstanden; als frühe Form eines Protestliedes geltend; durch einen Solisten als → *Copla* gesungen, die durch einen im Chor intonierten Kehrreim (Estribillo) unterbrochen wird. Charakteristisch für diese Form ist eine frei gesungene oder rezitierte Einleitung (Introducción).

Pancasán, Grupo -
nikaraguanische Vokal- und Instrumentalgruppe; 1975 in Managua im Rahmen der Liederbewegung »Guitarra Armada« (Bewaffnete Gitarre, span.) als Sextett formiert; lehnte sich in ihren Arrangements stark an das Klangbild kubanischer Gruppen wie → *Moncada* an. Lieder wie »Dice Cabo Chendo« und »Juventud sandinista« erschienen auf LPs (Labels Ocarina, Indica u. a.) Mitglieder waren Auxiliadora Espinoza (Gesang, Gitarre, Perkussion), Osmán Delgado (Gesang, Requinto, Elektro-Bass), Francisco Cendeño (Gesang, Gitarre, Piano), Salvador Baltodano (Gitarre, Tres, Kontrabass, Flöte, Bongó, Chor), Francisco Vargas (Gitarre, Perkussion, Chor) und Martin Fonseca (Tumbadora, Bongó, Bombo).

Panchos, Trío Los -
mexikanisches Vokal- und Instrumentaltrio; 1944 in New York durch Alfredo → *Gil* und Jesús »Chucho« → *Navarro* sowie Hernando → *Avilés* (Puerto Rico) gegründet; als bestes und populärstes lateinamerikanisches Trio aller Zeiten geltend, das sich auf die Interpretation des → *Bolero* in romantisch-melodiösen Arrangements spezialisierte. Das Trio beeinflusste mit seinem eigenwilligen Stil zahlreiche Gruppen Mexikos und Lateinamerikas. Als Begleitinstrumente dienten zwei spanische Gitarren und die durch Gil 1940 erfundene → *Requinto*-Gitarre. In dieser Besetzung, die als »Epoca de Oro« (Goldenes Zeitalter, span.) des Trios bezeichnet wird und die als die erfolgreichste und künstlerisch ausgewogenste gilt, musizierten Los Panchos bis 1951. Später kam es zu einem häufigen Wechsel der 1. Stimme; so wirkten u. a. Raúl → *Shaw Moreno,* Johnny → *Albino* und Oscar → *Cáceres* in der Formation. Gastspielreisen durch die meisten Länder Lateinamerikas, wo als Spezialität des Trios jeweils mindestens eine LP mit im »Panchos-Stil« vorgetragenen landestypischen Liedern produziert wurde, nach Asien, Europa, die USA und weitere Länder sorgten für beständige Popularität; zuweilen wurden auch Konzerte zusammen mit anderen Gesangssolisten (z. B. Eydie Gormé oder Estela Raval) gegeben. 1986 kam es zur Auflösung des Trios; wenig später wurde in San Juan (Puerto Rico) unter der Leitung von »Chucho« Navarro das Quintett »Los Panchos« neu formiert. Schallplattenaufnahmen entstanden unter den Labels Tico, Columbia bzw. CBS, Musart, Tropical, Seeco, Philips u. a., darunter die Titel »Angelitos negros«, »María Elena«, »Jacarandosa«, »Bésame mucho« und »Mano a mano«.

Pandeiro
flache Einfelltrommel, mit dem → *Pandero* identisch; in der Volks- und Populärmusik Bra-

siliens u. a. zur rhythmischen Begleitung des → *Samba* dienend. (→ *Adufe*)

Pandereta → *Pandero*

Pandero (Pandeiro, Pandereta, Tabalet)
kleine Handtrommel, Variante der europäischen Schellentrommel Tambourin; in der Volks- und Populärmusik vieler Länder Lateinamerikas eingesetzt; in zahlreichen regionalen Abarten, darunter als → *Pandeiro* in Brasilien und als *Pandereta* in Kolumbien, existierend; ihr Spieler wird *Panderista* genannt. Eine viereckige Form heißt → *Aduf.*

Pandilla
peruanischer Volkstanz der Regionen Arequipa und Puno (Altiplano); mestizisch, enthält neben indianischen Komponenten Tanzfiguren der klassischen spanischen Quadrille (Cuadrilla) und wird vor allem von Jugendlichen in der Zeit des Karnevals getanzt. Innerhalb der P. gibt es → *Yaraví-*,→ *Marinera-*, Pasodoble- und Gesangsparts, letztere durch Frauen intoniert.

Pandura
Variante der → *Bandurria.*

Pango (Pangora, Pangota, Panguito)
kolumbianischer Volkstanz der Region Chocó; zur Gruppe des → *Currulao* gehörend; seine Verbreitung ist jedoch stark rückläufig.

Panhuéhuetl
mittelgroße Ausführung der altmexikanischen Trommel → *Huéhuetl.*

Panicali, Lírio
* 26.6.1906 Queluz (São Paulo); brasilianischer Musiker (Piano, Violine), Arrangeur, Komponist und Bandleader; studierte ab 1918 am Konservatorium von São Paulo; war später am Nationalinstitut für Musik in Rio de Janeiro tätig, leitete einige Gruppen und Orchester, mit denen er Schallplattenaufnahmen wie »Labareda« und »Garota de Ipanema« produzierte. P. war außerdem Direktor der Schallplattenfirma Sinter und komponierte Stücke wie »Encantamento« und »Ternura«.

Panman
der Musiker auf der karibischen Blechtommel → *Steel Drum.*

Pañuelo (Taschentuch, span.)
1. das beim Tanzen vieler lateinamerikanischer Volksweisen wie → *Cueca,* → *Zamba* und → *Marinera* in der Hand gehaltene Taschen- bzw. Kopftuch, das nach einem traditionellen oder auch individuellen Modus geschwenkt wird. 2. Tanzfigur in kolumbianischen Volkstänzen wie → *Bambuco* und → *Guabina.*

Papiamento
während der ersten Periode der Kolonialzeit entstandene Mischsprache, die, auf den Niederländischen Antillen (Curaçao, Bonaire und Aruba) vorwiegend von Afroamerikanern und Mulatten gesprochen wird und zu 85 % aus spanischem, 5 % aus holländischem und 10 % aus portugiesisch-afrikanischem Sprachgut besteht. Viele Lieder dieser Region werden in dieser Sprache gesungen.

Papín y sus Rumberos
kubanische Vokal- und Instrumentalgruppe folkloristischer Musik; um 1952 in Matanzas gegründet und auf die Interpretation des → *Guaguancó* spezialisiert. Eine Besonderheit der Gruppe bilden die mit Elementen des spanischen → *Flamenco* angereicherten Arrangements, z. B. in »Tani«; Schallplatten entstanden u. a. bei Puchito.

Papines, Los - → *Abreu, Hermanos -*

Paqui → *Paki*

Parabién
chilenisches Tanzlied; aus einem Salontanz des XIX. Jh. entstanden; als ein musikalischer Gruß für Freunde und Verwandte zu Geburtstagen und vor allem auf Hochzeiten dargebracht.

Paracumbé
afrokubanischer Volkstanz des XVIII. Jh.; später wurde er, durch Seeleute verbreitet, auch im Gebiet von Veracruz (Mexiko) populär.

Paradeta
im XVII. Jh. im kolonialen Mexiko (Nueva España) aufgeführter spanischer Schautanz.

Parafuso
1. bestimmte Schrittkombination im brasilianischen → *Frevo.* 2. alter Part des Tanzes → *Maxixe.* 3. heute nicht mehr verbreitetes Tanzlied der Zuckerrohrschneider des brasilianischen Bundesstaates Pernambuco. 4. ein bekannter Sänger von Volksliedern des brasilianischen Nordostens.

Paraguaçu (eigtl. Roque Ricciardi)
* 25.5.1894 São Paulo, † 5.1.1976 das.; brasilianischer Sänger und Liedermacher; begann seine Karriere in Cafés von São Paulo, wirkte ab 1924 bei Rádio Bandeirante und veröffentlichte zahlreiche Schallplatten (Labels Odeon, Victor, Phoenix, Continental und Todamérica), darunter die Titel »O Caboclo triste« und »Madalena«. R. wirkte außerdem als singender Schauspieler und publizierte einige Liederbücher.

Paraguayos, Trío Los -
paraguayisches Vokal- und Instrumentaltrio; 1953 in Asunción durch Luis Alberto del → *Paraná* (Gesang, Direktor), Digno → *García* (Harfe) und Agustín → *Barboza* (Gitarre und Gesang) formiert; interpretierte zunächst vorwiegend folkloristische Musik aus Paraguay, wobei vor allem Harfe (→ *Arpa paraguaya*) und Gitarre zum Einsatz kamen und der Gesang teilweise in der Indianersprache Guaraní erfolgte. Das auf Grund der guten künstlerischen Ausgewogenheit seiner Darbietungen überaus erfolgreiche Trio unternahm 1954 seine erste Europa-Tournee und zeichnete eine hohe Zahl von

Eine interessante Begegnung: die Paraguayos (v. l. n. r.) Luis Alberto del Paraná, Digno García und Agustín Barboza (ganz rechts) mit dem Generaldirektor des Casino D' Ostende (Mitte) sowie dem derzeitigen Dirigenten des Sinfonieorchesters Roberto Benzi (halbrechts). Das Foto wurde 1955 in Ostende durch Emile Michael aufgenommen

Titeln auf Schallplatten (Label Philips) auf, darunter die Titel »Cascada«, »Bajo el cielo del Paraguay«, »Galopera« und »Pueblo Ybycuí«; das Trio gewann 7 Goldene Schallplatten. Später kam es zu personellen Veränderungen: die Gruppe wurde vergrößert, nannte sich fortan *Luis Alberto del Paraná y sus Paraguayos*, später nur noch *Los Paraguayos*, und veränderte ihr Repertoire grundlegend, passte sich internationalen Trends an, was insgesamt mit eindeutigen Verlusten an künstlerischer Qualität einherging; kurz nach dem Tode von Luis. A. del Paraná (1974) löste sich die Gruppe auf bzw. wurde vom Bruder des letzteren, Reynaldo Meza, ebenfalls ein hervorragender Sänger und Musiker, in Hamburg als Tanzmusikgruppe *Los Paraguayos* weitergeführt.

Paraíso Perdido (Verlorenes Paradies, span.)
chilenische Rockgruppe; 1987 in Santiago de Chile durch Studenten der Universität von Chile gegründet; trat bei einem anlässlich des Reagan-Besuches in Santiago veranstalteten Rock-Konzert mit politisch-kritischen Liedern auf.

Paraná, Luis Alberto del -
(eigtl. Luis Osmer Meza)
* 21.6.1926 Altos, † 15.9.1974 London; paraguayischer Sänger, Musiker (Gitarre), Arrangeur, Bandleader und Liedermacher; sang in seiner Kindheit in Kirchenchören und war später Mitglied diverser Musikgruppen; gründete 1945 bzw. 1953 das Trío Los → *Paraguayos,* das er leitete und in dem er mit seiner ausdrucksvollen Stimme als Gesangssolist auftrat. M. schrieb zahlreiche Stücke wie »A mi tierra«, »Sirena del Paraná« (Guarania) und »¿Adónde vas, niño?« (Canción).

Paranda
serenadenartiges Volkslied der Garifuna-Region von Belize; meist in der Mischsprache → *Créole* gesungen; auf spanischen Einfluss zurückgehend.

Parang (Parrang) → *Parranda (4)*

Parcela
eine Abart des brasilianischen → *Desafio* mit Texten von 8 bzw. 10 Versen; häufig durch Wandersänger der → *Cantoria* interpretiert.

Pardavé Arce, Joaquín
* 30.9.1900 Pénjamo (Guanajuato), † 20.7.1955 México-Stadt; mexikanischer Musiker, Komponist und Schauspieler; wirkte u. a. in einer → *Zarzuela*-Gruppe und als Filmschauspieler u. a. in »Soy charro de rancho grande« und »Primero soy mexicano« und komponierte zahlreiche Musikstücke, von denen der Bolero »Negra consentida« (1929) und die Lieder »Varita de Nardo« (1928) und »Panchita« (1937) die weitaus populärsten sind.

Pareceres, Los -
uruguayische Vokal- und Instrumentalgruppe; 1977 in Montevideo zunächst als Trio durch Jorge do Prado, Carlos Rodríguez und Yamandú Pérez »Negro« formiert; interpretierte vorwiegend Lieder und Tänze afrouruguayischer Herkunft, darunter den → *Candombe*; unter dem Label Orfeo entstanden einige LPs mit den Titeln »Jacinto Vera« und »Los boliches«. Nach 1980 wurde die Gruppe zum Sextett erweitert.

Parilla (Andara)
eine der → *Zampoña* ähnliche Panflöte mit 18 Einzelflöten; in der peruanischen Volksmusik andiner Regionen gespielt.

Parra Cereceda, Ángel
* 1941 Valparaíso; chilenischer Volkssänger, Gitarrist und Liedermacher; Sohn von Violeta → *Parra,* Bruder von Isabel → *Parra,* zu den Mitbegründern der Bewegung des Neuen Chilenischen Liedes gehörend; trat im In- und Ausland auf Konzerten und Festivals auf, sich in seinen Liedern häufig der Musik traditionell-folkloristischer Formen wie → *Cueca,* → *Marinera* oder → *Tonada* bedienend. P. produzierte unter diversen Labels (u. a. Dicap, Demón, Orbe, L'Escargot) zahlreiche LPs. 1973 wurde P. in einem Konzentrationslager in der Region von Chacabuco (Atacama-Wüste) gefangengehal-

Angel Parra bei einem Auftritt in Berlin

ten; hier entstand seine »Misa de Chacabuco«, die später in Europa veröffentlicht wurde. Nach seiner Freilassung lebte und wirkte er längere Zeit im Exil (Paris). Zu seinen zahlreichen Kompositionen gehören u. a. die Titel »Porque mañana se abrirán las Alamedas«, »Del norte vengo Maruca« und »Libertad«.

Parra, Cristina »Tita«
* 1956 Santiago de Chile; chilenische Sängerin; Tochter von Isabel → *Parra;* debütierte 1979 im »Café del Fondo« von Santiago, nachdem sie in Paris eine LP mit Populärmusik produziert hatte; 1983 beteiligte sie sich mit dem Lied »Despertar« am Festival der Liedermacher in Santiago de Chile.

Parra Paz , Gilberto
* 30.7.1913 San Pedro de Tesitán (Jalisco); mexikanischer Sänger, Musiker, Arrangeur, Komponist und Bandleader; studierte Agronomie, wandte sich jedoch später der mexikanischen Volksmusik zu; gründete eine Musikgruppe vom Typ → *Mariachi* (*Mariachi de Gilberto Parra*), mit der er vorwiegend Titel der Formen → *Ranchera,* → *Corrido* und → *Son jalisciense* interpretierte und z. T. auf Schallplatten (u. a. Columbia) aufnahm. P. schrieb u. a. die Stücke »Perdón mujer« (Canción, 1943), »Ojitos negros« (Ranchera, 1945) und »Reme-dio« (Ranchera, 1969). Später formierte P. die Folkloregruppe *Los Rurales de Gilberto Parra.*

Parra, Hermanas -
chilenisches Vokal- und Instrumentalduo; 1937 in Santiago de Chile durch die Geschwister (Hermanas) Hilda und Violeta → *Parra* formiert; spielte in Gaststätten und kulturellen Zentren (→ *Peña*) authentische chilenische Volksmusik bei Dominanz der → *Cueca chilena;* Titel wie »Cueca del payaso« und »Guatón Loyola« erschienen innerhalb der hervorragenden Reihe »El folklore de Chile« auf LPs des Labels Odeon.

Parra, Isabel
* 1937 Santiago de Chile; chilenische Sängerin, Gitarristin und Liedermacherin; Tochter von Violeta → *Parra;* begann an der Seite ihrer Mutter zunächst folkloristische Lieder zu singen; widmete sich später dem Neuen Chilenischen Lied; leitete ab 1965 zusammen mit ihrem Bruder Angel → *Parra* die *Peña de Los Parra,* eine bekannte Begegnungsstätte folkloristischer Aktivitäten in Santiago de Chile; wirkte ab 1973 im Exil (Paris) und nahm an zahlreichen Festivals des Lateinamerikanischen Liedes (insbesondere in europäischen Ländern) teil. Unter versch. Labels (u. a. Dicap, Zodiaco, Le Chant du Monde, Escargot) entstanden etwa 50 LPs, die z. T. eigene Lieder wie »Yo soy la hormiga vecina« und »Ayúdame usted« als auch Stücke der chilenischen oder lateinamerikanischen Musikfolklore bzw. Titel aus dem Repertoire ihrer Mutter wie »Ayúdame Valentina«, »Volver a los 17« und »Gracias a la vida« enthalten.

Parra Sandoval, Nicanor
* 5.9.1914 Chillanejo; chilenischer Textautor

und Dichter; Sohn von Hilda Parra; schrieb zahlreiche Texte für Stücke wie die Cuecas »A la una«, »Cueca de los puetas« und die Refalosa »El Chico y la Damajuana«, die durch Violeta → *Parra* u. a. interpretiert wurden, sowie das lyrische Poem »Defensa de Violeta Parra«.

Parra León, Roberto »Tío Roberto«

* 19? Concepción, † 21.4.1995 Santiago de Chile; chilenischer Sänger, Musiker und Komponist; Bruder von Violeta → *Parra;* schrieb eine größere Zahl folkloristischer Stücke vorwiegend der Form → *Cueca chilena,* darunter »El conventillo«, »Sacristán Vivaracho« und »Atención calcetineras«, die er teilweise auch interpretierte und die auf Schallplatten der Labels Odeon und Dicap veröffentlicht wurden.

Parra Sandoval, Violeta

* 4.10.1917 San Carlos de Chillán, † 5.2.1967 Santiago de Chile; chilenische Volkssängerin, Liedermacherin, Gitarristin und Folkloreforscherin; berühmteste, weltweit bekanntgewordene Interpretin Chiles; gilt als Erneuerin und Bewahrerin des chilenischen Volksliedes; leistete mit ihren in allen Landesteilen durchgeführten Feldforschungen, der Wiederauffindung und Interpretation bereits der Vergessen-

Ein bislang selten veröffentlichtes Familienfoto: (v. l. n. r.)
Angel Parra, Violeta Parra, Isabel Parra und der Designer Vázquez da Sola – entstanden 1962 in Paris

heit anheimgefallener Volkslieder und -tänze einen unschätzbaren Dienst für die Musikfolklore ihrer Heimat. P. sang zunächst nur folkloristische Lieder, trat oft im Duett mit ihrer Schwester Hilda (Hermanas → *Parra*) in Restaurants wie »El Tordo Azul«, in Bars, Cafés usw. von Santiago de Chile auf. Später widmete sie sich in zunehmendem Maße dem sozialkritischen Lied, zu dem sie Texte hoher Aussagekraft schrieb; ab 1960 ist sie eindeutig als Protestsängerin einzuordnen. So dokumentiert die in dieser Zeit entstandene Cueca »Yo canto la diferencia« ihre Position und weist sie als Hauptinitiatorin der Bewegung des Neuen Chil. Liedes aus. Ihre zahlreichen Kompositionen wie »Gracias a la vida«, ein in ganz Lateinamerika bekanntes und populäres Lied, »Arauco tiene pena«, »Arriba quemando el sol«, »Casamiento de negros«, »Escucha Ud. General«, »Me gustan los estudiantes«, »Paloma ausente«, »Por que los pobres no tienen« und »Los pueblos americanos« widerspiegeln ihren zutiefst humanistischen Standpunkt auf der Seite der Armen und Entrechteten. Unter verschiedenen Labels (u. a. Victor bzw. RCA Victor, Odeon, Dicap und Le Chant du Monde) erschienen zahlreiche Schallplatten.

Parra de Chile, Los -

chilenische Vokal- und Instrumentalgruppe; um 1974 durch Angel und Isabel → *Parra* in Paris unter den Bedingungen des Exils gegründet; interpretierte vor allem Lieder von Violeta → *Parra* und produzierte einige LPs.

Parranda

1. allgemeine Bez. für eine Gruppe von Musikanten, die nachts singend und vorwiegend auf Saiteninstrumenten musizierend durch die Straßen zieht; die Teilnehmer heißen *Parranderos*. 2. Variante des kolumbianischen → *Torbellino*. 3. ursprünglich in der spanischen Provinz Murcia verbreiteter Volkstanz, der später auf den Kanarischen Inseln und in der Folge in Lateinamerika populär wurde; in seiner Choreographie der → *Seguidilla* ähnelnd und durch die Instrumente Gitarre, Timple, Requinto, Guitarrillo, Violine, Bandurria und Zither (Cítara) – Version der Kanarischen Inseln – begleitet. 4. in Küstenregionen Venezuelas verbreiteter, dem → *Merengue* ähnelnder Volkstanz; eine auf der Insel Trinidad aufgeführte Variante heißt *Parang (Parrang)*.

Parrando

Regionalbezeichnung des → *Joropo* in Ortschaften des kolumbianischen Distrikts Arauca.

Parrilla

Bezeichnung für die Interpretation eines → *Tango* ohne jegliches Arrangement; meist auch mit einem improvisierten Text; war insbesondere in den Anfangsjahren dieser Form sehr gebräuchlich.

Partido Alto

spezielle Variante des brasilianischen → *Samba* urbaner Regionen; aus einer religiösen Zere-

Los Parra de Chile (Photo: Alvaro Yáñez)

monie der schwarzen Sklaven hervorgegangen, die als einfache Tanzveranstaltung getarnt war. Ein Solist tanzt einen Samba, dazu singt ein Chor z. T. improvisierte Vierzeiler-Verse; als Begleitinstrumente werden vorzugsweise → *Cavaquinho*, → *Pandeiro*, → *Chocalho* und mit Messern perkutierte Teller (Pratos) benutzt. Die Tradition des P. A. lebt in modifizierter Form in den Elendsvierteln (Favelas) von Rio de Janeiro und São Paulo fort.

Paruntsi → *Tumank*

Pasacalle (Gassenhauer, span.)
Sammelbezeichnung für einige im musikalischen Tempo ebenso wie in der instrumentalen Begleitung unterschiedliche Rhythmen und Tänze verschiedener Länder Lateinamerikas; Lieder und Tanzformen, die bei Umzügen (z. B. beim Karneval) oder Feierlichkeiten auf Straßen und Plätzen aufgeführt werden. Gemeinsames Merkmal ist der Marschrhythmus, wobei neben rein instrumentalen auch gesungene Varianten existieren; in Kuba in ländlichen Regionen (z. B. Prov. Sancti Spíritus) in typischer Instrumentierung (z. B. mit Violine) interpretiert. Peruanische und ekuadorianische Pasacalles sind mit indianischen Komponenten angereichert; in Bolivien besitzt er mehr serenadenhaften Charakter und wird durch Gitarre begleitet; in der kolumbianischen Provinz Chocó gilt er als Volkstanz; in Mexiko gehört er seit langem zum Repertoire von Volks- und Populärmusikgruppen wie die landesweit bekannten → *Mariachi*.

Pasada
ein in Peru ausschließlich von Männern getanzter → *Zapateo*.

Pasaje
zur Gruppe des → *Joropo* gehörender Volkstanz; Teil der → *Música llanera* Venezuelas und Kolumbiens; ein langsamer und kadenziöser Joropo mit meist lyrisch-sentimentalen Texten; durch die Instrumente Harfe (Arpa), → *Cuatro* und → *Maracas* begleitet. In Venezuela wurde eine mit Komponenten des Walzers angereicherte, sehr langsame Form, der *Vals pasaje*, populär. Zu den bekanntesten Titeln dieser Form zählt »Ansiedad«, komponiert von José Enrique Sarabia.

Pascola
Zyklus auf alten Traditionen beruhender indianischer Volkstänze dramatischen Charakters der Yaqui-Indianer des mexikanischen Bundesstaates Sonora bzw. New Mexicos (USA), u. a. die Danza del → *Venado* und La → *Vibora* umfassend. Die Tänzer tragen einen mit Glöckchen besetzten Gürtel; dazu wird, teilweise mit europäischen Musikinstrumenten, indianisch-mestizische Volksmusik gespielt und die Teilnehmer tanzen nach einer traditionellen Choreographie, die gemäß der jeweils regionalen Überlieferung genau eingehalten wird.

Paseaíto
ein nach 1962 in Kolumbien entstandener Modetanz; aus einer Vermischung von Komponenten des → *Paseo*, des Marsches und der modernen → *Música tropical* hervorgegangen; wird meist durch moderne Tanzorchester und -gruppen interpretiert.

Pasebol (Wortzusammenziehung von *Pase*o und *Bol*ero)
nach 1963 in Kolumbien geschaffener Modetanz der → *Música tropical*; ein langsamer, mit Elementen des → *Bolero* angereicherter → *Paseo*. Der P. ist heute kaum noch verbreitet.

Paseo
1. folkloristisches Tanzlied der → *Música vallenata*, aus einer Vermischung afrokaribischer und spanisch-kreolischer Komponenten entstanden; dem → *Son cubano* ähnlich, auch als *Vallenato*, *Son vallenato* oder *Són* bezeichnet. Als Begleitinstrumente des P. dienen hauptsächlich Akkordeon (traditionell ein Knopf-A.), → *Guacharaca*, → *Caja (vallenata)*, zuweilen eine Einfelltrommel, daneben auch Gitarre. Die zur Musik gesungenen Texte stellen zum Teil lyrische Meisterwerke dar. Bekannte Interpre-

ten wie Julio → *Bovea,* Rafael → *Escalona,* Lorenzo Morales und Abel Antonio → *Villa* sorgten für seine Verbreitung in weiten Teilen Lateinamerikas. 2. choreographische Figur der → *Contradanza* bzw. weiterer Tänze Lateinamerikas bzw. Spaniens. 3. der erste Teil (Introducción) des dominikanischen → *Merengue.* 4. der nicht getanzte Teil der puertorikanischen → *Danza (2),* in dem die Paare Arm in Arm den Saal betreten.

Pasillazo → *Pasillo*

Pasillo (Vals del País, Vals tropical, Pasillazo)
Volks- und Populärtanz im 3/4-Takt; in der Kolonialzeit entstandene südamerikanische Variante des europäischen Walzers; zunächst nur als Salontanz mittelständischer und aristokratischer Bevölkerungsschichten aufgeführt. Später entstand eine volkstümliche Version, die vor allem in ländlichen Regionen Verbreitung fand. Man unterscheidet gesungene und instrumentale Formen, wobei letztere überwiegen; der P. ist heute in Kolumbien (Verbreitungszentrum in der Region Bogotá), in Venezuela, in Costa Rica (als *Pasillo guanacasteco*) und speziell in Ekuador ein weitverbreiteter Volkstanz. Die musikalische Begleitung erfolgt traditionsgemäß duch die → *Estudiantina,* → *Lira (3)* und → *Murga* bzw. (in Ekuador) durch Harfen- u./o. Gitarren. Varianten sind u. a. der *P. lento*, eine besonders langsame, im kolumbianischen Nariño und in Ekuador verbreitete Form, sowie der P. guanacasteco, dessen Eigenart in der alternierenden Sequenz von Rhythmen im 6/8- und 3/4-Takt liegt; eine bekannte Komposition ist »Flores negras« von Julio → *Flores.*

Pasión
kostarikanisches Tanzlied mit lyrisch-romantischen Texten; auf dem → *Pasillo* (guanacasteco) aufbauend; Verbreitungszentrum ist die Region von Guanacaste.

Pasitrote
Tanzlied der ländlichen Musikfolklore Panamas im 2/4-Takt, auf der → *Mejoranera* begleitet; als Paartanz in der Region von Chitre weit verbreitet.

Pasodoble (Paso doble)
ursprünglich ein folkloristischer spanischer Tanz, der sich später zu einem Salontanz entwickelte, wobei es zum Tempowechsel auf 3/4-Takt kam. Als Begleitmusik für Stierkämpfe (Corridas) wurde das Tempo dem Marschrhythmus angenähert. Um 1928 gelangte der P. nach Lateinamerika, u. a. nach Kolumbien, Peru und insbes. nach Mexiko, wo er ebenfalls in den sog. *Bandas Taurinas* bei Stierkampfveranstaltungen interpretiert wird. Bekanntester Titel ist »España cañí« des span. Komponisten Pascual Marquina; der mexikanische Musiker Agustín → *Lara* schrieb einige populär gewordene Stücke wie »Silverio« und »Novillero«. Gespielt wird der P. zumeist instrumental; gesungene Formen (vor allem in Spanien) werden oft durch Solo-Gitarre bzw. auch durch die → *Estudiantina* begleitet.

Passado
regionale Variante des brasilianischen → *Fandango (4);* es wird stets dazu gesungen.

Pássaro
Volkstanz Nordbrasiliens mit einer rhythmisch betonten Begleitmusik im 2/4-Takt und einer Choreographie dramatisch-burlesken Charakters; zugleich Name für eine volksfestartige Veranstaltung dieser Region.

Pastora
1. kleine Rohrflöte der peruanischen Volksmusik des Gebietes von Huarochirí. 2. religiös inspirierter Volkstanz Nordchiles, er wird durch die → *Cofradía* aufgeführt.

Pastoras
Bezeichnung für den durch Ataulfo → *Alves* zur vokalen Interpretation des → *Samba* eingeführten Chorgesang, meist durch 3 Frauen, die ebenfalls »Pastoras« genannt werden, ausgeführt.

Pastoras, Danza de las -
mexikanischer Volkstanz, vereinzelt noch im zentralen Landesteil aufgeführt; zur musikalischen Begleitung dient im allgemeinen eine solistisch gespielteVioline.

Pastorel
ein alter Ritualtanz der afroamerikanischen Bevölkerung Haitis.

Pastorela
eine der choreographischen Figuren der → *Cuadrilla.*

Pastores, Baile de los -
Volkstanz der Tepehua-Indianer Mexikos; mit vielen Schrittkombinationen getanzt und durch das präkolumbische Instrument → *Teponaztli* begleitet.

Pastorí → *Pastoril*

Pastoril (Baile pastoril, Pastorí, Pastorinha, Presépio)
religiös inspirierte Lieder und Tänze Brasiliens, die, zur Musikfolklore gehörend; bei stark rückläufiger Tendenz in verschiedenen Landesteilen zur Weihnachtszeit aufgeführt werden. Sie sind aus dem iberischen → *Villancico* entstanden; Verbreitungszentren sind die Gebiete des Landesnordostens sowie die Staaten Alagoas und Sergipe.

Pastorinhas → *Pastoril*

Pastorís, Bailes - (Danças Pastorís)
Sammelbegriff für eine Gruppe dramatischer Tänze Brasiliens wie → *Bum-ba-meu-boi,* → *Caboclinho,* Guerreiro, → *Pastoril* und → *Reisado,* die insgesamt zur traditionellen Musikfolklore Brasiliens gehören.

Patacoré
afrokolumbianischer Volkstanz der Pazifikregion, zur Gruppe des → *Currulao* gehörend; zur Musik werden meist aus nur wenigen Worten bestehende Gesänge intoniert.

Patacumbia
kolumbianischer Modetanz; Mischung von Komponenten aus → *Cumbia,* → *Porro* und → *Merengue;* um 1960 durch den Musiker Luis »Lucho« → *Bermúdez* geschaffen.

Paterita → *Sonecito del País*

Patito → *Ecuador*

Patria → *Prado*

Patria, Cuarteto -
kubanisches Vokal- und Instrumentalquartett traditioneller Populärmusik; wurde 1939 in Santiago de Cuba durch Francisco Cobos (Gesang und Gitarre), Reinaldo Hierrezuelo (Gesang und Gitarre), Reinal-do Hechevarría (Gesang und Gitarre) und Emilia García (Gesang) gegündet. Diese Gruppe widmete sich der Interpretation des traditionellen → *Son cubano,* dem → *Bolero* und der → *Guaracha.* Später, als das Quartett nach La Habana übersiedelte, wo es u. a. auch in der → *Bodeguita del Medio* und in Nachtclubs auftrat, erweiterte sich das Repertoire auch auf Titel der *Neuen Kubanischen Trova.* Zuletzt gehörten folgende Musiker zur Gruppe: Eliades Ochoa (1. Gitarre, Gesang und Direktor), Hilario Cuadro (Gesang und Maracas), Aristóteles (Bass) und Francisco »Pancho« Coyas (Gitarre). Zu den aufgenommenen Titeln gehören »Mujer perjura«, »A orillas del Cauto« (Guajira), »Cristinita« (Bolero) und »Caminito de Zaza«.

Patriótica
kostarikanisches Tanzlied mit patriotisch inspiriertem Text, das in würdevoller Weise z. B. an Nationalfeiertagen intoniert wird.

Pavez Casanova, Héctor »Indio Pavez«
* 1932 Ancud (Chiloé), † 14.7.1975 Paris; chilenischer Sänger, Musiker (Gitarre), Arrangeur, Bandleader und Liedermacher; erforschte seit frühester Jugend die Musikfolklore Südchiles bzw. der Insel Chiloé, wirkte in der Gruppe → *Millaray* mit und gründete später eine eigene

Volksmusikgruppe, die seinen Namen trug und die viele von P. wiederaufgefundene und neu arrangierte Lieder und Tänze, z. B. »Malaheña« und »La Nave«, interpretierte und auf einigen LPs innerhalb der Reihe »El folklore de Chile« (Label Odeon) veröffentlichte. P. musste Chile 1974 verlassen und gründete in Paris eine neue Gruppe, in der er bis zu seinem frühen Tod wirkte und mit der er einige weitere LPs produzierte.

Pavez Pizarro, Héctor
* (?); chilenischer Sänger, Gitarrist, Arrangeur und Bandleader. P., Sohn der Folkloristen Héctor → *Pavez Casanova* und Gabriela → *Pizarro,* wurde durch seine Eltern motiviert und ausgebildet. Ebenso wie sein Vater widmete er sich der Erforschung und Aufbereitung der Musikfolklore Chiles, er formierte eine Musikgruppe, mit der er Lieder und Tänze wie »Cachimbo festivo« und »Camino del Inca« interpretierte und auf einer bemerkenswerten CD des Labels ARC Music (1997) herausbrachte.

Pavo (Pfau, span.)
1. alter chilenischer Volkstanz der Insel Chiloé. 2. choreographische Figuren in Volkstänzen einiger Länder Lateinamerikas (Peru, Puerto Rico u. a.), die sich in ihrem tänzerischen Ausdruck auf Imponier-Gebärden des Pfaus beziehen. 3. während des Karnevals in Ekuador aufgeführtes Tanzlied, das durch eine oder mehrere Gitarren begleitet wird.

Paya → *Payada*

Payada (Paya)
allgmeine Bezeichnung für die Bewegung der Wandersänger (→ *Payador*) in Argentinien, Uruguay und Chile, deren Lieder rein kreolischer Tradition als *Canción payadoresca* oder als *Payada* bezeichnet werden.

Payador (Paquiano, Payo, Platero; in Chile: Pallador, Pueta)
durch das Land reisende Sänger; meist zugleich Dichter der oft aus dem Stegreif gebildeten Verse der → *Payada.* Es handelt sich um Interpreten vorwiegend folkloristischen Traditionen verhafteter Formen (→ *Milonguero*). Die um 1650 entstandene Bewegung des payadoresken Gesangs ist eine sozial-kulturelle Manifestation der Bewohner ländlicher Gebiete. Die Lieder sind meist einfach, von getragenem Tempo und werden vorwiegend durch Gitarre begleitet; es bestehen gewisse Analogien zur → *Trova.* Bekannte Interpreten (Payadores) des La Plata-Gebietes waren José → *Betinotti,* Higinio Cazón, Pablo Vázquez, Gabino → *Ezeiza,* Luis Acosta García, Bartolomé → *Hidalgo,* Arturo de Naves und in jüngster Zeit Atahualpa → *Yupanqui.* Insgesamt sind die Aktivitäten der Payadores jedoch stark rückläufig.

Payandé
indokolumbianischer Volkstanz, wurde früher in der Region von Mompos aufgeführt.

Payne, Brian Darwin »Bumba«
* 22.3.1953 St. Thomas (Barbados); anglokaribischer → *Calypso*-Sänger und Liedermacher; wirkte u. a. bei der *Rocker's Tent* (1982), bei *House of Soca* und *The Battleground Tent* als Gesangssolist; zu seinen Erfolgstiteln gehören u. a. »Man's liberation« (1982) und »Free South Africa« (1985).

Payo → *Payador*

»El Payador«, eine Lithographie von León Palliere (1856)

Paz, Maria da -
* 25.3.1959 Recife; brasilianische Sängerin, Musikerin (Violão) und Liedermacherin; komponierte mit 16 Jahre erste Lieder; ihre Titel, darunter »Pássaro preso« und »Ave Maria«, wurden im Rhythmus trad. Tänze des Nordostens wie → *Baião* und → *Xote* konzipiert. 1981 erschien bei Copacabana die erste LP, der weitere, z. T. in Europa produziert, folgten.

Pechiche → *Mina*

Pedro Bento e Zé da Estrada
brasilianisches Duo (Dupla) der Volksmusik, auf die Interpretation ländlicher Volksmusik spezialisiert; 1956 durch Joe Antônio Leme »Pedro Bento« (* 1934) sowie Valdomiro de Oliveira »Zé da Estrada« (* 1929) in São Paulo formiert. Bemerkenswert ist die musikalische Begleitung von Titeln wie »Ladrão de beijos« und »Morrendo aos poucos« u. a. durch eine Trompete (zwischen 1963 und 1971 durch Ramón Pérez gespielt), die Anklänge an mexikanische → *Ranchera*-Musik herstellt, die in portugiesischsprachigen Arrangements häufig in der → *Música caipira* gespielt wird und durch das Duo bevorzugt dargeboten wurde. Bei Galinho, Tropicana und Continental erschienen zahlreiche LPs.

Peixoto Barros, Caubi
* 10.2.1935 Niterói; brasilianischer Sänger; begann seine Künstlerlaufbahn als Solist in der Gruppe seines Bruders Moacir Peixoto; 1951 nahm er bei Som seine erste Schallplatte auf; widmete sich vornehmlich der Interpretation des → *Samba*; seine Titel »Eu sonhei«, »Palhaço não chora« und »Conversa« erschienen auf LPs u. a. der Labels RCA Victor und CBS. Unter dem Pseudonym »Ron Coby« produzierte er bei einem Gastspiel in den USA (1958) mit dem Or-

Maria da Paz (rechts) mit ihrer Rhythmikerin Joselyne Aymón (links)

chester von Paul Weston eine LP mit englischsprachigen Titeln.

Peja

früher in Brasilien zum Abschluss der Zuckerrohrernte veranstaltetes Volksfest mit Gesang und Tanz; heute jedoch kaum noch verbreitet.

Pelay, Ivo

(eigtl. Guillermo Juan Robustiano Pichot)
* 5.5.1895 La Plata, † 28.8.1959 Buenos Aires; argentinischer Textdichter und Schriftsteller; schrieb zahlreiche Texte insbes. für den → *Tango,* darunter »La muchacha del centro« (1932, Musik: F. Canaro), »Casas viejas« (1935) und »Adiós Pampa mía« (Musik: Francisco Canaro/Mariano Mores). Außerdem veröffentlichte P. unter dem Titel »De Gabino a Gardel« 1933 eine Chronik volkstümlicher Sänger Argentiniens.

Peleja

poetischer Wettstreit der Volkssänger des brasilianischen Nordostens (→ *Cantador,* → *Cantoria*).

Pello el Afrokán → *Izquierdo, Pedro*

Peña

in diversen Ländern Lateinamerikas benutzte Bezeichnung für öffentliche Stätten kultureller Aktivitäten in meist kleinerem Rahmen. Bereits um die Jahrhundertwende erlangten Peñas als Zentren der Begegnung von Sängern und Musikern mit ihren Zuhörern in größeren Städten Bedeutung; auf eine längere Tradition geht die P. in Buenos Aires, in Santiago de Chile (Vorläuferform ist die → *Chingana*) und Kuba (z. B. → *Peña de Sirique*) zurück. Wesentliche Impulse kamen von Violeta → *Parra* und ihren Kindern Angel und Isabel (Chile), deren → *Peña de los Parra* sich großen Zuspruchs erfreute. (→ *Peña criolla*)

Peña criolla

spezielle Bez. für eine Musikgruppe bzw. die Wirkungsstätte (→ *Peña*), die in Peru mestizische bzw. kreolische Musik wie → *Vals peruano,* Polka, → *Marinera,* aber auch den → *Huayno* interpretiert.

Peña de los Parra

folkloristisches Zentrum vom Typ einer → *Peña;* 1965 in Santiago de Chile durch Angel, Isabel und Violeta → *Parra* gegründet; beeinflusste nachhaltig die Bewegung des Neuen Chilenischen Liedes. In dieser P. traten u. a. Rolando → *Alarcón,* Víctor → *Jara* und Patricio → *Manns* sowie die Gruppen → *Inti-Illimani* und → *Quilapayún* auf.

Peña de Sirique

um 1910 in La Habana (Stadtteil Cerro) durch den Volkssänger (Trovador) Alfredo → *González* gegründete → *Peña,* in der Interpreten wie »Sindo« → *Garay,* Hilarión Cabrisas, »Nené« → *Enriso* und Manuel → *Corona* ständig auftraten und die, 1962 reaktiviert, noch heute als Stätte der kulturellen Begegnung dient. (→ *Casa de la Trova*)

Peñaranda y sus Muchachos

kolumbianische Vokal- und Instrumentalgruppe; um 1960 durch den Sänger und Musiker José María Peñaranda formiert; interpretierte vorwiegend Titel der → *Música tropical* bzw. auch

Pedro Bento e Zé da Estrada – LP
»Pedro Bento e Zé da Estrada« – Tropicana-01149 (1971)

Um 1972 hatte das Ausflugslokal »Jardín de la Cerveza« in Asunción (Paraguay) noch den Charakter einer Peña. Auf dem Bild: Die Folkloregruppe Conjunto Perú Rima posiert auf der Bühne vor Fotograf und Publikum

der → *Música vallenata* mit lustigen, teilweise lasziven Texten; bei Fuentes, Tropical, Sonolux u. a. erschienen etwa 20 LPs, darunter die Titel »El buen marido« und »El baile de Patricia«.

Pepe y Flora
puertorikanisches Vokal- und Instrumentalduo; um 1971 in San Juan durch die Studenten Pepe und Flora Sánchez gegründet; interpretierte vor allem Protestlieder wie »¡Qué bonita bandera!« und »Culebra y Vieques«, die im Rhythmus traditioneller Formen wie → *Plena* oder → *Seis* dargeboten wurden; unter dem Label Paredon entstand eine LP mit derartigen Titeln.

Percusión (port.: Percussão; engl.: Percussion)
Perkussion, das Spiel jeglicher Perkussionsinstrumente (Trommeln, Triangel, aber auch Marimba); der Musiker heißt im allgemeinen Sprachgebrauch *Percusionista*.

Peregrinación (Wallfahrt, span.)
1. mexikanischer Karnevalstanz, früher in Orten von Morelos aufgeführt. 2. Thema aus der katholischen Liturgie; um 1962 durch den Musiker Ariel → *Ramírez* in dessen → *Misa Criolla* aufgegriffen und innerhalb derer als → *Huella pampeana* interpretiert.

Perejil → *Sonecito del País*

Pereira, Geraldo
* 23.4.1918 Juiz de Fora (Minas Gerais), † 8.5.1955 Rio de Janeiro; brasilianischer Sänger und Liedermacher; bekannter Vertreter des urbanen → *Samba;* kam 1929 nach Rio de Janeiro, wo er später u. a. bei der Sambaschule → *Estação Primeira de Mangueira* als Sänger und Komponist tätig war; zwischen 1941 und 47 schrieb er 40 Sambas, die als Karnevalsschlager populär wurden, darunter »Falsa baiana« (1944), »Você está sumindo« (1943) und »Bolinha de papel«; bei Sinter erschienen Schallplattenaufnahmen von ihm.

Perenga → *Atabaque*

Peret (eigtl. Pedro Peret Calaf)
* 1938 Mataró (Barcelona); spanischer Sänger, Liedermacher und Bandleader; interpretierte,

begleitet von seiner Gruppe *Peret y sus Gitanos*, insbesondere verschiedene Formen der → *Rumba* (z. B. Rumba flamenca und R. catalana) wie »Rumba para tí« und »Río Manzanares« (aus Venezuela stammend); erwarb auch in Lateinamerika Popularität; LPs entstanden u. a. bei Vergara, RCA Victor, Ariola und Discophon.

Pérez García, Amaury
* 26.12.1953 La Habana; kubanischer Sänger und Liedermacher; Autodidakt; zur Bewegung der Neuen Kubanischen Trova (MNTC) gehörend; schloss sich 1973 der Gruppe → *Experimentación Sonora del ICAIC* an und schrieb balladenhafte Lieder wie »Andes lo que andes« und »Viva Puerto Rico libre«; wirkte später als Solist und produzierte bei Areito einige LPs.

Pérez, Ángel
* 23.3.1944 Valle de la Pascua (Guarico); venezolanischer Musiker; hervorragender Solist auf dem Volksmusikinstrument → *Cuatro*, gehörte längere Zeit dem *Conjunto Cándido Herrera*, einer Gruppe der → *Música llanera* an.

Pérez Prado, Dámaso »El Rey del Mambo«
* 11.12.1916 Matanzas, † 14.9.1989 México-Stadt; kubanischer Musiker (Piano, Trompete, Schlagzeug), Arrangeur, Komponist und Bandleader; einer der bekanntesten Vertreter der kubanischen Populärmusik; studierte Piano bei María Angulo bzw. Rafael → *Somavilla Sr.*, begann seine Karriere als Pianist einer → *Charanga* in Matanzas; übersiedelte 1942 nach La Habana, wo er u. a. dem Orchester → *Casino de la Playa* angehörte. Ab 1944 unternahm er erste Experimente, die auf eine Einbeziehung von Elementen des Jazz in die traditionelle Musik Kubas orientierten und ihn zu einem der erfolgreichsten und populärsten lateinamerikanischen Musiker werden ließen. 1947 ging P. nach Mexiko, wo er 1950 eine Formation vom Typ einer → *Jazzband (cubano)* gründete, die er mit zahlreichen stilistischen Neuerungen ausstattete und die zu den unverwechselbar-eigenwilligen Orchestern Lateinamerikas zählte. Unter verschiedenen Labels (vorwiegend RCA Victor, Cariño und Arcaño) wurde eine große Zahl von Schallplatten (meist LPs) produziert. P. wurde als Schöpfer neuartiger Tanzrhythmen wie → *Mambo*, → *Dengue*, Chunga u. a. weltbekannt; in seinen Arrangements steht die typisch kubanische Perkussion im Kontra-Punkt mit Saxophonen und Trompeten (»Cherry Pink-Trompete«), die sich in ihrer Tonlage bis zum Signalhaften steigern. Später gab es bei P. stilistische Wandel; er passte sich modernen Trends an, wobei der dem Orchester eigene Sound allmählich verschwand. Zu den bekanntesten Kompositionen P.s gehören u. a. »Mambo No 5« (1948), »Mambo No 8« (1948), »Muchachita« (Mambo, 1952), »Patricia« (Cha-cha-chá, 1958) und »Mambo Jambo«.

Pérez Cardozo, Félix
* 20.11.1908 Jhy'aty (Villarrica), † 9.7.1952 La

Percusión: ein afrokubanischer Volksmusiker aus Guantánamo (Oriente) perkutiert seine Trommel (Tambor de Vodú), eine Tumbadora (Photo: CIDMUC)

Oben: Dámaso Pérez Prado (vorn Mitte) mit seinem Orchester (Photo: Prensa Lat.) / Unten: Félix Pérez Cardozo y su Conjunto de Arte Nativo im Theater »San Martín« in Buenos Aires, aufgenommen 1932

Plata; paraguayischer Musiker (Harfe), Arrangeur, Komponist und Bandleader; gilt als berühmtester Harfenist Paraguays; gründete um 1932 in Buenos Aires die Folkloregruppe *Félix Pérez Cardozo y su Conjunto de Arpas y Guitarras*, die die Volksmusik Paraguays im allgemeinen und das Volksinstrument Harfe (→ *Arpa paraguaya*) im besonderen erstmals im Ausland erfolgreich bekanntmachte. Zur Gruppe gehörten um 1932 folgende Instrumente: 1 Harfe, 4 Violinen, 3 Bandonions, 1 Kontrabass, 4 Gitarren, 1 Klarinette, 3 Gesangssolisten und Chor (durch Musiker der Gruppe gebildet). Schallplattenaufnahmen entstanden bei Odeon und Victor, darunter »Pájaro campana« (hierzu schrieb P. 1934 nach einer von ihm wiederentdeckten anonymen paraguayischen Volksmelodie das heute noch gültige Arrangement), »Mi despedida« (Polka) und »Mi dicha lejana« sowie zahlreiche argentinische Lieder und Tänze wie »La López Pereyra« (Zamba). P. erforschte intensiv die Musikfolklore Paraguays, arrangierte von ihm wiederaufgefundene Stücke wie »Colorado« neu und komponierte Stücke wie »San Ramón« und »Tupasy ca'a cupepe« (Purajhei).

Pérez Muñoz, Francisco »Paco«
25.4.1917 Huehuetenango, † 27.10.1951 (Flugzeugunglück); guatamaltekischer Sänger, Gitarrist und Liedermacher; einer der populärsten Vertreter der Populärmusik Guatemalas; übersiedelte 1927 nach Quetzaltenango, wo er das Trío → *Quetzalteco* gründete. P. trat insbesondere in Konzerten bei versch. guatemaltekischen Sendern und in Filmen als singender Schauspieler auf; 1944 gewann er für sein inzwischen berühmt gewordenes Walzerlied »Luna de Xelajú« einen Dritten Preis; weitere Kompositionen sind u. a. »Chichicastenango« (Guarimba) und »Madrecita« (Canción).

Pérez, Jesús »Obá Ilú«
* 4.4.1915 La Habana, † 5.4.1985 das.; kubanischer Schlagzeuger (Tamborero) und Bandleader der afrokubanischen Kult- und Populärmusik; Schüler des legendären Musikers Pablo → *Roche* »*Akilakua*«, mit dem er 1936 in La Habana ein öffentliches Konzert auf den → *Tambores Batá* gab, das von Fernando → *Ortiz* organisiert wurde. P. gründete und leitete afrokubanische Gruppen wie → *Isupó Iragüo,* mit denen er diverse Schallplattenaufnahmen in Kuba, Mexiko und Frankreich produzierte. P. ist außerdem Gründer des *Conjunto Folklórico Nacional* sowie der Gruppe *Oru.*

Pérez Freire, Osmán
* 22.1.1180 Santiago de Chile, † 2.4.1930 Madrid; chilenischer Musiker (Piano) und Komponist; wirkte ab 1891 längere Zeit in Buenos Aires (Argentinien), wo er sich der Komposition und Interpretation des → *Tango* widmete und 1910 mit einem »Albúm del Centenario« zur Einhundertjahrfeier von Buenos Aires an die Öfentlichkeit trat; später ging P. nach Uruguay, Frankreich und Spanien. Zu seinen bedeutendsten, heute noch gespielten Kompositionen gehören u. a. die Titel »El delantal de la china« (Canción), »La Tranquera«, »Canción tacneña« (1925), »Maldito tango« und das bekannte chilenische Lied »El ay ay ay«.

Pérez de Sasson, Yolima (eigtl. Ana Yolima)
* 1946 Cúcuta (Santander); kolumbianische Sängerin; bildete zunächst mit ihrer Schwester Aida (* 1940) ein Vokalduo, wirkte später als Solistin und wurde mit ihrem Lied »Paisaje venezolano« (1966) bekannt; produzierte mehr als 10 LPs.

Perfecta, La -
US-lateinamerikanisches Tanzorchester; 1962 in New York durch den Musiker Eddie → *Palmieri* gegründet. Die zum kulturellen Umfeld → *New York Latino* gehörende und bis 1968 bestehende Formation pflegte insbes. die Mischform → *Salsa;* Mitglieder waren u. a. »Manny« → *Oquendo* (Timbales und Bongó) sowie die Gesangssolisten Tito Contreras und Ismael → Quintana. Unter versch. Labels (u. a. Alegre und Grecha Records) entstanden zahlreiche Schallplattenaufnahmen, darunter die Titel »Ritmo caliente« und »El mujeriego«.

Pericó (Pericão)
regionale Variante des brasilianischen → *Fandango (4).*

Pericón
argentinisch-uruguayischer Volkstanz im 3/8-Takt; in Uruguay Nationaltanz, hier auch *El Nacional* oder *Pericón Nacional* genannt; in Chile bis Ende des XIX. Jh. ebenfalls verbreitet gewesen. In Südbrasilien gibt es innerhalb der → *Fandango*-Tänze eine als *Pericó* oder *Pericão* bezeichnete Variante. Der P. ist ein Tanz für auseinander tanzende Paare, der aus dem → *Cielito* enstanden ist; zuweilen wird eine → *Relación* eingeschaltet. Folkloristische Versionen werden vorwiegend durch Gitarre begleitet. In Uruguay wird der P. erstmals 1887 erwähnt; der Komponist Gerardo → *Grasso* schuf einen Titel dieser Form, »Pericón Nacional«, der 1934 in seiner Version für Gesang und Piano durch Regierungsdekret zur Nationalhymne dieses Landes erklärt wurde.

Pericona
alter chilenischer Volkstanz, meist durch Gitarre, seltener durch Akkordeon und → *Bombo* (in der Region Quellón) begleitet; heute kaum noch verbreitet; wurde durch Violeta → *Parra* und Héctor → *Pavez* erforscht und interpretiert.

Perico ripiao
Allgemeinbezeichnung für eine ländliche Folkloregruppe der Dominikanischen Republik, die mit den Instrumenten → *Cuatro* (ab 1870 durch Akkordeon ersetzt), → *Tambora,* → *Güiro,* Saxophon und Kontrabass (bzw. → *Marímbula*) musiziert und vorzugsweise den → *Merengue* interpretiert.

Perillero
kolumbianischer Volkstanz der Minengebiete von Antioquia; Abart des → *Bunde (1);* derzeit nicht mehr aufgeführt.

Perla (eigtl. Ermelinda Pedroso Rodríguez)
* 1951 Asunción; paraguayische Sängerin; gehörte als Kind der von ihrem Vater geleiteten Gruppe *Los Maravillas del Paraguay* an, mit der sie 1968 beim Festival von → *Viña del Mar* auftrat; lebt seit 1971 in Brasilien, wo sie zahlreiche LPs mit romantischen Liedern wie »Necesito abrazarte« in spanischer und portugiesischer Sprache aufnahm und mit zwei »Goldenen Schallplatten« geehrt wurde.

Perú Negro, Conjunto -
afroperuanische Vokal-, Musik- und Tanzgruppe; 1969 in Lima unter der Leitung von Ronaldo Campos (Cajón), Lucila Campos (Gesang), Caitro Soto (Gesang und Cajón) und anderen Musikern und Tänzern gegründet. Das Repertoire der Formation umfasst traditionelle Lieder und Tänze der afroperuanischen Musikfolklore wie → *Landó,* → *Zaña* und → *Panalivio;* unter dem Label Virrey entstanden einige Schallplattenaufnahmen wie »Toro mata«, »Ollita no má´« und »El Payande«. 1981 beteiligte sich die Gruppe am Folklore-Festival von Ypacaraí (Paraguay); später bereiste sie weite Teile Europas.

Perú Rimá, Conjunto - (Orquesta)
paraguayische Vokal- und Instrumentalgruppe; um 1944 in Buenos Aires durch Mauricio → *Cardozo Ocampo* gegründet und (bis zu seinem Tode) auch geleitet; interpretierte folkloristische Musik Paraguays und produzierte unter versch. Labels (Odeon, Guarania, Musicanto u. a.) Schallplattenaufnahmen wie die Titel »Reservista purajhei« und »Trigueñita mí«. Die Gruppe beteiligte sich am XI. Folklorefestival in Cosquín (Argentinien, 1962).

Petenera
1. Ursprünglich ein andalusischer Volkstanz mit in achtsilbigen Vierzeilern konzipierten Liedern (Coplas); durch Gitarre begleitet; zum Komplex des → *Flamenco* gehörend. 2. häufig verwendete Bez. für den mexikanischen → *Huapango* bzw. eine auf den → *Fandango (1)* zurückgeführte, in Tamaulipas verbreitete Version des Huapango. 3. Volksliedform des mexikanischen Bundesstaates Oaxaca, meist mit Gitarre u./o. → *Marimba* begleitet.

Petro

1. zum Komplex des → *Vodú* gehörender Ritualtanz, der gleichnamigen afrohaitianischen Gottheit gewidmet; ein speziell dazu gesungenes, zuweilen durch ein Flötensolo begleitetes Lied ist »Moi malade coche«. 2. zur musikalischen Begleitung des P. eingesetztes Ensemble von Trommeln verschiedener Dimensionen.

Petro, Noel

(eigtl. Noel Esteban Petro Henríquez)
* 1938 Cereté (Córdoba); kolumbianischer Sänger, Musiker (Gitarre) und Liedermacher; wirkte daneben auch als Stierkämpfer (Torero). P., ein bekannter Vertreter der → *Música tropical* Kolumbiens, war ab 1956, als er seine Lieder, sich auf einem elektrisch verstärkten → *Requinto* begleitend, der Öffentlichkeit vorstellte, sehr populär. Bei Sonolux entstanden zahlreiche Schallplattenaufnahmen, darunter die von ihm geschriebenen Titel »Azucena« (Charanga) und »Coveñas« (Porro).

Pettorossi, Horacio C.

* (?) Buenos Aires, † 25.12.1960 (?); argentinischer Musiker (Gitarre), Arrangeur, Bandleader und Komponist; musizierte bereits als Jugendlicher und wirkte um 1916 als Tango-Gitarrist u. a. bei Ignacio → *Corsini* und José J. Podestá. P. gründete später ein eigenes Orchester, *Horacio Pettorossi y su Orquesta Argentina*, mit dem er Auslandsgastspiele (so begleitete er den Sänger Carlos → *Gardel* bei dessen Konzerten in New York) bestritt und zahlreiche Schallplattenaufnahmen (Label Columbia) wie »Sentimiento gaucho« und »Olé tu gracia« produzierte; zu seinen Kompositionen gehören die Titel »Angustia« und »Lo han visto con otro«.

Peuco

schon lange nicht mehr aufgeführter alter chilenischer Volkstanz.

Pézinho

ländlicher Volkstanz des brasilianischen Bun-

Die paraguayische Folkloregruppe Conjunto Perú Rimá mit ihrem Leiter Mauricio Cardozo Ocampo bei einem Auftritt beim Folklorefestival in Cosquín (Argentinien) im Februar 1973. Das Bandonion spielt Rodolfo Roa

desstaates Santa Catarina, bei dem die Teilnehmer, sich an den Händen fassend, einen Kreis bilden; dazu wird gesungen.

Pfalawita (Pfala)
in der Volksmusik Perus gespielte Flöte.

Pfucullu
eine Art Knarre, die in der peruanischen Volksmusik verwandt wird.

Phalawata (Phala, Phalauita)
bis zu 60 cm lange indianische Flöte des Typs → *Quena;* in der Volksmusik Perus (Region Cusco) gespielt.

Phallchay → *Pajchay*

Phuko (Phuku, Phucu, Phuco)
häufig gebrauchte Bez. für die → *Zampoña* in Peru. (→ *Aayarachi ph'uko*)

Phuna
lange Zwillingsflöte; in der Volksmusik der Kolla (Qolla)-Indianer des Andenhochlandes gespielt.

Phutuca
in der Volksmusik der Aymará-Indianer des zentralen Andenhochlandes (Bolivien und Peru) gespielte Trommel.

Piache
Bezeichnung für den Schreie (Gritos) ausbringenden Musiker, Tänzer bzw. Festteilnehmer bei Volkstänzen in Peru und Bolivien.

Piana, Sebastián
* 26.11.1903 Buenos Aires; argentinischer Musiker (Piano), Arrangeur und Komponist; Vertreter des → *Tango;* studierte bei Antonio D'Agostini und Ernesto Drangosch; gehörte verschiedenen Tango-Gruppen bzw. dem Orchester von Pedro Maffia an; zusammen mit Homero → *Manzi* erwarb er sich Verdienste um die Erhaltung und Erneuerung der *Milonga porteña,* eine Abart des → *Tango milonga.* P. schrieb u. a. die Stücke »Milonga triste«, »Nocturno a Rosario« und »Milonga del 900«.

Pianista
im span. und port. Sprachbereich Lateinamerikas übliche Bez. für den Pianisten; bekannte Solisten sind Roberto → *Goyeneche,* Osvaldo → *Pugliese* und Ariel → *Ramírez* (Argentinien); Dorival → *Caymmi,* Antônio Carlos → *Jobim* und Custódio → *Mesquita* (Brasilien), Claudio → *Arrau* (Chile); Ernesto → *Lecuona,* Orlando de la → *Rosa,* Rafael → *Somavilla* und Ignacio → *Villa* (Kuba); Gonzalo → *Curiel,* Agustín → *Lara* und Fernando Z. Maldonado (Mexiko); Oscar → *Cardozo Ocampo* (Paraguay) und Lorenzo Humberto → *Sotomayor* (Peru).

Pianito → *Organillo*

Piano
1. Piano (Klavier); ab Ende des XVIII. Jh. verstärkt in der lateinamerikanischen Musik eingesetzt; bereits um 1750 in der Salonmusik Chiles gespielt, nach 1790 in Mexiko und ab 1796 in Venezuela, 1810 in Kuba (Santiago de Cuba), wenig später auch in Argentinien, Uruguay und Brasilien. Blieb das P. zunächst der ernsten und salonhaften Musik vorbehalten, wurde es ab etwa 1910 von Pianisten wie Chiquinha → *Gonzaga,* den Gebrüdern → *Abalos* und Ariel → *Ramírez* zunehmend in die folkloristische Musik integriert; heute werden mit ihm Volkslieder und -tänze in diversen Ländern Lateinamerikas gespielt, so die argentinische → *Zamba,* der uruguayische → *Pericón,* die chilenische → *Cueca,* der kubanische → *Son* (montuno), die peruanische → *Marinera* u. a.; darüber hinaus wird das P. in der Populär- bzw. Tanzmusik, z. B. bei → *Tango,* → *Samba* und → *Bolero* benutzt; der Solist heißt → *Pianista.* 2. → *Cumaco*

Piano africano → *Marimba (1)*

Piazzolla Manetti, Astor Pantaleón
11.3.1921 Mar del Plata, † 4.7.1992 Buenos Aires; argentinischer Musiker (Bandoneón), Arrangeur, Komponist und Bandleader; bekannter

Vertreter des »avantgardistischen« → *Tango;* debütierte 1932; schrieb Arrangements u. a. für das Orchester von Aníbal → *Troilo.* Mit seinen von der traditionellen Linie abweichenden Kompositionen, in die er z. B. Elemente des Jazz einbezog und neue Instrumente wie Celeste, Flöte und Harfe in seine Arrangements integrierte, veränderte P. das Klangbild des Tango erheblich und er konnte sich deshalb zunächst nur im Ausland damit durchsetzen. Zu seinen zahlreichen Kompositionen gehören die Titel »Adiós Nonino« (1959 in New York geschrieben), »Berretín«, »Calle 92«, »Otoño porteño«, »Primavera porteña« und »Tanguísimo«. P. gab mit den von ihm gegründeten und geleiteten Formationen wie *Conjunto 9, Octeto Piazzolla, Quinteto Piazzolla* zahlreiche Auslandsgastspiele und produzierte unter diversen Labels (RCA Victor, Victor, Trova, Music Hall u. a.) eine große Zahl von Schallplattenaufnahmen.

Pica-pau
regionale Variante des brasilianischen → *Fandango (4).*

Pichuco
Pseudonym des argentinischen Tango-Musikers Anibal → *Troilo.*

Piedras (port.: Pedras)
Steine, denen man mythische Kräfte zuschreibt und die, rhythmisch gegeneinandergeschlagen, in der indianischen Musik vorzugsweise bei religiös inspirierten Tänzen benutzt werden (z. B. in Brasilien oder Mexiko).

Piel Roja
religiös inspirierter mestizischer Volkstanz Boliviens und Nordchiles.

Piero
(eigtl. P. Antonio de Benedictis Seigluzzo)
* 1945 Italien; italienisch-argentinischer Sänger und Liedermacher; begann 1964 als Schlagersänger, wandte sich später dem Protestsong zu; mit seinem Lied »Pedro Nadie« wurde er Gewinner des V. Liedfestivals von Rio de Janeiro (1970); später musste er aus politischen Gründen ins Exil (Rom) gehen, seine Protestlieder wie »Los Americanos« und »Coplas de mi país« wurden zur Zeit der Militär-Junta in Argentinien verboten. P. bereiste einige lateinamerikanische Länder und produzierte bei CBS einige LPs.

Pieza (port.: Peça, Stück, span.)
Bezeichnung für ein Musikstück bzw. einen bestimmten Titel.

Pífano (Pífaro, Pife, Taboca)
häufigster Name für eine in mehreren Varianten existierende kleine Flöte, meist aus Bambus gefertigt, die einen spitzen Klang hat und in der Volks-, Populär- und Militärmusik Brasiliens, vorwie-gend des Nordostens, gespielt wird.

Pífanos, Banda de -
rein instrumentale Folklore- und Populärmusikgruppen Brasiliens mit einem vorwiegend aus Flöten des Typs → *Pífano* und Trommeln (Caixa, Zabumba) bestehendem Instrumentarium.

Pífaro
regionale Bezeichnung für die Flöten → *Memby* und → *Pífano.*

Pife → *Pífano*

Pifilka (Pifilca, Pifulka)
primitive, aus Holz gefertigte indianische Flöte vom Typ → *Pito.*

Pifuana → *Totore*

Pifulka → *Pifilka*

Pijun (Pijug, Piijun, Tapinch)
aus dem Vorderbeinknochen des Japa-Hirsches gefertigte 10 bis 20 cm lange indianische Flöte, die in der Volksmusik der Aguaruna Perus eingesetzt wird.

Pikkigui
Volkstanz der Huitoto-Indianer Kolumbiens, während der Zubereitung des alkoholischen Getränks *Chicha* aufgeführt.

Pilón (Ritmo Pilón)
kubanischer Modetanz; 1964 durch die Musiker Pacho → *Alonso* und Enrique → *Bonné* entwickelt; eine Mischung von Elementen des → *Son cubano* und des → *Bolero* darstellend; wurde im wesentlichen nur durch die Gruppen ihrer Schöpfer interpretiert.

Piloto y Vera
kubanisches Komponisten-Duo; durch Giraldo Piloto (1929 – 1967) und Alberto Vera (1929) in La Habana gebildet; schuf in gemeinsamer Arbeit zahlreiche Stücke der kub. Populärmusik wie »Hay que recordar« (Bolero), »Añorando encuentro« (Bolero) und »Guajira con tumbao« (Guaracha), die meist dem → *Feeling* zuzurechnen sind und durch viele kubanische Solisten und Gruppen interpretiert wurden.

Pim-Pim (Pin pin)
aus einem Baumstumpf hergestellte Einfelltrommel; in der Volksmusik verschiedener Indianerstämme (z. B. Tobas) des Chaco Argentiniens gespielt.

Pincollo → *Pinkillo*

Pindín
1. panamaischer Volkstanz; Variante des → *Punto panameño,* vorwiegend in der Provinz Los Santos aufgeführt; die Begleitung erfolgt durch Akkordeon u./o. Violine bzw. Trommeln.
2. Allgemeinbezeichnung für ein Volksfest in Panamá.

Pinedo, Nelson (eigtl. Napoleón Pinedo Fedullo)
* 10.2.1928 Barranquilla; kolumbianischer Sänger; begann seine Karriere im Orchester von »Pacho« → *Galán;* sang später bei der → *Sonora Matancera,* zu deren populärsten Gesangssolisten er zählte und mit der er zahlreiche Schallplattenaufnahmen wie »Muñeco de la ciudad« und »Quién será« produzierte.

Pinglo Alva, Felipe »El Maestro«
* 18.7.1899 Lima, † 13.5.1936 das.; peruanischer Sänger, Musiker (Gitarre), Arrangeur, Komponist und Bandleader; gehört zu den bekanntesten Vertretern der kreolischen Musik Perus; komponierte vorwiegend Walzer und Polkas, darunter die heute noch populären Titel »El plebeyo« (Vals peruano, 1930), »Angélica«, »Pobre obrerita« und »Querubín« (Polka).

Pingpong (Ping Pong)
eine der vier Grundtypen des Steel drum (gestimmt in der Tonlage »Sopran«).

Pingullo (Pingollo, Pinkullo)
aus Bambus, Rohr oder einem Kondorknochen gefertigte → *Quena* Ekuadors und Perus.

Pinheiro
sehr alte Variante des brasilianischen → *Fandango (4).*

Pinkillo (Pincollo, Pinquillo, Pincullo, Pingullo, Puicullu, Chaka, Flauta, Toccana)
aus Bambus oder Rohr gefertigte Flöte von 30 – 50 cm Länge, die im oberen Teil mit 4 oder 5 Tonlöchern versehen ist und in der indianischen und mestizischen Volksmusik Boliviens, Perus, Chiles (Zona Norte), Ekuador und Nordargentiniens gespielt wird. Im Unterschied zur → *Quena* verfügt der P. über ein Mundstück ähnlich dem der Klarinette.

Pinkullu
Quechua-Wort für Flöte, Basisname für zahlreiche Varianten wie Pinkillo, Pingullo.

Pinkülwe
Rohrflöte der Araukaner (Mapuche) Chiles bzw. Argentiniens.

Pinkuy
(Pinkui, Pigkui, Pingui, Pingkul, Nangku)
in der indianischen Volksmusik der peruani-

schen Aguaruna eingesetzte 50 – 85 cm lange Querflöte aus Rohr.

Pinkuyllo
bis zu 1 m lange Holzflöte von 3 – 5 cm Ø, mit 6 Tonlöchern; in der indianischen Volkmusik der peruanischen Regionen Arequipa und Cusco eingesetzt.

Pino, Neco
* 12.3.1907 La Orilla de Pencahua; chilenischer Folkloresänger; als Interpret unverfälschter ländlicher Lieder aus der traditionellen Musikfolklore wie die → *Tonada* »Pájaro Yeco« bekanntgeworden.

Pinquillo → *Pinkillo*

Pinyique
afrohaitianischer Volkstanz; zur Gruppe des → *Bamboche* gehörend; generell durch Trommeln des Typs → *Petro (2)* begleitet, dazu werden Lieder häufig satirischen Charakters gesungen.

Piñalera
ländlicher Volkstanz El Salvadors.

Piñeiro Martínez, Ignacio
* 31.7.1888 La Habana, † 12.3.1969 das.; kubanischer Sänger, Musiker (Kontrabass), Arrangeur, Komponist und Bandleader; bekannter Vertreter des → *Son cubano;* hat bereits als Kind in lokalen Musikgruppen gesungen; wurde 1906 Mitglied der Gruppe *Clave y Guaguancó de Oro* als → *Décima*-Sänger, übernahm später die Leitung der Formation *Los Roncos* und gründete 1927 das Sexteto (Septeto) → *Nacional,* eine der bekanntesten Son-Gruppen Kubas. P. komponierte 327 Titel vorwiegend der Form Son, darunter die Titel »Echale salsita« (1933), »Esas no son cubanas« (1927), »Suevecito« (1929), »Las cuatro palomass« (1927), »La cachimba de San Juan« (1931) und »Mayeya, no juegues con los Santos« (1928), die zu den klassischen Sones cubanos gehören.

Pio
brasilianisches Friktions-Idiophon; ein Holzstock, der beim Bestreichen mit einem speziell gefalteten Tuch einen starken Pfeifton erzeugt.

Pioneers, The -
jamaikanische Vokal- und Instrumentalgruppe; um 1960 in Kingston Town u. a. mit Gordon Cook Robinson gegründet; interpretierte zunächst vorwiegend Titel der Form → *Rocksteady,* später auch → *Ska* und → *Reggae;* auf zahlreichen LPs (Labels Trojan, Decca u.a.) erschienen Titel wie »Jamaica jerk off« und »A little bit of soap«.

Pipoca
regionale Variante des brasilianischen → *Fandango (4),* die in der Region São Paulo verbreitet ist.

Eine sehr alte Darstellung rein indianischer Flöten des Typs Pinkillo (Pinkullo); zwei Mädchen singen dazu schwermütige Lieder, entnommen dem Zyklus »Canciones y música« des peruanischen Chronisten Felipe Guamán Poma de Ayala (1526? – 1613?), das Teil seines geschichtlich wertvollen Werkes »Nueva corónica y buen gobierno..« ist.

Piranha
brasilianischer Volkstanz; als Rundtanz unter Beteiligung von Männern, Frauen und Kindern im Bundesstaat Goiás verbreitet.

Piraua de Lima, Silvino
* 1848 Patos (Paraíba), † 1913 Bezerros (Pernambuco); brasilianischer Volkssänger (Cantador) und Versdichter der → *Literatura de Cordel,* der zur Verbreitung der Romanze (→ *Romance*) im Nordosten Brasiliens einen großen Beitrag geleistet hat und Stücke wie »História de Zezinho e Mariquinha« und »Descrição da Paraíba« schrieb.

Pirecua (Pirekua)
mexikanisches Tanzlied; typisch für die Region der *Tierra Caliente* des Bundesstaates Michoacán; ursprünglich nur von Frauen »a capella« gesungene Lieder, später auch durch Instrumente begleitet; außerdem fand der Gesang durch Männer Verbreitung, so in der Bergregion (Sierra). Die Texte werden generell in der Indiosprache Purembe (Purépecha) gesungen; neuerdings gibt es Verswiederholungen in Spanisch. Heute dienen zur musikalischen Begleitung eine Sologitarre oder 2 Violinen, → *Guitarrón* (oder → *Tololoche*), Schlaggitarre und → *Vihuela.*

Pirela Morón, Felipe Antonio
* 1939 Maracaibo, † 1972 San Juan (Puerto Rico); venezolanischer Sänger; bekannter Interpret des → *Bolero* mit romantischen Texten; sang u. a. in der Gruppe → *Billo's Caracas Boys* und produzierte unter verschiedenen Labels (Tropical, Velvet, Billo u. a.) 19 LPs, darunter die Titel »Sombras« und »Muy tarde«.

Pirihovy (auch: Cristóbal Pirioby; später José Antonio Ortiz)
* 1764 Reducción Guaranítica San Carlos (Misiones), † 1794 Buenos Aires; Sänger, Musiker (Violine, Gitarre, Spinett) und Instrumentenbauer aus dem Vizekönigreich Río de la Plata; Angehöriger des Stammes der Guaraní. P. ist einer der ersten Indianer dieses Gebietes, die, angeleitet durch Jesuiten (→ *Jesuítas*), sich der Musik, der Erteilung von Musikunterricht und speziell der Herstellung hochwertiger Musikinstrumente widmete. 1794 übersiedelte er nach Buenos Aires, wo er den Namen José A. Ortiz annahm und über eine große Bibliothek und Partituren mit Werken u. a. von Haydn, Bocharini, Pleyel und Stamitz verfügte.

Pirolito (Pirulito, Tirolito)
durch deutschstämmige Bewohner im Süden Brasiliens interpretierte Variante des → *Fandango (4);* zuweilen ganz oder teilweise in Deutsch gesungen.

Pito (Silbato, Flautilla, Pífano)
Sammelbegriff für kleine, zum Teil pfeifenartige Flöten, die einen spitzen Ton erzeugen und in der Volksmusik, teilweise auch in der Populärmusik diverser Länder Lateinamerikas (Mexiko, Guatemala, Peru, Bolivien, Chile, Brasilien u. a.) benutzt werden. Meist sind sie aus Rohr, Bambus, Holz oder auch Knochen gefertigt.

Pito de carrizo
kleine, primitive Klarinette ohne Ventil; u. a. in der indianischen Volksmusik von Honduras eingesetzt.

Pitón (Pututo)
Rinderhorn (Cuerno) mit aufgeschnittener Spitze, in das wie in eine Trompete hineingeblasen wird; u. a. in der Volkmusik Perus und Kolumbiens gespielt.

Piuta → *Cuíca*

Pixinguinha → *Rocha Viana, Alfredo da -*

Pizarro Soto, Gabriela
* 17.10.1932 Lebu; chilenische Sängerin, Gitarristin, Arrangeurin, Folkloreforscherin und Leiterin (seit 1959) der Folkloregruppe → *Millaray.* P. studierte an der Universität von Chile und sang zunächst im Chor dieser Bildungsstätte und betrieb hier, durch Margot → *Loyola* an-

geregt, umfangreiche Feldforschungen auf dem Gebiet der Musikfolklore Chiles, so forschte sie u. a. im Norte Grande, in Maule, Ñuble, Lebu, Chiloé, Santiago und San Antonio; P. arrangierte u. a. die Stücke »Huachi torito« (Villancico), »Permiso, pido permiso« (Esquinazo) und »Zamba y sí« (Refalosa) sowie bereits weitgehend vergessene Tänze wie → *Nave* und → *Mazamorra.* Zusammen mit Juan Pérez Ortega gründete P. ein Archiv für Folkloristische Musik. Ab 1979 trat sie mit ihrer Gruppe wieder in der → *Peña* »Casa de Canto« in Santiago de Chile auf.

Plantation Song
auf die Sklavenzeit zurückgehender Arbeitsgesang ländlicher Regionen der englischsprachigen Karibik (Jamaika, Trinidad, Barbados u. a.).

Plascencia Paredes, Gilberto
* 9.5.1927 Contumezá (Cajamarca); peruanischer Musiker (Piano) und Komponist; schrieb zahlreiche Stücke der kreolischen Musik bei Dominanz der Form → *Vals peruano,* darunter »Madre mía«, »Otro amor«, »Tu culpa« und »Tronco seco«.

Platero → *Payador*

Platillo (kleiner Teller, span., Idiophon)
zumeist Untertassen, die mit einem Messer oder mit Metallstäbchen perkutiert werden und zur rhythmischen Begleitung von Volksliedern und -tänzen u. a. in Peru und Chile (in der → *Cueca chilena*) dienen.

Plato → *Prato*

Plawta (»Flauta«)
peruanische Flöte vom Typ der → *Quena,* die in der indianischen Volksmusik der Piro (Arahuaca) gespielt wird.

Playing Cast (Membranophon)
afrojamaikanische Trommel, in der Zeremonialmusik der → *Kumina* Jamaikas verwandt; der Musiker presst das Instrument zwischen die Beine und perkutiert es mit beiden Händen.

Plena
puertorikanisches Tanzlied; zur traditionellen Musikfolklore gehörend; der kubanischen → *Guaracha* ähnelnd; aus einer Kombination afrokaribischer und spanisch-kreolischer Elemente hervorgegangen; vorwiegend in Küstenregionen Puerto Ricos verbreitet; soll bereits um 1900 im Umfeld der Stadt Ponce (Barriada de La Torre) entstanden sein; nach 1907 sollen erste gesungene Versionen entstanden sein. Die Begleitinstrumente der primitiven Plena waren Gitarre, Konzertina und Tambourin, um 1920 war die → *Pandereta* typisches Begleitinstrument, später wurden Gitarre, → *Cuatro,* → *Güiro,* → *Maracas* , → *Bongós,* → *Tambora,* → *Conga* sowie das Akkordeon benutzt. Der Gesangsteil wird von einem *Inspirador* genannten Solisten und einem Chor dargeboten; bekanntester Titel ist die aus der anonymen Musikfolklore stammende P. »Cortaron a Elena«, die sowohl von Folkloregruppen als auch von Tanzorchestern gespielt wird.

Pocoateños, Los -
bolivianisches Vokal- und Instrumentalquartett; um 1960 durch den Musiker Pepe Moreno in Pocoata gegründet; interpretierte vorwiegend Titel der Formen → *Tonada,* → *Huayño* und → *Carnaval;* bei Lauro entstanden 4 LPs, darunter die Titel »Negrita«, »Adorada llallagüeña« und »Chicas pocoateñas«.

Pocomania
ein alter, kaum noch aufgeführter Volkstanz aus Jamaika.

Pochiina
bis zu 1 m lange primitive Flöte aus Holz; die in der Volksmusik der peruanischen Ocaina-Indianer gespielt wird.

Pochitoque
mexikanisches Tanzlied des Bundesstaates Tabasco.

Das puertorikanische Folkloreballett Areyto führt auf offener Bühne eine Plena aus (Photo: Gentileza Instituto de la Cultura Puertorriqueña)

Podyo
im → *Winti* von Surinam eingesetzte Trommel.

Poema (Poem)
Versdichtung, rezitiert oder gesungen; in lateinamerikanischen Liedern ist auch die Kombination von Gesang und Rezitation weit verbreitet, z. B. in Argentinien oder Mexiko.

Poeta (Poet)
Sammelbegriff für den Dichter; im lateinamerikanischen Sprachgebrauch sowohl der Textdichter als auch der Interpret, insbesondere in ländlichen Gesängen wie → *Embolada,* → *Milonga* u. a.

Polca → *Polka*

Polca mancada
ländliche Polka des brasilianischen Bundesstaates Rio Grande do Sul; meist durch Akkordeon gespielt; es überwiegen instrumentale Versionen.

Polito, Juan
* 11.7.1909 Buenos Aires; argentinischer Musiker (Piano), Arrangeur, Komponist und Bandleader; bekannter Vertreter des → *Tango;* gehörte ab 1925 versch. Gruppen, darunter den von Juan »Pacho« → *Maglio,* Anselmo → *Aieta* und Juan → *D'Arienzo* an, leitete später das Typische Orchester Brunswick (*Orquesta Típica B.*) und ab 1930 eine eigene Formation. P. schrieb u. a. die Titel »Fuí«, »Entre sueños« und »La Bruja« (Tangos).

Polka (Polca)
um 1830 in Mitteleuropa entstandener Salontanz im 2/4-Takt; schneller, lebhafter Rundtanz mit z. T. unterschiedlicher Choreographie; über Spanien bzw. Portugal nach Lateinamerika gelangt, wo er sich unter bestimmten, durch regionale Einflüsse bedingten Adaptionen bzw. Modifikationen zu einem signifikanten Volkstanz vorwiegend ländlicher Gebiete entwickelte. Während er in einigen Staaten nur noch selten gespielt wird, avancierte er in Paraguay und Mexiko zu einer wichtigen Form der traditio-

nellen Musikfolklore, weitverbreitet ist die P. außerdem in Argentinien (Regionen Corrientes, Misiones, Chaco), Bolivien, Brasilien (Süden und vereinzelt im Norden), Uruguay (hier auch *Polca criolla* genannt), Peru und weiteren Ländern. Typisches Begleitinstrument ist meist das Akkordeon in seinen verschiedenen Konstruktionsformen, daneben auch Bandoneón und Konzertina. Folgende Varianten der P. gelten als jeweils eigenständige Formen. 1. *Polca norteña*: in Nordmexiko (Sonora, Chihuahua), bis in den Bereich der → *Música chicana* verbreitete folkloristische Polka, die sich durch eine weiche und gefällige Interpretation auszeichnet und vorwiegend durch Akkordeon, Gitarre und Kontrabass (gezupft), häufig auch durch Gesang begleitet wird; eine exakte Abgrenzung zur → *Ranchera* ist nicht mehr möglich; ebenso werden zahlreiche Stücke des → *Corrido* als Polka interpretiert. 2. *Polka paraguaya* wichtigste Form der paraguayischen Musikfolklore; auch in den angrenzenden argentinischen und brasilianischen Gebieten (Teile der Bundesstaates Mato Grosso Sul und Paraná) verbreitet; eine schnelle Polka, die meist durch Harfe und Gitarre, in jüngster Zeit auch durch Akkordeon u./o. Bandoneón begleitet wird. Eine langsamere, aus der Polka paraguaya in Argentinien entstandene Variante heißt → *Chamamé.* Eine nur in der Indiosprache gesungene, wesentlich langsamere Variante ist der → *Purajhei;* bekannte Komponisten sind u. a. Mauricio → *Cardozo Ocampo,* José Asunción → *Flores,* Félix → *Pérez Cardozo,* Herminio → *Giménez* und Emilio → *Biggi.* Die paraguayische Polka ist erstmals am 27.11.1858 anlässlich der Eröffnung der Casa Venancio López erwähnt und möglicherweise auch gespielt worden; eine der bekanntesten und ältesten Polkas ist der aus der anonymen Musikfolklore des XIX. Jh. stammende Titel »Cerro Corá«.

Polkekin (Cabeza de Cochino)
populärer und beliebter Brauch und Volkstanz der mexikanischen Region von Campeche (Yucatán); Hauptfigur ist ein präparierter Schweinskopf (Cabeza de Cochino), der einem von Musik begleiteten Umzug vorangetragen wird, der auf einem zentralen Platz endet und auf dem ein öffentlicher Tanz stattfindet. Sponsor dieses Festes ist eine Persönlichkeit der Gemeinde, der vorher dieser Kopf durch eine Abordnung von Festteilnehmern feierlich überreicht wurde.

Pollera (Reifrock, span.)
zu den typischen Volkstrachten gehörende Frauenbekleidung; aufbauschende Röcke, mit farbenfrohen Dessins bestickt oder bedruckt, mit Blusen kombiniert, häufig duch Hüte ergänzt; bei der Aufführung von Volkstänzen u. a. in Bolivien, Peru, Panamá und Mexiko getragen.

Polo
1. andalusischer Tanz im 3/8-Takt; ursprünglich (im XVIII. Jh.) ein Klagegesang (Canto de lamento). 2. Venezolanisches Tanzlied, typisch für die Ostregion des Landes; eine spezielle Variante, *Polo margariteño* genannt, ist ein wichtiger Volkstanz der Isla de Margaritas. Fischer der Insel improvisieren Verse (Coplas), die den Tanzliedern eine hohe poetische Aussagekraft verleihen. Die instrumentale Begleitung erfolgt im allgemeinen durch → *Bandolina,* → *Cuatro* und → *Maracas;* die meisten Titel wie »Polo margariteño« entstammen der anonymen Musikfolklore.

Polo Campos, Augusto
* 25.02.1932 Puquio (Ayacucho); peruanischer Sänger, Musiker und Komponist; bekannter Vertreter der kreolischen Populärmusik Perus; schuf eine große Zahl von Stücken der Formen → *Vals peruano,* Polka und → *Marinera,* darunter die Titel »Limeña«, »Cariño malo«, »Limeño soy« und »Cuando llora mi guitarra« (Walzer) sowie »Morena la flor de Lima« (Marinera).

Pompo
um 1960 in Kolumbien entstandener Modetanz der → *Música tropical,* der international jedoch kaum Verbreitung fand.

Ponce Cuéllar, Manuel María
* 8.12.1882 Fresnillo/Zacatecas, † 24.4.1948 México-Stadt; mexikanischer Musiker (Piano, Orgel), Arrangeur und Komponist; eine der bekanntesten Musikerpersönlichkeiten Mexikos; gilt als Erneuerer des mexikanischen Liedes; studierte ab 1901 am Konservatorium von México-Stadt, später in Bologna und Berlin; wirkte als Organist der Kathedrale von Aguascalientes, war danach als Professor am Nationalkonservatorium tätig. Mit seinen zahlreichen Kompositionen wurde P. zum Pionier der nationalen Eigenständigkeit auf dem Gebiet der Musik; 1912 schrieb er das Lied »Estrellita«, das als seine beste Komposition gilt und bis heute gespielt wird. Neben etwa 250 eigenen Stücken schrieb er Arrangements von Liedern aus der anonymen Musikfolklore, darunter für »Rayando el sol« (1924) und »Arrulladora mexicana« (1914), betrieb folkloristische Feldforschungen, gründete eine Musikakademie und publizierte Artikel über Musik. Weitere bekannte Kompositionen P.s sind »A la orilla de un palmar« (1913), »Mañanitas mexicanas« (1913) und »Trigueña hermosa« (1913).

Ponta Porã, Conjunto -
eine paraguayisch-brasilianische Musikgruppe; nach 1960 in der brasilianischen Grenzstadt Ponta Porã durch den Musiker Herminio → *Giménez* formiert; interpretierte im Exil paraguayische Volksmusik der Formen Polka, → *Galopa* u. a., darunter die Titel »Malvita« und »Ani che su'u«, die auf einigen LPs (Labels Musicolor und Orfeo) erschienen sind.

Ponteio
brasilianischer Volkstanz mit einer sehr lebhaften Begleitmusik.

Pontier, Armando (eigtl. A. Punturero)
29.8.1917 Zárate; argentinischer Musiker (Bandoneón), Arrangeur, Komponist und Bandleader; Vertreter des → *Tango;* formierte am 1.9.1945 zusammen mit Enrique Francini das Orchester Francini-Pontier; gründete 1955 das Typische Orchester (*Orquesta Típica de A. Pontier*), mit dem er unter verschiedenen Labels (Music Hall, RCA Victor, CBS und Philips) zahlreiche Schallplatten, darunter die Titel »El Choclo« und »Zorro Gris, produzierte und 1967 auf Japan-Tournee ging. P. schrieb u. a. die Tangos »A los amigos« (1949) und »Pichuco«, letzterer dem Andenken an Aníbal → *Troilo* gewidmet.

Ponto (Linha)
Sammelbegriff für Lieder und Melodien, die auf den Sessionen afrobrasilianischer Kulte bzw. Rituale intoniert werden, z. B. im → *Candomblé,* im → *Catimbó* und in der → *Macumba.*

Ponzio, Ernesto »El Pibe Ernesto«
* 10.7.1885 Tigre del Fuego (Buenos Aires), † 21.10.1934 das.; argentinischer Musiker (Violine), Bandleader und Komponist; bekannter Vertreter des »primitiven« → *Tango;* spielte nach 1900 in Kneipen (Boliches) und Bordellen und bildete 1928 ein Tango-Orchester, das sehr populär wurde; zu seinen zahlreichen Kompositionen, meist Tangos, gehören u. a. die Titel »Don Juan« (1900), »Milonga de mi barrio« und »Avellaneda«.

Poporo (Caleador, Calero, Calabacito)
eine kleine Kalebasse, die mit einem Holzstab perkutiert wird; in der indianischen Volksmusik Kolumbiens (Region Vaupés) eingesetzt.

Popular, Música - → *Música popular*

Porfías
improvisierter Instrumental- u./o. Vokaldialog in Venezuela; dem → *Desafio* sehr ähnlich.

Poro corneta (Pororo, Matti Phusaña, Mattiphufaña, Kepa, Kheppa)
aus einer getrockneten Kalebassenfrucht hergestellte primitve Trompete der indianischen Volksmusik Perus.

Pororo → *Poro corneta*

Porro

1. kolumbianischer Volkstanz der Regionen Bolívar und Cartagena; zur Gruppe der → *Cumbia* gehörend, im Rhythmus jedoch etwas langsamer und getragener; generell durch Trommeln (Tambores und Bombos) und Musikinstrumente der → *Música vallenata* begleitet; in folkloristischen Formen wird der Tanz durch Gesänge unterbrochen. In der Tanzmusik Kolumbiens und anderer lateinamerikanischer Länder wird der P. im Rahmen der → *Música tropical* zumeist durch moderne Instrumente wie Saxophon, Elektrogitarre und Elektronenorgel gespielt. Komponisten sind z. B. José → *Barros* (mit »El Mochilón«) und »Lucho« → *Bermúdez* (mit »Borrachera«). 2. eine konisch geformte Trommel, in der Volksmusik der Region der kolumbianischen Atlantikküste u. a. zur Begleitung des gleichnamigen Volkstanzes eingesetzt.

Portabales, Guillermo

(eigtl. G. Quesada del Castillo)

* 6.4.1911 Rodas (Las Villas), † 25.10.1970 Santurce (Puerto Rico); kubanischer Sänger, Musiker (Gitarre) und Liedermacher; begann frühzeitig mit dem Gesang ländlicher Volksmusik seiner Heimatregion; schuf eine den Bedingungen urbaner Musik angepasste Variante der → *Guajira,* die er *Guajira del salón* nannte, die gegenüber dem ländlichen Original modifiziert ist und die er fortan bevorzugt interpretierte. Der 1959 nach Puerto Rico übergesiedelte Interpret produzierte unter diversen Labels (u. a. Gema, Tropical und Seeco) zahlreiche Schallplatten, darunter die Titel »El carretero«, »Cortando yagua« und »Soy hijo del Siboney«.

Portela, Francisco »Paquito«

* 24.2.1889 Santiago de Cuba, † 24.7.1975 das.; kubanischer Musiker (Kontrabass), Komponist und Bandleader; Vertreter des → *Son cubano;* gehörte zahlreichen Musikgruppen seiner Heimatregion an, darunter eine Zeit lang dem Sexteto Matamoros (in La Habana, 1926) und der Estudiantina Típica Oriental (1927); im Folgejahr formierte er die Gruppe Los → *Modernistas.* Seine Kompositionen, darunter der Bolero-son »El fiel enamorado« werden heute noch oft gespielt.

Portela, G. R. E. S. -

eine der traditionellen und bekannten Samba-Schulen (→ *Escola de Samba*) von Rio de Janeiro (Brasilien); am 11.4.1923 durch den Musiker Eloy Anthero Dias als → *Bloco Vai como Pode* gegründet; beteiligte sich seitdem alljährlich am → *Carnaval carioca.* Als Sänger wirkten u. a. Zé → *Keti* und Paulinho da → *Viola;* populäre Karnevals-Sambas waren u. a. »Lendas e mistérios do Amazônas« und »Memórias de um sargento«.

Porteña

alter, schon lange nicht mehr aufgeführter chilenischer Volkstanz.

Portillo de la Luz, César

* 31.10.1922 La Habana; kubanischer Sänger, Musiker (Gitarre) und Komponist; wirkte seit seinem 19. Lebensjahr als Sänger und Gitarrist; ab 1946 trat er in Radioprogrammen der Sender Lavín und 1010 auf; ab 1956 war er als Gitarrist in Cabarets von La Habana (u. a. im »Sans-Souci«) tätig. P. gehört zu den Initiatoren des → *Feeling* in Kuba und schrieb zahlreiche Stücke meist romantischen Charakters, von denen die Boleros »Contigo en la distancia« (1950) und »Noche cubana« (1951) sehr populär wurden.

Portocarrero, Martina

* 29.5.1952 Nazca; peruanische Sängerin; sang bereits mit 11 Jahren folkloristische Lieder ihrer Heimatregion; begann 1970 ein 6-jähriges Gesangsstudium und gehörte danach verschiedenen Gruppen, darunter → *Tiempo Nuevo,* an; P. produzierte bislang 3 LPs und eine Single mit kreolischer und mestizischer Musik Perus und gab einige Auslandsgastspiele.

Portuondo Peláez, Omara

* 29.10.1930 La Habana; kubanische Sängerin; trat u. a. in der Gruppe von Frank Emilio → *Flyn*

auf, war ab 1952 Mitglied des Vokalquartetts → *D'Aida;* wirkte später, ab 1967, als Solistin; produzierte u. a. bei Areito einige LPs, darunter die Titel »Esta fiebre«, »La noche te llama« und »Para Guantánamo un son«.

Posadas
zur Weihnachtszeit in einigen Ländern Lateinamerikas (u. a. Mexiko und Kolumbien) stattfindende Musik- und Tanzfeste dramatischen Charakters, auf denen u. a. der → *Villancico* gesungen und gespielt wird.

Pous, Arquímedes
* 18.5.1892 Cienfuegos, † 16.4.1926 Mayagüez (Puerto Rico); kubanischer Sänger, Musiker, Tänzer, Schauspieler, Bandleader, Theaterdirektor, Komponist und Librettist; eine sehr vielseitige Künstlerpersönlichkeit, die auf das kulturelle Leben Kubas bedeutenden Einfluss ausgeübt hat; begann seine Karriere 1923 am Theater »Regina« von La Habana, gehörte längere Zeit zur Künstlergruppe des → *Alhambra*-Theaters, leitete eine Wandertheater-Gruppe und ein Tanzorchester; komponierte zahlreiche Stücke wie »Vendedor de agua« (Pregón), das wie einige andere auf Schallplatte (Label Columbia) veröffentlicht wurde.

Powell, Baden (eigtl. Baden P. de Aquino)
* 6.8.1937 Itaperuna, † 25.9.2000 Rio de Janeiro; brasilianischer Gitarrist und Komponist; spielt seit seinem 13. Lebensjahr Gitarre, war Mitglied einiger Tanzmusikgruppen und entwickelte sich ab 1950 zu einem der bekanntesten Vertreter eines neuen Musizierstils in Brasilien, der neben Elementen der traditionellen Folklore solche der klassischen europäischen Musik und des modernen nordamerikanischen Jazz verarbeitete. P. gehörte einem sehr erfolgreichen Instrumentalquartett mit Antônio Carlos → *Jobim* (Piano), sowie João → *Gilberto* und Luíz → *Bonfá* (beide Gitarre) an. Eine enge Zusammenarbeit verband ihn weiterhin mit Vinícius de → *Morais* und Paulo César Pinheiro. Zu seinen bekanntesten Kompositionen insbesondere der Form → *Bossa Nova* gehören u. a. »Samba triste« (Bossa Nova, 1956), »Bachiana« (Phantasie), »Choro do metronomo«, »Deve ser amor« (Bossa Nova; mit. V. de Morais) und »Petite waltz« (Walzer); LPs erschienen u. a. bei Elenco, BASF, Fontana, Barclay und Joker.

Poyares, Carlos (eigtl. C. Câncio Poyares)
* 5.12.1928 Colatino (Espírito Santo); brasilianischer Musiker (Flöte), Bandleader und Komponist; einer der bekanntesten Interpreten des → *Choro;* begann seine Karriere als Flötist in einer regionalen Musikgruppe; wirkte später in Gruppen des Typs → *Regional* u. a. beim Sender Mayrink Veiga (Rio de Janeiro), schrieb einige Stücke der Form Choro wie »Arranca Toco« und »Primeiro amor« und produzierte insgesamt 66 Schallplatten, darunter einige LPs (Label Pereira u. a.).

Am 17.12.1988 wurde in México-Stadt eine Posada der Demokratie durch die Partei Cárdenas-Front der Nationalen Rekonstruktion (Partido del Frente Cardenista de Reconstrucción Nacional) abgehalten. Die musizierenden und tanzenden Skelette auf dieser Zeichnung demonstrieren die unbekümmerte Einstellung des Mexikaners zum Tod. Ausschnitt aus Zeitung »Insurgencia Cardenista« vom 17.12.1988

Pozo, Francisco »Chino«
* 4.10.1915 La Habana; kubanischer Musiker (Piano, Kontrabass, Bongó, Caja). P., Autodidakt und Vetter von »Chano« → *Pozo*, musizierte im Laufe seiner Karriere bei diversen Gruppen und Orchestern Kubas und des Auslands; ging 1937 in die USA, wo er u. a. in den Formationen von Tito → *Puente*, Stan Kenton und Herbie Mann vorwiegend als Perkussionist wirkte und mit diesen eine große Zahl von Schallplattenaufnahmen produzierte.

Pozo y González, Luciano »Chano«
* 7.1.1915 La Habana, † 2.12.1948 New York; kubanischer Sänger, Musiker (Schlagzeug, Bongó, Conga, Tumbadora) und Komponist; Vetter von »Chino« → *Pozo;* spielte ab 1940 die Trommel → *Tumbadora* und wurde durch seinen intuitiv-talentierten Musizierstil schnell populär; wirkte im Cabaret »Sans-Souci« und gründete in La Habana 1940 die Gruppe *Conjunto Azul*. 1946 übersiedelte er nach New York, wo er in dortigen Formationen, denen er beitrat, afrokubanische Musikelemente in den New Yorker Jazz integrierte. P. schrieb u. a. die Stücke »Blen-blen-blen« (Rumba), »Pin-panpan« (Guaracha) und »La Manteca«; er erscheint auf einer großen Zahl von Schallplattenaufnahmen der Orchester, in denen er wirkte.

Prado
alter, seit langem nicht mehr aufgeführter Volkstanz Südargentiniens; war auch in Chile (hier meist unter dem Namen *Patria*) verbreitet.

Prananguma (Pernanguma)
ein der → *Ganzá* ähnliches schüttelidiophones Volksmusikinstrument Brasiliens; zur Begleitung u. a. des → *Moçambique*-Tanzes im Gebiet von São Paulo gespielt.

Prato (span.: Plato, Idiophon)
in der Volksmusik Portugals, Brasiliens und weiterer lateinamerikanischer Länder verwendeter einfacher Porzellanteller, der, meist mit einem Messer perkutiert, zur rhythmischen Begleitung bestimmter Tänze wie z. B. → *Samba-de-roda* benutzt wird.

Prats, Jaime
* 29.3.1883 Sagua la Grande, † 3.1.1956 La Habana; kubanischer Musiker (Flöte, Klarinette, Piano, Violine), Arrangeur, Komponist und Bandleader; musizierte bereits in jugendlichem Alter; übersiedelte 1899 nach La Habana, wo er 1922 eine → *Jazzband* (Cuban Jazz Band) gründete, die als erste einen in Kuba damals völlig neuen Musizierstil anwandte. P. schrieb zahlreiche Stücke insbesondere der Form → *Bolero,* darunter »Ausencia« (1918).

Prats Llorens, Rodrigo
* 7.2.1909 Sagua la Grande, † 15.9.1980 La Habana; kubanischer Musiker (Piano, Violine), Arrangeur, Komponist und Bandleader; Sohn von Jaime → *Prats;* trat 1922 in La Habana der Jazzband seines Vaters als Violinist bei; wirkte als Musikalischer Direktor der Gruppe von Arquímedes → *Pous* und gründete 1942 ein eigenes Orchester vom Typ einer → *Charanga Francesa,* mit dem er zahlreiche Schallplattenaufnahmen (Labels Puchito, Panart, Kubaney u. a.) produzierte. P. schrieb Stücke u. a. der Formen → *Bolero,* → *Danzón,* → *Criolla* und → *Son montuno,* darunter die Titel »María Belén Chacón« (1934), »Amalia Batista« (Zarzuela und Danzón, 1936), »Fefita« (Danzón), »Tamalero se va« (Pregón), »Allá en Oriente« (Criolla) und »Yo sí tumbo caña« (Son montuno).

Prazeres, Heitor dos-
* 23.9.1898 Rio de Janeiro, † 4.10.1966 das.; brasilianischer Musiker (Cavaquinho, Banjo), entstammt einer Musikerfamilie und musizierte bereits als Kind auf Volksfesten; gründete später eine eigene Musikgruppe, *Heitor e seus Companheiros*. Er zählt zu den Pionieren der Samba-Schulen (→ *Escola de Samba*) und schrieb zahlreiche Stücke zumeist der Form Samba wie »Mulher de Malandro« (1932), »Terra seca« und »Noite« (1933).

Preceito
Initialgesang der brasilianischen → *Capoeira.*

Pregón (port.: Pregão)
1. liedartige Formen der urbanen Folklore Lateinamerikas; Anfang des XIX. Jh. aus den häufig gesungenen, teilweise auch durch Instrumente begleiteten Anpreisungen ambulanter Händler hervorgegangen, durch den gesellschaftlichen Fortschritt in ihrer eigentlichen Bestimmung vielfach gegenstandslos geworden; als folkloristische Manifestation, auf langjährige Traditionen aufbauend, weiter gepflegt; zu den Arbeitsgesängen gehörend. Zuweilen blieben die Liedtexte auf die silbenhafte Interpretation von zwei oder drei Worten begrenzt, generell handelt es sich um kleine melodische, der musikalischen Rezitation nahestehende Formen. In Kuba verarbeiteten Komponisten wie Félix B. Caignet in »Frutas del Caney« und Moisés Simóns in »El → *Manisero*« Themen des P. 2. öffentliche Verkündung der Uhrzeit durch die Nachtwächter (Serenos) in gesungener Form; war z. B. in Chile im XIX. Jh. weit verbreitet. 3. Ansprache zur Eröffnung eines Volksfestes (Fiesta pública).

Preludio (Präludium)
Vorspiel zu größeren musikalischen Werken; oft durch Gitarre, Piano oder auch → *Quena* ausgeführt.

Premier (Redublé, Cut Drum)
größte, innerhalb eines Ensembles verschiedenartiger Perkusssionsinstrumente in der → *Tumba Francesa* verwendete Trommel.

Presépio → *Pastoril*

Prieto, Antonio
* 30.10.1927 Santiago de Chile; chilenischer Sänger und Liedermacher; begann seine Künstlerkarriere 1948; mit einem Repertoire von mehr als 1100 Liedern wurde er in weiten Teilen Lateinamerikas bekannt; er produzierte (vorwiegend bei RCA Victor) mehr als 60 LPs, darunter sein Erfolgstitel »La novia« und »Lamento borincano«.

Prisma → *Tapia Alcázar, Silvia*

Procesión (port.: Procissão)
Prozession, ein religiös inspirierter Umzug; für die Musikfolklore insofern sehr interessant, da in ihrem Umfeld eine Anzahl meist der anonymen Tradition entstammender Lieder, nicht immer rein religiösen Charakters, solistisch oder im Chor gesungen bzw. diverse Volkstänze aufgeführt werden; häufig von einer oder auch mehreren Musikgruppen bzw. -kapellen begleitet, z. B. in Bolivien, Peru und Nordchile. Besonders ausgedehnte Prozessionen, jedoch mit Trauermusik, finden in der Karwoche (Semana Santa) statt.

Procesión: Eine guatemaltekische Folkloregruppe führt in Nebaj eine Prozession an

Procesión de los Tambores
mexikanischer Karnevalstanz; früher in der Gemeinde Ixcateopa (Bundesstaat México) aufgeführt. Nach alter Tradition wurden nach einer sonntäglichen Prozession einige Trommeln (Tambores) vergraben (nach Otto Mayer-Serra).

Promesero
Bezeichnung für den aktiven Teilnehmer der → *Tirana (3).*

Protest Song
englischsprachige Bezeichnung für das Protestlied (→ *Canción protesta,* → *Música protesta*) z. B. in Guyana, Jamaika, Trinidad.

Protesta, Canción - → *Música protesta*

Prum (Puelpurum)
Volkstanz der Araukaner (Mapuche) Chiles und Argentinens; durch Rohrflöten und Trommeln begleitet.

Púa
weitverbreiteter Name für ein als Plektrum benutztes dreieckiges Metallplättchen.

Puanito
früher in der afrokubanischen Volksmusik eingesetztes xylophonartiges Instrument eindeutig afrikanischen Ursprungs.

Pucllay → *Pujllay*

Pucu
eine etwa 1,50 bis 2 m lange aus Rohr hergestellte Naturtrompete der Indianer der peruanischen Region von Ayacucho.

Pucu pucu → *Ayarachi ph'uko*

Puebla Concha, Carlos
* 11.9.1917 Manzanillo, † 12.7.1989 La Habana; kubanischer Volkssänger (Trovador), Gitarrist und Liedermacher; wirkte ab 1931 als Sänger bei Radio Manzanillo, wo er vorwiegend Guarachas, Boleros und Tangos interpretierte; gründete 1952 die schnell populär gewordene Gruppe Carlos → *Puebla y sus Tradicionales* und entwickelte sich zu einem der bekanntesten Protestsänger Kubas. Mit den von ihm geschriebenen Liedern wie »Ay pobre mi Cuba«, »Ya tenemos hospital«, »Y en eso llegó Fidel« und »Hasta siempre comandante« (Guajira-Lied auf Ernesto »Che« Guevara) verarbeitete P. stets traditionelle Formen wie → *Guajira,* → *Guaracha* oder den → *Son cubano* und den → *Bolero (cubano).*

Puebla, Carlos - y sus Tradicionales
kubanische Vokal- und Instrumentalgruppe; 1952 in La Habana durch Carlos → *Puebla* (Gesang, Gitarre, Bandleader) mit Santiago Martínez (Gitarre, Gesang), Nero Guada (Maracas, Gesang) und Rafael Lorenzo (Marímba, Perkussion) gegründet; interpretierte kubanische Volks- und Populärmusik bei Dominanz der Formen Guaracha, Son cubano, Guajira und Bolero, wobei, vor allem nach 1965, überwiegend

Carlos Puebla in seiner Wohnung in La Habana (Photo: Gentileza »Bohemia«)

Kompositionen von Puebla das Repertoire der Gruppe bildeten. Ab 1962 trat die Gruppe in der → *Bodeguita del Medio* von La Habana auf, unternahm Reisen durch viele Länder Lateinamerikas und produzierte unter diversen Labels (Sun, Puchito, Areito, Paredon, Pläne, Movieplay, Dicap u. a.) 55 LPs mit Titeln wie »Amorosa guajira«, »Olvido« und »David y Goliat«.

Pueblo Nuevo, Grupo-
ekuadorianisches Vokal- und Instrumentalensemble; 1975 in Quito im Rahmen der Bewegung des Neuen Ekuadorianischen Liedes gegründet; interpretierte landestypische Musik und produzierte einige LPs (Labels Fadisa, Pueblo Nuevo u. a.), darunter die Titel »Trigo, mar y sangre« und »Soledad«.

Puelpurum → *Prum*

Puente, Tito »El Rey del Timbal«
(eigtl. Ernesto Antonio Puente jr.)
* 20.4.1923 New York, † 1.6.2000 New York; US-lateinamerikanischer Musiker (Timbal), Arrangeur, Bandleader und Komponist; eine der bekanntesten Musikerpersönlichkeiten des Kulturkreises → *New York Latino;* begann seine Karriere als professioneller Musiker 1940 in einem Orchester des Palladium Ballroom (Broadway); bereits ab 1937 brachte er Neuerungen in die Tanzmusik ein, so setzte er als erster das afrokubanische Instrument → *Tumba* in einer Tanzmusikformation ein; in später von ihm geleiteten Gruppen und Orchestern, darunter *Seis del Solar* (1983), verknüpfte er in seinen Arrangements Jazz mit lateinamerikanischer Musik; er griff weiterhin auch Themen der → *Salsa* auf und verarbeitete sie in zum Jazz tendierenden Titeln. Oft hat P. mit Jazz-Musikern wie Lionel Hampton kooperiert. Zu seinen zahlreichen Kompositionen gehören u. a »Bossa rumba«, »Mambo Inn«, »Mari Juana« (Guaracha) und »Sabrosa« (Rumba). Mit seinen Musikgruppen entstanden etwa 100 LPs u. a. bei Tico, Alegre, Tropical, RCA Victor, Rounder Records, Milly und GNP. Für sein Album »Homenaje a Benny Moré« erhielt P. 1978 den Schallplattenpreis »Grammy«.

Puerca
ein früher in der kolumbianischen Region Boyacá in der Volksmusik eingesetzter Brummtopf.

Puerto Alegre, Conjunto -
mexikanische Folkloregruppe, um 1952 in Veracruz durch die Gebrüder (Hermanos) Vargas als Conjunto → *Jarocho* gegründet; interpretierte vorwiegend den → *Son jarocho;* Titel wie »María Chuchena« und »Pájaro Cu« erscheinen auf Schallplatten.

Pueta → *Payador*

Puglia, José Adolfo
* 16.6.1921 Montevideo; uruguayischer Musiker (Piano), Arrangeur, Komponist und Bandleader; Vertreter des → *Tango;* formierte 1941 ein Tango-Quintett, das in Cafés von Montevideo musizierte und 1943 in ein Typisches Orchester (→ *Orquesta Típica*) umgewandelt wurde; 1947 produzierte er mit diesem seine erste Schallplatte, denen später unter der Bezeichnung *Orquesta Puglia-Pedroza* (ab 1951) weitere folgten. P. schrieb u. a. die Titel »Discepolín« (Tango), »Bolita« (Candombe) und »Volverás« (Walzer).

Pugliese Terragno, Osvaldo Pedro »Chicharrita«
* 2.12.1905 Villa Crespo (Buenos Aires), † 25.7.1995 Buenos Aires; argentinischer Musiker (Piano), Arrangeur, Komponist und Bandleader; hervorragender Vertreter des → *Tango* der Neuzeit; gilt als einer der besten Tango-Pianisten; begann seine Karriere in Stummfilmkinos; wurde 1929 Mitglied des Sextetts *Vardaro-Pugliese*, gründete 1936 eine eigene Gruppe, mit der er u. a. im Café »Germinal« auftrat und die 1939 zum Orchester (*Orquesta Típica de Osvaldo Pugliese*) vergrößert wurde und mit dem er große Popularität erlangte. Erste Schallplattenaufnahmen (»Farol« und »El Rodeo«) entstanden 1943 bei Odeon; später wurden zahl-

reiche LPs (Labels Odeon, EMI u. a.) produziert. P. komponierte mehr als 150 Stücke, vorwiegend Tangos, darunter »Adiós Bardi« (1944), »Cardo y Malvón« (1963) und »A los artistas plásticos« (1965). P. ist Ehrenbürger von Buenos Aires und Träger zahlreicher Ehrungen und Auszeichnungen.

Puig, José »Cheo« Belén
* 29.12.1908 La Habana, † 15.5.1971 das.; kubanischer Musiker (Piano), Arrangeur, Komponist und Bandleader; entstammt einer Musikerfamilie und musizierte frühzeitig; gründete 1934 ein Orchester vom Typ einer → *Charanga Francesa,* die vorwiegend die Form → *Danzón* interpretierte. Zu seinen zahlreichen Kompositionen gehören u. a. die Titel »Flor de trébol« (Danzón), »Engancha carretero« (Danzón; mit Antonio Ma. Romeu), »Cangrejito« (Danzón) und »No me digas nada« (Bolero).

Puíta (Púita)
regionale Variante des brasilianischen Brummtopfes → *Cuíca*; in der Volksmusik des Landesnordens vielfältig eingesetzt.

Pujador (Puja, Pujo, Jondo)
in der Volks- und Tanzmusik Panamas und Kolumbiens (Atlantikküste) verwendete Trommel mit durchdringendem Klang; eine in Darién (Panamá) gespielte Variante heißt *Jondo.*

Pujllay (Pucllay)
1. indianische Bezeichnung für die Volksfeste des → *Carnaval* in den Quechua-Gebieten. 2. regionaler Name für das lustige Tanzlied → *Carnaval (2)* u. a. in Nordargentinien. 3. symbolische Strohfigur, die nach Beendigung des Karnevals unter breiter Anteilnahme der Bevölkerung verbrannt wird.

Pujo → *Pujador,* → *Cumaco*

Puka Soncco, Grupo -
peruanische Vokal- und Instrumentalgruppe; nach 1970 in Lima im Rahmen der Bewegung des Neuen Peruanischen Liedes gegründet; interpretierte peruanische und lateinamerikanische Volksmusik und musizierte mit Instrumenten der andinen Musik wie → *Quena,* → *Zampoña,* Gitarre und → *Charango;* geleitet wurde sie von Rudy Rivera.

Pukko
zum Komplex des → *Revival* Jamaikas gehörender Kult mit Liedern und Tänzen.

Pukllai → *Pujllay*

Puli (Puli-puli)
peruanischer Volkstanz; in präkolumbischer Zeit als Erntetanz, heute noch zu Patronatsfesten in den Aymará-Gebieten der Hochebene (Altiplano), generell nur von Männern aufgeführt; die melodiös-heitere Begleitmusik wird meist durch die Flöte → *Quena-quena* gespielt; Varianten des P. sind *Chatripuli, Llilipuli* und *Auquipuli.*

Pulitzon (Danza grande)
mestizischer Volkstanz der mexikanischen Region Tampate (San Luis Potosí); wird durch die Instrumente Harfe (Arpa) und → *Rabel* begleitet.

Pumarejo, Tobías Enrique
* 1909 Valledupar; kolumbianischer Musiker (Akkordeon), Komponist und Arrangeur; ein bekannter Vertreter der → *Música vallenata.* P. schrieb zahlreiche Stücke insbesondere der folkloristischen Form → *Paseo,* darunter die Titel »Víspera de año nuevo«, »Mírame«, »Alazanito«, »Juana Bautista« und »Cállate corazoncito« (Merengue).

Punga (Dança do Tambor)
brasilianischer Volkstanz des Bundesstaates Maranhão; mit der Musik des → *Tambour-de-Crioulo* identisch.

Pungacuquá
primitive, aus Holz oder gebranntem Ton hergestellte Trompete der Indianer des mexikanischen Bundesstaates Tabasco.

Punta

afrokaribisches Tanzlied der Küstenregionen (Garifuna-Zonen) von Honduras und Belize; durch Trommeln und Schrapinstrumente rhythmisch begleitet. Sehr oft werden lyrische Texte mit z. T. stark erotischem Inhalt dazu gesungen; eine der zahlreichen Varianten symbolisiert den Kampf zwischen Hahn und Henne. Nach 1990 avancierte die Punta zum Modetanz in Tanzsälen, Restaurants und Diskotheken in ganz Zentralamerika, auf diversen Karibikinseln sowie in den USA.

Punteado (gezupft, span.)

Spieltechnik auf der Gitarre oder anderen Saiteninstrumenten; im Gegensatz zum → *Rasgueado* werden die einzelnen Saiten gezupft.

Puntero

Bezeichnung für den Interpreten bzw. Autor des → *Punto.*

Puntiado

Bezeichnung für die Ausführung bestimmter kurzer Trommelschläge (Toques), u. a. in der afrolateinamerikanischen Musik oft praktiziert.

Puntillanto

Variante eines Trauergesanges; in den östlichen Regionen Venezuelas verbreitet.

Punto

Sammelbegriff für sing- und tanzbare Formen mit unterschiedlichem Rhythmus und Stil der Interpretation; aus spanischen Elementen (Romanzen, Tonadas, Coplas) entstanden; insbesondere in der ländlichen Musikfolklore verbreitet. Die als → *Copla* gesungenen Texte bestehen aus → *Décimas;* Sänger und Autor des P., meist ein und dieselbe Person, wird als *Puntero* bezeichnet. Als Varianten existieren u. a. 1. *Punto cibaeño*: aus der dominikanischen Provinz Cibao stammende Form, mehr dem → *Merengue* ähnlich; mit regionstypischen Instrumenten gespielt. 2. *Punto cubano (Punto criollo):* bekannteste Variante; in der ländlichen Volksmusik Kubas sehr verbreitet; in zwei verschiedenen Basisvarianten (*Punto libre* und *Punto fijo*) existierend. Der musikalische Teil wird als → *Tonada,* der Text als *Copla* oder *Décima* bezeichnet; Hauptträger dieser lyrisch-folkloristischen Manifestation ist der → *Campesino.* Zur musikalischen Begleitung werden Gitarre, Laute (Laúd), → *Tres,* → *Clave,* → *Güiro* und → *Bongó* eingesetzt; die dazu gesungenen Texte sind sehr oft das Produkt spontaner Inspiration. Zu den bekanntesten Interpreten des seit dem XIX. Jh. populären P. gehören die Gebrüder (Hermanos) → *Sobrino,* Jesús Orta Ruiz (→ *Indio Naborí*), Chanito → *Isidrón* und der legendäre Puntero San Fancón (1888 – 1948). (→ *Controversia,* → *Música campesina,* → *Guateque*). Der kubanische Punto geht eindeutig auf eine noch heute auf den Kanarischen Inseln verbreitete frühe Form zurück, die kanarische Einwanderer in Kuba verbreitet haben. 3. *Punto guanacasteco:* Volkstanz aus Costa Rica; avancierte zum Nationaltanz des Landes; ein nach 1900 entstandener Abkömmling der kubanischen → *Habanera;* in lebhaftem Tempo gespielt, er wird in seiner folkloristischen Form durch Gitarre, vorwiegend jedoch durch die in kleineren Musikgruppen gespielte → *Marimba* begleitet, zuweilen wird dazu auch gesungen; die Paare tanzen auseinander. Der bekannteste Titel ist »Punto guanacasteco«, nach der Prov. Guanacaste, wo der P. g. besonders verbreitet ist, benannt, aus der anonymen Musikfolklore stammend und von Leandro Cabalcete neu arrangiert. 4. *Punto panameño*: panamaischer Volkstanz für weiträumig auseinander tanzende Paare; weitgehend dem kolumbianischen → *Paseo* ähnelnd. Als Begleitinstrumente dienen Gitarre bzw. → *Mejorana,* → *Tambor,* → *Rabel,* Akkordeon und → *Bocona;* meist wird dazu auch gesungen. 5. *Punto puertorriqueño:* folkloristisches Tanzlied Puerto Ricos, mit dem → *Punto cubano* eng verwandt; in zahlreichen regionalen Varianten (wie z. B. *Punto fajardeño*) über die gesamte Insel verbreitet; die musikalische Begleitung ähnelt der der kubanischen Form, es werden jedoch auch die Instrumente Akkordeon und → *Cuatro* eingesetzt.

Puracé
indobrasilianischer Volkstanz religiöser Inspiration; in Gebieten des Rio Negro bzw. am Mittellauf des Orinoco-Flusses verbreitet.

Purajhei (Purahei)
mit indianischen Komponenten angereicherte paraguayische Polka, die stets in der zweiten Landessprache Guaraní gesungen wird; ihre Texte sind meist romantisch und nehmen häufig auf weibliche Schönheit Bezug; viele Stücke entstammen der anonymen Musikfolklore; eine exakte Trennung zwischen Polka und Purajhei ist kaum möglich.

Puraraka → *Tolumpa*

Purépecha, Trío-
mexikanisches Vokal- und Instrumentaltrio; um 1945 in Tiríndaro (Michoacán) durch den Sänger, Musiker und Komponisten Domitilo Alonso mit Agustín Téllez und Juan Suárez gegründet; gehört zu den bekanntesten Interpreten der Form → *Pirecua;* bei Victor entstanden Schallplattenaufnahmen wie der Titel »Las tres estrellas«.

Purim, Flora
* 6.3.1942 Rio de Janeiro; brasilianische Sängerin, Gitarristin und Perkussionistin; Ehefrau von → *Airto G. Moreira;* wirkte an der Seite ihres Mannes in diversen Musikgruppen insbes. in den USA; wo sie sich dem lateinamerikanisch geprägten Jazz widmete.

Pusa (Laca)
Variante der → *Zampoña;* in der Volksmusik Norchiles und Perus gespielt.

Pusi-ppia
kleine indianische Flöte Boliviens und Perus.

Puso
Variante der Indioflöte → *Hilawata;* in der Volksmusik der peruanischen Region Puno, insbesondere in ländlichen Gebieten um Chucuito, eingesetzt.

Putuca
in der Volksmusik des Andenhochlandes (Peru, Bolivien) gespielte Trommel.

Pututo → *Pututu,* → *Erkencho*

Pututu (Putoto, Potutu, Chulo-phusaña, Chulo-phufaña, Huayllaquepa, Kkehuita-pututo, Quipa, Waylla-quepa, Churu, Trompa marina, Trompeta de caracol) bereits in vorkolumbischer Zeit benutzte primitive Muscheltrompete; in der indianischen Volksmusik andiner Länder, besonders jedoch in Peru (Cusco, Puno, San Martín) gespielt; ihr Einsatz ist durch das massive Vordringen von Blechblasinstrumenten (Saxophon, Trompete) jedoch stark rückläufig geworden.

Puxador (»Anreißer«, port.)
Bezeichnung für denjenigen Musiker in Brasilien, der insbesondere während der Karnevalszeit mit Trommelsoli den nächstfolgenden → *Samba* initiiert bzw. einleitet.

Puya
1. afrokolumbianischer Volkstanz der Atlantikregion Santa Marta; eine Variante des → *Porro,* oft auch als *Porro tapao* bezeichnet; wird vorwiegend durch die Instrumente → *Bombo* u. → *Gaita (2)* begleitet. 2. gesangliche Kontroverse (Controversia), die zuweilen in der folkloristischen → *Rumba* praktiziert wird.

Q

Qajhelo
peruanischer Volkstanz der Aymará-Indianer des Altiplano, dessen Ursprung auf ein legendäres Liebespaar – Huaylachu und Linlicha (vergleichbar mit Romeo und Julia) – zurückgeht. Die durch ein → *Charango,* das meist einer rituellen Behandlung (→ *Sirenar*) unterzogen wurde, produzierte Begleitmusik trägt romantischen Charakter; zuweilen werden lyrische Texte in Aymará-Sprache dazu gesungen.

Qhanaski, Conjunto -
peruanisch-bolivianische Vokal- und Instrumentalgruppe typischer und folkloristischer Musik, 1983 in Deutschland durch Vilner Mendoza, Sesinio Velasco, Vicente Mendoza Pineda (Charango), Adrián Velasco, Gualberto Grover Acebey und Víctor Hugo Olayzola als Sextett formiert. Die Mitglieder der Gruppe sind keine professionellen Musiker, sondern anerkannte Fachärzte, Angestellte usw., denen die Volksmusik ihrer Heimatregionen Freude und kulturelle Identität vermittelt. Bei Electrola erschien eine LP, die u. a. die Titel »Karipuyo torrecito« (Huayno), »Kullawas« und »Qhantati Ururi« enthält.

Qolla → *Colla (1)*

Quadrilha
brasilianische Variante der → *Cuadrilla*, die im XIX. Jh. ein reiner Salontanz und deren Verbreitungszentrum Rio de Janeiro war. Währenddessen die Q. in den urbanen Regionen Brasiliens an Bedeutung verlor, ist sie als ein ländlicher Volkstanz im Landesnordosten populär geworden; im 2/4- bzw. 3/8-Takt von mindestens vier Tanzpaaren zum Klang von Akkordeon (Sanfona) und Triangel aufgeführt; der nordestinische Volkssänger Luíz → *Gonzaga* hat mit seiner Musikgruppe diesen Volkstanz oft gespielt.

Quadrille
auf Trinidad, Jamaika und weiteren Karibikinseln verbreiteter Volkstanz; eine Weiterentwicklung der europäischen Q. (→ *Cuadrilla*), instrumental u. a. durch Violine, Basstrommel, Tambourin und Triangel (in Grenada) begleitet; die Q. wurde auf Trinidad vorwiegend durch die sog. → *String Band* interpretiert.

Quasars, Los -
chilenisches Vokal- und Instrumentaltrio; 1976 in Santiago de Chile durch die Gebrüder Fernando und Claudio Recabarren sowie Raúl Lira gegründet; spezialisierte sich auf die Interpretation moderner elektronischer Musik.

Quatragem
im brasilianischen Bundesstaat Minas Gerais aufgeführter Volkstanz; durch die Trommeln → *Adufe,* → *Tambor* und außerdem durch → *Viola* sowie Händeklatschen, zuweilen auch durch Gesang begleitet.

Quebra-bunda
(Dança de Velhos, Quebra-bumba)
alter brasilianischer Volkstanz des Bundesstaates Goiás; heute in seiner Verbreitung stark rückläufig.

Quena (Kena, Qquena)
bedeutendste Flöte im Bereich des andinen Gebietes von Südamerika, indianischen (präkolumbischen) Ursprungs; in Hunderten von Modifikationen und teilweise auch unter anderen Namen in der indianischen und mestizischen Volks- und Populärmusik eingesetzt; eine an beiden Enden offene Flöte aus Rohr, Bambus oder Knochen von etwa 25 – 40 cm Länge, mit einem Ø von 13 – 25 mm, am oberen Ende mit

einer Einkerbung versehen. Etwa in der Mitte des Instruments befinden sich 5, 6 oder mehr Tonlöcher, auf der Rückseite 1 Loch für die Harmonisierung. Die Q. wird meist solistisch bzw. zusammen mit → *Bombo* oder → *Caja* gespielt; sie kommt in der Volksmusik Boliviens, Perus, Ekuadors, Nordargentiniens und Nordchiles sowie in weiteren Ländern zum Einsatz; in letzter Zeit fand sie auch Eingang in Tanzorchester. Folgende Größeneinteilung innerhalb der Instrumentenfamilie der Q. wird vorgenommen groß (→ *Taika,* → *Quenacho*), mittelgroß (→ *Kena-kena, Mala*) und klein (Kenali, Kallú). Der Solist heißt → *Quenista.*

Quenacho (Kenacho, Ph'alaata, Phalawata, Taika, Qenacho)
in der Volksmusik der peruanischen Region von Puno eingesetzte, etwa 60 cm lange indianische Flöte vom Typ der → *Quena.*

Quenali (Kenali) → *Kallú*

Quena-quena (Kena-kena, Mala)
1. eine mittelgroße → *Quena.* 2. Volkstanz der Indianer Perus und Boliviens; meist vom gleichnamigen Instrument begleitet.

Quenista
der Solist auf dem Instrument → *Quena;* Popularität erlangten u. a. Facio → *Santillán* und Alfredo de Robertis (Argentinien); Tito Yupanqui, Gilberto Favre und Uña Ramos (Bolivien) sowie Luis Durand und Celedonio Serruto (Peru).

Quepa (Kepa) → *Poro corneta*

Querales, Jesús
* 28.11.1950 Caracas; venezolanischer Musiker; hervorragender Solist auf dem → *Cuatro;* leitete die Musikgruppe → *Un Solo Pueblo.*

Querales, José Ismael
* 17.6.1953 Caracas; venezolanischer Musiker (Bandola); widmete sich der → *Música llanera*; wirkte bei der Produktion einiger LPs mit; seine Titel »Corrío de los pájaros« und »Quita pesares« waren sehr erfolgreich.

Quereque → *Soko*

Querequexé → *Reco-reco*

Querol, Carlos
* 15.5.1920 Máximo Gómez (Matanzas); kuba-

Der bolivianische Quena-Spieler Lucho Cavour (Bruder von Ernesto Cavour)

nischer Sänger, Musiker (Gitarre) und Liedermacher; gehörte u. a. dem *Trío Matancero* (1940) und der Gruppe Kubavana (1945) sowie der Formation Los Bocucos an; mit letzterer Gruppe unternahm er einige Auslands-Tourneen (u. a. nach Mexiko, Venezuela und Europa) und produzierte zahlreiche Schallplatten; von ihm stammen die Titel »Mi castigo«, »Amor me hizo poeta« und »Delirio de grandeza«.

Quero-mana (Querumana)
alter brasilianischer Volkstanz; auf portugiesischen Traditionen beruhend; zur Gruppe des → *Fandango (4)* gehörend; in den Bundesstaaten Rio Grande do Sul, Paraná und São Paulo verbreitet; meist durch das Saiteninstrument → *Viola* begleitet.

Quetzales, Los - (Danza de los Quetzales)
indianischer Volkstanz Mexikos; in bewegtem Tempo gehalten; bei Feierlichkeiten der Nahua-Völker von Puebla, Hidalgo und Veracruz zum Klang einer Trommel und einer Flöte aufgeführt.

Quetzalteco, Trío -
guatemaltekisches Vokal- und Instrumentaltrio landestypischer Musik; um 1936 in Quetzal-tenango durch den Sänger und Musiker Francisco »Paco« → *Pérez* gegründet; ein Erfolgstitel der Gruppe war der Walzer »Luna de Xelajú«, der in ganz Lateinamerika populär wurde.

Quevedo, Pablo
* 21.1.1908 Unión de Reyes, † 10.11.1936 La Habana; kubanischer Sänger und Gitarrist; sang seit frühester Jugend trovadoreske Lieder seiner Heimatregion und begleitete sich dabei auf der Gitarre. Er übersiedelte 1928 nach La Habana, wo er in verschiedenen Gruppen und Orchestern, darunter bei José Belén → *Puig,* musizierte; interpretierte vorrangig Titel der Formen → *Danzón* und → *Danzonete* wie »Gratos recuerdos«. Schallplattenaufnahmen seiner Lieder existieren nicht.

Quevedo, Raymond »Atilla the Hun«
* 24.3.1892 Port of Spain (Trinidad), † 22.2.1962 das.; anglokaribischer Sänger und Liedermacher; zählt zu den hervorragendsten Interpreten des frühen → *Calypso;* trat 1911 erstmals öffentlich auf; ab etwa 1930 beteiligte er sich oft zusammen mit anderen Calypsonians an sog. »Sängerduellen« (u. a. mit *The Roaring Lion*). Längere Zeit gehörte er dem *Keskidee Trio* an; ab 1934 entstanden bei Brunswick und Decca Schallplattenaufnahmen, die heute zu den historischen Tondokumenten des Calypso zählen, darunter die Titel »Graf Zeppelin«, »The Strike« und »Treasury Scandal«.

Quiçanje
eine → *Marimba (1)* mit Kalebassen als Resonanzkörper; wurde bis Ende des XIX. Jh. in der afrobrasilianischen Volksmusik vorwiegend zur Begleitung des → *Batuque* gespielt.

Quijada (Carachacha, Cacharaína)
idiophones Instrument; ein getrockneter Unterkiefer eines Esels oder Pferdes, der beim Bestreichen der Zahnreihe mit einem Stäbchen ein rasselndes Geräusch erzeugt; in der Volksmusik Kubas, Perus und Chiles verwendet.

Quijongo (Güijongo, Güijompo)
ein bis 2 m langer, mit einer Drahtsaite bespannter Musikbogen, er wird mit einem Stab rhythmisch perkutiert; als Instrument der Volksmusik in Zentral-Amerika (Costa Rica, Nikaragua, El Salvador und Honduras) benutzt.

Quilapayún, Conjunto -
chilenische Vokal- und Instrumentalgruppe; 1965 in Santiago de Chile als Volksmusik-Trio gegründet. Die wenig später erweiterte Gruppe sang und spielte 1966 erstmals in der → *Peña* von Valparaíso und produzierte 1967 bei Odeon ihre erste LP mit folkloristischer Musik; Leiter der Formation war zunächst Víctor → *Jara,* später Eduardo → *Carrasco.* Q., der Bewegung des Neuen Chilenischen Liedes angehörend, hatte vor 1970 folgende Mitglieder Eduardo Carrasco (Quena, Zampoña, Pingullo, Gesang,

Bandleader), Guillermo Oddo (Gitarre, Perkussion, Gesang), Hernán Gómez (Gitarre, Charango, Gesang), Patricio Castillo (Gesang, Gitarre), Rodolfo Parada (Gitarre, Tiple, Zampoña, Gesang) und Carlos Quezada (Perkussion, Gesang). Weitere Schallplatten wurden bei Dicap produziert; es wurden Auslandsgastspiele und zahlreiche Konzerte in diversen Orten Chiles, z. T. auch im Rahmen der Wahlen der Unidad Popular, gegeben. 1973 musste Q. das Land verlassen und setzte seine Tätigkeit im Exil (Paris) fort, dabei die traditionelle Linie verlassend, was mit einer starken Minderung der künstlerischen Qualität einherging. Zu den bekanntesten Aufnahmen der Formation gehören »Canto del Cuculí«, »Canción del minero«, »Carabina 30-30« und vor allem die »Cantata Santa María de Iquique«; insgesamt erschienen mehr als 25 LPs.

Quilombo (Dança de los Quilombos)
zur Gruppe der → *Pastorís* gehörender dramatischer Tanz Brasiliens, an dem sich nahezu 50 Personen, als »Pretos« (Schwarze) und »Caboclos« (Mischlinge oder Weiße) maskiert und jeweils von einem Rei (König) angeführt, beteiligen. Zur musikalischen Begleitung der Tänze dienen → *Adufe*, → *Pandeiro*, → *Ganzá*, → *Pífano*, → *Zabumba* und die → *Corneta*; Verbreitungszentrum ist der Bundesstaat São Paulo.

Quimba (Kimba)
1. allgemein gebrauchte Bezeichnung für eine Pirouette bzw. Kapriole in verschiedenen Volkstänzen Perus, Chiles und Boliviens. 2. → *Kimba*

Quimbanda
Name des Priesters in den afrobrasilianischen Kulten → *Candomblé* und → *Umbanda* bzw. auch eine unter strenger Geheimhaltung abgehaltene → *Umbanda*-Session.

Quimbete
zur Gruppe des → *Batuque* gehörender afrobrasilianischer Tanz; der früher im Gebiet von Minas Gerais aufgeführt wurde.

Quina (Shainti)
aus Bambus-Rohr hergestellte → *Quena*, die in der Volksmusik der peruanischen Coniba-Indianer gespielt wird.

Quinan → *Salongo*

Quincheros, Los - → *Huasos Quincheros, Los-*

Quinchuquimanda Imbayacuna
ekuadorianische Vokal- und Instrumentalgruppe; 1979 in Imbabura durch den Musiker Enrique → *Males* gegründet; pflegte mestizische und indianische Volksmusik ihrer Region. Unter dem Label Fediscos erschienen einige Schallplatten, darunter die Titel »Yuracruz« und »Vísperas de San Juan«.

Quindembo (Ndembo)
alter, nicht mehr aufgeführter afrokubanischer, von der Bevölkerungsgruppe der Congos stammender Volkstanz, zu dessen rhythmischer Begleitung die Trommeln → *Yuca*, → *Mula* und → *Caja* benutzt wurden; er soll dem ríoplatensischen → *Candombe* sehr ähnlich gewesen sein.

Quindim → *Mana-chica*

Quinjengue (Mulemba) → *Candongueiro*

Quinquecahué → *Kohlo*

Quinta de golpe
eine heute nur noch selten gebrauchte Bezeichnung für die bei den mexikanischen → *Mariachi* eingesetzte Schlaggitarre.

Quintana - Escalante, Dúo -
paraguayisches Vokal- und Instrumentalduo; 1952 durch die Solisten Carlos Quintana (* 1925) und Martín Escalante (* 1925) in Asunción gegründet. Begleitet durch eine eigene Instrumentalgruppe, interpretierte die Formation

folkloristische und populäre Musik Paraguays, die auf LPs des Labels Cerro Corá erschien, darunter die Titel »Al regresar« und »13 Tuyuti«.

Quintana, Ismael »Pat«
* 3.7.1937 Ponce (Puerto Rico); puertorikanischer Sänger und Musiker (bongoes); Vertreter der → *Salsa*-Musik. Q. kam als junger Musiker nach New York, wo er in verschiedenen lateinamerikanischen Musikgruppen als Sänger, jedoch auch als Bongó-Spieler (Bongosero) wirkte. 1961 trat er der Formation La → *Perfecta* von Eddie → *Palmieri* bei, ebenso wirkte er in Schallplatteneinspielungen der → *Fania All Stars* und des Orchesters von Tito → *Puente* und weiteren Gruppem mit. Zu seinen Erfolgen gehören die Titel »Descarga a Cuba« (1979) sowie »Cachita« (rumba-conga).

Quintanilla Pérez, Selena »Selena«
* 6.4.1971 Lake Jackson (Texas), † 31.5.1995 Corpus Christi (Texas, ermordet); texanische Sängerin volkstümlicher Balladen im Stile der → *Ranchera* bzw. des → *Tex-Mex Style;* erhielt von ihrem Vater musikalische Ausbildung, sang zunächst in dessen Gruppe (Los Dinos) und wirkte später als Solistin und trat in Filmen als singende Schauspielerin auf. Bei Odeon entstanden einige Alben, die u. a. ihr Erfolgslied »Amor prohibido« enthalten.

Quintero, Jesús »El Tigre de Matanegra«
* 2.1.1944 Santa Bárbara de Barinas; venezolanischer Sänger, Musiker und Komponist; Vertreter der → *Música llanera;* produzierte einige LPs (Label Divensa), u. a. mit den von ihm geschriebenen Titeln »Llanero Nato« und »Novillo encerao«.

Quinteto
das Quintett; eine in der Volks-, Populär- und Tanzmusik Lateinamerikas weitverbreitete Formation.

Quintilla
in zahlreichen iberoamerikanischen Liedtexten angewandte Kombination von fünf acht- bzw. mehrsilbigen Versen.

Quinto (Requinto, Repicador)
in der kubanischen Musik eingesetzte Trommel afrokubanischen Ursprungs; in den Abmessungen kleiner als die → *Tumbadora;* in den Gruppen der → *Rumba* und der → *Conga (1)* auch bei volksfestartigen Umzügen eingesetzt.

Quiñones, José Dolores
* 19.3.1918 Artemisa (Pinar del Río); kubanischer Musiker und Komponist der Populärmusik; bekannter Schöpfer der Formen Bolero und Guaracha. Q. übersiedelte um 1941 nach Mexiko, wo er die Komposition typisch kubanischer Musik fortsetzte und Stücke wie »Vagar entre sombras« (Bolero, 1945), »Perro bailarín« (Guaracha, 1948) und »Comprador de huesos« (Guaracha, 1948) schrieb. Später lebte Q. in Paris, wo er seine musikalischen Aktivitäten weiter betrieb.

Quipa → *Pututu*

Quipildor, Gregor »Zamba Quipildor«
* 1952 Coronel Moldes (Jujuy); argentinischer Sänger und Gitarrist; sang seit 1979 in Buenos Aires zunächst in Folklorezentren des Typs → *Peña,* trat später auch im Ausland mit folkloristischen Liedern Argentiniens wie die → *Zamba* »La nostalgiosa« auf und produzierte zahlreiche LPs u. a. bei CBS und Music Hall.

Quiquiztli (Idiophon)
aus Muscheln hergestelltes glockenähnliches Musikinstrument, das früher in der Volksmusik mexikanischer Indianerstämme benutzt wurde.

Quiramaní, Conjunto -
kolumbianisches Vokal- und Instrumentalquartett; 1977 in Bogotá im Rahmen der Bewegung des Neuen Kolumbianischen Liedes gegründet. 1981 erschien unter dem Titel »Música indoamericana« bei Victoria eine LP mit indianischer Musik.

Quiroga Navarro, Raúl
* Oruro; bolivianischer Musiker, Arrangeur und Komponist; erforschte die Musikfolklore seiner Region, gründete eine Volksmusikgruppe (*Raúl Quiroga y sus Muchachos*), schrieb zahlreiche Stücke: »Fidelidad« (Huayño), »En las concavidades« (Cueca boliviana) und »Por tus ojos« (Taquirari). Bei HyR entstanden einige LPs.

Quiroga, Rosita (eigtl. Rosa Rodríguez Quiroga)
* 15.1.1901 Buenos Aires, † 1984 das.; argentinische Sängerin; als beste Interpretin des → *Tango* der 20er Jahre des XX. Jh. geltend; sang u. a. im Duett mit Agustín → *Magaldi* (1924); sang speziell Tangos des Komponisten Celedonio E. → *Flores*; ihr Interpretationsstil war seinerzeit völlig neu und beeinflusste nach ihr auftretende Sängerinnen nachhaltig; auf Schallplatten (Label Victor) erschienen u. a. die Titel »Mocosita« und »Bandoneón«; sie schrieb die Titel »De estirpe porteño« und »Oíme negro«.

Quirpa (Kirpa)
in Venezuela und Kolumbien verbreitetes Tanzlied; Variante des → *Joropo,* durch Harfe (Arpa), → *Cuatro* und → *Maracas* begleitet. In regionalen Versionen ist de Q. zumeist mit einem so genannten Sängerduell (Contrapunteo) verbunden.

Quirquina
Volkstanz der Aymará-Indianer der Hochlandregionen Perus und Boliviens; die Tänzer bewegen sich hüpfend und tragen sehr oft kleine Glöckchen (Campanillas) am Körper, die beim Tanzen in möglichst synchronen Bewegungen erklingen.

Quirquincho
indianisch-mestizische Bezeichnung für ein → *Charango*, dessen Resonanzboden aus dem Rückenpanzer eines Gürteltieres (= Quirquincho) gefertigt ist.

Quirquitha
Bezeichnung für schnell-hüpfendes Auftreten beim Tanzen z. B. in der → *Quirquina.*

Quisique → *Sique*

Quissangé
in der afrobrasilianischen Volks- und Populärmusik gespielte Trommel.

Quita
ein alter haitianischer Ritualtanz magischen Charakters.

Quitandinha Serenaders, Os -
brasilianisches Vokal- und Instrumentalquartett; 1946 in Rio de Janeiro u. a. mit dem Gitarristen Luíz → *Bonfá* formiert; interpretierte romantisch-trovadoreske Lieder wie das 1947 auf Schallplatte erschienene Stück »Felicidade«.

Quitiplás (Idiophon)
primitives Musikinstrument der afrovenezolanischen Volksmusik; zwei aus Bambusstäben unterschiedlicher Länge (46 bzw. 34 cm) hergestellte Tuben, die an der Außenseite mit *Laures* genannten Stäbchen perkutiert werden. Das stets paarig gespielte Instrument wird u. a. zur rhythmischen Begleitung des Volkstanzes *Baile del Tambor Quichimba* benutzt (→ *Canuto*).

Quito, Trío -
ekuadorianisches Vokal- und Instrumentaltrio; 1969 durch Nicolás Mena Sánchez, Víctor Terán und José Patiño gegründet; interpretierte landestypische Musik und existierte nur kurze Zeit; 1981 kam es durch die Solisten Marco Arellano (Gitarre, 1. Stimme), Nicolás Mena Sánchez (2. Gitarre, 2. Stimme) und José »Pepe« Patiño (Requinto) zu einer Neugründung der Formation, die im Stile der Vorläufergruppe musizierte.

Quiyaya
1. Taktstock (Bastón de ritmo), in der Volksmusik verschiedener Regionen Perus verwendet. 2. Peruanischer Volkstanz, insbesondere im Norden der Region Ancash aufgeführt; zu seiner rhythmischen Begleitung dient der gleichnamige Taktstock (1).

R

Rabel (Rabeca, Ribeca, Giga, Rabé, Ruber, Violín pampa, Violín chileno...)
ein- oder zweisaitige rustikale Violine, von den Spaniern bzw. Portugiesen nach Lateinamerika gebracht. Erste Hinweise über ihren Gebrauch in Argentinien und Paraguay stammen aus dem XVII. Jh.; später avancierte sie zum typischen Begleitinstrument des → *Payador.* Heute wird das Instrument immer seltener in der ländlichen Volksmusik Panamas, Guatemalas (zur Begleitung der → *Zarabanda*), Nikaraguas (regionale Variante Violín de Ñambar) und Chiles (als Hirteninstrument auf Chiloe bzw. als Begleitinstrument poetischer Lieder) sowie in Brasilien (als Rabeca) zur Begleitung u. a. der → *Cantiga* und des → *Fandango (4)* eingesetzt.

Rada
1. Allgemeinbez. für eines der prinzipiellen Rituale innerhalb des Komplexes des → *Vodú.* 2. Afrohaitianischer Tanz, der in den gleichnamigen Kult-Sessionen zur Aufführung gelangt; die Tänzer bewegen sich ständig in gleicher Richtung, einen Mast oder eine hölzerne Stange umkreisend; dabei singen sie bestimmte rituelle Texte und werden durch einen die → *Maracá* schüttelnden Zeremonienmeister geleitet; der Rhythmus wird durch ein Trommel-Ensemble markiert. 3. Zusammenspiel der bei den Zeremonien des gleichnamigen Kultes eingesetzten Trommeln (Tambores Rada) → *Bula,* → *Second* und → *Houmtor,* das durch den Kult- bzw. Trommelchef *Ogan* geleitet und koordiniert wird.

Rada, Rubén
* 16.7.1943 Montevideo; uruguayischer Musiker, Arrangeur, Bandleader und Komponist; Vertreter des lateinamerikanischen Jazz, der in seine Arrangements Elemente der afrouruguayischen Volksmusik, vorwiegend des → *Candombe,* aufnahm. Mit seiner Gruppe *Rubén Rada y su Conjunto S.O.S* produzierte er zahlreiche Afro-Jazz-Aufnahmen, darunter die von ihm geschriebenen Titel »Amigo mío no sufres tanto«, »Pájaro africano« und »Sin salida« (Label Clave).

Raíces Incas, Grupo -
argentinische Vokal- und Instrumentalgruppe; 1977 durch Jorge Rodríguez, Héctor Salas, Daniel und Ramón Navarro sowie Hernán Pagolo und Alfredo Lucero gegründet; spezialisierte sich auf die Interpretation andiner Musik aus dem Bereich des ehemaligen Inka-Imperiums. Titel wie »El arriero va« und »Fiesta aymará« erschienen auf LPs des Labels RCA Rabel.

Raisón, Grupo -
kubanische Vokal- und Instrumentalgruppe des traditionellen → *Son cubano,* wurde um 1990 durch die Musiker Efraín Ríos (Gesang und Tres), Luis Ríos (Gesang und Claves), Alejand-

Grupo Raisón: LP »Record de un año« – Areito LD-4789 (La Habana, 1993)

ro Pichardo (Trompete, Maracas), Jesús O' Reilly (Gitarre), Silvio Vergara (Kontrabass) und Conrado Poey (Bongoes) gegründet. Auf Schallplatten bzw. CDs des Labels Areito erschienen Titel wie »Guajira guantanamera«, »Yolanda« und »Así es el changüí«.

Raíz, Grupo -
1980 von Exil-Chilenen in Kalifornien (USA) gegründetes Vokal- und Instrumentalsextett; interpretierte chilenische und lateinamerikanische Volks- und Populärmusik; bei Monitor erschien eine LP.

Rajaleña
zur Gruppe des → *Bambuco* gehörendes kolumbianisches Tanzlied. Die dazu gesungenen Texte (Coplas) sind durchweg possenhaft, zuweilen doppelsinnig-erotisch; die instrumentale Begleitung erfolgt durch → *Puerca*, → *Carángano*, → *Chucho* oder → *Alfandoque*, zuweilen → *Guacharaca* bzw. → *Carraca;* die meisten Stücke entstammen der anonymen Musikfolklore; Verbreitungszentrum dieser Form sind die Regionen Coyaima und Purificación.

Rama
zwischen dem 16. und 24. Dezember im häuslichen Kreis angestimmter Gesang mit jahrhundertealter Tradition; in verschiedenen Ländern Lateinamerikas (z. B. Puerto Rico) – allerdings stark rückläufig – verbreitet; zumeist durch Gitarre oder ähnliche Saiteninstrumente begleitet.

Ramada
ländlicher Volkstanz Chiles, der für Improvisationen breiten Raum lässt.

Ramalhão
brasilianisches Tanzlied einiger Ortschaften des Bundesstaates São Paulo; zum Klang der → *Viola* von unverheirateten Paaren getanzt.

Ramírez, Agustín (eigtl. José Agustín R.)
* 7.2.1903 Atoyac de Álvarez (Guerrero, † 12.9.1957 México-Stadt; mexikanischer Volkssänger (Trovador), Musiker (Gitarre, Piano, Orgel) und Komponist; war nach seinen Musikstudien als Professor u. a. für Harmonielehre tätig; gründete 1926 das *Quinteto Tampiqueño*; gehörte in Puebla ab 1932 der bekannten Gruppe Los → *Trovadores Tamaulipecos* an. Durch die zahlreichen von ihm geschriebenen Stücke der Formen → *Corrido*, → *Bolero* und insbesondere → *Chilena* ging. R. in die Geschichte der mexikanischen Volks- und Populärmusik ein. Von ihm stammen u. a. die heute noch gespielten Titel »Toro rabón« (Chilena, 1920), »Acapulqueña« (Chilena, 1920; 1965 publiziert), »Corrido de Nuevo León« (Corrido, 1928) und das bekannte Stück »La San Marqueña« (Chilena, 1969 publiziert).

Ramírez, Louie »Genio de la Salsa«
* 28.02.1938 New York, † 06.06.1993 New York (Herzinfarkt); US-lateinamerikanischer Musiker (Piano, Timbales, Vibraphon), Sänger, Arrangeur und Bandleader der Tanzmusik. R. debütierte um 1956 als Vibraphon-Spieler in der Formation seines Onkels → *Joe Loco;* später wirkte er dann u. a. in den Orchestern von Xavier Cugat, Enric Madriguera, Pupi Campo, Charlie Palmieri und Joe Cuba; ferner schrieb er Arrangements für Tito Puente, Machito, Tito Rodríguez und Noro Morales. Danach gründete er eigene Bands, so den Conjunto → *Changó* und danach *Louie Ramírez y sus Amigos.* Ab 1965 war R. verantwortlicher Produzent der → *Fania All Stars.* Zu seinen zahlreichen Kompositionen gehören »Don Maceo« (Pachanga), »Sid´s Groove« (Jazz-bembé) und »Yenye« (Son montuno). Seine erste LP, »Introducing Louie Ramírez«, entstand 1967 bei Remo Records, der zahlreiche Produktionen, z. T. auch mit namhaften Interpreten wie Mongo Santamaría, Wille Colón, Ismael Rivera, den Fania All Stars und vielen anderen folgten.

Ramírez Servetti, Ariel
* 1921 Santa Fe; argentinischer Musiker (Piano), Arrangeur, Komponist und Bandleader; einer der hervorragendsten Pianisten auf dem Gebiet der folkloristischen und populären Musik; leitete seit den 40er Jahren des XX. Jh. Folklo-

regruppen, in denen er Piano spielte u. die im wesentlichen nationale Musik interpretierten. R. gilt als einer der Erneuerer der argentinischen Volksmusik, dem es mit seinen Arrangements im neuen Stil gelang, das Interesse breiter Kreise an folkloristischer Musik zu reaktivieren. Weltweite Anerkennung und Popularität erlangten seine → *Misa Criolla* (1964) und »Cantata Sudamericana« (mit Mercedes → *Sosa* herausgebracht). R. produzierte unter versch. Labels (vorwiegend Philips und Caravelle) mehr als 35 LPs und komponierte zahlreiche folkloristische Stücke wie »La tristecita« (Zamba, 1945), »Altitud 2600« (Takirari«), »Milonga campera« (Milonga) und »Volveré siempre a San Juan« (Zamba).

Ramírez Burgos, Elpidio »El Viejo Elpidio«
* (?), † 14.7.1960 (?); mexikanischer Musiker (Violine), Arrangeur, Bandleader und Komponist; einer der hervorragendsten Musiker und Schöpfer der Formen → *Son huasteco* bzw. → *Huapango*; arrangierte zahlreiche aus der anonymen Musikfolklore stammende Stücke wie »El fandanguito« und »El gusto« neu und interpretierte sie mit der Gruppe *Los Trovadores del Viejo Elpidio*, in der er Violine spielte. R. veröffentlichte 1938 die Musik zu dem bekannten Huapango »La Malagueña«, zu dem Pedro → *Galindo* wenig später einen Text verfasste; weitere Kompositionen sind u. a. »Cielito lindo huasteco« (1948), »La Azucena«, »La Petenera« und »Pahuatlán« (Huapango).

Ramírez de Funes, María Esperanza »Mariela«
* 16.1.1945 Guatemala-Stadt; guatemaltekische Sängerin und Liedermacherin; sang neben Liedern nationaler Komponisten von ihr selbst verfasste Titel wie »Desprecio« und »San Andrés Sajcabajá«.

Ramírez Jr., Rafael
* 1913 Mission (Texas), † 21.5.1976 das.; US-amerikanischer Sänger und Liedermacher; Vertreter der → *Música chicana;* wirkte in den 30er und 40er Jahren des XX. Jh. im Kulturkreis → *New York Latino;* ab 1949 lebte und wirkte er wieder in Texas. Zu seinen bekanntesten Kompositionen (Polkas, Rancheras, Boleros) gehört der Bolero ranchero »Llorarás«, der u. a. vom Trío Los → *Panchos* interpretiert wurde.

Ramírez Ramírez, Regulo
* 1924 Líbano (Tolima), † 1979 Bogotá; kolumbianischer Sänger und Komponist; studierte am Nationalkonservatorium in Bogotá; wirkte sowohl in der Populärmusik als auch in der Oper; gab Gastspiele in Lateinamerika und Europa; schuf mehr als 500 Musikstücke, darunter der Pasodoble »Feria de Manizales«, 1960 mit einer »Goldenen Schallplatte« ausgezeichnet, »Cada corazón es una flor« und »Ven amor« (Merecumbé, 1967). In Kolumbien nahm er mehr als 200 Titel auf, in Chile weitere 100, wobei folkloristische Stücke jeweils dominierten.

Ramón, Los de -
chilenisches Vokal- und Instrumentalquartett; 1961 in Colchagua durch Raúl de Ramón, seine Ehefrau María Eugenia und seine Söhne Carlos und Raúl Ramón gegründet. Die in der Folgezeit schnell populärgewordene Gruppe zeichnet sich durch hervorragende Interpretation insbes. traditioneller Volkslieder und -tänze aus vielen Regionen Chiles aus; sie verwendete dabei nur noch selten gespielte Instrumente wie → *Guitarrón* und Octavín; unter dem Label RCA Victor entstanden mehr als 10 LPs, darunter die Titel »Villancico de Yáquil«, »Viento del Tamarugal«, »Caminito a Bucalema« und »El jinete solitario«.

Ramón y Rivera, Luis Felipe
* 1913 San Cristóbal, † 21.10.1993 Caracas; venezolanischer Musiker (Viola), Arrangeur, Orchesterleiter und Folkloreforscher; wurde 1934 als Professor an die Sinfonische Musikschule (Caracas) berufen; war gleichzeitig Mitglied des Sinfonischen Orchesters Venezuelas; begann ab 1940 mit Studien auf dem Gebiet der Musikfolklore in Venezuela, Brasilien, Uruguay und Argentinien; gründete 1953 das Typische Nationalorchester (*Orquesta Típica Nacional*), das zahlreiche Stücke aus der venezolanischen

Volksmusik wie »Brisas del Torbes« (Bambuco) und »Polo coriano« (Polo) interpretierte und auf Schallplatte (Label Turpial) aufzeichnete. R. schrieb Stücke wie den → *Pasillo* »Lejanía« und publizierte einige Werke über die Folklore.

Ramos, Miriam

* 6.5.1946 La Habana; kubanische Sängerin, Gitarristin und Liedermacherin; trat 1963 dem Chor *Polifonía Nacional* in La Habana bei, debütierte 1964 als Solistin traditioneller und neuer kubanischer Lieder; 1982 erschien bei Areito ihre erste LP, »Mis canciones«, der weitere folgten. Zu ihren Liedern gehören u. a. »Mariposa« und »Llora llora«.

Ramos, Severino

* 1903 Matanzas, † 1969 La Habana; kubanischer Musiker, Arrangeur, Bandleader und Komponist populärer Musik; produzierte mit der von ihm geleiteten Gruppe Schallplattenaufnahmen u. a. bei Puchito, darunter die Titel »Hechizo de amor« (Bolero), »Asambro«, »Negra Tomasa« und »Viviré para amarte«.

Rancheira

1. in der Volksmusik des brasilianischen Nordostens verbreitete Variante der → Mazurka. 2. seit etwa 1950 in die → *Música caipira* Brasiliens übernommene Adaptionen original mexikanischer → *Ranchera*-Lieder mit teilweise ins Portugiesische übersetzten bzw. modifizierten Texten; so wurde aus der mexikanischen Ranchera »Tú y las nubes« die Rancheira »Tu e as nuvens«.

Ranchera (von rancho = Bauernhof, span.)

1. Allgemeinbezeichnung für Lieder und Tänze aus dem ländlichen Milieu Mexikos, Argentiniens, Uruguays, Venezuelas, Perus und Brasiliens (hier als → *Rancheira*). 2. *Ranchera argentina, R. uruguaya:* nach 1850 in den Einzugsgebieten von Buenos Aires und Montevideo aus der → *Mazurka* entstandenes folkloristisches Tanzlied, dessen Verbreitungszone rein ländliche Regionen sind und das heute vor allem in Uruguay noch Bedeutung hat und speziell durch Gitarre u./o. Akkordeon begleitet wird. 3. *Ranchera mexicana*: bekanntestes und typischstes mexikanisches Tanzlied, dessen hauptsächliches Verbreitungsgebiet sich auch auf ländliche Gebiete Mexikos, Zentralmerikas (Guatemala, Nikaragua, Costa Rica, Honduras und El Salvador) und des Südens der USA (→ *Música chicana*) erstreckt und mit einem walzerhaft-getragenen bzw. auch zur → *Polka* tendierenden Rhythmus in zahlreichen Mischformen wie → *Bolero ranchero, Polka ranchera, Canción norteña* (in den nördlichen Bundesstaaten Mexikos) bis hin zur → *Canción Ranchera* verbreitet ist. Typische Begleitinstrumente sind Gitarre bzw. deren regionale Varianten, Akkordeon (vorwiegend im Norden) sowie die Instrumentenkombination der → *Mariachi.* Als Grundtypen werden zwei Arten der Ranchera unterschieden: die ländliche R,, um 1910 aus Polka, → *Corrido* und weiteren Bauernliedern hervorgegangen, sowie die städtische R. (*Ranchera urbana*), die ab 1940 als eigenständige Form Erwähnung findet. Bekannte Interpreten wie Pedro → *Infante,* Jorge → *Negrete,* Miguel → *Aceves Mejía,* Lola → *Beltrán,* Amalia → *Mendoza,* Antonio → *Aguilar* und Lucha → *Reyes* sowie die Mariachi → *México* bzw. → *Vargas de Tecalitlán* haben sich

Cuarteto Los de Ramón – LP »Paisaje humano de Chile« – RCA Victor CML-2394 (1966)

völlig oder teilweise auf die Interpretation der R. spezialisiert. Bekannte Titel sind »Allá en el rancho grande« (anonym), »Pajarillo barranqueño«, »Rancho alegre« und »Paloma sin nido«.

Rancho (Terno)
Bezeichnung für brasilianische Volks- und Populärmusikgruppen, die überwiegend in Städten musizieren und auf Volksfesten (→ *Carnaval carioca*) auftreten; im Verlauf der 30er Jahre des XX. Jh. durch die Samba-Schulen weitgehend verdrängt.

Rangel Rozo, Oriol
(eigtl. José Oriol Rangel Rozo)
* 12.8.1916 Pamplona, † 14.1.1977 Bogotá; kolumbianischer Musiker (Piano, Violine, Flöte, Cello), Komponist, Bandleader und Musikforscher; studierte am Nationalkonservatorium; wurde durch seine hervorragende Interpretation des → *Bambuco* auf dem Piano bekannt; leitete einige Gruppen und Orchester und war mit diesen bzw. auch als Solist bei den Sendern Nueva Granada, Nuevo Mundo, La Voz de Colombia und zuletzt bei Radio Santa Fe tätig. Bei Sonolux entstanden Schallplatten, darunter die Titel »El Tigre«, »Pamplona« (Pasillo; Eigenkomposition) und »Santandercito«.

Rara
afrohaitianischer Tanz; zum Komplex des → *Vodú* gehörend.

Rasgueado (Rasgueo, Rasgueao)
das schnelle Anreißen von drei, vier oder mehr Saiten auf der Gitarre bzw. ähnlichen Instrumenten; in der Volks- und Populärmusik Lateinamerikas sowie im spanischen → *Flamenco* verbreitet angewandt. (→ *Arpegio*)

Raspa
1. Kurzbezeichnung für Schrapidiophone wie → *Guacharaca.* 2. mexikanischer Populärtanz im 6/8-Takt; kam als Modetanz nach 1950 auch nach Europa.

Raspador (Raspa)
Sammelbegriff für Schrapidiophone wie → *Güiro* und → *Guacharaca.*

Raspers
englischsprachige Bezeichnung für in der anglolateinam. Musik benutzte Schrapidiophone.

Rasta (Rastafari)
auf Jamaika nach Errichtung von Ansiedlungen entflohener schwarzer Sklaven (Maroons) im XIX. Jh. entstandener religiöser Kult, dessen Handlungen durch eine bestimmte Musik begleitet wurden, aus der später der → *Reggae* hervorging und dessen Anhänger der koptischen Kirche Äthiopiens huldigen. Obwohl einige Merkmale der äthiopischen Kultur erkennbar sind, steht die überwiegend durch Perkussionsinstrumente ausgeführte Musik zu dieser in keinerlei Beziehung, sie ist afrokaribisch. Der Sänger Bob → *Marley* gehörte zu den Anhängern des R.

Rastreado
alter europäischer Tanz; im XVII. Jh. über Spanien nach Lateinamerika gelangt; wurde u. a. in Mexiko populär, fiel jedoch vollkommen der Vergessenheit anheim.

Razzano, José »El Oriental«
* 1887 Montevideo, † 30.4.1960 Buenos Aires; uruguayischer Sänger (Payador), Gitarrist und Liedermacher; bildete in den Jahren 1911 bis 1925 mit dem Sänger Carlos → *Gardel* Quartette, Trios sowie das renommierte Dúo → *Gardel-Razzano.* R. schrieb u. a. die folkloristischen Stücke »Recuerdos« (Estilo, 1917), »Gaucha« (Canción, 1917), »Pobre gallo Bataraz« (Estilo) und »Cantar eterno« (Canción, 1917; mit C. Gardel).

Real, Quinteto -
argentinisches Instrumentalquintett; 1958 in Buenos Aires durch Pedro → *Laurenz* (Bandoneón, Bandleader) zusammen mit Horacio → *Salgán* (Piano), Ubaldo de Lio (Gitarre), Enrique Francini (Violine) und Rafael Ferro (Kon-

trabass) formiert; interpretierte den traditionellen → *Tango* in teilweise zur »avantgardistischen« Linie bzw. zur Kammermusik tendierenden Arrangements. Bei CBS entstanden einige LPs, darunter die Titel »Felicia« und »Organito de la tarde«.

Realejo
brasilianische Bezeichnung für die von Straßenmusikern und Wandersängern benutzte Drehorgel.

Reales del Paraguay, Los -
paraguayisches Vokal- und Instrumentaltrio; 1966 durch Celso Bogado (Harfe), Juan Antonio Cabrera (Requinto) und Martín Samudio (Gesang) formiert; die Gruppe, die sich zuerst *Trío de los Angeles* nannte, interpretierte Volks- und Populärmusik aus Paraguay und Lateinamerika; bei Rediffusion entstanden Schallplattenaufanhmen, darunter die Titel »Recuerdos de San Antonio« und »Mis noches sin tí«.

Rebeca → *Rabeca*

Rebelde, Quinteto -
kubanisches Vokal- und Instrumentalquintett; 1957 in der Sierra Maestra durch Angehörige der Rebellenarmee (Ejército Rebelde) gegründet; trat am 14.4.1958 in einer Sendung des illegalen Senders »Radio Rebelde« mit Stücken aus der traditionellen Musik der Provinz Oriente, denen aktuell-politische Texte unterlegt wurden, erstmals öffentlich auf. Mit den Instrumenten Tres, Gitarre, Marímbula, Bongó, Claves und Maracas wurden Titel wie »Yayabo rebelde« und »Respeto al Che Guevara« interpretiert; später wurde eine LP produziert.

Recitado (Rezitativ)
zumeist kurze, in rhythmisch-gefühlvoller Form rezitierte Verse innerhalb einer Gesangsdarbietung bzw. am Liedanfang, u. a. in der → *Milonga* üblich.

Recopilación (Sammlung, span.)
das Wiederauffinden und Sammeln u. a. von Liedern der anonymen Musikfolklore; auch als *Recojida* oder *Recolección* bezeichnet, von Folkloreforschern wie Isabel → *Aretz,* Andrés → *Chazarreta,* María Teresa → *Linares,* Margot → *Loyola,* Violeta → *Parra* und Luis Felipe → *Ramón y Rivera* betrieben.

Record
im engl. Sprachgebrauch verbreitete Bezeichnung für Schallplatte; war früher auch in Lateinamerika (Zeit des akustischen Tonaufzeichnungsverfahrens) gebräuchlich.

Reco-reco (Caracaxá, Casca, Cataca, Querequexé, Raspador)
brasilianisches Schrapinstrument; in der Volks- und Populärmusik zur rhythmischen Begleitung von Tänzen wie → *Samba* eingesetzt; ein Stück eines halbierten Bambusstammes, das an seinen Außenrändern mit sägezahnförmigen Einkerbungen versehen ist, über die mit Hartholzstäbchen geschrapt wird.

Recortado
brasilianisches Tanzlied; zur Gruppe des → *Fandango (4)* gehörend, das mit poetischen Texten unterlegt ist und in den Staaten Rio Grande do Sul, São Paulo und Goiás zum Klang der → *Viola* aufgeführt wird, meist zusammen mit dem → *Cateretê.*

Recula, Danza de -
aus der aztekischen Kultur stammender mexikanischer Tanz dramatischen Charakters; heute kaum noch aufgeführt.

Redoblante
kleine 25 cm hohe Trommel mit einem Ø von 25 – 30 cm; u. a. in der Volksmusik Kolumbiens, Panamas und Perus gespielt, wobei beim Spiel durch den Solisten regelrechte Trommelwirbel angestrebt werden.

Redonda
1. spanische Bezeichnung für die ganze Note. 2. Variante des spanischen Volkstanzes *Muiñeira,*

der zur Musikfolklore der Provinz Galicia gehört.

Redondilla (port.: Redondilha)
in spanischen, portugiesischen und lateinamerikanischen Liedern häufig verwendete poetische Kombination von vier achtsilbigen Versen; mit den Stanzen identisch.

Redova (Redoba, Redowa)
1. in einigen Ländern Lateinamerikas, vor allem in Nordmexiko, verbreiteter Volkstanz im 3/4- oder 3/8-Takt; auf den tschechischen Reidovák zurückgehend. 2. ein dem Waschbrett (→ *Washboard*) ähnliches (oder identisches) Musikinstrument, das, mit Stäbchen perkutiert, in der Volksmusik Nordmexikos, des Südwestens der USA bzw. in Texas zum Einsatz gelangt.

Redublé → *Premier*

Reel
Volkstanz der Karibikinsel Tobago, der auf Einwanderer aus Schottland zurückgeht und durch die Instrumente Violine, Tambourin u. Drums begleitet wird. Bei durch Gesang begleiteten Versionen werden Tambourins, Triangel und das Schüttelidiophon → *Chac-chac* verwendet.

Refalosa (Resbalosa)
1. in der Zeit der südamerikanischen Unabhängigkeitsbewegungen entstandener, in Argentinien, Uruguay und Chile verbreiteter Volkstanz; in Peru im Umfeld afroperuanischer Einflüsse Anfang des XIX. Jh. vermutlich aus Komponenten des Tanzes *Paspied* hervorgegangen, dort als → *Resbalosa* weit verbreitet. Während die R. in Argentinien und Uruguay kaum noch getanzt wird, ist sie in Chile lebendig geblieben und vor allem durch die Bewegung des Neuen Chilenischen Liedes, speziell von Rolando → *Alarcón,* aufgegriffen worden; wichtigstes Begleitinstrument ist die Gitarre; meist wird dazu gesungen. 2. ein venezolanischer Volkstanz.

Refoule → *Foule*

Refrán (port.: Refrão; Estribillo)
Kehrreim; wichtiger Bestandteil von Tanzliedern wie → *Tonada* und → *Zamba;* in afrolateinamerikanischen Formen fast immer durch einen Chor gesungen.

Regente (Dirigent, port.)
Leiter eines Orchesters bzw. einer Gruppe in Brasilien und Portugal.

Reggae
nach 1950 in städtischen Gebieten Jamaikas entstandene Musikform. Der von der afrojamaikanischen Bevölkerung getragene R. entstammt in seiner Grundkonzeption dem Komplex des → *Rasta.* Bei seiner instrumentalen Begleitung herrschen Schlagzeug und Bass vor; nationale Interpreten wie Bob → *Marley,* Jimmy Cliff, Peter → *Tosh* bzw. die Gruppen *The Ethiopians, The Kingstonians* und *The Maytals* griffen diese Form auf und popularisierten sie mit teilweise eigenwilligen Arrangements. Die Schallplattenindustrie produzierte eine Vielzahl von Aufnahmen, bereits Ende der 60er Jahre des XX. Jh. hatte der R. in der Region den bis dahin dominierenden Rock überflügelt. Später wurden Komponenten des Rock in die musikalische Struktur des R. integriert; es kam zu einer weltweiten Verbreitung und, damit einhergehend, zu einer starken Kommerzialisierung durch internationale Musikproduzenten. Ab 1978 findet in Montego Bay (Jamaika) unter der Bezeichnung *Reggae Sunsplash* ein alljährlicher Ausscheid zur Ermittlung der besten Interpreten dieser Form statt. Aktuelle Formen sind → *Dancehall* und Raggamuffin.

Regina → *Son cubano*

Regional
Sammelbezeichnung für brasilianische Instrumentalgruppen, die mit den Instrumenten → *Violão,* → *Cavaquinho,* → *Pandeiro,* → *Bandolim,* Violine, Flöte (Flauta) und Perkussion (Percussão) im Bereich der urbanen Folklore musizieren, wobei vorwiegend die Formen → *Choro,* → *Maxixe* und → *Samba* interpretiert

werden. Bekannt wurde u. a. der Regional von Benedito → *Lacerda.*

Regla
gelegentlich noch verwendete Bezeichnung für den Komplex der → *Santería* bzw. auch für die sie ausübenden Gruppen in Kuba.

Reis (span.: Reyes)
allgemein übliche Bez. für die in Portugal, Spanien und Lateinamerika zu Ehren der *Drei Könige* (Tres Reyes Magos) vorwiegend mit dramatischen Tänzen durchgeführten Feierlichkeiten und Volksfeste. Heute stellen die R. eine stark rückläufige Tradition dar. (→ *Reisado,* → *Pastorís*).

Reis, Mário (eigtl. M. da Silveira Reis)
* 31.12.1907 Rio de Janeiro, † 15.10.1981 das.; brasilianischer Sänger; bekannter Vertreter des → *Samba;* begann seine Laufbahn 1928; interpretierte vorzugsweise die Kompositionen von José → *Barbosa da Silva*; produzierte bei Odeon und Victor zahlreiche Schallplatten N78, darunter »Jura« (1928) und »Agora é Cinza«.

Reisado (Maracujá)
dramatischer Volkstanz Brasiliens; zur Gruppe der → *Pastorís* gehörend und nach 1875 entstanden; zum Weihnachtsfest und am Dreikönigstag (6. Januar) aufgeführt; die Verbreitung des R. ist stark rückläufig.

Reja (Pflug, span.)
die Spitze eines Pfluges; als idiophones Musikinstrument, durch ein Eisen perkutiert, in der afrolateinamerikanischen Volksmusik, z. B. in der → *Conga (2)* benutzt.

Relación (Erzählung, Bericht, span.)
den Versen in Gaucholiedern Argentiniens und Uruguays zugeordneter Refrain, der z. B. einer weiblichen Person gewidmet sein kann.

Religiosa, Música - → *Música religiosa,* → *Canción de Rogativo*

Remedio
in Argentinien bis etwa 1850 gepflegter Volkstanz im 3/8-Takt; Variante des → *Pericón;* heute jedoch vollkommen der Vergessenheit anheimgefallen.

Remesura
dem → *Remedio* sehr ähnlicher, bereits sehr alter argentinischer Volkstanz.

Remolá, María
* 7.12.1930 Barcelona; spanisch-kubanische Sängerin; lebt seit 1952 in Kuba; studierte ab 1956 bei Francisco Fernández Gesang und interpretierte später als Mitglied des *Grupo Lírico Gonzalo Roig* (La Habana) lyrische Lieder wie »María Belén Chacón« und »Tabaco verde«, die auf einigen LPs (Labels Panart und Areito) veröffentlicht wurden.

Remolino (Wirbel, span.)
regionale Variante des Volkstanzes → *Carnaval;* in den Gebieten von Salta (Argentinien) verbreitet; Männer und Frauen tanzen, sich an den Händen fassend, in bewegtem Tempo im Kreise.

Renacer Cubano, Grupo -
kubanisches Instrumentalquintett; 1962 in La Habana durch Alberto Simón gegründet; der Wahrung musikfolkloristischer Traditionen Kubas verpflichtet; Mitglieder der Gruppe waren Alberto Simón (Güiro, Bandleader), Mario Landa (Gitarre), Luis Espinosa (2. Gitarre), Máximo Martínez (Tres) und Ezequiel Reinoso (Laute).

Renacimiento '74
US-lateinamerikanische Vokal- und Instrumentalgruppe der → *Música chicana;* 1974 in Houston (Texas) gegründet; interpretierte Tanzmusik u. a. der Formen → *Cumbia,* Rock und Ballade; bei Ramex erschienen einige Schallplatten.

Repentista (Improvisator, Stegreifdichter, port.)
Sänger und Musiker aus dem Nordosten Brasi-

liens; der trovadoreske Traditionen pflegende und im Stegreif dichtende Sänger der → *Cantoria.*

Repertorio (port.: Repertório)
Repertoire, Gesamtheit aller durch einen Solisten, eine Gruppe oder ein Orchester beherrschten bzw. interpretierten Stücke.

Repicador (repicar = anschlagen, span.)
1. Allgemeinbez. für eine rhythmusmarkierende, tonangebende Trommel. 2. in der Volksmusik Kolumbiens und Panamas eingesetzte kleine Trommel von etwa 50 cm Höhe, die einen hellen Klang erzeugt.

Repilado Muñoz, Francisco »Compay Segundo«
* 18.11.1907 Santiago de Cuba; kubanischer Sänger, Musiker (Tres, Gitarre, Klarinette), Komponist und Bandleader; wirkte ab frühester Jugend in diversen Musikgruppen seiner Heimatregion, darunter in der *Banda Municipal de Santiago*, dem Quintett von Ñico Saquito und im Cuarteto de → *Trovadores Orientales.* Seit 1934 in La Habana lebend, spielte er in der *Banda Municipal de La Habana* Klarinette, gehörte 1945 dem Septeto Matamoros und später auch dem Dúo Los → *Compadres* an; danach gründete er eine eigene Gruppe (*Compay Segundo y su Grupo*), die vorwiegend Titel der Form → *Son cubano* und Bolero interpretierte. R. schrieb u. a. die Titel »Saludo compay« (Son) und »Anita«. Seine Mitwirkung an der zeitweiligen Gruppe → *Buena Vista Social Club* brachte ihm erneute Popularität.

Requinto
1. in verschiedenen Ländern Lateinamerikas (Kolumbien, Mexiko, Kuba, Peru, Argentinien u. a.) vor allem in der Volksmusik benutztes gitarrenartiges Instrument mit 6, 8, 10 oder 12 Saiten; im Klang dem → *Tiple* ähnlich, vorzugsweise mit einem Plektrum (Federkiel) oder den Fingernägeln gespielt. 2. kleine Klarinette; in der folkloristischen und populären Musik einiger lateinamerikanischer Länder benutzt. 3. der → *Quena* ähnliche Flöte, kürzer und dünner als diese, mit 5 in Reihe angeordneten Tonlöchern; in Peru (Region Huanuco) gespielt. 4. → *Quinto* 5. spezielle Gitarre, 1940 von dem Musiker Alfredo → *Gil* konstruiert, seitdem in Mexiko häufig gespielt.

Resbalosa
peruanischer Volkstanz; Anfang des XIX. Jh. aus kreolischen und afroperuanischen Komponenten entstanden; bildet die oft gespielte Ergänzung zur → *Marinera* und stellt die Stammform der in Chile verbreiteten → *Refalosa* dar.

Resillo
choreographische Figur der → *Contradanza* des XIX. Jh.

Resonador (Silbato) → *Silbato (2)*

Respondeora (Cantadora, Cantaora)
die Sängerin, die in einigen afrokolumbianischen bzw. afropanamaischen Tanzliedern mit bestimmten Texten auf choral oder solistisch intonierte Vokalparts »antwortet«.

Response → *Call & Response*

Resposta (Antwort, port.)
Begriff aus der Musikfolklore Brasiliens – das Singen des insbesondere in ländlichen Regionen verbreiteten → *Desafio,* das den »Gegensänger« (Contrincante) zu einer auf den Text des Vorsängers Bezug nehmenden »Antwort« (Resposta) »provoziert«.

Resurgimiento (Wiederauferstehung, span.)
zuweilen für die Bewegung des Neuen Uruguayischen Liedes (→ *Nueva Canción Latinoamericana/Uruguay*) angewandte Bezeichnung.

Retambo
während der Kolonialzeit in Mexiko (Nueva España) im XVIII. Jh. populärer, von negroiden Komponenten beeinflusster Tanz, der jedoch schon seit langem nicht mehr aufgeführt wird.

Retiro
alter Salontanz des XVII. Jh.; wurde zumeist als Abschluss von Tanzveranstaltungen in Mexiko (Nueva España) aufgeführt.

Revé Matos, Elio
* 23.7.1930 Guantánamo; kubanischer Musiker (Perkussion, meist → *Timbales*), Bandleader und Komponist tpyischer und populärer Musik. R. begann seine Musiker-Karriere 1947 als Mitglied diverser Gruppen und Orquester seiner Region. Später übersiedelte er nach La Habana, wo er 1955 ein eigenes Orchester vom Typ einer → *Charanga Francesa* mit folgenden Migliedern formierte: Elio Revé (Perkussion, Bandleader), Juan Carlos Alfonso (* 1943 – Piano und Arrangeur), Juan Formell (Kontrabass), Alfonso Contreras, Valentín Arrondo, William Rafael Padrino und Gilberto Oviedo (Tres). Später nutzte man die Instrumente Tres, Bombo (3), Violine, Bongoes, Tumbadora, Tambor batá, Guayo, Campana und Timbales. Man experimentierte mit einer Vermischung traditioneller Formen wie → *Changüí* mit Populärtänzen vom Typ → *Cha-cha-chá* unter Einbeziehung von Elementen ausländischer Tanzmusik; bei Areito erschienen einige LPs, darunter die Titel »Reyes del Changüí« und »A Santiago«.

Revival
traditioneller, in der afrojamaikanischen Folklore verwurzelter Kult, ein Synkretismus aus afrikanischer und europäisch-protestantischer Religion und in zwei Varianten, *Pukko* und *Zion*, existierend. Die Kult-Sessionen wurden von Gesang, Musik und Tanz begleitet, im Freien und auch in Häusern durchgeführt; die Musik wird größtenteils improvisiert; mitunter werden kurze Sätze einige Minuten lang wiederholt. Die Tänze des Pukko sind einfach und im 2/4-Takt gehalten, die des Zion komplizierter. Zur musikalischen Begleitung des Zion dienen Trommeln u./o. andere Perkussionsinstrumente, während beim Pukko die Gemeindemitglieder durch Händeklatschen und Füßestampfen den rhythmischen Hintergrund markieren.

Revueltas Sánchez, Silvestre
* 31.12.1899 Santiago Papasquiaro (Durango), † 5.10.1940 México-Stadt; mexikanischer Musiker (Violine) und Komponist; studierte in Durango und in México-Stadt (bei Rafael → *Tello*); begleitete später u. a. die Sängerin Guadalupe Medina bei ihren Auftritten und schrieb zahlreiche Stücke, darunter Filmmusik für »¡Vamos con Pancho Villa!« (1936) und »Ferrocarriles de Baja California« (1938) sowie »Los de abajo« (1940).

Rexach, Silvia
* 22.1.1922 Santurce, † 20.10.1961 das.; puertorikanische Sängerin und Liedermacherin; studierte Piano; gehört zu den Gründungsmitgliedern des nationalen Komponistenverbandes und schrieb zahlreiche Stücke wie »Lamento de Navidad« (Aguinaldo) und »Nave sin rumbo«, die sie mit ihrer eigenen Musikgruppe *Las Damiselas* interpretierte.

Rey, Alberto
* Curicó; chilenischer Musiker (Harfe, Gitarre), Arrangeur und Komponist; gehört zu den renommierten Harfenisten Chiles; sein Spiel wurde durch paraguayische Einflüsse – R. arbeitete 1945 mit Félix → *Pérez Cardozo* zusammen – nachhaltig geprägt; er bildete zahlreiche Harfenisten seines Landes aus, komponierte zahlreiche Stücke wie »Curicano soy« (Cueca) und »Viejas costumbres« (Sajuriana) und publizierte einige LPs mit Instrumentalmusik (Label RCA Victor) aus Chile und Paraguay. Darüber hinaus gehörte R. dem populären Folkloreduo → *Rey – Silva* an.

Rey - Silva, Dúo -
chilenisches Vokal- und Instrumentalduo; um 1943 in Santiago de Chile durch den Harfenisten Alberto → *Rey* zusammen mit Sergio Silva gegründet; spezialisierte sich auf die Interpretation der → *Cueca chilena,* wurde in Chile durch seine künstlerisch ausgewogen erarbeiteten Arrangements teilweise aus der anonymen Musikfolklore stammender Stücke sehr populär und produzierte zahlreiche LPs (Label Victor /

RCA Victor), darunter die Titel »Que repiquen las campanas« und »Orillas del Norte«. Auf einer Konzertreise durch Argentinien (1945) war das Duo sehr erfolgreich.

Rey Roa, Gil Arialdo

* 1929 Villavicencio; kolumbianischer Sänger, Musiker, Arrangeur und Liedermacher; Vertreter der → *Música llanera;* Bruder von Luis Ariel → *Rey;* studierte die Musikfolklore der Regionen Arauca und Casanare, schrieb etwa 500 Stücke der Formen → *Pasaje,* → *Joropo* und Tanzmusiktitel, darunter »Zulma« (Pasaje) und »Cuando murió mi hermano« (Lamento, 1974).

Rey Roa, Luis Ariel »Jilguero del Llano«

* 1934 Villavicencio, † 1974 Bogotá; kolumbianischer Sänger, Musiker (Harfe) und Komponist; zu den populärsten Vertretern der → *Música llanera* gehörend; interpretierte mit seiner Gruppe *Luis Ariel Rey y sus Llaneros* Stücke der Formen → *Joropo* und → *Pasaje* und produzierte mehr als 20 LPs, darunter die von ihm geschriebenen Titel »Amor al Llano« (Joropo), »Malaya« (Joropo), »Mi caballo« (Corrido) und »Canaguero« (Joropo).

Rey, Verónica

* 1946 Caracas; venezolanische Sängerin; begann ihre Künstlerlaufbahn 1964; wirkte u. a. in der Gruppe *Los Tropicales* und in der *Combo Gigante* sowie (1968 – 77) bei der Gruppe *Los Melódicos*; später trat sie als Solistin auf; ihre Stücke »Noche de luna« und »Quiero ser feliz« wurden auf Schallplatten veröffentlicht.

Luis Ariel Rey y sus Llaneros – LP »Luis Ariel Rey y sus Llaneros« – Zeida LDZ-20-132 (1965)

Reyes → *Reis*

Reyes, Baile de -

Sammelbegriff für die anläßlich der Volksfeste am Dreikönigstag (6. Januar) aufgeführten Volkstänze religiöser Inspiration. (→ *Reis, Reisado*)

Reyes Benítez, Jesús

* 15.10.1932 Trujillo; peruanischer Gitarrist; studierte am Konservatorium von Lima und danach in México-Stadt; interpretierte neben ernster Musik auch Stücke von Daniel → *Alomía Robles* und J. Belisario Rueda.

Reyes, Judith

* Tamaulipas; mexikanische Sängerin; begann ihre Laufbahn als Interpretin folkloristischer Lieder Mexikos und spezialisierte sich später auf den Protestsong; den sie vorwiegend zur Musik eines → *Corrido* oder → *Huapango* vortrug; bekannt wurden ihre Titel »Corrido a Sandino«, »No pueden matar al Che« und »Tragedia de la Plaza de las Tres Culturas«, die auf LPs in Italien, Frankreich bzw. den USA erschienen sind. R. musste aus politischen Gründen Mexiko verlassen; sie setzte im Exil ihre Tätigkeit fort.

Reyes, Los Tres - → *Tres Reyes, Los -*

Reyes, Lucha »La Morena de Oro del Perú«

(eigtl. Lucila Sarcina Reyes)

* 19.7.1936 Lima (Barrio Aromito), † 31.10.1973 das. (Herzinfarkt); afroperuanische Sängerin folkloristischer und populärer Musik. R. begann ihre Karriere als Sängerin kreolischer Lieder um 1955. Ab 1970 wurde sie zur vielgefragten Künstlerin, die in Kabaretts und Peñas

auftrat, Schallplatten einspielte und in Runfunk- und TV-Sendungen auftrat. Zu ihren Erfolgen, aufgenommen bei F-T-A, gehören u. a. »José Antonio« und »Regresa«.

Reyes, Lucha
(eigtl. María de la Luz Flores Acevedo)
* 23.5.1906 Guadalajara, † 24.6.1944 México-Stadt; mexikanische Sängerin; übersiedelte 1918 nach México-Stadt, wo sie mit dem Gesang der → *Zarzuela* begann; widmete sich danach der Interpretation von Titeln der Formen → *Ranchera,* → *Corrido* sowie dem → *Son cubano* bzw. der → *Rumba.* R. war nach 1927 Mitglied des renommierten Trios → *Garnica – Ascencio* und avancierte zu einer der erfolgreichsten Sängerinnen landestypischer Musik Mexikos; als singende Schauspielerin wirkte sie in einigen Filmen wie »La Tierra del Mariachi«, »Los Dorados de Villa« und »Ay Jalisco no te rajes« mit; bei Victor bzw. RCA Victor entstanden zahlreiche Schallplatten, darunter die Titel »Corrido de Chihuahua« (1938), »Torito Retinto« und »Juan Colorado«.

Reyes 73, Los -
kubanisches Vokal- und Instrumentalorchester moderner Tanzmusik; 1962 in La Habana durch den Musiker Santiago Reyes zunächst als Combo gegründet; 1973 wurde die Gruppe reorganisiert und auf 11 Musiker erweitert, die Leitung übernahm der Gitarrist Pedro Jústiz jr.; zum Repertoire gehört moderne und traditionelle Musik bei Dominanz des → *Son cubano;* bei Areito entstanden einige LPs, darunter die Titel »Me cansé de hablar« und »Grandes amigos«.

Reyna Cisneros, Cornelio »Méjico«
* 16.09.1940 Coahuila; mexikanischer Sänger, Musiker (Gitarre) und Liedermacher der folkloristischen und populären Musik; notabler Schöpfer neuerer Titel del Form → *Ranchera.* R. wurde durch seinen Vater im Gitarrespiel unterrichtet; wenig später, 1958, nahm er seinen ersten Titel, das Lied »Ya no llores« auf und in der Folgezeit gehörte er dem *Dúo Los Relámpagos del Norte* an, ebenso sang er bei den *Mariachi Oro y Plata de J. Chávez* und in weiteren Gruppen. R. schrieb u. a. die Rancheras »A dónde quieres?«, »Alma triste«, »Celos y penas« und »Me caí de la nube«.

Reyna, Fredy
* 3.4.1917 Caracas; venezolanischer Musiker (Cuatro, Gitarre), Arrangeur, Komponist und Bandleader; schloss 1941 ein Studium der klassischen Gitarre ab, wandte sich später dem → *Cuatro* zu, auf dem er als einer der besten Solisten des Landes gilt; er bildete zahlreiche Musiker, darunter seinen Sohn Maurice R. (* 1948), auf diesem Instrument aus und verfasste eine Lehrmethode. Mit einer von ihm geleiteten Folkloregruppe interpretierte R. landestypische Musik wie die Titel »El Carite«, »Tamunangue« und »Caminito verde«, die auf eigenem Label (Reyna) veröffentlicht worden sind.

Rhumba Box (Marimba box)
der kubanischen → *Marímbula* sehr ähnliches idiophones Musikinstrument, in der Volksmusik Jamaikas und weiterer karibischer Inseln u. a. zur Begleitung von → *Calypso,* Rumba und → *Mento* eingesetzt.

Ribada
zur Gruppe des brasilianischen Fandango (4) gehörender Volkstanz des Bundesstaates Rio Grande do Sul, der stets durch Gesang begleitet wird.

Ribamar, José de - »Papete«
* 1947 Bacabal (Maranhão); brasilianischer Sänger und Liedermacher; spielt u. a. das Instrument → *Berimbau* und singt Volkslieder des Landesnordens wie »Ova« und »Cachimbo«, die auf LPs des Labels »Pereira« veröffentlicht wurden.

Ribeiro da Vinha, Alberto
* 27.8.1902 Cidade Nova (Rio de Janeiro), † 10.11.1971 Rio de Janeiro; brasilianischer Sänger, Musiker (Piano) und Komponist; zählt zu den bekanntesten Schöpfern brasilianischer Populärmusik, wobei die Form → *Samba* domi-

nierte, die er meist zusammen mit João de → *Barro* schrieb; dazu gehören die Titel »Yes, nós temos bananas«, »Chiquita Bacana«, »Copacabana« (1946), »Fim-de-semana em Paquetá« und »Touridas em Madri« (1927).

Ribeiro, Alice
* 22.1.1917 Rio de Janeiro; brasilianische Sängerin und Pianistin; studierte bei Murilo de Carvalho (Gesang) und José → *Siqueira* (Piano); interpretierte ernste und folkloristische Musik, u. a. die Lieder »Casinha pequinina« und »Boibumbá«, die auf LPs des Labels Corcovado erschienen sind.

Ribeiro, Pery (eigtl. P. de Oliveira Martins)
* 26.7.1937 Rio de Janeiro; brasilianischer Sänger, Musiker und Liedermacher; Sohn von Herivelto → *Martins* und Dalva de → *Oliveira;* wurde durch seine Eltern ausgebildet; widmete sich der brasilianischen Populärmusik; seine erste Single-Schallplatte, »Manhã de carnaval« und »Samba de Orfeo«, erschien 1961 bei Odeon, seine erste LP 1963.

Alice Ribeiro

Ribeiro - Filho, Dúo -
brasilianisches Gitarrenduo; in Rio de Janeiro durch die Solisten João Martins Ribeiro und dessen Sohn José Ribeiro Filho gegründet; interpretierte ab etwa 1975 traditionelle und pop. Musik Brasiliens; auf LPs (Label Itamaraty) erschienen u. a. die Titel »Velho realejo«, »Noite de lua« und »Arrependimento«.

Ricardo, José »El Negro Ricardo«
* 1888 Buenos Aires, † 1937 an Bord eines Schiffes; argentinischer Gitarrist und Komponist; Autodidakt, bekannter Interpret des frühen → *Tango.* R., ein Afroargentinier, galt zu seiner Zeit als einer der bedeutendsten Gitarristen der kreolischen Musik; er trat zunächst in Cafés und Salons von Buenos Aires auf, begleitete später den uruguayischen Sänger (Payador) Juan Eugenio Sallet, das Dúo → *Gardel – Razzano* und ab 1925 Carlos → *Gardel.* Zu seinen zahlreichen Kompositionen, Tangos, Milongas, Estilos, Zambas und Serenaden, gehören u. a. die Titel »Baila negra« (Tango), »Un bailongo« (Milonga), »Cosas criollas« (Ranchera) und »Siga la farra« (Tango). R. reiste 1932 nach Europa (Spanien, Schweiz, Frankreich), wo er sich zuletzt längere Zeit in Paris aufhielt und bis 1937 im Restaurant »La Cabaña Cubana« auftrat.

Ricardo, Sérgio (eigtl. João Mansur Lutfi)
* 18.6.1932 Marília (São Paulo); brasilianischer Sänger, Musiker und Komponist; interpretierte vorzugsweise Stücke der Formen → *Samba* und → *Bossa Nova,* die er zumeist selbst schrieb, darunter »Buque de Isabel« (1958), »Zelão« (1960) und »Conversação de paz«. Bei Odeon erschienen einige LPs.

Rico's Creole Band
kubanisch-francokaribisches Tanzorchester,

1931 in Paris durch Filiberto Rico (Klarinette, Flöte und Vizedirektor), Abel Beaurcgard (Guadeloupe, Trompete), Bertín Salnave (Haití, Flöte, Saxophon), Emile Chauney (Saxophon), Moisés → *Simons* (Piano und Bandleader), Henry Matteo (Gitarre) und Félix Valvert (Violine) formiert. Mit Gesangssolisten wie Joaquina »Chiquita« Serrano, José Riestra, Jean Irace, Nina del Pilar, Oscar Calle, Antonio Machín u. a. gehört dieses Orchester zu den wichtigen Verbreitern lateinamerikanischer Musik in Europa um 1930, das auch unter den Bezeichnungen *Rico's Creole Band de la Coupole, Orchestre Typique Cubain* oder *Orquesta Típica Heriberto* auftrat bzw. Schallplatten, darunter die Titel »Les trois coups« (Rumba) und »Ven Guaricha« (Rumba) aufnahm.

Rigodón

in der Provence (Frankreich) entstandene Variante der → *Contradanza* im 2/4- oder 4/4-Takt; im XVII. Jh. in Spanien als Salontanz populär, wurde später nach Lateinamerika (Mexiko, Kuba, Kolumbien u. a.) gebracht, wo der R. bis gegen Ende des XVIII. Jh. aufgeführt wurde.

Rigual, Hermanos -

durch die Gebrüder (Hermanos) Carlos, Pedro »Pituka« und Mario Rigual gebildetes kubanisches Vokal- und Instrumentaltrio; interpretierte seit den 40er Jahren landestypische Tanzmusik; übersiedelte 1958 nach Mexiko. Zu den bekanntesten, auf Schallplatten der Labels RCA Victor, Orfeón u. a. erschienenen Titel gehören die Eigenkompositionen »Corazón de Melón« (Cha-cha-chá, 1953), »Cuando calienta el sol« (Rock lento, 1961) und »Vamos a bailar« (Guajira, 1967).

Ril (Rilo)

in der ersten Hälfte des XIX. Jh. in Brasilien (Recife, Rio Grande do Sul) populärer Tanz.

Rimance (Rimanço)

1. häufig gebrauchte Bezeichnung für die brasilianische Romanze (→ *Romance,* → *Romanceiro Popular Nordestino*). 2. epische Gesänge Brasiliens in kleinerer Form.

Rimba → *Birimbao (1)*

Rin

alter chilenischer Volkstanz ländlicher Gebiete der Insel Chiloé; heute nur selten aufgeführt.

Rinaldi, Susana

(eigtl. Susana Natividad Rinaldi)
* 25.12.1935 Buenos Aires; argentinische Sängerin; eine der bekanntesten → *Tango*-Sängerinnen der 70er Jahre des XX. Jh.; studierte ab 1949 am Konservatorium von Buenos Aires; debütierte 1957 im Fernsehen und 1959 auf öffentlichen Veranstaltungen in Musiktheatern; ihre Versionen von Tangos wie »El Choclo«, »Cuesta abajo« und »Melodia de arrabal«, wobei sie durch eine von ihr geleitete Musikgruppe (Bandoneón: Miguel Ángel Nicosia) begleitet wurde, erlangten schnell Popularität und erschienen ab 1968 auf LPs verschiedener Labels (u. a. Trova, Barclay und Phonogram).

Ring Game (Ring Play)

folkloristisches Tanzlied Jamaikas; zu den traditionellen Arbeitsgesängen (Work Songs) gehörend.

Susana Rinaldi: LP »Buenos Aires...París« – Barclay-91.018 (Paris, 1979)

Río, Grupo -
peruanische Rockgruppe; 1981 in Lima durch Chachi und Cuchi Galarza, Pocho Prieto, Lalo Tafur und Kike Figueroa gebildet; pflegt Rockmusik im Stile der Beatles bzw. der Rolling Stones; die erste LP mit Titeln wie »A la droga díle no« (eine Anklage gegen den Drogenkonsum) erschien 1985.

Ríos, Elvira (eigtl. Elvira Gallegos Cerda)
* 16.11.1913 México-Stadt, † 13.1.1987 México-Stadt; mexikanische Sängerin; eine der ersten Interpretinnen des Landes, die sich der Form → *Bolero* widmeten und in ganz Lateinamerika sowie in Spanien große Popularität erlangten; es erschienen 35 LPs und zahlreiche Schallplatten N78, darunter die Titel »Frenesí«, »Flores negras« und »Amor de mis amores«.

Ríos, Waldo de los -
* 1934 Buenos Aires, † 1977 Spanien; argentinischer Musiker (Violine), Arrangeur, Komponist und Bandleader; wurde durch seine Mutter, eine Folkloresängerin, mit der Volksmusik vertraut gemacht; mit einem von ihm geleiteten Orchester interpretierte er Titel aus der klassischen Musikfolklore wie »Jota cordobesa« und »Pala pala pulpero« in neuartigen Arrangements; ab 1962 lebte und wirkte er in Spanien, wo er seine Tätigkeit fortsetzte. R. schrieb Filmmusiken und produzierte zahlreiche LPs (CBS), für die er mit 5 Goldenen Schallplatten geehrt wurde.

Ríos y Macias, Dúo -
kolumbianisches Vokal- und Instrumentalduo, nach 1950 durch die Solisten Antonio Ríos und José Macias gegründet; interpretierte folkloristische Musik u. a. der Formen → *Bambuco*, → *Guabina* und → *Pasillo;* Titel wie »El Trapiche« und »Flores negras« erschienen auf LPs der Labels Zeida und Sonolux.

Ripio (»Bruchstück«, span.)
in der chilenischen → *Cueca* nicht zum unmittelbaren Gesangstext gehörende Einflechtung einzelner Wörter bzw. kurzer Sätze, die als Verbindung bzw. Überleitung zwischen einzelnen Teilen dieses Tanzes dient.

Ritmista
spanisch- und portugiesischsprachiger Name des Rhythmikers in Orchestern und Gruppen.

Ritmo
der Rhythmus im allgemeinen bzw. auch der Klang eines Instruments.

Ritmo Oriental, Orquesta -
kubanisches Tanzorchester vom Typ einer → *Charanga Francesa;* 1958 in La Habana durch Ramiro Reyes gegründet; gegenüber der traditionellen Linie mit gewissen klanglichen Modifikationen arbeitend, interpretierte es Titel der Formen → *Danzón*, → *Son cubano* und → *Guaracha*, die auf einigen LPs (Label Areito) herauskamen, darunter die Titel »María, baila el son« und »Chico Mamey«.

Ritmos do Brasil, Conjunto - (Brasilia Ritmos)
brasilianische Instrumentalgruppe; 1959 in Rio de Janeiro durch den Musiker Waldir → *Azevedo* (Cavaquinho und Bandleader) gegründet. Die Gruppe – ihr gehörte zeitweilig der Akkordeonspieler → *Sivuca* an – leistete einen wertvollen Beitrag zur Popularisierung brasilianischer Tanzmusik insbes. im Ausland; in eingängigen Arrangements wurden Stücke der Formen → *Samba*, → *Choro*, → *Baião* u. a. interpretiert und auf Schallplatte (Label Odeon) aufgenommen, darunter die international bekannten Titel »Delicado« und »Na glória«.

Ritubari, Danza del -
ein Volkstanz der Tarahuamara-Indianer Mexikos.

Rivadavia, Ramón
* 1940 Montevideo; uruguayischer Sänger und Liedermacher; begann 1960 mit dem Schreiben und der Interpretation von lyrischen Liedern wie »Mi Montevideo de ayer« (Tango).

Rivanera, Andrés
* Rancagua; chilenischer Musiker und Komponist; gründete in seiner Heimatstadt die Folkloregruppe *Don Andrés y su Conjunto*; schrieb zahlreiche Serenaden, Tonadas und Lieder wie »Anoche me cantó el chuncho« und »No apure el ganado flaco«.

Rivarola y Miranda, Alberto
* 7.8.1892 Puno, † (?); peruanischer Musiker, Arrangeur, Komponist und Bandleader; studierte Musik bis 1903 in Puno; gründete 1924 die weithin bekannte Folkloregruppe *Estudiantina Duncker*; schrieb zahlreiche Stücke wie »Linda puneñita« (Marinera), »Siempre vivas« (Vals peruano) und »Zampoñas de mil recuerdos« (Huayno, 1944).

Rivas Avila, Manuel »Wello Rivas«
* 18.2.1913 Mérida, † 12.1.1990 México-Stadt; mexikanischer Sänger, Gitarrist und Komponist; begann nach Studien in Mérida seine Karriere 1929 in México-Stadt, wo er sich insbesondere der Interpretatión trovadoresker Lieder und Boleros zuwandte, 1935 trat er dem Orchester von Rafael → *Hernández* bei. Seine erste Komposition, der Bolero »Quisiera ser«, entstand 1937; es folgten solche Erfolgstitel wie »Cenizas« (Bolero, 1964), »Llegaste tarde« (1954) und »Como golondrinas« (1955).

Rivera, Ismael »Maelo«
* 5.10.1931 Santurce, † 13.5.1987 New York; puertorikanischer Sänger und Bandleader; begann seine Karriere in der Gruppe → *Cortijo y su Combo* und wirkte später u. a. im Orchester *Panamericana* (Direktor: Lito Peña) und gründete 1975 die Formation *Los Cachimbos*, mit der er karibische Tanzmusik (Guarachas, Bombas, Plenas) produzierte. Schallplattenaufnahmen entstanden u. a. bei Tico, Tropical und Seeco, darunter die Titel »Borinquen« und »Calypso, bombo y plena«.

Rivera, »Niño«
(eigtl. Andrés Echeverría Callavas)
* 18.4.1919 Pinar del Río; kubanischer Musiker (Tres, Bongó), Arrangeur, Komponist und Bandleader; bekannter Solist auf dem → *Tres;* Vertreter des → *Son cubano;* begann 1924 als Bongó-Spieler im *Sexteto Caridad*; 1934 übersiedelte er nach La Habana, wo er zunächst beim *Sexteto Boloña* und wenig später, 1935, beim *Sexteto Bolero* den Tres spielte. Um 1942 gründete er seine erste eigene Gruppe, das Sextett *Rey de Reyes*, zwischenzeitlich schrieb er Arrangements für das Orchester → *Riverside* und 1952 formierte er die sehr populär gewordene Gruppe *Niño Rivera y su Conjband*, mit der er zahlreiche Schallplatten produzierte, darunter die von ihm geschriebenen Titel »Monte adentro« (Son montuno) und »Cherivón« (Cha-cha-chá).

Rivero, Edmundo (eigtl. Leonel E. Rivero Duro)
* 8.6.1902 Avellaneda; † 18.1.1986 Buenos Aires; argentinischer Sänger, Musiker (Gitarre) und Liedermacher; bekannter Interpret des → *Tango* und der → *Milonga;* wurde durch seinen Vater, Aníbal Rivero, ebenfalls Sänger, im Gitarrespiel ausgebildet, studierte später Gesang am Nationalkonservatorium; trat als Solist auf und schloss sich später dem Orchester von Aníbal → *Troilo* an, sang auch im Orchester von Horacio → *Salgán* und produzierte zahlreiche Schallplatten (bei Victor, Odeon, Philips, Trova u. a.). In seinen Liedern wie »Línea 9«, »Chamuyo« und »A Buenos Aires« pflegte er den Slang → *Lunfardo.* Auslandsreisen führten ihn in weite Teile Lateinamerikas, nach Japan und Spanien (1959).

Rivero, Facundo »Lacho«
* 19.6.1912 Santa Clara; kubanischer Musiker (Piano), Arrangeur, Bandleader und Komponist; gründete 1948 in La Habana ein Quartett der Tanzmusik, das sehr populär wurde und zahlreiche Schallplattenaufnahmen (u. a. bei RCA Victor) produzierte, darunter die von R. komponierten Titel »Lacho« (Canción de cuna), »Obatalá« (Afro), »Oyéme mamá« (Cha-cha-chá), »Chancleteando« (Cha-cha-chá) und »Cabbio sile changó« (Afro lamento).

Riverside, Orquesta -
kubanisches Tanzorchester vom Typ einer → *Jazzband (cubano);* 1938 in La Habana durch den Musiker Enrique → *González Mantici* gegründet. Mit einem unverwechselbaren Sound – es dominierten Saxophone – entwickelte sich das Orchester zu einer der bekanntesten kubanischen Formationen, die im In- und Ausland großes Ansehen erlangte. Im Jahre 1947 übernahm der Saxophonist Pedro Vila die Leitung; als Pianist wirkte Pedro → *Jústiz* und als Sänger Tito → *Gómez.* Gegenwärtiger Leiter ist Nelson Arocha, der die ursprüngliche Linie unter Einbeziehung neuer Elemente fortsetzt. Unter versch. Labels (Puchito, Panart, Tropical, Sirena, Dicap, Areito u. a.) entstanden zahlreiche LPs, darunter die Titel »Yayabo«, »Conga carnaval«, »Sabroso cha-cha-chá« und »Avenida 486«.

Roa Meza, Rodolfo
* 24.7.1941 Luque; paraguayischer Musiker (Bandoneón, Gitarre), Komponist und Bandleader; einer der populärsten Bandoneón-Solisten des Landes. R., aus einer Musikerfamilie stammend, erlernte bereits als Kind das Gitarrespiel, mit 14 Jahren wurde er durch seinen Vater, den Orchesterleiter Manuel Roa (1910 – 1973) im Bandeoneón-Spiel unterwiesen. Sehr schnell begann er seine Karriere als professioneller Musiker und formierte 1964 eine eigene Gruppe, mit der er ein umfangreiches Repertoire auf Veranstaltungen, aber auch in Rundfunkprogrammen und Schallplattenaufzeichnungen (zuerst unter dem Label Asunción) darbot. Später gehörte R. dem bekannten Orchester → *Perú Rimá,* dem *Cuarteto Venus* und weiteren Formationen an; als Instrumentalsolist oder als Begleitmusiker der Duos *Las Hermanas Grance* und *Méndez – López* produzierte er bei Discos Elio sieben LPs.

Roberto Carlos (eigtl. R. C. Braga Moreira)
* 19.4.1943 Cachoeiro de Itapemirim (Vitória); brasilianischer Sänger, Musiker (Elektrogitarre) und Liedermacher; entwickelte sich zu einem vor allem bei der Jugend populären Sänger, dessen zahlreiche Schallplattenaufnahmen, insbesondere rockartige Balladen, in weiten Teilen Lateinamerikas in hoher Auflage vertrieben wurden. Sein an die internationale Musik angelehnter Gesangsstil weist Tendenzen zur Kommerzialisierung auf. Bei CBS (Continental, Columbia und Caytronics) erschienen zahlreiche LPs, ab 1971 pro Jahr ein Album, darunter die von ihm verfassten Balladen »Amada, amante« (mit Erasmo Carlos), »A distância«, »A proposta« (1975, mit Erasmo Carlos) und »Vocé é linda).

Roberts, Aldwayn → *Lord Kitchener*

Roca Tánchez, Miguel de -
* 6.9.1917 Guatemala-Stadt; guatemaltekischer Musiker (Marimba), Komponist und Bandleader; entstammt einer renommierten Musikerfamilie; wirkte u. a. in der Gruppe *Marimba Ibis,* leitete später einige Musikgruppen und bildete Musiker auf dem Instrument → *Marimba* aus. Zu seinen Kompositionen gehören u. a. die Titel »Pachuli«, »Bailando guaracha«, »Mujer consentida« und »Tierra colorada«.

Rocambole
alter brasilianischer Volkstanz des Bundesstaates São Paulo; Variante des → *Fandango.*

Roccatagliata, David »Tito«
* 1891 Buenos Aires, † 1925 das.; argentinischer Musiker (Violine), Arrangeur und Komponist; genoss als bester und bekanntester Violinist des → *Tango* der sog. »Alten Garde« (Guardia Vieja) legendären Ruf; musizierte meist in kleinen Gruppen, u. a. mit Roberto → *Firpo,* Eduardo → *Arolas,* Genaro → *Espósito* und Juan Carlos → *Cobián.* Erste Schallplattenaufnahmen entstanden mit einem Trio (Fresedo-Tito-Cobián) bei Tele-phone (1917/18). 1920 reiste R. nach New York, wo er bei Victor mit der Formation Orquesta Típica → *Select Delfino-Tito-Fresedo* eine Serie von 25 Platten aufnahm. R. schrieb u. a. die Titel »Buenos Aires tenebroso«, »Don Eduardo« und »Elegante papirusa« (Tangos).

Rocha Viana Jr., Alfredo da - »Pixinguinha«
* 23.4.1898 Catumbi, † 17.2.1973 Rio de Janeiro; brasilianischer Musiker (Flöte, Cavaquinho, Piano, Saxophon), Arrangeur und Komponist; herausragende Persönlichkeit der brasilianischen Populärmusik; formierte 1922 die Gruppe Os → *Oito Batutas* und 1928 zusammen mit Ernesto J. dos → *Santos* das Orchester *Pixinguinha-Donga*; beide Formationen haben der Entwicklung der brasilianischen Tanzmusik entscheidende Impulse vermittelt. R. schrieb Stücke u. a. der Formen → *Samba,* → *Choro* und Walzer, darunter die Titel »Lamento« und »Um a zero«.

Rocha, Otto de la -
nikaraguanischer Sänger, Musiker, Arrangeur und Komponist landestypischer Musik; erforschte die Musikfolklore Nikaraguas und schrieb zahlreiche Lieder wie »Pelo de maíz«, die er selbst interpretierte und teilweise auf Schallplatten (Label Arcoiris) aufnahm.

Roche, Pablo »Akilakua«
* vor 1900 La Habana; † 1942 das.; kubanischer Schlagzeuger der afrokubanischen Volks- und Populärmusik; Sohn des bekannten Perkussionisten Andrés Rocha; bildete zahlreiche Musiker wie Raúl Díaz und Jesús → *Pérez* aus; sein Ruf als virtuoser Trommel-Solist (Tamborero) ist legendär.

Rocksteady
zur modernen *Pop Music* gehörende Musikform; nach 1960 auf Jamaika entstanden und sehr schnell über die gesamte Anglokaribik verbreitet; eine Mischung von Komponenten überwiegend des Rock'n'Roll mit nationalen Elementen aus der anglokaribischen Musikfolklore. Höhepunkt von Entwicklung und Verbreitung waren die Jahre zwischen 1966 und 1968; später wurde der R. durch → *Reggae,* → *Ska,* → *Soca* u. a. verdrängt bzw. ging in ihnen auf. Durch eingewanderte Musiker aus der Karibik erlangte diese Musikform auch in England eine gewisse Popularität.

Rocola
in weiten Teilen Lateinamerikas gebräuchliche Bezeichnung für die mit Münzen zu bedienende Musikbox; von Schallplatten inzwischen größtenteils auf CDs umgestellt.

Roda
allgemeine Bezeichnung für einen Rundtanz in Portugal und Brasilien (→ *Ronda,* Roda infantil).

Roda infantil
sing- bzw. tanzbare Form der Musikfolklore Portugals und Brasiliens, im allgmeinen für Kinder geschrieben, seltener für Erwachsene (wie z. B. in der → *Ciranda*); wird generell als Rundtanz (*Dança-de-roda*) aufgeführt (Kinderreigen).

Rodas Santizo, Froilán
* 7.10.1922 Tecpán; guatemaltekischer Musiker (Marimba), Komponist und Bandleader; einer der bedeutendsten Solisten auf dem guatemaltekischen Volksinstrument → *Marimba;* leitete einige Musikgruppen, darunter die Marimba → *Chapinlandia,* mit der er zahlreiche Schallplattenaufnahmen produzierte, und komponierte Stücke wie »Linda morena«, »Patria querida«, »San Francisco de Asis« und »Felicidades amor mío«.

Rodeo (port.: Rodeio; Vaquerada, Vaqueirada)
1. ein u. a. in Chile, Ekuador und Brasilien veranstaltetes Volksfest folkloristisch-traditionellen Charakters: das Markieren von Rindern durch Brennstempel, in dessen Umfeld Geschicklichkeitsübungen auf dem Pferd durchgeführt und bestimmte, zu diesem Zweck geschaffene Lieder gesungen werden. 2. in Argentinien das gemeinsame Arbeiten auf dem Feld; durch Gesang begleitet; heute jedoch kaum noch verbreitet (→ *Minga*). 3. als *canção de rodeio* eine Art von Volksliedern, die von brasilianischen Viehhirten gesungen werden.

Rodrigues, Amália (eigtl. Amália da Piedade Rebordão Rodrigues)

* 23.7.1920 Lisboa, † 6.10.1999 Lisboa; portugiesische Sängerin; bekannteste Interpretin des → *Fado;* begann ihre Künstlerkarriere 1939 in einem Restaurant in Lissabon, »Retiro da Severa«, das durch ihre Auftritte zur Touristenattraktion wurde. Nach Gastspielen in Spanien bereiste sie zwischen 1944 und 1948 weite Teile Brasiliens, wo ihre Darbietungen begeistert aufgenommen wurden. Ihre u. a. bei Columbia, Kapp, Pathé, Fuentes und Odeon publizierten Schallplatten erreichten hohe Auflagen; besonders erfolgreich waren ihre Titel »Coimbra«, »Lisboa antiga«, »Uma casa portuguêsa«, »Tudo isto é fado« und »El negro Zumbón« (Ana).

Rodrigues, Jair
* 1929 Igarapava (São Paulo); brasilianischer Sänger, Musiker und Komponist; bekannter Vertreter des → *Samba;* trat zuerst beim Rundfunksender Tupi von São Paulo auf, bereiste später weite Teile Brasiliens, wo er in öffentlichen Konzerten sang; produzierte bei Philips und Fontana zahlreiche LPs, darunter die Titel »Chão de estrelas« und »Disparada«.

Rodrigues, Lupicínio »Lupi«
* 16.9.1914 Pôrto Alegre, † 28.8.1974 das.; brasilianischer Sänger, Musiker und Komponist; begann schon frühzeitig mit dem Gesang und dem Schreiben von Stücken u. a. der Formen → *Samba,* → *Toada* und später auch der → *Bossa Nova;* ab 1932 wirkte er in der Gruppe *Catão* und 1953 gehörte er dem *Trio Simonetti* an. Seine Kompositionen »Vingança« (Samba), »Felicidade foi embora« (Toada, 1947), »Volta« (Samba-canção) und »Contando os dias« (Guarânia) wurden sehr populär.

Rodríguez, Arsenio
(eigtl. Ignacio A. Travieso Scull)
* 31.8.1913 Güira de Macurijes (Matanzas), † 30.12.1971 Los Angeles (USA); kubanischer Musiker (Tres), Arrangeur, Bandleader und Komponist; bekannter Vertreter des → *Son cubano;* gehörte zunächst Musikgruppen seiner Heimatregion an; übersiedelte 1933 nach La Habana, wo er sich zunächst den Son-Sextetten *Bostón* und später *Bellamar* anschloss; trotz Verlustes seines Augenlichtes (1935) gründete er 1940 in La Habana eine seinen Namen tragende Gruppe, die durch ihren Musizierstil große Popularität erlangte und die ab 1959 in New York innerhalb des Kulturkreises → *New York Latino* musizierte. Unter diversen Labels (u. a. Victor, RCA Victor, Tico, Epic und Ansonia) erschienen zahlreiche Schallplattenaufnahmen, darunter die Titel »Bruca Manigua« (Afro-son, 1936), »Lo dicen todas« (Son), »Malanga murió« (Conga), »Matanzas« (Son) und »Contéstame« (Bolero), durchweg Eigenkompositionen.

Rodríguez, José Luis
»Picaflor de Miranda« »Puma«
* 27.11.1947 Santa Teresa del Tuy; venezolanischer Sänger und Liedermacher; zunächst Vertreter der → *Música llanera;* wirkte später bei → *Billo's Caracas Boys* als Schlagersänger; produzierte einige LPs, darunter die Titel »Caracas de ayer« und »Corrío de los pavitos«. 1999 erhielt er in Miami (USA) die Auszeichnung »Rey del Carnaval« (dt.: Karnevals-König).

Rodríguez, Juanito »Johnny«
»Cancionero de América«
(eigtl. Juan de Capadocia Rodríguez Lozada)
* 10.10.1912 Camuy, † 3.2.1997 San Juan; puertorikanischer Sänger, Musiker, Bandleader und Komponist; hervorragender Interpret des romantischen Bolero. R., Bruder von Tito → *Rodríguez,* ging in jungen Jahren nach New York, wo er 1940 sein berühmtes Trio (*Johnny Rodríguez y su Trío*) formierte und fortan in Shows, Rundfunk- und Fernsehprogrammen auftrat, zahlreiche Schallplatten (u. a. bei Tico, Ansonia und Seeco) produzierte und Boleros wie »Fichas negras«, »Mi cruz« und »Pobre islita« komponierte. R. starb total verarmt.

Rodríguez Reyes, Julio »Julito«
* 5.10.1925 San Juan; puertorikanischer Sänger, Musiker (Gitarre, Violine), Bandleader und Komponist populärer Musik, bekannter Interpret des → *Bolero* (Bolerista). R. hat seine Kar-

riere um 1939 als Sänger eines Regionalsenders begonnen; seinen ersten großen Erfolg konnte er wenig später mit seinem Bolero »Hay que saber perder« verzeichnen. Später formierte er ein Trio zusammen mit Felipe Rodríguez (2. Stimme und Gitarre) und Federico Cordero Salguero (1. Gitarre). Danach gehörte er dem *Trío Los Romanceros*, dem *Trío Los Primos* sowie (1952) dem mexikanischen Trío Los → *Panchos* an. Auf Schallplatten N78 und LPs des Labels Ansonia entstand eine größere Zahl von Aufnahmen, darunter die selbst komponierten Titel »En tu almohada«, »Gotitas de dolor« (Boleros) und »Guaraguao« (Canción-guaracha).

Rodríguez Castillos, Osiris
* 21.7.1925 Montevideo; uruguayischer Volkssänger (Payador), Musiker (Gitarre, Piano) und Liedermacher; gehört zu den bekanntesten Interpreten des lyrisch-serenadenhaften Liedes in Uruguay; die meisten seiner Lieder, Milongas, Vidalas und Balladen schrieb er selbst; einige davon tragen den Charakter von Protestsongs; aus diesem Grunde wurde er nach 1975 Jahren politisch verfolgt und inhaftiert. Zu seinen zahlreichen Liedern, auf Schallplatten u. a. der Labels Antar, RCA Victor und CBS veröffentlicht, gehören u. a. die Titel » La Galponera« (Milonga), »Guri pescador« (Canción norteña), »Cielo de los Tupamaros« (Huella) und »Corrales de Algorta« (Gato).

Rodríguez, Osvaldo
* 9.6.1949 Los Arabos (Matanzas); kubanischer Sänger, Musiker (Gitarre) und Liedermacher; leitete seit 1968 die Gruppe 5U4 (→ *Cinco u Cuatro*), mit der er Experimente einer Synthese traditioneller Rhythmen mit der Beatmusik unternahm. R. schrieb u. a. die Balladen »Son ideas«, »En cinco minutos« und »De lo simple a lo profundo«.

Rodríguez Musso, Osvaldo »Gitano«
* 1943 Valparaíso; chilenischer Sänger und Liedermacher; trat als Jugendlicher in Hafenkneipen, später zusammen mit anderen Interpreten in der → *Peña* von Valparaíso auf; gehörte der Bewegung des Neuen Chilenischen Liedes an; musste 1973 Chile verlassen und setzte im Exil (Paris) seine Tätigkeit als Sänger fort. Bei Dicap und Le Chant du Monde erschienen LPs, die u. a. die von ihm geschriebenen Titel »Valparaíso«, »Canción de Ezeiza«, »Laura« und »Santiago de Chile« enthalten.

Rodríguez, Ramoncito »El Andino«
* 25.11.1938 Mayagüez; puertorikanischer Musiker, Bandleader, Arrangeur und Liedermacher; gründete 1971 und leitete die Gruppe Los → *Andinos;* schrieb viele seiner Stücke als → *Aguinaldo,* so das Protestlied »Se está perdiendo la tradición«, »Consejo navideño« und »Que me voy a beber«.

Rodríguez, Silvio
* 29.11.1946 San Antonio de los Baños; kubanischer Sänger, Musiker (Gitarre) und Liedermacher; bedeutendster Vertreter der Bewegung der Neuen Kubanischen Trova (MNTC); begann Anfang 1967 mit dem Gesang kubanischer Lieder, wobei er sich auf seiner Gitarre begleitete; gehörte 1968 dem Zentrum des Protestgesanges der → *Casa de las Américas* an und war ab 1969 Mitglied der Gruppe → *Experimenta-*

Silvio Rodríguez

ción Sonora del ICAIC, mit der er erste Schallplattenaufnahmen produzierte. Lieder und Interpretationsstil von R. fanden großen Anklang und verliehen Liederbewegungen anderer lateinamerikanischer Länder richtungsweisende Impulse; er schuf mehr als 500 Lieder, lyrische Balladen, Theater- und Filmmusik; zu den bekanntesten Titeln gehören »Te doy una canción«, »Días y flores«, »Fusil contra fusil«, »Rabo de nube«, »Te amaré« (1980), »Un hombre se levanta« und »La era está pariendo un corazón« (1970). Schallplattenaufnahmen entstanden überwiegend bei Areito, aber auch im Ausland, so bei Movieplay und Polydor.

Rodríguez, Siro

* 9.12.1899 Santiago de Cuba, † 30.3.1981 La Habana; kubanischer Sänger, Musiker (Claves, Maracas) und Liedermacher; wirkte seit frühester Jugend als Sänger in Formationen seiner Heimatregion; 1915 trat er erstmals öffentlich in einem Theater von Santiago auf, später bildete er ein Duo mit Alberto Aroche und 1925 trat er dem Trío → *Matamoros* bei. R. schuf 47 Stücke trovadoresker Musik, von denen die meisten durch das Trío M. interpretiert wurden, dazu gehören die Titel »La china en la rumba« (Guaracha, 1922), »Guajira, ven a gozar« (Guajira, 1938) und »Déjame gozar, mulata« (Son, 1928).

Rodríguez, Tito »El Sinatra Latino«

* 4.1.1923 San Juan, † 28.2.1973 das.; puertorikanischer Sänger, Musiker (Timbales), Arrangeur, Bandleader und Komponist; bekannte Persönlichkeit der Populärmusik Puerto Ricos; gehört zu den Mitgründern des Cuarteto → *Mayarí* (1938); wirkte ab 1948 als Solist; sein Gesangsstil tendiert zum Romantisch-Sentimentalen; mit einem eigenen Orchester, das seinen Namen trug, wirkte er überwiegend in New York; zu seinen zahlreichen Kompositionen gehören »En la soledad«, »Negras cenizas« und »Háblame mi amor«; Schallplattenaufnahmen entstanden u. a. bei Tico, Tropical und United Artists.

Roena, Roberto

* 1946 Mayagüez; puertorikanischer Musiker (Bongoes), Bandleader und Show-Tänzer; bekannter Interpret der Mischform → *Salsa.* R. begann seine Künstlerlaufbahn als Schautänzer im Orchester von Rafael → *Cortijo;* wenig später erlernte er das Spiel des → *Bongó,* auf das er sich nunmehr spezialisierte und zu großer Virtuosität auf diesem Instrument gelangte. Ab 1966 gehörte er der Tanzmusikband El → *Gran Combo* an und ging nach New York, wo er zunächst als Bongó-Spieler (Bongosero) den → *Fania All Stars* angehörte und danach eine eigene Gruppe *Apollo Sound* formierte.

Rogativa (Rogativo)

allgemeine Bezeichnung für ein Gebet, insbesondere für das gesungene Gebet, meist als einfaches und monotones Singstück solistisch bzw. im Chor vorgetragen; von Spanien bzw. Portugal nach Lateinamerika transkulturiert.

Gonzalo Roig (Photo: Prensa Latina)

Rói-rói → *Zubidor*

Roig Lobo, Gonzalo
(eigtl. Julio Gonzalo Elías Roig L.)
* 20.7.1890 La Habana, † 13.6.1970 das.; kubanischer Musiker (Piano, Violine), Arrangeur, Komponist und Bandleader; eine der bekanntesten Musikerpersönlichkeiten Kubas; studierte ab 1902 bei Agustín Mullor und Vicente Alvarez; gehörte ab 1907 diversen Trios und Orchestern an und gründete 1922 in La Habana zusammen mit Ernesto → *Lecuona* das Sinfonische Orchester, das er auch leitete. 1927 wurde ihm die Leitung der *Banda Municipal de La Habana* übertragen und er gab darüber hinaus Musikunterricht. Weiterhin gründete R. 1929 ein Orchester (*Orquesta Ignacio Cervantes*), unternahm Auslandsreisen, gab Gastdirigate und schrieb zahlreiche Stücke der Populärmusik wie die heute noch gespielte → *Criolla* »Quiéreme mucho« (1911), »Ojos brujos« (Capricho, 1918) und »Fantasía cubana«, Filmmusik sowie die → *Zarzuela* »Cecilia Valdés« (1932). Schallplatten entstanden u. a. bei Kubaney, RCA Victor bzw. Victor, Montilla, Panart u. a.

Rojão
1. kurzes musikalisches Zwischenspiel in Volksliedern des Nordostens Brasiliens. 2. regionale Abart des → *Baião*. 3. Spieltechnik auf dem Saiteninstrument → *Violão* (Anreißen der Saiten). 4. Interpretationsstil der → *Cantoria*, bei dem Lieder in beschleunigtem Tempo interpretiert werden; ab 1918 in der nordestinischen Musik verbreitet.

Rojas Benítez, Berta
* 23.9.1967 Asunción; paraguayische Gitarristin. R. studierte zunächst Piano und später – bei Professor Felipe Sosa und danach in Uruguay (bei Abel Carlevaro und Eduardo Fernández) – Gitarre. Durch ihr hervorragendes Gitarrespiel avanciert R. zu einer der gefragtesten Interpretinnen der Werke von Agustín → *Barrios*. Konzerte in südamerikanischen und europäischen Hauptstädten verhalfen ihr zu großer Popularität.

Rojas, Ñico
* 3.8.1921 La Habana; kubanischer Gitarrist und Komponist; seine Hinwendung zur Musik vollzog sich während eines relativ langen Aufenthaltes in der Region von Matanzas, wo er, von Beruf Hydrologe, bei familiären Feiern und Volksfesten musizierte. Später nahm er einige LPs mit Gitarrenmusik bei Areito auf und schrieb zahlreiche Stücke wie »Guajira a mi madre«, »Esta dicha nuestra« (Bolero) und »Helenita y Jorgito« (Danzón).

Rojas Torres, Richard
chilenischer Musiker (Gitarre), Komponist, Bandleader und Folkloreforscher; hat maßgeblichen Anteil an der in den 60er Jahren begonnen Aufbereitung folkloristischer Traditionen in Chile; gründete die Folkloregruppe *Lonquimay* und schrieb zahlreiche Stücke wie »Nací por las salitreras« (Cachimbo), »Rafalosa del pan« (Refalosa) und »Corazón de madera« (Tonada) bzw. arrangierte folkloristische Titel wie »Pericona de Chiloé« neu.

Rojas, Tarateño (eigtl. Rigoberto Rojas Suárez)
* 4.1.1920 Cochabamba; bolivianischer Sänger, Musiker (Charango, Violine und 18 weitere Instrumente), Komponist und Bandleader; wirkte ab 1930 in Argentinien und Chile; später gründete er in Bolivien eine Folkloregruppe, die seinen Namen trug und mit der er zahlreiche Platten (u. a. bei Caravelle und Poplandia) produzierte. R. schrieb über 500 meist folkloristische Stücke, von denen »Sucu sucu«, »Cholos y cholitas« (Carnaval cruceño) und »El lunarcito« (Bailecito) in ganz Lateinamerika bekannt wurden.

Roldán Gardes, Amadeo
* 12.7.1900 París, † 2.3.1939 La Habana; französisch-kubanischer Musiker (Violine, Piano) und Komponist populärer und ernster Musik. R., Sohn eines spanischen Vaters u. einer kubanischen Mutter, studierte ab 1908 am Konservatorium von Madrid (Spanien) Violine (bei den Professoren Agustín Soler und Antonio Fernández Bordas); ab 1913 vervollständigte er seine

Kenntnisse in Harmonie und Komposition bei Conrado del Campo bzw. bei Benito García de la Parra. Bereits 1917 gewann er den Premio Sarasate in Violine; 1919 kehrte er nach Kuba zurück und begann seine Tätigkeit an einem Konservatorium in La Habana, das heute seinen Namen trägt, und widmete sich insbesondere der afrokubanischen Musikfolklore. Alle seine danach geschaffenen Kompositionen sind folkloristisch inspiriert, speziell erscheinen Motive des kubanischen Son (→ *Son cubano*), so auch in den »Motivos de Son« (1934, mit Texten von Nicolás Guillén), im Ballett »Rebambaramba«, »Curujey« (Danza, 1931) und »Diablito« (Ciclo de Danzas, 1937).

Rolinha
brasilianischer Reigentanz (Roda) für Kinder.

Romance (Romanze)
Sammelbegriff für balladenartige Lieder, deren Tradition in verschiedenen romanischen Ländern bis ins XII. Jh. zurückreicht; aus Spanien und Portugal im XVI. Jh. nach Lateinamerika transkulturiert, wo sie nur wenig verändert noch heute Teil der nationalen Musikfolklore der meisten Länder sind bzw. die Grundlage für neue Formen wie z. B. → *Corrido,* → *Seresta,* → *Modinha,* → *Milonga* oder → *Punto cubano* bildeten. Die R. stellt durch ihre von hoher lyrischer Aussagekraft geschriebenen Texte, die meist geschichtliche Begebenheiten, jedoch auch Alltagsprobleme und soziale Hintergründe reflektieren, ein wertvolles kulturelles Erbe dar; meist wird sie durch Gitarre oder ähnliche Instrumente begleitet; ihre Verbreitung ist stark rückläufig; teilweise wird sie durch die moderne Ballade (→ *Balada*) verdrängt.

Romance de ciego (Blinden-Romanze, span.)
besondere Art der Romanze (→ *Romance*); durch blinde Straßen- bzw. Wandersänger interpretiert, meist auf der Gitarre, aber auch auf der Drehorgel begleitet; die Tradition kam aus Spanien nach Lateinamerika

Romance judeoespañol
Abart der spanischen Romanze, die im Mittelalter von den jüdischen Einwohnern Spaniens gepflegt und in einer mit hebräischen Wörtern durchsetzten spanischen Sprache, dem *Latino*, gesungen wurde. Im Unterschied zur allgemeinen R. wurde sie vom Text her nur wenig verändert; bei der Vertreibung der Juden aus Spanien (1492) wurde das gesamte Liedgut der spanischen Romanzen nach Tanger, Tetuan (Nordafrika), Saloniki und weitere Gebiete des Mittelmeeres und später teilweise auch nach Lateinamerika transkulturiert, wo es z. T. noch heute gepflegt wird und für Forscher eine wertvolle Informationsquelle darstellt.

Romanceiro Popular Nordestino
Sammelbezeichnung für lyrische Gedichtsammlungen der → *Literatura de Cordel,* die auf portugiesische Kulturtraditionen aufbauen und im Nordosten Brasiliens Teil der regionalen Folklore darstellen. (→ *Cantoria*)

Amadeo Roldán (1900 – 1939)

Romancero (port.: Romanceiro)
1. Interpret bzw. Autor der Romanze (→ *Romance*). 2. span. Bezeichnung für eine zumeist aus Romanzen bestehende Liedersammlung, deren Texte bis ins Mittelalter zurückreichen.

Romancillo
von Kindern zu Spielen und Reigen gesungene Version der Romanze, in Spanien und später auch in Lateinamerika verbreitet. (→ *Romance*)

Romería (port.: Romaria)
1. Allgemeinbez. für Prozession (→ *Procesión*). 2. das sich jener Prozession anschließende Volksfest mit Gesang, Musik und Tanz; die Tradition kam mit den Spaniern bzw. Portugiesen nach Lateinamerika und hat sich bis heute erhalten und stellt einen Teil der Musikfolklore religiöser Inspiration dar.

Romero
liturgischer Gesang; im Umfeld von Prozessionen bzw. religiösen Feierlichkeiten vorgetragen (→ *Canto de Romería*).

Romero, Aldemaro »Al«
* 28.3.1928 Valencia; venezolanischer Musiker (Piano), Arrangeur, Bandleader und Komponist populärer Musik. R. begann seine künstlerische Karrierre, inspiriert durch seinen Vater, einen Operndirektor, im Bereich der ernsten Musik. Später jedoch wandte er sich der Populärmusik zu, gründete ein eigenes Orchester, das seinen Namen trug und gab mit diesem Konzerte in Venezuela und im Ausland. Seine LP »Cena en Caracas« (Dinner in Caracas) wurde ein großer Erfolg sowohl in Lateinamerika als auch in den USA. Unter seinen eigenen Kompositionen, zumeist Boleros, befinden sich die Titel »Como de costumbre«, »Me queda el consuelo« und »Te acuerdas«.

Romero Maciel, Edgar
* 11.12.1921 Corrientes; argentinischer Musiker und Komponist; Vertreter der → *Música litoraleña*; schrieb zahlreiche Stücke der Formen → *Chamamé*, → *Valseado* u. a., darunter die Titel »Lunita de Taragüí«, »El sauce« und »Viejo Paraná«.

Romero, Eloy
* 1.12.1907 San Antonio de Cabezas; kubanischer Sänger und Liedermacher; Interpret des → *Punto cubano;* von Beruf Landarbeiter, später Friseur; dichtete aus dem Stegreif Verse in Form der → *Décima,* die er singend, sich auf seiner Gitarre begleitend, auf ländlichen Volksfesten (Guateques) vortrug. 1940 übersiedelte er nach La Habana, wo er bei den Sendern Cadena Roja, 1010, CMQ, Radio Rabelde und Radio Progreso Sendungen mit ländlicher Volksmusik bestritt.

Romeu Montero, Antonio María
* 11.6.1876 Jibacoa, † 18.1.1955 La Habana; kubanischer Musiker (Piano), Arrangeur, Komponist und Bandleader; hervorragender Vertreter des kubanischen → *Danzón;* gilt als Schöpfer der Orchesterformation → *Charanga Francesa* und brachte als Neuerung das Piano in die → *Danzonera* (von Leopoldo González) ein. 1911 gründete R. seine Formation *Orquesta Francesa de Antonio Ma. Romeu* (später in *Antonio Ma. Romeu y su Orquesta* umbenannt), das über 50 Jahre bestand und mit dem er von den 20er Jahren an Schallplatten (ab 1954 20 LPs, hauptsächlich bei Panart) produzierte. R. schrieb mehr als 500 Titel vorwiegend der Form Danzón, darunter »Tres lindas cubanas« (1926), »Cinta azul« (1932), »Horchata« (1925), »La flauta mágica« (1918) und »La Chaucha« (1922). Dem Orchester von R. gehörten an: Antonio Ma. Romeu (Piano, Bandleader), Alfredo Brito »El Rubio« (Flöte), Francisco Delabart »Flauta Mágica« (Flöte), Feliciano Facenda (Violine), Remigio Valdés (Timbal), José de la Merced (Güiro) und Rafael Calazán (Kontrabass); als Sänger wirkte viele Jahre Barbarito → *Diez.*

Romeu Marrero, Armando
* 17.7.1911 La Habana; kubanischer Musiker (Saxophon, Flöte), Komponist, Arrangeur und Bandleader; wirkte u. a. im Orchester *Siboney*;

gründete 1933 eine Formation vom Typ → *Jazz Band cubano,* die bis 1966 bestand; schrieb zahlreiche Titel wie »Engancha carretero« (Danzón), »África« (Danzón) und »Mambo a lo Kenton« (Mambo).

Rompimiento
weit verbreitete Bezeichnung für Musikstücke, die in vielen Orten Venezuelas als Auftakt für Volksfeste gespielt werden.

Ronas, Clutario
* 1938 Crutas; honduranischer Sänger und Liedermacher; sammelte als Angehöriger des Indianerstammes der Mískito Volkslieder und -tänze seiner Region, arrangierte sie neu und trug sie in der Mískito-Sprache, vermischt mit spanischen Worten, vor; die Titel »Purapayaska«, »Tininisca« und »Papá Nolán« erschienen auf einer LP.

Roncador (Ronca)
Sammelbezeichnung für Brummtöpfe der Volksmusik wie → *Puerca* und → *Cuíca.*

Roncal Gallardo, Simeón
* 21.4.1872 Sucre, † 1953 La Paz; bolivianischer Musiker (Piano), Bandleader und Komponist; leitete eine sog. *Banda Municipal,* schrieb zahlreiche Stücke insbes. der Form → *Cueca boliviana,* darunter die Titel »Huerfana Virginia«, »Rosa« und »Lágrimas«. Außerdem betrieb er folkloristische Feldforschungen in weiten Teilen Boliviens.

Roncó
afrobrasilianische Trommel, zur Gruppe des → *Atabaque* gehörend; wird beim → *Candomblé-de-Caboclo* gespielt.

Ronda (port.: Roda)
jeglicher Rundtanz; in der Folklore Lateinamerikas weit verbreitet.

Rondador (Rondadora, → *Capador,* Yuphana)
in der indianischen und mestizischen Volksmusik Ekuadors und Kolumbiens (Provinzen Nariño und Cauca) gespielte Variante der Panflöte → *Zampoña*; bis zu 30 einzelne Flöten aufweisend; wird u. a. zur melodischen Begleitung des Volkstanzes → *Sanjuanito* gespielt.

Rondadorcillo
kleine Ausführung des → *Rondador.*

Rondalla
ursprünglich zur Interpretation der → *Jota* eingesetzte spanische Volksmusikgruppe mit Gitarren, Laute (Laúd), Pandero u. a. Instrumenten; später auch nach Lateinamerika gekommen, wo derartige Gruppen, generell mit Saiteninstrumenten musizierend, in Mexiko, Venezuela und weiteren Ländern bei heute rückläufiger Tendenz Verbreitung fanden; auch die ersten Formationen des »primitiven« → *Tango* wurden auf Grund ihrer Instrumentenkonfiguration so genannt.

Rondalla de Tata Nacho, La -
mexikanische Vokal- und Instrumentalgruppe des Typs → *Rondalla;* 1940 in México-Stadt durch Ignacio → *Fernández Esperón* gegründet; interpretierte traditionelle Musik vorwie-

Eine weithin bekannte Gruppe des »primitiven« Tango war die Rondalla del Gaucho Relámpago, die um 1915 den Tango »Abre Cancha« aufnahm

gend aus Mexiko wie die Titel »Canción mixteca« (Ranchera), »Ojos tapatíos« (Serenade) und »María Elena« (Walzer); bei CBS bzw. Harmony entstanden einige LPs.

Rondalla Tapatía, La -
mexikanische Vokal- und Instrumentalgruppe vom Typ einer → *Rondalla;* nach 1950 durch den Musiker Juan Merced García in México-Stadt mit insgesamt 22 Sängern und Musikern (Gitarre) gegründet; pflegte den serenadenhaften Gesang der mexikanischen Trova; produzierte bei RCA Victor zahlreiche LPs, darunter die Titel »La Llorona«, »Qué lindo es Michoacán« und »Serenata ranchera«.

Rondín
regionale Bezeichnung für die Mundharmonika in Peru; wird dort oft in der Volksmusik gespielt.

Roos, Jaime
* 1953 Montevideo; uruguayischer Sänger, Musiker (Gitarre) und Liedermacher; studierte im Alter von 12 Jahren Gitarre, war später längere Zeit Mitglied einer → *Murga;* wirkte ab 1968 professionell, gründete die Musikgruppe *Repique* und schuf zahlreiche Kompositionen wie »Hermanos de la coneja« und »Todo un país detrás«; 1979 erschien von ihm eine LP bei Ayuí.

Ros, Edmundo
* 7.12.1910 Port of Spain (Trinidad); venezolanisch-britischer Sänger, Musiker (Schlagzeug, Saxophon), Arrangeur, Bandleader und Komponist; war, seit frühester Kindheit in Venezuela lebend, zunächst Drummer in einer Militärkapelle in Caracas; gründete 1940 in London eine Jazzband, mit der er etwa 20 LPs (vorwiegend London und Richmond) mit lateinamerikanischer Tanzmusik produzierte, die insbesondere in Europa sehr populär wurde, dazu gehören die von R. geschrieben Titel »Mambo in F«, »El baile del sillón« und »More more mambo«; zusätzliche Schallplattenaufnahmen entstanden in Spanien und weiteren Ländern, einige zusammen mit Caterina → *Valente.*

Ros, Lázaro
* 11.05.1925 La Habana; kubanischer Sänger afrokubanischer Volksmusik der ethnischen Gruppe → *Lucumí;* ein sog. → *Akpwón,* der sich in zahlreichen Sessionen der → *Santería* große Popularität erwarb, dem Conjunto → *Folklórico Nacional de Cuba* angehörte, Auslandsgastspiele in den USA und in Frankreich gab und dort einige LPs bzw. CDs publizierte, so den Titel »Olorún«.

Ros, Tarragó »El Rey del Chamamé«, »Chamamecero«
* 1920 Curuzú Cuatia/Corrientes, † 1978 Corrientes; argentinischer Musiker (Akkordeon), Arrangeur, Komponist und Bandleader; zu den bekanntesten Vertretern der → *Música litoraleña* gehörend; gründete eine sog. *Banda Pueblerina* und eine Volksmusikgruppe, die seinen Namen trugen, letzterer gehörten Atilio Taboada, Gregorio de la Vega und Carlos Olmedo an. Bei Odeon erschienen zahlreiche Schallplattenaufnahmen (N78 und LPs), wobei Titel der Form → *Chamamé* wie »Granja San Antonio«, »Maestrita de los Isleros« und »Estancia La Isabel« dominieren.

La Rondalla Tapatía – LP »22 Guitarras, 22 Voces« – RCA Victor LPC-484 (1966, in Kolumbien produziert)

Rosa, Noel »Queixinho«, »O Poeta da Vila«
(eigtl. Noel de Medeiros Rosa)
* 11.12.1910 Rio de Janeiro, † 4.5.1937 das.; brasilianische Sänger, Musiker (Bandolim, Violão), Arrangeur und Komponist; hervorragender Vertreter des → *Samba;* Autodidakt; wurde ab 1925 von José → *Barbosa da Silva »Sinhô«* angeleitet, wirkte in Musikgruppen wie dem *Bando de Tangarás* (1929) und schrieb zahlreiche Titel der Formen Samba, Marcha und Choro, von denen »Fita amarela« (Samba, 1933), »A.E.I.O.U.« (Marcha, 1932), »Até amanhã« (Samba, 1933) und »O último desejo« (Samba, 1937) große Popularität erlangten, als Karnevalsschlager dienten und z. T. heute noch gespielt werden.

Rosa, Orlando de la -
* 15.4.1919 La Habana, † 15.11.1957 das.; kubanischer Musiker (Piano), Arrangeur und Komponist; begleitete namhafte Sänger wie Reinaldo → *Henríquez,* gab Klavier-Konzerte; gründete ein Vokal- und Instrumentalquartett, das seinen Namen trug und mit dem er zahlreiche Schallplattenaufnahmen produzierte. R. schrieb u. a. die Boleros »Nuestras vidas«, »Mi corazón es para tí« und »Vieja luna«.

Rosario Goyco, Felipe »Don Felo«
* 18.2.1890 San Juan, † 15.7.1954 das.; puertorikanischer Musiker, Komponist und Instrumentenbauer; Autodidakt, spielte bereits in jugendlichem Alter diverse Saiteninstrumente und widmete sich später auch dem Instrumentenbau. R. gehört zu den Mitgründern zweier Gruppen des Musikers Ladislao → *Martínez*: Conjunto → *Ladi* und *Conjunto Aurora*; zu seinen zahlreichen Kompositionen – insgesamt in einem sehr romantischen Stil gehalten – gehören u. a. die Titel »Bohemia« (Criolla), »Mi jaragual« (Guaracha-son) und »Cuando estoy contigo« (Bolero).

Rosas Cadenas, Juventino
* 25.1.1868 Santa Cruz de Galeano (Guanajuato), † 9.7.1894 Batabanó (Kuba); mexikanischer Musiker (Violine) und Komponist; entstammt einer alteingesessenen Musikerfamilie, trat frühzeitig als Straßenmusiker auf, schloss sich einer Folkloregruppe an; studierte später in México-Stadt, wo er Mitglied der Musikgruppe eines Theaters wurde und zahlreiche Stücke der mexikanischen Populärmusik schrieb, so der bekannte, heute weltweit noch oft gespielte Walzer »Sobre las olas« (1884), »Último adiós« (Mazurka) und »Carmen« (Walzer, 1891).

Rosell Horrutinier, Electo »Chepín«
* 7.11.1907 Santiago de Cuba, † April 1984 La Habana; kubanischer Musiker (Violine), Arrangeur, Komponist und Bandleader; wirkte nach Musikstudien in der Musikgruppe von Arquí-

Oben: Tarragó Ros y su Conjunto – LP »Esto es chamamé« – Odeon LDI-220 (1963)
Unten: Gedenktafel für Juventino Rosas bzw. dessen Walzer »Sobre las olas« in Kuba

medes → *Pous* (1922), gründete später das Orchester → *Chepín-Chovén* und komponierte mehr als 800 Titel, darunter Danzones wie »S. M. Reina Isabel« und »Bodas de oro«, Guarachas wie »El platanal de Bartolo«, Congas und Boleros wie »Murmullo« (1937) und »Elba«.

Ross, Julita »Dama de la Danza«
* 21.3.1921 Arecibo, † 29.6.1981 (?); puertorikanische Sängerin der Populärmusik, in der Zeit zwischen 1950 und 1970 eine der in Puerto Rico beliebtesten Interpretinnen der Formen → *Danza* und → *Bolero.* R. nahm bei Alberto Records, Ansonia, Verne u. a. Titel wie »Contestación a ‚Alma, corazón y vida'« (Bolero), »Laura y Georgina« (Danza) und »Sustito« (Guajira) auf.

Round-dance (Roundel)
allgemeine Bezeichnung für Rundtänze im engl. Sprachbereich Lateinamerikas.

Rucalahuen, Conjunto Folklórico -
chilenische Vokal-, Instrumental- und Tanzgruppe der Volksmusik, wurde im Oktober 1984 in Los Angeles (Bio-Bio) durch Mitarbeiter – Ärzte, Schwestern und Verwaltungspersonal – des regionalen Gesundheitswesens (Servicio de Salud Bio-Bio) unter der Leitung von Luis Ortiz Soto mit insgesamt 20 Sängern, Musikern und Tänzern, darunter 6 Gitarristen, gegründet. Das Repertoire beinhaltet Lieder und Tänze der regionalen Folklore wie »Memorias de mi abuelo« (Walzer), »Guaracha del campo« (Guaracha) und »Vaca Yolanda« (Guaracha). Die Gruppe hat eine CD und eine Musikkassette produziert; im Januar 2000 beteiligte sie sich am 29. Folklorefestival von San Bernardo.

Rucu (Baile de los Rucus)
ekuadorianischer Volkstanz der zentralen Hochlandregionen; heute jedoch nur noch selten aufgeführt.

Rugero
im XVIII. Jh. in Mexiko (Nueva España) vorwiegend als Schautanz aufgeführter Populärtanz; heute nicht mehr verbreitet.

Ruiz, Alberto
* 14.9.1913 La Habana, † 6.4.1978 das.; kubanischer Sänger; bekannter Vertreter des kubanischen → *Bolero;* begann seine professionelle Laufbahn als Sänger beim Son-Sextett *Unión*; schloss sich später weiteren Gruppen dieser Art an und gründete 1942 die Musikgruppe *Conjunto Kubavana*, deren Leitung er innehatte und in der er vorwiegend Boleros in einer für ihn typischen Art sang; zuweilen wirkte er auch als Gesangssolist in den Gruppen Conjunto → *Casino* und *Tropicavana.*

Ruiz, Floreal
* 20.3.1916 Flores (Buenos Aires); † 1978 Buenos Aires; argentinischer Sänger; bekannter Interpret des → *Tango* der Generation von 1940; debütierte 1936 als Sänger beim Sender Radio Prieto; wurde 1939 von Radio Argentina engagiert und sang wenig später bei den Orchestern von Aníbal → *Troilo,* Francisco Rotundo und Alfredo de → *Angelis* (1943), mit denen er zahlreiche Schallplattenaufnahmen (bei Victor, RCA Victor, Microfón, Odeon und Music Hall) produzierte, darunter die populär gewordenen Titel »Marionetas« und »Vueltas de la vida«.

Ruiz Galindo, Gabriel
* 24.3.1911 Guadalajara (Jalisco); mexikanischer Musiker (Piano), Arrangeur und Komponist; studierte in Guadalajara und México-Stadt (Nationalkonservatorium) und entwickelte sich zu einem vielgefragten Pianisten; der ab 1937 u. a. auch beim Sender XEW Konzerte gab und namhafte Sänger wie Amalia Mendoza, Pedro Vargas, Juan Arvizu, Elvira Ríos u. a. begleitete und mit ihnen Schallplattenaufnahmen produzierte. R. schrieb u. a. die Stücke »La Parranda« (Polka, 1940), »Noches de Mazatlán« (Bolero, 1952) und »Amor, amor, amor« (Bolero, 1941).

Ruiz Quevedo, Rosendo (Ruiz Jr.)
* 16.10.1918 La Habana; kubanischer Musiker

und Komponist; Sohn von Rosendo → *Ruiz Sr.;* studierte bei seinem Vater sowie am Konservatorium von La Habana und entwickelte sich zu einem vielseitigen Komponisten, der zahlreiche Stücke schrieb, die sehr populär wurden, dazu gehören »Rico Vacilón« (Cha-cha-chá), »Saoco« (Guaracha), »Hasta mañana vida mía« (Bolero, 1945) und »Mi Baracutey« (Baracutey). R. war längere Zeit Präsident des Kubanischen Komponistenverbandes und Leiter eines Musikverlages.

Ruiz Suárez, Rosendo (Ruiz Sr.)
* 1.3.1885 Santiago de Cuba, † 1.1.1983 La Habana; kubanischer Volkssänger (Trovador), Gitarrist und Komponist; bildete zahlreiche Gitarristen der trovadoresken Musik Kubas aus; gehörte Musikgruppen wie dem *Trío Azul*, dem *Cuarteto Cuba*, dem *Trío Habana*, dem *Dúo Embeleso* und den *Cuatro Grandes* (Alberto Villalón /Manuel Corona/»Sindo« Garay/Rosendo Ruiz) an, schrieb mehr als 300 Stücke, darunter die Titel »Mares y arenas« (Criolla, 1910), »Lamento cubano« (1933), »Dos lindas rosas« (Bambuco) und die am 1.5.1919 erstaufgeführte Hymne »Redención«; weiterhin verfasste R. eine fünfbändige Gitarrenschule.

Rum (Ilú)
afrobrasilianische Zweifelltrommel; zur Gruppe des → *Atabaque* gehörend; u. a. im → *Candomblé* von Bahia gespielt.

Rumba
kubanisch-karibischer Volks- und Populärtanz im 2/4-Takt, rein instrumental bzw. mit Gesang dargeboten; neben dem → *Tango* einer der in Europa bekanntesten lateinamerikanischen Tänze. Die R. ist aus einer Vermischung afrikanischer und kreolischer Komponenten überwiegend im urbanen Milieu entstanden und stellt eine der Formen dar, die in ihrer Entwicklung kaum von rituellen Elementen beeinflusst wurden. Man unterscheidet zwischen der zur urbanen Musikfolklore gehörenden Rumba, deren Begleitinstrumente hauptsächlich aus Trommeln bzw. improvisierten Klangkörpern wie Fischkisten, Holzkästen sowie → *Claves* beste-

Der kubanische Musiker und Komponist Rosendo Ruiz Quevedo, Sohn von Rosendo Ruiz Suárez (Photo: Gentileza »Bohemia«)

hen (hierzu zählen die Rumba-Varianten → *Guaguancó*, → *Yambú* und → *Columbia*) sowie der kommerzialisierten Rumba, die sich allgemein moderner Instrumente bedient und mehr dem internationalen Stil angepasst wurde. Letztere gelangte ab 1930 nach Europa und hatte speziell in Deutschland, aber auch in Frankreich und Spanien großen Erfolg. Sie wurde durch Gruppen wie die → *Lecuona Cuban Boys* und Orchester wie die von »Don« → *Azpiazú* und später Xavier → *Cugat* u. a. verbreitet. Eine der bekanntesten Kompositionen dieser Form – heute noch gespielt – ist »Rumba tambah« von Rafael → *Hernández*.

Rumba criolla
ein um 1932 aus Elementen der karibischen → *Rumba* und der kreolisch-andinen Musik Kolumbiens von den Komponisten Emilio → *Sierra* und Milcíades → *Garavito* geschaffener Modetanz, der, instrumental gespielt, nur relativ wenig Verbreitung fand.

Rumbador → *Zumbador*

Rumbantela
in vergangener Zeit zu nächtlicher Stunde vorgetragene kubanische Serenade.

Rumbavana, Conjunto -
kubanische Vokal- und Instrumentalgruppe der modernen Tanzmusik; 1955 in La Habana durch den Musiker Ricardo Ferro gegründet; wandte sich u. a. der → *Salsa* zu und produzierte bei Areito und Siboney mehrere LPs, darunter die Titel »Tasca tasca« und »A ver«; als Pianist der Gruppe wirkte José González.

Rumbero
in Kuba und anderen karibischen Ländern übliche Bezeichnung für den Interpreten der → *Rumba;* dazu gehören u. a. Gonzalo Asencio Hernández »Tío Tom«, »Chano« → *Pozo*, Mario Drake »Chavalonga«, »Tata« → *Güines* und Carlos → *Embale*.

Rumbo
in Gebieten Zentralamerikas meist in familiärem Rahmen durchgeführtes Musikfest.

Der kubanische Musiker und Komponist Rosendo Ruiz Suárez **(Photo: Gentileza »Bohemia«)**

Rumpi (Valendo)
afrobrasilianische Trommel; u. a. im → *Candomblé* von Bahia gespielt; zur Gruppe des → *Atabaque* gehörend.

Runa
primitive, aus Baumrinde hergestellte Trompete der Yagua-Indianer des Gebietes des Amazonas (Peru).

Runashungo, Conjunto - (Runa Shungo)
ekuadorianische Instrumentalgruppe; durch den Musiker und Komponisten Bolívar Ortiz in Quito gegründet und geleitet; interpretierte indianisch-mestizische Lieder und Tänze des Andenhochlandes wie → *Sanjuanito,* → *Danzante,* → *Albazo* und → *Pasillo;* die Gruppe benutzte dabei regionaltypische Instrumente wie → *Rondador.* Auf einigen LPs (Fenix u. a.) erschienen Titel wie »Llullaringue« und »Coma Tomasa«.

Runa Turus
indianischer Volkstanz Perus, in den Regionen Apurímac und Grau verbreitet.

Runrun (Bufuna, Fauniotatek, Reexe, Piruru, Asu, Weeka, Tomoo, Schwirrscheibe)
Sammelbez. für ein zu den freien Aerophonen gehörendes Musikinstrument, eine mit Einkerbungen versehene Scheibe, die, zum Schweben gebracht, ein summendes Geräusch erzeugt und in der Folklore indianischer Volksstämme Perus (z. B. die Quechua von San Martín) vorwiegend bei rituellen Handlungen eingesetzt wird.

S

Sá-Dona (Zaadona)
traditioneller, heute kaum noch geübter Brauch in Brasilien, einen Volks- bzw. Wandersänger (Cantador) ins Haus zu bitten, damit dieser ein Ständchen darbietet.

Saborido Morcillo, Enrique
* 1878 (?) Montevideo, † 19.9.1941 Buenos Aires; uruguayisch-argentinischer Musiker (Piano, Violine), Arrangeur, Bandleader und Tänzer; bekannter Vertreter des → *Tango* der frühen Epoche; studierte Violine und Piano; kam 1895 nach Buenos Aires, wo er wenig später als Tango-Musiker u. a. in der »Casa de la Vieja Eustaquia« auftrat; 1903 wirkte er als Pianist in Mar del Plata und wenig später musizierte er wieder in Buenos Aires an der Seite von Musikern wie Genaro Vázquez (Violine), Benito Masset (Flöte) u. a.; er komponierte Tangos wie »La Morocha« (1905) und »Felicia« (1907); zwischen 1908 und 1912 leitete er eine sog. → *Academia* und danach wirkte er als Tango-Tänzer in Paris und London; nach seiner Rückkehr (1914) spielte er wieder in Kinos und Theatern Piano, arbeitete zwischenzeitlich als Angestellter und gründete 1935 eine Musikgruppe, die bis 1940 bestand.

Saborit, Eduardo »Sabority«
* 14.5.1912 Campechuela (Oriente); † 5.3.1963 La Habana; kubanischer Musiker (Gitarre, Flöte), Arrangeur, Bandleader und Komponist; gehörte ab 1934 in La Habana Gruppen wie *La Clave Azul* und *Trío Ensueño* (1939) an; wirkte wenig später als Gitarrist in Gruppen der ländlichen Volksmusik des Senders CMQ (Sendereihe »El Rincón Criollo«, die er ins Leben rief) und schrieb zahlreiche Lieder der Formen → *Guajira,* → *Son cubano,* Bolero und → *Guaracha,* darunter die Titel »Cuba, qué linda es Cuba« (1961), »La Guayabera« (Son montuno) und »Conozca a Cuba primero« (Guaracha). S. formierte die Volksmusikgruppe *Sabority y su Conjunto*, in der u. a. Ramón → *Veloz* sang und die unter versch. Labels (u. a. Kubaney) Schallplattenaufnahmen herausbrachte.

Saca (Schüttelidiophon)
in der Volksmusik von Surinam eingesetztes, den → *Maracas* sehr ähnliches Volksmusikinstrument.

Sacabuche
primitive Posaune; in der Volks- und Tanzmusik einiger lateinamerikanischer Länder (z. B. Honduras) eingesetzt.

Sacachina
Abart des → *Charango,* mehr eine kleine Gitarre; in der mestizischen Volksmusik der peruanischen Region von Huaraz eingesetzt.

Sacamandú
aus der → *Guaracha* entstandener Volkstanz der mexikanischen Region von Veracruz; auch in México-Stadt populär geworden, heute nicht mehr verbreitet.

Saccapá → *Zacapá*

Saccsampillo
indianischer Volkstanz Perus, in der Region Tambobamba verbreitet.

Sachas, Los -
chilenisches Vokal- und Instrumentalseptett; 1975 in Antofagasta durch Fernando Sepúlveda gegründet; interpretierte neben Volksmusik Nordchiles lateinamerikanische Tänze wie Cumbia, die jedoch mit regionaltypischen Instrumenten wie → *Zampoña* gespielt wurden; es entstanden einige LPs.

SADAIC (Abk. für »Sociedad Argentina de Autores y Compositores«)
der Argentinische Verband der Textautoren und Komponisten; 1936 durch Regierungsdekret in Buenos Aires gegründet; erster Präsident war der Musiker Francisco Juan → *Lomuto.*

Sadel, Alfredo (eigtl. Alfredo Sánchez Luna)
*22.2.1930 Caracas, † 28.6.1989 das.; venezolanischer Sänger und Liedermacher; debütierte 1951 im Teatro Municipal von Caracas mit einem Programm mit Liedern der venezolanischen Populärmusik; später interpretierte er vorwiegend eigene Kompositionen wie die Titel »Cuenta mi alma« und »Anda, quiéreme«; bei Seeco und Tropical erschienen zahlreiche LPs; später lebte S. in England, wo er auch Lieder der ernsten Musik interpretierte.

Saeta (Saeta de la Pasión)
im Mittelalter in Andalusien (Spanien) entstandener religiöser Gesang; zur Zeit der Eroberung (Conquista) nach Lateinamerika gelangt, wo er, wie auch in Spanien, noch heute zur Zeit der Karwoche (Semana Santa) auf Prozessionen durch Männer und Frauen intoniert wird.

Safuán García, Oscar Nelson
* 21.9.1943 San Estanislao; paraguayischer Sänger, Musiker (Requinto, Gitarre, Viola, Harfe), Komponist, Arreangeur u. Bandleader. S. erlernte autodidaktisch das Spiel verschiedener Musikinstrumente; später formierte er in seiner Heimatregion einige Trios und größere Gruppen. 1963 übersiedelte er nach Curitiba (Brasilien) und ab 1965 begann er in São Paulo Musikstudien bei Américo Prado, Miguel Ángel del Río und anderen Professoren. Gleichzeitig widmete er sich in Säo Paulo der → *Música sertaneja,* die er in ihrem Interpretationsstil maßgeblich mit beeinflußte, so spielte er in verschiedenen Gruppen dieser Musik die paraguayische Harfe. Bekannt wurde er weiterhin durch die Schaffung eines auf traditionellen Komponenten aufbauenden Tanzes, der sog. Avanzada (1974). Unter seinen zahlreichen Kompositionen, zumeist Avanzadas, finden sich »Amigo planetario«, »Aravai pyhare« und »Nacionales 1, 2 y 3«. Schallplatten nahm er u. a. bei Continental und IFSA auf.

Sainete (Sainete criollo)
aus Spanien stammende, später auch in Lateinamerika populär gewordene kleine Theaterstücke lustig-dramatischer Inhalte, zumeist durch eingängige Musik begleitet; der Höhepunkt der Verbreitung der S. in LA wurde im XIX. Jh. erreicht; in einigen Ländern wie Argentinien, Uruguay und Mexiko wurden Sainetes in bestimmten Musiktheatern aufgeführt, oft waren die Akteure Mitglieder der sog. »Wandertheater« (Compañías). Für die Sainetes wurden Stücke geschrieben, die im heutigen Sinne den Charakter eines Schlagers haben.

Sajuriana (Sanjuriana, Sanjuliana, Securiana, Secudiana, Zajuriana)
argentinisch-chilenischer Volkstanz; heute vor allem auf der Insel Chiloé noch verbreitet; soll aus dem Menuett (Minué) hervorgegangen sein. Entsprechend der Choreographie gibt es verschiedene Varianten, von denen die als »Originalversion« bezeichnete Form langsam-bewegt getanzt wird, begleitet von Gesang sowie regionaltypischen Instrumenten wie z. B. Gitarre; die Verbreitung ist rückläufig.

Salas, Patricia
* 1959; chilenische Sängerin; sang als Kind in einem Kirchenchor, trat 1971 mit der Gruppe → *Frecuencia Mod* auf; wirkt hier seit 1986 als Solistin und produzierte 23 LPs mit moderner Populärmusik, darunter die Titel »Juan José« und »De las montañas venimos«.

Salazar Orvij, Belisa
* 1961 Lima; peruanische Sängerin; studierte ab 1984 Gesang, interpretierte neben eigenen Liedern Stücke von Silvio → *Rodriguez* und Joan Manuel → *Serrat.*

Salazar, Francisco »Pancho Majagua«
* 1876 Regla (La Habana), † 1966 das.; kubanischer Volkssänger (Trovador); interpretierte

seine Lieder solistisch oder auch im Duo, so z. B. zusammen mit »Tata« Villegas. Das Repertoire von S. bestand aus trovadoresk-romantischen Liedern wie »Fulgida luna« und »Peregrina«.

Salazar, Lorenzo »Lencho«
kostarikanischer Sänger, Musiker (Gitarre, Akkordeon, Quijongo), Arrangeur und Komponist; bekannter Vertreter der ländlichen Volksmusik Costa Ricas; erforschte die Musikfolklore seines Landes sehr intensiv und arrangierte Lieder aus der anonymen Musikfolklore wie »El Chepillo« und »Palito e guarumo« und interpretierte sie. Unter dem Label Indica erschienen einige LPs mit seinen Liedern.

Saldarriaga, Luis Bernardo
* 1926 Támesis (Antioquia); kolumbianischer Musiker (Gitarre), Bandleader und Komponist; gründete 1950 in Pereira das Trío *Los Pamperos* und schuf eine große Zahl von Stücken der Volks- und Populärmusik, die auch durch andere Solisten und Gruppen interpretiert worden sind; dazu gehören u. a. die Titel »Añorando« (Bambuco), »Laura« (Pasillo) und »Tengo miedo« (Bolero).

Saldiguera y Virulilla
kubanisches Vokalduo; 1952 in Matanzas durch die Afrokubaner Esteban Lantri »Saldiguera« und Hortensio Alfonso Hernández »Virulilla« gegründet; auf die Interpretation der Formen → *Guaguancó* und → *Yambú* spezialisiert; gehörte der Folkloregruppe Los → *Muñequitos de Matanzas* an und produzierte mit dieser zahlreiche Schallplattenaufnahmen (Label Puchito), darunter die Titel »Cantar maravilloso« und »'ta contento el pueblo«.

Salgán, Horacio Adolfo
* 15.6.1916 Buenos Aires; argentinischer Musiker (Piano), Arrangeur und Bandleader; Vertreter des → *Tango;* gehörte verschiedenen Gruppen, darunter der von Roberto → *Firpo* (1936) als Pianist an; 1944 formierte S. ein eigenes Orchester (*Orquesta Típica de Horacio Salgán*), mit dem er zahlreiche Schallplatten u. a. bei RCA Victor und Caravelle produzierte, darunter die Titel »Fuego lento«, »Clavada« und »Don Agustín Bardi«.

Salinas Álvarez, Horacio
* 8.7.1951 Lautaro; chilenischer Musiker (Gitarre, Charango, Quena, Zampoña, Tiple, Bombo u. a.), Bandleader und Komponist; Mitgründer und Leiter der Musikgruppe → *Inti-Illimani;* schrieb zahlreiche Stücke zumeist folkloristischer Prägung wie die Titel »Alturas« (Huayno), »Tatati« (Cachimbo) und »Chiloé« (Canción).

Saloma
in Panamá (Region Veraguas) verbreitete Liedform, die nur aus gesungenen, stets im Falsett (Falsete) vorgetragenen Silben besteht.

Salongo (Kinan)
haitianischer Volkstanz; zum Komplex des → *Vodú* gehörend.

Salón México, El -
am 20.4.1930 eröffnetes kulturelles Zentrum in

Lorenzo Salazar – LP »Ydiay ... Lencho?« (Was gibt's, Lorenzo?, kostarikanischer Bauerndialekt) Indica LP-125 (1965)

México-Stadt, der Verbreitung von Musik aller Genres dienend. So wurde die Einweihungsfeier durch ein Konzert der bekannten Gruppe → *Acerina y su Danzonera* gestaltet. 1936 schuf der Komponist Aaron Copland das dieser für das kulturelle Leben Mexikos bedeutenden Einrichtung gewidmete Werk »El Salón México«.

Salsa (Soße, span.)
Genrebezeichnung für eine moderne, nach 1970 im kulturellen Umfeld → *New York Latino* erschienene Mischform bzw. Musiziertechnik, die in variabel gestalteten Arrangements Elemente vorwiegend des → *Son cubano,* aber auch des → *Cha-cha-chá,* des → *Mambo,* der → *Cumbia,* des → *Merengue* und weiterer lateinamerikanischer und teilweise sogar afrikanischer Tänze aufnahm. Der Begriff »Salsa« für diese Form wurde, obwohl vorher schon in kubanischen Musiktiteln öfter dieser Name auftauchte, 1963 durch Isis Sanabria von der Schallplattenfirma Fania Records (New York) eingeführt. Zu den Initiatoren gehören die Musiker Frank → *Grillo »Machito«* und »Manny« → *Oquendo.* Durch namhafte Interpreten wie Eddie → *Palmieri,* »Mongo« → *Santamaría,* Larry → *Harlow,* Willie → *Colón,* Johnny → *Pacheco,* Rubén → *Blades* und Ismael Miranda wurde die S. in kurzer Zeit, unterstützt durch gut durchdachte Werbestrategien großer Musikfirmen, in weiten Teilen Lateinamerikas und in Europa populär. Gegenwärtig überwiegen Kompositionen bzw. Arrangements, in denen Komponenten des *Son cubano* dominieren; vorwiegend werden die Instrumente → *Tumbadora,* → *Tres,* → *Bongó* und Gitarren (elektrisch u./o. akustisch) eingesetzt. Bekannte Stücke sind »Pedro Navajo«, »Tiburón« und »Rebeca«; häufig werden auch Titel der traditionellen lateinamerikanischen Musik als Potpourris arrangiert. Außerhalb der USA spezialisierte sich u. a. Oscar D'León (Venezuela) auf ihre Interpretation; in einigen lateinam. und westeuropäischen Ländern formierten sich reine Salsa-Gruppen, z. B. *Conexión Latina* in München oder die *Latino Dance Machine.*

Salsabossa
um 1989 im Umfeld der → *Salsa* durch den puertorikanischen Musiker und Komponisten Roberto → *Roena* geschaffener Modetanz, der Komponenten von → *Bossa Nova,* → *Samba* und → *Guaguancó* enthält.

Salsero
Bezeichnung für den Interpreten bzw. Komponisten der Mischform → *Salsa.*

Salsoul
eine nach 1970 in New York entstandene Variante der → *Salsa,* die mit Elementen der modernen Soul-Musik angereichert wurde.

Salta, Los de -
argentinisches Vokal- und Instrumentalquartett; um 1964 in Salta gegründet; interpretierte traditionelle Volksmusik, wobei besonders die Form → *Zamba* gepflegt wurde; bei Philips und RCA Victor entstanden zahlreiche LPs, die u. a. die Titel »Zamba del tiempo verde«, »Zamba blanca« und »Noches de carnaval« enthalten.

Saltarello (»Alta Danza«)
ursprünglich ein europäischer Salontanz des XVI./XVII. Jh., durch lebhafte Sprünge charakterisiert; im XVIII. Jh. nach Lateinamerika (z. B. Mexiko) gelangt; war dort eine zeitlang populär.

Salterio (Chicotén)
Saiteninstrument *Psalter*; um die Wende zum XX. Jh. u. a. in der → *Orquesta Típica* bzw. im → *Grupo Norteño* Mexikos verwendet; heute jedoch nur noch vereinzelt gespielt.

Salú
eine Variante des brasilianischen → *Fandango (4),* die stets durch Gesang begleitet wird.

Saluzzi, Dino (eigtl. Timoteo Saluzzi)
* 21.5.1935 Salto (Camposanto); argentinischer Sänger, Musiker (Bandoneón, Perkussion), Arrangeur, Komponist und Bandleader; wurde durch seinen Vater, ein notabler Volksmusiker

seiner Region, im Bandoneón-Spiel unterwiesen; ging später nach Salta und danach nach Buenos Aires, wo er sich Formationen des → *Tango* anschloss (u. a. den Orchestern von Roberto Caló, Héctor Varela und Enrique Francini). Ausserdem organisierte er einige eigene Tango-Gruppen wie *Pen Tango.*

Salve

1. zum Komplex liturgischer Gesänge gehörendes Lied zu Ehren der Heiligen Jungfrau (Virgen Santa); spanischen Ursprungs; im Zuge der Eroberung nach Lateinamerika transkulturiert. Auch die häufig zu Totenfeiern der afroamerikanischen Bevölkerung Kolumbiens gesungenen Lieder religiöser Inspiration werden S. genannt. 2. in verschiedenen lateinamerikanischen Ländern, z. B. der Dominikanischen Republik, haben ursächlich religiös motivierte Lieder unter der gleichen Bezeichnung rein weltlichen Charakter angenommen (interpretiert u. a. im Merengue-Rhythmus) und wurden auch, mit z. T. sozialkritischen Texten unterlegt, zum Protestsong.

Samaniego, Enrique

* 4.1.1934 Paso Yovai; paraguayischer Musiker (Harfe) und Komponist; wurde ab seinem 7. Lebensjahr bei Feliciano Peralta zum Harfenisten ausgebildet; begann seine professionelle Laufbahn 1957, wurde später Mitglied der Gruppe *Amerindia*; gehörte ab 1964 der Formation *Los Tres del Paraguay* an und gründete später die Gruppe *Los Folkloristas de América*. S. schrieb u. a. die Polkas »Boyerito«, »Chelia Carolina«, »Despertar de mi aldea« und »Villarrica«; publizierte als Solist 10 LPs und weitere als Mitglied diverser Gruppen.

Samba

1. brasilianischer Volks- und Populärtanz im 2/4-Takt; Nationaltanz Brasiliens, Sammelbegriff für eine große Zahl regionaler und überregionaler Varianten, die entweder mit zusätzlichen Bezeichnungen wie *Samba campineiro* versehen oder unter eigenem Namen identifiziert werden. Der S., seit rund 100 Jahren u. a. im Stadtgebiet von Rio de Janeiro populär, entstand aus dem → *Batuque.* Heutige Formen bzw. Varianten stellen eine Vermischung afrikanischer bzw. afrobrasilianischer mit kreolischen Komponenten dar; in einigen Unterarten überwiegen afrikanische Elemente, während in ländlichen Formen das Kreolische dominiert. Ähnlichkeiten bestehen mit der kubanischen → *Rumba* bzw. der → *Guaracha.* In der Region Bahia entstanden, ist der S. heute nahezu über ganz Brasilien verbreitet. Zu seiner musikalischen Begleitung dienen → *Pandeiro,* → *Violão,* → *Chocalho,* → *Reco-reco,* → *Cuíca,* diverse Trommeln wie → *Atabaque,* → *Surdo,* aber auch → *Birimbao* und Kastagnetten (Castanholas). Vor allem der urbane S. wird durch die → *Escola de Samba* gepflegt; die erste Schallplattenaufnahme, »Pelo telefone« (Odeon 121.313), wurde 1917 produziert. Während zahlreiche, vorwiegend ländliche Titel der anonymen Musikfolklore entstammen, schufen bekannte Komponisten wie Alfredo da → *Rocha,* Herivelto → *Martins,* Ary → *Barroso,* Adoniran → *Barbosa,* José → *Barbosa da Silva* u. a. Titel von großer Popularität (→ *Carnaval carioca*). Varianten des S.: 1. *Samba Batucada* → *Batucada* 2. *S. campineiro* (S. rural): in ländlichen Gebieten von São Paulo bzw. in Südbrasilien verbreitete rein folkloristische Form. 3. *Samba-canção* (Samba-Lied): langsam-romantische, dem → *Bolero* angenäherte Tanzmusikform; um 1917 entstanden; insbes. in urbanen Zonen verbreitet (z. B. als Barmusik). 4. *Samba carioca (S. urbano)*: vorwiegend im Bereich der Stadt Rio de Janeiro in zahlreichen Unterarten wie S.-de-Morro (Samba der Armenviertel) meist unverfälscht oder als S.-de-salão (Salon-Samba) sehr oft stark kommerzialisiert dargebotene Variante. 5. *Samba-de-roda* (S. batido, Corta jaca, Corrido): als Rundtanz aufgeführter ländlicher Samba der Region von Bahia; zumeist durch kleinere Musikgruppen (Pandeiro, Viola, Chocalho) interpretiert. 6. *Samba-lenço* (Lenço): als Volkstanz der negroiden und mestizischen Bevölkerung im Gebiet von Sao Paulo verbreitete Form; meist durch → *Caixa* und Pandeiro begleitet. Der Interpret aller Vari-

anten, aber auch der Komponist, sehr oft in Personalunion, wird *Sambista* genannt. 2. regionale Bezeichnung für den Vorsänger in der → *Bande* von Haiti.

Sambá
afrohaitianisches Musikinstrument (Idiophon); eine mit einem Eisen perkutierte Feldhacke.

Sambai
afrokaribischer Volkstanz der Garifuna-Region von Belize (ehem. Britisch-Honduras); der Begleitgesang ist ein einfacher → *Call & Response* Song in Kreolenenglisch.

Sambalanço
eine nach 1960 u. a. durch die Musiker Djalma → *Ferreira* und Ed Lincoln initiierte Abart der → *Bossa Nova.*

Sambalanço Trio
brasilianisches Instrumentaltrio; 1962 in São Paulo durch die Musiker César Camargo Mariano (Piano), Humberto Claiber (Kontrabass) und → *Airto Moreira* (Schlagzeug) formiert; interpretierte zum Jazz tendierende brasilianische Populärmusik; trat zunächst in einer Bar von São Paulo auf u. verlegte später seinen Sitz nach Rio de Janeiro. Unter verschiedenen Labels (RCA Victor und Audio Fidelity) entstanden einige LPs, darunter der Titel »Primavera«.

Samba-landó → *Landó*

Sambista
der Sänger, Musiker oder Tänzer, jedoch auch der Komponist bzw. Textdichter des brasilianischen → *Samba.*

Sambumbia → *Zambomba*

Sambura
zylindrische Zweifelltrommel; in der Volksmusik der Region von Gran Sabana/Bolívar (Venezuela) eingesetzt.

Sampayo, Aníbal
* 26.8.1927 Paysandú; uruguayischer Volkssänger (Payador), Musiker, Arrangeur und Liedermacher; zu den bekanntesten Vertretern des folkloristisch-traditionellen Liedes in Uruguay gehörend; Pionier der Bewegung des Neuen Uruguayischen Liedes; wirkte zunächst in Cafés und Kneipen bzw. auf Volksfesten seiner Heimatregion; gründete eine Folkloregruppe, mit der er zahlreiche selbstkomponierte Titel interpretierte und auf Schallplatten herausbrachte, dazu gehören u. a. die Titel »Río de los pájaros« (Litoraleña), »Cañero del Norte« (Pericón), »Coplitas del pescador« und »Chamamé a Cuba« (Chamamé). S. war wiederholt durch die Militär-Junta inhaftiert bzw. mit Auftrittsverbot belegt worden (70er Jahre des XX. Jh.).

Sampianito
während der Kolonialzeit in Kolumbien (Nueva Granada) aufgeführter langsamer, getragener Volkstanz.

Sampoña
Regionalbez. für den indianischen Volkstanz → *Sicuri (3);* vom Instrument → *Zampoña* begleitet.

San Antonio (port.: São Antônio)
eine in der Religionsgeschichte tief verwurzelte Persönlichkeit, Fernando de Bulhões (1195 – 1231); von der katholischen Kirche heiliggesprochen; ihm zu Ehren werden in Spanien, Portugal und Lateinamerika jedes Jahr am 13. Juni Volksfeste mit Musik und Tanz veranstaltet; zahlreiche folkloristische Lieder meist anonymer Herkunft nehmen auf San Antonio Bezug.

San Antonio, Trío -
US-amerikanisches Vokal- und Instrumentaltrio der → *Música chicana,* nach 1940 in San Antonio (Texas) durch Fred Zimmerle (Gesang, Akkordeon), Andrés Berlanga (Bassgitarre) und Juan Viesca (Kontrabass) gegründet; interpretierte vorwiegend Polkas und Rancheras im Stile der → *Música norteña;* die Titel »Mi Chula«

und »Monterrey« erschienen auf Schallplatten N-78 (z. B. bei Falcón).

San Bernardo, Festival-
seit 1971 alljährlich Ende Januar in San Bernardo (Chile) stattfindendes nationales Folklorefestival, das insbesondere auf die Erhaltung traditioneller Genres wie → *Tonada* und → *Cueca chilena* orientiert und Nachwuchskünstlern aus allen Landesteilen zur Publizität verhilft.

San Juan (port.: São João)
Heiliger Johannis (der Täufer); bedeutende Persönlichkeit der kathol. Kirche; vor Christus geboren; heiliggesprochen; Schutzpatron vieler Orte in Spanien, Portugal und Lateinamerika. Zu seinen Ehren werden am 24. Juni Volksfeste mit Gesang, Musik und Tanz durchgeführt und in regional differenzierter Form bestimmte, aus alter Überlieferung stammende Bräuche ausgeübt. Volkstänze wie → *Sanjuanito* oder → *Sanjuanero* weisen auf den sog. *Día de San Juan* (Johannistag, span.) hin.

San Juan, Trío -
puertorikanisches Vokal- und Instrumentaltrío der Populärmusik, am 24.6.1948 in New York durch Johnny → *Albino* (1. Stimme, Gitarre und Direktor), José Ramón Ortiz (2. Stimme, Gitarre) und Jaime González (Gitarre) formiert; interpretierte überwiegend Titel der Form → *Bolero*.

San Pedro, Danza de -
Sammelbegriff für religiös inspirierte Volkstänze unterschiedlicher Art; in Lateinamerika zu den dem Heiligen Petrus (San Pedro) gewidmeten Volksfesten im Juni jeden Jahres aufgeführt; die Verbreitung solcher Tänze ist jedoch rückläufig.

Sánchez, »Cuco« (eigtl. Refugio S.)
* 3.5.1921 Altamira (Tamaulipas); mexikanischer Sänger, Gitarrist und Liedermacher; zählt zu den bekanntesten und in ganz Lateinamerika populärsten Interpreten der Formen → *Ranchera* und → *Corrido,* denen er mit seiner eigenwillig-ausdrucksstarken Stimme ein unverwechselbares Gepräge gibt; kam bereits im Kindesalter nach México-Stadt, wo er öffentliche Konzerte gab und ab 1937 mit dem Schreiben von Stücken der Volks- und Populärmusik und ab 1940 mit der Komposition von Filmmusik begann. Zu seinen zahlreichen Titeln, die auch auf Schallplatten (Columbia, CBS, Caytronics) erschienen, gehören u. a. »Fallaste corazón« (Bolero ranchero, 1954), »Yo también soy mexicano« (Ranchera, 1954), »Que rechulo es querer« (Ranchera), »La cama de piedra« (Huapango, 1957) und »Hombre del alazán« (Corrido).

Sánchez de Fuentes, Eduardo
* 3.4.1874 La Habana, † 7.9.1944 das.; kubanischer Musiker, Arrangeur, Komponist, Bandleader und Folkloreforscher; entstammt einer Musikerfamilie; wurde durch Ignacio Cervantes und Carlos Anckermann ausgebildet; betrieb profunde Forschungen auf dem Gebiet der kubanischen Musikfolklore, deren Ergebnisse er in einigen Monographien wie »Cuba y sus músicos«, »Viejos ritmos cubanos« und »La música aborigen y folklorismo« publizierte. S. grün-

»Cuco« Sánchez – LP »De mano en mano con Cuco Sánchez« – CBS DCA-168 (1963)

dete und leitete ein vielgefragtes Tanzorchester, das u. a. am 22.10.1922 bei der Einweihung des Senders PWX von La Habana musizierte. Zu den zahlreichen Kompositionen von S. gehören neben einigen Opern Boleros, Criollas, Lieder und Habaneras, darunter »Tú« (Habanera, 1892; Text: Fernando Sánchez; bekannteste Kompositionen von S. sind »Volanta« (Criolla) und »Linda cubana« (Lied).

Sánchez Fajardo,
Ernesto »Jilguero del Huascarán«
* 1932 (?) Chuquián (Ancash), † 24.12.1988 Lima; peruanischer Sänger, Musiker (Gitarre, Mandoline, Violine, Orgel) und Komponist typischer und folkloristischer Musik. S. hat seine Künstlerkarriere bereits um 1940 begonnen und entwickelte sich schnell zu einem gefragten Interpreten andiner Volksmusik, wobei sich seine lustig-ironischen Liedtexte besonderer Beliebtheit erfreuten. Ab 1950 wirkte er bei der Künstlergruppe *Compañía Ollanta* in Ayacucho, später in einer weiteren Gruppe in Cusco; ebenso war er (1979) Mitglied des Nationalparlaments. Im Jahre 1948 schuf er einen neuen, → *Chuscada* genannten andinen Tanzrhythmus. Weitere von ihm komponierte Titel sind u. a. »Aguila que vas volando« (Huayno), »Al compás de mi guitarra« (Huayno) und »Benditas las madres« (Chuscada).

Sánchez, José »Pepe«
* 19.3.1856 Santiago de Cuba, † 3.1.1918 das.; kubanischer Sänger (Trovador), Musiker (Gitarre), Bandleader und Liedermacher; gilt als Begründer der kubanischen → *Trova* und als früher Vertreter des → *Bolero (cubano);* Autodidakt; bildete Interpreten wie »Sindo« → *Garay* aus, musizierte in einer von ihm geleiteten Gruppe in seiner Heimatregion und schuf zahlreiche Stücke wie »Himno a Maceo«, »Rosas 1 – 3« und »Caridad«.

Sánchez, Maximiliano (Max) »Bimbi«
* (?) Santiago de Cuba, † 1992 Tampa (USA); kubanischer Sänger (Trovador), Musiker (Gitarre), Komponist und Bandleader; wirkte seit seiner Jugendzeit in Gruppen der ländlichen Volks- und Populärmusik; bekannter Vertreter des → *Son cubano;* gründete in Santiago de Cuba seine in weiten Teilen Lateinamerikas und den USA bekanntgewordene Formation → *Bimbi y su Trío Oriental,* mit dem er längere Zeit zahlreiche Schallplatten produzierte, darunter die Eigenkompositionen »El Guayabal« (Porro), »Perdona vidita« (Bolero), »Melón pintón« (Son montuno) und »La fuga del tirano« (Son montuno).

Sancuti
in Ostbolivien (Region Río Beni) benutzte kleinere Variante der Trommel → *Bombo.*

Sandoval
peruanischer Tanz des XVIII. Jh., wurde jeweils nur durch ein Tanzpaar aufgeführt.

Sandoval, Arturo
* 6.11.1949 Artemisa; kubanischer Trompeter; studierte zunächst an seinem Heimatort und später an der Nationålschule für Kunst in La Habana, wo er 1967 abschloss; wirkte im Orchester → *Cubana de la Música Moderna* und schloss sich 1974 der Gruppe → *Irakere* an und gründete danach ein eigenes Sextett. S. ist einer der bekanntesten Vertreter des kubanischen Jazz; produzierte zahlreiche LPs, darunter die Titel »Summertime« und »Sábado 14«.

Sandoval, María Elena
* 24.12.1940 Michoacán; mexikanische Sängerin; bekannte Interpretin der Formen → *Bolero* und → *Bolero ranchero;* hatte mit ihren Versionen von »Cataclismo« und »Ayúdame Dios mío« großen Erfolg und produzierte zahlreiche Schallplattenaufnahmen (Orfeón, Sonolux u. a.) und gab erfolgreiche Auslandsgastpiele z. B. in Kolumbien.

Sandro (eigtl. Roberto Sánchez Ocampo)
* 1945 Buenos Aires; argentinischer Sänger moderner Populärmusik; spezialisierte sich auf die Interpretation balladenhafter Lieder wie »Mi amigo el puma« und »Después de la guerra«, die

auf LPs verschiedener Labels (CBS, A & R u. a.) publiziert wurden. S. wurde 1970 in Hollywood mit einer Goldenen Schallplatte geehrt.

Sandunga
1. heute kaum noch verbreiteter, aus dem → *Fandango (1)* entstandener kolumbianischer Volkstanz. 2. → *Zandunga*

Sanfona (Acordeón, Cordeona, Armónica)
regionale Bezeichnung für das Akkordeon im Nordosten und weiteren Landesteilen Brasiliens.

Sangesrunde
1917 in Asunción (Paraguay) durch deutsche Einwanderer gegründeter deutsch-paraguayischer Chor, der, heute noch bestehend, zu bestimmten feierlichen Anlässen öffentlich auftritt.

Sangueo
Prozessionslied aus Venezuela, dessen Tradition bis ins XVIII. Jh. zurückreicht.

Sanjuan E., Julio »Buitraguito«
* 1935 Barranquilla; kolumbianischer Sänger, Gitarrist und Liedermacher; bekannter Vertreter der → *Música vallenata;* gehörte 1960 der Gruppe → *Bovea y sus Vallenatos* an und unternahm mit dieser zahlreiche Auslandsreisen. Seine Titel »Víspera de año nuevo« (Merengue) und »Rosa Valencia« (Paseo) wurden sehr populär.

Sanjuanero
zur Gruppe des → *Bambuco* gehörendes Tanzlied andiner Regionen von Kolumbien, wird in Huila *Joropo sanjuanero* genannt und vorwiegend zu Volksfesten (wie der namengebende Día de → *San Juan*) aufgeführt; typische Begleitinstrumente sind → *Requinto,* → *Tiple,* → *Carraca* u. a.; charakteristisch ist die am Liedanfang ausgebrachte Interjektion »¡Iii...San Juan!«.

Sanjuanito
ekuadorianischer Volkstanz im 2/4-Takt; mestizisch; mit einer dem bolivianischen → *Huayno* ähnelnden Begleitmusik. Der während der Volksfeste am Día de → *San Juan* zu nächtlicher Stunde aufgeführte S. ist der Nationaltanz Ekuadors; seine musikalische Begleitung erfolgt in Abhängigkeit von der jeweiligen Region; es dominiert die Panflöte → *Rondador.* Der folkloristische S. geht auf eine Vermischung indianischer und kreolischer Komponenten zurück; instrumentale Versionen sind vorherrschend; eine modernere Variante ist der der als *Fox incaico* bezeichnete sog. »amerikanisierte« Sanjuanito.

Sanjuliana → *Sajuriana*

Sanmartín (Idiophon)
in der afrokubanischen Musikfolklore eingesetztes Instrument, eine 30 – 40 cm lange und 20 – 25 cm breite, zu einem zylindrischen Körper gebogene Eisenplatte. Dieser Zylinder wird beim Musizieren (u. a. in der → *Conga*) mit einem Metallstab perkutiert.

Sanoja → *Maracas*

Santa Ana, Cuarteto -
argentinisches Vokal- und Instrumentalquartett

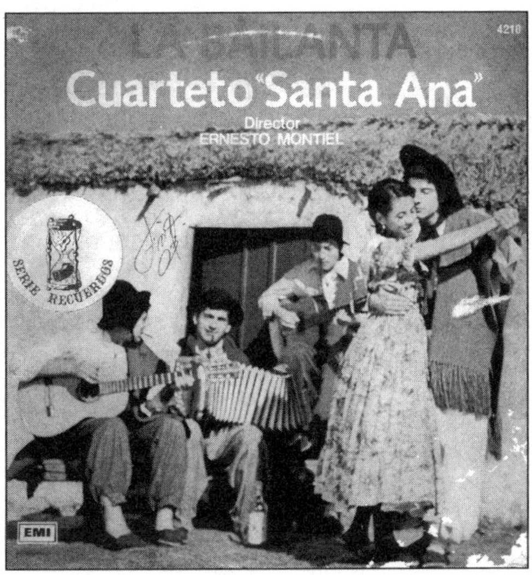

Cuarteto Santa Ana – LP »La Bailanta« – EMI-4218 (1974)

typischer und folkloristischer Musik; 1942 in Corrientes durch Ernesto → *Montiel* (Akkordeon und Direktor), Eladio → *Martínez* (Gesang und Gitarre), Isaco → *Abitbol* (Bandoneón) und Jorge Tolosa (Gesang) gegründet. Das Quartett ist eine Gruppe des → *Chamamé* mit legendärem Ruhm. Später gab es stetige Wechsel in der Besetzung, so traten Musiker wie Pedro Rodríguez »Campiriño Pedro« (1950), Blas Martínez Riera (1959), Roberto → *Galarza* u. a. der Gruppe bei; Schallplatten entstanden bei Odeon und Polydor.

Santa Cruz Gamarra, Nicomedes
* 4.6.1925 Lima, † 1995 Spanien; peruanischer Sänger, Musiker, Arrangeur, Bandleader und Komponist; bekannter Vertreter der afroperuanischen Volksmusik; begann seine musikalischen Aktivitäten 1956 und erforschte zusammen mit seinem Bruder Victoriano die kulturellen Traditionen der afroamerikanischen Bevölkerung Perus. Er arrangierte Lieder und Tänze wie → *Landó,* → *Zaña* und → *Festejo* neu und interpretierte sie mit seiner Folkloregruppe → *Cumanana.* Zu seinen zahlreichen Kompositionen gehören u. a. die Titel »Cantares campesinos« (Socabón), »Negro Manuel Antonio« (Landó) und »Reina del festejo« (Festejo).

Santamaría, Ramón »Mongo«
* 7.4.1927 La Habana; kubanischer Musiker (Schlagzeug, Violine); studierte in La Habana als Kind Violine; widmete sich später den Trommeln (Tambores) und arbeitete als Schlagzeuger in Bands diverser Nachtbars. 1949 übersiedelte er nach New York, wo er u. a. mit Tito → *Puente* und Cal Tjader zusammenarbeitete; 1961 gründete er eine eigene Gruppe (*Mongo Santamaría y sus Afro Cubans*), die sich dem Latin Jazz und der → *Salsa* widmete und mit der er zahlreiche LPs (u. a. bei Fantasy, Tico und Riverside) produziert hat.

Santamarta, Pelón → *León Franco, Pedro*

Santana, Carlos (Carlos Alberto S.)
* 20.7.1947 Autlán; mexikanischer Musiker (Gitarre), Arrangeur, Bandleader und Komponist; lebt und wirkt seit 1964 in San Francisco (USA). S. kombinierte die lateinamerikanische Polyrhythmik mit bestimmten Elementen des modernen Jazz und des Rock in teilweise eigenwilligen Arrangements; gilt als Begründer des → *Latin Rock* und des *Ethno Pop*; leitete verschiedene Gruppen, darunter ein 1968 formiertes Sextett und eine 1974 organisierte Formation, in der León Patillo als Vokalsolist auftrat und in der 2 Keyboards eingesetzt wurden. Unter verschiedenen Labels (meist CBS) erschienen mehr als 20 LPs, darunter die Titel »Madre Africa«, »Samba pa' tí«, »Bienvenido« und »Maria Maria«.

Santeña (Mejorana santeña)
regionale Variante der panamaischen → *Mejorana (1);* typisch für die Region von Los Santos; sie wird von Akkordeon, Trommeln (Tambores), Violine und Gitarre begleitet.

Santería (Regla de Osha)
Gesamtheit des Komplexes ritueller Handlungen und Tänze der → *Yorubá* in Kuba und anderen lateinamerikanischen Ländern; einen Synkretismus von afrikanischer und katholischer Religion darstellend; gilt als der höchstentwickelte Exponent rituell-tänzerischer Manifestationen der afrolateinamerikanischen Kultur. Die Teilnehmer der Sessionen der S. versammeln sich im → *Cabildo* und rufen afrikanische Götter wie → *Changó,* Yemanya und Olorún an; dazu werden drei Trommeln (Iyá, Itotele und Ikónkolo) gespielt und Lieder (Cantos de Palo oder Cantos de → *Invocación*) gesungen; jeder Gottheit werden mindestens drei Lieder im Anruf-Antwort-Prinzip (→ *Call & Response*) dargebracht; wobei alle Feste mit Tänzen, Gesängen und dem → *Toque (de Santos)* für → *Elegguá* begonnen und beendet werden. Leiter der Sessionen ist der → *Babalú*; ihm assistieren Mädchen, *Hijas del Santo* (Töchter des Heiligen) genannt.

Santero
in der afrolateinamerikanischen → *Santería* die-

jenige Person, die Heiligtümer (Santuarios), Kultgegenstände, spezifische Musikinstrumente usw. in Obhut nimmt und pflegt.

Santiago

1. aus Rinderhörnern zusammengesetzte primitive Trompete, in Peru (Pasco, Junín, Huanuco) zum Heiligenfest (Fiesta del Santo) gespielt. 2. mexikanischer Volkstanz der Region Puebla; religiös inspiriert; von Indianern zu Volksfesten getanzt. 3. peruanischer Volkstanz, usprünglich ein Modetanz; aus einer Vermischung indianisch-mestizischer Komponenten hervorgegangen; z. B. in Ortschaften des Valle del Mantaro aufgeführt.

Santiago del Nuevo Extremo, Grupo -

chilenische Vokal- und Instrumentalgruppe der populären Musik; 1978 in Santiago de Chile durch Studenten innerhalb der Bewegung des Neuen Chilenischen Liedes gegründet; interpretierte bei Einsatz der Instrumente Schlagzeug, Elektrogitarre, Elektrobass, Querflöte, Saxophon, Charango und Quena generell zum lateinamerikanischen Jazz tendierende Titel wie »A mi ciudad« und »Simplemente«. Die Formation nahm mehrere Male am Musikfestival von Viña del Mar teil und produzierte einige LPs. 1987 kam es zu ihrer Auflösung.

Santiagueros, Danza de los -

spanischer Tanz dramatischen Charakters; im XVII. Jh. entstanden; ist Teil des Tanzspiels → *Moros y Cristianos* und wurde auch in Lateinamerika aufgeführt.

Santiaguina

Variante der → *Cueca chilena;* in der Region von Santiago de Chile verbreitet.

Santillán, Facio

* Santiago del Estero; argentinischer Musiker (Quena), Arrangeur und Komponist; einer der bekanntesten Solisten auf der indianischen → *Quena*; erforschte die Musikfolklore des Andenhochlandes und erwarb sich Verdienste bei der Popularisierung mestizischer Musik außerhalb Südamerikas, es heißt, dass er das Instrument Quena für die Schallplatte entdeckt habe. Er gehörte der Gruppe Los → *Amigos del Amambay* an und produzierte bei Barclay, Riviera u. a. zahlreiche Schallplattenaufnahmen, darunter die Titel »Fiesta aymará«, »Selvas vírgenes«, »La Boliviana« und »Cantando en mi valle« (Bailecito; Eigenkomposition).

Santivañez P., Ana María »Anita« »Muñequita de Yauyos«

* Yauyos; peruanische Sängerin und Autorin folkloristischer und populärer Musik. S. hat, begleitet durch die Solo-Harfen von Johnny Campos »Poeta del Arpa« oder Duglas Buitrón in der regionalen Volksmusik eine Neuerung eingeführt, der von nur einer Harfe (Arpa) begleitete Gesang von andinen Formen wie → *Huayno* und → *Santiago,* Titel wie »Amar es delito«, »Tu mal comportamiento« und »Flor blanca« erzielten im Valle del Mantaro große Popularität.

Santo Domingo

1. spanischer Paartanz; zur Musikfolklore der Kanarischen Inseln (Tenerife) gehörend; durch Gesang begleitet. 2. mexikanisches Singspiel für Kinder. 3. Bez. für eine spezielle Stimmung des fünfsaitigen → *Charango*: (E'-A-E-C'-G), für die peruanischen Regionen Cusco, Puno und Ayacucho typisch. 4. Variante der folkloristischen Polka in der Region Trujillo (Venezuela), für die die Einfügung einer rezitierten → *Copla* charakteristisch ist.

Santos Betancourt, Daniel

* 6.6.1916 Santurce, † 27.11.1992 Ocala (Florida); puertorikanischer Sänger, Musiker, Bandleader und Liedermacher; bekannter Vertreter des → *Bolero;* lebte seit 1926 in New York und begann dort 1930 seine Karriere als professioneller Künstler; gründete wenig später ein Tanzorchester (*Daniel Santos y su Conjunto de Sociedad*); schloss sich später der → *Sonora Matancera* an, mit der er die erfolgreichste Zeit seiner Künstlerlaufbahn zubrachte; danach trat er in das Orchester *Puerto Rican Independence* ein. Insgesamt war S. an der Produktion von 308

LPs unter diversen Labels (Tropical, Orfeón, Discomoda, Panart u. a.) beteiligt; er sang u. a. die Titel »El que canta«, »De corazón« und »Te entraste«.

Santos, Ernesto Joaquím dos - »Donga«
* 5.4.1891 Rio de Janeiro, † 25.8.1974 das.; brasilianischer Musiker (Violão), Arrangeur, Bandleader und Komponist; hervorragender Vertreter des → *Samba;* gründete mit Alfredo da → *Rocha Viana* das Orchester *Pixinguinha – Donga*, gehörte später der Formation Os → *Oito Batutas* bzw. der → *Velha Guarda* an und schrieb Titel wie »Pelo telefone« (Samba, 1917) und »Ranchinho desfeito« (Toada), die auf Schallplatten erschienen und die insgesamt eine positive Entwicklungsepoche in der Geschichte der brasilianischen Populärmusik reflektieren.

Santos, José João dos - »Azulão«
* 8.1.1932 Sapé (Paraíba); brasilianischer Volkssänger (Cantador) und Vers-Dichter der → *Literatura de Cordel;* lebt seit längerem in Rio de Janeiro; schrieb und interpretierte Lieder, deren Texte auf das Leben und die Geschichte des brasilianischen Nordostens Bezug nehmen, darunter die Titel »De Estácio a Lacerda« und »Peleja de Azulão com Palmeirinha«.

Santos, Turíbio
* 7.3.1943 São Luíz (Maranhão); brasilianischer Musiker (Gitarre, Violão) und Komponist; studierte bei Antônio Rebello und Oscar Cáceres; interpretierte Musik von Heitor → *Villa-Lobos,* populäre und folkloristische Musik; schrieb darüber hinaus einige Stücke wie »Xodó da baiana« (Samba, 1978) und »Interrogando« (Samba) selbst. 1965 bekam er den 1. Preis des Internationalen Gitarrenwettbewerbs der ORTF. Bei RCA Victor, Erato, Kuarup u. a. entstanden zahlreiche LPs mit Gitarrenmusik, darunter die Titel »Brejeiro« und »Apanhei-te cavaquinho«.

Saña → *Zaña*

São João → *San Juan, Día de -*

Sapateado (Sapateio) → *Zapateado,* → *Zapateo*

Sapo
1. regionale Variante des brasilianischen → *Fandango (4).* 2. eine der zahlreichen gängigen Bezeichnungen für das kubanische Schrapidiophon → *Güiro,* auch *Sapo cubano* genannt.

Saporrondo
ein kolumbianischer Volkstanz der Region von Chocó.

Saqra → *Diablo (2)*

Saquito, Ñico
(eigtl. Benito Antonio Fernández Ortiz)
* 13.2.1901 Santiago de Cuba, † 4.8.1982 das.; kubanischer Sänger, Musiker (Gitarre), Arrangeur, Bandleader und Komponist; wurde in seiner Heimatstadt um 1916 durch Félix Premión im Gitarrespiel unterrichtet und schloss sich wenig später regionalen Musikgruppen an; übersiedelte 1936 nach La Habana, wo er zunächst in Formationen wie dem *Grupo Típico Oriental* wirkte und später die berühmt gewordene Gruppe Los → *Guaracheros de Oriente* gründete, mit der er über 300 Titel für Rundfunk und Schallplatte produzierte. Zu seinen zahlreichen Kompositionen, meist Guarachas, Sones und Boleros, gehören u. a. »María Cristina« (Guaracha), »Al vaivén de mi carreta« (Guajira, 1933), »El Jaleo« (Guaracha), » Voy pa' Los Hoyos« (Son) und »Mimí Pinzón«.

Sarabacué (Sarabagué, Sarabaqué) → *Dança de Santa Cruz*

Sarabanda (Salabanda, Sarabande) → *Zarabanda*

Saracuaco
nikaraguanischer Volkstanz; regionale Variante des → *Jarabe;* wird durch die → *Marimba* begleitet.

Saracura
brasilianischer Volkstanz aus der Region Amazônia, ist – außer, wenn er im Freien aufgeführt wird – durch Gesang begleitet.

Saraki
regionale Variante der → *Polka paraguaya;* jedoch etwas lustiger als diese und nach einer Begleitmusik schnelleren Tempos getanzt.

Sarambé (Sarambu)
afrobrasilianischer Volkstanz der Bundesstaaten Minas Gerais und Bahia; dem → *Samba* sehr ähnlich.

Sarambeque
in Portugal nach 1600 populärer Tanz; seit dem XVIII. bis Ende des XIX. Jh. als aristokratischer Salontanz auch in Brasilien verbreitet gewesen.

Sarambo
Volkstanz der Dominikanischen Republik; Variante des → *Zapateo montuno;* in der ländlichen Volksmusik des Landesinnern verbreitet.

Sarambu → *Sarambé*

Sarandajo (Zarandajo)
nikaraguanischer Volkstanz; mit dem mexikanischen → *Jarabe* verwandt bzw. aus ihm entstanden; wird häufig mit der → *Marimba* interpretiert.

Sarandi → *Ciranda*

Sarao (Bailete, Sarao francés)
1. alter spanischer Salontanz urspr. französischer Herkunft; im XVII. Jh. populär; bald danach nach Lateinamerika (Mexiko, Kolumbien) verbracht; in einigen Küstenregionen, durch Frauen getanzt, noch bis in jüngste Zeit verbreitet gewesen. 2. alte familiäre Festlichkeit in Kolumbien, die stets mit Musik und Tanz verbunden ist.

Sarna
brasilianisches Tanzlied aus dem Landessüden.

Sarrabalho (Sarrabaio)
alter brasilianische Volkstanz; Variante des → *Fandango (4);* bis gegen Ende des XIX. Jh. in der Region von Porto Alegre verbreitet gewesen.

Sarria, Filiberto
* 1884 Managua, † 1938 das.; nikaraguanischer Musiker (Flöte), Bandleader und Komponist; leitete einige Orchester und schrieb zahlreiche Stücke der Populärmusik wie »Junto a tí« (Walzer), »Suela de Hule« (Foxtrot) und »Alejandrina« (Walzer).

Sarta
Variante der Panflöte → *Antara;* aus 12 Einzelflöten bestehend; in andinen Regionen von Peru in der indianisch-mestizischen Volksmusik eingesetzt.

Sartén (Tiegel, Pfanne, span.)
in der kubanischen Volksmusik vor allem in der Karnevalszeit als idiophones Musikinstrument benutzte Tiegel oder Bratpfannen mittlerer Größe, die, auf ein Gestell montiert, mit eisernen oder hölzernen Stäben perkutiert werden und vorzugsweise zur rhythmischen Begleitung der → *Conga (1, 2)* dienen.

Sarué
brasilianischer Volkstanz; ist auf Elementen der → *Quadrilha* aufgebaut.

Sassone, Florindo
* 12.1.1912 Buenos Aires, † 1982 das.; argentinischer Musiker (Violine), Arrangeur, Komponist und Bandleader; Vertreter des → *Tango;* studierte ab 1920 Violine und Harmonielehre, schloss sich 1930 dem Orchester von Antonio Polito, 1931 dem von Roberto → *Firpo* und im folgenden Jahr musizierte er bei Osvaldo → *Fresedo.* Am 1.1.1936 debütierte er mit seinem eigenen, seinen Namen tragenden Typischen Orchester bei Radio Belgrano sowie im Café

»Nacional«; zwischenzeitlich war S. nicht in der Musik tätig. S. gründete auch ein Tango-Sextett (*Sexteto de Don Florindo*) und schrieb zahlreiche Tangos, darunter die Titel »Relámpago«, »Pleito malevo« und »Sólo un corazón«. Mit seinen Formationen entstanden Schallplattenaufnahmen u. a. bei Odeon, Victor und Music Hall.

Sau Sau

Tanzlied der Osterinsel (Isla de Pascuas; zu Chile gehörend); eindeutig polynesischen Ursprungs; in der Eingeborenensprache *Rapanui* gesungen, meist durch Gitarre begleitet; seit etwa 1930 auf dem Festland bekannt; u. a. durch Margot → *Loyola* erforscht, interpretiert und auf Schallplatte aufgezeichnet.

Sauce, Ángel

* 2.8.1911 Caracas; venezolanischer Musiker, Arrangeur sowie Chor- und Orchesterleiter; studierte an der Nationalschule für Musik und war später Direktor eines Rundfunkorchesters; gründete einen Arbeiter-Chor (*Orfeón Juan Manuel Olivares*) sowie einen Spielmannszug, der in Caracas Popularität erlangte. S. komponierte außerdem zahlreiche Stücke für Piano und Gesang.

Saudação

allgemeine Bez. für eine gesungene oder auch instrumentale Begrüßung in Portugal und Brasilien; in engerem Sinne die Begrüßung der Mitwirkenden (Filhas und Filhos-de-Santo usw.) sowie der anzurufenden Götter bei den Sessionen von → *Candomblé,* → *Macumba* und → *Xangô* mit bestimmten Liedern und Tänzen.

Saúde cantada

improvisierte Verse zur Begrüßung (Saudação), meist in Form von Vierzeilern ausgebracht; Teil des → *Romanceiro Popular Nordestino.* Auch die Trinklieder → *Coreto* gehören zu dieser Form.

Saumell Robredo, Manuel

* 1817 La Habana, † 14.8.1870 das.; kubanischer Musiker (Piano, Orgel), Arrangeur, Komponist und Bandleader; wichtige Persönlichkeit in der Geschichte der kubanischen Populärmusik; studierte Piano bei Juan F. Edelman; spielte in verschiedenen Kirchen von La Habana Orgel, erteilte Musikunterricht, arrangierte und komponierte populäre und ernste Musik, darunter die Contradanzas »Ojos de Pepa« (1832), »Suavecita« und »Lamento de amor«. S. gilt als Initiator der nationalen Eigenständigkeit auf dem Gebiet der Musik und er schuf die kubanische Version der → *Contradanza,* die wiederum die Basis für zahlreiche neue nationale Formen darstellte.

Saumuk Raya (Semilla Nueva)

nikaraguanische Vokal- und Instrumentalgruppe; 1983 in der Straf-Kolonie »Granja del Regimen Abierto« durch Gefangene der ethnischen Gruppe Mískito gegründet. Die von Ottoniel Scotte Christy geleitete Formation interpretierte Lieder und Tänze der Region der Atlantikküste um Bluefields wie die Titel »Bana-

Manuel Saumell Robredo in einer zeitgenössischen Darstellung

na« und »Laitunkira dukiara«; auf Grund der großen Popularität, die diese Gruppe erlangte, wurde 1983 in Managua eine LP (Label Ocarina) produziert.

Savia Andina, Conjunto -
bolivianisches Vokal- und Instrumentaltrio, später -quartett; in den 70er Jahren in Cochabamba durch Eddy Navia (Charango, Gitarre), Alcides Mejía Hany (Quena, Zampoña, Tarka) und Oscar Castro Canaviri (Perkussion) gegründet; später kam Gerardo Arias Paz (Gesang und Gitarre) hinzu. Insbesondere wurde bolivianische Volksmusik u. a. der Formen → *Carnaval,* → *Bailecito* und → *Tonada* interpretiert, darunter die Titel »Raza de bronce« und »Alborozo Colla«; LPs entstanden bei Heriba, Discolandia, Epic und CBS.

Saxofón (Saxophon)
mit seinen Varianten Alt- u. Tenor-Saxophon in Lateinamerika vor allem in der Tanzmusik eingesetzt, z. T. jedoch auch von Folkloregruppen (z. B. in Peru zur Interpretation des → *Huayno*) und in Militärkapellen bzw. Orchestern vom Typ einer → *Banda (2)* benutzt; der Solist heißt → *Saxofonista;* ab etwa 1920 ist das S. bevorzugtes Instrument lateinamerikanischer Jazzgruppen; in der Dominikanischen Republik wird es, »Cachimbo« genannt, zur Begleitung des → *Merengue* herangezogen.

Saxofonista
der Solist auf dem → *Saxofón;* Popularität erlangten u. a. Juan Fellové, Wilfredo Gelabert, Emilio Peñalver und Virgilio Lisama (alle Kuba), Lucho Silva (Ekuador), Mario Rivera und Humberto Reyes (Dominikanische Republik), Manuel Samayon G. (Guatemala) sowie Luis Americano, Anacleto de Medeiros und Alfredo da → *Rocha Viana* (alle Brasilien).

Saya → *Tundiqui*

SAYCO (Abk. für »Sociedad de
Autores y Compositores de Colombia«)
der kolumbianische Verband der Autoren und Komponisten, 1946 in Bogotá von Berufsmusikern des Landes gegründet; unter den Initiatoren befand sich der Musiker und Lomponist Emilio → *Sierra.*

Schifrín, »Lalo« (eigtl. Boris Claudio Schifrín)
* 21.6.1932 Buenos Aires; argentinischer Musiker (Piano), Arrangeur, Bandleader und Komponist; Vertreter des argentinischen Jazz; studierte in Buenos Aires (Soziologie) und in Paris (Komposition); wirkte in verschiedenen Combos mit, arbeitete 1954 in Paris mit Astor → *Piazzolla* zusammen, gründete später in Buenos Aires eine Big Band, schrieb Musik für einige Filme; übersiedelte 1958 nach New York, wo er sich wieder mehr dem Jazz zuwandte, mit Dizzy Gillespie und »Stan« Getz kooperierte und zahlreiche Stücke schrieb und Schallplatten (Labels CBS, Tico u. a.) produzierte.

Schote → *Schottische*

Schottische
(Schottisch, Chotes, Chotis, Schote, Xote)
Schottische Polka, in Lateinamerika weit verbreitet; in Mexiko z. B. ab 1850 beliebter Salontanz; fand später vor allem Eingang in die ländliche Volksmusik; in Guatemala u. a. auf der → *Marimba* gespielt; in Brasilien und Uruguay unter teilweise anderen Schreibweisen (Chotes, Xote) wichtiger Tanz der ländlichen Musikfolklore; sehr oft durch Akkordeon oder Bandoneón gespielt.

Sciamarella, Rodolfo
* (?) Buenos Aires, † 24.6.1973 Spanien; argentinischer Musiker (Piano) und Komponist; Vertreter des → *Tango;* Autodidakt; wirkte in Buenos Aires in kleinen Gruppen, die in Cafés musizierten, und begann ab 1926 mit der Komposition von Tangos, die u. a. von Agustín → *Magaldi,* so die Titel »Arrepentida« und »Por cuatro días locos«, gesungen wurden; von ihm stammen auch »Salud, dinero y amor«, »Che Bartolo« und »Quién hubiera dicho«. 1962 übersiedelte S. nach Spanien, wo er seine Arbeit fortsetzte.

Scraper (Schrapper, engl.)
Sammelbezeichnung für schrapidiophone Instrumente, die zur rhythmischen Begleitung folkloristischer und populärer Musik im englischsprachigen Bereich der Karibik gehören und im Wirkungsprinzip dem → *Güiro* ähneln.

Sebucán (Danza del Sebucán)
venezolanischer Volkstanz dramatischen Charakters; ähnelt der → *Danza de las Cintas.*

Secada, Moraima
* 10.9.1930 Santa Clara; kubanische Sängerin populärer Musik; wirkte u. a. im Orchester → *Anacaona,* im Cuarteto → *D'Aida* und im Quartett von Meme Solís, trat später als Solistin auf und spezialisierte sich auf romantische, balladenhafte Lieder.

Sécond
die mittlere Trommel der → *Tumba Francesa* Kubas bzw. des → *Rada* Haitis.

Secos e Molhados, Grupo -
brasilianisches Vokal- und Instrumentalquartett der Pop Music; 1971 durch den Musiker João Ricardo (* 1949) gegründet; experimentierte mit der Vermischung traditioneller Musik des Nordostens und internationalen Formen wie Boogie-Woogie; bei Teal entstand eine LP, die u. a. die Titel »Mulher barriguda« und »Vira« enthält; 1974 löste sich die Gruppe auf.

Segrilla → *Sirilla*

Seguida, La -
US-lateinamerikanische Vokal- und Instrumentalgruppe moderner Tanzmusik; nach 1970 in New York durch musikbegeisterte Jugendliche formiert; widmete sich vorzugsweise der Interpretation des lateinamerikanischen Rock (Rock Latino) und produzierte einige LPs.

Seguidilla
1. aus Spanien stammendes poetisches Lied mit sieben Versen; wurde in ganz Lateinamerika verbreitet. 2. altspanischer Volkstanz, zunächst in der Provinz La Mancha bekannt geworden (als Seguidilla manchega); teilweise auf arabische Einflüsse zurückgehend. Später wurde die Stammform durch modifizierte Varianten wie → *Bolera (lenta)* und *Seguidilla jaleada* verdrängt; bei letzterer handelt es sich um eine Form, in der 3/4- und 3/8-Takt alternieren. Zur Begleitung dienten Gitarre, Kastagnetten, zuweilen Violine und Flöte. Die im XVIII. und XIX. in Lateinamerika populär gewordene S. stellt die Basiskomponente für viele kreolische Tanzlieder wie z. B. → *Sirilla* sowie für den → *Punto cubano* und andere Formen dar.

Seis
Sammelname für eine Gruppe teilweise sehr unterschiedlicher Volkstänze Kolumbiens, Venezuelas, Puerto Ricos und der Dominikanischen Republik, deren Ursprung auf spanische Elemente zurückgeht. War der S. in Spanien ein religiös inspirierter Tanz von Kindern, zu dem diese im Chor sangen, wurde er in Lateinamerika als weltlicher Volkstanz teilweise bereits im XIX. Jh. (Puerto Rico, Dominikanische Republik) populär. Die instrumentale Begleitung ist regionstypisch. In Venezuela und Kolumbien wird er mit seinen Varianten *Seis por Derecho, Seis simple* bzw. *Seis por Numeración* als Variante des → *Joropo* klassifiziert; das Tempo ist im 6/8-Takt gehalten. Bevorzugte Begleitinstrumente sind dabei → *Cuatro,* Harfe (Arpa) und → *Maracas.*

Seis por Derecho → *Seis*

Seises, Danza de los -
alter spanischer Tanz des XVII. Jh., der auch nach Lateinamerika gelangte.

Seketi
Volkstanz aus Surinam; in ländlichen Regionen des Landes verbreitet.

Select, Orquesta Típica -
argentinisches Instrumentalorchester des »primitiven« Tango; 1919 zunächst als *Trío Select* mit Osvaldo → *Fresedo* (Bandoneón), Enrique

→ *Delfino* (Piano) und Tito → *Roccatagliata* (Violine) in Buenos Aires gegründet und später zum Typischen Orchester erweitert; stellt die erste Formation der »Neuen Garde« (Guardia Nueva) des Tango dar und erlangte durch seine hervorragende Interpretation von Tangos wie »Don Esteban« und »El Taura« große Popularität. Bei Victor in New York entstanden um 1920 etwa 50 Schallplattenaufnahmen, die wertvolle geschichtliche Tondokumente des Tango darstellen.

Sello (port.: Selo oder Marca; engl.: Label) Schallplattenmarke; in Lateinamerika wurden bzw. werden Schallplatten (bei stark rückläufiger Tendenz), Magnetbandkassetten und CDs u. a. unter folgenden Labels produziert 1. Argentinien: RCA Victor, Odeon (EMI), Philips, Microfon, Music Hall, Trova; 2. Bolivien: Heriba, Lyra, Lauro, Lampo, Méndez, RCA Victor; 3. Brasilien: RCA, EMI, Continental, ACIT, Chantecler, Som, Pereira, Mocambo; 4. Chile: RCA Victor, Odeon, Arena, (DICAP), Alerce, Alba – Schallplattenproduktion seit 1982 eingestellt); 5. Costa Rica: Indica; Katina, Embassy, CBS; 6. Ekuador: Onix, Orión, Rondador, Fadisa, Fenix; 7. El Salvador: Dicesa, Kismet; 8. Guatemala: Dideca, Tikal, A & G, Fonica; 9. Haiti: Ibo, Marc; 10. Honduras: Elia; 11. Jamaika und übrige Anglokaribik: Cook, Wirl, Island Records, Merry Disc, Trojan, Virgin Music; 12. Kolumbien: Sonolux, Zeida, Tropical, Fuentes; 13. Kuba: Areito, Siboney, Guamá; 14. Mexiko: Musart, Peerless, Orfeón, RCA Victor, CBS (Columbia), Polydor, Cisne, Coro; 15. Nikaragua: Ocarina, Enigrac; 16. Panamá: Istmeño, Tamayo, Luna; 17. Paraguay: Amambay, Cerro Corá, Elio, Blue Caps, Tupasy; 18. Peru: Sono-Radio, Virrey, Odeon (IEMPSA), MAG; 19. Puerto Rico: Ansonia, Gema, Borinquen, Marvela, Verne; 20. Uruguay: Orfeo, Sondor, Clave, Philips, EMI; 21. Venezuela: Venevox, Banco Largo, Palacio, Discomoda, Polydor, Venedisco; 22. Música chicana (USA): Arhoolie, Folklyric, Ramex, Papalote, Falcón; 23. US-Latino: Fania, S.A.R., Alegre, CBS, Salsoul, Tico u. v. a.

Sembrador, Grupo -
paraguayische Vokal- und Instrumentalgruppe; 1973 durch den Sänger und Liedermacher Maneco Galeano (1945 – 1980) in Asunción gegründet; widmete sich landestypischer und lateinamerikanischer Musik mit teilweise sozialkritischen Texten; ein großer Erfolg der Gruppe war ihre Version des chilenischen Liedes »Gracias a la vida«.

Semicorchea
spanischsprachige Bezeichnung für die Sechzehntelnote.

Sendas, Grupo (de Experimentación) -
dominikanisches Vokal- und Instrumentalquartett; 1974 in Santo Domingo im Rahmen der Bewegung des Neuen Dominikanischen Liedes gegründet; experimentierte mit traditionell-typischen Liedern, denen durch Einbeziehung neuer stilistischer Mittel ein zeitbezogenes Gepräge gegeben wurde; Mitglieder waren Antonio Gutiérrez, César Arjona, Iván Carbuccia und Josefina Pyñeiro; ein Erfolgstitel war die Ballade »Juan Obrero«.

Ein wenig bekanntes Label: Valle (N 78)

Senhor Sampaio
Variante des brasilianischen → *Fandango (4);* stets durch Gesang begleitet.

Seno → *Filo*

Sentença → *Adágio*

Sentinela
Variante des brasilianischen → *Velório*; in Pernambuco, Alagoas, Ceará, Paraíba und Rio Grande do Norte insbesondere in ländlichen Gegenden noch weit verbreitet.

Señorita
alter, heute nicht mehr aufgeführter argentinischer Volkstanz, war dem → *Remedio* sehr ähnlich.

Septentrional, Orchestre -
francokaribische Vokal- und Instrumentalgruppe typischer und populärer Musik, 1948 in Cap Haitién (Haiti) gegründet. Das Orchester trat vorwiegend mit dem bereits vorher gegründeten *Trio Symphonia* in Gaststätten und Nachtclubs auf. 1966 wirkte die Gruppe in New York und nahm dort unter dem eigenen Label Cosept sowie auch bei anderen Firmen zahlreiche Titel des Repertoires auf.

Septeto
Septett, Gruppe aus sieben Vokal- u./o. Instrumentalsolisten; in der Populärmusik stark, in der folkloristischen Musik jedoch weniger verbreitet. (Septeto → *Nacional*)

Sepúlveda, María Luisa
* 14.8.1898 Chillán, † 1958 Santiago de Chile; chilenische Musikerin (Gitarre, Harfe, Piano), Arrangeurin und Komponistin; studierte am Nationalkonservatorium; erforschte später die Musikfolklore Chiles mit besonderer Hinwendung

Ein bereits historisches Son-Septett aus Kuba mit den Instrumenten (von links nach rechts): Tres, Marímbula, Güiro, Botija, Claves, Bongoes und Gitarre (Foto: Prensa Latina)

zu den Formen → *Tonada* und → *Pregón,* sammelte Lieder, die sie neu arrangierte, ihre Kinderlieder nach Texten von Gabriela Mistral erlangten Popularität; weitere, von ihr geschriebene Stücke sind u. a. »Te quiero porque te quiero« und »Corazón« (Tonadas).

Sequero
in der afroperuanischen Volksmusik gespielte kleine Trommel von etwa 50 cm Ø; die dem → *Repicador* ähnlich ist.

Serandinha (Seranda) → *Ciranda*

Sereia
regionale Variante des brasilianischen → *Fandango (4).*

Serenata (Serenade)
1. Allgemeinbezeichnung für eine häufig im Freien vorgetragene Liedform, die auf europäischen Traditionen beruht und die meist einer geliebten Frau gewidmet ist sowie vorwiegend durch Gitarre begleitet wird. 2. insbesondere zu nächtlicher Stunde vorgetragene lyrisch-poetische Komposition (Canto → *Nocturno*); aus Italien stammend; im XVI. Jh. über Spanien nach Lateinamerika transkulturiert; zu den Stammformen der → *Trova* bzw. → *Payada* gehörend. Adäquate Formen sind → *Romance,* → *Seresta,* → *Modinha,* → *Balada.* u. a.

Serenata Guayanesa, Cuarteto -
venezolanisches Vokal- und Instrumentalquartett; 1971 in Ciudad Bolívar durch Mauricio Castro Rodríguez (Tenor), César Pérez Rossi (Bass), Hernán Gamboa (Bariton, 1. Cuatro) und Iván Pérez Rossi (Bariton, 2. Cuatro) formiert; interpretierte Stücke aus der regionalen Volks- und Populärmusik wie »Luis Teresa« und »El Kaiser«; bei London entstanden einige LPs.

Serenata – Der mexikanische Trovador Oscar Chávez interpretiert eine Serenade; Berlin, 17.2.1984

Serenga
auf Volksfesten im Gebiet von Tietê (São Paulo) angestimmter brasilianischer Silbengesang ohne feststehende Worte; auf Traditionen der Gesänge der Kanu-Ruderer zurückgehend.

Sereninha (Cirandinha)
regionale Variante des brasilianischen → *Fandango (4).*

Serere
Flöte der Indianer des Gran Chaco (Argentinien und Paraguay); in der Volksmusik innerhalb von Indianersiedlungen gespielt.

Seresese
afrokolumbianischer Tanz der Region des Golfes von Uraba; generell in der Dunkelheit aufgeführt; die Tänzer beleuchten die Tanzfläche mit in den Händen gehaltenen Fackeln.

Seresta
brasilianische Serenade (→ *Serenata*), von einem Sänger, der sich häufig selbst auf → *Viola*, Violine oder → *Violão* begleitet, bzw. von kleinen Gruppen dargeboten; der → *Modinha* sehr ähnlich; heute nur noch vereinzelt interpretiert, jedoch dann zumeist als → *Canção* oder Balada definiert.

Seresteiro
Interpret der → *Seresta;* Popularität erlangten u. a. Xisto → *Bahia,* → *Bahiano,* Augusto → *Calheiros,* Sílvio → *Caldas,* Inezita → *Barroso* und Ely → *Camargo.*

Serra (Moreninha)
brasilianischer Volkstanz der Region von Goiás; vorwiegend auf Volksfesten im Rahmen der → *Folía* getanzt.

Serra-baia
traditioneller Volkstanz der in Brasilien lebenden Zigeuner (→ *Cigano*); lebhafter Rhythmus mit → *Sapateio,* wird durch sentimentale Gesänge begleitet.

Serradell Sevilla, Narciso
* 25.1.1843 Alvarado (Veracruz), † 25.10.1910 México-Stadt; mexikanischer Sänger, Musiker, Arrangeur und Komponist; wurde bekannt durch sein 1862 zu einem Text von Niceto de Zamacoia geschriebenes romantisch-sentimentales Abschiedslied »Las Golondrinas«, das bis heute zu den weitaus bekannten mexikanischen Liedern zählt.

Serrador
eine de zahlreichen regionalen Varianten des brasilianischen → *Fandango (4).*

Serrana
1. regionale Variante des → *Fandango (4)* in Brasilien. 2. Sammelbezeichnung für die in Gebirgsregionen Lateinamerikas (insbes. Perus) verbreiteten Varienten bestimmter Volkstänze; meist im Zusammenhang mit bekannten Formen verwendet (z. B. *Marinera serrana*, kurz Serrana genannt); leitet sich von »Sierra« (Gebirge, span.) ab. 3. zum Komplex des spanischen → *Flamenco* gehörende Form.

Serrano, Eduardo
venezolanischer Musiker, Arrangeur, Bandleader und Komponist; wirkte in einigen Musikgruppen und Orchestern und gründete eine eigene, seinen Namen tragende Formation, mit der er Titel der venezolanischen Musikfolklore wie »Oye la queja« (Chipola) und »Visión porteña« interpretierte. Zu seinen bekanntesten Kompositionen gehören der → *Merengue* »Barlovento« und der → *Corrido* »Arpa« sowie »San Juan to' lo tiene« (Merengue).

Serrano, Lily
* 1965 Mexicali (Baja California); mexikanische Sängerin; Vertreterin des → *Tex-Mex Style*; errang mit ihren Liedern vor allem unter der → *Chicano*-Bevölkerung Kaliforniens (USA) Popularität und produzierte einige LPs.

Serrano, Petronila
* (?) Montevideo, † 9.9.1859 das.; uruguayische Sängerin und Schauspielerin; wirkte zwischen

1805 und 1811 in Buenos Aires und wurde als Interpretin folkloristischer und populärer Musik vor allem der Form → *Tonadilla* überaus populär und gilt deshalb als eine aktive Wegbereiterin landestypischer Musik.

Serrano, Rosita »Chilenische Nachtigall« (eigtl. María Esther Aldunate del Campo)
* 1915 Viña del Mar; † 6.4.1997 Santiago de Chile; chilenische Sängerin und Gitarristin; entstammt einer Künstlerfamilie; kam 1937 über Spanien nach Deutschland, wo sie u. a. im Orchester von Kurt Hohenberger bzw. als Solistin, sich auf der Gitarre begleitend, Lieder in spanischer und deutscher Sprache sang. Auch in UFA-Filmen wie »Es leuchten die Sterne« trat S. auf. Bei Telefunken entstanden zahlreiche Schallplattenaufnahmen, darunter die Titel »El Manisero«, »Corrío llanero«, »Tipitín«, »Te quiero dijiste« und »La paloma«.

Serrat, Joan Manuel »Juglar de la Canción«
* 27.12.1943 Barcelona; spanischer Sänger und Liedermacher, einer der besten, in ganz Lateinamerika bekannten spanischen Protestsänger, der seine Stücke auch in Katalanisch vortrug. S. lebte und wirkte während der Zeit des Franco-Regimes im Exil; er schuf 1969 die Musik zu dem argentinischen Nationalepos → *»Martín Fierro«,* das er mit großem Erfolg auch interpretierte; er vertonte weiterhin Poeme von Antonio Machado und Miguel Hernández. Eigenkompositionen sind u. a. »Soneto a mamí«, »La mujer que yo quiero« und »Campesina«; LPs erschienen u. a. bei Novola, Seeco und Ariola.

Serrote
ländlicher Volkstanz der brasilianischen Region von Rio Grande do Norte; meist durch die → *Viola* begleitet.

Serrucho (Idiophon)
die »singende Säge«; früher in der Volksmusik Perus (Cajamarca, Calandín) und Chiles insbesondere durch Wandersänger (Camineros) benutzt.

Sertafro, Conjunto -
brasilianisches Vokal- und Instrumentalquartett der Populärmusik; durch die Solisten Raimundo Sodré, Roberto Mendes, Rubem Dantas und Luíz Alberto Benza formiert; experimentierte nach 1970 mit einer Synthese stilistischer Elemente der → *Música sertaneja* und der afrobrasilianischen Musik; Stücke wie »Ser-Tao« erschienen auf einer LP.

Sertaneja, Música - → *Música sertaneja*

Sexteto (Sextett)
in der lateinamerikanischen Volks- und Populärmusik weit verbreitete Formation; in der Frühzeit des → *Son cubano* die mit Abstand populärste Form einer Musikgruppe; die Bezeichnung »Sexteto« wurde selbst dann noch aufrechterhalten, wenn die Gruppen auf sieben oder sogar acht Mitglieder vergrößert wurden.

Sextilla (port.: Sextilha)
in lateinamerikanischen Liedern oft angewandter Sechszeiler-Text.

Shacapa → *Maichiles*

Shacshacs, Danza de los - (Shakapa)
peruanischer Volkstanz des Landesnordens; eine mit indianischen Komponenten angereicherte → *Contradanza;* heute nicht mehr aufgeführt. Ihre Begleitinstrumente waren Violine, → *Tinya* und → *Chisca.*

Shainti
in der Volksmusik der peruanischen Sharanahua-Indianer gespielte Flöte vom Typ → *Quena.*

Shakapa → *Shacshacs, Danza de los -*

Shakka (Schüttelidiophon)
in der jamaikanischen Volksmusik eingesetztes, den → *Maracas* sehr ähnliches Instrument.

Shakshak (Shac-shac, Maracas)
regionale Variante der → *Maracas;* in Guyana

und auf Trinidad u. a. in der → *Steel Band* gespielt.

Shakshas → *Maichiles*

Shango
afrolateinamerikanischer Kult; Äquivalent des → *Changó;* in einigen englischsprachigen Gebieten der Karibik (z. B. Trinidad) von den *Yorubá* ausgeübt; aus einem Synkretismus afrikanischer und europäischer Religionen in der Zeit der Sklaverei entstanden; durch die *Queen* bzw. den *Obeahmen* ((Zauberer) geleitet. Für die dabei zur Aufführung gelangenden Tänze dienen als Begleitinstrumente Trommeln (Talking drums) zum Umhängen; bei den Sessionen werden afrikanische Götter (Powers) und Geister (Jumbies) angerufen.

Shaw Moreno, Raúl
* 30.11.1923 Oruro; bolivianischer Sänger, Gitarrist, Arrangeur, Bandleader und Komponist; war kurze Zeit (1953) Mitglied des Trío Los → *Panchos,* mit dem er 27 Titel aufnahm; formierte später ein eigenes Trio, *Los Peregrinos*, mit dem er zahlreiche Schallplattenaufnahmen produzierte; komponierte erfolgreiche Musikstücke wie »Cuando tú me quieras« (Bolero, 1956), »Lágrimas de amor« (Bolero, 1957) und »Sabrás que te quiero« (1955, »Hit des Jahres«), die insgesamt zum Romantischen tendieren; LPs entstanden u. a. bei Odeon und Capitol.

Shilo
eine etwa 15 – 20 cm lange kleine → *Quena;* in der peruanischen Volksmusik (Regionen von Huanuco, Huamanga, Cajamarca) gespielt.

Shilshiles → *Maichiles*

Shimose, Pedro
* 30.3.1940 Riberalta; bolivianischer Sänger und Liedermacher; lebt seit 1971 in Madrid (Spanien), dort schrieb und interpretierte er folkloristische Musik seiner Heimatregion wie den → *Taquirari* »Sombrero de Sao«.

Shurs corneta → *Llungur*

Siboney
eine der bekanntesten und der typischsten Kompositionen der kubanischen Populärmusik; von Ernesto → *Lecuona* um 1920 für die → *Zarzuela* »La tierra de Venus« als langsame, boleroartige → *Rumba* geschrieben; heute als Rumba, Guaracha, Foxtrot, Mambo, Cha-cha-chá in ganz Lateinamerika und Europa interpretiert, wobei instrumentale Versionen überwiegen.

Siboney, Conjunto -
kubanische Vokal- und Instrumentalgruppe; 1968 in Artemisa durch den Gitarristen Tomás García mit insgesamt 13 Solisten gegründet; pflegte ländliche Formen des → *Son cubano* bzw. des → *Punto cubano.*

Siboney, Orquesta-
kubanisches Tanzorchester; 1930 in La Habana durch Alfredo Brito gegründet; interpretierte Stücke u. a. der Formen → *Danzón,* → *Rumba,* → *Guaracha* und → *Bolero;* 1932 reiste die Formation nach Europa (Frankreich, Portugal, Spanien), wo sie kubanische Tanzmusik popularisierte und zahlreiche Schallplatten (u. a. bei Electrola) aufnahm, darunter die Titel »María la O« und »Siboney«.

Sicu → *Siku*

Sicura
in der Volksmusik Nordchiles gespielte doppelte Panflöte, auch »Zampoña doble« (Doppel-Zampoña) genannt.

Sicuri (Sikuri)
1. → *Siku.* 2. Bezeichnung für den Solisten auf dem Instrument → *Siku.* 3. Volkstanz der Hochebene (Altiplano) von Peru und Bolivien; im XVI. Jh. entstanden, regional auch als Sicu, Sampoña, Moreno, Morenada oder Diablada bezeichnet; zur Aymará-Kultur gehörend. Die durch Panflöten des Typs → *Zampoña* erzeugte Begleitmusik ist heiter und beschwingt.

Sierra, Emilio
* 15.9.1891 Fusagasugá (Cundinamarca), † 8.3.1957 Cali; kolumbianischer Musiker (Piano), Arrangeur, Komponist und Orchester- bzw. Chorleiter; entstammt einer Musikerfamilie, in der er auch ausgebildet wurde; schuf zusammen mit Milcíades → *Garavito* den Modetanz → *Rumba criolla* und komponierte zahlreiche Stücke der Formen → *Danza,* → *Bambuco* und → *Pasillo,* darunter die Titel »Vivan los novios« (Rumba criolla) und »Ricitos de oro« (Pasillo). S. war außerdem Mitbegründer des Kol. Komponistenverbandes SAYCO.

Sierra Maestra, Conjunto -
kubanische Vokal- und Instrumentalgruppe; 1977 in La Habana durch Studenten unter der Leitung des Musikers Carlos Romero (Kontrabass und Bandleader) gegründet; gehörte zur sog. »Neuen Garde« des traditionellen → *Son cubano* und interpretierte vorwiegend Titel aus dem klassischen Repertoire wie »Guanajo relleno« und »Tres lindas cubanas«, aber auch neuere Stücke wie »Dáme un traguito« (Son); die auf Ausscheiden mehrmals prämierte Gruppe produzierte einige LPs bei Areito und Siboney.

Siku (Sicu, Siringa aymará, Siringa de sicuri)
1. Allgemeinbez. für eine in den Aymará-Gebieten Perus und Boliviens gespielte indianische Panflöte; mit der → *Antara* identisch. 2. häufig verwendete Bezeichnung für den Volkstanz → *Sicuri (3).*

Silbador
1. Bezeichnung für eine Person, die in bestimmten Volksliedern und -tänzen Pfiffe intoniert. 2. präkolumbisches Volksmusikinstrument; zwei miteinander verbundene Kannen aus Ton, in die hineingeblasen wurde; früher in Peru und auch in Zentralamerika verwendet.

Silbato (Pfiff, span.)
1. melodische Begleitung von Musik und Tänzen durch Pfiffe; durch kleine Flöten oder Pfeifen (auch gewöhnliche Trillerpfeifen) bzw. durch die Finger, in Jamaika z. B. auch mit Hilfe von Münzen erzeugt. 2. kleine 10 cm lange Rohrflöte; in der peruanischen Volksmusik gespielt; auch *Resonador, Huishaco* oder *Pito* genannt.

Silbidito
der »kleine« oder »melodische« Pfiff; in bestimmten lateinamerikanischen Liedern und Tänzen u. a. zur Überbrückung von Pausen innerhalb der Musikstücke ausgebracht. (→ *Silbato* (1), → *Chiflado*)

Sillac (Schrapidiophon)
dem → *Güiro* ähnliches, in der Volksmusik u. a. der Karibikinsel Guadeloupe eingesetztes Instrument.

Auf Panflöten spielende Musiker, die sich »Sicuris« nennen

Silulo (Cilulo)
alter mestizischer Volkstanz Perus; die Tanzpaare umkreisen zur Zeit des Karnevals, einander an den Händen fassend, tanzend einen festlich geschmückten Baum.

Silva, Carmen
* 22.3.1945 Veríssimo (Minas Gerais); brasilianische Sängerin; wandte sich insbesondere der Interpretation des langsamen Samba-Liedes (→ *Samba-canção*) zu und gewann 1963 einen Wettbewerb. Sie produzierte bei RCA Victor einige LPs, darunter der Titel »Domingo de solidão« (1971).

Silva, Ismael (eigtl. I. da Silva)
* 14.9.1905 Rio de Janeiro, † 15.3.1978 das.; brasilianischer Sänger, Musiker und Komponist; Vertreter des urbanen → *Samba;* gründete 1928 zusammen mit Noel → *Rosa* die Sambaschule *Deixa Falar* und schrieb zahlreiche Sambas, darunter die Titel »Novo amor« (1929), »O que será de mim« (1931) und »Coisa louca« (1950).

Silva Calado, Joaquím Antônio da -
* 1848 Rio de Janeiro, † 20.3.1880 das.; brasilianischer Musiker (Flöte, Piano), Arrangeur, Komponist und Bandleader; galt zu seiner Zeit als bester brasilianischer Flötist; interpretierte u. a. Stücke der Form → *Seresta;* in seinen zahlreichen Kompositionen – Modinhas, Choros, Polkas, Quadrilhas, Walzer – verarbeitete er vorwiegend Elemente der urbanen Volks- und Populärmusik von Rio de Janeiro; ein großer Teil seiner Stücke erhielt Frauennamen wie »Laudelina«, »Florinda«, »Rosinha«, »Celeste« u. a.

Silva, Los Cuatro Hermanos -
chilenisches Vokalquartett; 1947 in Santiago de Chile durch die Geschwister (Hermanos) Lola, Julio, René und Hugo Silva formiert. Während anfänglich überwiegend chilenische Volksmusik interpretiert wurde, kam es später zu einer Erweiterung des Repertoires auf Volks- und Populärmusik verschiedener Länder Lateinamerikas; im Sound passte man sich internationalen Trends an. Bei Odeon und RCA Victor entstanden zahlreiche Schallplatten; überwiegend LPs, darunter die Titel »Yo vendo unos ojos negros« und »Ende que te ví« (Tonadas).

Silva, Myrta (Mirta)
* 11.9.1924 Arecibo, † 1987 San Juan; puertorikanische Sängerin und Liedermacherin; sang 1949 bei der → *Sonora Matancera;* wirkte später als Solistin; produzierte Aufnahmen u. a. bei Tico, Ansonia und Tropical, darunter die Titel »Tanta vanidad« und »En mi soledad«.

Silva, Patápio
* 22.10.1881 Villa de Itaocare, † 24.4.1907 Florianópolis; brasilianischer Musiker (Flöte) und Komponist; gilt als Klassiker auf dem Gebiet des brasilianischen → *Choro,* zu dessen Interpretation er als erster die Flöte einsetzte; nahm bei der Casa Edison (Rio de Janeiro) 8 Schallplatten mit von ihm geschriebenen Titeln wie »Primeiro amor« (Choro, 1901) und »Zinha« (Polka) auf und gilt dabei als einer der ersten brasilianischen Musiker, die als Instrumentalsolisten Schallplattenaufnahmen produzierten.

Silvinho (eigtl. Sílvio Lima)
* 5.12.1931 Petrópolis; brasilianischer Sänger, Musiker und Liedermacher; schrieb 1946 seinen ersten Titel, »Assim como as flores morrem«; gehörte diversen Gruppen wie *Os Trovadores, Trio Quitandinha* und *Conjunto Harmônia* als Sänger und Liedautor an; später trat er dann als Solist auf; eines seiner Erfolgslieder war »Quem é« (Samba-canção, 1959). Bei Philips und Fontana erschienen einige LPs.

Simalé
um 1960 von dem kubanischen Musiker Pacho → *Alonso* geschaffener Modetanz, der afrokubanische Perkussion mit kreolischen Elementen der traditionellen Musikfolklore Kubas (z. B. des → *Son cubano*) miteinander vermischt; seine Verbreitung ging jedoch kaum über Kuba hinaus.

Simfonia di man

regionale Bezeichnung für das in der Volks- und Populärmusik der Niederländischen Antillen gespielte Akkordeon.

Simidor

eine bestimmte Art ländlicher, beim → *Coumbite* gesungener Volkslieder Haitis.

Simón, Ulli

* 1953 Valparaíso; chilenischer Musiker (Gitarre, Quena, Charango) und Arrangeur; studierte und wirkte in Deutschland (Düsseldorf), wo er sich mit der Interpretation chil. Volks- und Populärmusik beschäftigte und bei Studios Thomas eine LP produzierte, die u. a. die Titel »Sí somos hermanos« und »Sau sau reva« enthält.

Simonal, Wilson

* 26.2.1939 Rio de Janeiro; brasilianischer Sänger, Musiker und Komponist moderner Populärmusik; sang neben Rock-Musik vorzugsweise Titel der → *Bossa Nova* wie »Inútil paisagem« und »Mais valia não chorar«, wobei er in seinem Sound mehr zum Jazz tendiert. Unter verschiedenen Labels (Odeon, Philips und RCA Victor) erschienen zahlreiche LPs.

Simone Suárez, Mercedes »La Dama del Tango«

* 31.4.1904 La Plata, † 2.10.1900 Buenos Aires; argentinische Sängerin; eine der populärsten Interpretinnen des → *Tango* der »mittleren« Generation; begann ihre Karriere 1925 als Sängerin in der Konditorei »Las 2 Chinas« in Bahía Blanca, wobei sie durch den Gitarristen Pablo Rodríguez, ihren ersten Ehemann, begleitet wurde; später übersiedelte sie nach Buenos Aires, wo sie u. a. bei Radio Splendid sang, in einigen Filmen, darunter »Sombras porteñas« (1935), als singende Schauspielerin auftrat, Gastspielreisen durch Argentinien und ins Ausland unternahm und bei Odeon, Victor, TK, Capitol u. a. zahlreiche Schallplattenaufnahmen produzierte, dazu gehören die Titel »Circo criollo«, »Barrio de Tango«, »Ríe payaso, ríe« und »Cantando« (Eigenkomposition, 1938).

Simons, Moisés

* 24.8.1890 La Habana, † 28.6.1945 Madrid; kubanischer Musiker (Piano, Orgel), Arrangeur, Komponist, Bandleader sowie Musikograph und Musikkritiker; entstammt einer Musikerfamilie und wurde dort bereits ausgebildet. S. wirkte im Alter von 9 Jahren in der Kirche von Jesús María als Organist; studierte Musik ab 1905 und wirkte danach als Pianist und musikal. Leiter lyrischer Gruppen; gründete 1930 ein Orchester vom Typ einer → *Jazzband*, das seinen Namen trug und schrieb zahlreiche Musikstücke, die die kubanische Populärmusik bereicherten und ins Ausland ausstrahlten, darunter den Pregón »El → *Manisero*« (1928), den Bolero »Marta«, »Chivo que rompe tambo« (afropregón) und«Tres golpes«. S. unternahm Gastspielreisen nach Europa; so dirigierte er in Paris eine Zeit lang das zum Jazz tendierende Orchester → *Rico's Creole Band*.

Sincretismo (Synkretismus)

vorwiegend in der Fachliteratur angewandter Begriff für das Verschmelzen bzw. Inteinander-Übergehen verschiedener kultureller Manifestationen bzw. Komponenten im Bereich der

Einige Tangos mit Mercedes Simone sind auch in Deutschland verkauft worden: hier »Cantando« auf »Electrola« E.G. 6282

Musikfolklore. Ergebnis von Prozessen des S. sind neue bzw. modifizierte Formen, Kulte und Gepflogenheiten, wie z. B. in der → *Santería* und im → *Candomblé.*

Singkreis, El - (Círculo de Canto)
chilenisch-deutsche Volksmusik- und -tanzgruppe; 1942 in Santiago de Chile durch Arturo Junge gegründet; interpretierte mit 43 Mitgliedern (Sänger, Musiker und Tänzer) chilenische und deutsche Volksmusik; anlässlich eines Gastspiels in Deutschland wurde eine LP produziert. Zum Repertoire gehörten u. a. die Titel »Caliche« und »Señora Doña María«.

Sinsara
regionale Variante des brasilianischen → *Fandango (4),* er wird stets durch Gesang begleitet.

Sinhô → *Barbosa da Silva, José*

Síntesis, Grupo -
kubanische Rockgruppe; 1976 in La Habana durch Carlos Alfonso Valdés als Sextett gegründet; mit internationaler Rockmusik unter Einbeziehung rhythmischer Elemente der afrokubanischen Musiktradition experimentierend; Mitglieder waren (1977) Carlos Alfonso Valdés (Bandleader, Bassgitarre, Gesang), Ele Valdés (Gesang, Keyboards), Lucía Huergo (Saxophon, Flöte, Keyboards, Gesang), Fidel García (Perkussion, Keyboards), Frank Padilla (Schlagzeug) und José Bustillos (Gitarre); bei Areito entstanden Schallplattenaufnahmen wie »Variaciones sobre un zapateo«; es wurden zahlreiche Auslandsgastspiele gegeben.

Sique (Quisique, Xike)
honduranischer Volkstanz; unter dem Einfluss der mexikanischen Musikfolklore entstanden; im Rhythmus an den Walzer angelehnt; heute Nationaltanz von Honduras, der sowohl in instrumentalen als auch in gesungenen Versionen existiert und vorwiegend durch Akkordeon, Gitarre und → *Marimba (1)* interpretiert wird. Verbreitungszentren sind ländliche Gebiete; ein sehr bekannter Titel ist »Sos un ángel«, aus der anonymen Musikfolklore stammend.

Siqueira, José (eigtl. J. de Lima Siqueira)
* 24.7.1907 Conceição, † 1985 Rio de Janeiro (?); brasilianischer Musiker (Piano), Dirigent und Komponist ernster Musik; greift in seinen zahlreichen Kompositionen, darunter die Kantate »Xangô« (1952), nationale folkloristische Elemente auf, gab Konzerte; leistete als Präsident der Brasilianischen Musikerveinigung (*União dos Músicos Brasileiros*) eine hervorragende Arbeit.

Siquimiriqui (Ziquimiriqui)
araukanischer Volkstanz; in Südchile bzw. auf der Insel Chiloé bei stark rückläufiger Tendenz verbreitet.

Sirena
afrovenezolanischer Volkstanz, zur Fiesta de → *San Juan* von der Bevölkerung der Küstenorte

José Siqueira

(u. a. Ocumare) aufgeführt. Begleitinstrumente sind → *Cuetro,* → *Tambora* und → *Maracas.*

Sirenar (von »Sirene«)
auf Glaubensvorstellungen der Indianer des südamerikanischen Altiplano (Hochebene) zurückgehender Brauch, Musikinstrumente, vorwiegend jedoch den → *Charango,* bestimmten rituellen Prozeduren zu unterziehen. Die Musiker legen ihr Instrument zu mitternächtlicher Stunde an einer Quelle nieder, in der Sirenen leben sollen, bis diese gegen 1 Uhr erscheinen, um auf ihm zu spielen. Die meist jungen Musiker versprechen sich danach, musizierend auf einem solcherart behandelten Instrument, eine imaginäre Ausstrahlung auf Frauen, denen sie ihre Musik darbringen.

Sirilla (Segrilla)
chilenischer Volkstanz; heute noch in ländlichen Regionen Zentralchiles bis hin zur Insel Chiloé verbreitet; die Paare nehmen einander zugewandt Aufstellung und führen im wesentlichen Tanzschritte des → *Fandango (2)* aus, der zugleich als Ursprungsform der S. gilt.

Siringa → *Siku (1)*

Siriri
1. → *Ciriri.* 2.auch Cyryrú: Variante der paraguayischen → *Polka,* aus der später der argentinische Volkstanz → *Chamamé* entstanden sein soll; Mauricio → *Cardozo Ocampo* komponierte einige Stücke dieser heute noch insbesondere in der ländlichen Volksmusik verbreiteten Form.

Siroro → *Orebi*

Sirrampla
in der → *Música llanera* früher eingesetztes monochordisches Instrument; ein etwa 1,20 m langer Stab, an dem im Abstand von 1 – 2 cm parallel eine Metallsaite befestigt ist. Dieser Stab wird beim Musizieren an einer Seite mit dem Mund gehalten, die Mundhöhle dabei als Resonator nutzend, während die Saite mit einem festen Faden gestrichen wird.

Sirviñacuy (Sirviñakuy, Sirvisiña)
Volkstanz der Quechua-Indianer des Altiplano (Hochebene) von Peru und Bolivien, der während der Zeremonie zur Schließung einer Ehe auf Probe aufgeführt wird. Von der Begleitmusik her handelt es sich um einen → *Huayno (Huayño).*

Sirvisiña → *Sirviñacuy*

Sistro
das Schlag-Rasselinstrument Sister; als → *Chullo-Chullo* in der bolivianischen Volksmusik eingesetzt.

Sitiana
ländliche Variante der Polka in Nordbrasilien; insbes. von den Bauern der Insel Marajó (Amazonas-Delta) aufgeführt und vorwiegend durch die Instrumente Violine und → *Viola* begleitet; wurde von dem Komponisten Carlos Cordeiro Tobias (1877 – 1922) geschaffen und verbreitet.

Sivuca (eigtl. Severino Dias de Oliveira)
* 26.5.1930 Itabaiana (Paraíba); brasilianischer

Sivuca – LP »Som Brasil« Sonet SNTF-942 (1985, England)

Musiker (Piano, Gitarre, Akkordeon), Arrangeur und Komponist; Folklorist; begann seine Karriere 1951, als die Sängerin Carmélia Alves auf sein hohes musikalisches Talent aufmerksam geworden war. S. war später Mitglied der Gruppe von Waldir → *Azevedo* (als Akkordeonist), gab Auslandskonzerte und komponierte Stücke der Formen Choro, Samba und Baião, darunter die Titel »Adeús Maria Fulo« (1950) und »Lamento de Berimbau«. Bei Vanguard, Copacabana, Sonet und Tropical Music entstanden zahlreiche LPs.

Ska
ein nach 1960 auf Jamaika entstandene Musikform, die aus Elementen der traditionellen Musik wie → *Calypso* sowie des internationalen Beat zusammengesetzt ist und dem → *Reggae* verwandt ist. Zu den Pionieren dieser Form gehört der Musiker Prince → *Buster Campbell.*

Skatalites, The -
afrojamaikanische Vokal- und Instrumentalformation moderner Tanzmusik, um 1963 in Kingston gegründet; interpretiert Musik u. a. der Formen → *Ska* und → *Reggae.*

Small Island Pride (eigtl. Theo Woods)
* 1922 Trinidad; anglokaribischer Sänger und Liedermacher; bekannter Vertreter des → *Calypso;* begann seine Karriere als Sänger und Musiker in der Marine-Basis Chag; wurde durch den Sänger der sog. »Alten Brigade« Raymond → *Quevedo »Attila the Hun«* gefördert und ist 1951 »Calypso King« geworden. S. sang u. a. in der *Revivalist Five*, er produzierte zahlreiche Schallplattenaufnahmen u. a. bei Cook, darunter die Titel »Ah Kim« (1955), »Federation«, »The tax driver« und »Carnival celebration«.

Smith, Charles »Romeo«
* 13.12.1947 St. Michael (Barbados); anglokaribischer Sänger und Liedermacher; bekannter Vertreter des → *Calypso*; erreichte auf den Ausscheiden der »Calypso Competition« 1963 den 2., 1964 den 3. und 1972 den 1. Platz; gründete 1975 die Gruppe *Calypso Enterprises*, mit der er zahlreiche Stücke wie »Buy local«, »Change of life« und »Brother Fuzzy« interpretierte und auf Schallplatten aufnahm.

Soada → *Toada*

Soares, Elza
* 23.6.1937 Rio de Janeiro; brasilianische Sängerin; bekannte Interpretin des → *Samba*; singt bereits seit ihrer Kindheit und produzierte unter verschiedenen Labels (Odeon, Tapecar u. a.) zahlreiche Schallplatten, darunter die Titel »Bahia de todos os Deuses« und »Fechei a porta«; ihre erste LP erschien 1960.

Soares de Araújo, Francisco »Canhoto da Paraíba«
* 19.5.1928 Princesa Isabel (Paraíba); brasilianischer Musiker (Violão), Arrangeur und Komponist; gehörte diversen Musikgruppen seiner Heimatregion an, in denen er das Instrument → *Violão* spielte; übersiedelte 1959 nach Rio de Janeiro und widmete sich dort der Interpretation und der Komposition urbaner Populärmusik, insbesondere der Form → *Choro.* S. schrieb u. a. die Titel »Tua imagem« und »Com mais de mil«.

Sobrino, Hermanos -
kubanisches Trio, die Gebrüder Pascual (Gesang), Marcelino (Tres) und Armando Sobrino (Gesang); bedeutende Interpreten der Volksmusik Zentralkubas; bildeten 1922 in Sancti Spíritus eine Folkloregruppe, die *Parranda Típica Espirituana*, die u. a. den → *Punto cubano* interpretierte und die zu den populärsten Formationen ihrer Region gehörte. Titel wie »Adiós Habana« (1972) und »Pasacalle de Santa Ana« wurden bei Egrem aufgezeichnet.

Soca (Abk. für »Soul-Calypso«)
eine um 1985 entstandene Variante des karibischen → *Calypso,* die Stilelemente der Soul-Musik und Komponenten der Volksmusik der in Ost-Trinidad lebenden indischen Einwanderer bzw. deren Nachkommen enthält; erster Arrangeur war der aus Trinidad-Tobago stam-

mende Musiker Ed Watson; inzwischen hat sich diese Version über die gesamte englischsprachige Karibik ausgebreitet.

Socabón
afroperuanische → *Decima* mit → *Glosa;* der Gesang wird durch Gitarre begleitet und umfasst festliche, pikareske, zuweilen auch laszive Texte; Verbreitungszentren sind die Regionen von Piura (Nordperu) und Lima.

Socador → *Cuíca*

Socavón (Socabón)
ländlicher Volkstanz Panamas; die Paare nehmen in gerader Linie Aufstellung, die Männer den Frauen gegenüber. Während des Tanzens wird die Position gewechselt; die musikalische Begleitung erfolgt durch → *Mejorana,* → *Bocona* oder Gitarre. Eine spezielle Abart wird in gesungener Form dargeboten.

Sociedad (port.: Sociedade)
Sammelbezeichnung für eine folkloristisch-traditionelle Gruppierung bzw. eine Formation, die zumeist eine größere Anzahl Musiker (oft als → *Banda (2)* konzipiert), Sänger und Tänzer vereinigt, an deren Spitze ein Direktor oder »Präsident« (Presidente) steht. Derartige Vereinigungen sind u. a. die → *Escola de Samba,* die → *Compañía (de Zarzuelas...),* die *Sociedades Carnavalescas* in Nordchile, Peru und Bolivien sowie die → *Corporación de Danza Azteca.*

Sokhatha
alter Aymará-Tanz Boliviens und Perus; von Liedtexten ernsten Charakters begleitet, wurde zu früherer Zeit nur von Angehörigen der Führungsschicht aufgeführt.

Soko (Soqo, Quereque, Corneta)
in der indianisch-mestizischen Volksmusik Perus (Apurímac und Ayacucho) gespielte Trompete aus Metall mit einem sehr langen Tubus.

Sol del Perú, Conjunto -
peruanische Folkloregruppe; 1952 in Lima durch den Musiker Luis → *Durand Rodríguez* (Quena, Bandleader) gegründet; interpretierte vorwiegend indianische und mestizische Musik; produzierte mehr als 40 LPs (u. a. bei Sono Radio und Odeon), darunter die Titel »El cóndor pasa« und »Kcori canastitay«. Die Gruppe war an einigen Filmen mit folkloristischem Kolorit, darunter »Kukuli« und »Jarahui«, beteiligt und gab Gastspiele in vielen Ländern Lateinamerikas, in den USA und in Kanada; als Gesangssolisten wirkten u. a. Sipas Ticka und Judith Acuña.

Solano Sánchez, Rafael Leonidas
* 1931 Puerto Plata; dominikanischer Musiker (Piano), Arrangeur, Komponist und Bandleader; gründete und leitete in Ciudad Trujillo (heute Santo Domingo) ein Tanzorchester, das sich vor allem dem → *Merengue* widmete und das durch seine künstlerisch ausgewogene Interpretation in weiten Teilen Lateinamerikas Popularität erlangte; Titel wie »Está bien«, »Sin palabras« und »Quisqueya« wurden auf Schallplatten u. a. der Labels Flecha, Gada, Batey, Kubaney und Ansonia veröffentlicht. Außerdem war S. eine Zeit lang Präsident des Dominikanischen Komponistenverbandes AMUCABA.

Soler, José Magno
* 6.10.1935 Villa de San Pedro Norte; paraguayischer Sänger, Musiker (Gitarre) und Bandleader; begann seine Karriere als Interpret folkloristischer Musik 1954, gründete 1961 eine eigene Musikgruppe (*Grupo Nocturnal),* gehörte einigen Formationen, darunter → *Perú Rimá,* an und produzierte u. a. bei Guarani, Marpar und Elio einige LPs mit Titeln der Formen → *Polka (paraguaya),* → *Purajhei* und → *Guarania* wie »Che Paraguay poty«, »Morenitamí« und »Serenata«.

Solís, Javier (eigtl. Gabriel Siria Leverio)
* 1931 Nogales (Sonora), † 19.4.1966 México-Stadt; mexikanischer Sänger; einer der bekanntesten Interpreten des romantischen → *Bolero* und des → *Bolero ranchero;* kam bereits als Kind nach México-Stadt; bildete dort das *Trío*

México, mit dem er in Nachtbars auftrat, wirkte wenig später als Solist, wurde als Sänger bei den Sendern XEW und XEQ (México-Stadt) engagiert und trat in 17 Filmen als singender Schauspieler auf; er produzierte mehr als 50 LPs, wurde mit insgesamt 40 Auszeichnungen und Preisen, darunter mehrere Goldene Schallplatten ausgezeichnet. Zu seinen bekanntesten Titeln gehören u. a. »Sombras«, »En mi viejo San Juan«, »Cuando calienta el sol« und »Llorarás« (alle bei CBS bzw. Columbia).

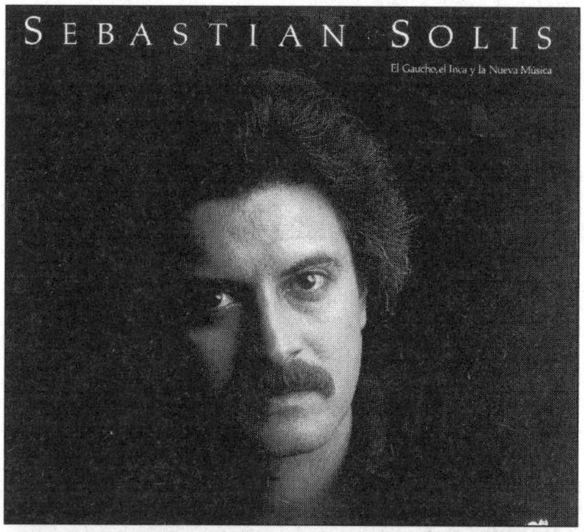

Solís, Sebastián
* 1950 Tandil (Provinz Buenos Aires); argentinischer Sänger, Musiker (Gitarre, Charango, Zampoña, Güiro), Arrangeur und Komponist typischer und populärer Musik. S., ein sehr vielseitiger und talentierter Interpret, bildete zusammen mit Patricia Salas u. Pablo Cárcamo ein Trio, das sich dem Gesamtkomplex der lateinamerikanischen Musik zuwandte und bei ARC Music einige LPs bzw. CDs produzierte. Ebenso produzierte er Titel wie »Milonga para Johann Sebastián«, »Pedro el albañil« und »Preludiando« als Solist.

Solista (Solist)
einzeln spielender Musiker; singender Interpret; Solist.

Solita
alter lateinamerikanischer Volkstanz, der u. a. in Chile und Venezuela verbreitet war.

Som → *Son (1)*

Somavilla Pedroso, Rafael (Sr.)
* 15.1.1899 Matanzas, † 1973 das.; kubanischer Musiker (Piano, Trompete, Kornett), Arrangeur, Komponist und Bandleader; entstammt einer Musikerfamilie; gründete um 1918 in Jovellanos eine → *Banda (2)* und 1923 ein Tanzorchester, das, seinen Namen tragend, bis in die 60er Jahre existierte und zahlreiche Rundfunk- und Schallplattenaufnahmen produzierte. S. leitete außerdem das Sinfonische Orchester von Matanzas und komponierte zahlreiche Stücke sowohl der populären als auch der ernsten Musik, darüber hinaus war er Direktor der Musikakademie »José White« in Matanzas.

Oben: Sebastián Solís – LP »El Gaucho, el Inca y la Nueva Música« -ARC Music (Eulenspiegel) EULP 1033 (1982) / Unten: Sebastián Solís, ein Sänger und Liedermacher aus Argentinien

Somavilla Morejón, Rafael (Jr.)
* 1928 Matanzas, † 20.1.1980 La Habana; kubanischer Musiker (Piano), Arrangeur, Komponist und Bandleader; Sohn von Rafael → *Somavilla P. (Sr.);* wurde durch seinen Vater ausgebildet; wirkte zunächst in Musikgruppen von Matanzas; übersiedelte nach 1950 nach La Habana, wo er als Pianist und Bandleader, zuletzt im Orchester → *Cubana de Música Moderna* tätig war. 1952 bildete S. mit Adolfo → *Guzmán* (Piano) ein notables Instrumentalduo und oft begleitete er die Sängerin Paulina → *Álvarez.* Bei Panart, Areito u. a. produzierte S. zahlreiche Schallplattenaufnahmen, darunter die Titel »Tequila«, »En nosotros«, »Mi guajira No 2« und »Mamá son de La Loma«.

Sombra
alter Salontanz des XVII. Jh., der in Mexiko (Nueva España) zur Aufführung gelangte.

Sombrerito
argentinischer Volkstanz im 3/4-Takt; auch in Chile bekannt geworden; heute jedoch kaum noch verbreitet. Der in Argentinien auch *Corrumbá* oder *Tamalero* genannte Tanz entstand aus der spanischen → *Gallarda.*

Sombrero, Danza del - (Huttanz, span.)
Allgemeinbezeichnung für Volks- oder Salontänze, in deren Liedtexten und Choreographie Hüte (Sombreros) eine dominierende Rolle spielen; dazu gehören u. a. der → *Sombrerito,* der → *Jarabe* und der → *Sombrero ovejuno.*

Sombrero ovejuno
Volkstanz des Altiplano (Hochebene) von Jujuy (Nordargentinien); beim Tanzen hält der Mann, Anstand manifestierend, seinen Hut in der Hand.

Son (port.: Som)
1. Kurzbezeichnung für Ton bzw. Klang. 2. Genrebezeichnung für nach Rhythmus und Instrumentierung unterschiedliche Lieder und Tänze in den lateinamerikanischen Ländern, meist durch Zusatzbezeichnungen wie *Son cubano* oder *Son chapín* näher definiert: 1. Son abajeño → *Abajeño* 2. Son agarrado: Volkstanz der indianischen Bevölkerung Guatemalas. 3. Son cubano (kubanischer Son): Sammelbegriff für eine in großer Formenvielfalt (mit z. T. eigenen Namen) existierende Variante des Son; wichtigste Form der ländlichen und urbanen Folklore Kubas mit einer Ausstrahlung in den gesamten Bereich der Karibik; im 2/4-Takt konzipiert, in seiner Grundstruktur sowohl spanische bzw. kreolische als auch negroide Elemente aufweisend; durch zusammen tanzende Paare ausgeführt; die Begleitmusik kann durch einen oder mehrere Solisten auf den Instrumenten → *Tres* u./o. Gitarre und (speziell in ländlichen Volksmusikgruppen) → *Marímbula,* → *Güiro,* → *Bongó,* → *Maracas,* ferner (mehr in urbanen Gruppen) Trompete, Piano und Kontrabass ausgeführt werden. Ein charakteristisches Merkmal des Begleitgesangs ist die Alternanz zwischen Solopart (Copla) und Kehrreim (Estribillo), letzterer wird von einem Chor gesungen. Hinweise auf die Existenz des S. cubano gibt es eit dem XVIII. Jh. Sicher ist, dass diese Form in der Volksmusik Ostkubas (Santiago de Cuba, Baracoa, Manzanillo) bereits vor 1900 weit verbreitet war und um 1909 auch nach La Habana gelangte, wo sie nach 1915 sehr populär wurde und vorwiegend durch sog. Son-Sextette (Sextetos del Son, Gitarre, Tres, Marímbula [→ *Botija*], später Kontrabass, Bongó, Trompete [ab den 20er Jahren], Maracas und → *Claves* sowie Gesang) interpretiert wurde. Im städtischen Bereich entstand der *Bolero-son,* eine langsame Variante, zu deren Pionieren Miguel → *Matamoros* gehört. Am 12.8.1930 kam es in La Habana zur Gründung eines Verbandes der Interpreten des Son, *Federación Nacional de Soneros* genannt. Bekannte Interpreten des S. cubano sind u. a. Beny → *Moré,* Félix → *Chapottin,* Miguelito → *Cuní,* »Niño« → *Rivera* sowie die Gruppen Septeto → *Nacional,* Sexteto → *Habanero,* Trío → *Matamoros,* Dúo Los → *Compadres,* Grupo → *Sierra Maestra,* → *Son 14 (Catorce)* und *Conjunto Típica Habanero.* Wichtige Varianten des Son cubano sind Son → *Changüí,* Son → *Montuno,* → *Sucu-sucu, Ñon-*

go, Regina, Son Habanero und → *Bachata.* Bekannte Titel sind »Mamá son de La Loma« (Miguel Matamoros), »Maracaibo oriental« (Beny Moré) und »Échale salsita« (Ignacio Piñeiro). (→ *Ma' Teodora,* → *Salsa*). 4. Son chapín (Son guatemalteco) guatemaltekischer Volkstanz im 6/8-Takt, Nationaltanz von Guatemala; aus einer Vermischung von Elementen des Walzers und der Mazurka hervorgegangen; als Begleitinstrument dient vowiegend die → *Marimba;* zusätzlich können → *Chirimía,* Violine, Gitarre bzw. Guitarrilla oder Harfe (Arpa) zum Einsatz gelangen. 5. Son de los Diablos → *Diablos, Son de los* – 6. Son huasteco (Huapango): im wesentlichen mit dem → *Huapango* identischer Volkstanz der mexikanischen Bundesstaaten Hidalgo, San Luis Potosí, Tamaulipas und Veracruz (Norden); vorwiegend durch eine oder mehrere Violinen begleitet. (→ *Ramírez, Elpidio*) 7. Son istmeño → *Zandunga.* 8. Son jalisciense: mexikanischer Volkstanz; wichtiger Bestandteil der Musikfolklore des Bundesstaates Jalisco; seit 1950 verstärkt in der urbanen Volksmusik verbreitet; eine in schnellem Tempo interpretierte melodisch akzentuierte Form, von Gesang in Fünf- oder Sechszeilerversen begleitet. Wichtigstes Begleitinstrument ist die Violine, dazu weitere Klangkörper der → *Mariachi*-Gruppen. Einer der bekanntesten Titel ist »La negra«, der anonymen Musikfolklore entstammend; bekannte Interpreten die Mariachi → *Vargas de Tecalitlán.* 9. Son jarocho: in Teilen des mexikanischen Bundesstaates Veracruz verbreiteter Volkstanz; vor 1900 entstanden, als regionale Form jedoch erst ab gegen 1945 populär geworden, was vor allem ein Verdienst des Musikers Lorenzo → *Barcelata* ist. Zur Interpretation bedient man sich eines sog. Conjunto → *Jarocho;* bekanntester Titel ist La → *Bamba.* 10. Son Montuno (Tirante, Maracaibo, Capetillo, Songo, Maniguero): spezielle Form des → *Son cubano;* durch das Einschalten von → *Montuno*-Parts gekennzeichnet; in ländlichen Gebieten der Region des Río Cauto entstanden und durch Musiker wie Ignacio → *Piñeiro,* Beny → *Moré,* Ñico → *Saquito* und Maximilián → *Sánchez »Bimbi«* sowie das *Trío Iriarte* popularisiert. 11. Son venezolano: zur Musikfolklore Venezuelas gehörender Tanz; vor allem in ländlichen Gebieten von Tierra Portuguesa verbreitet; ist dem → *Son cubano* sehr ähnlich.

Són
selten gebrauchte Bezeichnung für den → *Paseo* Kolumbiens.

Son 14 (Son Catorce), **Conjunto -**
kubanische Vokal- und Instrumentalgruppe; am 11.1.1978 in La Habana durch den Musiker Adalberto → *Álvarez* gegründet; knüpft unter Einbezug moderner Aspekte an die Tradition des »klassischen«→ *Son cubano* an und interpretiert auch Neukompositionen wie den Erfolgstitel »A Bayamo en coche«; unter verschiedenen Labels (vorwiegend Areito) erschienen einige LPs mit Titeln wie »Elena la cumbanchera« und »Calle Enramadas«. Gastspielreisen wurden durch mehrere Länder Lateinamerikas und nach Europa unternommen.

Sonajas (Sonaja)
vorwiegend in der indianischen Volksmusik eingesetztes idiophones Musikinstrument; kleine Schellen, mit den → *Cascabeles* verwandt, die in den Händen gehalten werden oder an Bändern und anderen Musikinstrumenten befestigt sind und rhythmisch geschüttelt werden. Eine präkolumbische Abart heißt → *Ayacaztli.*

Sonajera (Sonajero)
1. Variante der → *Sonajas* in Chile. 2. mit → *Sonajas* besetztes Spielzeug für Kleinkinder.

Sonduro (Seis zapateao)
regionale Variante des puertorikanischen → *Seis* mit Schuhplattler-Parts.

Sonecito del País (Son del País)
Sammelbegriff für eine Vielzahl von Volks- und Populärtanzen des XVIII. Jh. in Mexiko (Nueva España), die insgesamt durch die katholische Kirche angegriffen oder verboten wurden, dazu gehören u. a. die Formen Negrito, Churripampli, Bejuquito, Chimiztlán, Perejil und Fiscalito

sowie → *Huapango*, → *Jarana (1)* und → *Bamba*.

Sonero
vor allem in Kuba verwendete Bezeichnung für den Sänger, Musiker oder Komponisten des → *Son cubano;* für hervorragende Persönlichkeiten des Son ist der Name *Sonero Mayor* gebräuchlich.

Song
in den anglolateinamerikanischen Ländern allgemein benutzte Bezeichnung für ein Gesangsstück.

Songarinchi Kobito, Kobirinchi)
in der Volksmusik der Machiguenga-Indianer Perus gespielte Panflöte.

Songo
regionale Variante des → *Son cubano;* in der Region Santiago de Cuba verbreitet.

Sonia y Miriam, Dúo -
chilenisches Vokalduo; nach 1950 in Santiago de Chile durch die Schwestern deutscher Abstammung Sonia und Miriam Schreber gebildet; interpretierte vorwiegend romantische, balladenhafte Lieder aus ganz Lateinamerika, darunter die Titel »Tú sólo tú« (Mexiko), »La Bayamesa« (Kuba), »Viña de mis amores« (Chile) und »La flor de la canela« (Peru); es entstanden zahlreiche LPs (u. a. bei RCA Victor, Odeon, Velvet, und Kubaney).

Sonido → *Son (1)*

Sonora
Name für einige lateinamerikanische Tanzmusikgruppen und -orchester, z. B. → *Sonora Matancera* und → *Sonora Santanera.*

Sonora Matancera, La -
kubanische Vokal- und Instrumentalformation; im Januar 1924 in Matanzas unter dem ursprünglichen Namen *El Son de la Tuna* durch Valentín Cané (Tres, Bandleader), Julio Covín (Gesang), Ismael Goberna (Gesang), Domingo Medina (Bongó) und José Manuel Valera (Gitarre, Gesang) gegründet; zunächst auf die Interpretation des → *Son cubano* orientiert, später einer der in ganz Lateinamerika populärsten Vertreter der → *Musica Tropical*; Modell für vollendete musikalische Organisiation, perfekte Arrangements und hohe klangliche Qualität. S. M. gab Gastspiele in den meisten Ländern Lateinamerikas und produzierte im Verlaufe einer mehr als 50 Jahre währenden Aktivität, deren künstlerischer Höhepunkt gegen 1955 erreicht wurde, eine große Zahl von Schallplattenaufnahmen (N-78 und LPs) unter diversen Labels (u. a. Seeco, Tropical, Panart, Peerless, America und Ansonia), darunter die Titel »Apambichao«, »Yerbero moderno«, »Linda calenita«, »Me voy a Pinar del Río« und »El Mochilón«. Bemerkenswert ist der Einsatz hervorragender Gesangssolisten wie Mirta → *Silva* (erste Sängerin der Formation), Domingo Jauma, Bienvenido → *Granda*, Celia → *Cruz*, Oscar Vallejo, Justo Betancourt, Celio → *González* und Carlos → *Argentino*. 1960 übersiedelte die bis dahin in La Habana niedergelassene Gruppe nach New York, wo sie im Kulturkreis → *New York Latino* ihre Tätigkeit fortsetzte, vor allem in den 50er Jahren des XX. Jh. produzierte LPs und CDs neu herausgab und sich nunmehr verstärkt der Mischform → *Salsa* zuwandte.

Sonora Paramarera
Vokal- und Instrumentalorchester der modernen Tanzmusik; um 1980 in Paramaribo (Suriname) durch 9 Musiker, von denen einige auch als Gesangssolisten oder Chorsänger auftreten, gebildet. Die Gruppe interpretetierte ein umfangreiches Repertoire der → *Música tropical* bis hin zur Mischform → *Salsa* und hat bei Dureco einige CDs produziert, darunter die in landesüblichem Musizierstil arrangierten Titel »Pelú« (Merengue) und »Wai anjiesa dj' ing« (→ *Kaseko*).

Sonora Ponceña
puertorikanische Vokal- und Instrumentalgruppe; 1954 in Ponce durch »Kike« Lucca gegrün-

det; interpretierte neben puert. Tanzmusik insbes. Titel der Form → *Son cubano*. Bei Marvela entstanden Aufnahmen wie »Cuando vuelva« und »Tu enojito«.

Sonora Santanera

mexikanische Vokal- und Instrumentalgruppe; 1956 in Santa Ana gegründet; Bandleader war Carlos Colorado, als Sänger wirkten Silvestre Mercado, Juan Bustos und andere. Die bekannte Formation der → *Música Tropical*, deren Sound an den der → *Sonora Matancera* angelehnt ist, produzierte Schallplattenaufnahmen wie die Titel »Botecita de vela«, »Congoja« und »Tamborcito de Pirulí« bei Columbia, CBS, Caytronics und Miami Records (ca. 50 LPs).

Soñadores de Sarawaska, Los -

nikaraguanische Vokal- und Instrumentalgruppe; um 1961 in Jinotega durch blinde Landarbeiter unter der Leitung von Marco Tulio Zeledón gegründet; sammelte Lieder und Tänze aus der anonymen Musikfolklore ihrer Region, arrangierte sie neu und interpretierte sie, dazu gehören die nik. Volkslieder »Son tus perjumenes mujer« und »En Bocaycito hicimos los planes« (Tonadas), die auch auf Schallplatten erschienen sind und durch ihre ausgewogene künstlerische Qualität bestechen.

Soprano (Sopran)

die Stimmlage Sopran bzw. die in dieser Stimmlage singende Solistin.

Soqo → *Soko*

Sordina

in der Volks- und Populärmusik Perus (Cajatambo und Lima) eingesetzte importierte Trompete mit einem Schalldämpfer.

Sordo Sodi, (María del) Carmen

* 1936 México-Stadt; mexikanische Chorleiterin, Folkloristin und Musikologin; war als Lehrerin für Musikologie am Nationalkonservatorium und Leiterin der Abteilung Musikforschung am Nationalinstitut der Schönen Künste (I. N. B. A.) tätig; publizierte Abhandlungen über die Musik Mexikos und war Direktorin des Chores *Xochiquetzal*.

Soré, Esther »La Negra Linda«

* 1931; chilenische Sängerin; wirkte ab 1945 in der Folkloregruppe *Los Yumbelinos* und als Solistin, wobei sie sich insbes. der → *Tonada* widmete. Titel wie »La cantinera« und »El pañuelo« erschienen auf Schallplatten (Odeon).

Soriano, Alberto

* 5.2.1915 Santiago del Estero; argentinisch-uruguayischer Musiker (Violine, Piano), Komponist und Musikethnologe; studierte am Konservatorium von São Salvador (Brasilien) und erforschte Rituale und folkloristische Traditionen der afroamerikanischen Bevölkerung. 1937 übersiedelte er nach Montevideo, wo er sich der folkloristischen Feldforschung widmete und die Leitung der Abt. Musikologie bzw. Musikethnologie der Fakultät für Musikwissenschaften in Montevideo übernahm; er schrieb u. a. einige Konzerte für Violine und Piano, Sonaten.

Sorongo

von afrikanischen Sklaven nach Brasilien transkulturierter Volkstanz; heute nicht mehr aufgeführt.

Soruco Arancibia, Nilo

* Tarija; bolivianischer Sänger und Liedermacher; leitete den Chor der Universität Tarija und studierte die Musikfolklore Boliviens; arrangierte bei Feldforschungen wiederentdecke Stücke u. a. der Formen → *Cueca boliviana* und → *Bailecito* und schrieb zahlreiche Stücke, darunter einige Protestlieder wie »Pobre mi corazón« (Bailecito) und »Mañanita de pascua« (Vidala); wegen seines politischen Engagements war er Repressionen ausgesetzt; ging später ins Exil nach Venezuela und produzierte 6 LPs mit Volks- und Protestliedern.

S. O. S., Conjunto - → *Rada, Rubén*

Sosa, Julio María »El Varón del Tango«

* 2.2.1926 Las Piedras (Canelones), † 26.11.1964 Buenos Aires; uruguayisch-argentinischer Sänger; bekannter Vertreter des → *Tango* der späten 50er Jahre des XX. Jh.; lebte ab 1949 in Buenos Aires, wo er zunächst im Orchester Francini-Pontier, bei Francisco Rotundo (von 1953 – 55), in einer eigenen Gruppe und bei Leopoldo Federico sang. Bei CBS, EMI und RCA Victor entstanden zahlreiche Schallplattenaufnahmen, darunter die Titel »Viejo rincón«, »Cambalache«, »La ciruja« und »Confesión«.

Sosa, Mercedes

* 9.7.1935 Tucumán; argentinische Sängerin, Folkloristin und Tänzerin; studierte in Tucumán Volkstanz und widmete sich zunächst der Interpretation traditioneller Lieder der argentinischen Musikfolklore. Nach 1960 gehörte sie mit Oscar Matus (ihr Ehemann), Armando → *Tejada Gómez,* César → *Isella* u. a. zu den Begründern der Bewegung des Neuen Argentinischen Liedes (Nuevo Cancionero Argentino) und avancierte später zu einer der bekanntesten und populärsten Interpretinnen des volkstümlichen und des Protestliedes Lateinamerikas. Mehrere Male nahm sie am Festival des Politischen Liedes in Berlin teil, gab in vielen Ländern Gastspiele mit großer Publikumsakzeptanz und produzierte ab 1961 etwa 25 LPs (Labels Philips, RCA Victor, Arcano und Tropical Music), die u. a. die Titel »Canción con todos«, »Si se calla el cantor«, »Gracias a la vida« und die in Chicago produzierten Lieder der »Cantata sudamericana«, zu denen Ariel → *Ramírez* die Musik schrieb, enthalten.

Soto, Aristides »Tata Güines«

* 30.6.1930 Güines/Prov. La Habana; kubanischer Schlagzeuger (Percusionista); gehört zu den populärsten Solisten auf der → *Tumbadora;* gehörte diversen Musikgruppen, u. a. der von Frank Emilio → *Flyn* an; gründete später eine eigene Grupppe, die seinen Namen trug und mit der er bei öffentlichen Konzerten, Veranstaltungen, Volksfesten usw. auftrat.

Soto, Caitro

* 23.10.1934 San Luis de Cañete; peruanischer Musiker (Cajón), auch Sänger, Autor und Arrangeur afroperuanischer Volksmusik, hervorragender Solist auf dem → *Cajón.* S. musizierte ab 1946 in der *Banda de San Luis de Cañete*; später begleitete er Gesangssolisten wie Chabuca → *Granda* auf seinem Instrument, des weiteren musizierte und sang er in renommierten Gruppen wie → *Perú Negro.* S. komponierte bzw. arrangierte von Themen aus der anonymen Folklore Titel wie »A saca' camote« (Landó), »Curruñao« (Festejo) und »Negrito de Angola« (Lamento negro) und nahm sie auf Schallplatten auf.

Sotolongo, Oscar

* 11.10.1900 La Habana, † 1974 das.; kubanischer Musiker (Bongó), Arrangeur und Bandleader; bekannter Vertreter des → *Son cubano;*

Mercedes Sosa

war ab 1913 Bongó-Spieler in verschiedenen Son-Gruppen, wobei er Instrumente verwendete, die er selbst gefertigt hat. Ab 1920 gehörte er dem Sexteto → *Habanero* und 1924 dem Sexteto → *Boloña* und weiteren Formationen an. Seine virtouse Beherrschung des Bongó brachte ihm den Ruf eines hervorragenden Musikers ein.

Sotomayor Lisner, Lorenzo Humberto
* 10.8.1915 Lima; peruanischer Musiker (Piano), Arrangeur und Komponist; bekannter Vertreter der kreolischen Populärmusik; gehört zu den Schöpfern von Titeln der Form → *Vals peruano,* die sehr populär wurden, darunter die Titel »Cariño mío«, »Corazón«, »Pasión« und »El solitario«. Als Interpret erscheint er auf LPs des Labels Virrey.

Souk → *Zuk*

Soul (Seele, engl.)
dem nordamerikanischen Jazz entlehnte Musizierweise, die mit einer betont weichen (»beseelten«) Rhythmik in der modernen Tanzmusik, der indirekt auch lateinamerikanische Komponenten (z. B. des → *Bolero*) zugrundeliegen, arbeitet. In den 60er und 70er Jahren des XX. Jh. gelangte dieser Stil in die Karibik, wurde vor allem in englischsprachigen Gebieten wie Jamaika und Trinidad aufgegriffen und durch nationale Elemente bereichert, wie z. B. im → *Reggae* oder auch im → *Soca.*

Sparrow, Mighty (eigtl. Francisco Slinger [Spingle], auch: Johnny Sparrow)
* 9.7.1935 Grandroy Bay (Grenada); anglokaribischer Sänger und Liedermacher; übersiedelte mit seinen Eltern nach Trinidad, entwickelte sich zu einem der populärsten Interpreten des → *Calypso.* S. war Gründer und Leiter der Formation *Sparrow's Calypso Troubadours*, die neuerdings auch → *Salsa*-Musik interpretierte; LPs entstanden u. a. bei RCA Trinidad, Cook, Bestway und M-G-M, darunter die preisgekrönten Titel »Sparrow come back home«, »Madam Dracula« und »The situation in Trinidad«.

Stanganelli, Roberto
* 24.2.1931 Guaranésia (Minas Gerais); brasilianischer Musiker (Akkordeon) und Komponist; bekannter Vertreter der → *Música sertaneja*; hat unter verschiedenen Labels (u. a. Tropicana) mehr als 25 LPs mit folkloristischer und populärer Musik insbes. des Nordostens Brasiliens produziert, darunter die Titel »Baião dos Escoteiros«, »Seresteiro« (Baião) und »Moça bonita« (Choro).

Steel Band
ursprünglich nur während der Karnevalszeit auf primitiven Stahltrommeln (→ *Steel drum*) musizierende Instrumentalgruppen anglokaribischer Inseln. Erste Hinweise auf derartige Formationen stammen aus dem Jahre 1937 und beziehen sich auf Trinidad, wo die S. B. nach 1940, das Repertoire der → *Tamboo-Bamboo-Band* interpretierend, bereits über die ganze Insel verbreitet waren. Später entstanden solche Gruppen auf Jamaika, Curaçao, Grenada, Antigua und weiteren Karibikinseln, in Guyana, Venezuela (Küstenregion; hier *Estilban* genannt) und auch in Kuba (La Habana). Vor allem werden → *Calypso,* → *Merengue,* Rumba, aber auch Walzer, Mazurka und Beguine interpretiert; unter dem Einfluss kommerzieller Kreise wurden seit 1970 Experimente mit der sog. »Weichen Welle« bzw. dem Disco-Sound durchgeführt, die unter Einbeziehung anderer Instrumente wie Synthesiser das originale Klangbild verfälschen; ebenso kam es, gefördert durch große Schallplattenfirmen, zur Interpretation ernster Musik europäischer Komponisten. Bekannte Gruppen sind u. a. The → *Trinidad Steel Band,* The Tokyo Steel Band und Casablanca Steel Band.

Steel drum (Pan, Stahltrommel, engl.)
Sammelbegriff für alle Metalltrommeln im englischsprachigen Raum Lateinamerikas, im engeren Sinne jedoch die in der → *Steel Band* eingesetzten, zumeist aus Benzinfässern hergestellten Stahlblech-Trommeln (Normalgröße ein Faß von 55 Gallonen Volumen), von schwarzen Musikern, sog. *Steelmen*, erfundene

Instrumente mit eigenwilligem Klang. Die Steel Band besteht aus einer Batterie verschieden großer Trommeln in vier Grundtypen Ping Pong (Sopran), Guitar Pan (Alt), Cello Pan (Tenor) und Boom (Bass), die mit Schmiedehämmern gestimmt und beim Musizieren mit eisernen Schlägeln perkutiert werden.

Street Band

auf anglokaribischen Inseln zumeist auf Straßen oder Plätzen musizierende Gruppe; typisch für die Volks- und Populärmusik z. B. von Trinidad und Jamaika.

String Band

eine überwiegend mit Saiteninstrumenten (Gitarre, Violine, Banjo, → *Cuatro* u. a.) ausgerüstete anglokaribische Volksmusikgruppe, die bis in die 40er Jahre des XX. Jh. auf Inseln wie Trinidad, Grenada, Carriacou u. a. weit verbreitet war, heute jedoch sehr selten geworden ist. Die S. B. geht auf kreolische Traditionen der Volksmusik insbesondere Venezuelas zurück; das Repertoire bestand dementsprechend aus Walzern, Pasillos, Paseos, Contradanzas und später auch Calypsos; auch ein meist in Englisch intonierter Gesang wurde praktiziert. Eine der

Steel Band Shell de Port Louis (Guadeloupe) – Celini Disques RCG-10.019 (in Frankreich um 1973 produziert)

bekanntesten Gruppen dieser Art war die Formation von Lionel → *Belasco.*

Sua
alter, nicht mehr aufgeführter Volkstanz im kolonialen Mexiko (Nueva España).

Suárez, Mario
venezolanischer Sänger, Musiker, Arrangeur und Komponist; Vertreter der → *Música llanera*; seit 1960 zu den bekanntesten Interpreten von Titeln der Formen Walzer, → *Pasaje,* → *Tonada* und Danza gehörend; hat auf Auslandsreisen venezolanische Volks- und Populärmusik im Ausland populär gemacht. Auf LPs u. a. der Labels Suárez, Velvet und Venevox erschienen u. a. die Titel »He de luchar« (Pasaje) und »Cantaclaro« (Tonada).

Suárez, Senén
(eigtl. Abdón Senén Suárez Hernández)
* 30.7.1922 Manguito (Matanzas); kubanischer Musiker (Gitarre), Arrangeur, Komponist und Bandleader; wirkte zunächst in Musikgruppen seiner Heimatregion als Gitarrist; übersiedelte 1941 nach La Habana, wo er 1950 ein vielgefragtes Tanzorchester formierte und nach 1960 eine Tanzmusikgruppe vom Typ einer *Combo* gründete, in der er Elektrogitarre spielte. Während das Repertoire der ersten Gruppe noch stark der kubanischen Tanzmusiktradition verhaftet war, tendierte das der Combo zum modernen Stil. Auf LPs u. a. der Labels Panart und Areito erschienen Titel wie »Nochebuena criolla«, »Recuerdos de ayer« und »Regreso feliz«.

Suarra (Küisi) → *Camú*

Sublime, Orquesta Típica -
kubanisches Tanzorchester vom Typ einer → *Charanga;* 1956 in La Habana durch den Musiker Melquiades A. Fundora gegründet; interpretierte vorwiegend Titel der Formen → *Danzón,* → *Son cubano,* → *Guaracha* und → *Son Montuno;* unter verschiedenen Labels (u. a. Panart, Sonotone und Miami) entstanden zahlreiche LPs, darunter die Titel »Cuba criolla«, »Mi yambú« und »Club Cubanacán«.

Sucasuca
indianischer Volkstanz Boliviens; bei der Aussaat landwirtschaftlicher Kulturen aufgeführt.

Sucu-sucu
kubanischer Volkstanz; Variante des → *Son cubano,* Ende des XIX. Jh. auf der Isla de Pinos (heute Isla de la Juventud) entstanden; dort Teil der regionalen Musikfolklore. Zur Begleitung dienen → *Tres,* Gitarre, → *Maracas,* → *Tumbadora* bzw. → *Bongó,* → *Machete (2)* und → *Claves;* dazu wird gesungen; einer des bekanntesten Titel ist »Compay Cotunto«.

Sueste
panamaischer Volkstanz der Region Veraguas; eine Variante des → *Socavón,* die in lebhaft-bewegtem Rhythmus getanzt wird.

Sul Americano, Jazz-Band -
brasilianische Formation der Populärmusik; 1923 in Rio de Janeiro durch den Musiker Romeu Silva (1893-1950) gegründet; es wurden vorwiegend Titel der Formen → *Maxixe,* → *Samba* und Foxtrot interpretiert; insgesamt markiert die Gruppe einen wichtigen Entwicklungsabschnitt in der Geschichte der Populärmusik Brasiliens; bei Odeon entstanden Schallplattenaufnahmen N78 wie die Titel »Fubá« und »Dor de cabeça«.

Suma, Los -
bolivianische Vokal- und Instrumentalgruppe; durch den Sänger Adolfo Salazar in Potosí gegründet; interpretierte Volksmusik insbes. der Form → *Huayno;* bei Huayna Potosí entstanden Schallplattenaufanhmen wie »Camino carretero« und »Mankhapaya«.

Sumac (Sumaq), Yma (eigtl. Zoila Augusta Emperatriz Cavarry del Castillo)
* 10.9.1927 Ichocán; peruanische Sängerin; wegen ihres beträchtlichen Stimmumfanges (5 Oktaven) als »Sängerin mit der außergewöhnlich-

sten Stimme Lateinamerikas« bezeichnet; interpretierte folkloristische und konzertante Versionen andiner Musik, für die ihr Ehemann Moisés Vivanco die Arrangements schrieb; auf Schallplatten (u. a. Capitol, Coral und Electrecord) erschienen Titel wie »Cholitas puneñas« und »Virgenes del Sol«.

Sumbayllo (Aerophon)
in der regionalen Musikfolklore von Abancay (Peru) bei Volksfesten eingesetzter Brummkreisel.

Sungari
zur Gruppe des → *Carrizo* gehörende peruanische Rohrflöte, in der Volksmusik der Arahuaca-Indianer gespielt.

Supay (= Teufel, Quechua-Sprache)
Volkstanz der Quechuas der Region Chincheros.

Sur, Los del -
uruguayisches Vokal- und Instrumentalquartett; um 1962 durch die Solisten Roberto Croccano, Luis A. Rodríguez, Francisco Grillo und Víctor M. Pedemonte gegründet. Die Gruppe pflegte den als *Canto Oriental* bezeichneten Gesang uruguayischer Volkslieder und produzierte einige LPs (Philips), darunter die Titel »Coplitas del pescador« und »Río Florido«.

Surdo (Surda, Chama)
zur Gruppe des → *Atabaque* gehörende afrobrasilianische Trommel aus einem Metallkörper; erzeugt einen gedämpft-dumpfen Klang und wird vorwiegend in den Samba-Schulen (→ *Escola de Samba*) zur Begleitung des → *Samba* eingesetzt.

Suspiro (Seufzer, span.)
regionale Bezeichnung und Variante des → *Merengue* im Cauca-Tal Kolumbiens.

Súyere
rituelle Gesänge beschwörenden Charakters in der negroiden Kultmusik Kubas.

Swing (schwingen, beschwingt, engl.)
schwungvolle, rhythmisch betonte Art der Interpretation des Jazz; in vielen lateinamerikanischen Ländern wie Kuba, Mexiko und Brasilien durch Jazz-Formationen (→ *Jazzband*) im Laufe der 20er bzw. 30er Jahre des XX. Jh. eingeführt, so in Kuba von dem Saxophonisten und Arrangeur Armando → *Romeu,* der 1933 in La Habana das erste kubanische Swing-Orchester gründete.

T

Tabaleo
regionale Variante des kolumbianischen → *Currulao.*

Tabalet → *Pandero*

Tabaque (Tambaque) → *Atabaque*

Tabla de Lavar → *Washboard*

Tabla Siku
indianisch-mestizische Panflöte vom Typ der → *Zampoña*, in der Volksmusik Perús (Region Puno) und Boliviens gespielt; aus 6 oder 7 paketartig zusammengefassten Doppelflöten bestehend; ihr Klang ist durchdringend.

Tablado (im → *Flamenco* Tablao)
im allgemeinen aus Brettern gefertigte, oft improvisierte erhöhte Fläche (Bühne) zur Darbietung von Tänzen, Liedern, Theaterstücken und Rezitationen.

Tablitas (Täfelchen, span.)
idiophones Musikinstrument; zwei rechteckige Kanthölzer, die beim Musizieren rhythmisch gegeneinandergeschlagen werden; u. a. in der afroperuanischen Volksmusik zur Begleitung von Tänzen wie → *Zaña* und → *Landó* eingesetzt.

Taboca
regionale Variante der brasilianischen Flöte → *Pífano*; aus dem Rohr des Taboca-Strauches gefertigt.

Tabou Combo
haitianische Vokal- und Instrumentalgruppe vom Typ einer Big Band; 1967 unter der Leitung von Fred Paul in Petionville zunächst unter dem Namen *Los Incognitos* formiert. Die mit 10 Musikern wirkende Gruppe ist einer der bekanntesten Vertreter des sog. → *Mini Jazz*. Unter den Labels Mini Records und Barclay (Lizenz) erschienen einige LPs, die insbesondere im kulturellen Umfeld → *New York Latino* Popularität erlangten, so der Titel »Pace Domine«.

Tabranes Matar, Baz
* 10.7.1922 La Habana; kubanischer Sänger (Trovador), Musiker (Gitarre) und Liedermacher; gründete 1947 das Trío → *Taicuba* und komponierte u. a. die trovadoresken Lieder »Y te perdí«, »Aún después« und »No estás conmigo«.

Taburete, Grupo -
venezolanisches Vokal- und Instrumentalquartett; 1982 durch Rodolfo Rafael Ruiz, Frida Gutiérrez, Glenda Reverón und José Gutiérrez formiert; interpretierte mit den Instrumenten Cuatro, Gitarre, Mandoline, Violine, → *Cumaco* und Maracas Volksmusik ihrer näheren Heimat. Gastspielreisen führten die Gruppe nach Kanada, Spanien, Frankreich und weitere Länder; bei Velvet erschienen LPs, darunter die Titel »Flor del cacao« (Golpe tocuyano) und »Hijos de la nada« (Merengue).

Tacapú → *Bastón de ritmo*

Taca tica (Taka tika) → *Claves*

Taco
1. Schuhabsatz, gleichzeitig Bezeichnung für bestimmte, beim Tanzen erzeugte akustische Effekte (→ *Taconeo*). 2. Schlägel der → *Marimba (1)*; mit einer Kautschukkugel versehener Holzstab.

Tacón → *Taconeo*

Taconeo
(Aufstampfen mit dem Schuhabsatz, span.)
Aktion und Effekt des rhythmischen Aufstampfens mit den Absätzen; in verschiedenen Tänzen wie → *Tango* und → *Bambuco* praktiziert.

Tacuruses, Los-
uruguayisches Vokal- und Instrumentalduo; um 1972 durch die Solisten Yamandú und Tabaré da Cruz gebildet; pflegte vorwiegend Volksmusik aus der Grenzregion zu Brasilien, so die Formen → *Chamarrita*, → *Milonga* und → *Ranchera*. Das Duo orientierte sich am Sound des Duos Los → *Olimareños;* bei Orfeo erschienen einige LPs, darunter die Titel »Sombrero de Tiririca«, »Al Yaguarí« und »Rondas a Rivera«.

Tahona
1. in der kubanischen Volksmusik früher häufig benutzte, mit Ziegenleder bespannte Trommel, dem → *Tamboril* sehr ähnlich. 2. Variante der kubanischen → *Rumba*. 3. folkloristische Manifestation der afrokubanischen Bevölkerung von Santiago de Cuba; der → *Tumba Francesa* sehr ähnlich, geriet jedoch nach 1900 in Vergessenheit.

Taica → *Taika*

Taicuba, Trío-
kubanisches Vokal- und Instrumentaltrio; am 15.8.1947 in La Habana durch den Gitarristen Baz → *Tabranes M.* mit Alfredo Valdés Cataneo und Héctor Leyva Hernández gegründet; interpretierte zunächst vorwiegend Tangos und Boleros; widmete sich jedoch später landestypischer und trovadoresker Musik; auf Schallplatten (Bell Records, Seeco, RCA Victor, Gema, Panart, Puchito, Areito u. a.) erschienen zahlreiche Schallplatten, darunter die Titel »Siboney«, »Mamá son de La Loma« und »Lejandrín«. Darüber hinaus trat das Trio an einigen Filmen auf und gab Auslandsgastspiele in Lateinamerika, USA und Europa.

Taieira (Taiêra)
zur Gruppe der → *Pastorís* gehörender afrobrasilianischer Tanz dramatischen Charakters aus dem XVIII. bzw. XIX. Jh.; heute kaum noch verbreitet.

Taika (Taica, Tayca, Kenacho)
in der Volksmusik der Aymará-Indianer Boliviens eingesetzte, etwa 60 cm lange Flöte vom Typ der → *Quena*.

Taikahirpa (Taycahirpa) → *Zampoña*

Tajona → *Tahona (3)*

Taki → *Tdqui*

Takii
Quechua-Wort für das Singen von Liedern aller Art.

Takirari → *Taquirari*

Takisun Llactamasi (= singen wir, Mann des Volkes!; Quechua-Sprache)
eine nach 1976 in Peru ins Leben gerufene Bewegung des Massengesangs, die sowohl traditionelle peruanische Volkslieder aus dem Kulturerbe der Indianer als auch kreolische, mestizische und afroperuanische sowie neue Lieder mit sozialkritischem Inhalt pflegte. Zu den Mitbegründern gehörte die Gruppe → *Alturas*.

Talavera Andrade, Mario
* 13.12.1885 Jalapa, † 27.3.1960 México-Stadt; mexikanischer Sänger (Tenor), Musiker und Komponist; studierte am Nationalkonservatorium; wirkte zunächst als Opernsänger und widmete sich später der Populärmusik; gehörte dem Orchester von Miguel → *Lerdo de Tejada*, den *Cuatro Ases de la Canción* und weiteren Formationen an. T. schrieb zahlreiche Lieder, Romanzen und Walzer wie »Así te quiero« (1930) und »Muchachita mía« (1959) sowie das Lied »Chinita« (1924; Text: Manuel Múzquiz Blanco).

Taller (Werkstatt, span.)
Allgemeinbezeichnung für Zentren kultureller

Aktivitäten, insbesondere der modernen Singebewegung, z. B. *Taller del Sonido Popular* in Managua (Nikaragua).

Tamalero → *Sombrerito*

Tamaracá
1. brasilianische Einfelltrommel vom Typ des → *Atabaque.* 2. regionale Bezeichnung für das brasilianische Schüttelidiophon → *Maracá,* das in der Volksmusik der Tupi-Indianer verwandt wird.

Tamayo Jácome, Hernán Humberto
* 20.2.1941 Ambato; ekuadorianischer Sänger (Tenor) und Pianist folkloristischer, populärer und ernster Musik, hervorragender Interpret landestypischer Formen. T. studierte zunächst am National-Konservatorium von Quito und später an der Musikakademie Wien, danach in Madrid und Buenos Aires (Teatro Colón). In der Folgezeit trat er zu Konzerten u. a. in Ekuador, Uruguay, Panamá, Spanien, USA, Österreich, Japan und Deutschland auf. Außerdem wirkte T. als Direktor der Sektion Musik der *Casa de la Cultura* in Quito bzw. als Direktor von Chören usw. In Deutschland entstand eine CD mit ekuadorianischen Volksliedern wie »Sombras«, »Guayaquil de mis amores« und »Chulla quiteño«.

Tambaque
1. afrobrasilianische Tanzfestlichkeit der Region von São Paulo, auf dem der → *Batuque (1)* als choreographische Manifestation dominiert. 2. → *Atabaque*

Tamba Trio
brasilianisches Instrumentaltrio; um 1961 in Rio de Janeiro durch die Musiker Luíz Eça (Piano), Adalberto J. de Castilho (Flöte) und Hélcio Milito (Perkussion) gegründet; spezialisierte sich auf die Interpretation der → *Bossa Nova* in noch weiter zum Jazz tendierenden Versionen. Bei

Hernán Tamayo singt in der Casa de la Cultura (Quito) ein ekuadorianisches Volkslied; er wird dabei von dem Pianisten Huberto Santacruz begleitet – Quito, 22.5.1996

Philips entstanden einige LPs, darunter die Titel »Batucada« und »Tamba«.

Tambo (Tango de los Negros)
alter, nicht mehr aufgeführter Tanz der afroamerikanischen Bevölkerung Uruguays, aus dem wahrscheinlich der → *Candombe* hervorgegangen ist.

Tambô-de-Crioulo → *Tambor-de-Crioulo*

Tamboo-Bamboo-Band
(Bamboo-Tamboo-Band)
traditionelle afrolateinamerikanische Musikgruppe von der Insel Trinidad, bei der die Musiker im wesentlichen auf Bambustrommeln unterschiedlicher Größe (Boom, Foulé, Cut drum) musizierten. Die nach 1900 entstandenen Formationen wurden sehr schnell populär, wurden jedoch 1937 durch die britische Kolonialbehörde auf Trinidad als »aufrührerische Elemente« verboten und wenig später durch die → *Steel Band* substituiert. Bekannte Gruppen dieser Art waren *Alexander's Ragtime Band, The Hell Yard* und die *John John Band*. Neuzeitliche Calypsos lassen in ihren Texten die Tradition der T. B. Band wieder aufleben.

Tambor
1. Sammelbezeichnung für nach Abmessungen und Konstruktion unterschiedliche Zweifelltrommeln, die in der Volks-, Populär- und Tanzmusik Lateinamerikas gespielt werden; teilweise unter regionalen Bezeichnungen wie → *Redoblante,* → *Huancaracha* oder → *Surdo* bekannt. 2. der Solist auf dem Tambor, er wird auch *Tamborero* genannt. 3. Instrumentenkonfiguration der panamaischen Volksmusik, aus den Trommeln → *Puyador,* → *Repicador* und → *Caja* bestehend. 4. → *Tamborito*

Tambor-de-Crioulo (Tambô-de-Crioulo)
brasilianischer Kult religiöser Inspiration des Bundesstaates Maranhão; heute jedoch nur noch vereinzelt ausgeübt. Zum Rhythmus einer Variante des → *Samba* werden, begleitet durch die Instrumente → *Cabaça,* Triangel (Triângulo) und drei Trommeln, bestimmte afrobrasilianische Tänze traditionell-dramatischen Charakters aufgeführt.

Tambor de cuerda → *Tamborito*

Tambor-de-Mina
ein afrobrasilianischer Kult des Bundesstaates Maranhão; er wird durch Trommeln, Gesang und Tanz begleitet und ist dem → *Tambor-de-Crioulo* sehr ähnlich.

Tambor de Orden → *Tamborito*

Tambor llamador (Llamador)
vorwiegend in der afrokolumbianischen Musik benutzte Trommel, u. a. zur Begleiteung der Volkstänze → *Cumbia,* → *Porro* und → *Gaita (6)* dienend.

Tambor militar (Militärtrommel, span.)
in ganz Lateinamerika vor allem in Militärkapellen (Bandas militares) gespielte Zweifelltrommel, deren zylindrischer Körper aus Metall besteht.

Tambor-onça → *Cuíca*

Tambor Primário → *Atabaque*

Tambor Surdo → *Surdo*

Tambora
1. in der → *Tumba Francesa* bzw. in der panamaischen Volksmusik gespielte Trommel. 2. → *Tinya*

Tamborazo
in verschiedenen Regionen Mexikos (z. B. Zacatecas) typische Bezeichnung für Vokal- und Instrumentalgruppen von der Art einer → *Banda (2),* die sowohl Volks- als auch Populärmusik interpretieren. Eine bekannte Gruppe dieser Art ist der *Tamborazo Zacatecano*.

Tamborcanto (engl.: Drum song)
Allgemeinbezeichnung für die Musik der Indi-

aner bzw. der afroamerikanischen Bevölkerung in Lateinamerika; auf die Benutzung von Trommeln zur Rhythmuserzeugung bzw. die Begleitung durch Gesang (Canto) zurückgehend.

Tamborcillo
eine etwa 8 – 15 cm hohe Trommel mit 20 – 30 cm Ø; u. a. in der Volksmusik Nordchiles (Atacama-Gebiet) gespielt.

Tamboreo
vorwiegend in der Volksmusik Lateinamerikas weit verbreitet angewandte Spieltechnik der rhythmischen Begleitung durch das mit den Fingern ausgeführte Perkutieren des Resonanzbodens einer Harfe, Gitarre u. ä. durch den Harfenisten bzw. Gitarristen; typisch u. a. für die Interpretation der mexikanischen Volkstänze → *Chilena* und → *Huapango.*

Tamboreque → *Tamborete*

Tamborera
panamaischer Volkstanz; aus dem mexikanischen → *Huapango* entstanden; hauptsächlich durch Trommeln (Tambores) begleitet. Eine stark der → *Música tropical* angenäherte Tanzmusik-Variante wurde in der Region der kolumbianischen Atlantikküste populär.

Tamborero
der Spieler bzw. Solist auf der Trommel → *Tambor.*

Eine afrokubanische Instrumentalgruppe vom Typ der Tambores Batá (Photo: CIDMUC)

Tambores Batá
aus drei verschieden großen Trommeln (Tambores) bestehendes afrokubanisches Instrumental-Ensemble, das vor allem in religiös-rituellen Zeremonien der ethnischen Gruppen → *Yorubá* bzw. → *Lucumí* zum Einsatz gelangt.

Tambores de Oriente, Los -
kubanische Instrumentalgruppe; 1960 in Los Hoyos (Santiago de Cuba) durch den Musiker Enrique → *Bonné* mit insgesamt etwa 50 Musikern (Trommeln: 5 Congas, 1 Tambor catá, 3 Quintos; 21 Tambores Bocués, 5 Tumbadoras sowie 3 Güiros, 3 Glocken [Campanas], Maracas, Claves) gegründet; trat insbesondere bei Karnevalsfesten, aber auch in Theatern und in Fernsehprogrammen auf.

Tambores Yuka
aus drei mit den Händen perkutierten Einfelltrommeln bestehendes afrokubanisches Ensemble, aus → *Caja (2),* → *Mula* und → *Cachimbo (1)* formiert; während der Kolonialzeit von den → *Congos (1)* u. a. zur Begleitung des Tanzes → *Yuka* verwandt.

Tamborete
1. in der afroperuanischen Volksmusik der Region Lima früher häufig verwendetes Perkussionsinstrument; ein etwa 80 cm hoher vierbeiniger Tisch mit quadratischer Platte, der, mit den Händen perkutiert, z. B. zur Begleitung des Volkstanzes *Tamboreque* verwendet wurde. 2. Variante der Trommel → *Tumba (1)*

Tamboril (Tamborin, Tamborino)
sehr schmale, mit einem Schlägel perkutierte Zweifelltrommel; in der Volks- und Populärmusik Spaniens und einiger lateinamerikanischer Länder eingesetzt, vor allem zur rhythmischen Begleitung des → *Candombe* im La Plata-Gebiet.

Tamborim
in der Volks- und Populärmusik Portugals und Brasiliens verwendete kleine Einfelltrommel, die zwischen den linken Arm geklemmt und mit den Fingern der rechten Hand perkutiert wird; u. a. (in Brasilien) zur rhythmischen Begleitung des urbanen → *Samba* dienend.

Tamborín → *Tamboril*

Tamborito (Tambor, Tambor de Orden)
in einigen Ländern Zentralamerikas sowie in Kolumbien verbreitetes Tanzlied im 2/4-Takt; in Panamá zum Nationaltanz avanciert; als Rundtanz durch auseinander tanzende Paare aufgeführt; die dazu im Rhythmus der durch Trommeln (Tambores), Maracas und Akkordeon (in Panamá) erzeugten Begleitmusik in die Hände klatschen. Eine Variante, in der auch Saiteninstrumente gespielt werden, heißt *Tamborito de Cuerda.* Die Texte sind burlesk, zuweilen erotisch und werden durch die → *Cantaora alante* bzw. einen Chor gesungen. Der T. stellt eine Vermischung aus spanischen (kreolischen) und negroiden Komponenten dar und soll Ende des XVIII. Jh. entstanden sein; einer der bekanntesten Titel ist das aus der anonymen Musikfolklore Panamas stammende Stück »Tambor de alegría«.

Tamborón → *Coyom (1)*

Tambour meringuin
primitiver Musikbogen; in der haitianischen Volksmusik zur Begleitung von Tänzen wie des → *Meringue* benutzt.

Tambour travaille (Work drum)
in Haiti zur Begleitung von Arbeitsgesängen dienende Trommel.

Tambu
1. afrojamaikanischer Volkstanz. 2. zur Gruppe des → *Atabaque* gehörende brasilianische Trommel, auch Angona genannt 3. → *Jongo*

Tambú
mit den Händen perkutierte Trommel, die in der negroiden Volksmusik Surinams gespielt wird.

Tambu Libeté, Ensemble-
haitianisches Vokal- und Instrumentalensemble, das sich um 1960 unter den Bedingungen der Illegalität dem engagierten, sozialkritischen Protestlied (Chanson engagée) widmete und eine der ersten Gruppen ihrer Art in Haiti war.

Tambucho
aus einem Metallbehälter (meist ein Öl- oder Benzinfass) gefertigte Trommel; identisch mit dem → *Steel Drum;* früher durch bestimmte Formationen in Kuba (La Habana) gespielt; meist wurden Rumbas oder Guarachas damit interpretiert.

Tambulá
aus versch. Rhythmen bestehender Modetanz; in den frühen 60er Jahren des XX. Jh. durch den haitianischen Musiker und Arrangeur Joseph Augustin aus → *Vodú*-Komponenten geschaffen.

Tambún → *Tampú*

Tamburín
kleine spanische Handtrommel, die vielfach in

Eine kuriose Instrumentalgruppe aus dem Hafenviertel von La Habana um 1900: eine Batterie von aus Stahlfässern (Tambuchos) hergerichteten Trommeln spielt in einer Kneipe (Photo: Prensa Latina)

der Volksmusik des Baskenlandes eingesetzt wird, aber auch nach Lateinamerika kam und dort noch heute gespielt wird.

Tampiqueño, Quinteto -
mexikanisches Vokal- und Instrumentalquintett (später -sextett); 1926 in México-Stadt durch die Solisten José Agustín → *Ramírez* (Bandleader), Ernesto → *Cortázar,* Lorenzo → *Barcelata,* Alberto Caballero, Antonio García Planes und Andrés Cortés Castillo gegründet; die bis 1932 existierende Gruppe interpretierte vorwiegend Volks- und Populärmusik aus der Region von Tamaulipas.

Tampú (Tampún, Tampug, Tampur, Tambún, Tampora)
indianische Version bzw. Bezeichnung der in Peru gespielten Trommel → *Tambor.*

Tampur → *Tampú*

Tamunango
afrovenezolanische, aus einem mittelgroßen Holzfass bzw. Baumstamm hergestellte Einfelltrommel, etwa 50 cm hoch, mit einem Ø von 30 cm; in der Volksmusik der Küstenregion gespielt.

Tamunangue
Zyklus von verschiedenen Liedern und Tänzen dramatischen Charakters; speziell in den Regionen El Tocuyo und Curarigua des venezolanischen Bundesstaates Lara aufgeführt und dort eine bereits sehr alte folkloristische Manifestation darstellend, deren Ursprung bis heute nicht exakt ermittelt werden konnte; enthält sowohl altspanische als auch afrikanische Elemente; wichtige Begleitinstrumente sind → *Cinco,* → *Cuatro* sowie diverse Trommeln, speziell der → *Tamunango.*

Tánchez Ruiz, Cándido Efraín
* 2.2.1922 Guatemala-Stadt; guatemaltekischer Musiker (Marimba, Piano, Akkordeon), Arrangeur, Komponist und Bandleader; studierte am Nationalkonservatorium in Guatemala und gehört zu den bekanntesten Solisten auf dem guatemaltekischen Volksinstrument → *Marimba (1);* er gab zahlreiche Konzerte im In- und Ausland, produzierte Schallplattenaufnahmen und komponierte Stücke der Volks- und Populärmusik wie die Titel »Pájaro volador«, »Molinillo«, »Comalito« und »Venadito bailador«.

Tanda
vorwiegend in Kuba verwendete Bezeichnung für eine auf öffentlichen Veranstaltungen wirkende Musikgruppe, die sich der Pflege bestimmter Formen, wie z. B. der → *Guaracha* widmet; bekannt wurde u. a. die *Tanda de Guaracheros,* die 1909 in La Habana durch den Musiker Florencio Hernández »Carusito« gegründet wurde. Die Tradition der T. als soziokulturelle Institution reicht bis ins XIX. Jh. zurück.

Tango
1. ein ursprünglich im Bereich der Vorstadt-Musikfolklore des La Plata-Gebietes (Buenos Ai-

Tamunangue und andere Genres – hervorragende Feldaufnahmen, die der Folkloreforscher Luis T. Laffer 1957/58 in verschiedenen Landesteilen Venezuelas aufgenommen hat. LP »Tamunangue« – Laffer LTLS-1 (1959, 2. Ausgabe 1968)

res und Montevideo) angesiedelter Tanz im 2/4-Takt, mit eigener Choreographie, zum Teil mit Gesang. Die oft als Sammelbegriff für das gesamte Genre gebrauchte Bezeichnung »argentinischer Tango« (Tango argentino) ist sachlich nicht vertretbar, da der T. in seiner Entwicklung wesentliche Impulse auch aus dem urbanen Kulturkreis von Montevideo erhielt und dort die gleiche, bis heute andauernde Popularität erlangte wie im Gebiet von Buenos Aires. Zutreffender ist deshalb die Genrebezeichnung *Tango ríoplatense*. Die konkreten Umstände der Entstehung des T. r. sind noch nicht restlos erforscht, auch wenn einiges recht gut dokumentiert vorliegt; eine glaubwürdige Version verlegt seinen Ursprung in den Bereich des Vorortes Corrales Viejos von Buenos Aires, einst Viehhandelszentrum und gleichzeitig Wirkungsstätte lebhafter kultureller Interaktionen zwischen städtischer und ländlicher Bevölkerung mit starken Immigrationsschüben (insbesondere aus Italien). Der in diesem Milieu vor 1880 aus einer Vermischung von Elementen der → *Habanera,* die mit Sicherheit durch das für die Geschichte der Musik Lateinamerikas so bedeutende Wirken von L. M. → *Gottschalk* hier so schnell populär wurde, und Komponenten der Volksmusik des La Plata-Gebietes entstandene »archaische Tango« (Tango arcaíco) war in musikalischer Struktur und Instrumentierung (Gitarre, Harfe, Mandoline, Violine, Mundharmonika) noch weitgehend ländlich, der → *Milonga,* oft aber auch, wenn italienische Musiker mitwirkten, gewissen folkloristischen Tänzen (z. B. die Tarantella) Italiens ähnlich. Später kam es, begünstigt durch die fortschreitende Popularisierung des T. in den städtischen Zonen, zur Veränderung von Interpretationsstil und Instrumentarium; so kommt es zum Einsatz des heute wichtigsten Instrumentes dieses Genres, des Bandonions (→ *Bandoneón*) und später auch des Pianos; weiterhin wurden auch Flöten zur Begleitung benutzt; es entstanden einige Varianten wie der → *Tango Milonga* und der → *Canyengue.* Entwicklungsgeschichtlich werden zwei elementare, in sich weiter unterteilte Epochen unterschieden: 1. die ursprüngliche (»primitive«) Epoche, von etwa 1880 bis 1920 mit noch starker Prägung durch die ländliche Musikfolklore, im wesentlichen nur durch arme Be-

Diskussion über ein neues Repertoire in einer Tanda von La Habana

völkerungsschichten getragen, deren Musiker und Komponisten als zur sog. »Alten Garde« (Guardia Vieja) gehörig eingestuft werden. 2. die »moderne« Epoche, ab 1920, in verschiedene Zeitabschnitte (bis hin zum fast stillosen »avantgardistischen« Tango) unterteilt, deren signifikantestes Merkmal die Anpassung bzw. Popularisierung des T. als moderner Gesellschaftstanz der städtischen Bevölkerung bzw. dessen Aufgreifen durch alle Schichten der bürgerlichen Gesellschaft von Buenos Aires, Rosario und Montevideo ist. In der Folgezeit kommt es zu Synkretismen mit Elementen des Jazz, der Swing-Musik, später des Rock und sogar der sinfonischen Musik. Ab 1907 wird der Tango durch Musiker wie Angel Gregorio → *Villoldo,* Alfredo → *Gobbi* und v. a. in Europa, insbes. Frankreich, Deutschland und Spanien, sehr schnell populär, wobei Paris der Rang eines Zentrums seiner Verbreitung in Europa noch heute zukommt. In anderen lateinamerikanischen Ländern entstanden in einigen Fällen nationale Varianten wie → *Tango brasileiro,* → *Tanguino,* → *Tanguito* bzw. nationalen Musiziergewohnheiten angepasste Arrangements argentinischer bzw. uruguayischer Originaltitel (so z. B. in Kuba und Mexiko). In Argentinien und Uruguay wird das in der Frühzeit vorzugsweise in Bordells und Kneipen (Boliches) musizierende Trio oder Quartett nach 1920 durch Orchester (→ *Orquesta Típica*/Argentinien) weitgehend verdrängt; es erfolgt eine verstärkte Hinwendung zu gesungenen Titeln, von Sängern wie Carlos → *Gardel,* Agustín → *Magaldi,* Libertad → *Lamarque,* Rosita → *Quiroga,* Azucena → *Maizani,* Mercedes → *Simone,* Hugo del → *Carril,* Edmundo → *Rivero,* Floreal → *Ruiz,* Susana → *Rinaldi* und v. a. interpretiert. Bedeutende Musikerpersönlichkeiten des T. sind u. a. Eduardo → *Arolas,* Juan »Pacho« → *Maglio,* Genaro → *Espósito,* Osvaldo → *Pugliese,* Roberto → *Firpo,* Francisco → *Canaro,* Aníbal → *Troilo,* David → *Roccatagliata,* Osvaldo → *Fresedo* und Astor → *Piazzolla;* zu den bekanntesten Komponisten gehören Enrique Santos → *Discépolo,* Agustín → *Bardi,* Alfredo Gobbi, Eduardo Arolas, Roberto Firpo und Gerardo H. → *Matos Rodríguez,* letzterer Schöpfer des erfolgreichsten Tangos, »La → *Cumparsita*«. Die Texte vieler bekannter Tangos haben eindeutig sozialkritischen Charakter, z. T. sind sie mit Worten aus dem Slang → *Lunfardo* an-

Oben: Tango-Konzert in einem Salon von Buenos Aires, um 1900 / Unten: Unter dem Label »Nacional« des Schallplattenproduzenten Max Glücksmann erschienen in den 20er Jahren des XX. Jh. zahlreiche Tangos

gereichert. 2. Perkussionsinstrument der Indianer von Honduras.

Tango, Sexteto -
argentinisches Vokal- und Instrumentalsextett des neuzeitlichen→ *Tango;* im April 1968 in Buenos Aires u. a. mit den Bandoneón-Spielern Osvaldo Ruggiero und Víctor Lavallén gegründet; die Arrangements beziehen moderne Elemente ein; unter den Labels RCA Victor und CBS entstanden einige LPs, darunter die Titel »Taconeando« und »Malambeao«.

Tango andaluz
zum Komplex des spanischen → *Flamenco* gehörendes Tanzlied, dessen Musik nicht mit dem → *Tango (ríoplatense)* in Beziehung steht.

Tango brasileiro (Tanguinho)
in Brasilien verbreitete, bereits vor 1900 durch den Komponisten und Arrangeur Ernesto → *Nazareth* eingeführte nationale Variante des → *Tango.* Darüber hinaus wurden insbes. in den 20er und 30er Jahren des XX. Jh. portugiesischsprachige Versionen argentinischer und uruguayischer Tangos, u. a. durch Vicente → *Celestino* bevorzugt interpretiert, so bezeichnet.

Tango canción
generelle, nach 1920 entstandene Bezeichnung für den gesungenen → *Tango.*

Tango congo
eine zu Beginn der 20er Jahre des XX. Jh. in Kuba entstandene Liedform; Ergebnis einer Vermischung kreolischer und afrolateinamerikanischer Komponenten, darunter des → *Son cubano,* jedoch kaum mit Bezug zum eigentlichen → *Tango.*

Tango incaico
mit indianisch-mestizischen Komponenten angereicherter → *Tango* in Bolivien.

Tango Milonga
ursprünglich eine mehr ländliche Variante des → *Tango;* bereits vor 1900 entstanden und zu den Frühformen des eigentlichen Tango gehörend. Bereits 1889 stellte der Musiker Alberto Podestá den Titel »La Estrella« in Buenos Aires vor. Später wurden rhythmische Elemente des → *Candombe* mit dem normalen Tango vermischt und es entstand eine neue Form, die zumeist als Milonga bezeichnet wird und in der Populärmusik des La Plata-Gebietes weite Verbreitung fand und durch viele namhafte Orchester interpretiert wurde und wird.

Tango-romanza
romanzenhafter Tango, meist durch Gitarre begleitet und stets mit sentimentalen, teilweise auch rührseligen Texten verbunden.

Tanguinho → *Tango brasileiro*

Tanguino (Gualichada)
peruanische Version des → *Tango;* im 4/4-Takt konzipiert; heute kaum noch verbreitet; wurde meist durch Tanzorchester interpretiert.

Tanguista
häufig gebrauchte Bezeichnung für den Interpreten oder Schöpfer des → *Tango.*

Tanguito
venezolanische Variante des → *Tango;* kaum noch verbreitet; war Teil der Populärmusik.

Tani
bei den kolumbianischen Arhuaca-Indianern benutzte Variante des Schüttelidiophons → *Maracas.*

Tañedor (Ejecutante)
Spieler eines Musikinstruments.

Taño, Antonio »Tony«
* 20.4.1938 Caimito; kubanischer Musiker (Trompete), Arrangeur, Komponist und Bandleader; vielseitiger Arrangeur, leitete u. a. das Orchester des Musiktheaters von La Habana und Formationen, die namhafte Gesangssolisten bei ihren Schallplattenaufnahmen bei der Musikfirma Egrem begleiteten; schrieb zahlreiche

Stücke der Populärmusik wie »ABC de la vida« (Guaguancó) und »Salida de Rosa María« (Mambo) und produzierte mit den von ihm geleiteten Gruppen zahlreiche LPs (Label Areito).

Taoné, Grupo -
puertorikanische Vokal- und Instrumentalgruppe; 1971 in San Juan durch Andrés → *Jiménez* (Gesang, Gitarre, Bandleader), Hernie Miranda (Guitarre, Cuatro), Fernando Rivera (Kontrabass, Gitarre), Modesto Rosado (Akkordeon, Güiro), Flora Santiago (Gesang, Maracas, Güiro) und Ricky Seda (Conga, Bongó, Güiro) formiert. Die Gruppe interpretierte landestypische Musik, oft sind ihre Liedtexte sozialkritisch wie die Titel »Culebra y Vieques« und »Cuchifritos«.

Tapajós Gomes, Mauricio
* 27.12.1943 Rio de Janeiro; brasilianischer Sänger und Liedermacher; entstammt einer Künstlerfamilie (sein Vater Paulo → *Tapajós* war ein renommierter Sänger), schrieb und interpretierte vorwiegend Stücke der moderneren Populärmusik, darunter »Tô voltando« und »Carro de boi« (1965; erste erfolgreiche Komposition). T. produzierte außerdem mehrere LPs.

Tapajós Gomes, Paulinho (Jr.)
* 18.8.1945 Rio de Janeiro; brasilianischer Sänger, Musiker und Komponist; Sohn von Paulo → *Tapajós;* Bruder von Mauricio → *Tapajós;* gehörte ab 1967 der Bewegung »*Música Nossa*«, eine das Nationale in der Populärmusik verteidigende Bewegung, an und schrieb zahlreiche Stücke wie »Cantiga por Luciana«, »Amiga« (Bossa Nova; mit Roberto Menescal) und »Quinze anos« (Canção), die durch ihn oder auch andere Sänger interpretiert wurden.

Tapajós, Paulo
* 20.10.1913 Rio de Janeiro; brasilianischer Sänger, Musiker (Piano, Violão), Arrangeur, Komponist und Bandleader; kommt aus einer Familie langer künstlerischer Tradition; bildete 1927 zusammen mit seinen Brüdern Haraldo und Osvaldo das Vokaltrio *Irmãos Tapajós*, trat wenig später (1928) bei Rádio Sociedade in Rio de Janeiro als Gesangssolist auf und entwickelte sich zu einem vielgefragten Interpreten romantischer Lieder, weiterhin schrieb er zahlreiche Stücke der Formen Samba, Toada, Modinha und Canção, darunter der Titel »Morreu o Anacleto« (Samba, 1951; mit Dunga). Bemerkenswert ist – neben zahlreichen anderen Produktionen – eine 1956 bei »Sinter« herausgebrachte LP, auf der er Stücke des Komponisten Catulo da → *Paixão Cearense* wie »Luar do Sertão« interpretiert.

Tapia Alcázar, Silvia »Prisma« * 08.11.1948 México-Stadt; mexikanische Sängerin, Musikerin (Piano) und Liedermacherin der populären und ernsten Musik. T. studierte bei den bekannten Pianistinnen Carmela Castillo und Bertha Hubermann und später Komposition am National-Konservatorium (Conservatorio Nacional de Música). Während ihrer Studienzeit war sie Gründerin und Mitglied einiger aus Studenten bestehender Musikgruppen, später formierte sie die Gruppen *Conjunto Celanese* und *Trío Juventud*, außerdem war sie Solistin eines Chores. In der Folgezeit widmete sie sich der Komposition – sie schrieb u. a. die Titel »Con las alas rotas«, »De color de rosa (1986 – 1. Preis des Concurso Nacional OTI), »Descúbreme« und »Tierra y labrador«. Bei Peerless nahm sie einige LPs auf.

Tapinch → *Pijún*

Tapuiada
alter brasilianischer Volkstanz dramatischen Charakters, wurde früher im Norden des Bundesstaates Minas Gerais aufgeführt.

Taqlla (Arado, Idiophon)
peruanischer Trittgrabstock mit metallenem Spatenblatt, der in den Regionen Arequipa und Cusco als Musikinstrument u. a. zur Begleitung des → *Camel* rhythmisch perkutiert wird.

Taqteo
in der peruanischen Region von Abancay aufgeführter Volkstanz.

Taqui (Taki)
generelle Bezeichnung für »Tänze« im vorkolumbischen Peru; in der Quechua-Sprache sowohl »Tanz« als auch »Gesang« bedeutend; das Wort findet sich in Namen wie → *Taquirari* wieder.

Taquirari (Takirari)
mestizisches Tanzlied Boliviens, typisch für den Landesosten, aber auch in Nordargentinien (Jujuy und Orán) und vereinzelt in Nordchile verbreitet. Der im 2/4-Takt gehaltene T. besteht aus einer Einführung (Introducción) und drei Hauptteilen, deren letzter dem Schlussteil des → *Carnavalito* ähnelt. Der T. ist moderneren Ursprungs, die instrumentale Begleitung erfolgt durch regional typische Instrumente wie Konzertina, Akkordeon, Bombo u. a.

Tarantela (Tarantella)
hispanisierte Form eines alten italienischen Volkstanzes; der im Laufe des XVII. Jh. durch Einwanderer nach Lateinamerika (z. B. Argentinien und Uruguay) gelangte; war hier längere Zeit als Salontanz verbreitet; Elemente von ihm flossen z. B. in den archaischen → *Tango* ein.

Tarareo
besondere Art eines Silbengesangs (meist als »tara ra ra la...« intoniert), zur vokalen Begleitung bestimmter Teile der → *Rumba,* des → *Triunfo,* des → *Pala pala* und anderer Tanzlieder dienend.

Tarcada → *Tarkada*

Tariácuri, Trío -
mexikanisches Vokal- und Instrumentaltrio; 1933 in México-Stadt durch Juan Mendoza gegründet; interpretierte folkloristische Musik u. a. der Formen → *Ranchera,* → *Huapango* und → *Zandunga.* Titel wie »La Malagueña«, »La llorona« und »Plegaria guadalupana« erschienen auf Schallplatten der Labels Columbia und Musart.

Tarka (Tarca, Tarqa, Charka, Tarkha, Anata)
aus Holz gefertigte 50 – 60 cm lange indianische Flöte; im Klang der → *Anata* ähnelnd, im Unterschied zu letzterer jedoch zylindrischer Form; in der Volksmusik Perus (Puno), Nordchiles und Boliviens gespielt.

Tarkada (Tarcada)
regionaler Name für eine oft spontan gebildete Gruppe indianischer u./o. mestizischer Volksmusiker in Bolivien bzw. Nordchile, deren Instrumentarium im wesentlichen aus → *Tarka,* → *Caja* und → *Bombo* besteht. Die T. interpretiert vorwiegend zur Karnevalszeit Tänze wie → *Huayno,* → *Trote* und → *Carnaval (2).*

Tarkeada (Tarqueada)
innerhalb des Ambientes der Musikgruppen verwandte Bezeichnung für einen überwiegend oder auch teilweise durch die Flöte → *Tarka* interpretierten (indianisch-mestizischen) Volkstanz.

Taró (Tarol)
in der folkloristischen und populären Musik der brasilianischen Bundesstaaten Paraíba, Pernambuco und Alagoas benutzte Trommel des Typs → *Caja (Caixa).*

Tarola
in der peruanischen Volks- und Populärmusik eingesetzte Zweifelltrommel vom Typ → *Cajita.*

Tarpuy, Los -
peruanischer Volkstanz der Regionen Apurímac und Arequipa. (→ *Negrillo*)

Tarqa → *Tarka*

Tatú
regionale Variante des brasilianischen → *Fandango (4);* erstmals 1822 erwähnt; heute noch

zuweilen als Volkstanz im Bundesstaat Rio Grande do Sul aufgeführt.

Tau-tin
Variante der mestizischen Harfe (→ *Arpa indígena*).

Tautinko
in der peruanischen Volksmusik (Regionen Apurímac, Ayacucho und Huanuco) eingesetzte Variante des Musikbogens → *Birimbao (2).*

Tavares, Hekel
* 16.9.1896 Satuba (Alagoas), † 8.8.1969 Rio de Janeiro; brasilianischer Musiker, Komponist und Folkloreforscher; Autodidakt auf dem Gebiet der Komposition; übersiedelte 1921 nach Rio de Janeiro, wo er zahlreiche Stücke der Formen → *Samba,* → *Moda* und → *Choro* komponierte, die vom Stil her insgesamt als neo-romantisch definiert werden, darunter die Titel »Engenho novo« (Côco), »Favela« (Samba; mit J. Camargo), »Dança cabocla« und »Benedito Pretinho« (Moda caipira; mit Olegario Mariano komponiert).

Tayacán, Grupo -
kostarikanisches Vokal- und Instrumentalquintett; 1974 in San José durch musikbegeisterte Amateure gegründet; pflegte ländliche Volksmusik und trat in der → *Peña* »Casona del Higuerón« in San José auf.

Tchatcha (Tcha-tcha)
1. → *Chachá.* 2. Bezeichnung für die Vorderseite der Trommeln (Tambores) → *Batá.*

Teatro Campesino (Bauerntheater, span.)
US-amerikanisches Vokal-, Instrumental-, Tanz- und Theaterensemble, als Teil des Ländlichen Kulturzentrums (Centro Campesino Cultural) unter der Schirmherrschaft des Gewerkschaftsverbandes AFL-CIO zur Wahrung und Verbreitung der Kultur der spanischsprachigen Bevölkerung (→ *Chicanos*) des Südwestens der USA in San Juan Bautista (Kalifornien) gegründet; im Programm steht die Interpretation von traditionellen und z. T. sozialkritischen Liedern im → *Tex-Mex Style,* deren Texte sich vor allem mit den Problemen der Chicanos auseinandersetzen; bei Menyah erschienen mehrere Schallplattenaufnahmen wie »Niños campesinos« und »Corrido de la unidad«.

Teatro Musical (Musiktheater, span.)
in größeren Orten Lateinamerikas, insbesondere den Hauptstädten existierende Schaubühnen, in denen neben reinen Theatervorstellungen auch größere Veranstaltungen mit Künstlern der Volks- und Populärmusik stattfinden; bekannte Einrichtungen dieser Art sind u. a. *Teatro Politeama* (México-Stadt), *Teatro Carlos Marx* (La Habana), *Teatro Caupolicán* (Santiago de Chile) und *Teatro Nacional* (Buenos Aires).

Tecla (Teclado)
Taste eines Klaviers, Akkordeons usw.; die komplette Tastatur wird als *Teclado* bezeichnet.

Teclado → *Tecla*

Tecomapiloa
aztekische Holztrommel vom Typ des → *Teponaztli,* die bei Opferungszeremonien für die Göttin Xilónen im vorspanischen Mexiko benutzt wurde.

Tecciztli
indianische Muscheltrompete, die im präkolumbischen Mexiko eingesetzt wurde.

Tecún Umán, Conjunto -
guatemaltekische Folkloregruppe; durch den Musiker und Arrangeur Arturo Méndez Cifuentes in San Marcos gegründet. Mit den Instrumenten → *Marimba (1),* → *Chirimía,* → *Tun (1)* und Tambor wurde indianisch-mestizische Volksmusik der Region interpretiert, wobei Titel der Form → *Son chapín* wie »Nochecitas checanas« und »Ixtagil« überwiegen. Unter dem Label Dideca entstanden einige LPs.

Tede
aus dem Schädel eines Gürteltieres bzw. aus Vogelknochen hergestellte peruanische Flöte.

Teen Agers, Los -
kolumbianisches Vokal- und Instrumentalsextett der modernen Tanzmusik; 1960 in Medellín durch den Musiker Juan José Vélez gegründet; ging 1968 in der Gruppe *Los Ocho de Colombia* auf; verknüpfte die → *Música tropical* mit den internationalen Rhythmen Twist und Beat; bei Zeida entstanden zahlreiche LPs, darunter die Titel »Hagan cola« und »Gallinita twist«.

Teirú
mittelgroße Querflöte der Pareci-Indianer des brasilianischen Amazonasgebietes.

Teisseire, Luis »León Rojo«
* 28.10.1883 Buenos Aires, † 3.3.1960 das.; argentinischer Musiker (Flöte), Komponist und Textdichter; Vertreter des → *Tango* der »Alten Garde«; musizierte um 1900 zusammen mit Luis Vásquez und Ernesto Ponzio (beide Violine) in einem Trio, das im Café »Hansen« von Buenos Aires auftrat, und komponierte Tangos wie »La Nación« und »Mano mora«; ab 1913 gehörte er dem *Quinteto Berto* und weiteren Formationen an. Von Bedeutung sind auch seine vorwiegend in den 20er Jahren geschriebenen Tango-Texte, denen eine hohe poetische Aussagekraft zugrundeliegt; T. gehört ferner zu den Initiatoren des Argentinischen Komponistenverbandes.

Teixeira, Humberto
(eigtl. Humberto Cavalcanti Teixeira)
* 5.1.1916 Iguatu (Ceará); brasilianischer Musiker (Bandolim) und Komponist; bekannter Vertreter der → *Música sertaneja* des Nordostens Brasiliens, hat in enger Zusammenarbeit mit Luíz → *Gonzaga* eine große Zahl von Titeln der Formen → *Baião,* → *Xote* und → *Samba* geschaffen, die größtenteils zuerst durch Gonzaga interpretiert wurden (insgesamt 400 Titel), darunter in Brasilien so populäre Stücke wie »Asa Branca« (Baião, 1947), »Baião de dois« (1950), »No meu Pé da Serra« (Xote, 1947), »Assum Preto« (Baião, 1950), »Kalú« (Baião, 1952) und »Mangaratiba« (Xote, 1949).

Teixeirinha (eigtl. Victor Mateus Teixeira)
* 3.3.1926 Taquará (Rio Grande do Sul); brasilianischer Sänger, Musiker (Violão) und Liedermacher; bekannter Vertreter der Gaucho-Musik Südbrasiliens; Sohn eines Fuhrmannes (Carreteiro), T. begann seine Karriere als Sänger in einem Zirkus, trat später in einer lokalen Rundfunkstation auf und wirkte danach in Pôrto Alegre, wo er 1959 bei Chantecler erste Schallplatten produzierte; erster Erfolg war »Coração de luto« (1961, Toada); zusammen mit seiner Frau Mary Teresinha (Akkordeon) veröffentlichte er bei Chantecler und Copacabana mehr als 40 LPs, darunter die Titel »Cabra sucurí«, »Xote de soledade« und »É tempo de casar«.

Tejada Gómez, Armando
* 1929 Mendoza, † 3.11.1992 Buenos Aires; argentinischer Sänger, Liedermacher und Folklorist; Mitbegründer (1963) der Bewegung des Neuen Argentinischen Liedes (Nuevo Cancionero Argentino). T. schrieb neben Werken wie »El cóndor vuelve« (1973) viele Protestsongs, darunter »Manifiesto del horizonte««, »Zamba

Teixeirinha e seu Conjunto – LP »Os grandes sucessos de Teixeirinha« – Alvorada CALP-8013 (1972)

del Riego«, »Pedro Chacarero« und »Canción con todos« (mit César Isella).

Telele
mexikanisches Tanzlied; seit 1833, dem Jahr der ersten Cholera-Epidemie in Mexiko, aufgeführt, tänzerisch Bewegungen und Grimassen der Kranken simulierend; es wurde später als würdelos verboten.

Tello, Rafael J.
* 5.9.1872 México-Stadt, † 17.12.1946 das.; mexikanischer Musiker (Piano) und Komponist ernster und populärer Musik; Schüler des Pianisten Ricardo Castro. T. gründete 1917 das *Conservatorio Libre* in México-Stadt; schrieb Opern, sinfonische Werke und Lieder sowie Klavierstücke, darunter »Madrigal« (1908) und »Minué y Carillón« (1935).

Tema (Thema)
Motiv bzw. Thema einer Komposition bzw. Interpretation; auch die deutschsprachige Bezeichnung *Leitmotiv* fand als Lehnwort Eingang in die Musikliteratur Lateinamerikas.

Temblor (Zittern, span.)
spieltechnischer Effekt auf der Gitarre oder ähnlichen Instrumenten; der die Saite auf dem Griffbrett andrückende Finger wird in Vibration versetzt.

Temne
zum Komplex der → *Big Drum Dances* gehörender afrokaribischer Volkstanz, u. a. auf Grenada verbreitet.

Templar (stimmen, span.)
das Stimmen eines Musikinstruments.

Templar por el tres
spezielle Stimmung der Gitarre, früher durch den → *Payador* Argentiniens angewandt; in einer Erhöhung der normalen Stimmung der 3., 4. und 6. Saite bestehend.

Tempo
den Schnelligkeitsgrad eines Musikstücks bestimmendes Zeitmaß.

Temucano, El - → *Fernández, Tito*

Ténabari
primitive indianische Rassel der Yaqui-Indianer Mexikos; aus Schmetterlingskokons gefertigt.

Tenda
generell eine brasilianische Folkloregruppe, Vereinigung von Musikern bzw. Folklorezentrum von der Art der → *Tanda;* teilweise auch für die Ausrichtungsstätte der → *Macumba*-Sessionen benutzter Begriff, so existiert z. B. in Belo Horizonte die *Tenda Virgem Maria.*

Tengeru
Volkstanz der Region des River Pomeroon (Guyana; früher Britisch-Guayana).

Tenor
1. hohe männliche Stimmlage, in Lateinamerika weitverbreitet; auch Bezeichnung für den Träger dieser Stimme. 2. in Anlehung an die Stimmlage differenzierte Bez. für Musikinstrumente wie Tenor-Saxophon oder Tenor-Trommel (Tambor tenor).

Tenora
Name der melodieführenden → *Chirimía* in einer Musikgruppe.

Tentem (Tintim)
aus Samenkernen oder Vogelschnäbeln hergestelltes idiophones Musikinstrument, in der Volksmusik der Aguaruna-Indianer Perus eingesetzt.

Teoria (Theorie)
in Brasilien zuweilen zur Charakterisierung des persönlichen Stils eines Sängers, Musikers bzw. Tänzers verwendeter Begriff. »Cantar teoria« bedeutet für den Volkssänger (→ *Cantador*), die Geschichte Brasiliens, aber auch Glaubensvorstellungen u. a. singend zu diskutieren.

Tepanagaste (Tepanaguaste)
dem → *Teponaztli* ähnliche Holztrommel; in der Volksmusik Zentralamerikas benutzt.

Teponaztli (Teponaztle, Teponaxtle)
bekannteste xylophonische Trommel der Azteken aus präkolumbischer Zeit; zur Begleitung von Kulthandlungen und Musikfesten sowie als Signalinstrument benutzt; aus einem 60 – 90 cm langen ausgehöhlten Baumstamm mit einem Ø von 12 – 25 cm bestehend, dessen obere, einem »H« ähnelnde Öffnung mit zwei an den Enden mit Wachstuch überzogenen Schlägeln, *Olmaitl* genannt, perkutiert wurde. Der Klang des T. ist durchdringend und weithin hörbar. (→ *Manguaré,* → *Tum,* → *Tepanagaste*)

Terecaya → *Yakumana*

Término
ein balladenhaftes Volkslied Südargentiniens.

Terno → *Rancho*

Terno de Reis
religiös inspiriertes Volksfest, das in verschiednen Bundesstaaten Brasiliens (z. B. Bahia) zwischen dem 25.12. und 6.1. mit Musik, Gesang und dramatischen Tänzen gefeiert wird. Die vorwiegend durch die Jesuiten (→ *Jesuítas*) verbreitete Tradition ist stark rückläufig.

Terno de Zabumba (T. de Música)
regionale Bezeichnung für eine Volksmusikgruppe des brasilianischen Nordostens, die in Alagoas auch → *Esquenta Mulher,* in Paraíba → *Cabaçal* und in Ceará *Banda de Ouro* genannt wird und mit den Instrumenten → *Pífano,* → *Caixa* und → *Zabumba* musiziert.

Terreiro (Tenda)
Regionalbezeichnung für die Sessionen der → *Macumba* im Gebiet von Rio de Janeiro bzw. der Gesamtheit der zu diesen Veranstaltungen auftretenden Musikgruppen; die Austragungsstätte dieses Kultes heißt *Casa de Terreiro* oder *Barracão.*

Tertulia (Abendunterhaltung, Club; span.)
Zusammenkunft, um gemeinsam zu singen und zu musizieren; in Nikaragua und weiteren Ländern eine im engeren Kreis abgehaltene Tanzveranstaltung.

Tessa Vergara, Andrea Victoria
* 1.1.1961 Santiago de Chile; chilenische Nachwuchssängerin und -gitarristin; debütierte 1979 auf dem Festival von → *Viña del Mar* mit Liedern der Populärmusik Chiles.

Tetl (→ *Piedras*)
die »singenden Steine« der Mayas; Steine, die zur Erzeugung einer besseren Resonanz in der Mitte perforiert wurden.

Tetzilacatl
als Musikinstrument dienender Metallgong aus der vorspanischen Epoche Mexikos; von dem Historiker Fernando de Alba Ixtlilxóchitl (1570 – 1649) erstmals erwähnt.

Tex-Mex Style (Estilo Tex-Mex)
der »texanisch-mexikanische Stil«; im kulturellen Umfeld der zwischen 1836 und 1845 vollzogenen Abtrennung weiter Teile des Territoriums von Mexiko (Nueva España, heute USA – Bundesstaaten Texas, California und New Mexico) entstandene Stilrichtung der Volksmusik. Die bis dahin überwiegend kreolisch-mestizisch dominierte Musik wurde in den nunmehr zu den USA gehörenden Gebieten zwar durch fremde Elemente (z. B. die englische Sprache) beeinflusst, übte jedoch auf die in der Folgezeit entstandene → *Música chicana* einen wesentlichen Einfluss aus. Instrumentierung und Interpretationsstil weichen zum Teil nur geringfügig von der → *Música norteña* Mexikos ab; typisch jedoch ist das oft praktizierte Singen zweisprachiger Texte innerhalb eines Liedes; auch die Übernahme stilistischer Elemente der *Country & Western Music* ist erkennbar. Gegenwärtig ist eine Rückbesinnung auf aus der Kolonialzeit stammende Lieder und Tänze zu beobachten.

Thumb Piano
auf den Westindischen Inseln gespielte primitive → *Marimba (1).*

Thunderstick (Donnerscheit, Schwirrholz, engl.)
ein flaches Stück Holz, das, an einer Schnur durch die Luft geschwungen, ein stark surrendes Geräusch erzeugt; u. a. in der ländlichen Volksmusik Jamaikas eingesetzt.

Ticão
eine regionale Variante des brasilianischen → *Fandango (4).*

Ticos, Trío Los -
kostarikanisches Vokal- und Instrumentaltrio, um 1958 in San José durch Mario → *Chacón* (Direktor, 2. Stimme), Ronald Alfaro (Gitarre, 1. Stimme) und Pablo Peñaranda (Requinto) gegründet; interpretierte zunächst rein folkloristische Musik wie die Titel »El Torito« und »Punto guanacasteco« und produzierte bei Arpa (Mexiko) und Indica (Costa Rica) zahlreiche Schallplattenaufnahmen. Später kamen Tony Campos (Marimba), Eduardo Valenciano (Kontrabass), Miguel A. Barquero (Trompete), Ceferino Monge (Saxophon), Hernán Castro (Schlagzeug) u. a. hinzu und das Trio wurde zu einer Gruppe der Populärmusik vergrößert (*Conjunto Los Ticos*), die dann auch Tanzmusik anderer lateinamerikanischer Länder interpretierte.

Ticumbi → *Cucumbi*

Tiempo, Quinteto -
argentinisches Vokal- und Instrumentalquintett; nach 1970 in Buenos Aires durch Rodolfo Larumbe, Santiago Suárez, Ariel Gravano, Eduardo Molina und Alejandro Jauregui im Rahmen der Bewegung des Neuen Argentinischen Liedes gegründet; experimentierte mit der Vermischung bodenständig-traditioneller Musik mit Komponenten der neuen internationalen Tanzmusik. Bei EMI erschienen einige LPs, darunter der Titel »Triunfo agrario«.

Tiempo Nuevo, Conjunto -
peruanische Vokal- und Instrumentalgruppe innerhalb der Bewegung des Neuen Peruanischen

Die Gruppe Tiemponuevo bei einem Auftritt in Berlin (nach 1980); mit der Gitarre: Roberto Rivera Noriega (Direktor)

Liedes 1974 in Lima durch die »Werkstatt des Populären Liedes« (Taller de la Canción Popular) von Celso Garrido Lecca gegründet; pflegte traditionelle Volkstänze verschiedener Regionen Perus und produzierte 3 LPs und 2 Singles, darunter der Titel »Festejo por Africa«.

Tiemponuevo, Grupo -
chilenische Vokal- und Instrumentalgruppe; 1964 in Valparaíso aus der Formation *Los Guitarreros* hervorgegangen; vereinte die Studenten Sergio und Raúl Sánchez, Roberto Rivera Noriega und Gonzalo »Payo« → *Grondona*, zur Bewegung des Neuen Chilenischen Liedes gehörend und in Chile sehr populär gewesen. Nach 1973 wirkte T. im Exil (in Karl-Marx-Stadt [Chemnitz]; ab 1975 in Berlin) und trat hier zuerst als Trio (Sergio Sánchez, Roberto Rivera, Gonzalo Grondona), danach unter der Leitung von R. Rivera mit häufigem Wechsel in der Besetzung auf. T. nahm als erste Gruppe des Protestliedes 1970 am Festival in → *Viña del Mar* sowie an weiteren Ausscheiden (Festival des Politischen Liedes, Berlin u. a.) teil. Unter versch. Labels (Dicap, Nueva Idea, Joker und Vrije Muziek) entstanden LPs, darunter die Titel »No nos moverán«, »Enemigos de la patria« und »Vals de la revolución«.

Tigre, Baile del - (Tanz des Jaguars)
zu den dramatischen Volkstänzen indianischer Völkerschaften Lateinamerikas gehörendes Tanzspiel, dessen zentrale Figur ein als Raubtier (der hier als »Tiger« bezeichnete Jaguar) verkleideter Tänzer ist; zu den zahlreichen regionalen Versionen gehört in Mexiko z. B. der Zyklus »El Bolonchón«.

Tiguarandó
kolumbianisches Tanzlied der Pazifikregion; Variante des → *Currulao,* durch die Instrumente → *Marimba (1),* → *Cununu* und → *Sonajas* begleitet..

Tijera (Schere, span.)
1. als idiophones Musikinstrument eingesetzte normale Schere, die, in ihre Schenkel zerlegt, von den Teilnehmern im gleichnamigen Volkstanz rhythmisch, möglichst synchron perkutiert wird. 2. peruanischer Volkstanz der Regionen Apurímac, Arequipa, Ayacucho, Huancavelica und Icá; auch *Danzaq* genannt; durch die Instrumente Violine, Harfe und Tijera (1) begleitet.

Tijuana Brass Band
US-amerikanische Instrumentalgruppe moderner Tanzmusik; nach 1960 durch den Musiker und Arrangeur Herb → *Alpert* gegründet, unter dessen Leitung die Gruppe einen neuen, *Tijuana Sound* genannten Interpretationsstil einführte, wobei Elemente des nordamerikanischen Swing mit mexikanischen Komponenten bereichert worden sind.

Timbal (Pauke, span.)
insbesondere in der Volks- und Populärmusik des karibischen Raumes eingesetztes Perkussionsinstrument aus zwei gleichgroßen Einfelltrommeln, die, auf einem dreifüßigen Gestell positioniert, von einem Musiker (Timbalero) gespielt werden. Eine Variante ist der *Timbal criollo,* ein wichtiges Instrument der → *Orquesta Típica* Kubas. Einer der bedeutendsten Timbal-Spieler Lateinamerikas ist Tito → *Puente.*

Trío Los Ticos –
LP »Típicasconlosticos« – Indica LP-102 (1964)

Timbirimba
1. → *Birimbao (2)*. 2. → *Marimba* (in Ekuador).

Timoun → *Convite*

Tingotalango (Tumbadera)
monochordisches Volksmusikinstrument, der afrikanischen Kultur entstammend; eine zwischen einen Baumast und eine am Boden befindliche Metallplatte straff gespannte Saite aus Draht wird mit einem Holzscheit perkutiert; früher häufig zur Begleitung des → *Son cubano* in den Regionen Santiago de Cuba (El Caney) und Guantánamo gespielt; heute nur noch selten benutzt.

Tinguia
regionale Variante der indianischen Trommel → *Tinya.*

Tintaya → *Tinya*

Tinti caja
in der Volks- und Populärmusik Perus gespielte indianische Zweifelltrommel; aus der → *Caja* entstanden.

Tintineo
lautmalerische Bezeichnung für das beim rhythmischen Zusammenschlagen bestimmter schüttel-idiophoner Instrumente wie → *Sonajas* entstehende typische Geräusch.

Tinya (Tamborcito del Indio, Tinguia, Tinyacha, Wancartinya, Tambora)
flache Zweifelltrommel; aus einem ausgehöhlten Baumstumpf hergestellt, dessen Enden mit Ziegen-, Schafs-, Esels- oder Straußenhaut bespannt sind; in der indianischen und mestizischen Volks- und Populärmusik Boliviens, Perus, Mexikos und weiterer Länder unter jeweils unterschiedlichen Namen benutzt; der Spieler heißt ebenfalls T.

Tinya acuatica
peruanische Wassertrommel; eine in einem Trog schwimmende Kalebasse, die wie eine normale Trommel perkutiert wird.

Tinyacha → *Tinya*

Tipiti (Dança do Tipiti, Indios Tarianos, Indios Aimores)
brasilianischer Volkstanz des Bundesstaates Amazonas, der stets durch Gesang begleitet wird.

Típica, La -
häufig verwendete Kurzbezeichnung für das Typische Orchester (→ *Orquesta Típica*).

Típica, Música - → *Música típica*

Típica, Orquesta - → *Orquesta Típica*

Die kleine indianische Trommel Tinya, rechts davon eine Tromel Caja, unten eine Kollektion von Indioflöten (Rayán, 2 Roncadoras, 2 Flautas, 2 Huanquillas, 2 Chiskas shaqsha, 2 Chiskas comunes) und – quer liegend – ein Clarin (Naturtrompete)
(Photo: Elisabeth den Otter, Caraz, Peru, 1977)

Tipiko
Kurzbezeichnung für eine mit chordophonen und membranophonen Instrumenten bestückte ländliche Volksmusikgruppe der Inseln Aruba, Bonaire und Curaçao (Niederländische Antillen).

Tiple
1. kleine Diskantgitarre mit 5 Saiten, doppelchörig; in einigen Ländern Lateinamerikas vor allem in der Volksmusik eingesetzt; der Solist heißt *Tiplero* oder *Tiplista*. Seine größte Bedeutung hat der T. in der folkloristischen Musik Kolumbiens, wo er u. a. zur Begleitung der Tänze → *Bambuco,* → *Pasillo,* → *Torbellino* und → *Guabina* dient; bekannte Solisten sind Carlos → *Escamilla* und »Pacho« → *Benavides.* 2. häufig verwendete Bezeichnung für die Sängerin in der Stimmlage Sopran.

Tirador
1. heute nur noch selten gebrauchte Bezeichnung für den Wandersänger von der Art des → *Payador.* 2. der Sänger, der die zur katholischen Liturgie gehörenden, oft volkstümlich gewordenen Gesänge bei religiösen Feierlichkeiten im familiären Kreis eröffnet; vorwiegend in Südbrasilien verbreitet. 3. → *Puxador*

Tirala
peruanischer Volkstanz der Region Tambobamba (Apurímac).

Tirana
1. populäres Tanzlied im 6/8-Takt, im XVIII. und XIX. Jh. in Spanien ebenso wie danach in Lateinamerika weit verbreitet. 2. brasilianisches Tanzlied, aus dem spanischen → *Fandango (1)* hervorgegangen, das ab 1790 in ganz Brasilien verbreitet war und im Laufe der Zeit modifiziert wurde (→ *Tiraninha*). 3. religiös inspiriertes mestizisches Volksfest in Nordchile und Teilen von Peru und Bolivien, in dem sich viele Elemente sowohl der spanischen (kreolischen) als auch der indianischen Kultur vermischt haben. Verschiedene Gruppen (Sociedades), die zu Ehren der Heiligen Jungfrau (Santa Virgen) singen, musizieren und tanzen, konkurrieren miteinander mit dem Ziel, den besten Musiker bzw. Tänzer zu ermitteln. Alle Teilnehmer kleiden sich in bunte, phantasievolle Kostüme, die teilweise mit Teufelsmasken o. ä. versehen sind. Die Musik der aus drei Teilen bestehenden Manifestation (Ankunft [Llegada], Anbetung [Adoración] und Abschied [Despedida]) wird durch Trommeln (Tambores, Bombos), Flöten, Akkordeon und weitere, teilweise moderne Instrumente erzeugt; dazu wird gesungen. Die Teilnehmer heißen *Promeseros*; sie werden durch einen *Caporal* genannten Direktor geleitet, wobei jede einzelne Gruppe einen eigenen Namen trägt, wie z. B. »Los Cuyacas« oder »Los Diablos«.

Tirana-grande
regionale Variante des brasilianischen → *Fandango (4).*

Tiraninha
in südlichen Landesteilen verbreitete Version des → *Fandango (4);* Variante der → *Tirana (2);* stets durch Gesang begleitet.

Tirante → *Son Montuno*

Tirao, Cacho (eigtl. Oscar Emilio Tirao)
* 5.4.1941 Berazatégui (Prov. Buenos Aires); argentinischer Gitarrist, Arrangeur und Komponist der populären und ernsten Musik; wurde zuerst durch seinen Vater und später in einem bis 1957 währenden Studium ausgebildet. Der im klassischen Stil musizierende Solist nahm spanische Gitarrenmusik in sein Repertoire auf und wirkte in einigen Gruppen wie im Tango-Quintett von Astor → *Piazzolla;* nach 1970 trat er als Solist auf, beteiligte sich an Ausscheiden wie dem 2. Internat. Gitarrenfestival (La Habana, 1984) und produzierte 15 LPs (vorwiegend CBS), wobei er mit 2 »Silbernen Platten« geehrt wurde; er schrieb »Hola Sebastián« (Samba) und weitere Gitarrenstücke.

Tira-tira
ein um 1959 durch den kubanischen Musiker Al-

berto Cruz »Pancho el Bravo« geschaffener Modetanz, der überwiegend auf Komponenten des → *Son cubano* aufbaut.

Tirisuya → *Chirimoya*

Tirolito
eine der zahlreichen Varianten des brasilianischen → *Fandango (4),* ist stets durch Gesang begleitet.

Tizol, Juan
* 22.1.1900 San Juan, † (?); puertorikanischer Musiker (Posaune) und Komponist; wirkte in diversen Musikgruppen in San Juan, übersiedelte 1920 in die USA, wo er sich dem Jazz (u. a. bei Duke Ellington) zuwandte; komponierte einige interessante Stücke wie »Caravan« (1936, mit D. Ellington), »Perdido« (1942; von D. Pérez Prado als Mambo gespielt), »Conga brava« (1940) und »Moonlight fiesta (1935).

Tjader, Cal (eigtl. Callen Redcliffe Jr.)
* 16.7.1925 St. Louis (New Orleans); afroamerikanischer Musiker (Piano, Bongó, Vibraphon) und Komponist; einer der Pioniere des → *Jazz latinoamericano;* spielte zunächst (bei Dave Brubeck) reinen Jazz und gründete 1954 eine lateinamerikanische Combo, mit der er u. a. in San Francisco auftrat und lateinam., zum Jazz tendierende Musik spielte und zahlreiche Schallplattenaufnahmen produzierte.

Tlacololeros, Danza de los-
alter dramatischer Volkstanz des mexikanischen Bundesstaates Guerrero, auf aztekische Traditionen zurückgehend; von einem gleichzeitig Flöte und eine kleine Trommel spielenden Musiker begleitet; die Musik ist im Rhythmus eines → *Son (2)* gehalten.

Tlalpanhuéhuetl
längliche Ausführung der altmexikanischen Trommel → *Huéhuetl,* die bei Kriegszügen geschlagen wurde.

Tlapitzalli (Tlapitzali)
aus vorspanischer Zeit überkommene, aus gebranntem Ton hergestellte primitive mexikanische → *Ocarina.*

Toada (Soada)
brasilianisches Äquivalent der → *Tonada;* meist Lieder romantisch-sentimentalen Charakters, vorwiegend durch die → *Viola* begleitet und in ganz Brasilien, vor allem im Nordosten populär; zu den bekanntesten Titeln gehören »Boi Barroso« und »Mulher rendeira«.

Tocadiscos (port.: Toca-discos)
Bezeichnung für ein Schallplattenabspielgerät.

Tocador (Ejecutante)
die ein bestimmtes Musikinstrument, vorwiegend eine Trommel spielende Person; abgeleitet vom Verb »tocar« (= schlagen, → *Toque*).

Tocata
1. Allgemeinbezeichnung für einen Marsch, bei dem mit Instrumenten wie Trommeln, Trompeten und Posaunen Prozessionen zu Ehren lokaler Heiliger (Schutzpatrone) musikalisch begleitet werden. 2. ein für Tasteninstrumente (vornehmlich Orgel) konzipiertes Musikwerk.

Tocatín
regionale Bezeichnung bzw. Variante des mexikanischen → *Fandango (2);* u. a. in Puebla verbreitet.

Tolêdo, Maria Helena de -
* 30.6.1937 Belo Horizonte (Minas Gerais); brasilianische Sängerin und Liedermacherin; sang seit ihrer Kindheit; trat längere Zeit zusammen mit ihrer Schwester Rosana T. bei Rádio Guarani mit folkloristischer und populärer Musik auf; später übersiedelte sie nach Rio de Janeiro, wo sie sich der Interpretation der → *Bossa Nova* und des brasilianischen Jazz zuwandte, zusammen mit Baden → *Powell,* Luíz → *Bonfá* (ihr Ehemann) u. a. auftrat und zahlreiche Schallplattenaufnahmen wie »Amada canta« (Canção, 1967, mit L. Bonfá) und »Amor

de solidão« (Bossa Nova, mit L. Bonfá) produzierte.

Tolentino Hernández, Arturo
* 1888 Coahuila, † 3.2.1952 Chihuahua; mexikanischer Musiker (Piano) und Komponist; Autodidakt. T. schuf zahlreiche Stücke der Populärmusik – Walzer, Mazurkas, Corridos, Pasodobles, von denen der heute noch oft gespielte Walzer »Ojos de juventud« (1923; Text: Antonio Guzmán A.) das bekannteste ist. T. gründete ferner die Akademie für Künste und Literatur von Chihuahua und erteilte an letzterem Ort Musikunterricht.

Tolero
1. in der Pazifikregion Kolumbiens verbreitete → *Tonada.* 2. Name einer primitiven Rohrflöte der Guaimí-Indianer Panamas.

Tolimenses, Los - (Emeterio y Felipe)
kolumbianisches Vokal- und Instrumentalduo; 1951 in Medellín durch Jorge E. Ramírez Salazar »Emeterio« (* 1930) und Lizardo Díaz Muñoz »Felipe« (* 1928) gegründet; zu den bekanntesten und populärsten Interpreten kolumbianischer Volksmusik gehörend; eine Besonderheit des Duos ist das Vorschalten von gesprochenen Witzen vor das eigentliche Lied. Mehr als 250 Stücke – Bambucos, Guabinas, Rajaleñas, Canciones u. a. – erschienen auf LPs (u. a. Zeida, Philips und Sello Vergara), darunter die Titel »Ibaguereña«, »Calentanita« und »Mi Casta«.

Tolo
eine primitive Querflöte der Cuna-Indianer von Panamá.

Tololoche
Regionalbez. für das Musikinstrument → *Guitarrón* im mexikanischen Bundesstaat Michoacán.

Tolumpa (Chumu, Lomuni, Pururaka, Trompo zumbador)
eine Art Brummkreisel, der in der Volksmusik der peruanischen Chamicuro-Indianer (Arahuaca) verwendet wird.

Tomangú → *Tumank*

Tonada (port.: → *Toada*)
1. allgemeine Bezeichnung für die Begleitmusik zu einem Gesangsstück, insbes. zur → *Décima* bzw. zum → *Punto cubano.* 2. metrisch aufgebaute, von Gesang begleitete Komposition meditativen Charakters; als Tanzlied unter dieser bzw. auch anderen Bezeichnungen in der Volks- und Tanzmusik z. B. in Chile, Argentinien, Venezuela, Kuba und Nikaragua weit verbreitet; auf spanisch-kreolische Tradition zurückgehend. Folgende Varianten der T. gelten als eigenständige Formen: 1. *Tonada argentina*: in Argentinien – mit Verbreitungszentrum in den Andenprovinzen (z. B. Mendoza) – populäres Tanzlied mit Texten von lyrischer Ausdruckskraft, deren Thematik vorzugsweise Liebe und Liebesleid sowie landschaftliche Schönheit sind. Wichtigstes Begleitinstrument ist die Gitarre. Das Dúo → *Gardel – Razzano* und später die Folkloregruppe Los → *Fronterizos* haben oft Tonadas wie »El cantar eterno« und »Tonada del viejo amor« interpretiert. 2. *To-*

Los Tolimenses (Emeterio y Felipe) – LP »Adentro Arracacheros!« – Zeida LDZ-20.118 (1964)

nada chilena: in Chile weitverbreitete Form, sehr ausdrucksstark; im musikalisch-poetischen Sinn der argentinischen Variante sehr ähnlich; bekannteste Interpretin war Violeta → *Parra.* 3. *Tonada maguanera*:ländlicher Volkstanz der Provinz La Maguana in der Dominikanischen Republik; in Rhythmik und Instrumentierung der kubanischen T. (→ *T. trinitaria*) ähnelnd. 4. *Tonada trinitaria* (»Fandango«): aus Trinidad (Kuba) stammende kubanische Version ländlicher Volksmusik, bei der es sich weniger um ein bestimmtes Tanzlied als um einen Komplex musikalischer Formen handelt, der mit Analogformen über ganz Kuba verbreitet ist und Elemente der spanischen (kreolischen) und afrikanischen Volksmusik enthält. Sie soll bereits nach dem Zehnjährigen Krieg (1868 – 1878) gesungen worden sein; als Initiator gilt der Sänger Patricio Gascón. Gruppen der T. trinitaria setzen sich aus einem Vorsänger (Guía), einem gemischten Chor, drei Keiltrommeln, → *Bombo,* → *Quinto,* einer Feldhacke (Guataca) und einem → *Güiro* zusammen, später wurde dann die Gitarre zum wichtigsten Begleitinstrument.

Tonadilla (port.: Tonadilha)
kurzes musikalisches Zwischenspiel; im XVIII. Jh. im Umfeld der szenischen Theater Spaniens entstanden, später nach Lateinamerika (Argentinien, Kuba, Uruguay, Venezuela u. a.) transkulturiert; kleine Stücke, die fast immer instrumental (mit Gitarre) dargeboten werden.

Tonadillero
Interpret bzw. Autor (Komponist) der → *Tonada* bzw. auch der → *Tonadilla.*

Tonalidad (port.: Tonalidade)
das System (Struktur) von Tönen und Akkorden in einer Komposition; auch Tonqualität eines Musikstücks.

Tondero
von Gesang begleiteter peruanischer Volkstanz

Tonada (argentina) – eine Folkloresängerin aus der Region Mendoza begleitet sich bei der Interpretation einer Tonada auf ihrer Gitarre

im 6/8-Takt, zuweilen fälschlicherweise als *Marinera norteña* bezeichnet. Im XVIII. Jh. in Nordperu entstanden, enthält er überwiegend kreolische, aber auch indianische sowie afroperuanische, aus der → *Zaña* stammende Komponenten; ebenso wie letztere besteht der T. aus drei Teilen: *Glosa* (6/8- oder 3/4-Takt, mit Einleitung), *Canto* und *Fuga*, beide im 6/8-Takt gehalten. Zur musikalischen Begleitung dienen Gitarre, → *Cajón* bzw. Händeklatschen (Palmadas), in Piura und Sullana außerdem Harfe (Arpa); eine bekannte Interpretin dieser Form war Chabuca → *Granda.*

Tonico e Tinoco »Dupla Coração do Brasil«
brasilianisches Vokal- und Instrumentalduo folkloristischer Musik; bekannteste und populärste Formation der → *Música caipira;* 1940 in São Paulo durch die Gebrüder João Salvador Pérez »Tonico« (* 1917) und José Pérez »Tinoco« (* 1920) gegründet; beide begannen ihre Karriere als Sänger auf Volksfesten und bei lokalen Rundfunksendern im Bereich einer Fazenda bei São Manuel. Im Jahre 1943 gingen sie nach São Paulo, wo ihr künstlerischer Aufstieg begann; 1944 erschienen bei Continental erste Schallplattenaufnahmen, denen bis 1988 35 LPs (u. a. bei Chantecler, Continental und Caboclo) folgten, darunter die Titel »Em vez de me agradecer« (Cateretê, erste Aufnahme; 1944), »Arrasta-pé na tuiá«, »Baianinha« (Samba campeirano) und »Rancho do palha« (Toada).

Tonista
regionaltypische Bezeichnung für den Vorsänger (Guía) in der kubanischen → *Rumba.*

Tono
1. Allgemeinbezeichnung für den Ton, den Klang einer Stimme, eines Musikinstruments oder -stückes. 2. panamaischer Volkstanz; regionale Variante des → *Punto panameño.* 3. Bez. für bestimmte Motetten, den liturgischen Gesängen zugehörige Kirchenlieder mit lateinischem Text; waren in Venezuela und weiteren Ländern während der Kolonialzeit verbreitet. 4. Variante bzw. Regionalbez. für die argentinische → *Baguala* bzw. → *Vidala* in Ortschaften der Prov. Tucumán und weiteren Gebieten des Nordwestens. 5. Allgemeinbezeichnung für Melodien, die früher in vielen Ländern Lateinamerikas gesungen und meist durch Gitarre oder Violine begleitet wurden; im gegenwärtigen Sprachgebrauch als → *Décima,* Verso oder auch → *Canción* bezeichnet. 6. zur Gruppe des → *Joropo* gehörendes Tanzlied Venezuelas, auch *Tono llanero* genannt.

Tono del niño
ekuadorianischer Volkstanz religiöser Inspiration, in einigen Orten der Hochebene verbreitet.

Tono llanero → *Tono (6)*

Tonta (Tontinha)
Variante des brasilianischen → *Fandango (4)* mit Walzer- und Schuhplattler-Parts; die Texte nehmen Bezug auf die aufgehende Sonne.

Toña la Negra (eigtl. María Antonia del Carmen Peregrino Álvarez)
*17.11.1912 Veracruz, † 19.12.1982 México-Stadt; mexikanische Sängerin; Autodidaktin;

Tonico e Tinoco – LP »A Dupla Coração do Brasil« – Continental LPP-3.114 (1963)

bekannte Vertreterin des romantischen → *Bolero;* sang u. a. bei Radio Veracruz und wurde durch den Komponisten Agustín → *Lara* gefördert, dessen Lieder sie später (ab 1932) neben folkloristischer und populärer Musik vortrug. Titel wie »Lamento jarocho« (1932) und »Camaronera« (Son jarocho, 1941) erschienen auf zahlreichen Schallplatten vorwiegend des Labels Victor bzw. RCA Victor; insgesamt liegen 76 LPs mit ihr vor.

Toque (Schlag, Berührung; span.)
1. Allgemeinbez. für den Schlag auf die Trommel. 2. rituelles Trommeln in der afrolateinamerikanischen religiösen Musikfolklore (→ *Toque de Santos*).

Toque de Capoeira
der Rhythmus eines ausgewogenen Zusammenspiels der Instrumente → *Birimbao (1),* → *Caxixi* und → *Reco-reco* zur musikalischen Begleitung der brasilianischen → *Capoeira.*

Toque de Santos
das Spiel der Trommeln (Tambores) in den Sessionen afrolateinamerikanischer Kulte wie → *Santería* und → *Macumba.* Die Trommler sind virtuose Musiker, deren Spiel die sonoren und rhythmischen Phrasen der Instrumente mit denen des Gesangs und der Choreographie synchronisiert (→ *Tambores Batá*).

Toquinho (eigtl. Antônio Pecci Filho)
* 6.7.1946 São Paulo; brasilianischer Musiker (Piano, Violão), Arrangeur und Komponist; Vertreter der modernen Populärmusik; begann seine Karriere als Musiker in Shows des Theaters »Paramount«; wenig später erschienen erste Schallplatten, in denen er als Solist auf dem Instrument → *Violão* wirkt. Ab 1964 arbeitete er mit Baden → *Powell* und ab 1969 mit Vinícius de → *Morais* zusammen, mit denen er vor allem Titel der Formen → *Bossa Nova* und → *Samba-canção* wie »Na tonga da mironga...« und »Tarde em Itapoã« schrieb und auf zahlreichen LPs publizierte. Weiterhin arbeitete T. (ab 1970) mit der Sängerin Marília → *Medalha* zusammen und produzierte mit ihr Aufnahmen wie »Como dizia o poeta«.

Torbellino (Wirbelwind, span.)
kolumbianischer Volkstanz im 3/4-Takt; aus einer Vermischung (Mestizierung) kreolischer und indianischer Komponenten in der Region von Boyacá entstanden; zur Gruppe des → *Bambuco* gehörend. Als Begleitinstrumente dienen → *Requinto (1)* oder → *Tiple (1),* → *Chucho* und → *Capador,* gelegentlich die → *Pandereta;* der Text besteht aus achtsilbigen Vierzeilern; ein bekannter Schöpfer von Titeln dieses Genres ist Jorge → *Ariza.*

Toré
eine früher im brasilianischen Bundesstaat Paraíba getanzte Variante des → *Côco.*

Torê
1. im brasilianischen Nordosten gespielte Rohrflöte. 2. Kriegstrompete der Amazonasindianer Brasiliens, sie wird auch Turé genannt.

Torito
1. während der Kolonialzeit im XVIII. Jh. aufgeführter Tanz der Stierkämpfer (Toreadores). 2. in Zentralamerika, insbesondere in Costa Rica verbreiteter Volkstanz für auseinander tanzende Paare, musikalisch vor allem durch die → *Marimba (1),* häufig jedoch auch durch Akkordeon begleitet. 3. als *Torito de petate* ein mexikanischer Karnevalstanz, früher im Bundesstaat Michoacán aufgeführt. 4. unter der Bezeichnung *Torito negro* in einigen Regionen Boliviens zur Karnevalszeit aufgeführter Volkstanz, der einen Stierkampf (Corrida de Toros) imitiert.

Tormento (Idiophon)
ein unten offener Holzkasten, in dessen Inneren 6, 8 oder mehr Metallstäbe angebracht sind, auf denen Metallplättchen, meist plattgeschlagene Flaschenverschlüsse in unterschiedlicher Anzahl (um den Klang zu variieren) aufgefädelt sind. Beim Musizieren wird die Oberseite mit den Händen rhythmisch perkutiert, wobei ein

metallisch-klirrendes Geräusch entsteht. Der T. wird in der chilenischen Volksmusik insbesondere zur Begleitung der → *Cueca chilena* eingesetzt.

Tormo, Antonio

* Mendoza; argentinischer Sänger und Liedermacher; bekannter Vertreter des im klassischen Stil interpretierten Volksliedes Argentiniens; war ab den 40er Jahren des XX. Jh. sehr erfolgreich; sein Lied »El rancho 'e la Cambicha« erreichte um 1950 als erste Aufnahme mit folkloristischer Musik eine Auflage von über eine Million verkaufter Schallplatten; bei Victor entstanden zahlreiche Aufnahmen, die später bei RCA Camden re-ediert wurden, darunter die Stücke »Los ejes de mi carreta«, »Mamá vieja« und »Entre San Juan y Mendoza«.

Torneo

im kolonialen Mexiko (Nueva España) des XVIII. Jh. vorwiegend bei Theaterveranstaltungen aufgeführter Tanz spitzbübischen Charakters, der beim Publikum große Popularität genoss.

Toro, Daniel

* 3.2.1949 Salta; argentinischer Sänger und Liedermacher; gehörte zunächst der Gruppe *Los Nombradores* an, wirkte später als Solist. Sein Lied »El mejor premio« war auf dem Festival OTI in Buenos Aires (1980) sehr erfolgreich. Unter versch. Labels (u. a. Music Hall, Microfón und CBS) entstanden mehr als 20 LPs, darunter die Titel »Zamba para olvidarte«, »El Artigal« und »Cuando tenga la tierra« (mit Ariel Petrocelli), durchweg von ihm verfasst.

Toro, Yomo (eigtl. José Manuel Torres)

* 26.7.1933 Guánica; puertorikanischer Musiker (Cuatro, Tres, Gitarre, Harfe), Bandleader und Komponist typischer und populärer Musik. T., ein hervorragender Solist auf diversen Saiteninstrumenten, hat sich zunächst folkloristischen Formen gewidmet, war einige Zeit Mitglied des Trío → *San Juan* und übersiedelte später nach New York, wo er u. a. den Formationen von Larry → *Harlow,* Willie → *Colón* und den *Fania All Stars* angehörte. Seine eigene Musikgruppe, *Yomo Toro y sus Jíbaros*, erzielte eine sehr große Popularität und publizierte Titel wie »Es el oro« (Chacarela) und »No me juzgue« (Bolero-Tango).

Toro-mata

regionale Variante des afroperuanischen Volkstanzes → *Landó.* Das 1912 von Manuel Quintana aus der anonymen Musikfolklore neu arrangierte Standardstück »Toro mata« ist weithin bekannt und wird von vielen lateinamerikanischen Volksmusikgruppen interpretiert.

Toro venado (Torovenado)

dramatischer Volkstanz ländlicher Regionen Nikaraguas, der zur alljährig veranstalteten *Fiesta de San Gerónimo* aufgeführt wird.

Torrealba, Juan Vicente

venezolanischer Musiker (Harfe), Arrangeur, Komponist und Bandleader; zu den profiliertesten Harfenisten Venezuelas gehörend; bekannter Vertreter der → *Música llanera;* gründete und leitete die Musikgruppe *Los Torrealberos*, mit der er zahlreiche LPs auf einem eigenen Label (Banco Largo) produzierte, darunter die selbstkomponierten Solostücke für Harfe »Sueños del Gamelotal«, »Llano apureño« und »Pasaje No 1«.

Torrealberos, Los - → *Torrealba, Juan Vicente*

Torres Moyano, Jaime

* 1939 Tucumán (Argentinien); bolivianischer Musiker (Charango), Arrangeur, Komponist und Bandleader; Neffe und Schüler von Mauro → *Núñez;* bekannter Solist auf dem mestizischen Volksmusikinstrument → *Charango;* arbeitete, in Buenos Aires lebend, u. a. mit Ariel → *Ramírez* zusammen – so wirkte er bei dessen Produktion der → *Misa Criolla* mit – und gründete mit Julio Crespo (Quena), Alberto Avila (Bombo) und Horacio Presti (Sicus) eine eigene Folkloregruppe, mit der er vorwiegend andine Volksmusik aus Bolivien wie die Titel

»Acuarela potosina« und »Flor de Santa Cruz« interpretierte und auf zahlreichen LP (Philips) in Argentinien, Chile, aber auch in Europa herausgab.

Torres Morell, Juan Pablo
* 17.8.1946 Puerto Padre; kubanischer Musiker (Posaune), Arrangeur, Komponist und Bandleader; gehörte zunächst einer → *Banda (2)* seines Heimatortes an, in der er das Instrument Bombardino spielte, widmete sich aber später dem Posaunespiel und ging nach La Habana, wo er u .a dem Orchester → *Cubana de Música Moderna* und der Gruppe → *Algo Nuevo,* die er 1976 gründete, angehörte; mit beiden produzierte er bei Areito zahlreiche Schallplattenaufnahmen moderner Populärmusik, darunter die von ihm geschriebenen Titel »Ay caramba qué son« (Son Montuno), »Mangle« (Bolero) und »Guajira 2001« (Guajira moderna).

Torres, Osvaldo
* 1953 Antofagasta; chilenischer Sänger, Musiker (Gitarre, Quena, Charango) und Liedermacher; zur Bewegung des Neuen Chilenischen Liedes gehörend; spezialisierte sich auf die Interpretation der Volksmusik des Landesnordens; er schrieb u. a. die Stücke »Los Juanes y las Rosas« (Bailecito), »Los palafitos« (Danza chilota) und »Por tí, hermano« (Ballade).

Torres, Raul (eigtl. R. Montes Torres)
* 11.7.1906 Botucatu (São Paulo), † 12.7.1970 São Paulo; brasilianischer Sänger und Liedermacher; hervorragender Interpret der → *Embolada* bzw. der → *Música caipira;* nahm als Solist oder in Duos (Duplas) – z. B. *Torres e Florêncio* – oder im Trio *Os Três Batutas do Sertão* (1970) zahlreiche Stücke auf Schallplatten u. a. der Labels Odeon, Parlophone und Vitória auf, darunter die von ihm geschriebenen Stücke »Beicinho vermelho« (Rancheira), »Mineirinha« (Arrasta-pé) und »Moda da mula preta« (Moda).

Torroella, Antonio »Papaíto«
* 17.5.1856 Matanzas, † 9.7.1934 La Habana; kubanischer Musiker (Piano), Komponist und Bandleader; sein besonderes Verdienst liegt bei der um 1900 erfolgten Einbeziehung des Pianos in die → *Charanga Francesa.* Mit dem von ihm geleiteten Orchester vom Typ einer Charanga interpretierte er vorwiegend Titel der Form → *Danzón;* ferner komponierte T. einige Danzones, Walzer und Danzas.

Torteros, Danza de los -
mexikanischer Volkstanz; choreographische Umsetzung des Prozesses der Metallverarbeitung; in der Bergbau-Region von Guanajuato als dramatischer Tanzzyklus aufgeführt.

Tortolita (Huilacapiztli)
bereits in vorspanischer Zeit in der indianischen Volksmusik Mexikos benutzte → *Ocarina* aus gebranntem Ton; vorzugsweise in Tierform (Taube u. a.) gestaltet.

Tosh, Peter (eigtl. Winston Hubert McIntosh)
* 1944 Kingston Town, † 12.9.1987 das. (ermordet); jamaikanischer Sänger, Musiker (Gitarre, Keyboards) und Liedermacher; bedeutender Vertreter der Pop Music und des → *Reggae;* gründete 1964 zusammen mit Bob → *Marley* eine Musikgruppe und produzierte mit dieser, speziell aber auch mit der Formation *Word, Sound & Power* unter verschiedenen Labels zahlreiche LPs, darunter die von ihm geschriebenen Reggaes »Crystal ball«, »Rumours of war« und »Can't you see«.

Tot
aus dem Panzer eines Krustentieres hergestellte Okarina; in der indianischen Volksmusik Guatemalas eingesetzt.

Totama
eine aus 5 Einzelflöten bestehende Panflöte der peruanischen Piro-Indianer (Amazonas).

Totore (Pifuana)
primitive Rohrflöte der Culina-Indianer des peruanischen Amazonasgebietes.

Tototchi
alte Form des mexikanischen → *Sonecito del País.*

Tototlapitzali
aus vorspanischer Zeit stammende mexikanische Kleinflöte in Vogelform.

Totoyó → *Wotoroyó*

Touzet, René
* 8.9.1916 La Habana; kubanischer Musiker (Piano), Arrangeur, Bandleader und Komponist der populären Musik. T. studierte Musik bei Pérez Sentenat und Joaquín Nin, später Komposition bei Castelnovo-Tedesco in den USA. Sein erstes Wirken als professioneller Bandleader begann innerhalb des aus 16 Musikern bestehenden Orchesters *Gran Casino de La Habana* und wenig später, 1946, übersiedelte er nach New York, wo er anfangs Mitglied des Orchesters von Eric → *Madriguera* wurde, 1947 formierte er eine eigene Band, mit der er umfangreiche Auslandstourneen bestritt und zahlreiche Schallplatten (bei RCA Victor) aufnahm, darunter auch die selbst komponierten Titel »Anoche aprendí« (Bolero), »Déjame creer en tí« (Bolero) und »No te importa saber« (Canción, 1939). 1953 erhielt er in New York eine Goldmedaille als »Bester Komponist Kubas«.

Tovar García, Alex (Aldo Alejandro)
* 1908 Bogotá; kolumbianischer Musiker (Violine, Piano, Trompete, Klarinette, Saxophon), Arrangeur, Komponist und Bandleader; musizierte u. a. im Orchester von Efraín → *Orozco* und in einem eigenen Tanzorchester. T. wurde vor allem auch durch seinen 1948 komponierten → *Porro* »Pachito Eché« – u. a. von Beny → *Moré* und dem Orchester von D. → *Pérez Prado* interpretiert – bekannt; darüber hinaus wirkte T. als Violinist im Nationalen Sinfonischen Orchester Kolumbiens.

Trabalangüito
kolumbianischer Modetanz der 60er Jahre des XX. Jh., aus dem Komplex der → *Música vallenata* entwickelt; für die lateinamerikanische Tanzmusik jedoch kaum von Bedeutung.

Tradición (Tradition)
hinsichtlich der Musik, insbesondere der Volksmusik, der Komplex des aus zurückliegender Zeit überlieferten und lebendig gehaltenen Erbes, dessen entwicklungsgeschichtliche Grundlagen in Lateinamerika teilweise bis weit vor die Eroberung (1492) zurückreichen. In allen lateinamerikanischen Ländern sind Kräfte aktiv, die das kulturelle Erbe erforschen und der Nachwelt zu erhalten suchen.

Tradición, Conjunto -
eine um 1950 in Buenos Aires durch Damasio → *Esquivel* (Bandoneón, Director) zusammen mit Ramón Calixto »Calí« Aranda (Akkordeon), Martín Torres (Gitarre), Odilio Godoy (Gesang), Eduardo Taboada (Gitarre) und Juancito el Peregrino (Gesang und Gitarre) gegründete Formation. Diese Gruppe hat Volksmusik aus dem Landesnordosten (Region Corrientes), vor allem den → *Chamamé* in der Landeshauptstadt interpretiert und sehr erfolgreich popularisiert.

Trançado
Variante des brasilianischen → *Fandango (4),* stets durch Gesang begleitet.

Transculturación (Transkulturation)
im Zusammenhang mit der Musik häufig verwandter Fachbegriff – das Verbringen von Kulturgut (Musik, Tanz, Literatur) in andere Länder bzw. Kontinente im Kontext von Migrationsbewegungen. (→ *Folklore,* → *Africa,* → *Música negra*)

Trapicherito
kolumbianisches Volkslied spöttischen Charakters, im Gebiet der Zuckerrohrplantagen der Pazifikregion gesungen.

Trastrasera
chilenisches Tanzlied der Insel Chiloé; im 3/4-Takt gehaltener Paartanz voller mimischer Expressionen; stellt einen Abkömmling der → *Fir-*

meza dar und wird durch regionaltypische Instrumente (u. a. das Akkordeon) begleitet. Die T. ist wahrscheinlich durch argentinische Wanderarbeiter nach Chile gelangt.

Tratripuli
1. eine der zahlreichen Varianten der indianischen → *Quena.* 2. andiner, durch die gleichnamige Flöte begleiteter Volkstanz.

Travesaro
ausschließlich durch Frauen in farbenfrohen Trachten aufgeführter panamaischer Volkstanz.

Travesera (Pífano, Pito)
in der andinen Volksmusik verwendete Querflöte mit sieben Tonlöchern; u. a. in Peru (Cajamarca, Puno und Cusco) gespielt.

Tremolo (Zittern, ital.)
spieltechnischer Effekt auf der Gitarre oder anderen Saiteninstrumenten; die mehrfache, schnelle Wiederholung eines bestimmten Tones.

Trenza, Danza de la -
in verschiedenen spanischsprachigen Ländern Lateinamerikas (u. a. Kolumbien und Mexiko) aufgeführter Volkstanz, der Danza de las → *Cintas* sehr ähnlich; im Unterschied zu letzterer meist mit geflochtenen Bändern (Trenzas) getanzt. (Danza de los → *Palillos*)

Tres
1. in der folkloristischen und populären Musik Kubas und Puerto Ricos eingesetztes, mit drei Doppelsaiten aus Stahl bespanntes Saiteninstrument mit metallisch-hellem Klang; insbes. in der ländlichen Volksmusik Ostkubas (Oriente) und im urbanen → *Son cubano* gespielt. Der aus der Gitarre entstandene T. wird sowohl ohne als auch mit Plektrum (Púa) gespielt; der Solist heißt → *Tresero* oder Tresista. 2. choreographische Modalität der Volkstänze → *Bambuco,* → *Guabina* und → *Torbellino,* wird stets von drei Tänzern – in der Regel zwei Frauen und ein Mann – getanzt.

Tres Ases, Los -
mexikanisches Vokal- und Instrumentaltrio;

Ein ländlicher Volksmusiker aus Ostkuba spielt das Instrument Tres

1952 in México-Stadt durch Juan Neri, Héctor González und Marco Antonio → *Muñiz Vega* (alle Gesang und Gitarre) gegründet; interpretierte romantisch-sentimentale Stücke vorwiegend der Form → *Bolero* in einem an das Trío Los → *Panchos* erinnernden Stil; bei RCA Victor entstanden zahlreiche LPs, darunter die Titel »Solamente una vez«, »Quizás, quizás, quizás« und »Quiéreme mucho«. 1960 löste sich das erfolgreiche Trio auf.

Três Batutas do Sertão, Os -
brasilianisches Vokal- und Instrumentaltrio der → *Música sertaneja;* 1944 in São Paulo durch Raul → *Torres,* João Batista Pinto »Florêncio« und José Rielli gegründet; interpretierte Stücke der ländlichen Volksmusik u. a. der Formen → *Moda* und → *Toada,* wirkte bei Rundfunksendern wie Rádio Record (São Paulo) und produzierte zahlreiche Schallplattenaufnahmen, darunter der Titel »Moda das flores«.

Tres Paraguayos, Los -
paraguayisches Vokal- und Instrumentaltrio, um 1968 in Paris unter der Leitung von Rafael Ibarbia formiert. Die Gruppe interpretierte im wesentlichen Stücke aus dem Repertoire des Trío Los → *Paraguayos;* bei Musidisc entstanden 7 LPs, darunter die Titel »María Dolores«, »Bésame mucho« und »Así canta mi patria«.

Tres Reyes, Los -
mexikanisches Vokal- und Instrumentaltrio, um 1952 in México-Stadt durch Hernando Avilés (1. Gitarre), Gilberto Puentes (Requinto) und Raúl Puentes (Gesang, 2. Gitarre) gegründet; interpretierte vorwiegend Boleros in romantischem, der Musik des Trío Los → *Panchos* ähnelndem Stil; gleichermaßen interpretierte die Gruppe viele Titel aus dem Repertoire der »Panchos«; bei Ansonia und Orfeón entstanden zahlreiche Schallplatten, darunter die Titel »La hiedra«, »Sombras« und »El almanaque«.

Tres Reyes Magos (Três Reis Magos) → *Reis*

Tres Rubíes, Los -
honduranisches Vokal- und Instrumentaltrio; um 1960 in Tegucigalpa durch Arnaldo Villanueva, Antonio Torres »Rubí« und Victor Ma-

Auch sie machten lateinamerikanische Musik in Europa bekannt: Los Tres Sudamericanos (links). Rechts im Bild: Mauricio Cardozo Ocampo, Martín Leguizamón und Eduardo Rivas (um 1960)

nuel Vásquez gegründet; das Repertoire der Gruppe umfasste folkloristische und populäre Musik in landestypischen Arrangements; Stücke wie »Tegucigalpa« und »Confidencias« erschienen auf Schallplatte.

Tres Sudamericanos, Los -
paraguayisches Vokal- und Instrumentaltrio; 1959 in Buenos Aires durch Alma María (Gesang), Johnny Torales (Gesang, Gitarre) und Casto Darío (Harmonika, Gitarre) formiert; interpretierte paraguayische und lateinamerikanische Volks- und Populärmusik; bei Gastspielreisen nach Europa (vorwiegend Spanien) entstanden zahlreiche Schallplatten (Columbia, Belter), darunter die Titel »Río Manso«, »Naranjita« und »Repican las campanas«.

Tresero (Tresista)
Solist des Saiteninstruments → *Tres*. Popularität erlangten u. a. folgende Musiker: »Niño« → *Rivera,* Arsenio → *Rodríguez,* Alfredo → *Boloña,* Rafael → *Ortiz,* Francisco → *Repilado,* der legendäre Musiker Nené Manfugas sowie »Chito« Latamblé Veranes.

Tresillo
rhythmisches Grundmodell der afrokubanischen Musik; aus der Struktur Achtelnote-Achtelnote mit Erweiterung (Puntillo)-Achtelnote bestehend.

Triángulo (Triângulo, Cinisko)
Triangel, als rhythmusmarkierendes idiophones Instrument in der Volks- und Populärmusik bzw. in Militärkapellen (Bandas) vieler lateinamerikanischer Länder, u. a. in der folkloristischen Musik des brasilianischen Nordostens, in Peru, Argentinien und Nordchile zur Begleitung des ländlichen → *Villancico* eingesetzt.

Tribos
regionale Bezeichnung für bestimmte Folkloregruppen und Tänzer im brasilianischen Amazonasgebiet (Manaus), die sich aus Mischlingen (Caboclos) formieren und bei Dominanz von Trommeln indianisch beeinflusste Musik spielen bzw. dazu tanzen.

Trigo, Guadalupe (eigtl. Alfonso Ontiveros)
* 1942 Yucatán, † 1982 México-Stadt; mexikanischer Sänger und Liedermacher; begann seine Karriere 1970 in einem Folkloreduo, das er mit seiner Ehefrau Viola bildete; später wirkte er als Solist, wobei er speziell Lieder aus Yucatán interpretierte, die von ihm dazu verfassten Texte, u. a. zu den Liedern »Milpa de Valerio« und »Hoy no salgo a la cantina« (1971), zeichnen sich durch hohe lyrische Aussagekraft aus; bei RCA Victor entstanden einige LPs.

Trillador
peruanischer Volkstanz der Region Chincheros (Apurímac); wird beim Getreidedrusch getanzt.

Trilogía del Tango
Bezeichnung für die Darstellung von Geschichte und Entwicklung des → *Tango.* Benannt werden damit zwei unterschiedlichen Entwicklungsepochen angehörende Dreigestirne, die entscheidenden Einfluss auf Entwicklung und Popularisierung des Tango ausübten: als 1. Trilogie Carlos → *Gardel,* Ignacio → *Corsini* und Agustín → *Magaldi;* als 2. Trilogie Agustín → *Irusta,* Alberto → *Gómez* und der Sänger → *Charlo.*

Trinidad Steel Band, The-
anglokaribische Musikgruppe, um 1955 zunächst als Instrumentaloktett in Form einer → *Steel Band* in Port of Spain (Trinidad) gegründet; bekannteste Formation ihrer Art, die insbes. durch ausgedehnte Gastspielreisen in zahlreiche Länder die → *Calypso*-Musik der Karibik weltweit popularisierte. Unter der Leitung von Winston Jones wurden Calypos wie »Marianne«, »Yellow bird« und »Brown skin gal« interpretiert und auf Schallplatten verschiedener Labels veröffentlicht. Durch die später erfolgte Integration artfremder Instrumente (z. B. Elektrogitarren) und die Hinwendung zum Showgeschäft wurde der ursprüngliche Sound weit-

gehend modifiziert und das Repertoire trendgerecht internationalisiert.

Trío (port.: Trio)
vorwiegend nach 1900 populär gewordene kleine Musik- u./o. Vokalgruppe, die in Lateinamerika vorzugsweise Lieder traditionell-romantischen Charakters, Boleros sowie landestypische bzw. folkloristische Musik interpretiert.

Trio Elétrico
zumeist improvisierte bewegliche, mit Verstärkern, Lautsprechern und farbiger Illumination ausgestattete Bühne, auf der vor allem zur Zeit des Karnevals im Nordosten Brasiliens kleine Musikgruppen auftraten. 1941 konstruierte der Bahianer Dôdo ein rein elektromechanisches, in seinem Klang einem Orchestrion ähnelndes Musikinstrument, das er anstelle der Musiker einsetzte und *Trio Elétrico* nannte und das noch heute auf Jahrmärkten und Volksfesten Nordostbrasiliens zum Einsatz gelangt.

Trisagio
1. zumeist in Kirchen angestimmte Lobeshymne zu Ehren der Allerheiligsten Dreifaltigkeit (Santíssima Trinidad); aus Spanien bzw. Portugal nach Lateinamerika gekommen. 2. religiös inspiriertes, auf Volksfesten in der Region Chocó gesungenes kolumbianisches Volkslied.

Triste (zuweilen auch → *Yaraví* genannt)
im Norden Chiles und Argentiniens sowie in Peru und Bolivien verbreitete Liedform getragen-melancholischen Charakters im 3/4-Takt; mestizisch, bei Dominanz indianischer Elemente. Der im XIX. Jh. bereits populäre T. besteht aus zwei Teilen: der Einführung (Introducción) durch Gitarre u./o. → *Charango* sowie dem Gesangsteil (Parte cantada), in dem neben den genannten Instrumenten die Indioflöte → *Quena* eingesetzt wird.

Triunfo
ländlicher Volkstanz Argentiniens im 6/8-Takt, dessen Begleitmusik durch eine im → *Rasgueado* gespielte Gitarre ausgeführt wird; zuweilen wird dazu gesungen; erstmals um 1830 als Gaucho-Tanz erwähnt, heute nur noch von geringer Bedeutung.

Troilo Baguelo, Aníbal Carmelo »Pichuco«
* 11.7.1914 Buenos Aires, † 18.5.1975 das.; argentinischer Musiker (Bandoneón), Arrangeur, Komponist und Bandleader; einer der bekanntesten Vertreter des → *Tango,* wird oft als »Bindeglied« zwischen der sog. »Alten« und »Neuen Garde« dieses Genres bezeichnet; hervorragender Bandoneón-Spieler; begann ab seinem 8. Lebensjahr zu musizieren; trat 1929 dem Orchester von Julio de → *Caro* bzw. dem Tango-Sextett Vardaro-Pugliese bei und gründete 1937 in Buenos Aires ein eigenes Orchester *(Orquesta Típica de Aníbal Troilo),* das zu den erfolgreichsten Tango-Orchestern der Neuzeit gehört und mit dem er bei Odeon, Víctor bzw. RCA Victor, Caravelle, Music Hall u. a. eine große Zahl von Schallplattenaufnahmen produzierte

Ein typisches kreolisches Trio: das Trío Sánchez – Monges – Ayala aus Paraguay posiert in Buenos Aires 1942 vor der Kamera

und auf Gastspielreisen ging. Der vor allem in den 50er Jahren des XX. Jh. überaus populäre Musiker schrieb mehr als 60 Tangos, darunter die Titel »María«, »A Pedro Maffia«, »Milonguero triste« und »A la guardia nueva« sowie den zu den besten und weitaus bekanntesten Tangos gehörenden Titel »Sur« (1948; mit Homero Manzi).

Trombeta → *Trompeta*

Trombón (Trombone, Trombón de pistones)
Posaune; in der Populär-, Volks- und Kunstmusik vieler lateinamerikanischer Länder gespielt, u. a. in der Banda (2) sowie in modernen Tanzmusik- und Jazz-Formationen. Ein bekannter Solist war Generoso → *Jiménez* (Kuba).

Trompa → *Trompe*

Trompa de arcilla (Bocina, Yurupari)
eine primitive, etwa 1,30 – 1,50 m lange indianische Trompete, die in der Volksmusik der kolumbianischen Cubes-, Bora- und Makuna-Indianer gespielt wird.

Trompaiboca (Kauka)
kleiner, mit den Zähnen gehaltener Musikbogen von der Art des → *Birimbao (2);* in der indianischen Volksmusik einiger Orte in Peru eingesetzt.

Trompa Marina (Trompeta Marina, Pututu) → *Pututu*

Trompe (Trompa, Birimbao, Arpa del Judío, Jew's Harp, Arco musical de boca, Guimbarda, Violín mapuche) in vielen regionalen Varianten und unter zahlreichen Eigenbezeichnungen in der Volks- und Populärmusik Lateinamerikas eingesetzte Version der europäischen Maultrommel; u. a. von den indianischen bzw. mestizischen Bewohnern der Halbinsel Guajira (Kolumbien und Venezuela), den Pano-Indianern Perus, den Chaco-Indianern Argentiniens und den Araukanern (Mapuche) Chiles bzw. Argentiniens gespielt. Gesangssolisten wie Chabuca → *Granda* und Víctor → *Jara* setzten das Instrument oft zur Begleitung lyrischer und folkloristischer Lieder ein.

Trompeta (port.: Trombeta)
Trompete, in der lateinamerikanischen Volks- und Populärmusik, u. a. in Orchestern vom Typ einer → *Banda,* bei den → *Mariachi* Mexikos, den Gruppen des → *Son cubano,* in indianischen bzw. mestizischen Orchestern Perus und Boliviens sowie generell in der modernen Tanzmusik und im Jazz eingesetzt. Indianische Volksmusiker benutzen auch primitive Muschel-, Rohr- und Holztrompeten. (→ *Trompetista*)

Trompeta de Quirquincho
aus einem länglichen Gürteltierpanzer (Quirquincho) hergestellte primitive indianische

Die araukanische Trompe-Spielerin Rosalina Manquepi Ñaucapi aus Trapa Trapa (Provinz Bío-Bío – Chile)

Trompete; in der Volksmusik der peruanischen Region Huanca benutzt.

Trompetista
der Solist auf der Trompete. Bekannte lateinamerikanische Trompeter sind u. a. Arturo → *Sandoval,* Félix → *Chapottín* und Leonardo Timor (Kuba), Alfredo Carranza (Kolumbien), Rosalio Juárez (Mexiko), Héctor León (Dominikanische Republik) und Alfredo → *Armenteros »Chocolate«.*

Trompo zumbador → *Tolumpa*

Tropa
regionale Bezeichnung für eine vorwiegend mit Flöten und Trommeln ausgerüstete Musikgruppe des bolivianischen Andenhochlandes.

Tropeiro de Tradição, Conjunto Folclórico -
brasilianische Vokal- und Instrumentalgruppe folkloristischer Musik; 1953 in Porto Alegre durch Paixão → *Côrtes* gegründet; pflegte Lieder und Tänze der → *Gaucho*-Kultur des brasilianischen Bundesstaates Rio Grande do Sul; bei Philips erschienen ab 1955 Schallplattenaufnahmen wie »Gauchinha bem querer« und »Chotes laranjeira«.

Tropicalismo
1967 durch die brasilianischen Sänger und Liedermacher Caetano → *Veloso* und Gilberto → *Gil* ins Leben gerufene Bewegung des auf lateinamerikanischen Kulturtraditionen aufbauenden Liedes in Brasilien; zum Komplex des Neuen Brasilianischen Liedes (Nova Canção Brasileira) gehörend. Erstes Lied war die Ballade »Alegria, alegria«. Um den Protestcharakter akustisch zu unterlegen, wurde häufig bewusst mit Dissonanzen, irritierenden Wiederholungen, Fremdgeräuschen u. a. gearbeitet. Vertreter des T. waren u. a. Gal → *Costa,* → *Maria Bethânia,* Chico → *Buarque de Hollanda* und Vinícius de → *Morais.* Der Begriff wurde auf einer literarischen Veranstaltung anlässlich einer »Woche der modernen Kunst« 1922 in Rio de Janeiro geprägt.

Tropicana
eines der größten und bekanntesten Nachtkabaretts Lateinamerikas, 1939 in La Habana (Kuba) gegründet; zeigt allabendlich in dem etwa 1050 Personen fassenden Garten tänzerische, artistische und folkloristische Darbietungen in showartigen Programmen wie »Tropicana '84 Salsa cubana«. Neben namhaften Gesangssolisten wie Ramón → *Calzadilla* traten u. a. die Folkloregruppe *Tropicana* und das aus 32 Musikern bestehende Tanzorchester unter Leitung von Joaquín Condall im T. auf.

Trote (Trot, Trotecito)
bolivianischer Volkstanz des Altiplano; eine nationale Adaption des nordamerikanischen Foxtrots; fand später auch in Nordchile Verbreitung.

Trova
1. Allgemeinbezeichnung für die im XIX. Jh. populär gewordene Bewegung eines zumeist durch spontane poetische Inspiration getragenen volkstümlichen Gesangs; auch unter Bezeichnungen wie → *Cantoria* und → *Payada* in Lateinamerika bekannt; in ihrer Originalform jedoch stark rückläufig. In einigen Ländern (z. B. Kuba) durch staatliche Förderung in eine organisierte Bewegung (Movimiento Nueva Trova Cubana) umgewandelt. Träger dieser kulturellen Manifestation ist der → *Trovador.* Die T. existiert gegenwärtig in drei Grundrichtungen 1. traditionelle Trova (*T. tradicional*), deren Anliegen die Bewahrung alter, von namhaften Volkssängern geschaffene trovadoreske Lieder ist. 2. Trova mit landestypischer Musik, eine auf längere Tradition zurückgehende Bewegung, die vor allem nationale Formen wie → *Son cubano,* → *Bambuco* oder → *Tonada* nutzt; in Kuba durch Miguel → *Matamoros* ins Leben gerufen. 3. Variante – sie bildete sich nach 1945 heraus und nimmt in verschiedenen Ländern Lateinamerikas als »Neue Trova« (*Nueva Trova*) eine dominierende Stellung ein. Sie griff zunächst auf die sehr sentimentalen Formen des → *Feeling* zurück, bezog später auch nationaltraditionelle und im weiteren Verlauf internationale Formen ein; im Ergebnis dessen ent-

standen balladenhafte Lieder. Ein bekannter Vertreter dieser Form ist Silvio → *Rodríguez* (Kuba). 2. Bez. für ein durch einen → *Trovador* geschaffenes Vokalstück.

Trovador (→ *Cantador,* → *Payador,* Pallador, Troubadour, Trovero, Trovista)
allgemeine Bezeichnung für einen singenden Dichter (Poeta) bzw. dichtenden Sänger (Cantautor), der seine oft im Stegreif konzipierten Verse zumeist mit Gitarre oder auch ohne musikalische Begleitung vorträgt; im weiteren Sinne auch der Interpret von Serenaden, Romanzen und Balladen bzw. der Volkssänger in Spanien, Portugal und Lateinamerika. (→ *Trova,* → *Nueva Trova,* → *Cantoria*)

Trovadores de Cuyo, Los -
argentinische Folkloregruppe; 1935 in Mendoza durch Hilario → *Cuadros* gegründet; interpretierte Volkslieder und -tänze der Westregion (Cuyo) seines Landes wie → *Tonada,* → *Cueca* und Canción cuyana; nach dem Tod von Cuadros (1956) formierte sich die Gruppe als Los → *Cuyos* neu. Bei Odeon bzw. Capitol entstanden zahlreiche Schallplatten, darunter die Titel »Corazones partidos«, »La del arriero« und »Dónde andará«.

Trovadores, Los -
argentinisches Vokal- und Instrumentalsextett typischer und populärer Musik; in Buenos Aires um 1970 mit Francisco Romero (1. Tenor), Carlos Pino (2. Tenor und Gitarre), Héctor Anzorena (1. Bariton), Damián Jorge Sánchez (2. Bariton), Francisco Figueroa (Bass) sowie Chany Inchausty (Leiter der Gruppe) besetzt. Vorwiegend wurden Titel aus der traditionellen Musik sowie auch solche aus der Bewegung des Neuen Argentinischen Liedes, so »Cuando tenga la tierra« interpretiert und auf LPs des Labels

Los Trovadores Guaraníes, ein paraguayisches Vokal- und Instrumental-Quartett, debütierte im Pariser Theater »Marigny«; später reisten sie dann durch Italien, die Schweiz, Spanien, Portugal und weitere Länder

CBS aufgezeichnet. Die Gruppe war teilweise dem Stil der → *Neofolklore* verhaftet.

Trovadores del Perú, Los -
peruanische Vokal- und Instrumentalgruppe der kreolischen Volks- und Populärmusik; 1940 in Lima durch die Solisten Javier González, Osvaldo Campos, Miguel Paz und Jorge Huirse (Leiter der Gruppe) gegründet; insbesondere wurden Titel des Genres → *Vals peruano* interpretiert; bei Odeon, Sonolux u. a. entstanden Schallplatten mit Titeln wie »Ojos tristes«, »Invitación« und »Mi Perú« sowie der auch heute noch sehr populäre Walzer »Nube gris«.

Trovadores Santiagueros, Quinteto de -
kubanisches Vokal- und Instrumentalquintett; um 1908 in Santiago de Cuba durch die »klassischen« Volkssänger (Trovadores) José »Pepe« → *Figarola* (1. Stimme), Bernabé Ferrer (2. Stimme), José »Pepe« → *Sánchez* (1. Gitarre), Emiliano Blez (Begleit-Gitarre) und Luis Felipe Portes (Falsett-Gesang) formiert; gilt als beste und populärste Formation ihrer Art in der Geschichte der → *Trova* von Santiago de Cuba und übte nachhaltigen Einfluss auf das gesamte Umfeld der trovadoresken Musik Kubas aus.

Trovadores Tamaulipecos, Los -
mexikanisches Vokal- und Instrumentalquintett trovadoresker Musik; 1922 in Tampico (Tamaulipas) durch Ernesto → *Cortázar,* Lorenzo → *Barcelata,* Alberto Caballero, Antonio García P. und Andrés Cortés Castillo (Gitarre, Requinto) zunächst unter dem Namen *Los Trovadores Tampiqueños* gegründet; 1926 kamen die drei Brüder (Hermanos) Flores dazu. Es wurde folkloristisch-trovadoreske Musik u. a. der Formen → *Corrido* und → *Ranchera* interpretiert; einige Titel, darunter »Corrido del agrarista« hatten sozialkritische Texte. 1927 löste sich die Gruppe auf und wurde als Quartett 1932 in Puebla mit Ernesto Cortázar, Lorenzo Barcelata, José Agustín → *Ramírez* und Carlos Peña neu gegründet.

Trovadoresca, Música → *Música trovadoresca*

Trovero → *Trovador*

Trovista → *Trovador*

Trutruca (Trutruka)
primitive, 1,50 bis 4 m lange indianische Trompete; in der Volksmusik der Araukaner (Mapuche) Chiles und Argentiniens gespielt. (→ *Guillatún*)

Tsayantar (Tsayantur) → *Tumank*

Tseco → *Checu*

Tsitsito
aus der Totumo-Frucht hergestelltes primitives Schüttelidiophon vom Typ der → *Maracas;* das in der Volksmusik der Guajiba-Indianer Kolumbiens und Venezuelas eingesetzt wird.

Tuba
1. großes Blechblasinstrument (Basstrompete), vorzugsweise von der → *Banda* (militar), jedoch auch in Volksmusikorchestern benutzt. 2. andere Bezeichnung für die → *Tumba.*

Tubo
»Schüttelrohr«; brasilianisches Schüttelidiophon; ein an beiden Enden verschlossenes, mit Körnern, Steinchen oder Glasperlen gefülltes Bambus-, Metall- oder Kunststoffrohr, das als Äquivalent zum → *Chocalho* u. a. zur Begleitung des → *Samba* dient.

Tucanes de Tijuana, Los -
mexikanisches Vokal- und Instrumentalquartett der typischen und populären Musik, um 1991 in Tijuana (Baja California) durch Mario Quintero Lara (Bandleader, Arrangeur und Komponist) gegründet. Diese Gruppe spezialisierte sich auf die Interpretion des so genannten *Corrido de los narcotraficantes,* eine der unlängst entstandenen Unterarten des mexikanischen → *Corrido,* die Leben und Wirken der Drogenschmuggler besingt. Titel wie »El Regio Traficante« wurden stilecht auf einer CD des Labels UniSono publiziert.

Tucu Tucu, Los-
argentinisches Vokal- und Instrumentalquartett; 1960 in San Miguel (Tucumán) durch Carlos Sánchez (1. Stimme), Héctor Bulacio (2. Stimme, Gitarre), Carlos Ángel Paliza (3. Stimme, Gitarre) und Ricardo Benjamín Romero (4. Stimme, Gitarre) gegründet; verlegte ihren Sitz zunächst nach Córdoba und später, 1961, nach Buenos Aires. Die Gruppe interpretierte Lieder und Tänze der Region von Tucumán; trat u. a. bei Radio Belgrano auf und ging auf Auslandstourneen; bei Philips und Polydor (Polygram) entstanden 33 LPs (mit 4 Goldenen und 1 Platin-Platte[n] ausgezeichnet), darunter die Titel »Villa Guillermina«, »Tarde sin luz« und »Cabalgando«.

Tucumano (Los Tucumanos)
peruanischer Volkstanz dramatisch-satirischen Charakters; in den Regionen Apurímac und Arequipa aufgeführt. Der Tanz hat seinen Ursprung in Nordwestargentinien.

Tuero, Emilio »Barítono de Argel«
* 5.4.1912 Santoño (Santander, Spanien), † 22.7.1971 México-Stadt; spanisch-mexikanischer Sänger; kam 1927 nach Mexiko, wo er sich zum derzeit dort populärsten → *Tango*-Sänger entwickelte, in zahlreichen Filmen als singender Schauspieler auftrat und in Musikprogrammen des Senders XEW mitwirkte, Schallplatten, u. a. mit den Titeln »Morena linda« und »Acrificio«, wurden bei Peerless und RCA Victor herausgebracht.

Tum
xylophonische Trommel der indianischen Volksmusik Guatemalas, bereits durch die Mayas benutzt; nahzu identisch mit dem → *Teponaztli* Altmexikos.

Tum-dum-dum (Trundundum, Turundurum)
alter, nur von Männern in der Region Bragança zu den Volksfesten für → *São João* aufgeführter brasilianischer Volkstanz; heute jedoch kaum noch verbreitet.

Tumag → *Tumank*

Tumán → *Tumank*

Tumank (Paruntsi, Tomangú, Tsayantar, Tsayantur, Tumag, Tumán)
primitiver Musikbogen, in der indianischen Volksmusik der Aguaruna und Jíbaro in Peru bzw. der Shuar und Ashuar in Ekuador eingesetzt. Der mit einer Lianensehne o. ä. gespannte Bogen wird gezupft oder gestrichen, ein Ende durch den Mund des Spielers gehalten, der gleichzeitig mit seinen Lippen die Tonhöhe variiert. Der T. ist wahrscheinlich bereits in präkolumbischer Zeit benutzt worden.

Tumao
in Suriname bei der Ausübung des Kultes → *Winti* gespielte Trommel.

Historische Trommel einer Tumba Francesa aus Ost-Kuba (Photo: Prensa Latina)

Tumba
1. in der Volks- und Populärmusik der Karibik gespielte Einfelltrommel eindeutig afrolateinamerikanischer Herkunft; mit den Händen perkutiert und im Ensemble mit anderen Trommeln zum Markieren des Rhythmus' dienend; auch die Namen bzw. Varianten Tuba, Tamborete, → *Llamador,* Mula, Cachimbo, Tambora u. a. sind üblich. 2. alter dominikanischer Tanz, der Tarantella ähnelnd; war bis 1859 Nationaltanz der Dominikanischen Republik (später durch den → *Merengue* abgelöst). 3. eine der drei in der → *Santería* verwendeten magischen Trommeln der ethnischen Gruppe Dahomey in Kuba.

Tumba Francesa
Komplexbezeichnung für eine gleichermaßen musikalische wie soziale Manifestation der afrokubanischen Bevölkerung der Provinz Oriente; heute nur noch in den Regionen Santiago de Cuba und Guantánamo verbreitet; im Umfeld der zwischen 1791 und 1800 erfolgten massiven Einwanderung von Afroamerikanern zunächst aus Louisiana (USA), später, als Folge der Sklavenerhebungen, aus Haiti in den Ostteil Kubas gelangt. Die T. F. weist signifikante Analogien zum → *Vodú*-Kult auf und ist integraler Bestandteil der negroiden Folklore Kubas; sie wird in Form von volksfestartigen Sessionen, Tanzveranstaltungen und Gesängen (→ *Call & Response*) begangen. Die Ausübung steht unter dem Patronat von Jungfrauen (Virgenes) bzw. Heiligen (Santos); zur musikalischen Begleitung der Tänze – u. a. Babú, Yubá, Grasimá oder Masón – dienen vorwiegend Trommeln, → *Premier,* → *Second* und Bulá bzw. Bebé, Catá und Tambora genannt. Die kubanischen Musikwissenschaftler Fernando → *Ortiz* und später Olavo → *Alén* erforschten die T. F. und publizierten ausführliche Abhandlungen darüber.

Tumbadera → *Tingotalango*

Tumbadora
Einfelltrommel mittlerer Größe; in der Volks- und Populärmusik vieler lateinamerikanischer Länder, teilweise unter anderen Namen wie → *Tumba (1),* Quinto, → *Tambor,* Conga usw. eingesetzt; vom Spieler zwischen den Beinen gehalten und mit beiden Händen perkutiert. Zu den bekanntesten Solisten gehören »Tata« → *Güines* und die Gebrüder (Hermanos) → *Abreu* (Kuba).

Tumbantonio (Baile del T.)
ländliche Variante der kubanischen → *Rumba,* vorwiegend durch die Instrumente → *Timbal,* → *Güiro,* → *Bandurria,* → *Tiple* bzw. auch Akkordeon begleitet; in der Verbreitung rückläufig.

Tumleji (Tumlexi)
aus Bambus oder Vogelknochen hergestellte Flöte der Piro-Indianer des peruanischen Amazonasgebietes.

Trommel Tumbadora mit ihrem Ständer (Photo: CIDMUC)

Tun
1. → *Tunkul.* 2. alter Volkstanz der Quiché-Indianer Guatemalas mit grotesken choreographischen Figuren.

Tuna
1. eine überwiegend aus jungen Leuten, meist Studenten, bestehende Musikgruppe vom Typ einer → *Estudiantina;* verbreitet u. a. in Spanien, Kolumbien, Mexiko und Honduras. 2. regionale Variante des panamaischen Volkstanzes → *Tamborito.* 3. in Panamá bei festlichen Umzügen gespielte, mit dem → *Tambor (1)* identische Trommel.

Tunantada
regionale Variante des peruanischen → *Huayno;* in der Provinz Huancayo verbreitet und insbes. auf Volksfesten durch andine Volksmusikorchester (Bandas serranas) interpretiert.

Tundiqui (Tuntuna, Saya)
afrobolivianischer Volkstanz, aus dem Gebiet der von Afroamerikanern bewohnten Enklave Muzurata stammend, unterdessen im ganzen Land sowie in Peru verbreitet und insbesondere am Tage des Rey Negro Bonifaz aufgeführt. Ein bekannter Titel dieser Form ist »San Benito« (anonyme Folklore).

Tunduli (Dunduli, Tunduy)
aus einem ausgehöhlten Baumstumpf hergestellte Trommel der Indianer Ekuadors; dient vorwiegend der Signalübermittlung.

Tunduy → *Tunduli*

Tunkul (Tun-Kul)
die »heilige« Trommel der alten Maya-Völker; in der rituellen Musik schon in vorspanischer Zeit, als → *Tun* noch heute in der Volksmusik Zentralamerikas verwendet.

Tuntuna → *Tundiqui*

Tuqui-tuqui
von dem kolumbianischen Komponisten »Pacho« → *Galán* um 1962 geschaffener Modetanz; enthält Komponenten der → *Música vallenata* bzw. der → *Música tropical;* seine Verbreitung blieb im wesentlichen auf Kolumbien beschränkt.

Turá
der → *Quena* ähnelnde Flöte; in der indianischen Volksmusik Venezuelas benutzt.

Turas, Las -
venezolanischer Volkstanz der Region Agua Grande (Bundesstaat Lara); als Fruchtbarkeitstanz aufgeführt; er wird durch Flöten, → *Maracas* und Naturhörner begleitet.

Ture → *Toré (2)*

Turma
in Brasilien verbreitete Bezeichnung für eine Musikgruppe bzw. ein Orchester ab 5 Personen.

Turpiales, Los -
venezolanisches Vokal- und Instrumentalduo, um 1900 durch die Solisten Joaquín Arias Cardona und Mariano Latorre gegründet; das bis 1923 bestehende Duo interpretierte folkloristische Musik u. a. der Formen → *Bambuco* und → *Pasillo* und übte mit seinem Interpretationsstil großen Einfluss auf später gebildete Formationen aus.

Turquino, Sexteto - (Septeto)
kubanisches Vokal- und Instrumentalsextett (später Septett), das sich dem traditionellen (klassischen) → *Son cubano* widmete. Die Gruppe wurde 1988 in Santiago de Cuba (Oriente) durch Studenten der Universität Santiago, darunter der Sänger und Gitarrist Alberto Tosca, formiert. Auf Tonträgern des Labels Areito erschienen Songs wie z.B »Son para una chinita«, »Coco mai mai« und »Qué me hacen«.

Turumba
primitiver indianischer Musikbogen.

Turunas de Mauricéia, Os -
brasilianisches Vokal- und Instrumentalquintett; legendäre Gruppe der → *Música sertaneja;* 1926 in Recife (Pernambuco) durch Augusto → *Calheiros* (Gesang), Manoel de Lima (Violão), João Frazão (Violão), Romualdo Miranda (Violão) und Luperce → *Miranda* (Bandolim, Leiter) gegründet; verbreitete traditionelle Musik des Nordostens (Emboladas, Toadas, Côcos u. a.) in Rio de Janeiro und São Paulo; ihre → *Embolada* »Pinião« wurde in Rio de Janeiro 1928 Karnevalsschlager; bei Odeon entstanden Schallplattenaufnahmen wie »Casa desmoronada«, »Flor do Sertão« und »Ranchinho abandonado«.

Tymbal → *Timbal*

Tzicahuaztli (Chicahuaztli)
präkolumbisches Schrapidiophon einiger Völkerschaften des heutigen Mexiko; ursprünglich aus auf einer Seite mit Einkerbungen versehenen Menschenknochen (Schienbein) gefertigt; häufig bei religiös-zeremoniellen Anlässen gespielt, oft mit einer Meeresmuschel geschrapt. Später wurden die Instrumente aus gebranntem Ton oder anderem Material hergestellt.

Tzijolaj
guatemaltekische Vertikalflöte der Maya-Quiché-Kultur mit drei oder vier Tonlöchern, ursprünglich aus Jade oder Hirschknochen, heute meist aus Rohr oder gebranntem Ton gefertigt. Im »Popol-vuh« (Überlieferung von Maya-Legenden) wird der T. als *Tatil canabaj* erwähnt. Noch heute wird dieses Instrument von den Indianern der Region Chichicastenango und anderer Bezirke des Departements El Quiché bei religiösen Zeremonien während der Karwoche (Semana Santa) sowie bei Patronats-Festen gespielt.

Tz'unum (Gorrión)
guatemaltekischer Volkstanz der Region Aguacatán (Huehuetenango), aus Anlass des aller vier Jahre stattfindenden Volksfestes *Nim Kjej* aufgeführt und vorwiegend durch die Schildkrötenpanzer-Trommel *Tortuga* begleitet.

U

Ubatubana
regionale Variante des brasilianischen → *Fandango (4),* die stets durch Gesang begleitet wird.

Ubiergo Orellana, Fernando
* 1957 Santiago de Chile; chilenischer Sänger; war auf Wettbewerben im In- und Ausland mit Titeln der Populärmusik erfolgreich, so gewann er 1977 mit »El tiempo del batón« den 1. Preis eines nationalen Liederfestivals und produzierte 1983 in Peru eine LP mit Kompositionen von Chabuca → *Granda* wie »La flor de la canela« (Walzer).

Udecrá (Udes-hecrá)
durch brasilianische Indianer gespielte Variante des Saiteninstruments → *Viola.*

Ukamau Amerindia, Conjunto -
bolivianische Vokal- und Instrumentalgruppe; um 1977 in Westeuropa unter der Leitung von Hery Cortes (Gesang, Charango, Gitarre, Zampoña, Perkussion) zunächst als Quartett, später als Quintett formiert; interpretierte folkloristische und populäre Musik andiner Regionen; unter dem Label ARC Music entstanden einige LPs, darunter die Titel »Viditay«, »Cambacuna«, »Dominguitos« und »Nevando está«.

Ukulele (Ukelele, Guitarrilla hawaiana)
dem portugiesischen → *Cavaquinho* sehr ähnliche kleine Gitarre mit vier Saiten; in der Volks- und Populärmusik Portugals und Lateinamerikas (u. a. in Peru und Chile [Osterinsel], früher auch vereinzelt in Texas [USA]) gespielt.

Ululación → *Ululato*

Ululato (Ululación, = Geheul, span.)
Bezeichnung für einen in der lateinamerikanischen Volks- und Tanzmusik weit verbreiteten Silbengesang ohne bestimmte Bedeutung, mehr als Interjektion dienend; z. B. in der → *Bantú*-Ritualmusik. (→ *Lalaleo,* → *Tarareo*)

Umbanda (Embanda)
dem → *Candomblé* bzw. der → *Macumba* ähnelnder afrobrasilianischer Kult; von etwa 8 Mill. Angehörigen negroider Bevölkerungsgruppen (Nagô, Congo, Yeyê) in verschiedenen Landesteilen Brasiliens ausgeübt. Die Sessionen der Umbigada finden generell in der → *Tenda* statt. (→ *Ponto*)

Umbigada (Embigada, Embigo, Imbigada, Imbigo; span. Ombligada)
stark erotisch orientierte Tanzfigur in bestimmten afrolateinamerikanischen Volkstänzen. Tänzerin und Tänzer berühren sich in einigen Tanzphasen im Beckenbereich. Die früher insbes. im → *Batuque,* aber auch in einigen → *Samba*-Varianten und im dramatischen Tanzzyklus → *Tambour-de-crioulo* praktizierte U. wurde von bürgerlich-religiösen Kreisen in Lateinamerika stark angefeindet; heute wird sie zumeist nur noch angedeutet.

Un Solo Pueblo
venezolanische Vokal- und Instrumentalgruppe; um 1978 in Caracas durch den Musiker Jesús Querales (Cuatro, Bandleader) mit insgesamt 12 jungen Sängern und Musikern aus verschiedenen Landesteilen Venezuelas gegründet; zur Bewegung des Neuen Venezolanischen Liedes gehörend; erforschte und interpretierte die Musikfolklore; Gastspielreisen führten die Gruppe u. a. nach Deutschland, Bulgarien (Teilnahme am 2. Theaterfest 1982), Italien, Frankreich und in die Schweiz; bei Promus entstanden ab 1979 einige LPs.

Universo, Grupo -
uruguayisches Vokalquartett; nach 1965 in

Montevideo unter der Leitung von Juan Carlos López gegründet. Der Interpretationsstil der Gruppe lehnte sich an internationale Vorbilder (z. B. Ray Conniff Singers) an, wobei auch Elemente der afrouruguayischen Musik verarbeitet wurden. Auf einigen LPs (Orfeo und Sondor) erschienen Titel wie »Angelitos negros«, »Pescador« und »María Fumasa«.

Unu tinya (Unu caja)
kleine peruanische, aus gebranntem Ton hergestellte Zweifelltrommel in der Form einer Sanduhr; mit einem Schlägel aus Holz perkutiert und in der Volksmusik der Regionen Angaro und Melgar (Puno) gespielt.

Uña
in der ländlichen Volksmusik der bolivianischen Region Chuquisaca gespielte kleine Panflöte.

Upa
Tanzlied indianischen Ursprungs; war früher auf einigen Westindischen Inseln verbreitet.

Upa Upa
von dem kubanischen Musiker »Pacho« → *Alonso* entwickelter Modetanz; im wesentlichen aus Komponenten des → *Son cubano* bestehend; war gegen Ende der 60er Jahre des XX. Jh. zeitweilig populär.

Uranga, Emilio Donato
* (?), † 24.3.1946 México-Stadt; mexikanischer Musiker, Arrangeur und Komponist; wurde vor allem durch sein Arrangement des aus der anonymen Musikfolklore des Landesnordens stammenden → *Ranchera*-Liedes »Allá en el rancho grande« (um 1927 geschrieben) bekannt; weitere Kompositionen von U. sind »Negra noche« (Canción, 1926), »Lindo Michoacán« (Canción, 1930) und »Fox de la sombrilla« (1927).

Urdaneta, Alberto
* 1898 Ubaté (Cundinamarca), † 27.4.1953 Madrid (Spanien); kolumbianischer Musiker, Arrangeur und Komponist; vielseitiger Schöpfer heute noch gespielter Stücke der folkloristischen und populären Musik; schrieb u. a. »Guabina chiquinquireña« (Guabina, 1925), »Tierra nativa« (Bambuco) und »Filipichín« (Bambuco) sowie die Operette »El tinglado de la farsa« (1932).

Urfé, José
* 6.2.1879 Madruga, † 13.11.1957 La Habana; kubanischer Musiker (Klarinette), Arrangeur, Komponist und Bandleader; studierte ab 1894 bei Domingo Ramos an seinem Heimatort; übersiedelte 1895 nach La Habana, wo er einigen Orchestern, darunter dem von Enrique Pena, angehörte. Urfé bereiste Mexiko und die USA, wo er sich Theater-Orchestern anschloss. Später gründete er in La Habana eine Formation vom Typ → *Charanga,* mit der er vorwiegend Stücke der Form → *Danzón* interpretierte und Schallplattenaufnahmen produzierte. U. schuf eine Modifikation des Danzón, deren erster Titel das bekannte, 1910 der Öffentlichkeit vorgestellte Stück »El bombín de Barreto« ist; weitere Kompositionen sind u. a. »Fefita« (Danzón, 1925), »Horchata«, »La casita criolla« und »Dorila«.

Urfé González, Odilio
* 18.9.1921 Madruga, † 6.6.1988 La Habana; kubanischer Musiker (Piano, Flöte), Arrangeur, Bandleader und Folkloreforscher; Sohn von José → *Urfé;* studierte Musik sowohl bei seinem Vater als auch bei seiner Mutter Leonor González; wirkte als Musiker in einer → *Banda (2)* und einigen Orchestern, darunter dem von »Cheo« Belén → *Puig* (von 1942 bis 1950). 1948 gründete er in La Habana das Institut für Folkloristische Forschungen, organisierte einige bedeutende Musikfestivals, war Direktor des 1951 gegründeten »Seminars der Populärmusik« (*Seminario de la Música Popular*), leitete die → *Charanga Nacional de Conciertos* und komponierte zahlreiche Musikstücke.

Uribe Holguín, Guillermo
* 17.3.1880 Bogotá, † 26.6.1971 das.; kolumbianischer Musiker (Piano, Violine) und Komponist ernster und populärer Musik; studierte in Bogotá, Paris und Brüssel; war längere Zeit Di-

rektor des Nationalkonservatoriums, gründete die *Banda Nacional de Música* (später in *Orquesta Sinfónica Nacional* umbenannt) und komponierte Walzer, Märsche, Twosteps, Lieder und ernste Musik, darunter einen Zyklus auf traditionellen Elementen aufgebauter Musikstücke.

Uribe Bueno, Luis
* 7.3.1917 Salazar de las Palmas (Santander Norte); kolumbianischer Musiker (Gitarre, Tiple, Kontrabass), Arrangeur, Komponist und Bandleader; studierte bei Prof. Montol und Lorenzo Rivera und schrieb mit 16 Jahren erste Stücke. U. musizierte bis 1952 im Orchester von »Lucho« → *Bermúdez,* war später Musikalischer Direktor der Plattenfirma Sonolux in Medellín; gründete und leitete das Tanzochester *Son Ritmo* und komponierte Stücke wie »Marco de tu ventana« (Bambuco), »Cucarrón« (Pasillo, 1948) und »Duende« (1951). Als Solist auf Gitarre und Tiple brachte er bei Sonolux einige LPs heraus; 1972 wurde er mit einer Goldenen Schallplatte geehrt.

Urroz, Luis Felipe
* 1857 Managua, † 1915 das.; nikaraguanischer Musiker (Violine, Violoncello), Sänger, Arrangeur und Komponist folkloristischer, populärer und religiöser Musik; erlangte nationale Bedeutung durch seine Arrangements des Volkstanzes El → *Zopilote* in verschiedenen regionalen Versionen. Urroz trat auch als Sänger von Liedern der Form → *Villancico* hervor, wobei er sich meist auf der Violine begleitete.

Urucungo (Bucumbumba, Marimbau, Berimbau-de-barriga, Mutungo, Macungo, Gôbo, Guasa, Matungo) einer der in Brasilien am weitesten verbreiteten Musikbogen, Variante des → *Birimbao (1);* afrikanischer Herkunft; u. a. zur musikalischen Begleitung des Kampfspiels → *Capoeira* dienend.

V

Vaccine

1. in der afrohaitianischen Volksmusik benutzte primitive Trompete aus Bambusrohr; im Normalfall in einer Batterie Trompeten unterschiedlicher Dimension innerhalb der → *Bande* benutzt. Der Spieler schlägt beim Blasen der V. mit einem Stäbchen gegen den Tubus, so den Rhythmus markierend. 2. afrohaitianischer Volkstanz, dem → *Rara* gleichend; erhielt seinen Namen von der zu seiner Begleitung benutzten Trompete.

Vacunao

Bezeichnung für die in einigen afrokubanischen Tänzen wie → *Columbia,* → *Rumba* u. → *Yuka* von den Tänzern ausgeführten typischen Beckenbewegungen (→ *Umbigada*), die heute jedoch nur noch leicht angedeutet werden.

Vadiagem → *Capoeira*

Valcárcel, Teodoro

* 18.10.1900 Puno, † 20.3.1942 Lima; peruanischer Musiker, Arrangeur, Komponist, Bandleader u. Folkloreforscher; betrieb umfangreiche Forschungen auf dem Gebiet der indianisch-mestizischen Musikfolklore des Altiplano der Region Puno, gründete hier die Gruppe *Centro Musical Teodoro Valcárcel*, eine sehr populär gewordene Folkloregruppe, u. schrieb zahlreiche Stücke regional-folkloristischen Charakters wie »Suray-surita« (1939).

Valdemar Henrique

(eigtl. V. H. da Costa Pereira)
* 15.2.1905 Belém (Pará); brasilianischer Musiker (Piano, Violine), Sänger u. Komponist; studierte Musik in Belém; 1933 übersiedelte er nach Rio de Janeiro, wo er seine Kenntnisse vervollständigte u. sich kompositorischer Tätigkeit widmete; seine Stücke sind im wesentlichen durch die Musikfolklore des Amazonasgebietes geprägt, darunter die Titel »Boi-bumbá« (1934), »Côco peneruê« (1934), »Essa nega fulô« (1940), »Minha terra« (1923), »Rolinha« (1935) u. »Tambatajá« (1934).

Valderrama, Carlos

* 4.9.1890 Trujillo, † 1.8.1950 Lima; peruanischer Musiker (Piano), Arrangeur und Komponist; schrieb zahlreiche auf indianischen Motiven beruhende Stücke wie »La Pampa y la Puna«, »Tristeza andina« u. »Paisajes arequipeños«.

Valdés, Abelardito

* 7.11.1911 La Habana, † 9.12.1958 das.; kubanischer Musiker (Kontrabass, Güiro), Arrangeur, Bandleader u. Komponist; begann seine Karriere als → *Güiro*-Spieler in einem Tanzorchester von La Habana; spielte später Kontrabass in den Charangas von »Tata« Alfonso, »Tata« Pereira u. López-Barroso. 1940 gründete er das Tanzorchester (Typ → *Charanga Francesa*) → *Almendra,* mit dem er überaus erfolgreich war u. zahlreiche Schallplatten produzierte, darunter die von ihm komponierten Titel »Almendra« (Danzón), »Salvaje« (Danzón) u. »Penicilina« (Danzón).

Valdés, Alfredito

* 1908 La Habana; kubanischer Sänger; Bruder von Vicentico → *Valdés,* war in der Zeit zwischen 1930 u. 1950 einer der gefragtesten Interpreten der Populär- und Tanzmusik Kubas; begann seine Karriere in Gruppen des → *Son cubano* (wirkte u. a. im Septeto → *Nacional* [1930] u. bei den Estrellas del Ritmo), mit denen er zahlreiche Schallplatten (u. a. bei SMC u. Tru-Sound) wie »La campiña cubana« u. »Devuélveme el bombín« produzierte.

Valdés, »Bebo«
(eigtl. Ramón Emilio Valdés Amaro)
* 1918 La Habana; kubanischer Sänger, Musiker, Komponist u. Bandleader; studierte am Konservatorium von La Habana; gehörte seit frühester Jugendzeit diversen lokalen Musikgruppen an, darunter (1959) der von Miguelito → *Cuní.* V. gründete später eigene Orchester wie *Sabor de Cuba*, in dem Sänger wie Beny → *Moré,* Rolando → *La'serie,* Pío → *Leyva* u. a. zeitweilig als Gesangssolisten wirkten. Bei Panart, Decca, RCA Victor, Gema u. a. entstanden zahlreiche Aufnahmen wie »Sabor« (Guaracha) u. »Rapsodía de cueros«.

Valdés Leal, Felipe
* 6.8.1899 Saltillo (Coahuila), † (?); mexikanischer Musiker, Arrangeur u. Komponist; schrieb eine große Zahl folkloristischer u. populärer Stücke der Formen → *Ranchera,* → *Corrido,* Walzer, Lied u. Bolero, von denen einige in die Musikfolklore Mexikos eingegangen sind, darunter »Hace un año« (1940), »Tú sólo tú« (Ranchera, 1949), »El sube y baja« (Ranchera, 1960; mit Ramón Ortega), »Sea por Dios« (Corrido, 1951) u. »Corrido de Joaquín Murieta« (Corrido).

Valdés, Gilberto
* 21.5.1905 Jovellanos (Matanzas); kubanischer Musiker (Gitarre, Saxophon, Flöte), Arrangeur, Bandleader u. Komponist. V., von Beruf Buchhalter, widmete sich später der Musik; war u. a. musikalischer Direktor des Balletts von Katherine Dunham; leitete ein zeitweilig bestehendes Orchester (*Gran Orquesta Típica Nacional*) und formierte später in La Habana ein eigenes, seinen Namen tragendes Tanzorchester, mit dem er bei Veranstaltungen und Konzerten im Rundfunk auftrat; V. komponierte u. a. die Titel »El botellero« (Pregón), »Brisas del mar tropical« (Bolero) u. »Manguito mangué« (Guaguancó); bei Puchito, Montilla, Mercury u. Palma entstanden Schallplattenaufnahmen.

Valdés, Jesús »Chucho«
* 9.10.1941 Quivicán; kubanischer Musiker (Piano), Arrangeur, Bandleader und Komponist; bekannter Vertreter des kubanischen Jazz; wurde zunächst durch seinen Vater Bebo → *Valdés* und später am Munizipal-Konservatorium unterrichtet. Er entwickelte sich zu einem der gefragtesten Konzertpianisten, schloss sich später verschiedenen Jazz-Formationen an, wurde Mitglied des Orchesters → *Cubana de Música Moderna* u. gründete 1973 die Jazz-Gruppe → *Irakere,* wo ihn Kritiker als einen der weltbesten Jazz-Pianisten würdigten. V. schrieb u. a. die Titel »Misa negra«, »Valle Picadura«, »Niña« u. »Rumbo a la ternidad«.

Valdés, Marta
* 6.7.1934 La Habana; kubanische Sängerin, Gitarristin u. Liedermacherin; studierte u. a. bei Vicente → *González* und Harold Gramatges, trat in Rundfunk, Fernsehen und Kabaretts auf u. schrieb solche bekannten Stücke wie »Tú no sospechas« (Bolero, 1968), »Sorpresa de harina con boniato« (Son montuno), »En la imaginación« (Bolero, 1955) u. »Tú no hagas caso« (Bolero, 1959) sowie Musik für Theaterstücke.

Valdés, Merceditas
* 14.10.1928 La Habana; kubanische Sängerin; bekannte Interpretin afrolateinamerikanischer Volks- u. Populärmusik; wirkte ab 1945 in diversen Orchestern u. Gruppen, darunter denen von Enrique → *González* M. u. Obdulio → *Morales,* unternahm mit der Gruppe von Ernesto → *Lecuona* Auslandstourneen u. produzierte zahlreiche Schallplattenaufnahmen bei Panart, Areito u. a. insbesondere mit afrokubanischen Gebets-Songs (Rezos) der → *Santería,* darunter die Titel »Cocoyé«, »Lacho« u. »Toque y rezo lucumí«.

Valdés Valdés, Miguelito »Señor Babalú«
* 20.9.1916 La Habana, † 6.11.1978 Bogotá; kubanischer Sänger, Musiker (Gitarre, Kontrabass, Tres, Maracas) und Liedermacher; bekannter Vertreter des → *Son cubano* und des → *Bolero (cubano);* musizierte seit frühester Kindheit; trat 1931 dem Son-Sextett *Los Marquesitos* als Sänger u. Kontrabassist bei, ging 1934

zum Sexteto → *Jóvenes del Cayo,* gehörte später den Orchestern → *Casino de la Playa,* Hermanos Castro u. a. an. Zusammen mit Beny → *Moré* u. Antonio → *Machín* gehört V. zu jenem legendären Dreigestirn der kubanischen Populärmusik, das die Entwicklung dieses Genres in Kuba entscheidend beeinflusst hat. Schallplattenaufnahmen (N-78 u. LPs) entstanden u. a. bei Tropical, Tico, Victor, Victrola, Decca, Richmond u. Cariño, darunter die Titel »Dolor cobarde« (Bolero son), »Vienen regando flores« (Conga), »Adioscito« u. »Ronconа« – durchweg Eigenkompositionen. 1940 übersiedelte V. nach New York u. popularisierte in der sich herausbildenden kulturellen Szene → *New York Latino* kubanische Musik; er trat dort auch zusammen mit der → *Sonora Matancera* auf.

Valdés, Vicentico
* 10.1.1921 La Habana, 25.6.1995 New York; kubanischer Sänger u. Bandleader; Bruder von Alfredito → *Valdés;* wirkte ab 1930 im Septeto → *Nacional* und später auch in der → *Sonora Matancera;* danach formierte er ein eigenes Orchester. Auf Schallplatten N-78 u. LPs (u. a. Tico u. Seeco) erschienen zahlreiche Guarachas, Sones, Mambos u. Boleros wie »El vaivén arrullador«, »Seguiré sin tí« u. »Tú mi rosa azul«.

Vale, João de - (eigtl. J. Batista de Vale)
* 11.10.1934 Pedreiras (Maranhão); brasilianischer Sänger und Liedermacher; Vertreter der typischen Musik des Nordostens; gehörte in seiner Heimatregion einer Folkloregruppe des → *Bumba-meu-boi* (Linda Noite) an; siedelte sich 1950 in Rio de Janeiro an, wo er zahlreiche Stücke nordestinischer Volksmusik der Formen → *Xote,* → *Baião,* → *Toada* u. a. wie »Maria Coisa« (Xote), »Voz do povo« (Marcha-rancho, 1965), »Peba na pimenta« (Xote, 1965; mit Adalino Rivero) u. »Sina de Caboclo« (Toada, 1964) schrieb, interpretierte u. auf Schallplatten aufnahm.

Valença, Rosina de - (eigtl. Rosa Canelas)
* 30.7.1941 Valença (Rio de Janeiro); brasilianische Sängerin, Musikerin (Violão) und Liedermacherin; begann ihre Laufbahn 1963 und widmete sich vorwiegend der Interpretation des → *Samba* mit Titeln wie »Samba de minha terra« u. »Reino antigo« (Canção), die auch auf Schallplatten erschienen sind.

Valencia, Hermanos -
ekuadorianisches Vokal- u. Instrumentalduo der folkloristischen Musik, um 1952in Quito durch die Geschwister Olga Beatriz Valencia (Gesang) und Luis Alberto → *Valencia* (Gesang u. Gitarre) gegründet. Unter dem Label Rondador erschienen einige Schallplatten mit Titeln wie »Mi cholita« u. »Tomebamba«.

Valencia Córdova, Luis Alberto »Potolo«
* 23.4.1918 Quito, † 25.10.1970 Quito; ekuadorianischer Sänger, Musiker (Gitarre) und Komponist typischer u. folkloristischer Musik; eine der bekanntesten Persönlichkeiten in der Entwicklung der Musik Ekuadors. V. wirkte bereits als Jugendlicher in diversen Folkloregruppen, bildete später u. a. zusammen mit seiner Schwester ein notables Duett (Hermanas → *Valencia*), gelangte zu großer Popularität durch das von ihm 1942 formierte Dúo → *Benítez – Valencia.* Außerdem hat er eine große Anzahl von Musiktiteln komponiert, darunter »Amor imposible« (albazo), »Te fuiste« (Pasillo) u. »Beso«.

Valencia Nieto, Víctor Manuel
* 24.12.1894 Machachi (Pichincha), † 24.12. 1966 Quito; ekuadorianischer Sänger, Musiker und Komponist folkloristischer Musik. V. schuf einige der meistinterpretierten Stücke Ekuadors, dazu gehören »Vasija de barro« (Danzante), »Dolencias« (Albazo), »Profunda herida« (Yaraví), »Noche de luna« (Pasillo) u. »Osculos« (Pasillo).

Valendo → *Atabaque*

Valente, Assis
* 19.3.1911 Campo do Pólvora (Bahia), † 10.3.1958 Rio de Janeiro; brasilianischer Musiker und Komponist; übersiedelte 1927 nach Rio de Janeiro, wo er eine intensive kompositorische

Tätigkeit (pro Tag ein fertiggestellter Titel) entfaltete; er schrieb u. a. »E o mundo não se acabou« (Samba-choro, 1938), »Brasil pandeiro« (Samba, 1940), »Camisa listada« (Samba-choro, 1938), »Amanhã eu dou« (Samba, 1932) u. »Minha embaixada chegou« (Samba, 1934). Seine Musikstücke wurden z. B. von Carmen → *Miranda,* Carlos → *Galhardo* u. Nara → *Leão* gesungen u. auf Schallplatten aufgenommen.

Valente, Caterina
* 14.1.1931 Paris; deutsch-französische Sängerin, Gitarristin, Tänzerin und Schauspielerin. V., aus einer bekannten Künstlerfamilie stammend, hat ab etwa 1953 auch lateinamerikanische und spanische Musik sowohl in Spanisch und Portugiesisch als auch in Deutsch, Englisch und Französisch gesungen. Sie wurde dabei u. a. durch die Orchester von Edmundo → *Ros* und Kurt Edelhagen bzw. auch durch ihren Bruder Sylvio Francesco begleitet. Zu den auf Schallplatte (London, Decca, Polydor u. a.) aufgenommenen Titeln gehören u. a. »Babalú«, »Malagueña«, »Noche de Ronda« und »Dos cruces«.

Valiente Rodríguez, Ángel Miguel »Angelito«
* 28.2.1916 Ariguanabo, † 21.1.1987 La Habana (San Antonio de los Baños; kubanischer Volkssänger (Trovador) und Liedermacher; bekannter Interpret des → *Punto cubano* bzw. der → *Controversia;* schrieb mit acht Jahren seine ersten → *Décima*-Verse u. entwickelte sich zu einem populären Vertreter ländlicher Volksmusik; seine zahlreichen Titel erschienen z. T. auf Schallplatten (u. a. Duarte), so »Tonadas espirituanas«.

Valiente, Consejo »Acerina« → *Acerina y su Danzonera*

Valle, Joe
* 1922 New York, † 13.11.1980 San Juan; kubanisch-puertorikanischer Sänger populärer Musik. V. hat seine künstlerische Laufbahn um 1939 als Sänger des Orchesters *Siboney de Pepito Torres* begonnen, danach wirkte er in den Formationen von Rafael Muñoz, Miguelito Miranda, Aníbal Herrera und Joe Caín. In New York gehörte er dann ab 1954 dem Orchester von César → *Concepción* an. Unter diversen Labels (Ansonia, Seeco, RCA Victor u. a.) entstanden zahlreiche Schallplatten N78 u. LPs, darunter die Titel »Y« (Bolero), »Lejos de tí« (Bolero) u. »Plena en San Antón« (Plena).

Vallejo, Orlando
* 1917 Arroyo Naranjo; kubanischer Sänger; begann seine Karriere im Son-Sextett *Progreso* seines Heimatortes, danach widmete er sich zwischenzeitlich der Interpretation des Tango in Tanzorchestern, schloss sich später dem Orchester von Belisario → *López* an und entwickelte sich zu einem hervorragenden Interpreten des romantischen → *Bolero*; bei Kubaney u. Panart entstanden mehr als 10 LPs, darunter »Hemos terminado« u. »Vicio de oro«.

Vallenato, Conjunto -
Sammelbezeichnung für eine Volks- u./o. Tanzmusikformation der als *Zona Vallenata* (→ *Música vallenata*) bekannten Region der kolumbianischen Atlantikküste; im engeren Sinne Synonym für eine bestimmte Instrumentenkonfiguration Akkordeon, → *Guacharaca,* → *Caja (vallenata),* ergänzt durch ein doppelfelliges → *Tambor* u. eine bzw. mehrere Gitarren. Das Repertoire besteht vor allem aus Titeln der Formen → *Paseo,* → *Merengue,* → *Cumbia* u. → *Porro;* gegenwärtig ist eine Hinwendung zu modernen Instrumenten (z. B. Elektro-Bass) bzw. Stilformen zu verzeichnen.

Valles, Oscar
* 23.3.1924 Buenos Aires; argentinischer Musiker (Gitarre), Arrangeur und Komponist; wirkte in den Gruppen von Prudencio → *Giménez* (Paraguay), Edmundo → *Zaldívar, Los Manseros de Tulúm, Los Pastores de Abra Pampa* uund, 1953, der Gruppe Los → *Cantores de Quilla Huasi.* V. schrieb zahlreiche Stücke der Formen → *Zamba,* → *Litoraleña,* → *Chacarera,* → *Tonada* u. a., darunter die Titel »Compañera« (Zamba), »El Dominguero« (Rasguido

doble), »Chaco« (Litoraleña) u. »Rumbeando p'al Litoral« (Chamamé).

Valona (Balona)
mexikanisches Tanzlied mit lyrischen, zuweilen satirischen bzw. erotischen Texten; in den Regionen Michoacán u. Jalisco seit der Kolonialzeit verbreitet. Nach einer kurzen Einführung – zumeist durch eine Violine – wird ein Vierzeiler rezitiert, danach setzt die Musik, generell im Rhythmus eines mexikanischen → *Son,* erneut ein u. es folgt der Gesang weiterer Texte. Stets stehen sowohl der rezitierte als auch der gesungene Text im Vordergrund, während die Musik nur sekundäre Bedeutung hat.

Vals (port.: → *Valsa;* engl.: Waltz)
der im XIX. Jh. über Spanien nach Lateinamerika transkulturierte deutsche Walzer; als Paartanz im 3/4-Takt in nahezu allen lateinamerikanischen Ländern noch heute weit verbreitet. Im Laufe der Zeit bildeten sich zahlreiche regionale, meist der kreolischen Musikfolklore zugehörige Varianten heraus, zu denen u. a. der → *Vals peruano* und der → *Vals tropical* gehören. Wurde der V. zunächst überwiegend als Salontanz aufgeführt (ab 1800 in Argentinien u. Uruguay; ab 1815 in Mexiko), fand er später zunehmend Eingang in die Musikfolklore, wo er u. a. durch Gitarre u. Akkordeon interpretiert wird; man unterscheidet rein instrumentale u. gesungene Versionen. Einer der bekanntesten Titel ist »Sobre las olas«, komponiert von Juventino → *Rosas* (Mexiko). Die Bewegung des Neuen Liedes Lateinamerikas benutzte den Walzer häufig, so auch Ángel → *Parra* u.Víctor → *Jara* (beide Chile).

Vals del País → *Pasillo*

Vals incaico (Inca Taki)
durch indianische Komponenten der andinen Region Cusco (Peru) bereicherte Walzer-Variante melodiösen, zum Melancholischen tendierenden Charakters, meist durch → *Quena,* Gitarre und → *Charango* begleitet. Ein bekannter Titel ist »Quenas«, geschrieben von Luis → *Duncker Lavalle.*

Vals larense
in der ländlichen Volksmusik Venezuelas (vorwiegend im Bundesstaat Lara) verbreiteter Walzer, der meist durch das Instrument → *Cuatro* begleitet wird.

Vals Pasaje → *Pasaje*

Vals peruano
peruanische Adaption des kreolischen Walzers (Vals criollo); bekannteste Walzer-Variante Lateinamerikas, die in der Volks- u. Populärmusik Perus eine herausragende Bedeutung hat. Der harmonisch sehr ausgewogene V. p. wird sowohl rein instrumental als auch gesungen interpretiert; seine Verbreitung vollzog sich nach 1922, wobei diese stets auf das Gebiet von Lima konzentriert war u. ist; darüber hinaus fand diese Form Eingang in die Populärmusik der meisten Länder Lateinamerikas. Bekannte Komponisten wie Felipe → *Pinglo* (mit »Plebeyo«), Felipe Coronel Rueda (mit »Estrellita del Sur«), Chabuca → *Granda* (mit »La flor de la canela«) u. Alicia → *Maguiña* (mit »Viva el Perú y sereno«) schufen Stücke mit außerordentlicher Popularität.

Vals tropical
in verschiedenen Ländern Lateinamerikas (u. a. Kuba, Kolumbien) entstandene Walzer-Variante, die jeweils regionaltypische Komponenten aufnahm bzw. das Basismodell für neue Tänze wie z. B. den → *Pasillo* bildete.

Valsa
portugiesisch-brasilianische Variante des Walzers, war zunächst ein reiner Salontanz, wurde später im Bereich der urbanen Volksmusik sehr populär, ist heute jedoch nur noch in der ländlichen Volksmusik einiger Gebiete im Landesinnern (u. a. Nordosten u. Rio Grande do Sul) verbreitet; meist durch Akkordeon (Sanfona) und Gesang begleitet.

Valse → *Vals*

Valseado
in der Volks- und Populärmusik der argentinischen Regionen Corrientes u. Misiones, später auch in Paraguay verbreitete Tanzform; eine Kombination von Elementen des Walzers mit solchen der Polka bzw. ihrer regionalen Abarten. Die Instrumentierung des V. entspricht der des → *Chamamé;* interpretiert wird er zumeist durch Gruppen der → *Música litoraleña.*

Van Van, Orquesta Los -
kubanisches Tanzorchester; 1970 durch den Musiker Juan → *Formell* in La Habana gegründet. Die Formation experimentierte auf der Suche nach neuen stilistischen Ausdrucksmitteln mit der Synthese von traditioneller kubanischer Tanzmusik u. moderner internationaler Pop Music. Heute interpretiert die Formation im wesentlichen Stücke der Mischform → *Salsa,* die sich am Klangbild der Populärmusik innerhalb der kulturellen Szene → *New York Latino* orientieren. Gastspielreisen führten die Gruppe durch Amerika u. Europa; unter verschiedenen Labels (meist Areito) wurden zahlreiche LPs produziert, darunter die Titel »Yuya Martínez«, »Qué palo es eso« u. »TV a color«.

Vandré, Geraldo
* 12.9.1935 João Pessoa (Paraíba); brasilianische Sänger u. Liedermacher; Autor zahlreicher Protestsongs, die häufig verboten wurden. Seine Komposition »Disparada« wurde Siegertitel des 1. Brasilianischen Liederfestivals (Rio de Janeiro, 1969); weitere bekannte Stücke sind »Pra não dizer que não falei de flores« u. »Aroeira«. Bei Odeon, Som Maior u. a. entstanden einige LPs; Gastspielreisen führten ihn durch Lateinamerika u. Europa, darunter Deutschland u. Italien.

Vanerão
Variante des brasilianischen → *Fandango (4);* als Volkstanz in ländlichen Regionen des Bundesstaates Rio Grande do Sul, wo er zur sog. *Música galponeira* (eine durch Gauchos getragene Volksmusik) gehört, aufgeführt.

Vapí (Vatapí)
indobrasilianische Vertikaltrommel der Silvícolas-Indianer; aus einem ausgehöhlten Baumstamm hergestellt u. mit einer Tierhaut bespannt.

Vaquerada
Bezeichnung für den monotonen Gesang der Viehhirten (Vaqueros; von vaca = Kuh, span.) in einigen lateinamerikanischen Ländern. (→ *Vaquería*)

Vaquería (V. yucateca)
Volksfest, dessen Ursprung in der Viehzählung bzw. -markierung (Marcación = Einbrennen von Eigentumskennzeichen auf das Tierfell) liegt und z. B. in Yucatán (Mexiko) begangen wird. Der eigentliche Tanz beginnt damit, dass der Tänzer seine Partnerin einlädt, sie ins Zentrum der Tanzfläche führt, wo sie im Kreis anderer Tänzerinnen solange verbleibt, bis ein → *Bastonero* die Paare einweist; jeder Tanz wird mit einer → *Bomba (3)* beendet, die in oftmals burlesker Form auf Anwesende Bezug nimmt; der in der V. zur Aufführung gelangende Tanz ist die → *Jarana (1).*

Varadero, Festival de -
ein in Varadero (Kuba) stattfindendes internationales Festival der populären Musik; 1967 erstmals veranstaltet. Eine Rekordbeteiligung brachte 1987 mit 760 teilnehmenden Interpreten, davon 528 aus Kuba.

Varela, Héctor (eigtl. Salustiano P. Varela)
* 20.1.1914 Buenos Aires, † 30.1.1987 das; argentinischer Musiker (Bandoneón), Komponist, Arrangeur u. Bandleader; bekannter u. populärer Vertreter des → *Tango.* V. begann seine Musiker-Karriere 1930 als Bandoneonist der Gruppe von Salvador Grupillo, 1934 trat er dem Orchester von Juan → *D'Arienzo* bei. In der Folgezeit als Solist wirkend, begleitete er Sängerinnen u. Sänger wie Libertad → *Lamarque,* Ti-

ta Merello, Roberto Zorrillo u. Eduardo Pereyra. 1939 organisierte er ein eigenes Typisches Orchester, das seinen Namen trug u. mit dem er diverse Schallplattenaufnahmen produzierte, darunter die aus seiner Feder stammenden Tangos »Cantomanía«, »Don Orlando« u. »Lilián«.

Vargas Lizano, Chavela (Chabela, Isabel)
* 17.04.1919 Costa Rica (Guerrero); mexikanische Sängerin typischer u. populärer Musik; Interpretin von Rancheras u. Canciones. V. begann ihre Karrierre nach 1952 in einem eigenen Stil, den sie 25 Jahre beibehielt und der ihr große Popularität einbrachte; 1961 erschien ihre erste Schallplatte. Durch hohen Alkoholkonsum konnte sie ihren zahlreichen Gastspielverträgen nicht mehr nachkommen u. es wurde still um sie. 1993, inzwischen in Spanien lebend, gelang ihr die Rückkehr zu künstlerischen Aktivitäten u. sie nahm danach drei CDs auf, von denen eine auch in Detuschland erschien. Unter ihren frühen Aufnahmen, speziell durch das *Cuarteto Lara Foster* begleitet, befinden sich »Desdeñosa«, »Un mundo raro«, »Golondrina viajera« und »Adiós paloma«, letzterer Titel von ihr selbst geschrieben.

Vargas Mata, Pedro »El Tenor Continental«
* 27.6.1914 San Miguel Allende (Guanajuato), † 20.10.1989 México-Stadt; mexikanischer Sänger u. Pianist; in ganz Lateinamerika bekannter Sänger; studierte von 1924 – 26 am Nationalkonservatorium in México-Stadt; debütierte 1928 als Opernsänger u. widmete sich später der Populärmusik; sang zunächst beim Orchester von Miguel → *Lerdo de Tejada* u. danach u. a. bei den Mariachi → *Vargas de Tecalitlán;* trat im Duett u. a. mit Jorge → *Negrete,* Libertad → *Lamarque* u. Alfonso → *Ortiz Tirado* auf; hervorragender Interpret der Lieder von Agustín → *Lara* bzw. des → *Bolero ranchero.* V. wirkte in mehr als 40 Filmen mit, gab Konzerte in aller Welt u. produzierte eine große Zahl von Schallplattenaufnahmen (Labels Victor bzw. RCA Victor), darunter die Titel »Quiéreme mucho«, »Ella«, »Santa« u. »Mujer«.

Vargas Colmán, Ramón
* 31.8.1925 Tebicuarymí Alonsocué (Dpto. de Ybytymí); paraguayischer Sänger, Gitarrist u. Liedermacher; bildete 1952 zusammen mit Andrés → *Cuenca Saldívar,* das bekannte Dúo → *Vargas - Saldívar.*

Vargas de Tecalitlán, Mariachi -
mexikanische Vokal- u. Instrumentalgruppe des Typs → *Mariachi;* am 15.1.1898 in Tecalitlán (Jalisco) durch den Musiker Gaspar Vargas (1881 – 1969) als *Mariachi Monumental* gegründet; ab 1932 durch dessen Sohn Silvestre Vargas geleitet. Die Formation zählt zu den vor allem im Ausland bekanntesten Interpreten mexikanischer Musik. Die Gruppe begleitete namhafte Sänger wie Antonio → *Aguilar,* Jorge → *Negrete,* Lola → *Beltrán,* Pedro → *Vargas* u. v. a. Waren es anfänglich Stücke aus der regionalen Musikfolklore wie → *Son jalisciense* u. → *Serenata,* kamen später die → *Ranchera* u. – aus rein kommerziellen Erwägungen – ab etwa 1960 ausländische Formen bis hin zu Arrangements europäischer ernster Musik (Mariachi Sinfónico) hinzu. Bei Victor bzw. RCA Victor u. Peerless entstanden zahlreiche Schallplattenaufnah-

Dúo Vargas – Saldívar – LP »El Disco de Oro del Dúo Vargas – Saldívar« – Amambay LP-352 (1975)

men, darunter die Titel »Cielito lindo«, »Allá en el rancho grande«, »Ella«, »Malagueña« u. »Cielito lindo huasteco«.

Vargas - Saldívar, Dúo -

paraguayisches Vokal- u. Instrumentalduo; 1952 in Asunción durch Ramón → *Vargas Colmán* u. Andrés → *Cuenca Saldívar* (1926 – 1986) gegründet; interpretierte paraguayische Volksmusik u. gehörte zu den populärsten Vertretern des ländlichen paraguayischen Liedes. 1958 erschien bei Columbia die erste LP, der zahlreiche weitere u. a. bei Music Hall folgten; erfolgreiche Titel des bis 1986 bestehenden Duos waren »Musiqueada jazmín guype«, »Lidia mía« u. »Co ape che avyare«.

Variación

Variation; sowohl in der ernsten als auch in der populären Musik Lateinamerikas verbreitet; besondere Bedeutung erlangten instrumentale *Variaciones* auf bestimmten Instrumenten wie Harfe (Arpa), → *Quena,* Piano, Violine oder → *Charango.*

Varillas Talaviña, Rómulo

* 7.7.1925, † 31.3.1998; peruanischer Sänger, Gitarrist u. Komponist kreolischer Populärmusik; bekannter Schöpfer u. Interpret des → *Vals peruano.* Unter seinen Kompositionen, die er auch selbst auf Schallplatte (Label Odeon) herausbrachte, befinden sich die Walzer »Alicia« (der Sängerin Alicia → *Maguiña* gewidmet), »Mujer interesada« u. »Víbora«.

Varín

von seinem volltönenden Effekt her dem Instrument → *Botijuela* ähnlicher Klangkörper; aus dem Abschnitt eines Bambustriebes hergestellt, mit zwei Löchern versehen u. wie die Botijuela gespielt. Das kuriose Instrument soll um 1920 durch den kubanischen Musiker Loutfrido González erfunden und zur Begleitung des → *Son cubano* benutzt worden sein.

Varsoviana

lateinamerikanische Variante des im XIX. Jh. in Europa populären Salontanzes Varsovienne, eine Unterart der Mazurka; die u. a. in Kolumbien (Nueva Granada) u. Mexiko (Nueva España) weit verbreitet war.

Vasallo

Bezeichnung für den von einem Chor gesungenen Teil in afrokubanischen Kultgesängen; gleichermaßen auch der Refrain-Gesang im → *Guaguancó* Kubas.

Vásquez Vásquez, (María de) Jesús »Reina de la Canción Criolla«

* 20.12.1922 Pachacamilla (Lima); peruanische Sängerin populärer u. folkloristischer Musik; hervorragende Interpretin des → *Vals peruano,* spezialisiert auf Kompositionen von Felipe → *Pinglo Alva.* V. gewann 1939 einen Ausscheid des Kreolischen Liedes in Lima, in dessen Folge ihre professionelle Karriere begann. In Buenos Aires entstanden ihre ersten Rundfunk- u. Schallplattenaufnahmen (bei Odeon), außerdem trat sie in einigen Spielfilmen als singende Schauspielerin sowie in Shows und Fernsehprogrammen auf. Die mit dem »Sonnenorden« ausgezeichnete Interpretin sang u. a. die Titel »Plebeyo«, »Hermelinda« u. »Clavel marchito«

Vatapí → *Vapí*

Vaudou → *Vodú*

Vázquez, Nelly Berta

* 1.1.1940 Morón (Prov. Buenos Aires); argentinische Sängerin des → *Tango;* studierte Gesang bei Eduardo Bonessi u. Marta Constante; sang zunächst lyrische Lieder u. wandte sich später dem Tango zu; u. a. wirkte sie bei Astor → *Piazzolla* (1961/62), wo sie z. B. die Titel »Bandoneón arrabalero« u. »María« aufnahm; später bei Mariano → *Mores* u., 1977, im Typischen Orchester von Osvaldo → *Pugliese.* Zwischenzeitlich sang sie auch in Uruguay, Chile, Kolumbien, Peru u. Ekuador. Auf LPs erschienen u. a. die Titel »Milonguita« u. »Vieja Madrid« sowie »Barrio de Tango«.

Vega Matus, Alejandro
* 1875 Masaya, † 1937 das.; nikaraguanischer Musiker, Arrangeur, Bandleader u. Komponist; gründete ein seinen Namen tragendes Orchester der Populärmusik, das, mit anderen Direktoren, heute noch besteht und schrieb zahlreiche Stücke der Formen Walzer, Mazurka, Son, Villancico sowie religiöse Messen, darunter die Titel »Filomena«, »Lila« u. »Cascada de perlas«.

Vega, Amalia de la - »La Veterana del Folklore«
uruguayische Sängerin u. Liedermacherin; gilt als Klassikerin der ländlichen Volksmusik (→ *Música campesina*) Uruguays; sang vorwiegend Titel der Formen → *Milonga* und Canción uruguaya, darunter »Historia del Tacuarí«, »El Truco« (Eigenkompositionen) u. »Mate amargo« (Milonga uruguaya). Auf Schallplatten (Label Antar) sind Stücke ihres Repertoires veröffentlicht worden.

Vega, Carlos
* 14.4.1898 Cañuelas, † 10.2.1966 Buenos Aires; argentinischer Folkloreforscher, Musikologe und Publizist; studierte an der Universität von Buenos Aires und bei Gilardo Gilardi; widmete sich folkloristischen Studien u. verfasste einige Bücher wie »La música popular argentina« (1941), die zu den meistzitierten Werken auf dem Gebiet der argentinischen Musikfolklore gehören. Eine Schallplattenserie mit von ihm hergestellten Feldaufnahmen folkloristischer Musik verschiedener Regionen Argentiniens erschien bei Odeon.

Vega Enríquez, Justo »El Poeta Cumbre«
* 6.8.1909 San Antonio de Cabezas (Matanzas), † 13.1.1993 La Habana; kubanischer Sänger u. Liedermacher; bekannter Vertreter der → *Música campesina;* sang vor allem Titel der Formen → *Guajira* u. → *Punto cubano;* übersiedelte 1924 nach La Habana, wo er später über längere Zeit in Rundfunkprogrammen – sehr oft auch im Duett mit Adolfo → *Alfonso* – auftrat. Schallplattenaufnahmen entstanden u. a. bei Areito, darunter die Titel »Cualquier cubano im-

Carlos Vega (rechts) dokumentiert ein Folklore-Dúo aus Entre Ríos

provisa«, »Controversia« u. »El poeta receloso«.

Vegabajeño, Trío -
puertorikanisches Vokal- u. Instrumentaltrio; 1943 in Vega Baja durch Fernando Álvarez (Gesang u. Gitarre), Benito de Jesús (Gesang u. Gitarre) und Octavio González (später Pepito Maduro) gegründet; interpretierte vorzugsweise Titel der landestypischen Formen → *Plena,* → *Aguinaldo* u. Bolero; produzierte u. a. bei Colonial, Marvela, RCA Victor u. Ansonia zahlreiche Schallplattenaufnahmen, darunter die Titel »En mi viejo San Juan«, »Silencio«, »Tristeza de Navidad« u. »Tú y yo«.

Veiga, Jorge (eigtl. J. de Oliveira Veiga)
* 14.4.1911 Rio de Janeiro; brasilianischer Sänger und Liedermacher; wirkte zunächst als Bananenverkäufer; sang ab 1934 beim Sender Rádio Educadora, V. ging 1942 nach São Paulo, wo er der Künstlergruppe des Senders *Rádio Tupi* als Sänger beitrat. Sein Gesangsstil erinnert an den von Sílvio → *Caldas;* bei Victor bzw. RCA Victor, Copacabana u. a. erschienen Aufnahmen wie »Isto é bom« u. »Sai da raia«.

Velación (Trauung, span.)
die Zeremonien der Eheschließung; in einigen lateinamerikanischen Ländern und Regionen mit volksfestartigen Veranstaltungen einhergehend, mit speziellen, meist der anonymen Musikfolklore zugehörigen Liedern u. Tänzen, z. B. → *Parabien,* verbunden.

Velancico
eine nikaraguanische Variante des → *Villancico;* in der ländlichen Musikfolklore weitverbreitet.

Velásquez Vidal, Marcos
* 3.6.1939 Montevideo; uruguayischer Sänger, Gitarrist und Liedermacher; gehört zu den Initiatoren der Bewegung des Neuen Uruguayischen Liedes; schrieb u. interpretierte seit etwa 1962 Volkslieder u. sozialkritische Songs wie »La Rastrojera«, »Polka infantil« u. »El Artiguista«, die auf LPs der Labels Orfeo, Philips u.

Marcos Velásquez in Paris

Temps Prèsent erschienen sind. V. lebte u. wirkte während der Zeit der Militär-Junta im Exil (Frankreich), beteiligte sich an einigen Liedfestivals u. bereiste lateinamerikanische Länder wie Chile, Peru u. Kuba, wo er u. a. in Fernsehprogrammen u. öffentlichen Konzerten auftrat.

Velázquez de Rivera Conde, Consuelo »Chelo«
* 21.8.1920 Ciudad Guzmán (Jalisco); mexikanische Pianistin, Arrangeurin u. Komponistin; eine der bekanntesten Vertreterinnen der zum Modernen tendierenden Populärmusik Mexikos; studierte ab ihrem 9. Lebensjahr an der Bildungseinrichtung des Palastes der Schönen Künste (*Palacio de Bellas Artes*) Piano; 1968 wurde sie zur Präsidentin des Mexikanischen Komponistenverbandes gewählt. Ihre 1941 entstandene Komposition »Bésame mucho« (Bolero) ist bis heute eines der meistgespielten Stücke der lateinamerikanischen Musik; ferner schrieb sie solche bekannten Titel wie »Cachito« (Merecumbé, 1957), »Que seas feliz« (Bolero, 1956) u. »Qué divino!« (Bolero, 1951). Bei RCA Victor erschien 1954 eine bemerkenswerte LP mit mexikanischen Stücken, von ihr auf dem Piano gespielt.

Velha Guarda, A - (die Alte Garde, port.)
brasilianische Vokal- und Instrumentalgruppe der urbanen Populärmusik, 1954 in São Paulo mit hervorragenden Musikern wie Alfredo da → *Rocha Viana »Pixinguinha«,* Ernesto Joaquím dos → *Santos »Donga«,* João da → *Baiana,* Benedito → *Lacerda,* Ismael → *Silva* u. a. organisiert; in einigen öffentlichen Veranstaltungen des sog. Festes der Alten Garde (Festa da Guarda Velha) wurden traditionelle Musizierstile u. altbekannte Musikstücke der Formen → *Samba,* → *Marchinha* u. → *Choro* reaktiviert; bei Sinter erschienen einige LPs mit Titeln wie »Nosso ranchinho« u. »Já te digo«; 1958 löste sich die für die brasilianische Populärmusik wichtige Gruppe wieder auf.

Velorio (Canto/Danza de Velorio, Sentinela)
Allgemeinbezeichnung der bei der Totenwache für verstorbene Familienmitglieder intonierten, religiös inspirierten Gesänge und aufgeführten Tänze; eine besondere Art des V. stellt der beim Ableben von Kleinkindern gesungene → *Angelito* dar; das Liedgut entstammt meist der anonymen Musikfolklore.

Veloso, Caetano
(eigtl. C. Emmanuel Vianna Telles Veloso)
* 7.8.1943 Santo Amaro da Purificação (Bahia); brasilianischer Sänger, Musiker und Liedermacher; einer der bekanntesten, vielseitigsten u. produktivsten Vetreter der Bewegung des Neuen Brasilianischen Liedes (*Nova Canção Brasileira*); rief 1967 zusammen mit Gilberto → *Gil* die avantgardistische Bewegung des → *Tropicalismo* ins Leben u. gehört zu den Initiatoren der → *Bossa Nova.* V. begann ab 1959 mit der Komposition u. Interpretation von Liedern verschiedener Genres u. vorwiegend Balladen, trat ab 1964 in Fernsehsendungen zunächst in São Salvador, später in Rio de Janeiro auf; 1966 erschien seine erste LP »Domingo«. 1969 musste V. aus politischen Gründen Brasilien verlassen (Exil in London); 1971 kehrte er zurück und setzte seine Aktivitäten fort; er widmete sich einer regen kompositorischen Tätigkeit; bei Philips entstanden zahlreiche LPs, darunter die von ihm verfassten Titel »Alegria alegria«, »Pássaro proíbido«, »Os Argonautas«, »Sol negro«, »Clara«, »Paisagem inútil«, »É de manhã« u. »Objeto não identificado«.

Veloz, Ramón
* 16.8.1927 La Habana, † 17.8.1986 das.; kubanischer Sänger; bekannter Vertreter der ländlichen Volksmusik (Música campesina) und des romantisch-trovadoresken Gesangs; sang seit frühester Jugend vorwiegend Stücke der Formen → *Guajira* u. → *Son Montuno,* später auch Romanzen u. Tanzlieder, zuweilen auch im Duett mit seiner Ehefrau Coralia → *Fernández.* Unter verschiedenen Labels (u. a. Kubaney, Velvet u. Panart) entstanden zahlreiche Schallplattenaufnahmen, darunter die Titel »Voy pa' Los Hoyos«, »Linda guajira«, »Santa Cecilia« u. »La Bayamesa«. Verdienste erwarb sich V. auch als Koordinator des Volksmusik-Programms

»Rincón Criollo« des Senders CMQ (La Habana).

Venadito (kleiner Hirsch, span.)
Tanzspiel der Kinder in El Salvador, durch eine Trommel u. eine Flöte begleitet; geht auf indianische Traditionen zurück.

Venado, Danza del - (Baile del V., Venado)
dramatischer Volkstanz indianischer Völker Nordamerikas, u. a. der Yaqui-Indianer des mexikanischen Bundesstaates Sonora; anlässlich der → *Pascola*-Feste nach langjährig tradiertem Ritus aufgeführt; Begleitinstrumente sind Flöte, Trommel, → *Raspador,* Violine u. Harfe sowie von den Tänzern in den Händen gehaltene Rasseln; V.-Tänze werden darüber hinaus auch durch Indianer weiterer Teile Mexikos, in Guatemala u. einigen zentralamerikanischen Ländern aufgeführt.

Ventaja
Variante des dominikanischen → *Merengue;* in der Region von Ciba verbreitet.

Vera, María Teresa
* 6.2.1895 Guanajay, † 17.12.1965 La Habana; kubanische Volkssängerin (Trovadora), Gitarristin und Liedermacherin; bekannte Vertreterin der kubanischen → *Trova;* hatte 1911 in La Habana ihren ersten öffentlichen Auftritt. V. bildete Duos u. a. mit Rafael Zequeira (von 1916 – 1924), Miguelito García und Lorenzo → *Hierrezuelo* (von 1937 – 1962). Erste Schallplatten entstanden um 1914 (Labels Columbia, Victor, Pathé; später Kubaney, Guama u. a.), darunter die Titel »Esta vez tocó perder« (Bambuco, 1914), »Veinte años« (Bolero, 1930), »Cara a cara« (Bambuco, 1939) u. »Sólo pienso en tí« (Canción, 1943). 1944 erfolgte durch den Kubanischen Komponistenverband eine Auszeichnung als »Beste Sängerin des folkloristischen Genres«; 1947 wurde sie Mitglied der Vereinigung der Trovadores Kubas.

Verso
1. generelle Bezeichnung für den gesungenen Teil einer musikalischen Darbietung (Text). 2. Lied narrativen Charakters in einigen Ländern Lateinamerikas, z. B. Chile, wo die Volkssängerin Violeta → *Parra* ihre poetischen Lieder häufig so bezeichnete. Im allgemeinen stellt der V. eine gereimte, in rhythmisches Maß (Versmaß) gesetzte Poesie dar, die in zwei grundlegenden Formen, → *A lo humano* u. → *A lo divino,* existiert.

Víbora
zu den dramatischen Tänzen Mexikos gehörende Form, neben dem → *Venado* zu den wichtigsten → *Pascola*-Tänzen zählend; am Johannistag (Día de San Juan, 24.6.) sowie am »Gloria-Samstag« aufgeführt; eine wesentlich einfachere Variante ist als reiner Kindertanz konzipiert.

Vicky (eigtl. Esperanza Acevedo Ossa)
* 11.11.1948 Palmira (Valle); kolumbianische Sängerin und Liedermacherin; trat 1965 erstmals öffentlich auf, gewann auf dem Liederfestival von Villavicencio 1972 den 2. Platz; ihre erste LP erschien 1965; von ihren zahlreichen Liedern wurde »Las cuatro estaciones« sehr populär.

Víctor, Orquesta Típica -
argentinisches Tango-Orchester; 1925 in Buenos Aires durch die Schallplattenfirma Victor Argentina organisiert. Aufgabe des auf künstlerisch hohem Niveau stehenden Orchesters war es, bekannte Gesangssolisten bei ihren Schallplattenaufnahmen zu begleiten. Allerdings wurden auch instrumentale Aufnahmen eingespielt, die sich ebenfalls guter Nachfrage erfreuten. In der ersten Besetzung gehörten dem Orchester folgende Musiker an: Luis Petrucelli, Nicolás Primiani u. Ciriaco Ortiz (Bandoneones), Vicente Gorrese »Kalisay« (Paino), Humberto Constanzo (Kontrabass), Elvino Vardaro, Antonio Buglione, Manlio Francia u. Nicolás di Massi (Violinen). Später, ab 1931 nannte sich das Orchester auch *Orquesta Porteña.* Interessante Aufnahmen sind u. a. die Titel »La guiñada«, »Dominio« u. »Sueño«.

Victoria, Cuarteto -
puertorikanisches Gesangs- und Instrumentalquartett; 1939 in San Juan durch Rafael → *Hernández,* Pepito Arvelo, Pedro Ortiz Dávila (später durch Bobby → *Capó* ersetzt) u. Myrta → *Silva* (Sängerin) formiert. Die Gruppe interpretierte landestypische und populäre Musik, unternahm ausgedehnte Reisen durch Lateinamerika u. produzierte zahlreiche Schallplatten.

Vidala
in seiner Verbreitung im wesentlichen auf das Territorium Argentiniens beschränktes mestizisches Lied folkloristischen Charakters, in getragenem, zum Melancholischen tendierenden Rhythmus im 3/4- oder 3/8-Takt. Die V. wurde nach 1900 populär und gehört zu den schönsten argentinischen Volksgesängen mit hoher lyrischer Ausdruckskraft; zuweilen auch in Bolivien, Chile u. Uruguay interpretiert. Begleitinstrumente sind Gitarren u. die Basstrommel → *Bombo;* in folkloristischen Versionen hat gegenwärtig auch das Piano an Bedeutung gewonnen. Die meisten Titel werden gesungen, es gibt aber auch rein instrumentale Stücke. Eine ebenfalls weitverbreitete Variante ist die → *Vidalita.* Bekannte Interpreten sind Atahualpa → *Yupanqui,* José → *Larralde,* Jorge → *Cafrune* u. die Gruppe Los → *Fronterizos.* → *Baguala*

Vidalita
Variante der → *Vidala*; lyrisches Lied im 2/4- oder 3/8-Takt, dessen Thematik im wesentlichen Trennung, Abschied oder Erinnerung ist und dessen Texte aus sechssilbigen Vierzeilern (Cuartetas) bestehen, wobei nach jedem Vers das Wort »Vidalita« eingeschaltet wird. Zentrum der Verbreitung der V. ist die Region von Santiago del Estero (Argentinien), sie ist jedoch auch in ländlichen Gegenden Uruguays populär.

Vidalita del Carnaval
1. regional gebrauchte Bezeichnung für den Volkstanz → *Carnaval* in einigen Gebieten Argentiniens wie Tucumán, Catamarca u. La Rioja. 2. Variante der → *Vidalita.*

Vidé
Volkstanz ländlicher Regionen der francokaribischen Inseln Martinique u. Guadeloupe.

Vieco Ortiz, Carlos
* 14.3.1904 Medellín, † 1979 das.; kolumbianischer Musiker (Kontrabass), Arrangeur und Komponist; studierte bei Jesús Ariola u. Eusebio Ochoa; gehört zu den profiliertesten und mit ca. 2000 hinterlassenen Titeln zu den produktivsten Komponisten seiner Region; er schrieb u. a. die Titel »Atardecer« (Pasillo), »Hacia el Calvario« (Pasillo) u. »Honda pena« (Bambuco). 1971 erhielt er für sein kompositorisches Schaffen den Orden »Stern von Boyacá«.

Viejitos, Danza de los - (Tanz der Greise, span.) lustiger mexikanischer Volkstanz des Staates Michoacán, an dem zwischen 12 u. 20 Personen beteiligt sein können, die als »Alte« (Viejitos) verkleidet sind, große Hüte tragen u. mit burlesken Bewegungen u. Gesten das Publikum erheitern. Zur Begleitung spielen kleine Gruppen (Gitarre, Violine u. → *Jarana (2))* bzw. Orchester.

Viejo Pancho, El - (eigtl. José Alonso y Trelles) * 1857 Rivadeu (Galicia), † 1924 Montevideo; spanisch-uruguayischer Volkssänger (Payador) und Liedermacher; interpretierte die von ihm verfassten kreolischen Volkslieder stets in der für seine galizische Heimat typischen Form; oft trat er im Duett mit Elías Regules auf; besonders bekannt wurden seine Lieder »Guitarra bendita« u. »Hopa, hopa, hopa«; letzteres Stück sang später auch Carlos → *Gardel.*

Viejos, Baile de los -
(Tanz der alten Männer, span.)
auf Volksfesten vorgetragener salvadorenischer Tanz; zur Musikfolklore gehörend. Die Dorfältesten tanzen zum Klang von Flöten u. Trommeln einen → *Torito (1);* jeder Tänzer singt eine → *Relación* von bittendem, zuweilen auch erotischem Charakter. In diesem Tanz haben sich kreolisches u. indianisches Brauchtum vermischt; seine Verbreitung ist stark rückläufig.

Vierge des Miracles (auch: Nôtre Dame du Mont Carmel, Wundertätige Jungfrau, franz.)
eines der weitaus bekanntesten u. populärsten Volksfeste Haitis; zwischen dem 13. u. 16.7. unter breiter Anteilnahme insbes. der afrohaitianischen Bevölkerung aufgeführt; eine bedeutsame Synkretisation von Elementen der katholischen Religion mit denen des → *Vodú*-Kultes darstellend. Musikkapellen (sog. Bandes) sorgen für die zu den Umzügen und Feiern übliche Musik u. den Gesang.

Vigil y Robles, Eduardo
* 1873 (?), † 15.12.1945 México-Stadt; mexikanischer Sänger, Musiker, Arrangeur, Bandleader und Komponist; war ab 1924 in New York als Künstlerischer Direktor der Abt. Lateinamerika der Plattenfirma Victor tätig; kehrte 1933 nach Mexiko zurück, wo er im gleichen Jahr ein Orchester der Populärmusik organisierte, dessen Leitung ihm oblag u. das u. a. für den Sender XEW musizierte; er schrieb viele Musikstücke wie »La Norteña« (Polka, 1920; Text: J. Elizondo), »Adiós trigueña mía« (Canción, 1922) und »Pompas ricas«.

Viglietti, Daniel
* 24.7.1939 Montevideo; uruguayischer Volkssänger, Gitarrist und Liedermacher (Cantautor); profunder Kenner der Musikfolklore Uruguays; eine der bekanntesten Künstlerpersönlichkeiten Lateinamerikas; zu den Begründern der Bewegung des Neuen Uruguayischen Liedes gehörend, dessen Stücke, z. B. »A desalambrar«, »Canción para mi América«, »Por todo Chile«, »Dále tu mano al Indio« u. »Vamos estudiantes« in weiten Teilen Lateinamerikas Popularität erlangten und sehr oft interpretiert wurden. V. studierte ab 1958 am Nationalkonservatorium in Montevideo u. gab später vielbeachtete Gitarrenkonzerte, sang u. spielte in Theatern, in Rundfunk u. Fernsehen, Schulen u. Kulturzentren, wobei er sich stets dem Lied mit sozialer Aussage bzw. dem Protestsong widmete. 1972 wurde er inhaftiert und seine Lieder in Uruguay verboten, V. ging ins Exil (Paris) und setzte seine Aktivitäten dort fort, 1985 kehrte er nach Uruguay zurück. Seit 1963 produzierte er unter verschiedenen Labels (Orfeo, Le Chant du Monde, Odeon, Paredon, Pläne, Diapasón u. a.) zahlreiche LPs, gab Konzerte in vielen Ländern

Oben: Daniel Viglietti – LP »¡A desalambrar!« – Paredon P-1011 (1973) / Unten: Daniel Viglietti bei einem Konzert (Photo: Alejandro Stuart)

Lateinamerikas u. Europas u. nahm an diversen Festivals teil.

Vigüela
regionale Variante des Instruments → *Tiple* mit 10 Saiten; in der ländlichen Volksmusik Puerto Ricos in abnehmender Tendenz gespielt.

Vigulín
Bezeichnung für die Violine im ländlichen Sprachgebrauch weiter Teile Lateinamerikas.

Vihuela
1. der Gitarre ähnliches Saiteninstrument, in der folkloristischen u. populären Musik verschiedener lateinamerikanischer Länder benutzt, u. a. in Mexiko, wo sie als fünf- oder mehrsaitige Gitarre in Michoacán bzw. durch die → *Mariachi* gespielt oder in Puerto Rico, wo sie als zehnsaitiges Instrument in der ländlichen Volksmusik verwendet wird. 2. Unter der Bezeichnung »Vihuela« wurden in Spanien vom XIII. bis zum XVI. Jh. allgemein die als Vorläufer der heutigen Gitarre (→ *Guitarra*) geltenden Saiteninstrumente zusammengefasst.

Vila, Martinho da - (eigtl. M. José Ferreira)
* 12.2.1938 Duas Barras (Rio de Janeiro); brasilianischer Sänger, Musiker, Arrangeur, Bandleader und Liedermacher, namhafter Interpret u. Schöpfer eines unverfälschten, in seinen Texten lebensnahen → *Samba.* V. begann seine Karriere um 1955, wurde Mitglied einer Samba-Schule (→ *Escola de Samba*), schrieb u. sang Sambas, die große Popularität erlangten, darunter die Titel »Casa de Bamba« (1969), »Tom Maior« (1968), »Iaiá do cais dourado« (1969) u. »Iemanjá, desperta« (1977), die auf insgesamt 18 LPs (bis 1887) überwiegend bei RCA Victor veröffentlicht wurden.

Vilão
brasilianischer Volkstanz, Variante der Danza de las → *Cintas;* bis zu Beginn des XX. Jh. im Süden von Minas Gerais, in São Paulo, Santa Catarina und in Küstenregionen aufgeführt.

Villa Villa, Abel Antonio
* 1.10.1924 Piedras de Moler (Magdalena); kolumbianischer Sänger, Musiker (Akkordeon), Arrangeur und Liedermacher; erlernte mit 9 Jahren, sich an seinem Vorbild Gilberto Bermúdez orientierend, das Akkordeonspiel und gilt als Mitinitiator eines heute als »klassisch« bezeichneten Interpretationsstils der → *Música vallenata.* Zusammen mit seiner Gruppe (Akkordeon, 2 Gitarren, → *Guacharaca*) nahm er 1944 (bei Odeon) seine ersten Titel auf »Yo tengo mi candelario« u. »La pobre negra mía«; später folgten zahlreiche LPs. Zu seinen Kompositionen – Paseos, Merengues – zählen u. a. die Titel »El Resucitado«, »Remolino de oro« u. »Soy de la montaña«.

Villa-Lobos, Heitor »Tuhu«
* 5.3.1887 Rio de Janeiro, † 17.11.1959 das.; brasilianischer Musiker (Violão, Cello u. a.) und Komponist ernster u. populärer Musik; vielseitigste u. weltbekannte Komponistenpersönlichkeit Brasiliens. V.-L. führte als junger Mensch ein Leben in Not u. Armut, bestritt seinen Lebensunterhalt als Straßenmusiker; so wirkte er u. a. in der Karnevals-Gruppe »*Bloco Saudades do Cordão*« und entwickelte sich zu einem her-

Martinho da Vila – LP »Boa noite« – RCA Victor BBL-1488 (1969)

vorragenden Solisten auf dem brasilianischen Volksmusikinstrument → *Violão*. Großen Einfluss auf die künstlerische Entwicklung von V.-L. übte der Musiker Catulo da → *Paixão Cearense* aus. V.-L. betrieb schon während seiner Studienzeit Forschungen auf dem Gebiet der Musikfolklore; später widmete er sich der Komposition ernster, stets von folkloristischen Motiven durchdrungener Musik; so schrieb er u. a. »Lenda de Caboclo« (1920), »Valsa romântica« (1908), »Cirandinha« (1925) u. viele sinfonische Werke, die ihn berühmt machten.

Villa y Fernández, Ignacio Jacinto »Bola de Nieve«
* 11.9.1911 Guanabacoa, † 2.10.1971 México-Stadt; kubanischer Sänger, Musiker (Piano), Arrangeur und Liedermacher; bedeutender Vertreter der kubanischen Kleinkunst; war nach seinem Studium als Pianist in Stummfilmkinos tätig und widmete sich auch dem Gesang. Er entwickelte, durch seinen Aufenthalt in Paris angeregt, einen eigenwilligen, dem französischen Chanson angenäherten Interpretationsstil; 1933 begleitete er in México-Stadt die Sängerin Rita → *Montaner* auf dem Piano (sie verlieh ihm auch den populär gewordenen Namen »Bola de Nieve« [Schneeball, span.]). Später widmete sich V. dem Sologesang, sich dabei auf dem Piano begleitend; er sang in mehreren Sprachen (Franz., Engl., Span.), schrieb seine Titel zum Teil selbst; Schallplattenaufnahmen entstanden u. a. bei Panart u. Palma, darunter die Titel »Caballo de Olmedo«, »Tata Cuñengue«, »Ay vengan, paloma, vengan« sowie der peruanische Walzer »La flor de la canela« (geschrieben von der Peruanerin Chabuca → *Granda*).

Villa, Lucha (eigtl. Luz Elena Ruiz Bejarano)
* Ciudad Camargo (Chihuahua); mexikanische Sängerin und Filmschauspielerin; begann ihre Karriere als Sängerin 1943; interpretierte, begleitet u. a. durch die Mariachi → *Vargas de Tecalitlán,* vor allem die traditionelle → *Ranchera.* Als singende Schauspielerin wirkte sie u. a. in den Filmen »El gallo de oro« (1965) u. »El lugar sin límites« (1977) mit. Bei Musart u. RCA Victor entstanden zahlreiche Schallplatten, darunter die Titel »Así perdí tu amor« u. »Muerte por amor« (Rancheras).

Ignacio Villa »Bola de Nieve« (Photo: Prensa Latina)

Villa San Bernardo, Conjunto-
chilenische Vokal-, Instrumental- und Tanzgruppe; 1956 in San Bernardo durch den Musiker u. Folkloristen Donato Román → *Heitmann* gegründet. Die im Rahmen der Erneuerungs-Bewegung der chilenischen Volksmusik ins Leben gerufene Gruppe entwarf mit technisch hervorragend ausgeführten Arrangements ein z. T. die Realität des chilenischen Landmanns (→ *Huaso*) romantisch verklärendes Bild. Die Gruppe – ihr gehörten etwa 30 Musiker, Sänger u. Tänzer an – produzierte bei RCA Victor zahlreiche Schallplattenaufnahmen, darunter die Titel »El Rodeo«, »El Pajarero« u. »Sombrerito«.

Villalobos, Agustín
* 1878 Managua, † 1927 das.; nikaraguanischer Musiker (Timbal) und Komponist der Populärmusik. V. entstammt einer Musikerfamilie und entwickelte sich zu einem vielgefragten Timbal-Spieler; wirkte vorwiegend in Jazzbands u. komponierte Stücke wie »Caña brava«, »Hormiga loca« u. »El ratón«. Darüberhinaus wirkte V. sehr oft auch als Stierkämpfer (Torero).

Villalón Morales, Alberto
* 7.6.1882 Santiago de Cuba, † 16.7.1955 La Habana; kubanischer Volkssänger (Trovador), Musiker (Gitarre) und Liedermacher; einer der vier bedeutendsten Vertreter der »klassischen« → *Trova* Kubas; erhielt durch seine Schwester América Villalón Musik- und bei Pepe → *Sánchez* Gitarrenunterricht. V. gehörte einer → *Guaracha*-Gruppe an u. übersiedelte 1900 nach La Habana, wo er 1908 ein vielbeachtetes Quartett trovadoresker Musik formierte Villalón (Gitarre), Adolfo Colombo (Gesang), Claudio García (Gesang) u. Emilio Reinoso (Mandoline); erste Schallplattenaufnahmen entstanden 1907 in New York bei Edison. 1927 gehörte er zu den Mitgründern des Sexteto (Septeto) → *Nacional,* das er 1929 wieder verließ. Später wirkte er als Solist bzw. in weiteren Gruppen; zu seinen bekanntesten Kompositionen gehören u. a. die Titel »A Martí« (1895), »Palma herida« (1905), »Linda criolla« (Criolla) u. »Yo reiré cuando tú llores« (Clave criolla).

Villamil Cordobés, Jorge
* 1929 Hacienda »El Cedral« (Neiva); kolumbianischer Musiker, Komponist und Folkloreforscher; bekannter u. produktiver Schöpfer landestypischer Musik der Gegenwart. V. schrieb mehr als 500 Stücke vorwiegend ländlicher Musik der Formen → *Bambuco,* → *Guabina,* → *Sanjuanero,* → *Rajaleña,* → *Pasillo,* die vor allem durch die Duos → *Garzón y Collazos* u. Los → *Tolimenses,* aber auch durch die Sängerin Olga Lucía Ospina (seine Ehefrau) interpretiert wurden, dazu zählen »Espumas« (Pasillo, 1962; seine bekannteste Komposition), »Campesina huilense« (Bambuco), und »Adiós al Huila« (Guabina).

Villancico (Villencejo, Villancete, Velancico) folkloristischen Traditionen Spaniens des Mittelalters entstammendes Lied, heute allgemein als weihnachtlicher Gesang religiöser Motivation auch in den meisten Ländern Lateinamerikas verbreitet; besondere Bedeutung erlangte der V. in Mexiko, Chile, Argentinien u. Kuba (erste Komposition, von Esteban → *Salas* geschrieben, erschien 1796 in Santiago de Cuba). Die Musik ist ebenso wie die instrumentale Begleitung auf regionaltypische Formen, z. B. → *Guajira* (in Kuba) oder → *Tonada* (in Chile und Argentinien), aufgebaut; der Text besteht aus Vierzeilern und einem Kehrreim (Estribillo). Viele Villancicos aus Spanien haben ihre Originaltexte in Lateinamerika weitgehend beibehalten. (→ *Aguinaldo*)

Villancico baile
getanzte Variante des → *Villancico* Spaniens u. Lateinamerikas, dessen Verbreitung jedoch stark rückläufig ist.

Villanela
Form lyrisch-romantischer Lieder Spaniens aus dem XV. Jh., die später auch nach Lateinamerika gelangte, aber heute kaum noch verbreitet ist.

Villanesca
altes spanisches Tanzlied; im Zusammenhang mit der Eroberung (Conquista) auch nach La-

teinamerika transkulturiert, heute jedoch hier nicht mehr verbreitet.

Villano

im XVII. Jh. von Spanien aus in verschiedene Länder Lateinamerikas (z. B. Mexiko u. Peru) gelangter Salontanz; er wird seit langem nicht mehr aufgeführt.

Villanueva Galeano, Ignacio

* 1.2.1885 La Esperanza, † (?); honduranischer Musiker (Flöte), Arrangeur, Komponist und Bandleader; leitete längere Zeit eine aus Amateur-Musikern bestehende → *Banda (1)* u. gehörte zu den produktivsten Komponisten der Populärmusik von Honduras; er schrieb u. a. Märsche, Pasodobles, Tangos, Boleros, Foxtrots, Liedes, Walzer u. Serenaden wie »Nuestra América«, »Corazón hondureño« sowie das bekannte Volkslied »Virgencita de Suyapa«, die auf Schallplatten Victor u. Columbia erschienen sind.

Villar, Sergio

* 1914 Buenos Aires, † 1955 das. (Autounfall); argentinischer Musiker (Gitarre), Komponist und Bandleader. V. widmete sich frühzeitig der folkloristischen Musik, gründete die Volksmusikgruppe *Cantos y Leyendas*, in der er als Gitarrist wirkte und schrieb zahlreiche Stücke der Formen → *Zamba,* → *Milonga,* → *Chacarera* u. a., darunter die Titel »La Donosa« (Zamba), »Chacerera del adiós«, »Cuequita del reloj« (Cueca) u. »Del que se ausenta« (Milonga).

Villarreal, Anselmo

* 1918 Guararé (Los Santos); panamaischer Sänger u. Musiker; widmete sich seit frühester Jugend der Interpretation folkloristischer Musik seiner Heimatregion. Besonders pflegte er die ländliche → *Décima;* z. T. sang er auch im Duo mit anderen Interpreten.

Villarreal Lozano, Armando

* 9.8.1902 Sabinas Hidalgo (Nuevo León), † 15.3.1976 Monterrey; mexikanischer Musiker (Violine, Piano) u. Komponist; studierte u. a. bei Manuel Castillo (Violine), übersiedelte 1919 nach Monterrey, wo er in die Musikakademie »Beethoven« eintrat u. dort seine Kenntnisse vervollständigte. V. hinterließ mehr als 300 Lieder, deren bekannteste »Morenita mía« (Canción norteña, 1921), »Himno a Monterrey« u. »Como las estrellas« sind.

Villegas, »Tata«

(eigtl. Carlos Díaz de V. y García)
* 4.11.1886 Sancti Spíritus, † (?); kubanischer Volkssänger (Trovador), Musiker (Gitarre) und Liedermacher. V. studierte nach 1900 in den USA (Pittsburg), wo er sich religiösen Musikgruppen u. dem *Sexteto Manhattan* anschloss; ab 1906, wieder in Kuba (La Habana) lebend, sang er zunächst in einem Duo mit Álvaro Moreno, bildete um 1915 mit Francisco → *Salazar* das bis 1966 bestehende *Dúo Majagua y Villegas*, das sehr erfolgreich war, u. schrieb Stücke trovadoresker Musik wie »El cielo y la palma« u. »La palma y la estrella«; in Cayo Hueso u. in Tampa (USA) sang V. als einer der ersten die »Versos sencillos« von José → *Martí Pérez.*

Villoldo Arroyo, Ángel Gregorio »Padre del Tango Criollo«

* 1864 (1869?) Buenos Aires, † 14.10.1919 das.; argentinischer Volkssänger (Payador), Musiker (Gitarre, Mundharmonika), Arrangeur und Komponist; eine der wichtigsten Persönlichkeiten in der Geschichte des → *Tango* der sog. »Alten Garde«; wirkte vor der Jahrhundertwende als Wandersänger, der seine Instrumente Gitarre u. Mundharmonika simultan spielte. V. widmete sich nach 1900 der Interpretation u. der Komposition des Tango; 1905 veröffentlichte er »El Choclo«, der heute als ältester noch gespielter Tango überhaupt gilt; 1905 reiste er nach Paris, um einige Schallplattenaufnahmen zu produzieren u. 1907 trat er zusammen mit Alfredo → *Gobbi* eine längere Konzertreise nach Paris an. V. gilt damit als einer der ersten Interpreten, die den Tango in Europa popularisierten. Weitere Kompositionen sind u. a. »Cantar eterno« (1917), »Amalaya quien pudiera!«, »Cuidado con los 50«, »Brisas rosarinas«, »Ña-

to Romero« u. v. a. Schallplattenaufnahmen wie das paraguayische Volkslied »La tejedora de Ñandutí« u. »Soy tremendo« entstanden u. a. bei Columbia, Odeon, Atlanta, Era u. Marconi.

Vinícius, Marcus

(eigtl. Marco Vinício de Andrade)
* 18.4.1949 Recife; brasilianischer Sänger und Liedermacher. V. interpretierte seit etwa 1971 auf traditionellen Elementen basierende Musik für Jugendliche; er schrieb u. a. die Titel »Trem dos condenados« (Samba, 1976), »Esse choro um« (Choro, 1976) u. »Novena« (Toada, 1972; mit Geraldo Azevedo); er publizierte (u. a. bei Pereira) einige LPs.

Viña del Mar, Festival -

seit 1959 jährlich im chilenischen Küstenort Viña del Mar (Valparaíso) stattfindendes Festival der Populärmusik mit starker internationaler Beteiligung (insbesondere aus Lateinamerika), bei dem Preise für verschiedene Genres vergeben werden.

Viñuete (Vinuete)

aus dem Menuett entstandener folkloristischer Tanz der indianischen Bevölkerung der mexikanischen Bundesstaaten Oaxaca u. Guerrero.

Viola

1. in der brasilianischen und portugiesischen Volks- u. Populärmusik am häufigsten eingesetztes Saiteninstrument mit 5 oder 6 Doppelsaiten aus Metall; in vielen Varianten existierend; mit einem an das Cembalo erinnernden etwas schwermütigen Klang. Die mit den Fingern gezupfte V. kann (nach Oneyda → *Alvarenga*) wie folgt gestimmt sein: A-D-G-B-E bzw. E-A-D-G-B-E; sie ist das erste im XVI. Jh. von den Portugiesen nach Brasilien gebrachte Instrument u. in der ländlichen Volksmusik bzw. in der → *Cantoria* unentbehrlich; eine größere Variante heißt → *Violão,* der Solist → *Violeiro.* 2. eine Art Trommel aus einem etwa 8 cm hohen Ring von 30 cm Ø, der mit einem Fell bespannt ist; vom Spieler in sitzender, zuweilen auch stehender Position auf den Schultern gehalten u. mit beiden Händen perkutiert. Bis etwa 1900 diente diese in Kuba zur Begleitung der → *Clave (1).* 3. Banjo ohne Saiten, vom Spieler mit der Hand auf den Resonanzkörper perkutiert; bei allerdings stark rückläufiger Verbreitung in Trinidad (Kuba) zur Begleitung der → *Tonada* sowie in den → *Clave (2)*-Gesellschaften von Sancti Spíritus (Kuba) eingesetzt.

Viola, Paulinho da -

(eigtl. Paulo César Batista de Faria)
* 12.11.1942 Rio de Janeiro; brasilianischer Sänger, Musiker (Viola, Violão) und Komponist; wirkte nach Beendigung seiner Musikstudien in Samba-Schulen, so gehörte er ab 1963 zur Escola de Samba → *Portela* und ab 1966 musizierte er in der Musikgruppe *Voz do Morro* u. schrieb zahlreiche Stücke insbes. der Form → *Samba,* darunter die Titel »Amor à natureza«, »Guardei minha viola«, »Maré Mansa« u. »Tempo de decisão«; bei Odeon erschienen zahlreiche LPs.

Violado, Quinteto -

brasilianisches Vokal- und Instrumentalquintett, 1970 in Recife durch Fernando Filizola (Viola sertaneja), Luciano Pimentel (Gesang, Schlagzeug), Antônio Alves (Kontrabass), Marcelo Melo (Violão) u. Alexandro Johnson (Querflöte) gegründet. V. stellte sich die Interpretation traditioneller Musik des Nordostens mit neuzeitlichen Musiziergewohnheiten zum

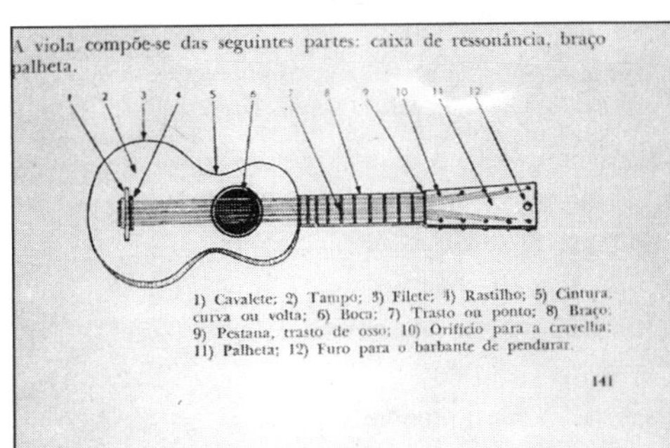

Die brasilianische Viola mit ihren Einzelteilen, nach Alceu Maynard Araújo

Quinteto Violado – LP »Folguedo« – Philips-6349 143 (1975)

Ziel, verzichtete jedoch auf Elektronik. Unter den Labels Philips u. Pereira entstanden einige LPs, die u. a. die Titel »Missa do Vaqueiro« u. »Vozes da Seca« enthalten; außerdem hat die Gruppe eine »Antologia do Baião« veröffentlicht.

Violão

eine brasilianische Gitarre, die in ihren Abmessungen größer ist als die → *Viola (1);* zu den wichtigsten Instrumenten der ländlichen Volksmusik weiter Teile Brasiliens gehörend. (→ *Violeiro*)

Violeiro

Bezeichnung für den Solisten der Instrumente → *Viola (1)* u. → *Violão;* bekannte V.s sind u. a. Paulinho da → *Viola* u. Roberto Mendes (Viola) sowie Catulo da → *Paixão Cearense,* Heitor → *Villa-Lobos,* Ernesto dos → *Santos,* Eduardo das → *Neves,* Inezita → *Barroso* u. Zé do Rancho.

Violín (Vigulín, Viulín, Virucho, Violón; port. Violino)

Violine, Saiteninstrument europäischer Herkunft; in der Volks-, Populär- u. Tanzmusik ebenso wie in der ernsten Musik der meisten lateinamerikanischen Länder benutzt, so in Argentinien (Volksmusik der Provinzen Rioja, Tucumán, Santiago, Chaco u. Corrientes mit rückläufiger Tendenz; unentbehrlich im → *Tango*); in Mexiko (Regionen Michoacán u. Jalisco; im → *Huapango* bzw. → *Son huasteco;* zum Instrumentarium der → *Mariachi* gehörend); in Kuba (Volksmusik ländlicher Gebiete u. a. der Region von Sancti Spíritus; wichtiges Instrument in der → *Charanga*); in Brasilien (in der Volks- u. Populärmusik, jedoch stark rückläufig); in Peru (in zunehmendem Maße in der mestizischen Musik andiner Regionen verwendet); in Panamá (rustikal-primitive Instrumente [Violín campesino] in weiten Teilen des Landes in der ländlichen Volksmusik gespielt); in Chile (folkloristische Musik versch. Gebiete einschließlich der Insel Chiloé); in Nikaragua (→ *Violín de Ñambar*) und in Venezuela bzw. Kolumbien (in der Volks- u. Populärmusik gelegentlich gespielt; in Venezuela erstmals 1770 erwähnt) sowie in der → *String Band* der Anglokaribik usw. (→ *Violinista*).

Violín de Ñambar (V. de Taralate)

regionale Bauform einer rustikalen Violine mit einem kräftig-kratzenden Ton; in der Volksmusik ländlicher Gebiete Nikaraguas benutzt.

Violinista

der Solist auf der Violine (→ *Violín*); bekannte lateinamerikanische V.s sind David → *Roccatagliata* (Argentinien), Fafa → *Lemos* u. Roberto → *Menescal* (Brasilien), Jaime Martínez (Kolumbien), Rafael → *Lay* u. Electo → *Rosell* (beide Kuba); Elpidio → *Ramírez* u. Ricardo Greco (Mexiko), Miguel Leguisamo (Panamá), Pablo Canela (Venezuela) und viele andere.

Violino → *Violín*

Violón → *Violín*

Vissungo (Viçungo)

afrobrasilianischer Arbeitsgesang in den Diamantminen von Minas Gerais, zeichnet sich durch eine Vermischung portugiesischer u. afrikanischer Worte aus; beruht auf dem → *Call & Response*-Prinzip.

Viulín → *Violín*

Viva Panamá, Conjunto -
panamaische Vokal- und Instrumentalgruppe typischer u. folkloristischer Musik, um 1970 durch den Sänger u. Akkordeonisten Joaquín »Yin« Carrizo formiert. Dieses Ensemble widmete sich generell der Interpretation der panamaischen Cumbia (→ *Cumbia panameña*), darüber hinaus wurden auch Tamboreras, Merengues u. a. Formen dargeboten; das künstlerische Niveau der Gruppe war hoch und die Arrangements waren der landesüblichen Musiktradition gut angepasst. Mit der Sängerin Catalina Carrasco wurden Titel wie »Si tú me quisieras«, »Soy como soy« u. »Cuando pienso en tí« auf Schallplatten des Labels Tamayo aufgenommen.

Vivanco Guerra, Alejandro
* Huamanga; peruanischer Musiker (Quena), Arrangeur, Komponist und Bandleader; studierte an der San Marcos-Universität von Lima und begann ab 1930 in der Musik zu wirken; gründete und leitete 1943 die Folkloregruppe *Compañía Ollanta* u. organisierte später eine Instrumentalgruppe der indianisch-mestizischen Volksmusik, die mit den Instrumenten Quena, Harfe, Charango, Laute, Mandoline, Gitarren u. → *Tinya* musizierte und mit der bei Sono Radio einige LPs produziert wurden, darunter die Titel »A mi Huamanga« u. »Dolor indio«, Kompositionen Vivancos.

Vivanco Allende, (Carlos) Moisés
* 1924 Huamangu (Ayacucho); peruanischer Musiker (Charango, Gitarre), Arrangeur, Komponist und Bandleader; bedeutender Solist auf dem Volksmusikinstrument → *Charango* (Preisträger des Wettbewerbes von Amancaes), widmete sich später auch dem Gitarrespiel und gründete die *Estudiantina Ayacucho* u. später ein mestizisches Orchester, das insbesondere im Ausland peruanische Musik popularisierte. Seinem Orchester gehörte seine Ehefrau Yma → *Sumac* als Sängerin an. Auf Schallplatte erschienen u. a. seine Kompositionen »Amor indio« (Pasacalle) u. »Benita« (Huayno).

Vocalista
im normalen Sprachgebrauch in Lateinamerika selten, für Jazz-Gruppen jedoch häufiger verwendete Bezeichnung für den Gesangssolisten (Vokalisten).

Voces de Orán, Las -
argentinisches Vokal- und Instrumentaltrio; um 1974 in San Ramón de Nueva Orán durch Federico Córdoba, Martín Zalazar »Pitín« u. Roberto Franco formiert; interpretierte folkloristische Musik aus diversen Regionen Argentiniens. Bei CBS entstanden etwa 10 LPs, darunter die Titel »A Villa Guillermina« und »Carnaval en La Rioja«.

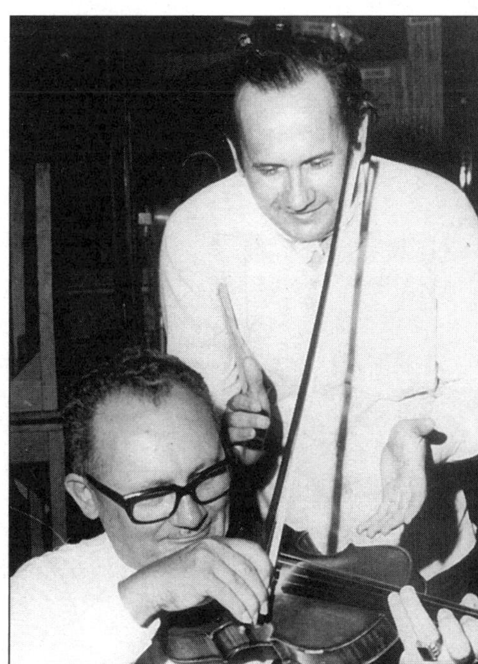

Unten: Don Mauricio Cardozo Ocampo unterweist einen Musiker seiner Folkloregruppe in der Spielweise der Violine in der ländlichen Volksmusik von Paraguay

Voces Modernas, Trío -
kubanisches Vokal- und Instrumentaltrio; 1967 in Santa Clara durch Isidro Pérez formiert; interpretierte regionaltypische Musik in teilweise neuzeitlichen Arrangements, trat in Gaststätten (z. B. in der → *Bodeguita del Medio*), Nacht-Cabarets sowie in Rundfunk u. Fernsehen auf. Bei Areito entstanden Schallplattenaufnahmen wie »Son del palmar«. Später wirkten die Solisten nur noch als Duo.

Vodú (Voodoo, Vaudou, Voudoun)
1. Komplex religiös motivierter Kulthandlungen der afroamerikanischen Bevölkerung Haitis mit starker Ausstrahlung auf andere Teile der Karibik (→ *Tumba Francesa*), die die Fusion der Glaubensrichtungen verschiedener afrikanischer Stämme zu einer Gruppe von Riten u. Zeremonien vollzogen und in den wichtigsten Gebieten Haitis, vor allem in urbanen Siedlungsräumen, bis heute lebendig geblieben sind. Die Riten des V.-Kultes werden fast immer mit Gesang u. Tanz durchgeführt; der Klang der Trommeln ist dabei das wichtigste Element. In jeder Session gibt es einen Rei Vodú (»König«), der »von den Göttern inspiriert« wird, sowie eine »Königin«; sie vermitteln den imaginären Kontakt mit den angerufenen Göttern u. leiten das Geschehen während der Zeremonien. Nach Ausführung bestimmter, strengen Regeln unterworfener Kulthandlungen folgen die Heiligen Tänze: Der Vodú-König markiert mit einem Schwärzungsmittel einen großen Kreis, in dem sich diejenigen Personen aufstellen, die in die Gruppe der »Eingeweihten« aufgenommen werden sollen. Nachdem er mit einem Holz an seinen Kopf geschlagen hat, beginnt er einen afrikanischen Text zu singen: »Eh! eh! bomba, heu heu, heu! Canga Cafioté, Canga moune délé, canga doki la, Canga li!«, der von den im Kreis befindlichen Personen wiederholt wird, während der Köinig zu tanzen anfängt. Das Zeremoniell wird auch »monter vaudoux« genannt. Unter den Klängen der magischen Trommeln wird im weiteren Verlauf der Session getanzt, gesungen u. Alkohol getrunken. Zum Komplex

Afrokubanische Volksmusiker haitianischer Abstammung musizieren auf einer Vodú-Session; Guantánamo/Ostkuba (Photo: CIDMUC)

des V. gehören u. a. die sozial-folkloristischen Manifestationen → *Rada,* → *Rara* u. → *Petro.* 2. religiöses Ritual der afrobrasilianischen Bevölkerung des Bundesstaates Maranhão. 3. generelle Bezeichnung für die Götter der ethnischen Gruppe der Jejes (Iêiês) Brasiliens.

Volador, Baile del - (Danza de los Voladores) indianischer Tanz Mexikos; mit artistischen Übungen verbunden und von männlichen Bewohnern der Golfküste von Veracruz ausgeführt; Höhepunkt der aus vorspanischer Zeit stammenden Manifestation (Fruchtbarkeits-Kult) stellt das synchrone Abseilen von vier Tänzern von einem etwa 30 m hohen Mast dar, während auf der oberen Plattform ein Musiker simultan Flöte u. Trommel spielt.

Volera

im XVIII. Jh. in Chile verwendete Bezeichnung für den → *Bolero.*

Vú (Vuvú)

in der afrobrasilianischen Volksmusik eingesetztes Perkussionsinstrument; ein kleiner hölzerner Kasten mit einem Brett, das bei ryhthmischer Bewegung einen Klang erzeugt, der lautmalerisch zur Bezeichnung des Instruments führte; früher in der Region von Bahia oft benutzt.

Vuelta (Wendung, Drehung, span.)

1. choreographische Figur in verschiedenen lateinamerikanischen Tänzen; Umkehr bzw. Rückkehr zur Ausgangsposition bezeichnend. 2. aus Spanien in einige Länder Lateinamerikas (z. B. bestimmte Regionen Kolumbiens) transkulturierte kombinierte Formen von → *Fandango (1)* u. Zambra, die eine zeitlang als eigenständige Genres existierten, später in anderen, bereits nationalen Tänzen aufgingen.

Vuvú → *Vú*

W

Wada → *Huada*

Wadana
ausschließlich durch Frauen aufgeführtes Tanzlied der Indianer Noanama u. Emberá Kolumbiens.

Wailers, The -
anglokaribische Vokal- und Instrumentalgruppe der modernen Tanzmusik; 1959 in Kingston Town (Jamaika) durch den Sänger u. Musiker Bob → *Marley* gegründet; interpretierte in einem internationalen Trends angepassten Stil Stücke der Formen → *Rocksteady* und vor allem → *Reggae;* unter verschiedenen Labels (meist Island Records) erschienen zahlreiche LPs, darunter die Titel »Put it on« u. »Shame & scandal«.

Wailias
regionale Variante des peruanischen Quechua-Tanzes → *Huaillia;* in der Region Talavera verbreitet.

Waino → *Huayno*

Wajia
primitive Flöte der peruanischen Shuar-Achual-Indianer.

Wajla
indianische Bezeichnung der peruanischen Volksmusik-Trompete → *Santiago (1).*

Wakataki (Waka Taki)
indianischer Volkstanz ländlicher Gebiete von Peru.

Wakawak'ra
regionale Variante der Trompete → *Erkencho,* sie wird in der andinen Musik Perus gespielt.

Waka Wayño
eine der zahlreichen Regional-Varianten des peruanischen → *Huayno.*

Wake
Volkstanz ländlicher Gebiete Jamaikas.

Wakra Pukara (Wakrapukara, Waqra puqara)
rein indianischer Volkstanz der Quechua der Region Cusco (Peru); er wird durch die Instrumente → *Quena* u. → *Tinya* begleitet.

Wallagallo (Walagallo, Gualaguallo)
zum Komplex des → *Palo de Mayo* gehörende folkloristische Manifestation, seit Mitte des XIX. Jh. in den Ostregionen Nikaraguas verbreitet. Es handelt sich um eine religiös inspirierte Zeremonie, die eine gewisse Verwandtschaft mit den → *Vodú*-Riten aufweist und über drei Tage unter der Leitung eines *Sukias* genannten Priesters abgehalten wurde. Gegenwärtig hat der W. nur noch den Charakter eines Volksfestes, auf dem in bestimmter Folge von Mayo Ya-Musik begleitete dramatische Tänze zur Aufführung kommen.

Wallpan
Quechua-Bez. für den Interpreten (Sänger u./o. Musiker) folkloristischer Lieder u. Tänze in Peru u. Bolivien.

Walsh, María Elena
* Buenos Aires; argentinische Sängerin und Liedermacherin; sang Tangos u. neuzeitliche Balladen wie »Aria del Salón Blanco«, »Campanas de palo« und »Vals municipal«, zu denen sie Musik u. Texte selbst schrieb; begleitet von einem unter der Leitung von Oscar → *Cardozo Ocampo* stehenden Orchester produzierte sie bei CBS einige LPs.

Waltz
die in englischsprachigen Gebieten Lateiname-

rikas verbreitete Variante des Walzers (→ *Vals*). Eine meist durch afrokaribische Musiker adaptierte Version wird auf einigen Karibikinseln (z. B. Trinidad u. Grenada) als ländlicher Volkstanz heute noch gepflegt und vorwiegend durch eine sog. → *String Band* interpretiert.

Wampara, Grupo -
chilenische Vokal- u. Instrumentalgruppe; 1976 in Santiago de Chile durch Studenten des Konservatoriums gegründet; interpretierte balladenhafte Stücke wie das von Ángel → *Parra* komponierte Lied »Canción de amor«, mit dem sie sich im Mai 1977 beim Musik-Ausscheid »Premio Alerce« im Caupolicán-Theater von Santiago de Chile vorstellte.

Wana
aus leichtem Holz gefertigte xylophonische Trommel der Guajibo-Indianer der Amazonasregionen Venezuelas und Kolumbiens.

Wáncar (Wánkar) → *Huancara*

Wánkartinya → *Tinya*

Waranga → *Bastón de ritmo*

Wara Wara, Los -
bolivianisches Folklore-Duett; nach 1950 in La Paz durch Pepita Khosinaira (* Vallegrande – Gesang u. Perkussion) und Tito Yupanqui (* La Paz – Gesang, Gitarre u. Charango) formiert; interpretierte vorwiegend mestizisch-andine Volksmusik Boliviens – so die Genres → *Bailecito* u. → *Cueca boliviana,* – die auf Schallplatten versch. Labels (u. a. Daro, Vanguard u. Heliodor) erschien, darunter die Titel »Bailecitos« u. »Italaqueñita«. Später wandte man sich auch der Musik anderer lateinamerikanischer Länder zu.

Warakanakuy → *Huaracanacuy*

Washboard (span.: Tabla de Lavar)
normales Waschbrett, das in der Volks- und Populärmusik verschiedener Länder Lateinamerikas (z. B. in Mexiko, in der Karibik, aber auch durch Jazz-Gruppen) als idiophones Instrument mit den Händen perkutiert und/oder frottiert wird.

Washboard, Orchestra -
Tanzorchester aus Suriname; in Paramaribo um 1960 durch den Musiker Antonio Plato mit den Gesangssolisten Lieve Hugo, Mighty Koesi u. Mighty Power gegründet. Zum Repertoire gehörten moderne, der karibischen Tanzmusik angepasste Arrangements einheimischer Musik; Titel wie »Leloe« u. »Obia Mang« erschienen auf LPs des Labels Emigold.

Wauko
durch bolivianische Indianer gespieltes Horn.

Wawancó, Los-
lateinamerikanisches Vokal- u. Instrumentalsextett der → *Música tropical;* um 1961 in Buenos Aires von Studenten verschiedener Länder – Hernán Rojas (Kolumbien; Gesang u. Kontrabass), Enrique Salazar (Kolumbien; Trommeln), Miguel Loubet (Argentinien; → *Cencerro*), Mario Castellón (Costa Rica; → *Timbales*), Carlos Cabrera (Peru; Gesang) u. Sergio Solar (Chile; Elektrogitarre) – gegründet. Die Gruppe pflegte vor allem kolumbianische Tanzmusik, speziell die Formen → *Cumbia,* → *Porro* u. → *Paseo;* bei Odeon, Decca u. Ansonia erschienen zahlreiche LPs, darunter die Titel »La pollera colorá« u. »Cumbia de Colombia«.

Wayllacha
Volkstanz der Quechua-Indianer der peruanischen Region Parinacochas. Er wird vorwiegend zur Karnevalszeit durch Männer u. Frauen mit Gesang u. schuhplattlerartigen Parts aufgeführt.

Wayno (Wayño, Wainyo, Wayñu) → *Huayno*

Waza → *Huada*

White, José Silvestre
* 1.1.1836 Matanzas, † 12.3.1918 Paris; kuba-

nischer Musiker (Violine u. 15 weitere Instrumente), Arrangeur u. Komponist; wichtige Persönlichkeit in der Musikgeschichte Kubas; studierte zunächst bei seinem Vater Violine, gab mit 19 Jahren, von Louis Moreau → *Gottschalk* auf dem Piano begleitet, sein erstes öffentliches Violinkonzert; lebte u. wirkte ab 1855 in Paris, wo er am Konservatorium tätig war, gab später in Kuba erneut Konzerte, reiste nach Mexiko, Venezuela, Chile u. Brasilien, in letzterem Land gründete er die Gesellschaft für Klassische Konzerte. W. schuf zahlreiche Stücke der ernsten u. populären Musik, deren bekanntestes das 1953 entstandene, heute noch gespielte Lied »La bella cubana« ist, aber auch Stücke der typischen Musik besuchter Länder wie »Zamacueca No 1«, 1878 in Chile komponiert.

Wifala (Huifala, Marini, Uifala, Wipfala)
peruanischer Volkstanz aus präkolumbischer Zeit; heute nur noch in ländlichen Regionen von Apurímac, Pampamarca u. La Unión (Arequipa) verbreitet. Die W. wurde bereits beim Volksfest → *Inti Raymi* des Inkastaates von einem großen Teilnehmerkreis getanzt, die dramatisch-tänzerische Expression jener Feiern darstellend, auf denen junge Menschen zu Erwachsenen erklärt wurden; Begleitinstrumente sind → *Pinkillo* u. diverse Trommeln.

José White in einer Darstellung aus dem Jahre 1940 (La Habana)

Williams, Joseph »Mighty Cooky«
* 6.5.1946 St. Michael (Barbados); anglokaribischer Drummer; hervorragender Solist auf seinem Instrument; begann seine Karriere als Calypso-Musiker 1975 in der der Gruppe *St. Lucia's Tents*, war später beim *Tropical Star's Orchestra* (1982) und zuletzt bei der Gruppe *Sunsplash* (Barbados).

Wills, Alejandro
* 24.7.1887 Bogotá, † 10.2.1942 Girardot; kolumbianischer Sänger, Musiker (Gitarre), Arrangeur, Folkloreforscher u. Komponist; Schüler von Pedro → *Morales Pino;* gilt als einer der ersten Vertreter des Nationalen in der Musik Kolumbiens, er entdeckte zusammen mit Emilio Murillo zahlreiche vergessen geglaubte Lieder aus der anonymen Musikfolklore wieder, studierte sie neu ein u. interpretierte sie in Musikgruppen, denen er angehörte. Zu den zahlreichen von ihm komponierten Titeln der Formen → *Bambuco,* → *Danza,* → *Torbellino,* → *Joropo,* → *Galerón,* Walzer u. a. gehören »Galerón llanero«, »Las Mirlas« (Bambuco), »Beso robado« (Bambuco, 1930), »Tiplecito de mi vida« (Torbellino; Text: Víctor Martínez Rivas) u. »Pío, pío« (Joropo). W. bildete notable Vokalduos, darunter mit Arturo Patiño (1911) u. mit Alberto → *Escobar* (Dúo Wills-Escobar, das 1918 als »Bestes Vokal-Duo Kolumbiens aller Zeiten« bezeichnet wurde).

Winti
religiös inspirierter Volkstanz-Komplex der afroamerikanischen Bevölkerung von Suriname; ein mit dem → *Vodú* vergleichbarer Kult;

Parellelen bestehen auch zur → *Santería.* Hauptinstrumente, die bei den Winti-Sessionen zum Einsatz gelangen, sind Trommeln, von denen fünf (Agida, Man drom, Poyo u. 2 Apinti) herausragende Bedeutung haben; außerdem werden die den Waldgeistern gewidmete Trommel Tumao sowie die hölzerne Bank → *Kwakwa* geschlagen. Daneben wird mit Knarren (Matracas) u. perkutierten Eisen (Isri nanga isri) musiziert; der Gesang wird von einem Solisten u. einem Frauenchor alternierend im → *Call & Response*-Prinzip ausgeführt. Trommeln u. Händeklatschen markieren den Tanzrhythmus; ähnlich wie in anderen Afro-Kulten sind jedem anzurufenden Gott (Winti) eigene Lieder u. Tänze gewidmet.

Wiswillo
indianische Rohrflöte, in der Volksmusik der peruanischen Region Sandia gespielt.

Wititi (Monito)
primitives aerophones Instrument der Indianer der peruanischen Region Paucartambo; ein kurzer Tubus aus Holz, an dessen einem Ende eine Membran angebracht ist, die beim Anblasen durch das andere Ende in Vibration versetzt wird u. einen Ton, dem Kreischen eines Äffchens (Monito) sehr ähnlich, erzeugt.

Wood wind chimes
Bambus-Pendelrassel, aus mehreren, mit langen Fäden an einem Querstab befestigten Bambusrohren von 10 – 20 cm Länge u. einem Ø von 2 – 3 cm bestehend, mit der durch Schüttelbewegung ein klapperndes Geräusch erzeugt wird; in der Volksmusik anglokaribischer Inseln benutzt.

Work song → *Canto de Trabajo*

X

Xácara
zum Klang des Saiteninstruments → *Viola* gesungene brasilianische Romanze.

Xalamía → *Chirimoya*

Xangai → *Lopes Sousa, Avelino*

Xangô
1. afrobrasilianischer Kult; in den Bundesstaaten Pernambuco u. Paraíba ausgeübt, dem → *Candomblé* bzw. der → *Macumba* ähnlich. 2. afrobrasilianische Gottheit (→ *Orixá*), »Beherrscher der Stürme, der Blitze u. des Donners«, mit San Jerônimo (Heiliger Hieronymus) bzw. Santa Bárbara (Heilige Barbara) synkretisiert; auf Sessionen diverser Kulte werden ihr Lieder (Pontos) u. Tänze (Danças) dargebracht.

Xaque-xaque (Xeque-xeque, Xique-xique, Xeque) → *Ganzá*

Xará
Variante des brasilianischen → *Fandango (4);* in Rio Grande do Sul verbreitet; stets gesungen dargeboten.

Xaxado
generell von Männern ausgeführtes brasilianisches Tanzlied aus dem Landesinnern (Sertão) von Pernambuco; Rundtanz mit schnellen → *Zapateo*-Teilen u. kämpferisch-aggressiven, oft satirischen Texten; vorwiegend durch Akkordeon (Sanfona) begleitet. Die ab 1930 populär gewordenen X.s wurden vor allem durch Vigulino Ferreira da Silva (→ *Lampião*) verbreitet.

Xequeré → *Chequeré*

Xequerê (Xequedé, Chequeré)
afrobrasilianisches Schüttelidiophon; bei der Ausübung bestimmter Kulte wie → *Candomblé* benutzt.

Xeque-xeque (Xeque) → *Ganzá*

Xere (Xere-de-Ogum, Xerê, Xererê)
Sammelbegriff für einige in der afrobrasilianischen Volksmusik verwendete Schüttelidiophone, die den Instrumenten → *Maracá* bzw. → *Tubo* sehr ähnlich sind.

Xerém (X. do Sertão)
der Polka ähnelnder Volkstanz des brasilianischen Bundesstaates Piauí; er wird durch Akkordeon u. Gesang begleitet.

Xeremía → *Chirimoya*

Xereré (Xererê)
regionale Variante des schüttelidiophonen Instruments → *Chocalho.*

Xiba
in der brasilianischen Region Ubatuba (São Paulo) verbreitete Variante des Tanzes → *Cateretê.*

Xilófono → *Marimba*

Xique (Xike) → *Sique*

Xique-xique → *Ganzá*

Xolotlán, Trío -
um 1956 in Matagalpa durch Gato Alberto Aguilar, Humberto Goussén und Justo Santos »Xolotlán« (Direktor) gegründetes nikaraguanisches Vokal- u. Instrumentaltrio; widmete sich der Interpretation folkloristischer Musik wie → *Tonada* u. → *Son.* Das nicht mehr bestehende Trio produzierte zahlreiche Schallplattenauf-

nahmen wie »Temporada de café« u. »La Carreta Nagua« (Labels Fonodiscos u. Ondina).

Xoro (Xôro) → *Choro*

Xoropo
alte Schreibweise für den → *Joropo,* in dieser Form bereits 1749 erwähnt.

Xote (Schote, Chotis, Schottis)
nordostbrasilianische Variante der Schottischen Polka im 2/4-Takt (→ *Chotes*), in der ländlichen Volksmusik dieser Region, vor allem auf den großen Gütern (Fazendas) noch heute weitverbreitet; zumeist durch Akkordeon (Sanfona) begleitet.

Xul → *Zu*

Xumpé
eine der vier Trommeln des bei den Ritualen → *Arará* eingesetzten Ensembles → *Hun.*

Y

Yaguaso
eine regionale Variante des venezolanischen → *Pasaje.*

Yaki Kandru, Grupo -
kolumbianische Vokal- und Instrumentalgruppe, 1971 in Bogotá durch Jorge López Palacio zusammen mit sieben weiteren musikbegeisterten Wissenschaftlern gegründet. Die zur Bewegung des Neuen Kolumbianischen Liedes gehörende Gruppe ist eine der bemerkenswerten Formationen der jüngeren Zeit, die vor allem indianische Lieder u. Gesänge Kolumbiens und anderer lateinamerikanischer Länder arrangierte u. interpretierte; dazu wurden mehr als 110 Musikinstrumente bis hin zu den magischen Steinen (→ *Piedras*) der Indios gespielt. Die inzwischen aufgelöste Gruppe produzierte unter eigenem Label 2 LPs, darunter die Titel »Canto del pájaro Wala«, »Mare mare« u. »Carro carro matacari«.

Yakumana (Tortuga, Goo, Terecaya)
idiophones Musikinstrument der Kamsá-, Koche- u. Sibundoy-Indianer Kolumbiens, das aus dem Panzer einer Flussschildkröte (Tortuga) gefertigt ist, auf dessen obere Seite zum Musizieren Bienenwachs aufgetragen u. mit den Fingern zum Takt der Musik verrieben wird; das schabende Geräusch wird durch den als Resonanzkörper wirkenden Panzer mehrfach verstärkt.

Yambay Rodríguez, Quemil (Kemil)
* 10.3.1938 Tupaorá, heute San Roque (Alfonso Tranquera); paraguayischer Volkssänger, Gitarrist und Komponist; auch Tierstimmen-Imitator. Y. war seit frühester Kindheit Landarbeiter, der in seiner Freizeit stets musizierte. Später, nachdem er sich mit zwei Musikern zu einem Trio verband, ging er, nunmehr professionell der Musik verbunden, nach Alto Paraná, wobei er stets ländliche Volksmusik interpretierte. 1959 formierte er seine Gruppe *Quemil Yambay y Los Alfonsinos,* mit der er 22 LPs bzw. Kassetten produzierte und damit zu den meistgefragten Künstlern seines Landes zählte. Unter den aufgenommenen Titeln finden sich u. a. de Polkas »Che jha che mbaracá« u. »Ne mombayvo«.

Yambú
Variante der → *Rumba;* zur afrokubanischen Musikfolklore der Regionen von Matanzas u. La Habana gehörend; mit Gesangsparts. Der Y. wird durch Paare, jedoch ohne → *Vacunao* getanzt. Nach Ansicht von Musikwissenschaftlern ist der Y. die älteste Form aller Rumba-Versionen, deren musikalisches Tempo allerdings wesentlich langsamer als das von → *Guaguancó* u. → *Columbia* ist. Die zur Begleitung dienenden Instrumente sind die gleichen wie bei den vorgenannten Formen.

Yanes, Roberto
(eigtl. Roberto Yanacone Galerano)
* 25.4.1932 Córdoba; argentinischer Sänger der Populärmusik; begann seine Künstlerlaufbahn 1958 zunächst als Interpret des → *Bolero,* wandte sich jedoch später mehr dem → *Tango* zu, so sang er u. a. beim Orchester von Lucio Milena. Bei CBS (Columbia) erschienen zahlreiche LPs, darunter das erfolgreiche Album »Momentos« (1960).

Yantó
alter afrokubanischer Tanz der Provinz Oriente, unter haitianischem Einfluss entstanden; seit langem nicht mehr aufgeführt.

Yáñez, Luis
* 14.2.1920 La Habana; kubanischer Komponist, bekannter Vertreter des → *Feeling,* zu des-

sen Initiatoren er in den 40er Jahren des XX. Jh. in Kuba gehörte. Y. schrieb Boleros u. balladenhafte Lieder wie »Oh, vida« (Bolero, 1951; u. a. von Beny → *Moré* gesungen) u. »Nuestro sentimiento« (Bolero); die meisten Kompositionen entstanden im Duo → *Yáñez y Gómez*.

Yáñez, Pedro
* 7.6.1946 Campanario (Concepción); chilenischer Volkssänger (Payador), Gitarrist u. Liedermacher; begann seine Karriere mit dem Gesang argentinischer Volksmusik, formierte 1966 an der Technischen Universität (Santiago de Chile) eine Musikgruppe, gründete später die Gruppe *Los Condes*, danach mit seinem Bruder Fernando das *Dúo Coirón* u. widmete sich der traditionellen Musik Chiles; arbeitete auch mit Víctor → *Jara* zusammen. 1979 gewann er mit seinem Lied »Yerbatera montañesa« das Folklore-Festival Olmué.

Yáñez y Gómez »Los Melodistas«
kubanisches Komponisten-Dúo, durch Luis → *Yáñez* u. Rolando Gómez um 1945 in La Habana gebildet. Das Duo wurde als Vertreter eines melodisch-getragenen, weichen; als → *Feeling* bezeichneten Stils bekannt. Zu den zahlreichen Kompositionen, vorwiegend Boleros, gehören u. a. die Titel »Nuevas ansiedades«, »This is feeling«, »Toda edad« sowie »Congo« (Afro) u. »Habana« (Son Montuno).

Yayo el Indio »Indiano« (eigtl. Eladio Peguero)
* 18.3.1920 Ponce; puertorikanischer Sänger, Musiker und Bandleader; sang zuerst in der Gruppe *Mingo & His Whoopie Kids* in Ponce und wirkte später in New York, wo er Gruppen wie *Quinteto de Celso Vega* u. *Conjunto Santiaguero* als Sänger beitrat. Außerdem gründete er eine eigene Gruppe, mit der er einige Jahre im Caborrojeño-Club (New York) auftrat. Schallplattenaufnahmen wie die Boleros »Adelante« u. »Enamorado« entstanden bei Alegre, Tico u. anderen Labels.

Yaraví (Llaqui-aru, »Bolero«, Arabicus)
langsames, im 3/4-Takt vorgetragenes Lied melodisch-klagenden Charakters, als dessen Schöpfer bzw. Wiederentdecker der peruanische Musiker u. Dichter Mariano → *Melgar* gilt. Der Y. ist vorwiegend in Peru und Bolivien verbreitet; als → *Triste* fand er in Nordchile sowie bis hin in das La Plata-Gebiet Eingang; er wird meist als reiner Sologesang intoniert, aber auch durch die Instrumente → *Quena*, → *Caja*, → *Siku (1)* u./o. → *Charango* begleitet. Weltweit bekannt und populär wurde der Titel → *»El Cóndor pasa«*.

Yegüecita (kleine Stute, span.)
zur Musikfolklore Nikaraguas gehörender Volkstanz; typisch ist ein von den Tänzern mitgeführtes Modell eines Pferdekopfes; die Begleitmusik wird nach traditionellen Rhythmen unter Verwendung u. a. von → *Marimba (1)* u. Gitarre ausgeführt.

Yemayá (Yemanyá, Iemanjá)
afrolateinamerikanische Gottheit, der in den Sessionen der → *Santería* als »Göttin der universellen Mutterschaft« bzw. »Beherrscherin des Meeres« (synkretisiert mit der katholischen *Virgen de Regla*) Lieder u. Tänze dargebracht werden.

Yerbal, Los del -
uruguayische Vokal- und Instrumentalgruppe; 1974 in Montevideo zunächst als Quintett gegründet, später jedoch als Trio (Eduardo Gutiérrez, Drasy Freitas u. Alberto Díaz) weitergeführt; interpretierte ländliche Volksmusik und trat insbesondere in Kulturzentren des Typs → *Peña* auf. Unter dem Label Ceibo entstanden einige LPs, darunter die Titel »Los pescadores del Yerbal«, »Baile tango« u. »De las fronteras«. Neuerdings wirken Los del Yerbal wieder als Quintett.

Yolocamba Ita (Iolocamba-i-ta), Conjunto -
salvadorenische Vokal- u. Instrumentalgruppe; 1975 in San Salvador durch Roberto Quezada, Paulino Espinoza, Franklín Quezada, Andrés Espinoza und Héctor Servellón in enger Zusammenarbeit mit der Befreiungsbewegung »Fara-

bundo Martí« gegründet. Die mit traditionellen Volksinstrumenten wie → *Marimba (1),* Gitarre, Akkordeon u. Mandoline sowie einem Elektrobass musizierende Gruppe interpretierte folkloristische u. populäre Musik wie die Titel »Misa popular« u. »Con Farabundo y Romero«, gab zahlreiche Gastspiele u. a. in Westeuropa und produzierte einige LPs.

Yombo
alter, nicht mehr aufgeführter afrokubanischer Tanz.

Yorubá, Musica - (port.: Iorubá)
Volksmusik der ethnischen Gruppe der Yorubá (Nagô, Lucumí), vorwiegend in Kuba u. Brasilien gespielt; Teil der afrolateinamerikanischen Kultur. Als Musikinstrumente werden in erster Linie Trommeln (→ *Tambores Batá,* → *Bembé,* → *Iyesá* u. a.) sowie → *Abwes,* → *Aggogó* u. → *Atcheré* benutzt. In in der Lucumí-Sprache intonierten Gesängen ist das Anruf-Antwortprinzip (→ *Call & Response*) vorherrschend. Im Laufe der Entwicklung sind in die Texte auch spanische Wörter eingeflossen.

Yoruba Singers, The -
Vokal- u. Instrumentalgruppe aus Guyana; pflegte folkloristische und populäre Musik afrikanischen Ursprungs; als Gesangssolistin wirkte Pamela Maynard.

Youmans, Vincent
* 27.9.1898 New York, † 5.4.1946 Denver; US-amerikanischer Musiker und Komponist; schuf einige weltbekannte Titel der lateinamerikanischen Populärmusik wie die Samba-Rumba »Carioca« u. »Tea for two« (1924; Text: Irving Caesar); letzterer Titel wurde als Cha-cha-chá »Té para dos« ab 1958 in Lateinamerika überaus populär und wird von dortigen Tanzorchestern sehr häufig gespielt.

Yra → *Ira*

Yradier (Iradier), Sebastián de -
* 20.1.1809 Sanciego (Prov. Alava), † 6.12.1865 Vitoria; spanisch-kubanisch-mexikanischer Musiker, Arrangeur und Komponist; komponierte vor allem Stücke der Form → *Habanera,* von denen das nach 1860 entstandene

Gruppe Yolocamba Ita bei einem Lateinamerika-Abend in Berlin (17.2.1984)

Stück »La → *Paloma*«, erstmals durch die mexikanische Sängerin Conchita Méndez 1866 gesungen, weltbekannt wurde. Y. veröffentlichte in Paris eine Sammlung mit 60 kubanischen Habaneras.

Ytu
eines der wichtigsten Volksfeste der Inka-Zeit in Südamerika; nach bestimmten Zeremonien tanzte die Bevölkerung zum Klang von Trommeln zwei Tage und zwei Nächte lang.

Yuba
1. ein afrokubanischer Volkstanz, der älter als der → *Masón* ist und von Paaren bzw. auch Einzelpersonen getanzt wird. 2. → *Bomba (1)*

Yuca → *Yuka*

Yucateca
Kurzbezeichnung für *Canción yucateca*, das auf der mexikanischen Halbinsel Yucatán verbreitete regionaltypische Volkslied romantischen Charakters, zumeist durch eine oder mehrere Gitarren begleitet.

Yuka (Baile de Yuka, Yuca)
alter, heute nur noch wenig aufgeführter Paartanz der afrokubanischen bzw. -dominikanischen Congo-Gruppen; Fruchtbarkeitstanz mit stark erotischem Charakter; durch die Trommeln (Tambores) Yuka begleitet. Die Paare tanzen auseinander u. berühren sich nur in der → *Ombligada*. Die Y. ist mit wesentlichen Komponenten später in der → *Rumba* aufgegangen.

Yumbo (Baile de los Yumbos)
ekuadorianischer Volkstanz von getragenem, zum Melancholischen tendierenden Rhythmus; bereits in vorspanischer Zeit (Quitu-Kultur) in Zentralekuador verbreitet; als Begleitinstrumente dienen vor allem → *Rondador* u. → *Pingullo*.

Yunsa
peruanischer Volkstanz der Region Abancay (Apurímac).

Yupana (Nunumutá, Nötiri, Ndumutá)
Panflöte der Yagua- u. Cocoma-Indianer der Amazonasregion Perus.

Yupanqui, Atahualpa »Don Ata«
(eigtl. Héctor Roberto Chavero)
* 31.1.1908 El Campo de la Cruz (Pergamino), † 21.5.1992 Nimes (Frankreich); argentinischer Volkssänger (Payador), Gitarrist und Komponist; eine der bekanntesten Persönlichkeiten des argentinischen Volksliedes der Neuzeit; lebte von 1917 – 1925 in Tucumán, wo er in seiner Freizeit ausgedehnte Studien der Musikfolklore dieser Region betrieb; ab 1925 siedelte er sich in Buenos Aires an, wo er 1930 seine bereits 1923 entstandenen Kompositionen »Camino del Indio« (Canción lamento) u. »Luna tucumana« (Zamba) der Öffentlichkeit vorstellte. Y. entwickelte sich zu einem lyrischen Dichter, dessen Poeme sich durch Gefühlstiefe u. Verständnis für den einfachen Menschen auszeichnen; 1940 erschien sein erster Gedichtband »Piedra solitaria«. Er trat ab 1945 mit selbstkomponierten Liedern im traditionellen Folklorestil auf, zu denen er auch die Texte verfasste; damit wurde er zum Pionier für eine neue Musikfolklore in

Atahualpa Yupanqui – LP »Atahualpa Yupanqui y su Guitarra« – RCA Camden CAL-3042 (1966)

Argentinien; in der Folgezeit errang er die Anerkennung als universellster Folklorist ganz Lateinamerikas. Durch sein engagiertes Auftreten kam es zu Differenzen mit dem Staat, in deren Folge er 1948 gezwungen war, ins Exil (Paris) zu gehen, wo ihm die Chansonette Edith Piaf große Unterstützung gewährte und er seine schöpferische Tätigkeit fortsetzen konnte. Ab 1953 lebte er zeitweise wieder in Argentinien, um später nach Paris zurückzukehren. 1961 erschien sein umfassendstes Werk, »El Payador Perseguido« (der verfolgte Sänger), das auf insgesamt 120 Sechszeilern, als → *Milonga* konzipiert, eine in Verse gekleidete Autobiographie darstellt, die in Buchform u. als LP (bei Le Chant du Monde) erschien. Y. ist Autor von etwa 700 Volks- u. Protestliedern sowie von zahlreichen Solostücken für Gitarre, die er in einer unnachahmlichen, stets in melodiös-weicher, zum Melancholischen tendierenden Spielweise interpretierte; auf 50 Schallplatten N78 u. etwa 300 weltweit veröffentlichten LPs erschienen Lieder wie »Los ejes de mi carreta« (Milonga, 1937), »El arriero«, »El pobrecito«, »Viene clareando« (Zamba), »Cañada Honda« (Chacarera instr.), »Luna tucumana« (Zamba) u. »Duerme negrito« (Canción de cuna, Labels Victor, RCA Victor, Le Chant du Monde, Odeon, Antar u.a.).

Yuphana → *Rondador*

Yurchenco, Henrietta

* 22.3.1916 Connecticut; US-amerikanisch-jüdische Musikethnologin u. Feldforscherin; begann ab 1942 mit folkloristischen Feldaufnahmen; sammelte zunächst in Tanger und Tetuan (Marokko) altüberlieferte Romanzen (→ *Romance judeoespañol*). Y. widmete sich später der lateinamerikanischen Volksmusik (Mexiko, Peru, Guatemala, Puerto Rico u. a. Länder). Ihre Aufnahmen, heute wertvolle musikethnologische Dokumente, wurden bei → *Folkways* veröffentlicht.

Yurupari → *Trompa de arcilla*

Henrietta Yurchenco (links) zusammen mit einem Schamanen der Huichol-Indianer (Mitte, sitzend), dem Kulturfunktionär Bonilla u. dem Fotografen Maya; Huilotita (Jalisco, Mexiko), Juni 1944 (Photo: Agustín Maya)

Z

Zaadona → *Sá-Dona*

Zaballa, Miguel
* 1886 La Habana, † 17.12. 1965 das.; kubanischer Volkssänger (Trovador), Bandleader und Gitarrist; bedeutender Vertreter des → *Son cubano;* wirkte seit frühester Jugendzeit in diversen Musikgruppen, so um 1912 in dem renommierten Gesangs- u. Instrumentalduo *Floro y Miguel*, das er mit Floro Zorrilla bildete, ferner schloss er sich Duos u. Gruppen mit Antonio → *Machín,* dem Sexteto Colín (1924), ab 1927 dem Orchester von »Don« → *Azpiazú* an und 1929 formierte er ein eigenes Son-Sextett (*Sexteto Candado* bzw. *– Zaballa*). Von Bedeutung ist ferner, dass er Mitgründer der Nationalföderation der kubanischen Son-Interpreten (*Federación Nacional de Soneros*) war.

Zabumba
1. dem → *Bombo* sehr ähnliche große zylindrische Zweifelltrommel, in der Volks- und Populärmusik Brasiliens benutzt. 2. regionale Bezeichnung für bestimmte Musikgruppen der brasilianischen Bundesstaaten Paraíba u. Pernambuco vom Typ einer Banda de → *Pífanos,* die mit der gleichnamigen Trommel (1) musizieren.

Zacatán → *Huéhuetl*

Zafiros, Los -
kubanisches Vokalquartett; 1950 in Camagüey durch Eduardo Hernández, Miguel Caycio, Leoncio Morúa »Kike« u. Ignacio Elejalde formiert; wirkte später als Quintett in La Habana und interpretierte in einem an nordamerikanische Vorbilder angelehnten Stil kubanische u. lateinam. Tanzmusik. Bei Palma, Egrem u. Areito entstanden einige LPs, darunter die Titel »Canción de Orfeo«, »Dichoso mar« u. »Y sigo«.

Zafra
Volkstanz der Atlantikregion Kolumbiens; zur Gruppe der → *Cumbia* gehörend.

Záizar, Juan
* 1935 Tamazula (Jalisco); mexikanischer Sänger, Musiker u. Komponist; entstammt einer alteingesessenen Musikerfamilie; gründete mit seinem Bruder David das *Duo Los Hermanos Záizar*, das vorwiegend Titel der Formen → *Corrido* u. → *Ranchera* interpretierte und zahlreiche LPs (Label Peerless) produzierte. Z. schrieb u. a. die Titel »Paloma herida« (Huapango, 1955), »Corrido al chicano« (1972), »Cielo rojo« (Ranchera, 1958) u. »Cruz del olvido« (Bolero, 1973).

Zajudina
alter, nicht mehr aufgeführter venezolanischer Volkstanz.

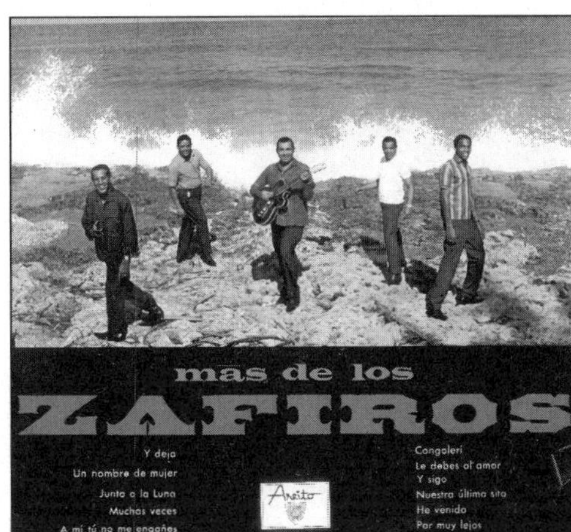

Quinteto Los Zafiros - LP Areito LPA-3268 (1966)

Zaldívar, Edmundo Porteño (Jr.)
* 9.10. 1917 Buenos Aires, † 7.2.1978 das.; argentinischer Sänger, Musiker (Gitarre, Guitarrón), Arrangeur, Bandleader und Komponist; entstammt einer Musikerfamilie u. musizierte frühzeitig; debütierte 1924 bei Radio Cultura; wandte sich zunächst dem → *Tango* zu, wo er sich 1938 dem Typischen Orchester von Ricardo Tanturi anschloss, danach mit Aníbal → *Troilo,* Roberto → *Grela* u. a. musizierte. Z. gründete später die in weiten Teilen Lateinamerikas bekanntgewordene Folkloregruppe *Edmundo Zaldívar y su Conjunto de Arte Popular,* mit der er sich der folkloristischen Musik Nordwestargentiniens widmete. Seine Kompositionen bzw. Arrangements von Liedern u. Tänzen insbes. des andinen Hochlandes (Quebrada de Humahuaca) wie die Titel »El Humahuaqueño«, »Carnavalito«, »Gallito ciego« u. »Palomitay« bestechen durch ihre künstlerische, vor allem instrumentale Ausgewogenheit. Unter verschiedenen Labels (u. a. Pampa u. Odeon) erschienen zahlreiche Schallplattenaufnahmen.

Zamacueca (Zambacueca)
alter Volkstanz im 6/8- bzw. 3/4-Takt; als Vorläufer der → *Cueca* geltend; in Peru u. Chile populär, in ihrer Originalform jedoch nur noch sehr wenig interpretiert.

Zamba
über fast das gesamte Territorium Argentiniens,

Dueto Hermanos Záizar – LP »Cantares de la Revolución« – Peerless M-S-2091 (1979)

Uruguays und – allerdings mit rückläufiger Tendenz – Teilen von Chile sowie vereinzelt in Paraguay verbreiteter Volkstanz in langsamem 6/8-Takt; in Argentinien Nationaltanz. Generell werden zwei Varianten unterschieden: eine traditionelle u. eine neuere, etwa um 1850 entstandene Version, die hinsichtlich von Begleitmusik u. Choreographie z. T. wesentlich voneinander abweichen. Die Z. ist aus der → *Zamacueca* entstanden, ihr Tempo ist gegenüber letztgenannter jedoch erheblich langsamer; die Choreographie sieht für die auseinander tanzenden Paare die Benutzung von Tüchern (Pañuelos) vor, die bei den einzelnen Parts nach bestimmten Regeln geschwenkt werden. Die Begleitmusik wird durch Gitarre und → *Bombo* ausgeführt, neuerdings kommen solistisch bzw. zusätzlich Piano, Akkordeon bzw. Bandoneón zum Einsatz. Als »klassische« Instrumentenkonfiguration gilt ein mit Violine, Bombo u. Gitarre bestücktes Trio, das zuweilen durch Harfe (Arpa) ergänzt wird. Es überwiegen gesungene Versionen mit teilweise anspruchsvollen lyrischen Texten wie »La López Pereyra« (anonym; neu arrangiert durch Andrés → *Chazarreta*), »Viene clareando« u. »Zamba del adiós« (beide Atahualpa → *Yupanqui*).

Zambacueca → *Zamacueca,* → *Cueca*

Zambapalo
1. spanischer Tanz des XVII. Jh. 2. von Indianern bzw. Mestizen in bestimmten Küstenregionen (Pazifik) Südamerikas aufgeführter alter Volkstanz.

Zambe
mit dem → *Joropo* verwandter venezolanischer Volkstanz, der im XIX. Jh. sehr populär war, später jedoch in Vergessenheit geriet.

Zambé → *Ingome*

Zambomba
(Cusuco, Furruco, Sambumbia, Zambumbia) in der spanischen und lateinamerikanischen Volksmusik eingesetzter Brummtopf.

Zambonini, Ernesto Federico »El Rengo«
* um 1880 Buenos Aires, † 23.4.1947 das.; argentinischer Musiker (Violine) und Komponist; bedeutender Vertreter des »primitiven« → *Tango;* trat ab der Jahrhundertwende in Cafés u. Bordellen von Buenos Aires als Musiker auf, gehörte ab 1907 u. a. mit Vicente → *Greco* (Bandoneón) zu einer kleinen Instrumentalgruppe und hat später in den Orchestern von Roberto → *Firpo* bzw. Genaro »Tano« → *Espósito* musiziert. Z. komponierte zahlreiche Tangos, Walzer, Polkas, darunter »Academía criolla«, »La Calesita«, »Recuerdos de Zambonini« u. »El flirt«.

Zambumbia → *Zambomba*

Zampoña (Fusa, Laca, Laquita, Taicahirpa)
aus Rohr, vereinzelt auch aus Ton gefertigte Panflöte aus mindestens 6 bis 40 und mehr Einzelflöten, deren untere Öffnung meist geschlossen ist. Es gibt ein- u. zweireihige Instrumente mit unterschiedlichen Dimensionen u. Namen bei den Aymará-Indianern → *Siku,* bei den Quechua-Indianern auch → *Antara,* in Ekuador → *Rondador,* in Kolumbien → *Capador* usw. genannt. Die Z. ist eines der wichtigsten Instru-

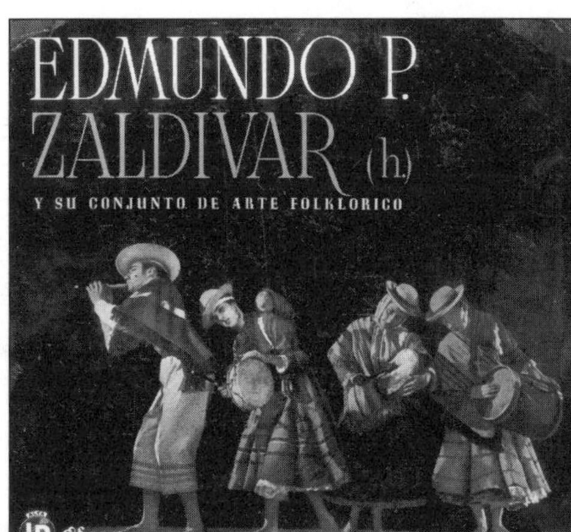

Edmundo Porteño Zaldívar (h) mit seinem Conjunto de Arte Folklórico – LP Odeon LDS-763 (1962)

mente der indianisch-mestizischen Volksmusik der Andenländer und wird zur Begleitung von Tänzen wie → *Huayno,* → *Carnaval* u. → *Sicuri (3)* benutzt.

Zampoñada
Bezeichnung für ein vor allem durch die → *Zampoña* interpretiertes Volksmusikstück des peruanisch-bolivianischen Hochlandes (Altiplano), meist ist es ein → *Huayno.*

Zampoñas del Titicaca, Compañía -
peruanische Instrumentalgruppe; 1956 in Puno durch den Musiker Simón Huanca Balli gegründet; interpretiert die zur Andenmusik gehörenden Tänze → *Huayno,* → *Llamerada,* → *Marinera (puneña),* → *Pasacalle* vorwiegend mit den Instrumenten → *Zampoña,* → *Tarka* u. → *Pinkillo.* Bei Sono Radio entstanden einige Schallplatten, darunter die Titel »Lunarcito«, »Pandillada« u. »Penquillo«.

Zandunga (Sandunga, Vals istmeño)
mexikanisches Tanzlied, typisch für die Region des Isthmus von Tehuantepec (Oaxaca); auf den → *Fandango (1)* zurückgehende Form, die als *Son istmeño* im Laufe der Zeit einigen Modifkationen unterworfen war u. in ihrer aktuellen Version stark walzerhafte Züge trägt. Zur musikalischen Begleitung dienen Blaskapellen vom Typ einer → *Banda (2),*(meist instrumentale Versionen) bzw. → *Marimba (1)* u./o. Gitarre (gesungene Versionen); bekannte Titel sind »La Zandunga« u. »La llorona« (aus der anonymen Musikfolklore).

Zanganito → *Sonecito del País*

Zaña (Saña, Lundero afroperuano)
afroperuanisches Tanzlied; Variante des → *Landó;* weist eine dreiteilige Struktur auf 1. die durch einen Solisten intonierte → *Glosa,* 2. der Hauptteil, *Dulce* genannt, mit Solist u. Chor und 3. der Schlussteil *Fuga,* der nur durch einen Chor dargeboten wird und, auf den angolanischen Lundú zurückgehend, noch stark afrikanische Züge trägt. Die instrumentale Begleitung entspricht der des Landó. Die Z. soll die Grundlage für den im XVIII. Jh. entstandenen → *Tondero* sein.

Zapata, Camilo »Cantor de Nicaragua«
* 1917 Chinandega; nikaraguanischer Sänger, Musiker (Gitarrist), Komponist und Folkloreforscher; Autodidakt; wichtige Persönlichkeit in der Geschichte der Volks- u. Populärmusik Nikaraguas; erforschte die Volksmusik u. a. der Regionen Chinandega, Masaya, Chontales, Managua u. Boaco; schrieb zahlreiche Stücke der Formen Walzer, Bolero, Foxtrot, Tango, Pasillo, Pregón, Villancico und gilt als Schöpfer der nikaraguanischen Version des → *Son (Son nica).* Z. trat als Sänger und Musiker in weiten Teilen des Landes auf u. schrieb Stücke wie »Caballito chontaleño« (Son nica, 1934), »Nandaimeño« (Son nica, 1944) sowie den international bekanntgewordenen Bolero »Sinceridad« (1961).

Zapato Vallejo, Francisco
* 1942 Támesis (Antioquia); kolumbianischer Musiker (Piano, Orgel), Sänger, Arrangeur, Komponist u. Bandleader; studierte am Konservatorium von Medellín, wirkte später als Sänger u. Pianist, widmete sich der Interpretation

Compañía Zampoñas del Titicaca – LP »Zampoñas del Titicaca« – Sono Radio LPL-2190 (1965)

von Tanzmusik auf der Hammondorgel; gründete in Bogotá die Gruppen Los → *Teen Agers, Los 8 de Colombia, Los Z* sowie ein Tanzorchester; produzierte als Solist mehr als 40 LPs (Fuentes, Zeida u. a.), darunter die Titel »Momposina«, »Dolor sin nombre« u. »Antioqueñita«.

Zapateado (port.: Sapateado)
1. alter spanischer Volkstanz im 6/8-Takt, in diversen Varianten existierend; von der Choreographie her mit dem bayerischen Schuhplattler vergleichbar; ursprünglich aus Andalusien stammend; auch nach Lateinamerika gelangt und dort populär geworden. Der Z. bildete die Basis für neue Formen, die teilweise nur aus Schuhplattler-Parts bestehen (→ *Zapateo*). 2. als Z. español eine spanische Tanzform, die vor allem in Andalusien ausschließlich von Frauen getanzt u. durch Gesang, Gitarre u. → *Palmas* begleitet wird.

Zapateo (port.: Sapateio)
1. Aktion u. Effekt des rhythmischen Aufstampfens mit den Füssen (Schuhplatteln); typisches Element vieler Volkstänze Spaniens u. Lateinamerikas; zumeist nur von Männern ausgeführt. 2. als Z. cubano ein ländlicher Volkstanz Kubas u. Puerto Ricos; im XVIII. Jh. aus dem spanischen → *Zapateado (1)* hervorgegangen; ein Paartanz, bei dem Mann u. Frau auseinander tanzen; erreichte um 1850 den Höhepunkt seiner Popularität, wird heute kaum noch getanzt.

Zapatera
alter, inzwischen vollkommen vergessener chilenischer Volkstanz.

Zapatero → *Firmeza*

Zarabanda (Sarabanda, Salabanda)
im XVI. Jh. entstandener alter spanischer Salontanz im 3/2- u. 3/4-Takt; bereits von Miguel de Cervantes Saavedra (1547 – 1616) in seinem Werk »La Gitanilla« erwähnt. Im gleichen Jh. gelangte die Z. in verschiedene Teile Lateinamerikas. 1556 komponierte Pedro de Trejo in Mexiko (Nueva España) die »Zarabanda venventura«; erste Nachweise über eine Verbreitung in Peru datieren von 1598; in Nikaragua wird sie erstmals 1750 erwähnt. Ebenso wie in Spanien wurde sie auch in LA von der kathol. Kirche angegriffen und ihre Aufführung mit Strafen belegt. In Guatemala u. weiteren Ländern Zentralamerikas gehört sie noch heute zu den ländlichen Volkstänzen und wird durch die Instrumente → *Marimba (1)*, Harfe, Gitarre, → *Rabel* u. → *Aduf*, gelegentlich auch durch die → *Chirimía* begleitet. Die vorwiegend durch Indianer bzw. Mestizen (Ladinos) gespielten Stücke tragen zumeist melancholischen Charakter.

Zarambeque → *Zumbé*

Zaranda
ein in der Volksmusik Venezuelas gespieltes Horn.

Zarandeo → *Contoneo*

Zárate Martínez, Jorge Remigio
* 1.10.1923 Buenos Aires; argentinischer Gitarrist ernster und populärer Musik; studierte am Nationalkonservatorium Buenos Aires u. bildete später mit seiner Frau Graciela Pomponio ein Gitarren-Duo, das mehr als 600 Stücke aufnahm u. mehrere LPs (Label RCA Victor) produzierte.

Zárate, Manuel F.
* 1899 Panamá-Stadt, † 1968 das.; panamaischer Sänger, Musiker und Liedermacher; einer der bekanntesten Volkslied- und Protestsänger Panamas; Mitbegründer der Erneuerungsbewegung des Panamaischen Liedes; Forscher auf dem Gebiet der Musikfolklore. Z. arrangierte u. interpretierte zahlreiche der anonymen Musikfolklore entstammende Lieder u. Tänze u. publizierte Abhandlungen über die Volksmusik Panamas; zu seinen Liedern gehören u. a. »Visión de Panamá«, »Campesino« u. »Mi negrita«.

Zaraza

zur Gruppe des → *Bambuco* gehörender Volkstanz andiner Gebiete der kolumbianischen Provinz Antioquia.

Zarzuela

dramatisches, zumeist in Musiktheatern aufgeführtes Stück, dessen charakteristisches Merkmal die Alternanz von Deklamation, Gesang, Musik u. Tanz ist. Die Z. geht auf den spanischen Dichter u. Dramatiker Pedro Calderón de la Barca (1600 – 1681) zurück. Die Z. erlangte durch ihre neuen stilistischen Ausdrucksmittel große Publikumswirksamkeit in Spanien, später auch in Lateinamerika, wobei sie vorwiegend durch fahrende Theatergruppen, auch Lyrisches Theater (*Teatro Lírico*) oder *Compañía de Zarzuela* genannt, popularisiert wurde. Nachdem zuerst spanische Gruppen in LA auftraten, entstanden nach 1850 die ersten lateinamerikanischen Gruppen; 1900 kam es z. B. in Kuba u. Mexiko zur Entwicklung nationaler, auf kreol. Elementen aufbauende Zarzuela-Versionen, aus denen in zunehmendem Maße Musikstücke (Boleros, Lieder, Habaneras, Rumbas) stammten, die auf die Entwicklung der Populärmusik einen bedeutenden Einfluss ausübten. Bekannte Zarzuelas sind u. a. »Niña Rita« (1922, von Eliseo → *Grenet*), »María la O« (1930, von Ernesto → *Lecuona*), »Amalia Batista« (1936, von Rodrigo → *Prats L.*) u. → *»Cecilia Valdés«* (1932, von Gonzalo → *Roig*). Durch das Vordringen des Musicals auch in LA ist die Z. in ihrer Verbreitung gegenwärtig rückläufig.

Zé Keti (eigtl. José Flores de Jesús)

* 6.10.1921 Inhaúma (Rio de Janeiro); brasilianischer Sänger und Liedermacher; bekannter Vertreter des → *Samba (do Morro);* sang 1939/40 in der Samba-Schule → *Portela;* wirkte später als Solist und schrieb zahlreiche Sambas, die z. T. auf LPs auf versch. Labels (u. a. CID) erschienen, darunter die Titel »Voz do Morro« (1954; bekannteste Komposition), »Opinião« (1964), »Máscara negra« (1967) u. »Tio Sam no samba« (1946).

Zé-Pereira

populärer brasilianischer Karnevalsgesang in Form einer → *Cantiga.*

Spielszene einer kubanischen Zarzuela (Photo: Prensa Latina)

Zequeira, Rafael
* (?) La Habana, † 1924 das.; kubanischer Volkssänger (Trovador) und Gitarrist; wirkte in diversen lokalen Musikgruppen; bildete Duos u. a. mit María Teresa → *Vera* u. nahm einige seiner Lieder auf Schallplatten auf, die heute zu den wertvollen zeitgeschichtlichen Dokumenten der kubanischen Populärmusik gehören.

Zimbo Trio
brasilianisches Instrumentaltrio; 1963 in São Paulo durch Amilton Godói (Piano), Luíz Chaves (Kontrabass) u. Rubén Alberto Barsotti (Schlagzeug) formiert; interpretierte vorwiegend Stücke der Form → *Bossa Nova* in zum modernen Jazz tendierendem Stil; bei verschiedenen Plattenfirmen (u. a. Copacabana) entstanden einige LPs, darunter eine zusammen mit der Sängerin Elisete → *Cardoso*. Bekannte Titel des Trios sind »Samba do perdão« u. »Rei triste«.

Zion
ein afrojamaikanischer Kult, zum Komplex des → *Revival* gehörend.

Zitarrosa, Alfredo
* 10.3.1936 Montevideo, † 15.1.1989 das.; uruguayischer Sänger, Musiker (Gitarre) und Liedermacher; bekannter Vertreter der Bewegung des Neuen Uruguayischen Liedes; begann nach 1950 selbstverfasste Lieder zu interpretieren, wobei er sowohl im traditionellen Stil des uruguayischen → *Gaucho* als auch dem des Afrouruguayers vom urbanen Raum von Montevideo sang. Z. entwickelte sich zu einem notablen Protestsänger; er erhielt für sein künstlerisches Schaffen 1959 den Nationalpreis für Poesie. In der Folgezeit entstanden zahlreiche Musikstücke wie »Compadre Juan Miguel« (Chamarrita), »Coplas del Canto« (Milonga), »Adagio en mi país« (Ballade, 1973), »Doña Soledad« (Candombe) u. »Zamba por vos« (Zamba), die auf Schallplatten u. a. der Labels Orfeo, Clave, Microfón u. NCL erschienen sind. In der Zeit der Militär-Junta war Z. politischer Verfolgung ausgesetzt; aus diesem Grunde lebte u. wirkte er zwischen 1976 u. 1984 im Exil (Spanien).

Zocabón
in der panamaischen Volksmusik eingesetzte

Kreolische Musiker aus Argentinien beim öffentlichen Auftritt zu einem Gaucho-Thema (Buenos Aires, um 1900)

Gitarre, die etwas grösser als die → *Mejoranera,* jedoch feiner als diese gearbeitet ist.

Zoot
regionale, bereits in vorspanischer Zeit gebräuchliche Bezeichnung für die → *Sonajas.*

Zopilote (Geier, nahuat-span.)
einer der typischen Volkstänze dramatischen Charakters Nikaraguas. Die Tänzer verkleiden sich als Geier u. tanzen nach dem Klang regionaltypischer Instrumente wie → *Marimba (1)* und Trommeln. Der Z. geht auf eine alte Legende zurück, die besagt, dass ein Indio, der entgegen seinem Willen getauft wurde, sich in einen Geier verwandelte und in der Stille der Nacht als Schatten am Rande der Indianersiedlung sang u. tanzte. Als Schöpfer bzw. Arrangeur des heute vorwiegend von Indianern u. Mestizen aufgeführten Z. gilt der nikaraguanische Musiker u. Komponist Luis Felipe → *Urroz.*

Zouk → *Zuk*

Zu (Xul)
Vertikalflöte mit 6 oder 7 Tonlöchern, zumeist aus Rohr gefertigt; in der indianischen Volksmusik Guatemalas gespielt; unterscheidet sich durch größere Abmessungen und einen weicheren Klang von der Flöte → *Tzijolaj.*

Zubak → *Zul*

Zubidor (Zumbidor, Soniche, Rói-rói, Zunido, Aidje)
in der Volksmusik verschiedener brasilianischer Indianerstämme verwendetes Schwirrholz, das vor allem zur Begleitung ritueller Handlungen dient.

Zuholocê (Ualalocê)
Querflöte der Parecí-Indianer Brasiliens.

Zuk (zouk, souk)
Modetanz der französischsprachigen Karibik; der, bereits um 1970 weithin verbreitet, auch in Jamaika und anderen englischsprachigen Karibikinseln sowie auch in einigen afrikanischen Ländern (Congo) populär wurde. Es handelt sich um einen Tanz, der aus einer Vermischung von Komponenten u. a. der → *Cadence* (Kadans) entstanden ist und insbesondere bei der Jugend sehr beliebt wurde. Unter den zahlreichen Gruppen, die sich dieser neuen Form zuwandten, befindet sich *Cassave.*

Zukia
afronikaraguanischer Volkstanz der Küstenregion.

Zul (Zubak)
primitive Rohr- oder Knochenflöte, präkolumbisch, dem Kulturkreis der Maya entstammend; noch heute in der indianischen Volksmusik Zentralamerikas (Nikaragua) gespielt.

Zuleta Baquero, Emiliano »El Viejo«
* 11.1.1912 La Jagua del Pilar (Guajira); kolumbianischer Sänger, Musiker (Akkordeon, Guacharaca) und Liedermacher; bedeutender Verteter der → *Música vallenata;* schrieb 1927 seinen ersten → *Merengue;* spezialisierte sich später auf die Komposition u. Interpretation des → *Paseo;* seine Auftritte erfolgten im wesentlichen in den Regionen von Manaure, El Plan u.

Alfredo Zitarrosa mit dem Orchester von Carlos García – LP »El violín de Becho« – Odeon CM-4159 (1972)

Villanueva; unter versch. Labels (u. a. De Oro u. CBS) entstanden zahlreiche Schallplattenaufnahmen, darunter die von ihm verfassten Titel »El Zorro«, »La gota fría«, »Las enfermeras« u. »Villanueva«.

Zumbador

(Rumbador, Bramador, Bramadera, Bramera) zu den freien Aerophonen gehörendes Instrument in Form einer durchbohrten Scheibe aus Metall, Holz oder Karton, die, in Rotation versetzt, ein summendes Geräusch erzeugt; von indianischen Völkern Lateinamerikas bei rituellen Handlungen benutzt.

Zumba-que-zumba (Zumbaquezumba)

zur Gruppe des → *Joropo* gehörender Volkstanz Kolumbiens und Venezuelas; Teil der → *Música llanera;* durch Harfe (Arpa) u. → *Cuatro,* zuweilen auch durch Gitarre begleitet; es gibt sowohl instrumentale als auch gesungene Versionen.

Zumbé (Zarambeque)

alter afrospanischer Tanz, der auch nach Lateinamerika gelangte u. im XVII. Jh. z.B. in Mexiko als Salontanz zur Aufführung gelangte.

Zumbidor → *Zubidor*

Zupay, Cuarteto -

argentinisches Vokalquartett; 1966 in Buenos Aires durch die Sänger Aníbal López Monteiro (* 1946, Tenor), Juan José García Caffi (* 1943, Tenor), Padro Pablo García Caffi (* 1944, Bariton) u. Eduardo Vittar Smith (* 1945, Bass) gegründet. Die Gruppe interpretierte im Stil der Kammermusik landestypische Musik u. produzierte mehr als 10 LPs (Labels Trova, CBS u. a.), darunter die Titel »Milonga de andar lejos« u. »Vidala para mi sombra«. Nach 1990 kam es zu Wechseln bei den Tenören, Gabriel Borrow u. Rubén Verna kamen neu hinzu, während López u. J. J. García das Quartett verliessen.

Zurrungear

lautmalerische Bezeichnung für das im → *Rasgueado* ausgeführte kräftige Anreißen der Saiten einer Gitarre bzw. eines → *Tiple* (Kolumbien).

Zuzá

indianische Bezeichnung für ein dem → *Chocalho* ähnelndes Schüttelidiophon, das von einigen Stämmen der brasilianischen Amazonas-Indianer in der Volksmusik benutzt wird.

Zuzuca

(eigtl. Adil de Paula) * 14.8.1936 Cachoeira de Itapemirim; brasilianischer Musiker und Komponist; bekannter Vertreter des → *Samba;* gehört der Samba-Schule → *Portela* an und schrieb zahlreiche Karnevals-Sambas, darunter »Boi de cara preta« u. »Festa para um rei negro« (1971).

Diskographie

Eine Auswahl – nur LPs, CDs und MCs. Kennzeichnung: • = CD; ° = Musikkassette (MC), alle anderen sind LPs

1. LATEINAMERIKA – ALLGEMEIN

Name des/der Interpreten	Titel des Albums	Jahr	Label/Tonträger-Nummer
Los 4 Hermanos Silva (Chile)	Folklore latinoamericano	1958	RCA Victor MKL-1057
Los Folkloristas (México)	Soleil sur les Andes	1968	Festival FLDX-474
Los Incas	Saludos musicales de América Lat.	1967	Philips 840 592-PY
Los Machucambos	El cóndor pasa	1971	Decca SLK 16.884-P
Trío Los Panchos	Latin American Best Sellers	1964	Caytronics CYS-1024
Caterina Valente	Latin Together	1969	Decca SLK 16.849-P
Los Wawancó	Los Wawancó en su...Salsa	1982	EMI LP-6442

2. ARGENTINIEN

Name des / der Interpreten	Titel des Albums	Jahr	Label/Tonträger-Nummer
Los Hermanos Abalos	Argentine dances – Vol. 2	1958	Folkways FW 8842
Los Hermanos Abalos	Bailando folklore	1959	RCA Victor AVL 3129
Los Hermanos Abalos	Nuestras danzas (3 discos)	1966	RCA Camden CAL-6105
Isaac »Isaco« Abitbol	Chamamé	1966	Music Hall-12.649
Isaac »Isaco« Abitbol	El último patriarca	1993	• Music Hall CD 79
Los Hermanos Abrodos	Danzas folklóricas	1978	Odeon EMI-6690
Los Hermanos Abrodos	Curso de danzas argentinas	1974	Odeon EMI-6768 – 6775
Cholo Aguirre	A San Lorenzo	1994	• EPSA Music-730.209
Conjunto Alpataco	Señor Inca	1970	Trova XT-80.052
Paquito Aranda	Paquito Aranda	1970	Asunción A 1051
Raulito Barboza	Chamigo baile	1980	• Odeon EMI-6157
Los Hermanos Barrios	Consagración del Chamamé	1980	Microfón PROM-40.081
Los Hermanos Barrios	Lo mejor de los Hermanos Barrios	1990	• Music Hall CD 24
Facundo Cabral	Facundo Cabral	1970	RCA Victor MIL-4117
Jorge Cafrune	Lo mejor de Jorge Cafrune	1968	CBS-8.899
Los Calchaquis	Chantent Atahualpa Yupanqui	1958	Le Chant du Monde LDS-4240
Los Calchaquis	Tresors du folklore	1976	Barclay N.O.S. 920014
Los Cantores de Quilla Huasi	Lo mejor de Los Quilla Huasi	1992	• Music Hall CD 68
Los Cantores de Tucumán	Pasión del Che Guevara	1977	Polydor-2393 112
Los Hermanos Cardozo	Entre sapukai y chamamé	1988	Philips-836.415
Oscar Cardozo Ocampo	América Joven – Vol. 3	1970	Philips-6406 019
Los Chalchaleros	Lo mejor de Los Chalchaleros	1963	RCA Camden CAL-2924
Los Chalchaleros	Coplas de ausencia	1967	RCA Camden CAL-3102
Los Cinco Latinos	Aquí están los 5 Latinos	1961	Columbia EX-5054
Mario del Tránsito Cocomarola	20 grandes éxitos	1993	• Philips-518.780
Alberto Cortez	Poemas y canciones	1976	Hispavox HHS-11.122
Los Hermanos Cuestas	Canto a Entre Ríos	1974	Microfón I-544
Julia Elena Dávalos	Tierra que anda	1990	• Philips 510.508
Coco Díaz y su Conjunto	Fortín Tostado	1969	Odeon EMI-4191
Damasio Esquivel	Este es don Damasio	1958	Music Hall MH-714
Damasio Esquivel	Los más grandes éxitos	1990	• Happy CD-ST-18
Eduardo Falú	Lo mejor de Falú	1966	Music Hall Caravelle 70.027
Los Fronterizos	Canciones de cerro y luna	1960	TK LD-90.014
Los Fronterizos	Los Fronterizos en escena	1963	Philips 82121 PL
Los Fronterizos	Los 20 años de Los Fronterizos	1993	• Microfón 2-59.015

Ramona Galarza	Los grandes sucesos	1966	Odeon CM-4002
Ramona Galarza	La vestido celeste	1966	Odeon DMO-55.520
Roberto Galarza	El álbum de los caminos	1993	° Emilcor Prod. 01-91-021
Carlos Gardel	Primeras grabaciones	1960	Caytronics CYS 1291
Carlos Gardel	Los éxitos de sus películas	1965	Odeon EMI-6613
Carlos Gardel	Los éxitos de sus películas Vol.2	1965	Odeon EMI-6636
Carlos Gardel	Tangos reos	1968	Odeon EMI-6874
Dúo Gardel – Razzano	Série acústica Vol. 1 – 12	1966	Odeon URL-18.000 -18
León Gieco	De Ushuaia a La Quiaca	1985	Music Hall 14.758
Horacio Guarany	De mis viejos tiempos	1981	Philips-6347 481
César Isella	Estoy de vuelta	1965	Philips 82106-PL
José Larralde	Dedicado a América Latina	1977	RCA-107.7056
Argentino Luna	Sí alguna vez, piensas en mí	1992	• EPSA Music-830.114
Les Luthiers	Los habitantes del sonido – Vol.1	1966	Trova XT-80.093
Agustín Magaldi	El farol de los gauchos	1965	RCA Victor AVS-6012
Dúo Magaldi –Noda	Magaldi – Noda	1967	RCA Victor AVL-3970
Raúl Maldonado	Saludos desde Argentina	1972	Arion 6.23464
Eduardo Miño	Buscando olvido	1968	Cerro Corá PR-1027
Misa Criolla	La Misa Criolla	1965	Philips-6527 136
Julio Molina Cabral	Cuando canta un soñador	1967	Music Hall 12.316
Carlos Montbrun Ocampo	Para Cuyo	1996	• EMI 7243-837.405
Los Nombradores	Con ustedes...Los Nombradores	1964	Philips 820104-PL
Trío Correntino Pancho Cué	Trío Correntino	1990	° Yatay-1982
Teresa Parodi	Mba-é pa reicó, chamigo	1986	Polydor-24.248
Félix Pérez Cardozo	Los éxitos de Félix Pérez Cardozo	1972	Odeon CM-4156
Piero	Coplas de mi país	1972	CBS-80.190
Ariel Ramírez	El Litoral	1969	Philips-6347 807 (5921)
Ariel Ramírez	Cantata sudamericana	1972	Philips-6350 598
El Chango Rodríguez	La vuelta del Chango Rodríguez	1966	RCA Camden CAL-3158
Antonio Tarragó Ros	Lo mejor de Antonio Tarragó Ros	1992	• Music Hall CD31
Tarragó Ros	Esto es chamamé	1964	Odeon LDI 220
Tarragó Ros	Mi disco de oro	1972	Odeon SLDB 1074
Los de Salta	Zambas por Los de Salta	1966	Philips 82.114-PL
Cuarteto Santa Ana	Ciudad de Corrientes	1978	Odeon CM-4060
Cuarteto Santa Ana	La Bailanta	1979	Odeon EMI-4218
Cuarteto Santa Ana	Todos los éxitos – Vol. 1	1993	• Odeon EMI-8277 752
Facio Santillán	Sortilege de la flûte des Andes	1974	Riviera RLP-16.015
Sebastián Solís	Sebastián Solís	1982	ARC Music EULP 1033
Sebastián Solís	La música latina	1988	ARC Music EULP 1066
Mercedes Sosa	Yo no canto por cantar	1963	Philips 82089-PL
Cacho Tirao	Pura música	1974	CBS-19.377
Antonio Tormo	La Historia de un Grande	1994	• M & M TK-13.106
Daniel Toro	Románticos de la canción argent.	1978	Microfón SE-938
Los Trovadores del Norte	Trovadores del Norte	1964	Varietone VA-6003
Los Tucu Tucu	Los Tucu Tucu...Tucumanos	1978	Polydor-2347 155
Las Hermanas Vera	Los grandes exitos de las Vera	1984	Microfón PRK-1116
Atahualpa Yupanqui	Atahualpa Yupanqui y su Guitarra	1963	RCA Camden CAL-3042
Atahualpa Yupanqui	El arte de Atahualpa Yupanqui	1964	RCA Camden CAL-3122
Atahualpa Yupanqui	El Payador perseguido	1973	Chant du Monde LDX-74.506
Edmundo P. Zaldívar (h)	E. Zaldívar y su Conjunto Folkl.	1964	Odeon LDS-763
Cuarteto Los Zupay	Folklore sin mirar atrás – Vol. 1	1967	Trova TL-13

3. BOLIVIEN

Name des / der Interpreten	Titel des Albums	Jahr	Label/Tonträger-Nummer
Grupo Aruma de Bolivia	Aruma de Bolivia	1981	Gold Records LP 11.130
Los Ases Andinos	Fiesta en Oruro	1960	Lauro LPLR-1004
Hugo Barrancos	Canta Hugo Barrancos	1988	Lyra SLPL-13.610
Los Caballeros del Folklore	Así se canta el folklore en Bolivia	1968	Philips-634.700
Trío Los Caminantes	Disco del año	1968	Lyra SLPL-13.071
Los Canarios del Chaco	Tradición del Sur	1992	Lyra SLPL-13.776
Los Cantores del Valle	25° Aniversario	1990	Lyra SLPL-13662
Ernesto Cavour	Canto del viento (in Ecuador)	1982	Polydor LP-75.204
Ernesto Cavour	Ernesto Cavour...y su Conjunto	1989	Lyra SLPL-13.656
William Ernesto Centellas	Concierto Andino	1992	• Sono Sur SSB 35
Los de Ckalcha	Martita León y Los de Ckalcha	1969	Lauro LPLR-1114
Eloy Condori	Tu vanidad	1980	Lauro BO/LRL-1313
Los Copleros del Sur	Canto a mi tierra	1989	Lauro BO/LRL-1597
Benjo Cruz	Grito del pueblo	1971	Lampo LPC-006
José Ferruffino	Fiesta Valluna	1985	Lauro BO/LRL-1513
Trío Folklórico	Folklore boliviano	1961	Lampo LPC-002
Los Huaycheños	Los Huaycheños – Vol. 3	1969	Huaycho LP-003
Conjunto Los Jairas	Bolivia	1966	Musidisc CV-1119
Conjunto Los Jairas	La flûte des Andes	1967	Musidisc CO-1125
Conjunto Los Jairas	Folklore bolivien	1973	Musidisc CV-1348
Conjunto Los Kjarkas	Los Kjarkas	1984	Lauro LPLR-1488
Conjunto Los Kjarkas	Lo mejor de Los Kjarkas	1985	° Lauro LRC-1542
Conjunto Los Kjarkas	Pueblos perdidos	1984	Lider ELD 02.06.1213
Conjunto Kollamarka	Al Tawantinsuyo	1990	Lyra SLPL-13.680
Conjunto Los Kusis	Los Kusis	1977	Tudor -76.002
Luz del Ande	Peskha patac mara...	1992	Lyra SLPL-13.725
Gladys Moreno	El disco de oro de Gladys Moreno	1987	Lyra SLPL-13556
Los Pocoateños	Sigue el éxito de Los Pocoateños	1966	Lauro LPLR-1096
Angel Quiroga y otros	Bolivia de fiesta – Vol. 1	1965	H y R LP-9005
Tarateño Rojas	Tarateño Rojas en España	1977	Poplandia PS-30.115
Conjunto Ruphay	Música folklórica de Bolivia	1974	Philips-9299 392
Conjunto Ruphay	Folklore de Bolivia	1975	ARC Music EULP-1001
Conjunto Savia Andina	Lo mejor de Savia Andina	1978	CBS-20.287
Conjunto Savia Andina	K'alanchito	1980	Heriba SLP-2182
Raúl Shaw Moreno	Music of Bolivia	1960	Capitol T-10.088
Arturo Sobenes	Bolivia y su música (in Brasilien)	1955	RGE XRLP-5.049
Bonny Alberto Terán	Qué será de mi destino	1985	Lauro BO/LRL-1585
Jaime Torres	Charango	1975	Messidor-115.923
Jaime Torres u.Julia E.Dávalos	Tierra que anda	1990	• Philips-510.508
Conjunto Ukamau Amerindia	Folklore de Boliva	1978	ARC Music EULP 1013
Conjunto Ukamau Amerindia	Folklore de Bolivia – Vol. 2	1979	ARC Music EULP 1023
Enriqueta Ulloa	Ñusta 1977 – 79	1979	Lauro BO/LRL-1255
Tito Veliz	América india	1978	Microfón PROM 40.005
Zulma Yugar	Compartiendo talentos	1992	Lauro BO/LRL-1667
Grupo Zampoñas del Ande	Fiesta en Bolivia	1980	Kantuta LPS-1940

4. BRASILIEN

Name des / der Interpreten	Titel des Albums	Jahr	Label/Tonträger-Nummer
Alcíone	A voz do samba	1975	Philips-6349 155
Laurindo Almeida	Guitar recital	1956	Coral Records CRL 56.057
Ataulfo Alves	Meu samba – minha vida	1966	Philips P-632.111-L
Berenice Azambuja	Um pedaço do meu pago	1995	Acit-3012.2180
Waldir Azevedo	Meus momentos	1996	• EMI CD-852.338

Banda do Corpo de Bombeiros	Retrêta	1968	SOM SOLP-40.012
Adoniran Barbosa	Adoniran Barbosa	1974	Odeon SMOFB-3.877
Inezita Barroso	Clássicos de música caipira	1962	Sabiá SCLP-10.503
Os Irmäos Bertussi	40 anos Irmäos Bertussi	1997	• ACIT CD-7403.0840
Luíz Bonfá	Sambolero	1996	• Blue Moon Records CD 3059
Chico Buarque de Hollanda	Construcção	1971	Philips-6349 017
Sílvio Caldas	Cabelos brancos	1969	• CBS-37.559 (70.001)
Ely Camargo	Canções de minha terra – Vol. 1	1962	Chantecler CMG-2175
Cartola	Divino samba	1999	• Tropical Music CD-68.804
Beth Carvalho	Sentimento brasileiro	1980	RCA Victor-103.0393
Cascatinha e Inhana	India	1972	Caboclo CLP-9.154
Dorival Caymmi	Caymmi e seu Violäo	1959	Odeon MOFB-3.093
Juca Chaves	As músicas proíbidas de Juca Ch.	1968	Imperial XLD-10.822
Xitäozinho e Xororó	Amante	1992	• Movieplay ABW-61020
Paixäo Côrtes	Tradição e folclóre de Sul	1967	Philips P-632.723-L
Gal Costa	Gal Costa canta Caymmi	1976	Philips-6349 174
Quarteto em Cy	Quarteto em Cy	1970	Barclay S-21.241 (921.051)
Elis Regina	Elis, essa mulher	1979	Warner Bros. Rec. BR-36.113
Raimundo Fagner	Ave noturna	1975	Continental 1-01-404.106
Conjunto dos Farroupilhas	Os Farroupilhas em Hi – Fi	1960	Columbia-37.099
Folklore-Musik aus Brasilien	Afro-brazilian religious songs	1971	Lyrichord LLST 7315
Gastäo Formenti	Gastäo Formenti	1988	Moto Discos 803.634
Gaúcho da Fronteira	Mensagem do Sul	1992	• Movieplay ABW-83501
Gilberto Gil	Quilombo	1984	Electra WEA-2516 311
Astrud Gilberto	The Girl from Ipanema	1991	• Object Enterprises ORO 126
Joäo Gilberto	J. Gilberto, creador do Bossa Nova	1965	Odeon LOM-10.022
Luíz Gonzaga	São João do Araripe	1968	RCA Victor BBL-1419
Luíz Gonzaga Jr.	Caminhos do coração	1982	EMI 064-422.912
Os Indios Tabajaras	Casually classic	1976	RCA Victor MILS-4328
Jackson do Pandeiro	O melhor de Jackson do Pandeiro	1994	• Sony Music-758.254
Antônio Carlos Jobim	Antônio Carlos JobimComposer	1997	• Warner Archives CD-46.114
Jorge Ben (com Djalma Corrêa)	Africabrasil	1976	Philips 6349 187
Benedito Lacerda	Benedito Lacerda	1964	Odeon MOFB-3.026
Verschiedene Lambada-Gruppen	A verdadeira lambada da Bahia	1990	Nosso Som-670.4276
Nara Leäo	Garôta de Ipanema	1986	Philips 826.854
Maria Bethânia	Personalidade – Maria Bethânia	1987	Philips-832.215
Martinho da Vila	A voz do samba	1970	RCA Victor BBL-1533
Sérgio Mendes	Alegria	1980	WEA-99.096
Monsueto Menezes	O Filósofo do Samba	1962	Odeon MOFB-3.277
Milionário e José Rico	Milionário e José Rico na China	1987	Chantecler 1-71-405.664
Carmen Miranda	South American Way	1975	MCA MCL-1703
Vinícius de Moraes	Como dezia o poeta	1970	Fermata LF-192
Grupo Música Popular Brasileira	Canto dos Homens	1976	Philips-6349 311
Milton Nascimento	Sentinela	1980	• Vervé-813.357
Joäo Nogueira	Agua branca	1983	Eldorado-72.83.0414
Clara Nunes	Brasil mestiço	1980	EMI 062-421.207
Paulinho da Viola	A dança da solidäo	1971	Odeon SMOFB-3.718
Pedro Bento e Zé da Estrada	Pedro Bento e Zé da Estrada	1971	Tropicana-01149
Pixinguinha	Pixinguinha e Benedicto Lacerda	1966	RCA Camden CALB-5041
Baden Powell	Guitar	1972	Barclay-820.092

Roberto Carlos	Roberto Carlos en México	1969	Caytronics CYS-1235
Jair Rodrigues	Jair de todos os sambas	1968	Philips R-765.081-L
Noel Rosa	Canções de Noel Rosa	1956	Continental LPP-19
Samba brasileiro	Brazilian classics – sambas	1989	• Warner Bros. 7599-26.019
Samba brasileiro	10 anos desfile oficial de sambas	1974	Equipe EQI-5.139
Orlando Silva	Uma dor e uma saudade	1961	RCA Camden CALB-5078
Simone	The best of years	1996	• Capitol CD-59.275
Sivuca	Norte forte	1992	• Tropical Music-680.959
Teixeirinha	O melhor do desafio	1992	• Movieplay ABW 83047
Tonico e Tinoco	20 anos	1968	Caboclo Continental CLP-9.024
Toquinho	Sonho dourado	1984	Polydor-823.265
Os Três Xirus	So sing man deutch in Brasilien	1970	Copacabana CLP-11.598
Geraldo Vandré	Geraldo Vandré	1979	Som Maior-303.2001
Caetano Veloso	Muito – Dentro da estrêla azulada	1978	Philips-6349 282
Quinteto Violado	Antologia do baião	1977	Philips-6349 317
Xangô da Mangueira	Xangô da Mangueira	1976	Tapecar TC-097
Zé Keti	Zé Keti e seus sucessos	1974	CID LP-14.016

5. CHILE

Name des / der Interpreten	Titel des Albums	Jahr	Label/Tonträger-Nummer
Rolando Alarcón	Traditional chilean songs	1960	Folkways FW 8748
Rolando Alarcón	Rolando Alarcón y sus canciones	1965	RCA Victor CML-2333
Conjunto Aparcoa	Aparcoa	1970	Philips-843.206
Dúo Los Hermanos Campos	Cuecas con chancho en piedra	1967	RCA Victor CML-2534
Cuarteto Chile	Chile en cuatro cuerdas	1972	Dicap DCP-41
Los Chileneros	El folklore urbano – Vol. III	1967	Odeon LDC-36.265
Charo Cofré(Kinderlieder)	Tolín tolín tolán	1972	I-R-T ILS-102
Las Cuatro Brujas	El retorno de Las Brujas	1965	Demón LPD-013
Los Cuatro Hermanos Silva	La canción chilena (in Mexiko)	1965	Odeon T-10.036
Los Cuatro Huasos	Tradición chilena	1965	RCA Victor CML-2034
Conjunto Cuncumén	El folklore de Chile – Vol. V	1964	Odeon LDC-36.053
Conjunto Cuncumén	Villancicos chilenos	1963	Odeon LDC-36.064
Conjunto Los Curacas	Norte – Los Curacas	1972	Dicap DCP-08
Conjunto Folklórico Danzamérica	Songs & Dances from Chile	2000	• ARC Music EUCD 1570
Tito Fernández »Temucano«	Me gusta el vino	1975	Alba ALD-049
Tito Fernández »Temucano«	Tito Fernández en el Olympia	1980	° Alerce ALC-66
Grupo Folkl. Universidad del N.	Voces del desierto	1970	Philips-631.324
Grupo Folklórico Pascuense	Isla de Pascua – Vol. 1	1965	Odeon LDC-36.547
Gonzalo »Payo« Grondona	El Payo	1971	Dicap DCP-09
Grupo Donato			
Román Heitmann	Fiesta chilena (mit Carmen Rivas)	1962	Pro Arte SMC-515
Los Huasos Quincheros	Chile canta	1963	Odeon LDC-36.087
Conjunto Huentelauquén	Fiesta de la Tirana	1977	Alba ALD-092
Conjunto Illapu	Illapu – Música andina	1972	Dicap DCP-44
Silvia Infantas	A mi tierra chilena	1964	Odeon LDC-36.493
Conjunto Inti-Illimani	Conjunto Inti-Illimani	1968	Odeon SLDC-35.254
Conjunto Inti-Illimani	Andadas (in den USA)	1994	• Xenophile Records-4009
Grupo Los Jaivas	Alturas de Machu Picchu	1981	Carrere-67.867
Víctor Jara	Víctor Jara – Vol. 4	1997	• Pläne CD-88.746
Dúo Leal – del Campo	Linda mi cueca	1964	Odeon LDC-36.226
Margot Loyola	Margot Loyola y su Guitarra	1958	RCA Victor CML-2008
Margot Loyola	Música de la Isla de Pascuas	1959	RCA Victor CML-2096
Patricio Manns	Entre mar y Cordillera	1965	Demón LPD-021

Dúo María –Inés	Esta sí que es fiesta, mi alma!	1964	Odeon LDC-36.354
Conjunto Millaray	El Folklore de Chile – Vol. X	1963	Odeon LDC-36.370
Nueva Canción Chilena	El cantar tiene sentido	1971	Astral VBP-335
Nueva Canción Chilena	Nueva Canción Chilena	1973	Dicap DCP-39
Nueva Canción Chilena	1. Festival Intern. de la Canción	1973	Dicap JJLS-18
Nueva Canción Chilena	Canto Nuevo au Chili	1978	Chant du Monde LDX-74.681
Conjunto Ortiga	Canción de la esperanza	1979	Metronome MELP-624
Angel Parra	Arte de pájaros	1970	Peña de Los Parra VBP-307
Angel e Isabel Parra	Isabel y Angel Parra	1975	Chant du Monde LDX-74.634
Isabel Parra (m. Patricio Castillo)	Vientos del Pueblo (in Italien)	1974	Zodiaco VPA-8216
Violeta Parra	El Folklore de Chile – Vol. I	1956	Odeon LDC-36.019
Violeta Parra	El Folklore de Chile – Vol. II	1963	Odeon LDC-36.025
Violeta Parra	Canciones reencontradas en París	1972	Dicap DCP-22
Violeta Parra	Ultimas composiciones de Violeta	1983	RCA Victor TLP-50.137
Héctor Pavez sr.	El Folklore de Chile – Vol. XVI	1967	Odeon LDC-36.250
Héctor Pavez jr.	Songs & dances from Chile	1997	• ARC Music EUCD-1419
Conjunto Quelentaro	Huella campesina	1964	Odeon LDC-35.057
Conjunto Quilapayún	El pueblo unido	1974	Dicap DF-66 (in Frankreich)
Los de Ramón	Paisaje humano de Chile	1966	RCA Victor CML-2394
Alberto Rey	Chile en un arpa	1964	RCA Victor CML-2321
Dúo Rey – Silva	Cuecas pa' morir bailando!	1965	RCA Victor CML-2401
Conjunto Tiemponuevo	Tiemponuevando	1971	Dicap DCP-10
Conjunto Tiemponuevo	Eso es Tiemponuevo	1975	Vrije Muziek DCP-115
Conjunto Villa San Bernardo	Conjunto Villa San Bernardo	1960	RCA Victor CML-2006

6. DOMINIKANISCHE REPUBLIK

Name des / der Interpreten	Titel des Albums	Jahr	Label/Tonträger-Nummer
Luis Alberti y su Orquesta	Cita con el pasado	1970	Remo Records LPR 1531
Lope Balaguer y su Conjunto	Album de Oro de Lope Balaguer	1985	Discolando OLD-8255
Alberto Beltrán	El Negrito del Batey	1975	Ansonia SALP-1531
Alberto Brito	La voz inolvidable de Santo Dom.	1970	Memorias LP 575
Grupo 4.40	Bachata Rosa	1990	Karen Records-211.927
Damirón y Chapuseaux	Damirón y Chapuseaux	1996	• F & G Editores M-9464-96
Folklore de Santo Domingo	Merengues from the Dominican R.	1975	Lyrichord LLST 7351
Luis Kalaff y su Conjunto	El Rey del Merengue	1994	• Seeco STR 90.534
Juan Lockward	Yo soy de la Costa Norte	1993	° Gemini Records COL 1081
Merengue (versch. Gruppen)	Merengue dom. music&identity	1997	• Rounder Records CD 1130
Antonio Morel y su Orquesta	Chants et danses de Saint Dom.	1955	Vogue LDM-10.006
Rafael Solano	Merengue en piano	1986	Discolando OLD-8341
Dioris Valladares y su Conjunto	Pa' bailar na' má'	1977	Alegre JMAS 6008

7. EKUADOR

Name des / der Interpreten	Titel des Albums	Jahr	Label/Tonträger-Nummer
Dúo Benítez – Valencia	Pasillos del alma	1996	• Granja PG-001
Carlos Bonilla Chávez	Serie Ecuatorianísima – Vol. 6	1975	Onix LP-50.145

Los Brillantes	20 éxitos de Los Brillantes	1995	• Orión CD-730.0004
Olimpo Cárdenas	La historia de un ídolo	1985	Orión LP-935.0011
Conjunto Los Corazas	Aires de mi tierra	1968	Onix LP-12.8081
Folklore ecuatoriano	Lindo Ecuador	1965	Onix LP-12.5004
Conjunto Los Gatos	Fiestas de Quito	1994	• Medarluz DMCD-331.058
Carlota Jaramillo	Eternamente...Carlota Jaramillo	1970	Orión LP-330.0005
Julio Jaramillo	Mis mejores pasillos – Vol. 2	1994	• Onix CD-51.010
Grupo Jatari	Jatari! Canción ecuatoriana	1977	L' Escargot ESC-386
Hermanas Mendoza Suasti	Joyas de Quito	1961	Granja LP-351.0064
Hermanos Miño Naranjo	Colección de Oro – Vol. 1	1995	• Minar M/N 0001
Conjunto Pueblo Nuevo	Tierra mestiza	1984	Pueblo Nuevo-700.167
Quinchuquimanda Imbayacuna	Llaquicla Quinchuquimanda Imb.	1979	Fediscos LP-5330
Hernán Tamayo	Antología de la canción popular	1995	• Fly CD-261.095

8. HAITI

Name des / der Interpreten	Titel des Albums	Jahr	Label/Tonträger-Nummer
Ensemble Aux Calebasses	La Vrai Meringue	1961	Cook LP-1186
Orchestre Citadelle	Music of Haití	1973	Ibo LP 106
Les Formidables de Saint Marc	Les Formidables de Saint Marc	1980	Haiti Records H-01
Folklore aus Haiti	Creole songs of Haiti	1954	Folkways FP 833
Folklore aus Haiti	Songs & dances of Haiti	1952	Folkways FE 4432
Martha Jean Claude	Canciones de Haití	1959	Gema LPG-1103
Orchestre Septentrional	Orchestre Septentrional	1966	Cosept CS-001
Tabou Combo	Tabou Combo	1972	Mini Records MRS-1039

9. KARIBISCHE INSELN (ENGLISCHSPRACHIG)

Name des / der Interpreten	Titel des Albums	Jahr	Label/Tonträger-Nummer
Harry Belafonte	Calypso	1966	RCA Victor LPM-1248
The Brute Force Steel Band	The Steelbands	1958	Cook LP-1042
Prince Buster Campbell	Fabulous greatest hits	1967	Melodisc MS. 1
Curucaye String Orchestra	Venezuelan tradition in Trinidad	1956	Cook LP-5020
Errol Dunkley	The early years (1964 – 1973)	1996	• Rhino Records RNCD-2104
The Goombay Dance Band	Sun of Jamaica	1980	CBS-84.290
Eddy Grant	Killer on the Rampage	1982	ICE Records INT-146.104
Folklore aus Grenada	Music of the Carriacou Island	1982	CIDMUC C-001
Folklore aus Jamaika	Folk music	1954	Folkways FW 4453
Folklore aus Jamaika	Jamaican Cult Music	1954	Folkways FW 4461
Folklore aus Trinidad	The drums of Trinidad	1959	Cook LP-10450
Folklore von den Bahamas	Music of Bahamas – Vol. 1	1960	Folkways FE 3844
Wilmoth Houdini	Wilmoth Houdini	1989	Folklyric-9040
The Roaring Lion	Roaring Lion – sacred 78's	1994	• ICE Records CD-941.402
Lord Kitchener	Mr. Kitch	1963	RCA Victor LPB-3030
Lord Melody	The Mighty Lord Melody	1962	RCA Victor LPB-3008
Bob Marley	Reggae dreams	1996	• Magic CD-3000.1 – 3
The Skatalites	The Skatalites – Vol. 3	1966	Island Records WI-268
Mighty Sparrow	Calypso Time	1996	• See For Miles Rec. SEECD 446
Peter Tosh	The mystic man	1979	• EMI C038-157.557
The Trinidad Steel Band	Magie caraïbe	1968	• Arion ARN-33.167

10. KOLUMBIEN

Name des / der Interpreten	Titel des Albums	Jahr	Label/Tonträger-Nummer
Alci Acosta	20 grandes éxitos	1993	• Codiscos C 2800 005

Dueto de Antaño	Lo mejor del Dueto de Antaño	1994	• Codiscos C 2800 105
Los Hermanos Arriagada	Nathalie	1968	Odeon T-100.368
Lucho Bermúdez y su Orquesta	Gaiteando	1963	Sonomúsica SNM-14
Binomio de Oro	Binomio de Oro – 1986	1993	• Codiscos C 2800 098
Bovea y sus Vallenatos	La Epoca de Oro – Vol. 1	1959	Sello Vergara SVLP-188
Guillermo Buitrago	La música inédita de Buitrago	1995	• Fuentes D-10.311
César Castro Jerez	Mujer bonita	1964	Fuentes FLP-0125
Los Corraleros de Majagual	Síguela, síguela	1967	Fuentes LP-300.382
Alejandro Durán	Festival vallenato 1968	1968	Tropical LDE-21.340
Folklore aus Kolumbien	Folklore de la Costa Pacífica	1980	Instituto Colomb. de Cult. 1 + 2
Pacho Galán y sus Sabaneros	Lo mejor de Pacho Galán	1967	Philips-842.971-BY
Dúo Garzón y Collazos	Recordar es vivir	1996	• Codiscos C-3800 128
Leonor González Mina	Canciones de Leonor González M.	1975	Impacto-01.00045
Alfredo Gutiérrez y su Conjunto	El más grande del acordeón	1993	• Codiscos C 2800 018
Conjunto Los Hispanos	De nuevo Los Hispanos	1967	Fuentes LP-300.517
Trío Los Isleños	Trío Los Isleños – Vol. 1	1964	Tropical LD-1211
Pedro Laza y su Banda	Pedro Laza y su Banda	1996	• Fuentes-Salsa EDCD-54.002
Jaime Llano González	Canciones más lindas de Colombia	1994	• Codiscos C 2800 069
Lisandro Meza	El Macho	1994	• Kubaney CD-386
Grupo Nueva Cultura	Adelante torbellino!	1985	Nueva Cultura NC-002
Peñaranda y sus Muchachos	Nuevamente Peñaranda y su Conj.	1979	Fuentes LP-200.952
Luis Ariel Rey	Todo el sabor llanero...	1962	Sello Vergara SVLP-153
Dúo Ríos y Macias	Raza	1996	• Codiscos C-9800 213
Conjunto Los Teen Agers	Los Teen Agers à go-go	1967	Zeida ELDZ-20.310
Los Tolimenses	Adentro. arracacheros!	1967	Zeida LDZ-20.118
Conjunto Yaki Kandru	Yaki Kandru (en Alemania)	1982	Folk Freak Special FF 4009
Francisco Zapata	Cantan las Mirlas	1963	Zeida LDZ-20.105
Emiliano Zuleta	Los clásicos del Vallenato (6 Titel)	1985	• CBS D2CS-7

11. KUBA

Name des / der Interpreten	Titel des Albums	Jahr	Label/Tonträger-Nummer
Adalberto Alvarez y su Son	Adalberto Alvarez y su Son	1987	Areito LD-4212
Los Hermanos Ajo y su Organo	Ajo y su Organo Oriental	1975	Guamá LDG-2020
Adolfo Alfonso	Controversia en nuestra música c.	1981	Areito LD-3944
Juan Almeida	Recuerdos de México	1996	• Areito CD-0167
Pacho Alonso	Yo no quiero piedra en el camino	1995	• Areito CD-0113
Paulina Alvarez	Homenaje a la Emperatriz	1965	Areito LPA-1041
Orquesta Aragón	Cójale el gusto a Cuba – Vol. 1	1958	RCA Victor LPD-502
Orquesta Aragón	Orquesta Aragón – Vol. 1	1985	Areito LD-3981
Arcaño y sus Maravillas	Arcaño y sus Maravillas CD	1992	• Areito CD-0034
Banda Nacional de Conciertos	Estampas de ayer (dir. G. Roig)	1969	Areito LD-3323
Abelardo Barroso	Tiene sabor – Abelardo Barroso	1992	• Areito CD-0025
Bimbi y su Trío Oriental	Bimbi con su Trío Oriental	1958	Tropical TRLP 5016
Esther Borja	Antología de Ernesto Lecuona – 4	1975	Areito LD-3500
Leo Brouwer	De Bach a Los Beatles	1995	• Areito CD-0101
Buena Vista Social Club	Buena Vista Social Club	1995	• World Circuit WCD 050
Elena Burke	Canta la Burke	1965	Areito LPA-1028
Dúo Cabrisas – Farach	En el tronco de un árbol	1958	Panart LP-3040
Cachao y su Conjunto (I. López)	Descargas cubanas	1996	• Maype CD-122
Conjunto Campo Alegre	Música campesina	1979	Areito LD-3748

Conjunto Caney	Boleros	1983	Siboney LD 234
Conjunto Casino	Conjunto Casino (1941 – 1946)	1993	• Tumbao TCD-030
Dúo Celina y Reutilio	Exitos de Celina y Reutilio	1955	Suaritos S-108
Chapottín y sus Estrellas	Chapottín y sus Estrellas	1993	• Artex CD-052
Dúo Clara y Mario	El dúo romántico de Cuba	1989	Areito LD-4626
Dúo Los Compadres	Huellas del pasado	1996	• Areito CD-0197
Celia Cruz	Celia Cruz y Sonora Matancera	1954	Seeco CELP 432
Orquesta Cubana de Música Mod.	Mi canto a la ciudad – Vol. 1	1987	Areito LD-4126
Miguelito Cuní	Sones de Bienvenido J. Gutiérrez	1995	• Areito CD-0103
Cuarteto D' Aida	Las D' Aida	1995	• Areito CD-0107
Trío Servando Díaz	Postales de mi tierra (1940-1942)	1996	• Tumbao TCD-081
Barbarito Diez	Canciones de Graciano Gómez	1975	Guamá LDG-2023
Carlos Embales	Qué bueno canta Embale	1995	• Areito CD-0102
Dueto Escambray	Guitarra mía	1989	Siboney LD 440
Estudiantina Invasora	Estudiantina Invasora	1997	• Areito CD-0234
Fajardo y sus Estrellas	Sabor guajiro	1963	Columbia EX-5094
Roberto Faz y su Conjunto	Suena tu bongó	1957	Panart LP-2025
Joseíto Fernández	J. Fernández y su Guantanamera	1991	• Areito CD-0006
Ibrahim Ferrer	Ibrahim Ferrer	1995	• World Circuit WCD 055
Folklore de Cuba	La música del pueblo de Cuba	1973	Areito LD-3440 / 41 (2 LPs)
Folklore de Cuba	La Tumba Francesa	1976	Areito LD-3606
Frank Emilio	F. interpreta a Ignacio Cervantes	1997	• Areito CD-0228
Conjunto Gloria Matancera	Cosas de mi Cuba	1957	Puchito SP-116
Celina González	Santa Bárbara	1993	• Egrem CD 0042
Luis »Neno« González y su Orq.	Glorias del pasado	1980	Areito PRD-070
Sara González	Versos – José Martí	1975	Casa de las Américas LD-18
Grupo de Experimentación Sonora	La Nueva Trova – Vol. 4	1973	Areito LD-3450
Los Guaracheros de Oriente	Son cosas de Ñico Saquito	1958	Panart LP-2093
Julio Gutiérrez y su Orquesta	Este es el ritmo	1958	Panart LP-3002
Adolfo Guzmán y su Orquesta	Serenata cubana	1958	Fama LPG-111
Sexteto (Septeto) Habanero	Sexteto y Septeto Habanero	1998	• Tumbao TCD-301
Grupo Irakere	Recital – Teatro Amadeo Roldán	1973	Areito LD-3420
Chanito Isidrón	Décimas jocosas	1979	Areito LD-3801
Enrique Jorrín y su Orquesta	La Engañadora	1965	Areito LPA-1028
Grupo Los Karachi	Meteoros del Caribe	1983	• Siboney LD 227
Las Hermanas Lago	Remembranzas musicales cubanas	1987	Areito LD-4258
Ernesto Lecuona	Lecuona toca Lecuona	1956	RCA Victor LPM-1055
Lecuona Cuban Boys	Lecuona Cuban Boys – Vol. 2	1991	• Harlequin HQ CD 07
Wilfredo »Pío« Leiva	El Montunero de Cuba	1998	• Areito CD-0322
Belisario López y su Orquesta	Belisario López y su Orquesta	1975	Ansonia ALP-1410
Antonio Machín y su Orquesta	Antonio Machín – Vol. 1 + 2	1997	• Rama Lama Music-50.332
Grupo Manguaré	Cuba	1975	Pläne S-88.118
Dúo Hermanas Martí	La música de Manuel Corona	1973	Guamá LDG-2001
Trío Matamoros	Trío Matamoros (1928 – 1939)	1994	• Harlequin HQ CD 40
Orquesta Melodías del 40	Joyas de siempre – Vol. 1	1980	Areito PRD-077
José Antonio Méndez	El sentimiento de siempre	1981	Areito LD-3921
Celeste Mendoza	La Reina del Guaguancó	1991	• Areito CD-0009
Mariano Mercerón	Mariano Mercerón	1961	RCA Victor MKL-1137
Pablo Milanés	Buenos días, América	1987	Areito LD-4414
Grupo Moncada	Lo bailaste mañana	1998	• Areito CD-0291
Rita Montaner	Rita de Cuba	1994	• Tumbao TCD-046
Beny Moré	La época de oro de Beny Moré	1969	RCA Camden CAM-386
Los Muñequitos de Matanzas	Oyelo de nuevo Los Muñequitos	1993	• Artex CD 078
Septeto Nacional	Sones cubanos	1962	Sierra Maestra SMld P-1
Ñico Saquito y su Conjunto	Ñico Saq. en Bodeguita del Medio	1994	• Areito CD-0068

Faustino Oramas »Guayabero«	Sones de humor popular	1983	Siboney LD 224
Orquesta Original de Manzanillo	Original y sin copia	1996	• Areito CD-0076
Conjunto Palmas y Cañas	Controversias con Justo y Adolfo	1981	Areito LD-3944
Conjunto Los Papines	Fantasía en ritmo	1965	Areito LPA-1047
Pello el Afrokán y su Grupo	Ritmo mozambique	1965	Areito LPA-1034
Amaury Pérez	Selección de éxitos 1973 – 1981	1985	Areito LD-4002
Dámaso Pérez Prado y su Orq.	Mambo en sax – Pérez Prado	1960	RCA Victor MKL-1124
Guillermo Portabales	Guillermo y Trío Matamoros	1956	Seeco SCLP 9305
Omara Portuondo	Este es Omara Portuondo	1965	Areito LPA-1071
Carlos Puebla y sus Tradicionales	Este es mi pueblo	1960	Sun ICD-179
Grupo Raisón	Record de un año	1993	• Areito CD-0027
Francisco Repilado »Compay S.«	Son del Monte	1996	• Areito CD-0216
Elio Revé y su Charangón	Papé Elegua	1994	• Areito CD-0078
Conjunto Ritmo Oriental	María, baila el son	1973	Areito LD-3461
Orquesta Riverside	Ritmos de Cuba	1957	Puchito MLP-513
Arsenio Rodríguez y su Orquesta	Grandes éxitos	1999	• Areito CD-0339
Silvio Rodríguez	Días y Flores	1973	Areito LD-3467
Gonzalo Roig y su Orquesta	En un jardín cubano	1958	RCA Victor LPD-523
Antonio María Romeu y su Orq.	Album de oro – Vol. 1 / 2	1996	• Areito CD-0174 / 0175
Gonzalo Rubalcaba	Gonzalo Rubalcaba	1995	• Areito CD-0125
Conjunto Sierra Maestra	Con sabor a Cuba	1994	• Areito CD-0084
Rafael Somavilla Jr.	Música de Juan Almeida	1971	Areito LD-3382
Conjunto Son 14	A Bayamo en coche	1980	Areito LD-3834
La Sonora Matancera	Ahí viene...la Sonora Matancera	1955	Seeco SCLP 9126
Senén Suárez y su Conjunto	Tumbao acaramelao	1957	Panart LP-2013
Trío Taicuba	Trío Taicuba	1979	Areito LD-3737
Tojo (Generoso Jiménez)	Descargas instrumentales	1966	Areito LPA-1053
Sexteto Turquino	Amor a Santiago	1998	• Areito CD-0328
Jesús »Chucho« Valdés	Grandes de la música cubana	1993	• Areito CD-0039
Mercedita Valdés	Orishas	1989	Areito LD-4630
Miguelito Valdés	Señor Babalú	1956	Tropical TRLP 5010
Ramón »Bebo« Valdés	Mucho sabor	1989	• Palladium PCD-123
Vicentico Valdés	Canta Vicentico Valdés	1955	Seeco SCLP 9081
Orquesta Los Van Van	Colección Los Van Van	1995	• Areito CD-0126 – 0140
Ramón Veloz	El Trovador	1959	Velvet LPV-1057
María Teresa Vera	María T. Vera y Rafael Zequeira	1999	• Intermusic Latina MLN-55.014
Ignacio Villa »Bola de Nieve«	Bola de Nieve	1955	RCA Victor MKL-3049

12. MEXIKO

Name des / der Interpreten	Titel des Albums	Jahr	Label/Tonträger-Nummer
Miguel Aceves Mejía	Mis primeras grabaciones	1962	RCA Camden CAM-65
Antonio Aguilar	Rancheras de siempre	1968	Musart D 992
Los Alegres de Terán	Los Alegres de Terán	1995	• Harmony CDDE-479.843
Dueto América	Más rancheras y corridos	1968	Harmony HL-8398
Luis Arcaraz	Los grandes éxitos de Luis A.	1963	RCA Camden CAM-074
Juan Arvizu	Bodas de oro – Tangueando	1980	RCA Camden CAMS-907
Mariachi Azteca, dir. O. Rincón	Mariachi Azteca	2000	• ARC Music EUCD 1576
Ballet Folklórico de México	Ballet Folklórico (3 discos LP)	1969	RCA Victor MKLA-30
Banda Sinaloense El Recodo	Adiós Penal de La Loma	1980	RCA Victor MKS-2175
Lola Beltrán	16 éxitos rancheros de Lola B.	1981	Peerless LP-2317
Pablo Beltrán Ruiz	Mister Cumbia	1966	RCA Victor MKL-1647
Antonio Bribiesca	La guitarra que llora	1961	CBS DCA-77
Los Bribones	Los éxitos de Los Bribones	1959	RCA Victor MKL-1080

Los Broncos de Reynosa	Con la esencia de la Sierra	1994	• Fonovisa MPCD-5267
Trío Calaveras	Trío Calaveras	1995	• BMG Music-32.239
Dueto Caleta	Recordando Dueto Caleta	1961	RCA Camden CAM-32
Carlos Campos y su Orquesta	15 éxitos de Carlos Campos	1989	Musart MSD-10.031
Roberto Cantoral	Alma ranchera	1966	Coro CLP-910
Guty Cárdenas	Joyas musicales	1970	Caytronics CYS-1261
Alvaro Carrillo	Alvaro Carrillo interpreta Carrillo	1966	RCA Camden CAM-206
Oscar Chávez	Herencia lírica mexicana	1971	Polydor-16.048
Corridos	La Revolución Mexicana (4 LPs)	1986	Folklyric-9041 – 44
José Angel Espinosa	Palabras nuevas	1964	RCA Camden CAM-130
Fernando Fernández	Lupita Palomera y F. Fernández	1963	RCA Camden CAM-085
Vicente Fernández	Entre el amor y yo	1998	Sony Music CD-8.273
Folklore aus Mexiko	Tradiciones de La Laguna (Coah.)	1990	Cenzontle PCS-10.088
Folklore aus Mexiko	Banda de Totontepec	1990	Cenzontle PCS-10.093
Folklore aus Mexiko	Sones de Veracruz	1990	Cenzontle PCS-10.106
Folklore aus Mexiko	Mús. campesina Altos de Jalisco	1990	Cenzontle PCS-10.108
Conjunto Los Folkloristas	El cancionero popular (A. Ochoa)	1972	Pueblo DP-1006
Francisco Gabilondo Soler	Homenaje a Crí-Crí	1959	RCA Victor MKL-1095
Trío Garnica – Ascencio	Exitos del Trío Garnica-Ascencio	1962	RCA Camden CAM-057
Eva Garza	La Novia de la Canción	1959	Tropical TRLP 5014
María Grever	The grand piano...María Grever	1995	• Hits Only CD-8023
Tito Guízar	Recordando a Tito Guízar	1963	RCA Camden CAM-096
Norma Herrera	Mis diez mejores canciones	1969	DimSa DML-8217
Andrés Huesca	Recordando Andrés Huesca	1961	RCA Camden CAM-024
Pedro Infante	Homenaje a Pedro Infante 1 – 4	1972	Peerless PEM-1 – 4
José Alfredo Jiménez	Ella	1961	Columbia EX-5027
José José	Tan cerca...tan lejos	1975	RCA Victor MKS-2041
Juan Gabriel	Siempre estoy pensando en tí	1980	RCA Camden CAMS-947
Alicia Juárez	Aunque ya no estés conmigo	1975	RCA Victor MKS-2016
María Luisa Landín	Orquideas vocales por María L.	1974	RCA Victor MKS-2009
Agustín Lara	Agustín Lara – Rosa – Vol. 5	1961	RCA Victor MKL-1131
Benigno Lara Foster	Recuerdos de la tierra del Mayab	1964	Cisne CI-1035
Samuel Lozano	El Padre del Corrido	1989	Documental AMEF-10
Armando Manzanero	Para mi siempre amor	1969	RCA Victor MKS-1825
Marimba Chiapas	Maderas musicales	1960	Musart M-343
Marimba Hermanos Paniagua	Rincón de México en maderas	1965	Peerless LP-1190
Los Hermanos Martínez Gil	Perfume de gardenias	1966	RCA Victor MKL-1659
Jesús »Chucho« Martínez Gil	Dos arbolitos	1968	Maya LY-70.300
Tomás Méndez Sosa	Tomás Méndez y sus canciones	1980	Otra OTR-15
Amalia Mendoza	Pa' que sientas lo que siento	1969	RCA Camden CAL-3210
Mariachi México	Mariachi México de Pepe Villa	1966	Coro CLP-887
José Mojica	Recordando José Mojica	1961	RCA Camden CAM-029
Olivia Molina	Olivia Molina con Mariachi	1987	• Indoamérica EI CD-0003
Marco Antonio Muñiz	Muñiz canta a G. Ruiz y G. Curiel	1991	• RCA Victor CDL-1071
Jorge Negrete	Jorge Negrete en vivo – Vol. 2	1995	• Jercar CD-10.652
Grupo La Nopalera	Nueva canción – La Nopalera	1976	• Nueva Canción Latinoam.-0013
Amparo Ochoa	Amparo Ochoa y Zazhil	1987	Varagram-7179
Alfonso Ortiz Tirado	Dr. Alfonso Ortiz Tirado	1973	Peerless LP-1738
Dueto Hermanas Padilla	Mexicanísimo – Hermanas Padilla	1992	• Harmony CDBD-470.660
Gabino Palomares	La Maldición de Malinche	1982	Discos Pueblo DP-1028
Lupita Palomera	Recordando Lupita Palomera	1961	RCA Camden CAM-027
Trío Los Panchos	Epoca de oro – Trío Los Panchos	1974	Caytronics CY3-111 (3 LPs)

Trío Purépecha	Gloria a Tata Vasco	1968	RCA Camden CAM-363
Judith Reyes	Crónica mexicana	1975	Le Chant du Monde LDX-74.421
Lucha Reyes	15 éxitos de Lucha Reyes	1986	RCA Victor MKS-2417
Cornelio Reyna	15 exitazos de Cornelio Reyna	1993	• Balboa Records BCDS-77
Elvira Ríos	Noche de Ronda	1959	RCA Victor MKL-1074
Rondalla de Tata Nacho	Antología de la música mexicana	1967	CBS Harmony HL-8382
Rondalla Tapatía	22 guitarras – 22 voces	1962	RCA Victor MKL-1582
Cuco Sánchez	La voz de México	1991	• Sony CBS CDB-80.576
Javier Solís	Los ídolos que se fueron	1974	Caytronics CYS-1407
La Sonora Santanera	Sonora Santanera	1993	• Sony Discos CDL-470.611
Silvia Tapia »Prisma«	Desde la intimidad	1984	Peerless LP-4009
Trío Tariácuri	Pinceladas folklóricas	1978	Fono-Rex FRS 32
Toña la Negra	Lo mejor de Toña la Negra	1969	RCA Victor MKLA-033
Los Tres Ases	Serenata romántica	1970	RCA Victor MKL-1841
Los Tres Reyes	15 éxitos de los Tres Reyes	1986	RCA Camden CAMS-1295
Guadalupe Trigo	Mis cuatro paredes	1973	RCA Victor MKS-1956
Los Tucanes de Tijuana	Corridos pesados	1995	• UniSono USD 3373
Chavela Vargas	Chavela Vargas	1996	• Tropical Music-68.983
Pedro Vargas	Pedro Vargas sings	1957	RCA Victor LPM-1182
Mariachi Vargas de Tecalitlán	México de noche	1982	RCA Victor MKS-2251
Consuelo Velázquez	Reminiscencias	1958	RCA Victor MKL-1030
Juan Záizar	Pajarillo	1986	Peerless ECO-26.156

13. PARAGUAY

Name des / der Interpreten	Titel des Albums	Jahr	Label/Tonträger-Nummer
Samuel Aguayo	Paraguay jardín de América	1985	Elio F. E. V. 453
Alberto de Luque	Carnavalito	1966	Polydor-237.551 SLPHM
Amambay	Recuerdos musicales del Paraguay	1978	Blue Caps B.C. 505
Agustín Barboza	Ruego y Camino	1995	• Fund. Barboza OF CD-19.430
Agustín Barrios	Barrios interpretando a Barrios	1981	El Maestro Record (in den USA)
Los Bemoles	Misa paraguaya	1970	Disc Jockey LDP-30.051
Luis Bordón	Harpa paraguaia em Hi-Fi	1959	Chantecler CMG-2013
Julio César Brítez Faraldo	Sobre el corazón de mi guitarra	1967	Music Hall 2.099
Oscar Cardozo Ocampo	Encuentros del alma	1995	• COP BCCD-01 P
Conjunto Los Chulupies	Los Chulupies	1990	Elio F.E.V. 497
Grupo Los Cumbreños	12 años de canto	1989	Pumpy LP-5001
Efrén Echeverría	Mbaracapu a lo Ymaité	1985	Elio F.E.V. 434
América Ferreira	América canta al Paraguay	1982	Calandria 30-10 B.E.C.
Betty Figueredo	Secreto de dos	1973	RCA Camden CAS-3387
Digno García	Cascadas musicales	1956	TK LD 55.035
Herminio Giménez y su Orq.	Creaciones de Herminio Giménez	1986	Amambay-7000
Cayo Sila Godoy	Sila Godoy	1979	Sepia SG-1027
Los Guaranís	Harpe indienne – Vol. 1 + 2	1976	AZ Disques FL-85072 / 3
Los Guayaki	Chants, danses et rhythmes	1966	Concert Hall STVS-2561
Los Indios	Serenata – Los Indios	1970	Fontana 701.546 WPY
Aníbal Lovera	Chaco-ré purajhei	1968	Marpar 33.332
Papi Meza y su Conjunto	Melodias del Paraguay	1966	Cerro Corá PR-1003
Orquesta Ortiz Guerrero	José Asunción Flores	1957	Odeon-EMI-5336
Trío Los Paraguayos	Bajo el cielo del Paraguay	1960	Philips P-08303-L
Félix Pérez Cardozo	Pájaro campana	1967	Odeon DMO-55.476
Orquesta Perú Rimá	Paraguay folklórico	1969	Musicamundo LPM-10.001

Dúo Quintana – Escalante	Dúo de la Simpatía	1970	Cerro Corá PR-1092
Rodolfo Roa Meza	Rodolfo Roa y su Bandoneón	1981	Elio F.E.V. 438
Berta Rojas	Berta Rojas interpreta a Barrios	1993	• Clave AVL 92.109 CD
José Magno Soler	Reliquia y folklore	1990	Guarani LP-324 G
Los Tres Sudamericanos	...cantan al Paraguay	1977	CBS-19.756
Dúo Vargas – Saldívar	Dúo Vargas – Saldívar	1997	• Cerro Corá CDCC-05037
Quemil Yambay	Album de Oro	1996	• Cerro Corá E.C.C. 2.025

14. PERÚ

Name des / der Interpreten	Titel des Albums	Jahr	Label/Tonträger-Nummer
Luis Abanto Morales	Luis Abanto Morales	1993	• IEMPSA IEM-0056
Conjunto Alpamayo	Magic flutes & music from Andes	1998	• ARC Music EUCD 1452
María Alvarado Trujillo	Nuestro tesoro	1996	• IEMPSA IEM-0121
Waskar Amaru	L' epopée de Tupac Amaru	1977	Chant du Monde LDX-74.648
Manuel »Manolo« Avalos	Tengo el as	1996	• Virrey VIR-1502
Oscar Avilés	El Oscar del Criollismo	1996	• IEMPSA IEM-0090
Eva Ayllón	Música negra	1998	• Mediasat – República-12.289
Susana Baca	Del fuego y del agua	1997	• Tonga TNGCD-9301
Banda Show Tupac Amaru	Parranda tupamarina	1978	F-T-A FLPS-279
Juan I. Berrocal	Sentimentalismo	1996	• Virrey VIR-1488
Mario Cavagnaro	Mario Cavagnaro – Una historia	1997	• IEMPSA IEM-0217 (2 CDs)
Centro Musical Yunguyo	Brisas puneñas	1966	Sono Radio LPL-2230
Leonor Chávez »Flor Pucarina«	Sola, siempre sola	1996	• Virrey VIR-1402
Folklore aus Peru	Al son de nuestro ritmo	1972	Odeon ELD-02-01.158
Folklore aus Peru	Música tradicional de Cajamarca	1997	° Univers.Católica AMTA-3
Raúl García Zárate	15 éxitos de oro	1997	• Discos Independientes CD-8983
Conjunto Gente Morena	Bodas de Plata	1996	• Virrey VIR-1403
Chabuca Granda	Paso de vencedores	1982	Sono Radio QS-1001
Jaime Guardia Neyra	El Charango del Perú	1996	• IEMPSA IEM-0171
Carlos Hayre Ramírez	La marinera limeña es así	1973	Odeon ELD-2215
Dueto Los Kipus	Los Kipus y sus Voces	1992	• IEMPSA IEM-0050
Alicia Maguiña	Lo mejor de Alicia Maguiña	1995	• Disvensa CD DIS-26.014
Dúo Los Morochucos	25 años de Los Morochucos	1966	Odeon ELD-2006
Conjunto Perú Negro	Perú Negro	1978	Virrey VIR-920
Martina Portocarrero	Martina Portocarrero – en vivo	1996 °	Kunamanta s/n
Grupo Qhanaski	Grupo Qhanaski	1989	Electrola FSD 33-8814
Conjunto Raíces Incas	Los sonidos del Ande	1979	RCA Victor MILS-4474
Luisa »Lucha« Reyes	La Morena de Oro	1972	F-T-A FLPS-86
Ernesto Sánchez Fajardo	El Jilguero del Huascarán	1994	• IEMPSA IEM-0064
Nicomedes Santa Cruz	Cumanana – Nicomedes Santa C.	1996	• Virrey VIR-1438
Anita Santivañez P.	Desde Yauyos con amor	1997 °	EGR Producciones No 006
Conjunto Sol del Perú	Quenas milenarias	1975	Odeon ELD-02.35.784
Caitro Soto	Cajón – Caitro Soto	1995	• Servicio Especial SED-951.108
Yma Sumac	La música iberoam.Yma Sumac	1996	• FSG Records M-6183-96
María de Jesús Vásquez	Ayer, hoy y siempre	1996	• IEMPSA IEM-0128
Alejandro Vivanco Guerra	El sonido indio de Perú	1974	Sono Radio SE-9543
Compañía Zampoñas del Titicaca	Zampoñas del Titicaca	1964	Sono Radio LPL-2190

Name des / der Interpreten	Titel des Albums	Jahr	Label/Tonträger-Nummer
Johnny Albino	20 éxitos originales	1990	• Orfeón CDB-80.331
Conjunto Los Andinos	Los Andinos	1994	• Bongó Latino CDB-039
Estrella Artau	Algo se quema allá afuera!	1975	Paredon P-1032
Hernando Avilés	Hernando Avilés y su Cuarteto	1980	Otra OTR-08
Sexteto Borinquen	Exitos del Trío Matamoros	1996	• Internacional DG-1190
Canario y su Grupo	Puerto Rico	1966	Fuentes LP-0215
Bobby Capó	Bobby Capó y Sonora Matancera	1998	• Seeco SCCD-9356
José Miguel Class	Exitos del Gallito de Manatí	1958	Tropical TRLP 4640
César Concepción	Plenas	1990	• Ansonia SALP-1305
Cortijo y su Combo	Cortijo y su Combo – Vol. 1	1997	• AF Records AF-8030-TV
Carmen Delia Dipini	Invitación al romance	1955	Tropical TRLP 5060
Noel Estrada	Noel Estrada canta sus canciones	1970	Inst. de Cultura Puert. MP-11
José Feliciano	El Fantástico	1970	Arcano DKL1-3058
Pedro Flores y su Cuarteto	Los éxitos más grandes de ayer	1968	Caytronics CYS-1211
Folklore aus Puerto Rico	Folk songs & dances of Puerto R.	1957	Folkways FW 8802
Folklore aus Puerto Rico	Noches en Puerto Rico	1959	Request SRLP 8032
El Gran Combo	Salsa en mi barrio	1998	• Music Art Prod. MACDS-
1717			
Rafael Hernández	Presents..the music of Hernández	1997	• Hits Only CD-8028
Dúo Irizarry – de Córdova	Sin que sepas tú	1997	• Disco Hit DHCD-1039
Conjunto Típico Ladi	Folklore	1961	Alegre Records LP-806
Cuarteto Marcano	Cuarteto Marcano	1966	RCA Victor LPR-1010
El Gran Combo	Salsa en mi barrio	1998	• Music Art Prod. MACDS-
1717			
Rafael Hernández	Presents..the music of Hernández	1997	• Hits Only CD-8028
Dúo Irizarry – de Córdova	Sin que sepas tú	1997	• Disco Hit DHCD-1039
Conjunto Típico Ladi	Folklore	1961	Alegre Records LP-806
Cuarteto Marcano	Cuarteto Marcano	1966	RCA Victor LPR-1010
Cuarteto Mayarí	La época de oro	1992	• RCA 3340-2-RL
Yolandita Monge	Soy ante todo mujer	1977	Coco Records CLPX 139
Florencio Ramos »Ramito«	El Cantor de las Montañas	1974	Ansonia SALP-1513
Noro Morales y su Orquesta	Recordando los éxitos de Noro M.	1966	RCA Victor LPR-1004
Dúo Pepe y Flora	Tengo Puerto Rico en mi corazón	1971	Paredon P-1005
Ismael Rivera	Salsa con Ismael	1960	Seeco SCLP 9320
Johnny Rodríguez	Exitos	1960	Seeco SCLP 9119
Julito Rodríguez	Julito Rodríguez y su Trío	1960	Ansonia ALP-1259
Tito Rodríguez	Tito Rodríguez in Puerto Rico	1992	• Palladium PCD-148
Julita Ross	Julita Ross – Vol. 1	1960	Ansonia ALP-1256
Trío San Juan	Exitos de Johnny Albino	1993	• Diamante-05
Jesús Sánchez »Chuíto el de Bay.«	Chuíto el de Bayamón	1976	• Inst. de Cultura Puert. MP-18
Daniel Santos	Voces de oro Daniel Santos	1996	• Hits Only CD 9866
Myrta Silva	La Bonboniera de San Juan	1998	• Tumbao TCD-092
La Sonora Ponceña	Sonora Ponceña tiene pimienta	1975	Inca Records XSLP-1047
Yomo Toro	Las manos de oro	1995	• Xenophile Records-4037
Joe Valle	Cante y baile con Joe Valle	1959	Tropical TRLP 5166
Trío Vegabajeño	Recuerdos de Borinquen	1972	Ansonia ALP-1482
Cuarteto Victoria	Grupo Victoria	1966	RCA Victor LPR-1007

16. URUGUAY

Name des / der Interpreten	Titel des Albums	Jahr	Label/Tonträger-Nummer
Daniel Amaro	Daniel Amaro en vivo	1978	Ayuí E/A-19
Quintín Cabrera	De qué se ríe?	1977	Edigsa EDX-73.307
Dúo Cantaclaro	Así de simple	1984	Orfeo SULP-90.733
José A. Carbajal	Antología	1989	Orfeo SULP-90.991
Washington Carrasco	Uniendo pedazos de palabras	1984	RCA Victor TLP-50.230
Los Carreteros	Folklore uruguayo	1966 (?)	Carumbé SU-3001
Conjunto Los Hacheros	Yerbaluna	1977	Sondor-44.067
Grupo Los Iracundos	Exitos de siempre	1997	• IEMPSA IEM-0211
Los que iban Cantando	Los que iban cantando	1977	Ayuí A / E 14
Julio Martínez Oyanguren	Latin American Folk Music	1958	Decca DL 8018
Murga Araca la Caña	Araca la Cana	1983	Orfeo SULP-90.694
Héctor Numa Moraes	Yo sé que los ríos crecen	1976	Siegro Studio-6810 942
Los Olimareños	Los Olimareños	1963	Antar PLP 5044
Yamandú Palacios	Canción de nuestro tiempo	1974	Zodiaco VPA-8235
Grupo Los Pareceres	Intimando Pareceres	1981	Orfeo SULP-90.642
Osiris Rodríguez Castillos	Osiris Rodríguez Castillos	1962	Antar PLP-5018
Jaime Roos	Para espantar el sueño	1979	Ayuí A/E-18
Conjunto S. O. S.	Rubén Rada y S. O. S.	1976	Clave 32-32.094
Aníbal Sampayo	Guaranias eternas	1992	• Microfón 2-11154
Los del Sur	Triunfadores en Salta	1965	Philips P 631.250 L
Los Tacuruses	Despertando silencios	1976	Orfeo SULP-90.601
Amalia de la Vega	Mate amargo	1963	Antar PLP-5042
Marcos Velásquez	Canciones de un pueblo en lucha	1975	Temps Prèsent TP-001
Daniel Viglietti	Por ellos canto (02-09-1984)	1984	Orfeo SULP-90.738
Los del Yerbal	Tal vez mañana (primer LP / trío)	1983	Ceibo CSLP 75.500
Alfredo Zitarrosa	El violín de Becho	1972	Odeon CM-4159

17. USA (NEW YORK LATINO / MÚSICA CHICANA)

Name des / der Interpreten	Titel des Albums	Jahr	Label/Tonträger-Nummer
Joan Baez	Joan Baez canta en español	1974	A & M AMLH-63.614
Josephine Baker	Josephine Baker...en La Habana	1996	• Areito CD-0195
Rubén Blades	Rubén Blades – antecedente	1989	Messidor-15.992
Orquesta Broadway	Pruébalo mi amor Try It Out...	1977	Tico SLP-1178
Vikki Carr	Vikki Carr en español	1972	° Columbia KC 31.470
Charanga Colonial	Charanga Colonial	1998	• S.A.R. Records SAR-1076
Ray Barretto y Charanga Moderna	Descarga criolla	1990	• Palladium PCD-162
Charanga Vallenata	R. Torres y su Charanga Va.	1981	Guajiro Records GLP 4013
Nat »King« Cole	A mis amigos	1958	Capitol W 1220
Willie Colón	Willie Colón Tiempo pa' matar	1985	Messidor-115.927
Jack James Costanzo	Mr. Bongó plays cha-cha-chá	1990	• Palladium PCD-163
Xavier Cugat & His Orchestra	Xavier Cugat – 1935 – 1940	1992	• Harlequin HQ CD 14
The Fania All Stars	Tributo to Tito Rodríguez	1977	Fania JM-00493
Henry Fiol	El Don del Son	1994	• Kubaney CDK-401
Grupo Experimental Nuevayorq.	Concepte in unity (Vol. 1 + 2)	1975	Salsoul SAL 4104 / 4105
Stan Getz	Jazz Samba Encore	1963	Verve UMV-2100
Eydie Gormé	I feel so spanish!	1959	United Artists UAL 3152
Verschiedene Interpreten	A Gottschalk Festival (Vol. 1- 3)	?	Turnabout TV-S 34440-42
Larry Harlow & His Orchestra	Salsa	1973	Fania JM-00460
Tish Hinojosa	Soñar del laberinto	1997	• Warner Bros. Rec. 9362-46.562

Baldemar Huerta »Freddy Fender«	The King of Tex-Mex	1995	• LaserLight CD-12.519
Leonardo Jiménez »El Flaco«	Arriba el Norte!	1989	Zensor ZS 92
Santiago Jiménez	Santiago Jiménez	1979	Arhoolie-3013
Joe Cuba Sextet, dir. J. Calderón	El alma del barrio	1962	Tico LP-1119
Joe Loco (Piano & Rhythm)	Mambo moods	1961	Tico LP-1006
Sexteto La Playa	Sí sí – La Playa!	1964	United Artists UAL-3410
The Latin Jazz All Stars	La gran fuga – The Big Break	1972	Fania SLP-00394
Trini López	The Latin Album	1971	• Ariola-71.570 IT (Reprise)
Virginia López	La Voz de la Ternura	1970	RCA Camden CAM-406
E. Madriguera & His Orchestra	Enric Madriguera – 1920 – 1941	1994	• Harlequin HQ CD 44
Lydia Mendoza	First Queen of Tejano Music	1996	• Arhoolie CD-392
Johnny Pacheco y su Charanga	Rhumba favorites	1961	Universe Records 511
Charlie Palmieri y su Charanga	Viva Palmieri	1961	Alegre LP-816
Eddie Palmieri	Bárbaro, Eddie Palmieri	1978	Fania Records LP-205
Tito Puente & His Orchestra	Mambo gozón	1996	• Promo Sound CD-50317
Mongo Santamaría & His Afroc.	Afro Roots	1990	• Prestige PR-24.018
Carlos Santana & His Group	Welcome Santana	1982	CBS-19.341
Teatro Campesino	Huelga en general	1968	Menyah TC. 1352
The Tijuana Brass Band	Tijuana Taxi	1970	Fermata LF-103

18. VENEZUELA

Name des / der Interpreten	Titel des Albums	Jahr	Label/Tonträger-Nummer
Alí Primera	Al pueblo lo que es de César	1981	Cigarrón LP-0022
Billo's Caracas Boys	Viva la Billo's	1988	Billo-200.288
Hugo Blanco y su Arpa Viajera	Moliendo café	1963	Polydor M-46.409
Soledad Bravo	Cantos revolucionarios	1997	• Fonart-3026 132
Adilia Castillo	Rosalinda	1959	Discomoda DCM-108
Los Hermanos Chirinos	Venezuela en arpa, cuatro y mar.	1973	León LO-1.033
Los Cuñaos	Música venezolana	1972	CBS DCS-6.065
Oscar D' León y su Orquesta	Riquití	1987	Top Hits-102.07471
Alirio Díaz	Valses del pueblo venezolano	1980	Siruma LP-3
Simón Díaz Peña	Simón Díaz – sus grandes éxitos	1989	• Palacio CD-66.591
El Indio Figueredo	Sabor llanero	1970	Venedisco VD-2127
Folklore aus Venezuela	Folk & Primitive Music	1955	Columbia KL-212
Folklore aus Venezuela	Danzas de Venezuela	1959	Folkways FW 8844
Folklore der Indios	Music of the Yekuana Indians	1975	Folkways FE 4104
Enrique Guzmán	Enamorado	1964	Columbia EX-5126
Cándido Herrera	Romancero del corrío	1965	Discomoda DCM-434
Yolanda Moreno y su Grupo	Chants et danses du Venezuela	1965	Le Chant du Monde LDX-74.423
Cherry Navarro	El Romántico de Venezuela	1966	Palacio LP 6129
Pedro Oropeza Volcán	Oropeza Volcán y sus Canciones	1968	Serfaty LPV-7130
Felipe Pirela	Felipe Pirela con Billo Frómeta	1959	Tropical TRLP 5187
Jesús Quintero	El Tigre de Matanegra	1980	Divensa LP-008
José Luis Rodríguez	Música del Llano	1979	Dimagen DILPS-701
Aldemaro Romero y su Orquesta	Cena en Caracas	1958	RCA Victor LPVC-211
Alfredo Sadel	Caminos de mi tierra	1965	Sonoven LPSV-1130
Cuarteto Serenata Guayanesa	Serenata Guayanesa – Vol. 3	1976	London LPS-88.537
Mario Suárez	Mario Suárez y su Conjunto	1958	Velvet LPV-1089
Grupo Taburete	Música tradicional venezolana	1983	Velvet LPV-1988
Orquesta Típica Nacional	Folklore regional	1962	Turpial TLP-5122
Juan Vicente Torrealba	Concierto en la Llanura – Vol. 2	1991	• Gilmar C. D. G.-22
Grupo Un Sólo Pueblo	La música navideña de un sólo p.	1979	Promus LPPS-20.243

19. ZENTRALAMERIKA (BELIZE, COSTA RICA, EL SALVADOR, GUATEMALA, HONDURAS, PANAMÁ)

Name des / der Interpreten	Titel des Albums	Jahr	Label/Tonträger-Nummer
	Belize		
Folklore aus Belize (Vol. 1 + 2)	Traditional music of the Garifuna	1982	Folkways FE 4031 / 31
	Costa Rica		
Grupo Canto América	Buscando esa bella flor	1988	IMP PP-096-88
Cuarteto Caribbean Calipso	Música folklórica – Limón	1993	Sony Music PP-001 93
Ulpiano Duarte			
Arrieta (Marimba)	Exitos de oro	1991	° Embassy-4411 268
Mr. Gavitt	Calypso of Costa Rica	1982	Folkways FTS 31.309
Adrián Goizueta y su Grupo Exp.Si	llego a morir	1983	Pentagrama KKLA-17
Gilberto Hernández	El orgullo de Centroamérica	1977	Caytronics CYS-1495
Lorenzo »Lencho« Salazar	Costa Rica mía	1996	• Indica LN 001 CD
Los Ticos	Típicas con Los Ticos	1965	Indica LP-102
	El Salvador		
José W. Armijo	Venceremos!	1981	Compsound-30.760
Banda Tepeuani	Por la paz en El Salvador	1982	Topas-660.000
Grupo Cutumay Camones	Vamos ganando la paz	1982	° Enigrac CE-020
Conjunto Herencia Maya Quiché	Herencia Maya Quiché	1973	Dicesa DIC/S-1070
Marimba Sonora El Salvador	Remembranzas en madera	1972	Decisa DIC/S-1003
Grupo Yolocamba-itá	Canto a la patria revolucionaria	1981	Flying Fish-276
	Guatemala		
Alicia Azurdia	Felicidades amor mío	1995	• Fonica CD-004
Marimba Chapinlandia	Teclas melódicas	1960	Iximche LP-1201
Marimba Gallito y otros grupos	Fiesta de gaitas y cumbias	1994	• Tikal CD-44.64
Marimba Ideal	Lindo Xelajú	1964	Dideca LP-64.11
Marimba Maderas de mi Tierra	Guatemalan Marimbas!	1959	Capitol T-10.170
Folklore aus Guatemala	Music of Guatemala	1969	Asch Mankind AHM 4212
Folklore aus Guatemala	Music of Guatemala – Vol. 2	1973	Folkways FE 4213
Folklore aus Guatemala	Música popular y tradicional	1988	CCPYT V.D-88.005
Taller Kin Lalat	Nsquarna – llega la aurora	1987 °	Tzijolaj CS-8703
Marimba Alma Tuneca	Bailando con la Tuneca	1969	Dideca-69.41
Conjunto Tecún Umán	Folklore Maya – Vol. 8	1979	Dideca-79.299
	Honduras		
Estudiantina de la Universidad	Estudiantina Hondureña	1966	Indica INE LP-140
Folklore aus Honduras	Folk music of Honduras	1958	Folkways FP 6834
Folklore aus Honduras	The Black Caribs of Honduras	1952	Folkways FE 4435
Folklore aus Honduras	Música y canciones – Vol. 1 – 3	1984	Elia LP-01 – 03
	Panamá		
Luis »Lucho« Azcárraga	Panamá Fiesta	1959	Panamá ALP-1002
Los de Azuero	Traditional music from Panamá	1999	• Nimbus Records NI 5579
Conjunto Canajagua	Así es Panamá	1972	Luna LP-1010
Folklore aus Panamá	Street music of Panamá	1991	Original Music OML 401
Avelino Muñoz	Avelino Muñoz	1985	Discolando OLD-8238
Conjunto Viva Panamá	El inmenso Yin	1970	Tamayo LP-143

Name des / der Interpreten	Titel des Albums	Jahr	Label/Tonträger-Nummer
Anselmo Aieta y su Conjunto	Anselmo Aieta y su Conjunto	1964	Music Hall-2.455
Bachicha y su Orquesta Típica	Tangos	1968	Ansonia ALP-1214
Eladia Blázquez	Con las alas del alma	1995	• DBN-51339
Enrique Cadícamo	Homenaje a los poetas del tango	1994	• Bandoneón EB-CD-074
Miguel Caló	Yo soy el tango	1991	• Bandoneón EB-CD-034
Francisco Canaro y su Orquesta	Grandes Tangos – Serie Sinfónica	1993	• E M I-827.825
Julio de Caro y su Sexteto	Julio de Caro – 1926 – 1928	1989	• Bandoneón EB-CD-006
Alberto Castillo	Lo mejor de Alberto Castillo	1990	• Music Hall CD 42
Charlo	Nostalgias (1936 – 1954)	1996	• Bandoneón EB-CD-077
Ignacio Corsini	La Pulpera de Santa Lucía	1997	• Bandoneón EB-CD-089
Juan D' Arienzo y su Orquesta	Tangos de todos los tiempos	1956	RCA Victor AVL-7
Anfredo de Angelis y su Orquesta	La última copa	1968	Odeon CM-4077
Enrique Delfino	Delfino por Delfino	1966	Azur SDS-22.509
Carlos Di Sarli y su Orquesta	El Señor del Tango (1940 – 1950)	1991	• Bandoneón EB-CD-038
Edgardo Donato y su Muchachos	A media luz	1966	RCA Victor LPVC-176
Leopoldo Federico y su Orquesta	El varón del tango	1968	CBS-8.307
Juan de Dios Filiberto	El inolvidable Filiberto	1966	Odeon CM-4222
Roberto Firpo y su Orquesta T.	La legendaria Orquesta de Firpo	1967	Odeon CM-4268
Osvaldo Fresedo y su Orquesta T.	Tango Columbia	1988	• Columbia 2-470153
Carlos Gardel	Carlos Gardel – Vol. 7	1966	Odeon URL-18244-50
Geschichte des Tango (3 LPs)	Antología del Tango Ríoplatense	1980	INM-2.002 – 004
Alfredo Gobbi	El violín romántico del tango	1994	• Bandoneón EB-CD-063
Roberto Goyeneche	Cantor de mi barrio	1991	• TK 16.007
Riberto Grela	Esto es tango	1965	Caravelle-70.047
(Jorge) Rubén Juárez	Rubén Juárez del '80	1980	EMI-6990
Libertad Lamarque	La Reina del Tango (1928-1947)	1991	• Bandoneón EB-CD-032
Pedro Laurenz	Laurenz interpreta a Laurenz	1992	• Microfón C-11.119
Argentino Ledesma	El de siempre	1972	Odeon CM-4125
Juan Llosas u. sein Orchester	Tango-König Juan Llossas spielt	1974	Odeon 178-31.766 / 67
Francisco Lomuto y su Orquesta	Amor y celos (1927 – 1938)	1996	• Bandoneón EB-CD-080
Agustín Magaldi	De estirpe porteña	1964	RCA Camden CAL-3321
Juan »Pacho« Maglio	El bandoneón de Pacho (1912-13)	1991	• Bandoneón EB-CD-036
Azucena Maizani	La Ñata Gaucha	1991	• Bandoneón EB-CD-027
Malando & His Orchestra	Tango time	1969	Fontana-6428 004
Héctor Mauré	Sobre el pucho	1997	• Bandoneón EB-CD-099
Sexteto Mayor	A la orden	1974	EMI SLPE-500.601
Mariano Mores	Frente al mar	1967	Odeon Galeria-9006
Juan José Mosalini	Buenas noches, che bandoneón	1983	Telefunken 6.25464
Astor Piazolla	Piazzolla 1960	1960	RCA Camden CAL-3253
Armando Pontier y su Orquesta	El hombre que fue ciudad	1961	RCA Victor AVS-3144
Osvaldo Pugliese y su Orquesta	Los mejores instrumentales	1994	• E M I-828.627
Rosita Quiroga	Apología tanguera	1994	• Bandoneón EB-CD-070
Quinteto Real	Quinteto Real	1968	CBS 19.743
Susana Rinaldi	A Cátulo Castillo	1970	Trova XT-80.072
Edmundo Rivero	Lunfareo – Edmundo Rivero	1992	• EMI-799.724
Floreal Ruiz	Que nos van a hablar de tango	?	Music Hall 90.877
Horacio Salgán	Buenos Aires at 3 a. m.	1961	Vervé LP-2149
Mercedes Simone	La Dama del Tango (1928-1942)	1991	• Bandoneón EB-CD-033
Julio Sosa	El varón del tango	1994	• Bandoneón EB-CD-056
Aníbal Troilo y su Orquesta	The autentic argentine tango	1959	RCA Victor FPM-118
Héctor Varela	Los más grandes éxitos	1970	CBS-1.076 Entré
Orquesta Típica Victor	Orquesta Típica Victor-1926-1931	1996	• Harlequin HQ CD 90

BIBLIOGRAPHIE (AUSWAHL)

Abadia M., Guillermo: Compendio general de folklore colombiano. Bogotá, 1970
Acevedo, Jorge Luis: La música en Guanacaste. San José (Costa Rica), 1980
Acosta, Leonardo: Del tambor al sintetizador. La Habana, 1983
Agudelo, William: Ich singe ein Land, das bald geboren wird – Lieder aus Nicaragua, Wuppertal, 1980
Aho, William R.: Steel Band Music in Trinidad and Tobago. The Creation of a People's Music. in: Revista de Música Latino Americano, Austin, 1987
Alarco, Rosa: Alfonso de Silva. La Habana, 1981
Alén, Olavo: La música de las Sociedades de Tumba Francesa en Cuba. La Habana, 1986
Allebrand, Raimund: Tango. Bad Honnef 1998
Allgayer-Kaufmann, Regine: O aboio – der Gesang der Vaqueiros im Nordosten Brasiliens; (Diss.), Stuttgart,
Almada Roche, Armando: José Asunción Flores. Buenos Aires, 1984, 1986
Almeida, Renato: História da música brasileira. (2 Bände) Riode Janeiro, 1942
Alvarenga, Oneyda: Música popular brasileira. México, D. F., 1947
Álvarez D'Armas, Arturo: Apuntes sobre el estudio de la toponomía en Venezuela. San Juan de los Morros,
Álvarez Coral, Juan: Compositores mexicanos. México, D. F., 1971, 1981
Alzola, Concepción Teresa: Folklore del niño cubano. Tomos 1 y 2; Santa Clara, 1961/62
Anleu Díaz, Enrique: Historia de la música en Guatemala. Guatemala, 1986
Anza León, Atiliano: Historia de la música boliviana. (2. Ed.) La Paz, 1985
Añez, Jorge: Canciones y recuerdos. Bogotá, 1968
Apel, Paul H.: Music of the Americas, North & South. New York, 1958
Appleby, David P.: The music of Brazil. Austin (Texas), 1983
Ardévol, José: Introducción a Cuba La música. La Habana, 1969
Aretz, Isabel: El folklore musical argentino. Buenos Aires, 1952
Manual del folklore venezolano. Caracas, 1969
América Latina en su música. México, D. F., 1977
Síntesis de la etnomúsica en América Latina. Caracas, 1984
Arizaga, Rodolfo: Enciclopedia de la música argentina. Buenos Aires, 1971
Aros, Andrew: Latin music handbook. Diamond Bar, 1978
Ayestarán, Lauro: La música en el Uruguay (Vol. 1). Montevideo, 1953
Aytai, Desidério: O mundo sonóro Xavante – Universidade de São Paulo (Brasil), 1976
Azeves, Ángel Héctor: El verso criollo en la política argentina. Buenos Aires, 1965
Bahiana, Ana María: Nada será como antes – MPB nos anos 70. Rio de Janeiro, 1980
Barboza, Agustín: Ruego y Camino (biografía). Asunción, 1996
Bassio, J. A.: Tangos, letras y letristas. Buenos Aires, 1975 (c/ José Gobello)
Behague, Gérard Henri: Music in Latin America an introduction. New Jersey, 1979
Bessiêre, Bernard: La nouvelle chanson chilienne au exil. Paris, 1980
Birkenstock, Arne; Ruegg Helena: Tango. München. 1999
Boettner, Juan Max: Música y músicos del Paraguay. Asunción, 1956
Boletín CIDEF No 1 (Centro Interamericano de Etnomusicología y Folklore de la O.E.A). Caracas, 1987
Boletín de Música y Danza (No 3 – 5). Lima, 1978
Boletín Latino Americano de Música. Versch. Verlagsorte; ab 1942
Boletín Nicaragüense de Bibliografía y Documentación (No 48). Managua, 1982
Borde, Victor: El Plata Folklore. Leipzig, 1923
Bratfisch, Rainer: Reggae-Lexikon. Berlin, 1999
Brouwer, Leo: La música, lo cubano y la innovación. La Habana, 1982
Cabral, Sérgio: ABC do Sérgio Cabral – um desfile dos craques de MPB. Rio de Janeiro, 1979
As Escolas de Samba do Rio de Janeiro; Rio de Janeiro, 1996
Cabrera, Lydia: La Sociedad Secreto Abakuá – narrada por viejos adeptos. La Habana, 1958
Cadícamo, Enrique: La historia del tango en París. Buenos Aires, 1975
Calvo Ospina, Hernando: Salsa Havana Heat: Bronx Beat. London 1995
Calzavara, Alberto: Historia de la música den Venezuela. Caracas, 1987
Câmara Cascudo, Luís da: Dicionário do folclore brasileiro. Vol. 1 e 2. Brasília, 1972
Cañizares, Dulcila: Gonzalo Roig (biografía). La Habana, 1978
Cardozo Ocampo, Mauricio: Mis bodas de oro con el folklore paraguayo. Asunción, 1980
Mundo folklórico paraguayo. (3 Bde.) Asunción, 1989
Carneiro, Edison: Folguedos tradicionais. Rio de Janeiro, 1974
Carpentier, Alejo: La música en Cuba. La Habana, 1979
Carvalho, Pinto de: História do Fado. Lisboa, 1982
Carvalho-Neto, Paulo de: Diccionario del folklore ecuatoriano. Quito, 1964
History of Iberoamerican Folklore. Oosterhout (Holland), 1969
El folklore de las luchas sociales. México, D. F., 1973
Castellanos, Israel: Los instrumentos msuicales de los afrocubanos. La Habana, 1927
Chao Carbonero, Graciela: Bailes yorubas en Cuba. La Habana, 1980
Chile ríe y canta (Revista de folklore) No 1. Santiago de Chile, 1970
Clouzet, Jean: La nouvelle chanson chilienne. Paris, 1975
Coba, Carlos Alberto: Literatura popular afroecuatoriana. Otavalo, 1980

Instrumentos musicales populares registrados en el Ecuador – Otavalo, 1981
Colloque de Dakar (7.- 12.1.1974): Négritude et Amerique Latine. Dakar, 1978
Coluccio, Félix u. Susana: Diccionario folklórico argentino. Buenos Aires, 1991
Conrad, Rudolf: Maskentanz und Totenfest – Museum für Naturkunde und Vorgeschichte – Dessau, 1994
Davidson, Harry C.: Diccionario folklórico de Colombia (Vol. 1 – 3). Bogotá, 1970
Delfín Val, José: Romances tradicionales, Vol. II. Valladolid, 1979 (c/ Joaquín Díaz)
den Otter, Elisabeth: Music and dance of Indians and Mestizos in an Andean Valley of Peru. Delft (Holland),
Díaz, Alirio: Música en la vida y lucha del pueblo venezolano. Caracas, 1980,1985
Díaz Ayala, Cristóbal: Discografía de la música cubana – Vol. 1. San Juan, 1994
Música cubana del areyto a la nueva trova. San Juan, 1981
Si te quieres por el pico divertir – Historia del pregón musical latinoamericano. San Juan,
Díaz, Joaquín: Romances tradicionales – Vol. II. Valladolid, 1979 (c/ José Delfín Val) 1988
Díaz Gainza, José: Historia musical de Bolivia. La Paz, 1988
Donayre B., Jorge: Antología de la música peruana – canción criolla. Lima, 1984 (c/ Lorenzo Villanueva R.)
Doucet, Vincent: Musiques et rites afro-americains. Paris, 1989
Efegê, Jota: Figuras e coisas da música popular brasileira – Vol. 1. Rio de Janeiro, 1978
Enciclopedia Universal Ilustrada Europeo-Americana; Tomos 1 – 70. Barcelona, Bilboa, Madrid – 1933...
Engelmayer, Elfriede: Utopie und Vergangenheit: Das Liedwerk des portugiesischen Sängers José Afonso.
Feijóo, Samuel: El son cubano: poesía general. La Habana, 1986 (Diss.). Wien, 1985
Fleury, Jean-Jacques: La nueva canción en España (tomos 1 y 2). Barcelona, 1978
Folklore americano (Organo del Comité Interamericano de Folklore) No 10-14. Lima 1962 – 1968
Franco-Lao, Méri: ¡Basta! – Canciones de testimonio y rebeldía de América Latina. Paris, 1970
Fuenzalida, Valerio (ed.): La producción de música popular en Chile. Santiago, 1979
Gadles Mikowsky, Salomón: Ignacio Cervantes y la danza en Cuba. La Habana, 1988
Gallo, Blas Raúl: Historia del sainete nacional. Buenos Aires, 1958
Garland Encyclopedia of World Music: South America, Mexico, Central America, and the Caribbean – 1998
Garrido, Juan S.: Historia de la música popular de México. México, D. F., 1973
Giacometti, Michel: Cancioneiro popular português. Lisboa, 1981
Giro, Rdamés: El Mambo. La Habana, 1993
Gobello, José: Tangos, letras y letristas. Buenos Aires, 1975 (c/ J. A. Bassio)
Crónica general del tango. Buenos Aires, 1980
Gobierno del Estado de Jalisco: Jalisco a sus músicos distinguidos – pequeñas bibliografías México, 1963
Gómez García, Zoila (ed.): Musicología en América Latina. La Habana, 1984
González Torres, Dionísio: Folklore del Paraguay. Asunción, 1980
González, J. Natalicio: Paraguay y la cultura ríoplatense. In: »Paraguay«, Buenos Aires, 1945
Grande Enciclopedia Portuguesa e Brasileira. Lisboa s/d
Grial, Hugo de: Músicos mexicanos. México, D. F. 1965
Grosse, Günter: Von der Edisonwalze zur Stereoplatte. Berlin, 1981
Guanche, Jesús: Procesos etnoculturales de Cuba. La Habana, 1983
Guerrero, Eduardo: Cooridos de la Revolución Mexicana. México, 1985
Guillén, Nicolás: Motivos de Son. La Habana, 1980
Hague, Eleanor: Latin American Music – Past and Present. Detroit, 1982
Henríquez, Alejandro: Organología del folklore chileno. Valparaíso, 1973
Hernández, Clara (ed.): Ensayos de música latinoamericana (de la revista Música). La Habana, 1982
Hernández Menéndez, Mayra: Nueva Canción Latinoamericana. La Habana, 1980
Hickmann, Ellen: Musik aus dem Altertum der Neuen Welt – Peter Lang-Verlag – Frankfurt/Main, 1990
Ibargoyen Islas, Saúl: Alfredo Zitarrosa y sus canciones. México, D. F. 1978
Instituto Nacional de Cultura (Perú): Mapa de los instrumentos musicales de uso popular en el Perú. Lima, 1978
International Cyclopedia of Music & Musicians, The-New York, 1985
Irigoyen, Renán: Calendario de fiestas tradicionales de Yucatán. Mérida, 1973
Isidrón del Valle, Aldo: Dos estilos y un cantar: El Indio Naborí y Chanito Isidrón. La Habana, 1982
Izikowitz, Karl Gustav: Musical and other sound instruments of the South American Indians – Göteborg, 1935
Jahnke, Eberhard: Tango – die Berührung. Gießen, 1984
Jara, Joan: Víctor – ein unvollendetes Leben. Berlin, 1986
Jorge, Bernarda: La música dominicana; Siglos XIX – XX. Santo Domingo, 1982
Kessel, Juan van: Danzas y estructuras sociales de los Andes. Cusco (Peru), 1981
Künstlerhaus Bethanien (Hrsg.): Melancholie der Vorstadt: Tango. Berlin, 1982
Lapique Becali, Zoila: Música colonial cubana (Vol. 1 1812-1902). La Habana, 1979
Lara, Tomás de: El tema del tango en la literatura argentina. (mit Inés C. Roncetti). Buenos Aires, 1968
Largo Farias, René: La Nueva Canción Chilena. México, D.F.; 1977
Leal, Rino: La Selva Oscura – de los bufos a la neocolonia (Historia del teatro cubano de 1868 a 1902). La
Leça, Armando: Música popular portuguesa. Pôrto, s/d Habana, 1982
Legaspi de Arismendi, Alcira: Canciones de América Latina. La Habana, 1984

León, Argeliers: Música folklórica cubana. La Habana, 1964
Del canto y el tiempo. La Habana, 1974
Lewin, Olive: Brown Gal in de Ring – 12 Jamaican Folk Songs. London, 1974
Linares, María Teresa: El punto cubano. Santiago de Cuba, 1999
Linares, María Teresa: La música y el pueblo. La Habana, 1974
Lizardo, Fradique: Danzas y bailes folklóricos dominicanos. Santo Domingo, 1974
Lloréns Amico, José Antonio: Música popular en Lima: Criollos y andinos. Lima, 1983
López, Oscar Luis: La Radio en Cuba. La Habana, 1981
López Lemus, Virgilio: Décima e identidad. La Habana, 1997
Marcondes, Marcos Antônio: Enciclopédia da música brasileira. São Paulo, 1977
Mariz, Vasco: A canção brasileira. Rio de Janeiro, 1980
Dicionário Biográfico Musical. Rio de Janeiro, 1985
Martí, José: Obras completas (Vol. 7, p. 174, Zitat). La Habana, 1975
Martí, Samuel: Canto, música y danza precortesiano. México, F. F., 1961
Mayer-Serra, Otto: Música y músicos de Latinoamérica (2 tomos). México, 1947
Maynard Araújo, Alcyr: Cultura Popular Brasileira. São Paulo, 1973
Mazuera Millán, Lubín E.: Orígenes históricos del Bambuco, teoría musical y cronología de autores y compositores colombianos. Cali, 1957
Medina Robles, Luis Carlos: El Huayno. Lima, 1975
Mendoza, Vicente T.: El Corrido Mexicano. México, D. F., 1954
La Canción Mexicana (2ª Ed.). México, D. F., 1982
Menezes Basto, Rafel José: A musicológica Kamayura: Para uma antropológia da comunicaçäo no Alto Xingu
Merino de Zela, Mildred: Pueblos y costumbres del Perú. Lima, 1986
Meyer, Andreas: Der traditionelle Calypso auf Trinidad (Diss.). Hamburg, 1991
Meyer, Augusto: Guía do folclóre gaúcho. Rio de Janeiro, 1975
Michels, Peter M.: Steelbands in Trinidad. Frankfurt/Main, 1990
Mießgang, Thomas: Der Gesang der Sehnsucht. Köln 2000.
Mindlin, Roger: Spanischer Tanz. Olten/Freiburg, 1966
Moedano N., Gabriel: El estudio de las tradicionaes orales y musicales de los afromestizos de México. In: »Antropología« Nr. 31
Montanaro R., Bruno: Guitares hispano-américaines. Aix-en-Provence, 1983
Morales, Salvador: La música mexicana – raíces, compositores e intérpretes. México, 1981
Moreno, Segundo Luis: Historia de la música en el Ecuador. Quito, 1972
Morris, Nancy E.: Canto porque es necesario cantar: The New Song Movemente in Chile, 1973 – 1983. Yale,
Moter, Hermann: Reggae Discography. Pfungstadt, 1983, 1984
Muñoz Tábora, Jesús: Organología del folklore hondureño. Tegucigalpa, 1988
Música – Revista del Departamento de Música de la Casa de las Américas. La Habana, ab 1970
Naser, Amín E.: Benny Moré – perfil libre. La Habana, 1985
Natale, Oscar: Buenos Aires, negros y tango. Buenos Aires, 1984
Nettl, Bruno: Música folkórica y tradicional de los continentes occidentales. Madrid, 1985
New Grove Dictionary of Music and Musicians, The. London, 1980
Nunes Batista, Sebastião: Antologia da literatura de cordel. Natal, 1977
Ocampo López, Javier: Música y folklore de Colombia. Bogotá, 1980
Oliveira Pinto, Tiago de: Brasilien – Einführung in Musiktraditionen Brasiliens. Mainz, London, New York, Tokyo 1986
Orovio, Helio: Diccionario de la música cubana. La Habana, 1981
Orrego-Salas, Juan A. (ed.): Music from Latin America. Bloomington, 1971
Orta Ruiz, Jesús: Décima y folclor. La Habana, 1980
Ortega Guerrero, Salvador: La construcción del arpa jarocha. In: »Antropología« No 31
Ortiz, Demetrio: Una guitarrra, un hombre... Asunción, 1986
Ortiz, Fernando: Africanía de la música folklórica de Cuba. La Habana, 1965
Nuevo catauro de cubanismos. La Habana, 1974
Ensayos etnográficos. La Habana, 1984
La clave xilofónico de la música cubana. La Habana, 1984
Otero, Higinio: Música y músicos de Mendoza. Buenos Aires, 1970
Palacios García, Eliseo: Catálogo de música popular cubana. La Habana, 1987
Paredes, Américo: With a pistol in his hand. Austin, 1978
A Texas-Mexican Cancionero. Chicago, 1976
Parra, Violeta: Cantos folklóricos chilenos. Santiago, 1979
Décimas. Santiago de Chile, 1970
Perdomo Escobar, José Ignacio: Historia de la música en Colombia. Bogotá, 1980
Peppercorn, Lisa M.: Heitor Villa-Lobos. Zürich, 1972
Pérez Sanjurjo, Elena: Historia de la música cubana. Miami, 1986
Pinilla Aguilar, José J.: Cultores de la música colombiana. Bogotá, 1980
Poncet y de Cárdenas, Carolina: El romance en Cuba. La Habana, 1972 (Ed. Rev.)
Portugal Catacora, José: Danzas y bailes del Altiplano. Lima, 1981
Powrózniak, Józef: Gitarrenlexikon. Berlin, 1980
Puerta Zuluaga, David: Los caminos del tiple. Bogotá, 1988

Quiroz Otero, C. Alfonso: Vallenato, hombre y canto. Bogotá, 1983
Rafael, Hermes: Origen e historia del Mariachi. México, D. F., 1982
Ramón y Rivera, Luis Felipe: La música afro-venezolana. Caracas, 1971
Fenomenología de la etnomúsica del área latinoamericana. Caracas, 1980
Ramos Smith, Maya: La danza en México durante la época colonial. La Habana, 1979
Ranita da Nazaré, João: Momentos vocais do Baixo Alentejo (Cancioneiro de tradição oral. Lisboa, 1986
Rehrmann, Norbert: Die Liederbewegung der Nueva Canción in Spanien mit einer Fallstudie zu José Antonio Labordeta (Diss.). Kassel, 1986
Reichardt, Dieter (Hrsg.): Tango. Frankfurt/M. 1981
Revista Brasileira de Música (Vol. XI). Rio de Janeiro, 1981
Revista del folklore ecuatoriano (No 2). Quito, 1966
Revista INIDEF (No 4). Caracas, 1980
Revista Musical Chilena (No 98 – 106). Santiago de Chile, 1966 – 1969
Riera, Federico: Recuerdos musicales del Paraguay. Buenos Aires, 1960
Riester, Juergen: Canción y producción en la vida de un pueblo indígena (Los Chimané). La Paz, 1978
Ríos Ruiz, Manuel: Introducción al Cante Flamenco. Madrid, 1972
Roberts, John Storm: Black music of two worlds. New York, 1974
The Latin tinge – the impact of Latin American Music on the U. S. New York, 1985
Rodríguez Domínguez, Ezequiel: Trío Matamoros – 35 años de música popular cubana. La Habana, 1978
Rodríguez Musso, Osvaldo: Consideraciones generales sobre la Nueva Canción Latinoamericana. In: »Thomas Bremer y Julio PeñateRivero: Literatura más allá de la marginalidad«. Neuchâtel, 1988
Roncetti de Pantri, Inés Leonilde: El tema del tango en la literatura argentina. (c/ Tomás de Lara). Buenos Aires, 1968
Rondón, César Miguel: El libro de la Salsa. Caracas, 1980,
Roy, Maya: Buena Vista – Die Musik Kubas. Heidelberg 2000
Ruiz de Domínguez, Celia: Danzas tradicionales paraguayas. Asunción, 1974
Sachs, Kurt: Handbuch der Musikinstrumentenkunde. Leipzig, 1930
Salazar, Adolfo: La música como proceso histórico de su invención. La Habana, 1987
Salazar Giraldo, Noel: Ayer y hoy en mis canciones. Armenia, 1979
Sánchez Sivori, Amalia: Diccionario de Payadores. Buenos Aires, 1979
Saumell, Manuel: Contradanzas. La Habana, 1980
Schreiner, Claus: Música Popular Brasileira. Darmstadt 1977
Schreiner, Claus: Música latina. Frankfurt/Main, 1982
Simone Hernández, Oriette (ed.): Gardel – mito y realidad. La Habana, 1986
Slonimsky, Nicolas: Music of Latin America. New York, 1972 (2. Ed.)
Sodré, Muniz: Samba – o dono do corpo. Rio de Janeiro, 1979
Sosa, Enrique: El Carabalí. La Habana, 1984
Sosa Rodríguez, Enrique: Los Ñáñigos. La Habana, 1982
Soto, Caitro: De cajón – el duende en la música afroperuana, Lima – 1995
Souza, Tarik de: Rostos e gostos da música popular brasileira. Porto Alegre, 1979
Spell, Lota M. Music in Texas. Austin (Texas), 1936
Stanford, E. Thomas: El Villancico y el Corrido mexicano. México, 1974
Stegmann, Tilbert D.: Diguem no – Sagen wir nein! – Lieder aus Katalonien. Berlin, 1979
Stevenson, Robert: Music in Aztec and Inca Territory. Berkeley, 1968
The music of Peru – Aboriginal and Viceroyal epochs – Washington, 1960
Suco Campos, Idalberto: La música en el complejo cultural del Walagallo en Nicaragua. La Habana, 1987
Szarán, Luis: Diccionario de la música en el Paraguay. Asunción, 1999
Talavera, José Fernando: Herminio Giménez. Asunción, 1987
Tánchez C., J. Eduardo: Datos históricos sobre la música en Guatemala y minibiografías de algunos músicos y compositores. Guatemala, 1978
Toledo, Armando (ed.): Presencia y vigencia de Brindis de Salas. La Habana, 1981
Torres, Rodrigo: Perfil de la creación musical en la nueva canción chilena desde sus origenes hasta 1973. Santiago de Chile, 1981
Triana, Fernando el de: Arte y artistas flamencos. Madrid, 1935
Valdés, Carmen: La música que nos rodea. La Habana, 1984
Varela Ruiz, Leticia T.: Die Musik im Leben der Yaqui (Dissertation). Regensburg, 1983
Vasconcelos, Ary: Panorama de Música Popular Brasileira. Rio de Janeiro, 1964
Vázquez Millares, Ángel: La Trova – creadores e intérpretes. La Habana, 1966 (0745)
Vázquez Rodríguez, Rosa Elena: La práctica musical de la población negra en Perú. La Habana, 1982
Vega, Carlos: Panorama de la música popular argentina. Buenos Aires, 1914
Veiga de Oliveira, Ernesto: Instrumentos musicais populares portuguêses. Lisboa, 1966
Vergara, José Manuel: Alejo Durán. Bogotá, 1981
Vidossich, Edoardo: Sincretismos na música afro-americana. São Paulo, 1975
Villanueva Regalado, Lorenzo: Antología de la música peruana – canción criolla. Lima, 1984
(c/ Jorge Donayre B.)
Zubillaga, Carlos: Carlos Gardel. Madrid, 1976

Abk.	Abkürzung
LA	Lateinamerika
afr.	afrikanisch
lat.	lateinisch
afrobras.	afrobrasilianisch
lateinam.	lateinamerikanisch
afrokol.	afrokolumbianisch
mestiz.	mestizisch
afrokub.	afrokubanisch
mex.	mexikanisch
afrolateinam.	afrolateinamerikanisch
mod.	modern
afroper.	afroperuanisch
musikal.	musikalisch
afroven.	afrovenezolanisch
Musikinstr.	Musikinstrument
am.	amerikanisch
N	Norden
anglokar.	anglokaribisch
nik.	nikaraguanisch
arg.	argentinisch
NO	Nordosten
Bez.	Bezeichnung
nordam.	nordamerikanisch
bol.	bolivianisch
NW	Nordwesten
bras.	brasilianisch
O	Osten
chil.	chilenisch
pan.	panamaisch
das.	daselbst (gleiche Orte)
panam.	panamerikanisch
Dep.	Departement
par.	paraguayisch
DI	Direktinformation
per.	peruanisch
dom.	dominikanisch
pop.	populär
dt.	deutsch
port.	portugiesisch
eigtl.	eigentlich
Prov.	Provinz
ekuad.	ekuadorianisch
puert.	puertorikanisch
engl.	englisch
relig.	religiös
europ.	europäisch
S	Süden
Ew.	Einwohner
salv.	salvadorenisch

folklorist.	folkloristisch
SO	Südosten
francokar.	francokaribisch
sog.	sogenannt
franz.	französisch
span.	spanisch
guat.	guatemaltekisch
südam.	südamerikanisch
hait.	haitianisch
SW	Südwesten
hond.	honduranisch
Trad.	Tradition
iber.	iberisch
trad.	traditionell
indian.	indianisch
typ.	typisch (z. B. landestyp.)
insbes.	insbesondere
u.	und
Instr.	Instrument
u. a.	und andere / unter anderen
instr.	instrumental
u. ä.	und ähnlich (es)
jam.	jamaikanisch
ur.	uruguayisch
Jh.	Jahrhundert
urspr.	ursprünglich
kar.	karibisch
usw.	und so weiter
kathol.	katholisch
versch.	verschieden (e)
kol.	kolumbianisch
ven.	venezolanisch
kost.	kostarikanisch
W	Westen
kreol.	kreolisch
zentralam.	zentralamerikanisch
kub.	kubanisch
zuw.	zuweilen
Kw.	Kurzwort
z. B.	zum Beispiel
z. Z.	zur Zeit

Verwendete Zeichen

Ø = Durchmesser
* = geboren am
† = verstorben am
→ = weitere Informationen unter demStichwort

IMPRESSUM

Egon Ludwig
MÚSICA LATINOAMERICANA
Lexikon der lateinamerikanischen
Volks- und Populärmusik
ISBN 3-89602-282-2

KATALOG
Wir senden Ihnen gern unseren
kostenlosen Katalog.
Schwarzkopf & Schwarzkopf
Verlag GmbH / Abt. Service
Kastanienallee 32
10435 Berlin.

Service-Telefon:
030 – 44 11 778.
Fax: 030 – 44 11 783

INTERNET
Ausführliche Informationen zum
Verlagsprogramm finden Sie im Internet.
www.schwarzkopf-schwarzkopf.de
www.lexxxikon.de

EMAIL
info@schwarzkopf-schwarzkopf.de